Die Politiker
Karrieren und Wirken bedeutender Repräsentanten
der Zweiten Republik

Die Politiker

Karrieren und Wirken bedeutender Repräsentanten der Zweiten Republik

HERAUSGEBER

Herbert Dachs
Peter Gerlich
Wolfgang C. Müller

Wien 1995

Manzsche Verlags- und Universitätsbuchhandlung

Die Deutsche Bibliothek – CIP-Einheitsaufnahme

Die **Politiker** : Karrieren und Wirken bedeutender Repräsentanten der zweiten Republik / Hrsg.: Herbert Dachs . . . – Wien : Manz, 1995
ISBN 3-214-05964-5
NE: Dachs, Herbert [Hrsg.]

Printed in Austria

Satzherstellung und Druck: MANZ, 1050 Wien

Umschlaggestaltung: Doris Forsthuber, Wolfgang K. Buchner

Vorwort

Die Zeiten, in denen verdienten Staatsführern und Politikern Triumphbögen oder Ehrenmale erreichtet wurden, sind längst vorbei. Egalitär angelegte Demokratien gehen mit ihren Funktionseliten nüchterner, oft auch ruppiger um. Obwohl Spitzenpolitiker in unserer Mediengesellschaft in einem Maße in der Öffentlichkeit präsent gemacht werden wie nie zuvor, erscheint deren Bild doch meist vergröbert, von Stereotypen und Parteilichkeiten geprägt und den tagesaktuellen Bezügen verhaftet. Verlassen diese dann die imaginäre politische Arena, werden sie oft – von hervorragenden, nicht selten dann mystifizierten Ausnahmen einmal abgesehen – sehr rasch vergessen, und bestenfalls die eigene Partei erinnert sich ihrer. Spätere Politikergenerationen wissen daher meist nur mehr wenig über die politischen Herausforderungen, Gestaltungsspielräume, Methoden und Stile ihrer Vorgänger. Das ist bedauerlich, denn gerade Demokratien haben sich besonders sorgfältig mit dem Woher und Wohin – mit Kontinuität also – zu beschäftigen, und gerade auch anhand von Taten, Erfolgen und Mißerfolgen von Politikern kann jeweils beispielhaft und plastisch die Geschichte eines Staatswesens mitverfolgt werden.

Die drei Herausgeber – alle Politikwissenschafter – haben vor dem Hintergrund derartiger Überlegungen und nach einschlägigen Forschungserfahrungen vor zwei Jahren daher den Plan gefaßt, den analytischen Blick einmal von politischen Strukturen weg auf die handelnden Persönlichkeiten zu lenken. Das Ergebnis legen sie mit diesem Buch vor.

Wenn man sagt, Siege – und jedes Buch mit Niveau ist ein solcher – hätten viele Väter und Mütter, so gilt dieses Diktum in besonderem Maße für herausgegebene Werke des Kalibers, wie es hier vorliegt. Die Herausgeber haben vielen zu danken, und nur die wichtigsten können hier angesprochen werden. Allen voran die fünfzig Autorinnen und Autoren, die sich unentgeltlich auf dieses Unternehmen eingelassen haben, die unser Strukturkonzept annahmen und die unsere oft insistierenden kritischen Nachfragen und Änderungswünsche nicht nur ertrugen, sondern darauf auch kreativ reagierten. Zu danken haben wir auch Frau Jacqueline Trendos für organisatorische Hilfen sowie Frau Gertrud Stadler und Herrn Mag. Christoph Hofinger für die Vercodung und rechnerische Auswertung unserer Daten.

Das vorliegende Werk, das sich – obzwar ursprünglich nicht in diesem Zusammenhang geplant und beabsichtigt – gut in das Nachdenken über fünfzig Jahre Zweite Republik fügt, hätte schließlich nicht so rasch und in der Qualität erscheinen können, wenn nicht der Verlag MANZ dafür das verlegerische Risiko übernommen hätte. Von der Kompetenz, der Genauigkeit und dem Engagement des dortigen Lektorats – Frau Mag. Christine Peutsch und Frau Mag. Manuela Augeneder – können wir Herausgeber nur schwärmen.

Salzburg – Wien im März 1995

Die Herausgeber

Inhaltsverzeichnis

Die Autoren

Alfred Ableitinger, Dr. phil., Ao. Univ.-Prof. für Geschichte der Neuzeit, Institut für Geschichte, Universität Graz.

Karl Anderwald, Dr. iur, Dr. phil., Jurist und Politikwissenschafter, stellvertretender Landesamtsdirektor von Kärnten.

Thomas Barmüller, Mag. iur., Abgeordneter zum Nationalrat.

Ernst Bruckmüller, Dr. phil., Ao. Univ.-Prof. für Wirtschafts- und Sozialgeschichte, Institut für Sozial- und Wirtschaftsgeschichte, Geisteswissenschaftliche Fakultät, Universität Wien.

David F. J. Campbell, Mag. phil., Forschungsassistent der Abteilung Politikwissenschaft am Institut für Höhere Studien (IHS).

Günther Chaloupek, Dr. iur und M. A. (economics), Jurist und Ökonom, Leiter der Wirtschaftswissenschaftlichen Abteilung der Arbeiterkammer Wien, Mitglied des Beirats für Wirtschafts- und Sozialfragen der Paritätischen Kommission.

Herbert Dachs, Dr. phil., Ao. Univ.-Prof. für Politikwissenschaft, Senatsinstitut für Politikwissenschaft, Universität Salzburg.

Michael Dippelreiter, Dr. phil., Historiker, Leiter der Dokumentation der „Österreich-Kooperation" in Wien.

Irene Etzersdorfer, Dr. phil, Historikerin und Politikwissenschafterin, Universitätslektorin, Institut für Politikwissenschaft, Grund- und Integrativwissenschaftliche Fakultät, Universität Wien, Charlotte Bühler Habilitationsstipendiatin des Fonds zur Förderung der wissenschaftlichen Forschung (FWF).

Franz Fallend, Mag. phil., Universitätslektor und Projektassistent, Senatsinstitut für Politikwissenschaft, Universität Salzburg.

Heinz Fischer, Dr. iur., Univ.-Prof. für Politikwissenschaft und Parlamentsrecht, Universität Innsbruck, Erster Präsident des Nationalrates.

Michael Gehler, Dr. phil., Universitätslektor, Institut für Zeitgeschichte, Universität Innsbruck.

Peter Gerlich, Dr. iur., O. Univ.-Prof. für Politikwissenschaft, Institut für Staats- und Politikwissenschaft, Sozial- und Wirtschaftswissenschaftliche Fakultät, Universität Wien und Abteilungsleiter am Institut für Höhere Studien, Wien.

Peter Gutschner, Mag. phil., Historiker, FG Boltzmann-Institut/Steinocher-Fonds, Salzburg.

Ernst Hanisch, Dr. phil., Ao. Univ.-Prof. für Neuere Österreichische Geschichte, Institut für Geschichte, Universität Salzburg.

Hildegard Hemetsberger-Koller, Mag. Dr., Assistenzprofessorin, Institut für Wirtschafts- und Sozialgeschichte, Wirtschaftsuniversität Wien.

Marcelo Jenny, Mag. phil., Politikwissenschafter, Scholar, Institut für Höhere Studien, Wien.

Brigitte Kepplinger, Dr. phil., Soziologin, Vertragsassistentin am Forschungsinstitut für Sozialplanung, Universität Linz.

Robert Kriechbaumer, Dr. phil., Univ.-Doz. für Neuere Österreichische Geschichte, Institut für Geschichte, Universität Salzburg.

Manfred Lechner, Dr. phil., Historiker, Institut für Zeitgeschichte, Universität Graz.

Lukas Leitner, Mag. phil., Politikwissenschafter, ÖVP Wien.

Kurt Richard Luther, Ph. D., Lecturer, Department of Politics, Keele University, Staffordshire, England.

Wolfgang Mantl, Dr. iur., O. Univ.-Prof. für Politikwissenschaft und Verfassungsrecht, Rechtswissenschaftliche Fakultät, Universität Graz, Korrespondierendes Mitglied der Österreichischen Akademie der Wissenschaften, stellvertretender Vorsitzender des Universitätenkuratoriums.

Manfred Marschalek, langjähriger Redakteur der *Arbeiter-Zeitung,* Freier Journalist und Historiker, Wien.

Erich Marx, Dr. phil, Historiker, Leiter des Archivs der Stadt Salzburg.

Josef Mentschl, Dr. phil., Historiker, Professor an AHS i. R., Universitätslektor, Institut für Wirtschafts- und Sozialgeschichte, Wirtschaftsuniversität Wien.

Christian Mertens, Mag. phil., Historiker, ÖVP Wien.

Maria Mesner, Dr. phil., Historikerin, Leiterin der Abteilung Geschichte und Sozialwissenschaften des Renner-Instituts.

Wolfgang C. Müller, Dr. phil., Univ.-Doz. für Politikwissenschaft, Institut für Staats- und Politikwissenschaft, Sozial- und Wirtschaftswissenschaftliche Fakultät, Universität Wien.

Alfred Pfabigan, Dr. iur., Univ.-Doz., Institut für Philosophie, Grund- und Integrativwissenschaftliche Fakultät, Universität Wien.

Wilfried Philipp, Dr. rer. oec. soc., Univ.-Ass. und Universitätslektor, Institut für Wirtschaftswissenschaften, Sozial- und Wirtschaftswissenschaftliche Fakultät, Universität Wien.

Karl Pisa, Professor, Staatssekretär a. D., Journalist und Schriftsteller, Wien.

Fritz Plasser, Dr. phil., Ao. Univ.-Prof. für Politikwissenschaft, Institut für Politikwissenschaft, Universität Innsbruck und Leiter des Zentrums für angewandte Politikforschung, Wien.

Béla Rásky, Dr. phil., nach Mitarbeit an diversen Ausstellungen und Projekten sowie der Ordnung des Nachlasses Christian Brodas freiberuflicher Historiker, Wien.

Oliver Rathkolb, Dr. iur., Dr. phil., Univ.-Doz., Institut für Zeitgeschichte, Universität Wien und Stiftung Bruno Kreisky Archiv, Wien.

Franz Schausberger, Dr. phil., Universitätslektor, Institut für Sozial- und Wirtschaftsgeschichte, Universität Linz, Mitglied des Salzburger Landtags, Vorsitzender der Dr.-Hans-Lechner-Forschungsgesellschaft, Vorsitzender der Dr.-Wilfried-Haslauer-Bibliothek.

Günther Schefbeck, Dr. phil., Historiker, Leiter des wissenschaftlichen Dienstes des Parlaments, Wien.

Georg Schmitz, Dr. iur., Hofrat, Leiter der Kulturabteilung des Amtes der Niederösterreichischen Landesregierung.

Harry Slapnicka, Dr. iur., Leiter der Abteilung Zeitgeschichte des Oberösterreichischen Landesarchivs in Linz i. R.

Anton Staudinger, Dr. phil., Ao. Univ.-Prof., Institut für Zeitgeschichte, Universität Wien.

Herbert Steiner, Dr. phil., Univ.-Doz., Historiker, wissenschaftlicher Leiter des Dokumentationsarchivs des Österreichischen Widerstandes i. R., Wien.

Barbara Steininger, Dr. phil., Universitätslektorin, Instituts für Staats- und Politikwissenschaft, Sozial- und Wirtschaftswissenschaftliche Fakultät, Universität Wien.

Alfred Stirnemann, Dkfm., Universitätslektor, Institut für Politikwissenschaft, Grund- und Integrativwissenschaftliche Fakultät, Universität Wien, Präsident der Stiftung Pro Oriente, Wien.

Alfred Stockinger, Mag. rer. soc. oec., Dr. phil., Volkswirt und Politikwissenschafter, Büroleiter des Agrarlandesrates der Burgenländischen Landesregierung und Organisationsreferent des Burgenländischen Bauernbundes.

Dagmar Stranzinger, Mag. phil., Politikwissenschafterin, Frauenbeauftragte der Stadt Salzburg.

Karl Vocelka, Dr. phil., Univ.-Doz., Historiker, Institut für Österreichische Geschichtsforschung, Universität Wien.

Tatjana Weiler, Mag. phil., Politikwissenschafterin, parlamentarische Mitarbeiterin im österreichischen Nationalrat.

Manfried Welan, Dr. iur., Univ.-Prof. für Rechtslehre, Universität für Bodenkultur, Wien, Mitglied der Wiener Landesregierung a. D., 1987–1991 Dritter Wiener Landtagspräsident.

Roland Widder, Dr. phil., Politikwissenschafter, Oberregierungsrat am Burgenländischen Landesarchiv, Referent für Zeitgeschichte und sozialwissenschaftliche Landeskunde.

Elisabeth Wolfgruber, Mag. phil, Vertragsassistentin, Senatsinstitut für Politikwissenschaft der Universität Salzburg.

Josef Wysocki, Dr. phil., Dr. rer. pol., O. Univ.-Prof. für Wirtschafts- und Sozialgeschichte, Institut für Geschichte, Universität Salzburg.

Persönlichkeit und Politik

von
Wolfgang C. Müller

Einer alten Behauptung nach wird Politik von Männern – oder geschlechtsneutral ausgedrückt: von Personen – gemacht. Die politikwissenschaftlichen Arbeiten über die Politik in der Zweiten Republik haben sich jedoch bisher auf die Institutionen und die wichtigsten *kollektiven* Akteure – also Parteien und Verbände – sowie auf Entwicklungen in einzelnen Politikbereichen (z. B. Sozialpolitik) konzentriert. Im Gegensatz zu journalistischen Interpretationen der Politik wurde den *individuellen* politischen Akteuren aus wissenschaftlicher Perspektive wenig Aufmerksamkeit geschenkt (vgl. Mohr 1990). Tatsächlich agieren die einzelnen Politiker ja innerhalb von Strukturen, die ihren Handlungsspielraum definieren und die ihre Verhaltensweisen und Entscheidungen teilweise prägen. Dennoch haben die einzelnen Politiker immer einen gewissen Freiraum innerhalb der existierenden Strukturen vorgefunden und teilweise auch die Möglichkeit gehabt, die Strukturen in ihrem Sinne zu verändern. Kurz, die Rolle der Persönlichkeit in der Politik ist ein wichtiger Faktor, und im Hinblick auf die Zweite Republik ist diese Frage bisher kaum wissenschaftlich bearbeitet worden. Genau hier setzt das vorliegende Buch an; es ist der erste Schritt in Richtung einer systematischen Analyse der Karrieren und des Wirkens der Politiker der Zweiten Republik.

In diesem Einleitungskapitel werden auf der Basis internationaler Forschungsliteratur in knapper Form die wichtigsten Fragestellungen in diesem Bereich diskutiert und der Bezug zu Österreich hergestellt: Zunächst wird auf jene Faktoren eingegangen, die persönlichkeitsprägend und karrierebestimmend sind (Persönlichkeitsbildung und Karriereverlauf). Dann wird die Rolle einzelner Politiker in der Politik betrachtet (Die Rolle der Persönlichkeit in der Politik). Es folgt ein kurzer Überblick über den Forschungsstand zu den österreichischen Politikern (Die Politiker der Zweiten Republik: Der Forschungsstand). Im Anschluß daran wird der Aufbau des Buches und der einzelnen Beiträge dargestellt.

Persönlichkeitsbildung und Karriereverlauf

Betrachtet man den einzelnen Politiker als „abhängige Variable", so stellt sich die Frage, welche Faktoren zur Herausbildung seiner Persönlichkeit und zu seiner Karriere beigetragen haben. Die Sozialisationsforschung hat der Kindheit und den Sozialisationsagenturen Familie und Schule große Bedeutung für die Herausbildung politischer Einstellungen, Werthaltungen und Glaubensüberzeugungen zugemessen (Dennis 1973; Dawson et al. 1977), wobei es sowohl empirsch-analytische als auch psychoanalytische Zugänge gibt (z. B. Lasswell 1948; Iremonger 1970; vgl. Berrington 1974). Diese Phase der politischen Prägung wird als indirekte politische Sozialisation bezeichnet. Die direkte politische Sozialisation vollzieht sich in späteren Lebensphasen, auch sie ist von großer Bedeutung für politische Denk- und Handlungsweisen. Die hier auftretenden „Sekundärgruppen politischer Sozialisation“ – Jugend- und Studentenorganisationen, Verbände, politische Parteien usw. – können ebenfalls einen starken prägenden Einfluß auf ihre Angehörigen ausüben (Dawson et al. 1977; Pawelka 1977). Schließlich wirken im weiteren schlechter Gesundheitszustand oder hohes Alter oft persönlichkeitsverändernd (McIntyre 1988; Park 1993; Post/Robins 1993). – In diesem Band wird die Frage nach den persönlichkeitsprägenden Einflüssen aufgegriffen, wobei die Entwicklung des Interesses für Politik und die Ausprägung bestimmter politischer Überzeugung – sowohl im Hinblick auf politische Inhalte als auch auf den politischen Prozeß (z. B. Konsens vs. Konflikt) – im Vordergrund stehen.

Eine politische Karriere, gemeint ist hier der Aufstieg und das Verweilen in politischen Spitzenpositionen, setzt zunächst den Erwerb von spezifischen Fähigkeiten und Eigenschaften voraus. Diese betreffen freilich ein breites Spektrum: Zu ihnen gehören rhetorische und organisatorische Fähigkeiten, Sachkenntnisse, der Erwerb von Vertrauen etc. Aus dem Kreis der so qualifizierten Anwärter auf eine politische Karriere – im Hinblick auf ein Ministeramt werden solche Personen als „ministrabel“ bezeichnet – steigen einige tatsächlich in hohe und höchste politische Funktionen auf. Die Politische-Karrieren-Forschung erfaßt politische Karrieren zumeist in ihren äußeren Merkmalen (z. B. Blondel/Thiebeault 1991) und fragt nach *typischen* Aufstiegsmustern (z. B. Herzog 1975; Czudnowski 1975; Putnam 1976; Dogan 1989; Williams/Lascher 1993). Die Beiträge des vorliegenden Bandes dagegen sind zum Großteil qualitative Studien einzelner Karrieren. Sie beschreiben zwar die Laufbahn der jeweiligen Politiker, ihren Aufstieg von unbedeutenden in wichtige Positionen, sie versuchen aber auch zu zeigen, welche Qualifikationen und personellen Konstellationen nun tatsächlich ihre Karriere herbeigeführt haben.

Die Rolle der Persönlichkeit in der Politik

• Rahmenbedingungen und Handlungsspielräume

William Riker (1986, ix) hat die Politik als eine Kunst beschrieben, die nur in der Praxis erlernt werden kann: Ein Politiker „must learn by practice how to go about managing and manipulating and manoeuvering to get the decisions he or she wants“. Wie erfolgreich ein Politiker in dieser Kunst ist, hängt von zwei Faktoren ab: seinen Fähigkeiten (dazu später) und den gegebenen Rahmenbedingungen.

Diese Rahmenbedingungen sind in der Regel zunächst einmal jene kollektiven Akteure, die die Politik bestimmen: politische Parteien und Verbände. Diese haben statutarische Regeln und Konventionen, die die Handlungsfreiheit der einzelnen Politiker begrenzen. Hier gibt es allerdings große Unterschiede in der Organisationskultur, etwa im Hinblick auf die Begrenzung der Amtszeit und den tatsächlichen Einfluß der Gremien. Weiters ist die Ressourcenausstattung der kollektiven Akteure wichtig. Die Unterstützung durch ressourcenmächtige Organisationen ist nicht nur eine der wichtigsten Voraussetzungen, um eine politische Karriere zu machen, sondern kann auch den „Aktionsradius“ und die „Durchschlagskraft“ von Innehabern staatlicher Ämter vergrößern. Die Kompetenz- und Ressourcenausstattung dieser staatlichen Ämter ist die zweite wesentliche Rahmenbedingung für das Handeln und für den Einfluß von Politikern. Dazu kommen situative Faktoren wie die Wirtschaftslage und die außenpolitische Konstellation, die ebenfalls die Handlungsspielräume mitbestimmen. Je größer die Handlungsspielräume sind, desto größer ist potentiell der Einfluß der Persönlichkeit auf die Politik (Hargrove 1993, 70). Die Handlungen eines Politikers müssen also immer vor dem Hintergrund einerseits der *Probleme,* mit denen er konfrontiert war, und andererseits der *Möglichkeiten*, die ihm zur Problemlösung offenstanden, betrachtet und auch bewertet werden. Die Beiträge dieses Bandes versuchen, ihre Protagonisten in diesen Kontext zu stellen.

• Typen von Politikern

Schon Max Weber (1982, 15; vgl. Hohm 1987) unterschied zwischen „zwei Arten, aus der Politik seinen Beruf zu machen. Entweder: man lebt ‚für' die Politik – oder aber: ‚von' der Politik". Diese Unterscheidung bezog sich auf die Frage, ob die Politiker danach streben, aus der Politik „eine dauernde Einnahmequelle zu machen" (Weber 1982, 16). Andere Wissenschafter haben u. a. folgende Typen von Politikern herausgearbeitet:

Amateure und *Professionals*. In dieser Unterscheidung von Wilson (1962) besteht für den professionellen Politiker die Politik aus gewinnen und verlieren, und gewinnen ist sein primäres Ziel. Für den Amateur dagegen ist Politik der Dienst an der Öffentlichkeit, für die bestimmte Ergebnisse *(outcomes)* erreicht werden sollen. Dieser Typologie ähnlich ist die Unterscheidung in:

Pragmatiker und *Puristen*. Während sich der Pragmatiker bemüht, das *Mögliche* zu erreichen, nimmt der kompromißlose Purist lieber eine Niederlage in Kauf, als von den eigenen Grundsätzen abzuweichen (DeFelice 1981).

Karriere-Politiker. Anthony King (1981) hat den Karriere-Politiker *(career politician)* als neuen Typ eingeführt, der sich von „normalen" Politikern dadurch unterscheidet, daß er eine außerordentlich starke psychologische Präokkupation, eine tiefe Leidenschaft für die Politik hat. Für den Karriere-Politiker ist ein politisches Amt nicht ein mehr oder weniger gut bezahlter Job, zu dem es Alternativen (z. B. in der Wirtschaft) gibt – er könnte sich ein Leben ohne Politik nicht vorstellen und würde unter einem erzwungenen Ausscheiden aus der Politik leiden.

Mobilisierer und *Vermittler*. Kavanagh (1990, 246–271) unterscheidet zwischen dem veränderungsorientierten Mobilisierer *(mobiliser)*, der das Treffen von (harten) Entscheidungen und die Erreichung von Zielen betont, und dem status-quo-orientierten Vermittler *(conciliator)*, der primär um Konsens bemüht ist.

Aktive und *passive*, *positive* und *negative* Persönlichkeiten. Barber (1972; vgl. 1988) hat die US-Präsidenten in zwei Dimensionen klassifiziert, und zwar nach ihrem Arbeitseinsatz (aktiv/passiv) und ihrer Einstellung gegenüber den eigenen Handlungen, also ob das Amt primär Freude oder Bürde ist (positiv/negativ). Aus der Kombination dieser beiden Dimensionen ergeben sich vier Typen, mit denen Barber bestimmte Verhaltensmuster assoziiert: aktiv-positive Politiker sind primär an konkreten Politikergebnissen interessiert, aktiv-negative Politiker am Machtgewinn und -erhalt, passiv-positive Politiker wollen vor allem geliebt werden, und passiv-negative Politiker betonen ihre Pflichterfüllung.

Bewahrer, Manager, Ideologen, Innovateure etc. Blondel (1987) hat aus den Dimensionen der Reichweite des Einflusses von Politikern – vom nationalen Führer bis zum Ressortminister – und dem Ausmaß der von ihnen herbeigeführten Veränderungen – vom Bewahrer bis zum radikalen Veränderer – eine Typologie mit neun Politiker-Typen konstruiert. Den Typ des Bewahrers – dem z. B. Winston Churchill und Charles De Gaulle zugerechnet werden – kennzeichnet die Kombination von großem Einfluß und geringer Veränderung. Der Manager unterscheidet sich von diesem Typ dadurch, daß sein Einfluß auf einen eher engen Bereich der Politik – z. B. ein Ressort – beschränkt ist. In der zweiten Dimension – der vom Politiker bewirkten Veränderung – markiert der Ideologe (z. B. Mao, Lenin, Hitler) den stärksten Kontrast zum Typ des Bewahrers. Beschränkt sich der Einfluß eines Politikers (wie beim Manager) wieder auf einen eher engen Bereich der Politik, so ist der Innovateur der am stärksten veränderungsorientierte Politikertyp.

Amtsinhaber, Staatsmann und *Demagoge.* Kirsch und Mackscheidt (1985) haben eine stark psychoanalytisch orientierte Typologie von Politikern vorgelegt, in der Neurosen und Phobien die zentrale Rolle spielen. Während der Amtsinhaber diesbezüglich ein echter Repräsentant der Wähler ist, ist der Staatsmann innerlich freier, der Demagoge aber neurotischer als diese.

Die hier kurz vorgestellten (und weitere) Typologien von Politikern können alle konzeptuell kritisiert werden. Sofern sie überhaupt in empirische Forschung umgesetzt wurden, stützten sie sich zumeist auf die enorm reiche Basis an Primärquellen und Literatur, die zu den Präsidenten der USA und anderen weltgeschichtlichen Politikern vorliegt. Es wäre für Österreich zwar sicher möglich, einzelne Politiker einem bestimmten Politiker-Typus zuzurechnen – etwa Bruno Kreisky dem Typ des Karriere-Politikers –, für viele Politiker sind aber einfach zu wenig Informationen verfügbar, um z. B. Aussagen über ihre psychologischen Prädispositionen, ihre Neurosen und Phobien zu treffen. Die verschiedenen Typologien sind aber jedenfalls intellektuell anregend und werden im vorliegenden Band insofern aufgegriffen, als die Beiträge zu den einzelnen Politikern u. a. deren Stile und Fähigkeiten beschreiben, ihren jeweiligen Wirkungsbereich aufzeigen und ihre Beiträge zur Politik herausarbeiten. Was die *Stile* und *Fähigkeiten* anlangt, wird in diesem Buch davon ausgegangen, daß sich jeder Politiker in drei Rollen bewähren muß: als *Kommunikator,* als *Verhandler* und als *Organisator.* Dabei entwickeln die verschiedenen Personen unterschiedliche Stile und sind oft in einer dieser Rollen effektiver als in den anderen. Im Rahmen dieses Buches interessiert, was davon die relativen Stärken und Schwächen der jeweiligen Politiker waren, welche Schwerpunkte sie bei Ausübung der drei Rollen setzten und welche Stile sie entwickelten. Hinsichtlich der *Reichweite* stellt sich die Frage, ob Politiker das politische System *insgesamt* oder *einzelne Aspekte* des politischen Systems oder einen einzelnen Politik*bereich* beeinflußten. Neben der Beschreibung der inhaltlichen Schwerpunkte in der Tätigkeit der einzelnen Politiker interessiert auch, ob ihre Tätigkeit eher auf *Bewahren* oder *Verändern* abzielte. Auf der Basis der Beiträge (und gegebenenfalls weiterer Informationen) nehmen die Herausgeber im Schlußkapitel dieses Buches eine Typisierung der 75 in Einzeldarstellungen behandelten Politiker vor.

• Politische Ergebnisse

Was bewirken einzelne Politiker nun? Im folgenden werden drei Fragen berührt: ihr Einfluß auf Politikinhalte *(policies)*, auf Wahlresultate und auf die Rekrutierung anderer Politiker.

Politikinhalte. Valerie Bunce (1981) hat gezeigt, daß ein Wechsel in der politischen Führung sowohl in westlich-demokratischen als auch in kommunistischen Staaten sofort relevante Änderungen in den Politikinhalten *(policies)* bewirkten. Im Kontrast dazu blieben Änderungen der Politikinhalte während der Amtszeit ein und desselben Spitzenpolitikers inkremental, Änderungen erfolgten also allmählich. Viele Fallstudien belegen: Es kommt sehr wohl darauf an, welcher Politiker ein bestimmtes Amt bekleidet, z. B. beim Setzen von Prioritäten und bei der Entscheidung anstehender Fragen (z. B. Doig/Hargrove 1987).

Was im Großen, also für ein ganzes politisches System gilt, gilt – mit Einschränkungen – auch für Sub-Systeme, also z. B. ein Bundesland oder einen bestimmten Politikbereich. Die einzelnen Beiträge dieses Buches fragen daher nach den Schwerpunkten in der politischen Arbeit des jeweiligen Politikers: Welchen Problemen galt seine oder ihre besondere Aufmerksamkeit? Und: Was waren die *persönlichen Beiträge* zur Politik, d. h., was wäre unter einem anderen Politiker wahrscheinlich anders gelaufen?

Wahlen. Internationale Forschungsergebnisse zeigen, daß Persönlichkeiten wahlentscheidend sein können (Bean/Mughan 1989), wobei sie möglicherweise von größerer Bedeutung sind, wenn sie Regierungsfunktionen innehaben (Harrison/Marsh 1994). Auch österreichische Wahluntersuchungen haben immer wieder auf die Bedeutung der Spitzenkandidaten hingewiesen (z. B. Plasser 1993; Müller 1990). Allgemein wird davon ausgegangen, daß die Bedeutung der Führungspersönlichkeiten gegenüber Ideologie, Politikinhalten und Loyalitäten zu politischen Parteien zugenommen hat (vgl. Graetz/McAllister 1987). Neuere empirische Studien sind zwar skeptisch gegenüber einer *steigenden* Bedeutung von Kandidaten für den Ausgang von Wahlen (Kaase 1994; Crew/King 1994), im Kontext dieses 50 Jahre umfassenden Buches ist allerdings darauf hinzuweisen, daß sich diese Aussagen auf wesentlich kürzere Zeiträume und auch nur auf die *direkten* Effekte der Spitzenkandidaten auf das Wahlverhalten beziehen. Crewe und King (1994, 181 f.) haben auf die Komplexität der Frage nach der Bedeutung der Spitzenkandidaten aufmerksam gemacht und darauf hingewiesen, daß direkte und indirekte Effekte von Politikern auf das Wahlverhalten zu unterscheiden sind, die nicht unbedingt in dieselbe Richtung weisen müssen. Direkte Effekte sind Beeinflussungen des Wahlverhaltens durch Persönlichkeit, Charakter oder Stil der Kandidaten, indirekte Effekte sind deren Auswirkungen auf ihre Parteien, z. B. durch Beeinflussung ihrer Organisation, Programmatik und Politik. Es ist durchaus möglich, daß ein Politiker durch derartige Aktivitäten seine Partei attraktiver macht, als Kandidat aber selbst eher den gegenteiligen Effekt auslöst. – Im vorliegenden Band werden diese Fragestellungen vor allem in den Biographien jener Politiker aufgegriffen, die als Spitzenkandidaten ihrer Partei fungierten.

Rekrutierung. Politiker betreiben auch Personalpolitik. Je nach ihrem Amt haben sie die Möglichkeit, Einfluß auf die Rekrutierung und Karriere anderer Politiker zu nehmen, bis hin zur Bestimmung des eigenen Nachfolgers (durch das „Aufbauen" von geeigneten Kandidaten, geschicktes *timing*, direkten Einfluß auf die Entscheidung etc.) (vgl. Ruin 1990). Die Beiträge dieses Bandes bieten eine Fülle von Informationen über diesen Aspekt der Politik, wobei sich die jeweiligen Informationen eher bei jenen Politikern finden, die in den Genuß einer solchen Förderung gekommen sind, als bei der fördernden (oder die Karriere behindernden) Person. Zu dieser Frage gehört auch die Problematik der institutionellen Netzwerke (CV, BSA etc.) und von persönlichen „Seilschaften".

Die Politiker der Zweiten Republik: Der Forschungsstand

Der Forschungsstand, die Politiker der Zweiten Republik betreffend, ist insgesamt eher bescheiden. Er kann wie folgt kurz zusammengefaßt werden, wobei die Darstellung von „unten" nach „oben" erfolgt, von Kandidaten für Legislativkörperschaften bis zu Politikern in Spitzenpositionen der politischen Exekutive; Landes- und Bundesebene werden dabei gemeinsam behandelt.[1]

Von den Kandidaten für öffentliche Wahlämter haben nur die bei Nationalratswahlen angetretenen etwas Aufmerksamkeit erfahren. Diese quantitativen Untersuchungen sind aber bereits sehr alt (Freytag 1958; Lichem 1966) bzw. differenzieren nur nach Geschlecht (Müller 1992, 108–110; Steininger 1991). Abgeordnete wurden häufiger Gegenstand von Analysen, die auch wesentlich differenzierter sind. Zum einen existieren quantitative Studien der sozio-demographischen Charakteristika von Abgeordneten auf Bundes- und Landesebene (z. B. Pelinka 1978; Matis/Stiefel o. J.; Baumgartner 1983 und 1987). Zum anderen gibt es vor allem auf der Ebene der Bundesländer bereits ältere Studien, die versuchen, auch die Sozialisation, Karriere und das Verhalten der Abgeordneten zu erfassen (Crane 1961 und 1962; Gerlich/Kramer 1968; Fabris 1968; Mayer 1973). Regierungsmitglieder wurden im Hinblick auf ihre sozio-demographischen Charakteristika und Karrieren (Müller et al. 1987) sowie ausgewählte Verhaltensweisen (Müller 1994) untersucht.

Die Parteieliten waren ebenfalls schon Gegenstand von Analysen. Die Spitzengremien aller Parteien wurden nach einem einzigen demographischen Kriterium, dem Geschlecht, in quantifizierender Weise untersucht (Steininger 1991), eine Partei – die KPÖ – nach verschiedenen sozialstrukturellen Charakteristika (Ehmer 1991). Auch die personelle Stabilität in den Spitzengremien der Parteien in der gesamten Nachkriegszeit wurde einer quantitativen Analyse unterzogen (Müller et al. 1992). Zumindest hinsichtlich einer der zentralen Fragestellung politischer Karrieren in der Zweiten Republik, nämlich der Wahl der Partei„chefs", wurden SPÖ, ÖVP und FPÖ für den Zeitraum 1945–1989 vergleichend analysiert (Müller/Meth-Cohn 1991).

Während die bisher angesprochenen Arbeiten vor allem auf allgemeine Aussagen abzielten, betonen die wenigen vorliegenden Biographien zu einzelnen Spitzenpolitikern in der Regel die individuellen und damit auch einzigartigen Aspekte von deren Karriere und Wirken. Häufig leiten sie ihre Fragestellungen aus den zur Verfügung stehenden Quellen ab (anstatt nach Quellen zu suchen, die es erlauben, bestimmte analytische Fragestellungen zu beantworten), und sehr oft sind sie auch in der „Sprache der Quellen" abgefaßt. Daraus ergibt sich, daß diese Arbeiten, die für sich allein genommen oft eindrucksvolle wissenschaftliche Leistungen darstellen, zusammengenommen selbst dann kein geschlossenes Bild ergeben, wenn sie in großer Zahl vorliegen – was im Falle der Zweiten Republik aber ohnedies nicht zutrifft.

Das vorliegende Buch versucht einen mittleren Weg zwischen den beiden Ansätzen (vgl. Edinger 1964): Einerseits enthält es 75 Einzelbiographien von Politikern. Andererseits liegt diesen erstens ein gemeinsamer analytischer Raster zugrunde, der die Vergleichbarkeit der einzelnen Darstellungen maximieren soll; zweitens werden die Darstellungen der Karrieren und des Wirkens der einzelnen Politiker durch zwei vergleichende und quantifizierende Kapitel ergänzt.

Aufbau des Buches

Dieser Einleitung folgt ein Kapitel, in dem ein *statistisches Bild der politischen Karrieren* in der Zweiten Republik auf der Basis eines mehrere tausend Politiker umfassenden Datensatzes gezeichnet wird. In diesem Kapitel wird auch gezeigt, wie sich jene 75 Politiker, die im Hauptteil des Bandes eine ausführliche individuelle Darstellung erfahren, in dieses Gesamtbild einfügen, also wie typisch oder atypisch ihre politischen Laufbahnen waren.

Den *Hauptteil* des Buches machen die Biographien von 75 Politikern aus, die aufgrund ihrer Bedeutung für die österreichische Politik ausgewählt wurden. Diese Biographien stehen im Rahmen eines inhaltlichen Gesamtkonzeptes und sind in Aufbau und Inhalt aufeinander abgestimmt.

Ein *Schlußkapitel* zieht das Resümee aus den 75 Einzeldarstellungen und versucht, generalisierende Aussagen über die wichtigsten Politiker der Zweiten Republik zu treffen.

Bei der Auswahl der in diesem Band behandelten Politiker wurden folgende Kriterien angelegt:

- Bedeutung der von den Politikern bekleideten Ämter
- Einfluß auf die österreichische Politik.

Die Liste der Politiker wurde in einem mehrstufigen Auswahlverfahren erarbeitet: eine von den Herausgebern erstellte erste Liste wurde einigen Historikern und Politikwissenschaftern vorgelegt, die um Überprüfung und allenfalls Ergänzung gebeten wurden.[2] Die Hinweise dieser Experten wurden von den Herausgebern nochmals überprüft, diskutiert und schließlich als Grundlage für die Erstellung der endgültigen Liste verwendet. Es wurden grundsätzlich nur solche Politiker aufgenommen, deren politische Karriere bereits abgeschlossen ist (Stichtag: 1. 6. 1994). Die Herausgeber gehen davon aus, daß es gelungen ist, die wichtigsten nicht mehr aktiven Politiker der Zweiten Republik zu identifizieren und in diesem Band zu berücksichtigen. Selbstverständlich gibt es aber auch innerhalb dieser Gruppe von 75 Politikern erhebliche Unterschiede in ihrer Bedeutung. Der Wiederbegründer der Republik Österreich, Karl Renner, der Staatsvertragskanzler Julius Raab oder der „Sonnenkönig" Bruno Kreisky haben ohne Zweifel einen größeren Stellenwert als die meisten anderen in diesem Band vertretenen Personen. Wenn man die Gesamtheit der Politiker der Zweiten Republik nach ihrer Bedeutung ordnen und in ein System konzentrischer Kreise bringen würde, so würden die genannten Personen und wenige andere aufgrund ihres überragenden Einflusses den innersten Kreis bilden. Den zweiten Kreis würden all jene Personen bilden, die ebenfalls bestimmte zentrale Positionen im politischen System besetzten, ohne aber im gleichen Maße prägend gewirkt zu haben, wie die Angehörigen des innersten Kreises. Als die hier relevanten Positionen wurden identifiziert: Bundespräsident, Bundeskanzler und die im Parlament vertretenen Parteichefs. Den dritten Kreis würden schließlich die bedeutendsten Innehaber anderer wichtiger Positionen bilden: Minister, Landespolitiker, Verbändevertreter und Parlamentarier. Natürlich nimmt die Präzision der Identifikation der relevanten Politiker ab, je weiter man sich vom Zentrum entfernt – schon allein aus einer immer geringeren Dichte an spezifischen Informationen. Es ist daher zu konzedieren, daß die Auswahl jener Politiker, die gewissermaßen im dritten Kreis anzusiedeln wären, diskutierbar bleibt. Dort, wo es den Herausgebern auch aufgrund der Vorschläge der konsultierten Experten nicht möglich war, eine eindeutige Zuordnung vorzunehmen, wurde (ideal-)typischen Repräsentanten sonst kaum vertretener Typen der politischen Karriere der Vorzug gegeben.

Aufbau der einzelnen Biographien

Die einzelnen Biographien sind in Aufbau und Inhalt aufeinander abgestimmt. Obwohl jeder Beitrag bestimmte faktische Informationen zur jeweiligen Person enthält, liegt der Schwerpunkt auf der Interpretation der jeweiligen Persönlichkeit. In diesem Sinne stellen die Beiträge Leben und Karriere in chronologischer Weise dar, es werden dabei aber nicht bloß Fakten aneinandergereiht, sondern es werden vor allem die folgenden Fragestellungen aufgegriffen:

Der Weg in die Spitzenpositionen. Hier werden die klassischen Fragen der politischen Sozialisations- und Karriere-Forschung gestellt, also: Wie kommt es zur Ausprägung des Interesses für Politik und einer bestimmten politischen Überzeugung? Wie erfolgt der Einstieg in die Politik, wie verläuft die Karriere vor dem Aufstieg in die jeweilige Spitzenposition? Wie erfolgt der Aufstieg in die jeweilige Spitzenposition?

Verhalten in den Spitzenpositionen. Dieser Fragebereich stellt den Schwerpunkt der einzelnen Biographien dar. Behandelt werden die Problemlagen und Handlungsspielräume, die sich dem jeweiligen Politiker darboten. Vor diesem Hintergrund werden seine Handlungsstile und Fähigkeiten analysiert, schließlich wird ein Resümee über seine Leistungen gezogen.

„Danach". Für viele Politiker gibt es ein Leben nach der Politik, das in den Beiträgen jeweils kurz dargestellt wird. Darüber hinaus gehen die Beiträge, soweit das möglich ist, auf die Schwankungen des Bildes der jeweiligen Persönlichkeit in der Geschichte ein. Wie lange verbleibt ein Politiker nach seinem Ausscheiden aus der „aktiven Politik" im Bewußtsein des allgemeinen Publikums und der professionellen Politik-Beobachter? Nicht alle in diesem Band vertretenen Politiker sind noch immer Gegenstand allgemeinen Bewußtseins; viele von denen, die es nicht mehr sind, sind aber einer speziellen Öffentlichkeit – z.B. einer *policy community* oder der Klientel eines bestimmten Ministeriums – präsent.

Die Beiträge in diesem Buch bauen zum Großteil auf Originalforschung – darunter viel aus dem Bereich der *Oral History* – auf. Aus Platzgründen und um die Lesbarkeit der Beiträge zu wahren, wurde auf eine detaillierte Dokumentation der Quellen weitgehend verzichtet. Jeder Biographie ist aber ein kurzes Literatur- und Quellenverzeichnis angefügt. Dieses enthält jeweils die wichtigsten Veröffentlichungen über und auch von der jeweiligen Person. Allgemeine zeitgeschichtliche Literatur ist nur insoweit angeführt, als direkt aus ihr zitiert wird oder sie von zentraler Bedeutung für das Verständnis des jeweiligen Politikers oder Sachverhalts ist. Die wichtigsten biographischen Daten sind am Ende des Beitrags jeweils in Form einer Standard-Tabelle zusammengefaßt. Während die wichtigsten politischen Funktionen vollständig erfaßt sind, müssen die Lebensdaten und die sonstigen Funktionen auf wenige Hinweise beschränkt bleiben.

Das Buch soll wissenschaftlichen Ansprüchen genügen, es wendet sich aber auch an ein breiteres Publikum. Viele Beiträge enthalten auch Anekdoten, die so ausgewählt sind, daß sie die analytischen Aussagen des Beitrags illustrieren. Alle in der Form von Einzelbiographien behandelten Politiker werden auch abgebildet, wobei nach Möglichkeit keine (offiziellen) Portraits, sondern solche Aufnahmen Verwendung finden, die die jeweilige Person in einer typischen Haltung und/oder Umgebung zeigen, um auch den zeitgeschichtlichen Bezug zu illustrieren.

Anmerkungen

1 Aus dem Bereich der Kommunalpolitik, die bisher überhaupt kaum Gegenstand wissenschaftlicher Untersuchungen war, liegen nur einige Autobiographien von und Bücher über einzelne Lokalpolitiker – vor allem natürlich Bürgermeister – vor, eine systematische Arbeit fehlt aber.

2 Die Herausgeber danken Ernst Hanisch, Wolfgang Mantl, Anton Pelinka, Günther Schefbeck und Emmerich Tálos für ihre Stellungnahmen.

Literaturverzeichnis

Baumgartner, Valerie (1983). Parteieliten zwischen Repräsentation und Technokratie, in: Peter *Gerlich* / Wolfgang C. *Müller* (Hg.): Zwischen Koalition und Konkurrenz. Österreichs Parteien seit 1945, Wien.

Baumgartner, Valerie (1987). Struktur und Wandel parlamentarischer Eliten, Universität Wien: Diss.

Barber, James David (1972). The Presidential Character, Englewood Cliffs.

Barber, James David (1988). Politics by Humans, Durham.

Bass, Bernard (1990). Bass and Stogdill's Handbook of Leadership, New York.

Bean, Clive / Anthony *Mughan* (1989). Leadership Effects in Parliamentary Elections in Australia and Britain, in: American Political Science Review 83, Nr. 4.

Berrington, Hugh (1974). The Fiery Chariot: British Prime Ministers and the Search for Love, in: British Journal of Political Science 4, Nr. 3.

Blondel, Jean (1987). Political Leadership, London.

Bunce, Valerie 1981). Do New Leaders Make a Difference?, Princeton.

Dogan, Mattei (Hg.) (1989). Pathways to Power, Boulder.

Crane, Wilder (1961). The Legislature of Lower Austria, London.

Crane, Wilder (1962). The Errand-Running Function of Austrian Legislators, in: Parliamentary Affairs 15, Nr. 2.

Crewe, Ivor / Anthony *King* (1994). Are British Elections Becoming More „Presidential"?, in: M. Kent *Jennings* / Warren E. *Miller* (Hg.): Elections at Home and Abroad, Ann Arbor.

Czudnowski, Moshe M. (1975). Political Recruitment, in: Fred I. *Greenstein*/Nelson W. *Polsby* (Hg.): Handbook of Political Science. Volume 2. Micropolitical Theory, Reading.

Dawson, Richard E. / Kenneth *Prewitt* / Karen S. *Dawson* (1977). Political Socialization, Boston.

DeFelice, E. Gene (1981). Separating Professionalism from Pragmatism: A Research Note on the Study of Political Parties, in: American Journal of Political Science 25, Nr. 4.

Dennis, Jack (Hg.) (1973). Socialization to Politics: A Reader, New York.

Doig, Jameson W. / Erwin C. *Hargrove* (Hg.) (1987). Leadership and Innovation. A Biographical Perspective on Entrepreneurs in Government, Baltimore.

Edinger, Lewis J. (1964). Political Science and Political Biography: Reflections on the Study of Leadership (I), (II), in: Journal of Politics 26, Nr. 2 und 3.

Ehmer, Josef (1991). Die Kommunistische Partei Österreichs, in: Herbert *Dachs* / Peter *Gerlich* / Herbert *Gottweis* / Franz *Horner* / Helmut *Kramer* / Volkmar *Lauber* / Wolfgang C. *Müller* / Emmerich *Tálos* (Hg.): Handbuch des politischen Systems Österreichs, Wien.

Fabris, Heinz (1968). Demokratische Auswahl – Politische Führungsschichten im Parteienstaat am Beispiel der Zweiten Österreichischen Republik 1945–67, Universität Salzburg: phil. Diss.

Freytag, Norbert (1958). Die Struktur des österreichischen Nationalrates in der Gegenwart, Universität Wien: Diss.

Gerlich, Peter / Helmut *Kramer* (1968). Abgeordnete in der Parteiendemokratie, Wien.

Gerlich, Peter / Wolfgang C. *Müller* / Wilfried *Philipp* (1988). Potentials and Limitations of Executive Leadership: The Austrian Cabinet since 1945, in: European Journal of Political Research 16, Nr. 2.

Graetz, Brian / Ian *McAllister* (1987). Popular Evaluations of Party Leaders in the Anglo-American Democracies, in: Harold D. *Clarke* / Moshe M. *Czudnowski* (Hg.): Political Elites in Anglo-American Democracies, De Kalb.

Greenstein, Fred I. (1969). Personality and Politics: Problems of Evidence, Inference, and Conceptualization, in: Seymour Martin *Lipset* (Hg.): Politics and the Social Sciences, New York.

Hargrove, Erwin C. (1993). Presidential Personality and Leadership Style, in: George C. *Edwards* III / John H. *Kessel* / Bert A. *Rockman* (Hg.): Researching the Presidency, Pittsburgh.

Harrison, Michael J. / Michael *Marsh* (1994). What Can He Do for Us? Leader Effects on Party Fortunes in Ireland, in: Electoral Studies 13, Nr. 4.

Hermann, Margaret G. with Thomas W. *Milburn* (Hg.) (1977). A Psychological Examination of Political Leaders, New York.

Herzog, Dietrich (1975). Politische Karrieren, Opladen.

Hohm, Hans-Jürgen (1987). Politik als Beruf, Opladen.

Iremonger, Lucille (1970). The Fiery Chariot: a Study of British Prime Ministers and the Search for Love, London.

Kaase, Max (1994). Is There Personalization in Politics? Candidates and Voting Behavior in Germany, in: International Political Science Review 15, Nr. 3.

Kavanagh, Dennis (1990). Politics and Personalities, Houndmills.

King, Anthony (1981). The Rise of the Career Politician in Britain – And its Consequences, in: British Journal of Political Science 11, Nr. 2.

Kirsch, Guy / Klaus *Mackscheidt* (1985). Staatsmann, Demagoge, Amtsinhaber, Göttingen.

Lasswell, Harold (1948). Power and Personality, New York.

Lichem, Walter (1966). Eine Strukturuntersuchung zweier Elitegruppen, in: Rodney *Stiefbold* / Arlette *Leupold-Löwenthal* / Georg *Ress* / Walter *Lichem* (Hg.): *Wahlen und Parteien in Österreich,* Band II, Wien

Mayer, Klaus (1973). Landtagsabgeordnete in Oberösterreich. Forschungsbericht, I. Institut für Soziologie, Hochschule für Sozial- und Wirtschaftswissenschaften, Linz.

McIntyre, Angus (1988). Aging and Political Leadership, Oxford.

Mohr, Arno (1990). Die Rolle der Persönlichkeit in politischen Institutionen, in: BIOS. Zeitschrift für Biographieforschung und Oral History, Nr. 2.

Matis, Herbert / Dieter *Stiefel* (o. J.). Der österreichische Abgeordnete. Der österreichische Nationalrat 1919–1979 – Versuch einer historischen Kollektivbiographie, Wien.

Müller, Wolfgang C. (1990). Persönlichkeitswahl bei der Nationalratswahl 1990, in: Österreichisches Jahrbuch für Politik 1990.

Müller, Wolfgang C. (1992). Austria (1945–1990), in: Richard S. *Katz* / Peter *Mair* (Hg.): Party Organizations, London.

Müller, Wolfgang C. (1994). Models of Government and the Austrian Cabinet, in: Michael *Laver* / Kenneth *Shepsle* (Hg.): Cabinet Ministers and Parliamentary Government, Cambridge.

Müller, Wolfgang C. / Delia *Meth-Cohn* (1991). The Selection of Party Chairmen in Austria: A Study in Intra-Party Decision Making, in: European Journal of Political Research 20, Nr. 1.

Müller, Wolfgang C. / Wilfried *Philipp* / Barbara *Steininger* (1987). Sozialstruktur und Karrieren österreichischer Regierungsmitglieder (1945–1987), in: Österreichisches Jahrbuch für Politik 1987.

Müller, Wolfgang C. / Wilfried *Philipp* / Barbara *Steininger* (1992). Wie oligarchisch sind Österreichs Parteien? Eine empirische Analyse 1945–1992, in: Österreichische Zeitschrift für Politikwissenschaft 21, Nr. 2.

Müller, Wolfgang C. / Wilfried *Philipp* / Barbara *Steininger* (i. V.). Die österreichische Regierungselite 1806–1995, Wien.

Paige, Glenn D. (1977). The Scientific Study of Political Leadership, New York.

Park, Bert E. (1993). Ailing, Aging, Addicted. Studies of Compromised Leadership, Lexington, Kentucky.

Pawelka, Peter (1977). Politische Sozialisation, Wiesbaden.

Pelinka, Anton (1978). Volksvertretung als funktionale Elite, in: Österreichisches Jahrbuch für Politik 1978.

Plasser, Fritz (1993). Tele-Politik, Tele-Image und die Transformation demokratischer Führung, in: Österreichische Zeitschrift für Politikwissenschaft 22, Nr. 4.

Post, Jerrold M. / Robert S. *Robins* (1993). When Illness Strikes the Leader, New Haven.

Putnam, Robert D. (1976). The Comparative Study of Political Elites, Englewood Cliffs.

Riker, William H. (1986). The Art of Political Manipulation, New Haven.

Ruin, Olof (1990). Tage Erlander. Serving the Welfare State, 1946–1969, Pittsburgh.

Searing, Donald D. (1969). The Comparative Study of Elite Socialization, in: Comparative Political Studies 1, Nr. 4.

Steininger, Barbara (1991). Frauen in der österreichischen Politik – eine empirische Analyse 1945 bis 1991, in: Österreichisches Jahrbuch für Politik 1991.

Weber, Max (1982). Politik als Beruf, Berlin.

Williams, Shirley / Edward L. *Lascher,* Jr. (Hg.) (1993). Ambition and Beyond: Career Paths of American Politicians, Berkeley.

Wilson, James Q. (1962). The Amateur Democrat, Chicago.

„Politische Klasse“, politische Positionselite und politische „Stars“

von

Wolfgang C. Müller / Wilfried Philipp / Barbara Steininger

Einleitung

Das vorliegende Buch behandelt 75 aufgrund ihrer Bedeutung ausgewählte Politiker in der Form von Einzelbiographien. Diese werden im folgenden *politische „Stars“* genannt. Die politischen „Stars“ stellen natürlich nur einen kleinen Teil der „politischen Klasse“ der Zweiten Republik dar, wobei mit „politischer Klasse“ „die Summe der Funktionseliten im Bereich der Politik“ gemeint ist (Beyme 1993, 7). Ziel dieses Kapitels ist es zu zeigen, wie sich die Elitegruppe der 75 „Stars“ in die „politische Klasse“ insgesamt einfügt. Wir fragen also: Unterscheidet sich die Gruppe der 75 „Stars“ – die aufgrund ihres Einflusses auf die österreichische Politik ausgewählt wurden – von den anderen Politikern, die in der Zweiten Republik gewirkt haben? Eine solche Kontext-Analyse muß sich naturgemäß auf wenige, quantifizierbare Indikatoren stützen. Im folgenden betrachten wir die Länge der politischen Karrieren, die Anzahl der Karrierestationen und die Kumulation politischer Positionen durch jeweils eine Person.

Unter der *„politischen Klasse“* verstehen wir in dieser Analyse die Gesamtheit der Innehaber jener politischen Positionen, die direkte bundespolitische Relevanz besitzen. Operational wurde sie definiert als: Regierungsmitglieder auf Bundes- und Landesebene, Parlamentarier auf Bundesebene, Angehörige der Spitzengremien sowohl der im Parlament vertretenen Parteien als auch der wichtigsten Verbände, die Bürgermeister der größten Städte und einige weitere Positionen (z. B. Bundespräsident, Rechnungshofpräsident). Insgesamt umfaßt der als „politische Klasse“ bezeichnete Datensatz 4.188 Personen und 9.465 Positionen und deckt den Zeitraum 1945 bis 1992 ab.[1]

Die Länge der Karrieren

Wenn Politik „ein starkes langsames Bohren von harten Brettern“ ist, wie Max Weber (1973, 185) es formuliert hat, so bedarf es dazu zunächst einmal einer gewissen Zeit. Unsere erste Frage ist daher die, wie lange die 75 „Stars“ in der Politik tätig waren (operationalisiert als Zugehörigkeit zur „politischen Klasse“). Je länger ihre politische Karriere (und je bedeutender die von ihnen bekleideten Ämter), desto größer war potentiell ihr Einfluß auf die Politik (vgl. Blondel 1980).

Im Durchschnitt haben politische Karrieren in der Zweiten Republik (Zeitraum 1945–1992)[2] gute neun Jahre gedauert (9,3), der Median liegt bei 7 Jahren (7,0). Die im vorliegenden Buch behandelten 75 politischen „Stars“ unterscheiden sich diesbezüglich ganz klar von den anderen Mitgliedern der „politischen Klasse“: Ihre politische Karriere in der Zweiten Republik ist im Durchschnitt fast 2 ½ mal so lang, wie politische Karrieren sonst dauern. Im Durchschnitt beträgt die Amtszeit eines politischen „Stars“ 22,7 Jahre.

Um die politischen „Stars" aber nicht nur mit der „politischen Klasse", also einem sehr weit gefaßten Spektrum an politischen Positionsinnehabern, zu vergleichen, haben wir einen Pool von Spitzen*positionen* definiert und die politischen Karrieren jener Personen erfaßt, die diese Ämter im Zeitraum 1945 bis 1992 bekleidet haben. Der Pool enthält die Innehaber folgender Positionen: Bundespräsident, Bundeskanzler, Vizekanzler, Bundesminister, Landeshauptmann, ÖGB-Präsident, Präsident des Arbeiterkammertages (heute Bundesarbeitskammer), Präsident der Bundeswirtschaftskammer (heute Wirtschaftskammer Österreich), Präsident der Präsidentenkonferenz der Landwirtschaftskammern, Erster, Zweiter und Dritter Nationalrats-Präsident, Klubobmann bzw. -frau im Nationalrat und Rechnungshof-Präsident. Im folgenden wird diese Elite-Gruppe innerhalb der „politischen Klasse" als die *politische Positionselite* bezeichnet. Insgesamt wurden hier 339 Personen (mit 726 Positionen) erfaßt. Auch von der politischen Positionselite, deren politische Karriere im Durchschnitt 15,1 Jahre dauerte, heben sich die 75 „Stars" ganz eindeutig ab: Ihre Karriere war im Durchschnitt um ca. ein Drittel länger.

Wie lange besetzen nun die Angehörigen der drei Gruppen jene Positionen, die die politische Positionselite konstituieren? Während ein Angehöriger der „politischen Klasse" – deren Mehrheit nie in eine dieser Spitzenpositionen aufsteigt – im Durchschnitt 0,4 Jahre der politischen Positionselite angehört, beträgt die durchschnittliche Verweildauer in ihr 5,4 Jahre – d.h. das politische Leben an der Spitze beträgt im Durchschnitt nur wenig mehr als fünf Jahre. Die politischen „Stars" unterscheiden sich auch hier deutlich: Sie bleiben im Durchschnitt 12,3 Jahre in der politischen Positionselite, halten also deutlich mehr als ein Jahrzehnt eine der politischen Spitzenpositionen.

Darstellung 1

Länge der politischen Karrieren: „politische Klasse", politische Positionselite und politische „Stars" im Vergleich

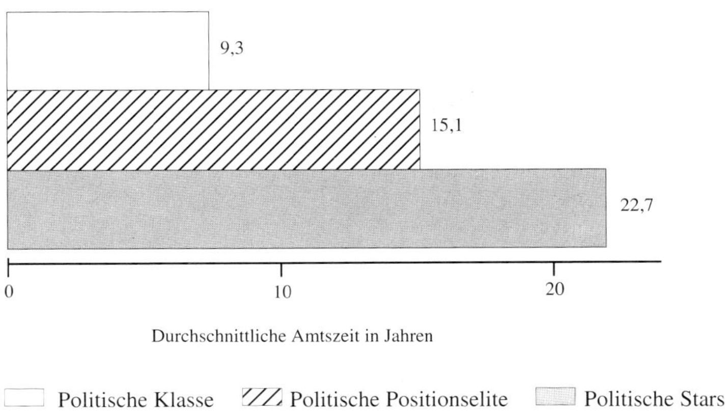

Anzahl der Karrierestationen

Die nächste Frage, der wir uns zuwenden, ist die nach der Anzahl der Stationen im Verlauf einer politischen Karriere. Jede Position bringt ihrem Innehaber neue Erfahrungen und Kontakte. Diese wieder sind potentiell wertvoll sowohl für das Vorantreiben der Karriere als auch für die Ausübung politischer Funktionen. Wer z. B. aus eigener Erfahrung über die Möglichkeiten und Grenzen zur politischen Gestaltung, die mit einer bestimmten Position verbunden sind, Bescheid weiß, wird zu einer realistischen Einschätzung der Kapazitäten seiner politischen Verbündeten oder Gegner kommen. Weitgestreute und zahlreiche persönliche Kontakte verbessern potentiell den Informationszufluß. Sie geben jenen Politikern, die über sie verfügen, die Chance, sich nicht von einem einzigen Informationskanal, der zu systematischen Verzerrungen in die eine oder andere Richtung neigen mag, abhängig zu machen. Je mehr und je unterschiedlicher die Kontakte, desto differenzierter wird das Bild sein, das sich ein Politiker erarbeiten kann. Freilich stellen sich diese Effekte nicht automatisch ein. Ein Politiker muß die einzelnen Positionen erstens lange genug innehaben, um den damit verbundenen Kontakten die notwendige Intensität zu geben und um die aus der jeweiligen Tätigkeit potentiell resultierenden Erfahrungen tatsächlich zu machen. Zweitens muß er sich nach dem Ausscheiden aus der jeweiligen Funktion aktiv um die Aufrechterhaltung der Kontakte und damit verbundenen Loyalitäten bemühen.

Die Anzahl der Karrierestationen ist im folgenden operationalisiert mit der Anzahl der Positionen, die in die „politische Klasse" fallen – in der oben vorgenommenen Operationalisierung von „politischer Klasse", also mit dem Schwerpunkt auf der Bundespolitik. Tatsächlich beinhalten politische Karrieren in ihrer Gesamtheit in der Regel noch mehr Positionen, als hier berücksichtigt sind, da sie zumeist auf der lokalen Ebene beginnen und erst über Tätigkeiten auf Bezirks- und Landesebene allmählich in den hier erfaßten Bereich kommen.

Ein Angehöriger der „politischen Klasse" bekleidete im Verlauf seiner Karriere im Durchschnitt 2,3 Positionen innerhalb dieser Kategorie. Ein Angehöriger der politischen Positionselite hingegen bekleidet im Verlauf seiner politischen Karriere im Durchschnitt 7 solcher Positionen. Die politischen „Stars" heben sich davon nochmals deutlich ab: Sie bekleiden im Verlauf ihrer politischen Karriere im Durchschnitt nicht weniger als 10,9 solcher Positionen mit bundespolitischer Relevanz.

Darstellung 2

Anzahl der wichtigen politischen Positionen im Verlauf der Karriere: „politische Klasse", politische Positionselite und politische „Stars" im Vergleich

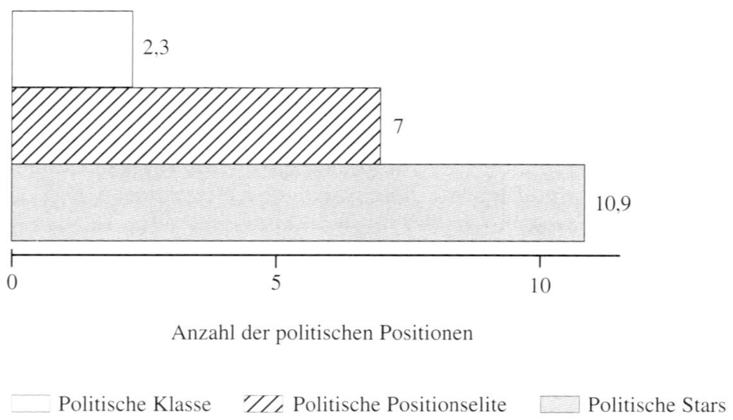

Kumulation von politischen Positionen

Als ein wesentliches Merkmal des politischen Systems Österreichs wird häufig die Kumulation von wichtigen politischen Positionen in den Händen eines Politikers verstanden. Prominente Beispiele dafür sind etwa die Kombination der führenden Partei- und Regierungspositionen, wie sie – von wenigen und zeitlich befristeten Ausnahmen abgesehen – für die gesamte Zweite Republik typisch waren und sind –, aber auch die „Doppelpräsidentschaft" von Anton Benya über ÖGB und Nationalrat, die Kombination der Ämter des Generalsekretärs der ÖVP, Klubobmanns und Vizekanzlers durch Hermann Withalm, die Vereinigung der Ämter des Niederösterreichischen Landesparteiobmanns, Wirtschaftsbundobmanns, Bundesparteiobmanns und Bundeskanzlers in den Händen von Julius Raab und ganz generell die typische Kombination der höchsten Verbändefunktionen mit machtvollen Positionen in der parteipolitischen-parlamentarischen Arena. Welan (1981, 86) z. B. faßt diese von vielen Wissenschaftern geteilte Beobachtung wie folgt zusammen: „Für Österreich typisch ist die Verschränkung von Parteien und Verbänden und von Staat und Wirtschaft, von Politik und Ökonomie. . . . In diesem durchorganisierten und reglementierten kooperativen System gibt es Tausende von politischen Positionen. Es entstehen viele Multirollen." An anderer Stelle hat Welan (1975, 156) das politische System Österreichs als „kopflastig" charakterisiert: „Ausdruck dieser Kopflastigkeit sind insbesondere Mulitifunktionäre, die in Personalunion die Kommandostellen in Verbänden, Großparteien und auf Bundes-, Landes- und Gemeindeebene einnehmen." Ähnlich beschreibt Fürstenberg (1985, 30) in seiner Analyse der sozialkulturellen Voraussetzungen der Sozialpartnerschaft die Verflechtung der Eliten: „Die Spitzenfunktionäre (der Sozialpartnerschaft) sind durch Ämterkumulation zugleich auch Exponenten eines komplexen Netzwerkes von Verbänden, Kammern und Parteien."

Wenn zwei oder mehr formale Positionen von derselben Person besetzt werden, werden die interpersonellen Rollenkonflikte reduziert: „Die Rollenhäufung bedeutet Machtkumulation bei relativ kleinen Gruppen und dient vor allem dazu, die Elemente des Systems zu koordinieren und dieses zu stabilisieren" (Welan 1975, 156). In einem Essay über die österreichische politische Kultur hat Welan (1981, 86) diesen Zusammenhang und seine gesellschaftliche Akzeptanz wie folgt beschrieben: „Die Institution des Multifunktionärs befriedigt offenbar sowohl persönliche als auch gesellschaftliche Bedürfnisse. Die Funktionäre und ihre Bürokratie leisten eine Bündelung, Bindung und Bändigung der gesellschaftlichen Konflikte. Sie produzieren Sicherheit und Stabilität. Und die sind die gefragtesten Güter der Nation."

Sicherheit und Stabilität sind auch aus der Sicht der einzelnen Politiker gefragte Güter – und zwar nicht nur im Hinblick auf die Geschicke der Nation, sondern auch – um nicht zu sagen: vor allem – im Hinblick auf die eigene Position und Karriere. Die Kumulation von politischen Positionen kann in zwei Richtungen erfolgen, vertikal und horizontal. Die vertikale Positionskumulierung besteht in der Regel darin, Positionen auf unteren Ebenen beizubehalten, wenn man in höhere Ebenen aufgestiegen ist. Typischerweise würde das die Kumulation von Parteifunktionen auf Gemeinde-, Landes- und Bundesebene umfassen. Diese wichtige Dimension der Positionskumulierung wird durch die Konzentration des Datensatzes, der diesem Beitrag zugrunde liegt, auf jene Positionen, die direkte bundespolitische Relevanz haben, nur an der Spitze erfaßt, also hinsichtlich der Vereinigung der wichtigsten landespolitischen Positionen und bundespolitischen Ämtern in denselben Händen. Praktisch vollständig ist hingegen die horizontale Dimension erfaßt, also Kumulation von politischen Positionen auf derselben Ebene – hier der bundespolitischen Ebene.

Vertikale Positionskumulierung bedeutet u. a. die Kontrolle über jene Kanäle, die bedeutend genug waren, den jeweiligen Politiker in eine Spitzenposition zu bringen. Damit verhindert er in der Regel, daß ihm aus seinen eigenen Reihen Konkurrenz erwächst. Er behält eine loyale Kerngruppe, die ihm bei Auseinandersetzungen auf der bundespolitischen Ebene oft bedingungslos zur Seite steht, und für den schlimmsten Fall behält er eine Art „Fangnetz", das es ihm erlaubt, seine Karriere auf unterer Ebene fortzusetzen bzw. dort zumindest auf eine neue Chance auf der höheren Ebene zu warten. Viele Politiker, die ihre ursprünglichen Funktionen beibehalten, wenn sie schon längst „höhere politische Weihen" erhalten haben, begründen dies auch damit, daß sie so mit ihrer Basis in Verbindung bleiben und die Gefahr des „Abhebens" vermeiden. Während die vertikale Positionskumulierung vorwiegend eine Methode der Absicherung bzw. der Machterhaltung ist, ist die horizontale Positionskumulierung vor allem eine Methode der Machtausweitung. Je mehr wichtige Positionen einer politischen Ebene in den Händen einer Person vereinigt sind, desto größer ist ihre Macht. Die Macht nimmt einerseits zu durch die Kumulation der mit den jeweiligen Positionen verbundenen Ressourcen, wie Kompetenzen, Zugriff auf Personal und Know-how, Zugang zur Öffentlichkeit. Andererseits verhindert eine Positionskumulierung, daß diese Ressourcen in andere Hände fallen und möglicherweise für eine andere oder sogar entgegengesetzte Politik eingesetzt werden.

Im Verlaufe einer politischen Karriere ist die Anzahl der gleichzeitig gehaltenen Positionen häufig Veränderungen unterworfen. Selbst im Extremfall der dauerhaften Kumulierung derselben Positionen durch eine Person ist schon allein aus dem unterschiedlichen Rhythmus verschiedener poltischer Institutionen und Organisationen, die ihre Führungsfunktionäre zu unterschiedlichen Zeitpunkten küren, ein zumindest temporäres Auf und Ab in der Anzahl der Positionen zu erwarten. Wir haben die Kumulation von politischen Positionen operationalisiert als die jeweils – das heißt pro Person – größte Anzahl an Positionen, die gleichzeitig gehalten wurden und die in den Bereich der „politischen Klasse" fallen.

Die Angehörigen der „politischen Klasse" halten im Durchschnitt gleichzeitig 1,7 solcher Positionen. Die Angehörigen der politischen Positionselite vereinigen im Durchschnitt schon 3,9 solcher Positionen in ihren Händen. Noch deutlich darüber liegt die Positionskumulierung bei den politischen „Stars": Sie halten im Durchschnitt gleichzeitig 5,5 Positionen, sind also auch in dieser Hinsicht eine Elite innerhalb der Elite.

Darstellung 3

Maximale Anzahl der gleichzeitig gehaltenen politischen Positionen: „politische Klasse", politische Positionselite und politische „Stars" im Vergleich

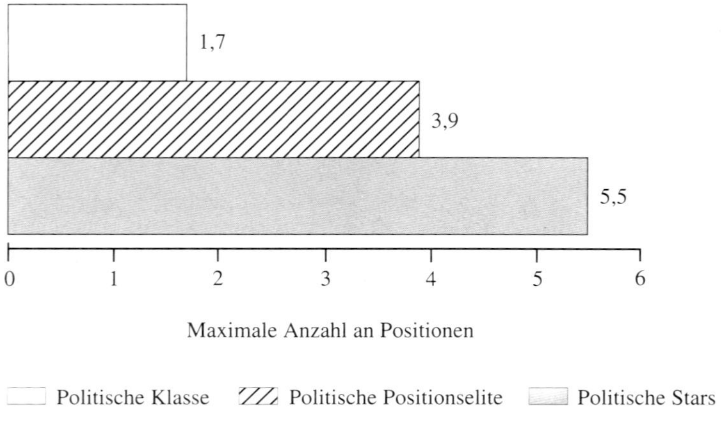

Schluß

Ziel des vorliegenden Beitrages war es, die in diesem Buch in der Form von Einzelbiographien behandelten 75 Politiker in den Kontext der Politiker der Zweiten Republik zu stellen. Die 75 „Stars“ wurden nach ihrer Bedeutung für die Politik der Zweiten Republik ausgewählt. In diesem Beitrag ging es darum, zu überprüfen, ob sie sich auch nach quantifizierbaren, auf ihre Karrieren bezogenen Indikatoren von anderen Politikern unterscheiden. Diese Indikatoren waren (1) die Länge ihrer politischen Karrieren, (2) die Anzahl der Karrierestationen und (3) die Anzahl der in Positionskumulierung gehaltenen politischen Ämter. Wir haben die „Stars“ systematisch mit zwei Gruppen (in denen sie jeweils – mit wenigen Ausnahmen – auch enthalten waren) verglichen, der „politischen Klasse“ und der politischen Positionselite. Der Vergleich zeigt, daß die politischen „Stars“ sich hinsichtlich aller Indikatoren deutlich sowohl von den Innehabern bundespolitisch relevanter Positionen – der „politischen Klasse“ – als auch von denjenigen Personen unterscheiden, die die wichtigsten bundespolitischen Positionen besetzten – der politischen Positionselite. Im Durchschnitt hatten die politischen „Stars“ wesentlich längere politische Karrieren, durchliefen eine viel größere Anzahl an Karrierestationen und kumulierten eine beträchtlich größere Anzahl an politischen Positionen in ihren Händen als die Angehörigen der „politischen Klasse“, aber auch der politischen Positionselite. All das bestätigt, daß es sich tatsächlich um eine Gruppe handelt, der ein besonderer Stellenwert in der Politik der Zweiten Republik zukommt.

Anmerkungen

1 Wir danken dem Jubiläumsfonds der Oesterreichischen Nationalbank (Projekt 3779) für die Förderung der Forschung, auf der dieses Kapitel basiert.

2 Das Untersuchungsdesign bringt es mit sich, daß jene Personen, die schon vor 1945 relevante politische Positionen innehatten, und jene Personen, deren politische Karriere über 1992 hinausreicht, nur mit einem Teil ihrer Karriere erfaßt sind. Das „Abschneiden“ der Karrieren vor 1945 betrifft alle drei in diesem Beitrag miteinander verglichenen Gruppierungen und führt dazu, daß ausgewiesene Zahlen aus einer rein biographischen Perspektive nach oben revidiert werden müßten, wiewohl sie im Hinblick auf die Fragestellung – die politischen Karrieren in der *Zweiten Republik* – korrekt sind. Das „Abschneiden“ der Karrieren der 1992 noch aktiven Politiker führt ebenfalls dazu, daß die im Beitrag ausgewiesenen Zahlen die tatsächliche Karrieredauer etwas unterschätzen. Da die Karrieren der 75 „Stars“ aber schon alle abgeschlossen sind, ergibt sich daraus ein leichter *bias* zugunsten dieser.

Literaturverzeichnis

Beyme, Klaus von (1993). Die politische Klasse im Parteienstaat, Frankfurt am Main.

Blondel, Jean (1980). World Leaders, London.

Fürstenberg, Friedrich (1985). Sozialkulturelle Aspekte der Sozialpartnerschaft, in: Peter *Gerlich* / Wolfgang C. *Müller* / Edgar *Grande* (Hg.): Sozialpartnerschaft in der Krise, Wien.

Weber, Max (1973). Der Beruf zur Politik, in: Max *Weber:* Soziologie. Universalgeschichtliche Analysen. Politik, Stuttgart.

Welan, Manfried (1975). Vom Proporz zum Konkurrenzmodell: Wandlungen der Opposition in Österreich, in: Heinrich *Oberreuter* (Hg.): Parlamentarische Opposition, Hamburg.

Welan, Manfried (1981). Hat sich die politische Kultur Österreichs gewandelt?, in: Josef *Höchtl* / Fritz *Windhager* (Hg.): Politische Moral, Wien.

Erwin Altenburger

von
Tatjana Weiler

Erwin Altenburger, geboren am 3. November 1903 im kleinen Ort Mautern in der Steiermark, erlernte nach Absolvierung der Volks- und Bürgerschule das Schuhmacherhandwerk. Schon in früher Jugend war er durch die verschiedenen kirchlichen Stellungnahmen zum Sozialismus geprägt, wie sie etwa in „Rerum novarum" ihren Niederschlag gefunden hatten (Reichhold 1987, 767). So orientierte er sich auch schon während seiner Lehr- und Ausbildungsjahre am sozialen Ethos der Katholischen Soziallehre und war Mitbegründer einer Lehrlingsorganisation in Leoben. Nach Beendigung seiner Lehrzeit wurde er Mitglied des Katholischen Gesellenvereines sowie des Reichsbundes der katholischen deutschen Jugend Österreichs. Zusätzlich zum Schuhmachergewerbe besuchte der junge Altenburger kaufmännische Lehrgänge an der Handelsschule und volkswirtschaftliche Vorlesungen an der katholisch-theologischen Fakultät in Salzburg.

Schon mit 20 Jahren begann Altenburgers Gewerkschaftskarriere, als er 1923 zum Sekretär des Landeskartells der christlichen Gewerkschaften in Salzburg bestellt wurde. Dies gab ihm auch die Möglichkeit eines Besuches des zentralen Schulungsheimes der christlichen Gewerkschaften Deutschlands in Königswinter am Rhein. Obmann Johann Staud war bemüht, einen jungen durchschlagskräftigen Sekretär für die Gewerkschaft der christlichen Textil- und Lederarbeiter zu gewinnen, und holte sich 1924 Erwin Altenburger aus Salzburg nach Wien. In der 1924 geschaffenen Organisation für die christliche Gewerkschaftsjugend trat als einer der jüngsten Erwin Altenburger bald als einer der führenden Funktionäre hervor (Reichhold 1987, 343). In den Jahren 1927 bis zu ihrer Auflösung 1934 war Altenburger als Zentralsekretär der Gewerkschaft christlicher Textilarbeiter tätig, und von 1928 an entlastete er Johann Staud immer mehr in seiner Arbeit als Verbandsobmann. 1929 zog der aufstrebende Jungfunktionär als eines der neuen Ersatzmitglieder in die Zentralkommission der Christlichen Gewerkschaften ein. Im Zuge der Etablierung des autoritären „Ständestaates" 1934 wurden die Christlichen Gewerkschaften aufgelöst, und Erwin Altenburger wurde die Leitung der Gewerkschaft der Arbeiter in der Textil- und Bekleidungsindustrie übertragen (Kluwick-Muckenhuber 1969, 16). Damit gehörte Altenburger zu jenen jungen christlichen Gewerkschaftsfunktionären, denen sich durch die Gründung des „Gewerkschaftsbundes der österr. Arbeiter und Angestellten" die Chance bot, als Obmann einer Fachgewerkschaft in eine führende Funktion einzurücken (Reichhold 1975, 32).

Mit dem „Anschluß" Österreichs und der Auflösung des einheitlichen Gewerkschaftsbundes, ersetzt durch die „Deutsche Arbeitsfront", wurde die Gewerkschaftskarriere Altenburgers für sieben Jahre unterbrochen.

Im März 1938 wurde er, wie viele andere seiner Kollegen aus den ehemaligen Christlichen Gewerkschaften, von den Nationalsozialisten verhaftet, aber noch im Juli des gleichen Jahres nach einem Prozeß, der mit Freispruch endete, wieder auf freien Fuß gesetzt. Trotzdem galt Altenburger während des Krieges als „wehrunwürdig“ und wurde zunächst einem Rüstungsbetrieb zugewiesen und war dann bis 1945 in verschiedenen Berufen tätig. Gleichzeitig betätigte er sich im Widerstand gegen das NS-Regime in der Gruppe christlicher Gewerkschafter um Lois Weinberger. In diesem Rahmen wurden auch schon ausführliche politische Gespräche geführt, und 1940 kam es zu Differenzen bezüglich der künftigen Organisation der österr. Gewerkschaftsbewegung, da die älteren Funktionäre für die Wiedererrichtung der christlichen Gewerkschaften eintraten, wogegen die jüngeren um Erwin Altenburger, Lois Weinberger und Franz Latzka am Prinzip einer einheitlichen Gewerkschaftsorganisation festhalten wollten (Reichhold 1975, 31).

An den ersten Besprechungen vor der Gründung des Österreichischen Arbeiter- und Angestelltenbundes (ÖAAB) in den letzten Kriegstagen hatte auch Altenburger teilgenommen, der sich sofort für die Aufbauarbeit zur Verfügung stellte. Am 15. April 1945 kam es zur Gründung des Österreichischen Gewerkschaftsbundes (ÖGB) durch die Exponenten der drei von den alliierten Mächten zugelassenen Parteien – Johann Böhm (SPÖ), Lois Weinberger (ÖVP) und Gottlieb Fiala (KPÖ). Die überparteiliche, einheitliche – nunmehr auf demokratischer Basis geschaffene – Gewerkschaftsorganisation bedeutet die bewußte Abwendung von den Richtungsgewerkschaften der Zwischenkriegszeit und, wie Altenburger bezeugt, waren die Grundzüge dafür bereits 1944 festgelegt worden (Reichhold 1975, 88). Nach dem Krieg war er zuerst für die christlichen Gewerkschaften in der Fachgewerkschaft der Textil-, Bekleidungs- und Lederarbeiter tätig.

Für die Volkspartei, deren Abgeordneter zum Nationalrat er seit 1945 war, arbeitete er in der Bundesparteizentrale im Referat für Wirtschafts- und Sozialpolitik und ab 1949 im Referat für Personalpolitik.

Schon im Sommer 1945 wurde er anstelle Weinbergers in die Dachorganisation des ÖGB berufen und arbeitete als Sekretär in der Bundesleitung. Als sich Weinberger ausschließlich politischen Aufgaben in der Wiener Kommunalpolitik zuwandte, trat Erwin Altenburger im Frühjahr 1946 seine Nachfolge im Gewerkschaftsbund als ÖGB-Vizepräsident und Vorsitzender der christlichen Gewerkschafter im ÖGB und Anfang des Jahres 1947 in der Regierung als Minister ohne Portefeuille an. 1949 trat er aber nicht mehr in die zweite Regierung Figl ein, da sich der ÖAAB vergeblich um die Behauptung des Vermögens- und Planungsministeriums für die ÖVP eingesetzt hatte, um seine Position in den verstaatlichten Betrieben nicht zu verlieren (Reichhold 1975, 195). 1949 wurde Altenburger anstelle Karl Flödls zum geschäftsführenden Obmann des ÖAAB gewählt, während Weinberger Bundesobmann blieb.

Der ÖAAB, auf die Initiative christlicher Gewerkschafter zurückgegangen, verstand sich zunächst als die Interessenvertretung der christlichen Arbeitnehmer im ÖGB. Die Tatsache, daß zunächst Weinberger zugleich Bundesobmann des ÖAAB und einer der Vizepräsidenten des ÖGB war, unterstrich diesen Umstand.

Der ÖAAB agierte also in den ersten Jahren seines Bestehens gleichzeitig auf gewerkschaftlicher und politischer Ebene. Die Notwendigkeit der Trennung dieser beiden Funktionen wurde speziell von Altenburger bald erkannt, wenn er 1946 darauf hinwies, „der Gewerkschaftsbund könne nur dann Bestand und Entwicklungsmöglichkeiten haben, wenn engstirnige Sonderinteressen vermieden werden und jeder einzelne im ÖGB sich nicht als Vertreter einer politischen Richtung, sondern als Gewerkschafter fühlt, der mit seinen ganzen Kräften den gemeinsamen Zielen zu dienen hat“ (Fehringer/Herold 1975, 22). Als Altenburger 1946 zwar ÖGB-Vizepräsident wurde und damit auch die Führung der christlichen Gewerkschafter übernahm, aber Weinberger weiter ÖAAB-Bundesobmann blieb, war dies ein wichtiger Schritt zur Trennung zwischen

ÖAAB und Gewerkschaft, für die Absicherung der relativen Autonomie der FCG gegenüber der Partei (Pelinka 1976, 281).

Nach langwierigen Debatten über die Zweckmäßigkeit einer Doppelgleisigkeit der politischen und gewerkschaftlichen Arbeitnehmervertretung, in denen Altenburger vehement die Trennung vom ÖAAB vertrat, kam es am 26. 4. 1951 zur Bildung der Fraktion Christlicher Gewerkschafter. Im Rahmen einer erweiterten Bundesvorstandssitzung des ÖAAB im Mai 1952 beschloß man, die gewerkschaftliche Aktivität in Hinkunft ausschließlich der Fraktion Christlicher Gewerkschafter (FCG) zu überlassen. In Verbindung damit legte Erwin Altenburger seine Funktion als geschäftsführender Bundesobmann des ÖAAB zurück, um sich ausschließlich der Fraktionsarbeit als Bundesvorsitzender der FCG zu widmen. Er rückte damit zum eigentlichen Gegenspieler des von den Sozialisten gestellten Präsidenten des ÖGB auf (Reichhold 1975, 243).

In der formell 1953 errichteten Fraktion Christlicher Gewerkschafter lebte die Tradition der Christlichen Richtungsgewerkschaften fort, wie die Person Altenburgers bewies. Die Fraktion ist zwar nicht direkt an die ÖVP oder an den ÖAAB gebunden, aber die personellen Verflechtungen – alle führenden Funktionen der Fraktion waren und sind in Händen von ÖAAB-Politikern – kommen einer De-facto-Bindung zwischen Christlichen Gewerkschaften und Partei gleich (Pelinka 1976, 277). Nun mußte Altenburger die Organisation der FCG, die jener des ÖGB entspricht, in mühevoller Kleinarbeit von unten her aufbauen, was angesichts der Stärke der Sozialistischen Fraktion einen besonderen Einsatz der Funktionäre erforderte. 1967 wurde diese Arbeit mit einem Erfolg der Christlichen Gewerkschafter bei den ersten Personalvertretungswahlen im Öffentlichen Dienst belohnt, die seitdem dort den Gewerkschaftsvorsitzenden stellen. Auch die Zahl der FCG-Mitglieder konnte kontinuierlich erhöht werden.

Eine Tagung des Internationalen Bundes christlicher Gewerkschaften (IBCG) in Wien im November 1953 bot für die FCG die Gelegenheit, erstmals an die Öffentlichkeit zu treten. Erwin Altenburger beleuchtete dabei eingehend die Stellung der Fraktion im ÖGB, indem er meinte, „die christlichen Arbeiter und Angestellten haben die Bildung des ÖGB bejaht; sie waren und sind bereit, im Rahmen des ÖGB das, was gemeinsam ist, zu vertreten, zu verteidigen und zu erreichen und die Erfolge des ÖGB als gemeinsame Erfolge und damit auch als das Ergebnis ihrer eigenen Arbeit zu werten" (Reichhold 1987, 634). Altenburger richtete immer wieder an die Sozialistische Fraktion im ÖGB die Mahnung zur Toleranz gegenüber der Minderheit (Größl 1975, 271), wenn diese als Mehrheitsfraktion den Kurs des ÖGB allein zu bestimmen versuchte, denn Altenburger machte es sich in den 29 Jahren, die er ÖGB-Vizepräsident bzw. Fraktionsführer war, zur Aufgabe, bei „Übergriffen" der Sozialisten immer wieder die Überparteilichkeit des ÖGB einzumahnen und mit Erfolg zu bewahren (Reichhold 1987, 666). Altenburgers Gewerkschaftspolitik als FCG-Vorsitzender verlief vor allem im ersten Jahrzehnt, abgesehen von seinen besonderen Präferenzen wie der Familienpolitik und der Steuersenkung, ohne größere Konflikte mit der sozialistischen Fraktion. Wenn die christlichen Gewerkschafter in den Führungsgremien des ÖGB grundsätzliche Forderungen oder Vorbehalte anmeldeten, schaffte es Altenburger, daß ihnen in einer Form Rechnung getragen wurde, die eine weitere loyale Zusammenarbeit ermöglichte. So konnte er sich in der Diskussion über das Antiterrorgesetz gegen die Forderung der sozialistischen Fraktion nach Abschaffung des Gesetzes durchsetzen, indem lediglich eine Novellierung durch Herausnahme von gewerkschaftsfeindlichen Bestimmungen beschlossen wurde. Altenburger war als Mann des Dialogs kompromißfähig und loyal, aber seine oft bewährte Konsenshaltung ließ ihn nie die Grundsätze der christlichen Weltanschauung preisgeben. Sein vorbehaltloses Bekenntnis zur einheitlichen Gewerkschaftsbewegung führte ihn immer wieder in scharfe Auseinandersetzungen mit der ÖVP, wo er bald als unbequemer Mahner galt.

ÖGB-Vizepräsident Erwin Altenburger, 1961

Das besondere Anliegen des ÖGB wie auch der christlichen Gewerkschafter waren Fortschritte in der Sozialpolitik, und Altenburger hatte, als Abgeordneter zum Nationalrat (NR), seit 1946 die Möglichkeit, gemeinsam mit anderen Kollegen in den zuständigen parlamentarischen Ausschüssen die gesetzgeberischen Anliegen der FCG direkt zu vertreten. Während seiner Zeit im Hohen Haus war er als Mitglied in diversen Ausschüssen für wirtschaftliche Angelegenheiten tätig, aber auch zweimal im Justizausschuß. Der erste Antrag im Parlament, den er mitunterzeichnete und der 1946 auch Gesetzeskraft erlangte (Verstaatlichungsgesetz), beeinflußte die Geschicke der österreichischen Wirtschaft auf Jahrzehnte hinaus. Vor allem aber war er in den 23 Jahren als Parlamentarier der stellvertretende Obmann des Sozialausschusses. In dieser Eigenschaft, aber auch als ÖGB-Vizepräsident, als der er bei den Sozialpartner-Gesprächen eingebunden war, hat er an allen wichtigen Sozialgesetzen mitgearbeitet und war damit direkt am Aufbau des Sozialstaates Österreich nach 1945 beteiligt. In den Sozialdebatten des Parlaments meldete er sich oft als Redner zu Wort, um einerseits sowohl die Meinung der ÖVP als auch die des ÖAAB zu vertreten und andererseits den Standpunkt der FCG innerhalb des ÖGB deutlich zu machen. Als gewählter Mandatar ergriff er 21mal anläßlich der jährlichen Bundeshaushaltsdebatten das Wort. Dabei kritisierte der ÖGB-Vizepräsident in der Zeit der großen Koalition stets die Politik des von der SPÖ gestellten Sozialministers, weil er sich mit ihr als christlicher Gewerkschafter nicht voll identifizieren konnte. Altenburger verleugnete in seinen Reden nie sein christliches Weltbild. Im Gegenteil, er führte in den meisten Wortmeldungen Prinzipien der christlichen Soziallehre an, um die von ihm vertretene Sozialpolitik zu erläutern und gleichzeitig den Sozialismus und Marxismus anzugreifen. Gleichzeitig betonte er jedoch den großen Anteil der ÖVP an den Sozialgesetzen, und er sah die große Koalition als eine Notwendigkeit, um die großen sozialen Fragen zu lösen. So bekannte er sich auch zur Sozialpartnerschaft und unterstützte vor allem innerhalb des ÖGB den Raab-Kamitz-Kurs. Im Plenum des Nationalrates war er wiederholt in heftige Auseinandersetzungen mit den Sozialisten verwickelt, wie seine erste Wortmeldung in der Budgetdebatte 1955 zeigt, bei der der NR-Präsident fünfmal mit Glockenzeichen zur Ruhe mahnen mußte. Den in seinen Reden üblichen Zwischenrufen entgegnete er eloquent und nahm sich dabei auch kein Blatt vor den Mund. Die in ihrer Deutlichkeit nichts zu wünschen übriglassenden Wortmeldungen Altenburgers im NR veranlaßten einen Abgeordnetenkollegen 1964, als dieser zum Rednerpult eilte, zum Zwischenruf: „Jetzt kommt die Gardinenpredigt des Abraham a Sancta Clara!" (Sten. Prot. 71. Sitzung – 16. 12. 1964, 3941).

Bei der Regierungsbildung 1966 wurde u.a. Erwin Altenburger bei der Besetzung des Sozialressorts zugunsten seiner langjährigen gewerkschaftlichen Weggefährtin Grete Rehor übergangen (Reichhold 1975, 373). Mit 27 Mitgliedern war die FCG im ÖVP-Parlamentsklub 1966–1970 gegenüber früher am stärksten vertreten und damit mehr als bisher in die sozialpolitischen Entscheidungen eingebunden. Während im Rahmen der traditionellen Sozialpolitik einige Erfolge erzielt wurden, konnte sich Altenburger gegen die in der ÖVP vertretenen Unternehmergruppen nicht durchsetzen. Für die Nationalratswahlen 1970 kandidierte der 65jährige Altenburger nicht mehr und hielt daher im Dezember 1969 zum Budgetkapitel Soziale Verwaltung seine Abschiedsrede im Hohen Haus, in der er die Sozialpolitik der ÖVP-Regierung vehement verteidigte und mit einigen persönlichen Worten schloß. Dabei erinnerte er an die schwierigen politischen Umstände, unter denen das Parlament seine Tätigkeit nach dem Krieg aufgenommen hatte, verwies stolz auf die in gemeinsamer 25jähriger Arbeit erreichte soziale Entwicklung und formulierte noch einmal sein politisches Credo, nämlich daß „es ohne Freiheit keine Persönlichkeit und keine freie Sozialpolitik gibt" und daß „der Garant für diese Freiheit das Christentum ist". Schließlich bat er noch seine Abgeordnetenkollegen um Verständnis, „wenn er in seiner Laufbahn hier im Hause manche harte Klinge geführt habe", und erhielt zum Abschluß seiner letzten Rede „lebhaften, langanhaltenden Applaus" doch nur von seiten der ÖVP (Sten. Prot. 162. Sitzung – 4. 12. 1969, 13881).

Mit der Etablierung der sozialistischen Alleinregierung 1970 kämpfte der bald 70jährige Altenburger noch einmal darum, daß der Gewerkschaftsbund auch weiterhin seine volle Unabhängigkeit bewahrte, sodaß der FCG die Rolle als Korrektiv gegen sozialistische Alleinherrschaftsbestrebungen zufiel (Reichhold 1987, 757). So forderte er seine Funktionäre dazu auf, verstärkt ihre Aufmerksamkeit darauf zu richten, „den sozialistischen Funktionären auf die Finger zu schauen, sie daran zu erinnern, daß sie als Vertreter ihrer Kollegen dem überparteilichen Kurs des Gewerkschaftsbundes zu folgen haben und nicht den Parteiweisungen des Bundeskanzlers".

Altenburgers politische Karriere ging ihrem Ende zu, und es gelang ihm nicht mehr, die Nachfolgefrage in seinem Sinne zu regeln, denn sein designierter Nachfolger Karl Wedenig, Bundessekretär der Fraktion, kam wegen gesundheitlicher Probleme nicht mehr in Frage, und der später von ihm favorisierte Hans Klinger aus der Gewerkschaft der Privatangestellten unterlag knapp gegen den Beamtengewerkschafter und ÖAAB-Generalsekretär Johann Gassner. Infolge interner Streitigkeiten, bei denen die Personalunion ÖAAB-FCG letztlich das Problem darstellte, verlor die Fraktion kurzfristig sogar die Position des Vizepräsidenten im ÖGB, die sie seit 1945 innegehabt hatte. Erwin Altenburger meinte in seiner Abschiedsrede vor dem Gewerkschaftsbund 1975, „daß er nach 30 Jahren Tätigkeit gerne gesehen hätte, wenn er seine Funktion wieder in die Hände eines Vizepräsidenten seiner Fraktion hätte legen können und dankte für das Vertrauen und auch die Toleranz, ohne die eine gemeinsame Gewerkschaftsbewegung nicht bestehen kann" (Klenner 1979, 2433). Damit zog sich der 72jährige Politiker aus dem politischen Leben zurück. Am 7. Februar 1984 starb der ehemalige ÖGB-Vizepräsident nach langer schwerer Krankheit im 81. Lebensjahr in Wien.

Für die Fraktion Christlicher Gewerkschafter, deren Begründer Erwin Altenburger war, verkörperte er die Kontinuität christlicher Gewerkschaftsarbeit über die Erste Republik, den autoritären „Ständestaat" und die Zweite Republik hinweg; von den klassenkämpferischen Gewerkschaften über die autoritären Einflüssen unterworfene Einheitsgewerkschaft von 1934 bis zum überparteilichen Gewerkschaftsbund von 1945 (Reichhold 1987, 767).

Die Erfahrungen aus der Zwischenkriegszeit veranlaßten ihn nach 1945, die Grundsätze einer überparteilichen Gewerkschaftsorganisation leidenschaftlich bis zum Ende seiner Karriere 1975 zu vertreten. Altenburger war mit Leib und Seele Gewerkschafter und hat die Bundesfraktion der Christlichen Gewerkschafter aus einem christlichen Selbstverständnis von Mensch und Gesellschaft geführt. Er selbst bezeichnete seine Aufgabe so: „Wir wollen unsere Pflicht gegenüber dem Nächsten immer erfüllen." Die Arbeit als Gewerkschafter stellte er bei seiner politischen Tätigkeit, in all seinen Funktionen unbeugsam und konsequent in den Vordergrund und hat somit die Präsenz einer Arbeitnehmerpolitik innerhalb der ÖVP gestärkt. Die Charakteristika seiner politischen Arbeit widerspiegeln die doppelte Loyalität (Pelinka 1976, 277) der christlichen Gewerkschafter, einerseits gegenüber dem ÖGB als Interessenvertretung für alle Arbeitnehmer Österreichs und andererseits gegenüber der ÖVP als jener Partei, in der sie ihre gesellschaftspolitischen Ziele am besten verwirklicht sahen.

Literatur- und Quellenverzeichnis

Altenburger, Erwin (1930). 25 Jahre christlicher Textilarbeiter-Verband, Wien 1930.

Altenburger, Erwin (1948). Unsere Sozialpolitik.

Altenburger, Erwin (1947). Gerechte Wirtschaftsordnung, die Grundlage zur Entfaltung der Persönlichkeit, Wien.

Altenburger, Erwin (Hg.) (1958). Aktuelle Probleme der Gewerkschaftspolitik. Vorträge und Ergebnisse der 2. gewerkschaftskundlichen Tagung des Institutes für Sozialpolitik und Sozialreform. Schriftenreihe Heft 9, Wien.

Altenburger, Erwin (Hg.) (1964). Die sozialen Aspekte einer Arbeitsmarktpolitik in Österreich. Vorträge und Ergebnisse der 10. Wiener Sozialen Woche, Wien (Schriftenreihe des Instituts für Sozialpolitik und Sozialreform. Heft 21).

Blenk, Gustav / Franz *Größl* / *Klinger,* Ewald / Christl *Kluwick-Muckenhuber* / *Machunze,* Erwin / Walter *Schwimmer* (1975). Die christlichen Gewerkschaften in Österreich, Wien, Hg. von der Stiftung für die Pflege der Tradition der christlichen Arbeiterbewegung.

Fehringer, Fritz / Otto *Herold* (1975). 30 Jahre ÖAAB, Wien.

Holzer, Barbara / Susanna *Hauser* / Renate *May,* (1994). Ein Verein macht Geschichte. 100 Jahre christlichsozialer Arbeiterverein, Wien. Hg. von Walter *Schwimmer.*

Klenner, Fritz (1979). Die österreichischen Gewerkschaften. Vergangenheit und Gegenwartsprobleme, Wien.

Kluwick-Muckenhuber, Christl (1969). Johann Staud. Ein Leben für die Arbeiterschaft, Wien.

Pelinka, Anton (1976). Wechselspiel von Gewerkschaft und Partei. Die christlichen Gewerkschaften als Integrationsfaktor, in: Andreas *Khol* / Robert *Prantner* / Alfred *Stirnemann* (Hg.): Um Parlament und Partei. Alfred Maleta zum 70. Geburtstag, Graz.

Reichhold, Ludwig (1987). Geschichte der Christlichen Gewerkschaften Österreichs, Wien.

Lebensdaten

1903	am 3. 11. in Mautern, Steiermark, geboren
1918	Mitbegründer einer Lehrlingsorganisation in Leoben, Mitglied des Katholischen Gesellenvereines und des Reichsbundes der katholischen deutschen Jugend Österreichs
1938	Verhaftung aus politischen Gründen
1984	am 7. 2. in Wien gestorben

Berufliche Karrierestationen

1922	Sekretär des Landeskartells der christlichen Gewerkschaften in Salzburg
1924	Sekretär der Gewerkschaft der Textil- und Lederarbeiter in Wien
1934–1938	Obmann der Gewerkschaft der Arbeiter in der Textil- und Bekleidungsindustrie im Rahmen des Gewerkschaftsbundes der österreichischen Arbeiter und Angestellten
1938–1945	Korrespondent, Bilanzbuchhalter, technischer Arbeiter sowie Mitglied der Widerstandsgruppe
1945	Sekretär der Gewerkschaft der Textil- und Lederarbeiter im ÖGB
1946–1975	Vizepräsident des ÖGB

Staatliche Funktionen

1945–1970	Abgeordneter zum Nationalrat
1947–1949	Minister ohne Portefeuille

Parteipolitische Ämter

1945–1947	Hauptreferent der ÖVP für Sozialpolitik
1948–1949	Mitglied im ÖVP-Bundesparteivorstand (damals „Bundesparteipräsidium")
1949–1951	Hauptreferent der ÖVP für Personalpolitik
1949–1952	geschäftsführender Obmann des ÖAAB
1952–1975	Vorsitzender der Fraktion Christlicher Gewerkschafter

Weitere Funktionen

1955–1975	Mitglied des Vorstandes des Internationalen Bundes der christlichen Gewerkschaften (IBCG) bzw. des Weltverbandes der Arbeitnehmer (WVA)

Hannes Androsch

von
Josef Wysocki

Das Interesse an der Politik und die Ausprägung seiner politischen Überzeugung wurde für Androsch bereits durch das Elternhaus und das Milieu seiner Jugendjahre vorgezeichnet.

Beide Elternteile ebenso wie weitere Familienangehörige und Mitglieder des Bekanntenkreises waren schon während der Ersten Republik im Rahmen der Sozialdemokratischen Partei politisch tätig. Androsch selbst erlebte erstmals als Elfjähriger den Wahlkampf 1949 neben seinem Vater aus nächster Nähe und stand diesem seitdem in vielen der folgenden Wahlkämpfe als Helfer zur Seite.

Als Schüler der Oberstufe reaktivierte er die Floridsdorfer Gruppe des Verbandes Sozialistischer Mittelschüler und leitete sie bis zur Matura.

Bei Beginn des Studiums an der damaligen Hochschule für Welthandel im Jahre 1956 war es für ihn vorgegeben, Mitglied der Sozialistischen Studenten zu werden. 1960 erfolgte seine Wahl zum Obmann der Wiener Sozialistischen Studenten, und 1962 wurde er Verbandsobmann der sozialistischen Studenten

Als wegweisender Karriereschritt erwies sich die 1963 erfolgte Berufung zum Sekretär für Wirtschaftsfragen des sozialistischen Parlamentsklubs. Um dieser Stellung willen verzichtete Androsch auf den angebahnten Eintritt in die Daimler-Benz AG in Untertürkheim (BRD).

1966 kandidierte er über Vorschlag des Bezirksobmannes der SPÖ Floridsdorf und späteren Wiener Stadtrats, Ing. Fritz Hofmann, erstmals als jüngster Kandidat für den Nationalrat. Der Wiener Obmann der SPÖ, damals Vizebürgermeister und Finanzstadtrat, Felix Slavik, setzte ihn auf die sogenannte „Restliste", womit die Chance zum Nachrücken in den Nationalrat während der laufenden Legislaturperiode verbunden war. Diese Möglichkeit ergab sich 1967, als die Abgeordnete zum Nationalrat Rosa Weber, die ihrerseits dieses Mandat von Franz Jonas nach dessen Wahl zum Bundespräsidenten übernommen hatte, bei einer Bergtour tödlich verunglückte. Neben Fritz Hofmann war es vor allem Felix Slavik, dem Androsch die Übertragung des Mandates, das einer Frau vorbehalten bleiben sollte, verdankte. So konnte er mit 29 Jahren als jüngster Abgeordneter ins Parlament einziehen.

Neben der sozialistischen Prägung von Kindheit an war für Androsch die Tatsache bedeutungsvoll, daß er in einem Haushalt selbständiger freiberuflicher Tätigkeit heranwuchs. Seit den frühen vierziger Jahren betrieb sein Vater unter Mithilfe der Mutter in Floridsdorf eine Kanzlei als „Helfer in Buchführungs- und Steuersachen", die Androsch später übernehmen sollte und die sich heute noch unter der Firmenbezeichnung „Consultatio" in seinem Mitbesitz befindet. So wurde der Heranwachsende frühzeitig mit den Notwendigkeiten selbständiger Wirtschaftstätigkeit vertraut. Auch die Wahl eines betriebswirtschaftlichen Hochschulstudiums – wesentlich für seine politische Karriere – ergab sich aus der Berufstätigkeit beider Elternteile.

Die politisch-ideologische ebenso wie die berufliche Orientierung zeigen Androsch also in weitreichender Übereinstimmung mit Elternhaus und Milieu. Seine früh begonnene politische Laufbahn läßt sich als konsequente Fortentwicklung aus diesen Prämissen deuten.

Mit dem Wahlsieg der SPÖ vom 1. März 1970 und der Bildung einer Minderheitsregierung durch Bruno Kreisky bot sich erstmals in der Geschichte Österreichs die Möglichkeit, einen Sozialisten an die Spitze des Finanzministeriums zu stellen. Nach Rücksprache mit mehreren Kandidaten entschied sich Kreisky schließlich für den damals 32jährigen Androsch. Dessen Sachkompetenz und Durchsetzungsvermögen überzeugten ihn umso stärker, als ihn mehrere Angehörige der sozialistischen Führungsspitze, darunter wiederum Felix Slavik, aber auch der Generaldirektor der Österreichischen Länderbank DDr. Franz Ockermüller, für dieses Amt empfahlen. Daß Androsch in der sozialistischen Bewegung zwar vielfältige Beziehungen, aber keine Hausmacht besaß, mag für Kreiskys Entscheidung nicht unbedeutend gewesen sein.

Für Aufgaben und Handlungsspielräume des Finanzministers sind grundsätzlich die Konjunkturverhältnisse von Bedeutung. Sie entscheiden nicht selten den Ausgang von Wahlen. Bei seinem Amtsantritt im Frühjahr 1970 fand Androsch eine Wirtschaft vor, die in Österreich ebenso wie im westlichen Ausland allenfalls wegen gewisser Überhitzungserscheinungen Anlaß zur Sorge bot. Der Konjunktureinbruch erfolgte im Herbst 1973 als Folge der ersten Erdölkrise. Er unterschied sich von dem – in Österreich ohnehin kaum spürbaren – Einbruch von 1966/67 dadurch, daß er von Androsch und anderen Zeitgenossen schon bald als Ausdruck einer nachhaltigen Verschlechterung des wirtschaftlichen Klimas gedeutet wurde. Ähnliche Entwicklungen hat schon 1972 der Club of Rome vorausgesagt. Die wirtschaftliche Talfahrt erreichte ihren Tiefpunkt im Jahre 1975, als das reale Bruttoinlandsprodukt um 0,4% schrumpfte.

Die Aufgaben in Androschs Amtszeit als Finanzminister waren neben den konjunkturpolitischen Herausforderungen durch institutionellen Reformbedarf gekennzeichnet. Im Finanzwesen ging es um die Neugestaltung der Einkommensteuer, die Umwandlung der bisherigen Allphasen-Brutto-Umsatzsteuer in die Mehrwertsteuer, die Neuverhandlung des Finanzausgleichs und die Umsetzung des industriellen Arrangements mit der EG. All diese Maßnahmen wurden im Jahr 1972 verwirklicht, das damit als eines der wichtigsten Reformjahre in der Finanzpolitik der Zweiten Republik anzusehen ist.

Im Bankwesen galt es, ein neues legistisches Rahmenwerk zu schaffen, mit dem die im wesentlichen noch auf das deutsche Reichskreditwesengesetz von 1934 zurückgehenden Normen den veränderten Verhältnissen angepaßt werden sollten. Dies geschah mit dem Kreditwesengesetz von 1979.

Die wirtschaftspolitischen Handlungsspielräume unterlagen in einer kleinen und weitgehend offenen Volkswirtschaft stets erheblichen Einschränkungen durch die internationalen Rahmengegebenheiten. Die inneren politischen Handlungsspielräume waren einerseits dadurch begünstigt, daß die SPÖ in dem gesamten fraglichen Zeitraum, abgesehen von der Episode der Minderheitsregierung, über die absolute Mehrheit verfügte. Andererseits aber erforderte die uneingeschränkte Fortsetzung der Sozialpartnerschaft Berücksichtigung. So bestand weiterhin die Notwendigkeit der Konsenssuche und des weitgehenden Verzichts auf kontroverse Lösungen, wie er für die „gemütliche Marktwirtschaft" in Österreich kennzeichnend ist.

Das zeigte sich beispielsweise bei der sogenannten „Hartwährungspolitik", als deren Begründer Androsch gilt. Sie bot eine wichtige Antwort auf die stabilitätspolitischen Herausforderungen der Zeit und wurde im Mai 1971 mit der historisch erstmaligen

Aufwertung des Schillings gegenüber dem Dollar eingeleitet, nachdem allerdings gegenüber der Deutschen Mark und dem Schweizer Franken eine Abwertung erfolgt war. Nach der Erprobung mehrerer Alternativen erhielt sie 1976 mit der Orientierung des Schillingkurses an der DM ihre prinzipiell bis in die Gegenwart gültige Form.

Der Einleitung der Hartwährungspolitik mußte eine Kompetenzklärung vorangehen, da bis zu Androschs Amtsantritt die Gestaltung der Wechselkurse als alleinige Aufgabe der Oesterreichischen Nationalbank galt. Gestützt auf das Devisengesetz konnte der neue Finanzminister jedoch seinen politischen Gestaltungsanspruch durchsetzen.

Seine Realisierung wurde nach ersten Gesprächen auf der Ebene von Regierung und Nationalbank unverzüglich im Kreis von Vertretern der Sozialpartner und der Parteien angestrebt (Androsch 1985, 75), um jenen breiten Konsens zu sichern, der in der Zeit der Minderheitsregierung unverzichtbar war.

Diese Bestrebungen wurden aber auch nach Gewinnung der absoluten Mehrheit beibehalten, als es Anfang 1973 um eine weitere geringfügige Aufwertung des Schillingkurses ging. So wurde ein „überlappender Konsens" ausgehandelt. Da dies ohne Mitwirkung des Regierungschefs geschehen war, zeigte sich dieser ernsthaft verärgert.

Vizekanzler und Finanzminister Dr. Hannes Androsch (links) mit Bundeskanzler Dr. Bruno Kreisky, 1977, SPÖ-Regierungsklausur auf dem Kahlenberg

Die Hartwährungspolitik, unterstützt vom ÖGB, aber zunehmend nicht mehr von den anderen Sozialpartnern, vor allem der Industriellenvereinigung und der ÖVP, wurde 1977 zum Gegenstand eines tiefgreifenden Konflikts in der Regierungsspitze. Während nämlich der Kanzler, möglicherweise unter dem Einfluß bestimmter Industrieller, für eine Abwertung des Schillings plädierte, die in Hinblick auf die Leistungsbilanz immerhin überlegenswert erscheinen konnte, widersetzte sich ihm Androsch offen. Da Benya und Waldbrunner ihn unterstützten, mußte der Regierungschef eine Niederlage hinnehmen, die das ohnehin bereits gespannte Verhältnis zu seinem Finanzminister irreparabel belastete. Andere Themen, bei denen es Meinungsunterschiede gab, waren die Führung der verstaatlichten Industrie, die Energiepolitik, die Finanzierung des Sozialstaates oder die Frage der Quellenbesteuerung von Zinserträgen.

Die Hartwährungspolitik war Bestandteil eines Konzepts, für das Hans Seidel die Bezeichnung „Austrokeynesianismus" geprägt hat. Androsch selbst hat diese Wortwahl wiederholt als unglücklich bezeichnet und würde „Austromonetarismus" für ebenso sachgerecht halten, betont aber immer wieder, daß es sich in Wirklichkeit um einen spezifischen „policy mix" beider Elemente handelt.

Die Handlungsspielräume einer Politik des „deficit spending" keynesianischer Inspiration bestanden allerdings nur verhältnismäßig kurze Zeit und wurden in den Jahren 1973 und 1974 zurückhaltend, 1975 und 1976 aber so intensiv genutzt, daß das Budgetdefizit in einem Maße zunahm, das zumindest nach den Maßstäben der damaligen Zeit alarmierend war. Im folgenden Jahr, 1977, aber zeigten sich die Grenzen für die Machbarkeit einer primär binnenwirtschaftlich orientierten Beschäftigungspolitik, da nunmehr das Leistungsbilanzdefizit in bedrohlicher Weise zunahm. Die 1966/67 unter anderen internationalen Rahmenbedingungen praktizierte Politik des „Durchtauchens" erwies sich somit vor allem auch aufgrund des international hohen Zinsniveaus als nicht wiederholbar. Es blieb Androsch also keine andere Wahl als ein budgetpolitischer Kurswechsel. Eingeleitet mit dem Zweiten Abgabenänderungsgesetz, das unter anderem die heftig umstrittene „Luxussteuer" brachte, führte dieser zu einer deutlichen Reduzierung der Nettoneuverschuldung bis auf 2,6% des BIP 1981 und in der Folge wieder zu einer ausgeglichenen Leistungsbilanz. Diese finanzpolitische Neuorientierung fand Unterstützung durch den ÖGB, der sich unter Anton Benyas Führung lohnpolitische Zurückhaltung auferlegte und zeitweilig sogar Reallohneinbußen in Kauf nahm.

In dieser Phase war dem Finanzminister von den gesamtwirtschaftlichen Rahmenbedingungen eine Handlungsweise aufgezwungen worden, die ihm im Grunde genommen wenig Handlungsalternativen ließ. Sein Verdienst war es jedoch, die Notwendigkeiten klar erkannt, ihnen konsequent entsprochen und die Zustimmung der Sozialpartner erwirkt zu haben.

Das Einvernehmen mit den Sozialpartnern ist ungeachtet aller vielfach bezeugter Härte in der Sache in solchem Ausmaß für Androschs Politik kennzeichnend, daß es bereits früh die Aufmerksamkeit des Regierungschefs weckte (Austrokeynesianismus 1993, 85). Ebenso gelang es ihm, ein gutes Verhältnis auch zu den der ÖVP angehörenden Landeshauptleuten herzustellen.

Für Androschs Führungstätigkeit innerhalb des Finanzministeriums ist die Tatsache von Bedeutung, daß bei seinem Amtsantritt praktisch alle Spitzenpositionen mit Beamten besetzt waren, die der oppositionellen ÖVP entweder angehörten oder ihr aber zumindest nahestanden. Der neue Ressortchef bemühte sich erfolgreich, die Bürokratie seines Hauses – nach seinem Verständnis josephinische Beamte – für sachliche Zusammenarbeit zu gewinnen, und verzichtete weitgehend auf personelle Revirements.

Besondere Aufmerksamkeit widmete Androsch der Tätigkeit als Kommunikator. Dabei ließ er sich von einem streng rationalistischen, nicht fundamentalistisch ideologischen, wohl aber auf Grundwerten beruhenden pragmatisch umzusetzenden Grundkonzept leiten und glaubte an die Möglichkeit, „das Unpopuläre dadurch populär zu machen, wenn man das Unverstandene verstanden macht". Von dieser Überzeugung getragen, kündigte er in den beiden Wahlkämpfen von 1975 und 1979 sogar zusätzliche Belastungen an nach dem Motto: Wahrheit ist auch in der Politik eine starke Waffe, wozu auch Klarheit der Aussagen gehört.

So wie kaum ein anderes Kabinettsmitglied ist der Finanzminister stets als Verhandler gefordert. Androsch verband dabei notorische Härte in essentiellen Positionen mit der

Bereitschaft zu Konzessionen in allen übrigen Bereichen. Das bereits erwähnte gute Einvernehmen mit den Sozialpartnern, aber auch mit den Ländern und Gemeinden als Finanzausgleichspartner kann als Ergebnis dieser Strategie angesehen werden.

Die Rolle als Organisator sah er im wesentlichen in der Vermittlung von Motivation und überließ anderen dann die Aufgabe der Umsetzung. Als Beispiel dieses Vorgehens kann insbesondere die überaus komplizierte Aufgabe der Umstellung der gesamten Finanzverwaltung auf die EDV gelten, die ohne größere Pannen erfolgte.

Bei der Frage nach ganz persönlichen Beiträgen zur Politik ist an erster Stelle die Hartwährungspolitik zu nennen, die wohl ein anderer schwerlich hätte durchsetzen können. Auch die Einführung der Mehrwertsteuer ist in diesem Zusammenhang anzuführen, die zwar einerseits aus sachlichen Gründen dringend geboten erschien, im Grunde genommen aber keinerlei Gruppeninteressen befriedigte, sondern geradezu einhelligen Widerstand provozierte. Bei der Einkommensteuerreform mag die Erfahrung aus der Umwelt selbständiger Wirtschaftstreibender ein individuelles Element dargestellt haben und den vor allem Selbständige begünstigenden Übergang von der Haushalts- zur Individualbesteuerung bestimmt haben. Zu erwähnen sind auch die Sanierung der AUA, der Salinen und des Dorotheums sowie die Privatisierung der vier verlustbringenden Bundesapotheken.

Handlungskalküle, die Bestimmtheit durch Eigen- oder Gruppeninteressen, sind naturgemäß nahezu unmöglich zu rekonstruieren. Eigenem Bekunden zufolge fühlte sich Androsch an keine Gruppe gebunden, sondern bemühte sich zum Wohl der Allgemeinheit um einen Interessenausgleich.

Androsch trat im Jänner 1981 als Finanzminister und Vizekanzler zurück, nachdem die Differenzen mit dem Regierungschef den Bruch unvermeidlich gemacht hatten. Vordergründig ging es dabei um die Fortführung der ererbten Steuerberatungs- und Wirtschaftsprüfungskanzlei, tatsächlich aber um vielschichtige Konflikte, in denen persönliche Elemente, aber auch grundsätzliche Auffassungsunterschiede in Sachfragen ebenso eine Rolle spielten wie Flügelkämpfe innerhalb der SPÖ. Androsch erschien dabei als Vertreter einer pragmatisch orientierten Gruppe, die ideologische Gesichtspunkte in den Hintergrund drängte.

Anschließend wurde Androsch gemäß den, insbesondere von Benya unterstützten, Vereinbarungen bei seinem Ausscheiden aus der Regierung Generaldirektor der CA. Seine Hauptaufgabe bestand in der Sanierung der ausgedehnten Industriebeteiligungen der Bank. 1988 zwang man ihn, deren Leitung niederzulegen. Der Rücktritt stand in Zusammenhang mit dem Ergebnis gerichtlicher Auseinandersetzungen um Steuerfragen. Aufgrund eines für Androsch günstigen Urteils des Verwaltungsgerichtshofes wird derzeit die Wiederaufnahme dieses Verfahrens betrieben.

Nach dem Ausscheiden aus der CA leitete Androsch als Konsulent der Weltbank eine Mission in Botswana, wo er praktische Erfahrungen der Entwicklungspolitik sammeln konnte. Seither widmet er sich selbständigen Tätigkeiten im Bereich des internationalen Consulting, der Unternehmens- und Personalberatung, der Wirtschaftsprüfung und im Handelsbereich mit Schwerpunkten in östlichen Transformationsländern, wie im Bereich der Vollintegration in die EU.

Im Bewußtsein des allgemeinen Publikums ist Androsch immer noch in hohem Maße präsent. Immer wieder tritt er in den verschiedenen Medien in Erscheinung, und zwar sowohl in Zusammenhang mit historischen Rückblicken als auch mit Stellungnahmen zu Fragen der Tagespolitik, wie zu Fragen längerfristiger Perspektiven.

Sein Bild in der Öffentlichkeit ist in hohem Maße kontrovers. Erbitterter Gegnerschaft steht entschiedene Zustimmung gegenüber. Umfragen ergeben bis zur Gegenwart eine hohe Popularität.

Literatur- und Quellenverzeichnis

Androsch, Hannes (1971). Überlegungen zu einer modernen Investitions- und Industriepolitik, in: Festschrift für Karl Waldbrunner, Wien.

Androsch, Hannes (1978). Staat, Steuern, Gesellschaft. Wirtschaftspolitik als Gesellschaftspolitik in der Welt von morgen, Wien.

Androsch, Hannes (1985). Die politische Ökonomie der österreichischen Währung, Wien.

Androsch, Hannes (1985). Karl von Bruck, in: Österreichische Portraits, gemeinsam mit Helmut H. *Haschek,* Salzburg, Wien.

Androsch, Hannes (1987). Conditio Austriae, in: Österreich – Geschichte und Gegenwart, hrsg. mit Helmut H. *Haschek,* Wien.

Androsch, Hannes (1988). Auf der Suche nach Identität, Wien.

Androsch, Hannes (1988). Die weiße Magie des Geldes, in: Herbert *Cordt* / Beppo *Mauhart* (Hg.): Zurück in die Zukunft, Wien.

Androsch, Hannes (1988). Ein öffentliches Gut besonderer Art, in: M. *Lahnstein* und H. *Matthöfer* (Hg.): Leidenschaft zur praktischen Vernunft – Helmut Schmidt zum Siebzigsten, München.

Androsch, Hannes (1989). Zwei Jahrzehnte wechselvoller Verbundenheit, in: Werner *Clement* und Karl *Socher* (Hg.): Stephan Koren, Wien.

Weber, Fritz / Theodor *Venus* (Hg.) (1993): Austrokeynesianismus in Theorie und Praxis, Stiftung Bruno Kreisky Archiv, Studienreihe Bd. 1, Wien.

Lebensdaten

1938	am 18. 4. in Wien-Floridsdorf geboren
1956	Matura, Beginn eines wirtschaftswissenschaftlichen Studiums an der Hochschule für Welthandel
1959	Diplomkaufmann
1964	Heirat
1969	Promotion

Berufliche Karrierestationen

1963	Sekretär für Wirtschaftsfragen des sozialistischen Parlamentsklubs
1966	Beeideter Buchprüfer und Steuerberater
1968	Beeideter Wirtschaftsprüfer und Steuerberater
1968–1970	Staatskommissär-Stellvertreter bei der Zentralsparkasse der Gemeinde Wien
1981–1988	Generaldirektor der CA
1988	Entwicklungspolitische Mission in Botswana im Auftrag der Weltbank
Seit 1988	Selbständige Tätigkeit im Bereich des internationalen Consulting, der Unternehmens- und Personalberatung, der Wirtschaftsprüfung und im Handelsbereich

Staatliche Funktion

1966	Kandidatur zum Nationalrat
1967–81	Abgeordneter zum Nationalrat
1970–81	Bundesminister für Finanzen
1976–81	Vizekanzler

Parteipolitische Ämter

1953–1956	Obmann der Gruppe Floridsdorf des Verbandes Sozialistischer Mittelschüler
1960–1961	Wiener Obmann des VSStÖ
1961–1962	Stellvertretender Verbandsobmann des VSStÖ
1962–1963	Verbandsobmann des VSStÖ
seit 1964	Mitglied des Bezirksvorstandes der SPÖ Floridsdorf
seit 1984	einer der stellvertretenden Bezirksobmänner
1972–1983	Mitglied des Bundesparteivorstandes der SPÖ
1974–1981	Mitglied des SPÖ-Parteipräsidiums
1974–1981	Mitglied des Erweiterten SPÖ-Parteipräsidiums
1974–1981	Stellvertretenden Parteivorsitzender der SPÖ

Anton Benya

von
Günther Schefbeck

Im Jahr 1912 geboren, zählt Anton Benya gemeinsam mit Männern wie Rudolf Häuser, Franz Olah, Robert Weisz oder Hans Böck (die den Geburtsjahrgängen 1909 bis 1914 angehören) zu jener „zweiten Generation" sozialdemokratischer Gewerkschafter im ÖGB, welche in den Jahren nach dem Zweiten Weltkrieg den gewerkschaftlichen cursus honorum zu durchlaufen begann, die „Gründergeneration" des ÖGB – Männer wie Anton Böhm und Karl Maisel – um 1960 ablöste und – sieht man von Olah ab – den ÖGB bis in die zweite Hälfte der 70er Jahre prägte. Daß das gewerkschaftliche und politische Wirken Anton Benyas nahezu ein Jahrzehnt länger währte als das seiner Altersgenossen belegt die Ausnahmestellung, die Benya, der fast ein Vierteljahrhundert lang die Funktion des Präsidenten des ÖGB bekleidete, im innenpolitischen Gefüge Österreichs einnahm.

Anton Benya wurde am 8. 10. 1912 im Wiener Arbeiterviertel Penzing geboren und wuchs dort – in einer Zimmer-Küche-Kabinett-Wohnung in der Goldschlagstraße – auch auf. Sein Vater, gelernter Bäcker und nach dem Ersten Weltkrieg im Dienst der Wiener Sicherheitswache, war Sozialdemokrat, seine Mutter war zwar zutiefst katholisch, sympathisierte aber ebenfalls mit der Arbeiterbewegung; die *Arbeiter-Zeitung* und später auch das *Kleine Blatt* wurden in der Familie gelesen. So war Anton Benyas Weg in die Sozialdemokratie vorgezeichnet. Den Weg in die Gewerkschaft fand er während seiner Lehre als Elektromechaniker, die er einer (ihm von seinem Klassenvorstand nahegelegten) höheren Ausbildung am Technologischen Gewerbemuseum vorgezogen hatte. Seinen Lehrplatz hatte er bei der Starkstromfirma Scheiber und Kwaysser in Penzing, die damals 100%ig im Metallarbeiterverband, der zu den (sozialdemokratischen) Freien Gewerkschaften gehörte, organisiert war; er trat der Lehrlingssektion bei, wurde bereits mit 17 Jahren zu deren Schriftführer gewählt und in der Folge Lehrlingsvertrauensmann im Betrieb.

Dort machte sich die Wirtschaftskrise immer deutlicher bemerkbar. Vertreter der Christlichen und der Unabhängigen Gewerkschaften begannen mit jenen der Freien Gewerkschaften in Konkurrenz zu treten; von Abbaumaßnahmen waren, wie Benya beobachten mußte, vor allem die letzteren betroffen. Nachdem er 1930 ausgelernt hatte, wurde auch er entlassen, fand aber wenige Wochen später wieder Arbeit bei der Firma Ingelen in Hernals, bei der er – unterbrochen allerdings von siebenmaliger Arbeitslosigkeit und zweimaliger politischer Haft in den Jahren zwischen 1930 und 1938 – bis 1948 beschäftigt blieb. Bereits 1929 war er Mitglied der Sozialdemokratischen Arbeiterpartei geworden, 1931 trat er auch dem Republikanischen Schutzbund bei. Wie so viele junge Sozialdemokraten hing er damals der Linie Otto Bauers an, erst später und rückblickend sollte er zu der Überzeugung gelangen, daß die kompromißorientierte Linie Karl Renners die richtigere gewesen wäre (Benya 1988, 43). Die marxistische

Theorie war freilich schon zu dieser Zeit seine Sache nicht: Das ihm als Lektüre ans Herz gelegte *Kapital* von Karl Marx versuchte er zwar zu lesen, verstand es aber, wie er freimütig bekannte, nicht (Benya 1992, 17, 25). Politische Triebfeder war ihm die soziale und wirtschaftliche Situation der arbeitenden Menschen und noch mehr der Arbeitslosen – eine Lage, die er aus persönlicher Betroffenheit kannte – sowie der schrittweise Verlust der Demokratie, dem die Wirtschaftskrise den Weg geebnet hatte.

Im Dezember 1933, mit 21 Jahren, wurde Anton Benya zum Betriebsrat gewählt. Zwei Monate später brach der Bürgerkrieg aus. Benya wurde zwar nicht in die Kampfhandlungen verwickelt, aber trotzdem in der Folge einen Monat in Polizeihaft genommen. Wieder in Freiheit, stand er ebenso wie die anderen sozialdemokratischen Gewerkschafter vor der Frage, ob er in der ständestaatlichen Einheitsgewerkschaft mitarbeiten sollte. Schließlich wurde er wieder Betriebsrat und später Vertreter der Ortsgruppe Ottakring/Hernals im Einheitsgewerkschaftsbund, betätigte sich aber weiter illegal im Sinne der Freien Gewerkschaften, weshalb er 1937 für sieben Monate inhaftiert wurde. Seinen Arbeitsplatz erhielt er erst nach dem „Anschluß" 1938 wieder; obwohl er sich weigerte, eine Funktion in der Deutschen Arbeitsfront zu übernehmen, wurde er – als bei seinem nunmehr auch in der Rüstungsproduktion tätigen Betrieb unabkömmlich – vom Dienst in der Wehrmacht befreit und konnte so den Krieg bis 1944 in Wien, dann in Tirol, wohin sein Produktionszweig verlagert worden war, überdauern. Bereits im Jahre 1935 hatte er eine Arbeitskollegin, Hildegard Bierbaumer, geheiratet; die Ehe blieb kinderlos.

Sobald Anton Benya im Juni 1945 von Tirol nach Wien zurückgekehrt war, wurde er bei Ingelen zum Betriebsratsobmann gewählt. In der SPÖ-Bezirksorganisation Hernals begegnete Benya seinem späteren Widerpart Franz Olah, der in den folgenden Jahren in der Gewerkschaftsbewegung einen noch rascheren Aufstieg nehmen sollte als Benya selbst. War Olah der „gewerkschaftliche Ziehsohn" des ehemaligen Obmanns der Baugewerkschaft und ÖGB-Präsidenten Johann Böhm und wurde er von diesem als sein Nachfolger aufgebaut, so nahm diese „gewerkschaftliche Vaterrolle" gegenüber Benya bald der Vorsitzende der damals mitgliederstärksten Einzelgewerkschaft, der Gewerkschaft der Metall- und Bergarbeiter, Karl Maisel, ein. Nachdem Benya in der Ortsgruppe Ottakring/Hernals der Metallarbeitergewerkschaft zum Schriftführer und dann zum Obmannstellvertreter und auf dem ersten Gewerkschaftstag im Mai 1947 als eines der jüngsten Mitglieder in ihren Zentralvorstand gewählt worden war, entsandte ihn Maisel im Folgejahr als Vertreter der Metallarbeiter in die ÖGB-Zentrale, wo er am 1. 5. 1948 die Funktion des Organisationssekretärs übernahm.

Benya war mitverantwortlich für den Ausbau jener straffen und zentralistischen Organisationsstruktur des ÖGB, die diesen in der Folgezeit zu einem so berechenbaren Verhandlungspartner machen und damit zu einer wesentlichen Funktionsbedingung der Sozialpartnerschaft werden sollte. Als Verbindungsmann zu den damals 16 Einzelgewerkschaften und den 8 Landesexekutiven knüpfte er zahlreiche Kontakte in ganz Österreich, die sich später als wertvoll erweisen sollten. Er lernte Böhms ruhigen, besonnenen Verhandlungsstil kennen, der ihn ebenso prägend beeinflußte wie Böhms stetes Streben nach Interessenausgleich sowohl auf innergewerkschaftlicher Ebene als auch zwischen Arbeitnehmern und Arbeitgebern.

Der 1957 konstituierten Paritätische Kommission gehörte Benya als ÖGB-Vertreter seit dem ersten Tag ihres Bestehens an. Ein Jahr zuvor, am 2. 2. 1956, war er zum stellvertretenden Generalsekretär des ÖGB bestellt worden und als solcher u. a. für die Wirtschafts- und Lohnpolitik verantwortlich. Die nach dem Eintritt des gleichzeitig beurlaubten ÖGB-Generalsekretärs Anton Proksch als Sozialminister in die Bundesregierung ernannten beiden stellvertretenden Generalsekretäre, Benya und der ihm freundschaftlich verbundene bisherige Pressereferent Fritz Klenner, galten damals schon als Schlüsselfiguren im Hintergrund des ÖGB. Um seiner gewerkschaftlichen Funktion größeres Gewicht zu verleihen, hatte Benya 1956 auch ein Nationalratsmandat erhalten.

Eine erfolgreiche Bewährungsprobe seines Verhandlungsgeschicks legte Benya beim Abschluß des Generalkollektivvertrags über die Einführung der 45-Stunden-Woche zwischen ÖGB und Bundeskammer im Jänner 1959 ab: Da auf Ebene der Regierungskoalition keine Einigung über eine Novellierung des Arbeitszeitgesetzes zu erzielen gewesen war, waren die Sozialpartner eingeschaltet worden, und Benya hatte die Verhandlungen für den ÖGB geführt, zielbewußt und mit Zähigkeit, nach der Methode „steter Tropfen höhlt den Stein", wie er sie selbst charakterisierte (zit. n. Mulley 1992, 104).

Der Generationswechsel an der Spitze des ÖGB wurde 1959 durch den plötzlichen Tod des Präsidenten Johann Böhm eingeleitet. Vizepräsident Franz Olah übernahm die Führung der Geschäfte und wurde vom 4. ÖGB-Bundeskongreß im September des Jahres zum Präsidenten des ÖGB gewählt. Anton Benya begann gleichzeitig, schrittweise die Nachfolge Karl Maisels anzutreten: Nachdem er zuvor zum stellvertretenden Vorsitzenden der Gewerkschaft der Metall- und Bergarbeiter gewählt worden war, bestellte ihn der ÖGB-Bundeskongreß im September 1959 anstelle Maisels zum Vizepräsidenten des ÖGB. Nachfolger Maisels wurde er 1962 auch in der Funktion des Vorsitzenden der Bundesfraktion Sozialistischer Gewerkschafter im ÖGB (deren Sekretär er zuvor gewesen war). Dabei allerdings kam es zu einer ersten offenen Konfrontation mit Olah, der den Fraktionsvorsitz selbst angestrebt hatte; ihm gegenüber beriefen sich Maisel und Benya auf den vom verstorbenen Präsidenten Böhm aufgestellten Grundsatz, demzufolge Präsidentschaft und Fraktionsvorsitz nicht in einer Hand vereint werden dürften, um so die Überparteilichkeit des ÖGB zu dokumentieren. 1962 übernahm Benya von Maisel auch den Vorsitz der Gewerkschaft der Metall- und Bergarbeiter, nachdem er seit 1959 schon die Kollektivvertragsverhandlungen für die Gewerkschaft geführt und im Mai 1962 den großen Metallarbeiterstreik, der nach vier Tagen zu einem erfolgreichen Kollektivvertragsabschluß führte, organisatorisch geleitet hatte. Auch für die Maisel-Nachfolge in der Funktion des Präsidenten der Wiener Arbeiterkammer und des Präsidenten des Österreichischen Arbeiterkammertages war Benya vorgesehen; daß es anders kam, daß er zum Präsidenten des ÖGB aufrückte, hing mit der Entscheidung Olahs zusammen, als Innenminister in die Bundesregierung einzutreten und die Präsidentschaft im ÖGB niederzulegen.

Olah hatte sein Amt als ÖGB-Präsident in eigenwilliger Art und Weise ausgeübt: Sein Führungsstil der „einsamen Entscheidungen", etwa sein Alleingang beim Abschluß des Raab-Olah-Abkommens oder sein Verhalten in der Budgetkrise 1961 (wo ihm Maisel und Benya entgegengetreten waren), hatte in der SPÖ ebenso wie in der Fraktion Sozialistischer Gewerkschafter Kritik ausgelöst; in den Augen seiner Gegner – deren Zahl zunahm – schien er seine ÖGB-Funktion zu persönlicher Profilierung und als Sprungbrett in das Amt des SPÖ-Vorsitzenden verwenden zu wollen. Die von ihm vertretene Option einer kleinen Koalition zwischen SPÖ und FPÖ lief dem sozialpartnerschaftlich-großkoalitionären Denken, für das auch Benya stand, zuwider. Ab 1962 versuchte Olah, sich in Niederösterreich als Nachfolger Helmers eine neue innerparteiliche Hausmacht aufzubauen; so glaubte er offenbar, auf die Funktion des ÖGB-Präsidenten verzichten zu können, und Anton Benya wurde am 28. 3. 1963 vom ÖGB-Bundesvorstand zum geschäftsführenden Vizepräsidenten bestellt, vom 5. ÖGB-Bundeskongreß schließlich, am 27. 9. 1963, zum Präsidenten des ÖGB gewählt.

Die endgültige Auseinandersetzung mit Olah ließ nicht lange auf sich warten. Fritz Klenner, seit 1959 Obmann der Zentralen Kontrollkommission des ÖGB, hatte mit

Jahresbeginn 1963 die Generaldirektion der Arbeiterbank übernommen und dadurch Einblick in Olahs finanzielle Transaktionen mit Gewerkschaftsgeldern, insbesondere im Zusammenhang mit der Gründung der *Kronen Zeitung,* erhalten. Während die Untersuchung der Kontrollkommission gegen Olah noch lief, wurde im Sommer 1964 die über die Medien geführte Auseinandersetzung zwischen Olah und seinen innerparteilichen Gegnern immer schärfer. Die *Kronen Zeitung,* Olahs Sprachrohr, griff auch Benya heftig an und publizierte den Fall eines Gewalttäters namens Friedrich Benya, der – angeblich wegen behaupteter Verwandtschaft mit dem ÖGB-Präsidenten – von der Polizei bald nach seiner Verhaftung wieder auf freien Fuß gesetzt worden war. Im September zwang der SPÖ-Bundesvorstand (auch mit Benyas Stimme) Olah zum Rücktritt als Innenminister, im Oktober veranlaßte ihn der Bericht der ÖGB-Kontrollkommission zur Zurücklegung seiner letzten Gewerkschaftsfunktionen. Kurzfristig schien sogar eine Spaltung des ÖGB zu drohen, doch Benyas energischem Auftreten gelang es, die Einheit zu wahren. Lediglich auf gerichtlicher Ebene fand die Auseinandersetzung mit Olah noch eine mehrjährige Fortsetzung. Das gegen die *Kronen Zeitung* geführte Gerichtsverfahren um die vom ÖGB behaupteten Eigentumsrechte wurde 1969 mit einem Vergleich abgeschlossen; in der Folge änderte sich die Blattlinie radikal, und die *Kronen Zeitung* wurde geradezu zu einem inoffiziellen Organ Benyas und des ÖGB.

Unterdessen hatte, bald nach Benyas Amtsantritt als ÖGB-Präsident, die Sozialpartnerschaft – oder „Wirtschaftspartnerschaft", wie sie Benya vorzugsweise nannte (Benya 1971, 17f.; Kunz 1992, 34) – ihre definitive institutionelle Ausformung erhalten: Im Raab-Benya-Abkommen von 1963 war die Einrichtung eines Beirates für Wirtschafts- und Sozialfragen vereinbart worden, eines Expertengremiums, das sich mit Grundsatzfragen der Wirtschaftspolitik befassen sollte. Die damals formulierten wirtschaftspolitischen Zielsetzungen – Kaufkraftstabilisierung, Sicherung des Wirtschaftswachstums und der Vollbeschäftigung – blieben auch in den Folgejahren der gemeinsame Nenner sozial- oder wirtschaftspartnerschaftlicher Willensbildung, vor allem Wirtschaftswachstum wurde geradezu zum sozialpartnerschaftlichen Credo.

Nach Raabs Tod im Jahre 1964 wurde Rudolf Sallinger sein Nachfolger als Präsident der Bundeskammer der gewerblichen Wirtschaft und damit Benyas wichtigster Verhandlungspartner für die nächsten 23 Jahre; die personelle Kontinuität in den sozialpartnerschaftlichen Entscheidungsgremien und das auch daraus resultierende persönliche Vertrauensverhältnis zwischen den Verhandlungspartnern kann als eine der Funktionsbedingungen der Sozialpartnerschaft angesehen werden. Das von wechselseitigem Respekt getragene, gute Gesprächsklima zwischen Benya und Sallinger äußerte sich sowohl in den sozialpartnerschaftlichen Gremien als auch in zahlreichen Zweiergesprächen, die oft kurzfristig zur Lösung anstehender Probleme angesetzt wurden und dem Arbeitsstil der Frühaufsteher Benya und Sallinger entsprechend zumeist etwa um 7.30 Uhr entweder in der ÖGB-Zentrale oder in der Bundeswirtschaftskammer begannen. Die Regierungskonstellationen, unter denen diese Gespräche stattfanden, veränderten sich allerdings:

Als die ÖVP bei den Nationalratswahlen 1966 die absolute Mandatsmehrheit erzielte und sich in den Koalititonsverhandlungen nicht bereit zeigte, auf deren Einsatz zu verzichten, trat Benya bald ins Lager jener in der SPÖ ein, die meinten, die SPÖ habe keine andere Wahl als die Opposition. Auf dem 6. ÖGB-Bundeskongreß im Folgejahr nahm er dann, gestützt auf das innenpolitische Gewicht von 1,5 Millionen ÖGB-Mitgliedern, die oft zitierte Standortbestimmung des ÖGB unter den neuen Verhältnissen vor: „Der ÖGB ist eine durchaus eigenständige Kraft in unserem Lande. Als freie Gewerkschafter sind wir unabhängig vom Staat, von den Unternehmen und von den politischen Parteien. ... Unsere Aufgabe ist es weder, aus grundsätzlichen Erwägungen der

Regierung Schwierigkeiten zu machen noch ihr regieren zu helfen. Unsere Einstellung gegenüber der Regierung hängt davon ab, in welchem Maße diese den berechtigten Wünschen, Anliegen und Bedürfnissen der Arbeitnehmer entspricht" (zit. n. Kunz 1992, 31). Gemeint war damit: Die SPÖ kann man in die Opposition schicken, mit dem ÖGB muß man – im Rahmen der Sozialpartnerschaft – weiter verhandeln. Und so gelang es Benya und dem ÖGB unter anderem, nach einem erfolgreichen Volksbegehren 1969 auf Sozialpartnerebene die etappenweise Einführung der 40stündigen Arbeitswoche zu erreichen; dem Abschluß eines Generalkollektivvertrages folgte dann auch die Beschlußfassung über ein neues Arbeitszeitgesetz. In der Auseinandersetzung um eine Novellierung des ÖIG-Gesetzes, welche die Privatisierung verstaatlichter Unternehmungen ohne Befassung des Nationalrates ermöglichen sollte, erreichte Benya im Sommer 1969 durch Androhung gewerkschaftlicher Kampfmaßnahmen den Verzicht der ÖVP auf den Einsatz ihrer Mehrheit und einen Kompromiß. Tatsächlich schuf Benya im ÖGB und über die Sozialpartnerschaft somit eine sozialdemokratische Gegenmacht zur Macht der ÖVP in Regierung und Parlament und leistete dadurch einen wichtigen Beitrag zu Bruno Kreiskys Oppositionsstrategie; dies obwohl das Verhältnis zwischen Benya und Kreisky anfangs sehr getrübt gewesen war.

ÖGB- und Nationalrats-Präsident Anton Benya (rechts) mit Bundeswirtschaftskammer-Präsident Rudolf Sallinger, 1981, Jahresempfang im Parlament

1967 hatte Benya versucht, den niederösterreichischen Gewerkschafter Hans Czettel als Kandidaten für den Parteivorsitz gegen Kreisky ins Rennen zu bringen. Beider Verhältnis war offenbar noch aus der Zeit der Olah-Krise belastet, als Kreisky in den Parteigremien Olah bis zuletzt die Stange gehalten hatte. Nun bezog Benya auf dem SPÖ-Parteitag 1967 offen gegen Kreisky Stellung, konnte aber seine Wahl zum Parteivorsitzenden nicht verhindern; das Ausmaß der Polarisierung wurde in den 142 Streichungen deutlich, die

Benya bei der Wahl in den Bundesparteivorstand erhielt. Nichtsdestoweniger bemühten sich in der Folgezeit beide Kontrahenten um eine Entkrampfung ihres Verhältnisses, und noch 1967 fanden sie am Rande eines Treffens der Wiener Landesleitung der Metallarbeiter in Krumpendorf, bei dem sie beide Referenten waren, zu einer gemeinsamen Gesprächsbasis, die sich in den folgenden Jahren zunehmend verbessern und vertiefen sollte. Als Kreisky nach Erringung der absoluten Stimmen- und Mandatsmehrheit bei der Nationalratswahl 1971 Benya anstelle von Karl Waldbrunner, der nicht mehr kandidiert hatte, für die Funktion des Präsidenten des Nationalrates vorschlug, bedeutete dies nicht nur die Rückkehr zu jenem seit 1945 geübten und nur durch die Wahl Waldbrunners unterbrochenen Brauch, daß die höchste der SPÖ im Nationalratspräsidium zustehende Funktion mit einem Vertreter der sozialistischen Gewerkschafter zu besetzen war, sondern war dies auch ein äußeres Zeichen der erfolgten Aussöhnung.

Mit seiner Wahl zum Präsidenten des Nationalrates am 4. 11. 1971 bekleidete Anton Benya also das protokollarisch zweithöchste Amt der Republik Österreich, und er hatte dieses Amt mehr als 15 Jahre lang inne, bis zum 17. 12. 1986, länger als jeder andere vor oder nach ihm. Freilich hatte diese Funktion damals in höherem Ausmaß als heute repräsentativen Charakter und konnte Benya als „Doppelpräsident“ (wie ihn die Medien in der Folge gerne nannten) ihr auch nur einen Teil seiner Arbeitskapazität widmen – dennoch setzte oder unterstützte er in seiner Amtszeit eine Reihe für die Entwicklung des Parlamentarismus wichtiger Initiativen. Bereits kurz nach seinem Amtsantritt hatte er den parteilosen Geschäftsordnungsexperten Wilhelm F. Czerny zum Parlamentsdirektor ernannt, der ihn von administrativen Aufgaben weitgehend entlastete. Unter Czernys fachkundiger Beratung wurde bis 1975 eine Neufassung der Nationalrats-Geschäftsordnung erarbeitet – die größte und bis heute wichtigste Geschäftsordnungsreform in der Geschichte des österreichischen Parlamentarismus. Die Parlamentsdirektion, der Hilfsapparat des Präsidenten des Nationalrates, wurde in der Bundesverfassung verankert und erhielt erstmals eine Geschäftseinteilung, mit dem Aufbau eines Parlamentarisch-wissenschaftlichen Dienstes wurde begonnen, und der drängendsten Raumnot suchte man durch Nutzung der letzten Raumreserven im Parlamentsgebäude sowie durch den Ankauf und die Adaptierung eines Gebäudes in der Reichsratsstraße (in dessen Foyer heute eine Bronzebüste an Benya erinnert) Herr zu werden. Benyas politisches Gewicht erlaubte es ihm, Maßnahmen, von deren Notwendigkeit er einmal überzeugt war, auch gegen Widerstand etwa der parlamentarischen Klubs durchzusetzen und umgekehrt Forderungen der parlamentarischen Klubs, die er als ungerechtfertigt ansah, die Erfüllung zu versagen.

Das politische Gewicht und der Einfluß Anton Benyas hatte sich durch die neue innenpolitische Konstellation nach den Wahlen von 1970 und 1971 nochmals entscheidend vergrößert. Nach der Bildung der SPÖ-Alleinregierung waren nicht nur Vertreter der sozialistischen Gewerkschafter in wichtigen Regierungsfunktionen tätig (etwa als Sozial- und Handelsminister), sondern Benya übte auch persönlich, wie ihm der Zeitzeuge Heinz Fischer (1994, 208) bescheinigt, „großen Einfluß“ auf Kreiskys Regierungspolitik aus. Kreisky und Benya trafen zumindest einmal in der Woche, zumeist montags, zu einer Besprechung der aktuellen Lage zusammen. Benyas Einfluß reichte dabei keineswegs nur in die für ihn als ÖGB-Präsident naturgemäß im Vordergrund stehenden Bereiche der Sozial- und Arbeitsmarktpolitik hinein; sein Einfluß galt durchaus auch anderen Bereichen wie etwa jenem der Medienpolitik, in dem er als treibende Kraft für eine neuerliche ORF-Reform wirkte, die dann 1974 auch durchgeführt wurde. In den Medienkommentaren fand Benyas Ausnahmestellung in der österreichischen Innenpolitik auch ihren Niederschlag, und er wurde mit Attributen wie „Kreiskys Mitregent“ (*Wochenpresse,* Nr. 47/1972, 4), „Der heimliche Kanzler“ (*profil,* Nr. 7/1973, 26) oder „Der Mächtigste neben Kreisky“ (*Frankfurter Allgemeine Zeitung,* 15. 8. 1977) bedacht.

Benyas Machtbasis war natürlich unverändert der ÖGB und dessen Zusammenarbeit mit den Arbeitgebervertretern im Rahmen der Sozial- oder Wirtschaftspartnerschaft – nunmehr allerdings mit veränderten Vorzeichen: Jetzt verfügte die Achse ÖGB-SPÖ über die parlamentarische Mehrheit, während die Wirtschaftsvertreter nicht wie der ÖGB zwischen 1966 und 1970 im Konfliktfall mit Kampfmaßnahmen drohen konnten. Allerdings ging auch in der Zeit der absoluten SPÖ-Mehrheit dem Einsatz dieser Mehrheit in wirtschaftlich relevanten Gesetzesmaterien stets die Suche nach einem auch den Wirtschaftsvertretern noch zumutbaren Kompromiß auf Sozialpartnerebene voraus (was sich auch in der bei durchschnittlich etwa 80 Prozent liegenden Rate im Nationalrat einstimmig beschlossener Bundesgesetze äußerte). Ein Beispiel für die dabei vielfach angewandte Strategie bietet das 1973 beschlossene Arbeitsverfassungsgesetz: Der ursprünglich von Sozialminister Häuser vorgelegte Entwurf hatte eine Reihe weitgehender gewerkschaftlicher Mitbestimmungsforderungen enthalten, von denen der ÖGB auf einige in den auf Experten- und schließlich Präsidentenebene durchgeführten Sozialpartnerverhandlungen wieder verzichtete, um die Zustimmung von Bundeswirtschaftskammer und Industriellenvereinigung zu erlangen; die insgesamt 173 so ausgehandelten Änderungen zur Regierungsvorlage wurden dann vom Nationalrat einfach übernommen.

Auch aus der Position der Stärke heraus, in der sie sich in der Zeit der SPÖ-Alleinregierung befanden, verfolgten Benya und der ÖGB im Rahmen der Sozialpartnerschaft eine kompromißorientierte Politik, die der Sicherung des „sozialen Friedens" dienen sollte. Die Lohnpolitik richtete sich an jenem Grundsatz aus, den Anton Benya in die vielzitierte Metapher gekleidet hatte, wonach man eine Kuh, die man melken wolle, nicht schlachten dürfe. Zwar sprach sich der ÖGB stets gegen öffentliche Lohnleitlinien aus, in der Praxis der Kollektivvertragsverhandlungen spielten jedoch jene als „Benya-Formeln" bekannt gewordenen faktischen Lohnleitlinien eine große Rolle, in denen der ÖGB-Präsident, ausgehend von der Basisforderung der Inflationsabgeltung und, je nach Einschätzung der Konjunkturlage, bestimmte Reallohnsteigerungen als Ziele gewerkschaftlicher Lohnpolitik formulierte. An der Bewältigung wirtschaftlicher Probleme, wie etwa des Inflationsschubs zu Anfang der 70er Jahre, arbeiteten Arbeitnehmer- und Arbeitgeberseite zusammen, im konkreten Fall beispielsweise durch das die Stabilisierungsbemühungen der Bundesregierung unterstützende Benya-Sallinger-Abkommen vom Dezember 1972. Lediglich wenn Nationalratswahlen vor der Tür standen, wurden auch ohne Rücksicht auf Widerstand der Arbeitgebervertreter sozialpolitische Verbesserungen durchgesetzt, so 1979 die etappenweise Einführung der Arbeiterabfertigung. Von dem Zeitpunkt an, als sich die Konjunktur weltweit abzuschwächen begann, stand im Mittelpunkt der Politik des ÖGB das von Anton Benya auf dem 8. Bundeskongreß im September 1975 formulierte Ziel der Sicherung der Vollbeschäftigung, auch um den Preis wachsender öffentlicher Ausgaben und erhöhter Budgetdefizite. Diese Politik des staatlichen *deficit spending* wurde in der Folge auch von Bundeskanzler Kreisky vertreten, von Finanzminister Hannes Androsch aber praktisch durchgeführt. Als Androsch mit Kreisky in einen persönlichen Gegensatz geriet, hielt ihm Benya, der seine Qualitäten als „Macher" schätzen gelernt hatte (Benya 1992, 95), die Treue und setzte schließlich gegen Kreiskys Widerstand seine Bestellung zum Generaldirektor der größten verstaatlichten Bank durch.

Eine erste ebenso deutliche wie öffentliche Niederlage erlitten Anton Benya und die eingespielten Mechanismen sozialpartnerschaftlicher Willensbildung 1978 im Zusammenhang mit der Frage der Inbetriebnahme des Kernkraftwerks Zwentendorf. Im Vorfeld der 1979 bevorstehenden Nationalratswahl weigerte sich die ÖVP ungeachtet des auf Sozialpartnerebene längst hergestellten Konsenses, die politische Verantwortung für die Inbetriebnahme mitzutragen, und Bundeskanzler Kreisky entschied sich, obwohl Benya darauf drängte, das Kraftwerk auch ohne Zustimmung der ÖVP in

Betrieb zu nehmen, für die Durchführung einer Volksabstimmung. Der wenn auch knappe Volksentscheid gegen die Inbetriebnahme war ein erstes merkliches Indiz für die sich vollziehenden sozialen Veränderungen und den mit ihnen Hand in Hand gehenden Wertewandel, dem die traditionelle Wachstums- und Vollbeschäftigungspolitik sozialpartnerschaftlicher Observanz nicht gerecht wurde.

Freilich hatte 1978 auch die parteipolitische Konfliktsituation in der Vorwahlphase den Ausgang der Volksabstimmung wesentlich beeinflußt. Zur politischen Kreuzwegstation Anton Benyas und des herkömmlichen sozialpartnerschaftlichen Konfliktlösungsmodells, zum Symbol für ein politisches Leitbild, das sich überholt hatte, wurde jedoch, sechs Jahre später, Hainburg. Obwohl Benya in der Auseinandersetzung um den Bau eines Wasserkraftwerks in den dortigen Donauauen mit dem ganzen Gewicht seiner Persönlichkeit zugunsten des Kraftwerksbaues eintrat und die Regierungslinie in den Verhandlungen mit den Aubesetzern in jenen Rücksprachen, die Bundeskanzler Sinowatz auch während dieser Verhandlungen mit ihm hielt, in diesem Sinn zu beeinflussen suchte, scheuten schließlich Regierung und politische Parteien vor der Durchsetzung des Baues gegen den Widerstand der ökologisch motivierten Aktivisten und der sie unterstützenden Medien zurück. Benya blieb nur, mehrfach öffentlich seine Enttäuschung über die, wie er meinte, darin zum Ausdruck kommende Geringachtung der Interessen der Wirtschaft und der Arbeitnehmer zu äußern.

Anton Benya war damals bereits 72 Jahre alt. Schon 1977, im Alter von 65 Jahren, hatte er den Vorsitz der Gewerkschaft Metall-Bergbau-Energie (wie sie sich seither nannte) an Karl Sekanina übergeben, doch in seiner Funktion als ÖGB-Präsident wurde er 1979 und 1983 bestätigt. Vor beiden ÖGB-Bundeskongressen hatte er Rücktrittsabsichten bekundet, war aber sowohl in der Fraktion Sozialistischer Gewerkschafter als auch von Bruno Kreisky zum Bleiben gedrängt worden. 1982 machte Kreisky die neuerliche Kandidatur Benyas für den Nationalrat sogar zu einer Bedingung für seine eigene Wiederkandidatur. Nach dem Verlust der absoluten Mehrheit trat zwar Kreisky zurück, Benya aber blieb, und er stützte und unterstützte Kreiskys Nachfolger Sinowatz loyal, auch gegenüber den kritischen Stimmen, die sich in der SPÖ gegen die kleine Koalition mit der FPÖ erhoben. Aber auch als die SPÖ unter Franz Vranitzky den Weg in die Erneuerung der großen Koalition mit der ÖVP beschritt, war diesem die Unterstützung durch Benya gewiß; dessen politische und gewerkschaftliche Laufbahn neigte sich allerdings damals bereits ihrem Ende zu.

Auf dem 11. Bundeskongreß des ÖGB im Oktober 1987 kandidierte der fünfundsiebzigjährige Anton Benya nicht mehr für die Funktion des ÖGB-Präsidenten. Es war ihm jedoch noch gelungen, die Wahl seines Nachfolgers wesentlich mitzubestimmen und durch einen geschickten Schachzug die offene Konfrontation zwischen den beiden mitgliederstärksten Einzelgewerkschaften, jener der Privatangestellten und der Gewerkschaft Metall-Bergbau-Energie, und deren Exponenten Alfred Dallinger und Adolf Czettel zu vermeiden. Mit der Wahl des neuen ÖGB-Präsidenten Fritz Verzetnitsch, der zwar aus der Gewerkschaft Metall-Bergbau-Energie kam, aber in dieser Gewerkschaft keine Spitzenfunktion ausübte, sondern in Stabsfunktionen des ÖGB Karriere gemacht hatte, gelang zugleich auch ein Generationssprung an der Spitze des ÖGB.

Auch im späten Ruhestand jedoch übernahm Anton Benya noch ein Präsidentenamt, nämlich jenes „seines“ Fußballklubs, des SK Rapid Wien. Freilich konnte er in den Jahren 1989 bis 1992, in denen er dieses Amt ausübte, nicht verhindern, daß der Verein in eine schwere Finanzkrise geriet.

Anton Benyas Fußballbegeisterung zählt ebenso wie etwa seine Vorliebe für Heurigenlieder, die er auch selbst stimmgewaltig vorzutragen vermochte, vor allem aber seine persönliche Bescheidenheit und Abneigung gegen jedes „Protzertum“ zu jenen Eigenschaften, die ihn als den Prototyp des volksverbundenen Politikers erscheinen ließen. War er auch kein glänzender, mitreißender Rhetoriker, so machte er dies dadurch wett, daß er die „Sprache des Volkes" sprach und gerade dadurch auch als überzeugender Kommunikator wirkte. Wer ihn im persönlichen Umgang erlebte, dem vermittelte er den Eindruck sensibler Anteilnahme am Wohlergehen der arbeitenden Menschen nicht nur im allgemeinen, sondern gerade auch jedes einzelnen arbeitenden Menschen, mit dem er eben konfrontiert war.

Benyas Vorstellungen, wie dem Wohl der arbeitenden Menschen gedient werden konnte, waren natürlich geprägt von seinen eigenen Lebenserfahrungen: von der Erfahrung der Arbeitslosigkeit in der Zeit der Ersten Republik, die wesentlich für die damalige gesellschaftliche und politische Desintegration verantwortlich gewesen war, was ihm die Sicherung der Arbeitsplätze als notwendige Voraussetzung für die Sicherung des sozialen Friedens erscheinen lassen mußte; von der Erfahrung der Wiederaufbaujahre, in denen es zunächst um die Gewährleistung der materiellen Grundbedürfnisse und dann um die allmähliche Erarbeitung eines gewissen materiellen Wohlstandes gegangen war, also um damals dringend gebotene Zielsetzungen, die aber ihm ebenso wie anderen Angehörigen der Wiederaufbaugeneration das Verständnis für neue, etwa ökologisch bestimmte Wertorientierungen einer Wohlstandsgesellschaft erschweren mußten; von der Erfahrung effizienter Lösung von Verteilungskonflikten über die Mechanismen der Sozial- oder Wirtschaftspartnerschaft, die ihn eine konkordanzorientierte Politik innergremialer Kompromißsuche gegenüber einer konfliktorientierten Politik des öffentlichen Diskurses, zugleich aber auch die überbetriebliche Mitbestimmung in der Sozialpartnerschaft gegenüber einer Forcierung der betrieblichen Mitbestimmung bevorzugen ließ. Diese prägenden Erfahrungen hatten den politischen Stil Anton Benyas geformt; seine Freunde schrieben ihm „Realitätssinn" zu (Klenner 1987, 632), seine Kritiker warfen ihm „Pragmatismus" vor. Anton Benya stand für eine Ära der Stabilität und Kontinuität in der österreichischen Innenpolitik, eine Ära, die er maßgeblich mitgestaltet hatte; und es ist wohl mehr als eine zufällige zeitliche Koinzidenz, daß, als er die politische Bühne verließ, eine Zeit der nachhaltigen Veränderung der politischen Landschaft Österreichs begann.

Literatur- und Quellenverzeichnis

Benya, Anton (1971). Klassenkampf oder Sozialpartnerschaft, in: Rupert *Gmoser* (Hg.): Die Gewerkschaft auf dem Wege zum Jahr 2000, Wien.

Benya, Anton (1975). Gewerkschaften in der Gesellschaft von heute, Wien.

Benya, Anton (1988). „In Zeiten großer Not muß man aufpassen, nicht zu idealisieren." Anton Benya über seine frühen Jahre. Ein Gespräch mit Günter Traxler, in: Helene *Maimann* (Hg.): Die ersten 100 Jahre. Österreichische Sozialdemokratie 1888–1988, Wien.

Benya, Anton (1992). Mein Weg. Lebenserinnerungen des langjährigen ÖGB-Präsidenten, Wien.

Fischer, Heinz (1994). Die Kreisky-Jahre 1967–1983, 3. Aufl., Wien.

Klenner, Fritz (1979). Die österreichischen Gewerkschaften. Vergangenheit und Gegenwartsprobleme, 3. Bd., Wien.

Klenner, Fritz (1987). Die österreichische Gewerkschaftsbewegung. Entstehung – Entwicklung – Zukunft, Wien.

Kunz, Johannes (Hg.) (1992). Anton Benya. Ansichten des Nationalrats- und ÖGB-Präsidenten, Wien.

Mulley, Klaus-Dieter (1992). Der Österreichische Gewerkschaftsbund 1945–1959, in: Wolfgang *Maderthaner* (Hg.): Auf dem Weg zur Macht, Wien.

Lebensdaten

1912	am 8. 10. in Wien geboren
1918–1926	Besuch der Volks- und Bürgerschule
1927–1930	Elektromechanikerlehre
1934	Einmonatige Polizeihaft
1935	Verehelichung mit Hildegard Bierbaumer
1937	Siebenmonatige Polizeihaft

Berufliche Karrierestationen

1930–1948	Elektromechaniker bei der Firma Ingelen, zwischen 1930 und 1938 siebenmal arbeitslos
1948–1956	Organisationssekretär des ÖGB
1956–1959	Stellvertretender Generalsekretär des ÖGB

Staatliche Funktionen

1956–1986	Abgeordneter zum Nationalrat
1971–1986	Präsident des Nationalrates

Parteipolitische Ämter

1959–1987	Mitglied des Bundesparteivorstandes der SPÖ
1963–1967	Mitglied der Parteiexekutive der SPÖ
1967–1987	Mitglied des Erweiterten Parteipräsidiums der SPÖ

Gewerkschaftliche Funktionen

1933–1937	Betriebsrat bei der Firma Ingelen, mit Unterbrechungen
1945–1948	Betriebsratsvorsitzender bei der Firma Ingelen
1947–1959	Mitglied des Zentralvorstandes der Gewerkschaft der Metall- und Bergarbeiter
1959–1962	Stellvertretender Vorsitzender der Gewerkschaft der Metall- und Bergarbeiter
1959–1963	Vizepräsident des ÖGB
1962–1977	Vorsitzender der Gewerkschaft der Metall- und Bergarbeiter
1962–1963	Vorsitzender der Bundesfraktion Sozialistischer Gewerkschafter im ÖGB
1963–1987	Präsident des ÖGB

Sonstige Funktionen

1959–1978	Vorsitzender des Aufsichtsrates der Konsumgenossenschaft Wien
1978–1990	Vorsitzender des Aufsichtsrates des Konsum Österreich
1989–1992	Präsident des SK Rapid Wien

Karl Blecha

von
Maria Mesner

Karl Blecha wurde im April 1933 in Wien geboren, war also gerade zwölf Jahre alt, als Ostösterreich von der sowjetischen Armee befreit wurde. Aufmerksam und fasziniert registrierte er den Wahlkampf im November des Jahres 1945, wobei auf ihn, wie er sagt, „die Sozialisten mit ihrem Auftreten, mit ihren Plakaten, die sie affichiert haben, den größten Eindruck" machten. Zu diesem Zeitpunkt sei sein politisches Interesse erwacht, er habe auf dem Schulweg die Zeitungen in den Schaukästen gelesen, habe die politischen Ereignisse genau verfolgt.

Daß sich diese frühe Faszination für die Politik schließlich der Sozialistischen Partei zuwenden würde, lag nicht an familiären Traditionen: Blechas Vater, Karl Matthias Blecha, ein gelernter Schmied, der aus dem christlich-sozialen Milieu Niederösterreichs stammte, war Gemeindebeamter in Wien und schon aus diesem Grund bis 1934 und nach 1945 Mitglied der Sozialdemokratischen bzw. Sozialistischen Partei. Er „wählte diese wohl auch", wie Blecha vermutet, war aber politisch darüber hinaus nie aktiv.

Durch den Direktor des Gymnasiums in Wien-Döbling, das Karl Blecha besuchte, wurde er auf die Existenz bereits innerhalb der Sozialistischen Jugend (SJ) organisierter sozialistischer Mittelschüler aufmerksam gemacht (Svoboda 1986, 187). So stieß er Ende 1950 zur Arbeitsgemeinschaft Sozialistischer Mittelschüler, aus der im Februar 1953 der Verband Sozialistischer Mittelschüler (VSM) hervorging. Blecha war eines der Gründungsmitglieder und zuerst Zweiter Wiener Obmann, ab der ersten Vollversammlung im Juni 1953 Bundesobmann des VSM.

Innerhalb dieser Organisation, einer „noch stark von der Arbeiterkultur der Ersten Republik geprägte[n] Gegenwelt" (Keller 1985, 125), fand die politische Sozialisation Karl Blechas statt: Er las Otto Bauer, hörte Josef Hindels zu und kam mit traditionellen Werten der österreichischen Sozialdemokratie in Berührung, lernte in den für die sozialdemokratischen Jugendorganisationen typischen Fraktionsauseinandersetzungen wichtiges politisches Handwerk. Darüber hinaus war der VSM für Blecha aber auch eine „Lebensgemeinschaft". Die Beziehungen wurden in den Lagern, bei den Ausflügen in den Wienerwald zu oft langen Freundschaften. Noch heute sind für Blecha die Menschen, die er damals kennenlernte, „eine eng verbundene, verflochtene Gruppe".

Beim VSM lernte Blecha sowohl seinen „ersten Mentor" Karl Waldbrunner kennen, der sich als Obmann des Bundes Sozialistischer Akademiker besonders für den akademischen Parteinachwuchs engagierte, als auch Bruno Kreisky, eine Bekanntschaft, die für die politische Karriere Blechas äußerst bedeutsam sein sollte. Vertieft wurde diese Beziehung zuerst während Blechas Studienzeit, als er für Kreisky Neuerscheinungen las, exzerpierte und für ihn beurteilte, schließlich für Kreisky „während eines verregneten Sommers in Schweden" dessen Buch *Die Herausforderung* redigierte.

Obwohl Blecha schon 1952 die Matura abgelegt und unmittelbar darauf an der Universität Wien ein Studium der Psychologie, Ethnologie und Soziologie begonnen hatte, blieb er organisatorisch bis 1955 im VSM verankert. Gleichzeitig engagierte er sich in den schon erwähnten „Fraktionskämpfen" innerhalb des Sozialistischen Studentenverbandes (VSStÖ), deren gegnerische Parteien sich selbst und gegenseitig mit „rechts" und „links" identifizierten. Blecha, der der „Linken" angehörte, war dort Fraktionsführer und wurde zum Obmann gewählt, als die „Linken" 1954 eine Mehrheit erringen konnten. Als die Mehrheit wieder wechselte und sich die „Rechten" unter Hannes Androsch und Franz Bauer durchsetzten, verlagerte Karl Blecha seine Aktivitäten und vertrat den VSStÖ in der Jugendinternationale, ein Politikfeld, dem die „Rechten" wenig Aufmerksamkeit schenkten. Blecha knüpfte wichtige Beziehungen in den arabischen Raum, als er sich 1957/58 im Algerienkrieg für die Front de Libération nationale und für die algerischen Flüchtlinge engagierte, die Mouhadjedins in den algerischen Bergen besuchte. Außerdem wandte sich Blecha in dieser Zeit seiner beruflichen Qualifizierung zu und wurde zum profund ausgebildeten „Meinungsforscher", unterstützte als solcher die SPÖ in Wahlauseinandersetzungen, beriet Bruno Kreisky. Parteipolitisch tätig in engerem Sinne blieb er nur in „seiner" SPÖ-Bezirksorganisation (Wien-)Währing.

1963 wurde Blecha Direktor des soeben von ihm gegründeten Wiener Sozialforschungsinstituts, das 1965 in Institut für empirische Sozialforschung (IFES) umbenannt wurde. Im selben Jahr führte Blecha als Politikberater auch seinen ersten erfolgreichen Wahlkampf: bei den Gemeinderatswahlen in Graz für den Bürgermeisterkandidaten der SPÖ, Scherbaum. Auf besonderen Wunsch Bruno Kreiskys, damals stellvertretender Landesparteivorsitzender der SPÖ Niederösterreich, wurde Blecha 1964 Referent für Öffentlichkeitsarbeit der niederösterreichischen Sozialdemokraten und in dieser Funktion in den Landesparteivorstand kooptiert. Als Kreisky 1966 den Landesparteivorsitz übernahm, wurde für den Wiener Blecha Niederösterreich endgültig zur „politischen Heimat". Er kandidierte im Wahlkreis „Viertel unter dem Wienerwald" auch für die Wahlen zum Nationalrat im März 1970 – Kreisky hatte die Kandidatur auf dem fünften Listenplatz (die SPÖ-Niederösterreich hatte dort bisher vier Grundmandate innegehabt) gegen anfangs heftigen Widerstand durchgesetzt. Blecha, der sich während der letzten Jahre als Politikberater verstanden hatte, wurde so nach dem Wahlsieg der SPÖ schnell selbst zum aktiven Politiker, als er in den Nationalrat einzog.

Dort entfaltete Blecha – vor dem Hintergrund des gesellschaftlichen und politischen Reformklimas der ersten Hälfte der siebziger Jahre – die für ihn typische, nach vielen Seiten gerichtete, hektische Aktivität. Der „Meinungsforscher im Parlament" verband seinen Namen mit der „6 Monate sind genug"-Kampagne für das österreichische Bundesheer, mit der Heiratsbeihilfe, mit der umstrittenen, aber seinen Ruf als Medienpolitiker über SPÖ-Grenzen hinaus tragenden ORF-Reform und mit der Strafrechtsreform, deren Beschlußfassung aufgrund der darin enthaltenen Fristenregelung Österreich in zwei Lager spaltete. Dabei bewies Blecha eine „Antenne" für griffige Themen. Allerdings konnte er sich dabei nicht nur auf Gefühl oder Ahnung verlassen, sondern das IFES, das er immer noch leitete, führte professionelle Umfragen durch und entwickelte zu diesem Zeitpunkt völlig neue Methoden der Sozialforschung, die sogenannte Wählerstromanalyse. Damit konnte Blecha auf fundierte Grundlagen für die Politikgestaltung zurückgreifen. Als ein Beispiel für das politische Gespür Blechas mag sein Engagement für die Fristenregelung gelten. Viele Politiker und Politikerinnen der SPÖ, allen voran Bruno Kreisky und Hertha Firnberg, zögerten anfangs vor einer Festlegung der Partei auf die Fristenregelung: Der erbitterte Widerstand der Kirche ließ sie deutliche Stimmenverluste im katholisch dominierten Österreich fürchten. Die Meinungsumfragen zeigten aber ziemlich eindeutig, daß eine Mehrheit der österreichischen

Bevölkerung für eine liberale gesetzliche Regelung des Schwangerschaftsabbruchs eintrat. Eine Nachwahluntersuchung 1975 bewies schließlich tatsächlich, daß der SPÖ ihr Engagement für die Fristenregelung genutzt, der ÖVP ihre Ablehnung der Liberalisierung geschadet hatte – ein Ergebnis, das den entschlossenen ReformerInnen innerhalb der SPÖ im nachhinein Recht gab.

Angesichts des Reformschubs, den die SPÖ nach Erlangen der absoluten Mehrheit initiierte, konnte Blecha als einer der wesentlichsten öffentlichen Exponenten und Sprecher dieser Reformen nicht unumstritten bleiben. Erster deutlicher Hinweis auf die beginnende Polarisierung war ein Konflikt mit der schon damals mächtigen *Neuen Kronen Zeitung,* ihrem Kolumnisten Richard „Staberl" Nimmerrichter und ihrem Herausgeber Kurt Falk. Hintergrund der Auseinandersetzung war die Rundfunkreform, in der auch der Einfluß der *Kronen-Zeitung*-Herausgeber auf die Medienlandschaft und den diese darstellenden Markt verhandelt wurde. Als im Frühjahr 1974 eine Einigung zwischen den drei Parlamentsparteien und dem ORF-Intendanten Bacher möglich erschien, startete die *Kronen Zeitung* schwere persönliche Angriffe gegen Blecha, der als „Medien-Charlie" zum Feindbild avancierte. Der der „moralischen Korruption und Verkommenheit" Geziehene klagte die *Kronen Zeitung* – mit ausdrücklicher Rückendeckung des Bundeskanzlers – und zeigte damit einen Willen zur Selbstverteidigung, den die österreichische Öffentlichkeit gegenüber *der Kronen Zeitung* nicht gewohnt war (*profil,* 4. 7. 1974). Zumindest formal hatte Blechas Konfliktbereitschaft Erfolg: Der Presserat rügte die *Kronen Zeitung* wegen der nicht auf seriösen Recherchen beruhenden Angriffe.

Aber auch innerhalb der Partei regte sich Widerstand gegen Karl Blecha, dessen schneller Aufstieg und Umtriebigkeit für manche Funktionäre beunruhigend sein mußte. Daß der anerkannt begabte Politiker nicht überall willkommen war, zeigte sich in dem Umstand, daß die zuständigen Gremien Kreiskys deutliche Empfehlung nicht befolgten und Blecha 1974 nicht in den Bundesparteivorstand der SPÖ wählten: Vor allem die Gewerkschafter in der SPÖ leisteten hinhaltenden, mitunter durchaus listenreichen Widerstand.

Trotz der nicht ungeteilten Akzeptanz wurde Karl Blecha schnell öffentlichkeitswirksam agierender „Medien-", „Rechts-", „Bundesheer-" und „Wissenschafts-Experte" der SPÖ. Allerdings fanden er und andere 1970 neu ins Parlament einziehende SPÖ-Politiker gute Voraussetzungen für die eigene Profilierung vor: Die bisherigen HauptrednerInnen der Partei waren zum großen Teil Minister bzw. Ministerin geworden und hinterließen unter den ParlamentarierInnen Lücken, die die SPÖ, wollte sie sich erfolgreich präsentieren, schließen mußte. Bruno Kreisky versuchte daher, nicht nur Funktionäre und Funktionärinnen, die auf den traditionellen Wegen der Parteihierarchie reüssiert hatten, mit den vakanten Positionen zu betrauen. Auch inhaltlich qualifizierte „Experten", die sich nicht langsam hochgedient hatten, sollten Mandate und Chancen erhalten. „Kehrseite" dieses Aufstiegskanals war, daß die solcherart avancierten PolitikerInnen keine starke SPÖ-Bezirksorganisation, keine der im ÖGB tonangebenden Teilgewerkschaften zu ihrer Absicherung hinter sich wußten.

Karl Blecha war einer von denen, auf die diese Feststellung ganz besonders zutrifft, auch wenn er versuchte, sich mittels der Jungen Generation in der SPÖ, zu deren Vorsitzendem er 1971 gewählt wurde und der er durch ständige Präsenz in Medien und Parteigremien zu bisher nicht gekanntem Gewicht verhalf, eine bundesweite Basis zu schaffen. Vorerst nutzte Blecha seine Chance aber schnell und sicher. Er war imstande, sich in sehr kurzer Zeit auch in für ihn neue Materien einzuarbeiten, und war dabei zu hohem persönlichem Einsatz bereit: In vielen Zeitungsartikeln, die in den siebziger Jahren über Karl Blecha erschienen, ist stereotyp dessen 16stündiger Arbeitstag erwähnt. Seine hektische Betriebsamkeit brachte ihm Bezeichnungen wie „Der rote Figaro“ (*Wochenpresse,* 20. 2. 1974), „SPÖ-Feuerwehr“ (*Kurier,* 30. 3. 1975), „Hab ka Zeit-Charly“ etc. ein. Von Leuten, die ihn aus seinem Alltag kannten, wurde Blecha als „Arbeitstier“ (Peter Schieder, *Wochenpresse,* 20. 2. 1074) oder zumindest als bienenemsig und „sehr fleißig“ (Bruno Kreisky) bezeichnet. Heinz Brantl, Öffentlichkeitsarbeiter der SPÖ in den siebziger Jahren, beschrieb Blecha als „Kerze, die an beiden Enden brennt“ (*Wochenpresse,* 20. 2. 1974). Zu diesem hohen Engagement kam ein ausgeprägter Gestaltungswille („Wenn ich über ein Problem eine Zeitlang geredet hab', muß ich irgendwas tun – sonst werd' ich verrückt, da kann ich nicht mehr schlafen.“ – *Kurier,* 22. 11. 1975; „Ich gehe ja in die Politik, weil ich etwas verändern will, weil ich mit irgend etwas nicht zufrieden bin, nicht es ertragen kann, nur festzustellen, daß etwas nicht paßt. Also möchte ich etwas tun dagegen, daher muß ich politisch aktiv sein.“ – Interview vom 2. 12. 1994) und ein Talent als problemlösungsorientierter Kommunikator.

Nicht zuletzt diese Fähigkeit dürfte ihm zum wohl bedeutendsten Avancement in seiner politischen Karriere verholfen haben: Mit 1. 1. 1976 wurde Karl Blecha, der erfolgreiche Manager des Nationalratswahlkampfes 1975, auf Wunsch Bruno Kreiskys neben Fritz Marsch zweiter Zentralsekretär der SPÖ. Seine Wahl im Parteivorstand, die ohne Gegenstimmen und Stimmenthaltungen erfolgte, bedeutete nicht ungeteilte Zustimmung, sondern nur, daß die Wiener Landesparteiorganisation der SPÖ ihren Widerstand gegen den Wunsch Kreiskys, der durch den Wahlsieg im Oktober 1975 auf dem Höhepunkt seiner innerparteilichen Macht war, schließlich aufgegeben hatte.

Blecha sollte im Zentralsekretariat der SPÖ jene Aufgaben übernehmen, die Kreisky als Parteivorsitzender bisher für sich reklamiert und eher vom Bundeskanzleramt denn von der Spitze der Partei aus erledigt hatte: Öffentlichkeitsarbeit und Werbung, Bildung inklusive des Renner-Instituts, der politischen Akademie der SPÖ, sowie die 1974 angekündigte, bisher aber nicht wirklich vorangekommene Parteireform. Unter dem Stichwort „offene Partei“ sollte ein Weg gefunden werden, jene Wähler und Wählerinnen, die 1970, 1971 und 1975 „ein Stück des Weges“ mit der SPÖ zu gehen bereit gewesen waren, stärker in die Partei zu integrieren. Eine Parteireform schien den reformwilligen Teilen der SPÖ notwendig, zum einen als Antwort auf die aktiver werdenden Bürgerinitiativen, die der SPÖ auf kommunaler Ebene immer öfter deutlichen und effizienten Widerstand entgegensetzten, zum anderen als Reaktion auf immer lauter werdende Kritik aus den eigenen Reihen über die wachsende Distanz zu denen, die „oben“ regierten, an „Ämterkumulierern“ und „Sesselklebern“. Diskutiert wurden die Öffnung der Partei für Sympathisierende, die nicht Parteimitglieder werden wollten, mehr Mitsprachemöglichkeiten für Parteimitglieder, eine Begrenzung der Zahl der Ämter, die von einem Funktionär bzw. einer Funktionärin höchstens bekleidet werden dürften, sowie die Erhöhung der Transparenz, was Einkommen und Zahl der Ämter von politisch Aktiven betrifft. Die Demokratisierung, die die SPÖ seit ihrem Regierungsantritt auf der Ebene der ganzen Gesellschaft forderte, sollte – zumindest war das die erklärte Absicht – auch in ihren eigenen Strukturen in Gang gesetzt werden. Schnell riefen die Reformbestrebungen allerdings Widerstand hervor: bei traditionell orientierten Funktionärsschichten, bei von einer etwaigen Ämterentflechtung betroffenen Politikern. Trotzdem wurden wie vorgesehen auf dem als „Reformparteitag“ angekündigten Parteitag 1976 den Reformzielen entsprechende Statuten beschlossen. Blecha schien als hauptsächlicher Koordinator der Parteireform also vorerst erfolgreich. Eine Parteireform ist allerdings ein steter Anpassungsprozeß an sich ändernde gesellschaftliche Verhältnisse. Sie kann daher nie als endgültig gescheitert – oder geglückt – bezeichnet werden. Feststellen läßt sich aber, daß die Reform des Jahres 1976 die Mängel und Mißstände, auf die sie zielte, nicht behob: Wie die Entwicklung der folgenden Jahre zeigte, gelang es der SPÖ nicht, die liberalen Kreisky-Wählerinnen und -Wähler längerfristig an sich zu binden oder gar zur Mitarbeit zu gewinnen. Auch wurde nicht verhindert, daß manche Mandatare – gerade unter den Bedingungen der Alleinregierung der SPÖ – Ämter anhäuften und es dadurch zum vielkritisierten „Ämterfilz", zu unstatthaften „Privilegien", kam, die später Angriffspunkte für die Gegner der parlamentarisch-repräsentativen Demokratie bieten sollten. Als zu resistent erwies sich der Parteiapparat, unüberwindlich war das Beharrungsvermögen der FunktionärInnen, die es sich im Status quo eingerichtet hatten und von ihm profitierten.

Während die Schwächen der Parteireform der siebziger Jahre erst mittelfristig sichtbar wurden, geriet die neuerliche, von der SPÖ-Spitze weder geplante noch gewollte Wahl Gerd Bachers zum Generalintendanten des ORF im September 1978 zur öffentlichen Aburteilung der ORF-Reform, an der Karl Blecha großen Anteil gehabt hatte. Der personalpolitische Mißerfolg wurde zur ersten großen medialen Niederlage Blechas (obwohl z. B. Medienwissenschafter der Reform durchaus positive Auswirkungen auf das Programm attestierten). Er wurde auch persönlich zur Zielscheibe zum Teil sehr heftiger Kritik, da er in einem Interview die SPÖ-Mitglieder des ORF-Kuratoriums, die Bacher gewählt hatten, „Verräter" genannt hatte, die er identifizieren wolle (*profil,* 3. 10. 1978).

Ein deutlicher Einbruch in der öffentlichen Wertschätzung des Politikers war die Konsequenz. Im Zusammenhang mit der Nachfolge Bruno Kreiskys wurden die „Image-Probleme" Blechas, die bei den Umfragen über die Beliebtheit einzelner PolitikerInnen immer wieder sichtbar wurden, zu einem schwerwiegenden Handikap. Der aktive und medienpräsente Zentralsekretär – noch immer agierte er als Experte seiner Partei in den Bereichen Wehrpolitik, Justiz, Jugend, Alternativen, Öffentlichkeitsarbeit und Beziehungen zur Kirche, führte den Vorsitz im Redaktionskomitee des Parteiprogramms 1978 – verstand es als Teil seiner Amtes, die Positionen der SPÖ in der Öffentlichkeit deutlich darzulegen und zu verteidigen, was oft als – Sympathiewerte reduzierende – Aggressivität interpretiert wurde.

Dazu im Gegensatz stehen Versuche Blechas, als integrative Kraft im Sinne der SPÖ zu wirken. Er richtete seine Bemühungen dabei vor allem in drei Richtungen: Erstens unternahm er als Vorsitzender der Österreichischen Gesellschaft für Kulturpolitik Anstrengungen, die SPÖ für kritische Künstler und Künstlerinnen zu öffnen, damit der SPÖ in dieser Gruppe Sympathien zu schaffen, die dem öffentlichen Image der SPÖ nützlich sein würden. Dabei kamen ihm die privaten Beziehungen und Freundschaften, die er in den fünfziger Jahren zur künstlerischen Avantgarde geknüpft hatte, zugute. Zweitens unterstützte Blecha aktiv die Bemühungen Kreiskys um eine Aussöhnung mit der Katholischen Kirche, ein Prozeß, der durch die Beschlußfassung der Fristenregelung in eine – allerdings vorübergehende – Krise gekommen war. Hinter diesen Aktivitäten stand die Erkenntnis, daß in Österreich, dessen Bevölkerung zu 85% katholisch war, eine absolute Mehrheit auf die Dauer nicht gegen die Katholische Kirche möglich war. Die dritte Adressatengruppe von Blechas Integrationsbemühungen war die Grün- und Alternativbewegung, die bei der Volksabstimmung über das Atomkraftwerk Zwentendorf im November 1978 erstmals einen beachtlichen und für die SPÖ schmerzlichen Erfolg errungen hatte. Im Juli 1979 veranlaßte Blecha daher die Einrichtung eines Referats für Alternativ- und Projektgruppenarbeit im Zentralsekretariat der SPÖ. Auf dem Parteitag desselben Jahres wies er die Delegierten eindringlich auf die „neue Landschaft, die sich vor uns auftut", hin. Diese läge zwar „jenseits der traditionellen Politik", sei aber „von hochpolitischer Brisanz" (PTP 1979, 26). Durch mehr Offenheit müsse man Bürgerinitiativen in den Willensbildungsprozeß der SPÖ integrieren, denn Bürgerinitiativen seien „Partner, nicht Konkurrenten" (*Kurier,* 27. 3. 1980).

Betrachtet man den Erfolg der Blechaschen Integrationsbemühungen, so war diesen nur im Hinblick auf die Katholische Kirche Erfolg beschieden. Diese war unter Kardinal Franz König dialogbereit und unternahm ernsthafte Versuche, das historisch belastete Verhältnis zur österreichischen Sozialdemokratie zu normalisieren, sodaß König und Kreisky schließlich zu Symbolfiguren der Aussöhnung von Katholischer Kirche und Sozialdemokratie wurden. Hingegen gelang es der SPÖ und ihrem Zentralsekretär Blecha nicht, KünstlerInnen und Alternativ-Bewegte längerfristig zu integrieren. Zwar wurde die Nationalratswahl des Jahres 1979 zum bisher größten Wahlerfolg der SPÖ und somit auch für den Wahlkampfmanager Blecha. Spätestens 1983 sollte sich aber zeigen, daß die „Kreisky"-Koalition mit den liberalen Wählern und Wählerinnen zerbrochen war. Die Grün- und Alternativ-Bewegung institutionalisierte sich außerhalb der SPÖ in einer eigenen Grün-Partei. Karl Blecha diagnostizierte zwar die Veränderungen in der politischen Landschaft frühzeitig und schlug seiner Partei die für sie adäquaten Maßnahmen vor. Zu groß waren aber die Widersprüche innerhalb der SPÖ selbst: Vor allem die Fraktion Sozialistischer Gewerkschafter (FSG), aber auch Parteifunktionäre wie z. B. Blechas Kollege im Zentralsekretariat Marsch waren für eine Öffnung der Partei gegenüber den fortschrittskritischen Positionen der Alternativ-Bewegung nicht zu gewinnen. Die Kluft zwischen den Werten der Nachkriegs-SPÖ – Wirtschaftswachstum, Wohlstand, (technischer) Fortschritt, Arbeitsplätze – und der Alternativ-Bewegung, die gerade diese Werte in Frage stellte oder zumindest in Frage zu stellen schien, war zu groß. Blechas Vorstellung von der Aussöhnung von Ökonomie und Ökologie scheiterte auch am innerparteilichen Widerstand.

Stellvertretender SPÖ-Vorsitzender Karl Blecha (links) mit Bundeskanzler Dr. Bruno Kreisky, 1983

In den späten siebziger Jahren zeigte die SPÖ erste Verschleißerscheinungen. Die Auseinandersetzung Kreisky–Androsch und der dahinterstehende Konflikt um das Verhältnis zwischen sozialdemokratischer Politik und Moral beschäftigte die Öffentlichkeit und erschütterte die SPÖ. Blecha ergriff, aufgrund seiner Biographie und seiner starken Loyalität gegenüber Kreisky konsequent, dessen Partei, versuchte aber, den

Konflikt zu deeskalieren und schnell zu bereinigen, um den Schaden für die SPÖ zu begrenzen.

Als sich Hannes Androsch schließlich aus dem Amt des Stellvertreters des Parteivorsitzenden und damit aus dem Parteipräsidium zurückzog, wurde Blecha vom Parteitag 1981 in diese Funktionen gewählt. Blecha und seine Position innerhalb der SPÖ erfuhren damit eine Aufwertung. Es wurden ihm, wiewohl nicht formal geschäftsführender Parteivorsitzender, von Kreisky besondere Aufgaben in der Unterstützung bei der Führung der Parteiorganisation übertragen, eine Rochade, die in der Öffentlichkeit teilweise als Vorentscheidung über die Kreisky-Nachfolge, über die die Medien ausdauernd und häufig spekulierten, interpretiert wurde.

Die wichtigste Aufgabe Blechas in den nächsten beiden Jahren war die Vorbereitung der Wahlauseinandersetzung des Jahres 1983. Diese Aufgabe gestaltete sich durch verschiedene Begleitumstände schwierig: Die Vollbeschäftigungspolitik der SPÖ stieß an ihre budgetären Grenzen, was zum Beschluß des im Wahlkampf fatal wirkenden „Mallorca-Pakets“ führte. Die Arbeitslosigkeit stieg erstmals deutlich an und wies darauf hin, daß Österreich von der Wirtschaftskrise der westlichen Industrieländer nicht weiterhin verschont bleiben würde. Die innenpolitische Berichterstattung beschäftigte sich eingehend mit dem Gesundheitszustand des Bundeskanzlers und Parteivorsitzenden. Damit im Zusammenhang wurde zudem ständig über verschiedene Nachfolgevarianten spekuliert.

Als dann am Abend des 24. 4. 1983 klar war, daß die SPÖ die absolute Mehrheit verloren hatte und Kreisky nicht mehr Kanzler in der künftigen Regierung sein werde, bedeutete das für die Karriere Blechas einen zweifachen Einschnitt: Erstens wurde die Wahlniederlage auch dem Leiter des Wahlkampfs, Blecha, angelastet. Zum anderen führte die Niederlage zum Rückzug Kreiskys vom Regierungs-, sukzessive auch vom Parteivorsitz. Wie schon ausgeführt, war die politische Karriere Blechas aber stets eng mit Kreisky als Förderer verbunden. In der politischen Machtkonkurrenz hatte immer das Gewicht Kreiskys dazu geführt, daß Blecha eine politische Funktion einnahm. Es sollte jetzt zum Nachteil werden, daß Blecha, der als „Meinungsforscher“, als Experte in die Politik gekommen war, keine institutionelle Hausmacht, die ihn stützte und ihm innerparteiliches Gewicht verlieh, hatte. Seine „Hausmacht“ war Kreisky gewesen, dessen Partei er in innerparteilichen Konflikten auch eindeutig und loyal ergriffen hatte und der sich nun zurückzog.

Obwohl das „Innenministerium nicht [Blechas] Wunschressort“ (*Basta* 1989/2) war und die Medien die Übernahme des Ministeramts in der Regierung Sinowatz wohl zu Recht als „Entmachtung“ des innerhalb der SPÖ bisher so einflußreichen Politikers interpretierten, ging Blecha schon im Juni 1989 mit seinen Reformplänen an die Öffentlichkeit: Das Innenministerium, bisher Polizeiministerium, sollte zum „Bürgerministerium“ werden, das den Bürgern und Bürgerinnen nicht nur, „wenn was passiert ist“ (*Südost-Tagespost,* 16. 6. 1983), zur Verfügung stehen sollte, sondern immer, wenn diese eine Auskunft benötigten, sich über Verwaltungsvorgänge beschweren wollten, etc. Kommunikation mit den Bürgern und Bürgerinnen, Transparenz in der Verwaltung waren die Schlagworte, die durchaus in das Demokratisierungskonzept, das Blecha als Reformpolitiker auch in anderen gesellschaftlichen Bereichen vertrat, paßten. Daneben setzte der neue Innenminister durchaus typisch „sicherheitspolitische“ Ziele: Der Kampf gegen den Drogenhandel sollte – auch mittels schärferer Strafbestimmungen – verstärkt, der Primärrettungsdienst durch die Schaffung eines Hubschrauberrettungsdienstes verbessert und Zivilschutz eingeführt werden.

Mit großem persönlichem Engagement gelang es Blecha vorerst mit der Kampagne für ein Bürgerministerium, in der Öffentlichkeit positive Resonanz zu erzeugen. Zu einer deutlichen Irritation des medialen Bildes, die einen Rückschlag für alle positiven „Bürgerminister"-Aktivitäten brachte, kam es aber zum Jahresende 1984: Auf Weisung des Innenministers wurde Polizei gegen die in der Hainburger Au gegen den Bau eines Wasserkraftwerks Demonstrierenden eingesetzt. Es kam zu gewalttätigen Auseinandersetzungen, für die Blecha verantwortlich gemacht wurde. Dieser scheiterte so auch als Innenminister an den Konflikten innerhalb der Sozialdemokratie: Die (sozialistischen) Funktionäre der Gewerkschaft der Bau- und Holzarbeiter hatten gedroht, Arbeitertrupps zu mobilisieren, die die Au räumen würden, sollte die Polizei nicht dafür sorgen, daß die Rodungen für das Kraftwerk wie geplant durchgeführt werden könnten. Blecha, der frühzeitig für die Integration der Grün-Bewegung eingetreten war, der einen „Friedensschluß mit der Natur" (*Kärntner Tageszeitung*, 29. 7. 1984) forderte, gab so auch den Befehl zur nötigenfalls gewaltsamen Entfernung grün-alternativer KraftwerksgegnerInnen durch die Polizei. Obwohl zu vermuten ist, daß der Einsatz der Polizei schließlich zur Deeskalierung des Konflikts führte und die Möglichkeit für eine Verhandlungslösung eröffnete, wurde die Distanz der SPÖ zur Grünbewegung und zu Teilen der kritischen Jugend damit deutlich größer.

Zusammenfassend kann die Tätigkeit Karl Blechas als Innenminister als pragmatisch und an gemäßigten Reformzielen orientiert bezeichnet werden: Er wollte die Kriminalitätsrate senken und die Aufklärungsquote heben, was ihn – im Widerspruch zu seinem Ruf als „linker Ideologe" – bewog, gegen den Ausbau der Rechte von Beschuldigten aufzutreten. Er kündigte eine Kampagne gegen Gewalt in der Familie an und förderte den Ausbau des Zivilschutzes, ein Thema, das durch den Kraftwerksunfall von Tschernobyl besondere Aktualität erhielt. Der psychologischen Schulung von Polizei und Gendarmerie wurde mehr Beachtung geschenkt, die Ausrüstung verbessert, wobei vor allem die Verwendung von Schußwaffen größeren Kalibers nicht unumstritten war. Zur Bekämpfung des Terrorismus, vor allem aus dem Nahen Osten, intensivierte Blecha die internationale Kooperation, v. a. mit den arabischen Staaten. Er trat gegen eine Schließung der Grenzen für Asylsuchende, aber für die Einschränkung der ökonomisch motivierten Migration ein. Für seine zweite Funktionsperiode nach den Wahlen im November 1986 plante er eine Reform des Verwaltungsstrafrechts, das Freiheitsstrafen bei Verwaltungsübertretungen sukzessive eliminieren sollte, und ein neues Wahlrecht inklusive der Einführung von hundert Einerwahlkreisen.

Allerdings bedeutete für Blecha die Ausübung des Regierungsamtes nicht den Rückzug aus dem innerparteilichen Geschehen: Als Stellvertreter von Sinowatz koordinierte er die programmatische Diskussion innerhalb der SPÖ, die unter dem Stichwort „Perspektiven 90" geführt wurde. Diese breit angelegte Diskussion, in die die gesamte Parteiorganisation miteinbezogen werden sollte, führte in der zweiten Hälfte der achtziger Jahre allerdings nicht zu einer Belebung sozialdemokratischer Reformpolitik: Ihre Spielräume und die Energien, die sie imstande war zu mobilisieren, waren offenbar bereits zu gering geworden. Über Art und Weise der Reform konnte innerhalb der SPÖ kein Konsens mehr hergestellt werden.

Während Blecha sowohl als Innenminister als auch als Reformer in den achtziger Jahren wesentlich weniger polarisierte als zuvor, wurde sein Name ab 1985 in Zusammenhang mit undurchsichtigen Vorgängen um den Untergang des Schiffes „Lucona" und mit illegalen Waffenlieferungen der VOEST-Tochterfirma „Noricum" in den Iran gebracht. Ab 1987 mußte sich Blecha, ebenso wie Leopold Gratz und Fred Sinowatz, gegen Vorwürfe des Amtsmißbrauchs, der Urkundenunterdrückung und der Neutralitätsgefährdung verteidigen. Weil Blecha vorgeworfen wurde, im November 1984 per Weisung die Ermittlungen im Fall Lucona/Proksch vorübergehend gestoppt zu haben, trat er schließlich im Jänner 1989 als Innenminister zurück, wobei er gleichzeitig seine absolute Unbescholtenheit beteuerte. Angesichts der dauernden Vorwürfe, die die

Medien kolportierten, wolle er „den Schaden für das Ressort begrenzen“ (*Süddeutsche Zeitung*, 20. 1. 1989). Daneben dürfte auch innerparteilicher Druck nicht unerheblich zum Rücktritt beigetragen haben: Die SPÖ-Spitze stand im Zusammenhang mit den in Salzburg, Tirol und Kärnten bevorstehenden Landtagswahlen unter Zugzwang. Weder Blecha noch die SPÖ- Führung glaubten aber offenbar an eine Haltbarkeit der Anschuldigungen und an einen dauerhaften Rückzug Blechas aus der Politik: Er verblieb als Stellvertreter Vranitzkys im Parteipräsidium der SPÖ, übernahm ein Abgeordnetenmandat (dasjenige des ebenfalls zurückgetretenen Gratz) und wurde geschäftsführender Vorsitzender des Kuratoriums des Renner-Instituts. Als aber neuerliche Vorwürfe gegen Blecha und sein Verhalten im Zusammenhang mit der „Lucona-Affäre“ laut wurden, legte er am 14. 4. 1989 alle seine politischen Funktionen zurück und beendete damit seine politische Karriere, nachdem er seit den frühen siebziger Jahren die österreichische Innenpolitik vor allem mittels der Themen, die er geschickt und nahezu unübergehbar in die öffentliche Diskussion einbrachte, wesentlich mitbestimmt hatte. Blecha, der Medienpolitiker, war vor allem ein herausragender Kommunikator, der wußte, wie ein spezifisches Zielpublikum anzusprechen war und wie man „Themen“ erst zu solchen machte. Er war in diesem Zusammenhang mit Sicherheit kein Moderator, der den Ausgleich suchte. Seine Rolle war es, „Meinungsführerschaft“ für die SPÖ herzustellen. Er agierte dabei allerdings nicht, wie Generationen von Politikern und Politikerinnen vor ihm, ausschließlich gefühlsmäßig, sondern machte sich – für die österreichische Politiklandschaft durchaus innovativ – die Instrumente und Ergebnisse der modernen Sozialforschung zunutze. Seine hohe Beweglichkeit und schnelle Auffassungsgabe scheinen Blecha allerdings dazu gebracht zu haben, sich ständig zu überlasten: Er war zeitweise der Sprecher der SPÖ in sechs bis sieben höchst unterschiedlichen Bereichen, Parlamentsabgeordneter und gleichzeitig Zentralsekretär. Es nimmt daher nicht wunder, daß Mitarbeiter und Politikerkollegen manchmal den Verdacht äußerten, er sei an mehreren Orten gleichzeitig. Dazu fällt auf, daß es um Blecha kein gut eingespieltes Team gab, das diese Arbeitsaufgaben hätte bewältigen können. Sein stets von riesigen Aktenstößen überbordender Schreibtisch war Anlaß unzähliger Schnurren, die auch in den Zeitungen gerne und oft wiedergegeben wurden. Angesichts dieser überaus regen Aktivität legte Blecha offenbar keinen besonderen Wert auf Anstrengungen, sein Arbeitsumfeld einer ordnenden Organisation zu unterwerfen. Organisatorische Fragen im allgemeinen dürften seine Aufmerksamkeit und seinen Ehrgeiz in geringem Maße erregt haben.

Obwohl Karl Blecha ein außergewöhnlich vielseitiger Politiker war, wurden schließlich „Lucona“ und „Noricum“ die Begriffe, die das Blecha-Bild der Öffentlichkeit in der Folgezeit prägten. Beide Strafverfahren waren unter kräftiger Mitwirkung der Massenmedien zu Symbolen für eine vergangene politische Ära, über die nun – wohl nicht zufällig – anhand dreier pensionierter Politiker verhandelt wurde, geworden. An einer differenzierten Beurteilung des Verhaltens einzelner Politiker und seiner Ursachen bestand bei denen, die von der öffentlichen Erregung, die die Verfahren hervorriefen, profitierten, kein Bedarf.

Karl Blecha wurde im August 1993 im „Lucona“-Folgeprozeß in allen Anklagepunkten freigesprochen, im Juni 1993 erfolgte durch ein Schwurgericht auch im „Noricum“-Verfahren ein Freispruch vom Vorwurf des Amtsmißbrauchs, der Neutralitätsgefährdung, des Verstoßes gegen das Kriegsmaterialgesetz sowie der Aktenvernichtung. In einem Nebenverfahren wurde er wegen des Vergehens der Anstiftung zur falschen Beurkundung, der Fälschung von Beweismitteln und der Urkundenunterdrückung – das Gericht erachtete als erwiesen, daß Blecha Beamte angestiftet hatte, ihn entlastende Aktenvermerke im nachhinein anzufertigen, zu verändern oder rückzudatieren – zu neun Monaten Haft bedingt verurteilt.

Unmittelbar nach seinem Rückzug aus der Politik gründete Blecha das MITROPA-Institut für Wirtschafts- und Sozialforschung, das in den Reformländern Ost-Europas und im Nahen Osten tätig ist. Karl Blecha hat damit an seinen „erlernten" Beruf angeknüpft und ist auch wieder als politischer Berater tätig. Nach dem Abschluß der Gerichtsverfahren gegen ihn wurde er wieder in das Herausgeber-Komitee des SPÖ-Organs *Zukunft* berufen. Ohne Unterbrechung war er hingegen Mitglied des Bezirksausschusses der SPÖ Tulln und Präsident des Wiener Arbeiter Turn- und Sportvereins.

Literatur- und Quellenverzeichnis

Blecha, Karl / Rupert *Gmoser* / Heinz *Kienzl* (1964). Der durchleuchtete Wähler, Wien.

Blecha, Karl (1965). Die Integration ehemaliger Bergarbeiter in die Industrie. Eine sozialwissenschaftliche Studie, durchgeführt in der Steiermark, Wien.

Blecha, Karl / Ernst *Gehmacher* (1970). Opinion Leaders in Österreich, Wien.

Blecha, Karl (1972). Zielpunkte: Modernisierung und Demokratisierung, in: Rote Markierungen. Beiträge zur Ideologie und Praxis der österreichischen Sozialdemokratie, Wien.

Blecha, Karl (1973). Recht und Menschlichkeit. Eine Dokumentation zur Änderung des § 144, Wien.

Blecha, Karl (1980). Demokratischer Sozialismus und christliche Grundwerte, in: Heinz *Fischer* (Hg.): Rote Markierungen 80, Wien.

Blecha, Karl (1987). Frieden für den Nahen Osten, Wien.

Svoboda, Wilhelm (1986). Revolte und Establishment. Die Geschichte des Verbandes Sozialistischer Mittelschüler 1953–1973, Wien.

Keller, Fritz (1985). Ein neuer Frühling? Sozialistische Jugendorganisationen 1945 bis 1965, Wien.

Interviews der Autorin mit Karl Blecha vom 2. und vom 16. 12. 1994.

Sowidok der Arbeiterkammer für Wien, Stichwort Blecha, Karl 1970–1994.

Personen-Archiv des Renner-Instituts, Abteilung Geschichte und Sozialwissenschaften.

Video „Erinnerungen: Johannes Kunz im Gespräch mit Karl Blecha", ausgestrahlt am 26. 1. 1994 in ORF 2.

Lebensdaten

1933	geboren am 16. 4. in Wien
1952	Matura am humanistischen Gymnasium in Wien Döbling
1952–1962	Studium der Psychologie, Ethnologie und Soziologie an der Universität Wien

Berufliche Karrierestationen

1952–1958	Berufsberater im Landesarbeitsamt Wien
1958–1960	Werbeleiter des Verlagskonzerns des Österreichischen Gewerkschaftsbundes
1960	Mitbegründer der Sozialwissenschaftlichen Studiengesellschaft (gemeinsam mit Rupert Gmoser und Heinz Kienzl)
1960–1962	Sozialwissenschaftlicher Lektor des Europa-Verlages
1962	Studienaufenthalt am Institut für angewandte Sozialwissenschaft in Bad Godesberg, BRD
1963–1975	Eröffnung des Instituts für angewandte Sozialwissenschaft (ab 1965 IFES), Blecha ist dessen Direktor bzw. Geschäftsführer
1989	Gründung des MITROPA-Institutes für Wirtschafts- und Sozialforschung GesmbH, Blecha ist bis heute geschäftsführender Gesellschafter

Staatliche Funktionen

1970–1983	Abgeordneter zum Nationalrat
1979–1983	Stellvertretender Obmann der sozialistischen Parlamentsfraktion
1983–1989	Bundesminister für Inneres
1989	Abgeordneter zum Nationalrat

Parteipolitische Ämter

1953	Gründungsmitglied des VSM und Zweiter Obmann des provisorischen Wiener Vorstandes des VSM
1953–1955	Obmann des VSM
1954–1956	Obmann des VSStÖ
1971–1974	Bundesvorsitzender der Jungen Generation in der SPÖ
1964–1989	Mitglied der Parteivertretung, später des Parteivorstands der SPÖ Niederösterreich
1976–1981	Zentralsekretär der SPÖ
1981–1989	Stellvertretender Vorsitzender der SPÖ
1981–1983	Stellvertreter Kreiskys in der Zentrale der SPÖ
1976–1989	Bundesbildungsobmann der SPÖ
1968–heute	Mitglied des SPÖ-Bezirksausschusses Tulln

Sonstige Funktionen

1955–1959	Stellvertretender Vorsitzender der Österreichischen Hochschülerschaft an der Universität Wien
1974–1982	Fraktionsführer der SPÖ-Fraktion im ORF-Kuratorium
1977–1989	Vorsitzender des Kuratoriums der Österreichischen Gesellschaft für Kulturpolitik
1981-heute	Obmann des Wiener Arbeiter-Turnvereins (WAT)

Fritz Bock

von
Alfred Ableitinger

Fritz Bock wurde am 26. 2. 1911 in Wien geboren. Er entstammte einer katholischen Beamtenfamilie, Gymnasium und Jus-Studium waren Bock daher sozusagen in die Wiege gelegt. Das erste hatte er 1930, das zweite 1935 abgeschlossen. Allerdings bedeuteten sie ihm mehr als nur Formalien: Das Ausmaß und die Tiefe seiner humanistischen Bildung wurden von Zeitgenossen wiederholt betont, sein Interesse an Geschichte steigerte sich in späteren Jahren zu aktivem Engagement für die Erforschung der Ersten Republik und der Herrschaft des Nationalsozialismus in Österreich (Mitglied der sogenannten Jedlicka-Neck-Kommission, Vizepräsident des Dokumentationsarchivs des Österreichischen Widerstandes/DÖW). Nach Studienabschluß ergriff er den Freien Beruf eines Steuerberaters und Wirtschaftstreuhänders mit eigener Kanzlei.

Seit 1925 gehörte er katholischen Organisationen an: dem Reichsbund, der Jugendbewegung, dem MKV, dann der ÖCV-Verbindung Nordgau-Wien. Funktionärsaufgaben übernahm er erstmals 1929–1933 in den Hilfsorganisationen „Jugend in Not" und „Jugend in Arbeit", in denen u. a. auch Josef Klaus, Karl Kummer, Grete Daurer-Rehor wirkten. Sein Katholizismus trieb ihn zu sozialer Tätigkeit, bald auch zu politischer, und zwar ab 1933 in der Vaterländischen Front (VF): zuerst in Wien-Hietzing, dann ab 1936 als „Werbeleiter" der VF-Wien. Im Frühjahr 1938 bereits hielt ihn das NS-Regime für profiliert genug, daß er dem ersten Transport in das KZ Dachau zugeteilt wurde. 1939 aus Gesundheitsgründen entlassen, lebte er bis 1945 stets unter Polizeiaufsicht in Wien. Seit 1939 verheiratet, wurde er Vater zweier Kinder.

Zuvor in Kontakt mit der Widerstandsorganisation O5, war Bock im Mai 1945 unter den ersten Mitgliedern der ÖVP und übernahm anschließend die Geschäftsführung in deren Generalsekretariat unter Felix Hurdes. 1947 wechselte er zum ÖAAB als dessen Generalsekretär (bis 1953). Dieses politische Amt und seine Fachkompetenz machten ihn zum Mitglied des Generalrates der Nationalbank, der Rohstofflenkungs- und der Kreditlenkungskommission sowie zum Referenten für Wirtschafts- und Sozialpolitik der Bundesparteileitung der ÖVP (1948–1952). Alle diese Funktionen versah Bock neben der Arbeit in seiner Kanzlei. Im Jänner 1952 wurde er Staatssekretär im Ministerium für Handel- und Wiederaufbau, im Juli 1955 im Finanzministerium. Als Staatssekretär im Ministerium für Handel- und Wiederaufbau hatte er unter den Ministern Josef Böck-Greissau und Udo Illig den rasch expandierenden Baubereich zu betreuen; im Finanzministerium unter Reinhard Kamitz hatte er vorwiegend das mit dem Staatsvertrag vom 15. 5. 1955 auf Österreich übertragene „Deutsche Eigentum" zu verwalten (vgl. Bock, 1956). 1949–1953 und 1956–1962 gehörte er zudem als Mandatar dem Nationalrat an (zu seiner umstrittenen Nichtkandidatur 1962: *Die Presse*, 21. 10. 1962, *Express*, 26. 10. 1962).

Im September 1956 wurde Bock zum Nachfolger Illigs berufen und trat damit an die Spitze des größten Fachressorts, das, nach Ausgliederung der Bauangelegenheiten, von

1966 an für „Handel, Gewerbe und Industrie" zuständig, von ihm bis Jänner 1968 geführt wurde. Zu diesem Aufgabenbereich kam ab April 1966 die Funktion des Vizekanzlers. Bocks Ausscheiden aus der Bundesregierung 1968 ging wesentlich auf eine weitgehende Entfremdung zwischen ihm und Kanzler Klaus zurück (TV-Gespräch, 12. 4. 1989). Dessen Regierung nominierte Bock 1969 dann zum Präsidenten des Aufsichtsrates der Creditanstalt (als Nachfolger von Ferdinand Graf). Am 18. 10. 1969 erstmals formell in diese Funktion gewählt, behielt er sie bis 6. 4. 1989 ungeachtet der wechselnden politischen Zusammensetzung der Bundesregierungen von 1970, 1983, 1987. Erst nachdem 1988 der Vorstandsvorsitz der Bank wieder von der ÖVP bestimmt wurde, schied Bock, auch altersbedingt, aus.

Persönliches Engagement, intellektuelle, rhetorische Begabung, Fähigkeiten als Verfasser, enormer Fleiß, zunehmende fachliche und administrative Kompetenz, immense Personalkenntnis, diplomatisches Geschick und wachsende internationale Reputation waren die Grundlagen seiner außergewöhnlichen Karriere bzw. ihrer langen Dauer. Ihr Anfang und ihr Wiederbeginn wurden gewiß auch durch den jeweiligen Mangel an geeigneten Personen begünstigt. Denn sowohl 1933/34 wie erst recht 1945 fand in erheblichem Maße ein Personalaustausch statt; 1945 im VP-Einflußbereich derart, daß die „jungen Männer" des „Ständestaates" wiederkehrten. Im Zuge dieser Revirements wurde das Netzwerk der ÖCV-Mitgliedschaft generell wichtiger. Die Zugehörigkeit zum CV nützte Bocks Aufstieg, wie sie ihm auch die Rekrutierung kompetenter und loyaler Mitarbeiter erleichterte. Vorteilhaft für seine Laufbahn und seinen wachsenden Einfluß war, daß er jedenfalls durch lange Zeit gleichzeitig das Vertrauen der Bundesparteileitung selbst, das des anfangs freilich noch schwachen ÖAAB (Lois Weinberger) und insbesondere das des Wirtschaftsbundes genoß. In jeder dieser Dimensionen scheint Julius Raab Bock als „seinen" Mann gefördert zu haben. Dazu kam, daß Bock zur SPÖ im ganzen wenigstens korrekte, zu Bruno Kreisky gute Beziehungen unterhielt (Bock: Kreisky der „einzige mögliche Kanzler", *Kurier,* 25. 7. 73; *TV-Gespräch,* 12. 4. 1989: „wir beide waren oft ‚Leimer der Koalition'"), zu Franz Olah, von der KZ-Haft in Dachau her, wirklich freundschaftliche (*TV-Gespräch:* „Zwei Häfenbrüder sind Freunde fürs Leben"; bestätigt von Olah in: *Kurier,* 22. 2. 1991), und dies über 1970 hinaus. Dem allem entsprach, daß Bock 1961 noch unter Raab zum Vizepräsidenten des Wirtschaftsbundes (ÖWB) avancierte und es bis 1981 blieb. Zum Ausgang der Ära Raab hatte er somit als Minister und im ÖWB Elemente einer eigenen „Hausmacht" aufgebaut, die er 1957–1986 ergänzte bzw. teilweise bewahrte: durch die Leitung des „Donaueuropäischen Instituts" mit dessen außenhandelspolitischer Bedeutung (vgl. Bock in: *Kurier,* 25. 7. 73), durch seine Präsidentschaft über die Katholischen Elternvereine (1956–1966), später durch die Präsidentschaft in der Bundeskonferenz der Kammer der Freien Berufe bzw. in der der Wirtschaftstreuhänder. Daß er seine Kanzlei 1968 wieder aktiviert hatte, kam ihm somit nach seiner Ministerschaft politisch mehrfach zugute.

Fritz Bocks Wirken in verschiedenen Politikbereichen, seine Leistungen, Erfolge und Mißerfolge sind zwar in groben Zügen bekannt (aus Bocks zahlreichen Aufsatz- und Buchpublikationen sowie aus den zeitgenössischen Medien), genauere Forschungen darüber fehlen aber. So wissen wir z. B. wenig darüber, ob bzw. welche spezifischen Zielsetzungen Bock in den Funktionen verfolgte, die er 1945 und 1952 versah. Auf Schwerpunkte seiner Arbeit im ÖAAB gibt immerhin eine Aufstellung, die vermutlich auf Angaben Bocks selbst zurückgeht, konkretere Hinweise: Wohnbau und Wohnungseigentum (gerade auch für Arbeitnehmer), verschiedene Arbeitszeitregelungen, Kinderbeihilfen und Familienlastenausgleich, Werksgenossenschaften – die zwar 1946 gesetzlich ermöglicht, tatsächlich aber nie realisiert wurden –, Gewinnbeteiligung von Arbeitnehmern sowie Lohn- und Preisabkommen werden da genannt (Mappe F. Bock, Archiv

Die Presse, referiert in: *Kleines Volksblatt,* 26. 2. 1986). Man erkennt den typischen sozialpolitischen Ansatz von ÖAAB bzw. ÖVP, den Bock dort – ergänzt durch seine Betonung der „Freiheit der Arbeit“ und des „Rechtes auf Eigentum – also eingebettet sieht in eine privatwirtschaftliche Grundordnung.

Wohnbau, Siedlungswesen und Wohnungseigentum hat Bock als Staatssekretär 1952–1955 primär zu betreuen und hier allem voran den Wohnhauswiederaufbaufonds zu verwalten. Mit diesem 1948 per Gesetz gegründeten Institut, das sich ganz dem Wohnungseigentum widmete, schuf die ÖVP in ihrem Einflußgebiet ein Gegenstück zum Bundeswohn- und Siedlungsfonds, den es seit 1921 gab und der ab 1945 vom „roten“ Sozialminister administriert wurde und vorrangig Genossenschafts-Mietwohnungen errichtete. Der Wiederaufbaufonds finanzierte mehr Kosten pro Wohnung und wurde folglich in den 50er höher dotiert als sein Pendant, kam jedoch mit der Abwicklung der Anträge langsamer voran. Noch Mitte 1959 lagen unerledigte Anträge in der Höhe von insgesamt 5 Mrd Schilling vor (bei einer Jahresdotierung von 1 Mrd). Bock kündigte daher eine Reform in Richtung Pauschalierung der maximalen Finanzierung pro Wohnung an (*Neues Österreich,* 25. 7. 1959). Doch war bereits der Bedarf an einer Gesamtreform des Sektors sichtbar (realisiert mit 1968).

Wohnbaupolitik hatte neben dem Wiederaufbau auch eine sozialpolitische Dimension. Die Baupolitik stand sonst ab Mitte der 50er Jahre im Kontext infrastruktureller Modernisierung und von Arbeitsbeschaffung (zwecks Überwindung der hohen Arbeitslosigkeit als Folge der Stabilisierungskrise 1952/53). Ein auf zehn Jahre ausgelegtes Investitionsprogramm des Bundes (Mai 1954)wurde entworfen, das sich auf 10 Mrd Schilling belief und konjunkturell antizyklisch realisiert wurde (vgl. dazu und zu Bocks Rolle: Diwok / Koller 1977, 122 f., 79 f.). Der Staatssekretär Bock wirkte maßgeblich an seiner Konzeption mit – Überwinden der SPÖ-Reserven gegen Autobahnbau –, der Minister Bock an seiner Realisierung im ÖVP-Einflußbereich; Verkehrsminister Karl Waldbrunner betrieb die Umsetzung im Einflußbereich der SPÖ: Bundesbahnausbau, Kraftwerkbau usw. So wurde Bock de facto zum Minister für Bundeshochbau (Amtsgebäude, Schulen, Kasernen), für Bundesstraßen- und Autobahnbau. Allein der Autobahnbau sicherte damals jährlich 70.000 Arbeitsplätze (TV-Gespräch, 12. 4. 1989). Hinsichtlich der Brennerautobahn zweifelte Bock gelegentlich an deren Sinn: Tirol könne, werde sie gebaut, zwar nicht mehr „umfahren“, aber in 1–1½ Stunden „überfahren“ werden (*Wochenpresse,* 19. 4. 1958).

Im ganzen nahm freilich jener Baubereich des Bundes, der von Bocks Ressort im Verein mit Landesbehörden hoheitlich verwaltet wurde, mit der Zeit einen solchen Umfang an, daß er sich mehr und mehr der Kontrolle durch den Minister entzog. Hierin lagen einerseits die Ursachen für den seit 1961 sich andeutenden (*Die Presse,* 13. 12. 1961), seit 1963 untersuchten, 1966 geplatzten „Bauskandal“, der Bocks Ansehen zumindest temporär beschädigte; der Umgang mit dem Skandal trug zur weiteren Verschlechterung der Beziehungen Klaus/Bock maßgeblich bei. Andererseits führten diese Entwicklungen dahin, daß Ende März 1963 im Ministerium ein Staatssekretariat für das Bauwesen eingerichtet wurde, das 1966 zum vollgültigen Ministerium für Bauten und Technik aufgewertet wurde (Vinzenz Kotzina) (vgl. Vodopivec 1970, 73–77). Es scheint, daß Bock schon 1963 dies als Entlastung umso lieber sah (TV-Gespräch, 12. 4. 1989), als er zu der Zeit federführend für Österreichs europäische Integrationspolitik wurde.

Bald nachdem Bock Handelsminister geworden war, gab es erste Anzeichen dafür, daß der seit Jahren stürmische wirtschaftliche Aufschwung abflauen werde: Das Ende der günstigen Grundstoffverwertung, die Ausschöpfung des Arbeitskräftepotentials bei gleichzeitig beginnender Arbeitslosigkeit wenig Qualifizierter, Kreditknappheit infolge

Kapitalmangels und damit Investitionsschwäche besonders in der Industrie kündigten sich an. Die bisherigen Expansionskräfte waren an ihre Grenzen gelangt (Bock in: *Österr. Neue Tageszeitung/ÖNT,* 15. 5. 1960). Zugleich stiegen die Importe und erhöhten die Preise. Dagegen blieben die Chancen für Exporte nur dann gut, wenn es gelang, die Diskriminierungseffekte durch den 1959 beginnenden Zollabbau innerhalb der EWG zu minimieren. Kurzum: Bock war als Wirtschaftsminister nach innen und als Außenhandelsminister mehr als bisher gefordert.

Handelsminister Dr. Fritz Bock, 1958,
Eröffnung der Autobahnteilstrecke Erlauf–St. Christophen

Binnenpolitisch war vor allem die Wettbewerbsfähigkeit zu steigern, das hieß praktisch: Wettbewerb zu intensivieren, Fehlleitung von Investitionskapital zu vermeiden, private Investitionen zu fördern u. ä. m. Was in der Raab-Kamitz-Zeit zugrunde gelegt worden war, galt es unter geänderten Rahmenverhältnissen fortzuführen bzw. zu adaptieren. Das stieß in der SPÖ unter Bruno Pittermann, zum Teil auch im ÖGB auf Widerstände, die im Rahmen der auch mit Bocks Unterstützung 1957 installierten „Paritätischen Kommission“ einstweilen nur unzureichend behoben werden konnten. Erst nachdem die Kommission durch das sogenannte Raab-Olah-Abkommen von 1962 ergänzt und 1963 der Wirtschafts- und Sozialbeirat der Sozialpartner etabliert worden war, zeichneten sich Entkrampfungen ab. Widerstände bzw. Reibungen gab es aber auch in der ÖVP und in deren Anhang. Raabs schwere Erkrankung 1957, sein Abgang als Obmann und Kanzler (1960/61) bewirkten ein Autoritätsvakuum, wie auch der Wechsel im Finanzministerium von Kamitz zu Klaus für Bock eine schwierigere Personenkonstellation bei

Budget- und anderen Fragen darstellte. Im Umfeld der ÖVP richtete sich der Widerstand teilweise gegen die fortschreitende Liberalisierung des Außenhandels, dann gegen die geplante Reform des Gewerberechts. Insbesondere im Hinblick auf diese Reform sahen sich die Interessen mehr oder weniger „geschützter" Sektoren bedroht, aber auch die Interessen von Gewerbe und Einzelhandel in ihrem Verhältnis zu agrarischen Warengenossenschaften/Lagerhäusern. Bock gelang es nur, Teilerfolge für seine gewerbliche Klientel zu erreichen: beim Zolltarif 1958, bei der Herausnahme des Textilsektors aus der GATT-konformen Liberalisierung Ende 1961, bei der Gestaltung des Landwirtschaftsgesetzes von 1960, bei der Gewerbeförderung insbesondere durch ERP-Mittel für die Fremdenverkehrsbranche, 1957 mit der gewerblichen Pensionsversicherung. Die Reform des Gewerberechts dagegen blieb bis zum Ende seiner Ministerschaft eine offene Frage.

Ungleich mehr Gewicht kam, soweit Bocks Ministerium betroffen war, den außenwirtschaftlichen Fragen zu. Sie waren durch die Liberalisierungsbemühungen determiniert, die sowohl im Rahmen des GATT wie der OEEC bzw. OECD auf der Tagesordnung standen und seit den späten 1950er Jahren durch Vorgänge auf der i. e. S. europäischen Szene teils durchkreuzt, teils forciert wurden. Österreich hatte zwar, als Frucht der internationalen Konjunktur und des Raab-Kamitz-Kurses, zwischen 1953 und Anfang 1956 die Importe von Industriegütern aus OEEC-Ländern zu 90% ihres Wertes liberalisiert, aber erst 17% der Importe aus den übrigen GATT-Staaten (Bock in: *Wiener Zeitung/WZ,* 12. 7. 1960). Hier Fortschritte zu machen, war Österreich so interessiert wie die USA und Kanada, doch konnte es dabei, ohne die OEEC, kaum eigene Wege gehen (Bock in *ÖNT,* 31. 12. 1959). Nach der Schaffung der EWG mit ihrem ehrgeizigeren Programm scheiterten die Versuche, alle OEEC-Staaten zu einer großen Freihandelszone zusammenzufassen (vor allem wegen britisch-französischer Gegensätze). Die Diskriminierung der Nicht-EWG-Mitglieder wurde aber zunächst durch den Umstand gemildert, daß die Europäische Wirtschaftsgemeinschaft 1959 gleichzeitig mit dem Zollabbau im Inneren auch die Außenzölle absenkte. Damit wurde Zeit gewonnen.

An allen Schritten, sie zu nützen, nahm Österreich unter lebhaftem Engagement Bocks teil. Doch verminderten sie nur sein Hauptproblem: die drohenden Konsequenzen der schrittweisen Realisierung des EWG-Programmes ab 1960. Ihnen gegenzusteuern, machte sich Bock zur zentralen Aufgabe auf internationaler und nationaler Ebene. Anfangs wollte er von einer kleinen Freihandelszone nichts wissen, nur weitere multilaterale Verhandlungen mit dem Ziel eines größeren Wirtschaftsraumes schienen ihm vernünftig (*WZ,* 13. 2. 1959). Dann schwenkte er auf das Projekt der EFTA ein und unterzeichnete im November 1959 deren Gründungsvertrag. Doch schätzte er diese, in Übereinstimmung mit der Präambel des Vertrages, zunächst nur als eine Möglichkeit, die EWG verhandlungswillig zu machen (*ÖNT,* 10. 1. 1960, 15. 5. 1960). Reisen nach Paris und Washington stimmten ihn zunächst optimistisch; er glaubte Finanzminister Clarence Douglas Dillon überzeugt zu haben, daß jedenfalls Österreich die EFTA nicht als Gegensatz zur EWG auffasse, was diesem „völlig neu" gewesen sei (*WZ,* 16. 1. 1960, *Die Presse,* 16. 4. 1960). Nach einem Jahr der Enttäuschung hoffte er im Sommer 1961, Großbritanniens und Dänemarks Beitrittsverhandlungen mit Brüssel würden den „drei Neutralen" der EFTA zugute kommen – sei es für eine große gemeinsame Lösung, sei es für Einzellösungen z. B. ein spezielles Assoziations-Abkommen Österreichs mit der EWG (*ÖNT,* 1. 8. und 2. 9. 1961). Für ein solches bilaterales Abkommen hatte sich Bock schon im Mai ausgesprochen (*Die Presse,* 19. 5. 1961), die Bundesregierung strebte aber zunächst ein gemeinsames Abkommen der Neutralen an, also unter Einbeziehung Schwedens und der Schweiz, an (Konzept Bock – Kreisky, *Die Presse,* 20. 6. 1961).

Bock und die ÖVP hatten damit immerhin einiges vom Widerstand der SPÖ gegen die EWG überhaupt abbauen können. Bock hatte schon Anfang 1960 geschrieben, der

Koalitionspartner reite „gefährliche Attacken" gegen die EWG, und ergänze diese, was Österreichs mögliches Verhältnis zu Brüssel betreffe, durch neutralitätspolitische Argumente (*ÖNT*, 10. 1. 1960). Neutralität und wirtschaftliche Integration wären kompatibel, niemand fordere Einschränkung der Neutralität. Damit war ein Thema angeschlagen, das durch Jahre die Innenpolitik beherrschen sollte, aber auch das Verhältnis zwischen Wien und Moskau. Zum Beispiel betonte Bock gegenüber einer sowjetischen Anfrage schon im August 1961 öffentlich, Österreich verstehe unter „gesamteuropäischer Integration ausschließlich eine solche wirtschaftlicher Natur" (*Die Presse*, 31. 8. 1961).

Freilich mußte schließlich auch Bock zur Kenntnis nehmen, daß innerhalb der EWG selbst, unterstützt durch die USA, politische Zielsetzungen dominierten. Das hatte er schon Ende 1959 bedauert (*Die Furche*, 19. 12. 1959), das wiederholte er in Dallas 1961 (*ÖNT*, 27. 10. 1961): Die Europäische Integration werde eben deshalb „nicht vollständig" sein, weil die drei neutralen Länder, die sich an der politischen Integration nicht beteiligen könnten, „auch von der wirtschaftlichen ... ausgeschlossen blieben". An der politischen Perspektive der EWG, die namentlich Charles de Gaulle im Auge behielt, scheiterte dann u. a. auch Österreichs Assoziationswunsch – nicht nur an der Sowjetunion. Das wurde vollends deutlich, als Englands Beitrittsantrag 1963 abgelehnt wurde. Schweden und die Schweiz zogen sich darauf von der bisher gemeinsam mit Österreich verfolgten Assoziationspolitik zurück. Das nötigte Österreich und namentlich Bock, in der Folge vom Assoziationsgedanken zu einem Vertrag besonderer Art mit Brüssel zu wechseln. Allerdings hat sich auch dafür Bock mehr als irgend jemand engagiert. Die Früchte seiner Anstrengungen konnte er freilich nicht mehr als Minister ernten, denn 1967 blockierte Italien wegen der Eskalation der Südtirol-Frage durch sein Veto die Gespräche in Brüssel. Erst 1972 kam ein – nun multilateraler – Freihandelsvertrag mit der EG zustande (vgl. Hamel 1993, 55–86). Bock begrüßte lebhaft, daß die Regierung Kreisky das abgeschlossen habe, was er immer für nötig erachtet hatte (*Kurier*, 25. 7. 1973).

Als Chef des größten, sachlich am weitesten verzweigten Ressorts galt Bock als tüchtiger Organisator. Anders als einige seiner Vorgänger, insbesondere Illig, habe er es „wirklich geführt" (Franz Wegart). Das verlangte hohe fachliche Kompetenz bezüglich vieler Teilbereiche und ihrer Zusammenhänge. Bocks ruhiges Temperament, in Verbindung mit der Noblesse seines Auftretens, seinem Überblick, seiner Nüchternheit und seinem Sinn für Taktik machte ihn zu einem hervorragenden Verhandler, dessen Fähigkeiten mit den Jahren immer besser zur Geltung kamen, bis sie sich schließlich an Josef Klaus' Stil rieben. Darüber hinaus kamen Bocks Anliegen seine Bereitschaft und Fähigkeit als Kommunikator zugute. Er verfaßte Bücher und Broschüren, unzählige Artikel in Fachorganen, Wochen- und Tageszeitungen; sie bibliographisch zu erfassen, ist ein Desiderat. Zahllos waren auch seine Interviews und Pressekonferenzen. Sein Ministerium legte alljährlich umfangreiche Tätigkeitsberichte vor, die Bock vor der Presse jeweils kommentierte. Dazu kamen seine zahlreichen Reden vor wirtschaftlichen Vereinigungen, Kammern, bei spezifischen Anlässen (z. B. Messen, Eröffnung des großen Festspielhauses in Salzburg). Das Publikum, an das er sich wandte, war freilich primär das professionelle aus der Wirtschaft selbst, dann das, das für wirtschaftlich-soziale Zusammenhänge aufgeschlossen war. Nicht ungern besuchte er allerdings Betriebe. 1960 erlebte er „die schönste Maifeier meines Lebens" bei der „Ziegelindustrie Eferding", dem größten Unternehmen Österreichs, das seine Mitarbeiter am Gewinn beteiligte; dort, sagte er, würden „die wirklichen Belange einer christlichen Gemeinschaft" ernst genommen (*Kl. Volksblatt*, 1. 5. 1960). Aber auch solche Besuche belegten: Das Forum, innerhalb dessen er mit Vorliebe kommunizierte, war gewöhnlich ein kleines oder eines mittlerer Größe mit qualifiziertem Publikum. Umgekehrt: Ein Charismatiker, der die Massen mitreißt, ihre Erwartungen auf sich zieht, war Bock nicht. Demgemäß wurde er in der Nach-Raab-Ära auch nie für die erste Rolle in der ÖVP und in der Bundesregierung genannt. Das hinderte allerdings nicht, daß er während der 60er Jahre gewissermaßen als Österreichs Europaminister zum Rang eines Staatsmannes aufstieg.

Mit Bocks Ausscheiden aus der Bundesregierung im Jänner 1968 war seine politische Wirksamkeit noch nicht beendet. Nicht so sehr an seinen Einfluß auf die generelle politisch-historische Diskussion, den er als Funktionär des DÖW und aktives Mitglied der historischen Kommission für die Geschichte der Ersten Republik nahm, ist dabei zu denken, auch nicht an seine Präsidentschaft im Donaueuropäischen Institut. Vor allem sein Vorsitz im Aufsichtsrat der seit 1946 verstaatlichten Creditanstalt hob ihn 20 Jahre lang aus der Reihe politischer Pensionisten nachdrücklich hervor.

Bock nahm seine Funktion in dieser damals größten Bank Österreichs, die zudem via Aktienbesitz eine große Zahl bedeutender Industrieunternehmen kontrollierte, sehr aktiv wahr, er faßte sie „als gestaltende mehr denn als nur überwachende" auf (*Volksblatt,* 7. April 1989). Regelmäßig brachte er den halben Tag in der Bank zu (*Die Presse,* 22. 2. 1985). In den 70er Jahren war er an ihrer raschen Expansion erheblich beteiligt. Solange mit Heinrich Treichl ein Exponent der ÖVP den Vorstand der Bank leitete, scheint das Verhältnis zwischen Aufsichtsrat und Geschäftsführung weitgehend konfliktfrei gewesen zu sein. Das änderte sich, als die Regierung Kreisky bzw. die SPÖ Anfang 1981 Ex-Finanzminister Hannes Androsch als Generaldirektor der CA durchsetzte. Wegen dessen umstrittener „Vergangenheit" als Minister hatte sich Bock monatelang und bis zuletzt gegen diesen Wechsel zur Wehr gesetzt. Demgemäß bedauerte er 1988 Androschs unfreiwilligen Abgang aus der Bankleitung nicht (*Die Presse,* 13. April 1989).

Inwieweit die Spannung zwischen den Führungspersonen Bock und Androsch auf die Geschäftspolitik und Strategie der CA durchschlug, ist schwer zu ermessen. Spätestens seit der generellen Rezession der frühen 80er Jahre plädierte Bock für den Verkauf des Industriebesitzes der Bank. Die Bilanzen der Bank litten an notwendigen Verlustabdeckungen für den Industriekonzern, an ertraglosen Aktiva; den Zinsenentgang bezifferte Bock auf 900 Mio Schilling jährlich. Er wünschte, daß die CA in 6–8 Jahren als Bank „und nicht als Industrieherr" dastünde (*Die Presse,* 28. 12. 1984). Freilich sah er, daß es schwierig sein würde, die Industriebeteiligungen an private Interessenten zu verkaufen. Ersatzweise zog er deshalb als Käufer die staatliche ÖIAG in Betracht. Diese aber war zu einer derartigen Übernahme weder fähig noch willig. Wohl darum schlug Bock wenig später öffentlich vor, wenigstens eine „optische Mauer" zwischen der Bank und ihrem Industriekonzern zu errichten; er dachte an eine Art eigener Industrieverwaltungsgesellschaft, an die in Zukunft Staatshilfe geleistet werden solle statt direkt an die Bank, deren Image sonst noch weiter geschädigt werde (*Die Presse,* 22. 2. 1985). Man erkennt hier, daß sich ein erfahrener Wirtschaftsprüfer besorgte Gedanken machte. Zwar wurde dieses Modell nicht realisiert, doch setzten Verkauf bzw. Rekonstruktion des Industriebesitzes der CA noch während Bocks Funktionszeit ein (*Die Presse,* 7. 4. 1989). Wie erwähnt, schied Bock einige Zeit nach Androschs Abgang seinerseits aus der Bank. Da 1988 wieder die ÖVP den Vorstandsvorsitzenden nominieren konnte (Guido Schmidt-Chiari), entsprach es der Räson der 1986/87 erneuerten großen Koalition, die Aufsichtsratsspitze durch einen Vertrauensmann der SPÖ zu besetzen, nämlich Erich Göttlicher.

Fritz Bock verstarb am 12. Dezember 1993 in Wien. Je älter er wurde, desto höher war seine Wertschätzung gestiegen. Waren in den 50er und 60er Jahren die Urteile über Bock noch oft auseinandergegangen, so wurde er in späteren Jahren vor allem als „Vater der Integrationspolitik" Österreichs aufs glänzendste anerkannt (*Die Presse,*

25. 6. 1992), aber auch als konstanter Befürworter einer großen Koalition. Vom Handels- und Wiederaufbauminister blieben schließlich nur positive Erinnerungen, mit dem seinerzeitigen „Bauskandal“ wurde er nicht mehr in Verbindung gebracht. An Ehrungen fehlte es nicht (Julius-Raab-Gedächtnisring 1978, Bürger der Stadt Wien 1984, Goldenes Doktordiplom 1985). Nur die ÖVP, so schien es manchmal, hatte ihn in seinen letzten Jahren zusehends vergessen.

Literatur- und Quellenverzeichnis

Archiv *Die Presse:* Mehrere Curricula vitae, davon einige auf Fritz Bock zurückgehend bzw. von ihm autorisiert, zahlreiche Zeitungs- bzw. Zeitschriftenbeiträge von und über Fritz Bock.

Bock, Fritz (1947). Wir und die Währungsreform, Wien.

Bock, Fritz (1956). Das Durchführungsgesetz zum Deutschen Eigentum, Wien.

Bock, Fritz (o. J.). Was wir von der Regelung der Wohnungsfrage wissen müssen.

Bock, Fritz (1968). Die Integrationspolitik vor dem Eisernen Vorhang, Wien.

Bock, Fritz (1969). Im Protokoll nicht vorgesehen, Wien.

Bock, Fritz (1978). Der Anschluß an Europa, Gedanken. Versuche. Ergebnisse, St. Pölten.

Bock, Fritz (1985). Österreich zuliebe, Wien.

Breuss, Fritz (1983). Österreichs Außenwirtschaft 1945–1982, Wien.

Diwok, Fritz / Hildegard *Koller* (1977). Reinhard Kamitz. Wegbereiter des Wohlstands, Wien.

Hamel, Stephan (1993). „Eine solche Sache würde der Neutralitätspolitik ein Ende machen.“ Die österreichischen Integrationsbestrebungen 1961–1972. In: Michael *Gehler* / Rolf *Steininger* (Hg.) (1993). Österreich und die europäische Integration 1945–1993, Wien.

Sporrer, Maria / Herbert *Steiner* (Hg.) (1984). Fritz Bock. Zeitzeuge, Wien.

Universität Salzburg/Landesstudio Salzburg des ORF (Hg.) (1987). Zeitzeugen. Wege zur Zweiten Republik, Wien.

Vodopivec, Alexander (1970). Der verspielte Ballhausplatz, Wien.

Lebensdaten

1911	am 26. 2. in Wien geboren
1925	Eintritt in den Reichsbund
1928	Mitglied der K.Ö.St.V. „Thuringia-Wien" im MKV
1930	Mitglied der K.Ö.H.V. „Nordgau-Wien" im ÖCV
1930–35	Jus-Studium, Universität Wien (Dr. iur)
1938/39	1. 4. bis Jänner KZ Dachau
1939	Heirat, zwei Kinder (Maria-Theresia, Fritz)
1939–45	in Wien, Kontakt zu O5
1945	März: vor neuer Verhaftung Flucht ins Innviertel
1993	am 12. 12. in Wien gestorben

Beruf

1930–38	Steuerberater und Wirtschaftstreuhänder, eigene Kanzlei
1939–45	verschiedene, mitunter kurzfristige, unselbständige und selbständige Arbeit
1945–52 sowie ab 1968	Steuerberater und Wirtschaftstreuhänder in eigener Kanzlei in Wien

Staatliche Funktionen

1948–52	Mitglied der Rohstofflenkungs- und der Kreditlenkungskommission
1919–53	Abgeordneter zum Nationalrat
1952–55	Staatssekretär im Ministerium für Handel und Wiederaufbau
1955–56	Staatssekretär im Finanzministerium
1956–62	Abgeordneter zum Nationalrat
1956–68	Minister für Handel und Wiederaufbau (seit 19. 4. 1966 für Handel, Gewerbe und Industrie
1966–68	Vizekanzler

Parteipolitische Ämter

1933	Vaterländische Front, Wien-Hietzing
1935–38	Vaterländische Front, Werbeleiter für Wien
1945–47	Wirtschafts- und Sozialpolitischer Referent der Bundesparteileitung der ÖVP
1947–53	1. 3. bzw. 26. 4. Generalsekretär des ÖAAB
1961–81	Vizepräsident des Österreichischen Wirtschaftsbundes

Weitere Funktionen

1969–89	Präsident des Aufsichtsrates der Creditanstalt

Johann Böhm

von
Brigitte Kepplinger

Johann Böhm, von 1945 bis zu seinem Tod 1959 Präsident des neugegründeten Österreichischen Gewerkschaftsbundes, verkörpert den Typus des sozialdemokratischen Politikers, der – aus bescheidensten Verhältnissen stammend – in und durch die Arbeiterbewegung in zentrale politische Positionen aufstieg. Seine Popularität bei den Arbeitern gründete darauf, daß er trotz seiner Karriere einer der ihren blieb und ihre Sprache sprach und verstand. Das Leitmotiv seiner Politik war das Verantwortungsgefühl gegenüber der Arbeiterschaft, aus der er kam. Seine historische Leistung besteht darin, daß er maßgeblich am Aufbau und an der Formung der österreichischen Gewerkschaftsbewegung nach 1945 beteiligt war und das System der Sozialpartnerschaft, das er voll und ganz bejahte, mitbegründete.

Johann Böhm wurde am 26. Jänner 1886 in Stögersbach im Waldviertel geboren. Er war das dritte von vier Kindern. Sein Vater, Josef Böhm, war Maurer; die Mutter, Marie, war Landarbeiterin (Böhm 1964, 13). Böhms Kindheit war voller Not und Entbehrungen; er erlebte aber den Zusammenhalt der Familie als positives Gegengewicht zu den drückenden materiellen Sorgen.

Wie viele andere Funktionäre der frühen Arbeiterbewegung hatte Johann Böhm das Glück, daß sein Volksschullehrer seine Intelligenz erkannte und ihn nach Kräften förderte, indem er ihm nach der Schule sozusagen Privatunterricht erteilte. Für eine weiterführende Schulbildung, die der Lehrer anregte, fehlten aber die Mittel: Johann Böhm begann eine Maurerlehre. 1900 zogen Vater und Sohn nach Wien, weil sie, wie so viele andere, in der Hauptstadt bessere Verdienstmöglichkeiten zu finden hofften. Allerdings erfüllten sich diese Hoffnungen für den jungen Böhm erst Jahre später; seine Lehrzeit und die ersten Arbeitsjahre waren gekennzeichnet von politischer und sozialer Rechtlosigkeit, von Ausbeutung, Unterdrückung und materieller Not. Sozialdemokratische Partei und Gewerkschaften, die zu einem wesentlichen Motor sozialer und politischer Reform werden sollten, waren erst im Aufbau begriffen.

In dieser wichtigen Phase der Entwicklung der Arbeiterbewegung stieß Johann Böhm zur Gewerkschaft. Auch dieser Schritt ist für die Biographie dieser Generation sozialdemokratischer Funktionäre typisch: Eine Versammlung, mehr zufällig besucht, wurde für Johann Böhm zum Schlüsselerlebnis. Er sah sich selbst und seine persönlichen Erfahrungen als Teil eines großen Ganzen, und, wichtiger noch, der Versammlungsredner öffnete eine Perspektive zur Veränderung. Am 24. Mai 1903, siebzehnjährig, trat Johann Böhm der Baugewerkschaft bei und wurde schon bald gewählter Vertrauensmann. 1905 setzte Böhm den für ihn nur logischen Schritt des Beitritts zur Sozialdemokratischen Partei.

Nun begann für den Zwanzigjährigen eine Zeit der Konsolidierung, beruflich, politisch und privat. Er konnte ins Gipsergewerbe überwechseln, wurde sogar Partieführer und gehörte mit einem ansehnlichen Wochenverdienst und praktisch durchgehender Beschäftigung über das ganze Jahr zur Arbeiteraristokratie (Stadler/Kepplinger, 37). Wiederum charakteristisch ist sein nächster Schritt: Er investierte das höhere Einkommen in die Miete für ein Zimmer für sich allein und schaffte sich Schritt für Schritt eine Bibliothek an. In diversen Bildungseinrichtungen der Sozialdemokratie suchte er nachzuholen, was er an Schulbildung versäumt hatte. In diesem Umfeld lernte Johann Böhm auch das Schachspiel, das zeitlebens seine Leidenschaft blieb (Stadler/Kepplinger, 39). In der Baugewerkschaft gehörte er bald zu den gesuchten Versammlungsrednern, und 1909 wurde Johann Böhm in den Vorstand der Baugewerkschaft berufen (Meissner o. J., 293), dem er bis zur Auflösung des Verbandes nach den Februarkämpfen 1934 angehörte. Seitens der Gewerkschaft versuchte man ihn wiederholt als hauptamtlichen Funktionär zu gewinnen, aber Böhm zog es vor, bei seinem Beruf zu bleiben (Stadler/Kepplinger, 39). Schließlich holte Johann Böhm seine Eltern zu sich nach Wien. Die Eltern, eine Schwester und deren Mann lebten zusammen in benachbarten Wohnungen. In dieser Zeit lernte Johann Böhm auch seine zukünftige Frau Rosa kennen, die er 1915 heiratete (Böhm 1964, 106).

Rückblickend schätzte Johann Böhm diese wenigen Jahre vor dem Ersten Weltkrieg als eine der glücklichsten Zeiten in seinem Leben ein. Die relative wirtschaftliche Stabilität wurde zur Basis der Durchsetzung politischer und sozialer Reformen, an der die Sozialdemokratie wesentlich beteiligt war. Trotz diverser Stagnationstendenzen, strategischer Sackgassen und innerorganisatorischer Konflikte in der Entwicklung sozialdemokratischer Politik konnte man als sozialdemokratischer Arbeiter in jenen Jahren optimistisch in die Zukunft blicken.

Der Erste Weltkrieg durchbrach diese Stabilität. Johann Böhm wurde im Jänner 1915 eingezogen und kam im August an die Front (Stadler/Kepplinger, 45f). Eine schwere Verwundung an den Beinen bedingte einen mehr als zweijährigen Aufenthalt in Militärspitälern, meist in Wien. Ende September 1918 wurde Johann Böhm als dienstuntauglich aus dem Militärdienst entlassen (Böhm 1964, 122).

Den Beginn der Ersten Republik erlebte Johann Böhm, wie so viele andere Menschen auch, als eine Zeit gesellschaftlicher Anomie, des Hungers, großer sozialer und politischer Konflikte, aber auch als eine Zeit großer Chancen für die Arbeiterbewegung. Den schweren Konflikten innerhalb der sozialdemokratischen Partei, die sich an der Haltung der Führung zum Kriegsausbruch entzündeten und schließlich zur Herausbildung eines linken Flügels führte, stand er distanziert gegenüber; er konnte sich mit den Positionen der Linken nicht anfreunden. Damit teilte er die Haltung der Gewerkschaften, die sich auf dem sozialdemokratischen Parteitag von 1917 zur sozialreformerischen Ausrichtung ihrer Politik bekannten und einen revolutionären Umsturz ablehnten (Stadler/Kepplinger, 51).

Johann Böhm traf 1918 eine folgenreiche Entscheidung. Nach Aufforderung des Vorsitzenden der Baugewerkschaft, Theodor Meissner, wurde er Geschäftsführer der neugegründeten Arbeitsvermittlung für das Baugewerbe (Stadler/Kepplinger, 99), aus der dann das Arbeitsamt entstand. Eine der Hauptaufgaben dieser Institution war, neben der Arbeitsvermittlung, die Auszahlung der neueingeführten staatlichen Arbeitslosenunterstützung. Die erste Zeit des Bestehens des neuen Amtes war vom Fehlen aller notwendigen Strukturen gekennzeichnet: So begaben sich z. B. an jedem Auszahlungstag drei Angestellte in die Nationalbank und holten in großen Säcken das nötige Bargeld. Zu Fuß kehrten sie ins Amt zurück; es kam nie zu einem Zwischenfall (Böhm 1964, 126).

1921 folgte Johann Böhm dem Ruf seiner Gewerkschaft, die Funktion des Leiters der Ortsgruppe Wien zu übernehmen. Er war nun 35 Jahre alt, Vater von drei Kindern (Johann, geboren 1915, Rosa, geboren 1917 und Josef, geboren 1919), ein erfahrener Gewerkschafter, der das Betätigungsfeld gefunden hatte, das ihm entsprach. Seinem Nachfolger im Arbeitsamt hinterließ er eine gut funktionierende Organisation. Diese Zwischenstation zeigt recht deutlich wesentliche Charakterzüge und Fähigkeiten Johann Böhms, die auch in seiner weiteren Arbeit hervortreten: die Fähigkeit, sich binnen kurzer Zeit mit großem persönlichem Einsatz ein unbekanntes Arbeitsgebiet zu erschließen, zäh und beharrlich zu arbeiten und Konflikte mit der Gegenseite – den Unternehmern –, aber auch in den eigenen Reihen im Suchen um Konsens zu meistern. Dabei standen die sozialdemokratischen Gewerkschafter unter zweifachem Druck: Zum einen der „klassische" Gegner, die Unternehmerschaft; zum anderen die kommunistischen, später auch die christlichen und unabhängigen („gelben") Gewerkschaften, mit denen die Freien Gewerkschaften in ständiger Konkurrenz um den Einfluß in der Arbeiterschaft standen.

Festigung und Ausbau der Organisation, Zentralisierung zur Bündelung aller Kräfte, Lösung der permanenten Finanzprobleme, vor allem aber energisches und zähes Verhandeln mit den Unternehmern in den ständigen Auseinandersetzungen um die Löhne, das waren die Hauptaufgaben, denen sich Johann Böhm gegenübersah. Aufgrund der Inflation war es nötig, geradezu permanente Lohnverhandlungen zu führen.

Diese Jahre waren für Johann Böhm eine harte Belastungsprobe. Hier formten sich seine Fähigkeiten, seine Charakterzüge zu jener bemerkenswerten Persönlichkeit, die dann im Aufbau der Zweiten Republik alle diese Erfahrungen nutzbar machen konnte. Böhms Verhandlungsgeschick war geradezu legendär; die Basis dafür wurde in der Knochenarbeit jener Jahre gelegt. Ebenso bekannt war seine Fähigkeit, ausgleichend zu wirken, erworben in den Hunderten Versammlungen, an denen er als Gewerkschafter teilnahm. Johann Böhm brillierte als Redner auf Betriebsversammlungen, Streikversammlungen, Demonstrationen. Er brauchte den direkten Kontakt zu den Arbeitern bzw. zu seinen Gesprächspartnern; als Redner in Gremien oder bei offiziellen Veranstaltungen konnte er seine Stärken nicht ausspielen.

In der Ersten Republik bildeten sich innerhalb des sozialdemokratischen Organisationsgefüges auch informelle Strukturen aus, Beziehungsgefüge, darauf angelegt, Einflußbereiche abzustecken und zu sichern. Vor diesem Hintergrund ist die Mitgliedschaft Böhms im Vorstand der gewerkschaftseigenen „Baugesellschaft Grundstein" zu sehen (Stadler/Kepplinger 1987, 175), auch seine Entsendung in den Wiener Gemeinderat 1927. Bei den Nationalratswahlen 1930 schließlich wurde Johann Böhm von der Sozialdemokratie für den Wahlkreis Burgenland kandidiert und auch gewählt. Auffallend ist, daß in beiden Gremien, im Wiener Gemeinderat wie im Nationalrat, nur sehr wenige Wortmeldungen Böhms dokumentiert sind; diese Art von Gremienarbeit war offensichtlich nicht seine Sache.

Hauptarbeitsgebiet blieb die Gewerkschaft. 1929 löste Johann Böhm Theodor Meissner als Vorsitzenden der Baugewerkschaft ab (Meissner, o. J., 403). Er übernahm diese Funktion in einer politisch wie wirtschaftlich schwierigen Zeit: Zwischen den beiden großen politischen Lagern wurde erbittert um Einflußsphären gerungen, wobei sich das Kräfteverhältnis 1929 schon eindeutig zugunsten des bürgerlichen Lagers verschoben hatte. Die große Wirtschaftskrise von 1929 verursachte auch in Österreich Massenarbeitslosigkeit und Verelendung breiter Bevölkerungsschichten. In dieser Situation standen die Freien Gewerkschaften mit dem Rücken zur Wand.

Am 22. 12. 1930 traf Johann Böhm ein Schicksalsschlag: Seine Frau Rosa starb plötzlich und unerwartet (Böhm 1964, 134). Nach zwei Jahren heiratete Böhm wieder; diese Ehe wurde allerdings nicht so glücklich wie die erste.

Die Ausschaltung des Parlaments 1933 und die Zerschlagung der sozialdemokratischen Arbeiterbewegung nach den Februarkämpfen 1934 entzogen einer ganzen Bevölkerungsgruppe ihre Kommunikationsmöglichkeiten und Organisationsformen. Die sozialdemokratische Lebenswelt, aufgebaut als Gegenpol zur bürgerlichen politischen und kulturellen Hegemonie, wurde weitgehend vernichtet. Wie sehr sich die Mitglieder der Sozialdemokratie mit dieser ihrer Lebenswelt identifizierten und wie tief die Erschütterung bei ihrer Zerstörung war, beleuchtet die Mitteilung der Tochter Johann Böhms, sie habe den Vater nur dreimal weinen gesehen: einmal bei der Nachricht von der Beschießung des Ottakringer Arbeiterheims. Tausende Sozialdemokraten wurden verhaftet, eingesperrt, verloren ihre Existenz. Einer von ihnen war Johann Böhm.

Am 15. Februar 1934 wurde Johann Böhm verhaftet und im Frühsommer in das Anhaltelager Wöllersdorf gebracht, wo er bis September inhaftiert war. Die Anklage lautete auf Veruntreuung von Gewerkschaftsgeldern und bezog sich darauf, daß die Baugewerkschaft vor dem 12. Februar 1934 den Großteil ihres Barvermögens ins Ausland transferiert hatte. Mangels Beweisen mußte diese Anklage schließlich fallengelassen werden.

Johann Böhm sah sich nach seiner Entlassung aus dem Lager ohne berufliche Perspektive. Erst 1935 gelang es ihm, eine Anstellung in der Urlaubskommission des Baugewerbes zu erhalten, deren christlichsozialen Direktor er noch aus der Zeit des Aufbaus des Arbeitsamtes kannte. Während die Funktionäre der mittleren und unteren Organisationsebene darangingen, eine illegale Gewerkschaftsorganisation aufzubauen, beschränkte Böhm sich – aufgrund seines Bekanntheitsgrades – auf die Herstellung und Pflege von Kontakten.

Die wachsende nationalsozialistische Bedrohung veranlaßte die Regierung, mit der illegalen Arbeiterbewegung Kontakt zur Erarbeitung von Maßnahmen gegen den gemeinsamen Feind zu suchen. Dem Komitee der illegalen Freien Gewerkschaften, das mit Johann Staud, dem Vorsitzenden der Regierungsgewerkschaft, im März 1938 verhandelte, gehörte auch Johann Böhm an (Stadler/Kepplinger, 151). Zu wenig und zu spät – so könnte man diese Bemühungen der Regierung Schuschnigg charakterisieren: Am 12. März 1938, einen Tag vor der geplanten Volksabstimmung, marschierten deutsche Truppen in Österreich ein.

Sofort begannen Massenverhaftungen von Regimegegnern. Johann Böhm erwog, mit seiner Familie in die Emigration zu gehen, entschloß sich dann aber, zu bleiben. Zur Unsicherheit der Existenz – Böhm brachte sich mit verschiedenen Gelegenheitsarbeiten durch – kam die ständig präsente Gefahr einer Verhaftung, auch wenn Johann Böhm nicht im Widerstand aktiv war, sondern seine Tätigkeit auf Kontakte mit illegal operierenden Gewerkschaftern beschränkte. Schließlich wurden beide Söhne zur Wehrmacht eingezogen, und 1942 erreichte Johann Böhm die Nachricht, daß Josef, sein Lieblingssohn, gefallen war. Die Todesnachricht stürzte ihn in tiefste Verzweiflung; in Wirklichkeit hat Johann Böhm den Verlust des Sohnes nie verwunden.

1944, nach dem Attentat auf Hitler, wurde Johann Böhm verhaftet. Es gab keine konkrete Anklage, die Massenverhaftung war eine Reaktion des NS-Regimes auf das Attentat. Einige Wochen später wurden die Verhafteten ohne Angabe von Gründen wieder freigelassen.

Noch während der Kämpfe um Wien begannen die Vertreter der demokratischen Institutionen mit den Vorbereitungen zum Wiederaufbau ihrer Organisationen. Der Österreichische Gewerkschaftsbund (ÖGB) wurde von Vertretern der ehemaligen Freien Gewerkschaften, der Christlichen Gewerkschafter und von kommunistischen Gewerkschaftern Ende April 1945 gegründet (Klenner 1953, 1600 f.). Johann Böhm wurde zum Vorsitzenden gewählt. Er gehörte auch der aus Vertretern aller drei Parteien gebildeten Provisorischen Regierung als Staatssekretär für Soziale Verwaltung an.

ÖGB-Präsident Johann Böhm, 1956

Nach den Vorstellungen der Beteiligten sollte der neue Gewerkschaftsbund, aufbauend auf den schmerzlichen Erfahrungen der Zwischenkriegszeit, als Einheitsgewerkschaft strikt zentralistisch organisiert werden. Finanzen und Angestelltenapparat der Einzelgewerkschaften wurden beim Dachverband konzentriert. Grundsätzlich erfolgte der Aufbau der Organisation nach dem Industriegruppenprinzip, mit einer Ausnahme: Die Angestellten der Privatwirtschaft sind in einer eigenen Organisation zusammengeschlossen.

Ein weiterer wichtiger Schritt, der die Entwicklung des ÖGB bestimmen sollte, war die Gründung der sozialistischen Fraktion im Sommer 1945, die u. a. von Johann Böhm initiiert wurde (Prader 1974, 74). Dadurch wurde eine enge Verzahnung von SPÖ und ÖGB – personell wie programmatisch – ermöglicht, ohne das Prinzip der Einheitsgewerkschaft aufzugeben. Da die sozialistische Fraktion die stärkste war, bestimmte sie de facto Inhalt und Richtung der Gewerkschaftspolitik. Diese Gegebenheiten, der zentralistische Aufbau des ÖGB und die Gründung der sozialistischen Fraktion im ÖGB, machten die überaus effiziente Einbindung der Gewerkschaften in den wirtschaftlichen Wiederaufbau möglich, bei dem der Vorrang der Grundstoffindustrie vor der Konsumgüterindustrie festgelegt und den Arbeitnehmern große Opfer abverlangt wurden.

Johann Böhm wird auch die Initiative zugeschrieben, sozialdemokratische Gewerkschafter in den Parteivorstand der SPÖ zu entsenden (Prader 1974, 118, Anm. 242); er lag damit auf der gleichen Linie wie der Parteivorsitzende Adolf Schärf (Stadler 1982, 253). Damit ist ein Aspekt der engen und vielfältigen personellen Verflechtungen zwischen SPÖ, ÖGB bzw. Arbeiterkammer, der sozialdemokratischen Parlaments- und Regierungsfraktion und der verstaatlichten Industrie angesprochen, die damals entwickelt wurden. Ausdruck dieser Verflechtung war auch, daß Johann Böhm 1945 als Abgeordneter der SPÖ in den neugewählten Nationalrat einzog und zu seinem Zweiten Präsidenten gewählt wurde.

Johann Böhm prägte als ÖGB-Präsident dessen politische Ausrichtung ganz wesentlich. Diese Politik fußte auf der Überzeugung, daß ein Wiederaufbau der österreichischen Wirtschaft nur durch die Zusammenarbeit von Arbeiterschaft und Unternehmern möglich sei, wobei Böhm auch Opfer für die Arbeiterschaft zu akzeptieren bereit war. Berühmt wurde sein Beispiel vom „gemeinsamen Ast", das er in einer Rede vor Vertretern der Industriellenvereinigung vortrug. Er stellte fest, „daß wir, mögen wir noch so viele Differenzen miteinander haben, (...) doch auf einem Ast sitzen, von dem wir beide – wenn einer von uns ihn durchsägt – herunterfallen müssen" (Böhm 1949, 3).

1947 wurde als erster Schritt einer außerparlamentarischen Zusammenarbeit von Arbeitnehmer- und Arbeitgeberorganisationen eine ständige gemeinsame Wirtschaftskommission gegründet. Sie bestand aus Vertretern der drei großen Kammern und des ÖGB und bildete den Rahmen für den Abschluß der insgesamt fünf Lohn-Preis-Abkommen, durch die eine relative Zurückhaltung bei den Lohnsteigerungen und damit des Konsumanteils festgelegt wurde, um so „Raum für Investitionen zu schaffen, ohne die Inflationsrate allzu hoch werden zu lassen" (Chaloupek/Swoboda 1975, 333). Das vierte Lohn-Preis-Abkommen wurde aufgrund der wachsenden Unzufriedenheit der Arbeiterschaft zum Anlaß für die bisher größte Streikbewegung der Zweiten Republik, den Oktoberstreik 1950. Von der kommunistischen Fraktion initiiert, breitete sich die Streikbewegung auf ganz Österreich aus. Ein Erfolg des Streiks hätte die innergewerkschaftlichen Kräfteverhältnisse zugunsten der Kommunisten verschoben, mit einer nicht überschaubaren Folgewirkung auf der politischen Ebene. Johann Böhm setzte alle seine strategischen und taktischen Fähigkeiten ein, um in Verhandlungen mit den Streikführern und Vertrauensmännerversammlungen den Streik zu beenden, und bewies dabei mehr als einmal große persönliche Courage. Einen wesentlichen, allerdings demokratiepolitisch sehr umstrittenen Beitrag zur Niederschlagung des Streiks leistete Franz Olah, Vorsitzender der Baugewerkschaft und Protegé Böhms, durch die Aufstellung seiner mit Holzknüppeln ausgerüsteten Streikbrechertruppe (Konrad/Lechner 1992, 58). Daß Johann Böhm vom Vorgehen Olahs wußte, kann angenommen werden; wieweit er sie befürwortete, ist nicht zu sagen. Jedenfalls konnte sich Franz Olah auf das volle Einverständnis von Regierung, Partei und Wiener SPÖ-Organisation stützen (Konrad/Lechner 1992, 59). Eine gemeinsame Basis fanden Böhm und Olah in ihrer strikten Ablehnung des Kommunismus, die sich auch in der ausschließlichen Westorientierung des ÖGB manifestierte.

1951 erfolgte der Versuch einer weitergehenden institutionellen Verankerung der Sozialpartnerschaft. Das geplante Wirtschaftsdirektorium, bestehend aus den Präsidenten von ÖGB und VÖI, AK und BWK, dem Präsidenten der Oesterreichischen Nationalbank und dem Verkehrsminister und dem Außenminister wurde vom Verfassungsgerichtshof als verfassungswidrig aufgehoben, da es die faktische Bedeutungslosigkeit des Parlaments nach sich gezogen hätte. 1957 schließlich wurde die Paritätische Kommission für Lohn- und Preisfragen etabliert. Ihr oberstes Organ ist die Präsidentenkonferenz der Präsidenten der beteiligten Organisationen. Die Initiative zur Etablierung der Sozialpartnerschaft ging von den Gewerkschaftern unter Böhms Führung aus; anfänglich scheinen Schärf, Pittermann, auch Kreisky, also wesentliche Vertreter der SPÖ, dieser Maßnahme distanziert gegenübergestanden zu sein, ließen sich aber überzeugen (Stadler 1986).

An diesen wenigen Zeilen wird deutlich, welche Arbeitsleistung Johann Böhm in diesen Jahren nach dem Krieg zu bewältigen hatte und auch bewältigte. Sicher stießen neue Mitarbeiter zum ÖGB; jedoch waren der Delegation von Aufgaben in den ersten Nachkriegsjahren durch die komplizierte politische und wirtschaftliche Situation Grenzen gesetzt. Johann Böhm pflegte einen patriarchalischen Führungsstil, hatte er allerdings jemanden als Mitarbeiter akzeptiert, ließ er ihm große Freiheit bei der Gestaltung seines Arbeitsgebiets. Von seinen Mitarbeitern verlangte er ebensolchen Einsatz, wie er ihn sich selbst abverlangte. Anton Proksch, Franz Olah, Fritz Klenner, Heinz Kienzl, Gerhard Weissenberg, um nur einige zu nennen, arbeiteten mit ihm zusammen und wurden von ihm gefördert.

Die Etablierung der Sozialpartnerschaft hätte ohne Kontakte und persönliche Beziehungen der Kontrahenten kaum in dieser Form stattfinden können. Einen bedeutenden Faktor bildete die verbindende Erfahrung der gemeinsamen Verfolgung im Nationalsozialismus, die – zumindest bei Böhm – schwerer wog als das Bewußtsein der Gegnerschaft von 1934. Mit seinem Hauptverhandlungspartner in der Paritätischen Kommission, Julius Raab, verband ihn eine Du-Freundschaft, die allerdings nie dazu führte, daß die Unterschiede zwischen ihren Positionen verwischt wurden. Raab kam wie Böhm aus dem Baugewerbe: Raab war Baumeister, Böhm Maurer. Folgende Anekdote illustriert ihr Verhältnis: Sitzung der Paritätischen Kommission, die schon länger dauert. Böhm fragt Raab: „Seids Ihr so stier, daß Ihr nicht einmal einen Kaffe anbietet?“ Raab: „Was willst Du denn?“ „Einen Schwarzen, damit es einer weniger wird.“ Raab erwidert resigniert: „Ich hab in meinem Leben so viel Roten getrunken, aber Ihr werdets doch nicht weniger“ (Stadler 1986).

Johann Böhm konnte die Erfüllung seines Lebenswerkes noch erleben. Die von seinen Vorstellungen ganz wesentlich geprägte Institution der Sozialpartnerschaft wurde ein zentraler Faktor des politischen und gesellschaftlichen Systems Österreichs. Der Grundkonsens der Sozialpartnerschaft klammert eine Umverteilung des Volkseinkommens aus und garantiert auf dieser Basis ein hohes Maß an politischer und sozialer Stabilität, blockiert aber auch innovative Strömungen. Böhm sah dies sehr deutlich, entschied sich aber unter dem Eindruck seiner Erfahrungen aus der Ersten Republik für die Stabilität.

Am 13. Mai 1959 starb Johann Böhm. Die Republik ehrte den ersten Präsidenten des Österreichischen Gewerkschaftsbundes mit einem Staatsbegräbnis.

Literatur- und Quellenverzeichnis

Böhm, Johann (1949). Das Verhältnis zwischen Arbeitnehmer und Arbeitgeber einst und jetzt. In: Arbeit und Wirtschaft, 1949/03.

Böhm, Johann (1964). Erinnerungen aus meinem Leben. Wien.

Chaloupek, G. / *Swoboda,* H. (1975). Sozialpartnerschaft und Wirtschaftsentwicklung in den fünfziger und sechziger Jahren. In: Österreichische Zeitschrift für Politikwissenschaft, 1975/4, S. 333–345.

Klenner, Fritz (1953). Die österreichischen Gewerkschaften. Zweiter Band. Wien.

Konrad, Helmut / Manfred *Lechner* (1992). „Millionenverwechslung“ Franz Olah. Die Kronenzeitung. Geheimdienste. Wien/Köln/Weimar.

Meissner, Theodor (o. J.). Geschichte der österreichischen Bauarbeiter. Wien.

Prader, Hans (1974). Die Angst der Gewerkschaften vor'm Klassenkampf. Der ÖGB und die Weichenstellungen 1945–1950. Wien.

Stadler, Karl R. (1982). Adolf Schärf. Mensch, Politiker, Staatsmann. Wien.

Stadler, Karl R. / Brigitte *Kepplinger* (1987). Johann Böhm. Unveröffentlichtes Manuskript, Linz 1987; Stadler, Karl R. Stadler: Johann Böhm, Teil II. Unveröffentlichtes, unvollständiges Manuskript, Linz 1986. Das Projekt einer Biographie Johann Böhms, das Karl R. Stadler jahrelang verfolgte und zu dessen Mitarbeit ich im Herbst 1986 herangezogen wurde, konnte nur zum Teil fertiggestellt werden. Dieser Teil, der die Zeit von 1886 bis 1945 umfaßt, wird im Text zitiert als: Stadler/Kepplinger 1987. Der Tod von Karl R. Stadler am 7. 7. 1987 unterbrach die Arbeit am zweiten Teil (1945 bis 1959); dieser Teil wird zitiert als Karl R. Stadler 1986. Für die Überlassung der Manuskripte sowie der umfangreichen Arbeitsmaterialien von Karl R. Stadler bin ich Frau Gina Stadler zu großem Dank verpflichtet.

Lebensdaten

1886	am 26. 1. in Stögersbach, Niederösterreich, geboren
1915	Heirat (3 Kinder)
1915–1918	Teilnahme am Ersten Weltkrieg
1903	Eintritt in die Gewerkschaft
1904	Mitgliedschaft in der SDAP
1930	Tod seiner Frau Rosa
1932	erneute Heirat
1934	Verhaftung (7 Monate Haft)
1944	Verhaftung, kriegsdienstverpflichtet
1959	am 13. 5. in Wien gestorben

Berufliche Karrierestationen

1900	Maurer
1905	Gewerkschaftsfunktionär
1918–1928	Sekretär der Österreichischen Baugewerkschaft
1934–1945	Angestellter der Sozialversicherungsanstalt

Gewerkschaftliche Funktionen

1921	Obmann der Ortsgruppe Wien der Österreichischen Baugewerkschaft
1928–1934	Obmann der Bau- und Holzarbeitergewerkschaft
1932–1934	Präsident der burgenländischen Arbeiterkammer
1945–1948	Provisorischer Vorsitzender des ÖGB
1948–1959	Präsident des ÖGB

Staatliche Funktionen

1927–1930	Gemeinderat und Landtagsabgeordneter in Wien
1930–1934	Abgeordneter zum Nationalrat
1945–1959	Abgeordneter zum Nationalrat
1945	Staatssekretär für soziale Verwaltung
1945–1959	Zweiter Präsident des Nationalrats

Parteipolitische Ämter

1933–34	Mitglied des Landesparteivorstandes der SDAP Burgenland
1945	Mitglied des Landesparteivorstandes der SPÖ Burgenland
1948–1958	Mitglied des Landesparteivorstandes der SPÖ Burgenland
1945–1959	Mitglied des Bundesparteivorstandes der SPÖ

Weitere Funktionen

Zwischen 1911 und 1913	Vorstandsmitglied der Arbeiterunfall-Versicherungsanstalt für Wien und Niederösterreich Vorstand der Wiener Bezirkskrankenkasse
1927–1934	Vorstandsmitglied der „Baugesellschaft Grundstein" m. b. H.
1928	Vizepräsident der vereinigten Arbeiterkrankenkasse für Wien Präsident des Hauptverbandes der österreichischen Sozialversicherungsträger

Christian Broda

von
Béla Rásky

Hans Christian Broda wurde am 12. März 1916 in Wien geboren. Sein Vater war der auch publizistisch tätige Staatsbeamte Finanzrat Dr. Ernst Broda, der noch in seinen letzten Lebensjahren eine Rechtsanwaltskanzlei eröffnete, seine Mutter die Schauspielerin Viola Broda, Schwester des Filmregisseurs G. W. Pabst. Im weltoffenen Elternhaus, in dem u. a. Max Adler und Hans Christians evangelischer Taufpate Hans Kelsen verkehrten, erhielten er und sein um sechs Jahre älterer Bruder Engelbert rege geistige Anregungen.

Christian Broda, wie er sich unter Weglassung von „Hans“ bereits früh nannte, gehörte nach seinen eigenen Worten jener Generation an, deren Jugend „in die Bürgerkriegsatmosphäre der mitteleuropäischen Zwischenkriegszeit fiel“ (Broda 1962, 9), was sein ganzes politisches Leben und Denken beeinflußte. Nach der Volksschule wechselte er 1926 an das Akademische Gymnasium, wo Friedrich Heer und Janko Musulin seine Mitschüler waren. Unter dem Eindruck des 15. Juli 1927 schloß er sich den sozialistischen Mittelschülern an, ging später – wie er in einer lebensgeschichtlichen Erinnerung festhielt, die im „Archiv Christian Broda“ (AChB) in der Österreichischen Nationalbibliothek aufliegt – „noch weiter nach links“ (AChB X.1.7.) und schloß sich 1931 der kommunistischen Jugendbewegung an (*Zukunft* 4/86, 11). Das Abschlußzeugnis der siebenten Klasse wies Broda bereits als konfessionslos aus, und seine Stärken lagen eher in den humanistischen Fächern als in den realistischen. Kurz vor seiner Matura wurde er am 23. Februar 1934 wegen „kommunistischer Betätigung“ verhaftet und im Verwaltungsweg mit 42 Tagen Haft bestraft. 1934/35 verbrachte Broda über ein Jahr bei G. W. Pabst im kalifornischen Santa Monica: Zu seinem Onkel hatte Broda ein sehr gutes Verhältnis, was sein späteres, äußerst aktives Interesse für Film und Filmförderung in Österreich erklärt. Zum Studium aus politischen Gründen zuerst nicht zugelassen, durfte er schließlich auf Antrag der Mutter im Wintersemester 1936/37 an der Universität Wien Geschichte und Jus inskribieren. Im Widerstand gegen den „Ständestaat“ arbeitete Broda in der in Fritz Kellers Buch „Gegen den Strom“ ausführlich beschriebenen Gruppe oppositioneller Jungkommunisten *Weg und Ziel* um Josef Hindels, Georg Scheuer und Karl Stadler unter dem Pseudonym „Genosse Janda“ mit (Zukunft 4/86, 11).

Sein Geschichtsstudium schloß Broda im Mai 1940 mit der Dissertation *Volk und Führung. Ein Beitrag zum Problem der politischen Willensbildung im zweiten Deutschen Reich* über den verfassungsrechtlichen Aufbau des Bismarck-Staates ab. In den sechziger Jahren und auch später (vgl. *Falter* 50/92) gab diese Arbeit immer wieder zu politisch motivierten Attacken Anlaß, Broda wäre in dieser Zeit in einem Naheverhältnis zum Nationalsozialismus gestanden: In der über 300 Seiten starken Untersuchung über das deutsche Parteienwesen vor 1914 ist aber „kein Satz enthalten, der sich als

NS-Propaganda deuten ließe. Dafür so mancher Satz, der den damaligen Machthabern und ihren Ideen nicht entsprochen hat" (*Kleine Zeitung*, 31. Juli 1965).

Im Mai 1940 begann mit der Einberufung zur Wehrmacht seine – so Broda ironisch in einem Brief (AChB X.7.1.) – „militärische Karriere". Am 1. Juni 1943 wurde der Obergefreite Broda wegen „Unterlassung der Anzeige einer hochverräterischen Unternehmung" bei seinem Truppenteil festgenommen und nach sechs Tagen der Gestapo überstellt. Dank der Intervention von Freunden hatte er sich aber letztlich nur vor einem Kriegsgericht zu verantworten, erhielt eine dreimonatige Gefängnisstrafe und war bis September 1943 im Wehrmachtsgefängnis in der Wiener Hardtmuthgasse inhaftiert.

Das Kriegsende Mai 1945 erlebte Broda im Innviertel, wo er sich in der „Österreichischen Freiheitsbewegung" um den Aufbau demokratischer Strukturen bemühte (AChB X.5.). Bei den Novemberwahlen 1945 unterstützte er die KPÖ (*Neue Zeit*, 15. November 1945), doch „Mitglied der kommunistischen Partei war ich nicht und wurde ich nicht" (AChB X.5.7.), und nach wenigen Wochen waren alle Verbindungen zur KPÖ abgebrochen, weil ihm „der unverändert antidemokratische Charakter der Partei bestätigt" worden war (*Sozialistische Korrespondenz*, 24. März 1964). Sein späteres Interesse für antistalinistische Dissidenten rührt aus diesem Bruch mit dem Kommunismus: Seine Kommentare und Analysen zu Milovan Djilas oder Vladimir Dedijer gehören genauso zu dem reichhaltigen Bestand an Korrespondenz und Manuskripten, die im Archiv Christian Broda erhalten geblieben sind, wie die nach der Niederschlagung der ungarischen Revolution 1956 verfaßten Beiträge zur „Restauration und Revolution in Ungarn" (AChB Ia.1.).

Nach Wien zurückgekehrt, war Broda vom Dezember 1945 bis September 1946 in der administrativen Bibliothek des Bundeskanzleramtes beschäftigt, promovierte im März 1947 zum Dr. iur. und legte im Oktober 1948 die Rechtsanwaltsprüfung ab. Am 7. Dezember 1948 in die Rechtsanwaltsliste eingetragen, eröffnete er zuerst eine Kanzlei in der Bognergasse, dann in der Schottengasse.

Im Rahmen eines Gespräches im Café Mozart versuchte der damalige geschäftsführende Obmann des BSA Wilhelm Rosenzweig im Herbst 1948, den angehenden Rechtsanwalt für die SPÖ zu gewinnen (Rosenzweig 1986, 123). Doch erst mit der Wahl in den Vorstand der Vereinigung Sozialistischer Juristen wurde Broda im Mai 1949 SPÖ-Parteimitglied. Als Schriftführer der Vereinigung organisierte er Arbeitsgemeinschaften, die die programmatischen Grundsätze der späteren Rechtsreform diskutierten und erarbeiteten. Broda verfaßte die rechtspolitischen Abschnitte des „Wiener Programms" der SPÖ 1958, wo bereits die Notwendigkeit einer umfassenden Rechtsreform angesprochen wurde.

Im Juli 1957 wurde Christian Broda für das Land Wien in den Bundesrat entsandt und im Juni 1959 für den Wahlkreis Wien-West Abgeordneter zum Nationalrat. 1957 in die 1954 auf Entschluß des Nationalrates geschaffene Kommission zur Ausarbeitung eines neuen österreichischen Strafgesetzes delegiert, galt sein besonderes Interesse im weiteren der Strafrechtsreform. In einer Wortmeldung zur Budgetdebatte am 3. Dezember 1959 kritisierte er: „Das geltende österreichische Strafgesetz (. . .) trägt das Kundmachungsdatum 27. Mai 1852, in Wahrheit stammt es inhaltlich aus dem Jahre 1803, zum Großteil sogar aus dem Ende des 18. Jahrhunderts, aus den Bestimmungen des westgalizischen Strafgesetzbuches Kaiser Joseph II., welches im Jahre 1787 erlassen worden ist. Die Strafprozeßordnung stammt aus dem Jahre 1873. Ein einheitliches Strafvollzugsgesetz (. . .) besitzen wir überhaupt nicht." Doch war nach seiner Berufung zum Justizminister in die Koalitionsregierung am 23. Juni 1960 sowie nach dem Abschluß der Arbeiten der Strafrechtskommission (1962) und dem Beginn des Begutachtungsverfahrens zum Ministerialentwurf eines neuen Strafgesetzes (1964) nicht mehr an eine Durchführung der Reform zu denken: Die große Koalition war in ihren Krisenjahren zunehmend entscheidungsunfähig geworden. Nur in einigen Bereichen war es gelungen, längst überfällige Reformen zu setzen: so das Jugendgerichtsgesetz, das Richterdienstgesetz und das Aktiengesetz. „Zur konzeptiven, über den Tag hinausweisenden Politik war seither die Koalition nur noch selten befähigt" (Broda 1964, 45).

Justizminister Dr. Christian Broda, 1982, Pressekonferenz über die Reform des Strafverfahrensrechts

Broda selbst hat in seinen Darstellungen der Strafgesetzreform das Konsensklima bei den Verhandlungen herausgestrichen, Arbeiten jüngeren Datums (Stangl, 1985) betonen stärker die Kontroversen und unterscheiden Phasen der Strafgesetzreform, in denen sich Konsens und Konfrontation abwechselten: Während die Strafrechtskommission anfänglich stärker die Züge einer unpolitischen Expertenkommission trug, und das Klima der Sitzungen (AChB III.251. bis 280.) als durchgängig positiv und konstruktiv geschildert wird, begann der Reformkonsens später zu bröckeln. Der Ministerialentwurf 1964 wurde im Begutachtungsverfahren mehrheitlich abgelehnt. In dem Maße, in dem die SPÖ politisch in der Frage der Strafrechtsreform unter Druck geriet und die Rechtsreform attackiert wurde, verringerte sich auch die Unterstützung für die Brodasche Reform in der SPÖ (Stangl 1985, 100).

Die sechziger Jahre brachten auch eine innerparteiliche Krise. Ein Teil dieses Konfliktes wurde um die Person Franz Olahs ausgefochten: Während Broda für den traditionellen Sozialismus, für Programme und Werte stand, setzte Olah auf Charisma, mediale Vermittlung und Populismus. Broda wurde zum Leitbild jener Parteimitglieder, für die die SPÖ mehr war als nur eine pragmatische Wählerpartei, nämlich „Heimat" und

Lebensorientierung. In seinem Beitrag für die *Zukunft* (7/1964) „Die sozialistische Partei ist keine ‚Führer'-Partei" entwarf Broda einen Kriterienkatalog von negativen, auf Olah gemünzten Führereigenschaften: ideologielos, verbalradikal und unberechenbar – dagegen der wirkliche Führer: überzeugend, bestechend, beispielhaft, glaubwürdig und dem Kollektiv verbunden. Aus der Tatsache, daß Bruno Kreisky in dieser Auseinandersetzung zu Olah tendierte, dürfte auch jene Spannung zwischen den beiden Politikern herrühren, die zeitlebens zwischen beiden bestanden hat. Die *Kronen Zeitung,* um deren Finanzierung mit Gewerkschaftsgeldern durch ÖGB-Präsident Franz Olah der innerparteiliche Konflikt schließlich eskalierte, eröffnete im Wahlkampf 1966 eine Diffamierungskampagne gegen Broda.

Auch die „impulsive Reaktion" Brodas (Fischer 1986, 92) auf das Habsburg-Erkenntnis des Verwaltungsgerichtshofes in seiner Rede am SPÖ-Parteitag am 6. Juni 1963 stand im Zusammenhang mit der Koalitionskrise. Heute wird das wechselseitige Aufschaukeln der Emotionen rund um die Loyalitätserklärung von Otto Habsburg und seine Einreise nach Österreich als Symbol der Auflösungstendenzen der großen Koalition bewertet bzw. als Ausloten neuer politischer Bündnismöglichkeiten und der Mobilisierungsfähigkeit der jeweils eigenen Parteibasis gesehen.

Eine Eingabe der Österreichischen Widerstandsbewegung an das Justizministerium im März 1965 enthüllte, daß noch aktive Justizangehörige in die Fällung und Vollstreckung von Todesurteilen gegen Widerständler im Dritten Reich verwickelt gewesen waren. Unmittelbar nach 1945 waren diese Personen durch gemäß § 19 des Verbotsgesetzes eingesetzte Sonderkommissionen überprüft und schließlich in den Justizdienst der Republik übernommen worden, wobei keine genauen Untersuchungen über die richterliche oder staatsanwaltliche Tätigkeit in der NS-Ära durchgeführt und Maßnahmen unter dem Gesichtspunkt einer künftigen Loyalität gesetzt worden waren. Unter Justizminister Broda wurde amtsintern zwar im Frühling 1965 überlegt, Disziplinarverfahren gegen die betroffenen Richter durch die Generalprokuratur beantragen bzw. durch Selbstanzeige auslösen zu lassen, doch ließ eine nähere rechtliche Prüfung solche Maßnahmen als ungeeignet erscheinen. „Bei dieser Sach- und Rechtslage sieht das Bundesministerium für Justiz keine Möglichkeit, die seit vielen Jahren abgeschlossenen Dienstrechtsverfahren wieder aufzurollen, zumal gesetzliche Grundlagen für die Wiederaufnahme dieser Verfahren nicht bestehen" (*Wiener Zeitung,* 24. Juli 1965). In der *Forum*-Sondernummer *Die Richter sind unter uns!* wurde im Oktober 1965 die „NS-Richter-Affäre" von Oscar Bronner noch einmal aufgerollt. In seiner Antwort in der Dezember-Ausgabe *Die Republik hat einen Schlußstrich gezogen!* argumentierte Broda: „Was der Republik Österreich im Jahre 1945 recht war, muß ihr auch im Jahre 1965 billig sein. Auch für unsere Republik gilt der Grundsatz der Einheit der Rechtsordnung." Zu einer fundierten rechtshistorischen Aufarbeitung der gesamten NS-Justiz in Österreich ist es, trotz der Initiativen der von Broda selbst 1976 ins Leben gerufenen Symposien „Justiz und Zeitgeschichte", bis heute nicht gekommen.

Während der ÖVP-Mehrheitsregierung 1966 bis 1970 kam die Rechtsreform zu einem Stillstand, Broda nahm seine Tätigkeit als Rechtsanwalt wieder auf. Mit den Wahlsiegen der SPÖ 1970 und 1971 fand Broda, wenn auch nicht in „enger persönlicher Zuneigung" (Konrad 1992, 145), seinen Platz in Kreiskys Team. Aufgabe und Ziel der nun begonnenen Rechtsreform war es, vor allem das Straf- und Familienrecht den eingetretenen gesellschaftlichen Veränderungen und Bedürfnissen anzupassen. In seiner zweiten Amtsperiode als Justizminister „sicherte Broda seine politische und justizpolitische Strategie mit großer Umsicht und mit enormem Fingerspitzengefühl sorgfältig ab, ohne sich dabei von seiner langfristigen strategischen Linie abbringen zu lassen. Jeder politische Schritt war sorgfältig vorbereitet, mögliche Alternativen durchgespielt, die Reaktionen anderer Mit- und Gegenspieler vorausberechnet und einkalkuliert" (Fischer 1986, 92). Seine reformpolitische Philosophie umriß Broda wohl am deutlichsten in einem Beitrag über Joseph II., in dessen Tradition er sich selbst als Politiker wie auch Beamter gesehen hat: „Die Veränderung der Lebens- und Existenzbedingungen der Menschen erfordert die Anpassung der staatlichen Ordnung und der Rechtsordnung. Die Änderung der Rechtsordnung wirkt ihrerseits zurück auf die Gesellschaft und vermittelt neue Impulse für die weitere Gesellschaftsentwicklung. Gesellschaftlicher Unterbau (...) und ihr juristischer Überbau (...) stehen so in einem ständigen Prozeß der wechselseitigen Anregung und Durchdringung. Die Reform deckt den offenen Nachholbedarf bei den gesellschaftlichen Einrichtungen ab und schließt die Schere zwischen dem Stand der gesellschaftlichen Entwicklung und dem Zustand der gesellschaftlichen Einrichtungen. Sie steht im Dienste des Nachziehverfahrens, das die Rechtsordnung an die geänderten gesellschaftlichen Verhältnisse anpaßt" (Broda 1985a, 43f.). Die parlamentarische Durchsetzung seines Reformwerkes betrieb der Frühaufsteher und Nachtarbeiter Broda mit allgemein anerkanntem Geschick, wobei er in VP-Justizsprecher Hauser einen Kompromißpartner gefunden hatte: „Wir haben die Stunden für den Konsens in der Rechtsreform erkannt, und wir haben sie genützt" (Broda 1985b, 15).

Zeigte Broda sich auch häufig kompromißbereit, so war er es nicht um jeden Preis: Auch sein oft hervorgehobener Charme hinderte ihn nicht daran, seine Ziele beharrlich und mit strategischem Kalkül zu verfolgen und dabei alle Register des politischen und parlamentarischen Spiels zu ziehen. Mit seiner ungeheuren Arbeitskapazität verstand er es, seine Mitarbeiter, die ihm bis heute verbunden geblieben sind, zu motivieren. Sein weiter intellektueller Horizont, seine klaren politischen Stellungnahmen und Visionen ließen ihn auch zu einer prägenden Figur einer ganzen Generation junger Linksintellektueller werden.

Die „Kleine Strafrechtsreform" brachte mit dem Strafrechtsänderungsgesetz 1971 u.a. die Entkriminalisierung der homosexuellen Betätigung unter Erwachsenen. Tragende Gedanken der „Großen Strafrechtsreform", die mit dem neuen Strafgesetzbuch am 1. Jänner 1975 in Kraft trat, waren die Zurückdrängung der Freiheitsstrafen, die Ersetzung der kurzen Freiheitsstrafen durch die sozial gestaffelte Geldstrafe in Tagessätzen, Entwicklung von Alternativen zur Freiheitsstrafe, Zweckstrafrecht, rationaler Rechtsgüterschutz, Rücknahme des Strafrechtes aus der Privatsphäre, Entkriminalisierung der Bagatellstrafsache, Ausbau der bedingten Verurteilung und der bedingten Entlassung, automatische Tilgung aus dem Strafregister und Ausbau der Bewährungshilfe. Wegen unüberbrückbarer Gegensätze in der Frage der Einführung der Fristenlösung nach dem Grundsatz „Helfen statt strafen" zwischen den beiden Großparteien wurde die Strafrechtsreform aber allein mit den Stimmen der SPÖ beschlossen.

Ein drastischer Rückgang des Gefängnisbelages konnte durch die Strafrechtsreform nicht erreicht werden, Österreich blieb im europäischen Spitzenfeld. Die Reform kam primär im Bagatellbereich zum Tragen, reduzierte die Freiheitsstrafen bei kleinen, erst- und einmaligen Delikten, führte aber zu einer Polarisierung der Strafurteile: Von der Reform haben insbesondere respektable, reichere und angepaßte Personen profitiert. „Für den männlichen, erwachsenen, sozial benachteiligten Vorbestraften wirft sie vergleichsweise wenig ab" (Pilgram 1981, 32).

Neben der Strafrechtsreform hatte sich die SPÖ-Mehrheitsregierung die Reform des aus dem Jahr 1811 stammenden Familienrechts zum Ziel gesetzt, die schon 1925, als Gabriele Proft und Adelheid Popp ihren Initiativantrag auf Schaffung eines „Gesetzes über die Gleichstellung der Geschlechter im Familienrecht" einbrachten, sowie in den fünfziger Jahren trotz weitläufiger Debatten wegen tiefer weltanschaulicher Differenzen gescheitert war: Die Beseitigung der rechtlichen Diskriminierung unehelicher Kinder erfolgte

1971, das Herzstück der Reform wurde 1976 mit dem „Bundesgesetz über die Neuordnung der persönlichen Rechtswirkungen der Ehe" Wirklichkeit, mit der die Partnerschaft in der Ehe verankert wurde, am 1. Juli 1978 trat eine zeitgemäße Regelung des Scheidungsrechtes in Kraft. Das Unterhaltsvorschußgesetz 1976, das minderjährigen Kindern staatlichen Unterhaltsvorschuß sichert, wenn der unterhaltsverpflichtete Erziehungsberechtigte mit der Leistung säumig ist, verwirklichte den Grundsatz „Gleichheit durch das Gesetz" im Familienrechtsbereich. Mit der Sozialgerichtsbarkeit, dem Mietrechts-, Medien- und Sachwaltergesetz wurden weitere große Gesetzesbereiche reformiert.

Während seiner gesamten Amtsperiode war Broda herber Kritik in der Öffentlichkeit ausgesetzt: Vor allem seine Vision einer „gefängnislosen Gesellschaft" war Zielscheibe der Boulevardpresse. Die seriösere Presse brachte vermehrt Einwände gegen seinen Amtsstil vor und erhob Vorwürfe, Broda erteile bremsende Weisungen oder führe lenkende Gespräche – so im AKH-Skandal oder in der Affäre rund um Finanzminister Hannes Androsch (vgl. *profil*, 17/1980, 10), dem er auch nach dessen Rücktritt freundschaftlich verbunden blieb. Norbert Leser behauptete 1988: „Dr. Broda hatte mindestens zwei Gesichter: das Gesicht des liberalen Reformers, der humanen Anliegen, wie dem der Ächtung der Todesstrafe, konsequent zum Durchbruch verhalf, und der Machtpolitiker Broda, der (...) das Recht seinen Intentionen gemäß zurechtbog und gegen seine Feinde als Waffe, für seine Freunde als Schutzschild einsetzte. Besonders das Weisungsrecht des Ministers gegenüber der Staatsanwaltschaft, das nicht bloß durch ausdrückliche Weisungen zu Anklageerhebungen und Einstellungen, sondern auch im Wege von diskreten Winken und Aktenanforderungen u. ä. m. ausgeübt wird, eignet sich vortrefflich, um Gegner zu vernichten und über Freunde schützend die Hand zu halten" (Leser 1988, 153f.).

Die Reform des Entmündigungsverfahrens war schließlich der letzte Teil der Justizerneuerung, die noch – vor seinem Ausscheiden als Justizminister 1983 – von Broda begonnen worden ist.

Auch im Ruhestand blieb Christian Broda politisch aktiv und widmete sich Fragen des Asyl- und Menschenrechts, rechtlichen Problemen, die durch die Gentechnologie verursacht werden, aber vor allem der Ächtung der Todesstrafe: am 28. April 1983 wurde – auch auf seine Initiative – das 6. Zusatzprotokoll zur Europäischen Menschenrechtskonvention zur Unterzeichnung durch die Mitgliedstaaten des Europarates aufgelegt. 1987 erhielt er den Europäischen Menschenrechtspreis.

Christian Brodas Tochter aus erster Ehe, Johanna, geboren 1943, ist eine renommierte Forscherin der mesoamerikanischen Hochkulturen. Nach der Trennung von Hilde Broda lebte er mit Maria Strasser, der Witwe des 1962 verstorbenen SPÖ-Nationalratsabgeordneten Peter Strasser zusammen.

Christian Broda starb am 1. Februar 1987 in Wien.

Literatur- und Quellenverzeichnis

Broda, Christian (1962). Broda, Demokratie – Recht – Gesellschaft, Wien.

Broda, Christian (1964). Heraus aus der Sackgasse, Wien.

Broda, Christian (1985a). Joseph II. In: Jochen *Jung* (Hg.), Österreichische Porträts. Leben und Werk bedeutender Persönlichkeiten von Maria Theresia bis Ingeborg Bachmann, Wien.

Broda, Christian (1985b). Die österreichische Rechtsreform (1970–83), in: Christian *Broda* / Erwin *Deutsch* / Hans-Ludwig *Schreiber* / Hans-Jochen *Vogel:* Festschrift für Rudolf Wassermann zum sechzigsten Geburtstag. o. O.

Fischer, Heinz (1986). Christian Broda und die Volksanwaltschaft, in: Christian Broda zum 70. Geburtstag, Wien.

Konrad, Helmut (1992). Politische Weichenstellungen in den sechziger Jahren. Zwischen Weltanschauung und Populismus, in: Wolfgang *Maderthaner:* Auf dem Weg zur Macht. Integration in den Staat, Sozialpartnerschaft und Regierungspartei, Wien.

Leser, Norbert (1988). Salz der Gesellschaft. Wesen und Wandel des österreichischen Sozialismus, Wien.

Pilgram, Arno (1981). Zur Veränderung der Haftentlassenenpopulation seit der Strafrechtsreform, in: Kriminalsoziologische Bibliographie 30.

Rosenzweig, Wilhelm (1986). Der politische Weg Christian Brodas, in: Christian Broda zum 70. Geburtstag, Wien.

Stangl, Wolfgang (1985). Die neue Gerechtigkeit. Strafrechtsreform in Österreich 1954–1975, Wien.

Lebensdaten

1916	am 12. 3. in Wien geboren
1929	Eintritt in den Verband sozialistischer Mittelschüler
1931	Mitgliedschaft im Kommunistischen Jugendverband
1934	Verhaftung (42 Tage Haft) und Matura
1936	Geschichte- und Jus-Studium, Universität Wien (Dr. phil., 1940; Dr. iur. 1947)
1940–1945	Wehrdienst als Obergefreiter in der Wehrmacht
1943	Verhaftung, drei Monate Haft
1987	am 1. 2. in Wien gestorben

Berufliche Karrierestationen

1945–1946	in der Amtsbibliothek des Bundeskanzleramtes
1948–1960	Rechtsanwalt in Wien
1955–1960	Mitglied des Rechtsanwaltskammerausschusses für Wien, Niederösterreich und Burgenland
1966–1970	Wiedereintragung in die Rechtsanwaltsliste

Staatliche Funktionen

1957–1959	Mitglied des Bundesrats
1959–1983	Abgeordneter zum Nationalrat
1960–1966	Bundesminister für Justiz
1970–1983	Bundesminister für Justiz

Parteipolitische Ämter

1965–1983	Bundesparteivorstand der SPÖ

Weitere Funktionen

1949	Vorstandsmitglied der Vereinigung Sozialistischer Juristen
1962–1987	Präsident des ARBÖ

Karl Czernetz

von
Günther Schefbeck

Karl Czernetz wurde am 12. 2. 1910 in Wien geboren und war damit knapp ein Jahr älter als Bruno Kreisky. Während aber Kreisky dem jüdischen Großbürgertum entstammte, gehörten Czernetz' Eltern, der Vater war Musiker, die Mutter Blusennäherin, dem armen Leopoldstädter Judentum an. Die materielle Not zwang den hochbegabten Knaben, den Besuch der Mittelschule abzubrechen und an der Wiener Graphischen Lehr- und Versuchsanstalt eine Photographenlehre zu absolvieren; von seiner Unterstützung aus der Lehrlingsfürsorge lebte, nachdem seine Mutter arbeitslos geworden war, zeitweise die ganze Familie.

Bereits 1924 schloß sich Karl Czernetz der Gewerkschaftsjugend und der Sozialistischen Arbeiterjugend an. Anstelle des ihm vorenthalten gebliebenen Besuchs einer höheren Schule und Universität nutzte er jetzt die Bildungsangebote der Arbeiterbewegung und eignete sich auch autodidaktisch ein immer größeres Wissen an, das er bereits nach wenigen Jahren an andere weiterzugeben begann, tief erfüllt vom Bewußtsein der Bedeutung der Bildungs- und Erziehungsarbeit gerade für die sozialistische Bewegung, bald der sozialistische Bildungsfunktionär par excellence. Das Viktor-Adler-Wort „Wähler gewinnen ist wichtig, Sozialisten erziehen ist wichtiger" wurde eines seiner Lieblingszitate. Seit seinem siebzehnten Lebensjahr war er Bildungsfunktionär der Jugendgruppe des Zentralvereins der kaufmännischen Angestellten Österreichs, seit seinem achtzehnten Lebensjahr Vertrauensmann der Sozialdemokratischen Arbeiterpartei. Um den Zusammenhang zwischen Bildungsnotstand und materieller Not aus eigener Erfahrung wissend, war er zwischen 1930 und 1934 für die Jugendfürsorgeaktionen „Jugend in Not" und „Jugend am Werk" tätig.

Der an Karl Czernetz' 24. Geburtstag ausgebrochene Bürgerkrieg und die Zerschlagung der SDAP veränderte auch sein Leben völlig. Er schloß sich der im Untergrund wirkenden Gruppe „Funke" des Ehepaars Leopold und Ilse Kulcsar an, die sich in Anlehnung an Leninistische Ideen die Bildung kleiner geschulter Kader in der Illegalität zur Durchführung der sozialistischen Revolution unter geänderten Bedingungen zum Ziel setzte und die „aktivistische", auf die Aufrechterhaltung einer Massenorganisation zielende Linie der damaligen Führung der im März 1934 gegründeten Revolutionären Sozialisten ablehnte. Nach der Flucht der Kulcsars ins Ausland führte Czernetz die Reste der Gruppe „Funke" den Revolutionären Sozialisten zu, bildete dort mit ihnen aber fortan einen neuen „linken Flügel". Die von ihm vertretene Politik der „langen Perspektive" setzte sich erst durch, als der Großteil der bisherigen Parteiführung Anfang 1935 verhaftet und das einzig verbliebene ZK-Mitglied, der ebenfalls mit der Gruppe „Funke" in Berührung gekommene Josef Buttinger, Obmann des neuen Zentralkomitees wurde. Seit dem Frühjahr 1935 leitete Czernetz den Schulungsbetrieb der Revolutionären Sozialisten; bald vermehrten sich indes auch die Spannungen zwischen ihm und Buttinger, und als der zentrale Schulungsausschuß im Folgejahr ein Mitspracherecht bei wichtigen Parteibeschlüssen verlangte, blockte das ZK diese Forderung ab, indem es einerseits einen neuen Organisationsleiter des Schulungsbetriebs einsetzte, andererseits aber den Unzufriedenen ein theoretisches Diskussionsorgan schuf, die *Debatte,* und deren Schriftleitung Czernetz übertrug.

Im November 1937 wurde Czernetz gemeinsam mit beinahe der ganzen Führungsschicht der Revolutionären Sozialisten verhaftet; drei Monate, bis zur Generalamnestie vom Februar, verbrachte er in Polizeihaft. Im März 1938 floh er über die Schweizer Grenze und weiter nach Paris, wo sich im April die Auslandsvertretung der österreichischen Sozialisten (AVÖS) konstituierte, der auch Czernetz angehörte. Im Februar 1939 wurde er nach London delegiert, um die im dortigen Exil lebenden Sozialisten unterschiedlicher ideologischer Schattierung politisch zu kontrollieren. Nach Kriegsausbruch wurde auch Czernetz zwei Monate interniert, seine Frau Margit, geborene Kohn, die er in der Emigration geheiratet hatte, sogar drei Monate länger. Nachdem mit Oscar Pollak ein weiteres Mitglied der AVÖS nach London gekommen war, gründeten Pollak und Czernetz im April 1941 als Forum der Öffentlichkeitsarbeit das London Bureau of Austrian Socialists, in dem sie beide als geschäftsführende Mitglieder fungierten. Als die Kommunisten im Herbst 1941 die Gründung des Free Austrian Movement initiierten, lehnte das London Bureau eine Mitarbeit ab. Als Alternative zum FAM wurde schließlich im November 1943 das Austrian Representative Committee ins Leben gerufen, in dem wieder Pollak und Czernetz als Vertreter der Sozialisten wirkten.

Czernetz' Exilarbeit umfaßte neben seiner Schulungs- und Organisationstätigkeit im Kreis der im Austrian Labour Club zusammengefaßten sozialistischen Emigranten auch seine Tätigkeit als Autor und Sprecher zunächst im Deutschen, dann im Anfang 1943 eingerichteten Österreichischen Dienst der BBC. Nicht zuletzt aber galt es, bereits im Exil ein theoretisches Konzept für die Nachkriegszeit zu entwerfen: Czernetz stand ebenso wie Pollak zunächst noch unter dem Eindruck der großdeutschen Tradition der österreichischen Sozialdemokratie; ihre sich verändernde Haltung zur Unabhängigkeit Österreichs ist unter anderem aus den Beiträgen zur von ihnen gemeinsam redigierten Exilzeitung *London Information* abzulesen: Hatten sie anfangs für die Zeit nach der militärischen Niederlage des Hitler-Faschismus eine gesamtdeutsche Revolution erwartet und unter diesen Auspizien das volle demokratische Selbstbestimmungsrecht des österreichischen Volkes auch hinsichtlich der Aufrechterhaltung des Anschlusses an Deutschland gefordert, so gingen sie in der Folge zur Erwartung einer gesamteuropäischen Revolution und einer Eingliederung Österreichs in das so entstandene große sozialistische Europa über. Erst nach der Moskauer Deklaration bekannten sie sich zur Wiederherstellung eines unabhängigen demokratischen Österreich, einer „Zweiten Republik", für die sie die Formel von einem „sozialistischen Österreich in einem sozialistischen Europa" fanden. In seinem Beitrag zu der 1944 veröffentlichten Broschüre *Die Zweite Republik* entwarf Czernetz sein Konzept einer nach dem Krieg in Überwindung des Richtungsstreits innerhalb der österreichischen Arbeiterbewegung zu begründenden „Sozialistischen Partei Österreichs". Czernetz' eigene, ursprünglich weit „links außen" stehende politische Position dürfte, wie er auch selbst später bekannte, während des Aufenthalts in London unter dem Einfluß der traditionell reformistisch orientierten Labour Party eine gewisse Mäßigung erfahren haben; dennoch mußte er auch in einer nach seinem eigenen Konzept neu formierten Sozialistischen Partei Österreichs auf dem linken Flügel zu stehen kommen.

Auf die Gründung der SPÖ und auf ihre Entwicklung in den ersten Monaten ihres Bestehens konnten die Emigranten keinen Einfluß nehmen. Erst knapp vor den Novemberwahlen 1945 konnte eine Gruppe österreichischer Sozialisten aus dem Londoner Exil zurückkehren, der auch Karl und Margit Czernetz angehörten. Bald nach den Wahlen wurde Karl Czernetz mit dem Aufbau des zentralen SPÖ-Referats für politische Schulung betraut, 1948 wurde er Leiter der Sozialistischen Bildungszentrale; in dieser Funktion hatte er die gesamte Bildungs- und Kulturarbeit der SPÖ organisatorisch zu betreuen. Nachhaltig prägte er die Wiener Parteischule, wo er die Methode des Arbeitsunterrichts einführte, und schuf das System der Vertrauenspersoneninformationen, durch welches er die Schulungsarbeit bis auf Sektionsebene hinunter beeinflussen konnte. Bereits auf dem zweiten Parteitag der SPÖ, im November 1946, wurde er als damals jüngstes Mitglied in den Parteivorstand gewählt, 1948 auch in den Vorstand der SPÖ Wien. 1949 folgte die Wahl in den Nationalrat. Binnen weniger Jahre also hatte sich Karl Czernetz im weiteren Führungskreis der SPÖ etabliert; welche politischen Akzente aber vermochte er in der Partei zu setzen?

Bestimmt wurde die politische Linie der SPÖ von 1945 an von den Vertretern der rechtssozialistischen Tradition, welche die Option einer Teilnahme an der Konzentrationsregierung bzw. ab Anfang 1947 der großen Koalition mit der ÖVP verfochten. Freilich artikulierte sich gegen diese Linie in den ersten Nachkriegsjahren noch eine linkssozialistische Opposition, die von Erwin Scharf geführt wurde. Zwischen dieser Opposition, welche die Koalition mit dem „Klassengegner" ablehnte und einer Verständigung mit den Kommunisten das Wort redete, und der Linie der Parteiführung standen einige Vertreter einer „sozialdemokratischen Linken", welche die Ansicht vertraten, daß die Koalition mit der ÖVP zwar durch die augenblickliche Notzeit zu rechtfertigen sei, daß die SPÖ aber, sobald „die ärgste Not vorüber" wäre, „um die volle Macht in diesem Staate zu kämpfen" hätte – so Czernetz in seiner Parteitagsrede im Dezember 1945 (PTP 1945, 94). Auf dem Parteitag 1946 zählte Czernetz zu den schärfsten Kritikern von Innenminister Oskar Helmer; auf dem Parteitag 1947 lehnte er die „Koalitionsgesinnung" als „grundsätzlich schlecht ... für einen Sozialisten" ab, ohne jedoch wiederum zu leugnen, daß Koalitionen „in der Politik möglich und notwendig" seien (PTP 1947, 172). Das Wort von der „Stickluft der Koalitionsgesinnung" wiederholte er auch im Folgejahr (PTP 1948, 122); gleichzeitig aber beteiligte er sich argumentativ an der sich auf dem Parteitag 1948 vollziehenden Zerschlagung der linkssozialistischen innerparteilichen Opposition um Erwin Scharf, der aus der SPÖ ausgeschlossen wurde, nachdem er das ihm auferlegte Rede- und Publikationsverbots gebrochen hatte. Noch zwei Jahre zuvor hatte er sich für eine offene Diskussion über die linkssozialistischen Positionen eingesetzt. Was hatte seine Haltung so verändert?

Noch in seinem Beitrag zur Broschüre *Die Zweite Republik* hatte Czernetz grundsätzliche – wenngleich nicht enthusiastische – Bereitschaft zur Zusammenarbeit mit den Kommunisten, in einem Aufsatz in der *Zukunft* im April 1946 nach dem Wahlsieg der britischen Labour Party Hoffnung auf eine „Verständigung der beiden Arbeiterregierungen" – der britischen und der sowjetischen – erkennen lassen (Czernetz 1946, 14). Die Stalinisierung der Staaten Ostmitteleuropas aber hatte ihm jede Hoffnung, der Sowjetkommunismus könnte ein menschliches Antlitz zeigen, genommen; persönlich tief betroffen von der politischen Verfolgung mit ihm befreundeter oder bekannter ostdeutscher und ostmitteleuropäischer Sozialisten, setzte er schließlich den Sowjetkommunismus sogar dem Faschismus gleich (Czernetz 1951, 30). Die Linkssozialisten um Scharf wurden dadurch für ihn „Apostel der volksdemokratischen Sklaverei" (Czernetz 1948 b, 131), und er sah sich in ein Naheverhältnis zur Koalitionslinie der Parteiführung gedrängt, die er auf dem Parteitag 1949 im Rückgriff auf Otto Bauers Argumentation aus dem Jahre 1919 mit der Feststellung verteidigte, nun sei die Koalition nicht wie damals aus sozial- und innen-, sondern aus außenpolitischen Gründen notwendig; geradezu autosuggestiv klang seine gleichzeitige Beschwörungsformel: „Wir sind nicht grundsätzliche Anhänger der Koalition geworden" (PTP 1949, 31).

Wie sehr auch Czernetz im Laufe der Folgejahre zu einem grundsätzlichen Anhänger der großen Koalition geworden ist, zeigt seine kurz vor deren Zerbrechen, auf dem

Parteitag 1965 abgegebene Wortmeldung, in der er sich gegen einen Hinauswurf der Arbeitervertreter aus der Regierung wandte: „Es darf keine Regierung ohne Sozialisten und gegen die Arbeiter geben!" (PTP 1965, 70) Und das konnte unter den damals gegebenen Mehrheitsverhältnissen auch für Czernetz eben nur eines bedeuten: große Koalition mit der ÖVP – denn die insbesondere von Franz Olah vertretene FPÖ-Option hatte Czernetz aus ideologischen Gründen vehement abgelehnt. In der innerparteilichen Auseinandersetzung mit Olah hatte Czernetz, der diesem bereits seit längerem skeptisch gegenübergestanden war und im Parteivorstand gegen seine Ernennung zum Innenminister gestimmt hatte, die Funktion einer ideologischen „Speerspitze" der Parteiführung übernommen: In der *Zukunft,* die er seit Oscar Pollaks Tod im Jahre 1963 als Chefredakteur leitete, hatte er im März 1964 den offenen Kampf gegen Olah eröffnet (Czernetz 1964) und ihn wenige Wochen später durch den Abdruck von Christian Brodas Beitrag „Die Sozialistische Partei ist keine ‚Führer'-Partei" verstärkt; im Gegenzug wurden beide ebenso wie die übrigen innerparteilichen Gegner Olahs zur Zielscheibe von Angriffen der *Kronen Zeitung.* Mag der Kampf gegen Olah auch nicht durch theoretische Argumente wie jenes des „Praktizismus", mit dem einst in der Zwischenkriegszeit die Reformisten um Karl Renner in die Schranken gewiesen worden waren, entschieden worden sein, so hatte der von Czernetz gelieferte ideologische Überbau die Parteiführung in ihrem letztendlich erfolgreichen Kampf gegen Olah doch insofern wesentlich unterstützt, als er es ihr erlaubte, diesen Kampf als Auseinandersetzung um Grundsatzpositionen – und nicht bloß als Machtkampf – zu kommunizieren.

Nationalratsabgeordneter Karl Czernetz, 1972, bei einer Rede im Nationalrat

Grundsatzpositionen fielen, spätestens seit er die Chefredaktion der *Zukunft* übernommen hatte, in das Ressort von Karl Czernetz, der, obwohl er selbst das theoretische Zentralorgan als „Ort der politischen Begegnung" deklarierte (Czernetz 1963, 1), in der Öffentlichkeit als „Chefideologe" der Partei und als „Gralshüter des Austromarxismus" galt. Tatsächlich hatte er beispielsweise in seiner Rede auf dem Parteitag 1959 vor einer

„Entideologisierung“ der Partei gewarnt, da dies „der völlige Triumph eines gefährlichen Opportunismus auf allen Gebieten“ wäre (PTP 1959, 123), und durch seine vor dem Programmparteitag 1958 geübte scharfe Kritik am Vorentwurf des neuen Parteiprogramms (Czernetz 1958) immerhin manche Umformulierung durchgesetzt, ohne indes die auch im Parteiprogramm ihren Niederschlag findende Umgestaltung der SPÖ von der Klassen- zur Volkspartei verzögern zu können. Aber natürlich war auch ihm jener Prozeß bewußt, den er als „Verbürgerlichung“ der Arbeiterschaft, als „Integration der Arbeiterschaft, der Arbeiterorganisationen und Arbeiterfunktionäre in die noch immer bürgerliche Ordnung“ bezeichnete und aus dem er zwei Schlußfolgerungen zog: Einerseits erkannte er die daraus für die Partei erwachsende Gefahr, die er als „Assimilation mancher Arbeiterfunktionäre“ beschrieb, welche „zu individuellen Vorbildern der verbürgerlichten Arbeiterschichten, gleichzeitig allerdings auch zu verhaßten Neidobjekten“ würden (Czernetz 1967, 1). Andererseits wußte er um die Notwendigkeit, als sozialistische Partei eine Politik zu machen, die nicht nur „gut und richtig“, sondern „der Bevölkerung auch verständlich“ sein müßte, und so wußte er auch, daß die Erringung der absoluten Stimmen- und Mandatsmehrheit bei den Nationalratswahlen 1971 nicht jene „volle Macht in diesem Staate“ bedeutete, um die zu kämpfen er ein Vierteljahrhundert zuvor die Partei aufgerufen hatte: „Wir Sozialisten haben bei den Wahlen von 1970 und 1971 von den Wählern kein Mandat für die Verwirklichung sozialistischer Maßnahmen verlangt, und wir haben keines erhalten. Wir haben einen Auftrag zur Modernisierung Österreichs gefordert und von den Wählern diesen Auftrag bekommen“ (Czernetz 1972, 1).

Neben der Auseinandersetzung mit ideologischen Grundsatzfragen, der Leitung des theoretischen Zentralorgans und der Verantwortung für die politische Bildungsarbeit seiner Partei war das zweite große politische Betätigungsfeld von Karl Czernetz seit seiner Rückkehr aus dem Exil die Außenpolitik: Er wirkte als außenpolitischer Sprecher der SPÖ im Nationalrat, seit 1959 auch als Obmann des Außenpolitischen Ausschusses des Nationalrates und seit 1963 als Internationaler Sekretär seiner Partei, damit nicht etwa nur als Kontaktmann zur Sozialistischen Internationale, sondern als eine Art „Parteiaußenminister“, was in der Öffentlichkeit ebenso wie die Ost(handels)politik des Parteivorsitzenden und Vizekanzlers Pittermann als Einengung des politischen Spielraums des Außenministers Bruno Kreisky empfunden wurde. Als Kreisky den Parteivorsitz und als Bundeskanzler faktisch auch die Leitung der österreichischen Außenpolitik übernommen hatte, schwanden naturgemäß Czernetz' außenpolitische Gestaltungsmöglichkeiten; nach der Wahl Rudolf Kirchschlägers zum Bundespräsidenten schlug zwar Bruno Pittermann im Bundesparteivorstand der SPÖ Czernetz für das Amt des Außenministers vor, doch Kreisky lehnte mit dem Argument ab, er bräuchte jemanden aus dem Ministerium, da er sonst Schwierigkeiten mit den Beamten bekäme. Somit blieb Czernetz außenpolitisches Hauptbetätigungsfeld in den letzten Jahren seiner politischen Laufbahn – und der Ort, an dem er den Gipfelpunkt seiner politischen Karriere erreichen sollte – die Beratende bzw. Parlamentarische Versammlung des Europarates.

Von dem im Londoner Exil entwickelten Konzept der „gesamteuropäischen Revolution“ ausgehend, war Karl Czernetz mit einer gewissen inneren Folgerichtigkeit zu einem Vorkämpfer der europäischen Einigungsbewegung geworden. Die „gesamteuropäische Revolution“ war nach Kriegsende zwar ausgeblieben, bis 1947 entwarfen Pollak und Czernetz aber ein neues, auf die im Exil ausgearbeiteten Ideen zurückgehendes, jedoch auf die zu beobachtende Stalinisierung Ostmitteleuropas reagierendes Konzept, jenes der „Dritten Kraft“ (dem das innenpolitische Konzept des „Dritten Weges“ zwischen bürgerlichem Kapitalismus und Kommunismus entsprach): Aufbauend auf der von Léon Blum geprägten Formel „weder sowjetisch noch amerikanisch“, entwarf Czernetz ein Modell der „Vereinigten Sozialistischen Staaten von Europa“ (Czernetz 1948a, 9) und gab sich zunächst noch der Hoffnung hin, es bestünde die Gelegenheit, mit der Wirtschaftshilfe der USA – die damit den kommunistischen Vormarsch zum Stillstand bringen wollten – jene sozialen Veränderungen durchzuführen, die der Verwirklichung des demokratischen Sozialismus den Weg ebnen würden (Czernetz 1948c, 255). Die Verschärfung des Kalten Krieges in Verbindung mit dem Ausbruch des Koreakriegs sowie mit innenpolitischen Ereignissen, insbesondere den als kommunistischer Putschversuch empfundenen Vorgängen des Oktober 1950, ließen jedoch auch Czernetz (parallel zu seiner innenpolitischen Haltungsänderung) schrittweise auf die „realpolitische", und das bedeutete: proamerikanische, Linie der Parteiführung einschwenken; 1954 schrieb er bereits: „Westeuropa ohne die Amerikaner ... wäre die Unterwerfung Europas und Asiens unter die Herrschaft des Sowjetkommunismus" (Czernetz 1954, 238). An dieser ideologischen Westorientierung änderte auch die Erklärung der immerwährenden Neutralität Österreichs nichts, die Czernetz stets als eine rein militärische interpretierte, welche nicht mit ideologischem Neutralismus verwechselt werden dürfe (so z.B. PTP 1955, 55; Czernetz 1960, 20; 1980, 115).

Am Gedanken der europäischen Einigung und der wirtschaftlichen Integration Europas hielt er fest, gelangte allerdings von der Vorstellung eines sozialistischen zum Bild eines pluralistischen Europa, das er 1961 vor der Beratenden Versammlung des Europarates entwarf: „Die Philosophie der Einheit Europas ist die Philosophie des Pluralismus, des Pluralismus der Methoden wie der Ideologien und Nationen" (Czernetz 1980, 235). Die Gründung des Europarates hatte in Karl Czernetz die Hoffnung erweckt, hier zeichne sich der Rahmen ab, innerhalb dessen sich die von ihm angestrebte Einigung Europas vollziehen würde, aber auch als der Europarat die anfänglich in ihn gesetzten Erwartungen zu enttäuschen begann und sich neben ihm andere, vertiefte Formen der Europäischen Integration herausbildeten, hielt Czernetz an seiner Überzeugung von der Sinnhaftigkeit des Europaratsgedankens fest und sah in ihm zumindest eine Klammer zwischen den verschiedenen „Integrationskreisen"; seine Vision, daß dereinst auch die Staaten Ostmitteleuropas im Rahmen des Europarates den Weg in die Gemeinschaft demokratischer europäischer Staaten beschreiten würden, sollte sich erst mehr als ein Jahrzehnt nach seinem Tod erfüllen! Trotz des „bürgerlich-kapitalistischen" Charakters der wirtschaftlichen Integration Europas zunächst in der EGKS, dann in der EWG trat Czernetz lange für eine Teilnahme Österreichs auch an diesen Integrationsschritten ein. Erst als die Verhandlungen über die Schaffung einer großen Europäischen Freihandelszone gescheitert waren und sich die SPÖ-Führung 1959 auf das nicht supranationale Integrationsmodell der EFTA festgelegt hatte, gab Czernetz seine Hoffnung auf eine baldige österreichische Teilnahme an einer vertieften Form der Europäischen Integration auf, trat jedoch für eine möglichst enge Kooperation zwischen EWG und EFTA ein, als deren institutionellen Rahmen er etwa in einer Rede vor der gemeinsamen Vollversammlung des Europarates und des EWG-Parlaments im Jahre 1966 den Europarat vorschlug (Czernetz 1968, 64).

In der Beratenden Versammlung des Europarates war Czernetz von allem Anfang an sehr aktiv gewesen. Seit Österreich im November 1951 Beobachterstatus zugesprochen worden war, gehörte er der Beobachterdelegation, seit dem Beitritt zum Europarat, auf den er gemeinsam mit Pittermann gegenüber dem zögernden Bundeskanzler Julius Raab, der die Sowjetunion zu verärgern fürchtete, gedrängt hatte, im April 1956 der österreichischen Parlamentarierdelegation zur Beratenden Versammlung des Europarates an. In zahlreichen Wortmeldungen vor der Beratenden bzw. Parlamentarischen Versammlung setzte er sich „für eine Einheit Europas in Vielfalt und Freiheit" (Czernetz 1980, 141) und vor allem für die Verteidigung der Menschenrechte ein; die Europäische Menschenrechtskonvention sah er als die größte Errungenschaft des Europarates an.

In der Beratenden bzw. Parlamentarischen Versammlung fungierte Karl Czernetz von 1958 bis 1974 als Präsident der Kommission für parlamentarische Beziehungen und Öffentlichkeitsarbeit, von 1974 bis 1975 als Präsident der Politischen Kommission; 1959, 1963 und 1972 wurde er zum Vizepräsidenten der Versammlung gewählt. Von 1963 bis 1975 war Czernetz Vorsitzender der Sozialistischen Gruppe in der Versammlung. Als der Sozialistischen Fraktion 1975 turnusmäßig das Recht zur Nominierung des Präsidenten der Versammlung zukam, fiel die Wahl auf Karl Czernetz; am 21. 4. 1975 wurde sie formell vollzogen, nach zweimaliger Wiederwahl endete seine dreijährige Amtsperiode, in deren Verlauf er sich nicht nur auf seine protokollarischen Pflichten beschränkte, sondern politische Impulse etwa in Richtung auf Verbesserung der Zusammenarbeit mit dem Ministerkomitee und auf eine weitere Öffnung des Europarates setzte, im April 1978. Erstmals (und bis heute zum einzigen Mal) hatte mit Karl Czernetz ein Österreicher das höchste Amt in der Parlamentarischen Versammlung des Europarates bekleidet.

Im Hinblick auf seine zeitaufwendige Tätigkeit in Ausübung dieses Amtes hatte Karl Czernetz, der sein 66. Lebensjahr bereits vollendet hatte, 1976 die Funktion des Internationalen Sekretärs der SPÖ und seine Bildungsfunktionen – jene des Bundesbildungsobmanns sowie des Wiener Landesbildungsobmanns – zurückgelegt. Auch nach Ablauf seiner Amtsperiode gedachte er jedoch als Parlamentarier aktiv zu bleiben, die SPÖ hatte ihn durch einen Parteitagsbeschluß von der Geltung der Altersklausel ausgenommen; aber schon am 3. 8. 1978 starb Karl Czernetz nach kurzer, schwerer Krankheit in Wien. Seine letzte Rede im Nationalrat, am 28. 6. 1978, hatte dem ihm so wichtigen Thema des Schutzes der Menschenrechte gegolten.

Karl Czernetz war ein leidenschaftlicher Parlamentarier, ein Mann, in dessen politischer Laufbahn die Bekleidung eines Ministeramtes eigentlich einen Bruch dargestellt hätte. Im österreichischen Nationalrat war er einer der letzten Abgeordneten, die ohne schriftliches Konzept eine druckreife Rede zu halten vermochten; dementsprechende Anziehungskraft übten seine stets engagiert, ja mit Mut zum Pathos vorgetragenen Reden auch – wie einst die Reden eines Ernst Fischer – auf Zuhörer aus anderen politischen Lagern aus, und viele seiner Reden, wie jene, die er in der großen Habsburg-Debatte am 5. 6. 1963 hielt, blieben lange in Erinnerung. Sein einziges Manko als Redner war seine um einiges zu hoch angesetzte Stimmlage – hätte er eine tiefe, wohltönende Stimme gehabt, wäre, so meinten manche, sein Weg in höchste politische Funktionen kaum aufzuhalten gewesen.

Tatsächlich aber blieb er Mitglied des weiteren Führungskreises der SPÖ; als er starb, war er das bei weitem dienstälteste Mitglied ihres Bundesparteivorstandes. Viele der politischen Zielsetzungen, die er verfochten hatte, waren Vision geblieben – hatten als solche aber integrative Wirkung, etwa auf die Parteijugend, ausgeübt. Karl Czernetz verkörperte also in vieler Hinsicht den politischen Typus des Visionärs und repräsentierte in dieser Beziehung die Tradition der sozialdemokratischen Linken der Zwischenkriegszeit; nicht minder repräsentierte er sie, indem er, mit scharfem analytischem Verstand ausgestattet (und ein begnadeter Erzähler jüdischer Witze), den Typus des jüdischen Intellektuellen verkörperte, der diese politische Bewegung so nachhaltig geprägt hatte, aber in der SPÖ der Zweiten Republik, nach der Vertreibung und Vernichtung eines so großen Teils der jüdischen Bevölkerung Österreichs und insbesondere Wiens, nur noch in einzelnen Ausnahmegestalten – wie Bruno Kreisky und eben Karl Czernetz – eine politische Rolle spielte. So charakterisierte ihn denn auch Bruno Kreisky in seinem Nachruf mit dem Satz: „Seine politischen Wurzeln lagen in der Ersten Republik" (*Die Zukunft,* Nr. 9/1978, 2). Aus diesen Wurzeln wachsend, hat Karl Czernetz, manchmal schweren Herzens, Einsicht in die realpolitischen Notwendigkeiten gewonnen, die der Verwirklichung vieler seiner Visionen entgegengestanden sind, er hat aber auch neue, über jene der alten österreichischen Sozialdemokratie weit hinausgehende Visionen entwickelt, vor allem die Vision einer Teilnahme Österreichs an einem europäischen Integrationsprozeß, die als sein politisches Vermächtnis betrachtet werden kann.

Literatur- und Quellenververzeichnis

Czernetz, Karl (1946). Die österreichischen Sozialisten und Sowjetrußland, in: Die Zukunft, Nr. 4.

Czernetz, Karl (1948a). Die Einheit Europas, in: Die Zukunft, Nr. 1.

Czernetz, Karl (1948b). Rechts und links, in: Die Zukunft, Nr. 5.

Czernetz, Karl (1948c). Der Weltkonflikt und die österreichischen Arbeiter, in: Die Zukunft, Nr. 9.

Czernetz, Karl (1951). Der Kriegsgeist der Diktaturen, in: Die Zukunft, Nr. 2.

Czernetz, Karl (1954). Koexistenz und Kalter Krieg, in: Die Zukunft, Nr. 9.

Czernetz, Karl (1958). Das verfrühte Programm, in: Die Zukunft, Nr. 2u. 3.

Czernetz, Karl (1960). Österreich und die Einheit Europas, Wien.

Czernetz, Karl (1963). Das Programm der „Zukunft", in: Die Zukunft, Nr. 20.

Czernetz, Karl (1964). Führungsprobleme in der Demokratie, in: Die Zukunft, Nr. 5.

Czernetz, Karl (1967). Parteitag und Parteikrise, in: Die Zukunft, Nr. 2.

Czernetz, Karl (1968). Europa und der Frieden, Wien.

Czernetz, Karl (1972). Überlegungen zur Strategie des Sozialismus, in: Die Zukunft, Nr. 3.

Czernetz, Karl (1980). Europäer und Sozialist. Reden und Aufsätze, Wien.

Protokolle der Parteitage der Sozialistischen Partei Österreichs (PTP).

Lebensdaten

1910	am 12. 2. in Wien geboren
1916–1924	Besuch der Volks- und Unterstufe der Mittelschule
1924–1927	Besuch der Graphischen Lehr- und Versuchsanstalt, Photographenlehre
1937–1938	Dreimonatige Polizeihaft
1938–1945	Exil, zunächst in Paris, ab 1939 in London
1939	Verehelichung mit Margit Kohn
1973	Verleihung des Berufstitels „Professor“
1978	am 3. 8. in Wien gestorben

Berufliche Karrierestationen

1948–1976	Leiter der Sozialistischen Bildungszentrale
1963–1976	Internationaler Sekretär der SPÖ
1963–1978	Chefredakteur der *Zukunft*

Staatliche Funktionen

1949–1978	Abgeordneter zum Nationalrat
1956–1978	Mitglied der österreichischen Delegation zur Beratenden bzw. Parlamentarischen Versammlung des Europarates
1959–1978	Obmann des Außenpolitischen Ausschusses des Nationalrates

Parteipolitische Ämter

1946–1978	Mitglied des (Bundes-)Parteivorstandes der SPÖ
1948–1978	Mitglied des Landesparteivorstandes der SPÖ Wien

Weitere Funktionen

1963–1975	Vorsitzender der Sozialistischen Gruppe in der Beratenden bzw. Parlamentarischen Versammlung des Europarates
1975–1978	Präsident der Parlamentarischen Versammlung des Europarates

Adolf Czettel

von
Günther Chaloupek

Adolf Czettel wurde am 26. Oktober 1924 als Sohn von Marie und Johann Czettel in Wien geboren. Er entstammte einer Arbeiterfamilie, die fest im sozialdemokratischen Milieu verankert war. Czettels Vater war Metallarbeiter, der in der Weltwirtschaftskrise arbeitslos wurde und später bei der städtischen Müllabfuhr den Lebensunterhalt der sechsköpfigen Familie verdiente. Von Adolf Czettels Geschwistern (ein Bruder und zwei Schwestern) ergriffen außer ihm noch zwei ebenfalls Metallberufe. Daneben war Czettels Vater als Funktionär der Sozialdemokratischen Partei tätig und wurde 1934 inhaftiert.

Die Familie Czettel wohnte in bescheidenen Verhältnissen in einer Gemeindewohnung im Arbeiterbezirk Ottakring, dem Adolf Czettel bis zum Schluß seine enge Verbundenheit bewahrte. In Ottakring absolvierte Czettel eine Lehre als Maschinenschlosser bei der Firma Simmon. Im Zweiten Weltkrieg wurde Adolf Czettel zur deutschen Wehrmacht eingezogen. Er war als Marinesoldat in Griechenland eingesetzt und wurde 1943 das erste Mal verwundet. Seither fehlten ihm an seiner linken Hand zwei Finger. Als er sich zu Kriegsende zu Fuß in die Heimat durchschlagen wollte, geriet er in die Hände jugoslawischer Partisanen und wurde erneut schwer verwundet: Er geriet schließlich in englische Kriegsgefangenschaft und wurde in einem Lager in Münster bei Hannover interniert. 1946 konnte er nach Wien zurückkehren.

Hier trat Adolf Czettel wieder in die Maschinenfabrik Ing. H. Simmon ein. Diesen Wiener Mittelbetrieb (knapp unter 300 Beschäftigte) bezeichnete Czettel später als „sehr gut organisiert und richtig familiär". 1951 heiratete Czettel Gerda Leinmüller. Der Ehe entstammten eine Tochter (Brigitte, geb. 1956) und ein Sohn (Reinhard, geb. 1958). In der Firma Simmon begann Adolf Czettel seine Karriere als Arbeitnehmerfunktionär, als er 1946 in den Betriebsrat, 1949 zum Betriebsratsobmannstellvertreter des Unternehmens und wenig später zum Obmann gewählt wurde. Aufgrund seiner hervorragenden Fähigkeiten in der Vertretung der Interessen der Arbeitnehmer auf betrieblicher Ebene wurde Czettel 1956 in den Zentralvorstand der damaligen Gewerkschaft der Metallarbeiter (heute Gewerkschaft Metall–Bergbau–Energie) berufen.

1957/58 absolvierte Adolf Czettel den einjährigen Lehrgang der Sozialakademie der Wiener Arbeiterkammer in Mödling, Hinterbrühl, jene Schule, die sein Bruder Hans acht Jahre vorher besucht hatte und aus der viele bedeutende Funktionäre hervorgegangen sind. Lernen und sich Wissen aneignen war für Czettel nicht eine Pflicht, die man zu absolvieren hat und irgendwann in der Jugend endgültig hinter sich bringt, sondern entsprang seinem genuinen persönlichen Interesse. Wie man im Gespräch mit ihm leicht feststellen konnte, hatte das Lernen auch nach Jahrzehnten für ihn seine Faszinationskraft nicht eingebüßt. Zwölf Jahre war Adolf Czettel in seinem ursprünglichen Beruf tätig, 1958 wechselte er in das Betriebsreferat der Wiener Arbeiterkammer.

1959 wurde er zum Kammerrat der Kammer für Arbeiter und Angestellte für Wien gewählt. Von da an wurde Adolf Czettel in rascher Folge in Spitzenpositionen seiner Gewerkschaft und später der Arbeiterkammer berufen: 1963 Obmann-Stellvertreter der Wiener Landesleitung der Metallarbeitergewerkschaft und 1965 als deren Obmann, 1968 stellvertretender Vorsitzender der Gewerkschaft der Metallarbeiter. 1969 wurde er Vizepräsident der Wiener Arbeiterkammer und übernahm erstmals ein Abgeordnetenmandat als Wiener Gemeinderat und Landtagsabgeordneter.

In dieser ersten Phase seines Aufstiegs zum gewerkschaftlichen Spitzenfunktionär stand Adolf Czettel im Schatten seines eineinhalb Jahre älteren Bruders Hans: Dieser war Betriebsratsobmann der Schöller-Bleckmann-Stahlwerke in Ternitz, NÖ, mit dreißig Jahren einer der jüngsten Nationalratsabgeordneten der SPÖ und nach dem abrupten Abgang von Franz Olah Innenminister in der letzten Regierung der „großen Koalition" von 1964 bis 1966. Hans Czettel war nach dem Rücktritt Pittermanns jener Konkurrent Bruno Kreiskys um den Vorsitz der SPÖ, der die Unterstützung der sozialistischen Gewerkschaftsfraktion hatte. Als Kreisky zum Vorsitzenden gewählt worden war, hatte Adolf Czettel maßgeblichen Anteil an der Ausräumung vorhandener Verstimmungen zwischen den Gruppierungen, indem er die Exponenten zu einer gemeinsamen Tagung in das Metallarbeiterheim Krumpendorf am Wörthersee einlud. Dieser Veranstaltung war ein voller Erfolg beschieden, sodaß die SPÖ geschlossen in die Wahl von 1970 gehen konnte.

Präsident der Wiener Kammer für Arbeiter und Angestellte und des Österreichischen Arbeiterkammertages Adolf Czettel, 1983

Während Hans Czettel als LHStv. von NÖ sich aus der Bundespolitik entfernte (gest. 1980), wurde Adolf Czettel 1976 als Nachfolger von Ing. Wilhelm Hrdlitschka zum Präsidenten der Wiener Arbeiterkammer und des Österreichischen Arbeiterkammertages (heute Bundeskammer für Arbeiter und Angestellte) gewählt – er hatte nun das neben dem ÖGB-Präsidenten höchste Amt der Arbeitnehmerinteressenvertretung inne.

Adolf Czettels Laufbahn vom Metallarbeiter über den Betriebsrat zur Landesleitung seiner Gewerkschaft und weiter in die Spitzenpositionen der Arbeiterkammer entspricht einem bis in die jüngste Zeit gängigem Typ: Als junger Arbeiter mit großen Begabungen wird er in die betriebliche Interessenvertretung gewählt, danach Fortbildung in den Bildungseinrichtungen von Gewerkschaft und Kammer auf den für die Interessenvertretung relevanten Gebieten (Arbeits- und Sozialrecht, Wirtschaftspolitik), aufgrund seiner Kenntnisse und seiner starken Persönlichkeit in immer höhere Spitzenfunktionen berufen. Viele solche Funktionäre vollzogen irgendwann einen Wechsel in die Parteipolitik. Im Unterschied etwa zu seinem Bruder Hans blieb Adolf Czettel jedoch immer primär Verbandspolitiker. Zweifellos begünstigt wurde sein Aufstieg zum Spitzenfunktionär durch seine Fähigkeiten als Kommunikator. Er verstand es, Zusammenhänge verständlich darzustellen, Sympathien für Ziele zu gewinnen und, wenn notwendig, auch Verständnis für Kompromisse zu erwecken. Czettel war nicht nur ein geselliger Mensch, er spielte selbst auf der Orgel und war besonders an Malerei und bildender Kunst interessiert. Unter anderem förderte er den Maler Karl Hodina und den Bildhauer Rudolf Kedl, bevor diese einem größeren Publikum bekannt waren.

Mit Adolf Czettel folgte auf Ing. Wilhelm Hrdlitschka (Gewerkschaft der Chemiearbeiter) ein weiterer Vertreter einer Arbeitergewerkschaft als Präsident an der Spitze der Kammerorganisation. Im sechsten Jahr der SPÖ-Alleinregierung war die Bundespolitik von der parlamentarischen Mehrheit jener Partei geprägt, die in den Interessenvertretungen der Arbeitnehmer unangefochten die Mehrheitsfraktion stellte. Dies begünstigte eine Wirtschaftspolitik, die nach dem Ende der langen Prosperitätsphase (Konjunktureinbruch 1975) bemüht war, den Zustand der Vollbeschäftigung möglichst aufrechtzuerhalten. Die AK war unter Czettel maßgeblich an der Konzeption dieser Wirtschaftspolitik des „Austrokeynesianismus“ beteiligt. Die größte Herausforderung für diese Politik war in der zweiten Hälfte der siebziger Jahre ein Leistungsbilanzdefizit von beunruhigender Höhe. Dank einer – nach der starken Lohnsteigerung 1975 – maßvollen Lohnpolitik und durch den Einsatz einschneidender steuerpolitischer Maßnahmen (erhöhter Mehrwertsteuersatz von 30% ab 1978) gelang es schließlich, unter Beibehaltung der Hartwährungspolitik das Leistungsbilanzdefizit anfang der achtziger Jahre zu eliminieren. Gemeinsam mit dem ÖGB forderte die AK erfolgreich die Erstellung von Beschäftigungsprogrammen, mit denen nachfrageseitig die Beschäftigung gestützt wurde. Mit zunehmender Dauer der Wachstumsschwäche stieg in den achtziger Jahren die Arbeitslosigkeit langsam an. Die zur Senkung des Budgetdefizits unumgänglichen Steuererhöhungen 1984 (Mehrwertsteuererhöhung, Einführung einer „Zinsertragsteuer“ u. a.) wurden von der AK mitgetragen, doch erweckten diese Maßnahmen mehr Widerspruch als das einschneidendere Steuerpaket 1978. Zunächst noch nicht in vollem Umfang erkannt, verschärften sich auch die Probleme in der verstaatlichten Industrie (damalige VEW, VÖEST-Alpine-Konzern), wo sich der Metallarbeiterspitzenfunktionär Czettel intensiv um die Erhaltung der Arbeitsplätze bemühte. Czettel trat auch für eine aktive Investitionspolitik der Verstaatlichten ein. Nach dem VÖEST-Intertrading-Debakel wurde jedoch eine grundlegende Umstrukturierung notwendig, und der Kurs der Verstaatlichtenpolitik wurde künftig auf eine betriebswirtschaftliche Orientierung festgelegt.

Durch die permanente Konfrontation mit Strukturproblemen in der Industrie hatte Czettel wie nur wenige politische Funktionäre die Erfordernisse von strukturellen Anpassungen deutlich erkannt. Dies, aber auch sein eigener Bildungsgang, hat ihn zu seinem engagierten Einsatz für eine Reform bzw. für eine Intensivierung der Maßnahmen im Bereich des Ausbildungswesens veranlaßt. „Die Arbeitslosigkeit muß daher in erster Linie durch organisatorische Maßnahmen, nicht durch wirtschaftspolitische, geregelt werden. Dabei gehört die Bildungspolitik zu einer der wichtigsten Organisationsformen, die wir neu erfinden müssen, weil wir in Österreich kein Instrument der beruflichen Um- und Weiterbildung haben“, sagte er in einem Interview 1988 (*AZ-Tagblatt* vom 22. 2. 1988, S. 4).

Sein nüchterner Realismus bewahrte Czettel davor, einer – auf den ersten Blick bequemeren – Ausweitung und Überziehung der Deficit-spending-Politik das Wort zu reden. Als die 1987 neu gebildete große Koalition die Konsolidierung des Budgets zum Ziel erhob, fand dies auch Czettels Unterstützung. Das Koalitionsübereinkommen vom 16. Jänner 1987 trägt auch seine Unterschrift. Als damaliger Vorsitzender der Fraktion sozialistischer Gewerkschafter im ÖGB war Czettel Mitglied des obersten Verhandlungskomitees und wirkte in dieser Funktion noch an der Weichenstellung für eine längerfristige Neuorientierung der Wirtschaftspolitik mit, bei welcher er nur noch kurze Zeit selber als Akteur dabei war.

Daß langfristig der Angebotsseite für die Wirtschaftsentwicklung eines Landes die entscheidende Bedeutung zukommt, war eine grundlegende Einsicht Czettels, die nicht nur seine eindeutige Befürwortung der Sozialpartnerschaft motivierte, sondern zuletzt auch sein klares Eintreten für einen EG-Beitritt Österreichs. In einem der letzten seiner vielbeachteten Interviews bezog er zu einem Zeitpunkt, als in der SPÖ und im ÖGB die Entscheidungen über die Haltung in dieser Frage noch nicht getroffen waren, eindeutig Position: Österreich sei im großen und ganzen in der Wettbewerbsfähigkeit seiner Wirtschaft durchaus reif für einen Beitritt; man müsse aus gewerkschaftlicher Sicht vor allem die nachteiligen Folgen eines Nichtbeitritts in Erwägung ziehen (*Kurier* vom 11. 7. 1988).

Auch im Bereich der Sozialversicherung war Adolf Czettel um die langfristige Absicherung des erreichten hohen Standes und um Kontinuität bemüht. Dabei war es unentbehrlich, daß die Sozialpartner und insbesondere AK und ÖGB als jene Organisationen, die für das nach den Grundsätzen der Selbstverwaltung aufgebaute Sozialversicherungssystem verantwortlich sind, auch selbständig Reformvorschläge zu erarbeiten hatten. Czettel war von 1984 bis zu seinem Tod als Präsident des Hauptverbandes der Sozialversicherungsträger tätig.

In der Lohnpolitik spielte Adolf Czettel als Mitglied des Verhandlungskomitees der Gewerkschaft Metall–Bergbau–Energie eine weit über die Grenzen dieser Branche hinausgehende wichtige Rolle. Als Instrument im Kampf gegen die Arbeitslosigkeit forderte die Gewerkschaft eine Verkürzung der Arbeitszeit auf 35 Stunden. Nach dem Ausbrechen des ersten großen Arbeitskonfliktes um die 35-Stunden-Woche in Deutschland verstärkte sich in Czettel die Überzeugung, daß ein solcher Konflikt in Österreich nach Möglichkeit vermieden werden sollte – eine Überzeugung, die nicht nur die Gewerkschaftsfunktionäre, sondern auch viele Unternehmervertreter teilten. Zur Erarbeitung einer gemeinsamen Diskussionsgrundlage wurde der Beirat für Wirtschafts- und Sozialfragen mit der Erstellung einer Studie beauftragt („Arbeitszeitentwicklung und Arbeitszeitpolitik", Wien 1984). Bis Ende der achtziger Jahre konnte für rund 40% der Arbeitnehmer die wöchentliche Normalarbeitszeit auf 38 Stunden oder weniger gesenkt werden. Den angestrebten Generalkollektivvertrag konnten die Gewerkschaften allerdings nicht erreichen.

Seine Aufgeschlossenheit gegenüber der Neuartigkeit von Problemstellungen bewies Czettel nicht nur mit seiner heute sehr modern und zukunftsweisend erscheinenden Sicht der wirtschaftlichen Strukturprobleme, sondern auch bei neuen Fragen wie z. B. beim Umweltschutz. Große Teile der Gewerkschaftsbewegung sahen die frühe umweltpolitische Kritik an der Industriegesellschaft mit Skepsis, da sie doch zumindest dort, wo die Stoßrichtung eine anti-industrielle war, den hart errungenen Massenwohlstand der Arbeitnehmer gefährden würde. Die unerwartete Nein-Mehrheit bei der Zwentendorf-Abstimmung verstärkte diese Abwehrhaltung. Zur Versachlichung des Verhältnisses von Gewerkschaften bzw. AK zur Umweltpolitik ließ Czettel im Rahmen der AK Wien das Institut für Wirtschaft und Umwelt einrichten. Dort wurden Studien in

Auftrag gegeben, in denen wichtiges umweltpolitisches Grundlagenwissen systematisch erarbeitet wurde. Dadurch wurde nicht nur ein pragmatischer Zugang zur Umweltpolitik erschlossen, sondern auch eine aktive Mitsprache durch die AK in diesem neuen Teilbereich der Wirtschaftspolitik ermöglicht.

Czettel intensivierte auch die Aktivitäten der AK-Wien im kommunalpolitischen Bereich. Um die Abnahme der Zahl der Industriearbeitsplätze in Wien zumindest zu bremsen, bedurfte es einer aktiven Industrieansiedlungspolitik von seiten der Gemeinde. Die AK unternahm wiederholt Vorstöße in diese Richtung. Czettel gehörte auch zu den Initiatoren für die Etablierung des Wiener Wirtschaftsbeirats als beratendes Organ für die Wirtschaftspolitik der Stadt Wien.

Adolf Czettel war von seinem Werdegang Metallarbeiter und Gewerkschaftsfunktionär. Als Verbandsfunktionär erlangte er durch seine hohen Positionen auch bedeutenden Einfluß in der Sozialdemokratie und auf die Politik der von ihr geführten Regierung. Obwohl Czettel auch ein Nationalratsmandat innehatte (1979–1984, 1986/87), strebte er nicht direkt in die Regierungspolitik auf Bundesebene. Sein Aktionsfeld blieb primär die Gewerkschaftsorganisation und die Arbeiterkammer, und er sprach sich auch dagegen aus, daß sich die Arbeitnehmerverbände zu sehr auf den Staat stützen. Für Czettel war es wichtig, daß die Gewerkschaften aus eigener Kraft durchsetzungsfähig bleiben, mit dem Instrument des Kollektivvertrages und darüber hinaus auch in den Einrichtungen der Selbstverwaltung in der Sozialversicherung, der er bis zuletzt als Hauptverbandspräsident diente.

In Gewerkschaft und Kammer war Adolf Czettel ein typischer Metallarbeiterfunktionär – die Probleme sachlich und nüchtern betrachtend, auf der Suche nach zukunftsweisenden Lösungen, skeptisch gegenüber zu sehr ideologisch oder von „Visionen“ geprägten Strategien, was ihn mitunter in einen gewissen Gegensatz zu Alfred Dallinger brachte.

Nach dem Abgang Anton Benyas von der ÖGB-Spitze wurde Adolf Czettel, der alle Voraussetzungen für dieses Amt mitbrachte, oft als dessen Nachfolger genannt. Czettel strebte jedoch die ÖGB-Präsidentschaft nicht an, sondern trug als Vorsitzender der sozialdemokratischen Fraktion im ÖGB wesentlich dazu bei, den Generationssprung in der ÖGB-Führung zu Fritz Verzetnitsch zu vollziehen. Czettel hatte vor, im Interesse der Kontinuität in den Spitzenpositionen der Arbeitnehmerinteressenvertretungen noch eine Zeitlang an der AK-Spitze zu bleiben und bei den AK-Wahlen 1989 nochmals zu kandidieren. Mitten in den Vorbereitungen für die Wahl starb Czettel nach der Rückkehr von einer anstrengenden Reise am 27. September 1988 plötzlich an Herzversagen.

Als hervorragender Verbandspolitiker und Repräsentant der Sozialpartnerschaft ist Adolf Czettel in der Reihe von Persönlichkeiten wie Johann Böhm, Karl Maisel und Anton Benya zu sehen. Die starke Stellung der Präsidenten in ihrer Organisation ermöglicht das Finden von Problemlösungen und Kompromissen mit der Unternehmerseite und der Regierung, die dann auch nach innen zu vertreten sind. Die staatstragende Rolle, welche die großen Verbände in Österreich haben, wurde durch diese Funktionäre wesentlich mitgestaltet.

Besonders ausgeprägt ist bei Adolf Czettel die Hochschätzung von Wissen und Lernen. Der Bau des Bildungszentrums der AK-Wien war ihm deshalb ein besondere Anliegen, und die Kritik, die an der Architektur des Gebäudes geübt wurde, geht an den wesentlichen Intentionen dieses Projektes vorbei. Wenn heute mehr denn je die Bedeutung der Ausbildung und im besonderen der beruflichen Weiterbildung erkannt wird, so war Adolf Czettels Haltung in dieser Hinsicht wegweisend, sowohl durch sein persönliches Beispiel als auch durch die wirtschafts- und bildungspolitische Linie, die er vertrat.

Literatur- und Quellenverzeichnis

Czettel, Adolf (1982). „Unsere Umwelt – unser Leben“ in: Arbeit und Wirtschaft Nr. 10/1982.

Czettel, Adolf (1984). Arbeiterkammer – keine unbekanntes Wesen, in: Arbeit und Wirtschaft Nr. 4.

Czettel, Adolf (1984). Wir sind keine Betonschädel, in: Solidarität Nr. 646 (Nr. 4/1984).

Czettel, Adolf (1985). Die Politik ist viel lauter geworden, in: trend Nr. 11.

Czettel, Adolf (1987). Die stille Macht im ÖGB, in: Gewinn Nr. 2.

Czettel, Adolf (1988). Bildungsarbeit wird entscheiden, in: Arbeit und Wirtschaft Nr. 11/1988.

Czettel, Adolf (1984). Die wirtschafts- und sozialpolitische Situation aus der Sicht der Arbeiterkammern und des Gewerkschaftsbundes, in: Vortragsreihe des Verbandes österreichischer Banken und Bankiers Nr. 1.

„Adolf Czettel“ (Nachruf), in: „Glück auf!“ Nr. 11/1988.

„Der dritte Prinz“ (Interview), trend Nr. 6/1981.

Lebensdaten

1924	am 26. 10. in Wien geboren
	Besuch der Pflichtschule und Berufsschule
	Kriegsdienst in der deutschen Wehrmacht
1943	kriegsverwundet
1946	Heimkehr nach Wien
1951	Eheschließung mit Gerda Leinmüller
1988	am 27. 9. gestorben in Wien

Berufliche Karrierestationen

ca. 1938	Lehre als Maschinenschlosser
1946	Eintritt in die Firma Simmon als Maschinenschlosser
1958–1975	Betriebsreferat der Kammer für Arbeiter und Angestellte für Wien

Staatliche Funktionen

1969–1976	Gemeinderat und Abgeordneter zum Wiener Landtag
1976–1979	Bundesrat
1979–1984	Abgeordneter zum Nationalrat
1986–1987	Abgeordneter zum Nationalrat

Parteipolitische Funktionen

1974–1975	Vorsitzender der Sozialistischen Fraktion der AK Wien und des ÖAKT
1983–1988	Bundesobmann der Fraktion Sozialistischer Gewerkschafter und Mitglied des Bundesparteivorstandes und des erweiterten Parteipräsidiums der SPÖ

Gewerkschaftliche Funktionen

1946	Betriebsrat in der Firma Simmon
1949	Betriebsratsobmann
1956	Mitglied des Zentralvorstands der Gewerkschaft der Metallarbeiter
1957–1958	Besuch der Sozialakademie der Kammer für Arbeiter und Angestellte für Wien
1959	Kammerrat der Kammer für Arbeiter und Angestellte für Wien
1963	Obmann-Stellvertreter der Wiener Landesleitung der Gewerkschaft der Metallarbeiter
1965	Obmann der Wiener Landesleitung
1968	Stellvertretender Vorsitzender der Gewerkschaft der Metallarbeiter
1969	Vizepräsident der Kammer für Arbeiter und Angestellte für Wien
1976–1988	Präsident der Kammer für Arbeiter und Angestellte für Wien und des Österreichisches Arbeiterkammertages

Weitere Funktionen

1984–1988	Präsident des Hauptverbandes der Sozialversicherungsträger

Alfred Dallinger

von
Emmerich Tálos

Alfred Dallinger, der am 7. November 1926 in Wien-Rudolfsheim geboren wurde, entstammt dem Arbeitermilieu. Sein Vater war Straßenbahner, seine Mutter Betriebsrätin bei der Firma Reichert. In politischer Hinsicht war es die Sozialdemokratie, die seine politische Sozialisation und gesellschaftspolitischen Optionen wie auch seinen Lebensweg insgesamt wesentlich geprägt hat. Nach dem Ende der Grundschulausbildung trat er – noch nicht ganz 14jährig – in die Wiener Heilmittelwerke ein, die in der Ersten Republik ein gemeinwirtschaftlicher chemisch-pharmazeutischer Betrieb mit starker sozialdemokratischer Belegschaft war. Hand in Hand mit dem Berufseintritt ging der Beginn einer Drogistenlehre – obwohl Dallinger eigentlich den Beruf eines Bürokaufmanns erlernen wollte. Die Kontinuität der beruflichen Ausbildung war durch die Kriegsereignisse stark beeinträchtigt: ständiger Lehrerwechsel, Kohleferien wegen Energiemangel usw. Dallingers formeller Bildungsweg blieb auf Grundschul- und Lehrlingsausbildung beschränkt. Für seine unbestrittene inhaltliche Kompetenz als Sozialpolitiker bildete neben seinen beruflichen Erfahrungen vor allem auch seine autodidaktische Fortbildung eine wesentliche Grundlage.

Erste politische Erfahrungen sammelte Dallinger in der Auseinandersetzung mit dem NS-Regime. Wohl Mitglied der *de facto* betrieblichen Zwangsinstitution „Deutsche Arbeitsfront", nicht aber der Hitlerjugend, bewegte er sich im Rahmen einer im Betrieb geschaffenen, sich – wenn auch nicht offen – oppositionell verstehenden und den Traditionen der Arbeiterbewegung verpflichteten Jugendgruppe. Dallinger wurde von der Gestapo verwarnt und sein Vater wegen der Aktivitäten seines Sohnes im Rahmen dieser Gruppe von der Gestapo verhört. Während des Wehrdienstes schwer verwundet setzte Dallinger nach seiner Heimkehr aus dem Krieg seine berufliche Tätigkeit an seinem Arbeitsplatz Ende 1945 fort. Gleichzeitig mit der Wahrnehmung von Gewerkschaftskontakten trat er 1945 der SPÖ bei. Schon bald verband Dallinger sein gewerkschaftliches Engagement mit hauptberuflicher Tätigkeit in der Gewerkschaft. Nachdem er 1947 zum Jugendvorsitzenden der Gewerkschaft der Privatangestellten (GPA) gewählt worden war, folgte er 1948 Josef Eksel als hauptamtlicher Jugendsekretär der GPA. Der weitere Weg verlief im Gewerkschaftsmilieu mit einer exemplarischen Verbandskarriere, die zugleich auch mit Funktionen im Rahmen der sozialdemokratischen Partei verknüpft war. Ungeachtet der politischen Funktionen (Abgeordneter, Minister) war – wie Dallinger wiederholt betonte – die GPA seine Heimat. Deren prominentester Exponent in den Nachkriegsjahrzehnten war zugleich jene Persönlichkeit, die für Dallinger Vorbild und Förderer war: Friedrich Hillegeist.

Dallinger war in den 80er Jahren einer der letzten aus einer Politiker- und Verbändefunktionäre-Generation, die nicht nur die Folgen der Massenarbeitslosigkeit in den 30er

Jahren erlebt, sondern auch den Wiederaufbau Österreichs in den Nachkriegsjahrzehnten mitgestaltet haben.

Die Jahre nationalsozialistischer Herrschaft ließen für den Lehrling Dallinger politische Betätigung nur in sehr eng begrenztem Rahmen und in informeller Weise zu. Nach Kriegsende erfolgte – analog seinem sozialen und politischen Hintergrund – schon sehr bald die Integration in die sozialdemokratische Arbeiterbewegung. Den zentralen Zugangskanal zur Politik bildete die gewerkschaftliche Tätigkeit. Diese begann mit gewerkschaftlich orientierter Jugendarbeit im Betrieb und fand vorerst in der hauptamtlichen Funktion als Jugendsekretär der GPA ihre Fortsetzung. Dies bildete den Ausgangspunkt für eine „lupenreine Funktionärskarriere“ (wie die *Neue Zürcher Zeitung* in einem Nachruf formulierte).

Als Mentor dafür sei in erster Linie der langjährige Obmann der GPA, Friedrich Hillegeist, genannt, der Dallinger in die GPA-Zentrale holte und seinen weiteren Aufstieg maßgeblich förderte. Als wesentliche Etappen können angeführt werden: Nach einigen Jahren der Jugendarbeit übernahm Dallinger innerverbandliche leitende Tätigkeiten – im Jahr 1956 die des leitenden Sekretärs der Sektion Versicherung, 10 Jahre später eine Spitzenposition in der GPA als Geschäftsführer-Stellvertreter und Zentralsekretär der GPA. In engem Zusammenhang damit steht die Tätigkeit in der Pensionsversicherungsanstalt der Angestellten: 1966 wurde Dallinger zweiter Obmann-Stellvertreter, 1968 Obmann als Nachfolger von Hillegeist. Diese Tätigkeit, die ihn u. a. für die Leitung des Sozialressorts prädestinierte, übte er bis 1980 aus.

Neben seinem Mentor Hillegeist spielte für den weiteren Karriereweg auch Rudolf Häuser eine wichtige Rolle, der Hillegeist in der Führung der GPA gefolgt war. Nachdem Dallinger vom GPA-Vorstand bereits 1973 zum Nachfolger Häusers designiert wurde, übernahm er 1974 die Funktion des Vorstandes und Geschäftsführers der GPA. Damit wieder war 1975 (nach dem Ausscheiden Häusers) die Funktion eines Vizepräsidenten des ÖGB verbunden. Dallingers politische Funktionen stehen mit seiner Verbandskarriere in engem Zusammenhang. Die enge vertikale Verschränkung zwischen SPÖ und der Fraktion Sozialistischer Gewerkschafter spiegelt sich bekannterweise in Funktionskumulierungen bzw. – anders gesagt – in der Betrauung von Spitzenfunktionären der Gewerkschaften mit einem Abgeordnetenmandat wider. Dallinger wurde gleichzeitig mit der Übernahme der Funktion des Vorsitzenden der GPA Abgeordneter der SPÖ. Er wurde in der Folgezeit wiederholt in den Nationalrat gewählt, legte aber ab 1983 sein Mandat zurück. Die vertikale Verschränkung zeigt sich nicht zuletzt an seinem letzten Karriereschritt: der Berufung zum Bundesminister für soziale Verwaltung – ein Amt, das in der Zweiten Republik durchwegs (Ausnahme: Dallinger Nachfolger Geppert) mit Spitzenfunktionären der Gewerkschaftsbewegung besetzt worden war. Dallinger wurde am 9. Oktober 1980 auf Vorschlag der ÖGB-Spitze und auf Wunsch von Bundeskanzler Kreisky Sozialminister. Eine Veränderung seines Tätigkeitsbereiches stand in den letzten Lebensjahren zur Diskussion. Obwohl er sich für die Nachfolge Benyas als Präsident des ÖGB im Jahr 1987 befähigt hielt, blieb ihm diese versagt. Ein möglicher Wechsel in die Funktion des Präsidenten des Nationalrates, der im Zusammenhang mit der Regierungsumbildung im Jahr 1989 diskutiert wurde, fand aufgrund seiner eigenen Entscheidung und des Ersuchens seiner politischen Freunde nicht statt. Über Funktionen in der österreichischen Politik hinaus war Dallinger auch in der internationalen Gewerkschaftsorganisation der Privatangestellten tätig. In seiner Funktion als Bundesminister für soziale Verwaltung war er wiederholt auf Tagungen der Internationalen Arbeitsorganisation und der OECD präsent.

Mit dem Flugzeugabsturz am 23. 2. 1989 wurde Dallinger mitten aus seinem Leben und aus seiner Arbeit gerissen.

Als einer jener österreichischen Spitzenpolitiker der Zweiten Republik, die bereits seit den Nachkriegsjahren verbandliche bzw. parteipolitische Funktionen ausübten, war Dallinger in seiner gewerkschaftlichen und politischen Arbeit während eines Zeitraums von 40 Jahren analog dem sich verändernden ökonomischen, sozialen und politischen Kontext mit Veränderungen von Problemlagen und Herausforderungen, aber auch veränderten Gestaltungsmöglichkeiten konfrontiert. Nach der Phase des wirtschaftlichen Wiederaufbaus mit ihren spezifischen sozialen Problemen (Versorgung der Pensionisten und Arbeitslosen, Kriegsopferversorgung, Lebensmittelmangel) vollzog sich seine Tätigkeit in einem Umfeld, das gewerkschaftliche Interessenpolitik, insbesondere den Aus- und Weiterbau der Sozialpolitik bis in die 70er Jahre hinein begünstigte: beträchtliche Wirtschaftswachstumsraten, Beschäftigungswachstum, Vollbeschäftigung (seit Beginn der 60er Jahre) zum einen, Zusammenarbeit auf Ebene der Verbände und Großparteien (auch noch im Anschluß an die lange Phase der alten großen Koalition) und die SPÖ-Alleinregierung seit 1970 zum anderen.

Allerdings fiel die Übernahme und Ausübung jener Funktion, die wohl in Dallingers 40jähriger Politikerbiographie den nachhaltigsten Eindruck hinterlassen hat – die Leitung des Bundesministeriums für soziale Verwaltung – in eine Phase einschneidender Veränderungen des ökonomischen und sozialen Umfelds. Dallinger selbst hat wiederholt darauf hingewiesen, daß er bei seinem Amtsantritt nicht mehr das große sozialpolitische Füllhorn wie seine Vorgänger ausschütten konnte. Denn die Situation war gekennzeichnet durch das Ende der Vollbeschäftigung, den Anstieg der Arbeitslosigkeit, einem Konjunktureinbruch gefolgt von niedrigem wirtschaftlichem Wachstum, von Problemen des ökonomischen Strukturwandels, steigendem internationalem Wettbewerbsdruck und steigenden Budgetdefiziten.

Dies blieb nicht ohne politische Auswirkungen: Die Kritik an und die Hinterfragung des Sozialstaates erreichte eine in der Zweiten Republik bis dahin nicht gekannte Schärfe.

Hand in Hand mit den Veränderungen des Umfeldes gingen beträchtliche sozialpolitische Herausforderungen, wie die Arbeitsplatzsicherung, die soziale Sicherung von Arbeitslosen und Rentnern und Rentnerinnen, die Finanzierung der Sozialversicherung. Wenn auch Dallinger die Beschränkungen des Handlungsspielraums bei gleichzeitig steigendem Problemdruck zur Kenntnis nehmen mußte und nahm, so hieß dies für ihn nicht eine radikale Abkehr von der evolutionären Ausrichtung der Sozialpolitik der vergangenen Jahrzehnte. Seine Devise auch unter den veränderten Bedingungen lautete: „Jeder Stillstand in der Sozialpolitik wäre schon ein Rückschritt“ (11. Bundeskongreß des ÖGB, 1987).

Der spezifische, d. h. sozialpartnerschaftliche, Modus der Interessenpolitik ebenso wie das politische Klima in der Zweiten Republik blieben nicht ohne Auswirkungen auf die Akteure in den Verbänden (und Parteien). Was vor allem der Sozialpartnerschaft als strategisches Charakteristikum attestiert wird – nämlich an Kompromißfindung orientierte, sachliche und faire Verhandlungen zwischen Verbänderepräsentanten –, galt auch für den gewerkschaftlichen Spitzenfunktionär und Sozialminister Dallinger. Dies schloß allerdings nicht aus, daß er – wie die Unternehmervertretungen schon bald nach der Übernahme des GPA-Vorsitzes vermerkten – ein harter Verhandler war. Charakteristisch für seinen Stil vor allem während der Zeit seiner Ministerschaft war es, daß er den für gewerkschaftliche Politik bestimmenden sozialpartnerschaftlichen Rahmen, innerhalb dessen er sich – ungeachtet seiner gelegentlichen Kritik am Muster der Sozialpartnerschaft – bewegte, so weitgehend wie kaum ein anderer Politiker ausreizte; mit der Konsequenz erhöhten Konfliktpotentials in seinen Beziehungen zu den Unternehmervertretungen, aber auch zu den Vertretern anderer Parteien.

Sozialminister Alfred Dallinger, 1981

Dallinger versuchte nicht nur seine gesellschaftspolitischen Vorstellungen konsequent und geradlinig im sozialpolitischen Diskurs zu vertreten, sondern seine Einschätzungen und Optionen offen und auf den verschiedensten Ebenen, von den Gewerkschaften, den Parteien über die Medien bis hin zur Sozialbewegung, d. h. zu Sozialinitiativen und Sozialprojekten, und zu universitären Hörsälen zu kommunizieren. Dabei stieß er nicht nur auf Kritik seitens seiner Opponenten im Unternehmerlager oder in ÖVP und FPÖ. In seiner Selbsteinschätzung: „Es ist mir oft vorgeworfen worden, daß ich mit meinem Stil, die Probleme in der Öffentlichkeit darzustellen und zu diskutieren, die Menschen unseres Landes verunsichere. Ich glaube aber, daß es gerade jetzt notwendig ist, den Menschen zu sagen, mit welchen Schwierigkeiten sie konfrontiert sind. Nur informierte Menschen werden imstande sein, die notwendigen Lösungsvorschläge zu verstehen und gemeinsam mit uns zu tragen. Sie werden nur dann bewußt mitentscheiden und mitbestimmen können, wenn sie von allem Anfang an in den Meinungsbildungsprozeß einbezogen werden“ (10. Gewerkschaftstag, November 1982).

Von seinen Mitarbeitern und Mitarbeiterinnen wurde Dallinger attestiert, daß er ein Klima der Zusammenarbeit geschaffen habe und tolerant gegenüber anderen Meinungen war. In den Worten Oswin Martineks, des langjährigen Sektionschefs im Sozialministerium: „Das Geheimnis seines Erfolges war die einmalige Kombination von Intelligenz und Konsequenz, gepaart mit Eloquenz, Toleranz und Bescheidenheit.“ Seine Arbeitsdisziplin und organisatorischen Fähigkeiten kamen sowohl in der Arbeit in der GPA als auch während seiner Ministerschaft positiv zum Tragen.

Nicht zuletzt sei seine Fähigkeit angesprochen, die ihn meines Erachtens mindestens ebenso wie die des offenen, klaren und vielseitigen Kommunikators auszeichnete: die des Vorreiters neuer sozialpolitischer Ideen und des Anregers sozialreformerischer Weiterentwicklungen. Wiederholt wurde Dallinger das Signet „Utopist“ oder „Visionär“ verliehen.

Dallingers Aktivitätsradius reichte von der gewerkschaftlichen Jugendarbeit, der Verhandlungstätigkeit bei Kollektivverträgen, der Vertretung der Sozialversicherungsanliegen der Privatangestellten, der leitenden Funktion in einer der großen Sozialversicherungsanstalten, der politischen Vertretung von Gewerkschaftsoptionen in Partei und Parlament, der Wahrnehmung gesamtgewerkschaftlicher Anliegen bis hin zur Leitung eines gesellschaftspolitisch zentralen Ministeriums. Ohne die anderen Tätigkeiten und die damit verbundenen Leistungen gering zu achten, gehe ich davon aus, daß Dallingers Name bzw. seine Leistungen in erster Linie mit der österreichischen Sozialpolitik und hier wieder mit der Sozialpolitik in einem „kälter gewordenen sozialen Klima“ der 80er Jahre konnotiert werden. Das heißt nicht, daß Dallingers Wirken in dem Sinne erfolgreich war, daß alle von ihm als Sozialminister und als Spitzenrepräsentant der Gewerkschaften ventilierten Vorhaben realisiert worden sind.

Durchaus in der sozialpolitischen Tradition der Sozialdemokratie stehend sah er in sozialpolitischen Reformen einen wesentlichen und notwendigen Beitrag zur aktiven Gestaltung und Verbesserung von Arbeitsverhältnissen und Lebensbedingungen in einer kapitalistischen Gesellschaft. Er hat Reformansätze seiner Vorgänger fortgeführt und hat versucht, in Reaktion auf das veränderte ökonomische und soziale Umfeld die bestehende Sozialpolitiktradition weiterzuentwickeln. Angesichts des im Vergleich zu seinen Vorgängern merkbar eingeschränkteren sozialpolitischen Gestaltungsspielraums und z.T. auch von Widerständen im eigenen Lager konnten einige Vorhaben (wie beispielsweise die Arbeitszeitverkürzung als Beitrag zur Bekämpfung der Arbeitslosigkeit, die Solidaritätsabgabe) nicht realisiert werden. Vorstellungen über strukturelle Veränderungen im Leistungs- und Finanzierungsbereich wurden auf die lange Bank geschoben. Steigende Budgetdefizite und Veränderungen in den Prioritäten der Regierungspolitik schlugen sich in Pensionsreformen nieder, die den Anstieg der Ausgaben auch durch Änderungen im Leistungsbereich einbremsen sollten. Unübersehbar war in bestimmten Situationen auch, daß die Einbindung in die Regierung bzw. in die Regierungsverantwortung ein Spannungsverhältnis nicht nur zu den von ihm selbst deklarierten Ansprüchen, sondern auch zu sozial engagierten Initiativen und Projekten schuf. Exemplarisch wurde dies ersichtlich, als im Gefolge der im Mai/Juni 1987 auftretenden Finanzierungslücke – bedingt durch schlechte Arbeitsmarktlage und gestiegenes Interesse an Förderungsmaßnahmen – im Bereich der aktiven Arbeitsmarktpolitik restriktive Strategien in der Förderungspolitik seitens der Arbeitsmarktverwaltung auf allen Ebenen eingeschlagen wurden. Nicht zuletzt blieben einige Vorhaben – wie z.B. die bessere Absicherung von Arbeitslosen, Schritte zur Beseitigung der Diskriminierung von Frauen – unvollendet, da das tragische Unglück Dallingers Wirken jäh beendete.

Ohne dies alles außer acht zu lassen, kann konstatiert werden, daß Dallinger die Entwicklung der österreichischen Sozialpolitik in einer brisanten Phase wesentlich gestaltet hat. Im Unterschied zu einer Reihe anderer Länder erfolgte in der Zeit seiner Ministerschaft auch unter veränderten Bedingungen eine Weiterentwicklung der Sozialpolitik in Österreich. Hier sei, neben der Verlängerung des Mindesturlaubs, der Regelung der wöchentlichen Ruhezeit und der Leiharbeit, auf Schritte zum Ausbau der Mitbestimmung oder zur Gleichstellung von Mann und Frau (wie z.B. die Beseitigung der Ungleichstellung beim Bezug der Notstandshilfe), auf den Ausbau von Sozialservicestellen und den Aufbau von Ausländerberatungsstellen verwiesen. Im Unterschied zur allgemeinen Linie einer Politik der Verwaltung von Arbeitslosigkeit ist Dallinger für eine aktive Gegensteuerung eingetreten – ablesbar an Forderungen nach Arbeitszeitverkürzung, am Ausbau der aktiven Arbeitsmarktpolitik, an der Einführung der Arbeitsstiftung und am Eintreten für eine Verbesserung der materiellen Sicherung der Arbeitslosen. Ein diesbezüglicher Entwurf wurde wenige Wochen vor seinem Tod zur Begutachtung ausgeschickt.

Dallingers gesellschaftsreformerische Optionen blieben nicht auf Maßnahmen in Reaktion auf akut gewordene Probleme beschränkt. In einer Situation gestiegener Herausforderungen war der Sozialminister ein Vorreiter für Ideen, die auf strukturelle Veränderungen der überkommenen Tradition hinausliefen. Gemeint sind damit vor allem das Plädoyer für eine Änderung des tradierten Finanzierungsmodus in der Sozialversicherung (durch Einführung einer Wertschöpfungsabgabe) und die Etablierung neuer Formen der materiellen Grundsicherung. An letzterem Beispiel begründete er die Notwendigkeit und Zielrichtung eines Umbaues des Sozialstaates folgendermaßen: „Langfristig muß . . . die bisher übliche Bindung sozialer Leistungen an bestehende oder vergangene Arbeitsverhältnisse ernsthaft überprüft werden. Ein wichtiges Ziel muß sein, jedem – unabhängig von einem Arbeitsverhältnis – ein Mindesteinkommen zu gewährleisten. Ob das in Form eines ‚Basislohns' oder eines garantierten Grundeinkommens geschehen kann, muß eingehend und sachlich diskutiert werden."

Ungeachtet dessen, daß diese Vorstellung in den 80er Jahren weit entfernt von einer realistischen Umsetzungschance war, sind dies Ideen, die den sozialpolitischen Diskurs voraussichtlich noch lange Zeit bewegen werden. In seinem Plädoyer für einen strukturellen Umbau des Sozialstaates kam jener Satz zum Tragen, den Dallinger gern verwendete und der sein Arbeitszimmer schmückte: „Wer nicht den Mut zum Träumen hat, hat auch nicht die Kraft zum Kämpfen."

Das Bild des Sozialministers und Spitzengewerkschafters Dallinger war während seiner Lebenszeit ein beträchtlich polarisiertes bzw. konträres. Galt er in Gewerkschaftskreisen als engagierter, geradliniger und für Veränderungen offener Sozialreformer, war er für die Linken in der Sozialdemokratie und für Teile der Sozialbewegung eine Symbolfigur, so zeichneten seine Opponenten, vor allem in Unternehmerkreisen, aber auch in anderen Parteien, ein beträchtlich anderes Bild. Von Repräsentanten der Bundeswirtschaftskammer und der Industriellenvereinigung wurde Dallinger als echte Gefahr für die Sozialpartnerschaft bezeichnet und der „Dallingerismus" als Begriff für das konsequente Negieren sozialer, ökonomischer und politischer Bedarfsstrukturen kreiert. In der Medienberichterstattung wurde Dallinger wiederholt zum Unternehmerschreck und Buhmann erklärt.

Ein teilweiser Wandel des Bildes läßt sich – analog alten Erfahrungen – mit seinem Tod konstatieren. Von seinen schärfsten Opponenten wurde seinem gewerkschaftlichen und sozialpolitischen Engagement Achtung gezollt, wurde ihm sachliche Kompetenz und faire Verhandlungsführung attestiert. Weitgehend Konsens – auch in Einschätzungen außerhalb Österreichs – bestand darin, daß die Gewerkschaftsbewegung und Sozialdemokratie mit dem Tod Alfred Dallingers einen der letzten „Querdenker" verloren hat. Das Bild des engagierten Sozialpolitikers auch unter ungünstigen Bedingungen und des sensiblen sozialpolitischen Vorreiters angesichts beträchtlicher gesellschaftlicher Veränderungen ist zumindest noch bis heute in einer breiten Öffentlichkeit präsent.

Literatur- und Quellenverzeichnis

Dallinger, Alfred (1982). Stärken und Schwächen der österreichischen Sozialpartnerschaft, in: Österreichische Zeitschrift für Politikwissenschaft 11, Nr. 3.

Dallinger, Alfred (1983). Von den „sogenannten" Sachzwängen zu den „realen Utopien", in: Emmerich *Tálos* / Georg *Vobruba* (Hg.): Perspektiven der Arbeitszeitpolitik, Wien.

Dallinger, Alfred (1987). Die Zukunft des Wohlfahrtsstaates, in: Rolf G. *Heinze* / Bodo *Hombach* / Henning *Scherf* (Hg.): Sozialstaat 2000, Bonn.

Dallinger, Alfred (1987), Die österreichische Sozialdemokratie im Jahr 2000, in: Josef *Weidenholzer* (Hg.): Rekonstruktion der Sozialdemokratie, Linz.

Martinek, Oswin u. a. (Hg.) (1986). Sozialpolitik und Sozialplanung. Festschrift für Alfred Dallinger zum 60. Geburtstag, Wien.

Martinek, Oswin u. a. (1989). Eine Politik der Gerechtigkeit, in: Alfred *Dallinger:* Vielfalt des Denkens und Handelns, Wien.

Schultheis, Gerfried (1992). In Memoriam, in: Visionen, Oberwart.

Visionen. Tabus der österreichischen „Sozial"politik. Alfred Dallinger Vermächtnissymposium 1989, Oberwart 1992.

Lebensdaten

1926	am 7. 11. in Wien geboren
1932–1940	Besuch der Volks- und Hauptschule in Wien
1943	Einberufung zum Wehrdienst (Italien, Jugoslawien)
1944	schwere Verwundung
1989	am 23. 2. bei einem Flugzeugabsturz tödlich verunglückt

Berufliche Karrierestationen

1940	Eintritt ins Berufsleben als Drogistenlehrling bei den Heilmittelwerken in Wien
1945–1948	Fortsetzung der beruflichen Tätigkeit in den Heilmittelwerken
1948	Hauptberuflicher Jugendsekretär in der GPA

Staatliche Funktionen

1974–1983	Abgeordneter der SPÖ zum Nationalrat
1980–1989	Bundesminister für soziale Verwaltung

Parteipolitische Ämter

1976–1979	Vorsitzender der Kontrollkommission in der SPÖ
1979–1989	Mitglied des Bundesparteivorstands der SPÖ

Gewerkschaftliche Funktionen

1954	Kammerrat in der Wiener Arbeiterkammer
1956	Leitender Sekretär der Sektion Versicherung der GPA
1966	Geschäftsführer-Stellvertreter und Zentralsekretär der GPA
1974–1989	Vorsitzender und Geschäftsführer der GPA
1975–1989	Vizepräsident des ÖGB

Weitere Funktionen

1953–1957	Vorsitzender der Internationalen Arbeitsgemeinschaft der Angestelltenjugend
1966	Zweiter Obmann-Stellvertreter der Pensionsversicherungsanstalt der Angestellten
1967–1989	Mitglied des Vorstands des Internationalen Bundes der Privatangestellten
1968–1980	Obmann der Pensionsversicherungsanstalt der Angestellten
1971–1980	Mitglied des Präsidialausschusses des Hauptverbandes der Sozialversicherungsträger
1977–1983	Präsident des ARBÖ

Heinrich Drimmel

von
Anton Staudinger

Geprägt durch seine Erziehung in einer Familie praktizierender Katholiken, die nach der Jahrhundertwende aus Sooss in der niederösterreichischen Thermenregion nach Wien übersiedelt war und in finanziell äußerst bescheidenem Rahmen (Vater Polizist, Mutter Hausbesorgerin), aber in engem familiärem Zusammenhalt lebte, setzte Heinrich Drimmel seine früh gefestigte konservative Grundeinstellung noch während seiner Mittelschulzeit (1922–1930) in politische Aktivitäten um (wie es damals in allen politischen Lagern fast die Regel war). Er engagierte sich nicht nur in einer katholischen Mittelschülerverbindung, sondern exerzierte bereits als Siebzehnjähriger in den Reihen der Wiener Heimwehr.

Weitere Ausformung erfuhr Drimmels politisches („antimarxistisches" und „antiliberalistisches") Weltbild in der Studienzeit 1930 bis 1936 an der Universität Wien. Er wurde in die Deutsche Studentenverbindung „Nordgau" aufgenommen, eine österreichische Cartellverbindung (ÖCV), die jenen katholischen Jugend- und Intellektuellen-Organisationen zuzuzählen ist, die Anfang der 30er Jahre im Volksdeutschen Arbeitskreis österreichischer Katholiken lose zusammengefaßt waren. Sie traten für eine „ständisch"-antiparlamentarische und deutschvölkische (auch antisemitische) Gestaltung der Politik ein sowie im Rahmen einer katholischen Reichsideologie für die Einbeziehung Österreichs in eine „gesamtdeutsche" Staatlichkeit und wandten sich vorrangig gegen jene als „altmodisch" und „verbraucht" eingeschätzten Christlichsozialen, die sich von der parlamentarisch-demokratischen Praxis (zumindest bis 1933) nicht trennen wollten.

Als Nachfolger und auf Empfehlung von Josef Klaus (der aus demselben katholisch-intellektuellen Milieu stammte) fungierte Drimmel 1933 als Vorsitzender der Katholischen Hochschülerschaft an der Universität Wien, bis er 1934 zum „Sachwalter der Hochschülerschaft" vorerst für die Universität Wien, dann für alle österreichischen Hochschulen ernannt wurde. Die Lösung der dabei vorrangig gestellten Aufgaben, nämlich jene 1932/33 insbesondere an der Universität Wien gehäuft aufgetretenen Schlägereien zwischen katholischen und nationalsozialistischen Studenten in Hinkunft zu verhindern und mittels der von der Unterrichtsverwaltung eingesetzten, nach dem „Führerprinzip" gestalteten „Sachwalterschaft", etikettiert als studentische „Selbst"-Verwaltung, einen ungestörten Universitätsbetrieb zu sichern, gelang nicht zuletzt wegen der auf freundschaftliche Beziehungen zu nationalsozialistischen Studenten bauenden Vermittlungstätigkeit Drimmels.

Nach dem „Anschluß" 1938 vermochten solche Kontakte auch, eine sicherheitspolizeiliche Verfolgung durch das nationalsozialistische Regime zu verhindern, bzw. ermöglichten sie Drimmel (nach Entfernung aus dem Unterrichtsministerium) eine Erwerbstätigkeit im Rahmen der deutschen Finanzverwaltung. Nach Krieg und Gefangenschaft arbeitete Drimmel ab 1946, unmittelbar nach seiner Heimkehr, wieder als Beamter, nunmehr in der Hochschulsektion des Unterrichtsministeriums, das unter ÖVP-Führung – unbehindert von der SPÖ – bei der Rekonstruktion österreichischer Kulturpolitik an Traditionen des Systems der Diktatur in Österreich (1934–1938) anknüpfte.

Im Rahmen der Reorganisierung katholischer Vereinstätigkeit nach 1945 (die sich um einen Abbau der Spannungen zwischen Katholischer Aktion und ÖCV bemühte) war Drimmel insbesondere an der Reaktivierung des ÖCV führend beteiligt, der schon zwischen 1934 und 1938 vermehrt Einfluß auf Bereiche öffentlicher Verwaltung hatte gewinnen können. In Gesamtwertschätzung dieser Organisierungs- und der Beamten-Aktivitäten wurde offenbar der Minister-Vorgesetzte (und ÖCV-Mitglied) Felix Hurdes auf Drimmel aufmerksam gemacht und berief diesen 1947 als seinen Minister-Sekretär. Nach dem Ausscheiden von Hurdes aus der Regierung kehrte Drimmel 1952 in die Hochschulsektion zurück, deren Leitung ihm übertragen wurde.

Nach der Resignation Ernst Kolbs als Unterrichtsminister im Oktober 1954 machte Bundeskanzler (und ÖCV-Mitglied) Julius Raab den Ministerialbeamten Drimmel, der keine parteipolitische Funktion ausgeübt, eine solche auch nicht angestrebt hatte und (damals) keiner Partei angehörte, gegen erhebliche Widerstände im Nationalratsklub der ÖVP zum Unterrichtsminister. Ein kurz zuvor von Drimmel erreichtes Verhandlungsergebnis dürfte dafür mitentscheidend gewesen sein: Nachdem ein Konflikt um die Dotierung der Hochschulen bzw. um die Studiengebühren zwischen Studentenvertretern und Kolb zu studentischen Protestkundgebungen geführt hatte, war es Drimmel gelungen, die Situation durch (von Raab tolerierte) budgetäre Verbesserungszusagen zu entspannen.

Für Drimmel galt es nun, im Bedingungsrahmen der großkoalitionären Regierungspolitik, die vorrangig auf wirtschaftliche und soziale Modernisierung zielte, eine Vergrößerung der Budgetmittel für die Hauptaufgabenbereiche des Unterrichtsressorts (Bildung, Kunst, Sport) zu erreichen. Weiters waren noch die in der Ersten Republik strittig gebliebenen Probleme im Verhältnis zwischen Staat und Katholischer Kirche zu lösen sowie damit in Zusammenhang stehende, wichtige Schulfragen mit der in diesem Bereich bis dahin oppositionell gebliebenen SPÖ zu klären.

Zur besseren Absicherung innerhalb der ÖVP wurde Drimmel nach Aufforderung Raabs (am 15. 5. 1955, wohl auch mit dem Nachdruck der Aura der Staatsvertragsunterzeichnung) durch Beitritt zum ÖAAB Parteimitglied. Drimmel nahm in der Folge dann auch Parteiarbeit auf sich, etwa als Redner in Wahlkampagnen. Aber wenn er auch als Mitglied der Bundesregierung (später der Wiener Landesregierung) verschiedenen beschlußfassenden Gremien der Gesamtpartei und des ÖAAB auf Bundes-, Landes- und Bezirksebene angehörte, so beteiligte er sich doch nur geringfügig an der Arbeit in diesen Parteigremien, übernahm in der ÖVP auch keine Parteifunktion und entzog sich so jeglicher organisatorischer Aktivität in der ÖVP. Innerhalb der Partei und deren Umfeld wollte und konnte Drimmel meist in der Form inhaltlich anspruchsvoller Vorträge ein traditionell-katholisch geprägtes und kulturell eher konservativ orientiertes Intellektuellenpublikum gewinnen, das zwar zahlenmäßig nicht allzu groß, aber mit Multiplikator-Wirksamkeit ausgestattet war. Trotz solcher kommunikativer Erfolge bemaß sich die Möglichkeit seiner Einflußnahme auf die Gesamtpartei und deren Unterstützung für seine politischen Vorstellungen aber weniger an seiner doch eher geringen Integration innerhalb der Partei als vorwiegend an den Erfolgen seiner von ihm selbst als Hauptaufgabe angesehenen kulturpolitischen Tätigkeit als Unterrichtsminister.

Hier konnte Drimmel – begünstigt sicherlich durch die wirtschaftliche Entwicklung – eine ständige, wenn auch vielfach nicht als ausreichend empfundene Erweiterung der finanziellen Mittel innerhalb des Staatshaushaltes erreichen, Mittel, die im Bildungswesen für Neubautätigkeit, institutionelle und personelle Erweiterungen hauptsächlich im Bereich der Mittelschulen und Hochschulen eingesetzt wurden. In diesem Zusammenhang müssen auch die von Drimmel forcierten Gründungen der Universität Salzburg (1962), der Hochschule für Sozial- und Wirtschaftswissenschaften Linz (1962), der Akademie für Musik und darstellende Kunst in Graz (1962) sowie die Übernahme des Mozarteums in Salzburg (1960) durch den Bund genannt werden.

So wie wissenschaftliche Gesellschaften kamen auch eine große Anzahl anderer kultureller, insbesondere künstlerischer, Institutionen und Organisationen in der Bundeshauptstadt Wien – während der Ministerschaft Drimmels vermehrt auch in den Bundesländern – in den Genuß größerer staatlicher Geldzuwendungen. Das gleiche gilt für den Museumsbereich; 1962 wurde z. B. das Museum des 20. Jahrhunderts eröffnet.

Ebenso erfuhren die kulturellen Auslandsbeziehungen – zur Vermittlung eines den Auffassungen des Unterrichtsministers adäquaten Österreichbildes – wesentliche Ausweitung. Die bestehenden Kulturinstitute in Rom, Paris und London wurden besser ausgestattet, neu gegründet wurden Institute in New York, Teheran, Kairo, Istanbul und Warschau.

Als zuständiger Ressortminister für Kultus-(Religions-)Fragen war Drimmel an der Lösung strittiger Vermögens- und Schul-Fragen zwischen der Katholischen Kirche und der österreichischen Regierung bestimmend beteiligt; Differenzen, die sich aus der unterschiedlichen Interpretation der Gültigkeit des Konkordates von 1934 für die Zweite Republik durch SPÖ und ÖVP bzw. Katholischer Kirche ergeben hatten und die bis in die Mitte der 50er Jahre innerhalb der Koalition unlösbar erschienen. Gefördert sicherlich durch eine diesbezügliche Neuorientierung der SPÖ, aber auch durch die Haltung der österreichischen Amtskirche, gelang es Drimmel, auch den Vatikan für die Kompromißlösung von 1960 zu gewinnen: eine Neuregelung der Vermögensfragen ohne Aufhebung des Konkordates der Dollfuß-Regierung.

In diesem, eben auch von Drimmel wesentlich mitgestalteten Kompromißklima gelang 1962 auch die (seit 1920 anstehende) verfassungsrechtliche Verankerung des Schulwesens (als rechtliche Festschreibung des seit 1945 erreichten Entwicklungsstandes, inklusive auch der Einflußnahme der politischen Parteien auf Personalfragen im Schulbereich) sowie der schulgesetzliche Ausgleich mit der Katholischen Kirche bezüglich Religionsunterricht und staatlicher Mitfinanzierung der konfessionellen Schulen.

Wohl nicht zuletzt wegen seiner ministeriellen Erfolge und seinem Ruf als katholischer Intellektueller, der konservative Grundsätze nicht als Beharrung gegen jegliche Modernisierung der Gesellschaft verstand, sondern sie für den unübersehbaren sozialen Wandel zu adaptieren versuchte, war Drimmel in einer Phase sich verringernden politischen Erfolges der ÖVP (Nationalratswahlen 1959) 1960 zum Vorsitzenden der Programmkommission der ÖVP gewählt worden. Die in der Folge auch außerhalb dieser Kommission von Drimmel geführten Diskussionen, v. a. auch mit seinen, bald als „Reformer" bezeichneten Opponenten innerhalb der Partei (Josef Klaus, Hermann Withalm u. a.), führten jedoch entgegen Drimmels Absichten nicht zu einem programmatisch grundsätzlichen Manifest und schon gar nicht (zumindest vorerst) zu einem – seit 1945 fehlenden – echten Grundsatzprogramm der ÖVP, sondern mit Blick auf die Nationalratswahlen 1962 lediglich zu einer Wahlplattform, die der ÖVP ein modernes Image verleihen sollte.

Drimmel, der sich im Unterrichtsministerium auf eine auch bezüglich der Inhalte loyale Beamtenschaft stützen konnte und daher die Politik seines Ressorts ohne hausinterne Auseinandersetzungen weitestgehend bestimmen und im wesentlichen auch gegenüber der SPÖ in der Regierung durchsetzen konnte, geriet innerhalb der ÖVP zunehmend zum Repräsentanten eines traditionellen „Weltanschauungs"-Konservativismus, in Abgrenzung gegen einen sich formierenden modernistischen „technokratischen" Konservativismus. Als Befürworter einer Weiterführung der ÖVP-SPÖ-Koalition und Gegner einer Ausbootung der SPÖ aus der Regierung (auch durch eine projizierte ÖVP-FPÖ-Koalition) kandidierte Drimmel auf dem Bundesparteitag 1963 in Klagenfurt als Bundesparteiobmann der ÖVP gegen Josef Klaus und verlor deutlich.

Drimmel gehörte der Regierung Klaus 1964 dann auch nicht mehr an und wechselte im selben Jahr als Abgeordneter, Geschäftsführender Stadtrat (für baubehördliche und technische Angelegenheiten) und Vizebürgermeister in den Wiener Landtag. Nach dem ÖVP-Mißerfolg bei den Landtags- und Gemeinderatswahlen trat er 1969 als Stadtrat und Vizebürgermeister zurück, fungierte aber bis 1972 weiter als Abgeordneter. 1969 bis 1972 als Leiter der Abteilung „Geistige Landesverteidigung" wieder im Unterrichtsministerium tätig, sah sich Drimmel mit einer breiten, weit in den katholischen Intellektuellen- und Jugend-Bereich hinein wirkenden Anti-Bundesheer-Kampagne konfrontiert und ließ sich – wohl weitgehend resigniert – zum frühest möglichen Zeitpunkt pensionieren.

Unterrichtsminister Dr. Heinrich Drimmel (links), 1961, Eröffnung des WAC-Platzes

Die Reichweite der Kulturpolitik Drimmels freilich kann nicht überschätzt werden: Wenn auch viele der Regelungen, die seine Handschrift trugen, in der Öffentlichkeit als „Reformen" figurieren, so sind sie doch eher als Ergebnis einer Politik einzuschätzen, die den Status quo zwar nicht rückgängig machen konnte, aber vom eigenen, in Drimmels Falle traditionell-katholisch fundierten konservativen Standpunkt aus, so viel wie möglich zu retten versuchte. Das konnte z. B. im Bereich der Hochschulen durchaus die Etablierung (durch Institutionalisierung) neuer Disziplinen bedeuten, gleichzeitig aber durch Einflußnahme auf die personelle Besetzung wichtiger Funktionen auch eine Verhinderung (oder Verminderung) von als potentiell subversiv geltenden, wirklichen

Neuorientierungen verfolgen, etwa in den Gesellschaftswissenschaften. Drimmels Personalpolitik zeigte auch wenig Scheu, Personen zu fördern, die ihre katholisch-völkische Prägung aus „Ständestaat“ und Nationalsozialismus mitbrachten. Insgesamt konnten durch Drimmels Kulturpolitik vorerst zwar Veränderungstendenzen gebunden werden, die aber einige Jahre später umso heftiger nach Verwirklichung drängten.

In diesem Sinne ist auch die von Drimmel bevorzugte Einbindung der SPÖ in die Regierungsverantwortlichkeit mit der (damals dominierenden) ÖVP einzuschätzen. Nichts vom Sozialismus – wofür immer dieser Begriff gestanden haben mag – wurde von Drimmel je akzeptiert, von ihm ganz im Gegenteil stets als drohende Gefahr (für Österreich und das „Abendland“) angesehen und unmißverständlich abgelehnt. In gemeinsamer Regierungsverantwortung ließen sich nach Drimmels Ansicht Gefahren bannen, was verhandlungstechnisch für Drimmel hieß, von den eigenen gefestigten Positionen nicht wirklich abzugehen, aber vom politischen Gegner auch nicht völlig Unzumutbares zu verlangen.

Entsprechend scheinen auch persönliche Beziehungen Drimmels zu SPÖ-Politikern beschaffen gewesen zu sein. Mit Bruno Pittermann z.B. verband ihn eine ungehemmte Fußballbegeisterung, trennte ihn aber gleichzeitig auch eine fundamentale (Wiener) Fußball-Differenz: Pittermann war Austria-, Drimmel (in seiner Jugend selbst Fußballspieler und seit damals) Rapid-Anhänger. Nach einem Sieg der „eigenen“ Mannschaft im Stadtderby soll – so wird mündlich überliefert – jeweils der Anhänger der Verlierermannschaft per Nachtzustellung ein Telegramm vom Sieg-feiernden Kontrahenten mit Bekundungen der Genugtuung bekommen haben . . .

Im Rückblick auf die Erste Republik und die damals schwierige Lage für die Sportredakteure sozialdemokratischer Zeitungen, die ausführlicher über Spiele der (Amateur-) Arbeiter-Fußballvereine berichten mußten als über die Berufs-Vereine, sich aber mehr z.B. für den ehemaligen Arbeitersportklub und nunmehr „kapitalistischen“ Verein Rapid interessierten, dessen Anhänger großteils ebenfalls sozialdemokratisch orientierte Arbeiter waren, machte Drimmel eine „ideologisch durchlässige Stelle“ aus, wo er – Fußball-bezogen – auch sich selbst ansiedeln konnte: „Diese gesinnungslose Existenz war die tollste Libertinage, die ich mir angesichts mehr weltanschaulicher Fragen erlaubte“ (Drimmel 1975, 393).

Hier ist der unter Drimmels Verantwortung fallende Teilbereich Sport anzuführen, den er als Unterrichtsminister im Rahmen staatlicher Schul- und Bildungspolitik förderte. Darüber hinaus unterstützte er das gesamte Sportwesen in Österreich engagiert durch Subventionierungen. In diesem Sinne ist auch Drimmels maßgebliche Beteiligung an der Vergabe und Abhaltung der Olympischen Winterspiele 1964 in Innsbruck zu sehen. Jedoch scheiterten seine Bemühungen um die Bewerbung Wiens für die Sommerspiele 1972 insbesondere an der Opposition der (Länder-)ÖVP, die sich gegen eine staatliche Unterstützung aussprach.

Der Umgang mit dem politischen Gegner scheint Drimmel (aufgrund gefestigter Grundsätze) leichter gefallen zu sein als mit Opponenten im eigenen politischen Umfeld. Mehrfach wird nach dem Ausscheiden Drimmels aus der Politik in Zeitungsartikeln zu „runden“ Geburtstagen oder auch in Nachrufen „Verletzlichkeit“ (oder „Dünnhäutigkeit“ im Kontrast zu Drimmels körperlich massiger Erscheinung) konstatiert, vor allem in bezug auf Kritik aus den eigenen Reihen. So scheinen auch mehr oder weniger öffentlich geäußerte Rücktrittsabsichten mehr von Konflikten aus dem Bereich der ÖVP provoziert worden zu sein als von seiten des deklarierten politischen Gegners. So hatte Drimmel schon 1955 anläßlich der Frage, mit welchem Stück das Burgtheater eröffnet werden sollte, weniger auf die Parteinahme aus SPÖ-Kreisen für Goethes Freiheitsdrama „Egmont“ anstelle des patriotisch instrumentalisierbaren Grillparzer-

Stücks „König Ottokars Glück und Ende" mit Rücktritt gedroht, sondern erst dann, als auch aus dem Umkreis der ÖVP dieses Stück für die Eröffnungspremiere in Frage gestellt wurde. Genauso 1962, als Drimmel in seinen programmatischen Bemühungen für die ÖVP ohne Erfolg geblieben war und deshalb an Rückzug aus der Politik dachte.

Nach seiner Pensionierung jedenfalls präsentierte sich Drimmel nachdrücklich über eine erstaunlich hohe Anzahl von Buch-Publikationen. Schon seine interessanten Memoiren, mehr noch aber seine historischen Bemühungen – insbesondere zur Geschichte der Habsburgermonarchie (im 19. Jhdt.) und der Ersten Republik – lassen im Umgang mit der Vergangenheit eine Tradierung ideologischer Positionen erkennen, die sich Drimmel vor 1938 angeeignet hatte. Durch publizistische Tätigkeit in Zeitschriften wie z.B. in der am rechten Rand des Medienspektrums anzusiedelnden *Neuen Ordnung* wurde Drimmel auch in Zusammenhang mit Bestrebungen (um den steirischen Ärztekammer-Präsidenten Piaty) zur Gründung einer rechts-konservativen Partei als Alternative zur ÖVP gebracht.

Literatur- und Quellenverzeichnis

Drimmel, Heinrich (1965). 10 Reden wider den Geist, Wien.

Drimmel, Heinrich (1975^3). Die Häuser meines Lebens, Wien.

Drimmel, Heinrich (1976). Gott erhalte, Wien.

Drimmel, Heinrich (1977). Gott mit uns. Das Ende einer Epoche, Wien.

Drimmel, Heinrich (1979). Gott sei uns gnädig, Wien.

Drimmel, Heinrich (1984). Die Antipoden, Wien.

Drimmel, Heinrich (1985). Österreich 1918–1938, Bd. 1: Vom Umsturz zum Bürgerkrieg, Wien.

Drimmel, Heinrich (1986). Österreich 1918–1938, Bd. 2: Vom Justizpalastbrand zum Februaraufstand, Wien.

Drimmel, Heinrich (1987). Österreich 1918–1938, Bd. 3: Vom Kanzlermord zum Anschluß, Wien.

Drimmel, Heinrich (1989). Vom Anschluß zum Krieg, Wien.

Für Recherche-Unterstützung dankt der Autor dem Österreichischen Biographischen Lexikon (Österreichische Akademie der Wissenschaften), der Dokumentation der ÖVP sowie dessen Nationalratsklub; weiters E. Deutsch-Schreiner, M. Gaunersdorfer, W. Maderthaner und W. C. Müller.

Lebensdaten

1912	am 16. 1. in Wien geboren
1923–1930	Absolvierung der Bundesrealschule Wien VI.
1928	Aufnahme in die katholische Mittelschülerverbindung „Austro-Germania"
1929	Eintritt in die Wiener Heimwehr
1930–1931	Realschulabsolventenkurs an der Universität Wien
1930	Eintritt in die Deutsche katholische Studentenverbindung „Nordgau"
1931–1936	Jusstudium, Universität Wien (Promotion zum Dr. iur. 3. 2. 1936)
1933	Vorsitzender der Katholischen deutschen Hochschülerschaft an der Universität Wien
1941–1945	(nach Einberufung 1940) Kriegsdienst in der Deutschen Wehrmacht (Sowjetunion, Frankreich, Italien; zuletzt als Infanterie-Unteroffizier)
1945–1946	amerikanische Kriegsgefangenschaft
1955	Eintritt in die Österreichische Volkspartei
1972	Pensionierung
1991	am 2. 11. in Wien gestorben

Berufliche Karrierestationen

1936–1937	Dienst bei der Finanz-Landesdirektion Wien
1937–1938	Bundesministerium für Unterricht (Kultusamt)
1938–1941	Rückversetzung in den Finanzdienst (Berlin, Thüringen, Wien)
1946–1947	Beamter in der Hochschulsektion des BMfU
1947–1952	Sekretär des Unterrichtsministers Dr. Felix Hurdes
1952–1954	Leiter der Hochschulsektion im BMfU
1969–1971	Leiter der Abteilung „Geistige Landesverteidigung" im BMfU

Staatliche Funktionen

1954–1964	Bundesminister für Unterricht
1964–1969	Amtsführender Stadtrat und Vizebürgermeister von Wien
1964–1972	Abgeordneter zum Landtag/Gemeinderat der Stadt Wien

Parteipolitisches Amt

1964–1969	Mitglied des Bundesparteivorstandes der ÖVP

Weiteres politisches Amt

1934–1937	Sachwalter der österreichischen Hochschülerschaft

Weitere Funktionen

1946–1948	Kassenwart des Österreichischen Cartell-Verbandes
1948–1952	Vorsitzender des ÖCV-Beirates
1955–1967	Präsident des „Österreichischen olympischen Comitées"

Leopold Figl

von
Robert Kriechbaumer

Leopold Figl wurde am 2. Oktober 1902 in Rust im Tullnerfeld als drittes von insgesamt neun Kindern in das katholisch-konservativ-christlichsoziale Milieu geboren. Dieses repräsentierte eine breit gefächerte Milieukoalition aus konservativem Adel, kirchlicher Hierarchie, erheblichen Teilen des Klein- und Mittelbürgertums, des Großteils der Bauernschaft sowie der christlichen Arbeiterschaft. Im weitgehend agrarischen Niederösterreich dominierte das Bauerntum, das sich 1906 im Niederösterreichischen Bauernbund organisierte und die Landespolitik sowie die Interessenpolitik auf gesamtstaatlicher Ebene weitgehend bestimmte. Die primäre Sozialisation Figls erfolgte in diesem katholisch-bäuerlichen Milieu, in dem die Mutter – der Vater war früh verstorben – die Rolle der zentralen Bezugsperson innehatte.

Ein Jahr nach dem Tod seines Vaters verließ Figl das bäuerliche Milieu seines Geburtsortes und wechselte durch den Besuch des Gymnasiums in St. Pölten in das katholisch-christlichsoziale der Märkte und Städte, ohne jedoch die Prägung seiner primären Sozialisation jemals abzulegen. Hier erlebte er das Trauma des Untergangs der Donaumonarchie und wurde von der Tat des damals 27jährigen Oberleutnants Julius Raab tief beeindruckt, der eine Pionierkompanie in völliger Ordnung von der Piave-Front zurückgeführt hatte und sie hier in Sicherheit und Ordnung abrüsten ließ. Aus der Begegnung Figls mit Raab entstand eine tiefe Freundschaft, in der der jüngere Figl, über alle auftretenden Spannungen hinweg, eine tiefe Zuneigung gegenüber dem legendären „Julius" bewahrte, die stets auch Respekt beinhaltete.

Gemeinsam mit Raab gründete er im Mai 1919 die katholische Mittelschulverbindung „Nibelungia". Die Pennalien bildeten das wichtigste Rekrutierungsreservoir des CV, der wichtigsten Organisation der Studierenden des christlichsozialen Lagers. Der CV bot seinen Mitgliedern aus dem bäuerlichen und kleinstädtischen Milieu im großstädtischen Umfeld Geborgenheit und durch den bewußt gepflegten Korpsgeist korporative Identität. Figl wurde während seines Studiums an der Hochschule für Bodenkultur Mitglied der „Norica", der auch Dr. Franz Hemala, einer der prominentesten Vertreter der christlichen Arbeiterschaft, angehörte. Hemalas Tochter Hilde wurde 1930 die Frau Figls, ihr Trauzeuge war Leopold Kunschak.

Zu Jahresbeginn 1930 hatte Figl sein Studium abgeschlossen. Bereits während des Studiums war er 1927 Sekretär des Niederösterreichischen Bauernbundes geworden, nachdem er 1926 durch eine Rede anläßlich dessen 20jährigen Bestehens als Vertreter der Studentenschaft Aufsehen erregt hatte. Er erhielt die Protektion des damaligen Sekretärs und späteren Direktors der Niederösterreichischen Landwirtschaftskammer Engelbert Dollfuß, des Direktors des Niederösterreichischen Bauernbundes Josef Sturm, des Reichsbauernbundobmanns Josef Stöckler und des Obmanns des Niederösterreichischen Bauernbundes Josef Reither. Bereits 1931 avancierte er zum stellvertretenden und 1933 zum Direktor des Niederösterreichischen Bauernbundes, nachdem der Priester Josef Sturm aufgrund des Beschlusses der Österreichischen Bischofskonferenz über den Rückzug der Kirche aus der Politik diese Position geräumt hatte. 1937 erreichte seine Karriere mit der Wahl zum Reichsbauernbunddirektor ihren Höhepunkt im nunmehr ständestaatlichen Österreich, dessen Bundeswirtschaftsrat er als Bauernvertreter zwischen 1934 und 1938 angehörte.

Die Feindbilder der Lager der Ersten Republik prägten auch das Politikverständnis Figls. Die scheinbare stabile Bipolarität dieser Bilder wurde jedoch seit den frühen dreißiger Jahren durch den Nationalsozialismus folgenschwer erschüttert und in eine Tripolarität verwandelt. Die NSDAP marginalisierte die Großdeutsche Volkspartei sowie den Landbund und konnte bei der Niederösterreichischen Landtagswahl 1932 rund 110.000 Stimmen sowie 8 Mandate erringen. Die anhaltende Wirtschafts- und Agrarkrise ließ jedoch auch zunehmend Arbeiter und Bauern zur NSDAP abwandern. So vermochte sie bei der Landwirtschaftskammerwahl 1932 auf Anhieb 8.441 Stimmen zu erreichen und wurde damit zur drittstärksten Gruppierung. Der Niederösterreichische Bauernbund, vor allem aber dessen Spitzenrepräsentanten, sahen sich einer neuen Herausforderung gegenüber, die besonders Bauernbunddirektor Leopold Figl mit großem Engagement annahm. Er versuchte durch seine Präsenz bei zahlreichen Veranstaltungen, deren größte am 2. Februar 1934 in Wien mit rund 110.000 Teilnehmern stattfand, den Regierungen Dollfuß und Schuschnigg den Rücken zu stärken.

Als Exponent des ständestaatlichen Systems wurde Figl am 12. März 1938 verhaftet und in das Wiener Polizeigefängnis in der Roßauer Lände gebracht, von wo er am 1. April mit rund 150 weiteren prominenten Gegnern des Nationalsozialismus nach Dachau transportiert wurde.

In Dachau erhielt Figl die Nr. 13.897 und als erster österreichischer Häftling die grausame Strafe des sogenannten „Bocks", bei dem der zu Bestrafende über ein tischähnliches Holzgestell gefesselt und mit Ochsenziemern geschlagen wurde. Anschließend kam er in den berüchtigten Bunker zur Verbüßung einer Einzelhaft. In Fortsetzung dieser Torturen wurde Figl sechs Monate in den Straf- und Isolierblock verlegt, den er völlig entkräftet verließ. Dieses Strafritual hatte er nur deshalb über sich ergehen lassen müssen, weil er in einem Gespräch mit dem ebenfalls inhaftierten Heimwehrführer Josef Seeger das Wort „Österreich" verwendet hatte, das aus dem nationalsozialistischen Wortschatz gestrichen worden war.

Das Überleben des von den Haftbedingungen völlig geschwächten Figl wurde zunächst nur durch den Umstand ermöglicht, daß er über Vermittlung von Freunden in die expandierende Bauabteilung des Lagers kam, wobei der bloße Titel eines „Dipl-Ing." eine erhebliche Rolle spielte. Daß Figl Agraringenieur und nicht Techniker war, dürfte dabei der SS entgangen sein. Trotz seiner Unterkunft in der Bauplanung erkrankte Figl neuerlich an Typhus und konnte nur durch die rührende Fürsorge seiner Mithäftlinge gerettet werden.

Seine Briefe aus Dachau sind ein erschütterndes Beispiel menschlicher Größe und Standhaftigkeit, wenngleich in ihnen – aus verständlichen Gründen – keinerlei Andeutung über die zahlreichen politischen Gespräche im Österreicher-Block enthalten sind, die vor allem um die Gründung einer neuen bürgerlichen Integrationspartei sowie die Aufarbeitung der Tragödie des Februar 1934 kreisten.

Die Bemühungen Hilde Figls um die Freilassung ihres Mannes waren am 8. Mai 1943 endlich erfolgreich. Der nationalsozialistische Gaubauernbundführer Anton Reinthaller bot dem populären ehemaligen Bauernbunddirektor nach dessen Haftentlassung einen Posten in der Gaubauernschaft an, den Figl jedoch nicht anzunehmen bereit war. Da er aber andererseits dringend Arbeit brauchte, wandte er sich an seinen Freund Raab um

Hilfe, der nur dank seiner persönlichen Bekanntschaft mit Gauleiter Dr. Hugo Jury einer Verhaftung im März 1938 entgangen war und, da ihm der weitere Aufenthalt in St. Pölten verwehrt worden war, nunmehr bei der Baufirma Kohlmayer arbeitete, die im Zistersdorfer Erdölgebiet Straßen baute. Raab gelang die Einstellung seines Freundes als Straßenbauingenieur. Als solchem stand Figl ein Dienstwagen zur Verfügung, um die im ganzen Bundesland verstreuten Baustellen besuchen zu können. Unmittelbar nach seiner Haftentlassung war Figls ehemaliger Mithäftling Felix Hurdes an ihn herangetreten und informierte ihn über die bereits weit gediehenen illegalen Vorbereitungen zur Gründung einer neuen bürgerlichen Integrationspartei, die sich neben der christlichen Arbeiterschaft auf die Gewerbetreibenden sowie die Bauernschaft erstrecken sollte. Ansprechpartner für die Gewinnung der Bauernschaft war Figl, der bei seinen zahlreichen Fahrten durch Niederösterreich vor dem Hintergrund der geänderten militärischen Lage sowie zunehmenden Widerstandes gegen den Nationalsozialismus die Kontakte zu zahlreichen ehemaligen Bauernbundfunktionären wiederherstellte und schließlich am 4. Mai 1944 im Weinkeller des ehemaligen niederösterreichischen Landeshauptmanns Josef Reither zusammen mit Josef Kraus und Edmund Weber den Bauernbund neu gründete.

Dabei wurden zwei für die Geschichte der Zweiten Republik bedeutsame Beschlüsse gefaßt: Die Ausdehnung des Bauernbundes auf das gesamte Bundesgebiet und gleichzeitig sollte die Aufsplitterung der Bauernschaft auf zwei Parteien, wie dies in der Ersten Republik der Fall gewesen war, vermieden werden. Tatsächlich gelang Figl die Integration des ehemaligen Landbundes nach ausführlichen Gesprächen mit Vinzenz Schumy. Der Bauernbund sollte schließlich in die neue Sammelpartei integriert werden.

Dieser Besprechung im Weinkeller Reithers folgte wenige Tage später eine weitere in der Wohnung Figls in der Kundmanngasse, an der neben dem Hausherrn Felix Hurdes, Lois Weinberger und Hans Pernter teilnahmen und bei der die Gründung der ÖVP finalisiert wurde. Das Gespräch im Weinkeller Reithers war von der Gestapo nicht unbemerkt geblieben, ist aber nicht der eigentliche Grund für die neuerliche Verhaftung Figls und Reithers im Oktober 1944. Im Zuge des gescheiterten Unternehmens der Opposition gegen Hitler wurden von der Gestapo auch Felix Hurdes und Lois Weinberger, die mit dem deutschen Widerstand um Goerdeler Verbindung hatten, festgenommen. In diese Kontakte waren Figl und Reither nicht involviert, doch erhärtete sich für die Gestapo im Laufe der Verhöre mit zahlreichen Verhafteten der Verdacht, daß Figl und Reither maßgeblich an konspirativen politischen Aktionen beteiligt waren, zumal sich der Name Reithers sogar auf einer Ministerliste Gordelers wiederfand.

Im Oktober 1944 wurde Figl neuerlich verhaftet und einen Monat später zu Verhören nach Mauthausen gebracht. Obwohl bei diesen Verhören keinerlei Informationen preisgegeben wurden, kamen die Gefangenen mit dem Vermerk „VG" (Volksgerichtshof) nach Wien zurück. Dies bedeutete das sichere Todesurteil. Lediglich das rasche Vordringen der Roten Armee in den Raum westlich von Wien ersparte einem erheblichen Teil der politischen Elite der unmittelbaren Gründergeneration der Zweiten Republik das sichere Todesurteil.

Figl verließ am 6. April 1945 das Landesgericht Wien und begab sich während der noch anhaltenden Kämpfe um die Stadt in den Keller seines Wohnhauses, wo ihn am 12. April sowjetische Offiziere im Namen der Roten Armee aufforderten, die Lebensmittelbeschaffung für die hungernde Bevölkerung Wiens zu organisieren sowie die Rekonstruktion der bäuerlichen Organisationen in die Hand zu nehmen. Seine politische Karriere in der Zweiten Republik hatte damit begonnen.

Kein Politiker in der Geschichte der Zweiten Republik bekleidete jemals so viele Spitzenpositionen gleichzeitig wie Leopold Figl 1945. Am 12. April wurde er Beauftragter für die Lebensmittelversorgung Wiens, am 17. April provisorischer Landeshauptmann von Niederösterreich und Obmann des Bauernbundes der am selben Tag gegründeten ÖVP, zehn Tage später Staatssekretär (ohne Portefeuille) in der provisorischen Regierung Renner – also Stellvertreter des Regierungschefs –, am 23. September Obmann der ÖVP und schließlich am 20. Dezember infolge des Wahlerfolges der ÖVP bei der Nationalratswahl vom 25. November Bundeskanzler.

Die Erklärung für diese Ämterkumulierung liegt in den außerordentlichen Umständen des Jahres 1945. Figl hatte sich bereits in den dreißiger Jahren als Organisator des Niederösterreichischen und des Reichsbauernbundes einen Namen gemacht und wurde deshalb von den Sowjets bewußt mit der Lebensmittelversorgung Wiens betraut. Daraus resultierte – gleichsam in logischer Folge – seine Betrauung mit der Funktion des provisorischen Landeshauptmanns von Niederösterreich, zumal der vielleicht prädestinierteste Kandidat, Josef Reither, sich noch im Konzentrationslager befand und erst am 20. Juli zurückkehrte. Figl hatte bereits am 12. April, unmittelbar nach seiner Beauftragung durch die Sowjets, das Haus des Bauernbundes in der Schenkenstraße in Besitz genommen und dort das Österreichische Amt für Landwirtschaft und Ernährung etabliert, den Vorläufer des späteren Staatsamts für Land- und Forstwirtschaft. Da sich Leopold Kunschak, der Ehrenobmann der ÖVP, in seiner politischen Tätigkeit auf Wien konzentrieren wollte und aufgrund seiner angegriffenen Gesundheit die Funktion eines stellvertretenden Regierungschefs in der Provisorischen Regierung Renner nicht wahrnehmen konnte, wurde Figl für diese Funktion nominiert.

Bundeskanzler Dipl.-Ing. Leopold Figl (rechts), 1952,
mit dem amerikanischen Außenminister Dean Acheson, Wien

Am 23. September ebnete ein weiterer gesundheitsbedingter Rückzug die Wahl Figls zum Bundesparteiobmann der ÖVP. Bei der Gründung der Partei am 17. April war der ehemalige Unterrichtsminister Hans Pernter Leopold Kunschak als geschäftsführender Parteiobmann beigegeben worden. Pernters Gesundheit war jedoch angegriffen. Zudem war er den aufwendigen und anstrengenden Aufgaben eines Parteiobmanns nicht gewachsen und konnte auf keinerlei parteiinterne Hausmacht zurückgreifen, weshalb er im Vorfeld der vierten Länderkonferenz der ÖVP in Salzburg am 23. September zurücktrat. Figl verfügte mit dem zu diesem Zeitpunkt bereits weitgehend reorganisierten Niederösterreichischen Bauernbund über die schlagkräftigste Teilorganisation und genoß zudem die massive Unterstützung Raabs. Seine Wahl zum Parteiobmann war die logische Konsequenz dieser Konstellation.

Die politischen Aktivitäten Figls 1945 vermitteln das Bild eines die Improvisation beherrschenden Organisators, eines zähen und durchaus couragierten Verhandlers vor allem mit der sowjetischen Besatzungsmacht, eines Politikers, der seine bereits weitgehend reorganisierte Hausmacht bewußt einsetzte und der – im Gegensatz zur Ersten Republik – durch die Erfahrung von gemeinsam erlittener Verfolgung zum Konsenspolitiker geworden war und dies bis zu seinem Tod zwanzig Jahre später bleiben sollte.

Die von Figl aufgrund des Wahlerfolges der ÖVP vom 25. November 1945 gebildete Regierung sah sich vor allem vier Problemen gegenüber:

- der Sicherung der Ernährung der Bevölkerung sowie der wirtschaftlichen Rekonstruktion des Landes
- der Beseitigung der Zonengrenzen
- der Sicherung des Staatsgebietes sowie dem Wunsch nach der Rückgewinnung Südtirols
- der Erlangung des Staatsvertrages.

Die Politik Figls 1945–1947 glich oftmals mehr glücklicher Improvisation als planvollem Handeln. Durch die darniederliegende Landwirtschaft sowie Requirierungen vor allem der sowjetischen Besatzungsmacht war eine ausreichende Ernährung der Bevölkerung nicht gewährleistet, sodaß die Regierung auf Lebensmittelspenden, vor allem die UNRRA-Lieferungen, zur Sicherung einer auch nur minimalen Ernährung der Bevölkerung angewiesen war.

Als die Sowjetunion am 27. Juni 1946 mit der Beschlagnahme des Deutschen Eigentums und der Gründung der USIA-Betriebe das Wirksamwerden der beiden Verstaatlichungsgesetze in ihrer Besatzungszone verhinderte, schien eine wirtschaftliche Rekonstruktion des Landes beinahe unmöglich. Da zudem der erhoffte Staatsvertrag im sich verschärfenden Klima des Kalten Krieges in weite Ferne gerückt schien, erreichte die allgemeine Stimmung einen Tiefpunkt, den die KPÖ im Mai 1947 durch Demonstrationen sowie durch Gesprächsangebote an Figl durch Ernst Fischer – bekanntgeworden als „Figl-Fischerei“ – für sich auszunutzen hoffte, um sich damit aus der politischen Bedeutungslosigkeit zu befreien.

In dieser Situation ergriff die Regierung Mitte 1947 das Angebot zur Teilnahme am Marshall-Plan wie einen rettenden Strohhalm. Trotz heftiger Polemik der KPÖ und der Sowjetunion entschied sich die Regierung Figl als einzige eines Landes, das zum Teil von der Sowjetunion besetzt war, zur Teilnahme am Marshall-Plan und wurde Gründungsmitglied der OEEC. Die im Folgejahr einsetzenden Lieferungen des Marshall-Plans sowie die ab 1947 in Form der Lohn-Preis-Abkommen sich anbahnende Sozialpartnerschaft sicherten die allmähliche wirtschaftliche Stabilisierung. Da gleichzeitig aufgrund des Bruchs Titos mit Stalin die sowjetische Unterstützung der jugoslawischen Gebietsansprüche gegenüber Österreich entfiel, konnte auch die Sicherung des Staatsgebietes als Erfolg verbucht werden. Kein Erfolg war hingegen den Bemühungen um die Rückgewinnung Südtirols sowie um den Abschluß eines Staatsvertrages beschieden. In beiden Fällen war Österreich ein Opfer des Kalten Krieges geworden.

Die Rekonstruktion der traditionellen politischen Lager mit der Gründung des VdU 1949 änderte die Rahmenbedingungen des innenpolitischen Handelns. Bei der Nationalratswahl verlor die ÖVP 8, die SPÖ 9 Mandate, konnte jedoch trotzdem die anschließenden Regierungsverhandlungen für sich entscheiden und das spätere „Imperium Waldbrunner" etablieren. Figl, der innerparteilich als Konsenspolitiker um fast jeden Preis galt, erntete nach der verlorenen Bundespräsidentenwahl 1951 zunehmend innerparteiliche Kritik. Hatten sich die Koalitionsparteien noch im Oktober 1950 geschlossen gegen die von den Kommunisten instrumentalisierten Streiks zur Wehr gesetzt, so existierten innerhalb der Koalition nur mühsam überdeckte Spannungen, die vor allem den einzuschlagenden wirtschaftspolitischen Kurs betrafen. Anfang 1952 ersetzte Reinhard Kamitz, der profilierteste Exponent der Sozialen Marktwirtschaft, Eugen Margaretha als Finanzminister. Mit seiner Nominierung positionierte sich die ÖVP auf einem stärker profilierten marktwirtschaftlichen Kurs gegenüber einer nach wie vor weitgehend planwirtschaftliche Elemente vertretenden SPÖ. Der Konflikt ließ nicht lange auf sich warten und führte am 22. Februar 1953 zu vorgezogenen Neuwahlen, bei denen die ÖVP von der SPÖ an Stimmen überholt wurde, jedoch aufgrund der Wahlarithmetik ein Mandat mehr erhielt.

Im Februar 1953 trat Julius Raab endgültig aus dem politischen Schatten. Die Ära Figl hatte eigentlich bereits zu Beginn der fünfziger Jahre geendet, als Raab 1951 geschäftsführender und 1952 definitiver Bundesparteiobmann der ÖVP geworden war. Zu diesem Zeitpunkt war er bereits die dominierende Persönlichkeit der ÖVP und der österreichischen Innenpolitik. In einem virtuosen politischen Verwirrspiel ließ er Figl im März 1953 an der Regierungsbildung scheitern, um ihn selber auch in der Funktion des Bundeskanzlers zu beerben. Raab hatte in dem innenpolitischen Poker um die Regierungsbildung sowie koalitionäre Machtpositionen Figl als „Bauernopfer" benutzt, ein Umstand, der Figl kränkte und für kurze Zeit seinem Intimfreund entfremdete.

Raab leitete unmittelbar nach seinem Amtsantritt eine vorsichtige Wende der österreichischen Außenpolitik durch eine Intensivierung bilateraler Gespräche mit Moskau ein, wo seiner Meinung nach der Schlüssel zum Staatsvertrag lag.

Außenminister Karl Gruber, der als amerikafreundlich galt, trug loyal diese Wende mit, unterließ jedoch bei seinen Sondierungen gegenüber Moskau die Information der USA, die zunehmend verärgert reagierten. Als im Herbst 1953 der unliebsam gewordene Außenminister seine Memoiren veröffentlichte, in denen er einige Indiskretionen über die Figl-Fischerei beging und zudem seine Rolle als Außenminister in der österreichischen Politik überbetonte, sah Raab den Anlaß gegeben, seinen zunehmend mit Mißtrauen betrachteten Außenminister durch Figl zu ersetzen. Die Ernennung Figls erfolgte jedoch auch aus anderen Gründen: Der ehemalige Bundeskanzler genoß bei allen Alliierten, vor allem aber bei den Sowjets, hohes Ansehen, war mit der Problematik vertraut und verzichtete in der Verfolgung der Außenpolitik weitgehend auf persönliche Profilierung. Und seine Ernennung beschwichtigte schließlich auch das schlechte Gewissen Raabs über die Ablöse seines Freundes als Bundeskanzler im Frühjahr 1953.

Wenngleich Figl keine Fremdsprachen beherrschte, so kannte er, wie kaum ein anderer, die russische Mentalität. Dies wurde nicht nur bei den Staatsvertragsverhandlungen in Moskau im April 1955 deutlich, sondern auch bei der Botschafterkonferenz im Mai in Wien, als er, zur Überraschung aller, am 14. Mai die Streichung jener Passage aus der Präambel des Staatsvertrages erreichte, in der von einer „gewissen Verantwortlichkeit" Österreichs am Zweiten Weltkrieg die Rede war. Und 1958 erreichte er in Moskau die Herabsetzung der vereinbarten Erdöllieferungen um 3,5 Millionen Tonnen.

1959 wurde die ÖVP neuerlich bei der Nationalratswahl von der SPÖ an Stimmen, nicht jedoch an Mandaten, überholt. Die siegreiche SPÖ forderte das Außenministerium für Bruno Kreisky. Figl wechselte vom Ballhausplatz auf den Stuhl des Ersten Nationalratspräsidenten. Das Ausscheiden Figls aus dem Außenministerium signalisierte auch das Ende der Ära Raab.

Von der Position des Ersten Nationalratspräsidenten wechselte Figl 1962 nach dem Tod Johann Steinböcks auf jene des niederösterreichischen Landeshauptmanns. Diese Position entsprach seinem Naturell und ließ einen Jugendtraum in Erfüllung gehen.

Sein Regierungsprogramm konzentrierte sich auf die Beseitigung der wirtschaftlichen Disparitäten zwischen Niederösterreich und den westlichen Bundesländern. Er forderte die Verteilung der Bundesmittel nach dem wirtschaftlichen Bedarf, um das wirtschaftliche West-Ost-Gefälle durch eine gezielte Regionalförderung auszugleichen. Obwohl Figl große Popularität genoß, war er innerparteilich keineswegs unumstritten. Sein innerparteilicher Konkurrent wurde der aus dem ÖAAB kommende Viktor Müllner, der als Finanzlandesrat die NEWAG und NIOGAS zunehmend für seine persönlichen Ambitionen instrumentalisierte, während der langjährige KZ-Kamerad und nunmehrige Innenminister Franz Olah durch seine umstrittene Personalpolitik im Bereich der niederösterreichischen Gendarmerie den erbitterten Widerstand Figls herausforderte.

Figl galt bis zu seinem Tod als Exponent der großen Koalition. So unterstützte er auf dem Klagenfurter Parteitag der ÖVP 1963 Heinrich Drimmel gegen Josef Klaus. Mit dem Sieg von Klaus mußte er, wohl widerwillig, zur Kenntnis nehmen, daß sich die Ablöse der Gründergeneration der Zweiten Republik vollzog. Raab war 1964 gestorben, Schärf 1965. In Unkenntnis seiner schweren Krankheit (Krebs) rechnete Figl mit seiner Nominierung zum Präsidentschaftskandidaten der ÖVP 1965. Der Parteivorstand entschied sich jedoch – in Kenntnis des Gesundheitszustandes Figls – für die Nominierung Gorbachs, dem man damit auch eine Wiedergutmachung zuteil werden lassen wollte.

Das Schicksal meinte es gut mit dem vom Tode gezeichneten Figl. Er durfte noch den Applaus der Delegierten auf dem Jubiläumsparteitag der ÖVP 1965 entgegennehmen und konnte noch einmal anläßlich der zwanzigsten Wiederkehr der Bildung der Provisorischen Regierung Renner am 27. April 1965 im Niederösterreichischen Landhaus öffentlich auftreten. Anschließend blieb er jedoch an sein Krankenbett in der Peter-Jordan-Straße gefesselt und starb am 9. Mai 1965. Er erhielt ein Staatsbegräbnis und wurde auf dem Wiener Zentralfriedhof in der Nähe Raabs und Kunschaks begraben, 24 Stunden vor den offiziellen Feierlichkeiten zum zehnjährigen Jubiläums des Staatsvertrages.

Figl hatte sich bereits zu Lebzeiten einen legendären Ruf erworben. Wurde Raab respektvoll „Der Julius“ genannt, eine Bezeichnung die auch dessen autokratische Züge tragendes Politikverständnis implizierte, so avancierte Figl liebevoll zum gesamtösterreichischen „Poldl“. In dieser volkstümlichen Bezeichnung verdichteten sich mehrere Stilelemente seiner Persönlichkeit sowie seines politischen Agierens: Volksverbundenheit und Leutseligkeit, hinter denen sich eine stets vorhandene Zielstrebigkeit verbarg, eine aus leidvollen persönlichen Erfahrungen internalisierte politische Konsensbereitschaft sowie eine Intellektualität und zweckrationales Handeln überdeckende Emotionalität.

Diese auf einem Bekenntnis zum Elitenkonsens basierende „Politik der Gefühle“ wurde zu Beginn der 60er Jahre zunehmend auch parteiinterner Kritik unterzogen. Josef Klaus bezeichnete sie als „Politik durch und mit dem Weinglas“, als für die Bewältigung politischer Probleme der modernen Konsumgesellschaft ungeeignet.

Der analysierende Historiker vermag aus der Perspektive der zeitlichen Distanz dieses Urteil insofern zu modifizieren, als diese „Politik der Gefühle“ eine, vielleicht die einzige, jedenfalls eine sehr erfolgreiche, Modalität von Politik war, die dieses Land – trotz ihrer Verankerung in traditionellen Formen – nicht nur in die Freiheit, sondern auch an die Schwelle zur Moderne zu führen vermochte.

Literatur- und Quellenverzeichnis

Seltenreich, Susanne (1962). Leopold Figl – Ein Österreicher, Wien.

Seltenreich, Susanne (o. J.). Leopold Figl. Dokumentation einer Erinnerung. 3 Bde, Rust.

Trost, Ernst (1980). Figl von Österreich, Graz.

Reichhold, Ludwig (1975). Geschichte der ÖVP, Graz.

Kraus, Therese (1983). Leopold Figl, in: Friedrich *Weissensteiner* / Erika *Weinzierl* (Hg.): Die österreichischen Bundeskanzler. Leben und Werk, Wien.

Kriechbaumer, Robert (1985). Von der Illegalität zur Legalität. Die ÖVP im Jahr 1945. Politische und geistesgeschichtliche Aspekte des Entstehens der Zweiten Republik, Wien.

Mantl, Wolfgang (1986). Leopold Figl, in: Staatslexikon der Görres-Gesellschaft, 7. Aufl., Bd. 2, Freiburg/Basel/Wien.

Lebensdaten

1902	am 2. 10. in Rust im Tullnerfeld geboren
1919	Gründung der MKV-Verbindung „Nibelungia" in St. Pölten gemeinsam mit Julius Raab
1930	Abschluß des Studiums an der Hochschule für Bodenkultur (Dipl.-Ing.)
1930	Heirat mit Hilde Hemala
1938	Verhaftung
1943	Entlassung aus dem KZ Dachau
1944	neuerliche Verhaftung
1945	Befreiung
1965	am 9. 5. in Wien gestorben

Berufliche Karrierestationen

1927	Sekretär des Niederösterreichischen Bauernbundes
1931	Stellvertretender Direktor des Niederösterreichischen Bauernbundes
1933	Direktor des Niederösterreichischen Bauernbundes
1937	Reichsbauernbunddirektor

Staatliche Funktionen

1934–1938	Mitglied des Bundeswirtschaftsrates
1945	Provisorischer Landeshauptmann von Niederösterreich Staatssekretär ohne Portefeuille der Provisorischen Regierung Renner
1945–1953	Bundeskanzler
1953–1959	Außenminister
1959–1962	Erster Nationalratspräsident
1962–1965	Landeshauptmann von Niederösterreich

Parteipolitische Ämter

1932–1938	Landesführer der Niederösterreichischen Sturmscharen
1945–1952	Bundesparteiobmann der ÖVP
1945–1947	Vizepräsident des Österreichischen Bauernbundes
1945–1959 und 1962–1965	Mitglied des ÖVP-Bundesparteivorstandes

Hertha Firnberg

von
Barbara Steininger

Am 18. 9. 1909 wurde Hertha Firnberg als ältestes von insgesamt vier Kindern in Wien geboren. Ab 1916 lebte die Familie in Korneuburg, 1919 übersiedelte sie nach Niederrußbach im niederösterreichischen Weinviertel, wo der Vater als Gemeindearzt tätig war. Die Mutter war vor ihrer Heirat als Beamtin, danach im Haushalt tätig gewesen. Nach Abschluß der Mittelschule in der Bundeserziehungsanstalt in der Kalvarienberggasse in Wien studierte Hertha Firnberg zunächst zwei Semester Jus an der Universität Wien, wechselte aber dann zu Sozial- und Wirtschaftsgeschichte. Der Grund für den Abbruch des Jus-Studiums war laut Firnberg eine öffentliche Absichtserklärung eines Universitätsprofessors, keine Frauen bei der Prüfung durchkommen zu lassen (*Die Zeit*, 5. 3. 1982). Etwa 1930 studierte sie ein Jahr lang an der Universität Freiburg in Deutschland, 1936 promovierte sie in Wien mit einer Dissertation über „Lohnarbeit und freie Lohnarbeit im Mittelalter und zu Beginn der Neuzeit". Vor dem Zweiten Weltkrieg war Hertha Firnberg zweimal verheiratet, beide Ehen wurden geschieden.

Ihrer politische Sozialisation begann 1926 mit dem Beitritt zu den Sozialistischen Mittelschülern. Gleich zu Beginn ihres Studiums 1928 schloß sie sich dem Verband Sozialistischer Studenten an und trat im gleichen Jahr der SDAP als Mitglied bei. Im Gegensatz zu ihren späteren Förderern Otto Probst, Bruno Kreisky und Rosa Jochmann war sie weder im „Ständestaat" noch unter dem NS-Regime illegal tätig.

Die berufliche Karriere Firnbergs begann während des Zweiten Weltkrieges in dem Modeverlag Wiener Weltmode, wo sie die Buchhaltung leitete. Von September 1945 bis Mai 1946 war sie Bilanzbuchhalterin bei der Städtischen Bestattung der Gemeinde Wien. Danach war sie als Assistentin und Bibliothekarin am Seminar für Wirtschafts- und Sozialgeschichte an der Universität Wien tätig und besuchte Statistik-Vorlesungen. In dieser Zeit wurde sie Mitglied im Bund Sozialistischer Akademiker (BSA). Ab 1948 war Firnberg Angestellte in der Kammer für Arbeiter und Angestellte für Niederösterreich, wo sie die Abteilung Statistik leitete und eine sozialwissenschaftlich orientierte Bibliothek aufbaute. In der Folge wurde sie vom Österreichischen Arbeiterkammertag als ordentliches Mitglied in die statistische Zentralkommission delegiert, weiters wurde sie Mitglied in verschiedenen Fachbeiräten.

Ausgangspunkt der politischen Karriere Firnbergs war die Arbeiterkammer für Niederösterreich, hier machte sie sich als Expertin für sozialpolitische Angelegenheiten einen Namen. 1959 kam Firnberg in den Bezirksparteivorstand der SPÖ Favoriten, wo der damalige Zentralsekretär der SPÖ, Otto Probst, Obmann der damals größten sozialistischen Bezirksorganisation war. Probst entdeckte das politische Talent Firnbergs und forcierte ihren Einzug in das Parlament. Seit 1959 war sie Mitglied des Bundesrates, vier Jahre später wurde sie Mitglied des Nationalrates für den Wahlkreis 5 (Wien-Südost). Auf parlamentarischem Boden profilierte sie sich als Sprecherin der sozialistischen

Fraktion in Bildungs-, Wissenschafts- und Forschungsangelegenheiten, als Sprecherin für Fragen der Rechtsreform sowie auch als zweiter Obmann im außenpolitischen Ausschuß und Mitglied des Justiz-, des Finanz- und des Unterrichtsausschusses, letzterer war bis 1971 auch für Wissenschaft und Forschung zuständig.

Innerhalb der SPÖ etablierte sich Firnberg im BSA (Bund Sozialistischer Akademiker), wo sie Vorsitzende der Arbeitsgemeinschaft Frauen im BSA und später Bundesvorstandsmitglied des BSA wurde. Innerparteilich wurde Firnbergs Position 1967 weiters gestärkt, als sie – „parteiintern überraschend" (*profil,* 9. 4. 1975) – als Nachfolgerin von Rosa Jochmann Vorsitzende des Bundes-Frauenkomitees der SPÖ wurde. Jochmann zählte ebenfalls zu den Förderern von Hertha Firnberg.

Der Ausgang der Nationalratswahlen vom 1. 3. 1970 deutete zunächst auf eine Koalition zwischen SPÖ und ÖVP hin. Nachdem die Koalitionsverhandlungen aber an der Ressortverteilung scheiterten, wurde im SPÖ-Vorstand die Bildung einer Minderheitsregierung beschlossen. Die Konstellation als „Alleinregierung" erwies sich in der Folge als günstige Voraussetzung für Änderungen der Ministerialstruktur. „Nachdem Bruno Kreisky Hertha Firnberg 1968/69 im Rahmen seiner Aktion der *1400 Fachleute* mit der Ausarbeitung eines Humanprogrammes betraut hatte, lag es nahe, daß Hertha Firnberg nach dem Wahlerfolg vom März 1970 ein Umwelt- und Gesundheitsressort übernehmen würde. Aber Kreisky überlegte es sich im letzten Moment anders: „‚Wenn wir ein eigenes Wissenschaftsressort gründen, dann muß an der Spitze jemand stehen, vor dem die Professoren ordentlich Respekt haben. Und das ist die Hertha', entschied Kreisky und übertrug ihr den Aufbau und die Leitung eines neu zu gründenden Ministeriums" (Heinz Fischer, in *Salzburger Nachrichten,* 16. 2. 1994).

Firnberg selbst sah ihre Situation bei der Ressortaufteilung 1970 folgendermaßen: „Ich hatte den festen Vorsatz, meinem emanzipatorischen Selbstverständnis entsprechend kein ‚Frauenministerium' zu übernehmen, weil bei der Übernahme einer Aufgabe – auch politischer Natur – nicht das Geschlecht, sondern die Person mit ihrer Eignung, Leistung und Neigung das entsprechende Moment sein müsse ... Mein Wunsch nach dem durch und durch ‚männlichen' Wissenschaftsministerium hat Verständnis beim Kanzler und dem Entscheidungsgremium gefunden und wurde erfüllt" (in Bock/Firnberg/Gredler 1985, 133f.).

Zunächst wurde Firnberg als Minister ohne Portefeuille in die Regierung berufen, da ihr Ressort erst durch eine Umstrukturierung der Kompetenzen – vornehmlich im Unterrichtsministerium – festgelegt werden mußte. Dieses Kompetenzgesetz war eine der ersten legistischen Maßnahmen der Minderheitsregierung Kreiskys und wurde – entsprechend dem „Pakt" zwischen dem damaligen FPÖ-Chef Friedrich Peter und Bundeskanzler Kreisky – mit den Stimmen der SPÖ und der FPÖ im Nationalrat angenommen. Die ÖVP sprach sich gegen diese Ressorterweiterung aus.

Als erste sozialistische Ministerin in der österreichischen Geschichte schritt Hertha Firnberg zur Tat. Ihr ideologischer Hintergrund war eine sozialistische Gesellschaftspolitik, die die Erreichung der Chancengleichheit für alle Schichten zum Ziel hatte. Sie wollte mit Veränderungen in der Bildungspolitik gesellschaftsrelevante Weichenstellungen durchsetzen. Am Parteitag der SPÖ 1972 meinte Firnberg: „Ich habe immer die Auffassung vertreten, daß das Bildungsprivileg die stärkste Waffe der bürgerlichen Schichten ist, sich ihr Monopol zu sichern" (PTP 1972, 120). Die Erringung der absoluten Mehrheit für die SPÖ bei den Nationalratswahlen 1971 vergrößerte den Handlungsspielraum der Regierungsmannschaft und ebnete den Weg für Reformen. Bereits im Februar 1972 wurde mit dem Hochschul-Taxengesetz die Gebührenbefreiung an allen Universitäten und Kunsthochschulen eingeführt.

Den Kern der Firnbergschen Strukturreform der Universitäten bildete das Universitäts-Organisationsgesetz (UOG). Es sollte vor allem demokratische Entscheidungsabläufe an den Universitäten sichern. Der bereits 1968 geschaffenen *parlamentarischen Hochschul-Reformkommission* war es nicht gelungen, sich auf einen einheitlichen Entwurf zu einigen. Firnberg setzte zu Beginn ihrer Amtsperiode eine sechsköpfige Arbeitsgruppe (bestehend aus Heinz Fischer, Wolf Frühauf, Ludwig Otruba, Norbert Rozsenich, Franz Skotton und Franz Trappl) zur Ausarbeitung eines UOG-Entwurfes ein (Fischer 1993, 138f.). Die folgenden drei Jahre bis zur endgültigen Beschließung waren geprägt vom Widerstand der Professoren (bis hin zu Auswanderungsdrohungen), die eine Umverteilung der Macht zu ihren Ungunsten um jeden Preis verhindern wollten. Firnberg jedoch gab sich selbstbewußt „Wenn Maria Theresia die allgemeine Schulpflicht eingeführt hat, dann sollte mir die Hochschulreform gelingen" (*profil,* 14. 9. 1973), bewies Standfestigkeit und Durchsetzungsfähigkeit und rückte in keinem einzigen entscheidenden Punkt vom Entwurf ab (Kriechbaumer 1981, 293).

Wissenschaftsminister Dr. Hertha Firnberg, 1982,
UN-World Conference on Questions of Aging People, Wien

Im Herbst 1973 wurde das UOG im Parlament vorgelegt und nach langer Debatte 1975 mit den Stimmen der SPÖ gegen die Opposition verabschiedet. Das deutsche Nachrichtenmagazin *Der Spiegel* betont treffend die dominante Rolle, die Firnberg bei der Reform der Universitäten innehatte: „Sie mischte die deutschen Uni-Modelle wie ein Kartenspiel: ein wenig Bochum, ein wenig Berlin und Heidelberg, ein wenig von anderen" (*Der Spiegel,* 21. 4. 1975, 104). Am 1. Oktober 1975 trat das UOG in Kraft.

Die „Ära Firnberg" wurde von zwei Facetten geprägt: zum einen von ihren Reformmaßnahmen, die Reaktionen wie Widerstände, Angriffe und auch Resignation hervorriefen und Umdenkprozesse in Gang setzten, wie es bei nur wenigen Gesetzeswerken der Fall war (Bannert, in Bundesministerium für Wissenschaft und Forschung 1985), zum anderen durch die polarisierenden Seiten ihrer Persönlichkeit. Am prägnantesten ist wohl die

Charakterisierung Firnbergs durch ihren Wunschnachfolger Heinz Fischer: „Sie war geistreich und gebildet, sie konnte streng sein und energisch, aber auch charmant und großzügig. Sie war eine Dame und Sozialistin" (*Pressedienst der SPÖ*, 24. 2. 1994).

Facettenreich war auch ihr Verhältnis zu den Universitätsangehörigen, vor allem zur Gruppe der Professoren, die zumeist mit einem Blumenstrauß bewaffnet bei ihr vorsprachen. „Das auffällige Gemisch von Kritik, Bewunderung und Devotheit, das im Verhältnis zwischen Firnberg und den Professoren feststellbar war, dürfte wohl auch daher gekommen sein, daß zumindest ihr totales Engagement für die Universitäten anerkannt wurde ... Das Wissenschaftsministerium war ihr Kind. Sie war das Wissenschaftsministerium. Das ließ auch den härtesten Kritiker zum Blumenstand eilen" (*Die Presse*, 28. 12. 1985).

Firnberg war sich ihrer Machtposition bewußt und nutzte sie. Sie scheute auch nicht vor offener Kritik und vehementer Verteidigung ihrer Standpunkte zurück. Als die Rektorenkonferenz während ihrer Amtszeit den Bildungsstand der Studienanfänger kritisiert hatte, konterte sie: „Die Professoren waren ungehörig, die diskriminierten die Jugend mit ihrer völlig überflüssigen Stellungnahme" (*Die Presse*, 24. 9. 1980). Das Wort „ungehörig" verwendete sie auch als Kommentar gegenüber dem Vorschlag der Berufungskommission für die Besetzung eines neuen Ordinarius für Zeitgeschichte in Wien, der nicht in ihrem Sinn war (*Die Presse*, 20. 4. 1978). Sie lehnte den Numerus clausus kategorisch ab und befürwortete die steigenden Studentenzahlen als Folge des freien Zuganges zur Universität: „... Was heißt Massenuniversität? Daß mehr junge Leute studieren, haben wir ja gewünscht" (*Die Presse*, 24. 9. 1980).

Die Verhandlungsbereitschaft Firnbergs gegenüber der damaligen großen Oppositionspartei ÖVP hielt sich in Grenzen. Die Gründe dafür liegen zum Teil am Beginn ihrer Ministertätigkeit: Die ÖVP hatte gegen die Errichtung eines Wissenschaftsministeriums gestimmt. Auch bei ihrem „Hauptwerk" mußte sie auf Zustimmung der anderen Parteien verzichten: Mit dem UOG wurde zum ersten Mal ein Hochschulgesetz ohne die Stimmen der Opposition im Parlament beschlossen, was Firnberg – zumindest nach außen hin – gelassen hinnahm: „Was soll's, alles muß schließlich einmal zum erstenmal sein."

Eine ihrer Stärken war die Rolle als Kommunikatorin. Je nachdem ob sie es mit Studenten, Professoren oder Männern in ihrer Partei zu tun hatte, trat sie in einer Mischung zwischen Maria Theresia, Madame Curie und Johanna von Orléans auf. Firnberg war eine gute Zuhörerin, ihre Antworten manchmal von entwaffnender Offenheit. In ihrer Gesprächstaktik hat sie es nach eigenen Aussagen „immer abgelehnt, diplomatisch zu sein, weil es zeitsparender ist, gleich das zu sagen, was man wirklich meint, man muß es ja nicht grob sagen" (*profil*, 9. 4. 1975, 32).

Innerhalb des Regierungsteams war ihr Handlungsspielraum relativ groß. Hertha Firnberg und Christian Broda waren *die Reformer* im Kreisky-Team, sozusagen die Eckpfeiler. Auch innerparteilich wußte sie sich als Frau mit Eigenprofil zu präsentieren, und nicht immer war ihre Meinung parteikonform. 1967 wurde sie sowohl zur Vorsitzenden des Bundes-Frauenkomitees als auch zur Parteivorsitzenden-Stellvertreterin gewählt. Dem Parteitag 1967 stellte sich auch die Frage der Ablöse Pittermanns durch Bruno Kreisky, Firnberg stimmte damals laut Zeitungsberichten gegen Kreisky (*Wochenpresse*, 8. 7. 1970 und *profil*, 9. 4. 1975). Für die Beschreibung der Zusammenarbeit zwischen Kreisky und Firnberg, die sich seit ihrer Studienzeit kannten, eignet sich wohl am besten der Terminus „korrektes Arbeitsverhältnis". Sowohl innerhalb der SPÖ als auch innerhalb der Regierungsmannschaft war Firnberg eine der wenigen Personen, die Kreisky wirklich respektierte. In einem Interview 1989 meinte sie über ihr Verhältnis zu Kreisky: „Ich war nie ganz eng mit ihm, habe aber sehr gut zusammenarbeiten können" (*AZ/Tagblatt*, 16. 9. 1989). Kreisky beschreibt sie seinerseits in einer ihr gewidmeten Festschrift mit folgenden Worten: „Hertha Firnberg ist ausgerüstet mit großem Charme und beträchtlicher Härte, beides pflegt sie rücksichtslos einzusetzen, um das, was sie für richtig hält, auch durchzusetzen" (Frühauf 1975, 4). Ihre Durchsetzungskraft reichte jedoch nicht für alle angestrebten Ämter. Als 1976 Rudolf Häuser als Vizekanzler ausschied, galt Firnberg als logische Nachfolgerin. Daß Kreisky auf die Frage, warum nicht sie, sondern Androsch Vizekanzler wurde, antwortete: „Alt bin ich selber", war sowohl vom Stil als auch vom Inhalt der Aussage eine Enttäuschung für sie. Firnberg war 61 Jahre alt, als sie das Ministeramt, welches sie 13 Jahre innehatte, antrat. Sie gehörte zu den ganz wenigen, für die eine Ausnahme von der Altersklausel der SPÖ gemacht wurde.

Neben dem Postulat „Bildung für alle" war die Gleichberechtigung der Frauen sowohl innerparteilich als auch auf gesellschaftlicher Ebene ein weiteres politisches Ziel Hertha Firnbergs. Als Vorsitzende der SPÖ-Frauen agierte sie teilweise ebenso konfliktfreudig wie als Wissenschaftsminister. So drohte sie bei den Nationalratswahlen 1971 mit einer überparteilichen Frauenaktion, um „wenigstens acht Frauen in den Nationalrat zu bringen" *(profil,* 14. 9. 1973).

Heftig war auch ihre Reaktion, als das damalige SPÖ-Zentralorgan *Arbeiter-Zeitung* vor dem Parteitag 1976 einen Antrag der Bezirksorganisation Lilienfeld abdruckte, in dem die Auflösung des SPÖ-Frauenkomitees gefordert wurde. Insgesamt wies die „Frauenpolitik" Firnbergs differenzierte Züge auf. Einerseits war die Existenzberechtigung des SPÖ-Frauenkomitees für sie keine Frage, auf Regierungsebene sah sie die Sache anders: „Ich war nie für ein eigenes Ministerium, weil es die Trennung der Geschlechter und die Frauenanliegen als Minderheitenthema betont" (*Der Standard,* 23. 10. 1993). Quasi als äußerliches Zeichen der Gleichstellung legte sie als „Bundesminister" stets Wert auf die männliche Endung der Bezeichnung. Auch mit der von ihren Nachfolgerinnen geforderten Quotenregelung konnte sie sich nicht anfreunden.

In der Abtreibungsfrage vertrat sie eine eher vorsichtige Politik, sie betrachtete das Thema aus gesamtpolitischem Kalkül. Firnberg hatte sich nach anfänglichem Zögern zu einer Unterstützung der Fristenregelung durchgerungen, hatte jedoch von Beginn der Debatte an Bedenken wegen möglicher politischer Folgen, nicht zuletzt wegen eines drohenden Konflikts mit der Kirche. Letztendlich reklamierte sie aber die Fristenlösung als politischen Erfolg für die SPÖ-Frauen.

Die Bilanz der Gesetze unter der Amtsführung Firnbergs kann sich sehen lassen. Ihr „Hauptwerk" ist unbestritten das Universitäts-Organisationsgesetz 1975 (mit einer Novelle 1978), das derzeit durch eine ausstehende Entscheidung des Verfassungsgerichtshofes bezüglich der Mitwirkung der Studenten im Berufungs- und Habilitationsverfahren wieder in den Blickpunkt der Öffentlichkeit gerückt ist. Daneben sind aber auch die Novelle zum Denkmalschutzgesetz 1978, das Forschungsorganisationsgesetz 1981 sowie das Kunsthochschul-Studiengesetz, welches 1983 beschlossen wurde, als Beispiele zu nennen. Weiters wurden während ihrer Ministerschaft sowohl die Errichtung neuer Museen (z. B. Museum moderner Kunst im Palais Liechtenstein) als auch die Errichtung der Österreichischen Ludwig-Stiftung für Kunst und Wissenschaft initiiert.

1981 legte sie ihre Funktion als Vorsitzende des Bundes-Frauenkomitees der SPÖ sowie die Funktion des Parteivorsitzenden-Stellvertreters zurück. Mit dem Rücktritt Kreiskys als Bundeskanzler nach den Nationalratswahlen 1983 endete auch die Amtsperiode Hertha Firnbergs. Sie zog sich ins Privatleben zurück, behielt aber verschiedene Funktionen wie z.B. jene als Kuratoriumsmitglied des Dokumentationsarchives des Österreichischen Widerstandes, bis ca. 1991 war sie auch Vorsitzende der Österreichisch-Sowjetischen Gesellschaft. Zum letzten Mal trat sie im Oktober 1993 öffentlich in Erscheinung, als sie in einem Interview zum Verhalten zwischen männlichen und weiblichen Politikern einen äußerst männerverteidigenden Standpunkt einnahm (*Der Standard,* 23. 10. 1993). Hertha Firnberg genoß ihre Popularität bis zum Schluß: „Viele

Leute begrüßen mich auf der Straße. Das freut mich, man kommt sich so unvergessen vor" (*Der Standard*, 23. 10. 1993). Sie starb 1994 nach längerer Krankheit in Wien.

Die Amtsführung Firnbergs ist legendär, sowohl was den Stil als auch den Inhalt betrifft, es gibt nur wenige Minister, deren Amtszeit wie bei Firnberg als „Ära" bezeichnet wird. Insgesamt war es ein wesentlicher Verdienst Firnbergs, daß sie sich in zwei männerdominierten Bastionen, nämlich der Politik und der Wissenschaft, nicht nur etablieren, sondern auch durchsetzen konnte. Dies ist umso bemerkenswerter, als sie auch die gesamte Aufbauarbeit des Wissenschaftsministeriums geleistet hat. Sie hat in einem Bereich ein Ministerium geführt, der bis zur Jahrhundertwende den Frauen gänzlich verschlossen war. Neben ihrer persönlichen Dynamik und ihrem Engagement ermöglichten ihr nicht zuletzt die Alleinregierung ihrer Partei und eine lange Amtszeit von 13 Jahren, ihre Vorstellungen auch in die Praxis umzusetzen. Sowohl in die Geschichte der SPÖ als auch in jene der Universitäten ist sie als Reformerin eingegangen. Ihr Hauptwerk, das UOG, ist von nachhaltiger Wirkung: Zu Beginn erhitzte es die Gemüter vieler Universitätsprofessoren, derzeit beschäftigt es den Verfassungsgerichtshof. Wie immer auch darüber entschieden wird – die Pionierrolle wird einer Respektsperson wie Hertha Firnberg wohl niemand streitig machen.

Literatur- und Quellenverzeichnis

Bock, Fritz / Hertha *Firnberg* / Willfried *Gredler* (1985). Österreich zuliebe, Wien.

Bundesfrauenkomitee der SPÖ (Hg.) (1984). Hertha Firnberg. Porträt eines politischen Menschen, Wien.

Bundesministerium für Wissenschaft und Forschung (Hg.) (1987). 15 Jahre Bundesministerium für Wissenschaft und Forschung, Wien.

Firnberg, Hertha (1961). Wesen und Wandel der Sozialschichtung Österreichs, in: Wilhelm Weber (Hg.), Österreichs Wirtschaftsstruktur Gestern – Heute – Morgen, Band 2, Berlin.

Firnberg, Hertha / Ludwig *Rutschka* (1967). Die Frau in Österreich, Wien.

Firnberg, Hertha (1969). Gedanken zum Humanprogramm, in: Die Zukunft, Nr. 7.

Firnberg, Hertha (1971). Ringen mit den Lebensfragen unserer Zeit, in: Die Zukunft Nr. 18.

Firnberg, Hertha (1972). Die Europäische Integration der Hochschulen, in: Die Zukunft, Nr. 22.

Firnberg, Hertha (1974). Forschung und Wirtschaftswachstum, in: Die Zukunft, Nr. 9.

Firnberg, Hertha (1975). Wissenschaftspolitik als zentrales gesellschaftliches Anliegen. Das 1970 errichtete Ministerium stellt die Weichen für die Zukunft unseres Landes, Wien.

Firnberg, Hertha (1976). Zur Problematik von Politik und Wissenschaft, in: Michael *Neider* (Hg.), Festschrift für Christian Broda, Wien.

Firnberg, Hertha (1982). Die Frau in der sozialistischen Arbeiterbewegung Österreichs 1900–1938, in: Ernest *Bornemann* (Hg.), Arbeiterbewegung und Feminismus. Berichte aus vierzehn Ländern, Frankfurt am Main.

Firnberg, Hertha (1986). Das österreichische Nationalbewußtsein, in: Die Zukunft, Nr. 1.

Fischer, Heinz (1993). Die Kreisky-Jahre 1967–1983, Wien.

Frühauf, Wolf (Hg.) (1975). Wissenschaft und Weltbild. Festschrift für Hertha Firnberg,Wien.

Kriechbaumer, Robert (1981). Österreichs Innenpolitik 1970–1975, Wien.

Ich danke der Schwester von Hertha Firnberg, Frau Gertrude Firnberg, für ein Interview.

Lebensdaten

1909	am 18. 9. in Wien geboren
bis 1928	Mittelschule in Wien (Bundeserziehungsanstalt Kalvarienberggasse)
1928–1936	Studium an den Universitäten Wien (Dr. phil. 1936) und Freiburg
1928	Eintritt in die SDAP
1994	am 14. 2. in Wien gestorben

Berufliche Karrierestationen

1941–1945	Angestellte bei einem Modeverlag
1945–1946	Bilanzbuchhalterin in der Städtischen Bestattung der Gemeinde Wien
1946–1948	Bibliothekarin und Assistentin am Seminar für Wirtschafts- und Sozialgeschichte der Universität Wien
1948–1969	Leitende Sekretärin der Kammer für Arbeiter und Angestellte Niederösterreichs

Staatliche Funktionen

1959–1963	Mitglied des Bundesrates
1959–1970	Mitglied der österreichischen Delegation zur Parlamentarischen Versammlung des Europarates
1963–1983	Abgeordnete zum Nationalrat
1967–1970	Vizepräsidentin der Kommission für Flüchtlings- und Bevölkerungsfragen
1970–1983	Bundesminister für Wissenschaft und Forschung

Parteipolitische Ämter

1926	Beitritt zum Verband sozialistischer Mittelschüler, Obmann-Stellvertreter
ab 1959	Mitglied des Bezirksvorstandes der SPÖ Favoriten
1964–1983	Vorsitzende der Frauenarbeitsgemeinschaft im BSA
1967–1981	Mitglied des Parteivorstandes und Parteipräsidiums der SPÖ
1967–1981	Stellvertretende Parteivorsitzende der SPÖ
1967–1981	Vorsitzende des Bundes-Frauenkomitees der SPÖ
1970–1983	Bundesvorstandsmitglied im BSA

Ernst Fischer

von
Alfred Pfabigan

Der Vater des 1899 geborenen Ernst Fischer, „der alte Hauptmann mit den drei schlimmen Buben", war Lehrer an der Kadettenschule Liebenau bei Graz. Als Patriarch im Geist der Zeit war er ein taugliches Objekt einer vom Sohn mit höchster Intensität zelebrierten ödipalen Revolte; als notorisch schwacher Mann war er untauglich als Objekt einer ichstiftenden Identifikation. Es hat diese mit Leidenschaft ausgelebte Beziehung das Entstehen einer lebenslänglichen Ambivalenz im Feld Ordnung versus Rebellion begünstigt. Ernst Fischers Leben war eine immerwährende Suche nach Identifikationsmöglichkeiten, ein lebenslanges „Ich ist ein Anderer", das er ins Intellektuell-Politische transformierte und das ihn offen für wechselnde Zeitströmungen gemacht hat: Noch der Greis wähnte sich der rebellierenden Jugend von 1968 näher als der eigenen Altersstufe.

Ernst Fischer litt als Kind an einem Herzleiden und einer Lungenkrankheit. Das Erlebnis des Überlebens seiner lebensbedrohenden Krankheit gab ihm Stärke und ein Gefühl von Selbstzeugung. Es ist kein Zufall, daß diese Pubertät mit ihrer Betonung von Willensstärke und der Kompensation physischer Schwäche philosophisch im Zeichen von Nietzsche und seiner Ideen vom „Übermenschen" und vom „Willen zur Macht" stand. Die Macht, um die es Ernst Fischer ging, war allerdings die Gegenmacht einer sprachverliebten Intellektualität.

Zeittypisch gleitet die ödipale Revolte in die soziale über, der Mittelschüler opponiert dem Krieg, wird aber dennoch Soldat. Nach Graz heimgekehrt beginnt Fischer ein unverbindliches Studium und wird Mitglied der literarischen Boheme. Die großen Zentren der Moderne, Paris und Berlin, hat der junge Mann mit dem zeittypischen Gestus des „Der Dichter greift in die Politik ein" allerdings gemieden: Das Lebensgefühl eines bewußten Angehörigen der „Lost Generation" entfaltete sich in der Steiermark des Anton Rintelen. Hier gab es für einen Mann von Fischers Zuschnitt nur eine Alternative zur reaktionären politischen Enge: Es war der sozialdemokratische Grazer *Arbeiterwille,* der 1920 seinen ersten Beitrag druckte und den jungen Genossen als Redakteur beschäftigte; 1927 wechselte Fischer zur Wiener *Arbeiter-Zeitung.*

Eines der wenigen präzisen Daten der Fischerschen Autobiographie ist der 1. Mai des Jahres 1921. An diesem Tag will der Zweiundzwanzigjährige, als Kind ein Stotterer, seine rhetorischen Fähigkeiten entdeckt haben. Diese außergewöhnliche Begabung, die Fischer von Anfang an mit erotischen Phantasien besetzt, gibt ihm eine unmittelbare Macht, die er lust- und angstvoll zelebriert: „Ich hatte entdeckt, daß ich ein Redner war, unerwartet die Macht besaß, durch das gesprochene Wort Menschen zu verführen. Es war die verhängnisvollste Entdeckung meines Lebens" (Fischer 1969, 119). Sicher war diese Begabung auch im politischen Bereich lebensentscheidend. Der rhetorische Intellektuelle braucht den Rohstoff Publikum, den ihm die sozialdemokratische Massenpartei liefert, diese braucht – vor allem im prätelevisionären Zeitalter – das libidinös besetzbare Sprachrohr. Der Aufstieg Fischers in der österreichischen Arbeiterbewegung ist durch seine rednerischen Fähigkeiten bedingt und erhält seine besondere Ausformung. Der für Fischers politisches Verhalten charakteristische Verzicht auf Durchsetzung und Konfrontation ist nicht zufällig. Es eignet der Welt des Rhetors ja ein künstliches Element, ein Wissen um die Kurzlebigkeit des scheinbar leidenschaftlichen Engagements – des eigenen und des der „Verführten". Daß er in einer Scheinwelt lebte, war Ernst Fischer durchaus bewußt: „Ich habe nur selten Wirklichkeit für ganz wirklich gehalten" (Fischer 1969, 192). Daß er – etwa nach dem Urteil seines Redaktionskollegen Siegmund Kunfi – „kein Politiker" war, gehörte zum keineswegs negativ besetzten Selbstbild eines Mannes, der die Verantwortung, die ihm sein öffentliches Ansehen gab, fürchtete.

Spätestens mit dem Erscheinen des Buches *Die Krise der Jugend* 1931 wird sein Autor zum Sprachrohr der jungen Generation. Ohne über eine nennenswerte institutionelle Verankerung im Parteiapparat zu verfügen, wird Fischer in der Krisenperiode des Austromarxismus zu einem wichtigen Sprecher der Linken, offen für die von den Kommunisten propagierte Einheitsfront, aber gleichzeitig orientiert an der Verwirklichung der Einheit der Arbeiterklasse innerhalb der Sozialdemokratie.

In seinem Bericht über den 12. Febuar 1934 hat Ernst Fischer in einer für ihn charakteristischen Weise seine heroischen Phantasien vom zum Tode verurteilten Revolutionär mit seinem realen Verhalten als Hausgast des Ehepaars Canetti kontrastiert: „Rebell im Schlafrock! Rebell im Bett!" (Fischer 1969, 272). Am 3. 3. 1934 flüchtet er in die Tschechoslowakei, schließt sich im April als wohl prominentester sozialdemokratischer Überläufer der KPÖ an und verbringt den Großteil seiner Exilzeit in Moskau. Auch in der Welt der Komintern gab es ein sprachverliebtes Milieu, in dem der Redner und Schriftsteller einen guten Platz fand. Fischer arbeitete zeitweilig als leitender Redakteur der Zeitschrift *Die Kommunistische Internationale,* als deutschsprachiger Rundfunkkommentator und Leiter einer Sendestation.

Spätestens die zahlreichen Dokumentenfunde in den ehemals sowjetischen Archiven seit 1989 belegen, daß der stalinistische Terror das gesamte Exil involvierte, daß er alle zu Opfern und – sei es auf Grund einer kollektiven Paranoia, sei es um die eigene Haut zu retten – ebenso alle zu Tätern machte. Jene eigene Lebenswelt von permanenten Sitzungen mit Kritik und Selbstkritik, permanenter Lebensbedrohung und ebensolcher Denunziation, wird in Fischers Bericht über seine Moskauer Jahre geleugnet. Sein Autor schildert ein, was die persönliche Existenz betrifft, weitgehend friktionsfreies Leben eines Mannes, der „vom Ausmaß des Terrors keine Ahnung hatte" (Fischer 1969, 364), zwar zugunsten von Verhafteten intervenierte, nie aber freiwillig oder gezwungen denunzierte oder Objekt einer relevanten Verfolgung war. Die sichtbare Außenseite war allerdings die eines loyalen Stalinisten, der Broschüren mit dem Titel *Vernichtet den Trotzkismus!* und *Der Arbeitermord von Kemerowo* verfaßte.

Am 10. 4. 1945 kehrt Ernst Fischer nach in Wien zurück und erreicht hier den Gipfel seiner politischen Karriere. Der Chefredakteur des *Neuen Österreich* leitet in der kurzlebigen Regierung des Staatskanzlers Renner das Ressort für Volksaufklärung und Unterricht, vertritt bis 1959 die Kommunistische Partei im Nationalrat, ist bis 1961 Mitglied des Politbüros und bis 1969 des Zentralkomitees.

Die Kürze der Zeitspanne, in der er sein Regierungsamt innehatte, und die Schwäche der Partei, die ihn entsandte, hinderten Fischer daran, Weichenstellungen für die Schulpolitik der Zweiten Republik vorzunehmen. Kampf gegen die faschistische Mentalität und Stärkung der demokratischen Gesinnung der Österreicher waren ihm zentrale Anliegen; die noch heute bestehende Möglichkeit eines Studiums ohne reguläre Mittelschulbildung („Berufsreifeprüfung") geht auf ihn zurück. Das parlamentarische Auftreten des Abgeordneten Fischer war oft auf Provokation angelegt, und ebenso oft hat er mit „undisziplinierten" Alleingängen die Spielregeln der österreichischen Innenpolitik gebrochen – es sei nur an die bekannte Episode der „Figl-Fischerei“, den einzelgängerischen Versuch, das ÖVP-SPÖ-Lager zu sprengen, erinnert (Fischer 1973, 213 f.). Das bürgerliche Lager hat den eloquenten Mann, dem in seiner Partei Eitelkeit und Intrigantentum vorgehalten wurde, lange Zeit als reinen Agitator, als eine Art „Roter Goebbels“, erlebt – das war wohl nicht nur dem Kalten Krieg geschuldet, sondern auch ein antiintellektuelles Vorurteil. Aus heutiger Sicht war Fischer eine singuläre Gestalt des österreichischen Parlamentarismus nicht nur der II. Republik, der das Parlament als Forum der Klärung grundsätzlicher Fragen benützte und seine parlamentarische Praxis mit seiner publizistischen koordinierte. Viele seiner inner- und außerhalb des Parlaments gehaltenen Reden wurden publiziert – eine kritische Edition seiner Parlamentsreden ist ein Desiderat der zeitgeschichtlichen Aufarbeitung der Zweiten Republik. Trotz gelegentlicher peinlicher stalinistischer Artikulationen war Fischer gleichzeitig einer der wichtigsten politischen Publizisten der Nachkriegsjahre, ein rarer Vertreter eines bewußten fortschrittlich orientierten Österreichertums.

Staatssekretär Ernst Fischer, 1945, Nationalratswahlkampf vor dem Wiener Rathaus

Ernst Fischer hat seine Partei nach außen vertreten, seine Wirkung nach innen war gering. Ein „Macher“ war der Mann mit den „dünnen Nerven“, der über keine Hausmacht verfügte, wohl nicht, auch kein Bürokrat, oder einer, der sich in männerbündischen Gremien wohlfühlte. Für seine Partei wertvoll war er als Redner, Schriftsteller, Denker, als Routinier im Umgang mit den Massenmedien und schließlich als Person von wachsendem internationalem Ansehen. Dennoch wäre es falsch, ihn als reines „Ornament“ des österreichischen Kommunismus zu sehen – dagegen spricht die Folgegeschichte ebenso wie der Umstand, daß er sich offensichtlich, trotz geringer Partizipation, prinzipiell den Spielregeln der Führungsgremien angepaßt hat.

Nach seiner Erkrankung und dem Rückzug aus dem Politbüro 1961 änderte Fischer seinen politischen Stil grundlegend und partizipierte nur mehr gelegentlich am Organisationsleben. „Politische Arbeit“ hieß jetzt, gemeinsam mit einer überschaubaren internationalen Gruppe von Theoretikern eine Neuformulierung des Marxismus zu versuchen. Jetzt begann die zweite Karriere des Ernst Fischer, eine Karriere, die ihn über die Enge der politischen Szenerie Österreichs hinaus zu einer zentralen Figur der internationalen Linken machen sollte.

Ernst Fischer hat immer gewußt, daß die Sinnfrage Macht gibt: „Nach dem Sinn fragen, heißt ihn setzen“ (Fischer 1969, 29). Der Schüler Otto Bauers hat es verstanden, der jeweiligen historischen Situation einen Sinn zu geben – im Gegensatz zu Bauer weniger als Exponent einer Synthese von klassischer deutscher Philosophie und Evolutionismus, sondern im Namen der ewigen Rebellion und eines aus dem Existentialismus kommenden Pathos der Wahl und Entscheidung: „Der Mensch ist der sich selbst Erwirkende. ... Er hat sich im Entwurf für eine von vielen Möglichkeiten zu entscheiden; sie zu realisieren ist seine Verantwortung“ (Fischer 1969, 30).

Im Gegensatz zu vielen marxistischen Auseinandersetzungen mit dem Stalinismus hat Fischer sehr wohl die Verantwortung für seinen „Entschluß“, Stalin als die „Inkarnation des Sozialismus zu sehen“ (Fischer 1969, 300), übernommen. In seiner retrospektiven Verarbeitung seines stalinistischen Engagements bezeichnet er sich als einen, der einer intellektuellen Vereinfachung erlegen sei, einer Konzession an die Schwierigkeit, die kritische Vernunft des Denkenden permanent mit dem Elan des Tätigen zu vereinigen: „Die Sowjetunion ist, so gut oder so schlecht sie sein mag, das einzige Land des Sozialismus, jeder Schlag gegen sie ein Schlag gegen den Sozialismus. Der Repräsentant der Sowjetunion ist Stalin, jeder Angriff auf ihn ein Angriff auf die Sowjetunion. Das war einfach, schrecklich einfach, die Unterdrückung jeder kritischen Vernunft, zugleich aber ein Plus an Kraft“ (Fischer 1969, 300f).

Tatsächlich hatte sein Theaterstück *Der große Verrat* den Konflikt zwischen Tito und der Kominform im Sinne eines „starren Entweder-Oder, einem Grundsatz des Stalinismus“ (Fischer 1973, 268) verarbeitet. Massive Zweifel regten sich während der Slansky-Prozesse. Nach dem XX. Parteitag der KPdSU und den nichtöffentlichen Enthüllungen Chrustschows verfaßte Fischer einen Artikel über Schuld und Mitschuld, der eine Autonomie des Denkens postuliert und einen Vorrang des überzeugenden Arguments vor der Autorität der Partei: „Die Kommunistische Partei ist eine freigewählte Gesinnungs- und Kampfgemeinschaft; in ihr muß volle Freiheit des Denkens sein, als unabdingbare Voraussetzung notwendiger Disziplin“ (Fischer 1973, 116).

Die postulierte Autonomie des Denkens artikulierte sich zunächst auf dem Feld der Ästhetik und endete mit dem Versuch einer Neubestimmung dessen, was Marx und Lenin „wirklich sagten“ (so der Titel zweier bekannter Bücher Fischers, deren zweites Franz Marek als Mitautor nennt). Parteilichkeit für die im Marxismus-Leninismus und seinem Dogma vom „Sozialistischen Realismus“ noch immer nicht akzeptierte moderne Kunst vereint sich hier mit der Orientierung an den Marxschen Frühschriften und ihrer zentralen Kategorie der Entfremdung. Das Buch *Von der Notwendigkeit der Kunst* ist zunächst noch in der DDR erschienen, ab Mitte der sechziger Jahre publizierte Fischer nur mehr in westdeutschen Verlagen. Sein internationales Ansehen wuchs ständig, der einflußreiche Kritiker Kenneth Tynan stellte sogar die Frage, ob der Marxismus in Fischer nicht seinen Aristoteles gefunden hätte. Gleichzeitig wuchs der Widerstand der Orthodoxie gegen den „Revisionisten“ Fischer.

Ernst Fischer hat den Prager Frühling als „Rechtfertigung unseres Daseins als Kommunisten“ verstanden (Fischer 1973, 17) – zunächst in Einklang mit der Führung der KPÖ. Die Partei hat allerdings unter dem Einfluß einer moskauorientierten Führungsgruppe um Friedel Fürnberg ihre Verurteilung des Einmarsches zurückgezogen. Fischer, der Schöpfer des wirkungsvollen Schlagwortes vom „Panzerkommunismus“, avancierte zu einer Zentralfigur des schwersten innerparteilichen Konflikts in der Geschichte der

KPÖ. Pro forma noch Mitglied des Zentralkomitees hat er an den innerparteilichen Kämpfen kaum teilgenommen und seine Position in zahlreichen Interviews mit in- und ausländischen Medien klargemacht. Am XX. Parteitag der KPÖ im Jänner 1969 hat er nicht mehr teilgenommen und schied aus dem Zentralkomitee „aus Altersgründen" aus. Bald danach wurde er aus der KPÖ ausgeschlossen. Bis zu seinem Tod arbeitete er an dem zweiten Band seiner Autobiographie.

Dieses zweibändige autobiographische Werk ist eigenem Eingeständnis nach kein historischer Quellentext und dennoch ein wichtiges Buch zum Verständnis der Mentalitätsgeschichte revoltierender Intellektueller. Gleichzeitig ist diese Autobiographie ein Hindernis bei der Erfassung des Politikers Fischer in seiner Zeit: Dem Gestus nach ist sie im Bewußtsein des Zerfalls etablierter Identitäten verfaßt. Ein gebrochenes, „spontanes, stets in Wandlung befindliches Ich" berichtet von seiner zeitweiligen Entscheidung für die „bewußte Negation meines Individualismus" (Fischer 1969, 396). Die Selbstbilder wechseln, ihre Inkongruenz ist dem Autor bekannt und Anlaß zur lustvollen Reflexion. Wenig gibt es über diesen selbstverliebten und selbstbewußten Mann zu sagen, das er nicht schon selbst in diesem spiegelnden Text mit Intelligenz, Energie und Offenheit gesagt hätte, kaum eine denkbare Kritik, die er nicht selbst geäußert oder einem fiktiven Gesprächspartner in den Mund gelegt hätte.

Der für die Moderne konstitutive Konflikt zwischen den durch die Technisierung entstandenen scheinbar unermeßlichen Möglichkeiten und der Realität der Geschichtskatastrophe ist mitverantwortlich für ein gespaltenes Bewußtsein, das sich zwischen den Polen eines anarchistischen Hedonismus und skeptisch-asketischer Diktaturvorstellungen bewegt. Generationen aktivistischer Intellektueller haben sich hier um eine lebenswert-realistische Synthese bemüht. Österreichs Beitrag zu diesem Konflikt ist eng verbunden mit dem Wirken des Politikers, Publizisten, Romanciers und Lyrikers Ernst Fischer. Auch er artikulierte einerseits ein grenzenloses Wunschpotential, das sich in der Sehnsucht nach einem utopischen anarchistischen Paradies, geordnet von Eros und Brüderlichkeit, ausdrückte, und bekannte sich dennoch zeitweilig zu einer bewußt auf sich genommenen „bolschewistischen Härte". Am Ende des Lebens wird Scheitern protokolliert: „Und immer wünschte ich zuviel, und habe daher zuwenig erreicht, immer zu karg der Brennstoff für so hohe Flamme, immer die Wirklichkeit aufgezehrt von Phantasie" (Fischer 1969, 8).

Literatur- und Quellenverzeichnis

Brandstaller, Traude (1982). Ernst Fischer, in: Neue österreichische Biographie ab 1815. Große Österreicher, Band XXI, Wien.

Fischer, Ernst (1931). Krise der Jugend, Wien.

Fischer, Ernst (1946). Österreich 1848. Probleme der demokratischen Revolution in Österreich, Wien.

Fischer, Ernst (1959). Von der Notwendigkeit der Kunst, Dresden.

Fischer, Ernst (1962). Von Grillparzer zu Kafka, Wien.

Fischer, Ernst (1966). Kunst und Koexistenz. Beiträge zu einer marxistischen Ästhetik, Reinbek.

Fischer, Ernst (1968). Was Marx wirklich sagte, Wien.

Fischer, Ernst / Franz *Marek* (1969). Was Lenin wirklich sagte, Wien.

Fischer, Ernst (1969). Erinnerungen und Reflexionen, Reinbek.

Fischer, Ernst (1973). Das Ende einer Illusion, Wien.

Fischer, Ernst Kultur, Literatur und Politik. Frühe Schriften (Hg. K. M. *Gauss*, Frankfurt 1984).

Kosing, Alfred (1969). Ernst Fischer – ein moderner Marxist, Berlin.

Lebensdaten

1899	am 3. 7. 1899 in Komotau, Böhmen, geboren
1917–1918	Teilnahme am Ersten Weltkrieg
1918	Student an der Grazer Universität
1920	Eintritt in die SDAPÖ
1934	Flucht in die Tschechoslowakei am 3. 3.
1934–1969	Mitglied der KPÖ
1934–1945	Exil in der Tschechoslowakei und der Sowjetunion
1945	Rückkehr nach Wien am 10. 4.
1972	am 31. 7. in Deutsch-Feistritz gestorben

Berufliche Karrierestationen

1920–1927	Publizist in Graz
1927–1934	Publizist in Wien
1920	Redakteur am Grazer *Arbeiterwillen*
1927–1934	Redakteur der *Arbeiter-Zeitung*
1945–1947	Chefredakteur des *Neuen Österreich*

Staatliche Funktionen

1945	Staatssekretär für Volksaufklärung und Unterricht
1945–1959	Abgeordneter zum Nationalrat

Parteipolitische Ämter

1946–1961	Mitglied des Politbüros der KPÖ
1946–1969	Mitglied des Zentralkomitees der KPÖ

Marilies Flemming

von
Dagmar Stranzinger

„Ich war ein guter Sohn eines guten Vaters. Alles, was ich bin und weiß, habe ich von ihm" (*Wochenpresse,* 20. 11. 1984). Mit diesen Worten beschreibt Marilies Flemming ihre familiäre Prägung. Ihr Milieu ist ein sehr spezifisches – wie sie oftmals betonte –, nämlich „bestes Bildungsbürgertum" (*Kurier,* 18. 2. 1984). Ihr Vater, der auf der Wieden beheimatete Filmemacher, Historiker und Schriftsteller Rudolf Oertl, gönnt seiner ältesten Tochter Marilies alles an Bildung und Eigenleben, was seinerzeit nur Söhnen zustand. Nach einigen Semestern Theaterwissenschaft, einem Sprachstudium in Paris und Cambridge wird sie schließlich 1960 zur Juristin promoviert.

Ihre politische Heimat sieht sie im Österreichischen Akademikerbund, ihrem ersten Berührungspunkt mit der ÖVP. Schon dort gilt ihr Interesse frauenpolitischen Themen. An das schallende Gelächter kann sie sich noch erinnern, als sie 1963 für eine gerechte und gleiche Aufteilung der Haushaltspflichten zwischen Mann und Frau eingetreten ist. „Da war ich bald als Emanze verschrieen" (*Die Presse,* 31. 1. 1984), entsinnt sich Flemming an ihren politischen Start.

Sie agiert bereits in den 60er Jahren gemeinsam mit ihrer Freundin und politischen „Amme" Herta Haider in ihrem damaligen Wiener Wohnbezirk Wieden für die ÖVP.

Naheliegend, ob ihres Engagements für Frauen, findet sie ihre aktive politische Betätigung in der Österreichischen Frauenbewegung, der sie seit 1969 angehört. Daneben hilft sie, die Filmproduktionsfirma ihres Mannes, Wulf Flemming, aufzubauen und schenkt zwei Kindern das Leben.

1973 wird Flemming Wiener Landtagsabgeordnete, wo sie im Ausschuß für Soziales und Gesundheit, später im Kulturausschuß auf sich aufmerksam macht. Vier Jahre später, 1977, holt sie Herta Haider, die damalige Vorsitzende der Österreichischen Frauenbewegung, als Generalsekretärin.

Als „Adjutantin" Haiders setzt sie ihr Organisationstalent ein, um frauenpolitische Anliegen zu artikulieren. Ihr besonderes Engagement gilt beispielsweise der Anerkennung der Tätigkeit von Pflegemüttern als Beruf, der gleichen Ausbildung für Mädchen und Buben, dem Recht auf Teilzeitbeschäftigung nach dem Karenzjahr, der Errichtung von Mutter-Kind-Heimen zur Überbrückung familiärer Notsituationen, der Anrechnung der Kindererziehungszeiten als Ersatzzeit für die Pensionsversicherung, der Einführung eines Karenzgelds für Bäuerinnen und Selbständige und vielem mehr. Neben sachpolitischer Arbeit versteht sie sich als Oppositionspolitikerin. Gegenüber der sozialdemokratischen Bundesregierung und Wiener Ratshausmehrheit tritt sie mit Argumentationsschärfe auf.

Einen ersten Höhepunkt ihrer Karriere erreicht Flemming 1984 durch die Wahl zur Frauenvorsitzenden der Bundes-ÖVP. Sie erhält 95% der Stimmen und löst damit ihre langjährige Vertraute Herta Haider ab. Bewußt akzentuiert sie ihre Vorhaben in Richtung offensiver Frauen- und Umweltpolitik.

Beide Bereiche – Frauen- und Umweltpolitik – gelten als gleichberechtigte Bestandteile ihres Programms. Neben zukunftsorientierten Perspektiven spart Flemming auch nicht mit innerparteilicher Kritik. Mit der Vertretung und Repräsentanz der Frauen in ihrer Partei zeigt sie sich unzufrieden. Dabei verzichtet sie auch nicht auf deutliche Worte: „Die Männer ahnen noch nicht, was ihnen alles blühen wird“ (*Wiener Zeitung,* 26. 3. 1985), äußert sie zu Amtsantritt, nicht ohne im Nachsatz sanft die Unterstützung der Männer zu erbitten. Glühende Gegner schafft sie sich vor allem mit ihrem vehementen Eintreten gegen den Bau des Donaukraftwerkes Hainburg und der damit verbundenen Kampfansage gegen herkömmliche Politikmuster. Sie wird zur glühenden Kämpferin mit aktionistischen Methoden. Direkt in der Au wirbt sie für die Erhaltung dieses Naturschutzgebietes. Ihr Einsatz bringt ihr gar die Androhung eines Parteiausschlußverfahrens. Parteiobmann Alois Mock lehnt diese Bestrebungen einiger Parteikollegen allerdings ab.

Die Wende hin zur Umweltpolitik und ihr öffentlichkeitswirksames Agieren nah an den Orten des Geschehens sind wohl die wesentlichsten Kennzeichen von Flemmings Politik. Kritisch tritt sie dabei immer wieder gegenüber ihrer eigenen Partei auf. Über den Einzug der Grün-Alternativen in Vorarlberg im Jahr 1984 zeigt sie offen Freude und kommentiert: „Die Grünen haben mit jenen Forderungen Erfolg, die die ÖFB schon seit Jahren erfolglos in der ÖVP vertritt“ (*Vorarlberger Nachrichten,* 27. 10. 1984).

Angesichts der zahlreichen Spannungen innerhalb der ÖVP erschien es überraschend, daß Marilies Flemming 1987 dann zur Bundesministerin für Umwelt, Jugend und Familie vorgeschlagen wurde.

Die Nationalratswahl 1986 bringt entscheidende Veränderungen des politischen Systems und der politischen Konstellationen. Nach 17jähriger Opposition nimmt die ÖVP wieder an der Regierung teil. Zusammen mit der weiterhin stimmenstärksten Partei, der SPÖ, bildet sie eine große Koalition. Gleichzeitig ziehen die Grünen erstmals ins Parlament ein. Mit Marilies Flemming kommt eine Politikerin ins Amt, die sich in Umweltfragen stärker engagiert hat als alle ihre Vorgänger. „Ich werde als Ministerin in der Au zu finden sein“ (*profil,* 2. 2. 1987), meint sie bei ihrem Amtsantritt und demonstriert gleichsam als politische Deklaration ihre Nähe zum damaligen Wiener Parteiobmann und Hainburg-Mitstreiter Erhard Busek, der sie auch als Ministerin favorisiert hat: „Ich komme aus dem Stall Erhard Buseks, bei ihm habe ich in Wien die Grün-Politik gelernt“ (*Salzburger Nachrichten,* 20. 1. 1987). Die „Emanze auf der Basis und im Rahmen der bürgerlich-christlich-moralischen Wertvorstellung“ (*Wochenpresse,* 23. 2. 87) – wie sie sich selbst beschreibt – weiß, daß sie „das Himmelfahrtskommando dieser Regierung ist“ und sich „auf einem Schleudersitz“ befindet (*profil,* 2. 2. 87).

Die Arbeitsbedingungen in ihrem Ministerium sind anfangs äußerst schwierig. Nach der dem Koalitionsproporz entsprungenen Teilung des ehemaligen Gesundheits- und Umweltministeriums bleibt ein Großteil der Beamtenschaft im Gesundheitsministerium. Flemming muß den Mitarbeiterstab in ihrem Ressort erst mühevoll aufstocken. Die kompetenzmäßige Aufwertung ihres Ministeriums mit echten Durchgriffsmöglichkeiten, seit Gründung des Ressorts 1972 Stehsatz aller Regierungserklärungen, bleibt auch im großkoalitionären Pakt vorerst Papier. Untrennbare Verstrickungen mit anderen, mächtigeren Ministerien – insbesondere dem Wirtschaftsministerium – hemmen die Gestaltungs- und Entscheidungsfreiheiten.

Als politisches Signal macht sie zwei führende Figuren des „Hainburg-Widerstands“, Gerhard Heilingbrunner und Herbert Rainer, zu ihren Ministersekretären, um den Zugang zu den Bürgerinitiativen zu gewährleisten.

So sehr sie mit personellen und strukturellen Problemen zu kämpfen hat, so sehr erfährt sie die Zuneigung der Bevölkerung. Bereits wenige Monate nach ihrem Amtsantritt ist sie hinter Bundeskanzler Franz Vranitzky das beliebteste Regierungsmitglied – in den Umfragewerten stets weit vor ihrer Partei (*profil,* 26. 6. 1989). Vom Temperament her spontan, quirlig und emotional, versteht sie es perfekt, sich medial ins Bild zu rücken. Sie setzt auf Überraschungseffekte, in der Ankündigung neuer Vorhaben, aber auch im Eingeständnis von Fehlern.

Anläßlich ihrer Zustimmung zur Senkung der Zölle für Tropenhölzer 1989 beispielsweise, legt sie eine Medienbeichte ab, die ihr begeisternde Anerkennung bringt. Als Medien- und Verkaufsgenie erfährt sie selbst vom politischen Gegner Achtung. Sie ist eine selbstbewußte Politikerin, die nie zu jenen gehört, die ihr Licht unter den Scheffel stellen.

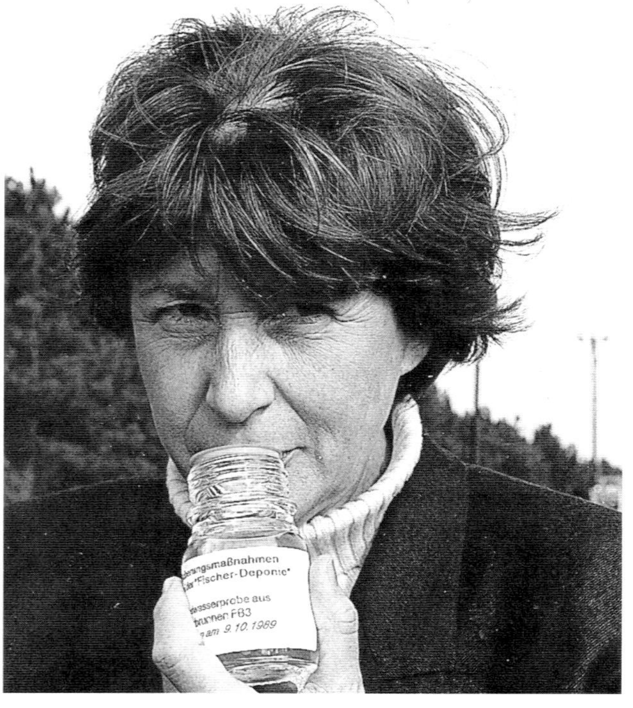

Umweltschutz-Ministerin Dr. Marilies Flemming, 1989

Was ihr in der Öffentlichkeit breiten Zuspruch bringt, schafft ihren Politikerkollegen, den Sozialpartnern und Mitarbeitern oftmals Probleme. Ihre schlagzeilenträchtigen Einfälle des Augenblicks entbehren nicht selten jeder vorausschauenden Auslotung der rechtlichen und politischen Durchsetzungschancen. So meint der damalige Niederösterreichische Landesrat und heutige Landeshauptmann der ÖVP Erwin Pröll: „Ich schätze, daß sie mit der Emotion einer Frau Umweltthemen andiskutiert und auch dranbleibt. Sie ist eine exzellente Verkäuferin, neigt aber als spontaner Mensch zu Hüftschüssen, die naturgemäß nicht immer treffen“ (*profil,* 26. 6. 1989).

Unvorhersehbare mediale Erdbeben halten den ministeriellen Apparat auf Trab. Entscheidungen fallen auch ohne vollständige Informationsbeschaffung, manches Mal blitzschnell und chaotisch. Lassen sich die Vorhaben der Ministerin dann nicht ihren Wünschen entsprechend umsetzen, kann sie auch unangenehm werden, berichten Mitarbeiter (*Wochenpresse*, 29. 9. 1989). Ihren Ruf als gefürchtete Politikerin erwirbt sie sich in zähen Verhandlungen und im unermüdlichen Bemühen zur Durchsetzung ihr wichtiger Umweltbelange. Sie scheut keine Auseinandersetzungen, kann aber trotz ihres Einsatzes – mangels einer starken, organisierten Umweltlobby – keine besondere Durchsetzungsfähigkeit an den Tag legen. In der politischen Praxis dominieren wohlorganisierte Interessen.

Viele ihrer Vorhaben bleiben Ankündigungen. Trotz Rückschlägen, die sie einstecken muß, kann Marilies Flemming einiges an Erfolgen verbuchen. In der Zeit ihrer Ministerschaft fallen eine Reihe wichtiger umweltpolitischer Gesetze, es wird die flächendeckende Erfassung des Umweltbereichs durch legislative Maßnahmen vorangetrieben.

Fünf Umweltschutzgesetze sind verwirklicht worden: das Chemikaliengesetz, das Smogalarmgesetz, die Novelle zum Sonderabfallgesetz, das Luftreinhaltegesetz für Kesselanlagen und das Altlastensanierungsgesetz. Auch die Kompetenzen des Ministeriums wurden im Laufe der Legislaturperiode durch einzelne Gesetze in Kombination mit einer Verfassungsänderung aus dem Jahr 1988 stark erweitert. Erstmals fallen Luftreinhaltung und Abfallwirtschaft in die Zuständigkeit des Bundes. In vielen Fällen bedeutet ein Gesetz allerdings nur die allgemeine Regelung einer bestimmten Materie, die konkrete verwaltungsmäßige Ausgestaltung bleibt weitgehend den Verordnungen des zuständigen Ministeriums überlassen.

Neben den nationalen Umweltanliegen ist Flemming immer wieder international in Erscheinung getreten und erhielt dafür nicht immer Lob: Ihr Boykott-Aufruf gegen französische PKW-Fabrikate 1988 beispielsweise hat viel Staub aufgewirbelt. Den französischen Widerständen gegen die Einführung von Abgasnormen in der EG begegnet sie mit einem Ächtungsappell und erfährt scharfe Kritik seitens der französischen Regierung und des Parteikollegen Wirtschaftsminister Robert Graf, ihrem ständigen Widerpart in der ÖVP. Flemmings Engagement gegen die Wiederaufbereitungsanlage in Wackersdorf bringt ihr wiederum in der Bevölkerung viel Sympathie, seitens der politischen Gegner auch Kritik und deren Rat, sich mehr der innerösterreichischen Probleme anzunehmen.

Vorwiegend um „Inländisches" geht es in Familien- und Jugendangelegenheiten, Flemmings beiden anderen Ressortbereichen. Als Frauenpolitikerin eckt sie hier nicht nur beim politischen Partner SPÖ an, sondern auch in ihrer Partei. Seitens der Sozialdemokratie wird ihr konservative Familienpolitik vorgeworfen, den eigenen Parteifreunden sind die Positionen Flemmings oftmals zu liberal. Schon in den 70er Jahren tritt sie impulsiv für die Familienrechtsreform ein und sagt der patriarchalischen Ehe den Kampf an. Moderne Frauenpolitik bedeutet für sie: „Wir müssen die Unabhängigkeit, Selbständigkeit und Freiwilligkeit der Frauen in jedem Fall sichern. Ganz egal, ob sie sich für eine Laufbahn als Mutter, als Erwerbstätige oder für eine Kombination von beidem entscheidet. Nicht mehr das eine oder das andere Leitbild, sondern die Entscheidungsfreiheit der Frauen ist uns wichtig" (ÖVP-Wahlprogramm 1990).

Ihr starker Rückhalt in der ÖFB verschafft ihr eine einflußreiche innerparteiliche Stellung. So folgen denn auch zunehmend die männlichen Parteikollegen dem von ihr geprägten frauenpolitischen Kurs. In den von Männern dominierten Parteigremien setzt sie sich mit Charme und sympathisch präsentierter Fachkompetenz durch. An konkreten Maßnahmen entzünden sich aber doch immer wieder Konflikte. Mit dem Bestreben, die Gratispille einzuführen, stößt sie etwa bei den eigenen Parteikollegen auf Unverständnis und strikte Ablehnung. In solchen Konflikten findet sie auch zu einer Schärfe in der Argumentation und einer missionarischen Redeflut – die ihr seitens politischer

Beobachter den Titel „Meisterin der unendlichen Rede, fortissimi und staccato" (*profil*, 26. 6. 1989) einbringen.

Die Familie als wichtigster Lebensbereich bleibt für Flemming Maßstab ihrer Überlegungen. Ihr Bemühen um die Verankerung von Ehe und Familie in der Verfassung scheitert 1987/88 letztendlich am Widerstand der Sozialdemokraten. Als brisante Themen bleiben die Einführung eines Erziehungsgeldes für sozial schwache Familien, die Flexibilisierung der Arbeitszeiten als familienunterstützende Maßnahme, die Schaffung von Teilzeitbörsen. Diese Themenbereiche bieten allemal politischen Zündstoff und bleiben Dauerbrenner der politischen Auseinandersetzung, vor allem mit den sozialdemokratischen und gewerkschaftlichen Frauenorganisationen.

Trotz ihrer oftmaligen Feststellung, daß Abtreibung Tötung sei, tritt sie doch entschieden für die Straffreiheit jener Frauen ein, denen aus sozialen Notsituationen heraus keine andere Wahl bleibt. Sie schließt eine Rückkehr zum alten § 144 des Strafgesetzbuches aus und bewirkt durch ihre klare Positionierung auch den Verzicht einer Bekämpfung der Fristenlösung seitens der ÖVP. Sie versucht hingegen, durch die Erweiterung der Beratungsmöglichkeiten, Frauen Hilfestellungen anzubieten und Bedingungen zu schaffen, die eine Entscheidung für ein Kind ermöglichen (*Anschläge*, 10. 10. 1990).

Entscheidende Veränderungen für die Familien brachte das Familienpaket aus dem Jahr 1990. In diesem Gesetzeswerk wird die Verlängerung des Karenzurlaubs auf zwei Jahre sowie dessen wahlweise Inanspruchnahme durch Vater oder Mutter festgehalten. Als Alternative zum zweiten Karenzjahr ist die Möglichkeit der Teilzeitarbeit geschaffen worden. Die Neuregelung des Karenzjahres ist lange von einem Tauziehen zwischen Flemming und ÖFB einerseits und den wirtschaftlichen Interessengruppen der ÖVP andererseits begleitet. Zusammen mit Frauenministerin Johanna Dohnal, der längjährigen sozialdemokratischen Kontrahentin, gelingt ihr die Durchsetzung der neuen Karenzregelung. Die ursprüngliche Forderungen nach einem dreijährigen Karenzurlaub mit Arbeitsplatzgarantie scheitert schließlich am Widerstand von Bundeswirtschaftskammer und Industriellenvereinigung.

Flemmings Ausscheiden aus der Bundesregierung erfolgt überraschend – auch für sie selbst. Die Ursache scheint neben anderen bisher gegen sie gerichteten Vorwürfen unbedeutend: Sie hat zwar den Rechnungshof, nicht aber den Unvereinbarkeitsausschuß des Parlaments über die Geschäfte der Filmfirma ihres Mannes informiert. Die harte Kritik der Opposition bewegt sie zum Rücktritt.

Das Ausscheiden Flemmings aus dem Ministeramt bedeutet jedoch keinesfalls den völligen politischen Rückzug. Sie bleibt weiterhin Vorsitzende der ÖFB und behält ihre Funktion innerhalb der Europäischen Frauenunion.

Bereits wenige Monate nach ihrem Rücktritt aus der Regierung denkt sie laut über eine mögliche Kandidatur als Bundespräsidentin nach. Ihre Rückkehr auf die Ebene der Bundespolitik läßt – auch ohne Bewerbung um das höchste Amt im Staat – nicht lange auf sich warten. Ende 1992 wird Flemming in der ÖVP zur „Sonderbeauftragten für Flüchtlings- und Ausländerintegrationsfragen" ernannt. Sie agiert als direkte Vertreterin von Bundesparteiobmann Busek und ist für Kontakte zu in- und ausländischen Ansprechpartnern sowie für „Probleme und seelische Nöte der Ausländer da" (*ÖVP-Pressedienst*, 30. 11. 1992). In gewohnter Agilität erhebt sie ihre Stimme lautstark und erfüllt den Auftrag, „das Gewissen der ÖVP" zu sein – allerdings auch in den eigenen Reihen manchmal ungehört.

Ihre darüber hinaus vorhandenen politischen Energien setzt sie im Nationalratswahlkampf 1994 ein und kandidiert für ein Mandat. Für das politische Pensionsleben ist sie zu jung und mit zu viel Tatendrang ausgestattet.

Literatur- und Quellenverzeichnis

Flemming, Marilies (1986). Politik für Frauen. Wien.

Flemming, Marilies (1990). Praktische Umweltpolitik mit ökosozialem Anspruch, in: Josef *Riegler* (Hg.): Antworten für die Zukunft, Wien.

Lebensdaten

1933	am 16. 12. in Wr. Neustadt geboren
	Sprachstudium in Paris und Cambridge Studium der Theaterwissenschaft und der Rechtswissenschaften
1960	Promotion zum Dr. iur.
1963	Heirat
1964	Geburt des Sohnes Uwe
1966	Geburt der Tochter Kirsten

Berufliche Karrierestationen

Geschäftsführerin und Miteigentümerin der „Team-Film-Production"

Staatliche Funktionen

1973–1987	Abgeordnete zum Wiener Landtag und Gemeinderat
1987–1991	Bundesministerin für Umwelt, Jugend und Familie

Parteipolitische Ämter

1963	Eintritt in den Akademikerbund
1969	Beitritt zur Österreichischen Frauenbewegung (ÖFB) der ÖVP
1977–1984	Generalsekretärin der ÖFB
1989–1991	Mitglied des Bundesparteipräsidiums der ÖVP
1984–1991	Bundesleiterin der ÖFB
1984–1991	Mitglied des Bundesparteivorstandes der ÖVP
seit 1992	Flüchtlings- und Integrationsbeauftragte der ÖVP

Weitere Funktionen

1984–1987	Vorsitzende der österreichischen Landessektion der Europäischen Frauen-Union
1984–1987	Vorsitzende des Österreichischen Frauenrings
seit 1992	Präsidentin des Österreichischen Hilfswerks
seit 1987	Präsidentin der Europäischen Frauen-Union der EDU (Europäische Demokratische Union)

Heinrich Gleißner

von
Harry Slapnicka

Seit 1861, den Anfängen der modernen Demokratie in Österreich, waren drei Geistliche bzw. Ordenspriester, zwei Großgrundbesitzer, zwei Rechtsanwälte und ein Richter Landeshauptleute von Oberösterreich. Heinrich Gleißner, schon vor 1938 politisch tätig, war der erste, der als Arbeitersohn Jurist und Beamter geworden war und die höchste politische Funktion im Lande, die eines Landeshauptmannes, erreichte.

Sein Lebenslauf paßt nicht in das Schema, das sich viele von der Schlußphase der Monarchie machen: Der 1893 Geborene war der Sohn eines Facharbeiters, der aus der Oberpfalz zur Münchner Lokomotivfabrik Krauß und Company und schließlich zu ihrer Filiale nach Linz gekommen war und hier die Kleinbauerntochter Maria Ziegler heiratete. Ohne höhere Schulausbildung war der Vater hier Abteilungsleiter geworden. Für die Kinder dieser Ehe, von denen zwei im frühen Jugendaltar starben, brachten die Eltern große Opfer. So war es ganz selbstverständlich, daß Heinrich Gleißner, der einzige Sohn neben fünf Töchtern, nach Volksschule und Staatsgymnasium (1912 Matura mit Auszeichnung) Jus studieren durfte, und zwar vorerst in Prag und nach Ende des Ersten Weltkrieges in Innsbruck (1919–1920).

Die Lehren fürs künftige Leben begannen sofort in Prag, wo er als Student der deutschen Karls-Universität nicht nur die sozialen Probleme der Großstadt, sondern auch die damit verknüpften nationalen Differenzen Böhmens kennenlernte. Es folgte der Kriegseinsatz in Italien beim Kaiserschützenregiment Nr. 3; auch hier etwas Schicksalhaftes: Er lernte bei der Offiziersausbildung Engelbert Dollfuß kennen. Beim Zusammenbrechen der Front kam der 25jährige am 24. Oktober in italienische Gefangenschaft, in der er bis Ende 1919 blieb. In späteren Jahren kam nie ein anti-italienisches Wort über Gleißners Lippen: Hatten doch die Italiener die österreichischen Kriegsgefangenen nach besten Kräften ernährt.

Die weiteren Geschehnisse können im Telegrammstil zusammengefaßt werden: Fortsetzung des Jus-Studiums in Innsbruck und Promotion zum Dr. iur. (1920), Konzeptspraktikant bei der Oberösterreichischen Landesregierung, Übertritt zum Landeskulturrat (Warenvermittlung), ab 1927 Leiter und Prokurist, Kammeramtsdirektor-Stellvertreter der inzwischen errichteten Landwirtschaftskammer. 1937 Kammeramtsdirektor, 1938 geschäftsführender Vizepräsident, Hofrat.

Inzwischen war man auf die politische Begabung Gleißners und sein Redner-Talent aufmerksam geworden: Er wurde 1926 Ausschußmitglied des Katholischen Volksvereins/Landesparteileitung der Christlichsozialen Partei. Inmitten der Turbulenzen jener Jahre wird er dann am 1. August 1933 Landesleiter der Vaterländischen Front, eine vorerst in Oberösterreich eher unbedeutende Position. Inzwischen hatte Bundeskanzler Dr. Dollfuß in seiner Funktion als Bundesminister für Land- und Forstwirtschaft seinen Kriegskameraden Dr. Gleißner als Staatssekretär ins Landwirtschaftsministerium geholt. Hier war er „getreuer Diener seines Herrn“, verblieb in dieser Funktion überdies nur ein halbes Jahr, konnte aber doch einige Initiativen wie die „Bergbauernaktion“ (damit wurde notleidenden Bergbauern geholfen) verwirklichen. Nach dem Bürgerkrieg im Februar 1934 und nach dem eher erzwungenen Rücktritt von Landeshauptmann Dr. Josef Schlegel wurde Dr. Gleißner Landeshauptmann von Oberösterreich, wozu ihn der Rumpflandtag einstimmig am 27. Februar 1934 wählte. Aber der Schock über den Bürgerkrieg war groß, und die erste Aufgabe Gleißners war die Teilnahme am Begräbnis der Opfer. Wenige Monate später wird sein politischer Mentor, Dollfuß, in Wien ermordet. Oberösterreich war wichtigster Nebenkriegsschauplatz der nationalsozialistischen Revolte. Noch ist auch in Oberösterreich die wirtschaftliche Lage drückend, aber Anfang 1938 ist der wirtschaftliche Aufschwung unübersehbar.

Am Tag des Einmarsches der deutschen Truppen, am 13. März 1938, wurde Gleißner als Landeshauptmann entfernt, ab 15. März war er mehrere Monate in Polizeihaft, später auch noch in den Konzentrationslagern Dachau und Buchenwald. Gleißners Ehefrau Maria erreicht in einer abenteuerlichen Aktion bei der Mutter des Reichsführers SS Heinrich Himmler die Freilassung. Der Zwangsaufenthalt wird beim Industriewerk Bramag in Berlin verbracht; Anfang 1945 wird ein komplizierter und gefahrvoller Weg in die Heimat angetreten, wo ihn Freunde verstecken.

In dem vorerst nur von den Amerikanern besetzten Oberösterreich des Jahres 1945 hält sich Gleißner vorerst zurück; im Beamtenkabinett von Dr. Adolf Eigl (16. 5. 1945 bis 26. 10. 1945) übernimmt er allerdings das Ressort Landwirtschaft; dann aber wird er Chef der ersten ernannten politischen Landesregierung (26. 10. 1945 bis 13. 12. 1945). Nach den ersten gemeinsamen Nationalrats- und Landtagswahlen vom 25. November 1945 wird er am 13. 12. 1945 einstimmig zum ersten oberösterreichischen Landeshauptmann der Zweiten Republik gewählt. Er wurde nachfolgend Chef von sieben Landesregierungen, gleichzeitig war er zwischen Dezember 1945 und seinem Rücktritt im Mai 1971 Landtagsabgeordneter, sodaß er insgesamt 24 Jahre Landeshauptmann und 20 Jahre Landtagsabgeordneter war. Landesparteiobmann der ÖVP war Gleißner zwischen 14. 10. 1951 und 30. 11. 1968.

In diesen Jahren lassen sich relativ leicht die Schwerpunkte seines Wirkens erkennen, auch wenn der Aufbau aller Bereiche im Vordergrund stand. Vorerst gelang es ihm in relativ kurzer Zeit, das sozialistische Mißtrauen gegenüber seinem Wirken in den Jahren zwischen 1934 und 1938 zu beseitigen, wobei die im Konzentrationslager Buchenwald geführten Gespräche mit Oberösterreichern verschiedener politischer Richtungen mitgewirkt hatten. Auch seine anfängliche Zurückhaltung gegenüber den Repräsentanten der amerikanischen Besatzungsmacht im Jahre 1945 zeigt das politische Gespür Gleißners. Dann aber zeigte sich sehr bald der Lernprozeß, den Gleißner in den letzten Jahren durchgemacht hatte. Schon die von ihm verantwortete Landesverfassung des Jahres 1935 hatte neben autoritären Maßnahmen auch für später wichtige Neuerungen gebracht, indem die bis dahin übliche Zusammenlegung von Landeshauptmann und Landtagspräsident beendet wurde und die Funktion eines eigenen Landtagspräsidenten eingeführt wurde. Auch die mit der Landesverfassung von 1931 eingeführte Sparmaßnahme, daß es in Oberösterreich keine Stellvertreter des Landeshauptmannes gab, hatte sich in den kritischen Tagen des Jahres 1934 nicht bewährt und war geändert worden.

Mit dem Wiederaufbau der Demokratie im Jahre 1945 tat Gleißner jedoch ein Weiteres: Er reaktivierte das an sich schon gut eingeführte milde landespolitische Klima. Das in früheren Jahrzehnten doch recht rauhe politische Klima war von Landeshauptmann Dr. Alfred Ebenhoch (Landeshauptmann in den Jahren 1898–1907) in maßvolle und friedliche Bahnen gelenkt worden, was alle politischen Kräfte des Landes bei seiner Ernennung zum kaiserlichen Ackerbauminister auch bestätigten und unterstrichen.

Ebenhochs Nachfolger, Johann Nepomuk Hauser (Landeshauptmann), in der Schlußphase der Monarchie und in der Anfangsphase der Republik (1907–1927) hatte dieses milde Klima in krisenhafter Zeit weiter kultiviert und die politische Zusammenarbeit mit Sozialdemokraten und Großdeutschen weiter verstärkt; dies tat auch Hausers Freund und Nachfolger Dr. Josef Schlegel. Und ab 1945 verfolgte Gleißner denselben Weg, von dem auch die beiden Nachfolger Wenzel und Ratzenböck nicht abgingen.

Unmittelbar vor der Übernahme des Postens eines Landeshauptmannes hatte sich im August 1945 noch etwas zugetragen, was die oberösterreichische Landespolitik besonders erschwerte.

Landeshauptmann Dr. Heinrich Gleißner (links), 1962, mit Verteidigungsminister Dr. Karl Schleinzer, Angelobung der ersten drei Grenzschutzkompanien, Rohrbach im Mühlviertel

Im Rahmen des Zweiten Kontrollabkommens wurden die Grenzen der Besatzungszonen im Sinn einer einfacheren Verwaltung an die Ländergrenzen angepaßt. Eine Ausnahme bildete Oberösterreich. Hier wurden zwar gegenüber Niederösterreich, also im Raum zwischen Enns-Steyr und Weyer, Besatzungszonengrenze und Landesgrenze in etwa angepaßt (nicht überall übrigens), nachdem anfänglich die strategisch wichtige Enns Zonengrenze gewesen war. Im Mühlviertel, also im oberösterreichischen Gebiet nördlich der Donau, hatten die Russen anfänglich nur 24 Gemeinden besetzt, der überwiegende Teil des westlichen und mittleren Mühlviertels aber war zwischen dem 2. und 5. Mai von amerikanischen Truppen besetzt worden. Nun aber übernahmen sowjetische Truppen das ganze Mühlviertel, vermutlich um ihren Interessenraum Tschechoslowakei abzuschirmen. Damals, Ende Juli 1945, wollte deshalb die oberösterreichische Beamtenregierung schon zurücktreten, was die Lage allerdings nicht gebessert hätte. Der Chef der Beamtenregierung, Hofrat Dr. Eigl, wurde dann von den Amerikanern verhaftet und im salzburgischen Glasenbach interniert. Eine buchstäbliche „kopflose" Beamtenregierung, vor allem aber Vertreter des eben befreiten Mühlviertels, mußten Notmaßnahmen ergreifen: Johann Blöchl, Bauer aus Lasberg, wurde im Einvernehmen mit Staatskanzler Karl Renner zum „Staatsbeauftragten“ ernannt, eine „Zivilverwaltung Mühlviertel“ wurde als eine Art Teil-Regierung gebildet, die in Urfahr Ansprechpartner der sowjetischen Besatzungsmacht wurde. Nach den Wahlen vom November 1945 wurde Blöchl neben seiner Funktion als Staatsbeauftragter auch noch Mitglied der oberösterreichischen Landesregierung und damit die Zivilverwaltung in der oberösterreichischen Landesregierung verankert. Über all dem stand Dr. Heinrich Gleißner, vom dem später mit Recht gesagt wurde, daß er durch sein starres Festhalten an der Einheit Oberösterreichs einen sehr wesentlichen Beitrag zur Einheit Österreichs geleistet habe. Die Besatzungszeit dauerte – was anfänglich niemand erwartet hatte – zehn Jahre, und als die Russen 1953 ihre Kontrolle an der Donau aufgaben und die Bevölkerung wieder ohne Ausweis die Donau überschreiten und zum Stadtteil Urfahr gelangen konnte, da tanzte Dr. Gleißner mit der Frau des Linzer Bürgermeisters Dr. Ernst Koref auf der Linzer Nibelungenbrücke – ein Foto übrigens, das durch die ganze Welt ging.

Einmal hatte man allerdings noch an der Linzer Nibelungenbrücke den Atem angehalten, als es im September 1950 im Zusammenhang mit dem vierten Lohn- und Preisabkommen zu nicht ungefährlichen Streiks und Demonstrationen kam, bei denen die Zonengrenze, die nun wieder von den Amerikanern gesperrt wurde, besonders gefährlich war. In all diesen Jahren hat Gleißner mit Geschick, Diplomatie und Humor das Verhältnis zu beiden Besatzungsmächten im Land erträglich, gelegentlich sogar erfreulich gut gestaltet.

In den letzten Kriegsmonaten und in der unmittelbaren Nachkriegszeit war in Österreich ein Sonderproblem entstanden, das in der amerikanischen Zone Österreich besonders gravierend war, das der Flüchtlinge und Heimatvertriebenen. In der Schlußphase des Zweiten Weltkrieges setzten Flucht- und Absatzbewegungen der Deutschen aus dem europäischen Südosten (aus Jugoslawien, Rumänien und Ungarn) ein, nachdem schon vorher Teile der Rußlanddeutschen, auch Südtiroler, die man zur Auswanderung gezwungen hatte, nach Oberösterreich gekommen waren. Nach dem Mai setzten dann die Massenausweisungen der Sudetendeutschen aus den südböhmischen und südmährischen Gebieten nach Oberösterreich ein. Was also hatte Oberösterreich unter Eigl und sehr bald unter Gleißner zu bewältigen? Im Lande gab es mehr Ausländer als Einwohner – jeweils ca. 900.000 Menschen. Relativ problemlos ging der Abtransport jener Ausländer vonstatten, die den Nationalsozialisten als „Fremdarbeiter“ gedient hatten: rund 86.000 Russen und Ukrainer, 56.000 Ungarn, 28.900 Polen, 49.000 Franzosen, 24.000 Italiener, 12.000 Jugoslawen, 7500 Tschechen, 3000 Rumänen und fast 6000 Belgier und Holländer. Sie waren an einer Rückkehr in ihre Heimat interessiert, und die Amerikaner halfen dabei mit Transportmitteln. Ebenso erging es dem Großteil der 134.000 „Reichsdeutschen“. Schwieriger gestaltete sich die Lösung für die 10.000 Juden und die 60.000 Österreicher anderer Bundesländer. Zurück blieb – eben im amerikanisch besetzten Teil Oberösterreichs – ein Großteil der 25.000 Sudetendeutschen, der 23.000 Ungardeutschen, der 15.000 Jugoslawiendeutschen und der 10.000 Rumäniendeutschen. Vor allem Gleißner war es, der sich für eine Seßhaftmachung der Flüchtlinge und Heimatvertriebenen einsetzte und der gleichzeitig systematisch das Barackenelend der ersten Nachkriegsjahre beseitigte. 1945 leben rund 100.000 Menschen in vorerst 342 Flüchtlingslagern, in denen sich etwa 15 Kindergärten, zehn Schulen, 15 Kirchen, sechs Gemeinschaftsküchen und zahlreiche Geschäfte und Gewerbebetriebe befinden. 18 Jahre nach Kriegsende gab es in Oberösterreich zwar noch 14 Bundesflüchtlingslager, aber Oberösterreich war kein „Barackenland“ mehr. Ende 1954, also knapp vor Abschluß des Staatsvertrages, hatte Österreich 160.000 Heimatvertriebene eingebürgert. Man hatte dieses große und schwierige Problem in den Griff bekommen, und der Nutzen für das Land war bedeutend. Die Situation wurde gewiß dadurch erleichtert, daß die Not ganz allgemein war, aber der Unterschied zwischen einem wohlhabenden Bauern, dem der Bombenkrieg nichts angetan hatte, und einem Flüchtling, der mit einem Bündel Wäsche nach Oberösterreich kam, war doch noch gewaltig. Gleißner unterstützte die Eingliederung bedingungslos, so daß die menschliche Eingliederung der rechtlichen weit vorauseilte.

Das Land Oberösterreich war durch die Schlußphase des Krieges und vor allem durch den Bombenkrieg seit Februar 1944 zerstört wie nie in seiner Geschichte, und überdies war das Land mit Menschen – Oberösterreichern, Heimatvertriebenen, bisherigen „Zwangsarbeitern“ und nunmehrigen „Displaced persons“ (DP), überdies durch Besatzungssoldaten – vollgestopft wie nie zuvor. Die Landesregierung Gleißner mit dem Sozialdemokraten Ludwig Bernaschek als Landeshauptmann-Stellvertreter (bis 1969) widmete sich vorerst dem wirtschaftlichen Aufbau. Sie hatte es schwer und leicht zugleich: schwer, weil einfach fast alles und jedes fehlte, leicht, weil das Volk mittat. So wurde aus dem überwiegenden Bauernland Oberösterreich, in dem allerdings schon die Nationalsozialisten eine Rüstungsindustrie aufgebaut hatten, Schritt für Schritt ein Industrieland, mit einer sich rasch ändernden Bevölkerungsstruktur. Man erkannte dabei die schwierigen Anpassungsprobleme, etwa das Pendlerwesen, sehr klar.

Politisch blieb das nicht ohne Folgen, auch wenn die Kontinuität im Lande über die nationalsozialistische Zeit sichtbar war. Das Jahr 1945 zeigte bei den Landtagswahlen noch eine ungewöhnlich starke Österreichische Volkspartei, die knapp mehr als 59 Prozent der Stimmen gewann; das Auftreten der Wahlpartei der Unabhängigen ließ 1949 die Volkspartei auf 45 und die Sozialisten auf 31 Prozent absinken. 1955 holte die ÖVP leicht auf (48 Prozent), auch die Sozialisten legten zu (mehr als 39 Prozent), während die nunmehrige Freiheitliche Wahlgemeinschaft auf unter 10 Prozent sank. Nach der Landtagswahl von 1961 waren es 48,8 Prozent. 1967 erlebte Gleißner, der wie viele Politiker, die in der nationalsozialistischen Zeit ausgeschaltet waren, diese Zeit nachholen wollte – indem er länger im Amt blieb – eine schmerzliche Niederlage: Seine Volkspartei wurde stimmenmäßig zweitstärkste Partei (45,2 Prozent) bei gleicher Mandatsstärke mit den Sozialisten (23 : 23 : 2). Gleißners Wahl erfolgte damals mit Unterstützung des freiheitlichen Landesparteiobmannes Friedrich Peter. Gleißner war damals 74 Jahre alt.

Im Bereich der Kulturpolitik erreichte er 1969 nach intensiven Kämpfen mit den anderen Hochschulen und nach Überwindung von Widerständen der Ministerialbürokratie die Errichtung der Linzer Kepler-Universität, die das Land Oberösterreich über seine Geburtsstunde hinaus durch den Hochschulfonds des Landes Oberösterreich und der Stadt Linz gefördert hat und fördert. Mit Recht macht man ihm zum Vorwurf, daß er den Abriß der kunsthistorisch wertvollen Wollzeugfabrik in Linz nicht verhindert hat.

Kontinuierlich, bestimmt und energisch vertrat Dr. Heinrich Gleißner nicht nur die Rechte der Bundesländer. Er war durch viele Jahrzehnte der Exponent eines modernen und zeitgemäßen Föderalismus. Er sah in Wien keineswegs den Gegner, sondern den Partner, mit dem zusammen ein Gleichgewicht der Kräfte im Staat im Interesse des Bürgers herzustellen war. Das brachte zwar keine zugkräftigen Wahlparolen, aber dem „homo politicus“ Gleißner, der natürlich auch immer an seine Volkspartei dachte, standen immer Oberösterreich und Österreich im Vordergrund. Merkwürdigerweise hatte die schwerste politische Niederlage Gleißners, die bei der Präsidentenwahl von 1951, keine dauernde Narbe zurückgelassen. Im ersten Wahlgang am 6. Mai 1951 lag Gleißner mit 1,774.595 Stimmen noch vor seinem Gegenkandidaten, bei der Stichwahl war er jedoch seinem Gegner Theodor Körner mit 2,004.290 zu 2,172.806 Stimmen unterlegen.

Gleißner hat viel in seinem langen Leben erlebt, und er hat viel – vor allem in den deutschen Gefängnissen und Konzentrationslagern – gelernt, so vor allem eine fast selbstverständlich anmutende gute Zusammenarbeit mit allen politischen Gruppen und Kräften. Sein ungewöhnlicher Charme half ihm dabei entscheidend. Er blieb dabei ein Politiker der alten Schule – mit allen Vorteilen und Nachteilen – der die wissenschaftliche Beschäftigung mit der Politik weniger wichtig nahm als sein politisches Gespür, das ihn fast nie im Stiche ließ. Er hatte die für einen Politiker ungemein wichtige Begabung eines guten und klugen Redners, der in jeder Situation wußte, wie kurz oder wie lang er reden konnte, der völlig anders zu Bauern oder zu Akademikern sprach. Er hatte aber wenig Freude am Schreiben und lehnte es strikt ab, Memoiren zu verfassen, oder auch nur seine wichtigsten Reden herauszugeben.

Gleißner verließ mit 78 Jahren die Politik. In den 13 Jahren bis zu seinem Tode baute er alle ihm noch verbliebenen politischen und wirtschaftlichen Funktionen systematisch ab, nahm aber sehr rege am politischen Geschehen des Landes teil. Sein Begräbniszug führte vom Landhaus quer durch Linz zum Barbarafriedhof. Dort nahm Oberösterreich mit Dank von jenem Politiker Abschied, der für den Wiederaufbau des Landes nach 1945 die Hauptverantwortung getragen hatte.

Literatur- und Quellenverzeichnis

Biographisches Lexikon von Oberösterreich, 10. Lieferung (1964), sowie Nachtrag, 11.–14. Lieferung (1968), Linz.

Fünfzig Jahre ÖVP Oberösterreich, Linz 1995.

Großschopf (1961). Landeshauptmann Dr. Gleißner. Eine biographische Skizze, in: Oberösterreich im Zeichen des Aufstieges, Folge 1.

Slapnicka, Harry (1975). Oberösterreich 1927–1938, Linz.

Slapnicka, Harry (1976). Oberösterreich – Die politische Führungsschicht 1918–1938, Linz.

Slapnicka, Harry (1989). Oberösterreich – Die politische Führungsschicht ab 1945, Linz.

Slapnicka, Harry (1987). Heinrich Gleißner – Vom Arbeitersohn zum ersten Mann in Oberösterreich. Kurzbiographie des Vogelsang-Instituts, Wien.

Forstner, Heribert / Gerhart *Marckhgott* / Harry *Slapnicka* / Alois *Zauner* (1985). Oberösterreicher, Band 4, Landeshauptmann Heinrich Gleißner – Zeitgenossen berichten, Linz.

Slapnicka, Harry (1991). Oberösterreichs Landeshauptleute von 1861 bis zur Gegenwart, in: Ein Löwe für Oberösterreich – Dr. Erwin Wenzl 70, Linz.

Slapnicka, Harry (1987). Heinrich Gleißner (1893–1984), in: Neue österreichische Biographie ab 1815 (Große Österreicher), Band XXII, Wien.

Sturmberger, Hans (1970). Die Landeshauptmänner von Oberösterreich seit 1861, in: Oberösterreich 2.

Lebensdaten

1893	am 26. 1. in Linz (OÖ) geboren
1907	Eintritt in die katholische Studentenverbindung „Nibelungia“
1912–1914, 1919–1920	Jus-Studium an den Universitäten Prag und Innsbruck (Dr. iur. 1920)
1912	Aufnahme in die Prager Studentenverbindung „Saxo Bavaria“ (CV)
1914–1918	Kriegsdiensteinsatz bei den Kaiserschützen, zuletzt Oberleutnant; vier Kriegsauszeichnungen
1918–1919	in italienischer Kriegsgefangenschaft
1926	Heirat mit Maria, geb. Weichselbaumer (vier Kinder)
1938–1939	Haft
1939	neuerliche Haft, Konzentrationslager Buchenwald
1939–1945	Zwangsaufenthalt Berlin
1984	am 18. 1. in Linz verstorben

Berufliche Karrierestationen

1920	Konzeptspraktikant beim Amt der oö. Landesregierung
1921–1938 und 1945–1958	im Dienst des landwirtschaftlichen Genossenschaftsverbandes, der Warenvermittlung und der Landwirtschaftskammer (ab 1937 Kammeramtsdirektor, ab Jänner 1938 geschäftsführender Vizepräsident)

Staatliche Funktionen

1933–1934	Staatssekretär im Landwirtschaftsministerium
1934–1938 und 1945–1971	Landeshauptmann von Oberösterreich
1945–1971	Landtagsabgeordneter

Parteipolitische Ämter

1926–1934	Ausschußmitglied des Katholischen Volksvereins / Christlichsoziale Partei
1933–1938	Landesleiter der Vaterländischen Front Oberösterreich
1948–1951 und 1958–1968	Mitglied des Bundesparteivorstandes der Österreichischen Volkspartei
1951–1968	Landesparteiobmann der Österreichischen Volkspartei (Ehrenobmann der ÖVP Oberösterreichs)

Weitere Funktionen

1948–1971	Vorsitzender des Aufsichtsrates der Oberösterreichischen Kraftwerke AG
1947–1980	Vorsitzender des Aufsichtsrates der Versicherungsanstalt der österreichischen Bundesländer
1955–1968	Vorsitzender des Beirates der Oberösterreichischen Landes-Brandschadenversicherung
1959–1980	Mitglied des Aufsichtsrates der Donaukraftwerke
1958–1978	Präsident des Ringes des österreichischen Volksbildungswerke

Alfons Gorbach

von
Robert Kriechbaumer

Das christlichsoziale Milieu der Vor- und Zwischenkriegszeit repräsentierte eine breit gefächerte Milieukoalition, bestehend aus konservativem Adel, kirchlicher Hierarchie, erheblichen Teilen des Klein- und Mittelbürgertums, dem Großteil der Bauernschaft sowie der christlichen Arbeiterschaft. Diese Milieus repräsentierten klar strukturierte Kulturen, die in ihren jeweiligen Hochburgen hegemonialen Charakter annahmen.

Als klassische Beispiele seien hier die agrarischen Gemeinden einerseits sowie die Bundeshauptstadt andererseits, deren Bezeichnung als „Rotes Wien" durchaus ambivalente Gefühle auslöste, genannt. Selbst in fragmentierten und versäulten Gesellschaften läßt sich jedoch die politische Landkarte nicht nur mit hegemonialen kulturellen Zuordnungen zeichnen. Sie enthält vielmehr innerhalb der jeweiligen hegemonialen Kultur Minderheitenkulturen, die sich durch ihre Diasporasituation ghettoisiert und besonders bedroht fühlen. Zum anderen enthält sie auch zahlreiche „gemischte Zonen", in denen parteipolitische Kulturen in einem annähernd gleichen Stärkeverhältnis aufeinandertreffen. Dies trifft auf Kleinstädte und Märkte, Bahnknotenpunkte und Handelszentren zu. Parteiaktivisten und auch Parteimitglieder neigen in diesen Fällen zur Ausbildung von stereotypen Feindbildern. Das christlichsozial-katholische Milieu der Provinzstädte stützte sich vor allem auf die christlichsozialen Arbeiter und Beamten, die sich einem stark antiklerikalen deutschnationalen und sozialdemokratischen Lager gegenübersahen, sodaß die politischen Kontroversen oftmals kulturkämpferische Züge annahmen.

In dieses katholisch-christlichsoziale Milieu der Provinzstädte und Märkte wurde Alfons Gorbach am 2. September 1898 in Imst in Tirol als ältestes von sechs Kindern eines Stationsvorstehers der k. u. k. Staatsbahnen geboren, der 1900 nach Wörschach im Ennstal versetzt wurde. Alfons' Vater war christlichsozialer Parteiaktivist, 1928 bis 1932 Bürgermeister von Wörschach, Mitglied des Orts- sowie Bezirksschulrates und Gründungsmitglied eines katholischen Arbeitervereins. Mit dem Vater besuchte Alfons Gorbach bereits als Zwölfjähriger die ersten politischen Versammlungen, deren aggressive Atmosphäre seine politische Sozialisation mitbestimmten.

Nach dem Wunsch des Vaters sollte Alfons Priester werden, weshalb er nach der Volksschule das fürstbischöfliche Gymnasium in Graz besuchte. Hier wird ein typisches Verlaufsmuster christlichsozialer Karrieren sichtbar. Die sozioökonomischen Rahmenbedingungen der Jugend der christlichsozialen Eliten der Ersten Republik sowie eines Großteils der Gründergeneration der ÖVP zeigen keine Bilder des Bürgertums, sondern jene der Arbeiterschaft. Höhere Bildung galt als Ausnahme und besondere Auszeichnung, in deren Genuß man nur durch Entbehrungen der ganzen Familie oder über Vermittlung der Kirche gelangte.

Der Wunsch des Vaters – und wohl auch der Kirche – sollte sich jedoch im Falle Alfons Gorbachs nicht erfüllen. Noch vor Abschluß des Gymnasiums rückte er 1916 zum Infanterieregiment 7 ein und wurde an die Isonzo-Front verlegt. Während der zwölften Isonzo-Schlacht wurde er am 5. November 1917 schwer verwundet und verlor ein Bein. Frontuntauglich kehrte er nach Graz zurück, wo er während seiner langwierigen Genesung die Reifeprüfung nachholte und zu Kriegsende als Oberleutnant der Reserve das Trauma des Zusammenbruchs der Donaumonarchie erlebte. Für Gorbach war, wie für viele Christlichsoziale, die Geburt der Republik mit dem Geruch der Revolution behaftet, weshalb eine Identifikation mit ihr nur allmählich, vor allem nach der Übernahme der Regierungsverantwortung durch die Christlichsoziale Partei 1920, erfolgte.

1918 inskribierte Gorbach an der Karl-Franzens-Universität Graz Jus und trat der CV-Verbindung „Carolina" bei. Das gesellschaftliche Avancement der aus dem Kleinbürgertum und Bauerntum kommenden Studenten erfolgte zu einem erheblichen Teil über die katholischen farbentragenden Mittelschul- und Hochschulverbindungen, die zur Kaderschmiede der Christlichsozialen wurden. Hier erst erfolgte die Festigung der sekundären Sozialisation und die Hinwendung zu weitläufigeren gesellschaftlichen Kontakten.

Nach Beendigung seines Studiums, 1922, wurde Gorbach Jurist bei der Invalidenentschädigungskommission in Graz.

Bereits während seiner Studienzeit war Gorbach in der Grazer Stadtorganisation der Christlichsozialen Partei tätig geworden. In dem hektischen politischen Klima der steirischen Landeshauptstadt mit ihren fragmentierten politischen Milieus startete Gorbach als junger Hoffnungsträger der Christlichsozialen bei der Gemeinderatswahl 1929 seine politische Karriere, als er auf einem Kampfmandat in den Grazer Gemeinderat einzog, dem er bis 1932 angehören sollte. In diesem Jahr avancierte er zum Mitglied des Stadtschulrates (bis 1937), um ein Jahr später nach einer persönlichen Begegnung mit Bundeskanzler Dollfuß von diesem zum Landesführer der Vaterländischen Front ernannt zu werden. 1937 erreichte seine politische Karriere mit der Ernennung zum steirischen Landesrat ihren vorläufigen Höhepunkt.

Graz mit seinem stark ausgeprägten deutschnationalen Milieu wurde in den dreißiger Jahren zur Hochburg des Nationalsozialismus, den Gorbach vor allem als Landesführer der Vaterländischen Front sowie als Landesrat kompromißlos bekämpfte. Die steirische Landeshauptstadt wurde nach dem Berchtesgadener Abkommen zur „Stadt der Volkserhebung", in der Massendemonstrationen der Nationalsozialisten die Landes- und Bundesregierung immer mehr unter Druck setzten. Gorbach antwortete auf diesen Druck mit einer Großkundgebung der Vaterländischen Front am 21. Februar, in der er eine scharf antinationalsozialistische Rede hielt. Die Nationalsozialisten antworteten mit Großveranstaltungen, auf denen vehement der Rücktritt Gorbachs von allen politischen Funktionen gefordert wurde. Den Höhepunkt der Auseinandersetzungen bildete der 27. Februar 1938, an dem Gorbach eine neuerliche Großkundgebung gegen den Nationalsozialismus und für ein unabhängiges Österreich veranstaltete, die auch von zahlreichen illegalen Arbeiterführern unterstützt wurde. Aber noch am selben Tag löste Schuschnigg auf Drängen Seyß-Inquarts Gorbach als Landesführer der Vaterländischen Front ab. Am 3. März traf Landeshauptmann Karl Maria Stepan, Gorbachs engsten politischen Weggenossen, dasselbe Schicksal.

Gorbach gab den Kampf gegen den Nationalsozialismus trotz des offensichtlichen Zurückweichens der Regierung Schuschnigg nicht auf. Angesichts der sich ständig verschärfenden Situation reiste er im März 1938 nach Wien, um Schuschnigg zu einem härteren Vorgehen gegen die Nationalsozialisten in der Steiermark aufzufordern. Es sollte jedoch nicht mehr zu diesem Gespräch kommen. Nach den dramatischen Ereignissen des 11. März und des Einmarsches deutscher Truppen wurde Gorbach aufgrund eines Hinweises eines sich zufällig in Wien befindlichen Grazer Nationalsozialisten verhaftet und am 1. April mit dem ersten Österreicher-Transport nach Dachau gebracht.

5 Jahre und 8 Monate sollte Gorbach in den Konzentrationslagern des Dritten Reiches verbringen. Seine erste Inhaftierung dauerte vom 1. April 1938 bis zum 12. November 1942, seine zweite vom Juli 1944 bis zum 29. April 1945. Unter den zahlreichen Leidensgenossen in Dachau verband ihn mit Franz Olah eine Reihe gemeinsamer unliebsamer Erlebnisse. Gemeinsam mit dem späteren ÖGB-Präsidenten und Innenminister kam er auf den „Baum" (der Häftling wurde eine Stunde lang mit hinter dem Rücken zusammengebundenen Händen auf einem Holzpflock aufgehängt), gemeinsam erhielten sie 45 Tage „Bunker" und ein Jahr Isolierhaft im sogenannten Strafblock.

Die KZ-Jahre hinterließen bei Gorbach tiefe Spuren. Aus dem Konfrontationspolitiker der Ersten Republik wurde der engagierte Befürworter der Zusammenarbeit der beiden großen Lager der Nachkriegszeit und ein Verfechter einer Versöhnungspolitik gegenüber den minderbelasteten Nationalsozialisten. Vor allem letzteres resultierte aus einem in existentiellen Grenzsituationen gefestigten Christentum sowie der Überzeugung, daß die Zweite Republik nur mit, nicht jedoch ohne oder gegen die minderbelasteten Nationalsozialisten aufzubauen sei.

Der soeben aus dem Konzentrationslager Zurückgekehrte wurde sofort in das politische Tagesgeschehen involviert. Bereits im Juli 1945 wurde er stellvertretender Parteiobmann der steirischen ÖVP und 1946 Landesparteiobmann.

Gorbach wurde jedoch auch für die Nationalratswahl vom 25. November 1945 als Listenführer der ÖVP im Wahlkreis Graz nominiert und nach seiner Ankunft in Wien von Bundeskanzler Figl zum Dritten Nationalratspräsidenten vorgeschlagen. Diese Funktion sollte er zwischen 1945 und 1953 sowie zwischen 1956 und 1961 bekleiden. Mit seiner Wahl zum Dritten Nationalratspräsidenten war jedoch das Schwergewicht seines politischen Wirkens auf die Bundespolitik verlagert. Gorbach verfügte daher in der Steiermark, trotz seiner Funktionen als Landesparteiobmann und Dritter Nationalratspräsident, nicht über jene politische Hausmacht, die nötig gewesen wäre, die Landespartei straff zu führen. Zudem regte sich zunehmender Widerstand gegen ihn, der vor allem zwei Argumente für eine als notwendig erachtete Ablöse ins Treffen führte: Der linke Parteiflügel wollte sich nicht von einem Exponenten der ehemaligen „Vaterländischen Front" führen lassen, während ihm eine andere Gruppe die Vernachlässigung der landespolitischen Agenden durch seine bundespolitische Inanspruchnahme vorwarf. Diese Gruppe setzte auch auf dem Landesparteitag 1947 zum Sturz Gorbachs an, indem sie Udo Illig als neuen Landesparteiobmann vorschlug. Die steirische Landespartei stand vor einer Zerreißprobe, die nur durch massive Interventionen von Leopold Figl, Julius Raab und dem steirischen Landeshauptmann Anton Pirchegger zugunsten Gorbachs vermieden werden konnte.

Bereits ein Jahr später bot sich Gorbach die Chance, Landeshauptmann der Steiermark zu werden, nachdem Pirchegger aus gesundheitlichen Gründen sein Amt zurückgelegt hatte. Da Gorbach jedoch seine bundespolitischen Interessen betonte und damit auf eine Kandidatur verzichtete, war der Weg frei für den damals 45jährigen Landesrat Josef Krainer sen., hinter dem zudem der mächtige steirische Bauernbund stand.

Krainer, der über ein ausgeprägtes Machtbewußtsein verfügte, war zwar Landeshauptmann, nicht jedoch Landesparteiobmann. Daraus sollten sich Spannungen zu Gorbach ergeben, die zudem durch die differenten Persönlichkeitsstrukturen verstärkt wurden.

Die späten fünfziger Jahre signalisierten die Abenddämmerung der Ära Raab. Die ÖVP hatte nicht nur die Nationalratswahl 1959 verloren, sondern auch bei der Regierungsbildung der SPÖ erhebliche Zugeständnisse machen müssen. Die Partei schien, ebenso wie die große Koalition, erstarrt. Sollte sie die prinzipielle Mehrheitsfähigkeit behalten, waren grundlegende organisatorische und programmatische Reformen notwendig. Dies wurde immer deutlicher von jüngeren Reformkräften vor allem aus den Landesorganisationen gefordert. Josef Krainer hatte zusammen mit dem ehemaligen Außenminister Karl Gruber die „Neue Österreichische Gesellschaft" gegründet, der auch Alfons Gorbach, der Salzburger Landeshauptmann Josef Klaus und der Wirtschaftsbundabgeordnete Hermann Withalm angehörten. Ihre Aufgabe bestand in der Vorbereitung dieser Reform, die, das wußten die Reformer ebenso wie Julius Raab, mit diesem nicht mehr durchzuführen war.

Raab wollte aber die Ablöse in geordneten Schritten vollziehen. Auf seinen Vorschlag hin wählte der 8. ao. Bundesparteitag am 12. Februar 1960 Gorbach zum neuen Bundesparteiobmann der ÖVP. Mit Hermann Withalm erhielt Gorbach auch einen neuen Generalsekretär, der zwar ebenfalls der Gruppe der Reformer angehörte, in taktischen Fragen jedoch erheblich radikaler dachte als Gorbach. Gorbach bejahte grundsätzlich die große Koalition, wenngleich er deren Schattenseiten keineswegs übersah. Doch sie bildete für ihn das Stützkorsett für eine ruhige innenpolitische Entwicklung und damit auch die Möglichkeit der Überwindung der Gräben der Vergangenheit. Withalm hingegen hatte in einem großes Aufsehen erregenden Artikel in der *Österreichischen Neuen Tageszeitung* vom 10. Mai 1959 offen die Frage gestellt, ob sich nicht in der bereits 15 Jahre währenden großen Koalition ein Staatsbewußtsein gebildet habe, das auch andere Regierungsformen nach englischem Vorbild, d. h. das Verhältnis von Regierung und Opposition zwischen beiden Großparteien, erlaube. Diese Auffassungsunterschiede zwischen Withalm und Gorbach sollten schließlich zum Sturz Gorbachs beitragen.

Mit der Wahl Gorbachs zum neuen Bundesparteiobmann war klar, daß es nur mehr eine Frage der Zeit war, daß Raab auch aus der Funktion des Bundeskanzlers zugunsten Gorbachs scheiden würde. Am 16. Februar 1961 erklärte der Bundeskanzler in einem Schreiben an die Semmeringtagung des Parlamentsklubs, daß er sich im April vom Ballhausplatz zurückziehen werde, und er schlug Gorbach auch in dieser Funktion zu seinem Nachfolger vor.

Am 11. April 1961 ging Raab endgültig vom Ballhausplatz, nicht jedoch aus der Politik. Er zog sich in die Bundeswirtschaftskammer zurück und blieb nach wie vor ein – oft auch unberechenbarer – Faktor der österreichischen Innenpolitik. Seine Neigung zu einsamen und autoritären Entscheidungen sollte er Ende 1961 mit dem sog. „Raab-Olah-Abkommen" demonstrieren, mit dem beide Spitzenpolitiker ihren Parteien ein „Weihnachtsgeschenk" bescherten, von dessen Inhalt – der Errichtung des Lohnunterausschusses und anderen wirtschaftspolitischen Vereinbarungen – kaum jemand etwas wußte.

Das Raab-Olah-Abkommen zeigte deutlich, daß Gorbach als Bundeskanzler eine Reihe von Machtfaktoren mitberücksichtigen mußte, die seine Entscheidungsgewalt und damit auch seine Autorität einzuschränken drohten. Gorbach, dem in der Öffentlichkeit das Odium der Übergangslösung anhaftete, mußte daher versuchen, so rasch wie möglich aus dem Schatten seines Vorgängers zu treten und eigene Akzente zu setzen.

Diese neue Akzentsetzung erfolgte 1961/62 in einem doppelten Sinn: durch die Regierungsbildung sowie das Bemühen, das Parlament gegenüber dem Koalitionsausschuß aufzuwerten.

Hatte Raab bei seiner Regierungsbildung noch einem extremen Zentralismus gehuldigt, der in den westlichen und südlichen Bundesländern zunehmend auf Kritik gestoßen war, so verlagerte Gorbach das Schwergewicht bewußt in die westlichen und südlichen Landesorganisationen. Gleich drei Landesparteiobmänner dieser Regionen nahmen nunmehr in seiner Regierungsmannschaft Schlüsselpositionen ein: der Steirer Gorbach als Bundeskanzler, der Kärntner Karl Schleinzer als Verteidigungsminister und der Salzburger Josef Klaus als Finanzminister. Als personell bedeutendstes Revirement sollte sich die Ablöse des bisherigen Finanzministers Eduard Heiligensetzer durch Klaus erweisen, mit der die Reformgruppe in der ÖVP jenen Mann präsentierte, der ihre Intentionen einer geänderten und grundsatzorientierten Politik ideal zu verkörpern schien. Dies sollte sich bereits im Herbst 1961 dokumentieren, als Klaus durch sein Budgetsanierungskonzept eine veritable Koalitionskrise heraufbeschwor und gleichzeitig auch seine eigenen Ministerkollegen durch gezielte Öffentlichkeitsarbeit unter Druck setzte. Daß es 1961 nicht zu vorzeitigen Neuwahlen kam, war lediglich dem Umstand zuzuschreiben, daß die SPÖ aufgrund ihrer parteiinternen Differenzen kein Interesse an vorgezogenen Neuwahlen hatte.

Bundeskanzler Dr. Alfons Gorbach, 1964, auf dem Weg zum Bundespräsidenten

Die große Koalition hatte den verfassungsrechtlich keineswegs gedeckten Koalitionsausschuß geschaffen, der aus 12 Spitzenfunktionären der beiden Koalitionsparteien bestand, die über die eigenen Fraktionen hinweg Absprachen trafen und das Plenum des Nationalrates zu einem bloßen Vollzugsorgan degradierten. Gorbach reduzierte den Einfluß des Koalitionsausschusses auf Streitfälle und gab den beiden Parlamentsfraktionen ihre Handlungsfreiheit weitgehend zurück. Gorbach war jedoch auch aus machtpolitischen Überlegungen an einer Zurückdrängung des Einflusses des Koalitionsausschusses interessiert. Indem er die Verhandlungen weitgehend in die Regierung verlagerte, verhinderte er ein ständiges Mitregieren der mächtigen Standesinteressen, vor allem Raabs und Olahs.

Die permanenten Spannungen in der großen Koalition führten am 18. November 1962 zu vorgezogenen Neuwahlen, bei denen die ÖVP zwei Mandate zu Lasten der SPÖ gewinnen konnte, sodaß sich der Abstand der beiden Koalitionsparteien auf 5 Mandate erhöhte. Von den Begleitumständen sowie vom Wahlkampf dieser Nationalratswahl verdienen zwei Aspekte besondere Beachtung: die Geheimgespräche mit der FPÖ sowie die unabdingbare Forderung nach dem Außenministerium.

Die von Josef Krainer gegründete „Neue Österreichische Gesellschaft" hatte die Möglichkeit der Bildung einer kleinen Koalition als Befreiungsschlag gegen eine zu feste Bindung an die SPÖ mehrmals diskutiert. Dies vor allem auch deshalb, weil ähnliche Bemühungen der SPÖ bekannt wurden. Im Spätsommer 1962 kam es in Graz zu Geheimgesprächen zwischen Gorbach, Krainer, Friedrich Peter, Alexander Götz sen. und jun., um die FPÖ als möglichen Trumpf bei den bevorstehenden Koalitionsverhandlungen zu gewinnen und die Sicherung einer ÖVP-Regierung in der Steiermark sicherzustellen. Die Gespräche blieben unverbindlich und ohne Folgen, da die ÖVP während der Regierungsverhandlungen 1962/63 auf Druck Gorbachs immer wieder erklärte, sie verhandle nicht gleichzeitig mit der SPÖ und FPÖ. Durch die Einigung auf die Fortsetzung der großen Koalition sah sich die FPÖ von der ÖVP lediglich instrumentalisiert und wandte sich wenig später den Avancen der SPÖ zu. Sie löste damit die schwerste Koalitionskrise seit 1945 aus.

Die Forderung nach der Rückgewinnung des Außenministeriums wurde vor dem Hintergrund der Integrationsverhandlungen mit der EWG erhoben. Die Massivität dieser Forderung, die Generalsekretär Withalm als „unabdingbar" bezeichnete, ließ für die folgenden Regierungsverhandlungen nur zwei Optionen offen: Entweder man bestand auf dem Außenministerium und nahm das eventuelle Scheitern der Verhandlungen in Kauf, oder aber man benutzte sie als taktische Finesse, um sich das Verbleiben Kreiskys mit einem hohen Sachpreis abkaufen zu lassen. Das ÖVP-Verhandlungsteam, bestehend aus Gorbach, Raab, Figl, Hurdes, Maleta, Withalm, Krainer und Lechner, konnte sich jedoch auf keine einheitliche Linie einigen. Während Gorbach, Raab, Figl und Hurdes für den hohen Sachpreis votierten, plädierten Maleta, Withalm, Krainer und Lechner für die unbedingte Realisierung dieser Forderung. Die Uneinigkeit blieb der SPÖ nicht verborgen, die die Verhandlungen bis 23. März 1963 hinauszögerte und das Außenministerium für Kreisky zu retten vermochte.

Obwohl Gorbach seine Verhandlungslinie durchgesetzt hatte, bedeutete das Ergebnis der Regierungsverhandlungen den parteiinternen Bruch mit den Reformern um Withalm und Klaus. Klaus weigerte sich, der neuen Regierung anzugehören, und Withalm blieb der Unterzeichnung des Koalitionspaktes demonstrativ fern. Mit dieser Provokation Gorbachs war klar, daß die ÖVP beim nächsten Bundesparteitag entweder einen neuen Parteiobmann oder einen neuen Generalsekretär bekommen mußte. Das Ende der Ära Raab und ihrer Verlängerung durch Gorbach wurde durch die schwere Niederlage bei der im April 1963 folgenden Bundespräsidentenwahl deutlich, bei der Raab gegen den ausdrücklichen Willen Withalms zum Präsidentschaftskandidaten nominiert und mit lediglich 40,6 Prozent gegenüber Adolf Schärf ein politisches Waterloo erleben mußte. Dieses Debakel stärkte innerhalb der ÖVP jene Gruppe von Reformern, die einen grundsätzlichen Wechsel in der Politik – und damit auch den Kopf Gorbachs – forderte.

Gorbach hatte bei den Regierungsverhandlungen gegen den Widerstand Raabs eine Erweiterung des koalitionsfreien Raumes vereinbart, der jedoch im Koalitionsübereinkommen genau definiert war. Die Schaffung dieses koalitionsfreien Raumes sollte 1963 in der Causa Habsburg vor allem von der SPÖ genutzt werden, die zusammen mit der FPÖ gegen den Willen der ÖVP einen Entschließungsantrag über die authentische Interpretation des Habsburgergesetzes durch den Hauptausschuß des Nationalrates einbrachte und damit eine Krise der Koalition heraufbeschwor. Mit diesem Vorgehen hatte die SPÖ das Koalitionsabkommen verletzt, doch signalisierte damit Franz Olah, der langjährige KZ-Kamerad Gorbachs, daß sich die SPÖ mit Hilfe der FPÖ mehr innenpolitischen Spielraum zu verschaffen gewillt sei und auch die Bildung einer kleinen Koalition unter sozialistischer Führung in Erwägung ziehe. Damit trug Olah, wohl unbewußt, zum Sturz Gorbachs bei.

Obwohl Gorbach in der Habsburgkrise Standfestigkeit bewiesen hatte, sollte sich sein politisches Schicksal 1963 entscheiden. Wenngleich die Habsburgkrise die schweren innerparteilichen Differenzen vorübergehend überdeckt hatte, so waren sie dennoch latent vorhanden. Um eine innerparteiliche Klärung herbeizuführen, entschloß er sich für eine Vorverlegung des 9. Bundesparteitages auf den September 1963 in Klagenfurt. Da die Reformgruppe Klaus als neuen Parteiobmann nominiert hatte und Gorbach ebenfalls zu kandidieren schien, stand der Partei eine Zerreißprobe bevor. Um dies zu verhindern, verzichtete Gorbach auf eine Wiederkandidatur und besiegelte damit sein politisches Schicksal. Die Koalitionsfreunde sahen mit einem neuen Führungsduo Klaus/Withalm den Bestand der großen Koalition gefährdet und nominierten Unterrichtsminister Heinrich Drimmel und Staatssekretär Franz Hetzenauer für die beiden Spitzenfunktionen in der Partei.

Klaus und Withalm siegten auf dem Klagenfurter Parteitag und leiteten damit eine neue Ära ein. Mit der Wahl von Klaus zum neuen Bundesparteiobmann wurde die Stellung Gorbachs als Bundeskanzler immer unhaltbarer, zumal zwischen beiden unüberbrückbare Auffassungsunterschiede über den Stil der Politik bestanden. Gorbach geriet durch die von Klaus und Withalm betriebene Pressepolitik immer mehr in die Defensive und forderte am 24. Februar 1964 in einer dramatischen Sitzung im Vogelsang-Heim in Wien das uneingeschränkte Vertrauen für das Regierungsteam. Dies hätte eine politische Entmachtung der Parteiführung bedeutet. Die Würfel waren jedoch bereits zugunsten von Klaus gefallen. Die Bundesparteileitung akzeptierte das Ansinnen Gorbachs nicht, der daraufhin zurücktrat.

Am 28. Februar 1965 starb Bundespräsident Adolf Schärf. Obwohl Leopold Figl insgeheim auf eine Nominierung zum Präsidentschaftskandidaten der ÖVP hoffte, entschied sich die Bundesparteileitung für die Nominierung Gorbachs. Diese erfolgte vor allem aus zwei Gründen: Figl war todkrank, und Gorbach wollte man eine Wiedergutmachung zuteil werden lassen. Mit Gorbach verfügte die ÖVP seit längerer Zeit wiederum über einen mehrheitsfähigen Kandidaten, der die Wahl gegen Franz Jonas nur knapp verlor. Wie weit der knappe Rückstand von lediglich 1,38 Prozent auf das mangelhafte Engagement der steirischen Landespartei sowie auf persönliche Spannungen zwischen Gorbach und Krainer zurückzuführen war, bedarf noch der historischen Verifikation.

Gorbach gehörte dem Nationalrat noch bis 1970 an, aus dem er sich mit einer bewegenden Rede am 20. Jänner verabschiedete. Er starb 1972.

Gorbach ist sicherlich eine der markantesten Persönlichkeiten des Elitenkonsenses der Gründergeneration der Zweiten Republik. Der Festigung der Zusammenarbeit der beiden Großparteien zur Überwindung der Gräben der Vergangenheit sowie der

Eingliederung der ehemaligen Nationalsozialisten in die Zweite Republik galten seine auf Integration zielenden politischen Ambitionen. Aus diesem Grund strebte er auch das Amt des Nationalratspräsidenten an, das ihm jedoch durch den von Raab gewünschten Wechsel an die Spitze der ÖVP verwehrt blieb.

Wenngleich er sich durch behutsame, jedoch mit erheblicher Ausdauer verfolgte Maßnahmen im Bereich des Funktionsgefüges der großen Koalition aus dem Schatten seines dominanten Vorgängers Raab zu lösen versuchte, war er als Konsenspolitiker der sich verschärfenden innenpolitischen Gangart des Koalitionspartners, symbolisiert in den Persönlichkeiten von Bruno Pittermann und Franz Olah, nicht gewachsen. Gorbach symbolisierte das Ende der „langen“ fünfziger Jahre, die er vor dem Hintergrund der Transformation der österreichischen Gesellschaft und ihrer politischen Kultur vergeblich zu perpetuieren suchte.

Literatur- und Quellenverzeichnis

Bleier-Bissinger, Hanna (1988). Bundeskanzler Dr. Alfons Gorbach und seine Zeit. Leben und Sterben der Nachkriegskoalition, Graz.

Gorbach, Alfons (1962). Gedanken zur Politik, Wien/Stuttgart/Zürich.

Kriechbaumer, Robert (1987). Alfons Gorbach. Ein Mann des Ausgleichs, Wien.

Kriechbaumer, Robert (1983). Alfons Gorbach, in: Friedrich *Weissensteiner* / Erika *Weinzierl* (Hg.): Die österreichischen Bundeskanzler. Leben und Werk, Wien.

Reichhold, Ludwig (1975). Geschichte der ÖVP, Graz.

Vodopivec, Alexander (1962). Wer regiert in Österreich? Die Ära Gorbach-Pittermann, Wien.

Lebensdaten

1898	geboren am 2. 9. in Imst
1916	Meldung als Kriegsfreiwilliger
1917	Schwere Verwundung an der Isonzo-Front
1918	Matura
1918	Eintritt in die CV-Verbindung „Carolina“
1918–1922	Jus-Studium an der Karl-Franzens-Universität in Graz
1924	Heirat mit Maria Dolnicar (eine Tochter)
1938	Verhaftung und Transport nach Dachau
1942	Entlassung aus dem KZ Dachau
1944	neuerliche Verhaftung und Verbringung in das KZ Dachau
1945	Befreiung
1972	gestorben am 20. 1.

Berufliche Karrierestationen

1922–1932	Jurist bei der Invalidenentschädigungskommission in Graz

Staatliche Funktionen

1929–1932	Mitglied des Grazer Gemeinderates
1932–1937	Stadtschulrat in Graz
1937–1938	Landesrat
1945–1970	Abgeordneter zum Nationalrat
1945–1953 und 1956–1961	Dritter Nationalratspräsident
1961–1964	Bundeskanzler

Parteipolitische Ämter

1933–1938	Landesführer der Vaterländischen Front der Steiermark
1945	Stellvertretender Landesparteiobmann der steirischen ÖVP
1946–1964	Landesparteiobmann der steirischen ÖVP
1960–1963	Bundesparteiobmann der ÖVP
1945–1946 1948–1951 1958–1965	Mitglied des Bundesparteivorstandes der ÖVP

Alexander Götz

von
Wolfgang C. Müller[1]

Alexander Götz wurde am 27. 2. 1928 in Graz geboren. Seine Mutter, Josephine Götz, hatte bis zu ihrer Heirat als kaufmännische Angestellte gearbeitet, widmete sich aber nach der Geburt des Sohnes dem Haushalt. Der Vater von Alexander Götz, Alexander Götz sen., war zunächst Berufsoffizier gewesen, 1914 in russische Kriegsgefangenschaft geraten und nach seiner Rückkehr – nach 6 ½ Jahre in Sibirien – und einem Intermezzo beim Österreichischen Bundesheer leitender Angestellter bei der Creditanstalt in Graz geworden. Nach dem Zweiten Weltkrieg, in den Götz sen. wieder einrückte, arbeitete er als Leiter einer Maschinenfabrik. Im Elternhaus von Alexander Götz wurde zwar nicht über Politik gesprochen, dennoch war die Familie für sein politisches Interesse und für die Ausprägung seiner politischen Überzeugungen wichtig. Götz sen. führte eine unabhängige Liste der steirischen Bank- und Sparkassenangestellten und war zwischen 1934 und 1938 Vizepräsident der Arbeiterkammer Steiermark. Abgesehen davon hatte er vor seinem gleichzeitig mit seinem Sohn erfolgenden Eintritt in die FPÖ weder politische Funktionen, noch gehörte er einer politischen Partei an.

Der Bürgerkrieg im Februar 1934, der nationalsozialistische Putschversuch im Juli desselben Jahres und die folgenden Verhaftungen wurden von dem bereits „einigermaßen mitdenkenden“ Sechsjährigen rezipiert. 1937 traf die große Arbeitslosigkeit der 30er Jahre auch die weitere Familie Götz. Die Brüder seines Vaters – beide Lehrer – wurden arbeitslos, ausgesteuert und von Alexander Götz sen. finanziell unterstützt. Daß letztendlich drei Familien von dessen Gehalt lebten, führte zu merkbaren Einschränkungen. Wie viele aus seiner Altersgruppe sah der junge Götz im Nationalsozialismus eine positive Alternative zu den bis 1938 in Österreich herrschenden politischen und ökonomischen Zuständen. Er engagierte sich voll in der Hitlerjugend, in der ihn vor allem die Kameradschaft und die Aufhebung der Klassenzugehörigkeit ansprachen. Götz stieg bis zum HJ-Stammführer auf, den höchsten für einen Jugendlichen erreichbaren Rang. In dieser Funktion unterstanden ihm ca. 600 Hitlerjungen. Wie er selbst bekennt, wurde er nur aus Altersgründen – er war noch zu jung – nicht Mitglied der NSDAP. 1945 wurde Götz noch zur Wehrmacht einberufen und diente drei Monate als Gebirgsjäger. Nach Kriegsende wurde Götz wegen seiner Funktion in der HJ insgesamt 1 ½ Jahre von der britischen Besatzungsmacht interniert, zuerst im Landesgericht Graz, dann in den Lagern Wolfsberg und Wetzelsdorf.

1947 aus der Internierung entlassen, holte Götz zunächst die Matura nach und begann, an der Technischen Hochschule Graz Bauwesen zu studieren. Das Gefühl, aufgrund der durch die Internierung versäumten Zeit schon „spät dran zu sein“, motivierte ihn zu besonderen Studienleistungen. 1953 schloß er sein Technik-Studium mit dem Dipl.-Ing. ab; 1956 erwarb er an der Universität Graz den Dr. iur., und 1958 wurde er auch zum

Dr. der Staatswissenschaften promoviert, mit einer Dissertation über „Wirtschaftsprobleme des Stadtverkehrs".

Bereits 1948 begann Götz, sich hochschulpolitisch zu betätigen. Unzufrieden mit der Studentenvertretung, die sich aus den Studentenorganisationen der damaligen Parlamentsparteien zusammensetzte und die ihm zu sehr die parteipolitische Auseinandersetzung an der Hochschule nachvollzog, statt sich für konkrete studentische Anliegen wie die Verbesserung der Studienbedingungen einzusetzen, gründete er zusammen mit anderen den Bund Unabhängiger Studenten (B. U. S.). Dieser konnte 1951 erstmals zur Hochschülerschaftswahl antreten. An der Grazer Technik blieb diese Gruppierung unter dem Vorsitz von Götz nur ganz knapp hinter der ÖVP-nahen Studentengruppe, welche damals die Hochschulen dominierte. Götz wurde bald darauf Vorsitzender der Hochschülerschaft an der Technischen Hochschule Graz und baute bei der nächsten Wahl seine Position auf rund 60% der Stimmen aus. Ab 1950 gab es Bemühungen, die diversen unabhängigen Studentenlisten auf eine gesamtösterreichische Basis zu stellen, was 1952 schließlich zur Gründung des Ringes Freiheitlicher Studenten (RFS) führte, welcher bei den ÖH-Wahlen 1953 knapp ein Drittel der Stimmen erzielte (Hirnschall 1991).

Ab 1954 arbeitete Götz in der Grazer Stadtverwaltung, wo es ihm bald gelang, ein „Verkehrsreferat" zu etablieren. Götz hatte eine Beamtenposition angestrebt, weil sie ihm Gewähr zu bieten schien, sein Jus-Studium nebenbei beenden zu können. In der Grazer Stadtverwaltung fiel Götz bald als einer auf, „der sich nichts gefallen läßt". Das wieder führte dazu, daß er bedrängt wurde, als Personalvertreter zu kandidieren, vor allem aber erweckte es die Aufmerksamkeit des Grazer VdU-Stadtrates Dr. Hans Benko. Dieser fragte ihn, ob er sich nicht politisch betätigen wolle und bereit sei, eine Funktion in der vor der Gründung stehenden FPÖ zu übernehmen. Götz, der den VdU als „politisch abgewirtschaftet" ansah, wollte aus diesem Grunde zunächst nicht, ließ sich dann aber mit folgendem Argument Benkos überzeugen: „Wenn alle, die uns kritisieren, sich so verhalten, wird nie etwas daraus." Götz sen. wurde in dem gleichen Gespräch angeworben und wurde sogar der erste FPÖ-Landesparteiobmann in der Steiermark.

Die parteipolitische Karriere von Alexander Götz verlief anfangs weniger steil als die seines Vaters. Er war Gründungsmitglied der FPÖ in Graz, Wahlkreisparteiobmann und als Redner stark für seine Partei engagiert. 1957 wurde er, für sich selbst überraschend, zum Kandidaten für die Grazer Gemeinderatswahl 1958 nominiert, dann auch gewählt und von der sechsköpfigen Gemeinderatsfraktion der FPÖ auch gleich zum Klubobmann gemacht. Als Stadtrat Benko 1958 schwer erkrankte, wurde Götz sein Nachfolger. Zunächst war geplant, daß er diese Position nur vorübergehend – bis zur Gesundung von Benko – ausüben solle, was diese Aufgabe zunächst wenig attraktiv erscheinen ließ. Götz wurde damit betraut, weil in seinem Fall – als Beamter – gegen die befristete Übernahme dieses hauptberuflichen politischen Amtes weniger Argumente angeführt werden konnten als bei den anderen Mitgliedern der FPÖ-Gemeinderatsfraktion. Allerdings kehrte Dr. Benko, der bald darauf starb, nicht wieder in die Politik zurück. Götz blieb also Stadtrat und fungierte bei der Grazer Gemeinderatswahl 1963, bei der die FPÖ ein Mandat gewann, als deren Spitzenkandidat. 1963 wurde im Zuge der Annäherung von SPÖ und FPÖ auf Bundesebene und unter tatkräftiger Mithilfe des dabei maßgeblichen SPÖ-Politikers Franz Olah (1995, 237) das Statut der Stadt Graz mit Wirksamkeit 1964 geändert: Die Position eines dritten Bürgermeister-Stellvertreters wurde geschaffen und Götz in sie gewählt.

1964 wurde Götz als Nachfolger von Jörg Kandutsch – der wieder 1963 Alexander Götz sen. in dieser Funktion nachgefolgt war – zum FPÖ-Landesparteiobmann der Steiermark gewählt. Götz war als Grazer Vizebürgermeister der „sichtbarste" FPÖ-Politiker der Steiermark. Seine Partei wollte ihren Obmann aber auch direkt in der Landespolitik involviert sehen. Der Landesparteitag beschloß daher seine Landtagskandidatur, die ihn 1965 zu einem der zwei FPÖ-Landtagsabgeordneten machte. Er blieb bis 1974 im Landtag, also bis zu jener Landtagswahl, die seiner Wahl zum Grazer Bürgermeister folgte. Seine Bezüge als Landtagsabgeordneter führte Götz seiner Partei ab.

Auf bundespolitischer Ebene war Götz 1956 an der FPÖ-Gründung beteiligt, ab 1957 gehörte er dem weiteren Führungsgremium, der Bundesparteileitung, ab 1964 auch dem engeren Führungsgremium, dem Bundesparteivorstand, an. Ab Anfang der 60er Jahre war Götz über diese parteipolitischen Funktionen auch in die Bundespolitik involviert. 1962 war er an einem Gespräch mit dem ÖVP-Obmann Alfons Gorbach und steirischen Industriellen beteiligt, das seitens der FPÖ als ÖVP-Zusage für eine zukünftige ÖVP-FPÖ-Regierungskoalition auf Bundesebene verstanden wurde, die allerdings von der ÖVP nach der Nationalratswahl 1962 dann weder realisiert noch ernsthaft angestrebt wurde. Anders als Peter, der sich von da an primär in Richtung SPÖ orientierte, zog Götz – der während seiner ganzen politischen Karriere ausschließlich die Zusammenarbeit innerhalb des bürgerlichen Lagers suchte – den Schluß, man müsse sich in der ÖVP nach verläßlichen Partnern umsehen. Konsequenterweise reagierte Götz – zusammen mit Otto Scrinzi – 1964 mit einem Mißtrauensantrag gegen Parteiobmann Peter auf dessen Annahme der von Franz Olah für die FPÖ bereitgestellten Gewerkschaftsgelder. Götz begründete sein Vorgehen damit, daß die Parteigremien nicht informiert worden seien und Peter die Annahme dieser Gelder zunächst öffentlich bestritten habe. Götz mutmaßte weiters, daß es einen inhaltlichen Zusammenhang zwischen dieser Parteienfinanzierung und der parlamentarischen Kooperation zwischen FPÖ und SPÖ in der Habsburg-Frage im Jahre 1963 gegeben hatte, welche von Götz und anderen auf eine bürgerliche Kooperation orientierte FPÖ-Funktionären wie Wilfried Gredler, Otto Scrinzi und Klaus Mahnert abgelehnt worden war. Der Mißtrauensantrag gegen Peter, dessen Annahme zu einem außerordentlichen Parteitag geführt hätte, wurde bei Stimmengleichheit durch Dirimierung des Parteiobmanns – Friedrich Peter selbst – abgelehnt. Diese Auseinandersetzung zeigte die Konfliktlinien und die damit verbundenen personellen Konstellationen, die in den folgenden rund zwei Jahrzehnten maßgeblich für die Politik innerhalb der FPÖ waren.

1968 trat Götz mit dem Papier „‚Ordnung 70'. Freiheitliche Aktion zur Demokratischen Neuordnung" als Programmatiker hervor. Seine Kritik des Parteienstaates und sein Eintreten für Persönlichkeitswahl etc. waren für die damalige Zeit außerordentlich radikal. Sie sorgten für heftige innerparteiliche Diskussionen, gingen aber nicht in die offizielle Programmatik oder die Politik der FPÖ ein (Piringer 1982, 151–153). Um der ÖVP-Propaganda von 1970 („Die dritte Kraft, den roten Kanzler schafft") entgegenzutreten und eine Vorentscheidung für mögliche Koalitionsbildungen zu treffen, setzten Götz und Scrinzi im Jänner 1970 die FPÖ-Erklärung „Kein roter Bundeskanzler, kein schwarzes Österreich" in den FPÖ-Gremien durch (Schmidt 1991). Diese Festlegung stand der Bildung einer SPÖ-FPÖ-Koalition nach der Nationalratswahl, die – für Götz und die FPÖ überraschend – mit einer relativen Mehrheit der SPÖ geendet hatte, entgegen. Zaghafte Versuche aus dem Lager Peters (aber nicht von diesem selbst), diese Erklärung in der neuen Situation nicht länger gelten zu lassen, wurden von Götz und seinen Verbündeten abgewehrt. Da die andere Alternative, die Bildung einer ÖVP-FPÖ-Koalition nach einer ablehnenden Erklärung von Josef Klaus am Wahlabend keine Chance auf Verwirklichung mehr hatte und auch keine große Koalition gebildet wurde, stimmte selbst Götz der Unterstützung der SPÖ-Minderheitsregierung durch die FPÖ zu. Dafür maßgeblich war u. a. die Chance, nunmehr zusammen mit der SPÖ das Wahlrecht reformieren und so die Benachteiligung der FPÖ eliminieren zu können. Mit der vorgezogenen Nationalratswahl 1971 verband Götz – anders als der Flügel um

Friedrich Peter, der hoffte, danach die SPÖ-FPÖ-Koalition realisieren zu können – die Erwartung, daß die ÖVP die relative Mehrheit wieder zurückgewinnen würde, was auch die Option einer ÖVP-FPÖ-Koalition neu belebt hätte. Das Wahlergebnis – eine absolute Mehrheit der SPÖ – vereitelte die Realisierung all dieser Hoffnungen.

Als FPÖ-Obmann Peter nach der für seine Partei enttäuschenden Nationalratswahl 1975 durch die Veröffentlichung Simon Wiesenthals über die Beteiligung seiner SS-Einheit an Kriegsverbrechen politisch „angeschlagen" war, verteidigte ihn Götz zunächst gegenüber der Öffentlichkeit: Wiesenthal habe keine neuen Fakten veröffentlicht, bis zum Beweis des Gegenteils müsse Peters Erklärung, er habe sich nichts zuschulden kommen lassen, gelten. Intern forderte er Peter allerdings zum Rücktritt auf, als Kreisky sich in die Auseinandersetzung über die Vergangenheit Peters einschaltete und diesen verteidigte. Für Götz (1991, 57) steckte Peter damit, für alle sichtbar, „im Westentasch'l des Bundeskanzlers", die Unabhängigkeit der FPÖ erschien ihm so nicht mehr glaubhaft. Angesichts heftiger Angriffe auf Peter auf dem folgenden Parteitag der FPÖ (1976) und seiner Wiederwahl zum Parteiobmann mit nur mehr 74% Unterstützung (ohne Gegenkandidaten), erklärte Peter, am nächsten Parteitag, also 1978, nicht mehr anzutreten. Das hieß, ein Nachfolger mußte gefunden werden.

Zu diesem Zeitpunkt war Götz der einzige FPÖ-Politiker, der bedeutende Wahlerfolge aufzuweisen hatte und eine hervorgehobene öffentliche Position – Bürgermeister der zweitgrößten Stadt Österreichs – innehatte. In dieses Amt war Götz 1973 als mittelbare Konsequenz einer der ersten erfolgreichen Bürgerinitiativbewegungen Österreichs gewählt worden. Diese kämpfte gegen eine Stadtautobahn in Graz und hatte mehr als 30.000 Unterschriften gegen dieses Projekt gesammelt. Die Stadtverwaltung forderte darauf alle Unterzeichner auf, persönlich bei der Behörde zu erscheinen, um ihre Unterschrift zu beglaubigen. Einschließlich der Verwandten und Bekannten der Unterzeichner, irritierte dieses Vorgehen rund 100.000 Grazer Bürger. Die FPÖ unter Götz verwendete das im Gemeinderatswahlkampf 1973, um „Bürokratismus und Schikane der absoluten roten Mehrheit zu demonstrieren" (Götz). Die FPÖ gewann drei Mandate dazu, die ÖVP fünf Mandate, SPÖ und KPÖ stagnierten (bei Erhöhung der Mandatszahl von auf 48 auf 56). Damit hatte die absolute SPÖ-Mehrheit in Graz ein Ende gefunden. In den folgenden Koalitionsverhandlungen zwischen ÖVP und FPÖ gelang es letzterer, die noch immer die kleinste der drei relevanten Grazer Parteien war, das Amt des Bürgermeisters für Alexander Götz durchzusetzen. Götz selbst führt das darauf zurück, daß es ihm gelungen war, der ÖVP klarzumachen, daß ein „newcomer" wie der ÖVP-Spitzenkandidat Franz Hasiba, der zuvor in der Landes-, nicht aber Stadtpolitik tätig gewesen war, nicht das Amt des Bürgermeisters übernehmen könne. Spekulationen, daß die gleichzeitige Bildung der ÖVP-FPÖ-Koalition in Klagenfurt, die den ÖVP-Kandidaten Leopold Guggenberger 1973 zum Klagenfurter Bürgermeister machte, gewissermaßen eine „Paketlösung" mit Graz darstellte, werden von Götz selbst als unzutreffend bezeichnet. Als Bürgermeister erhöhte Götz seine Popularität weiter. Im Jänner 1978 gewann die FPÖ weitere fünf Mandate auf Kosten der beiden Großparteien (SPÖ –3, ÖVP –2), die Koalition mit der ÖVP wurde fortgesetzt, obwohl die SPÖ der ÖVP das Bürgermeisteramt angeboten hatte. Diesmal dürfte es zumindest „günstigen Rückenwind" von seiten der ÖVP Bundespartei für die Beibehaltung des Status quo gegeben haben.

Mit dem Wahlerfolg bei der Grazer Gemeinderatswahl verbreiterte sich innerhalb der FPÖ die Meinung, in Götz endlich den geeigneten Nachfolger für Peter zu haben. Im Rahmen einer FPÖ-Klausurtagung in Baden bei Wien wurde Götz von Teilen der Parteiführung stark bedrängt, sich für das Amt des Parteiobmanns zur Verfügung zu stellen (Piringer 1982, 273f.). Schließlich erklärte sich Götz dazu bereit. Widerstand gegen seine Nominierung gab es damals nicht; es sollte sich aber bald zeigen, daß weder die politische Strategie von Götz noch sein Führungsstil von weiten Teilen der Parteiführung akzeptiert wurden.

Götz, der trotz der „wahlzahlenmäßigen Mehrheiten von Kreisky" an die Existenz einer „nicht-sozialistischen Mehrheit in Österreich" glaubte, wollte die FPÖ wieder in „einen vernünftigen Abstand zu Kreisky" bringen. Seine Replik auf eine Äußerung von Kreisky, der angedeutet hatte, daß Götz als Bürgermeister ja in mancher Hinsicht von Entscheidungen der SPÖ-Bundesregierung abhängig sei, brachte die FPÖ mit einem Schlag aus „Kreiskys Westentasch'l" (wo Götz die FPÖ unter Peter gesehen hatte): Kreisky agiere, „als sei ihm der Papp ins Hirn gestiegen" (Piringer 1982, 275). Diese und weitere markante Äußerungen, die alle empörte Reaktionen aus der SPÖ nach sich zogen, positionierten die FPÖ sehr rasch wieder am rechten Rand des bürgerlichen Lagers. Vor der Nationalratswahl 1979 tauchten Berichte in den Medien auf, wonach Götz und der ÖVP-Obmann Josef Taus ein Geheimabkommen getroffen hätten, im Falle einer bürgerlichen Mehrheit bei dieser Wahl eine ÖVP-FPÖ-Koalition zu bilden. Götz hatte die FPÖ-Parteigremien weder von den Gesprächen mit Taus unterrichtet noch die angeblich daraus resultierende schriftliche Vereinbarung vorgelegt, bezeichnet aber die Bildung einer ÖVP-FPÖ-Koalition im Falle einer nicht-sozialistischen Mehrheit im Jahre 1979 im Rückblick als „eine durchaus realistische Chance" und verweist auf die damals vereinbarte Verschwiegenheit.

(designierter) FPÖ-Bundesparteiobmann Dr. Alexander Götz (Mitte), 1978, Pressekonferenz mit dem zukünftigen FPÖ-Generalsekretär Dr. Helmut Krünes

Die Nationalratswahl 1979 brachte der FPÖ nach Jahren der wahlpolitischen Rückschläge und Stagnation einen gewissen Erfolg. Sie verbesserte ihre Position um 0,7% der Stimmen und ein Mandat. Das Ziel einer bürgerlichen Mehrheit aber wurde verfehlt; die SPÖ baute ihre absolute Mehrheit auf Kosten der ÖVP sogar aus. Götz zog in den Nationalrat ein, wo er als Parteiobmann auch die Position des Klubobmanns beanspruchte. Gleichzeitig behielt er das Amt des Grazer Bürgermeisters bei, was schon seine wichtigste Bedingung bei der Wahl zum Parteiobmann gewesen war. In der Folge zeigte sich, daß die Ämter des Grazer Bürgermeisters und Parteiobmanns trotz größter Anstrengungen von Götz („ich habe ein ungeheures Schlafdefizit angesammelt") nicht gleichzeitig mit dem jeweils erforderlichen Zeiteinsatz ausgeübt werden konnten, wobei er die Parteiaufgaben zumeist als nachrangig betrachtete. Die Lokal- und Regionalwahlen des Jahres 1979 zeigten darüber hinaus, „daß die Trendumkehr ausblieb, die sich viele vom Obmannwechsel erwartet hatten. Unaufhaltsam bröckelte daher auch die Autorität von Dr. Götz als Parteiobmann ab" (Piringer 1982, 292f.).

Von vielen führenden Funktionären der FPÖ, vor allem von Peter und dem neuen Wiener FPÖ-Obmann Norbert Steger, wurde die von Götz verfolgte Strategie harter Attacken auf die SPÖ mit dem mittelfristigen Ziel einer ÖVP-FPÖ-Koalition, insbesondere in ihrer Ausschließlichkeit, als nicht zielführend angesehen. Vor allem aber stimmten ihre Karriereambitionen nicht mit den personalpolitischen Plänen von Götz überein. Über diesen Kreis hinaus erregte Götz Widerspruch mit seinem Führungsstil. In allen seinen Funktionen hatte Götz sich nicht als eine Art moderierender Vorsitzender (*chairman*), sondern als derjenige verstanden, der die Richtung und die Entscheidungen der Partei vorgab (*chief*). Als Bundesparteiobmann sah sich Götz erstmals in seiner Karriere mit dem Problem konfrontiert, daß Informationen aus den engsten Führungsgremien gezielt nach außen getragen wurden. Götz empfand diese Situation als unbefriedigend: „Ich bin drei- bis viermal pro Woche nach Wien gefahren, nur um neuen und hauseigenen Müll wegzuräumen." Das wieder führte dazu, daß Götz dazu neigte, die Parteigremien erst gar nicht zu informieren und wichtige Entscheidungen gewissermaßen im Alleingang zu treffen. Nach der Nationalratswahl 1979 legte er den führenden Funktionären der FPÖ ein Strategiepapier vor (genau genommen 10 Fragen, deren Bejahung – das war bekannt – der Auffassung von Götz entsprach). Es skizzierte die zukünftige FPÖ-Strategie gegenüber der Regierung unter dem Titel „Attackieren statt arrangieren" und verlangte eine grundsatzorientierte Politik, eine Zielgruppenpolitik für 25% der Bevölkerung. Götz erhob auch die Forderung nach der Personalhoheit über Bundesgeschäftsstelle, Nationalratsklub und Freiheitliches Bildungswerk für den Bundesparteiobmann (Götz 1991, 57; Piringer 1982, 295). Dieses Papier gelangte durch Indiskretionen wieder an die Öffentlichkeit, und es wurde auch von den Spitzenfunktionären der FPÖ nicht begeistert aufgenommen. Der Tenor in den Führungsgremien der Partei war: „Du (Götz) bist die Gallionsfigur, aber wo das Schiff hinfährt, bestimmt schon die Mannschaft." Das entsprach nun gar nicht den Vorstellungen von Götz, der es ablehnte, daß ein Obmann „Vorstandsbeschlüsse zu transportieren hat, auch wenn sie allesamt seiner Überzeugung widersprechen" (1991, 57). Götz, der im engeren Führungsgremium der FPÖ, dem Bundesparteivorstand, keine Mehrheit für seine Strategie fand, machte am 10. 11. 1979 einen letzten Versuch, sie im größeren Führungsgremium, der Bundesparteileitung, durchzusetzen, der aber scheiterte (Piringer 1982, 295–300; *Pretterebners Politische Briefe* 1980/1-2, 11ff.). Enttäuscht von den bisherigen Erfahrungen und ohne Perspektive, eine grundlegende Änderung herbeiführen zu können, legte Götz zunächst sein Nationalratsmandat und am 1. 12. 1979 auch die Obmannschaft der FPÖ zurück.

Götz war auch nicht bereit, das Amt des Parteiobmanns bis zur Wahl eines Nachfolgers auszuüben und übergab sie interimistisch dem Obmann der FPÖ Oberösterreich, Horst Schender. Als der FPÖ-Parteivorstand Norbert Steger, den Götz als einen der für sein Scheitern als Parteiobmann maßgeblichen Funktionäre ansah, als Kandidaten für seine Nachfolge nominierte, setzte er sich für die Aufstellung eines Gegenkandidaten ein, der schließlich in Harald Ofner gefunden wurde, und unterstützte dessen Kandidatur. Als aber Steger zum Parteiobmann gewählt wurde, zog sich Götz praktisch zur Gänze aus der bundespolitischen Ebene der FPÖ zurück, blieb aber Grazer Bürgermeister. Die Grazer Gemeinderatswahl 1983, die durch das erstmalige Antreten grün-alternativer Listen gekennzeichnet war, wollte Götz zum Plebiszit über den Bürgermeister machen. Er erklärte vor der Wahl, zurückzutreten, wenn die FPÖ nicht annähernd ihren Mandatsstand halten werde. Als die FPÖ von 14 auf 9 Mandaten zurückfiel, zog er sich aus der aktiven Politik zurück.

Götz war ein guter Kommunikator. Trotz seines bürgerlichen Habitus verstand er es, „volksnah" zu formulieren und über die Medien gut vermittelbare markige Aussagen zu treffen. Damit erreichte er vor allem jene bürgerlichen Schichten, welche die ÖVP und die FPÖ bisher kritisiert hatten, weil sie den Sozialisten zu sehr nachgeben bzw. diese zu wenig attackieren würden. Innerhalb dieses Wählersegments fand Götz Zustimmung und konnte auch die Position der FPÖ etwas ausbauen. Allerdings verfolgte die ÖVP in dieser Zeit eine ähnliche Strategie (Stichwort „Ideologiediskussion"), die von ihrem damaligen Obmann Josef Taus in den frühen 90er Jahren im Rückblick – vielleicht als Rationalisierung – als Verteidigung der führenden Rolle der ÖVP im bürgerlichen Wählersektor gegenüber einer gefährlichen Konkurrenz von rechts interpretiert wurde. FPÖ und ÖVP konzentrierten sich also weitgehend auf denselben Sektor der Wählerschaft und überließen die Mitte in hohem Ausmaß der SPÖ, die mit dem Slogan „Taus & Götz, nein danke!" 1979 ihr bestes Wahlergebnis in der Zweiten Republik erreichte.

Als Verhandler erzielte Götz in der Grazer Kommunalpolitik, wo er als Obmann der lediglich drittstärksten Gruppierung das Bürgermeisteramt erwerben und 10 Jahre behalten konnte, beachtliche Erfolge. Innerparteilich war Götz hingegen weniger gewillt, sich auf Verhandlungen einzulassen. Wenn er seine Vorstellungen aber unbehindert realisieren konnte, was auf der Grazer Ebene, nicht aber der Bundesebene zutraf, war Götz auch ein guter Organisator.

Götz agierte auf allen drei Ebenen des politischen Systems. Auf der bundespolitischen Ebene gestaltete er maßgeblich Optionen mit, die entweder im Verhindern (vor allem einer SPÖ-FPÖ-Koalition im Jahre 1970) bestanden oder nicht realisiert wurden (Option einer bürgerlichen Koalition). In der Landespolitik gelang es Götz, die Position der FPÖ zu stärken – was sich auch in günstigem landespolitischem „Wind" in der Frage der Grazer Bürgermeisterwahl niederschlug – und in einzelnen Sachfragen die Landtagsmehrheit zu überzeugen. Positiv-gestalterisch wirkte Götz vor allem in der Grazer Kommunalpolitik. Dort realisierte er u. a. den Ausbau der Bürgerbeteiligung, verhinderte 72 bereits bewilligte Hochhausbauten, setzte ein System der Einbahnregelungen durch, forcierte den Schulbau und engagierte sich für die Einführung der Nachbarschaftshilfe.

Paradoxerweise beschloß die FPÖ unter Obmann Jörg Haider – der in mancherlei Hinsicht an die Ära Götz anknüpfte –, Götz aus der Partei auszuschließen. Dieser hatte beim Verfassungsgerichtshof Kürzungen in den Pensionsrechten von Politikern erfolgreich angefochten und so die FPÖ-Strategie der „Privilegien-Bekämpfung" unterminiert. Götz legte gegen seinen Ausschluß beim Parteigericht Berufung ein, dem nach fast zwei Jahren – als der Anlaß für den Ausschluß schon lange wieder von der politischen Tagesordnung verschwunden war – auch stattgegeben wurde.

Nach seinem Ausscheiden aus der Politik wurde Götz 1983 zum Geschäftsführer des Steiermärkischen Technologiezentrums (TECHNOVA) bestellt und übte diese Tätigkeit bis 1993 aus. Ebenfalls 1983 wurde er zum Präsidenten der Grazer Messe International ernannt, eine Tätigkeit, die er bis heute ausübt.

Anmerkung

1 Eingeladen, den Beitrag über Alexander Götz zu verfassen, war Bundesrat Dr. Paul Tremmel. Er stellte Material zur Verfügung, konnte die Biographie aber aus Zeitgründen nicht selbst verfassen. Ich danke Dr. Tremmel für die Unterlagen und persönliche Einschätzungen. Die Verantwortung für den vorliegenden Beitrag liegt aber ausschließlich bei mir.

Literatur- und Quellenverzeichnis

Götz, Alexander (1991). Anders als die anderen, in: Neue Freie Zeitung (Hg.): Meilensteine des Aufstiegs. 35 Jahre Freiheitliche Partei Österreichs, Wien.

Hirnschall, Erwin (1991). „Freiheitlich" kam von den Studenten, in: Neue Freie Zeitung (Hg.): Meilensteine des Aufstiegs. 35 Jahre Freiheitliche Partei Österreichs, Wien.

Hobek, Martin / Alexander *Götz* (1993). Interview, in: Martin *Hobek* (Hg.): 75 Jahre Republik. Österreichische Bürgermeister im Gespräch, Wien (Kontro Vers Nr. 2).

Olah, Franz (1995). Die Erinnerungen, Wien.

Piringer, Kurt (1982). Die Geschichte der Freiheitlichen. Beitrag der Dritten Kraft zur österreichischen Politik, Wien.

Schmidt, Albert (1991). Die Erklärung vom 16. Jänner 1970 – ein Fehler?, in: Neue Freie Zeitung (Hg.): Meilensteine des Aufstiegs. 35 Jahre Freiheitliche Partei Österreichs, Wien.

Interviews mit Alexander Götz (1995) – aus diesem Interview stammen alle nicht anders belegten Verweise auf persönliche Entwicklung, Ziele und Strategien von Alexander Götz – und vier weiteren FPÖ-Spitzenpolitikern aus den Jahren 1956 bis 1986.

Lebensdaten

1928	am 27. 2. in Graz geboren
1945	Teilnahme am Zweiten Weltkrieg, zuerst im Volkssturm, dann als Gebirgsjäger der Wehrmacht
1945–1947	Internierung durch die englische Besatzungsmacht
1947	Matura am Lichtenfelsgymnasium Graz
1953	Graduierung zum Dipl.-Ing. für Bauwesen (Technische Hochschule Graz)
1956	Promotion zum Dr. iur. (Universität Graz)
1956	Verehelichung mit Elisabeth, geb. Großauer (drei Kinder)
1958	Promotion zum Dr. rer. pol. (Universität Graz)

Berufliche Karrierestationen

1954–1958	Verkehrsplaner, Leiter des Verkehrsreferates der Stadt Graz
1983–1993	Geschäftsführer des Steiermärkischen Technologie-Beratungszentrums „TECHNOVA“
seit 1983	Präsident der Grazer Messe International

Staatliche Funktionen

1951–1953	Vorsitzender der ÖHS an der Technischen Universität Graz
1958–1983	Mitglied des Gemeinderates der Stadt Graz
1958–1964	Stadtrat in Graz
1964–1973	Vizebürgermeister in der Stadt Graz
1965–1974	Abgeordneter zum Steiermärkischen Landtag
1973–1983	Bürgermeister der Stadt Graz
1979	Abgeordneter zum Nationalrat

Parteipolitische Funktionen

1948	Gründer des Bundes Unabhängiger Studenten (B.U.S.) in Graz
1952	Gründungsmitglied des Ringes Freiheitlicher Studenten (RFS)
1955	Wahlkreisparteiobmann der FPÖ Graz
1955	Gründungsmitglied der FPÖ
1957–1974	Mitglied Bundesparteileitung der FPÖ
1964–1980	Mitglied des Parteivorstandes der FPÖ
1964–1983	Parteiobmann der FPÖ Steiermark
1970–1978	Bundesparteiobmann-Stellvertreter der FPÖ
1978–1979	Bundesparteiobmann der FPÖ
1979	Klubobmann der FPÖ im Nationalrat

Ferdinand Graf

von
Josef Mentschl

Ferdinand Josef Graf wurde als Sohn des aus dem Lavanttal stammenden Schuhmachers Ferdinand Graf und dessen Gattin Hilde am 15. Juni 1907 in Klagenfurt geboren; er wuchs mit seinen Brüdern Helmut, Walter und Richard im Milieu einer christlichen Handwerkerfamilie auf, die seine Persönlichkeit stark prägte.

Nach der Volksschule wechselte er in das Gymnasium, als Fünfzehnjähriger trat er der katholischen Mittelschülerverbindung „Caranthania" bei und verkehrte auch in Kreisen der Kolpingsöhne, wodurch ihm zwar der Umgang und das Gespräch mit Gleichaltrigen verschiedener sozialer Schichten, jedoch nur mit gleicher oder ähnlicher Weltanschauung offenstand. Seine weitere Ausbildung erfolgte an der Höheren Bundeslehranstalt für Maschinenbau und Elektrotechnik in Klagenfurt, und schließlich studierte er auch einige Semester an der Rechts- und Staatswissenschaftlichen Fakultät der Universität Graz.

Der Kärntner Abgeordnete zum Nationalrat Monsignore Paulitsch erkannte den Ehrgeiz des jungen, energiegeladenen Graf und dessen Aufgeschlossenheit für Fragen des öffentlichen Lebens und weckte sein Interesse für Politik. Er gewann den Handwerkersohn, der schon vorher Interesse für Probleme des Bauernstandes entwickelt hatte, für die Mitarbeit im Kärntner Christlichen Bauernbund (Mitteilung Dr. F. Graf); dort wurde der Zweiundzwanzigjährige als Sekretär eingestellt. Am 15. Mai 1930 heiratete er Marianne Groeblacher, die ihm am 3. Juni 1936 einen Sohn, Ferdinand, gebar. Erst sechsundzwanzigjährig, am 1. 4. 1933, wurde er zum Direktor des Kärntner Christlichen Bauernbundes bestellt. Nach dem Bürgerkrieg im Jahre 1934 ernannte Bundeskanzler Dollfuß einen Kärntner Landesbauernführer, nämlich Hermann Gruber, und beauftragte diesen und den Bauernbunddirektor Graf mit der „Durchführung der Bauerneinigkeit", d. h. vor allem mit der Auflösung des starken nationalliberalen Landbundes und der Eingliederung aller Bauernorganisationen in den (ständestaatlichen) Kärntner Bauernbund, ein Vorgang, der von Schweizer Zeitungen als Gleichschaltung gewertet wurde. Er war bis Ende des Jahres 1934 vollzogen, und im Jänner 1935 erschien die erste Nummer des *Bauernbündlers* mit Graf als verantwortlichem Schriftleiter, wo er auch mit eigenen Beiträgen für die Grundsätze des „Ständestaates" eintrat und energisch forderte: „Weg mit der Subventionspolitik und zurück zur Aktivierung der Landwirtschaft!"; er fand dort aber auch kritische Worte, wenn er „auf wenig Verständnis" für die Anliegen der Landwirtschaft bei den „übrigen Wirtschaftsständen" zu stoßen glaubte (*Der Bauernbündler,* 5. 1. 1935, 30. 11. 1935, 4. 5. 1935). Mit dem Kauf einer kleinen Landwirtschaft in Maria Rain bei Klagenfurt legitimierte er sich in diesen Jahren als Bauer, was für sein politisches Wirken bedeutsam war.

Später gestand er ein, „daß die Jahre 1932 bis 1938 nicht nur ihrer wirtschaftlichen, sondern auch ihrer geistigen Haltung nach dem Nationalsozialismus direkt in die Hände gearbeitet haben", ohne allerdings auf die Schuldfrage näher einzugehen (Graf 1948, 2). Als profilierter Funktionär im Gefüge des „Ständestaates" und als „Unbelehrbarer" stand er auf den Schwarzen Listen der Nationalsozialisten, wurde im März 1938, etwa zwei Stunden nach deren Machtübernahme, verhaftet und am 24. 5. 1938 in das Konzentrationslager (KZ) Dachau und später in das KZ Flossenbürg gebracht, wo er bis Ende 1940, also insgesamt 30 Monate, festgehalten wurde. Im KZ Dachau hatte er auch den Vertrag zum Verkauf seines kleinen Bauerngutes unterschreiben müssen. Dort war jedoch auch seine später so bedeutsame Freundschaft mit Leopold Figl begründet worden. Bei der Haftentlassung aus dem KZ wurde ihm ein Aufenthaltsverbot für Kärnten auferlegt. Im April 1941 wurde er zur Deutschen Wehrmacht eingezogen und mußte, denn politisch „unzuverlässig", als einfacher Soldat den Rußlandfeldzug bis Stalingrad mitmachen. In den Jahren 1944 bis Anfang 1945 war Graf für eine Baufirma bei den Leichtmetallwerken Engerau als Lohnverrechner tätig. Damals war er schon im politischen Untergrund initiativ, in Gruppierungen, aus denen später die Österreichische Volkspartei hervorgehen sollte (Reichhold 1975, 47).

Den Weg in die Politik und damit den Beginn und den Verlauf seiner Karriere in der Zweiten Republik verdankte Graf vor allem drei Umständen: seiner Rolle im Bauernbund, der KZ-Freundschaft mit Leopold Figl und der Tatsache, daß er in den entscheidenden Tagen am richtigen Ort, nämlich in Wien, anwesend war, als im neuerstandenen Österreich die erste Machtverteilung und die Besetzung von Schlüsselpositionen stattfand.

Figl erzählte später über seine Erlebnisse in Wien am 13. April 1945: „Der erste Bauernbündler, den ich damals traf, war mein Freund Ferdinand Graf. Wir sind zusammen in die Schenkenstraße gegangen und haben dort als erste in Wien die grüne Fahne des Bauernbundes und die rot-weiß-rote Fahne aufgezogen . . . Wir werden die Bauern wieder sammeln und aufrufen . . . zur Erhaltung ihrer Macht in diesem Staat . . . wir hatten keine Regierung, die Gemeinde Wien noch keine Verwaltung, einzig und allein der Bauernbund in der Schenkenstraße funktionierte . . ." (Trost 1972, 62f.). Das war in diesen Tagen deshalb so wichtig, weil man von ihm erwartete, daß er zur Verbesserung der Nahrungsmittelversorgung Wiens, die völlig zusammengebrochen war, entscheidend beitragen würde.

Graf gehörte daher zu den ersten, die gemeinsam mit dem geschäftsführenden Obmann des Österreichischen Bauerbundes dessen Wiederaufbau in Angriff nahm. Die einflußreiche Rolle Grafs in dieser Organisation zeichnete sich also noch vor Kriegsende im bereits befreiten Wien ab und wurde formell dadurch bestätigt, daß er, der Kärntner, am 22. 7. 1945 mit der Position des Direktors dieser Organisation betraut wurde, deren Bundesobmann Josef Reither war; Graf hat sie bis zu seinem Ableben eingenommen. Er war also nicht nur ein Mann der ersten Stunde, sondern hat diese Funktion fast ein Vierteljahrhundert ausgeübt.

Graf stand zwar bei den Sozialisten im Ruf, in den dreißiger Jahren ein „militanter Heimwehrfunktionär" gewesen zu sein (*Arbeiter-Zeitung*, 9. 9. 1969), trat jedoch aufgrund seiner Erfahrungen in den Kriegsjahren, insbesondere seiner Gespräche mit sozialdemokratischen und anderen Leidensgenossen, für eine Zusammenarbeit der beiden großen politischen Lager ein, einer Zusammenarbeit, die auf Regierungsebene von 1945 bis 1966 währte und auf der Ebene der Sozialpartnerschaft weiterbestand und -besteht; seine Loyalität in staatspolitischen Fragen gegenüber dem sozialistischen Innenminister Helmer während der Besatzungszeit hat dies später besonders deutlich belegt.

Die letzten Kriegsjahre brachten aber nicht nur eine Änderung in der Einstellung der beiden großen politischen Richtungen zueinander, die sich von den Christlichsozialen und den Sozialdemokraten ableiteten. Bei ersteren hatte sich auch ein deutlicher Generationswechsel vollzogen, indem Figl, Lois Weinberger, Felix Hurdes, Graf – diese beiden verband eine besonders enge Freundschaft – und Gleichaltrige an ihre Spitze traten und das Gesicht der neugeschaffenen Österreichischen Volkspartei prägten – ohne den ideologischen und politischen Extremismus der Ersten Republik.

Graf, durch den Zusammenbruch des Dritten Reiches von weiterer Verfolgung durch die Nationalsozialisten bewahrt, stellte sich energisch einer neuen Gefahr, die der österreichischen Demokratie drohte, der kommunistischen. Noch vor den Nationalratswahlen im November 1945 zeichnete sich dadurch für ihn eine politische Karriere ab, die über die Bauernvertretung weit hinausging: Die ÖVP entsandte ihn nämlich als ihren Exponenten in die fünfköpfige Kommission für öffentliche Sicherheit, die im Rahmen der Provisorischen Staatsregierung gebildet worden war und die sich vor allem mit der Rolle der Staatspolizei, geleitet von dem Kommunisten Dr. Heinrich Dürmayer, befaßte. Als Hauptreferent für Organisation und Propaganda war er auch für die Durchführung des ersten Wahlkampfes der ÖVP (anläßlich der Nationalratswahlen im November 1945) verantwortlich, mit dem sie die absolute Mehrheit im Nationalrat errang; ebenso war er maßgeblich an den weiteren Wahlauseinandersetzungen auf Bundesebene bis 1956 beteiligt.

Worum es ging, ist einer Rede Grafs bei einer Großkundgebung der ÖVP am 14. 11. 1945 zu entnehmen: „Wir werden es niemals zulassen, daß nach Beseitigung der braunen Gestapomethoden dieselben Methoden in anderer Farbe wieder auftreten" (Graf 1965, 144). Daß ein Rückhalt in Kärnten für seine Laufbahn nicht mehr entscheidend war, zeigt die Tatsache, daß er 1945 als Vertreter Niederösterreichs, der Heimat Figls, in den Bundesrat einzog. In der Konzentrationsregierung der drei Parteien, die nach den Nationalratswahlen im November 1945 gebildet wurde, wollte der designierte Bundeskanzler Figl seinen Freund Graf mit der Leitung des damals so wichtigen Innenministeriums betrauen, wichtig deshalb, weil diesem die Exekutive unterstand, und diese war unter der Provisorischen Regierung Renner vom zuständigen Staatssekretär Franz Honner mit Kommunisten infiltriert worden. Die SPÖ konnte aber ihren Anspruch auf dieses Ministerium durchsetzen.

Am 20. 12. 1945 wurde Graf – trotz des anfänglichen Widerstandes der Sowjets – zum Staatssekretär im Bundesministerium für Inneres ernannt und zählte zumindest bis 1956 zu den Schlüsselfiguren der österreichischen Innenpolitik. Der sozialistische Innenminister Oskar Helmer sah in ihm eine „sehr eigenwillige Persönlichkeit", die „besonders in Personalfragen über Gebühr Einfluß auszuüben" versuchte (Helmer 1957, 231). Zwischen dem Parteifunktionär Graf und dem Mitglied der Koalitionsregierung zeigte sich aber eine ambivalente Haltung: Einerseits suchte er die ÖVP als „Einheitspartei gegen den Marxismus" darzustellen (Graf 1947, 3), wobei auch die SPÖ als marxistische Partei gewertet wurde, andererseits war er Großkoalitionär und stand insbesondere mit Innenminister Helmer persönlich im besten Einvernehmen. Aber nicht nur das, in seinen Reden klang auch der Alleinvertretungsanspruch der ÖVP für die gesamte österreichische Bevölkerung durch: „Wir sind die Partei, deren Weltanschauung die Moral, deren Träger das Volk und deren Dogma die unbedingte Demokratie ist" (Graf 1947, 13); das Beispiel zeigt aber auch, daß er es verstand, publikumswirksam zu formulieren – eine Fähigkeit, die ihm den Beifall in den Parteiversammlungen sicherte. Der Staatssekretär bemühte sich um den Aufbau der Polizei, der Gendarmerie, aber auch um die „Ausscheidung zersetzender kommunistischer Elemente in der Exekutive" (ÖStA, Archiv d. Rep., Präs. Kanzlei, Zl. 39 663/59).

Auch innerparteilich scheute Graf Auseinandersetzungen nicht. Am ersten ÖVP-Bundesparteitag (1947) wurde ihm, nicht zuletzt auf Grund seines oft polternden Auftretens, ein diktatorischer Stil vorgeworfen. Er scheiterte als Kommunikator, wie später andere ÖVP-Politiker, mit dem Vorhaben, die zentrale Parteiorganisation zu Lasten der

Bünde zu stärken (Rauchensteiner 1985, 203). Grafs Stellungnahmen, die er als Allroundpolitiker zu vielen Tagesfragen abgab, prägten während der Besatzungszeit weitgehend das Profil der ÖVP in der Öffentlichkeit (Reichhold 1975, 174).

1949, als die zweiten Nationalratswahlen im wiedererstandenen Österreich stattfanden, hielt Graf allein 70 Wahlreden, die meisten der acht ÖVP-Regierungsmitglieder.

Verteidigungsminister Dr. Ferdinand Graf, 1956, Vorführung der Bundesheerausrüstung in der Fasangartenkaserne

Ein besonderes Anliegen war ihm die Rückführung aller Kriegsgefangenen, von denen zu Unrecht befürchtet worden war, daß sie als Kommunisten zurückkehren würden, sowie die Lösung des Flüchtlingsproblems. Mutig verwies er immer wieder auf die Übergriffe von Besatzungssoldaten: Er schilderte Einzelfälle, er klagte an, polemisierte im Stile eines Volkstribuns, und am nächsten Tag konnten die wesentlichsten Passagen in den Zeitungen nachgelesen werden, und das blieb nicht ohne positive Wirkung. Bundeskanzler Figl mußte sich allerdings wegen dieser rhetorischen Kraftakte wiederholt vor den erbosten Sowjets rechtfertigen (Trost 1972, 167) – woraus sich auch das persönliche Risiko für Graf erkennen läßt. Zum „Nazi-Problem", wie Graf es selbst bezeichnete, stellte er in den sechziger Jahren rückblickend fest, daß dessen Behandlung von all dem gekennzeichnet gewesen sei, „was es an menschlichen Fehlern, an Opportunitätsüberlegungen und fremden Einflüssen bei der Behandlung politischer Fragen überhaupt nur geben kann". Obwohl vom ersten Tag an Mitglied der ÖVP-Kameradschaft der Politisch Verfolgten, trat er für die „Befriedung" mit den minderbelasteten Nationalsozialisten ein und schützte auch die „soldatische Traditionspflege" im Österreichischen Kameradschaftsbund. Gegen die Gründung einer vierten Partei neben ÖVP, SPÖ und KPÖ, die von den Sozialisten zur Schwächung der Volkspartei gefördert worden war, wandte sich Graf, indem er „deren Zweckmäßigkeit für die nichtmarxistische Mehrheit und im Sinne der demokratischen Zusammenarbeit der Parteien aus Vernunftgründen in Abrede" stellte (Reichhold 1975, 187). In ÖVP-Versammlungen formulierte es Graf noch schärfer und sprach von einer Schützenhilfe für die „kommunistischen Weltverschwörer"; das trug ihm von einem der Gründer der vierten politischen Kraft, des Verbandes der Unabhängigen (VdU), den Vorwurf der „‚Vaterländischen-Front'-Mentalität" ein, weil er angebliche staatspolitische Zweckmäßigkeit vor das demokratische Recht der Parteienbildung gestellt habe (Reimann 1980, 33).

Besondere Bemühungen des Staatssekretärs galten dem Aufbau österreichischer Streitkräfte. Zwar hatte es schon 1945 in der Staatsregierung Renner ein Unterstaatssekretariat für Heerwesen gegeben, aber es war noch im selben Jahr aufgelassen worden. Im Innenministerium gab es jedoch materielle und personelle Vorbereitungen für den Fall, daß Österreich mit einem Staatsvertrag seine Wehrhoheit wieder erhalten sollte – immer wieder aufgedeckt von den wohlinformierten kommunistischen Presseorganen und nicht ungefährlich für die Beteiligten wie Staatssekretär Graf. In seinem Büro in der Wiener Herrengasse sind die Weichen für die Schaffung von „Gendarmeriegrundschulen", der sogenannten B-Gendarmerie im Westen Österreichs, gestellt worden, und 1950 nahmen diese Bemühungen konkrete Formen an. 1953 mußte sie Bundeskanzler Julius Raab decken, indem er öffentlich den Vorwurf der Bildung von Heereskadern aus Gründen der Staatsräson zurückwies.

Eingelöst wurde sein Versprechen im Staatsvertragsjahr, mit dem Graf wortgewaltig in vielen Parteiversammlungen schon vor 1955 den Beifall der Zuschauer herausgefordert hatte: „Wenn der letzte alliierte Soldat österreichischen Boden verlassen hat, werden die ersten österreichischen Soldaten über die Ringstraße marschieren" – es war das aus der B-Gendarmerie gebildete Heeres-Wachbataillon.

Vorerst war für dieses Heer ein Amt für Landesverteidigung zuständig, das dem Bundeskanzler Raab und dem Vizekanzler Adolf Schärf unterstellt war – eine Maßnahme, die sich zum Teil aus der umstrittenen Rolle des Heeres in der Ersten Republik erklärt. Erst nach den Wahlen zum Nationalrat im Mai 1956 wurde Grafs politischer Wunschtraum erfüllt: Ab 11. 7. 1956 stand er an der Spitze des neu geschaffenen Ministeriums für Landesverteidigung (Graf 1965, 150). Eine Rolle als Minister ohne Portefeuille im Bundeskanzleramt, beauftragt mit der Führung des Heeres, für die ihn Raab vorgesehen hatte, hatte ihm nicht genügt.

Niemand konnte daran denken, das Bundesheer wie in der Ersten Republik im innenpolitischen Machtkampf einzusetzen. Bei der geringen Akzeptanz eines Heeres in der Bevölkerung, bei der Sozialistischen Partei besonders, aber letztlich auch bei der Österreichischen Volkspartei wegen der Kosten war die Aufgabe des Verteidigungsministers nicht zuletzt dennoch eine innenpolitische, wenn auch anderer Art; war er vor 1955 in aller Öffentlichkeit wortgewaltig den Übergriffen der Besatzungsmächte, insbesondere der sowjetischen, entgegengetreten, so war sein Auftreten nunmehr weniger spannungsgeladen, konnte und mußte es auch sein. Auch hatten die letzten Jahrzehnte an seiner Energie gezehrt, und ihr Einsatz war wohl auf dem Höhepunkt seiner Karriere nicht mehr ihm bisherigen Maße nötig.

Minister Graf und Staatssekretär Karl Stephani (SPÖ) vermieden überhastete oder politisch schwer durchsetzbare Maßnahmen. Graf versuchte auch, seine Position beim Österreichischen Wirtschaftsbund durch möglichst breite Streuung von Heeresaufträgen im Inland – auch zu ungünstigeren Preisen und trotz eines knappen Heeresbudgets – und bei Landes- und Lokalpolitikern zu festigen, indem er ihre Wünsche bei der Errichtung von Garnisonen berücksichtigte, und erwies sich dabei als eher nachgiebiger Verhandler. Vom militärischen Standpunkt aus gesehen, waren dies sicher keine idealen

Lösungen, und es gelang in den ersten sechs Jahren ab Wiedererrichtung des Bundesheeres nicht, einen generellen Landesverteidigungsplan auszuarbeiten. Deshalb drängte nach dem Rücktritt des Kabinetts Raab IV der designierte Bundeskanzler Alfons Gorbach auf die Ablösung des Impulspolitikers Graf und nahm dafür Karl Schleinzer, ebenfalls ein Kärntner Bauernbündler, als Verteidigungsminister in sein Kabinett auf.

Das Ausscheiden Grafs aus der Regierung am 11. April 1961 stand aber auch im Zeichen einer Generationsablöse, in die er, erst vierundfünfzigjährig, mit den meist älteren Männern der ÖVP, die während der von Raab geführten Regierungen bestimmend gewesen waren, hineingezogen wurde. Er war eben ein Mann der unmittelbaren Nachkriegsjahre wie sein Freund Figl, ein Politiker mit ausgeprägtem Instinkt für das, was bei der Bevölkerung ankam, aber kein Technokrat mit ausgeklügelten Konzepten. 1962 endete auch seine Zugehörigkeit zum Nationalrat, dem er seit 1949 angehört hatte.

Wenngleich Graf nunmehr weniger in der Öffentlichkeit auftrat, spielte er seit 1963 als Bundesfinanzreferent der ÖVP, als Direktor des Österreichischen Bauernbundes und seit 1961 als Präsident des Aufsichtsrates der Creditanstalt-Bankverein weiterhin eine nicht unbedeutende, wenngleich weniger auffällige Rolle im politischen Leben. Allerdings machte ihm seine angegriffene Gesundheit zu schaffen. Im Frühjahr 1969 erkrankte er schwer, und am 8. 9. 1969 ist er in seiner Wiener Wohnung einem Gehirnschlag erlegen. Im Kondolenztelegramm Bruno Kreiskys, gerichtet an die Witwe, heißt es: „Wir haben Ferdinand Graf als harten, aber fairen politischen Gegner geschätzt und als guten Demokraten geachtet" (*Arbeiter-Zeitung*, 10. 9. 1969).

Graf hatte eine wichtige Rolle beim Aufbau der Zweiten Republik vor allem als Bundespolitiker inne: mehr als 15 Jahre als Regierungsmitglied, 24 Jahre als Bauernbunddirektor und ÖVP-Spitzenfunktionär; im Widerstand gegen die Besatzungsmächte spielte er eine Hauptrolle, der rechtzeitige Aufbau des Österreichischen Bundesheeres ist bis heute sein unbestrittenes Verdienst. Sein mutiges Auftreten gegenüber der sowjetischen Besatzungsmacht, das ihn zu einem bevorzugten Angriffsziel der Kommunisten machte, ist bis heute anerkannt.

Literatur- und Quellenverzeichnis

Graf, Ferdinand (1947). Die organisatorischen Aufgaben der Österreichischen Volkspartei, Wien.

Graf, Ferdinand (1948). Politik des Herzens und der Vernunft, Wien.

Graf, Ferdinand (1965). Schutzwehr des Bürgers, in: Ludwig *Reichold* (Hg.): Zwanzig Jahre Zweite Republik, Wien.

Der Bauernbündler. Organ des Kärntner Bauernbundes, Jge. 1935–1938, Klagenfurt.

Mitteilungen RA. Dr. Ferdinand R. Graf, 1010 Wien, Oppolzergasse 6.

Österreichisches Staatsarchiv, Archiv der Republik, Präsidentschaftskanzlei, Wien.

Wiener Zeitung, 15. 6. 1947, 11. 1. 1949, 15. 6. 1957, 9. 10. 1958, 9. 9. 1969.

Lebensdaten

1907	am 15. 6. in Klagenfurt, Kärnten, geboren
1925–1929	Absolvierung der Höheren Bundeslehranstalt für Maschinenbau und Elektrotechnik
1929–1930	Jus-Studium an der Universität Graz
1929	Eintritt in den Christlichen Kärntner Bauernbund
1930	Heirat mit Marianne Groeblacher
1938–1940	Gestapohaft, „Schutzhaft" in den Konzentrationslagern Dachau und Flossenbürg
1941–1943	Kriegsdienstleistung in der Deutschen Wehrmacht
1969	am 8. 9. in Wien gestorben

Berufliche Karrierestationen

1929–1933	Sekretär des Kärntner Christlichen Bauernbundes
1933–1934	Direktor des Kärntner Christlichen Bauernbundes
1934–1938	Direktor des Kärntner Bauernbundes
1945–1969	Direktor des Österreichischen Bauernbundes

Staatliche Funktionen

1945–1949	Mitglied des Bundesrates
1945–1956	Staatssekretär im Bundesministerium für Inneres
1949–1962	Abgeordneter zum Nationalrat
1956–1961	Bundesminister für Landesverteidigung

Parteipolitische Ämter

Hauptreferent ÖVP-Bundespräsidium/ -parteileitung/ -parteivorstand

1945–1947	für Organisation und Personalfragen
1947–1949	für Finanzen und Personalpolitik
1947–1960	für Organisation
1951–1960	für Propaganda
1963–1969	für Finanzen

Weitere Funktionen

1961–1969	Vorsitzender des Aufsichtsrates der Creditanstalt-Bankverein
1967–1969	Mitglied des Aufsichtsrates der Österreichischen Industrieverwaltungs-AG (ÖIAG)

Leopold Gratz

von
Karl Vocelka

Leopold Gratz wurde am 4. 11. 1929 in Wien (Ottakring) als Sohn des Bankbeamten Leopold Anton und der Maria Anna Gratz geboren; er stammte aus einer traditionell sozialistischen Familie. Als er neun Jahre alt war, wurde er (nach dem „Anschluß" 1938) an der NS-Eliteschule – der NAPOLA – erzogen. Im Jahre 1947 bestand Leopold Gratz die Reifeprüfung und begann im selben Jahr sein Jusstudium in Wien, das er 1952 mit dem Absolutorium (entspricht Mag. iur.) abschloß. In dieser Zeit war er erstmals politisch tätig, und zwar ab 1949 im Verband Sozialistischer Studenten (VSStÖ) als dritter Verbandsobmann, später dann auch als internationaler und Wiener Sekretär der SPÖ-Jugend und als Vorstandsmitglied der Internationalen Union der Sozialistischen Jugend. Mit diesen Aktivitäten kam er mit einer ganzen Generation an späteren Funktionären (insbesondere Peter Strasser, in dessen Kreis er sich bewegte) zusammen und stieg so auch relativ leicht in die Politik ein. Wie Gratz erzählt, waren während seiner Zeit als Wiener Bürgermeister 16 der 24 Wiener Bezirksparteiobmänner gleichzeitig mit ihm Spitzenfunktionäre der Sozialistischen Jugend gewesen.

Beruflich begann der junge, aufstrebende Mann mit Karriereabsichten 1952 seine Arbeit im Landesarbeitsamt Wien als Vertragsbediensteter. Beim großen Sozialistischen Jugendtreffen in Wien übersetzte er auf Grund seiner exzellenten Englischkenntnisse Reden verschiedener Politiker und fiel damit Bruno Pittermann auf, der ihm im Frühling des Jahres 1953 die Frage stellte, ob er im Parlamentsklub der SPÖ arbeiten wolle. Pittermann könnte als sein Lehrmeister in der Politik gelten, doch hatte Gratz auch gute, wenn auch distanziertere Kontakte zu Adolf Schärf. So begann er als Angestellter des Klubs der sozialistischen Abgeordneten und Bundesräte und nach seiner Pragmatisierung 1955 als Parlamentsbediensteter im Zentrum der politischen Macht zu arbeiten – schon wenig später war Gratz Klubsekretär der SPÖ.

Der weitere innerparteiliche Aufstieg begann 1963 mit der Bestellung zu einem der drei Zentralsekretäre der SPÖ neben Alois Piperger und Willy Liwanec, was ihm die Möglichkeit gab, sich innerhalb der Partei zu profilieren. Dabei ist vor allem seine Mitarbeit an der Statutenreform der SPÖ hervorzuheben, Gratz hat sich auch besonders für die Intensivierung der Kontakte zu den verschiedenen Bezirksparteisekretariaten eingesetzt. Im selben Jahr wurde Gratz auch Bundesrat, bis zu seinem Rücktritt 1989 war nun sein Leben ausschließlich mit politischen und Parteifunktionen ausgefüllt.

Als Nachfolger Franz Olahs, von dem er wie viele andere junge Sozialisten durchaus fasziniert war, wurde er 1966 zum Bezirksparteiobmann in Wien-Hernals gewählt und zog als Abgeordneter zum Nationalrat für den Wahlkreis 7 Wien-West ins Hohe Haus ein. Seine Interessen in der parlamentarischen Arbeit galten zunächst vor allem der Schulpolitik, seit 1968 führte er den Vorsitz in der schulpolitischen Kommission der

SPÖ und bewährte sich auch 1969 in den Verhandlungen mit der alleinregierenden ÖVP um die Schulreform.

Die Früchte dieser Spezialisierung auf die Schulpolitik erntete Gratz 1970, als er zum Minister für Unterricht und Kunst im Minderheitenkabinett Bruno Kreisky gemacht wurde. Seine engere Beziehung zu Kreisky hatte 1966 begonnen, als sie gemeinsam ins Fernsehstudio fuhren, um die Erklärung abzugeben, daß die SPÖ das Koalitionsangebot der ÖVP nicht annehmen würde; später lagen ihre Büros in der Löwelstraße Tür an Tür, und ihr Kontakt intensivierte sich.

Als Unterrichtsminister führte Gratz die Bundestheaterreform durch; große Innovationen betrafen den schulischen Bereich. Hier schaffte die SPÖ-Regierung die Aufnahmsprüfungen für die AHS ab, weitete die Schulversuche beträchtlich aus und finanzierte die freie Schulfahrt. Die Schulbauprogramme und die staatliche Finanzierung der katholischen Privatschulen, für die Gratz später mit einem päpstlichem Orden belohnt wurde, vermehrten das Bildungsangebot in Österreich erheblich. Sicherlich liegt darin die große Bedeutung des Politikers Gratz, daß er im Rahmen der SPÖ, gemeinsam mit einer ganzen Generation von Politikern, den gewaltigen Modernisierungsschub der 70er Jahre trug, durch den der Entwicklungsrückstand gegenüber Westeuropa wettgemacht und die Nachkriegszeit zu Ende geführt wurde.

Etwa zeitgleich mit seinem Aufstieg in der SPÖ begann Gratz auch ein Netzwerk aufzubauen, das ihm zunächst sehr nützlich war, allerdings später auch zu seinem politischen Untergang beitrug. „Schon gegen Ende der sechziger Jahre hatte der junge sozialistische Abgeordnete und SPÖ-Zentralsekretär Leopold Gratz eine Gruppe von Freunden um sich geschart, die allesamt aus dem Verband sozialistischer Studenten kamen und deren berufliche Laufbahn nach 1945 ihren Anfang nahm.“ Diese dauerhafte Vereinigung einer Gruppe sollte auch der wechselseitigen Unterstützung bei der persönlichen Karriereplanung dienen. Das Ziel formuliert Pretterebner hart: „Politischer Einfluß, Macht, Erfolg und Geld“ (Pretterebner 1989, 85).

Ähnliche Ideen hatte auch Hannes Androsch, „der dritte Mann (Proksch) beschloß, die Ideen der beiden ehrgeizigen ‚jungen Löwen‘ in der SPÖ zu einer Symbiose zu verbinden“ (Pretterebner 1989, 85), und so entstand der Club 45. Er umfaßte rund dreihundert „hochanständige honorige Persönlichkeiten“ (Bruno Kreisky), darunter neben Leopold Gratz auch Franz Vranitzky, Fred Sinowatz, Karl Blecha, Helmut Zilk, Karl Sekanina, Günther Heiden, Herbert Salcher, Franz Kreuzer, Willibald Paar, Gerhard Weissenberg, Karl Lausecker, Ernst-Eugen Veselsky, Karl Lütgendorf und Erwin Lanc, aber auch die Spitzen der Finanzwelt (Walter Flöttl, Karl Vak, Hannes Androsch, Heinz Kienzl), der verstaatlichten Industrie (Walter Fremuth, Heribert Apfalter) und Medienvertreter (Teddy Podgorski).

Nach den Wahlen von 1971 und der erneuten Regierungsbildung durch Kreisky verzichtete Gratz auf ein Ministeramt und kehrte als Nachfolger Pittermanns als Klubobmann der SPÖ ins Parlament zurück.

Eine erneute Veränderung seiner politischen Karriere brachte schon das Jahr 1973, seine bisher eher auf innere Strukturen gerichtete Tätigkeit bekam nun einen stärker kommunikativen, nach außen gerichteten Aspekt. Die Rolle von Leopold Gratz in der Politik ist zwar weitgehend von der Funktion des Organisators dominiert, besonders was seine innerparteilichen Funktionen, speziell die Tätigkeit im SPÖ-Klub betrifft, doch war sein Wirken in der Kommunalpolitik und letztlich seine spätere Tätigkeit als Nationalratspräsident auch von der Rolle als Kommunikator bestimmt.

Leopold Gratz wurde als *troubleshooter* in die Wiener Kommunalpolitik berufen und trat die Nachfolge des durch den Bauringskandal und die Sternwartepark-Abstimmung

„ins Schleudern geratenen“ Bürgermeisters Felix Slavik an. Zehn Jahre lang blieb Gratz Wiener Bürgermeister und Landeshauptmann. 1973 konnte er seine Partei zu einem Traumwahlerfolg in Wien (66 Mandate für die SPÖ, 31 ÖVP und 3 FPÖ) führen. Trotz des schweren Erbes, das er antrat, gelang in dieser Zeit die Verwirklichung einer Reihe von Großprojekten: die Neugestaltung des Donaubereiches (Neue Donau), die Fertigstellung des U-Bahn-Grundnetzes, die Revitalisierung der Inneren Stadt durch Fußgängerzonen und die Anfänge der Stadterneuerung sowie die Reform der Stadtverfassung fallen in seine Amtsperiode.

Der charmante, junge Politiker, der einen Kompromißkurs steuerte, hatte in dieser Zeit höchste Sympathiewerte und pflegte auch sein Image entsprechend. So hatte er 1973 nach einem Besuch in London begonnen, eine frische rote Nelke im Knopfloch zu tragen. „Ich hab's aber bald aufgegeben, nachdem ich fünfmal hintereinander gefragt worden bin, ob ich auf einer Hochzeit oder einem Begräbnis war“ (*Die Presse*, 5. 6. 1973.) Das „Image des liebevollen Durchschnittsmenschen“ (*FAZ*, 17. 2. 1977), das er sich gab, war überaus erfolgreich; eine Gallup-Umfrage aus dem Jahr 1975 stellte fest, daß Gratz der beliebteste Politiker Österreichs war, und das amerikanische Magazin *Time* nahm ihn in den Kreis jener 150 Politiker der Welt auf, die die „Männer der Zukunft“ symbolisieren (*Wochenpresse*, 18. 3. 1988). Diese große Beliebtheit ließ ihn auch politische Krisen überleben, etwa 1975 das Titelbild im *profil* „Was tut Leopold Gratz (außer Whisky trinken)?“, das für manche anderen Politiker Karriere-beendend gewesen wäre.

Auch innerparteilich war Gratz zu dieser Zeit sehr gut verankert, er galt als einer der möglichen Nachfolger („Kronprinz“) von Bruno Kreisky, wenn er auch selbst immer leicht zynisch zu sagen pflegte: „Kronprinz ist für mich eine Apfelsorte.“ 1978 war Gratz mit Kreisky in Mallorca auf Urlaub, noch im Jahr davor hatte sein Gegenspieler Hannes Androsch dieses Privileg genossen, und die Zeitungen spekulierten entsprechend.

Diesen Aufstieg und die Bedeutung, die Gratz sowohl in der Wählergunst als auch innerhalb der Partei hatte, erreichte er ungeachtet der Tatsache, daß seine Laufbahn von Skandalen und Affären begleitet war. Schon in seiner Zeit als Unterrichtsminister ging sein Name unter wenig erfreulichen Umständen durch die Presse: 1971 reiste Gratz nach Holland, ausgerechnet in Begleitung des ehemaligen SS-Obersturmbannführers und FPÖ-Obmannes Friedrich Peter, um die Schulreform zu studieren. In einer Pressekonferenz warf man ihm vor, daß vier von 15 österreichischen Regierungsmitgliedern NS-Vergangenheit hätten (Oskar Weihs, Otto Rösch, Josef Moser, Erwin Frühbauer), und brachte auch seine eigene NAPOLA-Vergangenheit zur Sprache. Sein Verhalten in der Pressekonferenz wurde von vielen als nicht sehr geschickt eingestuft. Seine danach abgegebene Erklärung in der *Arbeiter-Zeitung*, „Es ist unerklärlich, daß gewisse Kreise in Österreich 26 Jahre nach Kriegsende wieder (!) versuchen, einen Keil in die österreichische Regierung zu schieben und zwei Klassen von Staatsbürgern zu schaffen“, machte die Sache nicht besser.

1973 hatte Gratz als Wiener Bürgermeister das Bauring-Erbe samt Skandal übernommen, bis 1976 gelang eine Beseitigung des Bauring-Engagements in Saudi-Arabien. Doch auch der Bau des Allgemeinen Krankenhauses (AKH) erwies sich als eine immer stärkere Belastung. Magistratsdirektor Josef Bandion riet zu einer Einstellung, Gratz und Finanzstadtrat Hans Mayr glaubten, diese sei politisch nicht zu verkraften und nahmen die Kostenexplosion für den Bau und die Frage der ungeheuerlichen Betriebskosten in Kauf. 1979/80 kam es dann zur Aufdeckung des AKH-Skandales, den allerdings die Politiker, allen voran Gratz, relativ unbeschadet überstanden, wenn auch die jungen Sozialisten dem Wiener Bürgermeister den Kampf ansagten.

Auch einer Reihe anderer politischer Erschütterungen ging an Gratz spurlos vorbei, so etwa 1975 das Hochwasser in Wien, bei dem der unzureichende Hochwasserschutz zutage trat, 1976 der Einsturz der Wiener Reichsbrücke, 1977 eine Häufung von Gasrohrgebrechen und Stadtbahnunfällen und die Sperre des vor kurzem eröffneten Weststadions wegen Bauschäden, 1978 verschiedene Grundstücksaffären oder 1981 die Mängel der neueröffneten Hauptkläranlage. Auch das sogenannte Rinter-Müllzelt, das eine Müllverwertung garantieren sollte, erwies sich als Reinfall. Gratz hatte bei der Eröffnung 1981 erklärt: „Ich übernehme die persönliche Verantwortung für das Funktionieren der Anlage", doch als die Rinter AG 1983 mit fast einer Milliarde Schilling in Konkurs ging, überdauerte der Politiker auch diesen Skandal. Diese Affären hatten jedoch zwei Folgen: Der damalige Vizebürgermeister Erhard Busek wurde zu einem lästigen politischen Gegner, der sich mehr und mehr profilierte, und das Verhältnis Bruno Kreiskys zu seinem „Kronprinzen" Gratz kühlte merklich ab.

Außenminister Mag. Leopold Gratz (links), 1985, mit dem Präsidenten der Sozialistischen Internationale Willy Brandt, SI in Wien

Auch eine Affäre, an der Gratz persönlich beteiligt war, blieb ohne Folgen. 1977 subventionierte die Stadt den Verein „Wien International" (Präsident Leopold Gratz), damit dieser die Untermiete im Club 45 (Präsident Leopold Gratz) zahlen konnte (*Wochenpresse*, 20. Jänner 1989). Auch Angriffe der Zeitungen auf Gratz als Bezieher eines doppelten Einkommens aus der Politik (er bezog ein Gehalt als Landeshauptmann und eines als Gemeinderat) oder wegen seiner Ämterkumulation führten zu keinen Folgen. 1978 reduzierte Gratz die Zahl seiner 24 Ämter auf 19, unter den verbleibenden waren aber noch wichtige Positionen in der Hochschuljubiläumsstiftung, dem Stadtschulrat, dem Bund Sozialistischer Akademiker (BSA), dem Österreichischen Städtebund und der Karl-Renner-Stiftung, außerdem war er Aufsichtsrat der Wiener Städtischen Versicherung, der Zentralsparkasse, der gemeindeeigenen Wohnbaugesellschaft GESIBA und der Ludwig-Boltzmann-Gesellschaft. Aber auch kuriose Funktionen, wie z. B. die des Präsidenten der AUA-Air-Hostessen fanden sich in dieser Liste.

Doch immer noch war Gratz ein Mann der Zukunft innerhalb der SPÖ, er galt sogar als Anwärter für die sozialistische Präsidentschaftskandidatur 1986. Schon 1980 gab es Spekulationen, daß man Gratz als Nachfolger Anton Benyas zum Nationalratspräsidenten machen wollte, um ihn aus der Schußlinie des AKH-Skandales zu schaffen und für das Amt des Bundespräsidenten 1986 aufzubauen. Doch Gratz verließ das Wiener Rathaus in eine ganz anderen Richtung. Nach der Wahlniederlage der SPÖ 1983 und dem Rücktritt Kreiskys berief ihn Bundeskanzler Fred Sinowatz, mit dem er auch persönlich eng befreundet war, in die neue Bundesregierung, und Gratz war von 1984 bis 1986 Außenminister. Er trat damit die Nachfolge von Erwin Lanc an, dessen anti-amerikanischen Kurs er beendete; andererseits folgte er auch traditionellen Linien der österreichischen Außenpolitik, der Neutralität etwa, als er als erster westlicher Außenminister Polen nach der Verhängung des Kriegsrechtes besuchte und damit dessen Isolation durchbrach, oder als Präsident der UNO-Kambodscha-Kommission. Als Außenminister war Gratz ein Pragmatiker, in dieser Funktion konnte er auch seine – ihm manchmal vorgehaltene – Leidenschaft für Feste, Prominenz und Adel gut pflegen.

Zwei kleinere Affären überschatten auch diese Tätigkeit von Leopold Gratz: 1984 kam es zu einem Konflikt mit dem New Yorker Bürgermeister Koch in der Palästinenserfrage und 1985 zur Frischenschlager-Reder-Affäre. Gratz befand sich zu diesem Zeitpunkt in der Schweiz und überließ dem Verteidigungsminister Friedhelm Frischenschlager das Feld, der den aus dem Gefängnis in Italien heimkehrenden Kriegsverbrecher Walter Reder mit Handschlag begrüßte. Die Reaktion von Gratz – Ehrenmitglied der Kameradschaft „Feldmarschall Radetzky“, zu dessen Ehrenmitgliedern auch Reder zählte – war für weite Kreise überaus unbefriedigend.

Die persönlichen Lebensumstände von Gratz waren in dieser Zeit sehr schwierig, er hatte gesundheitliche Probleme, 1983 galt er als extrem Herzinfarkt-gefährdet und mußte häufig zur Kur nach Bad Tatzmannsdorf.

Im Mai 1985 wurde seine Frau, Helga Gratz (geb. Bach), mit der er seit 1952 verheiratet war und zwei Söhne (Georg und Herbert) hatte, in der Pötzleinsdorfer Wohnung tot aufgefunden, die Zeitungen spekulierten über Freitod, schrieben über Depressionen und Alkoholismus. Schon im Oktober desselben Jahres ehelichte er die Kärntner Studentin Evelyn Tauschitz, mit der er eine Tochter (Katharina) hat.

Als Kurt Waldheim 1986 Bundespräsident wurde, verweigerte Gratz den weiteren Dienst als Außenminister und wurde nach der Nationalratswahl zum Ersten Präsidenten des Nationalrats gewählt.

Seit dem Jahre 1988 kam Gratz im Zusammenhang mit seinem Freund Udo Proksch politisch zunehmend unter Druck. Seit 1968 gehörte Gratz – neben Kurt Kalb und Wilhelm Anger – dem engsten Kreis der Wiener Szene rund um Proksch an. Udo Proksch hatte 1977 durch eine Sprengung das Schiff Lucona, das angeblich eine Uranaufbereitungsanlage transportiert hatte, zum Untergang gebracht. Es ging um die stattliche Versicherungssumme von 200 Millionen Schilling. Schon als Proksch 1985 erstmals verhaftet wurde, bot sich Gratz als Entlastungszeuge an und schrieb dann am 17. Februar 1985 einen oft zitierten, überaus freundlichen Brief an den inhaftierten Freund (Pretterebner 1989, 572, Faksimile 573).

Gleichzeitig wurden auch rumänische Papiere, die den Kauf der Uranfabrik bestätigen sollten, als Diplomatenpost mit Sonderkurier nach Wien gebracht. Als Gratz deshalb angegriffen wurde, verteidigte er sich im Parlament am 17. April 1985: „Die Beschaffung und Weiterleitung von Dokumenten im Interesse eines Staatsbürgers gehören zu den Routineaufgaben der österreichischen Vertretungsbehörden. Dazu kommt, daß im vorliegenden Fall die Beschaffung der Unterlagen nicht nur im Interesse einer Privatperson lag, sondern zur Wahrheitsfindung in gerichtlichen Vorerhebungen auch im öffentlichen Interesse lag“ (*Wochenpresse*, 20. Jänner 1989).

Die zweite Affäre, mit der Gratz ebenfalls in engen Zusammenhang gebracht wurde, war der Noricum-Skandal, ein Verkauf von Kanonen via Libyen in den kriegführenden Iran, was in Österreich gesetzlich verboten war. Die Vorwürfe lauteten, daß Gratz 1985 die Entscheidung traf, Libyen sei kein kriegführendes Land, sich für einen mit Proksch befreundeten Waffenhändler verwendete und die Einhaltung des lybischen Endverbraucherzertifikates nicht geprüft wurde; außerdem sollen Dokumente und Beweisstücke für den Transfer der Kanonen in den Iran zwei Jahre zurückgehalten worden sein.

Seit Jänner 1989 mehrten sich die Diskussionen um seinen Rücktritt, und am 20. 2. 1989 trat Gratz als Nationalratspräsident zurück – mitten in einer Rücktrittswelle sozialistischer Politiker (Helmut Braun, Fred Sinowatz, Heinrich Keller, Günther Sallaberger, Karl Blecha). Gratz verlor auch seine Funktionen innerhalb der SPÖ, wurde aber auf Antrag von Bundeskanzler Vranitzky zum „Ehrenvorsitzenden der Wiener SPÖ" gewählt und mit der Victor-Adler-Plakette in Gold ausgezeichnet.

Damit hatte die politische Laufbahn des größten „Job-hoppers" der Zweiten Republik sein Ende gefunden. Bruno Kreisky sagte einmal über ihn: „Ist es Ihnen aufgefallen, daß er nie eine Aufgabe bis zum Ende erledigte?" (*Die Presse,* 26. 1. 1989).

Als Pensionist war Gratz durch verschiedene Prozesse nach wie vor im Mittelpunkt des öffentlichen Interesses, 1990 war er mit Sinowatz und Blecha in Sachen Noricum-Affäre vor Gericht, 1992 wurde er zu einer Strafe von 450.000 S. wegen Falschaussage im Lucona-Prozeß verurteilt, 1993 wurde dieses Urteil bestätigt. Als Berater und Hersteller von Kontakten und Vortragender im In- und Ausland ist Gratz immer noch politisch interessiert und in gewisser Weise aktiv.

Gratz ist sicherlich eine Schlüsselfigur der sozialistischen Politik der Zweiten Republik, vor allem leider in ihrer negativen Komponente. Er ist „eine Art Verbindungsfigur zu fast allen Skandalen der letzten Jahre", wobei ihm stets mehr Schwäche als wirkliche Korruptheit vorgeworfen wurde, insgesamt ist seine Karriere „ein Tragik-Krimi besonderer, beinahe mitleiderregender Art" (*Wochenpresse,* 18. 3. 1988).

Literatur- und Quellenverzeichnis

Ackerl, Isabella (Hg.) (1992). Österreichisches Personenlexikon der ersten und zweiten Republik, Wien.

Kleindel, Walter (1987). Das große Buch der Österreicher, Wien.

Pretterebner, Hans (1989). Der Fall Lucona. Ost-Spionage, Korruption und Mord im Dunstkreis der Regierungsspitze, München.

Weiß, Hans / Krista *Federspiel* (1988). Wer? Ein Lexikon von Prominenten, die in die Schlagzeilen gekommen sind, Wien.

Interview mit Leopold Gratz am 20. 6. 1994.

Mappe „Leopold Gratz" im Archiv der Presse.

Munzinger-Archiv / Internationales Biographisches Archiv 8/89.

Lebensdaten

1929	am 4. 11. in Wien geboren

Berufliche Karrierestationen

1947	Reifeprüfung
1947–1952	Jusstudium in Wien
1952–1955	Vertragsbediensteter im Landesarbeitsamt Wien
1953–54	Sekretär im Klub der sozialistischen Abgeordneten und Bundesräte
1955–1963	Parlamentsbeamter

Staatliche Funktionen

1963–1966	Mitglied des Bundesrates
1966–1973	Abgeordneter zum Nationalrat
1970–1971	Bundesminister für Unterricht und Kunst
1973–1984	Bürgermeister von Wien
1984–1986	Bundesminister für Äußere Angelegenheiten
1986–1989	Präsident des österreichischen Nationalrates

Parteipolitische Ämter

1949–1952	Im Verband Sozialistischer Studenten (VSStÖ) tätig als dritter Verbandsobmann, internationaler und Wiener Sekretär der SPÖ-Jugend, Vorstandsmitglied der Internationalen Union der Sozialistischen Jugend
1957	Klubsekretär der SPÖ
1963–1973	Zentralsekretär der SPÖ
1963–1973	Obmann der jungen Generation der SPÖ
1968	Vorsitz in der schulpolitischen Kommission der SPÖ
1971–1973	Obmann des Klubs der sozialistischen Abgeordneten und Bundesräte
1973–1989	Präsident des BSA
1974–1988	einer der stellvertretenden Bundesvorsitzenden der SPÖ
1976–1988	Vorsitzender der SPÖ-Wien
seit 1988	Ehrenvorsitzender der SPÖ-Wien

Karl Gruber

von
Michael Gehler

Geboren am 3. 5. 1909 in Innsbruck als Sohn des aus Hinterthiersee-Landl bei Kufstein stammenden Lokomotivführers Peter Gruber und der Südtirolerin Maria Runggatscher, die vor 1918 als Parteifunktionärin in der Landesleitung der Tiroler Sozialdemokraten tätig war, durchlief Gruber die klassische Laufbahn bei den Sozialdemokraten, von den Kinderfreunden, Roten Falken, der Sozialistischen Arbeiterjugend (SAJ) und Hochschulgruppe bis zur Partei. Nach Absolvierung der Staatsgewerbeschule (HTL) in Innsbruck mit Abschluß in Elektrotechnik 1927 widmete sich der ehrgeizige Werkstudent – die Ablegung der Oberrealschulmatura erfolgte 1930 – neben seiner Arbeit für die Post- und Telegraphendirektion den Rechts- und Staatswissenschaften an der Universität Innsbruck. In dieser Zeit lernte er Helga Ahlgrimm, Tochter eines großdeutsch-liberalen Innsbrucker CA-Bankdirektors und späteren Besitzers des Café München, kennen, die er 1939 heiratete. 1934 wechselte der vorher bereits zum Katholizismus übergetretene Gruber nicht nur von Innsbruck nach Wien, sondern auch von den Sozialdemokraten zur Vaterländischen Front (VF), in der er jedoch keine herausragende Rolle spielte. Er trat in die Wiener CV-Verbindung „Austria" ein, über die er spätere politische Weggefährten wie Josef Klaus und Peter Krauland kennenlernte. Weniger aus Opportunismus, sondern infolge eines langfristig zu verstehenden privaten und beruflichen Persönlichkeitswandels, politischer Überzeugung und gezwungen durch spezifische Zeitumstände vollzog er den Wechsel vom sozialdemokratischen zum christlichsozial-vaterländischen Lager.

1936 promovierte er zum Dr. iur. Als Mitglied der christlichen Gewerkschaften im Post- und Telegraphendienst arbeitete er nebenbei noch an der Universität Wien als wissenschaftliche Hilfskraft beim großdeutschen Nationalökonom Univ.-Prof. Hans Mayer („Grenznutzen"-Theoretiker). Der „Anschluß" von 1938 hinderte den ambitionierten Habilitanden am weiteren wissenschaftlichen Fortkommen. In der Post- und Telegraphendirektion sah er keine Beschäftigungsmöglichkeit mehr und wechselte nach Berlin, wo er zunächst bei AEG und dann bei Telefunken unterkam. Dort gelang es ihm, „unabkömmlich" (u. k.) gestellt zu werden, weil er in kriegswirtschaftlich wichtigen Betrieben – zuletzt als Hochfrequenztechniker bei der Entwicklung des Radars – tätig war. Neben Kontakten zur amerikanischen Botschaft in Berlin (bis 1941) und zu österreichischen Widerstandsgruppen in Wien konnte er ab Herbst 1944 über einen liechtensteinischen Konfidenten mit dem Office of Strategic Services (OSS) in Bern Verbindung herstellen. Im Zuge der Dezentralisierung der Rüstungsbetriebe im NS-Staat schaffte es Gruber, sich im Frühjahr 1945 über Rudolstadt/Thüringen und Straubing/Bayern nach Tirol abzusetzen und Kontakte zu Tiroler Widerstandsgruppen herzustellen, deren Spitzenvertreter Hans Gamper und Eduard Reut-Nicolussi sich in der Frage der Führung nicht einigen konnten. Der energische und durchschlagskräftige Gruber bot sich daher als Kompromißkandidat an und übernahm die Leitung des Exekutiv- und Ordnungsausschusses von April bis Mitte Mai 1945. Die Anerkennung als Landeshauptmann machten die Amerikaner von der Niederlegung der Funktion Grubers als Leiter der Widerstandsbewegung abhängig. Auch die französische Besatzungsmacht anerkannte Gruber als Landeshauptmann von Tirol. Im Nachkriegschaos stand er bis Anfang Oktober 1945 vor einer schwierigen Aufgabe. Im Mai wurde gemeinsam mit Anton Melzer, Eduard Reut-Nicolussi, Franz Gschnitzer, Ernst Grünewald u.a. die Demokratische Österreichische Staatspartei in Innsbruck begründet, die ein ideologisch heterogenes Programm zu vereinheitlichen suchte. Als Nachrichten aus Wien über die Bildung der provisorischen Regierung Renner eintrafen, plädierte Gruber für eine Fusionierung mit der Tiroler ÖVP, um eine Spaltung des bürgerlichen Lagers zu verhindern. Eine besondere Rolle spielte er bei den zwei ÖVP-Vorkonferenzen im Juli und August 1945 in Salzburg, die u. a. auf seine Initiative zurückgingen. Gruber trug damit nicht nur zur Formierung und Konsolidierung der Volkspartei in den westlichen Bundesländern bei, sondern profilierte sich dabei auch als „Sprecher des Westens", dessen Forderungen er auf der ersten gesamtösterreichischen Länderkonferenz in Wien im September 1945 Renner gegenüber vorbrachte. Im Zuge der Regierungsumbildung wurde Gruber zunächst als Unterstaatssekretär für Äußeres in die durch die Länderkonferenz erweiterte und von den Alliierten anerkannte Regierung Renner berufen. Nach den Nationalratswahlen vom 25. 11. 1945 wurde er Außenminister (1945–1953) und fungierte im gleichen Zeitraum auch als ÖVP-Nationalratsabgeordneter für den Tiroler Bauernbund.

In der Staatsvertragspolitik gab es infolge sowjetischen Verhandlungsvetos 1945–1946 eine „Wartephase", die zur Klärung innenpolitischer Fragen (Zweites Alliiertes Kontrollabkommen vom 28. 6. 1946) und der Regelung des Südtirolproblems genutzt wurde. Das Gruber-De Gasperi-Abkommen vom 5. 9. 1946 war als „europäische Lösung" gedacht, wenngleich sich deren Verwirklichung noch beträchtliche Hindernisse in den Weg stellten. Die versuchte Lösung in Form einer Autonomie konnte erst nach Grubers Amtszeit realisiert werden, während die Durchführung der Reoption im Laufe der fünfziger Jahre die Rückkehr der umgesiedelten Südtiroler bzw. den Verbleib jener im Lande ermöglichte, die 1939 für die deutsche Staatsbürgerschaft optiert hatten.

In der intensiven Verhandlungsphase des Staatsvertrages (1947–1949) unter tendenzieller sowjetischer Konzessionsbereitschaft drängte Gruber während der Moskauer Außenministerkonferenz auf eine rasche Unterzeichnung des Staatsvertrages, obgleich die Sowjets hohe wirtschaftliche Forderungen an Österreich stellten. General Mark W. Clark, amerikanischer Chefunterhändler, lehnte diese ab und verweigerte die Unterschrift, wodurch er sich Grubers Unmut zuzog, der den Willen Moskaus sah, den Vertrag abzuschließen, und für bilaterale österreichisch-sowjetische Verhandlungen eingetreten war. Der Außenminister wollte aber bereits vor 1948 keinen österreichischen Staatsvertrag „um jeden Preis", ein Vorwurf der ihm wiederholt von amerikanischer Seite gemacht wurde. In der Phase zwischen kommunistischer Machtergreifung in der Tschechoslowakei und der Berlin-Blockade (1948–1949) sah Gruber phasenweise einen Staatsvertragsabschluß nicht als vordringlichste Aufgabe österreichischer Außenpolitik. Im Zuge der Aufhebung der Berlin-Blockade seitens der Sowjets im Mai 1949 erblickte er neue Chancen für einen Verhandlungsdurchbruch. Moskau zeigte sich in der Frage des deutschen Eigentums konzessionsbereit. Im Sommer 1949 stand Gruber kurz vor dem Abschluß des Staatsvertrages. Die Sicherung der territorialen Integrität Österreichs in den Grenzen von 1937, v.a. Kärntens – es bestanden jugoslawische Gebietsansprüche –, brachten Gruber große Anerkennung ein. Wachsende Obstruktion auf seiten der Supermächte verhinderten aber die Finalisierung des so gut wie unterschriftsreifen Vertragswerks im Spätsommer und Herbst 1949.

Im Zuge des Koreakrieges folgte mit wachsender Zuspitzung des Ost-West-Konfliktes eine Stagnationsphase („stalemate") in den Staatsvertragsverhandlungen (1950–1953), die durch Hinhaltetaktik der Westmächte und sowjetische Obstruktionspolitik gekennzeichnet war. Trotz kurzfristiger Schwankungen blieb die Aufrechterhaltung der staatlichen Einheit leitend für Grubers Politik. Der von seiten des State Department seit spätestens April 1950 entwickelte verkürzte Vertragsentwurf und von Gruber als „Räumungsprotokoll" titulierte „Kurzvertrag", der am 13. 3. 1952 vorgelegt wurde, führte zu einer völligen Versteifung der sowjetischen Position. Gruber hielt dennoch am Ziel fest, Vier-Mächte-Verhandlungen über Österreich herbeizuführen. In dieser Phase der stärksten Westorientierung der österreichischen Außenpolitik nach 1945 (Stourzh 1985, 79), v.a. im Frühjahr 1952, erweckt Gruber den Eindruck, weitgehend der amerikanischen Österreichpolitik zu folgen. Als sich herausstellt, daß der Kurzvertrag zur Überwindung des Verhandlungspatts ungeeignet ist, kam er auf seine „Diplomatie der Insistenz" (Bischof 1991, 152) zurück, die im Westen nur wenig Wirkung erzielte. Als Alternative für ein Scheitern weiterer Deputy-Verhandlungen wie auch des „Räumungsprotokolls" hatte Gruber bereits seit Herbst 1950 eine neue Vorgangsweise angedeutet: Durch Brasiliens Mithilfe erreichte der Außenminister die Befassung der Vereinten Nationen mit der Österreichfrage, zu der er am 17. 12. 1952 sprechen und die Verschleppungstaktik in der Staatsvertragsfrage geißeln konnte.

Unter Kanzler Julius Raab erfolgte seit April 1953 offiziell eine Neuorientierung der Politik mit stärkeren Kontakten zum russischen Element, die von Gruber vorbehaltlos mitgetragen wurde. Sie führte zu ersten Sondierungen bezüglich einer zukünftigen österreichischen Politik der „Allianzfreiheit", was praktisch auf Neutralität hinauslief. Hierbei hat Gruber wiederholt auf die Rolle der Schweiz verwiesen und deren Modellcharakter indirekt anklingen lassen. Bereits in einer Parlamentsrede vom 2. 4. 1952 hatte er erklärt, Neutralität als fest umrissener Begriff, klaren völkerrechtlichen Normen unterworfen, bedeute letztendlich auch die Nichtteilnahme an militärischen Allianzen, ohne hierbei eine Gesinnung im Sinne einer „weltanschaulichen Neutralität" zum Ausdruck zu bringen. Diese Politik gewann noch feste Konturen in der Amtszeit Grubers, so beim Treffen am Bürgenstock bei Luzern mit dem indischen Staatsmann Jawaharlal Pandit Nehru und seinem Botschafter in Moskau, K. P. S. Menon, am 20. 6. 1953 zwecks indischer Sondierung der Frage der „Allianzfreiheit" bei den Sowjets, die Molotow aber dilatorisch behandelte, hatte die Deutschlandfrage für den Kreml doch klar Priorität. Gruber äußerte sich in bezug auf militär- und bündnispolitische Kombinationen in der Öffentlichkeit wie vor westlichen Diplomaten – von wenigen Ausnahmen abgesehen – betont distanziert, im verfassungs- und demokratiepolitischen Sinne sollte Österreich aber „naturgemäß (. . .) mit dem Westen verbunden" sein (Gehler 1994a, 53). Nur in Verbindung mit diesen Grundwerten war ihm die territoriale Integrität und staatliche Einheit erstrebenswert. Grubers Politik war somit ein permanenter Balanceakt zwischen einer v.a. wirtschaftlichen und gesellschaftlichen Westorientierung und der Sicherung territorialer Integrität und staatlicher Souveränität.

In der Außenwirtschaftspolitik gelang dem Ballhausplatz unter wesentlicher Mitwirkung Grubers nach Abschluß von Kompensationsverträgen mit der CSR, Schweiz und Italien (1945–1946) die österreichische Gründungsmitgliedschaft in der Organization for European Economic Cooperation (OEEC) 1948 und die Teilnahme an der innereuropäischen Handelsliberalisierung, wenngleich Österreichs Außenhandel mit dem Osten durch die COCOM-Exportkontrollen und der damit quasi obligatorischen Embargopolitik gegenüber den sowjetischen Satelliten eingeschränkt wurde. Andererseits profitierte das Land im Gefolge seiner Mitgliedschaft in der OEEC, zu dessen Vizepräsident Gruber von 1949 bis 1954 avancierte, vom multilateralen Clearing der Europäischen Zahlungsunion (EZU) ab 1950, wenn auch zunächst nur als assoziiertes Mitglied.

Früh forcierte Gruber Österreichs Teilnahme an multilateralen Organisationen wie die Bewerbung um den Beitritt zur UNO (seit 1947), die Mitgliedschaft im International

Monetary Fund (IMF) (1948) oder beim General Agreement on Tariffs and Trade (GATT) (1951). Strenge Zurückhaltung wurde jedoch öffentlich in der Frage der Partizipation an militärischen bzw. politischen Formen der westeuropäischen Integration (Brüsseler Pakt, NATO, EVG-Projekt, WEU und Europarat) geübt. Im Sinne einer Emanzipation der österreichischen Exportwirtschaft erfolgte am 19. und 20. 5. 1953 die Aufnahme offizieller diplomatischer Beziehungen mit Bonn (Staatsbesuch von Gruber mit Staatssekretär Bruno Kreisky bei Konrad Adenauer und dessen Kabinettsmitgliedern) und in deren Gefolge auch die Installierung einer bundesdeutschen Handelsvertretung in Wien. Gruber befürwortete die Normalisierung der politischen Beziehungen und die enger werdende wirtschaftliche Kooperation mit der Bundesrepublik Deutschland. Diese sah er u.a. auch als Mittel zur Stärkung der österreichischen Integrität, für die aber ein politischer „Anschluß" abträglich sein mußte. Gruber wünschte daher beim Verhältnis zwischen Österreich und der Bundesrepublik im wirtschaftlichen Sinne keine „chinesische Mauer" (Gehler 1994, 393), im politischen aber auch keine „schielenden Abenteuer" (Gehler 1994, 418).

Seit 1949/50 beschäftigte Grubers Politik die in militärischen Belangen nicht unwesentliche Post-Marshallplan-Hilfe, die einen Balanceakt zwischen Sicherheits- und Integritätsinteressen des Staates darstellte. In dieser Frage spielte er gemeinsam mit Leopold Figl, Adolf Schärf, Oskar Helmer und Ferdinand Graf eine wichtige Rolle in der Zusammenarbeit mit den Westmächten beim Aufbau der B-Gendarmerie, dem Vorläufer des österreichischen Bundesheeres, und der Remilitarisierung der westlichen Zonen mit konventionellen Waffen.

Grubers Außenpolitik fand Anfang der fünfziger Jahre wegen des ausbleibenden Abschlusses des Staatsvertrages immer weniger innenpolitischen und innerparteilichen Rückhalt. Zur andauernden Kritik seitens der KPÖ gesellten sich die Angriffe des VdU. ÖVP-Generalsekretär Alfred Maleta gehörte zu den härtesten Gegnern Grubers. Der Rücktritt Grubers im November 1953 erfolgte dann vor dem Hintergrund einer Reihe von lang- und kurzfristig wirkenden Faktoren. Seine Buchveröffentlichung *Zwischen Befreiung und Freiheit. Der Sonderfall Österreich* und die sensationsheischende Aufmachung in der Zeitung *Die Presse* lösten massive innerparteiliche Kritik aus. Gruber wies in der Veröffentlichung u.a. auf jene Kontaktgespräche hin, die im Sommer 1947 zwischen Kanzler Figl und dem KPÖ-Politiker Ernst Fischer („Figl-Fischerei") stattgefunden und auf eine Regierungsumbildung abgezielt hatten. Gruber hatte seinerzeit als „Aufdecker" fungiert, als er die Sondierungsgespräche zunichte machte und dabei das Verhalten Figls und auch das von Raab, der ebenfalls an einem Gespräch teilgenommen hatte, skandalisierte bzw. diese durch sein Buch nachträglich kompromittierte. Um nicht zu einer Belastung für die ÖVP zu werden und der SPÖ politische Munition zu liefern, gab Gruber dem innerparteilichen Druck nach und demissionierte. Ein vernichtender Artikel Friedrich Funders in der *Furche* (Gehler 1994, 459–461) trug das seine zum Ende der politischen Karriere Grubers bei. Raab, der nach einer Gelegenheit zur Versöhnung mit Figl gesucht hatte und dessen Reaktivierung als Außenminister erreichte, konnte Grubers Demission gleichzeitig als Geste des guten Willens der Sowjetunion gegenüber einsetzen, stand doch der Außenminister nicht nur als unbequemer Verhandlungspartner, sondern auch als überzeugter Antikommunist für eine Politik, die letztlich nicht zum Abschluß des Staatsvertrages zu führen schien. Wegen parteischädigenden Verhaltens wurde aufgrund seiner umstrittenen Buchveröffentlichung sogar für Ausschluß plädiert, doch war der Pragmatiker Gruber für Raabs „neue" Politik zu wichtig: Als Botschafter in den USA konnte er beim Abschluß des Staatsvertrages als Mittler zwischen Washington und Wien Vertrauensarbeit leisten, um der nach außen hin wegen zu befürchtender Rückwirkungen auf die deutsche Frage skeptischen Eisenhower-Dulles-Administration den Neutralitätskurs Wiens verständlich zu machen.

Außenminister Dr. Karl Gruber (Mitte), 1951, mit dem englischen „Parliamentary Under Secretary of State and Foreign Affairs" Lord Henderson (rechts) und dem Botschafter Dr. Lothar Wimmer (links), London

Grubers Politik hatte gemäß den Beschlüssen der Regierungen Figl I und II und Raab durchaus formelhafte, gleichbleibende und somit langfristige Zielsetzungen, wie die Aufrechterhaltung des Vier-Mächte-Kontrollsystems, solange kein Abschluß des Staatsvertrages in Sicht war, und im Rahmen eines solchen keine Einschränkung der Souveränität des Staates zu akzeptieren. Überhaupt blieben die Erlangung der Handlungsfreiheit, der territorialen Integrität sowie der politischen Unabhängigkeit konstante Forderungen Grubers trotz sich ändernder innen- und außenpolitischer Rahmenbedingungen. Die Neutralität befürwortete er nur unter der Bedingung, daß diese von souveränen Organen Österreichs festgelegt und interpretiert wird und keiner vertraglichen Bindung gegenüber einer dritten Seite unterliegt (Gruber 1976, 152).

Nach der Zeit als Botschafter in den USA (1954–1957) konnte Gruber als Sonderberater („Special Advisor") der Internationalen Atomenergiebehörde in Wien (1958–1961), Botschafter in Madrid (1961–1966) und Bonn (1966), Staatssekretär für Verwaltungsreform im Kabinett des Kanzlers Josef Klaus (1966–1969) sowie erneut als Botschafter in Washington (1969–1972) und zuletzt in Bern (1972–1974) wirken. Anfang der sechziger Jahre exponierte sich Gruber im Rahmen der „Neuen Österreichischen Gesellschaft" gemeinsam mit dem steirischen Landeshauptmann Josef Krainer, die eine Reform der Volkspartei bewirkte. Als Vorsitzender der Gesellschaft für Energiewesen (ab 1978) setzte sich Gruber für die Inbetriebnahme des Atomkraftwerks Zwentendorf ein.

Grubers politisches Programm war vom gesellschaftspolitischen Ausgleich durch innenpolitischen Konsens getragen. Konsequenterweise trat er während der Besatzungszeit als Verfechter der großen Koalition auf. Durch zahlreiche Reden, Interviews und

Artikel in Printmedien verstand er es geschickt, seine Politik zu kommunizieren und breiten Bevölkerungsschichten plausibel zu machen. Gruber setzte sich hierbei u. a. mit der Kritik der KPÖ und entsprechenden Darstellungen in der *Volksstimme* auseinander. Als Verhandler mit dem Koalitionspartner kam ihm sein gutes Verhältnis zu Vizekanzler Adolf Schärf und Innenminister Oskar Helmer zugute. In der Außenpolitik wurden Gruber hingegen mangelndes Verhandlungsgeschick und zu rasch getroffene Entscheidungen vorgeworfen. Innerparteilich verstand es Gruber nicht, gemeinschaftsbildend zu wirken, wodurch ihm eine größere Anhängerschaft versagt blieb. Die fehlende Hausmacht in der Gesamtpartei – in Tirol stand immerhin der Bauernbund hinter ihm – war eine der Ursachen für das rasche Ende seiner politischen Karriere. Hinzu kamen Geltungsbedürfnis und übermäßiger politischer Ehrgeiz wie auch sein autoritärer Führungsstil – Eigenschaften, die ihm viele Gegner schufen.

In der zeitgenössischen wie retrospektiven Rezeption seiner Außenpolitik firmierte Gruber einerseits in rechtsgerichteten und nationalen Kreisen wiederholt als „Verräter" der Südtiroler Sache, während er andererseits vornehmlich von kommunistischer, aber auch sozialistischer Seite als „Kalter Krieger" und Konfrontationspolitiker gesehen wurde. Seine rein pragmatische, an den staatlichen Interessen Österreichs orientierte Politik wurde nur selten erkannt. Zum Zwecke ihrer Realisierung scheute er keine Auseinandersetzung, weder mit den Besatzern noch mit den Parteien, wenn erforderlich auch nicht mit der eigenen. Infolge politischer Alleingänge und persönlicher Eskapaden galt Gruber in der ÖVP als „unberechenbar". Erst in den 60er Jahren bot sich ihm die Möglichkeit eines Wiedereinstiegs in die Tiroler Landes- wie in die österreichische Innenpolitik. Sein Comeback im Kabinett Klaus II brachte ihm jedoch politisch nur wenig ein. Seit Beendigung seines Dienstes im diplomatischen Korps galt Gruber in der Öffentlichkeit als eine Art „elder statesmen", dessen politischer Rat gefragt war. Während der Waldheim-Affäre übernahm Gruber die Rolle eines Sonderbotschafters in den USA (1987) und trat mit seiner harschen Kritik an den Arbeiten der Historikerkommission nochmals in das grelle Licht der Medien. Bis zuletzt setzte er sich vergeblich für eine Wiederkandidatur Waldheims als Bundespräsident ein.

Literatur- und Quellenverzeichnis

Bischof, Günter / *Leidenfrost,* Josef (Hg.) (1988). Die bevormundete Nation. Österreich und die Alliierten 1945–1949, Innsbruck.

Bischof, Günter (1991). Karl Gruber und die Anfänge des „Neuen Kurses" in der österreichischen Außenpolitik 1952/53, in: Lothar *Höbelt* / Othmar *Huber* (Hg.): Für Österreichs Freiheit. Karl Gruber – Landeshauptmann und Außenminister 1945–1953, Innsbruck.

Bischof, Günter (1995). The Making of a Cold Warrior: Austrian Foreign Policy à la Gruber, 1945–1953, in: Austrian History Yearbook 26.

Fiesinger Klaus (1993). Ballhausplatz-Diplomatie 1945–1949. Reetablierung der Nachbarschaftsbeziehungen und Reorganisation des Auswärtigen Dienstes als Formen außenpolitischer Reemanzipation Österreichs, München.

Gehler Michael (1991). Dr. Ing. Karl Gruber – Erster Landeshauptmann von Tirol nach dem Zweiten Weltkrieg, in: Lothar *Höbelt* / Othmar *Huber* (Hg.): Für Österreichs Freiheit. Karl Gruber – Landeshauptmann und Außenminister 1945–1953, Innsbruck.

Gehler, Michael (1994). Karl Gruber. Reden und Dokumente 1945–1953. Eine Auswahl, Wien.

Gehler, Michael (1994a). „Die Besatzungsmächte sollen schnellstmöglich nach Hause gehen.“ Zur österreichischen Interessenpolitik des Außenministers Karl Gruber 1945–1953 und zu weiterführenden Fragen eines kontroversen Forschungsprojekts, in: Christliche Demokratie 12.

Gehler, Michael (1995). Politischer Neubeginn unter militärischer Besatzung: Ing. Dr. Karl Gruber, Tirols erster Landeshauptmann im Jahre 1945, in: Das Jahr 1945 in Tirol. Ende und Neubeginn, Katalog des Tiroler Landesmuseums Ferdinandeums, Innsbruck.

Gehler, Michael / Rolf *Steininger* (Hg.) (1993). Österreich und die europäische Integration 1945–1993, Wien.

Gruber, Karl (1953). Zwischen Befreiung und Freiheit. Der Sonderfall Österreich, Wien.

Gruber, Karl (1976). Ein politisches Leben, Wien.

Gruber, Karl (1982). Die Welt im Konflikt. Leben zwischen zwei Supermächten im ausgehenden XX. Jahrhundert, München.

Gruber, Karl (1988). Meine Partei ist Österreich. Privates und Diplomatisches, Wien.

Steininger, Rolf (1987). Los von Rom? Die Südtirolfrage 1945/46 und das Gruber-De Gasperi-Abkommen, Innsbruck.

Stourzh, Gerald (1985). Geschichte des Staatsvertrages 1945–1955. Österreichs Weg zur Neutralität, Graz.

Lebensdaten

1909	am 3. 5. in Innsbruck geboren (Mitglied der Kinderfreunde, Roten Falken, Sozialistischen Arbeiterjugend und der SDAPÖ)
1927	Abschluß der Staatsgewerbeschule (HTL) in Innsbruck
1927–1934	Werkstudent in der Post- und Telegraphendirektion Innsbruck und als solcher Mitglied der freien Gewerkschaften
1930	Ablegung der Oberrealschulmatura
1932–1936	Studium der Rechts- und Staatswissenschaften an den Universitäten Innsbruck (bis 1934) und Wien (1934–1936)
1934	Wechsel vom sozialdemokratischen zum christlichsozialen Lager
1936	Promotion zum Dr. iur. an der Universität Wien
1939	Heirat mit Helga Ahlgrimm
1995	am 1. 2. in Innsbruck gestorben

Berufliche Karrierestationen

1935–1938	wissenschaftliche Hilfskraft beim Nationalökonom Univ.-Prof. Dr. Hans Mayer an der Universität Wien
1938	Beendigung der Tätigkeit bei der Post- und Telegraphendirektion Wien
1939–1945	Anstellung bei AEG und Telefunken in Berlin als Elektroingenieur und Hochfrequenztechniker
1946	Habilitation für Volkswirtschaftslehre an der Universität Wien

Staatliche Funktionen

1945	Landeshauptmann von Tirol
1945	Unterstaatssekretär für Äußeres
1945–1953	Abgeordneter zum Nationalrat (Mandatar des Tiroler Bauernbundes)
1945–1953	Bundesminister für Auswärtige Angelegenheiten
1954–1957	Botschafter in Washington
1958–1961	Special Advisor der Internationalen Atombehörde in Wien
1961–1966	Botschafter in Madrid
1966	Botschafter in Bonn
1966–1969	Staatssekretär für Verwaltungsreform
1969–1972	Botschafter in Washington
1972–1974	Botschafter in Bern
1987 (Juli)	Sonderbotschafter während der Waldheim-Affäre in den USA

Parteipolitische Ämter

1934–1938	Vertrauensmann der christlichen Gewerkschaften im Post- und Telegraphendienst
1945	Gründungsmitglied der Demokratischen Östereichischen Staatspartei in Tirol
1948–1951	Mitglied des Bundesparteipräsidiums der ÖVP

Weitere Funktionen

1949–1954	Vizepräsident der OEEC
ab 1975	Präsident des Lateinamerika-Instituts in Wien
ab 1978	Vorsitzender der Gesellschaft für Energiewesen

Eduard Hartmann

von
Georg Schmitz

Als Eduard Hartmann am 3. 9. 1904 in Laxenburg (Niederösterreich) geboren wurde, führte sein Vater, Ing. Eduard Hartmann sen. (1872–1958), den von seinem Großvater erworbenen landwirtschaftlichen Betrieb als „Meierei und Kefir-Anstalt“ und belieferte den kaiserlichen Hof in Laxenburg mit Milch. Die Mutter, Irma Haidekker (1881–1958), stammte aus Ercsi (Komitat Székesfehérvár). Nach der Auszahlung dreier Geschwister und infolge von Absatzproblemen verkaufte Eduard Hartmann sen. 1912 den Besitz in Laxenburg und übernahm die Verwaltung der Wünschek-Dreherschen Güterdirektion in Schwechat. Für den als Kind sehr schüchternen Hartmann bedeutete dies, von der gegenüber dem Elternhaus gelegenen Volksschule in Laxenburg in die Privatschule Mayr nach Mödling übersiedeln zu müssen. Das Gymnasium sollte er in der Folge im Stiftsgymnasium Melk absolvieren und war dadurch auf Monate von seiner Familie getrennt. Die Zeugnisse des Stiftsgymnasiums Melk zeigen für die ersten beiden Klassen sich zunehmend verschlechternde Noten und einen Anstieg von 20 infolge Krankheit versäumten Lehrstunden auf 135. Im Dezember 1915 verließ Hartmann Melk und besuchte in der Folge das humanistische Gymnasium in Wien 13, Fichtnergasse 15, wo er 1923 maturierte. Auch hier mußte er auswärts, bei den Familien Neubauer bzw. Kittler wohnen, wo er sich jedoch als fürsorglich betreut empfand. Mitschüler waren der spätere Redakteur der *Arbeiter-Zeitung* Friedl Scheu und der spätere Sozialpolitiker Karl Kummer. Als Gymnasiast trat er dem Christlich-Deutschen Studentenbund bei (Kummer), einer über Initiative von Karl Rudolf gegründeten Organisation katholischer Mittelschüler (1919), die sich unter dem Einfluß Michael Pflieglers zur Jugendbewegung wandelte (1921), zum politischen Katholizismus auf Distanz ging und das Farbstudententum ablehnte. 1938 gab Hartmann eine Mitgliedschaft beim Deutschen Turnverein „von 1920 bis zu einer schweren Erkrankung im Jahre 1923“ an (Lungenspitzenkatarrh).

Die ihn kennzeichnende Liebenswürdigkeit hatte Eduard Hartmann von seiner Mutter geerbt, vom Vater kamen die Fähigkeiten zum analytischen Denken, schnellen Erfassen komplexer Zusammenhänge, Präzision, große Selbstdisziplin und ein ausgeprägtes Pflichtbewußtsein. Der Vater („hart“, „streng“) war „kaisertreu und schwarz“. Sein Ambiente bestimmte Studium und Beruf des Sohnes. Die Eltern vermittelten auch eine intensive Religiosität. Ein Schock war für die Familie der Tod der beiden älteren Schwestern Hartmanns: Irma starb 15jährig im April 1918 (Schwindsucht), die ältere Sophie 20jährig im Juni 1921 (Masern). 1920 kam dagegen die jüngste Schwester Johanna zur Welt. Für eine Verinnerlichung elterlicher Vorstellungen spricht, daß Hartmann vor schwierigen persönlichen Entscheidungen das Grab der Eltern aufsuchte.

1923 bis 1927 studierte Hartmann an der Hochschule für Bodenkultur in Wien Landwirtschaft. Unter den rund 100 Hörern des ersten Semesters fanden sich Gleichgesinnte bäuerlicher Herkunft, an deren Spitze sich binnen kürzester Zeit Leopold Figl setzte, „aber auch Eduard Hartmann galt sehr viel in unseren Reihen" (Gfrerer). Hartmann studierte mit sehr gutem Erfolg. Er trat nicht wie Figl und Gfrerer dem CV bei, wie er es auch später wegen Zeitmangels ablehnte, Ehrenmitglied einer ÖCV-Verbindung zu werden (Kraus). Seine Ferien verbrachte er ab dem Obergymnasium fast durchwegs bei Ernte-, Drusch- und Anbauarbeiten in Niederösterreich und Burgenland. Zum 20jährigen Jubiläum des NÖ Bauernbundes (1926) überbrachten Figl und Hartmann Grüße der Studenten der Bodenkultur. Kurz nach dem Brand des Justizpalastes schloß der Jahrgang im Juli 1927 seine Ausbildung ab, und die Studierenden erhielten die Berechtigung, den Titel „Ingenieur" (1938 Diplom-Landwirt, 1945 Dipl.-Ing.) zu führen.

Am 1. 8. 1927 trat Eduard Hartmann in die Österreichische Land- und Forstwirtschaftsgesellschaft in Wien ein, einer seit 1807 als „[K. K.] Landwirtschaftsgesellschaft in Wien" bestehenden Vereinigung, die vor bzw. neben den ab 1922 entstehenden Landes-Landwirtschaftskammern die Interessen der land- und forstwirtschaftlichen Produzenten vertrat. Der Vater übte seit 1912 verschiedene Funktionen in der Gesellschaft aus. Die Vereinigung prägte Eduard Hartmann jun. fachlich und gesellschaftlich. Er konnte als Mitarbeiter des Präsidialdirektors, als Sekretär der Sektion für Gutsbetriebe, wie auch in dem 1928 eingerichteten Pressereferat seine Interessen entwickeln. Hartmann befaßte sich mit agrarischer Handels- und Wirtschaftspolitik, Sozialversicherungsrecht, Steuerrecht, land- und forstwirtschaftlicher Entschuldung, besorgte „einen namhaften Teil des Beratungsdienstes für die Gesellschaftsmitglieder" und verfaßte Publikationen der Gesellschaft, zum Beispiel aufgrund statistischer Daten „Steuerpolitik und Bodenwirtschaft" und „Agrarpolitik und Agrarwirtschaft" (1934). Einzelne Gratulanten erinnerten sich anläßlich seiner Bestellung zum Bundesminister (1959) an hervorragende fachliche Referate Hartmanns in der Gesellschaft. 1922–1935 war die Gesellschaft „Landwirtschaftliche Hauptkörperschaft für Wien". Hartmann betreute rund 2000 Bauern, Weinhauer, Milchmeier und Gärtner und leitete ab 1931 den Aufsichtsrat einer Verkaufsgenossenschaft von Wiener Erwerbsgärtnern. 1936 bestellte ihn die Gesellschaft zu ihrem Präsidialdirektor. Im gleichen Jahr übernahm er auch die Funktion eines Generalsekretärs der Österreichischen Gartenbaugesellschaft und die Schriftleitung der *Gartenzeitung*. Obwohl in erster Linie Fachmann trat er 1929 (möglicherweise anläßlich des kollektiven Beitritts des NÖ Bauernbundes) dem NÖ Heimatschutz bei, für den er bis 1936 „fallweise bei Bearbeitung wirtschaftlicher Fragen tätig" war, und 1934 der Vaterländischen Front (Bauernbund). 1930 hatte Hartmann Helene Brenner (1908–1982) geehelicht. 1931, 1932 und 1937 wurden die Kinder Elisabeth, Monika und Peter geboren.

Nach der Besetzung Österreichs durch das Deutsche Reich (12. 3. 1938) stand die Österreichische Land- und Forstwirtschaftsgesellschaft 4 Tage unter fremder kommissarischer Leitung, wählte aber am 18. 3. 1938 in der Annahme, dadurch die Gesellschaft erhalten zu können, Mitglieder der NSDAP zu Obmann und Vizeobmännern. Der Stillhaltekommissar für Vereine, Organisationen und Verbände bestellte jedoch am 21. 6. 1938 zwei von ihnen zu kommissarischen Leitern mit dem Auftrag zur Auflösung der Gesellschaft. Hartmann besorgte einen Großteil der sich dabei ergebenden Arbeiten bis November 1938, wobei er sich für Abfertigungen und neue Arbeitsplätze der Angestellten einsetzte. Die kommissarischen Leiter bestätigten ihm unbedingte Verläßlichkeit, organisatorische Fähigkeiten und „Takt in personellen Angelegenheiten". Er selbst wurde probeweise in den Reichsnährstand übernommen, war ab 3. 8. 1938 Sachbearbeiter in der Hauptabteilung (HA) II B (fachliche, betriebliche und berufliche Förderung) der Landesbauernschaft Donauland in Linz, wo er mit Steuer-, Kredit- und Versicherungsfragen befaßt war. Er wurde stellvertretender Schriftleiter des Wochenblattes der Landesbauernschaft und führte ehrenamtlich die Donauländische Gartenbaugesellschaft. *Die Steuern des Bauern in der Ostmark. Mit Steuerkalender,* eine 1939 publizierte Einführung in das reichsdeutsche Steuerrecht zeigte seine Fähigkeit zur einfachen Darstellung komplexer Zusammenhänge. Seine Vorgesetzten beurteilten ihn als zuvorkommend, gewandt, genau, ordnungsliebend, guten Redner und infolge seines taktischen Geschicks zu Verhandlungen und Versammlungen besonders befähigt. Politische Hinweise der NSDAP des Gaues Wien vom Mai 1939 und Jänner 1940 („Ing. Hartmann ist durch und durch schwarz und war sehr gut mit dem ehemaligen Bundeskanzler Dr. Dollfuß befreundet.") blieben ohne Folgen. Als „kriegsverwendungsfähig" kam er zur Ersatzreserve I (8. 5. 1940). Bei Teilung der Landesbauernschaft Donauland wurde er kommissarischer Leiter der Abt. II B 3 der Landesbauernschaft Niederdonau in Wien (12. 12. 1942), 1½ Jahre später Landwirtschaftsrat (5. 5. 1944). Er war weder Mitglied noch Anwärter auf die Mitgliedschaft zur NSDAP. Im Juni 1938 war er der Deutschen Arbeitsfront und der NS-Volkswohlfahrt, im März 1939 dem Reichskolonialbund beigetreten. 1959 schrieb ihm ein Bekannter: „Unser erstes Gespräch über Probleme der heimischen Hagelversicherung, das während des Krieges geführt worden ist und bei dem ich Sie kennengelernt habe, ist mir in guter Erinnerung geblieben. In jener Zeit war es eben selten, daß Fachgespräche, auch wenn es sich bei beiden Partnern um Österreicher handelte, sachlich korrekt und dennoch in liebenswürdiger Form geführt wurden."

Am 14. 4. 1945 übernahm Leopold Figl mit Eduard Hartmann, Ferdinand Graf, Vinzenz Schumy und anderen die Häuser des NÖ Bauernbundes und der NÖ Landwirtschaftskammer in Wien und ernannte Hartmann am 4. 6. 1945 zum Kammeramtsdirektor-Stellvertreter der NÖ Landwirtschaftskammer, deren landwirtschaftliches Betriebswesen er leiten sollte. Kurz danach beauftragte Leopold Figl ihn jedoch, anläßlich der Wiedererrichtung der Steirischen Landwirtschaftskammer an der Reduzierung des aus dem Reichsnährstand in Graz zu übernehmenden Personals um rund 1100 Personen mitzuwirken. Im Dezember 1946 (mit Wirkung vom 1. 1. 1947) wurde er als Direktor des NÖ Bauernbundes der Nachfolger Figls. Bauernbunddirektor war er mit der Intensität eines Spitzenpolitikers. In der Erinnerung seines Sohnes verbrachte er abgesehen vom Urlaub selten mehr als vier Wochenende im Jahr mit seiner Familie, einschließlich Weihnachten und Ostern. Er kam spät abends heim und verließ seine Wohnung in Wien früh, so daß ihn seine Kinder wochenlang nicht sahen. Mit anderen Funktionären bereiste er das Land landauf, landab, hielt Versammlungen und Sprechtage, beantwortete Frage um Frage in Ruhe und Sachlichkeit und wurde dadurch „beinahe zu einer legendären Persönlichkeit" (Rasser). Für die Wochenzeitung *Der österreichische Bauernbündler* schrieb er Leitartikel, bis Therese Kraus dies übernahm, leitete aber auch ab Ende 1948 den Österreichischen Agrarverlag. Anläßlich eines im Oktober 1950 von der KPÖ ausgerufenen Generalstreiks war er in Niederösterreich einer der Organisatoren des bäuerlichen Widerstandes gegen Versuche, staatliche Einrichtungen und wirtschaftliche Versorgungszentren zu besetzen.

Für die Nationalratswahlen am 9. 10. 1949 setzte ihn Landeshauptmann Steinböck gegen bäuerlichen Widerstand auf die Kandidatenliste der ÖVP. Als Abgeordneter stand er seinen Wählern (Weinviertel, NÖ) jeden Montag in einem der Bezirksorte zur Verfügung. Seine Mitarbeiter hatten die dabei in einem Notizbuch erfolgten Eintragungen zu bearbeiten und bis zum nächsten Sprechtag die Intervenienten vom Ergebnis zu verständigen. Im Nationalrat fiel er durch Genauigkeit und Detailkenntnis auf, schätzte aber auch Witz und Ironie. Oft war er Berichterstatter oder Debattenredner. Er formulierte die agrarpolitischen Passagen der Regierungserklärungen der Kabinette Raab und Gorbach (Kraus). Auf Fotos dieser Zeit ist Hartmann meist im Hintergrund zu sehen und wirkt in der Körperhaltung sehr diszipliniert, aber auch in einfachster Kleidung stets elegant. „Vorbildlich waren auch seine Umgangsformen und seine noble

Haltung als Politiker, seine Durchsetzungskraft hat darunter keinesfalls gelitten. Er konnte sich rasch in jedes Arbeitsgebiet einarbeiten. Er war außerordentlich gründlich und genau, sein Arbeitspensum und sein Fleiß waren enorm" (Brandstätter).

Landeshauptmann Dipl.-Ing. Dr. Eduard Hartmann, 1966,
Zeugenaussage vor dem Bezirksgericht Hernals

1950 hatten das Milchwirtschaftsgesetz, das Getreidewirtschaftsgesetz und das Viehverkehrsgesetz die Zwangswirtschaft des Krieges und der Nachkriegszeit abgelöst. Diese Gesetze bewirkten einen gleichen Produzentenpreis in Österreich. Der Innenminister regelte den Konsumentenpreis (Preisregelungsgesetz 1950). An ihre Stelle sollte nach ausländischen Vorbildern ein Landwirtschaftsgesetz mit u. a. folgendem Inhalt treten: Kompetenz des Landwirtschaftsministers zur Regelung der Ein- und Ausfuhr sowie der Konsumenten- und Produzentenpreise der Agrarprodukte; Ausweitung der bestehenden Marktordnung für Milch-, Getreide- und Viehwirtschaft auf Ölsaaten, Geflügelhaltung, Obstbau, Gartenbau und Weinbau; jährlicher Vergleich der Einkommen der Bauern mit den Löhnen vergleichbarer Berufsgruppen, den Einkommen von Betriebsleitern und der allgemeinen Verzinsung von Betriebskapital („Einkommensparität"). Es galt, „durch Monate und Jahre, oft tage- und nächtelang über das Landwirtschaftsgesetz, das Marktordnungsgesetz und andere Gesetze Satz für Satz und Wort für Wort zu streiten" (Brief Hartmanns vom 12. 9. 1966 an Franz Lechner). Anstelle des zunächst an den Widerständen der SPÖ, des ÖVP-Wirtschaftsbundes und einzelner Ländern, die Änderungen der Verfassung ablehnten, gescheiterten Landwirtschaftsgesetzes faßte ein Marktordnungsgesetz 1958 die Regelungen über Milch, Getreide und Vieh zusammen. Hartmann war ab Beginn Teilnehmer dieser Verhandlungen und hat sie schließlich selbst geleitet. Obwohl kein Bauer, sollte er daher 1959 anläßlich einer Regierungsumbildung selbst Bundesminister für Land- und Forstwirtschaft werden. Der „ungeheuer selbstkritische" Hartmann (Kraus) gab den Widerstand gegen seine Bestellung erst über ausdrücklichen Wunsch des

Präsidenten des Österreichischen Bauernbundes, Minister a. D. Kraus, und nach Drängen der „Freunde aus den Alpenländern" auf (Brief Hartmanns vom 25. 7. 1959 an Anton Krabichler). In seinen Antworten auf die Glückwünsche höchster Funktionäre des NÖ Bauernbundes findet sich der Satz: „Hoffentlich gelingt es mir, wenigstens einen Teil jener leider sehr großen Erwartungen zu erfüllen, die man an die Ausübung meiner neuen Funktion knüpft." „Der Typ des politischen ‚Senkrechtstarters' war Eduard Hartmann ganz gewiß nicht. Ganz im Gegenteil. Sein Lebenslauf ist geradezu ein Musterbeispiel vom klaren, nicht schmerzfreien Hinauf- und Hineinwachsen einer Persönlichkeit in hohe verantwortungsvolle Positionen" (Kraus 1977).

Als Minister verwies er in einer offensiven Öffentlichkeitsarbeit auf die enge Verflechtung von Landwirtschaft und Volkswirtschaft und warb „mit hinreißendem Schwung", „in seiner liebenswürdigen, aber doch sehr bestimmten Art für den Gedanken", „daß der Landwirtschaft nur durch gesetzliche Maßnahmen besonderer Art die Teilnahme an der fortschreitenden Entwicklung der österreichischen Volkswirtschaft gesichert werden kann" (Ott-Wieser 1967). Die seit seinen beruflichen Anfängen für ihn typische Pressearbeit leistete weiterhin Therese Kraus im NÖ Bauernbund. Auf sie geht die Formel „Agrarpolitik geht alle an" zurück. Hartmanns Kombination von zukunftsorientierter Agrarpolitik, Fach- und Detailwissen mit persönlichem Charme, Konzilianz und Bescheidenheit fand die Sympathie der Öffentlichkeit. Elegantes Auftreten, Offenheit gegenüber Medien und die Fähigkeit, Ziele plakativ zu formulieren, nahmen Dimensionen späterer PR-Arbeit vorweg, wobei allerdings inhaltliche Anliegen stets vor persönlichen Interessen standen. Im Juli 1960 erreichte er durch „seine ganz besonders ausgeprägte Zähigkeit und Ausdauer" (Withalm) das Landwirtschaftsgesetz. Das nur aus wenigen Paragraphen bestehende und auf 5 Jahre befristete Gesetz, der darin geregelte, jährlich dem Nationalrat vorzulegende „Grüne Bericht" über die wirtschaftliche Lage der Landwirtschaft (eine „Einkommensparität" fehlte), und der darauf aufbauende, aus dem jährlichen Bundesvoranschlag dotierte „Grüne Plan" waren die Höhepunkte seiner Ministerschaft in den Kabinetten Raab III und IV, Gorbach I und II (Juli 1959 bis April 1964). „Wer mit ihm in Berührung kam, war vom ersten Augenblick an von seiner einmaligen Natürlichkeit und Aufgeschlossenheit gefangen genommen. Souverän verstand er, Besprechungen und Verhandlungen zu führen und allein durch seine Persönlichkeit von Anbeginn das richtige Klima herzustellen. Das große Ziel in Augen behaltend, wußte er konziliant in einzelnen Fragen nachzugeben. Diese Eigenschaft war ebenso Ausdruck einer geistigen wie seelischen Größe [. . .] Und trotz seiner einmaligen Auffassungsgabe machte er sich die Arbeiten keineswegs leicht, sondern befaßte sich mit jeder Frage mit einer solchen Intensität, wie es im Leben nur selten anzutreffen ist" (Kloss). Ab 1959 wurde die Stellung der Landwirtschaft in einem europäischen Markt vorrangiges Thema für ihn. Um sich zu informieren und über eine Assoziierung Österreichs an die EWG zu orientieren, soll er als Landwirtschaftsminister öfters als der damals für die Verhandlungen zuständige Handelsminister in Brüssel gewesen sein. Seit Mai 1962 Generalanwalt (Obmann) des Österreichischen Raiffeisenverbandes, forderte er eine europäische Zusammenarbeit der nationalen Genossenschaftsbewegungen, war aber auch laufend mit den Konflikten zwischen expandierenden Genossenschaften und bedrängtem Kleinhandel konfrontiert.

Aus Loyalität gegenüber dem amtierenden Bundeskanzler Alfons Gorbach verweigerte er sich im Juli 1963 einer Kandidatur für den ÖVP-Bundesparteiobmann, lehnte es aber auch mit der Begründung mangelnder Eignung trotz Einladung Gorbachs und Drimmels ab, gegen Josef Klaus anzutreten. Obwohl Hartmann als „moderner Politiker" galt und der designierte Bundeskanzler Klaus ihn als Minister wünschte, schied er 1964 aus der Bundesregierung aus und dachte daran, seine Berufsleben als Raiffeisen-Generalanwalt und als Direktor des NÖ Bauernbundes zu beschließen (Brief Hartmanns vom 10. 8. 1965 an Hans Bach).

Nach dem Tod des Landeshauptmannes von Niederösterreich, Leopold Figl, am 9. 5. 1965, konnte erst ein einstimmiger Beschluß des NÖ Bauernbundes ihn dazu bewegen, sich für die Nachfolge Figls zur Verfügung zu stellen (Kraus 1977). Mit der Wahl Hartmanns am 16. 6. 1965 überwand der Bauernbund als mitgliedsstärkster NÖ-VP-Bund den Anspruch des NÖ Arbeiter- und Angestelltenbundes (NÖ-AAB), den Landeshauptmann entsprechend der zunehmenden gesellschaftlichen Bedeutung der Arbeitnehmer selbst zu stellen. (Siegfried Ludwig war 1981 der erste Landeshauptmann, der aus dem NÖ-AAB kam.) Hartmann wurde Landesparteiobmann, Viktor Müllner (Obmann des NÖ-AAB und NEWAG-Generaldirektor) Geschäftsführender Parteiobmann. Auch als Landeshauptmann begann Hartmann seine Tagesarbeit im NÖ Bauernbund. „Je höher seine Erkenntnisse wuchsen und je umfassender seine Erfahrungen, desto stiller und immer mehr in sich zurückgezogen wurde er als Mensch. Es war mit den steigenden Jahren kaum mehr möglich, in sein Herz zu schauen. Wir möchten meinen, daß er innerlich oft voll von Sorgen war" (Rasser). Am 5. 7. 1965 wurde Eduard Hartmann zum Präsidenten des Aufsichtsrates der NEWAG bestellt, einem Landesunternehmen zur Stromversorgung Niederösterreichs. Seit April 1965 überprüfte der Rechnungshof die NEWAG und stellte dabei eine unternehmensfremde Verwendung von NEWAG-Geldern fest, wofür Müllner im Juli 1968 auch strafrechtlich verurteilt werden sollte. Im Vorfeld der für 6. 3. 1966 anberaumten Nationalratswahl wurde der vertrauliche Vorbericht zu dem erst am 30. 9. 1966 dem NÖ Landtag übermittelten endgültigen Bericht des Rechnungshofes beherrschendes Thema des beruflichen und privaten Alltages Hartmanns. Obwohl die ÖVP in der Wahl die absolute Mehrheit errang, suchte der stets korrekt denkende Hartmann, „der sich nie etwas leicht gemacht hat", selbst einen Ausweg, konnte nächtelang nicht mehr schlafen (Kraus) und nahm selbst in seinen Urlaub (25. 7. – 15. 8. 1966) „Berge von Akten" über die NEWAG mit, über welchen er Tag und Nacht saß (Withalm). Auch gegenüber dem am 29. 6. 1966 zum NÖ-VP-Landesparteisekretär bestellten Otto Bernau ließ Hartmann im August 1966 „keinen Zweifel darüber, daß er wegen der Vorwürfe gegen Viktor Müllner von größter Sorge erfüllt sei, doch seien bisher alle Versuche, ein echtes Gespräch mit Müllner zu führen, gescheitert". Nach der Feststellung Hartmanns gegenüber Landesamtsdirektor Franz Baumgartner und Otto Bernau, entweder trete Müllner zurück oder er selbst werde seine Funktionen niederlegen, gelang es Bernau am 3. 10. 1966 in einem rund dreistündigen, sehr bewegten Gespräch, Viktor Müllner zum Rücktritt als Geschäftsführender Parteiobmann zu bewegen. Hartmann wirkte nach dem Rücktritt Müllners wesentlich gelöster und war am Tag vor seinem Tod „humorvoll", „frisch und lebendig" (Bernau, Josef Wallner, Georg Schneider). Am frühen Morgen des 14. 10. 1966 starb jedoch Eduard Hartmann überraschend im Alter von 62 Jahren an einem Herzinfarkt.

Der Politiker Hartmann galt in der Öffentlichkeit als Fachmann und genießt diese Einschätzung unverändert im Urteil der Nachwelt. Er verband theoretisches Wissen mit einer intimen Kenntnis der bäuerlichen Probleme. Als Standespolitiker und als Minister gab er die politischen Ziele vor. Seine Fachkompetenz, besondere Erklärungsfähigkeit und Zukunftsorientierung ermöglichten es ihm, eine über die Bauern hinausgehende Öffentlichkeit anzusprechen. Diese Fähigkeiten, aber auch persönliche Liebenswürdigkeit und erkennbare Achtung für den jeweiligen Verhandlungspartner verhalfen ihm nicht nur zu spektakulären Verhandlungserfolgen, sondern auch zu einer über die Parteigrenzen hinausführenden allgemeinen Wertschätzung. In der Identifikation mit einem zu lösenden Problem lag allerdings auch eine Schwäche des Fachmannes. Eduard Hartmann bleibt daher auch als Landespolitiker in Erinnerung, der unverschuldet in einen Politskandal geraten war und an dessen höchstpersönlicher Bewältigung zu einem Zeitpunkt zerbrach, als sich eine Lösung abzeichnete.

Literatur- und Quellenverzeichnis

Kraus, Therese (Hg.) (1977). Eduard Hartmann. Porträt eines großen Österreichers, St. Pölten.

Kummer Karl (1964). Dipl.-Ing. Eduard Hartmann – 60 Jahre, in: Die Freiheit 10. 9. 1964.

Ott, Ferdinand / Walter *Wieser* (1967). Die k.k. Ackerbauminister und die Landwirtschaftsminister der Republik, in: Bundesministerium für Land- und Forstwirtschaft (Hg.): 100 Jahre Landwirtschaftsministerium. Eine Festschrift, Wien.

Wicha, Rudolf (Hg.) (1989). Zeitgenossen über Eduard Hartmann, Wien (Zitate Brandstätter, Robl, Withalm).

Agrarische Rundschau vom Dezember 1976, 18–19 (Zitat Rasser).

Archiv des NÖ Bauernbundes.

Archive von Johanna Holocher-Ertl und Dr. Peter Hartmann.

NÖ Landes-Landwirtschaftskammer, Personalakt Eduard Hartmann.

NÖ Landesarchiv, Nachlaß Hartmann, Ordner 1–70.

Österreichisches Staatsarchiv, Archiv der Republik, Reichskommissar für die Wiedervereinigung Österreichs mit dem Deutschen Reich (Bürckel), Eduard Hartmann.

Raiffeisen-Genossenschaft, 22. 10. 1966, Seiten 1–8 (Zitate von Gfrerer, Kloss, Rasser, Wallner).

Lebensdaten

1904	am 3. 9. in Laxenburg (Niederösterreich) geboren
1914–1923	Humanistische Gymnasien in Melk und in Wien 13
1923–1927	Studium der Landwirtschaft an der Hochschule für Bodenkultur in Wien (Ing., 1923; Diplom-Landwirt, 1938; Dipl.-Ing., 1945)
1930	Eheschließung mit Helene Brenner
1966	am 14. 10. in Wien gestorben

Berufliche Karrierestationen

1927–1938	Referent der Österreichischen Land- und Forstwirtschaftsgesellschaft in Wien, ab 1936 Präsidialdirektor
1936–1938	Generalsekretär der Österreichischen Gartenbaugesellschaft
1938–1945	Sachbearbeiter, ab 1942 kommissarischer Abteilungsleiter im Reichsnährstand
1945–1966	Kammeramtsdirektor-Stellvertreter der Niederösterreichischen Landes-Landwirtschaftskammer, ab Dezember 1946 karenziert
1947–1966	Direktor des Niederösterreichischen Bauernbundes
1954	Ökonomierat
1965	Dr. h.c. der Hochschule für Bodenkultur

Staatliche Funktionen

1949–1963	Abgeordneter zum Nationalrat
1959–1964	Bundesminister für Land- und Forstwirtschaft
1965–1966	Landeshauptmann von Niederösterreich

Parteipolitische Ämter

1949–1966	Mitglied der Bundesparteileitung und des Bundesparteipräsidiums der Österreichischen Volkspartei als Hauptreferent für Agrarpolitik, Bundesminister bzw. Landesparteiobmann
1965–1966	Landesparteiobmann der Österreichischen Volkspartei in Niederösterreich

Weitere Funktionen

1962–1966	Generalanwalt des Österreichischen Raiffeisenverbandes
1965–1966	Präsident des Aufsichtsrates der Genossenschaftlichen Zentralbank A. G.

Wilfried Haslauer

von
Herbert Dachs

Wenn man ihn sehr darum bäte – so mutmaßte der mit Haslauer eng befreundete Gerd Bacher in Anspielung auf Salzburgs Vergangenheit, in der die Bischöfe auch machtbewußte Fürsten waren –, dann würde jener schon „das Opfer bringen und beide Ämter wieder in seiner Person verbinden.“ Diese Pointe trifft tatsächlich eine Reihe von Facetten, die den kleingewachsenen Wilfried Haslauer charakterisierten: der Katholischen Kirche verbunden, Aufgeschlossenheit für Repräsentation und Inszenierung, machtbewußt und hierarchisch und in größeren Zusammenhängen denkend, eine gewisse Unrast und Ungeduld und auch den angenehmen Dingen des Lebens nicht ganz abgeneigt.

Geboren wurde dieser Wilfried Haslauer am 29. November 1926 in der Stadt Salzburg in kleinen Verhältnissen. Der Vater – niederer Beamter bei der Salzkammergut-Lokalbahn – war streng katholisch und politisch klar christlichsozial geprägt. Eine besonders damals in Eisenbahnerkreisen nicht gerade übliche Einstellung, die dem Vater nicht selten Konflikte einbrachte. Wesentliche Prägungen erhielt der aus einem materiell wenig begüterten katholisch-kleinbürgerlichen Milieu stammende Wilfried Haslauer schon in seiner Jugendzeit durch die damals schroffen, kulturkämpferische Züge tragenden, Auseinandersetzungen mit den in Salzburg-Stadt potent vertretenen Deutschnationalen und auch den Sozialdemokraten. Beiden gemeinsam war ja – bei allem Trennenden – ein ausgeprägter Antiklerikalismus.

Trotz der geringen materiellen Mittel wurde dem einzigen Sohn eine höhere Schulbildung ermöglicht. Er besuchte in Salzburg das Humanistische Gymnasium und war dort – wie er selbst bezeugte – „nie ein fleißiger Schüler“. Von Ende 1943 an mußte neben dem Unterricht Dienst bei der sogenannten „Heimatflak“ getan werden. Nach der Matura hatte Haslauer zunächst zum Reichsarbeitsdienst einzurücken, und nach einer Kurzausbildung bei den Gebirgsjägern wurde er nach Italien und Jugoslawien in den Partisanenkrieg geschickt.

Unversehrt zurückgekehrt trat er zunächst als Aushilfsangestellter in die Dienste des Salzburger Magistrats. Gleichzeitig begann Haslauer als Werkstudent an der Innsbrucker Universität ein Jus-Studium, das er im Frühjahr des Jahres 1949 mit der Promotion abschloß. Während des Studiums war der bekannte Verfassungsrechtler Universitätsprofessor Dr. Walter Antoniolli auf den begabten Salzburger aufmerksam geworden und bot ihm einen Assistentenposten an. Derartige Positionen waren damals unbezahlt. Wilfried Haslauer aber wollte und mußte verdienen, auch war er schon mit seiner späteren Frau Thesi – einer Lehrerin, mit der er später zwei Söhne haben sollte – verlobt. Er nahm daher – obwohl ihn die wissenschaftliche Laufbahn gereizt hätte und er sich auch später für verfassungsrechtliche Probleme sehr interessiert und kompetent zeigte – dieses Angebot nicht an.

Wie alle Verwaltungsbeamten hatte auch der junge Haslauer eine Verwaltungsprüfung abzulegen. Dabei schnitt er 1950 derartig gut ab, daß man auf den jungen Nachwuchsbeamten aufmerksam wurde und er nun gleich von zwei Seiten interessante Avancen bekam: Der damalige Landeshauptmann Dr. Josef Klaus bot ihm eine Stelle im Verfassungsdienst, und der Direktor der Salzburger Handelskammer lud ebenfalls zur Mitarbeit ein. Haslauer wählte letzteres. Er arbeitete sich rasch in die für ihn bisher wenig bekannte Materie ein und profitierte nach eigener Aussage fachlich ungemein viel von Reinhard Kamitz, dem damaligen Leiter der wirtschaftspolitischen Abteilung der Bundeswirtschaftskammer. Der ehrgeizige und einsatzbereite, analytisch wie rhetorisch ausgezeichnet begabte junge Kammerangestellte wurde immer öfter mit Sonderaufträgen betraut, die ihn in Kontakt mit zahlreichen Spitzenfunktionären in den verschiedensten Bereichen Österreichs gebracht haben. Bald erhielt er die Leitung der wirtschaftspolitischen Abteilung in der Salzburger Kammer, und als solcher hatte er als Wirtschaftsfunktionär immer öfter in Landtagsausschüssen präsent zu sein und dort die Wirtschaftsinteressen zu vertreten. Daß er dann 1959 erstmals an wählbarer Stelle auf der ÖVP-Landtagsliste aufschien, ist daher wenig verwunderlich. Sein Einzug in das Landesparlament verzögerte sich aber noch um zwei Jahre. Die ÖVP sollte bei diesen sogenannten „Festspielwahlen" (Landeshauptmann Klaus wurde vor allem wegen seines weitsichtigen Entschlusses, das Große Festspielhaus zu bauen, scharf angegriffen) genau dieses Kampfmandat verlieren, das Haslauer besetzte. 1961 aber war es dann soweit. Der Abgang von Klaus nach Wien als Finanzminister machte eine größere Rochade notwendig. Der bisherige Landesfinanzreferent Hans Lechner rückte an die Spitze, ihm folgte der Wirtschaftsbundfunktionär Dr. Michael Haslinger nach, und Wilfried Haslauer übernahm das Landtagsmandat seines langjährigen Förderers und politischen Mentors. Schon ein Jahr davor – Anfang 1960 also – war er zum Kammeramtsdirektor der Salzburger Handelskammer ernannt worden, mit seinen 33 Jahren damals der jüngste in Österreich. Damit hatte er eine starke Hausmacht für seine künftige politische Karriere.

Nachzutragen ist an dieser Stelle noch, daß Haslauer seit seiner Innsbrucker Zeit Mitglied der CV-Verbindung „Alpinia" gewesen ist. Freunde meinten, daß man aus deren Wahlspruch „amico fides, patriae vita, Deo omnia" auch wesentliche Prioritäten des Wilfried Haslauer ablesen konnte. Sicher hat ihn der CV mit seinem Ehrenkodex, seinen Werten und seinem hierarchischen Aufbau nachhaltig geprägt. Hier begannen auch die weitläufigeren Kontakte und Verbindungen, und Haslauer hat den CV stets auch als Kaderschmiede, als Nachwuchsreservoir verstanden und auch benutzt. Bezeichnend in diesem Kontext das spätere geflügelte Wort, wonach ein junger Mann ziemlich sicher mit Haslauers Protektion rechnen konnte, wenn er beim CV Mitglied war, als tüchtig ausgewiesen und korrekt gekleidet galt und dazu noch die Qualifikation als Reserveoffizier erworben hatte.

Haslauer setzte stark auf persönliche Loyalitäten. Ein Umstand, der gelegentlich auch zu krassen personalpolitischen Fehlentscheidungen und mangelnder Distanz und Wachsamkeit führte (beispielhaft dafür sei die WEB-Affäre genannt).

Während der 60er Jahre galt also der zwar noch junge, aber doch wegen seiner Kompetenz und Dynamik angesehene Haslauer als einer, dem man besonders schwierige Aufgaben stellen konnte, und so wurde er von seiner Partei dazu gedrängt, 1967 in der Stadt Salzburg gegen den populären und auch überaus erfolgreichen SPÖ-Bürgermeister Alfred Bäck anzutreten. Der Wahlkampf gegen den Konsenspolitiker Bäck sollte erstmals mit „amerikanischen" Methoden und auf Konfrontationen abgestellt durchgezogen werden. Das Konzept ging daneben, die Wahl war verloren, und der Vizebürgermeister Haslauer zog sich nach zweijährigem Wirken aus der ungeliebten Stadtpolitik wieder ganz in den Landtag zurück.

Als Kammeramtsdirektor hatte er die Salzburger Kammerorganisation in kürzester Zeit schon konsequent in eine effizient arbeitende Serviceorganisation umgekrempelt, und es kam daher nicht unerwartet, daß ihn Bundeskammerpräsident Sallinger als Generalsekretär nach Wien engagieren wollte und ihm „verlockendste Angebote“ gemacht hatte. Vergeblich. Auch den Ruf, 1968 als Handelsminister in die Regierung Klaus einzutreten, lehnte er ab. An seine Stelle kam dann Felix Mitterer.

Trotz des erfolglosen Zwischenspiels in der Stadtgemeinde waren Wilfried Haslauers Karrierechancen nach wie vor intakt, und sein weiterer landespolitischer Aufstieg ist schnell beschrieben: 1973 folgte er Michael Haslinger im Finanzressort nach, 1976 wurde er zum ÖVP-Landesparteiobmann gekürt, und daß er dann im Frühjahr 1977, nach dem freiwilligen Rücktritt Hans Lechners, Landeshauptmann wurde, erschien damals allen Beteiligten als logisch und quasi selbstverständlich.

Die wirtschaftliche Entwicklung Salzburgs nach 1945 konnte nach Einschätzung Haslauers in drei Phasen eingeteilt werden: 1945 bis 1955 der Wiederaufbau und die Sicherung der Lebensgrundlagen; 1955 bis 1975 wirtschaftlicher und sozialer Aufschwung (Hans Lechner bezeichnete diese seine Zeit als Phase des „erweiterten Wiederaufbaus“) und schließlich 1975 bis Anfang der 90er Jahre die Phase „des Durchbruchs an die Spitze“. In dieser Zeit hätte sich Salzburg – ablesbar an den wichtigsten ökonomischen Indikatoren – im Vergleich auch zu den anderen Bundesländern hervorragend entwickelt. Bei Haslauers Regierungsantritt waren die Zeiten der großen und spektakulären Bauvorhaben also schon vorüber. Jetzt mußte es um qualitatives Wachstum gehen.

In Salzburgs Wirtschaft fehlten seit je größere Anteile von Grundstoffindustrien (und damit auch rauchende Schlote), die Betriebe waren und sind überwiegend von kleiner und mittlerer Größe, und daneben spielte natürlich der Dienstleistungssektor (insbesondere der Fremdenverkehr) eine hervorragende Rolle. Unter Wilfried Haslauer als Landeshauptmann – natürlich nicht von ihm allein initiiert, formuliert und verantwortet – wurde nun eine Vielzahl an Maßnahmen und Initiativen gesetzt, um die insgesamt positiv verlaufende Entwicklung durch landespolitische Modernisierungsstrategien abzustützen und weiter voranzutreiben. Die Zeiten waren vorüber, da man Wilfried Haslauer mit einigem Recht einfach als „Technokraten“, „militanten CVer“ oder „radikalen Wirtschaftsbündler“ abtun konnte. Trotz aller weiterhin fortbestehender Pointierung im Grundsätzlichen hatte er längst auch den Wert der Kooperation und des Kompromisses kennen- und schätzengelernt. Wurde er nach seinen politischen Vorbildern gefragt, so nannte er neben seinen Vorgängern Rehrl, Klaus und Lechner vor allem Franz Josef Strauß und Lothar Späth, beides konservative Modernisierer, denen es gelungen war, weltanschaulichen Konservativismus mit ökonomischer Modernität und Innovation zu verbinden. Dieses Entwicklungsmuster „qualitatives Wachstum“ sollte also auch für Salzburg in die Tat umgesetzt werden. Konjunkturanfällige Monokulturen wollte man vermeiden und eine möglichst breitgestreute wirtschaftliche Leistungskraft fördern. Beispielhaft seien eine Reihe von Schwerpunkten und Initiativen genannt, die unverwechselbar Haslauers Handschrift trugen: So wurde in Salzburg als erstem Bundesland Österreichs ein noch heute existierender Arbeitsmarktbeirat gegründet (zusammengesetzt aus Mitgliedern der Landesregierung, der Sozialpartner und des Arbeitsamtes), um soziale, arbeitsmarkt- und wirtschaftspolitische Probleme zu behandeln.

Haslauer war und blieb natürlich stets wesentlich auch Wirtschaftspolitiker und stets entschiedener Anwalt von deren Interessen. Soweit es seinem Bundesland möglich war, wurde eine offensive Investitionspolitik zur Konjunkturankurbelung praktiziert, man beschloß ein Strukturverbesserungsgesetz für Salzburger Betriebe. Mit der Gründung eines Ausstellungszentrums wurden neue Impulse gesetzt.

Wenige Jahre nach der endlichen und noch unter Lechner erfolgten Klärung der Standortfrage für die Neubauten der Salzburger Universität gelang es Haslauer – gemeinsam mit dem damaligen SPÖ-Landesrat Wolfgang Radlegger – 1980 bei der Bundesregierung ein entsprechendes Investitionsprogramm durchzusetzen (inklusive aller neu zu erbauender Ersatzbauten wie Polizeidirektion, Finanzamt, Schulen mit einem Volumen von mehreren Milliarden Schilling). Als ebenso bemerkenswert sei hier festgehalten, daß alle diese Vorhaben zeitgerecht und ohne irgendwelche Skandale und Unregelmäßigkeiten fertiggestellt werden konnten.

Landeshauptmann Dr. Wilfried Haslauer, 1987

Um Impulse für die technologische Entwicklung zu setzen, wurde sehr früh schon das Techno-Z gegründet, eine florierende und bis heute stürmisch expandierende Einrichtung (in der auf Hochtechnologie spezialisierten Unternehmensgründungen infrastrukturelle Starthilfen geboten werden). In enger Verschränkung damit gelang die Etablierung eines anwendungsorientierten Studiums der Computerwissenschaft.

Der Mithilfe und Unterstützung Herbert von Karajans war es zu danken, daß gegen starke internationale Konkurrenz in der Nähe Salzburgs ein hoch spezialisierter Betrieb des Sony-Konzerns angesiedelt werden konnte.

Die Kehrseite dieser rasanten Modernisierungsbemühungen war ein explodierendes Budgetdefizit. Auch die Kosten für die Verwaltung stiegen eklatant. An den Folgen hatten die Finanzreferenten noch lange zu tragen.

Auch die Errichtung des Salzburger Nationalparks Hohe Tauern war erst möglich, nachdem Haslauer – gegen die dezidierten Interessen der Elektrizitätswirtschaft – ein Bauverbot für Kraftwerke im Oberpinzgau durchgesetzt hatte.

Neue Wege suchte Wilfried Haslauer bei der Gestaltung des Verhältnisses zwischen Wissenschaft und Sachverstand einerseits und der Politik andererseits. Zur Beratung des Landeshauptmanns rief er 1978 die „Salzburg-Kommissionen" ins Leben, in deren Rahmen Wissenschaft und Fachleute unterschiedlichster Provenienz und Couleur Empfehlungen für die Politik erarbeiten sollten. Dieses Modell florierte einige Zeit recht gut. Die Politik konnte aber mit den produzierten Ideen verständlicherweise bei weitem nicht Schritt halten, auch entwickelten die Kommissionen dann eine gewisse Eigendynamik und – nach Meinung Haslauers – eine zu ausgeprägte Selbständigkeit. Nachdem er aber seit je klargestellt hatte, daß die Entscheidungskompetenz stets bei der Politik und damit bei ihm bleiben müsse, kam es schließlich mit der damaligen Geschäftsführerin zum Eklat. Die „Salzburg-Kommissionen" existieren aber im kleineren Rahmen bis heute. – Auch bei der Erarbeitung von ÖVP-Landtagswahlprogrammen wurden durch die Einbindung zahlreicher Wissenschafter und Fachleute neue Wege versucht („Modell Salzburg 2000").

Große Anstrengungen unternahm Wilfried Haslauer als Landeshauptmann auch, um die Identität Salzburgs zu prägen und zu bewahren. Historische wissenschaftliche Studien wurden gefördert, seit 1981 gab es eine Reihe hochkarätig besetzter „Salzburg-Symposien", bei denen die verschiedensten gesellschaftlichen Problembereiche kompetent und öffentlich und immer mit dem Blick auf die praktische Umsetzbarkeit erörtert wurden. Das Jahr 1985 wurde zum „Salzburg-Jahr" ernannt, und daran schlossen sich massiv verstärkte Bemühungen um eine „Dorferneuerung" in Salzburg an.

Als entschiedener, ja phasenweise kämpferischer Föderalist war er felsenfest davon überzeugt, daß man sich um die praktische Umsetzung des Subsidiaritätsprinzips tatkräftig zu bemühen hätte und daß ungerechtfertigter Zentralismus von Übel wäre. Er entdeckte und forcierte für Salzburg den gebürtigen Oberndorfer Leopold Kohr (mit seiner bekannten These *„small is beautiful"*) und fühlte sich von ihm in den Grundlinien seiner Politik bestätigt. Einen negativen Höhepunkt in seinem Eintreten für Landesinteressen sah er in seiner Verurteilung vor dem Verfassungsgerichtshof wegen seiner Weisung – gegen die Vorgaben der dafür zuständigen Bundesminister –, am 8. Dezember 1984 die Salzburger Geschäfte offenzulassen. Haslauer war über diese Verurteilung bitter enttäuscht. Trotzdem fühlte er sich als quasi moralischer Sieger und glaubte in der Sache richtig gehandelt zu haben. Sei doch durch diese seine Entscheidung ein Kaufkraftabfluß von geschätzten 100 Millionen Schilling in das nahe Freilassing verhindert worden.

Der Parteiobmann hatte seine Partei und vor allem auch die Bünde fest im Griff. Die Partei profitierte von ihrem erfolgreichen Landeshauptmann und dessen vielfältigen Möglichkeiten, bei Postenbesetzungen entsprechende Prioritäten zu setzen. Haslauer hat derartige sich bietende Gelegenheiten bis zur Neige genutzt. Andererseits hat er auch der Partei bzw. deren Spitzenfunktionären gerade auf dem Feld der Besetzung von Top-Positionen einiges zugemutet. Schon seine Vorgänger Klaus und Lechner hatten ja bei Gelegenheit gegen den Willen des Parteiestablishments Quereinsteiger durchgesetzt (Klaus brachte Lechner durch, Lechner dann unter Rücktrittsdrohungen Katschthaler), Haslauer ging dabei noch um einige Schritte weiter. Wohl aus der Einsicht heraus, daß auch die Landespolitik dringend politisch unverbrauchter und in ihrem Beruf bisher erfolgreicher und profilierter Persönlichkeiten bedarf, holte er – für seine Parteigremien völlig überraschend – gleich drei Quereinsteiger in die Landesregierung (den Grundbesitzer und Forstwirt Dipl.-Ing. Friedrich Mayer-Mellnhof, den Landwirtschaftslehrer Bertl Göttl und den Journalisten und Juristen Dr. Arno Gasteiger). Daß derartige einsame Entschlüsse nur von einem starken Parteiobmann durchgestanden werden können, versteht sich von selbst.

Haslauer pflegte auch über Salzburg hinaus die vielfältigsten Kontakte und auch Freundschaften. Die jährlich wiederkehrenden Festspiele und die Internationalität des Publikums erleichterten dies und boten den entsprechenden Rahmen. So kam er etwa in enge persönliche und freundschaftliche Beziehungen zu Franz Josef Strauß. Diese lange Freundschaft zerbrach dann freilich im Zuge der Auseinandersetzungen um den geplanten Bau einer Wiederaufbereitungsanlage in Wackersdorf. Haslauer erlebte Strauß in dieser Frage, bei der sie entgegengesetzte Positionen bezogen hatten, als „unbelehrbar". – Freundschaftliche Kontakte ergaben sich auch zum, alljährlich im salzburgischen St. Gilgen seinen Urlaub verbringenden, deutschen Bundeskanzler Helmut Kohl. – Haslauer nützte auch die vielfältigen Kontakte zu Wirtschaftstreibenden, um Mäzenatentum einzufädeln und zu fördern. Als Plattform dafür gründete er zum Beispiel die Internationale Salzburg Association, die bis heute wissenschaftliche Forschungen und künstlerische Aktivitäten anregt und unterstützt.

Sprichwörtlich und vom politischen Gegner nicht selten herb kritisiert, war Haslauers Freude an Repräsentation. Er war der Meinung, daß das demokratische Salzburg es seiner Bedeutung und internationalen Stellung schuldig sei, nicht zu selten auch einen feierlichen Rahmen zu bieten. Gelegenheiten und schöne Örtlichkeiten fanden sich dafür genügend. Die jeweiligen Inszenierungen sollten dem Land, dem Amt, aber natürlich auch seiner Person dienen. Bei derartigen Anlässen ließ er besonders gerne seine Eloquenz und rhetorische Brillanz aufblitzen.

Ebenso sprichwörtlich wie kritisch kommentiert war auch Haslauers Freigebigkeit in Sachen Ordensverleihungen. Gelegentlich konnte von inflationären Tendenzen gesprochen werden. Besonders ausführlich bemurmelt – weil Erinnerungen an 1000jährige Reiche weckend – waren seine alljährlichen Ordensverleihungen an kinderreiche Mütter.

Wilfred Haslauer machte nie ein Hehl daraus, daß er von bürgerlichen Sekundärtugenden wie Korrektheit, Treue, Fleiß, Respekt vor der Obrigkeit, Pünktlichkeit und tadellosem äußeren Auftreten sehr viel hielt. Dem selbst stets überkorrekt Gekleideten waren Krawattenlosigkeit bei Mitarbeitern oder Hosen bei Damen ein Greuel, und das sagte er auch nicht selten unverblümt.

Als Politiker verkörperte Haslauer den Typ des schnell denkenden, ungemein umtriebigen, effizient agierenden, großzügig und nicht selten auch sprunghaft entscheidenden Pragmatiker der Macht, der seine Entscheidungsspielräume voll nützte. Innovativ zwar in Wirtschaftsbelangen und vor allem in Personalfragen strategisch denkend, hatte er, der Wert- und teilweise auch Strukturkonservative, sonst mit Quer- und Vorausdenkern eher wenig Freude. Er war der Umsetzer, der Macher, auch gelegentlich der eindrucksvolle Erklärer, der vor allem auch seine Mitarbeiter sehr stark zu motivieren wußte.

Wilfried Haslauer hatte als Landeshauptmann insgesamt drei Landtagswahlen zu bestehen. 1979 konnte der Erfolg seines Amtsvorgängers Lechner (die Hälfte der Landtagssitze und absolute Mehrheit in der Regierung) nicht gehalten werden. Ein Mandat ging verloren, in der Regierung ein Sitz. 1984 zeigte ein anderes Bild. Nicht unerheblich profitierend vom Negativtrend gegen die SP-FP-Bundesregierung errang die ÖVP erstmals in der Zweiten Republik die absolute Mehrheit, sowohl in der Regierung als auch im Landtag. – 1989 setzte es dann herbe politische Verluste. Trotz hoher Sympathiewerte für Haslauer gingen – vom Bundestrend diesmal im Stich gelassen – drei Mandate verloren, die absolute Mehrheit in der Regierung aber hielt. Von ihrem Tief erholt hatten sich nämlich zwischenzeitig die fünf Jahre davor vernichtend geschlagenen Freiheitlichen, und erstmals vertreten war nun auch mit zwei Mandaten die grüne Bürgerliste. Haslauer hatte sich schon 1987 mit Rücktrittsgedanken getragen, konnte aber von seinen Parteifreunden noch einmal zum Weitermachen motiviert werden. Nun war für ihn die Sache klar. Er verkündete prompt seinen Rücktritt. Als Nachfolger wurde sein bisheriger Stellvertreter, Dr. Hans Katschthaler, nominiert. Gewöhnt an das kommode Regieren mit absoluten Mehrheiten wollte er sich die bevorstehenden Mühen mit einem unberechenbarer gewordenen Landtag wohl nicht mehr antun. Auch irritierte ihn die Präsenz der Grünen, Exponenten einer Richtung, mit der er nie etwas hatte anfangen können.

Der so abrupt zum Privatmann Gewordene hatte nun plötzlich Zeit für Reisen. Er lernte – wie er selbst sagte – erstmals seine Enkelkinder richtig kennen, er wurde zu Vorträgen eingeladen, er war dabei, eine neue und stärker von Muße geprägte Lebensqualität zu gewinnen. Viel Zeit blieb ihm nicht mehr. Im Sommer 1992 schon wurde ein unheilbares Krebsleiden diagnostiziert, dem er am 23. Oktober desselben Jahres erlag.

Die Einschätzung der Person Wilfried Haslauers und seines Wirkens als Politiker ist im Rückblick bei Sympathisanten wie ehemaligen Widersachern überwiegend positiv. Als Indiz dafür, wie sehr sein Name nach wie vor mobilisieren kann, mag man den Umstand nehmen, daß es früheren Mitarbeitern in kürzester Zeit gelungen ist, für die Errichtung einer Wilfried-Haslauer-Bibliothek (einer Forschungsstelle zur Untersuchung von Politik und Zeitgeschichte) ausreichende finanzielle Mittel zu sammeln, um diese Einrichtung und deren Arbeit auf eine solide materielle Basis stellen zu können.

Literatur- und Quellenverzeichnis

Haslauer, Wilfried (1988). Salzburg – unser Land – unser Auftrag, Salzburg.

Haslauer, Wilfried (1991). 65 Jahre. Sein Leben und seine Arbeit – von ihm selbst erzählt, in: Salzburg. Geschichte und Politik 1, 3/4.

Holfeld-Weithof, Ernst (Hg.) (1993). Wilfried Haslauer. Paßt auf mein Salzburg auf! (Ausgewählte Vorträge, Reden, Aufsätze), Salzburg.

Kriechbaumer, Robert (1993). Wilfried Haslauer. Landeshauptmann von Salzburg 1977–1989, in: Salzburger Jahrbuch für Politik 1993, hg. von Herbert *Dachs* / Roland *Floimair,* Salzburg.

Schmolke, Michael (1986). Für Wilfried Haslauer – mit Respekt, in: Dem Salzburger Wilfried Haslauer zu Ehren. Salut für den Landeshauptmann zur Vollendung des 60. Lebensjahres, Salzburg (Schriftenreihe des Landespressebüros, Serie „Sonderpublikationen“ Nr. 67).

Lebensdaten

1926	geboren am 29. 11. in Salzburg
1944	Kriegsmatura am Humanistischen Gymnasium in Salzburg
1944–45	Kriegseinsatz
1945–49	als Werkstudent Jus-Studium in Innsbruck (Promotion zum Dr. iur)
1949	Heirat mit Thesi Schwaiger (zwei Söhne)
1992	gestorben am 23. 10. in Salzburg

Berufliche Karrierestationen

1945–51	Dienstantritt beim Magistrat der Stadt Salzburg
1951	Wechsel in die Salzburger Handelskammer als Gremialsekretär
1953–59	Leiter der wirtschaftspolitischen Abteilung
1960–73	Kammeramtsdirektor

Staatliche Funktionen

1961–73	Abgeordneter im Salzburger Landtag
1967–69	Bürgermeister-Stellvertreter in der Stadt Salzburg
1973–77	Landeshauptmann-Stellvertreter und Finanzreferent
1977–89	Landeshauptmann

Parteipolitische Ämter

1976–89	Landesparteiobmann der Salzburger ÖVP
1980–89	Mitglied des Bundesparteivorstands der ÖVP

Oskar Helmer

von
Irene Etzersdorfer

Oskar Helmer, 1881 als viertes Kind eines in adeligen Diensten stehenden Jagdgehilfen und einer Dienstmagd geboren, wuchs unter ärmlichsten Lebensbedingungen in die sozialen Spannungen des österreichischen Liberalismus hinein. Der noch bäuerlich dominierte Ort Oberwaltersdorf am Rande des Steinfeldes zählte zu jenen in der Gründerzeit rasch industrialisierten Regionen, wo unter dem Zuzug böhmischer und mährischer Textilarbeiter die organisierte Arbeiterbewegung einen raschen Aufschwung erlebte.

Die politische Sozialisation des Heranwachsenden war von der Internalisierung zweier gegensätzlicher Lebenswelten geprägt: Ein sozial verängstigtes, noch an feudale Strukturen gebundenes Elternhaus war bestrebt, dem Sohn ein ständisches Modell des sozialen Ausgleichs zu vermitteln, während ein von emanzipatorischen gesellschaftlichen Idealen geprägtes Umfeld neue Ordnungsmuster anbot. Oskar Helmer opponierte früh gegen das konservativ autoritäre Wertsystem seiner katholischen, dem „gottgewollten" Schicksal ergebenen Familie, bewegte sich aber dennoch Zeit seines Lebens meisterhaft in jenem informellen, aus der Tradition stammenden Regelsystem des provinziellen Männerbundes mit seiner Orientierung an Kooperation, Konsens und dem Glauben an die normative Kraft des Faktischen über weltanschauliche Grenzen hinweg. Obwohl er sich früh und eindeutig für die Ziele der Arbeiterbewegung engagierte, blieb Oskar Helmer immer ein Gratwanderer zwischen diesen beiden geistigen Welten.

Als „Einstieg" in das politische Engagement erwies sich zunächst ein Freundeskreis von „Fabrikler-Kindern", deren Eltern sich aktiv in den Organisationen der österreichischen Sozialdemokratie beteiligten. Mit 14 Jahren verließ Oskar Helmer sein Elternhaus und begann eine Buchdruckerlehre in Wiener Neustadt, dem Industriezentrum der niederösterreichischen Arbeiterbewegung. Über berufsbezogene politische Aktivitäten in Nebenorganisationen der Sozialdemokratischen Arbeiterpartei (SDAP) gelang ihm 1921 der stufenweise, durch Parteiarbeit an der Basis, aber auch von seinem Mentor Karl Renner geförderte Aufstieg in den Parteivorstand. Es manifestierte sich rasch eine lebenslange Aversion gegen den städtisch-intellektuell dominierten radikaleren linken Parteiflügel der österreichischen Sozialdemokratie. Helmer engagierte sich zunächst aktiv in der „Freien Politischen Organisation", einem Auffangbecken für in den Wahlvereinen nicht zugelassene Frauen und Jugendliche, dem Verband jugendlicher Arbeiter Österreichs und war ab 1913 als Redakteur der niederösterreichischen Wochenzeitung *Volkstribüne* tätig.

1905 zog er nach Wien. Im Ersten Weltkrieg zunächst einem Land-, dann einem Seebataillon im Kriegshafen Pola zugeteilt, befand sich Helmer in unmittelbarer Nähe der Matrosenaufstände von Cattaro, ohne sich aktiv an den Kämpfen zu beteiligen.

Seiner geradezu naiv konfliktfrei im „guten Onkel"-Stil gehaltenen Autobiographie *50 Jahre erlebte Geschichte* ist nicht zu entnehmen, wie der junge Sozialdemokrat auf wunde Punkte der Parteigeschichte wie etwa die spontane Kriegseuphorie der Partei zu Weltkriegsbeginn reagierte, ob er für den Erhalt des supranationalen Kaiserreiches gemäß den Vorstellungen Karl Renners eintrat oder sich den Kriegsgegnern zugehörig fühlte.

Oskar Helmer scheint erst wieder aktiv geworden zu sein, als es ums pragmatische Handeln, der republikanischen Aufbauarbeit des „Von-vorne-Beginnens" ging. Ein leistungsfähiger und einsatzfreudiger Mann der Tat, lagen seine Interessen stets im Bereich der konkreten Durchsetzung gestellter Aufgaben, der machtbewußten Vertretung von Gruppeninteressen und dem Organisationsaufbau. „Kein gewaltiger Denker" und zudem ein „schlechter Redner", bei dem „nicht immer Subjekt auch zu einem Prädikat fand" (Hannak 1963, 17), widmete sich der in provinziellen Verhandlungsritualen Erfahrene dem strukturellen Neuaufbau sozialdemokratischer Organisationen im neuen Bundesland Burgenland und war in der sozialistischen Fraktion nach ihrem Einzug in den niederösterreichischen Landtag 1919 aktiv. Dieser Wahlerfolg brachte gleichzeitig den Übergang Oskar Helmers zu einem Berufspolitiker. Sein politisches Weltbild, seine innerpsychische Disposition und sein persönliches Umfeld als niederösterreichischer Landespolitiker prädestinierten ihn für einen Platz am reformistischen Flügel der österreichischen Sozialdemokratie in der Zwischenkriegszeit, der bis 1934 eine Zusammenarbeit mit dem zunehmend faschistisch werdenden bürgerlichen Lager erwog.

Helmers Ambivalenz und jugendliche Berührungsängste gegenüber Intellektuellen und Theoretikern – er fühlte sich in den Parteigremien der „Argumentation der Großen nicht gewachsen" (Helmer 1957, 100) – machten mit zunehmendem eigenem Machtzuwachs der offenen Ablehnung Platz. Zu den Theoretikern des Austromarxismus und dem linken Parteiflügel um Otto Bauer und Max Adler befand er sich in Opposition, die auch von antisemitischen Ressentiments geprägt war – eine Kombination von Aversionen die, so peinlich sie auch sind, entsprechend seiner Herkunft als durchaus milieukonform gelten können.

Zweifellos standen ihm sozial und persönlich, gelegentlich aber auch politisch „bodenständige" Provinzpolitiker wie Leopold Figl und Julius Raab aus dem christlich-sozialen Lager näher als die austromarxistische Parteielite in den eigenen Reihen. Der Macht- und Freundesgruppe um Karl Renner und Adolf Schärf angehörend, zählte auch Oskar Helmer zu den Befürwortern einer Koalition mit den Christlichsozialen. Am Parteitag 1931 trat er nach der bereits gefällten Ablehnung des Seipelschen Koalitionsanbotes vom Juli 1931 als „Sprecher der koalitionswilligen Kräfte in der Partei" auf (Leser 1968, 453) und führte noch nach der Parlamentsausschaltung 1933 Geheimgespräche mit dem aus Niederösterreich stammenden Bundeskanzler Engelbert Dollfuß über ein gemeinsames Vorgehen gegen die Nationalsozialisten im niederösterreichischen Landtag. „Für die Wahl Helmers als Verhandlungspartner sprach, daß im niederösterreichischen Landtag eine Tradition der schwarz-roten Zusammenarbeit bestand" (Kaufmann 1978, 295).

Die Auflösung der Sozialdemokratischen Partei und die Errichtung des autoritären „Ständestaates" entzogen Oskar Helmer seine Lebensbasis. Eine Untergrundtätigkeit im Rahmen der eine linkssozialistische Neuorientierung und zeitweise Einheitsfront mit dem kommunistischen Untergrund anstrebenden Revolutionären Sozialisten (RS) kam für den Vertreter der „alten Parteiführung" nicht in Frage. Im Zuge der Bürgerkriegsereignisse des Februar 1934 wurde Helmer verhaftet, mehrere Monate inhaftiert und nach Einstellung des Verfahrens freigelassen. Er fand Aufnahme als Außendienstagent der „Assicurazioni Generali", einer Versicherungsgesellschaft, die politisch Verfolgten

Unterschlupf gewährte. Zwischen 1934 und 1938 trafen dort vor allem ehemalige Sozialdemokraten und illegale Nationalsozialisten, z. B. die späteren Gauleiter Odilo Globocnik und Franz Jury, zusammen.

Der Lebensabschnitt des erfolgreichen Versicherungsagenten zwischen 1934 und 1945 wird in offiziellen Selbstzeugnissen und Parteihistoriographien meist ausgeklammert; soweit bekannt ist, avancierte Oskar Helmer in einem sich mittlerweile betont nationalsozialistisch gebärdenden Betrieb zum „Vorstand" der Landesstelle für Niederösterreich. Sein geschicktes Agieren und Paktieren innerhalb neuer männerbündischer Koalitionen dürfte ihm nach dem „Anschluß" den Schutz des St. Pöltner Arztes und nunmehrigen Gauleiters Dr. Jury, mit dem Helmer „ein persönliches Verhältnis" verband, eingetragen haben (Helmer 1957, 184 f); ein Umstand, der ihn trotz zweimaliger kurzer Verhaftungen vor Verfolgung bewahrte. Zeugenaussagen behaupten, daß Oskar Helmer vom nationalsozialistischen Regime als „staatsbejahend im NS-Sinne" perzipiert wurde (DÖW 17121). Selbstzeugnissen zufolge will der etablierte Angestellte nach 1938 auch ehemaligen „Vaterländischen" zu einer Beschäftigung bei der „Generali" verholfen haben (Helmer 1957, 185). Die deutlich ausgeprägte situationsabhängige, parteiübergreifende, von dienlichen Prioritäten bestimmte Hausmachtbildung zum Zwecke der Durchsetzung unmittelbarer Interessen wie auch zum Schutze der eigenen Person spiegelt deutlich ein dominierendes Handlungsmuster wider, das erst in den Koalitionsregierungen der Zweiten Republik zur vollen Blüte gelangte und Oskar Helmer häufig unter den Verdacht der „Packelei" mit dem politischen Gegner geraten ließ.

Innenminister Oskarl Helmer (Mitte), 1950, mit Bundeskanzler Dipl.-Ing. Leopold Figl (links) und Vizekanzler Dr. Adolf Schärf (rechts), Premiere im Apollotheater

Im April 1945 betrat Oskar Helmer wieder umstandslos die politische Bühne, wo er alsbald eine der Hauptrollen im Politthriller des Wiederaufbaues zu spielen begann. Am 20. Dezember mit dem Amt des Innenministers betraut, behielt er diese politische Schlüsselstellung ohne Unterbrechung bis 1959 bei, fungierte aber gleichzeitig auch als Parteiobmann der niederösterreichischen SPÖ und verfügte somit über ein Machtpotential, das ihn zu einem der wichtigsten Entscheidungsträger innerhalb des politischen

Systems der Zweiten Republik werden ließ. War auch der Handlungsspielraum seiner Aktivitäten bis 1955 durch die alliierte Besatzungspolitik beschränkt, so erwuchsen gerade dadurch neue Problemstellungen, die Helmers Verhalten in dieser Spitzenposition beeinflußten.

Der ausgeprägte Führungsstil des geübten Koalitionspolitikers läßt sich anhand der wichtigsten Variabeln einer *political leadership* begreifen: In seiner politischen Identität spiegelte und bündelte er die Träume, Ängste und Wünsche der österreichischen Nachkriegsgesellschaft, die mit wichtigen Anteilen seiner Persönlichkeit und seines politischen Weltbildes korrelierten. Im Zentrum kollektiver Phantasien, soweit sie die kurz zurückreichende Vergangenheit betrafen, stand die Abwehr eines mitverschuldeten Genozids und die teils berechtigte, teils irrational verarbeitete und von den politischen Eliten instrumentalisierte Furcht vor Übergriffen der sowjetischen Besatzungsmacht. Durch seine formale Position legitimiert, etablierte Oskar Helmer sein politisches Image als populistischer „Retter" eines bedrohten Selbstwertgefühls, indem er sich zum handlungsaktiven „Bollwerk" gegen sowjetische Einflüsse stilisierte. Ein schweres persönliches Trauma mag verstärkend gewirkt haben: 1945 wurde Oskar Helmers Bruder von sowjetischen Soldaten ermordet, als er sich den Vergewaltigungen seiner Frau und anderer Frauen durch russische Soldaten widersetzte. Die Frauen folgten ihm in den Tod.

Trotz vieler öffentlicher Auftritte vor allem in ländlichen Gebieten entfaltete der „Sonntagsredner" (Tschadek, in Leser 1964, 192) seine größte politische Wirkungskraft nicht in der Öffentlichkeit, sondern innerhalb der Institutionen, wo der „impulsive Mensch" (Hannak 1963, 5) sich verbal zurücknahm und meist moderat, gelegentlich aber auch ränkisch, verschlagen und intrigant auftrat, um früher oder später auf dem Boden eines behaglichen „österreichischen Kontrollismus" Handlungskoalitionen zu erreichen. Zweifellos begünstigte sein taktisches Verhandlungsgeschick, seine Bereitschaft zur Verantwortung schwieriger Entscheidungsprozesse, sein beharrliches Durchhaltevermögen und seine hohe Belastbarkeit auch den nachhaltigen Erfolg im ersten Jahrzehnt der Zweiten Republik.

Gegen Macht- und Mitbestimmungsansprüche Revolutionärer Sozialisten agierte der „alte Kampfhahn" (Kaufmann 1978, 450) in einem geradezu machiavellistischen Politikverständnis gegen verdiente Parteimitglieder, vereitelte Rückkehrwünsche von Emigranten und boykottierte vor allem potentielle jüdische Heimkehrer/innen (Swoboda 1993, 33–38). Politisches Kalkül und persönliche Antipathie, möglicherweise auch die vielbeschriebene „Unfähigkeit zu trauern" dürften diese empathielose Haltung selbst gegenüber dem erlittenen Leid der KZ-Opfer und Exilanten bedingt haben. Überliefert ist u. a., daß der von seinem Biographen als „Savonarola des Humanismus" und „Musterbeispiel einer Epoche" (Hannak 1963, 37) Titulierte anläßlich eines Vortrages seiner Parteigenossin und KZ-Überlebenden Rosa Jochmann mit den Worten an sie herangetreten ist: „Roserl, hör' endlich auf vom KZ zu reden: Die Leut' wollen das nicht mehr hören, das kann uns nur schaden, das vertreibt die Wähler, die wir dringend brauchen" (Swoboda 1993, 37). In seinem Selbstbild überschattet die „undankbare Rolle eines Rufers in der Wüste" (Helmer 1957, 254), die er als Innenminister gegen die „Kommunisten" spielen zu müssen glaubte, alle anderen möglichen politischen Visionen. Tatsächlich ließ der Aufbau einer tragfähigen demokratischen Exekutive in einem Pufferland der Kalten Kriegsfronten die Frage auftauchen, wo „im Ernstfall" die Loyalitäten der zahlreichen aktiven Kommunisten in den Reihen der Polizei und Staatspolizei liegen würden; eine reale Problematik, die vom Innenminister in vorauseilendem Gehorsam nur mit einer nahezu paranoiden „projektiven Dämonisierung" (Weber, in Pelinka/Steger 1988, 12) alles dessen, was er für kommunistisch hielt, „gelöst" werden konnte. Im Bewußtsein einer vorhandenen Mehrheitsstimmung in den eigenen Reihen, aber auch in der österreichischen Bevölkerung insgesamt, wurden entlassene kommunistische Polizisten nicht selten durch schwer belastete Nationalsozialisten im Sicherheitsapparat ersetzt. Darüber hinaus setzte sich Helmer für die unsanktionierte Wiedereingliederung minderbelasteter ehemaliger Nationalsozialisten in die österreichische Gesellschaft ein; 1948 förderte er die Zulassung der „Verfassungstreue(n) Vereinigung" – ein Sammelbecken ehemaliger „nationaler" Kräfte, die 1949 als „Verband der Unabhängigen" (VdU) bei den ersten Nationalratswahlen mit den wiederzugelassenen Stimmen der „Ehemaligen" 16 Mandate errang. Mit der gleichzeitigen Werbung der SPÖ um die Stimmen der ehemaligen Nationalsozialisten sollte eine Stärkung des bürgerlichen Lagers prinzipiell verhindert und mit der von Helmer geförderten Gründung einer „vierten Partei" sollte eine Schwächung der Österreichischen Volkspartei (ÖVP) erreicht werden – eine Strategie, die nur teilweise aufging. Den „Oktoberstreik" 1950, der sich an Preiserhöhungen infolge eines Lohn- und Preisabkommens entzündete, wandelte der Innenminister zu einem die Republik bedrohenden „Kommunistenputsch" um und forderte noch 1958 eine „Abrechnung mit den Feinden unseres Landes und Volkes, den ‚Kommunofaschisten'" (*AZ*, 30. 1. 58). Mit dem Staatsvertrag war die politische Mission Helmers weitgehend erfüllt; ein Gegner jeder Art von „Koexistenzpolitik", interpretierte der in den Verdacht des „Kalten Kriegers" Geratene die österreichische Neutralität als „machtpolitischen Zwang" (Hannak 1963, 100) und sprach sich für die Errichtung eines „Eisernen Vorhanges für den Westen" aus, um eine Ansteckungsgefahr westlicher Reisender mit dem „kommunistischen Pestbazillus" zu verhindern (Helmer 1963, 107).

In der Mobilisierung seiner Machtressourcen scheint Oskar Helmer nicht immer auf dem Boden der Legalität agiert zu haben: das Anlegen von Spitzelakten über Privatpersonen, die der stalinistisch orientierten KPÖ nahestanden und deren berufliches Weiterkommen im Beamtenapparat er zu verhindern suchte, entsetzte selbst seinen Nachfolger Franz Olah.

1959 schied Oskar Helmer aus allen politischen Funktionen aus, zog sich in seinen Heimatort Oberwaltersdorf zurück, wo er seine Memoiren verfaßte und am 13. Februar 1963 verstarb.

Literatur- und Quellenverzeichnis

Helmer, Oskar (1957). 50 Jahre erlebte Geschichte, Wien.

Helmer, Oskar (1964. Aufbruch gegen das Unrecht. Zur Geschichte der sozialdemokratischen Arbeiterbewegung im Viertel unter dem Wienerwald, Wien.

Helmer, Oskar (1949). Österreichs Kampf um die Freiheit, Wien.

Hannak, Jacques (Hg.) (1963). Oskar Helmer, Ausgewählte Reden und Schriften, Wien.

Kaufmann, Fritz (1978). Sozialdemokratie in Österreich. Idee und Geschichte einer Partei. Von 1889 bis zur Gegenwart, Wien.

Knight, Robert (Hg.) (1988). „Ich bin dafür, die Sache in die Länge zu ziehen." Die Wortprotokolle der österreichischen Bundesregierung von 1945 bis 1952 über die Entschädigung der Juden, Frankfurt/Main.

Leser, Norbert (Hg.) (1964). Werk und Widerhall. Große Gestalten des österreichischen Sozialismus, Wien.

Leser, Norbert (o. J.). Oskar Helmer, in: Neue österreichische Biographie ab 1815. Große Österreicher, Band XXII, Wien.

Leser, Norbert (1968). Zwischen Reformismus und Bolschewismus. Der Austromarxismus als Theorie und Praxis. Wien.

Swoboda, Wilhelm (1993). Die Partei, die Republik und der Mann mit den vielen Gesichtern. Oskar Helmer und Österreich II. Eine Korrektur, Wien.

Weber, Fritz (1986). Der Kalte Krieg in der SPÖ. Koalitionswächter, Pragmatiker und Revolutionäre Sozialisten 1945–1950, Wien.

Dokumentationsarchiv des österreichischen Widerstandes (DÖW) Akt Nr. 17121.

Lebensdaten

1887	am 16. 11. in Gattendorf/Burgenland geboren
ab 1903	aktives politisches Engagement für die österreichische Sozialdemokratie; Eintritt in „Freie Politische Organisation"
1910	Mitgliedschaft im Verband der jugendlichen Arbeiter Österreichs
1914–1918	Teilnahme am Ersten Weltkrieg
1934	Verhaftung (8 Monate Haft)
1938 und 1944	jeweils kurze Inhaftierung
1945	Bruder von sowjetischen Soldaten ermordet
1963	am 13. 2. in Oberwaltersdorf gestorben

Berufliche Karrierestationen

1901	Buchdruckerlehrling in Wiener Neustadt
1913	Redakteur der *Volkstribüne*
1919–1934	Landespolitiker in Niederösterreich
1934–1945	Mitarbeiter der Versicherungsanstalt „Assicurazioni Generali"
ab 1938	Vorstand der Landesstelle für Niederösterreich der „Generali"

Staatliche Funktionen

1921–1934	Landeshauptmannstellvertreter für Niederösterreich
1945	Landeshauptmannstellvertreter für Niederösterreich
1945	Unterstaatssekretär im Bundesministerium für Inneres
1945–1959	Abgeordneter zum Nationalrat
1945–1959	Bundesminister für Inneres

Parteipolitische Ämter

1921–1934	Mitglied des Parteivorstandes der Sozialdemokratischen Arbeiterpartei (SPAPÖ)
1945–1959	Mitglied des Parteivorstandes der SPÖ
1945–1959	Landesparteiobmann der SPÖ in Niederösterreich
1945–1959	Stellvertretender Parteivorsitzender SPÖ

Weitere Funktionen

1959–1963	Aufsichtsratvorsitzender der Österreichischen Länderbank

Marga Hubinek

von
Elisabeth Wolfgruber

Marga Hubinek, die auf eine 11jährige Tätigkeit im Wiener Gemeinderat und Landtag sowie auf eine 20jährige Parlamentstätigkeit zurückblicken kann, wurde am 20. Mai 1926 in Wien geboren. Nachdem ihr jüngerer Brüder früh verstorben war, wuchs sie als einziges Kind in einer Beamtenfamilie auf.

Hubinek beschreibt ihre Position innerhalb der ÖVP, deren Entwicklung sie mehr als drei Jahrzehnte mitbestimmt hatte, folgendermaßen: „Die ÖVP hat eine gewisse Bandbreite, und es gibt zweifellos einen sehr starken konservativen Kern . . . Ich habe mich . . . auf dem liberalen Flügel angesiedelt gesehen, weil ich in meinen Forderungen und Vorstellungen, wie es Dr. Mock immer formuliert hat, der Bewußtseinslage der Partei ein bißchen voraus war und das hat mir persönliche Schwierigkeiten eingetragen" (Hubinek, in Kunz 1991, 97).

Das politische Engagement Hubineks begann schon an der Universität Wien im Zusammenhang mit den ersten freien Hochschülerschaftswahlen. Die damalige Germanistik- und Geschichtestudentin Hubinek beteiligte sich an der Gründung des Österreichischen Akademikerbundes. Nach Abschluß ihres Studiums trat sie 1952 in die Sektion Handel der Kammer der gewerblichen Wirtschaft für Wien ein. Ihr Vorgesetzter, Dr. Wollinger, selbst im Wiener Gemeinderat politisch tätig, brachte sie mit der Wiener Frauenbewegung in Verbindung. Die Wiener Frauenbewegung wurde zu dieser Zeit von der späteren Bundesrätin Nora Hiltl geleitet, einer ehemaligen Mittelschulprofessorin Hubineks, die ihre Mitarbeit stark befürwortete.

1959 wurde Hubinek in den Wiener Gemeinderat und Landtag gewählt, nachdem die ÖVP-Parteiliste zuerst keine einzige Frau auf wählbarem Platz nominiert hatte und die bisherigen Gemeinderätinnen erbost einen dritten Platz für eine Frau verlangt hatten. Nach elfjähriger Tätigkeit in der Wiener Gemeinde- und Landtagspolitik, in der sie vor allem versucht hatte, die Bereiche Gesundheits- und Sozialpolitik im Sinne der ÖVP zu beeinflussen, wechselte Marga Hubinek in den Nationalrat. Ausschlaggebend war in diesem Zusammenhang, daß Grete Rehor, Österreichs erste Ministerin, nach dem Wahlausgang 1970 nicht mehr für den Nationalrat kandidierte. Der damalige Klubobmann der Wiener Gemeinderäte, Karl Mühlhauser, entließ Hubinek jedoch nur ungern aus der Gemeinderats- und Landtagspolitik, und erst nach einer persönlichen Aussprache akzeptierte Mühlhauser Hubineks Wechsel in die Bundespolitik.

Als Abgeordnete zum Nationalrat und gleichzeitige Landesvorsitzende der Wiener Frauenbewegung war Hubinek bis 1986 ÖVP-Bereichssprecherin für Familienpolitik. Während sie die Funktion der Landesleiterin der Wiener Frauenbewegung bis 1988 insgesamt 18 Jahre erfolgreich ausübte, war sie knappe vier Jahre stellvertretende Bundesleiterin der Österreichischen Frauenbewegung (ÖFB) und wurde 1974 überraschend abgewählt. Die Abwahl Hubineks war sowohl innerhalb der ÖFB als auch der

ÖVP umstritten. Sie zeigte jedoch, daß die konservativen Kräfte innerhalb der ÖFB stärker waren als jene der Veränderung, für die Marga Hubinek zweifellos stand.

Einen ersten Höhepunkt ihrer Karriere erlebte Hubinek, als sie 1980 neben Erhard Busek, Bertram Jäger und Josef Ratzenböck als erste Frau zur stellvertretenden Bundesparteiobfrau des damaligen Bundesparteiobmannes, Alois Mock, gewählt wurde. Mit der Wahl Hubineks zur Zweiten Nationalratspräsidentin im Jahre 1986 folgte ein weiterer Höhepunkt in ihrer politischen Laufbahn. Als erste Frau in diesem Amt folgte sie dem verstorbenen Zweiten Nationalratspräsidenten und ehemaligen Bauernbundpräsidenten Roland Minkowitsch nach, wenige Wochen zuvor hatte sie die Funktion der ÖVP-Bereichssprecherin für Umweltpolitik übernommen. Hubinek behielt diese Funktion trotz der Wahl zur Nationalratspräsidentin bis zu ihrem Ausstieg aus der Politik 1990. Die Funktion der Zweiten Nationalratspräsidentin verdankte sie im wesentlichen der Unterstützung durch Alois Mock, der es in zahlreichen Gesprächen mit Abgeordneten und führenden Landespolitiker/inne/n verstanden hatte, Marga Hubinek ÖVP-intern gegen den Widerstand des Bauernbundes durchzusetzen, der einen „Erb"anspruch auf das Amt anmeldete und sowohl den damaligen Bauernbundpräsidenten Alois Derfler als auch die Salzburger Bauernbundvertreterin Helga Wieser als Kandidat/inn/en vorgeschlagen hatte.

Als schließlich 1986/87 die zweite große Koalition gebildet wurde, hätte Marga Hubinek das Umweltministerium übernehmen sollen. Der plötzliche Tod ihres Mannes, der sich bis zu diesem Zeitpunkt stets intensiv um die Familie gekümmert hatte, bewog sie aber dazu, dieses Amt nicht zu übernehmen. 1990 schied Hubinek schließlich aus eigenem Entschluß aus der Bundespolitik aus. Abgesehen davon, daß Hubinek nach 31 Jahren Abgeordnetentätigkeit den Wunsch nach Rückzug aus dem öffentlichen Leben verspürte, hatte sie außerdem den Eindruck, innerhalb der ÖVP rund um Erhard Busek zu wenig Unterstützung zu erhalten, was ihre Wiederkandidatur zum Nationalrat betraf (*profil,* 11. 6. 1990).

Hinzuzufügen ist, daß Hubinek ihren Beruf als leitende Beamtin des Fonds der Wiener Kaufmannschaft trotz ununterbrochener und verantwortungsvoller politischer Arbeit bis zu ihrer Pensionierung 1990 ausgeübt hatte. Sie mußte in der Handelskammer die Einwilligung zu ihrer Nationalratskandidatur jedesmal neu einholen, wobei sie jeweils zu garantieren hatte, daß sie ihren beruflichen Aufgaben unvermindert nachkommen würde.

Die Initiativen und Aktivitäten Hubineks, die gleichzeitig die Funktion der Landesvorsitzenden der Wiener ÖFB und der ÖVP-Familiensprecherin innehatte, sind bis 1986 unter dem Aspekt der ÖVP-Oppositionsrolle zu betrachten. Die 70er Jahre waren die Zeit der großen Reformen unter Justizminister Broda. Es ging u. a. um Fragen des Familien-, Ehe-, Scheidungs- und Strafrechts und in diesem Zusammenhang auch um das Aufbrechen traditioneller Strukturen zugunsten eines neuen Verhältnisses zwischen Mann und Frau. Die Reformvorhaben Brodas deckten sich in vielerlei Hinsicht mit den Vorstellungen und Konzepten Hubineks. Und nicht selten nahm sie in frauen- und familienpolitischen Fragen eine Haltung ein, die ihr innerhalb der eigenen Partei und der ÖFB zum Teil mehr Kritik als Zustimmung einbrachte und sie manchmal näher beim politischen Gegner als bei der ÖVP erscheinen ließ. Die Distanz zur SPÖ wurde jedoch sichtbar, wenn es beispielsweise um die detaillierte Formulierung familienpolitischer Zielsetzungen ging oder um Grundsatzpositionen im Kontext der Abtreibungsdebatte.

In der Abtreibungsfrage verurteilte Marga Hubinek die Position der SPÖ(-Frauen). Nachdem die SPÖ die Fristenlösung im Alleingang beschlossen hatte, forderte Hubinek jahrelang Begleitmaßnahmen, die die Anzahl der jährlichen Abtreibungen so gering wie möglich halten sollte (*ÖVP-Pressedienst,* 20. 6. 1972). Ihr war – im Gegensatz zu einigen ihrer Kolleg/inn/en – jedoch klar, daß eine Rückkehr zum alten § 144 des Strafgesetzes nicht in Frage kam (*ÖVP-Pressedienst,* 23. 11. 1975; Kunz 1991, 98–99).

Als sie 1971 die Aufhebung der Rezeptpflicht für empfängnisverhütende Pillen verlangte und dies in der *Presse* (29. 4. 1971) wie folgt kommentierte: „Die Meinung des Papstes über Empfängnisverhütung kann für uns nicht maßgebend sein", brach in katholischen Kreisen und in Teilen der Ärzteschaft ein Sturm der Entrüstung los. Auch die Bundesleitung der ÖFB distanzierte sich von der Erklärung Hubineks, die ihr den Namen „Pillen-Marga" eingebracht hatte. Vielfach auf Unverständnis – und dies keineswegs nur unter männlichen Parteikolleg/inn/en – stießen außerdem die von Hubinek 1972 präsentierten „12 Schritte zur Partnerschaft". Die Wiener VP-Frauen forderten darin u. a. den wahlweisen Karenzurlaub, einen gegenseitigen Unterhaltsanspruch und Chancengleichheit im beruflichen Aufstieg (Pitzinger-Ryba 1988, 11). Die sehr skeptischen Reaktionen eines Teils ihrer Parteikolleg/inn/en veranlaßten Hubinek noch 1986 – also nach ihrer Bestellung zur Zweiten Nationalratspräsidentin – zu der Feststellung, daß der Weg von der patriarchalischen zur partnerschaftlichen Familie noch weit sei. Sie ließ keinen Zweifel daran, daß dies auch für die Politik und ihre eigene Partei gelte (*Presse*, 31. 10. 1986). Obwohl sie sich noch während ihrer Amtszeit wiederholt gegen die sozialistische Quotenregelung ausgesprochen hatte, räumte sie nach Beendigung ihrer politischen Laufbahn unter Hinweis auf den harten Konkurrenzkampf um hohe Positionen doch ein, daß es ohne Frauenquote schwer möglich sein würde, den Frauenanteil in der Politik zu erhöhen (*Arbeiter-Zeitung*, 2. 10. 1991).

Nationalrats-Abgeordnete Dr. Marga Hubinek, 1979, Rede vor dem Europarat

Hubineks Äußerungen in frauen- und familienpolitischen Angelegenheiten stellten somit sehr oft eine Gratwanderung dar, um einerseits der Diskriminierung von Frauen entgegenzuwirken und andrerseits der in ÖVP-Konzepten zwar modernisierten, jedoch in ihren Grundzügen nach wie vor patriarchalischen Familienstruktur gerecht zu werden.

Auf der einen Seite forderte Hubinek etwa seit Beginn der 70er Jahre die Ausweitung der Bildungs- und somit auch der Berufschancen für Frauen und in diesem Kontext Partnerschaft und Arbeitsteilung zwischen Mann und Frau im außerberuflichen Bereich, auf der anderen Seite sah sie speziell in der Schaffung von Teilzeitarbeitsplätzen und Job-Sharing-Modellen eine Möglichkeit für Frauen, Familien- und Berufsarbeit zu kombinieren, und sie forderte die „schrittweise Verwirklichung von Maßnahmen, die es der Mutter ermöglichen, wenigstens während der ersten drei Jahre ihr Kind zu betreuen" (*Österreichische Monatshefte,* 11/1978).

Wenn es darum ging, ein bestimmtes Ziel zu erreichen – sei es in frauen-, familien- oder umweltpolitischen Fragen –, und Hubinek den Widerstand ihrer Parteikollegen spürte, suchte sie parteiintern wie auch parteiübergreifend Einigkeit zwischen den Frauen herzustellen: „Ich halte es für notwendig, daß es unabhängig von weltanschaulichen Positionen eine Solidarität bei ... Frauenthemen geben muß" (*Kleine Zeitung,* 19. 11. 1980). Einigkeit zwischen ÖVP- und SPÖ-Frauen herrschte schließlich im Bemühen um die Anrechnung der Kindererziehungszeiten als Ersatzzeit für die Pension oder auch, als es galt, Pensionskürzungs-Pläne von Sozialminister Dallinger, die vor allem (verwitwete) Frauen negativ betroffen hätten, abzuwehren (*Wochenpresse,* 24. 1. 1984).

War Marga Hubinek mit ihren Vorstößen in frauen- und familienpolitischen Fragen vielen ihrer Kolleg/inn/en zu progressiv, so zog sie sich zum Teil die offene Gegnerschaft des ÖVP-Wirtschaftsflügels bzw. sogar die Feindschaft einflußreicher Landespolitiker zu, wenn umwelt- und energiepolitische Themen zur Diskussion standen. Der Tiroler Landeshauptmann Wallnöfer entzog Hubinek als Zeichen der Mißachtung offiziell das Du-Wort und erklärte sie in Tirol als unerwünscht, nachdem sie sich jahrelang gegen den Bau eines Kraftwerkes im Dorfertal ausgesprochen hatte und die dortigen Bürgerinitiativen im Bestreben, das Gebiet im ursprünglichen Zustand zu erhalten, unterstützte. Praktisch im Alleingang verhinderte sie einen ÖVP-Beschluß zum Bau des Kraftwerkes, nachdem sie beim ÖVP-Dreikönigstreffen 1988 diesbezüglich einen flammenden Appell an ihre Parteifreunde gerichtet hatte. Ihre Bemühungen wurden jedoch auch honoriert: 1989 erhielt sie die Ehrenpatenschaft über den Nationalpark Hohe Tauern, und zwar einerseits aufgrund ihres entschlossenen Auftretens innerhalb der ÖVP, andererseits auch indem sie ihre Politikerinnenfunktion dahingehend genutzt hatte, die Medienaufmerksamkeit auf dieses Projekt zu lenken. Ähnlich kompromißlos agierte Hubinek auch bei anderen umweltpolitischen Fragen, die lange Zeit vor dem Fall „Dorfertal" aktuell waren.

Schon 1970 bezeichnete Marga Hubinek den Umweltschutz als „Gebot der Stunde" (Pitzinger-Ryba 1988, 23). Sie setzte sich nicht nur jahrelang für die Verwirklichung des Naturschutzgebietes rund um den Neusiedler See ein, sondern profilierte sich in der Folge als strikte Gegnerin des Atomkraftwerkes Zwentendorf und des Donaukraftwerkes Hainburg. Hubinek forderte Energiesparprogramme und Alternativenergien und sah sich in diesem Bestreben nicht selten im Widerspruch zu den jeweiligen Energiesprechern ihrer Partei. Als sie außerdem die österreichische Beteiligung am Bau des Donaukraftwerkes Nagymaros in Ungarn verurteilte und dies als „Verlagern unserer Umweltprobleme in ein Nachbarland" (*profil,* 23. 6. 1986) anprangerte, zog sie sich nicht nur Kritik des politischen Gegners zu, sondern auch eine Klagedrohung seitens des VÖI-Generalsekretärs Herbert Krejci u. a. Wirtschaftsvertreter. ÖVP-Vertreter/innen signalisierten – nicht zum ersten Mal – daß Hubinek zu weit gegangen wäre, und deklarierten ihre Aussagen als Privatmeinung. Doch bereits als es darum ging, ihre Anti-Hainburg-Haltung parteiintern als auch parteiübergreifend in den Frauenorganisationen durchzusetzen, und sie nicht selten die Rolle des „grünen Prügelknaben ihrer schwarzen Parteifreunde" (*Kurier,* 9. 11. 1984) einnahm, meinte Hubinek lakonisch: „Es ist halt eine Frage der Zivilcourage. Es gehört Mut dazu aufzustehen, wenn eine Diskussion von einer anderen Richtung beherrscht ist" (*Kurier*, 9. 11. 1984).

Standfestigkeit und vor allem Hartnäckigkeit bewies sie jedoch nicht nur in umweltpolitischen Fragen, sondern auch im Bereich des Tierschutzes. In diesem Zusammenhang scheute sie sich nicht, zu unkonventionellen Mitteln zu greifen: Gemeinsam mit der französischen Schauspielerin Brigitte Bardot protestierte sie in einer Pressekonferenz in Straßburg gegen das Abschlachten von Pelztieren und präsentierte in ihrer Funktion als Mitglied der Parlamentarischen Versammlung des Europarates eine von ihr initiierte Empfehlung zum Schutz der Robbenbabys (*Kleine Zeitung*, 25. 1. 1978). Aufgrund des ständigen Drängens Marga Hubineks beschloß der Nationalrat schließlich im Jahre 1981 einstimmig, dem Washingtoner Artenschutzabkommen beizutreten, das den Schutz von 100 vom Aussterben bedrohter Tierarten zum Ziel hat.

Als Marga Hubinek 1986 als erste Frau das Amt der Zweiten Nationalratspräsidentin (NR-Präs.) antrat, betonte sie von Anfang an, daß sie sich nicht zufrieden geben würde, Repräsentationsaufgaben zu erfüllen. Sie verstand diese Funktion als hohes politisches Amt. NR-Präs. Anton Benya, zu dem Hubinek bis zuletzt ein gespanntes Verhältnis hatte, wurde sofort mit Sonderwünschen Hubineks konfrontiert, als sie als erste Person in dieser Funktion verlangte, zum Rednerpult gehen zu können. Außerdem bestand sie darauf, in Ausschüssen tätig zu bleiben. Den Vorsitz im Umweltausschuß mußte sie allerdings abgeben. Als leidenschaftliche Parlamentarierin und in ihrer Funktion als zweite NR-Präs. nahm Hubinek ab 1986 vermehrt zur Qualität der parlamentarischen Arbeit Stellung. An die Adresse der Sozialpartner, aber auch der SPÖ-ÖVP-Koalition ging die Forderung, das Parlament als eigentlichen Ort politischer Entscheidungen zu stärken. Noch während ihrer Amtszeit (1989) trat in diesem Zusammenhang die jüngste größere Geschäftsordnungsreform des Nationalrats in Kraft, die nicht nur Verbesserungen im parlamentarischen Prozedere, sondern u. a. minderheitenfreundliche Elemente und verstärkte Kontrollmöglichkeiten beinhaltete (Fischer 1991, 102). Zu dieser Zeit verstärkte sich außerdem die parteiinterne Ablösediskussion um den Bundesparteiobmann Alois Mock. Als stellvertretende Obfrau sprach sich Hubinek wiederholt für einen Verbleib von Alois Mock aus: „Den großen, überzeugenden Parteiführer, den offenbar jetzt alle anstreben, den sehe ich nicht" (*ÖVP-Pressedienst*, 1989), und sie betonte, daß ein personeller Wechsel keine Öffnung der Partei ersetzen würde (*Salzburger Nachrichten*, 25. 3. 1989). Den letzten Endes doch stattgefundenen Obmannwechsel empfand Hubinek nicht nur als unfair und schmerzlich, er war insofern mit Konsequenzen für sie verknüpft, als sie unter Bundesparteiobmann Riegler nicht mehr zum Team der Stellvertreter/innen gehörte.

Während sie heute mit Mock nach wie vor eine tiefe Freundschaft verbindet, steht sie Riegler-Nachfolger Erhard Busek reserviert gegenüber. Hatte sie anfänglich die Grün-Politik des damaligen Wiener Landesparteiobmannes stark unterstützt und auf Bundesebene fortzusetzen versucht, so war sie 1989 unter jenen Redner/inne/n, die im Zuge von Buseks Wechsel in die Bundespolitik gegen eine Fortsetzung seiner Tätigkeit als Landesparteiobmann auftraten: „. . . ein Wiener Parteiobmann muß . . . im Rathaus die Geschicke des Landes vertreten und nicht auf Bundesebene. Mit diesen seinen Worten bin ich zweimal auf das Rednerpult gegangen, um es als richtig anzusehen, aber dann auch als Konsequenz" (Hubinek, im Gespräch v. 28. 6. 1994).

Das Ausscheiden Hubineks aus der Bundespolitik 1990 bedeutete keineswegs den vollständigen Rückzug aus dem politischen Leben. Marga Hubinek ist nach wie vor in Breitenfurt, ihrem Geburtsort, als ÖVP-Klubobfrau in der Gemeindepolitik tätig. Außerdem ist sie nicht nur weiterhin in der Österreichischen Gesellschaft für Ökologie aktiv, sondern steht als Präsidentin des Stiftungsrates an der Spitze des WWF in Österreich.

Und wenn es auch im allgemeinen ruhiger um die große ÖVP-Dame geworden ist, deren Berufung in hohe Partei- und Staatsfunktionen Signalwirkung hatte, so ist Marga Hubinek in jedem Fall nach wie vor jenen ein Begriff, die sich mit Engagement und Zähigkeit dem Schutz unserer Umwelt verschrieben haben.

Literatur- und Quellenverzeichnis

Hubinek, Marga (o. A.). Eine bessere Politik für die Frau. Studienreihe der Politischen Akademie, Band 15, Wien.

Hubinek, Marga (1978). Für eine sichere und glückliche Zukunft der Familien. In: Österreichische Monatshefte Nr. 11.

Kunz, Johannes (1991). Erinnerungen 2. Johannes Kunz im Gespräch mit Prominenten, Wien.

Pitzinger-Ryba, Alice (1988). Für die Rechte der Frau, Wien.

Gespräche mit Dr. Marga Hubinek am 28. 6. 1994 und am 11. 8. 1994.

Die Presse, Kurier, Kleine Zeitung, OÖ Nachrichten, ÖVP-Pressedienst, profil, Salzburger Nachrichten, Wiener Zeitung, zwischen 1970 und 1990.

Lebensdaten

1926	am 20. 5. in Wien geboren
1945	Beginn des Hochschulstudiums an der Universität Wien (Germanistik und Geschichte)
1947	Heirat (2 Töchter)
1949	Dissertation über die Gewerkschaftsbewegung unter Betonung der sozialpolitischen Situation (Dr. phil.)

Berufliche Karrierestationen

1952	Eintritt in die Sektion Handel der Kammer der gewerblichen Wirtschaft für Wien
1954–1990	Nach der Gründung des Fonds der Wiener Kaufmannschaft Leiterin des Schulreferats und Betreuung der kaufmännischen Schulen in Wien und Niederösterreich

Staatliche Funktionen

1959–1970	Abgeordnete zum Wiener Landtag und Gemeinderat
1970–1990	Abgeordnete zum Nationalrat
1986–1990	Zweite Präsidentin des Nationalrats

Parteipolitische Ämter

1970–1988	Landesvorsitzende der Wiener Frauenbewegung
1970–1974	Stellvertretende Bundesleiterin der Österreichischen Frauenbewegung (ÖFB)
1970–1987	Bereichssprecherin in der ÖVP für Familie
1980–1989	Stellvertretende Bundesparteiobfrau der ÖVP
1980–1989	Mitglied des Bundesvorstandes der ÖVP

Weitere Funktionen

1974–1990	Mitglied der Parlamentarischen Versammlung des Europarates
1973–1975	Vorsitzende des Österreichischen Familienbundes Vorsitzende der Österreichische Gesellschaft für Ökologie
Seit 1990	Präsidentin des Stiftungsrates des WWF in Österreich

Felix Hurdes

von
Franz Schausberger

Felix Hurdes wurde am 9. 8. 1901 in Bruneck in Südtirol als Sohn eines Südbahnangestellten geboren. Bedingt durch den Beruf des Vaters mußte die Familie öfter umziehen und ließ sich schließlich im März 1910 in Wien nieder, wo Felix Hurdes die Volksschule und von 1913–1921 ein Humanistisches Gymnasium besuchte. Hurdes galt als guter Schüler, dessen besondere Interessen im Sport und in der Brauchtumspflege lagen. Als ausnehmend guter Turner und Leichtathlet leitete er die Jugendgruppe „Tiroler Bund". Seine aus dieser Zeit stammende gute Kondition dürfte ihm während seiner Gefangenschaft im KZ Dachau das Leben gerettet haben.

Schon in der Schulzeit zeigte sich sein organisatorisches Talent. Als Gymnasiast war er in verschiedenen Jugendgruppen aktiv und übernahm in diesen führende Positionen, gründete 1919 den Christlich-deutschen Studentenbund (CDSB), aus dem später die Bewegung „Neuland" hervorging (Eppel 1980, 54; Kampfhammer 1987, 25 ff). In dieser Bewegung wurde Felix Hurdes von zwei Priesterpersönlichkeiten, Karl Rudolf und Michael Pfliegler, stark geprägt. Das religiöse Fundament, die musische Ausrichtung und das soziale Bewußtsein übten starken Einfluß auf den jungen Felix Hurdes aus. Pfliegler legte auf einen guten Kontakt zu den Sozialisten wert und trat für eine Trennung von Partei und Kirche ein (Kampfhammer 1987, 201 f). Die religiöse Grundhaltung, die Bereitschaft mit Menschen anderer politischer oder religiöser Anschauung zu sprechen, waren typische Charaktereigenschaften des späteren Politikers Felix Hurdes, die auf die Prägung durch Pfliegler zurückzuführen sind. So zählte Hurdes vor 1938 zu jenen jungen Politikern, die sich ernsthaft um einen Ausgleich mit der sozialistischen Arbeiterschaft bemühten. Während der Hochschulzeit trat er dem Cartellverband bei. Der Einfluß von „Neuland" war jedoch so stark, daß Hurdes eine eigene Verbindung gründete, die „Donaumark", die zwar dem CV sehr nahestand, aber dessen äußere Formen, wie Kommerse, ablehnte.

Nach dem Studium der Rechtswissenschaften an der Universität Wien, das er im Dezember 1925 mit dem Doktor der Rechte abschloß und im Zuge dessen er besonders von Othmar Spann fasziniert war, absolvierte er die Gerichtspraxis in Wien, studierte daneben Staatswissenschaften und Volkswirtschaftslehre und wurde anschließend Rechtsanwaltsanwärter. 1933 eröffnete er schließlich eine eigene Rechtsanwaltskanzlei in Klagenfurt. 1935 heiratete er Stefanie Pichler, die ihm 1936 den Sohn Felix gebar (Regelsperger 1983, 32 f). Schon in dieser Zeit schloß sich Felix Hurdes den „Ostmärkischen Sturmscharen" und der „Vaterländischen Front" an. Der Priesterpolitiker Michael Paulitsch brachte den jungen Rechtsanwalt Felix Hurdes zu seinem ersten politischen Engagement. Im Jahr 1935 wurde er Gemeinderat für Schulangelegenheiten in Klagenfurt, 1936 Landesrat in der Kärntner Landesregierung, in der er das Schul- und Bauressort übernahm. Als Obmann des Kärntner Preßvereines führte er einen scharfen Kampf gegen die illegalen Nationalsozialisten, was ihm 1938 zum Verhängnis wurde. So waren es also Exponenten eines politisch aktiven Klerus und Hochschulprofessoren, wie Othmar Spann, die den politisch aktiven Katholiken Hurdes stark prägten und in die Politik brachten (Regelsperger 1983, 38).

Gleich nach dem Einmarsch der deutschen Truppen in Klagenfurt wurde Felix Hurdes verhaftet, seine Anwaltskanzlei völlig ausgeplündert. Im schrecklichen „Prominententransport" wurde er in das Konzentrationslager Dachau gebracht, wo er bis Ende April 1939 interniert blieb, davon über 9 Monate im berüchtigten Straf-Isolierblock. Im März 1939 wurde er in das allgemeine Lager überstellt, aus dem er nach zwei Monaten entlassen wurde (Rill 1987, 142). Für den späteren Werdegang von Felix Hurdes waren nicht nur das persönliche Leid, die enormen seelischen und körperlichen Qualen und die Erfahrung, damit fertig zu werden, prägend, sondern vor allem die sprichwörtliche „Kameradschaft der Lagerstraße", der „Geist von Dachau" (Reichhold 1975, 44 ff.; Kriechbaumer 1985, 33 ff.). Dieser Begriff kennzeichnete in der ersten Zeit der Zweiten Republik Österreichs die Beziehung der Politiker verschiedener Parteien zueinander.

Unterrichtsminister Dr. Felix Hurdes, Fußball-Länderspiel Österreich/Norwegen

Nach seiner Rückkehr aus Dachau wurde Hurdes Rechtskonsulent einer Wiener Baufirma und nahm sofort Kontakt mit Gesinnungsfreunden, mit Exponenten des Widerstandes, auch mit solchen anderer politischer Richtungen, auf. Besonders wichtig war in diesem Zusammenhang für Hurdes die Freundschaft mit Lois Weinberger (Reichhold 1975, 31 ff.). Bald nach 1940 übernahm Hurdes die Aufgabe, die Angehörigen der früheren Christlichen Gewerkschaftsbewegung zu sammeln. Nach Aussagen von Lois Weinberger war Hurdes während dieser Zeit schon ein „politischer Macher" (Weinberger 1948, 93). Hurdes' Aufgabe war es, die Verbindung zu den einzelnen Gruppen, auch zu sozialistischen und kommunistischen, aufzunehmen, die für die Bildung künftiger österreichischer Parteien in Frage kamen. Diese Treffen fanden vorwiegend bei Lois Weinberger statt, unter den wichtigsten Kontaktpersonen mit dem deutschen Widerstand waren auch Karl Goerdeler, Wilhelm Leuschner und Jakob

Kaiser. Weinberger und Hurdes machten den deutschen Widerstandskämpfern klar, daß nach dem Zusammenbruch des Dritten Reiches Österreichs Selbständigkeit gewährleistet sein müsse. Enge Kontakte hatte Hurdes auch mit den Sozialdemokraten Alfred Migsch und Adolf Schärf. Hurdes sicherte dabei den beiden Sozialisten zu, daß die Christlichen nach dem Zusammenbruch des Dritten Reiches mit den Sozialisten zusammenarbeiten würden. In diesen sogenannten „Juristengesprächen" – eine Tarnung vor der Gestapo – wurde die große Koalition der Zweiten Republik zwischen SPÖ und ÖVP vorweggenommen. Außer in der Wohnung Weinbergers traf man sich auch in einem Weingarten in Grinzing, der „genaugenommen die eigentliche Geburtsstätte der ÖVP" wurde (Weinberger 1948, 94). Hurdes nahm auch Kontakt mit Leopold Figl auf, den er von der Hochschule her kannte und dem er durch den gemeinsamen Aufenthalt im Isolierblock des Konzentrationslagers Dachau sehr nahe gekommen war. Auch mit Josef Reither und Leopold Kunschak konnte eine ständige Verbindung aufgebaut werden. Dabei wurden nach Angaben von Felix Hurdes bereits im Jahr 1943 die Vereinbarungen über die Bildung einer einheitlichen Volkspartei, die sich aus Bünden zusammensetzen sollte, getroffen (Regelsperger 1983, 47).

Beim Versuch, auch mit der äußersten Linken Kontakt aufzunehmen, wurden Weinberger und Hurdes von einem Gestapo-Spitzel im Herbst 1944 verraten und kurz darauf verhaftet. Aber auch die Quälereien und Grausamkeiten im Gefangenenhaus in Wien und im Konzentrationslager Mauthausen im Winter 1944/45 konnte die Widerstandskraft der beiden Männer nicht brechen. Hurdes, der an einer Darmkrankheit litt, wurde spitalsreif geschlagen und so geschwächt, daß er in das Inquisitenspital und schließlich nach Mauthausen in Einzelhaft gebracht wurde (Rill 1987, 142). Was Hurdes damals trotz der höchsten körperlichen und seelischen Anforderungen aufrecht hielt, war einerseits seine im wesentlichen doch gute körperliche Verfassung und vor allem – wie er selbst bestätigte – sein Glaube (Hurdes 1950).

Am 18. 1. 1945 überstellte man Felix Hurdes in das Wiener Landesgericht, um ihm vor einem Berliner Senat des Volksgerichtshofes den Prozeß zu machen. Dieser Entschluß rettete ihn vor dem sicheren Tod. Am 6. 4. 1945, als die nationalsozialistische Staatsgewalt in Wien am Zusammenbrechen war, öffneten sich für Hurdes die Tore des Gefängnisses. Hurdes wurde nach seiner Entlassung sofort wieder politisch aktiv und gründete am 17. 4. 1945 gemeinsam mit Kunschak, Weinberger und Pernter im Wiener Schottenstift die Österreichische Volkspartei (Reichhold 1975, 73; Kriechbaumer 1985, 135 ff). Die Entscheidung über den Namen dieser Partei wurde rasch gefällt. In Anlehnung an frühere Diskussionen entschied Hurdes gleichsam zwischen Tür und Angel: „Wir haben jetzt nicht mehr viel Zeit zu verlieren; der Name muß an die Öffentlichkeit. Das gescheiteste ist, wir bleiben bei ‚Österreichische Volkspartei' " (Regelsperger 1983, 50). Der erste Obmann der ÖVP wurde Leopold Kunschak, die Funktion des Generalsekretärs übernahm Felix Hurdes, der in dieser ersten Zeit „ohne Zweifel Seele und Motor der ÖVP" (Skalnik 1972, 202) war. Die im Juni 1945 von der ÖVP vorgestellten 15 programmatischen Leitsätze trugen die Handschrift des besonderen Verfechters des Solidarismus innerhalb der Volkspartei, Felix Hurdes. Unter Solidarismus verstand Felix Hurdes ein Gesellschaftssystem, das als „goldene Mitte" zwischen den beiden Extremen des Individualismus und Kollektivismus liegt und in dem der personale Charakter des Menschen in der Gesellschaft auf der Grundlage der christlichen Nächstenliebe geschützt wird.

Als am 8. 9. 1945 das Präsidium der ÖVP konstituiert wurde, wurde Figl Bundesparteiobmann, Hurdes blieb Generalsekretär. Der große Wahlerfolg der ÖVP bei den ersten Wahlen vom 25. 11. 1945 war unter anderem auch auf die organisatorische Leistung von Hurdes als Generalsekretär zurückzuführen. Hurdes wurde in die erste Regierung als Unterrichtsminister berufen. In den ersten Jahren nach dem Krieg wurde das Profil der

Regierung durch das Dreigestirn Figl, Hurdes und Gruber geprägt. Gemeinsam mit dem mehr im Hintergrund agierenden Klubobmann und Wirtschaftsbundpräsidenten Raab hielten sie praktisch alle Fäden der Parteipolitik in der Hand. Der Arbeitsdruck der Doppelfunktionen von Figl und Hurdes brachte aber im Laufe der Zeit große Probleme mit sich. Das Generalsekretariat in der Kärntnerstraße erreichte nicht jene Stärke innerhalb der Partei, die erwartet wurde. Hurdes wurde zwar 1947, 1949 und 1951 als Generalsekretär der ÖVP bestätigt. Nach der Niederlage bei der Nationalratswahl 1949 wurden die Positionen von Figl und Hurdes aber erheblich geschwächt. Der streng kirchliche und österreichische Kurs von Felix Hurdes hatte ihm von Anfang an die Gegnerschaft des liberalen und eher nationalen Flügels der Partei eingebracht. Dazu kam noch, daß das Verhältnis zu Figl nach dessen Versuch, mit den Kommunisten im Jahre 1947 Kontakt aufzunehmen („Figl-Fischerei"), nicht mehr das beste war, da sich Hurdes von diesen Absichten distanzierte.

Figl und Hurdes gingen zwar einen gemeinsamen Weg, waren aber persönlich nie enge Freunde. Sie waren charakterlich sehr verschieden. Figl war ein leutseliger, robuster Pragmatiker, während Hurdes eher zarter und romantischer, andererseits aber hoch intellektuell und psychisch weit weniger robust war (Molden 1980, 23). Auch der Versuch von Raab und Maleta, im sogenannten „Treffen von Oberweis" Kontakt mit den ehemaligen Nationalsozialisten aufzunehmen, wurde von Hurdes aus weltanschaulichen Bedenken rundweg abgelehnt.

Seine Tätigkeit als Unterrichtsminister stieß immer wieder auf Kritik der eher liberalen Kreise in der ÖVP, etwa sein Versuch, das Fach „Deutsch" in den Schulzeugnissen durch „Unterrichtssprache" zu ersetzen, und seine Bemühungen um die Herausgabe eines österreichischen Wörterbuches, des sogenannten „Hurdes-Duden", in dem alle „Austriazismen" aufgezeichnet werden sollten. Dieses Buch erschien tatsächlich erst im Jahre 1952. Die Verdienste von Hurdes als Unterrichtsminister sind darin zu sehen, daß es ihm unter schwierigsten Umständen gelang, das Schulwesen inhaltlich und organisatorisch wieder in österreichische Verhältnisse zurückzuführen. Besonders problematisch waren die Entnazifizierung im gesamten Bildungsbereich und die Schaffung neuer Lehrpläne. In der Auseinandersetzung um das Öffentlichkeitsrecht für – vornehmlich katholische – Privatschulen und die Übernahme der Kosten für diese durch die öffentliche Hand setzte sich Hurdes erfolgreich im Interesse der Privatschulen gegenüber der SPÖ durch. Die Erziehung der Schüler zu „wahren Österreichern", der Auf- und Ausbau des österreichischen Kindergartenwesens, der Erwachsenenbildung, die Schaffung des „Kulturgroschens" und des „Österreichischen Staatspreises", der Ausbau der Österreichischen Bundestheater zählen zu den Erfolgen von Hurdes als Unterrichtsminister, ebenso wie die Einführung der Bundeshymne (Schärf 1955, 210f.; Regelsperger 1983, 186f.). Hurdes war auch von der Notwendigkeit einer europäischen Einigung überzeugt und warb dafür als langjähriger Vizepräsident der Vereinigung christlich-demokratischer Parteien Europas.

Trotz allem wurden die Stimmen in der ÖVP immer lauter, die Figl und Hurdes die Bereitwilligkeit, mit den Sozialisten zusammenzuarbeiten, zum Vorwurf machten. Für die verlorene Bundespräsidentenwahl 1951 mußte Hurdes den Hauptteil der Schuld auf sich nehmen. Der Ruf nach einem Führungswechsel wurde immer stärker. Hurdes warf man die mangelnde Aktionsfähigkeit der Partei, zu große Nachgiebigkeit gegenüber der SPÖ und eine zu einseitige Führung des Unterrichtsressorts vor. Dazu kamen noch (erfolglose) Versuche der Opposition, Hurdes Amtsmißbrauch zu unterstellen. Am 14. 6. 1951 gaben schließlich Figl und Hurdes bekannt, daß geschäftsführende Vertreter für ihre Parteifunktionen bestellt werden sollten. Julius Raab wurde zum geschäftsführenden Obmann, Alfred Maleta zum geschäftsführenden Generalsekretär bestellt (Reichhold 1975, 208). Als im Oktober 1951 Hurdes das Einbürgerungsgesuch des deutschen Schriftstellers Bert Brecht, eines bekannten „Kommunisten“, befürwortete und kurz darauf auch ein Streik auf der Wiener Akademie ausbrach, geriet Hurdes neuerlich ins Kreuzfeuer der Kritik. Am 22. 1. 1952 kam es schließlich zur Umbildung des Kabinetts, und Unterrichtsminister Hurdes wurde durch Ernst Kolb ersetzt. Die Christlichsozialen in der Regierung wurden „durch einen Putsch, eine Revolution in der Partei“ (Schärf 1955, 274), durch Männer des liberalen Flügels ausgetauscht. Figl und Hurdes paßten nicht mehr in den nun von Raab eingeschlagenen bürgerlich-liberalen, dem sozialistischen Koalitionspartner gegenüber kompromißlosen Rechtskurs der ÖVP.

Am 18. 3. 1953 wurde Hurdes zum Ersten Nationalratspräsidenten gewählt. Dieses Amt mußte Hurdes im Jahr 1959 an Leopold Figl abtreten. Hurdes traf dieser erzwungene Rücktritt sehr schwer. Wie Hermann Withalm betonte, brachte Hurdes „alle intellektuellen Voraussetzungen für diese Position“ mit, und er war „in jeder Beziehung ein würdiger Parlamentspräsident“ (Regelsperger 1983, 189).

Aber noch war seine politische Karriere nicht zu Ende. 1962 wurde er zum Klubobmann des ÖVP-Parlamentsklubs gewählt und blieb bis 1966 in dieser Funktion. Für diese Funktion mangelte es ihm aber an der notwendigen Durchsetzungskraft und Härte.

1966 schied Hurdes aus der aktiven Politik aus und verbrachte die letzten Jahre seines Lebens unter dem Druck der sich immer mehr verstärkenden seelischen Krankheit, die vermutlich eine späte Folge der Erlebnisse während des Krieges und in den Konzentrationslagern darstellte. Er starb am 12. 10. 1974 nach langer quälender Krankheit im Alter von 73 Jahren.

Zusammenfassend kann also festgestellt werden, daß Hurdes als Unterrichtsminister und als Nationalratspräsident offensichtlich der richtige Mann an der richtigen Stelle war, als Generalsekretär und Klubobmann es ihm aber an der nötigen Härte und Durchsetzungskraft fehlte. Als „Mann der ersten Stunde“ hatte er großen Einsatz geleistet. Die Folgen der schweren Belastungen des Krieges und der Gefangenschaft zwangen ihn aber schließlich, zugunsten der jüngeren und derer, die ihre Energie nicht sofort in der vordersten politischen Front einsetzen mußten, zurückzutreten.

Literatur- und Quellenverzeichnis

Eppel, Peter (1980). Zwischen Kreuz und Hakenkreuz, Wien.

Hurdes, Felix (1950). Vater unser – Gedanken aus dem KZ, Wien.

Kampfhammer, Franz M. (1987). Neuland. Erlebnis einer Jugendbewegung, Graz.

Kriechbaumer, Robert (1985). Von der Illegalität zur Legalität. Die ÖVP im Jahr 1945, Wien.

Molden, Fritz (1980). Besetzer, Toren, Biedermänner. Ein Bericht aus Österreich (1945–1962), Wien.

Regelsperger, Michaela (1983). Felix Hurdes – zwischen christlichen Ideen und Politik. Die Ausprägung der österreichischen Christdemokratie in der Nachkriegszeit am Beispiel eines Politikers der Gründergeneration, Phil. Diss., Salzburg

Reichhold, Ludwig (1975). Geschichte der ÖVP, Graz.

Rill, Robert (1987). CV und Nationalsozialismus in Österreich, Wien.

Schärf, Adolf (1955). Österreichs Erneuerung. 1945–1955, Wien.

Skalnik, Kurt (1972). Parteien, in: Erika *Weinzierl* / Kurt *Skalnik* (Hg.): Österreich. Die Zweite Republik, Graz.

Weinberger, Lois (1948). Tatsachen, Begegnungen und Gespräche, Wien.

Lebensdaten

1901	am 9. 8. in Bruneck, Südtirol, geboren
1910	Übersiedlung nach Wien
1913–1921	k & k Elisabethgymnasium im 4. Bezirk in Wien
1921–1925	Studium der Rechtswissenschaften an der Universität Wien (Dr. iur.)
1935	Heirat mit Stephanie Pichler (ein Sohn)
1938–1939	im KZ in Dachau
1944	im KZ Mauthausen
1974	12. 10. in Wien gestorben

Berufliche Karrierestationen

1925–1926	Gerichtspraxis, daneben Studium der Staatswissenschaften und Volkswirtschaftslehre
1927–1932	Rechtsanwaltsanwärter (Mattersburg, Wien, Klagenfurt)
1931	Ablegung der Rechtsanwaltsprüfung
1933–1938	eigene Rechtsanwaltskanzlei in Klagenfurt

Staatliche Funktionen

1935–1936	Mitglied des Gemeinderates in Klagenfurt
1936–1938	Mitglied der Kärntner Landesregierung (Schul- und Bauressort)
1945–1966	Abgeordneter zum Nationalrat
1945–1952	Bundesminister für Unterricht
1953–1959	Präsident des Nationalrates
1962–1966	ÖVP-Klubobmann im Nationalrat

Parteipolitische Ämter

1945	Mitbegründer der ÖVP
1945–1952	Generalsekretär der ÖVP
1945–1966	Mitglied des Bundesparteivorstandes der ÖVP

Weitere Funktionen

Vizepräsident der Vereinigung der Christlich-Demokratischen Volksparteien

Ulrich Ilg

von
Marcelo Jenny

Ulrich Ilg, der erste Landeshauptmann Vorarlbergs in der Zweiten Republik, war das älteste von fünf Kindern einer Dornbirner Bauernfamilie, von denen zwei jedoch im Kindesalter verstarben. Die Eltern betrieben eine kleine Viehwirtschaft. Der Vater arbeitete daneben noch als Holzarbeiter. Nach väterlichem Wunsch sollte Ulrich Ilg aufgrund seiner guten Noten das Gymnasium besuchen. Er weigerte sich aber und entschied sich für die gerade erst eröffnete erste landwirtschaftliche Fachschule des Bundeslandes im Zisterzienserstift Mehrerau in Bregenz. Als Teilnehmer des ersten Jahrgangs schloß Ilg die zweijährige Winterschule, in der Redeübungen Bestandteil des Unterrichts waren, im Frühjahr 1922 mit Auszeichnung ab. Bald wurde ihm die Aufgabe des Protokollführers der Dornbirner Ortsgruppe des Bauernbunds übertragen, nachdem er diese Tätigkeit bereits als Mitglied einer katholischen Jugendbewegung ausgeübt hatte (Ilg 1985, 8–13). Sein Vater, obwohl selbst nicht politisch aktiv, förderte sein Interesse an der Politik: „Im Alter von 17 bis 20 Jahren, schon lange, bevor wir Jungen wahlberechtigt waren, hat uns der Vater immer schon ins ‚Kasino', d. h. ins Vereinshaus, geschickt, wenn Nationalrat Dr. Karl Drexel oder Minister Dr. Emil Schneider auf einer politischen Versammlung gesprochen haben" (Ilg 1985, 15).

Es waren die Bewährung in ersten Aufgaben und die Unbefangenheit des jungen Mannes gegenüber politischen Autoritäten, die die Führung des Vorarlberger Bauernbundes auf Ilg aufmerksam machten. Der Bauernbund war in den mehrheitlich ländlichen Gemeinden des Landes eine organisatorische Stütze der Christlichsozialen Partei, die in den Landtagswahlen der Ersten Republik in Vorarlberg stets eine Zweidrittelmehrheit erzielen konnte. Neben dem Bauernbund existierte der kleinere Landbund als Sammlungsorganisation der liberalen und deutschnationalen Landwirte.

Im Frühjahr 1927 kamen Landbund und Vorarlberger Bauernbund nach mehreren vergeblichen Anläufen überein, sich im Landesbauernbund für Vorarlberg zusammenzuschließen, und am 15. 5. 1927 wurde der von den Auseinandersetzungen unbelastete, erst 22jährige Ulrich Ilg in Dornbirn zum Obmann des neuen Vereins gewählt. Nach der Bauernkammerwahl 1930 wurde er Mitglied dieses Gremiums. Als Obmann des Landesbauernbunds war er Mitglied der Landesparteileitung der Christlichsozialen Partei. Er trat dem Vorarlberger Heimatdienst bei, dem Pendant zu den Heimwehren in anderen Bundesländern. Der paramilitärische Verband unterstand dem damaligen Landeshauptmann Otto Ender und spielte keine eigenständige politische Rolle. Ender, kurzfristig auch österreichischer Bundeskanzler (1930–1931), war seit Juli 1933 Minister der Bundesregierung Dollfuß und mit der Reform der Verfassung beauftragt.

Die Tage des Bürgerkriegs im Februar 1934 gingen in Vorarlberg ohne bewaffnete Auseinandersetzungen vorüber. Wenige Wochen später wählte der Landtag – in dem nach dem Verbot der Kommunisten, Nationalsozialisten und Sozialdemokraten

18 Christlichsoziale je einem Abgeordneten der Großdeutschen Volkspartei und des Landbundes gegenübersaßen – eine neue Landesregierung. Ilg, von Landeshauptmann Ender als „besondere Hoffnung des Volkes" bezeichnet, wurde als Vertreter des Heimatdienstes in die Regierung gewählt (Stenographische Sitzungsberichte 3. 3. 1934, 13). Ab demselben Monat war er im Beirat des Regierungskommissärs, des provisorischen Bürgermeisters von Dornbirn, von Dezember 1934 bis zum März 1938 Dornbirner Stadtrat. Unmittelbar vor der Publikation der neuen austrofaschistischen „Verfassung 1934" am 1. 5. 1934 wurde Ilg noch für einige Tage Abgeordneter des österreichischen Parlaments. Er hatte das den Vorarlberger Sozialdemokraten aberkannte Bundesratsmandat bekommen.

Anfang Juli 1934 bot ihm Bundeskanzler und Landwirtschaftsminister Engelbert Dollfuß das Amt eines Staatssekretärs für Land- und Forstwirtschaft an. Ilg nahm an und wurde am 13. Juli mit 29 Jahren das jüngste Mitglied des Kabinetts (Ilg 1985, 20). Aus der Vorarlberger Landesregierung schied er daher bereits am 24. Juli wieder aus. Am darauffolgenden Tag fand der nationalsozialistische Putschversuch statt, bei dem Dollfuß ermordet wurde. Es war ein prägendes Ereignis für Ilg, der zeitlebens für Dollfuß eintrat.

Bei der Regelung der Nachfolgefrage sprach er sich für seinen Regierungskollegen, den Tiroler Kurt Schuschnigg, als neuen Bundeskanzler aus (Ilg 1985, 21). Ilg selbst mag sich als neuer Landwirtschaftsminister gesehen haben, mußte aber der Macht des niederösterreichischen Bauernbunds, der in diesem Amt Landeshauptmann Josef Reither sehen wollte, weichen. Den Vorschlag Schuschniggs, weiterhin als Staatssekretär in der Regierung zu bleiben, lehnte Ilg ab, „einerseits, weil zu einem hauptberuflichen Landwirtschaftsminister kein Staatssekretär mehr nötig sei, und andererseits, weil ich nicht Untergebener von Minister Reither sein wolle" (Ilg 1985, 22). Nach nur dreiwöchiger Tätigkeit als Staatssekretär schied Ilg Anfang August wieder aus der Bundesregierung aus. In Vorarlberg stellte ihm seine Partei den Posten des Vizepräsidenten der Bauernkammer zur Verfügung, somit war gegenüber der Öffentlichkeit eine plausible Begründung für seinen Rücktritt gegeben.

Er heiratete im selben Jahr und gründete in seiner Heimatstadt einen landwirtschaftlichen Betrieb. Der Ehe mit Hilda Vonbank entstammen zehn Kinder. Ab November saß er als Abgeordneter in den neuen parlamentarischen Gremien des „Ständestaates". Er wurde von Vorarlberg in den Bundeswirtschaftsrat entsandt, von diesem Gremium in den Bundestag gewählt und leitete dessen wirtschaftspolitischen Ausschuß. Der nationalsozialistische „Anschluß" im März 1938 überraschte ihn bei der Vorbereitung der von Bundeskanzler Schuschnigg angekündigten Volksabstimmung. Ilg wurde aller öffentlichen Ämter enthoben und zog sich bis zum Ende der nationalsozialistischen Herrschaft ins Privatleben zurück (Ilg 1985, 33).

Den Regimewechsel Anfang Mai 1945 erlebte er in seiner Heimatstadt, als französische Truppen aus Süddeutschland kommend nach Vorarlberg vorrückten. Um Blutvergießen zu vermeiden, übernahm er auf Ersuchen des nationalsozialistischen Bürgermeisters Ordneraufgaben. Daß sich das Prestige des hageren, großgewachsenen Mannes durch die Jahre des Stillhaltens in der nationalsozialistischen Ära hinaus erhalten hatte, erkannte auch die französische Besatzungsmacht sehr rasch. Mit ihrer Erlaubnis rief er die Bauern des Landes am 6. Mai über die intakt gebliebene Radiostation in Dornbirn zu verstärkter Nahrungsmittelproduktion auf. Eine Woche später bestellte sie ihn zum Mitglied des provisorischen Gemeindebeirats von Dornbirn.

Unter den Zwängen der Militärverwaltung wie dem offiziellen Parteienverbot und der eingeschränkten Reisefreiheit begannen ehemalige christlichsoziale und sozialistische Politiker Vorarlbergs mit dem Wiederaufbau ihrer Organisationen. Ihre vordringlichen politischen Ziele waren die Sicherung der Nahrungsmittelversorgung und die Annullierung der in der NS-Ära aufgezwungenen Vereinigung Vorarlbergs mit Tirol. Letzteres schloß den Aufbau einer eigenständigen Verwaltung und die Bildung einer Landesregierung mit ein.

Ilg verhandelte mit seinem sozialistischen Gegenpart Jakob Bertsch über eine gemeinsame Regierungsliste. Man einigte sich auf eine Liste, bestehend aus fünf Christlichsozialen und drei Sozialisten. Ilg führte die Liste als designierter Landeshauptmann an und übergab sie Mitte Mai im Hauptquartier der Militärverwaltung in Feldkirch. Vertreter der Besatzungsmacht kritisierten die aus ihrer Sicht unzureichende Berücksichtigung von Mitgliedern des aktiven Widerstands gegen das nationalsozialistische Regime auf der Liste, akzeptierten die nominierten Personen aber schlußendlich. Am 24. Mai wurde ein „Vorarlberger Landesausschuß" als eine provisorische, oberste Verwaltungsbehörde, die der Militärregierung unterstellt war, eingesetzt. Ilg war zunächst „Präsident" dieses Landesausschusses (LABl. 1/1945). Ab 16. August durfte er sich „Landeshauptmann" von Vorarlberg nennen (LABl. 5/1945).

Nach der Landtagswahl vom November 1945 wurde Ilg am 12. Dezember vom Landtag einstimmig zum Landeshauptmann von Vorarlberg gewählt. Er amtierte insgesamt 19 ½ Jahre lang in dieser Position. Im Oktober 1964 trat er von der Spitze der Landesregierung zurück, war aber als Finanzlandesrat noch eine Periode unter seinem Nachfolger Herbert Keßler bis Oktober 1969 tätig. Von September 1945 bis April 1964 war er auch Landesparteiobmann der ÖVP. Ulrich Ilg starb am 9. Mai 1986 im Alter von 81 Jahren an einem Krebsleiden.

Die auferzwungene Untätigkeit während der nationalsozialistischen Periode teilte Ilgs politische Laufbahn in zwei Phasen. In der ersten Phase von 1927–1938 dominierte die Rolle des Bauernfunktionärs, in der zweiten von 1945–1969 die des Landespolitikers und überzeugten Vertreters der Interessen seines Bundeslandes gegenüber französischer Besatzungsmacht und Bundesregierung. Erste bundespolitische Engagements als Abgeordneter in verschiedenen parlamentarischen Gremien in der Ersten Republik und im Austrofaschismus wie auch als Staatssekretär für Land- und Forstwirtschaft fügen sich noch einer Charakterisierung Ilgs als Bauernfunktionär. Seine Tätigkeit als Staatssekretär für Landwirtschaft war wegen der kurzen Amtsdauer bedeutungslos, sie erhöhte lediglich Ilgs Ansehen in der Heimat. Konkrete Ergebnisse politischer Arbeit in der ersten Phase lassen sich am besten aus seiner Tätigkeit als Landesbauernbundobmann erkennen. Er führte die Bauernorganisation trotz erneuter Abspaltung einer kleinen Landbundgruppe sehr erfolgreich und baute sie durch das Angebot von Serviceleistungen für die Mitglieder weiter aus. Ab 1929 gab er einen Taschenkalender mit einem umfangreichen Informationsteil heraus. Ilg übernahm auch die Herausgeberschaft des Bauernbund-Organs *Landstimmen*, das später in *Vorarlberger Volksbote* umbenannt wurde.

In Wien wurde Ilg Zeuge der letzten Bundesratssitzung, in der die zweite Parlamentskammer unmittelbar vor der Kundmachung der neuen „Verfassung 1934" die Selbstauflösung beschloß. In seiner Autobiographie meinte er dazu: „Die Teilnahme am offiziellen Begräbnis der demokratischen Verfassung hat mich allerdings mit gemischten Gefühlen erfüllt. Die Entwicklung war aber so weit fortgeschritten und dazu der Druck des Nationalsozialismus von außen so groß, daß es ein Zurück nicht mehr gegeben hat" (Ilg 1985, 22). Als Abgeordneter im formell beschließenden Gremium des „Ständestaats", des Bundestags, stand er im April 1936 mit seiner Ablehnung der allgemeinen Wehrpflicht nach eigenem Bekunden alleine da. „Es war jedoch aussichtslos, gegen den Strom zu schwimmen, und ich habe den guten Rat befolgt, lediglich bei der Abstimmung im Bundestag fern zu bleiben" (Ilg 1985, 24).

Mit einer anderen Handlung sorgte er dagegen für bundespolitisches Aufsehen. Eine Reihe christlichsozialer Politiker Vorarlbergs, darunter Ilg, befürwortete grundsätzlich den vom eigenen langjährigen Landeshauptmann und Verfassungsminister Otto Ender mitgestalteten „Ständestaat". Man wollte die Vertreter der Berufsstände in den neuen repräsentativen Gremien jedoch nicht durch die Regierung ernannt, sondern durch Wahl bestimmt sehen. Am 26. 4. 1936 – als Ilg bereits als landwirtschaftlicher Vertreter Vorarlbergs im Bundeswirtschaftsrat saß – fanden in den Vorarlberger Gemeinden vom Bauernbund organisierte Wahlen zur Bildung von Ortsbauernräten statt. Drei Wochen später ermittelten über 900 Ortsbauernräte die Führungen ihrer Bezirksräte. Am Pfingstmontag, dem 1. 6. 1936, wurde Ilg schließlich von 140 Bauerndelegierten aus den sechs Bezirksbünden in Dornbirn in geheimer Wahl einstimmig zum Landesbauernführer gewählt (*Vorarlberger Volksblatt,* 27. 4; 4. 5; 18. 5; 2. 6. 1936).

Dem Vorwurf, unnötige politische Übungen veranstaltet zu haben, entgegnete er: „Dabei kommen wir vor allem im Hinblicke auf anderslautende Telegramme (von Starhemberg an Mussolini) wieder zu der Feststellung, daß wir in Österreich keinen betont faschistischen Faschismus brauchen, daß es ferner auch nicht angeht, die Demokratie mit Bausch und Bogen als verlogen und korrupt zu verurteilen, nachdem wir gerade in den letzten Tagen den Beweis geliefert haben, daß es eine ständische Demokratie unter autoritärer Führung gibt, die unter Ausschaltung der Demagogie die Mitwirkung des Volkes sichert" (Redemanuskript „Politische und wirtschaftliche Probleme in Österreich", Kopie in Hammerle 1981, Anhang Blatt Nr. 15). Trotz des eingeschränkten demokratischen Charakters der Wahlen – teilnahmeberechtigt waren nur die Mitglieder des Bauernbunds, die auch der Einheitspartei Vaterländische Front angehörten – stellen sie eine bemerkenswerte Episode des Austrofaschismus dar.

Während der nationalsozialistischen Ära wurde Ilg kaum behelligt, obwohl er die Teilnahme an der von den Nationalsozialisten angesetzten Volksabstimmung ebenso verweigerte wie die Herabnahme des Dollfußbildes in seiner Stube. Auch dem wiederholten Drängen, wenigstens einer Vorfeldorganisation der NSDAP beizutreten, widersetzte er sich beharrlich. Seine Bekanntheit in der Bevölkerung schützte ihn gegen Repressalien. Andererseits vermied er es, die neuen Machthaber zu provozieren: Er zog sich fast völlig aus der Öffentlichkeit zurück. Die einzige Ausnahme davon stellte sein Engagement in der Katholischen Kirche dar. Ab November 1940 war er Mitglied des Diözesankirchenbeirates von Innsbruck. Während der Kriegsjahre verbrachte er drei Sommer als Alpmeister in den Bergen oberhalb von Dornbirn (Ilg 1985, 34–35).

Die zweite und bekanntere Phase seiner politischen Tätigkeit begann im Mai 1945 mit der Übernahme des Vorsitzes in der provisorischen Landesregierung, dem Vorarlberger Landesausschuß. Der frühere Bauernfunktionär war zum obersten Repräsentanten der Bevölkerung des Bundeslandes gegenüber der Besatzungsmacht geworden. Sein politischer Spielraum war zunächst minimal. Ilg verschaffte sich bei der Militärverwaltung aber rasch Respekt. Das zeigte bereits seine erfolgreiche Ablehnung ihrer Forderung, daß die von konservativer und sozialistischer Seite erstellte Liste der Regierungsmitglieder nochmals abzuändern und der aktive Widerstand gegen den Nationalsozialismus stärker zu berücksichtigen sei (Ilg 1985, 41–42). Die Zusammenarbeit mit der Besatzungsmacht verbesserte sich mit fortlaufender Dauer. An ihrem Ende standen mehrere persönliche Freundschaften zwischen Ilg und französischen Offizieren.

Die überragende Mehrheit von mehr als 70 Prozent der Stimmen für die ÖVP bei der ersten Landtagswahl 1945 war ein Sonderfall. Absolute Stimmenmehrheiten gab es jedoch in den 19 Jahren unter Ilgs Ägide als Parteiobmann stets. Der VP-Dominanz im Landtag entsprach auch die Ressortverteilung der Landesregierung, die seit dem Einzug einer dritten Partei, 1949, aus fünf ÖVP-, einem SPÖ- und einem VdU- beziehungsweise FPÖ-Landesrat zusammengesetzt war. Die Aufnahme der Minderheitsparteien in die Landesregierung beruhte auf freiwilliger Vereinbarung, da die Vorarlberger Landesverfassung keine Proporzwahl der Regierung kennt.

Vor allem mit dem ersten SPÖ-Parteiobmann und Landesrat, Jakob Bertsch, hatte Ilg trotz der unterschiedlichen Weltanschauung eine gute Gesprächsbasis. Das „Koalitionsauto", das erste Fahrzeug der Landesregierung, in dem die beiden Parteiführer in der ersten Phase nach dem Krieg gemeinsam zur Regierungssitzung fuhren, mag dazu beigetragen haben. In der Zusammenarbeit mit den Vertretern der beiden anderen Parteien in der Landesregierung, der SPÖ und dem VdU, später der FPÖ, gab es keine großen Konflikte. Ideologische Differenzen wurden in den Landtagsdebatten ausgetragen, denen Ilg in der ersten Landtagsperiode von 1945–1949 auch selbst präsidierte. Ilg war kein brillanter Rhetoriker, seine Reden zeichneten sich aber durch Verständlichkeit und klare Worte aus. Dieser einfache Stil prägte auch seine zum 80. Geburtstag erschienenen *Lebenserinnerungen*.

Über Vorschläge der Regierungsvertreter der anderen Parteien und der Parteifreunde stets verständigungsbereit, scheute sich Ilg jedoch nicht, die Grenzen seiner Kompromißbereitschaft aufzuzeigen und die eigene Position nötigenfalls auch durchzusetzen. „Zur Macht, die ihm auszuüben anvertraut war, hatte er ein fast unkompliziert zu nennendes Naheverhältnis. Sie war ihm übertragen worden, und er übte sie auch aus. Zielsicher und entschlossen, im Grundsätzlichen kompromißlos. Auch dann, wenn er damit seine eigenen Parteifreunde mitunter ganz schön vor den Kopf stieß" (Wise Köhlmeier, *Neue Vorarlberger Tageszeitung*, 5. 4. 1975). In der eigenen Partei war Ilgs politische Autorität unangefochten. Der ironisch-spöttische Ausspruch von Bundeskanzler Julius Raab, daß Vorarlberg keine Demokratie, sondern eine „Demokratur" sei (Ilg 1986, 76), fügt sich in diese Beschreibung.

Landeshauptmann Ulrich Ilg (Mitte), 1945,
erste Regierungssitzung nach der Wahl am 25. November 1945

Ilg war ein christlich-konservativer Politiker mit einer großen persönlichen Religiosität. Die Leitlinie seines künftigen Handelns legte er schon 1945, noch als Vorsitzender der provisorischen Landesregierung, offen. In einer Radiorede am 10. Juni erklärte er: „Abstellung auf innere Gewissenhaftigkeit wird mir aber auch fernerhin bei allem Handeln Richtschnur sein. Ob damit auch immer der Volksmeinung entsprochen sei, das weiß ich nicht, aber das steht bei mir erst an zweiter Stelle" (*Vorarlberger Nachrichten*, 10. 5. 1986).

Einer seiner später oft zitierten Aussprüche war: „Was sachlich richtig ist, muß auch parteipolitisch richtig sein" (*Kurier*, 11. 5. 1986). Manchmal brachte diese Prinzipientreue des Obmanns die ÖVP in unangenehme Situationen, wie zum Beispiel beim „Montafoner Buchstabenstreit" 1956/1957. Von sprachbewußten Beratern zur Schreibweise „Montavon" bekehrt, hatte der Landeshauptmann per Erlaß die Verwendung dieser älteren Form des Talnamens im amtlichen Schriftverkehr verfügt. Wachsender Unmut in der ansässigen Bevölkerung führte schließlich zum Widerruf der Maßnahme. Ilg akzeptierte die Entscheidung seiner Partei, machte aber kein Hehl aus seiner Verstimmung darüber, daß man dem Volkswillen derart leicht nachgegeben hatte.

Zu seinen engsten Mitarbeitern gehörte der Regierungssekretär und spätere Landesamtsdirektor Elmar Grabherr, der Ilgs starkes Bekenntnis zur Verteidigung der Länderrechte teilte. Gemeinsam machten sie Vorarlberg zur „Stammkundschaft" des Verfassungsgerichtshofs (Ilg 1985, 78). Nicht alle in der ÖVP schätzten den großen Einfluß des Juristen Grabherr auf den Bauern Ilg. Denn Grabherr, so Kritiker, habe manchmal auch die Zuflucht zu juristischen Spitzfindigkeiten nicht gescheut, um ihm nicht genehme Vorschläge des Landeshauptmannes abzublocken.

Bereits in der 1. Länderkonferenz vom 24.–26. 9. 1945 in Wien erwies sich der Vorarlberger Landeshauptmann als harter Verhandler. Er lehnte eine zentralistische Staatsform für Österreich, wie sie von der Provisorischen Staatsregierung unter Karl Renner in der „Vorläufigen Verfassung" verlautbart worden war, ab. Als einer der Berichterstatter der Politischen Kommission verlangte Ilg am Schluß der Konferenz die Wiedererrichtung des Bundesstaates. Die „Vorläufige Verfassung" wurde bald darauf in diesem Sinne abgeändert. Auch später wehrte sich Ilg immer wieder, oft mit geringerem Erfolg, gegen den schleichenden Kompetenzverlust der Länder, und zwar durch Vorstöße Vorarlbergs vor den Verfassungsgerichtshof und durch den Versuch, die Bundesländer in einem gemeinsamen Forderungsprogramm dem Bund gegenüber zu vereinigen.

Der Abzug der Besatzungstruppen aus Vorarlberg Ende 1953 wird häufig den guten Beziehungen Ilgs zum französischen Hochkommissar und den verschiedenen Militärgouverneuren für Vorarlberg zugeschrieben. Ilg selbst war klar, daß Finanznöte Frankreichs bei dieser Entscheidung eine größere Rolle gespielt haben (Ilg 1985, 75). In den zahlreichen Nachrufen auf seinen Tod wurde das frühe Ende der Besatzungszeit in Vorarlberg trotzdem als ein Erfolg des Landeshauptmannes Ilg gesehen.

Politische Niederlagen und persönliche Enttäuschungen gab es vor allem im Bereich seiner Medienpolitik. Gegen die Rezentralisierung der Rundfunkverwaltung wehrte sich Ilg ebenso vergeblich wie gegen den Niedergang der ÖVP-Parteizeitung, des *Vorarlberger Volksblattes*. Ein Höhepunkt im Streit zwischen Landes- und Bundespolitikern um *Radio Vorarlberg*, seit 1945 in der Obhut der Landesregierung, war im Jahr 1954 erreicht. Weil sich die Landesregierung weigerte, das Rundfunkstudio in Dornbirn an die öffentlichen Verwalter des Bundes zu übergeben, schalteten diese die Sendeanlage für einen Tag ab. Erst daraufhin lenkte Ilg ein. „Zum Protest gegen diese Behandlung habe ich Bundespräsident Körner die mir verliehene Auszeichnung, das ‚Große goldene Ehrenzeichen mit dem Stern für Verdienste um die Republik Österreich' zurückgeschickt" (Ilg 1985, 78).

Die ÖVP-Parteizeitung *Vorarlberger Volksblatt,* deren Herausgeber Ilg lange Zeit war, hatte sich den publizistischen Neubeginn nach dem Krieg aufgrund eines mehrwöchigen Publikationsverbots der französischen Besatzungsmacht verpatzt. Zur Schließung des bald defizitären Parteiblattes konnte sich die ÖVP jedoch erst unter seinem Nachfolger Herbert Keßler durchringen. Ulrich Ilgs Verhältnis zur publizistischen Konkurrenz, den zur dominierenden Tageszeitung des Bundeslandes aufgestiegenen unabhängigen *Vorarlberger Nachrichten,* blieb distanziert. Kontrolle der Medien war bei ihm weit mehr als ein Schlagwort. Wo er konnte, übte er sie durchgreifend aus, etwa indem er die Konzepte der Interviews für die Radiosendung des Landeshauptmannes selbst entwarf (Ilg 1985, 87).

Die Errichtung der Diözese Feldkirch im Jahr 1968, als Ilg in der Landesregierung bereits ins zweite Glied getreten war, baute auf seinem beharrlichen Drängen durch mehr als zwei Jahrzehnte auf. Er zählte sie auch zu seinen größten politischen Erfolgen. Andere Leistungen für die Katholische Kirche, für die Ilg maßgeblich verantwortlich zeichnete, waren die Förderung von Kirchenrestaurierungen und -neubauten, die Bezahlung der Religionslehrer aus Landesmitteln und die Unterstützung der kirchlichen Entwicklungshilfe. Der Vatikan verlieh ihm bereits 1953 das Komturkreuz des Silvesterordens mit Stern.

In seiner Funktion als Parteiobmann setzte Ilg einige weitreichende Entscheidungen. Dazu gehörte jene, die politische Jugendarbeit nach 1945 weiter den Organisationen der Katholischen Kirche zu überlassen. Diese Entscheidung war in der Spätphase seiner Amtszeit zwar innerparteilich bereits umstritten. Ilg blieb jedoch fest. Erst Keßler gestattete die Bildung von Ortsgruppen der Österreichischen Jugendbewegung, der ÖVP-Parteijugend.

„Ulrich Ilg war wohl der erste Politiker Österreichs, der der Meinung war, daß eine staatstragende politische Partei auch ein Anrecht auf öffentliche finanzielle Förderung hat" (Keßler 1986, 73–75). 1960 führte Vorarlberg als erstes Bundesland die Parteienförderung aus dem Landesbudget ein. Persönlich pflegte Ilg große finanzielle Bescheidenheit. So wehrte er sich in seiner letzten politischen Funktion als Finanzlandesreferent (1964–1969) gegen die Auszahlung der ihm zustehenden Landeshauptmannpension, da er ja ein Landesratgehalt beziehe.

Ungewöhnlich war auch die Art der Übergabe an seinen Nachfolger als Parteiobmann und Landeshauptmann, Herbert Keßler. Im April 1964 übergab Ilg auf einem Landesparteitag die Obmannschaft an Keßler. Er kündigte an, daß er die Führung der Landesregierung nach den Wahlen im Herbst des Jahres ebenfalls an Keßler übertragen werde. Gleichzeitig erklärte er der Partei jedoch, daß er für eine weitere Periode zur Verfügung stehe. Der deutliche Wink konnte ohne seine Brüskierung nicht abgelehnt werden. Als Finanzlandesrat wirkte er noch weitere fünf Jahre in der Landesregierung. Er hielt sich jedoch betont im Hintergrund. In der Öffentlichkeit war die Führungsrolle bereits eindeutig dem Jüngeren überlassen. Die Vorarlberger ÖVP strich die Sicherung des stetigen Übergangs als Vorteil dieser Regelung hervor. Anderswo sah man darin auch ein gewisses Mißtrauen Ilgs gegenüber Reformabsichten seines Nachfolgers. Als Finanzlandesrat war er ebenso auf Sparsamkeit bedacht, wie es sein Finanzreferent Adolf Vögel fast zwei Jahrzehnte lang unter ihm gewesen war.

Im Wahlkampf für die Landtagswahl 1969 trat Ulrich Ilg noch als Versammlungsredner der ÖVP auf. Er hatte dabei ungewöhnliche Konkurrenz: Sein nur um drei Jahre jüngerer Bruder Johann, Dissident des Bauernbundes, trat mit einer Liste Liberale Partei Österreichs (LPÖ) bei der Wahl an. Der drohende Verlust landwirtschaftlicher Grundstücke an die geplante Rheintalautobahn hatte zu Unmut unter betroffenen Bauern geführt. Die Wahl wurde, vor allem wegen der umstrittenen Autobahntrasse im Raum Bregenz, zur „Zitterpartie" für die ÖVP. Mit 50,04 Prozent erreichte sie die absolute Stimmenmehrheit nur knapp. Die LPÖ erzielte landesweit zwar nur einen Stimmenanteil von 1,3 Prozent. In der Heimatstadt der Ilg-Brüder, in Dornbirn, kam sie aber auf 4 Prozent.

Der endgültige Rückzug aus der Politik erfolgte am 18. 10. 1969 mit dem Ausscheiden aus der Landesregierung. Von da an lehnte es der Ex-Landeshauptmann ab, zu aktuellen politischen Fragen öffentlich Stellung zu beziehen (*Vorarlberger Nachrichten,* 10. 5. 1986). Er übte noch mehrere Jahre lang Aufsichtsratsfunktionen in der Hypothekenbank des Landes Vorarlberg und in der Vorarlberger Ilwerke Gesellschaft aus. Am längsten währte seine Tätigkeit für die Katholische Kirche. 1971 zum Vorsitzenden des neuen Diözesankirchenrates von Feldkirch gewählt, behielt er diese Funktion bis 1983 bei.

Ilg war „einer der großen Vorarlberger Politiker dieses Jahrhunderts" (Martin Purtscher, in *Kurier,* 12. 5. 1986). Diese Einschätzung wurde bei seinem Ableben breit geteilt. Die Wiederherstellung der Selbständigkeit Vorarlbergs als eigenes Bundesland, das Herausführen aus der Versorgungsnotlage in der unmittelbaren Nachkriegszeit, die funktionierende Zusammenarbeit mit der Besatzungsmacht und der Beginn der wirtschaftlichen Prosperität im westlichsten Bundesland unter seiner Regierungsführung trugen dazu bei, daß noch zu seinen Lebzeiten das Bild vom „Landesvater" entstand. Das Gefühl, daß mit dem Wechsel zu Landeshauptmann Keßler eine Epoche der Landespolitik zu Ende ging, war jedoch auch von einem Aufatmen in liberalen Kreisen der ÖVP begleitet. Die Auswirkungen der patriarchalischen und puritanischen Züge der Persönlichkeit Ilgs auf die Landespolitik sind allerdings bis heute kaum diskutiert worden.

Literatur- und Quellenverzeichnis

Hammerle, Johannes (1981). Christlichsoziale Opposition in Vorarlberg 1934–1938, Universität Innsbruck: Hausarbeit.

Ilg, Ulrich (1948). Uns alle geht es an: Eine Wegleitung für den jungen Staatsbürger, Dornbirn.

Ilg, Ulrich (1954). Grundlegende Fragen bei der bevorstehenden Landtagswahl, in: Österreichische Monatshefte 10.

Ilg, Ulrich (1971). Meine Erinnerungen an den ersten Jahrgang, in: Mehrerauer Grüße, Neue Folge, Heft 34.

Ilg, Ulrich (1975). Die politische Wiedererstehung Vorarlbergs am Kriegsende 1945, in: Montfort 27.

Ilg, Ulrich (1983). Wir waren dabei, in: Vorarlberger Landesregierung (Hg.): Vorarlberg – unser Land, 2. überarbeitete Auflage, Bregenz.

Ilg, Ulrich (1985). Meine Lebenserinnerungen, Dornbirn.

Keßler, Herbert (1986). Ulrich Ilg – Bauer und Staatsmann, Montfort 38.

ORF Landesstudio Vorarlberg (1985). Ende und Anfang: Erinnerungen an die Maitage 1945, Dornbirn.

Interview mit Herbert Keßler, 4. 7. 1994

Kurier, Vorarlberg-Ausgabe

Landesamtsblatt

Neue Vorarlberger Tageszeitung

Stenographische Sitzungsberichte des Vorarlberger Landtages

Vorarlberger Nachrichten

Vorarlberger Volksblatt

Lebensdaten

1905	am 7. 4. in Dornbirn geboren
1986	am 9. 5. in Dornbirn gestorben

Berufliche Karrierestationen

1937	Gründung eines eigenen Landwirtschaftsbetriebes
1971	Hofübergabe

Parteipolitische Ämter

1927–1938	Obmann des Landesbauernbundes für Vorarlberg
1945–1964	Obmann der ÖVP Vorarlberg
1945–1946	Mitglied des Bundesparteivorstandes der ÖVP
1948–1951	Mitglied des Bundesparteipräsidiums der ÖVP
1958–1964	Mitglied des Bundesparteivorstandes der ÖVP

Staatliche Funktionen

1934	Mitglied der Vorarlberger Landesregierung
1934	Abgeordneter des Bundesrates
1934	Staatssekretär für Forst- und Landwirtschaft
1934–1938	Stadtrat von Dornbirn
1934–1938	Abgeordneter des Bundeswirtschaftsrates
1934–1938	Abgeordneter des Bundestages, Obmann des Wirtschaftspolitischen Ausschusses
1945	Provisorischer Stadtrat von Dornbirn, am 24. 5. zum Präsidenten des Vorarlberger Landesauschusses, am 16. 8. zum Landeshauptmann von Vorarlberg ernannt
1945–1949	Präsident des Vorarlberger Landtages
1945–1969	Abgeordneter des Vorarlberger Landtages
1945–1964	Landeshauptmann von Vorarlberg
1964–1969	Landesrat für Finanzen und Hochbau in Vorarlberg

Verbändefunktionen

1930–1934	Kammerrat
1934–1938	Vizepräsident der Bauernkammer

Sonstige Funktionen

1940–1968	Mitglied des Diözesankirchenbeirates von Innsbruck
1971–1983	Vorsitzender des Diözesankirchenrates von Feldkirch
1963–1971	Mitglied des Beirates bzw. Aufsichtsrates der Vorarlberger Illwerke
1969–1982	Stellvertretender Vorsitzender bzw. Mitglied des Aufsichtsrates der Hypothekenbank Vorarlberg

Rosa Jochmann

von
Irene Etzersdorfer

Rosa Jochmann wurde am 19. 7. 1901 im Arbeiterbezirk Wien-Brigittenau als viertes und letztes Kind eines Eisengießers und einer Wäscherin geboren. Die Eltern, aus Mähren zugewanderte Proletarier in erster Generation, vereinten in ihrer Erziehung Christentum und Sozialismus zu einer vor allem emotionell vermittelten humanistischen Weltanschauung: Die kränkliche Mutter – „eine der Proletarierinnen, für die es nur Not und Elend gab" (Brief VGA, 1972) – lebte streng nach dem katholischen Glauben, während der oft beschäftigungslose Vater sich einer Gruppe mährischer Sozialdemokraten anschloß. Das abendliche Betritual fand vor einer Bildertroika aus Ferdinand Lassalle, der Heiligen Familie und Karl Marx statt; „weil er so gütig dreingeschaut hat", hielt Rosa Jochmann letzteren lange Zeit „für den lieben Gott" (DÖW 16651, 2). Die sichtbaren Zeichen der aufstrebenden Arbeiterbewegung, die sich in einer Periode ständiger Wahlerfolge befand, bildete das dominierende geistige und soziale Umfeld in Rosa Jochmanns Jugend: Über das väterliche Engagement wuchs sie in die Ideenwelt des Sozialismus hinein, ohne je einer Jugendorganisation angehört zu haben. In Kinderjahren bereits nahm sie an Demonstrationen, Versammlungen und Feiern teil, wobei sie zweifellos an die Stelle des an Lungentuberkulose erkrankten einzigen Sohnes treten mußte. Nach dem frühen Tod der Mutter aber – sie starb 1915 mit 41 Jahren „an Erschöpfung" – wurde ihr als jüngster Tochter zudem die Pflicht auferlegt, für Geschwister und Vater zu sorgen; eine Verantwortung, an die sie durch die jahrelange Krankheit der Mutter bereits seit ihrem 9. Lebensjahr gewöhnt war.

Diese innerfamiliäre Konstellation läßt einige signifikante Determinanten von Rosa Jochmanns Persönlichkeitsstruktur sichtbar werden: Ihre Entwicklung war in identitätsbildenden Jahren nicht nur von großer materieller Not und Schicksalsschlägen, sondern auch von einer doppelgeschlechtlichen Rollenübernahme geprägt: Gleichzeitig mußte sie dem Vater den frühverstorbenen Sohn und die Gattin ersetzen; eine schwere Überforderung, die andererseits auch eine Privilegierung darstellte. Aus der *political leadership*-Forschung ist bekannt, daß letztgeborene Kinder durch ihr Aufwachsen am unteren Ende der Geschwisterhierachie dazu prädestiniert sind, im späteren Leben als *champion of the oppressed* aufzutreten, wenn sie in *leadership*-Positionen gelangen. Rosa Jochmann skizzierte noch in hohem Alter ihre politische Motivation: „Ins politische Leben bin ich gekommen, weil ich nie Unrecht ertragen konnte und kann und weil ich nie zusehen konnte, daß jemand Unrecht geschieht" (*AZ*, 18. 7. 1981).

Jugendliche Berufswünsche orientierten sich dennoch nicht primär an kämpferisch proletarischen oder revolutionären Idealen, sondern spiegeln deutlich die verschiedenen Wertsysteme ihres Phantasiesystems wider. Rosa Jochmann wollte Nonne, Lehrerin und Mutter werden, identifizierte sich mit drei scheinbar unterschiedlichen Rollen, die dennoch grundlegende, lebensbestimmende Gemeinsamkeiten aufweisen: Das Leben einer Nonne ist aus einer einmaligen Entscheidung determiniert, sie ist ihrem Ideal ergeben,

Mitglied einer selbsternannten Elite und von einer hohen Erotik, die durch scheinbare Askese hochsublimiert ist – sie ist die Braut Christi. Eine Lehrerin ist eine mächtige Person, Verwalterin des Wissens und verantwortlich für Unmündige. Eine Mutterposition ist ebenfalls mächtig, beschützend, wissend, aber auch deutlich sexuell bestimmt. Gemeinsam ist allen drei Rollen die Zuschreibung einer machtvollen Position aufgrund einer religiösen Zugehörigkeit, eines Wissensvorsprungs oder der Alleinverantwortlichkeit der Mutter im Kontext des traditionellen Frauenbildes; ein absolutes Bejahen der Weiblichkeit, verbunden mit einer ambivalenten Einstellung zur Sexualität und die wachsende Bereitschaft, höchste Verantwortung für ausgelieferte Unmündige zu übernehmen. Von den drei genannten Rollen opponieren zwei jenem Frauenbild der Moderne, das in der Sozialdemokratie von den Anfängen an präsent war und das spätestens mit dem äußeren Erscheinungsbild des „Bubikopfes" in den 20er Jahren das vorherrschende wurde. Die „Mutter", von der die Adoleszente träumt und die sich linear aus den beiden anderen quasi archetypischen Figurationen Nonne und Lehrerin ergibt, ist offensichtlich nicht die in partnerschaftlicher Beziehung zu einem „Vater" lebende Frau. Rosa Jochmann hat voll Stolz in mehreren öffentlichen Äußerungen ihre lebenslange weibliche Rebellion, ihren Mut zum Protest und Eigensinn gepriesen und versucht, sie in ihr Lebensmodell zu integrieren. „Ja, ich war sehr aggressiv, ich war immer bei denen, die protestiert haben. (. . .) Ich war immer empört, furchtbar empört" (DÖW 164, 17). Das Feld dieser Aggression war allerdings nicht der zeit- und milieuadäquate Verteilungskampf zwischen den Geschlechtern, sondern Jochmanns weibliche Revolte befand sich im Einklang mit der sozialdemokratischen Problematik „Rebellion für eine bessere Welt" und zielte auf den weiblichen Anteil bei der Kreation des „Neuen Menschen". Erziehung, hat Max Adler in seiner einflußreichen, von Rosa Jochmann geschätzten Schrift *Neue Menschen* gelehrt, ist ein Tun, das revolutionär ist wie kein anderes. In diesem Sinn hat sich Rosa Jochmann mit Identitätsvorstellungen, die für Weiblichkeit den gleichen Anteil bei der Herausbildung des „Neuen Menschen" fordern, um Gleichstellung der Geschlechter bemüht.

Auf einer symbolischen Ebene behielt sie ihr früh gewähltes Lebensmodell ein Leben lang bei; das erzieherische Engagement in der Zweiten Republik schließt linear an die frühen Aktivitäten an: Ausräumung und Bewältigung der furchtbaren Reste der Vergangenheit waren die wichtigsten Voraussetzungen für den „Neuen Menschen", der nur durch den Sieg über die häßlichen Anteile des „alten Menschen" ermöglicht werden kann.

Zunächst aber entwickelte sich die belastbare, bildungshungrige und einsatzfreudige Genossin selbst zu einer idealtypischen Kreation des „Roten Wien". Als ergebene Anhängerin von Otto Bauers Konzept einer Synthese von „Kopf und Herz" galt ihre Bewunderung den austromarxistischen Theoretikern am linken Parteiflügel. Zu ihren weiblichen Mentorinnen und Förderinnen zählte die Grande Dame der Pioniergeneration, Adelheid Popp, ebenso wie die Wissenschafterin Käthe Leichter, die der jungen Hilfsarbeiterin zwar „Minderwertigkeitsgefühle überwinden" half, aber kein prinzipielles Interesse für theoretische Fragestellungen wecken konnte. Eine milieutypische proletarische Intellektuellenskepsis blieb Rosa Jochmann zeitlebens eigen.

Über ihren hohen Arbeitseinsatz in kleinen Funktionen der Chemiearbeitergewerkschaft gelang der durch Courage auffallenden Aktivistin der Anschluß an die sozialdemokratische Partei. Mit 19 Jahren, in einem Alter, in dem sie nicht wußte, „woher die Kinder kommen" (DÖW 164, 12), wurde sie Betriebsrätin – eine Position, die erst mit 24 Jahren zu erreichen gewesen wäre. 1926 schon zählte sie zur Elitegruppe des ersten Absolventenjahrganges der Parteihochschule, einer Bildungseinrichtung, die auf führende Parteiposten vorbereiten sollte. 1932 „mußte ich in die Partei", kommentierte sie in einem lakonischen Understatement ihren frühen Aufstieg in den Parteiolymp (DÖW 164, 16). Die Gründe für ihren raschen Aufstieg in eine Spitzenfunktion lagen wohl in Rosa Jochmanns eingangs beschriebener prinzipieller Haltung, die perfekt in das austromarxistische Menschenideal „paßte“; ihrem bedingungslosen Arbeitseinsatz sowie der Bereitschaft, ihr Privatleben der „Bewegung“ unterzuordnen (ihr langjähriger Lebensgefährte Franz Rauscher war selbst ein hoher Parteifunktionär), und den ihr eigenen mitreißenden agitatorischen Fähigkeiten. Als Bedingung ihrer Akzeptanz in den mehrheitlich männerbündisch dominierten Gremien mag ihr kumpelhaftes, nicht durch erotische Gefährdung involvierendes Auftreten gegolten haben.

Nationalrats-Abgeordnete und SPÖ-Vorsitzende-Stellvertreter Rosa Jochmann, 1965, bei einer Gedenkfeier in Lidice (ČSSR)

Am letzten Parteitag vor dem Untergang der Sozialdemokratie wurde Rosa Jochmann als Ersatz für ihre kranke „Wahlmutter“ Adelheid Popp in den Parteivorstand gewählt, wo sie aus Schüchternheit und Ehrfurcht allerdings nie das Wort ergriff und auch nicht zum inneren Führungskreis des Exekutiv-Komitees zählte. In den Kämpfen des Februar 1934 übernahm sie die untergeordnete Aufgabe einer Stenotypistin von Radioberichten für die Rumpfparteileitung – ein mögliches Indiz einer „Alibifunktion“, die sie im Parteivorstand einnahm.

Nach der Niederlage und dem Parteiverbot vertrat Jochmann den alten Parteivorstand im Führungskomitee der Revolutionären Sozialisten (RS), ohne aber an konzeptiven Programmen zur theoretischen Neuorientierung des Sozialismus mitzuwirken. Auch unter den gefährlichen Bedingungen der Illegalität behielt sie ihre ursprüngliche Funktion einer Aktivistin bei. „Wir kommen wieder“ – nach wie vor dominierte der Glaube an die Unbesiegbarkeit der Bewegung die Lebenskonzeption. Distanz und Bruch hätten wohl auch zu einer schweren Identitätskrise geführt. Das soziale und politische Umfeld, in dem die nun Arbeitslose agierte, verlagerte sich mehr oder weniger kollektiv in den Untergrund, wenn auch auf der Suche nach illegalen Verstecken „viele Türen verschlossen blieben“ (Steiner/Sporrer 1983, 61). Als einziges Mitglied des früheren Parteivorstandes blieb sie in Österreich in Freiheit und wurde erst im August 1934 in Wiener Neustadt bei einer Untergrundaktivität verhaftet und zu einem Jahr Kerker und drei Monaten Polizeistrafe verurteilt. Danach engagierte sich Rosa Jochmann weniger exponiert für politische Häftlinge, erlebte den zu spät gekommenen Versöhnungsversuch des Schuschnigg-Regimes mit der Arbeiterbewegung und wurde im März 1938 abermals verhaftet, nach zwei Tagen aber wieder freigelassen. Aufforderungen und Hilfestellungen zur Emigration lehnte sie ab; ein retrospektiv selbstschädigender Entschluß, dem eine im Milieu der Widerstandskämpfer häufig zu beobachtende, nicht realitätsgerechte Einschätzung des Terrorapparates der Nationalsozialisten zugrunde gelegen haben dürfte. Rosa Jochmann blieb im Land und fand Arbeit in einem jüdischen Textilgeschäft am Salzgries in Wien.

Am 22. 8. 1939 wurde sie dennoch wieder inhaftiert und am 21. 3. 1940 in das Konzentrationslager Ravensbrück deportiert, wo die Neuangekommene durch die Fürsprache Käthe Leichters von der illegalen Lagerleitung sofort zur Blockältesten des politischen Musterblocks bestimmt wurde. Im komplexen Gefüge der KZ-Hierachie war die Position eines Funktionshäftlings eine sensible, mit hoher Verantwortung verbundene Vermittlungsinstanz zwischen der SS-Lagerleitung und den Häftlingen; zweifellos war dies aber auch eine politische Vertrauensstellung. Möglichkeiten zur Lebensrettung bei permanenter eigener Gefährdung und gleichzeitige erzwungene Kooperation mit Aufseherinnen und SS schufen einen zusätzlichen, nur schwer ertragbaren inneren Spannungszustand. Dank einer früh erlernten Adaptionsfähigkeit an extreme Lebensbedingungen schienen bei Rosa Jochmann die gesamte Lagerzeit hindurch nicht jene von Bruno Bettelheim u.a. beschriebenen typischen „Ich-Verlust“-Reaktionen in Form apathischer Depressionen oder anderer schwerer psychischer Beeinträchtigungen aufzutreten. Es scheint, als verfügte sie über eine kontinuierliche emotionelle Stärke, aus der heraus ihr jene vielbeschriebenen, ans Übermenschliche grenzenden Fähigkeiten erwuchsen. Die konsequente Überzeugung von einem nahen Ende des Dritten Reiches und dem Wiedererstehen einer starken sozialistischen Bewegung sowie das Erleben einer solidarischen Lagergemeinschaft stärkten zweifellos den Überlebenswillen und bestimmten das politische Weltbild ihres Lebens „danach“. Daß sie der Deportation ihrer Freundin Käthe Leichter ins Vernichtungslager Auschwitz tatenlos zusehen mußte, bildete neben der grundsätzlich traumatisierenden Situation im KZ eine zusätzliche unüberwindbare seelische Belastung. Ebensowenig wie ihr selbst geholfen werden konnte, als sie zu einer sechsmonatigen Dunkelhaft mit Essensentzug verurteilt wurde. Umso erstaunlicher ist die differenzierte Haltung, die Rosa Jochmann gegenüber der von ihr erlebten „Hölle“ im KZ einnahm: „Meine Erlebnisse im KZ haben mich gelehrt, meine Mitmenschen zu verstehen, auch wenn sie eine andere Weltanschauung haben. Wichtig ist allein der anständige Charakter.“

„Durch die Hochöfen des Leidens gegangen“, kehrte „Schutzhäftling 3014“ 1945 nach Wien zurück und fand sich in den schwierigen Machtkämpfen der neugegründeten SPÖ zurecht. Obwohl Rosa Jochmann von der Gründung der Zweiten Republik bis 1967 sowohl dem Nationalrat als auch dem Parteivorstand angehörte, erhielt sie niemals eine mit machtpolitischen Gestaltungsmöglichkeiten verbundene Spitzenposition. Ihre Präsenz in den beiden Institutionen dokumentierte (und simulierte) eine reibungslose personelle Kontinuität des linken Flügels von der Ersten zur Zweiten Republik. Kraft ihres Wirkens als Vorsitzende des „Bundes sozialistischer Freiheitskämpfer“, einem Sammelbecken der meist exilierten und verfolgten ehemaligen „RS'ler“, personifizierte Rosa Jochmann nicht nur die vielbeschworene Einheit von „Mythos und Masse“, sondern nahm eine für die Stabilisierung und das Selbstbild der Partei nützliche Funktion ein. Allein ihre bloße Präsenz in den Gremien bildete ein Memento des vergangenen Leides. Sie hat darauf verzichtet, „große Politik“, sei es Parteipolitik oder nationale Politik, zu machen; mit Geduld und Demut unterzog sie sich der undankbaren Aufgabe, jahrzehntelang an die Verbrechen des Nationalsozialismus und den österreichischen Schuldanteil zu erinnern. Die Auseinandersetzung um die Vergangenheit Kurt Waldheims, eine wissenschaftliche und publizistische Aufarbeitung des Nationalsozialismus – daß sich das politische Klima Österreichs geändert hat, ist mit ein Verdienst Rosa Jochmanns. Das Medium ihrer Kommunikation mit der Bevölkerung und die Erfüllung ihrer selbstgesetzten Aufgabe waren Vorträge, Schul- und Kongreßbesuche, wo sie permanent im In- und Ausland warnend ihre Stimme erhob. Auf der Ebene des rhetorischen Stils blieb Rosa Jochmann ihren geschätzten Lehrmeistern aus der Ersten Republik treu und schuf so eine weitere – sinnlich erfahrbare – Brücke zur traditionellen Parteigeschichte.

Ohne Zweifel genoß Rosa Jochmann auch hohes internationales Ansehen. Ihre tatsächliche Stellung innerhalb der Partei beschrieb sie anders: „Ich habe zu denen gehört, deren ‚Rückkehr unerwünscht‘ gewesen ist“ (DÖW 164, II, 25). Auch in jener Sozialdemokratie, deren Spitzenpolitiker dafür plädierten, „die Sache in die Länge zu ziehen“ (Oskar Helmer), gab es eine starke Strömung des Vergessens. Lautstark, vehement – und meist wirkungslos – forderte sie die Machtgruppe um Oskar Helmer, Adolf Schärf und Karl Renner zur Rückholung der Exilanten auf, blieb aber trotz herber Enttäuschungen der Partei gegenüber loyal.

Als Parlamentarierin trat Rosa Jochmann aktiv in Erscheinung, engagierte sich in frauenpolitischen Gremien, ohne jedoch einem vom Feminismus geprägten Frauentypus anzugehören. Mit der Verwaltung von Tradition, Emotion, Unterordnung und letztendlich Konsens verlief ihre politische Karriere nach einem eindeutig weiblichen Integrationsmuster. Selbst die kontrollierte Erregung, das gezähmte, aber dennoch widerspenstige Protestverhalten wurde aufgrund des tatsächlichen Machtvakuums letztendlich instrumentalisierbar: Die streitbare Genossin, Symbolfigur des österreichischen Antifaschismus, kaschierte und sanierte (oft unwillentlich) gegenläufige Entschlüsse und Handlungen der Entscheidungselite.

1967 schied Rosa Jochmann aus allen offiziellen Funktionen aus, zog sich aber dennoch nicht aus dem politischen Leben zurück. Fast täglich besuchte sie als „Zeitzeugin“ Schulen und andere bildungspolitische Veranstaltungen: Das „Niemals Vergessen!“ blieb der kategorische Imperativ ihrer zweiten Lebenshälfte.

Literatur- und Quellenverzeichnis

Schwarz, Helga W. (1989). Internationalistinnen. Sechs Lebensbilder. Kleine Militärgeschichte, Berlin Ost. Mappe 34.

Sporrer, Maria / Herbert *Steiner* (Hg.) (1983). Rosa Jochmann – Zeitzeugin, Wien.

Rosa Jochmann. Portrait einer Sozialistin (o. J.) (Verlag der SPÖ. Zeitdokumente 40), Wien.

Der Sozialistische Kämpfer. Organ des Bundes sozialistischer Freiheitskämpfer und Opfer des Faschismus. Juli/August 1981.

Dokumentationsarchiv des österreichischen Widerstandes. (DÖW)

Interview Nr. 164 vom 18. 7. und 13. 8. 1984; DÖW-Akt 5110, DÖW-Akt 5830, DÖW-Akt 16651, DÖW-Akt 16651: Interview anläßlich einer Fernsehsendung zum 80. Geburtstag.

Verein für Geschichte der Arbeiterbewegung (VGA), Lade 21, Mappe 34.

Lebensdaten

1901	am 19. 7. in Wien-Brigittenau geboren
1917	Funktionärin im Chemiearbeiterverband
1934 und 1935	Verhaftung und ein Jahr Kerkerhaft
1939	abermalige Verhaftung
1940–1945	Konzentrationslager Ravensbrück
1981	Ehrenbürgerin der Stadt Wien
1994	am 28. 1. in Wien gestorben

Berufliche Karrierestationen

1915	Arbeiterin in der Wiener Zuckerwarenfabrik Schmidt & Söhne
1916	kriegsdienstleistungsverpflichtete Arbeiterin in der Wiener Kabelfabrik „Ariadne“
1918	Arbeiterin in der Wiener Kerzenfabrik „Apollo“ (heute Unilever)
1920	Arbeiterin und Betriebsrätin in der Simmeringer Firma „Auer“ (Gasglühstrümpfe)
1926	Absolventin des 1. Jg. der Arbeiterhochschule im Döblinger Schlößl

Staatliche Funktionen

1945–1967	Abgeordnete zum Nationalrat

Parteipolitische Ämter

1933–1934	Mitglied des Parteivorstandes der SDAPÖ
1934–1938	Mitglied des Führungskomitees der RS
1945–1967	Mitglied des Parteivorstandes der SPÖ
1945–1967	Frauenzentralsekretärin der SPÖ
1948–1967	Ob„frau“ des Bundes Sozialistischer Freiheitskämpfer
1956–1967	Mitglied der Parteiexekutive der SPÖ
1959–1967	Stellvertretende Vorsitzende der SPÖ

Weitere Funktionen

1980–1994	„Zeitzeugin“ in Schulen und Bildungsstätten

Franz Jonas

von
Peter Gutschner

Franz Joseph Jonas wurde gerade noch im 19. Jahrhundert geboren, und es kann wohl eine gewisse Ironie des Schicksals genannt werden, daß ausgerechnet dem später so gewissenhaften, ja geradezu akribischen Menschen Franz Jonas von der Hebamme – im Hinblick auf den Namenstag des Kaisers am 4. Oktober – ein falsches Geburtsdatum eingetragen wurde. Halten wir uns an das Gebetbuch der Katharina Jonas, die ihr drittes Kind am 29. September 1899 in Wien, in einer Floridsdorfer Arbeiterwohnung zur Welt brachte.

Franz Jonas wuchs in einer „klassischen" Arbeiterfamilie auf. Die Mutter brachte acht Kinder zur Welt, wovon zwei kurz nach der Geburt starben. Obwohl die Familie in einer Werkswohnung der Fabrik Brevillier & Urban wohnen konnte, fristete sie ihr Leben – wie so viele andere auch – am Rande des Existenzminimums. Das Dazuverdienen der Kinder war schon im frühen Alter unabdingbar. Franz Jonas arbeitete als Zehnjähriger in einer Greißlerei und zwei Jahre später als Milchzusteller. Die grundlegende Weichenstellung für seine Zukunft erfolgte durch die Entscheidung der Familie, Franz nicht – wie es üblich war – in die Fabrik zu schicken, in der sein Vater arbeitete. Man ermöglichte ihm eine Lehre, für die damals bezahlt werden mußte. Unter der Devise, daß es die Kinder einmal besser haben sollten, schränkten sich die Eltern noch mehr ein. Franz Jonas absolvierte eine Ausbildung als Setzer in einer Floridsdorfer Druckerei und besuchte die Fachschule für Buchdrucker und Schriftgießer. Das berufsbedingte Interesse an Büchern hatte Folgen. Jonas strebte von nun an unablässig nach weiterer Bildung. Zudem war er Austräger des sozialdemokratischen „Volksboten" und trat 1915 dem „Verband der jugendlichen Arbeiter Floridsdorf" bei.

Die Jugend im Arbeitermilieu Floridsdorf, die dort erfahrene Armut, aber auch praktizierte und erfahrene Solidarität prägten das Weltbild von Franz Jonas. Das Interesse an Politik wurde sowohl durch den Vater, der Vertrauensmann in der Fabrik war, als auch durch Jonas' Zugehörigkeit zur „Arbeiterjugend" weiter gefördert. Zudem weckte sein Beruf als Schriftsetzer, der ein wesentliches Rekrutierungsfeld der Arbeiterbewegung war, einen Lese- und Wissenshunger, den Jonas in der Folge nie mehr ablegen sollte. Historisch eingebettet waren seine frühen politischen Erfahrungen in eine aufstrebende Arbeiterbewegung, den Ersten Weltkrieg und den Zerfall der Monarchie.

Im März 1917 erfolgt die Einberufung nach Galizien. Jonas, dessen Lese- und Lernwille ungebrochen ist, nimmt ein Französisch- und ein Stenographielehrbuch sowie ein Werk von Karl Marx mit in den Krieg. 1918 wird er an die italienische Front versetzt. Die Kriegserlebnisse machten ihn zu einem überzeugten Verteidiger des Friedens als höchstes Gut. Dennoch tritt Jonas 1918 in die von Julius Deutsch geführte Volkswehr ein, wird zum Bildungsrat gewählt und nimmt an den Abwehrkämpfen in Kärnten teil.

Er erhält in der Druckerei seiner Lehrzeit eine Stellung als Schriftsetzer. In diesen Jahren nach dem ersten großen Krieg verstärkt Jonas seine politische Tätigkeit. So wird er Vertreter der Arbeiterjugend im Floridsdorfer Arbeiterrat, Mitglied des Arbeiter- und Soldatenrates des Bezirks, Vertrauensmann und Kassier der Floridsdorfer Buchdruckergewerkschaft und Angehöriger des Bildungsausschusses der Bezirksorganisation der Sozialdemokratischen Arbeiterpartei. 1920 lernt er die Arbeiterin Margarete Towarek kennen. Zwei Jahre später heiraten sie und können kurz darauf eine Kleinwohnung beziehen. Beide treten aus der Katholischen Kirche aus. Gemeinsam mit seiner Frau intensiviert Jonas seine Bildungsbestrebungen. Dazu zählen auch Sprachkurse in Italienisch und Französisch an der Volkshochschule. Die Idee der Esperantisten beginnt Jonas zu begeistern. 1924 wird er Sekretär des Österreichischen Arbeiter-Esperanto-Bundes und bringt es bis zum zweiten Bundesvorsitzenden.

Neben seiner beruflichen Tätigkeit – ab 1924 ist er als Korrektor tätig – ist er sowohl Lehrender, indem er Sprachkurse für Esperanto abhält, als auch nach wie vor Lernender an der Volkshochschule. Trotzdem bleibt ihm noch Zeit, um der von den Sozialdemokraten propagierten körperlichen Ertüchtigung als aktives Mitglied der Naturfreunde sowie des Arbeiter-Turnvereins nachzukommen.

Parteipolitisch ist er als unermüdlicher Wahlredner im Einsatz. In der Buchdruckerei wird er zum Betriebsrat gewählt. 1930 bewirbt er sich um einen Freiplatz an der Arbeiterhochschule in Wien-Döbling, wird aufgenommen und absolviert den letzten halbjährigen Kurs für angehende Spitzenfunktionäre, der noch stattfinden konnte. Er vervollständigt sein Wissen durch Vorträge von Otto Bauer, Max Adler, Julius Deutsch, Karl Renner, Theodor Körner und Adolf Schärf. In der Folge wird Jonas von seiner Bezirksorganisation als Kandidat zum Nationalrat sowie zum Wiener Gemeinderat aufgestellt, aber vorerst nicht gewählt. Die Funktion des Bezirksobmannes der Sozialistischen Jungfront in Floridsdorf stärkt seine Verankerung in der Partei.

Sein in langsamen Schritten erfolgter Einstieg in die Politik entsprach jenem Hineinwachsen in den Parteiapparat, das für sozialdemokratische Politiker seiner Generation typisch war. Bemerkenswert ist, daß Jonas in einer Zeit sich verschärfender sozialer Konflikte seinen angesehenen und gut bezahlten Beruf als Korrektor aufgab und 1932 zum hauptamtlichen Sekretär der Bezirksorganisation Floridsdorf bestellt wurde.

Nach den Februarkämpfen 1934 und der Zerschlagung der Sozialdemokratie gehörte er dem „Schattenkomitee", einem Vorläufer der späteren Revolutionären Sozialisten, an, mußte jedoch schon Ende Februar in die Tschechoslowakei flüchten und wurde Kommandant des Schutzbund-Flüchtlingslagers in Znaim. Im Juli 1934 kehrte er nach Wien zurück und übernahm die Leitung der illegalen Revolutionären Sozialisten in Floridsdorf. Als Teilnehmer an der „Reichskonferenz der Revolutionären Sozialisten" zum Jahreswechsel 1934/35 sprach sich Jonas gegen eine enge Zusammenarbeit von Sozialisten und Kommunisten aus. Im Jänner 1935 wurde Franz Jonas von der österreichischen Polizei verhaftet und wegen der Teilnahme an der Brünner Konferenz des Hochverrats angeklagt. Der „Sozialistenprozeß" im März 1936 brachte den Freispruch – nach vierzehn Monaten Haft. Jonas hat sie auf seine Weise genützt: Nach fünf Tagen Hungerstreik gestand man ihm Möglichkeiten zum Lesen und Schreiben zu, er beschäftigte sich mit Geschichte, Nationalökonomie und verbesserte seine Italienischkenntnisse. Nach der Haft war Franz Jonas nicht nur persönlich frei, sondern gemeinsam mit Hunderttausenden anderen Menschen auch „frei" von der Möglichkeit zu arbeiten. Schließlich wird er ausgesteuert. 1938, nach der Annexion Österreichs durch das nationalsozialistische Deutschland, stellt Jonas seine politischen Aktivitäten ein, wird von Freunden in die Tagblatt-Druckerei eingeschleust, erhält aber kurz darauf einen Posten als kaufmännischer Angestellter in der Floridsdorfer Lokomotivfabrik AG. Ab

1942, die Fabrik ist inzwischen zu einem wichtigen Rüstungsbetrieb geworden, der immer wieder Ziel von Sabotageakten des Widerstands wird, ist er dort im Personalbüro tätig und hält sich bis Kriegsende von der Politik fern.

Nach der Befreiung Wiens durch sowjetische Truppen im April 1945 fand unter dem Vorsitz von Franz Jonas die Bildung einer provisorischen Bezirksexekutive der SPÖ Floridsdorf statt. Ein Antrag der Kommunisten auf Aktionseinheit wurde zurückgewiesen.

In der Zeit des Wiederaufbaus war Jonas in Wien an vorderster Stelle zu finden, er war Mitglied der provisorischen Verwaltung des 21. Wiener Gemeindebezirks und nahm seine Parteiaktivitäten als zweiter Obmann der Floridsdorfer Bezirksorganisation der SPÖ wieder auf. Eine Stellung als Leiter der Floridsdorfer Gebietskrankenkasse war seine materielle Existenzgrundlage. Ende 1945 wurde Jonas in den Wiener Parteivorstand und in die Parteikontrolle gewählt. Und im Juni 1946 ernannte ihn Theodor Körner zum Bezirksvorsteher von Floridsdorf. 1948 übersiedelt Franz Jonas ins Rathaus und übernimmt das Amt des Stadtrats für Ernährungswesen. In der Wiener Landesorganisation der SPÖ rückt Jonas zum Obmannstellvertreter auf.

Die Nationalrats- und Landtagswahlen im Oktober 1949 brachten Jonas in den Wiener Gemeinderat, der ihn zum Obmann der Wiener Landesorganisation wählte. Als Befürworter einer großen Koalition nahm er seit 1949 immer an den koalitionären Regierungsverhandlungen mit der ÖVP teil.

Im Dezember 1949 übernahm er den Posten des Stadtrats für das Wiener Bauwesen, und knapp ein Jahr später wurde er Mitglied des Parteivorstands der SPÖ und einer der stellvertretenden Parteivorsitzenden. Nach der Wahl des bisherigen Wiener Bürgermeisters Theodor Körner zum Bundespräsidenten wurde Franz Jonas zu dessen Nachfolger vorgeschlagen. Allerdings gab es im Vorfeld dieser Entscheidung Interventionen seitens ehemaliger Schutzbündler. Sie machten ihm sein unpolitisches Verhalten während des Krieges sowie seine antikommunistische Grundhaltung zum Vorwurf. Jonas, der überzeugte Großkoalitionär und Anhänger der Sozialpartnerschaft, kann an dieser Stelle als Beispiel für die Durchsetzung einer antikommunistischen Parteilinie genannt werden. Über 14 Jahre blieb Franz Jonas Oberhaupt der Stadt Wien. In dieser Funktion hatte er drei Wahlen zum Landtag zu schlagen und erhielt bei allen die absolute Mehrheit. Trotzdem hielt er – getreu seinem Motto einer breiten Zusammenarbeit – an einer Koalition mit der ÖVP fest, selbst 1964, als die Probleme der Koalition auf Bundesebene schon beinahe unlösbar schienen.

Nach dem Ableben von Bundespräsident Adolf Schärf inmitten seiner zweiten Funktionsperiode wählte die SPÖ in einer innerparteilich durch den Fall Franz Olah krisengeschüttelten Atmosphäre mit Franz Jonas einen populären Wiener Spitzenpolitiker zu ihrem Kandidaten. Ihm wurde von der ÖVP Alfons Gorbach entgegengestellt. Die damalige krisenhafte Situation der SPÖ erforderte die Präsentation eines integren Menschen, der nicht in die Regierungsauseinandersetzungen verstrickt war und zudem wesentlich am Aufbau der Zweiten Republik mitgewirkt hatte. Im Präsidentschaftswahlkampf wurde Jonas dann jedoch seine proletarische Herkunft zur Last gelegt. Im Österreich der Mittelschulprofessoren, wirklichen und geheimen Räte schien für viele ein Nichtakademiker als Bundespräsident eine Denkunmöglichkeit zu sein. In einigen Bundesländern wurde Jonas auch sein Austritt aus der Katholischen Kirche zum Vorwurf gemacht. Dennoch gewann er knapp mit 50,7% der Stimmen und zog im Juni 1965 in die Hofburg ein.

Schon im Oktober beschloß die große Koalition Neuwahlen zum Nationalrat, weil die Differenzen innerhalb der Regierung unüberbrückbar geworden waren. Der Wahlsieg von Franz Jonas brachte der SPÖ bei der Nationalratswahl keinen Bonus ein: Die Partei – belastet mit der Olah-Affäre – verlor zwei Mandate, während die ÖVP die absolute Mehrheit erreichte. Der Bundespräsident setzte nach wie vor auf die Zusammenarbeit der Großparteien – für die sich beide auch vor der Wahl ausgesprochen hatten – und beauftragte Josef Klaus mit der Bildung einer Koalitionsregierung. Die SPÖ konnte sich jedoch mit den Angeboten der ÖVP nicht abfinden und beschloß den Gang in die Opposition. Franz Jonas hielt sich aus den Parteienverhandlungen heraus und ernannte als erster Bundespräsident im April 1966 eine Einparteienregierung. Aus einigen Worten, die er im Rahmen der Angelobung sprach, läßt sich sein Standpunkt deutlich herauslesen: „Im Inneren unseres Landes steht vor uns allen die Aufgabe, die demokratischen Grundlagen zu sichern und die Gesamtheit unserer Staatsbürger, ohne Unterschied der Partei, der Religion und der Weltanschauung, immer in gegenseitiger Toleranz zusammenzuführen. Herr Bundeskanzler, Sie haben den Bestimmungen unserer Verfassung entsprechend die neue Bundesregierung vorgeschlagen. Ich habe Sie, meine Herren, für Ihr hohes Amt angelobt, und nun heißt es, ans Werk zu gehen" (Jonas, Die Zeit der großen Visionen, 53).

Bundespräsident Franz Jonas, 1969, Eröffnung des Dr.-Adolf-Schärf-Studentenheimes, Wien

Jonas unternahm viele Auslandsreisen, besuchte als erstes österreichisches Staatsoberhaupt Großbritannien und betrat als erster in dieser Funktion den amerikanischen Kontinent auf kanadischem Boden. Innenpolitisch stand Jonas für das Brückenschlagen, für das Verbindende, Gemeinsame. So erschien ihm beispielsweise auch die Sozialpartnerschaft als Garant einer weitgehenden Zusammenarbeit der Interessengruppen jenseits des Streits der großen Parteien. Die turbulenten Jahre der sogenannten 68er-Bewegung veranlaßten Jonas zu keinen außergewöhnlichen Stellungnahmen. In der SPÖ war inzwischen Bruno Kreisky Parteivorsitzender geworden. Er errang bei den Nationalratswahlen im März 1970 mit 81 Mandaten und 48,42% der Wählerstimmen die relative Mehrheit.

Rückblickend läßt sich feststellen, daß Franz Jonas nun die schwierigste Entscheidung seiner Amtszeit als Bundespräsident bevorstand. Er betraute vorerst Kreisky als Vorsitzenden der stimmenstärksten Partei mit der Bildung einer großen Koalition. Die Parteienverhandlungen zwischen SPÖ und ÖVP blieben nach sieben Wochen allerdings erfolglos. Jonas hielt sich auch diesmal aus den Verhandlungen heraus, führte nach dem Scheitern noch informelle Gespräche mit Kreisky und Withalm, ehe er in der Folge Kreisky beauftragte, neue Lösungsmöglichkeiten zu finden. Der Vorschlag einer SPÖ-Minderheitsregierung wurde schließlich vom Bundespräsidenten angenommen.

Diese zweifellos bedeutsamste Entscheidung von Franz Jonas in seiner Funktion als höchster Repräsentant des Staates wurde im Präsidentschaftswahlkampf 1971 zum bevorzugten Thema und Angriffspunkt der ÖVP. Das Hauptargument dabei war, daß Jonas eine kleine Koalition gar nicht in Erwägung gezogen habe und auch zu wenig persönlich interveniert hätte. Jonas wehrte sich mit dem Hinweis, daß die Parteivorsitzenden diese Möglichkeit mehrmals definitiv abgelehnt hätten. Damit stand in diesem Wahlkampf auch die Minderheitsregierung der SPÖ auf dem Prüfstand. Kurt Waldheim, der ÖVP-Kandidat, sprach sich mehrmals für eine große Koalition aus. Die ÖVP verwies darauf, daß bisher einem sozialistischen Präsidenten immer ein „schwarzer“ Kanzler gegenübergestanden sei. Franz Jonas siegte trotzdem im April 1971 mit 52,8% der Stimmen. Er lehnte das verfassungsgemäß übliche Angebot zur Demissionierung der Regierung Kreisky ab und versicherte sie weiterhin seines Vertrauens. Dennoch wurden im Oktober 1971 vorgezogene Neuwahlen zum Nationalrat abgehalten, in denen die SPÖ mit 93 Mandaten die absolute Mehrheit erreichte.

Franz Jonas, der im Laufe seines Lebens in so vielen wichtigen Positionen der SPÖ und der Republik tätig war, läßt sich als Persönlichkeit nur schwer fassen. Immer wieder betonte er die Wichtigkeit von Kultur und Bildung sowie der Schulen. In dieser Hinsicht verkörperte er den „Wissen ist Macht“-Leitspruch der Sozialdemokratie beinahe absolut. Zeitlebens blieb er ein unermüdlich Lernender. Aus heutiger Sicht wird deutlich, daß Jonas in einigen Zielsetzungen seiner Zeit voraus war: Seine italienischen und englischen Sprachkenntnisse wie auch seine Beschäftigung mit Esperanto deuten darauf hin, daß er die grundlegende Bedeutung der europäischen Verständigung schon frühzeitig erkannte. Als Bürgermeister von Wien rief er die „Europagespräche“ ins Leben und sprach bereits in den ausgehenden fünfziger Jahren von der Notwendigkeit, auch den Osten in ein gemeinsames Europa einzubeziehen. Obwohl er den überwiegenden Teil seines Lebens in Wien verbrachte, legte er großen Wert auf eine ausgeglichene föderalistische Struktur der Republik. Er bemühte sich, sein Amt gemäß der Verfassung korrekt auszuüben, ohne indes seine Herkunft und seinen Werdegang bzw. seine sozialistische Überzeugung zu verleugnen. So nahm er als Präsidentschaftskandidat am Schweigemarsch für den von Neofaschisten ermordeten Ernst Kirchweger teil und unterschrieb während seiner Amtszeit das Volksbegehren für die Arbeitszeitverkürzung. Für Jonas wäre es undenkbar gewesen, sich – in welcher Form auch immer – in Belange der Regierung einzumischen.

In einem Punkt beharrte Jonas deutlich auf seinen Vorstellungen: Wenn es um Gnadengesuche ging, wurden ihm seine Grundsätze einer verantwortlichen Lebensführung zum Maßstab. So verweigerte er seine Unterschrift in Fällen, in denen Sittlichkeitsdelikte an Jugendlichen verübt, tödliche Verkehrsunfälle, Unfälle unter Alkoholeinfluß oder mit Fahrerflucht begangen worden waren. Hingegen gab er vielen straffällig gewordenen Jugendlichen eine Chance zur Rückkehr ins normale Leben. In einer anderen Frage scheute er sich nicht, einen für Sozialdemokraten eigenwilligen Standpunkt zu vertreten. So wies er immer wieder auf die Wichtigkeit der bewaffneten Landesverteidigung hin, wofür er in der SPÖ keinen großen Rückhalt fand.

Jonas hat in seiner Zeit als Bundespräsident die Einheit der Nation Österreich betont und in seinen Reden und Ansprachen das Gemeinsame über das Trennende gestellt. In dieser Hinsicht war er – wie viele andere seiner Generation auch – geprägt von den bitteren Erfahrungen der Ersten Republik und der Zeit der nationalsozialistischen Diktatur. Er blieb bis zur Erlangung der absoluten Mehrheit der SPÖ stets ein deklarierter Verfechter der großen Koalition, ohne jedoch seine Überzeugungen als Sozialdemokrat aufzugeben.

Jonas war fleißig, pünktlich, gewissenhaft und oft übergenau. So gab er sich auch auf seinen Reisen und bei Betriebsbesichtigungen nur selten mit den üblichen Erklärungen zufrieden. In einem Salzburger PKW-Ersatzteillager löste er mit der Frage, wieviel komplette Autos mit den vorhandenen Teilen gebaut werden könnten, schiere Ratlosigkeit der anwesenden Fachkräfte aus. Seine Genauigkeit machte vor nichts und niemandem halt. Ein Mitglied der Salzburger Landesregierung ließ sein Sekretariat in einer wichtigen Angelegenheit einen Brief an den Bundespräsidenten schreiben. Beim nachfolgenden persönlichen Gesprächstermin lag der Brief auf dem Präsidentenschreibtisch: mit roten Korrekturen übersät. Erst nach einer eingehenden Fehlerbesprechung durch den Korrektor Jonas konnte zum inhaltlichen Teil der Vorsprache übergegangen werden. Von da an wurden Schreiben an den Bundespräsidenten stets von einer ganzen „Sekretariatskommission“ bearbeitet, ehe sie abgeschickt wurden.

Als Persönlichkeit trat Franz Jonas weit hinter alle von ihm eingenommenen Ämter zurück. Fehlten ihm Brillanz und Charisma doch deutlich, so verkörperte er aber die Figur eines unbestechlichen Dieners der Allgemeinheit und des Staates, der vom Primat des Gemeinwohls vor individuellen Interessen überzeugt war und danach handelte und lebte.

Obwohl ihm seit 1973 eine unheilbare Krebserkrankung schwer zusetzte, versuchte er die Amtsgeschäfte so lang wie möglich auszuüben. Seinem letzten öffentlichen Auftreten im Februar 1974 folgte bereits am 24. April sein Tod.

Als rückblickender Beobachter der neunziger Jahre gewinnt man den Eindruck, daß Franz Jonas und sein Stil als Bundespräsident weitgehend in Vergessenheit geraten sind: In den letzten zwei Jahrzehnten hat sich die politische Kultur Österreichs in gleichem Maße wie die gesamte Gesellschaft erheblich verändert. Indirekt gehört auch Jonas zu den Wegbereitern dieses Wandels. Hatte er doch in seiner Funktion als Bundespräsident – eigentlich entgegen seiner eigenen Auffassung einer möglichst breiten Zusammenarbeit – der sozialistischen Minderheitsregierung seine Zustimmung gegeben und dadurch das Reformwerk Kreiskys und in der Folge eine grundlegende Umgestaltung der sozialen und politischen Verhältnisse der Zweiten Republik ermöglicht.

Literatur- und Quellenverzeichnis

Schausberger, Norbert (1982). Franz Jonas, in: Friedrich *Weissensteiner* (Hg.): Die österreichischen Bundespräsidenten, Wien.

Kreuzer, Franz (1965). Franz Jonas. Der Weg des Bundespräsidenten, Wien.

Kreuzer, Franz (1969). Ein Leben für Österreich. Franz Jonas, Wien.

Leser, Norbert (1977). Franz Jonas, in: Neue Österreichische Biographie ab 1815. Große Österreicher, Band XIX, Wien.

Kammer für Arbeiter und Angestellte für Wien (1974). Die Zeit der großen Visionen ist niemals vorbei. Reden von Bundespräsident Franz Jonas, Wien.

Ritschel, Karl Heinz (Hg.) (1967). Dr. h. c. Franz Jonas. Für Freiheit und Gerechtigkeit. Aus den Reden des Bürgermeisters von Wien und Bundespräsidenten von Österreich, Wien.

Lebensdaten

1899	am 4. 10. in Floridsdorf geboren
1917–1918	Teilnahme am Ersten Weltkrieg
1922	Eheschließung mit Margarete Towarek
1935–1936	14 Monate politische Haft
1974	am 24. 4. in Wien gestorben

Berufliche Karrierestationen

1913–1917	Setzerlehrling
1919–1924	Schriftsetzer
1924–1932	Korrektor
1938–1945	Kaufmännischer Angestellter der Floridsdorfer Lokomotivfabrik

Staatliche Funktionen

1945–1946	Mitglied der provisorischen Verwaltung des 21. Wiener Gemeindebezirks
1946–1948	Bezirksvorsteher von Floridsdorf
1948	Stadtrat für Ernährungswesen in der Wiener Stadtverwaltung
1949–1951	Amtsführender Stadtrat für Bauangelegenheiten der Stadt Wien
1951–1965	Bürgermeister und Landeshauptmann der Stadt Wien
1952–1953	Mitglied des Bundesrates
1953–1965	Abgeordneter zum Nationalrat
1965–1974	Bundespräsident

Parteipolitische Ämter

1915	Eintritt in den Verband der jugendlichen Arbeiter Floridsdorf
1932–1934	Sekretär der Bezirksorganisation Floridsdorf der SDAP
1949–1964	Obmann der Landesorganisation der SPÖ Wien
1950–1965	Mitglied des Bundesparteivorstandes der SPÖ
1950–1965	Stellvertretender Parteivorsitzender der SPÖ

Weitere Funktionen

Obmann des österreichischen Städtebundes

Mitglied des Exekutivrates der International Union of Local Authorities IULA in Den Haag

Vorsitzender des Komitees für europäische Angelegenheiten IULA

Reinhard Kamitz

von
Hildegard Hemetsberger-Koller

Reinhard Kamitz wurde am 18. 6. 1907 in Halbstadt bei Braunau in Böhmen geboren. Seine Eltern, Wenzel Kamitz und Hermine, geborene Täuber, übersiedelten 1910 nach Wien. Dr. Wenzel Kamitz trat 1895 als Rechtspraktikant in den richterlichen Dienst ein und wurde 1912 zum Rat des Verwaltungsgerichtshofes ernannt. Im Februar 1930 erfolgte seine Ernennung zum Vizepräsidenten, am 28. 10. 1931 zum Präsidenten des Verwaltungsgerichtshofes. Am 14. 7. 1934 wurde er, ausgezeichnet mit dem Großen Ehrenzeichen am Bande für Verdienste um den Bundesstaat Österreich, 63jährig in den Ruhestand versetzt (AdR 04 BUR 17899-6e/34). Die vorzeitige Pensionierung dürfte aufgrund der politischen Verhältnisse erfolgt sein, unter denen ein dem „nationalen Lager" zugerechneter Spitzenbeamter als nicht mehr tragbar erachtet wurde.

Reinhard Kamitz besuchte das Realgymnasium und das Technologische Gewerbemuseum in Wien, wo er 1925 maturierte. Im selben Jahr begann er sein Studium an der Hochschule für Welthandel in Wien, das er 1929 mit dem akademischen Grad eines Diplomkaufmannes abschloß. Ein zweijähriger Auslandsaufenthalt ermöglichte ihm zuerst eine Praxis als Exportleiter in einer tschechischen Papierfabrik und anschließend ein weiteres Jahr Berufserfahrung als kommerziell-technischer Angestellter eines Röhrenwerkes in Frankreich.

1933 promovierte Kamitz mit der Dissertation *Rationalisierung unter Lohndruck* zum Doktor der Handelswissenschaften an der Hochschule für Welthandel.

Im darauffolgenden Jahr begann seine berufliche Laufbahn als wissenschaftlicher Mitarbeiter am Österreichischen Institut für Konjunkturforschung. Er veröffentlichte zahlreiche Abhandlungen zu wirtschafts- und finanzwissenschaftlichen bzw. -politischen Fragen, wobei Konjunkturtheorie, Zinstheorie sowie Geldpolitik, aber auch Fragen der Handelspolitik zu seinen wichtigsten Themenbereichen zählten.

Vorträge im In- und Ausland, die Leitung internationaler Forschungsarbeiten, seine Tätigkeit als Sekretär und Vorstandsmitglied der „Nationalökonomischen Gesellschaft" und als verantwortlicher Schriftleiter einer in englischer Sprache erscheinenden Zeitschrift zeugen bereits von der Dynamik und dem Arbeitseinsatz, die Kamitz auch in späteren Jahren auszeichneten.

Ab 1936 übernahm Reinhard Kamitz, stellvertretend für Oskar Morgenstern, der sich auf Vortragsreisen im Ausland befand, die Leitung des Konjunkturforschungsinstitutes. Im März 1938 wurde dieses Institut in das Berliner Institut für Wirtschaftsforschung, das unter der Leitung von Prof. Ernst Wagemann stand, integriert. Kamitz übernahm dessen Vertretung in Wien. Er versuchte vorerst das Institut durch eine Angliederung an die Wiener Handelskammer als möglichst unabhängige wissenschaftliche Einrichtung zu erhalten (Festschrift 40 Jahre Österreichisches Institut für Wirtschaftsforschung

1927–1967, 1967, 25). Diese Bemühungen blieben jedoch insofern erfolglos, als sich die Zweigstelle des Berliner Institutes auf Forschungen über Südosteuropa beschränken mußte.

Kamitz wechselte daraufhin im Februar 1939 in die Wiener Handelskammer, wo er vorerst als Konzeptsbeamter arbeitete. 1940 avancierte er zum Leiter der volkswirtschaftlichen Abteilung, und im März 1944 übernahm er die Geschäftsführung der bereits 1943 in Gauwirtschaftskammer umbenannten Interessensvertretung.

Ein zweites Standbein hatte Kamitz nach wie vor im wissenschaftlichen Bereich. Im Dezember 1938 erwarb er die venia docendi für Volkswirtschaftslehre an der Hochschule für Welthandel, die ihm während der Kriegsjahre eine Stellung als Privatdozent sicherte (Festschrift 50 Jahre Hochschule für Welthandel 1898–1948, AVA IV-/2-4 6936/b). Neben untergeordneten Tätigkeiten in der akademischen Verwaltung (Mitglied des Senats als Vertreter der nichtbeamteten Hochschullehrer), wurde er 1943 Mitglied des Prüfungsamtes für Kaufleute und Handelslehrer an der Hochschule für Welthandel und Mitglied des Prüfungsamtes für Diplomvolkswirte an der Universität Wien. Im November 1944 erfolgte seine Ernennung zum Außerplanmäßigen Professor an der Hochschule für Welthandel (AdR 04/126960/2/1947).

Seine politische Laufbahn in diesen Jahren kann aufgrund fehlender Forschungsarbeiten nicht gewichtet werden. Kamitz trat der NSDAP bei, wahrscheinlich 1940, war Mitglied des NS-Dozentenbundes an der Hochschule für Welthandel, wo er für kurze Zeit als Referent für Kasse und Verwaltung fungierte, und hatte eine Funktion im Rechtswahrerbund in der Gauwirtschaftskammer (AdR 04/126960/2/47). Laut einem Erhebungsbericht des Innenministeriums vom 21. 1. 1948 trat Kamitz außerberuflich nicht politisch hervor (AdR 42.905-2/1948).

Sein Lehrangebot an der Hochschule für Welthandel und der Universität Wien bezog sich nach Angaben seiner ehemaligen Schüler (u. a. Stephan Koren und Hans Seidel) im wesentlichen auf die Allgemeine Theorie der Volkswirtschaftslehre, auf Finanzpolitik und die Geschichte der Lehrmeinungen, vor allem auf die Wiener Schule der Nationalökonomie (Diwok/Koller 1977, 85 f.; Seidel Interview 1994).

Die wissenschaftlichen Publikationen während der Jahre des NS-Regimes beschränkten sich auf Themen der Volkswirtschaftstheorie und -politik. Im wesentlichen wurde bei diesen Arbeiten auf die Notwendigkeit der staatlichen Lenkung in Kriegszeiten und die daraus resultierenden Wirkungen auf den Wirtschaftsverlauf eingegangen.

Der Zusammenbruch des Dritten Reiches bedeutete für Kamitz den Verlust seiner führenden Positionen in der Kammer und im akademischen Bereich. Zwar blieb er von den Sühnefolgen der Entnazifizierungsgesetze nicht verschont, er konnte aber eine Anstellung in der Wiener Handelskammer aufrechthalten. An der Hochschule für Welthandel wurde er vom Dienst enthoben (AdR, Unterricht, 10330/III,1946). Dies bedeutete vorläufig ein Ende seiner Lehrtätigkeit.

Wie bei seinem Eintritt in die Wiener Kammer 1939, begann er 1945 wieder als einfacher Konzeptsbeamter bzw. Referent für volkswirtschaftliche Fragen. Mit großer Akribie beschäftigte er sich mit Fragen der Handelspolitik, des Zahlungsverkehrs mit dem Ausland, der Geldpolitik und der Neugestaltung der österreichischen Währung, einem Thema, dem er als freier Mitarbeiter des Österreichischen Instituts für Wirtschaftsforschung im ersten Sonderheft 1945 eine grundlegende Studie widmen konnte (Margarétha, Tagesjournale 1945 ff.). Publizistisch trat er in der Folge auch mit einer substantiellen Abhandlung zur österrreichischen Geld- und Währungspolitik der vorangegangenen 100 Jahre hervor (Kamitz, in Mayer 1948).

Schrittweise gelang es Reinhard Kamitz, seine Position in der Kammer wieder zu festigen. Mit 1. 1. 1947 wechselte er in die neuerrichtete Bundeskammer der gewerblichen Wirtschaft, die unter der Führung Julius Raabs stand. Obwohl Kamitz sich der Obhut Raabs, der grauen Eminenz der Wirtschaftspolitik dieser Jahre, gewiß sein konnte, mußte er vor weiteren Karriereschritten seine nationalsozialistische Vergangenheit ins reine bringen (zu informellen Parteienvereinbarungen hinsichtlich ehemaliger Nationalsozialisten siehe Svoboda 1993, 53). Im Rahmen der großen Amnestie 1948, die beinahe eine halbe Million politisch belasteter Personen betraf (Rathkolb, in Meissl 1986, 76), wurde am 7. Mai 1948 einem Ansuchen, das Kamitz an den Bundespräsidenten bezüglich der Ausnahme von den Sühnefolgen nach dem NS-Gesetz 1947 gestellt hatte, im wesentlichen stattgegeben (AdR, Inneres, 04/126960/2/47). Somit war der Weg frei für eine führende Position in der Wirtschaftspolitik.

Im Juni 1948 erfolgte seine Bestellung zum Leiter der wirtschaftspolitischen Abteilung der Bundeskammer der gewerblichen Wirtschaft. In dieser Funktion wirkte er an der Ausarbeitung zahlreicher Gesetze mit, arbeitete in der Wirtschaftskommission und koordinierte die Gutachtertätigkeit aller Landeskammern. Einen weiteren Schwerpunkt seiner Arbeit bildeten die Lohn-Preis-Abkommen, aber auch Stellungnahmen der Kammer zum Staatsvertrag (Margarétha, Tagesjournale 1945 ff.).

Raab honorierte das Engagement Kamitz' und ermöglichte seine Bestellung zum stellvertretenden Generalsekretär der Bundeskammer im April 1950.

Den Höhepunkt seiner Karriere in der Zweiten Republik erreichte Reinhard Kamitz durch die Berufung zum Bundesminister für Finanzen im Februar 1952. Vorerst im Kabinett Figl II und III, ab 1953 bis zu seinem Ausscheiden aus der Regierung im Juni 1960 unter Bundeskanzler Raab, galt Kamitz zwar als „Mann der ÖVP", trat aber weder der Partei noch einem ihrer Bünde bei. Unterstützt von Raab konnte er seine finanzpolitischen Grundsätze, soweit dies im politischen Aktionsfeld einer großen Koalition möglich war, durchsetzen.

Raab und Kamitz wußten aus ihrer „Insider-Position" um die Dringlichkeit und den günstigen Zeitpunkt für einen wirtschaftspolitischen Kurswechsel, weil sie seit 1945 an entscheidenden Weichenstellungen für die österreichische Wirtschaft maßgeblich beteiligt waren. Die Währungsreform, die Lohn-Preis-Abkommen, das Bewirtschaftungssystem, die Politik der multiplen Wechselkurse usw. wurden von ihnen mitgestaltet. Nun galt es, einen Weg aus dieser für die Nachkriegswirtschaft in vieler Hinsicht notwendigen Politik zu finden und diesen in einer politisch und wirtschaftlich noch prekären Situation der vierfachen Besetzung des Landes, der drohenden Inflation, der auslaufenden ERP-Hilfe und des weitverbreiteten Protektionismus konsequent zu verfolgen.

Der erst 44jährige Kamitz schien dazu der geeignete Mann. Dynamisch, ausgestattet mit rascher Auffassungsgabe, mit Überzeugungskraft und mit Durchsetzungsvermögen, mit einem überdurchschnittlichen Fachwissen und vor allem mit der Fähigkeit, komplizierte Zusammenhänge mit brillanter Rhetorik auch für eine unkundige Zuhörerschaft verständlich zu machen, war er prädestiniert, das schwierigste Amt in der Regierung zu übernehmen. Politisch vertrat Kamitz, keineswegs ein „Ewiggestriger" (Seidel, Interview 1994), eine antimarxistische, liberal-konservative Grundhaltung.

Er ging von Anfang an mit klaren Grundsätzen an seine Arbeit, die ihre Wurzeln in der klassischen Nationalökonomie hatten, die er aber geschickt für seine Zeit zu adaptieren verstand. Zur Überwindung des Bewirtschaftungssystems der Nachkriegszeit schien ihm ein Konzept der Marktwirtschaft die beste Lösung. Der Freiheitsraum des einzelnen sollte dabei vom Staat abgesichert werden, wobei die Finanz- bzw. Wirtschaftspolitik den entscheidenden Beitrag zu leisten hatte. Dieses Bestreben nach

Absicherung der Freiheit zieht sich wie ein roter Faden durch zahlreiche Reden, wissenschaftliche Vorträge, Aufsätze und Abhandlungen, die er in den folgenden Jahren verfaßte. Als Voraussetzung für die Funktionsfähigkeit der Marktwirtschaft war es vor allem notwendig, einen stabilen Geldwert aufrechtzuerhalten, eine aktive Konjunktur- und Wettbewerbspolitik zu betreiben, ein leistungsförderndes Steuerkonzept durchzusetzen und den Aufbau eines Kapitalmarktes in Angriff zu nehmen. Kamitz initiierte damit das seither in Österreich praktizierte gemischtwirtschaftliche System, eine Verbindung von Marktwirtschaft und staatlicher Steuerung.

Innerhalb der großen Koalition zwischen ÖVP und SPÖ existierten gleiche wirtschaftspolitische Zielsetzungen wie Währungsstabilität, Wirtschaftswachstum und Vollbeschäftigung, wenn auch die Wege zur Erreichung dieser Maxime unterschiedlich waren.

Während der zwei Phasen der Ablaufspolitik in der Ära Raab–Kamitz sind zu unterscheiden: die Einführung der Marktwirtschaft und die Durchsetzung entsprechender Reformen sowie die Konsolidierung des Konzeptes nach dem Staatsvertrag und das Setzen neuer Akzente in Zeiten konjunktureller Turbulenzen.

1952 galt es, ein Stabilisierungskonzept durchzusetzen, das einen Budgetausgleich durch Einnahmenerhöhung und Ausgabensenkung vorsah, also die Anwendung der klassischen Theorie, begleitet von Maßnahmen auf dem Geldsektor, durch Einsetzen der ebenfalls klassischen Geldpolitik, der Diskontsatzveränderung und der Kreditrestriktionen. Der Erfolg rechtfertigte seine Maßnahmen. Die damit verbundene kurzfristig höhere Arbeitslosenrate konnte bereits 1954 gesenkt werden (siehe Tabelle).

Eine der wichtigsten Maßnahmen betraf die Währungsstabilisierung, die eine Vereinheitlichung des Wechselkurses und eine Abwertung des Schilling zur Folge hatte, woraus günstige Bedingungen auf den Exportmärkten resultierten. Weiters gelang die Durchsetzung vieler Gesetze, deren Ausarbeitung bereits Jahre zuvor in Angriff genommen worden war, wie die Rekonstruktion des Kapitalmarktes, ein neues Zollsystem, die Export- und Sparförderung, eine Steuerreform, insbesondere die Senkung der direkten Steuern, sowie die Investitionsförderung durch die Einführung der vorzeitigen Abschreibung. Ein zehnjähriges staatliches Investitionsprogramm zum Ausbau der Wasserkräfte, des Telephonnetzes, des Straßen-, insbesondere des Autobahnbaues, und der Elektrifizierung der Eisenbahn ging hingegen im wesentlichen auf die Initiative des sozialistischen Koalitionspartners zurück.

Am Beginn des zweiten Abschnittes Kamitzscher Finanzpolitik stand die Bewältigung der wirtschaftlichen Belastungen, die Österreich durch den Staatsvertrag zu übernehmen hatte: Direktzahlungen und Warenlieferungen an die Sowjetunion, Rückzahlung von Investitionen aus der Zeit vor 1938 an die Westmächte, Eingliederung der Betriebe des „Deutschen Eigentums" in die österreichische Wirtschaft usw. Somit wurde die Budgetgestaltung einmal mehr zum Angelpunkt der politischen Auseinandersetzung. Darüber hinaus mußten konjunkturell gegensätzliche Phasen in rascher Abfolge entschärft werden: 1955/56 eine Hochkonjunktur, in den darauffolgenden Jahren, insbesondere 1958, ein merklicher Konjunkturabschwung. Kamitz setzte eine Kombination konjunkturgerechter Budget-, Steuer-, Geld- und Kreditpolitik durch. Budgetpolitisch kam es zur Anpassung des Investitionsvolumens, v. a. des außerordentlichen Haushaltes, steuerpolitisch verzichtete man 1956 für ein Jahr auf die vorzeitige Abschreibung und setzte die dritte Etappe der Einkommensteuersenkung für das Jahr 1958 fest; geldpolitisch wurde die Diskontsatzpolitik entsprechend variiert und kreditpolitische Maßnahmen getroffen.

Die Ergebnisse des Raab-Kamitz-Kurses lassen sich am anschaulichsten in folgender Tabelle demonstrieren:

Die Ära Kamitz in Zahlen

	Wachstumsrate in %	Inflationsrate in %	Arbeitslosenrate in %	Budgetsaldo in % des BIP[1]	Leistungsbilanzsaldo in % des BIP[2]	Geldmengenänderung in %[3]
1951	6,8	27,8	5,6	−0,1	+0,5[4]	+24,4
1952	0,0	17,0	7,5	−0,4	+2,0[4]	+ 4,8
1953	4,4	− 5,4	8,7	+1,0	+4,5[4]	+16,3
1954	10,2	3,7	7,6	+0,6	+3,7[4]	+20,8
1955	11,5	0,8	5,4	−0,9	−1,3[5]	− 0,7
1956	6,2	3,5	5,1	−0,7	+0,2[5]	+ 5,7
1957	5,8	2,2	4,7	−0,9	+0,9[5]	+ 6,6
1958	3,7	2,3	5,0	−4,0	+0,8[5]	+11,9
1959	3,1	1,1	4,5	−2,7	+0,7[5]	+ 8,9
1960	8,6	1,9	3,4	−1,8	−1,1[5]	+ 5,9
∅ 1952/60	5,9[6]	**1,1**[7]	**5,8**[8]	**−1,2**[8]	**+1,2**[8]	**+ 8,8**[6]

1 brutto
2 inklusive statistischer Differenz
3 M_1
4 ohne Transferbilanz (ERP!) 1951: −7,2%, 1952: −1,4%, 1953: +3,2%, 1954: +3,2%
5 ohne Transferbilanz (Staatsvertrag!) 1955: −1,0%, 1956: +1,3%, 1957: +1,7%, 1958: +1,6%,1959: +1,1%, 1960: −0,7%
6 mittlere Veränderungsrate 1951/60 in % p.a.
7 mittlere Steigerungsrate des VPI 1952/60
8 arithmetisches Mittel der Jahreswerte 1952 bis 1960
Quelle: Knapp, Horst (1987). Aus aktuellem Anlaß, in: Finanznachrichten 25, 17. 6. 1987, zit. n. Butschek 1985.

Die Kritik an Finanzminister Kamitz unterblieb trotz der großen Erfolge nicht. Sie ging im wesentlichen vom sozialistischen Koalitionspartner aus und diente hauptsächlich in Wahljahren zur gegenseitigen Profilierung. Auch Kamitz sparte nicht mit Angriffen gegen den „verstaubten Marxismus“ (Vortrag, 1958). Im Mittelpunkt der Attacken gegen seine Wirtschaftspolitik stand der Vorwurf der Steuergeschenke für die Reichen, die Kreditfinanzierung von Investitionen und die Staatsverschuldung. Während die beiden letzten Punkte längst durch ihre Wirkungen bzw. Größenordnung als keineswegs nachteilig für die Wirtschaftsentwicklung Österreichs erkannt wurden, kann hinsichtlich der Steuerpolitik festgehalten werden, daß durchaus bewußt Vorteile für Unternehmer und kapitalintensive Großbetriebe, z.B. durch die Bewertungsfreiheit und die Richtlinien für die Vergabe von ERP-Krediten, geschaffen wurden. Diese Intentionen verdeutlichen jedoch auch, daß der Strukturpolitik keine Priorität zukam (Hans Igler, Interview 1994). Ebenso bildete die Änderung der Eigentumsordnung im Sinne von Entstaatlichung wohl ein Anliegen Raabs und der Volkspartei, ohne jedoch zu den primären Zielen des Finanzministers zu zählen (Hemetsberger-Koller 1986, 279 ff.). Von nachrangiger Bedeutung blieb auch die Umverteilung des Volkseinkommens.

1959 wurde die Beziehung Raabs zu Kamitz erschüttert. Das Wahlergebnis fiel enttäuschend für die Volkspartei aus, Raab war zusätzlich gesundheitlich geschwächt und so zu Kompromissen hinsichtlich des Finanzministeriums bereit. Kamitz, der wegen der angespannten Budgetlage im Kreuzfeuer der Kritik stand, sollte durch Bruno Kreisky ersetzt werden. Der massive Widerstand seitens der Wirtschaft zeigte, daß Kamitz inzwischen seine Position – unabhängig von Parteipolitik – hatte festigen können. Dennoch stand das politische Ende des Raab-Kamitz-Kurses unmittelbar bevor. Reinhard Kamitz schied am 17. Juni 1960, Julius Raab im April 1961 aus der Regierung aus.

Finanzminister Dr. Reinhard Kamitz, 1953, Rom

Die große Stärke des Finanzpolitikers Kamitz war die Verbindung von theoretischen Erkenntnissen mit der praktischen Politik (Koren, in Diwok/Koller 1977, 87). Ihm gelang die Einführung zusätzlicher marktwirtschaftlicher Elemente, abgestimmt auf die spezifisch österreichischen Gegebenheiten und die Ausnutzung der Möglichkeiten, die ihm die äußerst günstigen weltwirtschaftlichen Rahmenbedingungen in den fünfziger Jahren eröffneten. Er sorgte für einen stabilen Geldwert und die Modernisierung der Wirtschaft, wobei die Integration Österreichs in die westeuropäische Wirtschaft eines seiner Hauptanliegen war.

Gerade diesen Gedanken konnte er in seiner Funktion als Präsident der Oesterreichischen Nationalbank ab Juni 1960 großen Nachdruck verleihen. Ein erster Schritt zur Konvertibilität des österreichischen Schilling wurde bereits 1959 durch die Erreichung der Ausländerkonvertibilität getan. Am 1. 8. 1962 erfolgte die Ratifizierung des IWF-Abkommens, womit der Schilling als konvertibel anerkannt wurde. Weiters gelang der Ausbau der Liberalisierung des österreichischen Zahlungsverkehrs mit dem Ausland und eine Intensivierung der Offenmarktpolitik im Inland (Diwok, in Festschrift zum 80. Geburtstag von Reinhard Kamitz, 1987, 78f.). Kamitz gründete 1957 die Investitionskredit-AG, einen Banktypus, der sich für Investitionsfinanzierung und -förderung in der Folge als unentbehrlich erwies.

Durch seine Weltoffenheit gelang es Reinhard Kamitz, für Österreich im Ausland zu werben. Er hielt Vorträge in den wichtigsten westlichen Industriestaaten, zum Teil in der jeweiligen Landessprache. Man schätzte in ihm einen kompetenten Wissenschaftler und einen verläßlichen Verhandlungspartner.

Während seiner 15jährigen innenpolitischen Arbeit war er auch von politischen Kontrahenten als Fachmann anerkannt. Ein Diskussionsforum, eine Möglichkeit, Intellektuelle aus allen politischen Lagern, soweit sie nicht marxistisch waren, zu versammeln, schuf Kamitz mit der Gründung des Akademikerbundes, dessen Präsident er von 1953 bis 1966 war (Zimmer-Lehmann, Interview 1994).

Zur Förderung der wissenschaftlichen Forschung trug Kamitz durch verschiedene Initiativen bzw. durch die Übernahme von leitenden Funktionen bei: Er war Präsident des Kuratoriums des Institutes für Höhere Studien und wissenschaftliche Forschung (Ford-Institut), initiierte die Gründung des Jubiläumsfonds der Oesterreichischen Nationalbank, war Vorstandsmitglied und gehörte zum Beraterstab des Wirtschaftsforschungsinstitutes und nahm am 29. 7. 1960 seine Universitätslaufbahn als Honorarprofessor für Volkswirtschaftslehre, Volkswirtschaftspolitik und Finanzwissenschaft an der Universität Wien wieder auf.

Auf internationaler Ebene fungierte er als Präsident der International Freedom Academy in Zürich, hielt in dieser Funktion zahlreiche Vorträge und veröffentlichte einige Studien zur Wirtschafts- und Integrationspolitik westlicher Industrieländer, die in mehrere Sprachen übersetzt wurden.

Reinhard Kamitz erlitt im Herbst 1966 einen Schlaganfall, von dessen Folgen er sich nicht mehr erholen konnte, weshalb er am 25. Jänner 1968 sein Amt als Nationalbankpräsident zurücklegen mußte.

Fünfundzwanzig Jahre lang, bis zu seinem Tod am 9. August 1993, konnte er zwar noch mit großem Interesse das Geschehen in Österreich und in der Welt verfolgen, war aber nur noch selten in der Lage, als Ratgeber zur Verfügung zu stehen. Seine Lebensgestaltung konzentrierte sich auf den engeren familiären Rahmen, der seine Frau, mit der er seit 1938 verheiratet war, und die Familien seiner beiden Kinder umfaßte. Aber auch während dieser Phase der Zurückgezogenheit blieben die Verbundenheit mit Freunden und Mitarbeitern sowie die Wertschätzung seines Wirkens erhalten.

Dem von Kamitz als Finanzminister gesteuerten Kurs, der ihm einen mit Bundeskanzler Raab vergleichbaren Bekanntheitsgrad eintrug, zollten Spitzenpolitiker und Wirtschaftsfachleute politisch konträrer Richtungen vor allem in den siebziger und achtziger Jahren große Anerkennung. In Formulierungen wie „Vater des österreichischen Wirtschaftswunders", der „österreichische Erhard" oder „Finanzgenie" fand Kamitz eine Bewertung, der sich nach seinem Rückzug ins Privatleben zunehmend auch Vertreter der Sozialdemokratie anschlossen. Für die überaus positive publizistische Würdigung und die zahlreichen Ehrungen und Auszeichnungen, die Reinhard Kamitz in den letzten Jahrzehnten zuteil wurden, bietet die Tatsache eine Erklärung, daß der seinerzeitige Hauptkritikpunkt, die Klassifizierung als „Schuldenmacher", durch den inzwischen in Österreich praktizierten „Austrokeynesianismus" relativiert wurde.

Literatur- und Quellenverzeichnis

Diwok, Fritz / Hildegard *Koller* (1977). Reinhard Kamitz, Wegbereiter des Wohlstands, Wien.

Festschrift des Österreichischen Wirtschaftsbundes zum 80. Geburtstag von Reinhard Kamitz (1987), Wien.

Hemetsberger-Koller, Hildegard (1986). Die Wirtschaftspolitik Julius Raabs als Bundeskanzler; sowie: Julius Raab und die Verstaatlichung; in: *Brusatti* Alois / Gottfried *Heindl* (Hg.): Julius Raab, Linz.

Kamitz, Reinhard. Beiträge in Zeitschriften und Abhandlungen zu verschiedenen Themen; Vorträge und wissenschaftliche Arbeiten, die zum Teil nicht im Druck erschienen sind.

Koller, Hildegard (1975). Finanzminister Kamitz, Univ. Wien: Diss.

Margarétha, Eugen. Tagesjournale 1945–1960, Institut für Zeitgeschichte der Universität Wien.

Schmitz, Wolfgang (1972). Freiheit und Kooperation in Wirtschaft und Währung. Eine Festschrift für Reinhard Kamitz, Wien.

Österreichisches Institut für Wirtschaftsforschung (1945). Gedanken zur Neuordnung der österreichischen Währung, Wien.

Akten des Allgemeinen Verwaltungsarchivs (AVA), Wien.

Akten des Archivs der Republik (AdR), Wien.

Zeitungsausschnitte-Sammlung der Wiener Handelskammer.

Lebensdaten

1907	am 18. 6. in Halbstadt in Böhmen geboren
1925–1929	Studium an der Hochschule für Welthandel, Wien, Dkfm.
1930–1932	Auslandsaufenthalt in der Tschechoslowakei und in Frankreich
1933	Promotion, Dr. der Handelswissenschaften
1938	Habilitation an der Hochschule für Welthandel, Wien
1944	Außerplanmäßiger Professor für Volkswirtschaftslehre an der Hochschule für Welthandel, Wien
1960	Honorarprofessur an der Universität Wien, Lehrbefugnis für Volkswirtschaftslehre, Volkswirtschaftspolitik und Finanzwissenschaft
1993	9. 8. in Wien gestorben

Berufliche Karrierestationen

1930–1932	Exportleiter in einer Papierfabrik in der Tschechoslowakei, kommerziell-technischer Angestellter eines eisenverarbeitenden Werkes in Frankreich
1934–1938	wissenschaftlicher Mitarbeiter bzw. stellvertretender Leiter des Instituts für Konjunkturforschung, Wien
1938–1945	Privatdozent und Außerplanmäßiger Professor für Volkswirtschaftslehre an der Hochschule für Welthandel
1939–1945	Referent bzw. Abteilungsleiter und Geschäftsführer der Wiener Handelskammer bzw. Gauwirtschaftskammer Wien
1945–1946	Referent der Wiener Handelskammer
1947–1951	Referent, Leiter der wirtschaftspolitischen Abteilung und Generalsekretärstellvertreter der Bundeskammer der gewerblichen Wirtschaft, Wien

Staatliche Funktionen

1952–1960	Finanzminister
1960–1968	Präsident der Oesterreichischen Nationalbank

Weitere Funktionen

1953–1966 Präsident des Akademikerbundes

Präsident des Instituts für Höhere Studien, Wien

Präsident der International Freedom Academy Zürich

Vorstandsmitglied des Österreichischen Instituts für Wirtschaftsforschung

Jörg Kandutsch

von
Thomas Barmüller

Die Ausprägung des politischen Interesses von Jörg Kandutsch war bereits in der Jugend klar zu erkennen. Dieses Interesse erschöpfte sich in seinem ganzen Leben bei aller grundsätzlichen Orientierung aber nicht im theoretischen Ansatz, sondern war an der tatsächlichen Umsetzung orientiert. So resümierte er in einem Zeitungsporträt in seinem 60. Lebensjahr, angesprochen auf die Gründe, sich der Wahl zum Rechnungshofpräsidenten gestellt zu haben: „Diese Aufgabe faszinierte mich, weil sie in ihrer Universalität einmalig ist und die Chance bot, etwas Konkretes zu verwirklichen."

Der am 14. Jänner 1920 in Leoben geborene Sohn eines Bundesbahnschaffners trat während seiner Realgymnasialzeit in Leoben einer illegalen Pennälervereinigung bei: „Ich weiß nicht mehr genau, wie dieser Verein geheißen hat, Westgoten oder Ostgoten – jedenfalls irgendwelche Goten . . .," wird er diesbezüglich am 14. 11. 1975 im *Kurier* zitiert. Der Beitritt zu dieser Pennälergruppe war nicht von weitreichender politischer Überlegung motiviert (E. Kandutsch, W. Gredler). Die Mitgliedschaft führte aber nach ihrem Bekanntwerden zum Rausschmiß aus der Schule, weshalb Kandutsch im Frühjahr 1939 in Graz und nicht in Leoben die Reifeprüfung ablegte. Bevor er nach Matura und Arbeitsdienst 1940 freiwillig als Schütze zu den Gebirgsjägern einrückte, studierte er kurz an der auslandswissenschaftlichen Fakultät der Universität Berlin.

Kandutsch sympathisierte mit der nationalsozialistischen Bewegung, war Mitglied der illegalen Hitlerjugend, wurde aber später nicht in die Jugendorganisation übernommen, weil er sich noch 1938 mit der Gebietsleitung zerkrachte. Später trat er der NSDAP bei. Während seiner fünfjährigen Militärdienstzeit wurde er zum Leutnant ausgebildet, kam am Balkan sowie an der Ostfront zum Einsatz, wurde mehrfach ausgezeichnet und viermal verwundet. Zu seinen Kameraden pflegte er ein betont freundschaftliches Verhältnis.

Kandutsch kehrte vor Ende des Krieges verletzt im Rang eines Oberleutnants in die Steiermark zurück. Von Wald am Schoberpaß aus floh er mit seiner Frau Ernestine und der gemeinsamen zweijährigen Tochter Gerhild vor der vorrückenden Roten Armee nach Wörgl, wo sie bei Bekannten aufgenommen wurden. Aufgrund seiner Mitgliedschaft bei der NSDAP wurde Kandutsch in Tirol inhaftiert und von den Amerikanern vernommen, nach drei Tagen aber wieder auf freien Fuß gesetzt.

Privat versuchte der knapp 26jährige Kandutsch mit allerlei Jobs seine Familie, die sich um den Sohn Wolfgang vergrößerte, über Wasser zu halten. Er arbeitete als Bauarbeiter, Hilfskraft in der Landwirtschaft und als Arbeiter in einer chemischen Fabrik. In dieser Zeit inskribierte Kandutsch drei Semester lang Medizin an der Universität Innsbruck. Er mußte dies aber wegen seiner vormaligen NSDAP-Mitgliedschaft aufgeben und folgte schließlich seiner Familie in die Steiermark nach Leoben. Dort war er als Journalist und Angestellter eines Industrieberatungsinstitutes tätig.

Zu dieser Zeit waren bloß ÖVP, SPÖ und KPÖ für die Nationalratswahl am 25. November 1945 zugelassen. Diese führte zu einer absoluten Mehrheit der ÖVP, die mit

SPÖ und KPÖ eine Konzentrationsregierung bildete. Die parteipolitischen Auswahlmöglichkeiten erschienen aber vielen als unzureichend. Am 4. Februar 1949 kam es unter diesen Voraussetzungen zur Gründung einer vierten Partei: Der „Verband der Unabhängigen – VdU" war liberal und aufklärerisch mit zeitgemäßen wirtschafts- und sozialpolitischen Komponenten konzipiert (Frischenschlager 1992, 372).

Es verwundert nicht, daß der VdU für den Individualisten Kandutsch – was er Zeit seines Lebens blieb – attraktiv war. Bevor es jedoch zu einem Engagement beim VdU kam, trat die ÖVP über Ernst Strachwitz an Kandutsch heran, um ihn zu gewinnen. Das erste Gespräch verlief aber derart unerquicklich, daß es auch das einzige blieb. Kandutsch trat in der Folge noch 1949 dem VdU bei und wurde Parteisekretär in der Steiermark. Er war ein guter Organisator, ohne diese Tätigkeit zu lieben, und baute den Arbeitnehmerflügel im VdU mit Erfolg auf (K. Piringer). Parallel zur politischen Arbeit begann er mit dem Studium der Staatswissenschaften an der Universität Graz.

Die inhaltliche Grundlage des VdU bildete das Programm vom 22. Juli 1949, das neben Bekenntnissen zur Republik, zur Demokratie und zum Föderalismus auch die europäische Integration behandelte. Wirtschafts- und Sozialpolitik bildeten einen weiteren Schwerpunkt des Programms (Kroupa 1984, 28). Kandutsch hatte zwar damals aufgrund seines ausgeprägten sozialen Gerechtigkeitsbedürfnisses inhaltlich auf die Sozialpolitik des VdU Einfluß genommen, stand aber innerparteilich noch im Schatten der Personen der ersten Stunde.

Gleichzeitig mit der am 9. Oktober 1949 stattfindenden Nationalratswahl (VdU: 16 Mandate) wurden Landtagswahlen abgehalten. Kandutsch kandidierte in der Steiermark und wurde am 5. November 1949 als Abgeordneter zum Steiermärkischen Landtag angelobt. Während der Ausübung seines Landtagmandats unterstrichen die sachlich harten, aber in den Lösungsansätzen ausgleichenden Wortmeldungen sein Bedürfnis nach objektiver Sachverhaltsbeurteilung. Kandutsch trat immer wieder gegen oberflächliche Schuldzuweisungen auf – gleichgültig, wen sie betrafen – und forderte das gelebte Vorbild. Insbesondere in sozialpolitischen Reden ging es ihm um den fairen Ausgleich.

Dieses politisch gemäßigte Verhalten war damals schon Ausdruck seiner völlig geänderten Grundeinstellung. Kandutsch entwickelte sich zum fast rabiaten Gegner der NS-Ideologie und reagierte auf jede, selbst gedankenlose Äußerung rassistischer Prägung hart und mit einer Schärfe im Wort, die ihm sonst nicht zu eigen war (W. Gredler, E. Hirnschall). In einem *profil*-Interview am 2. Dezember 1975, in dem es um Friedrich Peter und seine Rolle in der SS während des 2. Weltkrieges ging, hielt Kandutsch unmißverständlich fest: „Wer immer diese Ideologie unterstützt hat, ist mitverantwortlich. Ich fühle mich auch mitverantwortlich. Ich war Illegaler, und ich war Mitglied der NSDAP. Jeder von uns ist mitverantwortlich. Es gibt ein Kollektivgewissen, es gibt eine Kollektivscham – das laß' ich alles gelten. Aber Schuld kann nur abgeleitet werden, wenn man etwas begangen hat, was nach dem allgemeinen Strafgesetz zu verurteilen ist. ... Seine Wandlung halte ich für vollkommen einwandfrei. Also: Ablehnung der Rassenideologie und Verurteilung des Führerstaats."

Innerparteilich blieb Kandutsch Sozialpolitiker, und als am 20. Juli 1950 das „Soziale Manifest des VdU" veröffentlicht wurde, trug es unverkennbar seine Handschrift: Ideen wie innerbetriebliche Mitbestimmung, Partizipation der Arbeitnehmer an Umsatz und Gewinn des Unternehmens sowie die Ablehnung des Klassenkampfes, aber auch des „Manchester"-Liberalismus kennzeichneten den von Kandutsch eingeschlagenen Weg in der Sozialpolitik. Es fällt auf, daß Kandutsch nicht von sozialen Utopien motiviert war, sondern in der Sozialpolitik schlicht den Schlüssel zu einer friedlichen gesellschaftlichen Entwicklung sah, die erst die Basis für die Entfaltung des Einzelmenschen bedeutet. In seiner Zeit als Nationalratsabgeordneter propagierte er die Idee der

Partnerschaft zwischen Arbeitgeber und Arbeitnehmer, bezeichnete sie in seiner Dissertation aus dem Jahre 1958 als „dritten Weg gegen Marxismus und Liberalismus".

In der politischen Arbeit im VdU überzeugte Kandutsch mit inhaltlichen Belangen. Der totale persönliche Einsatz, wenn er sich einer Sache annahm, sowie der Umstand, daß er Emotionen unter Kontrolle hielt, ohne je auf sie zu verzichten – nach seiner eigenen Einschätzung hatte er ein sanguinisch-cholerisches Temperament – gaben ihm Dynamik und Begeisterungsfähigkeit, mit der er seine Umgebung ansteckte. Alles im allem eine Mischung, die ihm innerparteilich Gewicht verlieh, obwohl Kandutsch kein auf Hausmacht bauender Politiker war (E. Hirnschall).

Als er schließlich nach der Nationalratswahl vom 22. Februar 1953 (VdU: 16 Mandate) am 18. März als jüngster Abgeordneter im Hohen Haus angelobt wurde, war es selbstverständlich, daß er als Mitglied des Ausschusses für soziale Verwaltung die Funktion des Sozialsprechers übernahm. Von allen anderen Ausschußnominierungen schenkte er dem Finanz- und Budgetausschuß sowie dem Rechnungshofausschuß (RH-Ausschuß) besonderes Augenmerk, obwohl er in diesem nur als Ersatzmitglied saß.

Indes hatte sich der innenpolitische Handlungsspielraum des VdU seit dem Jahre 1949 stark verkleinert. Auch interne Zwistigkeiten über die ideologische Positionierung – mehr national oder eher liberal – trieben ihn in einen krisenhaften Zustand, sodaß die Umsetzung der sozialpolitischen Vorstellungen nicht gelingen konnte.

Die Konsequenzen einer solchen Situation ließen nicht lange auf sich warten: Bei den am 17. Oktober 1954 in Niederösterreich, Salzburg und Vorarlberg abgehaltenen Landtagswahlen erlitt der VdU erhebliche Stimmen- und Mandatsverluste, in Wien reichte es nicht einmal mehr für den Einzug. In dieser prekären Lage nahm Kandutsch innerparteilich eine zentrale Rolle ein. Er erwies sich als guter Verhandler (Piringer 1982, 34) und widersetzte sich dem Vorhaben, den politisch absteigenden VdU zu zerschlagen und aus dessen Trümmern eine neue Partei aufzubauen. Sein Konzept war, eine neue Gruppierung ohne Bruch mit den vom VdU geleisteten organisatorischen Aufbauarbeiten auf die Beine zu stellen. Kandutsch setzte sich durch und war daher neben den öfter Genannten wie Emil van Tongel und Willfried Gredler der eigentliche Architekt der Freiheitlichen Partei Österreichs. Er beharrte auch auf der Bezeichnung „Österreich" im Parteinamen (Piringer 1982, 35).

Seine Qualität als Verhandler wurde aber nicht nur innerparteilich genutzt, sondern auch bei politischen Gesprächen mit anderen Parteien, bei denen sich Kandutsch durch seine gute Sachkenntnis sowie durch seine klare Sprache und rhetorische Begabung bereits Anerkennung verschafft hatte.

Bei der vorverlegten Nationalratswahl am 13. Mai 1956 wurde Kandutsch wiedergewählt (FPÖ: sechs Mandate), als Mitglied des Ausschusses für soziale Verwaltung sowie des RH-Ausschusses nominiert und in letzterem am 4. Juli 1956 zum Obmann gewählt. Seinen ersten großen Auftritt in dieser Funktion hatte Kandutsch 1957 aufgrund eines RH-Berichts über die VOEST, in dessen Mittelpunkt der von der SPÖ nominierte Generaldirektor stand. Kandutsch hielt eine ausgewogene Rede und verhinderte so, daß dieser Bericht aus parteipolitischen Gründen aufgeblasen wurde. Pittermann nahm dies laut K. Piringer mit den Worten „So hätte einer von uns reden müssen" anerkennend zur Kenntnis. Jedenfalls hatte die SPÖ 1964 sein von Parteipolitik unbeeindrucktes Agieren in Kontrollfragen noch nicht vergessen.

Im September 1958 legte er seine Dissertation an der Rechts- und Staatswissenschaftlichen Fakultät der Karl-Franzens-Universität in Graz bezeichnenderweise mit dem sozialpolitischen Titel *Partnerschaft im Betrieb als Mittel neuzeitlicher Gesellschaftsbildung* vor. Am 7. November 1958 promovierte er zum Doktor der Staatswissenschaften.

Bei der ebenfalls vorverlegten Nationalratswahl am 10. 5. 1959 erhöhte die FPÖ ihren Mandatsstand auf acht. Kandutsch zog wieder ins Hohe Haus ein und wurde am 9. Juni 1959 neuerlich zum Obmann des RH-Ausschusses gewählt. In dieser Gesetzgebungsperiode trat aufgrund des Übereinkommens zur Errichtung der Europäischen Freihandelszone (EFTA) auch die Frage der europäischen Integration in den parlamentarischen Mittelpunkt. Kandutsch lehnte als Fraktionssprecher die Teilnahme an der EFTA ab und forderte die Aufnahme von Verhandlungen mit der Europäischen Wirtschaftsgemeinschaft (EWG).

Die Nationalratswahl am 18. 11. 1962 brachte für den politischen Aktionsraum der FPÖ keine Änderung. Erst die unterschiedlichen Standpunkte der Koalitionsparteien ÖVP und SPÖ über die Berechtigung zur Einreise von Otto Habsburg nach Österreich in der Mitte des Jahres 1963 gaben der FPÖ die Möglichkeit, in den politischen Entscheidungsprozeß einzugreifen (Peter 1986, 40). Für ein gemeinsames Vorgehen mit der SPÖ sprachen sich im damaligen FPÖ-Nationalratsklub insbesondere Peter und van Tongel, aber auch Kandutsch aus, der als Klubobmannstellvertreter einen Entschließungsantrag sogar an prominenter Stelle unterzeichnete. Der seit 1956 als Klubobmann agierende Gredler sowie Mahnert wandten sich gegen ein gemeinsames Vorgehen mit der SPÖ, blieben aber in der Minderheit.

Gredler schied infolgedessen noch 1963 aus dem Nationalrat aus. Sein bisheriger Stellvertreter Kandutsch wurde Klubobmann, während van Tongel wegen seines aggressiven Tons als das falsche Signal empfunden worden wäre (W. Gredler). In diesem Klima war die SPÖ bereit, eine Kandidatur von Kandutsch zum RH-Präsidenten zu unterstützen. Sehr zur Sorge der ÖVP, die diesem Vorhaben nur nach einem schriftlichen Übereinkommen mit der SPÖ zustimmte. Dieser Zusatz zum Arbeitsübereinkommen vom 29. 3. 1963 bestimmte, daß Kandutsch nur solange die Funktion des RH-Präsidenten ausüben sollte, als die FPÖ im Nationalrat als Oppositionspartei tätig wäre. Kandutsch war bloß bereit zuzusagen, daß er sich an das zu leistende Gelöbnis auf die geltende Bundesverfassung halten werde. Am 3. 4. 1964 wurde Kandutsch schließlich mit 121 von 137 abgegebenen Stimmen zum RH-Präsidenten gewählt. Mit Wirkung vom 20. April 1964 legte er sein Nationalratsmandat zurück und schied darüber hinaus auch aus allen Parteifunktionen aus.

Kandutsch war sich bewußt, daß er an der Spitze des Rechnungshofes bei aller Überparteilichkeit des Amtes politisch mehr als exponiert war: „Ich werde es besonders schwer haben, denn wenn mich eine der beiden Großparteien angreift, wird mir von der anderen Seite niemand helfen", zitierte ihn am 30. Jänner 1965 die *Wochenpresse*. Mit seiner Unabhängigkeit, Seriosität und Sachlichkeit sicherte er sich aber nicht nur die Anerkennung aller Fraktionen und Parteien, sondern es übertrug sich dieses Flair auch auf die Institution Rechnungshof.

Als es 1979 wieder einmal aufgrund eines RH-Berichts innenpolitische Kontroversen gab und sich undichte Stellen im Rechnungshof herausstellten, wurmte ihn dies besonders, und er bekannte einer Zeitung gegenüber: „Wenn man mir mangelnde Objektivität vorwirft, dann trifft mich das wirklich ins Mark." Glaubhaft ist dieses Bekenntnis deshalb, weil Kandutsch immer daran gelegen war, über den konkreten Anlaß hinaus zu denken.

So auch bei dem ab Mitte 1964 diskutierten Bericht über die Bundestheaterverwaltung, die Staatsoper und das Burgtheater, den er mit einem Vorwort und einem Epilog versah. Der leidenschaftliche Opernbesucher und Musikliebhaber – bei Symphonien faszinierte ihn Beethoven; Schubert, wenn es um Lieder ging; Bach bei geistlicher und Strawinski bei moderner Musik – schrieb, um klarzulegen, daß es ihm nicht kleinlich darum ging, der Ära Karajan Fehler nachzuweisen: „Meine Pflichterfüllung soll den Graben zwischen Karajan und Österreich nicht noch vertiefen!" und „Ich wünschte nichts aufrichtiger als eine Rückkehr des Dirigenten Karajan an die Wiener Oper."

Rechnungshofpräsident Dr. Jörg Kandutsch (Mitte), 1977, Rechnungshofdebatte im Nationalrat

Auch in der Beurteilung der Interessen der Institution Rechnungshof legte Kandutsch dasselbe Maß an, dem er die geprüften Stellen unterwarf: Anfang der siebziger Jahre ging es um die Verlegung des Rechnungshofes von der Annagasse an den Ring. Es wurde ein baukünstlerischer Wettbewerb ausgeschrieben und aus 23 Entwürfen das Projekt von Wilhelm Holzbauer als bestgeeignet ausgewählt. Kandutsch hingegen stieß sich an der fehlenden Kostenschätzung und hielt fest: „Architektonisch und städtebaulich hervorragend gelöst – doch könnte ich als Rechnungshofpräsident kaum noch einen zu aufwendigen Bau kritisieren, würde ich selbst in einem Palazzo Prozzi residieren" (*Wochenpresse,* 22. März 1972).

Kandutsch zog als Präsident des Rechnungshofes abwechselnd die Kritik der Regierungsparteien auf sich. Im September 1975 führte der Bericht über das Budgetjahr 1974 zu harten Kontroversen, weil der Rechnungshof dem damaligen Finanzminister Hannes Androsch vorwarf, ohne gesetzliche Ermächtigung eine Kreditaufnahme in der Höhe von zwei Mrd Schilling getätigt zu haben. Die darauffolgenden Angriffe gegen den Rechnungshof und dessen Präsidenten waren hart. Kandutsch, zu diesem Zeitpunkt bereits seit elf Jahren im Amt, stand dem parteipolitischen Schwarzweißdenken mit zunehmender Abneigung gegenüber: „Ich könnte in die parteipolitische Denkungsweise nicht mehr zurück" (*Kurier,* 16. September 1975).

Diese zunehmende Distanz zur Parteipolitik war auch in der Personalpolitik merkbar. Unter seiner Führung entwickelte sich die Anzahl von CV- und ÖAAB-verbundenen Mitarbeitern im Rechnungshof besser als die von anderen Organisationen, was angesichts des Bestrebens von Kandutsch, keine diesbezüglichen Angriffspunkte zu liefern, wohl auch am Wirken des Vizepräsidenten Josef Marschall lag, zu dem Kandutsch ein gespanntes Verhältnis hatte.

Bereits im Dezember 1978 signalisierte Kandutsch der FPÖ und der Öffentlichkeit, daß er sich mit seinem 60. Geburtstag (14. Jänner 1980) aus dem Amt zurückziehen wolle. Mit 1. Juli 1980 begann für Kandutsch der Ruhestand. Er bestritt, amtsmüde zu sein, und kommentierte seine Entscheidung in einem *NFZ*-Interview am 21. Juni 1980 so: „Es ist besser in einem Zeitpunkt zu gehen, wo die Leute einen fragen: Warum gehen Sie schon?, als dann, wenn alle Welt sagt: Warum geht er noch nicht?"

Mit seiner Pensionierung zog sich Kandutsch auch aus der Internationalen Organisation der obersten Rechnungskontrollbehörden (INTOSAI) zurück, in der er als Generalsekretär tätig gewesen war. Seine Aktivitäten waren sehr geschätzt worden – er trug in dieser Funktion viel zum besseren Verständnis zwischen Israelis und Arabern bei –, und im Mai 1981 beschloß die INTOSAI, zum Zwecke der Anerkennung bedeutender Leistungen und Beiträge auf dem Gebiet der Finanzkontrolle sowie zur Erinnerung an die wertvollen Verdienste des ehemaligen Generalsekretärs den „Jörg Kandutsch Preis" ins Leben zu rufen.

Noch in der Endphase seiner Tätigkeit an der Spitze des Rechnungshofes brach der AKH-Skandal auf, am 9. Mai 1980 konstituierte sich der parlamentarische AKH-Untersuchungsausschuß. In dessen dritter Sitzung referierte der „gerade noch"-Rechnungshofpräsident Kandutsch eine Stunde lang über „den Turmbau zu Babel" derart beeindruckend, daß Hans Rauscher ihn schon bald danach als den „Super-Generalbevollmächtigten für das AKH" titulierte (*Kurier*, 18. Juni 1980). Einen Monat später war der eben erst pensionierte Rechnungshofpräsident wieder mitten im politischen Geschehen: Kreisky ersuchte ihn, die begleitende Kontrolle bei der Weiterführung des AKH-Baues zu übernehmen.

Anfangs wollte er diese Bürde – und als solche empfand er sie – nicht. Erst als ihn Kreisky mit den Worten „Helfen Sie uns, vor Ihnen haben die Leute Respekt" (E. Kandutsch), drängte, sagte Kandutsch zu. Die Nominierung fand allgemeine Zustimmung. Der damalige Wiener Bürgermeister Gratz sah neben der guten Reputation von Kandutsch und dessen organisatorischen Fähigkeiten sein Selbstbewußtsein, „das ihn vor niemandem zittern läßt und ihm gleichzeitig den unmittelbaren Zugang zu allen Politikern sichert", als zentralen Vorteil (*Salzburger Nachrichten*, 2. August 1980). Die tatsächliche Umsetzung gelang dennoch nur zäh, sodaß Mitte Oktober 1980 Kandutsch mit Rücklegung der übernommenen Verantwortung drohte, sollten nicht endlich von Bundesregierung und Gemeinde Wien die rechtlichen Voraussetzungen für die begleitende Kontrolle geschaffen werden.

Kandutsch setzte sich durch und wurde schließlich Ende März 1981 mit der Unterstützung Kreiskys auch noch zum Aufsichtsratsvorsitzenden der neu geschaffenen AKH-GmbH berufen. Dadurch rutschte er de facto in die Position des Generalmanagers des AKH-Baues, aus der er sich aber am 1. Dezember 1981 wieder zurückzog. Am 1. Juni 1982 trat er auch von der Spitze der begleitenden Kontrolle zurück.

Erst nach diesem 1. Juni 1982 begann für Kandutsch der Ruhestand, in dem er alles andere als unglücklich war. Es wandte sich wieder verstärkt der Literatur – neben Solschenizyn und Dostojewski liebte er Goethe und Stifter, wiewohl er auch von Gabriel Garcia Marquez fasziniert war – und der Musik zu, wenngleich auch in seiner politisch aktiven Zeit die Kunst und ihre Entwicklungen immer einen hohen Grad an Aufmerksamkeit genossen hatten.

1983 arbeitete Kandutsch noch federführend an einem FPÖ-Sanierungskonzept für die verstaatlichte Industrie mit, nach 1986 initiierte er gesellschaftliche Anlässe, um dem neuen Bundesparteiobmann der FPÖ Jörg Haider die Kontaktnahme in Wien zu erleichtern. Sein Bild in der Öffentlichkeit, das maßgeblich von seiner Tätigkeit als Präsident des Rechnungshofes geprägt war, veränderte sich nicht mehr – zumal er sich im Ruhestand völlig aus der politischen Öffentlichkeit zurückzog.

Literatur- und Quellenverzeichnis

Frischenschlager, Friedhelm (1992). Die Freiheitliche Partei Österreichs, in: Wolfgang *Mantl* (Hg.): Politik in Österreich, Wien.

Kandutsch, Jörg (1958). Partnerschaft im Betrieb als Mittel neuzeitlicher Gesellschaftsbildung, Eigenverlag Graz.

Kroupa, Wilhelm F. (1984). Der freiheitliche Beitrag zur Geschichte Österreichs, in: Informationen des Freiheitlichen Bildungswerkes Nr. 4.

Peter, Friedrich (1986). Festvortrag 30 Jahre FPÖ, in: Schriftenreihe des Freiheitlichen Bildungswerkes, Nr. 18.

Piringer, Kurt (1982). Die Geschichte der Freiheitlichen, Wien.

Der Autor dankt Ernestine Kandutsch, Willfried Gredler, Erwin Hirnschall, Klaus Mahnert, Friedrich Peter und Kurt Piringer für die Gelegenheit zum persönlichen Gespräch und die Zurverfügungstellung von Unterlagen.

Lebensdaten

1920	am 14. 1. in Leoben, Steiermark, geboren
1940–1945	Teilnahme am Zweiten Weltkrieg
1943	Heirat mit Ernestine Köhler
1945–1946	Medizinstudium in Innsbruck
1948–1958	Studium der Staatswissenschaften in Graz (Dr. rer. pol., 1958)
1990	am 11. 11. in Wien gestorben

Berufliche Karrierestationen

1945–1947	Arbeiter
1947–1958	Journalist
1958–1964	Angestellter (Unternehmensberater)

Staatliche Funktionen

1949–1953	Abgeordneter zum Steiermärkischen Landtag
1953–1964	Abgeordneter zum Nationalrat
1964–1980	Präsident des Rechnungshofes

Parteipolitische Ämter

1949	Parteisekretär des VdU Steiermark
1950–1956	Mitglied VdU-Vorstand
1955	Mitglied des Bundesproponentenkomitees der FPÖ
1951–1956	Stellvertretender Obmann des VdU
1956–1964	Mitglied des Bundesvorstandes der FPÖ
1963–1964	Klubobmann der FPÖ
1963–1964	Landesparteiobmann der FPÖ Steiermark

Weitere Funktionen

1964–1980	Generalsekretär der INTOSAI

Theodor Kery

von
Roland Widder

Im letzten Jahr der österreichisch-ungarischen Monarchie, kurz vor Ende des Ersten Weltkrieges, kam Tivadar János Kéry als Sohn des Sándor und der Melanie Lucia Kéry am 24. Juli 1918 in Répcekeszthely (Ungarn), heute Mannersdorf a. d. Rabnitz, Bgld., zur Welt. Er war das zweite von vier Kindern eines Kreisnotärs (Gemeindeamtmanns) und einer Volksschullehrerin.

Das magyarophile Elternhaus, in dem viele Jahre lang vorwiegend ungarisch gesprochen wurde, das klerikal-konservative Ambiente eines Kreisnotärs in der Sozialhierarchie westungarischer (später burgenländischer) Dörfer und die durchaus mit Unwägsamkeiten verbundene Entscheidung von Alexander Kery, seine berufliche Karriere ab 1921 als Kreissekretär und später als Landesbeamter im österreichischen Burgenland fortzusetzen, prägten die Kinder- und Jugendjahre Theodor Kerys. Mehrmaliger Wohnsitz-, Dienst- und Schulortwechsel waren die Rahmenbedingungen für das Familienleben eines aufstiegsorientierten Vaters.

Theodor Kery besuchte nach der konfessionellen Volksschule in Güssing (im südlichen Landesteil) das Unterrealgymnasium in Mattersburg und verbrachte auch die prägenden Jugendjahre in dieser nordburgenländischen Kleinstadt. Sie hatte einen beträchtlichen jüdischen Bevölkerungsanteil. Erstes Kennenlernen deutschnationalen Gedankenguts über enge Kontakte zum Sohn des Bezirksführers der NSDAP waren Kontrasterlebnisse des Jugendlichen zur bisher gewohnten elterlichen Umgebung. Dort erlebte Theodor Kery zudem ein erstes Aufeinandertreffen ideologisch-rigider und christlich-konservativer Erziehungswerte mit der Neigung seines Vaters zu einem finanziell durchaus anspruchsvollen Lebensstil (Feymann 1993, 27).

Nach anfänglich eher mäßigen Schulerfolgen wurde Theodor Kery schließlich Vorzugs- und Internatsschüler in der römisch-katholischen Lehrerbildungsanstalt in Mattersburg, die er am 9. Juni 1938 mit einem ausgezeichneten Maturazeugnis abschloß.

Erster Dienstort des jungen Hilfslehrers hätte eine Stelle in Ostpreußen sein sollen, was dank einer Intervention seines Vaters zugunsten von Kobersdorf verhindert werden konnte. In diesem mittelburgenländischen Ort gab es neben der katholischen Bevölkerung einen starken protestantischen Anteil und eine jüdische Bevölkerungsgruppe, die bis 1938 knapp 200 Personen umfaßte. Eine hohe Zahl an NSDAP-Mitgliedern war die politische Antwort auf die komplexe soziale Situation in dieser Gemeinde.

In diesem Milieu, begünstigt durch seinen Direktor, wurde Kery noch 1938 SA-Mitglied, Mitglied im NS-Lehrerbund, und er stellte 1939 den Antrag auf Parteimitgliedschaft in der NSDAP, dem noch 1945, knapp vor Kriegsende, entsprochen wurde.

Kery wurde am 4. Dezember 1939 zur Deutschen Wehrmacht einberufen, war tauglich nur zum Dienst ohne Waffe, wurde zum Funker ausgebildet – Grundlage für eines der späteren technischen Hobbys als Amateurfunker – und zu Einsätzen nach Frankreich und Finnland befohlen. In den letzten Kriegsjahren meldete er sich an die Ostfront, kam schließlich als Infanterist an die französische Westfront und ab Kriegsende bis März 1946 in britische Gefangenschaft.

Seit 27. März 1940 ist Kery mit Anna Wukovits verheiratet und wurde im Dezember 1940 Vater einer Tochter. Erst mit der im Herbst 1947 möglich gewordenen Wiedereinstellung (als „Minderbelasteter") in den burgenländischen Schuldienst entkrampfte sich für die Familie des Kobersdorfer Volksschullehrers Theodor Kery die ungewisse Lebenssituation. Seine beruflich-schulischen Karriereetappen waren nach Absolvierung der Hauptschullehrerprüfung (Rechnen und Raumlehre, Naturlehre, Naturgeschichte und Leibeserziehung) in den Jahren bis 1951 die Hauptschule in Oberpullendorf – dort wohnte von 1951 bis 1962 auch die mittlerweile fünfköpfige Familie (zweite Tochter 1948, Sohn 1949) – und die Funktion des Bezirksschulinspektors in Mattersburg, die er nach kurzer provisorischer Leitung definitiv vom 1. November 1960 bis Ende Jänner 1961 ausübte. Anschließend ließ er sich aufgrund seiner politischen Funktion (Wahl zum 2. Landtagspräsidenten) vom Lehrerberuf karenzieren, den er bis zu seiner Pensionierung auch nie wieder ausübte.

Im Herbst des Jahres 1947 wurde Kery auf Ersuchen des SPÖ-Bürgermeisters in die politische Arbeit seiner Gemeinde eingebunden, noch im Dezember Ortsparteiobmann und erst im Frühjahr 1948 Mitglied der SPÖ. Sowohl diese zweite „verzögerte" Parteimitgliedschaft, wie überhaupt die Tatsache, daß trotz der katholisch-konservativen Familientradition die SPÖ zur politischen Heimat Kerys wurde, verursachten gelegentliche Spekulationen darüber, wie die prinzipielle Zufälligkeit solcher Entscheidungen bei eventuellen anderen Angeboten, etwa seitens der Volkspartei, ausgefallen wäre und den Weg des Pragmatikers Kery, der nie zum exponiert sozialistischen, linken Flügel seiner Partei zählte, bestimmt hätte.

Nach dem ernüchternden und belastenden Ende von Krieg, Nationalsozialismus und Gefangenschaft gelingt also ein schnelles Andocken im vertrauten sozialen Milieu und im Erwartungsklima an den „Herrn Lehrer". In der Startposition als Ortsparteiobmann beginnt der Gestaltungswille Theodor Kerys Konturen anzunehmen. Der Partei trat er dann erst aus einer Position der relativen Stärke bei.

Hier wurde in Konturen schon die spätere Selbstgewißheit deutlich, auch der Mut zu unkonventionellen und nicht immer parteikonformen (Personal-)Entscheidungen sowie individuellen Lebenspraktiken, die er auch als Parteiobmann und Landeshauptmann beibehielt.

Die politische Laufbahn Theodor Kerys hatte also in der sowjetischen Besatzungszone begonnen, in einem Bezirk, der aufgrund seiner Lage ökonomisch eine stete Problem- und Abwanderungsregion war, in einem Grenzland der Republik Österreich, das selbst kaum mehr als eineinhalb Jahrzehnte der Selbständigkeit als politische Einheit (bis 1938) kannte und ab 1948 entlang seiner Außengrenzen für Jahrzehnte einen „Eisernen Vorhang" zu akzeptieren gezwungen war. Die komplizierten Nachkriegsprobleme im Burgenland, ökonomisch-soziale Benachteiligungen und vor allem bildungspolitische Ambitionen des Lehrers Kery waren Movens und Motiv für seine parteipolitische Arbeit und seine ehrgeizig-willensstarken Akzente, die auf ihn aufmerksam machten.

Bereits ab 1949 machte er aufgrund verstärkter Mitarbeit in der Bezirksorganisation der Partei Schritte in Richtung Parteifunktionen auf regionaler bzw. überregionaler Ebene. Von 1953 an war er Bezirksparteiobmann und blieb es bis 1987. Schon am 12. Dezember 1951 wurde er, dreiunddreißigjährig, als Landtagsabgeordneter angelobt und genoß fördernde Unterstützung vor allem durch den Parteivorsitzenden und Landeshauptmannstellvertreter Alois Wessely.

Von 1960 bis 1962 war er Zweiter Landtagspräsident, jahrelang Schulsprecher seiner Fraktion (ab 1951 auch Obmann des Sozialistischen Lehrervereins im Burgenland) und als wenig ideologisch-pointiert agierender, stets aber perfekt vorbereiteter und mit

Manuskript ausgestatteter Redner auf der Ebene des Landtages aktiv. Im Gefolge innerparteilicher und wahltaktischer Neupositionierungen wechselte er nach heftigen Turbulenzen und Spaltungstendenzen innerhalb der Sozialistischen Partei auf die Regierungsbank. Am 18. Dezember 1962 wurde er erstmals, vierundvierzigjährig, zum Mitglied der Burgenländischen Landesregierung gewählt und war als Landesrat für die Bereiche Soziales, Wohnbau, Fremdenverkehr und Gesundheitswesen zuständig.

Im selben Jahr war Kery auch erstmals Mitglied des Gemeinderates seiner ab 1962 endgültigen Wohnsitzgemeinde Kobersdorf geworden. Er schied kurz nach seiner Wahl zum Landeshauptmann, im Juli 1966, aus dieser Funktion aus.

Nach dem großartigen Landtagswahlerfolg für die SPÖ – seit 1964 stellt sie die Mehrheit – wurde Kery bis 1966 zum Landesrat wiedergewählt, fungierte auch als Klubobmann und übernahm schließlich am 28. Juni 1966 anstelle von Hans Bögl die Funktion des Landeshauptmannes von Burgenland, die er dann bis zum 30. Oktober 1987 aufgrund mehrmaliger Wiederwahl (1968, 1972, 1977, 1982) ununterbrochen innehatte. Der neuen SPÖ-Mannschaft um Kery in der Landesregierung gehörten der langjährige Parteisekretär Dr. Fred Sinowatz und Dr. Helmuth Vogl an.

Kery war von 1966–1969 Stellvertretender Landesparteiobmann – ab 1. Februar 1967 auch Mitglied des Bundesparteivorstandes der SPÖ – und wurde am 19. Oktober 1969 zum Landesparteiobmann gewählt. Diese Funktion gab er, wenige Tage nach seiner Demission als Landeshauptmann, am 12. Dezember 1987 auf.

Schon nach seiner ersten vollen Regierungsperiode (1968 bis 1972) waren die Stereotypen zum Stil Kerys weitgehend gefestigt: das Medienbild vom „Macher", der öfters auch parteiintern kritisiert wurde, das Bild vom Chef, der „immer sprunghafter und schroffer (sei) und immer mehr spontane und einsame Entscheidungen treffe" (*profil,* 1972, 34). Als Ausgleich zum politischen Alltag und Streß trainierte er für das Goldene österreichische Sportabzeichen, machte ausgedehnte Boots-, und Motorradfahrten (später kam die Fliegerei hinzu), war darüber hinaus begeisterter Sammler von (zum Teil sogar unerlaubten) Waffen und Combatschütze, dennoch aber auch Lyrikliebhaber.

Landeshauptmann Theodor Kery, Gespräch mit Landsleuten

Kerys Macht ging nicht nur von seinen Funktionen als Landeshauptmann und SPÖ-Vorsitzender aus. Er war zugleich als Landesschulratspräsident, Präsident des Fremdenverkehrsverbandes, SPÖ-Klubobmann (unterstützt jeweils von geschäftsführenden Obleuten), Aufsichtsratsvorsitzender der Burgenländischen Elektrizitätswirtschafts-AG (BEWAG) in zentralen Einflußbereichen des öffentlichen Lebens eine unumgänglich gewordene Anlaufstation.

Die Liste der Eröffnungen – neben den vielen Straßenbauten, Schulneubauten, Krankenhausbauten waren es auch diverse Kulturzentren, das Landesmuseum, das ORF-Landesstudio sowie eine Reihe weiterer öffentlicher und wirtschaftlich zentraler Projekte und Initiativen – ist eine Nachweismöglichkeit für politische Leistungen für das Land und symbolischer Gradmesser der Tüchtigkeit eines Regierungschefs. Seine Akzentuierungen betrafen mit Sicherheit die forcierte Bildungs- und Schulbaupolitik, die als Fortsetzung eines Aufbauprogrammes für ein junges Bundesland stets unerläßlich war, sowie die Bereiche der Sozialgesetzgebung, der Gesundheitspolitik (etwa diverse Krankenhausbauten), der Fremdenverkehrs-, Infrastruktur- und Wohnbaupolitik. Maßnahmen zur Verminderung der Pendler- und Abwanderungsquoten, durch spezifische wirtschaftspolitische Vorrangigkeiten, waren u. a. weitere Schwerpunkte der Politik seiner Regierungsjahre.

Für Kery hatten auch die repräsentativen Aufgaben, die Vertretung des Landes nach außen, die Besuchspolitik im Lande einen hohen Stellenwert. All dies wurde allerdings durch eine grundlegende Innovation für das politische System insgesamt gekrönt: Eine jahrelange Auseinandersetzung über die Entscheidungspraxis in der Regierung (Mehrheitsentscheidung bzw. Dirimierungsrecht des Landeshauptmannes) führte nach oft heftigen politischen Streitigkeiten, parteipolitischen Eiszeiten und mit wissenschaftlichen Expertisen und juristischer Spitzfindigkeit geführt, schließlich zu einem politischen Kompromiß mit der ÖVP und zu einer gemeinsam entworfenen neuen Landesverfassung samt diversen Nebengesetzen (vermehrte Bürgerrechte) und einer neuen Geschäftsordnung des Burgenländischen Landtages im Jahre 1981.

Die zweite Dekade der Landeshauptmannjahre Kerys war weniger von Aufbau, Aufbruch und Aufholen gekennzeichnet – schon war auch proklamiert gewesen, das Burgenland hätte bestes „europäisches Niveau" erreicht –, sondern sah eine gewisse Stagnation in „Kerys Feudal-Hofstaat" (*profil,* 1982/39). Kritik an den Verfilzungen von Wirtschaft und Politik nahm zu (ein Wohnbauskandal wurde aufgedeckt; enge politische Mitarbeiter und Vertraute scherten enttäuscht aus der Umgebung Kerys aus – Landesrat Mader, Klubobfrau Matysek, Bürochef Mikacs).

Dies fand statt vor einem österreichweiten Skandalszenario und grundlegenden Änderungen des politischen Systems (vermehrte Bürgerbeteiligungen, neue Parteien in Landtagen und im Nationalrat usw.). Vor allem auch eine nachhaltige öffentliche Schelte und Bloßstellung Kerys auf dem Boden der Bundespartei (der Jugendfunktionär Josef Cap – heute SPÖ-Bundesgeschäftsführer – hatte im Oktober 1982 beim Bundesparteitag an Kery einige kritische Fragen gestellt), führten rasch dazu, daß Kerys spärlicher Medienumgang noch seltener wurde, kritische Berichte über das politische Klima im Lande hingegen zunahmen.

Beschleunigt durch forcierte negative Berichterstattung in Zeitungen wurde die im Burgenland kreisende innerparteiliche und allgemeine politische Kritik am Führungsverhalten Kerys und das Privates mit Politischem vermengende Agieren mancher seiner hochrangigen Parteifreunde zum abschließenden Stolperstein. Den rühmlichen Erfolgsberichten der Jahre davor folgte der politische Abgesang. Die „Sinkende Sonne" (*profil,* 1986/7) war Thema der Öffentlichkeit und ein Jahr später, nach einem dramatischen Wahlverlust seiner Partei, politisches Symbol für das Ende der Ära Kery.

Es war tatsächlich ein jähes, abruptes Abtreten und ein konsequenter Rückzug eines Mannes aus der Landespolitik, dem Jahre zuvor sogar Chancen und Ambitionen auf einen politischen Ausklang als Bundespräsident (nach Kirchschläger) nachgesagt wurden, der bundesweit als „Burgenlands Kreisky" firmierte, dennoch aber als ein Freund von Hannes Androsch galt. Zu Beginn seiner politischen Laufbahn waren sogar in den bürgerlich-konservativen Medien beinahe euphorische Erwartungshaltungen zu finden, die den Aufstieg Kerys positiv kommentierten (Sinowatz et al. 1989, 216).

Allerdings war nach Jahrzehnten des unbestrittenen Erfolges die schließliche Wahlniederlage ein drastischer Bruch und für Kery offensichtlich Anlaß für einen radikalen Schlußstrich. War er doch ein Politiker, der trotz (oder wegen) seiner Exponiertheiten und politisch erforderlichen Kontaktfreudigkeit auch als einer bezeichnet wird, „der entschlossen wirkt und doch ein Grübler ist" (Sinowatz, in: o. A. 1986), und charakterisiert wird als politischer Erfolgsmensch, der „zu sehr an der Würde hängt" (Mikacs, in *Kurier*, 11. 11. 1984).

Nur einen größeren öffentlichen, medialen und für Kery unerfreulichen Auftritt gab es in den Jahren seit Ende 1987. Im Rahmen einer Prozeßserie, die zum politischen Medienereignis über Jahre hin wurde und als „Causa Sinowatz–Worm" selbst Mediengeschichte gemacht hat (F. Sinowatz hatte 1985 bei einer Sitzung auf die angeblich belastende NS-Vergangenheit K. Waldheims angespielt und dann den darüber berichtenden Journalisten Worm erfolglos geklagt), wurde Kery zu einer Geldstrafe verurteilt.

Das Gesamtphänomen Theodor Kery ist schwer zu erfassen: Nicht das singuläre Scheitern und der abschließende dramatische Wahlverlust allein, sondern die Komplexität der facettenreichen Lebensstationen, politisch-öffentliche Gestaltungserfolge und die stets unantastbare Menschenwürde konstituieren das Gesamtbild seiner Person. In diesem sind persönliche Größe und menschliche Schwächen, partizipierende Freunde und das Erlebnis von Verlassenheit, politischer Fehleinschätzung und schmerzender Verletzlichkeit als Begleitumstände einer Schaffensperiode von 36 Jahren als Landespolitiker jeweils gleichberechtigt und ineinandergreifend mitzuverarbeiten.

Die Signifikanz von Landeshauptmann Theodor Kery für das Burgenland liegt wesentlich darin, daß er als längstdienender Regierungschef und Landesparteiobmann einer Partei in der burgenländischen Geschichte festgeschrieben ist. Er war nach dem Aufbaulandeshauptmann des Burgenlandes, Dr. Lorenz Karall (der ebenfalls beinahe zwei Jahrzehnte Landesparteiobmann – der ÖVP – war, allerdings nur vier Wahlgänge bestritten hatte), jener Landeshauptmann in der burgenländischen Geschichte, der dem Land in der Phase eines rapiden gesellschaftlichen Strukturwandels besondere regionale Akzente verleihen konnte. In seiner Regierungszeit wurden die vorhandenen politisch-ökonomischen Rahmenbedingungen der peripheren östlichen Randzone der Republik ausgebaut, weiterentwickelt und konsolidiert. Sie verleihen einem selbstbewußteren Burgenland einen vielbeachteten Stellenwert in der Republik Österreich.

Literatur- und Quellenverzeichnis

Feymann, Walter (1993). Theodor Kery, Eisenstadt.

Sinowatz, Fred / Gerald *Schlag* / Walter *Feymann* (1989). Aufbruch an der Grenze, Wr. Neustadt.

O. A. (1986). 20 Jahre Landeshauptmann Theodor Kery, Eisenstadt.

„Des Fürsten letzter Musketier", in: *Kurier,* 11. Nov. 1984.

„Roter Fürst im Armenwinkel", in: *profil* 1972/9.

„Kerys Feudal-Hofstaat", in: *profil* 1982/39.

„Sinkende Sonne", in: *profil* 1986/7.

Lebensdaten

1918	am 24. 7. in Mannersdorf an der Rabnitz (heute Burgenland) geboren
1938	Matura an der röm.-kath. Lehrerbildungsanstalt in Mattersburg; Lehrer in Kobersdorf und anderen Gemeinden
1940	Eheschließung (3 Kinder)
1946	Rückkehr aus Kriegsgefangenschaft
1947	Ermöglichung des neuerlichen Dienstantritts
1987	Rückzug aus sämtlichen öffentlichen Funktionen

Berufliche Karrierestationen

1938	Lehrer an diversen Orten des Mittelburgenlandes
1947	Lehrbefähigungsprüfung für Volksschulen
1951	Lehrbefähigungsabschluß als Hauptschullehrer
1957	Geschäftsführender Bezirksschulinspektor im Bezirk Mattersburg (ab 1959 prov.)
1960	Bezirksschulinspektor in Mattersburg (ab 1961 beurlaubt)

Staatliche Funktionen

1951–1962	Mitglied des Burgenländischen Landtages
1960	Zweiter Landtagspräsident
1962–1966	Gemeinderat in Kobersdorf
1962–1966	Landesrat
1966–1987	Landeshauptmann von Burgenland Präsident des Landeschulrates von Burgenland

Parteipolitische Ämter

1945	Mitglied der NSDAP (Antrag 1939)
1947	Ortsobmann der SPÖ Kobersdorf
1948	Mitglied der SPÖ
1951	Obmann des Bgld. Sozialistischen Lehrervereins
1953	Bezirksparteiobmann von Oberpullendorf
1964	Klubobmann des SPÖ-Landtagsklubs
1966–1969	Stellvertretender Landesparteiobmann
1967–1987	Mitglied des Bundesparteivorstandes der SPÖ
1969–1987	Landesparteiobmann der SPÖ Burgenland
1970–1987	Mitglied des Erweiterten Parteipräsidiums der SPÖ
1979–1983	Stellvertretender Parteivorsitzender der SPÖ
1979–1983	Mitglied des Parteipräsidiums der SPÖ

Weitere Funktionen:

Präsident des Burgenländischen Landesfremdenverkehrsverbandes

Aufsichtsratsvorsitzender der BEWAG

Herbert Keßler

von
Marcelo Jenny

Zu den längstdienenden Politikern der Zweiten Republik gehört Herbert Keßler, Landeshauptmann von Vorarlberg von 1964 bis 1987. Am 2. 2. 1925 in Bludesch in Vorarlberg in eine bürgerliche Familie geboren, verbrachte er die Kindheit in der Rheintalgemeinde Rankweil, wo sein Vater, Hermann Keßler, Gemeindearzt war. Die Mutter, Elfriede, war gelernte Apothekerin. Sein Vater war am Zeitgeschehen interessiert, jedoch nicht politisch tätig.

Auf vier Jahre Volksschulbesuch im Ort folgte 1935 der Wechsel an das überregional bekannte Kolleg Stella Matutina im „Studierstädtchen" Feldkirch. Führende christlichsoziale Politiker wie Otto Ender und Kurt Schuschnigg hatten bereits das von Jesuiten geleitete Privatgymnasium besucht, das sich trotz der beträchtlichen Zahl deutscher Zöglinge nach 1934 als Bildungsstätte im Geist des von Bundeskanzler Engelbert Dollfuß verkündeten „Ständestaates" verstand. Die älteren österreichischen Knaben wurden in einer Gruppe der Österreichischen Sturmscharen, später im Österreichischen Jungvolk, organisiert und von den Lehrern zur Beschäftigung mit politischen Fragen und Redeübungen angehalten. Bundeskanzler Schuschnigg kam einige Male zu Besuch: Einmal schrieb der elfjährige Herbert Keßler eine fiktive Rede für sein Vorbild. Häufig wurde „vor Beginn der Mahlzeit ein aktuelles Buch besprochen, erst nach 15 Minuten war freies Sprechen erlaubt" (Interview Keßler). Wenige Monate nach dem „Anschluß" Österreichs an das Deutsche Reich beantworteten die Nationalsozialisten die Treue der Lehrerschaft zum vorigen Regime mit der Zwangsauflösung des Privatgymnasiums. Keßler mußte an die staatliche Oberschule für Jungen, ebenfalls in Feldkirch, wechseln, wo er im März 1943 maturierte. Drei Monate Reichsarbeitsdienst im Pinzgau und die Einberufung zur Wehrmacht, Einsätze als Gebirgsjäger in Oberitalien und in den französischen Westalpen folgten.

Bei Kriegsende befand er sich wegen einer Erkrankung in einem Militärlazarett in Vorarlberg und konnte daher bereits im Oktober 1945 mit dem juridischen Studium an der Universität Innsbruck beginnen, das er 1949 mit der Promotion abschloß. Zusätzlich besuchte er einen Abiturientenkurs der Handelsakademie. Sein sängerisches Talent führte ihn in den Studentenchor, erst als Landeshauptmann wurde Keßler Ehrenbannerträger des Cartellverbandes „Austria". Während der Studienzeit war er Vorsitzender der Innsbrucker Hochschulsektion der Österreichischen Liga für die Vereinten Nationen.

Bereits im Herbst 1945 war Keßler der ÖVP Innsbruck-Stadt beigetreten, „weil es eine Gesinnungsgemeinschaft war, die die christlichen Werte vertrat" (Interview Keßler). Auf die Promotion zum Doktor der Rechte folgte ein Gerichtsjahr in Feldkirch und die Heirat mit Ingeborg Beck, der Ehe entstammen drei Kinder. Im April 1950 trat er in den Landesdienst ein, wo er in verschiedenen Referaten der Bezirkshauptmannschaft

Feldkirch und im Amt der Landesregierung in Bregenz tätig war. Ab 1954 war er ÖVP-Ortsgruppenobmann in seiner Heimatgemeinde Rankweil.

Bei der Landtagswahl im selben Jahr war er als Kandidat noch zu weit hinten gereiht, um ein Abgeordnetenmandat zu erhalten. In der Partei wollte man die Fähigkeiten des 29jährigen dennoch nicht ungenützt lassen, zudem wurde ein Vertreter für die Region gesucht. Keßler wurde vor ein dreiköpfiges informelles Parteigremium, angeführt vom Landtagspräsidenten Josef Feuerstein, geladen, das ihn über seine politischen Vorstellungen befragte. Er bestand die Prüfung, ein ÖVP-Landesrat verzichtete darauf zugunsten Keßlers auf den Abgeordnetensitz.

Keßlers politische Laufbahn ging nach oben. Nach den Gemeindewahlen 1955 kam der Einzug in die Rankweiler Gemeindevertretung. Zwei Jahre später wurde er zum Nachfolger des verstorbenen Bürgermeisters gewählt. Diese Position übte er sieben Jahre lang aus und profilierte sich daneben auch als Debattenredner im Landtag. 1964 erfolgte der Schritt an die Spitze von Partei und Landesregierung. Im selben Jahr kam mit der „Fußach-Affäre“ auch die erste große politische Belastungsprobe für den mittlerweile 39jährigen.

Auf einem Landesparteitag im April 1964 legte der langjährige Landeshauptmann Ulrich Ilg die Obmannschaft der Vorarlberger ÖVP in seine Hände und kündigte die Übergabe der Führung der Landesregierung an Keßler nach den Landtagswahlen im Herbst des Jahres an. Vor allem zwei Gründe dürften Ilg für die Unterstützung Keßlers als seinen Nachfolger eingenommen haben: die juristische Fachkompetenz und die christliche Weltanschauung. Ilg übergab 1964 die Positionen des Landesparteiobmanns und Landeshauptmannes, blieb jedoch noch bis 1969 unter Keßler als Finanzlandesrat in der Regierung.

Am 29. 10. 1964 wurde Keßler zum neuen Landeshauptmann von Vorarlberg gewählt. Er blieb es fast 23 Jahre lang, bis zur Amtsübergabe an Martin Purtscher am 9. 7. 1987. Keßler übernahm das Amt in einer Phase wirtschaftlicher Hochkonjunktur und hohen Bevölkerungswachstums. Der Ausbau der Infrastruktur auf verschiedenen Gebieten, teils um Versäumtes nachzuholen, teils um mit der Bevölkerungszunahme Schritt zu halten, gehörte zu seinen vordringlichen politischen Aufgaben.

Keßler konnte in den wichtigsten Institutionen der Landespolitik – Landesregierung und Landtag – stets auf eine Mehrheit für seine Politik bauen. Unter seiner Führung verteidigte die ÖVP in fünf Landtagswahlen die absolute Stimmenmehrheit erfolgreich, wenn auch 1969 nur um Haaresbreite. Auch in der siebenköpfigen Landesregierung verfügte die ÖVP beständig über die Mehrheit und kontrollierte die wichtigsten Ressorts. Keßler stand die ersten zehn Jahre, bis 1974 Allparteienregierungen von ÖVP, SPÖ und FPÖ vor, wegen des geltenden „Majorz-Wahlrechts“ für die Landesregierung ein freiwilliges Zugeständnis an die Minderheitsparteien. Als im Landtagswahlkampf 1974 die SPÖ einen deutlichen Oppositionskurs verfolgte, mit persönlichen Attacken gegen den Landeshauptmann, drängten große Teile der ÖVP nach einer Aufkündigung der Zusammenarbeit. Keßler wäre nach der Wahl weiter zur Bildung einer Allparteienkoalition bereit gewesen, stand damit aber gegen eine deutliche Mehrheit im ÖVP-Landesparteivorstand. Die SPÖ-Forderung nach proportionaler Aufteilung der Landesräte, d. h. zwei statt nur einem SP-Landesrat, wurde auch nach den folgenden Landtagswahlen stets abgewiesen. Keßler konnte es sich dabei leisten, der SPÖ jeweils die Zusammenarbeit in der Landesregierung – allerdings nur mit einem Landesrat – anzubieten, da die SPÖ-Führung aus innerparteilichen Gründen nicht von ihrer Forderung nach proportionaler Verteilung abgehen konnte. Größer war die politische Distanz zwischen der ÖVP und den 1984 in den Landtag eingezogenen Grün-Alternativen, eine Regierungsbeteiligung kam weder für diese selbst noch für die ÖVP ernsthaft in Frage.

Eine Darstellung der Handlungsspielräume Keßlers bliebe unvollständig ohne die Erwähnung der *Vorarlberger Nachrichten (VN),* der größten Tageszeitung des Bundeslandes. In der Regel konnte sich Keßler einer wohlwollenden Berichterstattung erfreuen, besonders in Angelegenheiten der Föderalismuspolitik. Manchmal aber gab es scharfe Kritik, zum Beispiel während Keßlers letztem Wahlkampf für die Landtagswahlen 1984, was eine Reaktion der *VN* auf eine Presseförderung des Landes für den damaligen Konkurrenten *Neue Vorarlberger Tageszeitung* war.

Bereits kurz nach seinem Amtsantritt als Landeshauptmann, anläßlich der sogenannten „Fußach-Affäre", bekam Keßler einen Eindruck von der Macht der Tageszeitung vermittelt. Zwischen dem sozialistischen Verkehrsminister Otto Probst und der Vorarlberger Landesregierung schwelte ein Streit über den Namen eines neuen ÖBB-Bodenseeschiffes. Der Verkehrsminister war für „Karl Renner", die Landesregierung für „Vorarlberg". Trotz der Proteste aller Landesparteien bestand Probst auf seinem Vorschlag, worauf die *VN* in ihrer Berichterstattung in den Tagen vor dem 21. 11. 1964, an dem die offizielle Schiffstaufe in Fußach stattfinden sollte, eindeutig Stellung bezogen. „Minister Probst wurde mit dem starren Wiener Zentralismus beider Großparteien identifiziert" (Wanner 1980, 26). Die Landesregierung hatte ihre Teilnahme an der Schiffstaufe abgesagt. Keßler hielt sich an diesem Tag in Innsbruck auf, wo ihn ein Beamter der Tiroler Landesregierung mit der dramatischen Nachricht „Herr Landeshauptmann, bei Ihnen im Land herrscht Revolution!" erreichte (Interview Keßler). Mehrere tausend wütende Menschen protestierten in Fußach gegen die zentralistische Bevormundung. Ein desavouierter Minister mußte unverrichteter Dinge wieder abreisen, während die Demonstranten das Schiff auf den Namen „Vorarlberg" „nottauften". Das Ereignis sorgte auch noch im benachbarten Ausland für ironische Kommentare. Keßler blieb es in den kommenden Monaten überlassen, die Wogen zwischen Wien und Bregenz wieder zu glätten. Die *VN* stellten auch nach der „Fußach-Affäre" wiederholt ihre Fähigkeit, politische Initiativen zu setzen und die Landesregierung unter Zugzwang zu bringen, unter Beweis.

Keßlers Politik war in der christlichen Soziallehre verankert. In der ideologischen Grundorientierung stimmte er mit seinem Vorgänger Ulrich Ilg weitgehend überein. Dies sollte aber weder vom Generationssprung zwischen den beiden Vorarlberger Landeshauptmännern noch von ihrer unterschiedlichen Persönlichkeit, sozialen Herkunft und Ausbildung ablenken. Auch politische Gegner haben Keßler Arbeitsfleiß und persönliche Integrität attestiert. Eine gehörige Portion Hartnäckigkeit und ein Gefühl für Handlungsspielräume haben zu seiner ungewöhnlich langen Amtszeit, in die sieben ordentliche und zehn außerordentliche Landesparteitage fielen, wesentlich beigetragen.

Kritik an seiner Person, die sich nicht auf Differenzen in den inhaltlichen Standpunkten bezog, läßt sich mit den Eigenschaften „mangelnde Entscheidungsfreude" und „Beamtenhaftigkeit" beschreiben (*VN,* 1. 8. 1984; 8. 7. 1987). Mitunter wurde ihm zu geringe Volksverbundenheit vorgeworfen. „Tüchtig, korrekt, aber keine Führungsperson" (*Wochenpresse,* 19. 6. 1987), lautete eine andere frühe Beurteilung Keßlers. Zu den Merkmalen seines Regierungsstils gehörte, vor allem in der späteren Phase, auch, daß politisch umstrittene Projekte der Landesregierung manchmal dadurch entschärft wurden, daß eine endgültige Entscheidung darüber immer weiter hinausgezögert wurde, manche kamen gar nicht mehr zustande. „Ausgestattet mit einer soliden Mehrheit seiner ÖVP, fand sich Keßler in der angenehmen Situation eines Mannes, der sich nicht in Kompromisse zwischen Wollen und Tun einlassen mußte und dem gewissermaßen ‚unendliche Zeit' gegeben war, die Dinge heranreifen zu lassen, Hindernisse meandrierend [sic] zu bewältigen, statt sie ‚gewalttätig' aus dem Weg zu räumen" (Bertram Burtscher, *Neue Vorarlberger Tageszeitung,* 10. 7. 1987).

„Am schlagkräftigsten ist er, wenn er herausgefordert wird" (*Kurier*, 19. 10. 1986). Aus dem offenen Schlagabtausch mit seinen Kritikern auf dem Parteitag in Bludenz im November 1973, auf dem die Parteijugend nach einer lange schwelenden Obmanndebatte seine Ablöse gefordert hatte, ging er innerparteilich gestärkt hervor. Auch seine Ablöse als Parteiobmann und die Nominierung eines Landeshauptmann-Nachfolgers auf seinem letzten Parteitag im Oktober 1986 zog er – an den Rivalitäten unter Nachfolgekandidaten und Bünden vorbei – erfolgreich nach seinen Wünschen durch.

Keßler war ein guter Redner, mit einer Neigung zur Ausführlichkeit. Er behielt sein Abgeordnetenmandat als Landeshauptmann im Gegensatz zu den anderen ÖVP-Landesräten immer bei und war auch in mehreren Landtagsausschüssen Mitglied. „Als Landeshauptmann ist man stärker, wenn man im Landtag mitverankert ist" (Interview Keßler).

Neben dem eigentlichen Aufgabenbereich des Landeshauptmannes betreute Keßler immer das Kulturressort und zeitweise die Bereiche Schule – er war mehr als 20 Jahre Präsident des Landesschulrates –, Wissenschaft und Volksbildung, Gesundheits-, Sport- und Jugendförderung. Vor allem die Vorarlberger Kulturpolitik ist von Keßlers Persönlichkeit geprägt worden.

In der Antrittsrede als Landeshauptmann 1964 bezeichnete er als das Ziel seiner Kulturpolitik, „jene Bemühungen zu unterstützen, die das Glück der Menschen unseres Landes an Seele und Leib zum Ziele haben. Dies schließt die Anerkennung der religiösen Werte in sich, die vor allem im Christentum verankert sind" (Stenographische Sitzungsberichte, 29. 10. 1964, 5). Er handelte sich damit selten Lob von den in kulturellen Fragen liberaleren Parteien SPÖ und FPÖ und in den 80er Jahren mit wachsendem Selbstbewußtsein auftretender, teils der alternativen Bewegung zugehöriger Kulturinitiativen ein. Als die ÖVP-Verhandler bei der Novellierung der Landesverfassung im Jahr 1984 den Satz „Das Land bekennt sich zur christlich-abendländischen Kultur" festschreiben wollten, gab es Proteste in der Öffentlichkeit, sodaß die ÖVP den Satz schließlich fallen ließ. Nach der neuen Landesverfassung achtet das Land nun „die Freiheit, Unabhängigkeit und Vielfalt des kulturellen Lebens und das Recht eines jeden, am kulturellen Leben teilzunehmen" (LGBl. 30/1984).

Das Vorarlberger Kulturförderungsgesetz von 1974, damals eine österreichische Novität, ist von Keßler stets mit Stolz betrachtet worden. Das Gesetz verpflichtete erstmals Land und Gemeinden zur finanziellen Unterstützung kultureller Aktivitäten. Der förderungswürdige Bereich wird allerdings begrenzt. Während den Gemeinden die Unterstützung der „Pflege des örtlichen Brauchtums" obliegt, hat das Land Vorarlberg „die kulturelle Tätigkeit zu fördern, soweit sie im Interesse des Landes oder seiner Bevölkerung liegt, vornehmlich wenn sie in Vorarlberg ausgeübt wird oder in einer besonderen Beziehung zum Land steht" (LGBl. 4/1974). Die Forderung von Kulturveranstaltern nach Abschaffung der Kriegsopferabgabe, einer aus der unmittelbaren Nachkriegszeit herrührenden Sonderabgabe auf kulturelle Veranstaltungen, wurde von Keßler aber nicht erfüllt.

Der heutige Erfolg der Bregenzer Festspiele fußt auch auf der „gönnerreichen Huld und dem Selbstbezeugungswillen des eigensinnigen Landesregenten" (*Frankfurter Allgemeine Zeitung*, 8. 7. 1987). Die jährlichen Landessubventionen für die Bregenzer Festspiele machten knapp ein Fünftel (Rechnungsabschluß 1965) bis ein Siebentel (1987) des Kulturbudgets aus, ein Reibebaum für die Gruppe „kleiner Kulturveranstalter", die sich mit weniger als einem Zehntel dessen begnügen mußten. Das Musikschulwesen entwickelte sich unter Keßlers Ägide zu einem breitenwirksamen Zweig, der mit der Gründung eines Landeskonservatoriums und eines Landesorchesters nach oben abgerundet wurde. Die von ihm angekündigte Landesgalerie für zeitgenössische Kunst befand sich am Ende seiner Amtszeit nach Standortquerelen weiter im Planungsstadium.

Ein Stiefkind der Kulturpolitik blieb das Kino. Schon Keßlers Vorgänger als Landeshauptmann, Ulrich Ilg, hatte sich wegen mancher Filmverbote ironischen Kommentaren ausgesetzt. An der durch restriktivere Einstufung der Filme, Filmverbote, eine freiwillige Selbstkontrolle der Kinobetreiber und vergleichsweise höhere Abgaben gekennzeichneten Situation änderte sich auch unter Keßler nur wenig. 1978 hob der Verfassungsgerichtshof eine Passage des neuen Vorarlberger Jugendschutzgesetzes auf, die der Landesregierung die Möglichkeit der Vorzensur von Kinder- und Jugendfilmen eingeräumt hätte. Fünf Jahre später setzte die ÖVP trotz heftiger Kritik der beiden anderen Parteien, vor allem der SPÖ, eine Lichtspielgesetz-Novelle durch, die ein Filmverbot seitens der Landesregierung nach einer ersten öffentlichen Vorführung eines Films weiter erlaubt.

Die Bildungspolitik war ein weiterer Interessenschwerpunkt des Landeshauptmanns. Keßler war wegen der Kleinheit des Bundeslandes gegen eine eigene Universität für Vorarlberg, statt dessen wurden mehrere wissenschaftliche Institute angesiedelt. Einige Institutionen der Erwachsenenbildung, wie die Vorarlberger Landesbibliothek oder das Landesbildungszentrum Schloß Hofen, verdanken ihre Gründung beziehungsweise den Ausbau Keßlers Engagement und Hartnäckigkeit gegenüber medialen und innerparteilichen Widerständen. Während seiner Tätigkeit als Landesbeamter verfaßte er 1952 zum ersten Mal den staatskundlichen Teil für das Vorarlberger Jungbürgerbuch. Politische Bildung war ihm auch ein Anliegen, wie die Einrichtung eines Hochschullehrgangs für Politische Bildung wie auch seine Delegation als Ländervertreter in die mittlerweile in der Dr.-Wilfried-Haslauer-Stiftung aufgegangene Gesellschaft für Politische Bildung zeigten.

Landeshauptmann Dr. Herbert Keßler

Als einen seiner größten politischen Erfolge hat Keßler die bereits erwähnte Novellierung der Landesverfassung im Jahr 1984 (LGBl. 24/1984) betrachtet. Ihrer einstimmigen Verabschiedung durch die damaligen Landtagsparteien ÖVP, SPÖ und FPÖ waren mehrjährige Verhandlungen vorausgegangen. Durch die Verfassungsreform wurden die Instrumente der direkten Demokratie auf der Ebene der Landespolitik ausgebaut und die Institution des Landesvolksanwalts eingeführt. In der Vorarlberger Landesverfassung sind nun auch – für die österreichischen Landesverfassungen ungewöhnlich – eine Reihe von Grundrechten und Staatszielbestimmungen verankert. Einige geben die erfolgreiche Durchsetzung von Positionen der ÖVP, etwa die Verpflichtung des Landes zum Schutz von Ehe und Familie oder zur Achtung der Grundsätze der Subsidiarität und Solidarität aller Gesellschaftsgruppen, wieder.

Zu seinen politischen Niederlagen zählte Keßler den Ausgang des Rheintalautobahn-Konflikts im Raum Bregenz Ende der 60er Jahre. Die ÖVP verlor damals für lange Jahre den Bürgermeistersitz in der Landeshauptstadt an die SPÖ, weil sie sich gegen die in der Bevölkerung populäre und schließlich verwirklichte Tunnellösung gestellt hatte. Davon, daß die von der Landesregierung favorisierte Unterflurtrasse besser gewesen wäre, ist Keßler auch im nachhinein überzeugt geblieben.

Keßler hatte ein Faible für regionale Außenpolitik, das er in der Arbeitsgemeinschaft Alpenländer (ARGE Alp) und in der Internationalen Bodenseekonferenz verwirklichen konnte. Nachdem er bereits bei der Gründungskonferenz der ARGE Alp im Jahr 1972 die Einrichtung einer eigenen Kulturkommission vorgeschlagen hatte, wurde er im darauffolgenden Jahr zu ihrem Vorsitzenden gewählt. Er blieb in diesem Amt auch noch, als er bereits als Landeshauptmann zurückgetreten war.

Keßler war aber vor allem ein engagierter Verfechter des Föderalismus, sein besonderes Anliegen war die Rückgewinnung der Steuerhoheit der Länder. Keßler drängte in den Landeshauptmännerkonferenzen und gegenüber der Bundesregierung stets, letztlich jedoch mit mäßigem Erfolg auf eine umfassende Erfüllung der Forderungsprogramme der Bundesländer. 1975 gründete das Land Vorarlberg zusammen mit Tirol das Institut für Föderalismusforschung in Innsbruck.

Die Bürgerinitiative „Pro Vorarlberg“, mitbegründet von Keßlers langjährigem oberstem Beamten, Ex-Landesamtsdirektor Elmar Grabherr, und dem *VN*-Chefredakteur Franz Ortner, rückte dieses Thema mit Unterstützung der *Vorarlberger Nachrichten* im September 1979 wenige Wochen vor der Landtagswahl schlagartig in den Mittelpunkt der Landespolitik. Sie überreichte dem Vorarlberger Landtag eine Petition, in der sie ein eigenes „Statut“ für Vorarlberg forderte, und stellte Keßler damit vor die schwierige Aufgabe, den Schwung der Initiative einerseits für den ÖVP-Wahlkampf zu nützen und andererseits die politischen Ecken und Kanten der Petition auf ein für die Landespartei erträgliches Maß abzuschleifen. Eine Erfüllung der „Pro Vorarlberg“-Forderungen wäre auf eine Sonderstellung Vorarlbergs innerhalb des österreichischen Bundesstaates hinausgelaufen, was die oppositionelle SPÖ mit Warnungen vor Sezessionsgelüsten quittierte. Der Balanceakt gelang, die ÖVP erzielte in der Landtagswahl wieder eine absolute Mehrheit. Die neuerlich gebildete Regierungskoalition von ÖVP und FPÖ legte im Juni 1980 der Bevölkerung ein vom Landtag beschlossenes Zehn-Punkte-Programm zur Abstimmung vor, das die Forderungen der Bürgerinitiative nur mehr in abgeschwächter Form enthielt. Bei einer Wahlbeteiligung von mehr als 90 Prozent stimmten knapp 70 Prozent diesem Programm zu. Seine Umsetzung blieb in der Folge jedoch bereits auf der Ebene der Landeshauptmännerkonferenzen stecken.

Sofern es nicht um die Verteidigung oder Rückforderung von Länderrechten ging, meldete sich Keßler selten in bundespolitischen Angelegenheiten zu Wort. Er war einer der medial weniger beachteten „Landesfürsten“, die sich immer loyal zur Führung der

Bundespartei verhielten. 1978 wurde er zum Vorsitzenden einer Reformkommission bestellt, die Vorschläge für die Reorganisation der ÖVP erarbeiten sollte. Der Bericht der 17er-Kommission sprach sich zwar für eine Stärkung der Gesamtpartei aus, hielt aber an der bündischen Struktur der ÖVP fest (Keßler 1989, 9–11).

Die Spannungen zwischen den Teilorganisationen zeigten sich auch auf der Landesebene wiederholt bei der Bestellung einzelner Landesräte, bei denen sich Keßlers Wunschkandidaten nicht immer durchsetzen konnten. Dagegen berücksichtigte die Partei seinen Wunsch, nach seinem Rücktritt die Positionen des Parteiobmannes und des Landeshauptmannes auf zwei Personen aufzuteilen, wie auch die vorgeschlagenen Kandidaten Herbert Sausgruber (ÖAAB) und Martin Purtscher (ÖWB). Keßler begründete die Ämtertrennung mit dem großen Arbeits- und Zeitaufwand, den die Erfüllung jeder Position für sich alleine bereits verursache. Die „Zwei-Firmen-Theorie" hat sich in der Vorarlberger ÖVP bisher sehr viel besser bewährt, als skeptische Medienkommentatoren prophezeiten.

Unmittelbar nach Amtsantritt als Landesparteiobmann im Jahr 1964 führte Keßler einen Parteibeschluß zum Aufbau einer Landesorganisation der Österreichischen Jugendbewegung, der ÖVP-Jugendorganisation, herbei, wogegen sich sein Vorgänger Ilg immer gestellt hatte. Die Parteijugend habe in der Folge „nicht immer das gehalten, was man sich versprochen hat – viel Protest, wenig Sacharbeit" (Interview Keßler). Sie brachte Keßler im Gegenteil wiederholt in Schwierigkeiten, im November 1973, als sie ihm auf dem Parteitag in Bludenz mit der Nominierung von Gegenkandidaten das Mißtrauen aussprach, mehrere Jahre später durch einen Skandal in ihrer eigenen Führung.

Keßler schied „zum Glück aufgrund eigener Entscheidung und bevor man mich hinausschmeißt" (*Wochenpresse,* 19. 6. 1987) aus der Politik. Eine Rekonstruktion seines Abschieds offenbart allerdings auch den sanften Zwang, mit dem die Partei das Ende einer langen politischen Karriere herbeiführte. Denn der erfolgreichen Etablierung einer grün-alternativen Partei nach der Landtagswahl 1984 war Keßler eher ratlos gegenüberstanden. Er hatte immer wieder auf die Pionierrolle Vorarlbergs bei der Verabschiedung von Umweltgesetzen in der ersten Hälfte der 70er Jahre verwiesen.

Auf einem Parteitag im November 1983 gab Keßler bekannt, daß er den Parteivorsitz auf dem nächsten Parteitag 1986 abgeben werde. Als Landeshauptmann zog er noch ein 25jähriges Regierungsjubiläum und mehr in Erwägung. „Bei einem besonderen Votum der Partei würde ich es mir schon überlegen, auch nach 1989 noch einmal den Landeshauptmann zu machen" (*Wochenpresse,* 8. 4. 1986). Der Erfolg der Grün-Alternativen bei der Landtagswahl 1984 stellte klar, daß dies Keßlers letzter Wahlkampf gewesen war. Er ging aber weiter davon aus, daß er noch eine ganze Periode als Landeshauptmann regieren werde: „1989 bin ich dann 25 Jahre in diesem Amt. Das ist genug" (*Wochenpresse,* 8. 4. 1986). In der Folge zeigten sich Verunsicherung in der Partei und in der Landesregierung die Tendenz, weitreichende politische Entscheidungen auf die Zeit nach dem Führungswechsel zu verschieben. Dies beschleunigte Keßlers Ablöse. Sie vollzog sich schrittweise mit der Wahl von Herbert Sausgruber zum neuen Landesparteiobmann am 18. 10. 1986 und der Wahl Martin Purtschers zum neuen Landeshauptmann am 9. 7. 1987. Als sein Rücktritt von den Spitzenpositionen bereits feststand, sprach Keßler noch davon, die Landtagsperiode als einfacher Abgeordneter durchdienen zu wollen. Er legte aber schließlich auch das Landtagsmandat zurück. 62jährig trat er von der politischen Bühne ab. Der Rückzug war vollständig: „Zur Landes- und Tagespolitik sage ich sicher nichts mehr. Wenn man aus einer Funktion herausgeht, dann ist das nicht mehr die Aufgabe" (*Kurier,* 6. 7. 1987).

Die Urteile über Keßlers politische Arbeit, die die Vertreter der verschiedenen Parteien unmittelbar bei seiner Verabschiedung in einer Sondersitzung des Landtages abgaben, reichten von einer erwartungsgemäß umfangreichen Würdigung durch die eigene Partei, über lobende Worte des Regierungspartners FPÖ, einer launigen Würdigung durch den Grünen Kaspanaze Simma – „wir danken Ihnen für jede nicht gebaute und nicht ausgebaute Straße, für jeden nicht verbauten oder verstromten Fluß, . . ." (Stenographische Sitzungsberichte, 9. 7. 1987, 3) – bis zu einer vernichtenden Bilanz seiner Regierungspolitik seitens des stellvertretenden SPÖ-Klubobmannes Günther Keckeis.

Unmittelbar nach dem Ausscheiden aus der Politik war Keßler als Interviewpartner gefragt. Da er seiner Maxime, sich nicht mehr zu aktuellen politischen Fragen äußern zu wollen, treu geblieben ist, ist das Medieninteresse jedoch bald verflacht. Diverse Mitgliedschaften in Aufsichtsräten und Kuratorien, die er nach wie vor ausübt, haben sich mit Ausnahme jener des Vorsitzenden des Aufsichtsrates der Vorarlberger Illwerke als wenig öffentlichkeitswirksam gezeigt.

Literatur- und Quellenverzeichnis

Keßler, Herbert (1953). Jungbürger und Staat, in: Vorarlberger Landesregierung (Hg.): Vorarlberger Jungbürgerbuch, Bregenz.

Keßler, Herbert (1960). Der christliche Gemeindevertreter im Geschehen unserer Tage, in: ÖVP Vorarlberg (Hg.): Gemeinwohl, Verantwortung, Leistung, Bregenz.

Keßler, Herbert (1976). Referate: Landeshauptmann Dr. Herbert Keßler, in: Arbeitsgemeinschaft Föderalismus: Der Föderalismus in Österreich, Wien.

Keßler, Herbert (1989). Eigenprofilierung wurde zu einer schlechten Übung, in: Österreichische Monatshefte Nr. 3.

Wanner, Gerhard (1980). Schiffstaufe Fußach 1964, Bregenz.

Interview mit Herbert Keßler, 4. 7. 1994

Extrablatt

Kurier, Vorarlberg-Ausgabe

Landesgesetzblatt

profil

Rechnungsabschlüsse der Landesregierung

Neue Vorarlberger Tageszeitung

Stenographische Sitzungsberichte des Vorarlberger Landtages

Vorarlberger Landes-Korrespondenz

Vorarlberger Nachrichten

Wochenpresse

Lebensdaten

1925	am 2. 2. in Bludesch geboren
1945–1949	Studium der Rechtswissenschaft, Universität Innsbruck (Dr. iur., 1949)

Berufliche Karrierestationen

1949–1950	Gerichtsjahr in Feldkirch
1950–1957	Landesbeamter in der Bezirkshauptmannschaft Feldkirch und im Amt der Landesregierung in Bregenz

Parteipolitische Ämter

1954–1959	Ortsparteiobmann der ÖVP in Rankweil
1964–1986	Landesparteiobmann der ÖVP Vorarlberg
1964–1980	Mitglied des Bundesparteivorstandes der ÖVP
1975–1980	Mitglied des Erweiterten Bundesparteivorstandes der ÖVP
1978–1979	Vorsitzender der 17er-Kommission der ÖVP

Staatliche Funktionen

1954–1987	Abgeordneter zum Vorarlberger Landtag
1955–1957	Mitglied der Gemeindevertretung von Rankweil
1957–1964	Bürgermeister von Rankweil
1964–1987	Landeshauptmann von Vorarlberg

Sonstige Funktionen

1973–1990	Vorsitzender der Kulturkommission der Arbeitsgemeinschaft Alpenländer
1977–1992	Stellvertretender Vorsitzender und Ländervertreter in der Gesellschaft für Politische Bildung
1967–	Vorsitzender des Aufsichtsrates der Vorarlberger Illwerke

Rudolf Kirchschläger

von
Manfried Welan

„Der Friede beginnt im eigenen Haus." Diesen Satz Karl Jaspers hat Rudolf Kirchschläger zum Titel des Buches gewählt, das seiner Frau Herma in Dankbarkeit zugeeignet ist. Der Friede wurde zu einem Leitgedanken Kirchschlägers, der schon als Kind Krieg und Not erlebte, im innerlich zerrissenen Österreich mit seinen zwei Bürgerkriegen erwachsen wurde und als junger Mann nach der gewaltsamen Besetzung Österreichs durch Hitlerdeutschland einrücken mußte.

Das Buch, eine Summe von Lebenserfahrungen und Erkenntnissen, beginnt mit dem Satz: „Die Leidensfähigkeit der Menschen ist unfaßbar groß." Es endet mit praktischer Hoffnung: „Der Vernunft und dem Ethos bleibt keine andere Wahl, als daß der Friede Wirklichkeit werde, um uns und in der Welt. Es gibt keinen anderen Weg dahin zu gelangen als den, daß ihn jeder Mensch selbst geht, in Wahrheit und Liebe."

Kirchschläger ist diesen Weg gegangen. Kindheit und Jugend waren von einer in unserem Land heute unvorstellbaren Armut und Härte. Am 20. März 1915 wurde er in Niederkappl, politischer Bezirk Rohrbach in Oberösterreich geboren. Sein musikalisch begabter Vater, Johann Kirchschläger, war Waagmeister in der Papierfabrik Obermühl, hatte aber vorher als Organist in verschiedenen Pfarren gedient. Als Sängerknabe im Stift St. Florian hatte er noch Anton Bruckner erlebt. Die Mutter Anna, geborene Wagner, war vor ihrer Eheschließung Landarbeiterin gewesen. 1917 übersiedelte die Familie wegen Postenwechsels nach Steyrmühl. 1918 starb die Mutter an einer Grippe-Epidemie. Ein Jahr später heiratete der Vater, der 1910 schon seine erste Frau verloren hatte, Rosa Hohensinn, eine Verkäuferin im Konsum Steyrmühl. 1919 wurde er Versandmeister in der Holzwaren- und Furnierfabrik Rosenau bei Windischgarsten, und die Familie übersiedelte erneut. Dort trat Rudolf Kirchschläger in die einklassige Volksschule ein. 1924 wurde der Vater wieder Organist, und zwar in Kronstorf, politischer Bezirk Linz Land. 1926 starb er. Damals gab es weder Witwen- noch Waisenpension. Rosa Kirchschläger wurde Bedienerin am Gendarmerieposten und aushilfsweise Schreibkraft im Gemeindeamt. Die kleine Familie durfte im Gemeindehaus kostenlos wohnen. Diese Umstände haben Rudolf Kirchschläger in mancher Hinsicht beeinflußt. Nach der Familie erlebte er die Gemeinde als Lebensgrundlage. Der große Einfluß kam aber von der ihn liebenden Stiefmutter. Diese tüchtige Frau ermunterte und ermutigte den begabten Knaben zum Lernen. Ohne sie wäre er vielleicht Landarbeiter geworden. Durch sie wurde er zum sozialen Aufsteiger. Bildung war der Weg nach oben. Bei einem Gelegenheitsfriseur konnte er am Wochenende etwas Geld verdienen. Damit konnte er die Überfuhr von Kronstorf über die Enns und die Fahrt nach Steyr zahlen, wo er die Bürgerschule besuchte. Hier war es ein Lehrer, der in besonders förderte und ihn auf das Aufbaugymnasium in Horn im Waldviertel hinwies. Man konnte dort das Gymnasium in fünf Jahren absolvieren. Land und Leute seiner oberösterreichischen Heimat und die des Waldviertels haben, besonders auch durch ihren Glauben, Kirchschläger geformt. Sie haben ihn gefordert und gefördert. Sein Ernst, seine Begabung und seine frühe Menschlichkeit haben ihm in Horn Zuwendungen und Freundschaften gebracht. Seine schulischen Leistungen waren vorzüglich. 1935 bestand er die Matura mit Auszeichnung.

Nachdem er kurze Zeit als provisorischer Gemeindesekretär in Kronstorf tätig gewesen war, begann er an der Universität Wien Rechtswissenschaften zu studieren. Nebenbeschäftigung und Sozialhilfe ermöglichten das Studium nur sehr notdürftig. Im April 1938 mußte er es aufgeben, da ohne Mitgliedschaft oder Anwartschaft in nationalsozialistischen Gliederungen kein Stipendium gewährt wurde und er um des Lebensunterhaltes willen eine Mitgliedschaft nicht eingehen wollte. Er wurde Angestellter beim Oberösterreichischen Volkskredit in Linz. Im Herbst 1938 konnte er die Judizielle Staatsprüfung und das Judizielle Rigorosum mit gutem Erfolg ablegen. Als Werkstudent erhielt er keinen Studienaufschub, sondern wurde als Wehrpflichtiger des Jahrganges 1915 zur Deutschen Wehrmacht einberufen. Dort gehörte er dem Infanterie-Regiment 130 an, zu dem er am 1. Dezember 1938 nach Freistadt einberufen worden war. Er sah „die Pflicht aufgrund des bestehenden Gesetzes“. Pflichterfüllung bedeutet für ihn viel. Aber er hat diesen Begriff später nie für die Deutsche Wehrmacht verwendet. Im Gewissenskonflikt hat er wie die Offiziere seines Bataillons 1942 in Mittelrußland dem Befehl der verbrannten Erde nicht Folge geleistet. Am 4. Februar 1943 wurde er als Oberleutnant an der Ostfront schwer verwundet. Nach achtzehnmonatiger Lazarettzeit wurde er nach zwischenzeitiger Beförderung zum Hauptmann d. R. zur Infanterie-Offizier-Schule Wiener Neustadt versetzt und bei einem Verteidigungseinsatz am 1. April 1945 neuerlich verwundet. Die Verwundungen hatten lebenslange Folgen. Am 4. Mai kam er in Kronstorf in amerikanische Gefangenschaft, aus der er im Sommer 1945 entlassen wurde.

Am 25. Jänner 1940 war Kirchschläger an der Universität Wien formlos Doktor der Rechtswissenschaften geworden. Wieder war es ein einzelner, der ihn gefördert hatte. Nachdem das Divisions-Kommando einen Studienurlaub verweigert hatte, erteilte ihm ein Hauptfeldwebel Urlaub. In der unglaublich kurzen Zeit vom 14. Dezember 1939 bis 24. Jänner 1940 absolvierte Kirchschläger mit einmaliger Disziplin und Konzentration das Staatswissenschaftliche und das Rechtswissenschaftliche Rigorosum und die Referendarprüfung nach der deutschen Studienordnung. Im August 1940 heiratete er Herma Sorger, die mit ihm in Horn studiert hatte. 1944 wurde die Tochter Christa, 1947 der Sohn Walter geboren. Die Familie ist Kirchschläger „Schule des Friedens“ und „Baustein der Gesellschaft“. Er hat sie als Kind, junger Mensch und reifer Mann immer wieder als Lebensquelle erkannt und dies auch immer wieder bekannt. Er hat die Frau und „das große Geheimnis Kind“ gewürdigt wie kein anderer Bundespräsident.

Rudolf Kirchschläger hatte als Kind die Mutter verloren, als das alte Österreich verloren war, als das Vielvölkerreich in neue nationale Staaten zerfiel. Österreich wurde der Rest, der blieb. Kirchschläger hat das positiv gewendet, „Österreich ist das, was bleibt“. Diesen österreichischen Optimismus und das Jasagen zum Kleinstaat erfüllte den jungen Dr. Kirchschläger 1945 wie viele andere, die im Glauben an Österreich den Wiederaufbau vollzogen. Kirchschlägers Persönlichkeit prädestinierte in geradezu zum sozialen Richter, wie ihn die demokratische Gesellschaft nach 1945 brauchte. Er begann am 15. August 1945 die Gerichtspraxis am Bezirksgericht Horn. Dazu mußte er täglich 18 Kilometer zu Fuß mit Krücken gehen. 1946 wurde er zum Kreisgericht Krems versetzt und in den richterlichen Vorbereitungsdienst übernommen. Am 8. Mai 1947 legte er die Richteramtsprüfung mit sehr gutem Erfolg ab. Ab 7. Juli 1947 war er Richter und ab 1. März 1949 Landesgerichtsrat und Gerichtsvorsteher am Bezirksgericht Langenlois. Mit 1. Juli 1953 wurde er zum Rat der zweiten Standesgruppe beim

Landesgericht für Zivilrechtssachen in Wien ernannt und für ein weiteres halbes Jahr mit der Fortführung der richterlichen Funktionen in Langenlois betraut.

Wie wurde aus dem Richter Kirchschläger ein Angehöriger des Auswärtigen Amtes? Wie so oft bei großen Laufbahnen war es ein anderer, der diese Veränderung bestimmte. Dieser, nämlich Stephan Verosta, berichtet, daß er seit Ende 1953 als Leiter der Völkerrechtsabteilung im Bundeskanzleramt, Auswärtige Angelegenheiten, Ausschau nach einem geeigneten Mitarbeiter und möglichen Stellvertreter hielt. Er suchte vor allem unter den Richtern; es sollte ein Mann mit solidem juridischem Wissen, mit Lebenserfahrung und Standfestigkeit sein, der bereits ein Interesse für Völkerrecht und Außenpolitik bekundet hatte und bereit war, längere Zeit im Auswärtigem Amt in Wien zu dienen. Verostas Wahl fiel schließlich auf den Landesgerichtsrat Kirchschläger, der sich nach einiger Überlegung zur Übernahme der neuen Funktion bereit erklärte. Er arbeitete sich rasch in die laufenden Agenden der Völkerrechtsabteilung ein und hat an den Vorarbeiten zum Österreichischen Staatsvertrag und zum Neutralitätsgesetz teilgenommen. Anfang Mai 1955 war er Mitglied der österreichischen Delegation zur Botschafterkonferenz, der am 15. Mai 1955 die Unterzeichnung des Österreichischen Staatsvertrages durch die fünf Außenminister folgte.

1956 wurde Kirchschläger in den Höheren Auswärtigen Dienst übernommen. 1958 wurde ihm der Titel eines a. o. Gesandten und bevollmächtigten Ministers verliehen. Als Leiter der Völkerrechtsabteilung unter den Außenministern Leopold Figl und Bruno Kreisky hat Kirchschläger einen wesentlichen Beitrag zur Auslegung des Staatsvertrages durch Österreich und zur Handhabung der immerwährenden Neutralität geleistet. Hierbei betrachtete er es als seine Aufgabe, die politische und rechtliche Konzeption der Schweizer Neutralität in Zusammenarbeit mit der Schweiz auch für die Neutralität Österreichs anzuwenden, dabei aber doch eine besondere österreichische Form der immerwährenden Neutralität zu verwirklichen, die der österreichischen Geschichte, der geographischen Lage Österreichs und auch den Vorstellungen der Österreicher Rechnung trug und sich mit der Mitgliedschaft bei den Vereinten Nationen vereinen ließ. Kirchschläger wurde auch zu den Beratungen entsendet, in welchen die dauernd neutralen Länder Schweiz und Österreich und das neutrale Schweden die Gestaltung ihres Verhältnisses zu den Europäischen Gemeinschaften aufeinander abstimmten. Bei den Verhandlungen über Südtirol wurde er auf Beamtenebene zunächst mit den rechtlichen und später auch mit den politischen Problemen betraut.

1962 wurde Kirchschläger stellvertretender Generalsekretär des Bundesministeriums für Auswärtige Angelegenheiten, 1963 Kabinettchef des Bundesministers, 1967 Leiter der Gesandtschaft in Prag. Als österreichischer Gesandter in Prag wird er vielen in Erinnerung bleiben. Er erlebte den „Prager Frühling“ und den Einmarsch der Warschauer-Pakt-Gruppen im Sommer 1968. Damals hat er sich in einer im diplomatischen Dienst einmalig vorbildhaften Haltung humanitär verhalten. So wurden täglich rund 5000 Visa unabhängig von Vorbehalten erteilt, was einen Maria-Theresien-Orden neuer Art verdient hätte.

Am 21. April 1970 wurde Kirchschläger über Vorschlag des Bundeskanzlers Dr. Kreisky von Bundespräsident Franz Jonas zum Bundesminister für Auswärtige Angelegenheiten ernannt.

Als Außenminister konnte Kirchschläger seine Fähigkeit, Zustimmung zu erzeugen und Zuspitzung und Konflikt zu vermeiden, politisch entfalten. Das gilt international für seine Nachbarschafts- und Europapolitik und auch national: Die Mitglieder des außenpolitischen Ausschusses des Nationalrates und des Bundesrates wurden über auswärtige Angelegenheiten mehr informiert als in der Vergangenheit, und seine Berichte erzielten nahezu ausschließlich einstimmige Beschlüsse. So gelang es ihm, in der Einparteienregierung Kreisky gerade als Parteiloser bei der Opposition Vertrauen zu erzeugen. Er war bei der unruhigen Kanzlerschafts Kreiskys, dessen außenpolitische Vorstellungen oft Dissens erzeugten, ein ruhender Pol des Konsenses und der Kontinuität. Er machte die auswärtigen Angelegenheiten zu einem von allen politischen Parteien getragenen gemeinsamen Anliegen.

Nach dem Tod von Bundespräsident Franz Jonas wurde er über Vorschlag Kreiskys von der SPÖ zum Kandidaten für das Amt des Bundespräsidenten nominiert. Er erreichte bei der Wahl am 23. Juni 1974 51,7% der Stimmen. Seine Nominierungen zum Außenminister und zum Bundespräsidenten waren Kreiskys beste und erfolgreichste Züge in der Staatspersonalpolitik. Der Agnostiker Kreisky förderte einen praktizierenden Katholiken, dessen Rechtlichkeit und Redlichkeit bei allen Gruppen außer Streit standen. Als erster Bundespräsident der Zweiten Republik fügte er an die Gelöbnisformel „Die Verfassung und alle Gesetze der Republik getreulich zu beobachten und die Pflicht nach bestem Wissen und Gewissen zu erfüllen", die Worte hinzu: „So wahr mir Gott helfe!"

In der darauffolgenden Ansprache hat er am 8. Juli 1974 sein Amtsverständnis dargelegt: Er sei Bundespräsident nicht kraft eigenen Rechtes und nicht kraft eigener Macht, und er werde es auch nie sein. „Es ist das österreichische Volk, das mir in einer unmittelbaren und geheimen Wahl Pflicht, Recht und Verantwortung des Bundespräsidenten sechs Jahre übertragen hat." Von diesem Volk gehe das Recht unserer demokratischen Republik aus und ihm seien Nationalrat und Bundesrat, die Bundesversammlung und er als Bundespräsident verantwortlich. Diese gemeinsame Wurzel ihrer Existenz verlange gebieterisch ein konstruktives Miteinander zwischen der Gesetzgebung und dem Bundespräsidenten, das er stets aufs neue suchen werde; ein Miteinander zur Erfüllung der Staatsziele, ein Miteinander auch zur Verlebendigung der in unserer Verfassung enthaltenen Grundsätze. Er verstand es als die große Aufgabe, mit allen gesetzlich zur Verfügung stehenden Mitteln die Respektierung der Bundesverfassung und der in dieser Bundesverfassung festgelegten Prinzipien sicherzustellen.

„Meine Sorge wird vor allem jenen Grundsätzen gelten, auf denen unser Staatswesen aufgebaut ist, also der in ihrem Inhalt schon angedeuteten Demokratie als Staats-, Denk- und Lebensform, der Rechtsstaatlichkeit als wirksamer Schutz gegen behördliche und politische Willkür, dem Föderalismus als einer inneren staatlichen Ordnung, die nicht nur viel dazu beigetragen hat, daß Österreich 1945 und in den Folgejahren ungeteilt bleiben konnte, sondern auch dem individuellen Gestaltungs- und Freiheitsdrang unserer Bürger angemessen Rechnung trägt, und schließlich auch der Wahrung der immerwährenden Neutralität, die für unsere Republik zu einer international anerkannten Voraussetzung der Unabhängigkeit Österreichs geworden ist."

Er bekannte sich zum sozialen Charakter unserer Republik und zur sozialen Gerechtigkeit als Sinn von Demokratie und Freiheit und plädierte für Glaubwürdigkeit in der Politik. Dieses Beispiel hat er immer gelebt, und was er versprach, hat er gehalten. So hat er unter Achtung seiner Kompetenzen sehr viel seiner Arbeit verwendet, „gerade jenen Menschen oder Gruppen von Menschen, die sich aus der Gesellschaft ausgeschlossen meinen, das Gefühl wieder zu geben, daß unsere demokratische Gesellschaft für alle ihren Platz bereit hält; auch für die aus mannigfaltigen Gründen Behinderten oder die Älteren unter uns, die einsam geworden sind, aber auch die jungen Menschen". Er wolle „als Bundespräsident ruhender Pol sein und als Mann des Ausgleiches zwischen widerstreitenden Interessen und Meinungen dort tätig werden, wo Streit zu einer Gefahr für die Republik oder für die Verwirklichung der Grundsätze, auf denen unsere Republik ruht, werden könnte".

Bundespräsident Dr. Rudolf Kirchschläger, 1974

Von den vielen Aufgaben des Bundespräsidenten hob er die Vertretung nach außen besonders hervor. Die Kenntnis der Grenzen des Einflusses unserer Republik entbinde uns nicht von einer stetigen Mitarbeit an der Erhaltung oder der Wiederherstellung des Friedens dieser Erde.

Unter den Baugesetzen der Bundesverfassung widmete er sich vor allem der Demokratie: „Die Demokratie, nicht nur als staatliches Prinzip, sondern vor allem auch als Lebensform, ist eine so großartige Idee menschlichen Geistes, daß sie von außen her nicht zerstört werden kann. Die große Gefahr einer Abwertung der Demokratie kommt vielmehr dann, wenn die politischen Kräfte in einer Demokratie aufhören, mit allen Mitteln dafür zu arbeiten, daß jene Grundsätze verwirklicht werden, die der Demokratie begriffsmäßig innewohnen: Ich meine damit die Gleichheit der Menschen, die Freiheit des Einzelnen, das Suchen und Arbeiten für ein zusätzliches Maß an Gerechtigkeit in allen Bereichen des Lebens; und ich meine damit auch die Toleranz und den Respekt vor den Rechten, aber auch vor den Überzeugungen des anderen, gleichgültig ob sie politischer, religiöser oder weltanschaulicher Natur sind, und ich meine damit auch den Respekt vor den Minderheiten, den Angehörigen von Minderheiten und vor jenen Menschen, die aus irgendeinem Grund anders sind, als wir zu sein pflegen."

Er fühle sich der ganzen Republik und dem ganzen Volk verpflichtet, aber er fühle sich gleichzeitig auch verpflichtet dem Anliegen eines einzelnen Landes oder einer einzelnen Gemeinde und vor allem dem Anliegen des einzelnen Menschen. Wie in seinen Publikationen erkennt man auch in dieser Angelobungsrede, wie er vom Kleinen und einzelnen ausgehend, von der Familie über die Gemeinden, Länder, zur Republik Österreich, zur Außenpolitik, zu Europa und den Vereinten Nationen übergeht und schließlich die Menschheit und Weltgesellschaft einbezieht in die Ordnung des Friedens.

Unter den volksgewählten Bundespräsidenten hat der parteilose Kirchschläger nicht nur am längsten gedient, sondern auch das größte Vertrauen gewonnen. Vertrauen war die Grundlage seines Erfolges. Deshalb war es verständlich, daß nach dem Beschluß der SPÖ im Juli 1979, ihn wieder für die Bundespräsidentschaft zu nominieren, die ÖVP beschloß, von der Nominierung eines eigenen Kandidaten im Hinblick darauf abzusehen, „daß der derzeitige Bundespräsident ... bemüht sei, sein Amt korrekt und objektiv auszuüben". Als Vorsitzender der Bundesversammlung hatte Präsident Anton Benya schon am 8. Juli 1974 auf diese Eigenschaften Kirchschlägers hingewiesen: „Wir alle und darüber hinaus zahlreiche Menschen inner- und außerhalb Österreichs kennen Ihren Fleiß, Ihr Pflichtgefühl und Ihr bedingungsloses Streben nach Objektivität."

Kirchschläger wurde 1980 mit 79,9% der Stimmen erneut zum Bundespräsidenten gewählt. In der Ansprache nach der zweiten Angelobung am 8. Juli 1980 betonte er die Verantwortung und das Vertrauen seines Amtes. Menschen messen in der Regel Ideen, Gemeinschaften, Institutionen und damit auch den Staat nicht nach Theorien und nicht nach Buchstaben, sondern nach den Menschen, die sie vertreten. An alle politischen Amtsträger sich wendend meinte er: „Dies ist wohl der Grund, warum wir alle ... täglich durch unser Handeln, durch unser Reden, ja noch mehr, durch unser ganzes Leben, jenes Bild formen, welches sich der Staatsbürger vom Staat und von der Demokratie macht. Denn nicht die Worte sind es, die zur Heimatliebe, zum Bekenntnis zu unserer Republik Österreich, zum Glauben an die Demokratie als beste aller Gesellschaftsformen hinführen, sondern einzig und allein das geschaute Beispiel."

Der Demokratie verpflichtet sein heiße, sich nicht in satter Ruhe zufriedenzugeben, sondern wachsam zu bleiben, Tag für Tag, und zu wissen, daß unsere Gesellschaftsform kein zeitloser Besitz sei, sondern mit der Blickrichtung auf den Menschen, auf den Mitmenschen, immer neu erworben und gerechtfertigt werden müssen.

Der große Vorteil eines Kleinstaates liege ja darin, daß in einem weit stärkeren Maße die Anonymität abgelegt und die persönlichen Kontakte gepflegt werden können. Er werde daher in seinen Bemühungen fortfahren, sich auch der Sorgen und der Anliegen der einzelnen Menschen anzunehmen, besonders jener, die als Gruppen einer besonderen Hilfestellung und einer besonderen Aufmerksamkeit bedürfen. Er werde gegenüber den Sorgen und Anliegen der einzelnen Menschen offen sein.

Kirchschläger hat dementsprechend eine „menschliche Verwaltung" in der Bundespräsidentschaft eingeführt. Es wird wenige Amtsträger in Österreich geben, die sich für die einzelnen Menschen, die zu ihnen kommen, oder ihnen schreiben, so viel Zeit nahmen. Deshalb ging er in seiner Rede auf den großen Andrang an Wünschen und Vorsprachebitten ein und versprach, die in ihrem Gefolge eingetretenen Rückstände in absehbarer Zeit wieder aufzuholen.

Gelegentlich bestehe eine Art Überraschung, „daß ein Bundespräsident sich auch mit Fällen befaßt, die längst als Querulanten abgetan sind". Er werde aber doch diese Praxis fortsetzen, glaube er doch zu wissen, „daß Querulanten kaum als solche geboren werden, sondern in der Regel erst durch ein vermeintliches oder durch ein tatsächliches Unrecht in diese Kategorisierung gedrängt wurden".

Besonders sprach sich Kirchschläger für die Erhaltung der Sozialpartnerschaft aus. Sie sei für Österreich zu einer schöpferischen Kraft geworden, und sie werde auch in alle Zukunft eine solche schöpferische Kraft bleiben, solange sie dem Grundsatz treu bleibe, daß eine Einigung durch das Gespräch und nicht durch Macht erfolgen könne. Wieder ist der Friede der Leitgedanke nach innen und nach außen.

Wie bei seiner ersten Angelobungsansprache endete Kirchschläger mit den Worten Schärfs, „in der Liebe zu Österreich sollen und werden wir uns immer finden". Wie diese Ansprache hat Kirchschläger alle seine Reden und sein Repräsentieren überhaupt als politische Integrations- und Bildungsaufgabe aufgefaßt. Man sagt, daß die Partei des

Präsidenten seine Persönlichkeit ist. Hingabe an die Aufgabe, in der Einheit von Sachlichkeit und Sittlichkeit ist das Charakteristische an ihr. Sachlichkeit, Seriosität, Rechtsgesinnung und Redlichkeit haben seine Amtsausübung geprägt und das Amt für die Nachfolger geformt. Er hat dem Amt durch seine Persönlichkeit eine republikanische Würde gegeben. Er war unabhängiger und glaubwürdiger als andere Amtsträger, wenn es um die res publica, um die res populi ging. Kirchschläger war als politischer Akteur ein Idealist, der mehr die Wirklichkeit im Sinne hatte als theoretische Möglichkeiten.

Als er 1974 sein Amt antrat, das er politisch Bruno Kreisky verdankte, war das Rollenspiel von Präsident und Kanzler schon durch die politischen und persönlichen Realitäten vorgegeben. Kreisky konnte von 1970 bis 1979 seine parlamentarischen Mehrheiten steigern. Der Bundespräsident stand bis 1983 einer absoluten Mehrheit der SPÖ gegenüber, deren Kandidat er ja auch gewesen war. Die Nationalratswahlen waren praktisch Kanzlerplebiszite geworden. Die personalplebiszitäre Legitimation des Kanzlers und seine Persönlichkeit bewirkten, daß Österreich bis in die 80er Jahre eine Kanzlerdemokratie war. Bei solchen Mehrheiten bestimmt der Bundeskanzler als Parteiführer allein die Zusammensetzung der Regierung, gibt in seiner Regierungserklärung die Ziele und Richtlinien der Politik bekannt und wird zum Regierungs-, ja zum Staatschef. Der Bundespräsident kann bei einer solchen politischen Realität kaum auf die Zusammensetzung der Regierung einwirken, akzeptiert regelmäßig die vom Kanzler ihm präsentierte Regierungsliste und ernennt die vorgeschlagenen Bundesminister und Staatssekretäre. Er wirkt auch nicht auf den Inhalt der Regierungserklärung ein. In seiner Angelobungsrede gibt er nur seine Vorstellungen vom Amt des Bundespräsidenten und seinen Aufgaben bekannt, nicht aber Richtung und Richtlinien der Politik.

Der Erfolg der plebiszitären Kanzlerdemokratie Kreiskys beruhte auf seiner persönlichen Autorität, seiner Regierungstechnik und seinem Stil. Typisch dabei war ein durch Demoskopie und Massenmedien bewirkter Informationskreislauf zwischen Wählerschaft und Regierungschef. Mit seinem sehr persönlichen Stil befriedigte Kreisky das Bedürfnis nach Personalisierung der Politik. Durch seine Persönlichkeit und Publicity wurde Politik spannend und unterhaltend. Ihm lag das „Showbusiness" und der *sound bite*. Man sprach von „Logokratie", „Telekratie" und „Amerikanisierung" der Politik. Aus dem „Sonnenkönig" und „Journalistenkanzler", der demoautoritär, tele- und logoplebiszitär regierte, wurde schließlich „der Alte". Er konnte als Vaterfigur besonderer Art sowohl die Rolle des Regierungschefs und manchmal auch die des Staatsoberhauptes als auch die eines Führers der Basis spielen. In der Rollenverteilung zwischen Kanzler und Bundespräsidenten war jener die führende politische Autorität, der starke Mann und die dynamische Führungskraft, welche initiativ und aktiv dem Gesetz des Handelns diente. Er wurde der „Aktivkönig", der „dux", der *„efficient part"* des Regierungssystems. Hingegen war der Bundespräsident ein *„dignified part"* des Regierungssystems und Träger der integrierenden Autorität. Er wurde der „Passivkönig", der „rex". Als die Kanzlerdemokratie zu Ende ging, Kreisky demissionierte und die absolute Mehrheit der SPÖ zur relativen wurde, trat ein gewisser Rollenwandel ein. Schon gegen Ende der Kanzlerdemokratie Kreiskys zeichnete sich in der zweiten Amtsperiode Kirchschlägers, wenn nicht eine Tendenz zur parlamentarischen Präsidentschaftsrepublik, so doch eine Tendenz zu einer stärkeren Ausgewogenheit von parlamentarischen und präsidialen Elementen ab.

Das Amt des Bundespräsidenten wurde durch ihn ein Wächter- und Mahneramt. Es wurde aber kein Zensor- und Zensurenamt. Er beurteilte die Lage wie ein Richter. Aber er griff nicht an, und er griff nicht ein. In der Auseinandersetzung um den Fall Waldheim hat er vielen aus der Seele gesprochen, als er gegen Ende seiner Amtszeit in einer großen Fernsehansprache die Vorwürfe gegen den damaligen Präsidentschaftskandidaten wie ein Richter prüfte und sein Verhalten klar und eindeutig beurteilte. Er meinte damals, in die Funktion eines Staatsanwaltes versetzt, würde er es nicht wagen, aufgrund der vorgelegten Beweise Anklage vor einem ordentlichen Gericht zu erheben. Aber, so führte er aus, Oberleutnant Dr. Waldheim hätte als Ordonanzoffizier über die gesamte Situation in seinem Zuständigkeitsbereich, einschließlich der Kriegsführung auf dem Balkan, wohlinformiert gewesen sein müssen. Das Wissen um die Vergeltungsmaßnahmen im Partisanenkrieg, von den deutschen Stellen Sühnemaßnahmen genannt, müsse daher als gegeben angenommen werden. Im Ruhestand hielt Kirchschläger sich dann in dieser Angelegenheit zurück und wollte weder seinem Nachfolger noch der Bundesregierung oder den Parteien Ratschläge geben. Hier sollte jeder selbst und eigenverantwortlich entscheiden. Er stellte aber fest, daß er nicht wisse, ob der Rücktritt des Bundespräsidenten ein Ausweg sei. Er hätte darin die Gefahr einer Art Dolchstoßlegende gesehen. Den höheren Wahrheitsanspruch des Politikers bejahte er, aber er sah mehr als viele andere die Problematik der Emotionalisierung des Falles. Im übrigen nannte er vieles zu Ende seiner Amtszeit deutlicher als früher, und sein Wort von den sauren Wiesen in der politischen Landschaft, die trocken zu legen sind, wurde zum geflügelten Wort. Kirchschläger war also kein bloßer „Protokollpräsident", aber er war auch kein „Journalistenpräsident", kein „Staatsschauspieler" oder „-wortspieler". Er ist nie der Versuchung der Massenmedien unterlegen, mehr und andere Dinge zu sagen, als er wollte. Er verschaffte sich durch das Amt Distanz, und sein Amt verschaffte ihm Würde. Die Massenmedien mußten Abstand halten. Diesem Anstand des Abstandes entsprach ein Stil der Stille.

Er hielt die Ordnung ein, welche die Abfolge des politischen Jahres vom Bundespräsidenten verlangt. Dazu gehören insbesondere die Neujahrsansprache, der Neujahrsempfang für die Diplomaten, Empfänge wie die für die Landeshauptmänner und Rektoren, Fahrten in die Bundesländer, wobei der Bundespräsident herkömmlicherweise mindestens einmal jedes Bundesland besucht, Jubiläumsfeiern, Staatsakte, Eröffnungen, insbesondere von Messen und Festspielen, Auftritte an den Universitäten bei Promotionen sub auspiciis praesidentis, Eröffnung von Kongressen, Ausstellungen usw. Alle diese Gelegenheiten nahm Kirchschläger wahr, um zum Anlaß zu sprechen. Dem ihn überzeugenden Beispiels Kreiskys folgend, hat er alle Reden selbst verfaßt und auch die Unterlagen zu den meisten selbst gesammelt. Sie haben daher einen sehr persönlichen Charakter. Aus der Zeit seiner Bundespräsidentschaft liegen rund 1170 solcher Reden schriftlich vor, die es alle wert wären, veröffentlicht zu werden; denn Kirchschläger hatte immer etwas zu sagen. Ob es die Erziehung zu Grundwerten, die Familie, die Gemeinde, die Tugend im Alltag, die politische Moral, den Umgang mit der direkten Demokratie, die Partnerschaft in der Gesellschaft und den Abbau von Feindbildern, den Schutz von Minderheiten, der Schwachen und der Ungeborenen betraf – immer war es wesentlich. Er hat sich nie seines Menschseins verschwiegen. Seine Anständigkeit ermutigt jeden, das zu tun, was vielen heute so schwerfällt: In den Ordnungen des Lebens den Pflichten des Tages nachzukommen und nicht das Vertrauen zu verlieren, daß das Ganze einen Sinn hat. Er hat in seiner gesamten Lebensführung Tugenden wie Anständigkeit, Aufgeschlossenheit, Klugheit, Gelassenheit und Bescheidenheit verwirklicht, die für das Dienen am und im Staat wesentlich sind. Ob man sie sich auch als österreichische Tugenden vorstellen könnte, sei dahingestellt.

Bei einem Mann seines Schlages gibt es keine Konfetti- und Spektakelpolitik. Er orientierte sich wie kaum ein anderer an der alten Weisheit: „Was du machst, bedenke das Ende." Der lateinische Spruch „Quidquid agis prudenter agas et respice finem" ist aus seiner Amtsführung erkennbar. Der Rat „principiis obsta ..." könnte Maxime seines Verhaltens gegenüber den Massenmedien gewesen sein. Da gab es kein *„outing"*, und daher war auch kein *„styling"* notwendig. Die ständige Anständigkeit und die

Stetigkeit einer schlichten Amtsführung faszinieren im „Jahrhundert der Stars" wenig. Aber sie verwirklichen den Anspruch, den eine demokratische Republik an ihre Amtsträger stellt. Durch sie konnte man in die Rechtschaffenheit und Geradlinigkeit seiner Politik unbedingtes Vertrauen setzen. Mimik, Gestik und Rhetorik waren stets gleich. Selbstgefälligkeit und Eitelkeit fehlten, und er bekam ein Gesicht, das immer sein wahres Gesicht zeigt und niemals Maske wird. So wurde es das Gesicht der Autorität der Republik, ganz unspektakulär und unprätentiös.

Politik wird in der Demokratie durch Worte gemacht. Sie ist ein Polylog, wobei die Wortmeldungen im größeren Bereich der Politik nicht geregelt sind, wenn sich auch ein Ritual herausgebildet hat, das nach Rollenverteilungen der Parteien in den Massenmedien ziemlich rigide eingehalten wird. Im Polylog der Politik kommt der Bundespräsident, erfahrungsgemäß, weniger zu Wort und ins Bild als andere, und auch wenn er es will, ist er nicht als erster im Bild und am Wort. Wenn Politik in Recht umgewandelt wird, kommt es zu einem geordneten Prozeß, insbesondere zum und im Wege der Gesetzgebung. Die große Kunst im ungeregelten Bereich besteht darin, zum richtigen Zeitpunkt und Anlaß das richtige Wort zu finden. Viele Akteure vergessen die alte Erfahrung „et iam dimissium volat irrevocabile verbum". Kirchschläger hat die Verantwortlichkeit des Formulierens und des Umganges mit dem Wort ernst genommen. Man hat gelegentlich Worte und Reden als zu salbungsvoll empfunden; Journalisten haben ihm den Spitznamen „Pater Rudi" gegeben. Aber das Wächter- und Mahneramt verlangt eben von Zeit zu Zeit „Staatspredigten". Man hat an seinen Reden manchmal die Überhöhung ins Unverbindliche kritisiert. Wenn der Bundespräsident für Grundwerte eintrete, zur Umkehr und zur Moral mahne, ohne Namen zu nennen und konkrete Akte zu setzen, so sei das zu wenig. Dem muß entgegengehalten werden, daß konkrete Sanktionen dem Bundespräsidenten nur in der Präsidentschaftskanzlei zustehen. Er steht außerhalb der übrigen staatlichen Verwaltung, und konkrete Aktionen sind für ihn schwierig zu bewerkstelligen. Gegenüber Ländern und Gemeinden hat er keine Machtmittel. Die ihm gegenüber dem Bund alleine zustehenden sind im wesentlichen die Entlassung des Bundeskanzlers oder der gesamten Regierung. Diese kommen aber nur als ultimae rationes in Betracht. Schon beim einzelnen Bundesminister oder Staatssekretär ist er auf einen Vorschlag des Bundeskanzlers angewiesen, um sie zu entlassen. Andere Amtsträger stehen überhaupt außerhalb seiner Ingerenz. Von der Verfassung her gesehen, ist seine Position gegenüber der Regierung auf Zusammenarbeit auf der Grundlage wechselseitigen Vertrauens angelegt. Seine Position ist nicht die einer Opposition zur Regierung. Im Zuge dieser Kooperation kann er kontrollieren, wobei die Art und Weise dieser Kontrolle in seinem Ermessen steht. Er kann liegenlassen und nein sagen, wobei aber auch dafür Gründe vorhanden sein müssen. Er darf und soll die Initiativen der Regierung prüfen, aber er hat, abgesehen vom *timing* und einem eventuellen Veto keine rechtlichen Möglichkeiten von Sanktionen.

Durch die längste Amtsführung, die einem Bundespräsidenten bisher vergönnt war, wurde die Bundespräsidentschaft durch Kirchschläger von manchen hohen Erwartungen und gewissen Illusionen befreit. Insoweit war seine Amtsführung Aufklärung. Das gilt insbesondere auch für die Regierungsbildung, dem wichtigsten innenpolitischen Akt, der vom Bundespräsidenten Initiative verlangt. Kirchschläger hat nie ein Hehl daraus gemacht, daß er eine große Koalition begrüßt hätte. Er hat sich aber nicht als „Ehevermittler" verstanden und glaubte, daß man hier die Parteien nicht binden dürfe. Vieles von seiner Aufklärung ist vergessen worden. Bei der Wahl seiner Nachfolger wurde wiederholt daran erinnert, wie viele rechtliche Möglichkeiten die Bundesverfassung durch Stellung und Zuständigkeiten einräumt. Während der Amtsperioden wurden aber immer wieder die Schranken des Amtes bewußt. Bei Emotionalisierung und mit einer Politik der Gefühle werden immer wieder die Erwartungen im Hinblick auf ein relativ groß angelegtes Staatsoberhaupt steigen. Der Realitätssinn erkennt dann in der Praxis die Schranken des Amtes. Da die Wirklichkeit nach Johann Nestroy immer der schönste Beweis für die Möglichkeit ist, sind die zwei Amtsperioden Kirchschlägers ein besonders schönes Zeugnis. Er wurde der „Unantastbare".

Literatur- und Quellenverzeichnis

Kirchschläger, Rudolf (1983). Integration und Neutralität, in: Erich *Bielka* / Peter *Jankowitsch* / Hans *Thalberg* (Hg.): Die Ära Kreisky. Schwerpunkte der österreichischen Außenpolitik, Wien.

Kirchschläger, Rudolf (1984). Der Friede beginnt im eigenen Haus, Wien.

Jaminsky, Borys (1975). Der Weg in die Hofburg. Dr. Rudolf Kirchschläger, Wien.

Mock Alois / Herbert *Schambeck* (Hg.) (1990). Verantwortung in unserer Zeit. Festschrift für Rudolf Kirchschläger, Wien.

Schenz, Marco (1984). Bundespräsident Rudolf Kirchschläger, Wien.

Verosta, Stephan (1982). Rudolf Kirchschläger, in: Friedrich *Weissensteiner* (Hg.): Die österreichischen Bundespräsidenten, Wien.

Lebensdaten

1915	am 20. 3. in Niederkappel, Oberösterreich geboren
1935	Matura in Horn
1938	Deutsche Wehrmacht, zuletzt Hauptmann d. R.
1940	Promotion zum Doktor der Rechtswissenschaft
1940	Heirat mit Herma Sorger
1944	Geburt der Tochter Christa
1945	amerikanische Kriegsgefangenschaft
1947	Geburt des Sohnes Walter

Berufliche Karrierestationen

1938	Angestellter beim Oberösterreichischen Volkskredit in Linz
1947	Richter in Langenlois
1954	dem Bundeskanzleramt Auswärtige Angelegenheiten zugeteilt
1956	Leiter der Völkerrechtsabteilung
1963	Kabinettchef
1967	Gesandter in Prag

Staatliche Funktionen

1970–1974	Bundesminister für Auswärtige Angelegenheiten
1974–1986	Bundespräsident

Josef Klaus

von
Ernst Hanisch

Der Wahlsieg des großen Bruno Kreisky über Josef Klaus 1970, dann die dreizehnjährige Alleinherrschaft der SPÖ haben die historischen Perspektiven verschoben und die vierjährige Alleinregierung der ÖVP (1966–1970) überdeckt und einigermaßen aus dem kollektiven Gedächtnis gedrängt. Eine faire Geschichtsschreibung jedoch wird das Ende der konservativen „langen fünfziger Jahre" und den Beginn einer neuen Modernisierungswelle in Österreich ab Mitte der 1960er Jahre datieren müssen.

Josef Klaus selbst hat sein lebenslanges Programm bei der Eröffnung der Salzburger Festspiele 1978 deutlich formuliert: „Laßt uns hingegen dort, wo immer Reformbedürftigkeit offenbar wird, kräftig reformieren; verändern wir, wo es überkommene Substanz und Form erfordert; lassen wir die Neuen und Jungen herein! Aber lassen wir uns nie einreden, das Moderne hätte an die Stelle der Tradition zu treten; es kann sich höchstens an ihrer Seite und in ihrer Lehre bewähren" (Klaus 1978, 16). Bei Klaus ging es um ein Gleichgewicht von Tradition und Moderne, bei Kreisky um die Priorität der Moderne; das macht das unterschiedliche politisch-intellektuelle Profil der beiden Regierungschefs in einer Reformära sichtbar.

In der Pensionsreife, anläßlich seines 65. Geburtstages, sagte Klaus über sich: „Ich muß sagen, daß ich ein sehr glücklicher Mensch bin . . ." (Klaus 1978, 39). Kann man sich einen solchen Satz von dem alten, kranken, verbitterten Bruno Kreisky vorstellen?

Am Hohen Frauentag, am 15. August des Jahres 1910, wurde Josef Klaus in einer katholisch-kleinbürgerlichen Familie im südkärntnerischen Mauthen geboren. Der frühe Tod des Vaters ließ die Mutter, eine Bergbauerntochter, als dominante Figur hervortreten. Das kleingewerblich-bergbäuerliche Milieu der Herkunft gab Klaus die Zähigkeit, den enormen Fleiß, den Bildungshunger, die Liebe zu den Bergen, aber auch eine gewisse Rechthaberei und einen alpenländischen Starrsinn mit auf seinen politischen Weg; in Kärnten nicht selbstverständlich, gehörte eine tiefe religiöse Prägung und ein abendländisches Sendungsbewußtsein, eine als Erbe verpflichtende Latinität zu seiner intellektuell-emotionalen Ausstattung. Ein guter, aber kein braver Schüler, durchaus aufsässig und zur Rädelsführerschaft begabt, erfolgte seine politische Sozialisation über den Katholischen Mittelschüler-Kartell-Verband (MKV) und später, als Jus-Student in Wien, über die CV-Verbindung „Rudolphina". Sein politisches Talent erprobte er als Vorsitzender des katholisch-deutschen Hochschulausschusses. Wie in diesem Milieu in den dreißiger Jahren geläufig, schwärmte er vom „Reich", war großdeutsch, und wie ein Flugblatt belegt, auch antisemitisch gesinnt. 1932/1933 trennten sich die Wege der katholisch-großdeutschen von den deutschnationalen, nun nationalsozialistischen Studenten; bei Klaus durch eine Kopfverletzung, die ihm ein NS-Student bei einem Samstagbummel in der Universität zufügte, handfest-nachdrücklich.

Im Jahr der Errichtung des falschbenannten „Ständestaates", 1934, promovierte Klaus und arbeitete als Sekretär des Vorsitzenden der Einheitsgewerkschaft Johann Staud, wechselte aber bereits zwei Jahre später in die wissenschaftliche Abteilung der gleichgeschalteten Arbeiterkammer. Dort lernte er Benedikt Kautsky kennen und schätzen. Ein gewisses soziales Engagement, eine Hochschätzung wissenschaftlicher Expertise, das Bedürfnis nach „Sachlichkeit" in der Politik dürften in diesen Jahren verstärkt worden sein.

Der Beginn der NS-Herrschaft trieb Klaus kurzfristig in die Privatwirtschaft und von 1939–1945 in den Kriegseinsatz. Seine Position gegenüber dem Nationalsozialismus kann am genauesten mit der Chiffre „Innere Emigration" umschrieben werden. Keine Opposition, aber ein Abtauchen in einen erneuten Katholizismus, der sich im engeren Freundeskreis in Salzburg artikulierte und dessen geistige Leitfigur der von Klaus geliebte Dichter Reinhold Schneider darstellte (Klaus 1983, 103–117).

Nach einer kurzen Kriegsgefangenschaft kehrte er zu seiner Familie nach Hallein zurück. Sein Ziel war die Rechtsanwaltsprüfung und eine bescheidene politische Karriere. Gleichzeitig engagierte er sich als Mitarbeiter der Katholischen Aktion und als enger Berater von Erzbischof Andreas Rohracher von Salzburg. Aus den Zerstörungen des Zweiten Weltkrieges hatte sich ein selbstbewußter, siegessicherer Katholizismus erhoben, der sich als Erbe der ganzen Tradition des Abendlandes verstand, dem Guten, Wahren und Schönen verpflichtet, und der sich voll auf der Höhe der Zeit glaubte. Selbstsicher leitete die Katholische Kirche die Versöhnung mit den ehemaligen Nationalsozialisten ein; bevor noch die politischen Parteien um diese Stimmen buhlten. Erzbischof Rohrachers umstrittene Befriedungsrede in Innsbruck (1947) hat Klaus mitformuliert.

1949 wurde der „gänzlich unbekannte Dr. Klaus" zum Landeshauptmann von Salzburg gewählt. Vorausgegangen war eine schwere Wahlniederlage der ÖVP bei den Landtagswahlen (–13 Prozent) und eine turbulente Parteikrise. Klaus präsentierte sich autoritätsbewußt als Vertreter der Heimkehrergeneration – und somit im Gegensatz zur vorhergehenden KZ-Generation –, als Vertreter des Prinzips Sachlichkeit gegen Parteipackelei hinter verschlossenen Türen. Seine politischen Entscheidungen ließ er durch Enqueten und wissenschaftliche Gutachten vorbereiten. Persönlich freilich blieb er ebenso ehrgeizig wie empfindlich gegenüber Kritik, im „Besitze der Wahrheit" war er rasch kränkbar. Schon früh haben die Salzburger Sozialisten „das strotzende Gefühl der Vollkommenheit" an dem neuen Landeshauptmann kritisiert (Huber 1980).

Mit Josef Klaus endete die „Wildwestzeit des Wiederaufbaues" in Salzburg; es begann ein neuer Stil der Politik, der sich stärker an rechtsstaatlichen Prinzipien orientierte. Begünstigt durch die amerikanische Besatzungszone, beispielsweise durch verstärkte Marshallplangelder (Kaprun!), holte der „goldene Westen" ökonomisch rasch auf und setzte sich auf die Überholspur. Das Inlandsprodukt je Erwerbstätigem stieg in Salzburg von 91 Punkten (1952) auf 102 Punkte (1961), der österreichische Durchschnitt wird hier mit 100 Punkten gerechnet (Huber 1980, 172).

Sein taktisches politisches Talent bewies Klaus beim Bau des neuen Festspielhauses. Gegen enorme Widerstände – schließlich war die Stadt Salzburg noch von Barackensiedlungen umlagert; die FPÖ erwies sich als geschickt agierende populistische Partei – gelang es dem Landeshauptmann, eine Gegnergruppe nach der anderen auszuschalten oder zu beruhigen. Trotz riesiger Kostensteigerung wurde der Bau 1960 fertiggestellt (Huber 1980, 130–140).

Als Salzburger Kulturaufgabe entwarf Klaus eine große Vision, die sich ziemlich genau in den konservativen Geist der 50er Jahre einfügte. Salzburg sei die Stätte, wo das große lebendig bewegte Bild der christlich-humanistischen Kultur des Abendlandes in seiner landschaftsgebundenen österreichisch-salzburgerischen Prägung sich entrolle. Der modernen Kunst des Nihilismus und Scheiterns hielt der Landeshauptmann die wahre Natur des Menschen entgegen: das rechte Maß, die Einheit von Schönheit und Wahrheit, das Zusammenspielen von Künstler und Publikum. Konsequenterweise stellte er sich an die Spitze derjenigen, die eine Zusammenarbeit zwischen Bert Brecht und den Salzburger Festspielen verhinderten.

Die große Koalition in der Staatspolitik keuchte zu Beginn der 1960er Jahre ihrem Ende entgegen. Das ausgefeilte Proporzsystem geriet zunehmend in die öffentliche Kritik. Dem kranken Bundeskanzler Julius Raab wurde nach und nach das Ruder entzogen. Der Wiener und niederösterreichischen Politik mit dem Weinglas und der Virginia setzten die Reformer aus den Bundesländern das Modell einer kantigeren, sachgerechteren, ideologiefesteren Politik entgegen. Die SPÖ fürchtete das Ende des großen Konsenses und die Rückkehr zur Konfliktpolitik der Ersten Republik. Die Regierungen Gorbach I und II (1961–1964), die Regierung Klaus I (1964–1966) bildeten Brücken zur Phase der Alleinregierungen.

Josef Klaus gelang das Kunststück, in dieser Übergangsphase als Finanzminister (1961–1963) und Bundeskanzler führend beteiligt gewesen zu sein und trotzdem den Ruf des Reformers bewahrt zu haben. Das hängt zum einem damit zusammen, daß Klaus dem statischen Konservativismus eines Julius Raab einen aufgeklärten Konservativismus entgegenhielt, der die Impulse, die von der Transformation der österreichischen Gesellschaft in den 1960er Jahren ausgingen, stärker verarbeite; das hängt zum anderen mit seiner Rolle als Finanzminister der Regierung Gorbach I zusammen. Er übertrug den simplen Grundsatz des kleinbürgerlichen Haushaltes auf den Staatshaushalt: „Man kann nur ausgeben, was man einnimmt ..." (Klaus 1971, 70). Er suchte den Konflikt, auch mit den Regierungskollegen der eigenen Partei, und galt bald als Zuchtmeister der Koalition. Demonstrativ weigerte er sich, der Regierung Gorbach II anzugehören (was in der Öffentlichkeit als „Rücktritt" verstanden wurde), und zog sich in Warteposition auf den Vorsitz der Salzburger ÖVP zurück, den er seit 1952 innehatte.

In beiden großen Parteien begann eine „Revolution der Experten", getragen von den wissenschaftlichen Stäben der Interessenvertretungen. Heinrich Drimmel, der Exponent der großen Koalition und bald der Gegenpol zu Josef Klaus, spottete über die Technokraten und sogenannten Kybernetiker, die sich der ÖVP zu bemächtigen begannen und die Politik amerikanisierten (Drimmel 1975, 343). Doch entscheidend war der Dynamisierungsprozeß in der Gesellschaft selbst. Die Konturen der modernen Konsumgesellschaft, der modernen Dienstleistungsgesellschaft, der modernen Informationsgesellschaft zeichneten sich ab. Gleichzeitig veränderten sich die Mentalitäten. Die Kirche öffnete sich im Zweiten Vatikanischen Konzil (1962–1965) gegenüber der Welt, die unabhängige „öffentliche Meinung" (Rundfunkvolksbegehren 1964) eroberte sich eine freiere Position, die Bildungsreform schuf ein Potential kritischer Intelligenz, die Jugendrevolte der Studenten meldete sich mit einer Globalkritik an der Gesellschaft, die „sexuelle Revolution" warf die saubere Familienideologie der „fünfziger Jahre" über den Haufen, kurz: in fast allen Dimensionen begann ein Prozeß der Öffnung, der dominante Sozialtypus „Angestellter" war auch politisch mobiler.

Innerhalb der ÖVP endeten die „langen fünfziger Jahre" beim Parteitag in Klagenfurt 1963. Der Sieg des Duos Klaus/Withalm leitete einen Reformprozeß ein, der sich auf Sachlichkeit und Verwissenschaftlichung der Politik („Aktion 20") berief und der das Programm einer „Verlebendigung der Demokratie" ausgab.

Klaus, der sich keinem „Bund" zugehörig fühlte, wollte das Gewicht der Gesamtpartei stärken und so moderne Strukturen in die ÖVP einführen. Hierbei scheiterte er an der

Macht der Bünde. Es gelang lediglich, die Bünde finanziell stärker an die Zentrale zu binden.

Auch in der SPÖ begann ein Reformprozeß, der sich jedoch in der Olah-Krise (1964) und in anderen Fehlentscheidungen selbst blockierte. So konnte sich die ÖVP 1966 als moderne, entschlackte Reformpartei präsentieren, während die SPÖ in Cliquenkämpfen verstrickt, alt, traditionell und verbraucht aussah. Die Veränderungen der Gesellschaft einerseits, die Selbstblockade der SPÖ andererseits führten die ÖVP auf das Siegerpodest des Wahljahres 1966 und verschafften ihr die absolute Mehrheit der Mandate im Nationalrat.

Doch Klaus und die ÖVP wagten den Alleingang erst, als zwei Wochen lange Koalitionsgespräche gescheitert waren. Österreich hielt einen Augenblick den Atem an. Wird das Experiment der Alleinregierung gutgehen, sind die Gespenster der Ersten Republik bereits gebannt? Es war dann Bruno Kreisky, welcher später der Volkspartei bestätigte, daß sie „alles in allem korrekt regiert", daß es sich „um untadelige Politiker" gehandelt hatte (Kreisky 1988, 394).

Die Regierung Klaus II war das übliche Gemisch der ÖVP-Bünde und der Bundesländerinteressen. Der CV erlebte wieder eine große Stunde. Die Mehrheit der Minister, 23 Prozent der ÖVP-Mandatare im Nationalrat, 32 Prozent der Sektionschefs gehörten ihm an (Hartmann 1994, 184, 208). Aus dem intellektuell beweglich gewordenen CV stammte auch die „Baumschule" des politischen Nachwuchses (Josef Taus, Alois Mock, Heinrich Neisser). Das Signal, eine Frau – Grete Rehor, die Kampfgefährtin von Klaus aus den Tagen der christlichen Arbeiterbewegung – in die Regierung aufzunehmen, wurde zunächst wenig gewürdigt. Der Historiker der ÖVP, Ludwig Reichhold, urteilte insgesamt mit einer gewissen Härte: Die ÖVP-Alleinregierung von 1966 war „das Produkt einer Art politischer Inzucht"; sie trat an „ohne ein der heutigen Gesellschaft angepaßtes Konzept" (Reichhold 1975, 371, 375). Klaus suchte nach einer „Demokratisierung der Politik" zu einem Zeitpunkt, an dem der soziale Wandel bereits die „Demokratisierung der Gesellschaft" einforderte.

Parlament und Sozialpartnerschaft gewannen an politischer Selbständigkeit. Der parlamentarisch unerfahrene Klaus fühlte sich nicht einmal im ÖVP-Klub zu Hause, wie er in seinen Memoiren zugesteht (Klaus 1971, 170). Dort herrschte der Generalsekretär und Klubobmann Hermann Withalm, der bald zum eigentlichen Machtzentrum der ÖVP heranwuchs, durchaus loyal zu seinem Kanzler, aber dennoch in eine Konkurrenzsituation gedrängt (Withalm 1973).

Die ÖVP-Alleinregierung ließ den Kontakt zur parlamentarischen Opposition nie abreißen. Nur 12 Prozent der Gesetze dieser Legislaturperiode wurden mit einer ÖVP-Mehrheit beschlossen. Aber auf seiten der SPÖ stand dem Regierungschef seit 1967 nicht mehr der in der Öffentlichkeit wenig attraktive, starre Bruno Pittermann gegenüber, sondern der vielseitige, versatile, mit der Phantasie spielende Bruno Kreisky. Im Schatten von Kreisky – dem späteren „Sonnenkönig" – wird sich Klaus nun auch im kollektiven Gedächtnis bewegen müssen. In einer Zeit der Personalisierung der Politik wurde die Präsentation im Fernsehen von ausschlaggebender Bedeutung. Klaus fühlte sich vor diesem Medium gehemmt und scheu. Dabei brachte er, der braungebrannte Schifahrer und Bergsteiger – die Opposition spottete über den Supersportler der Nation – einiges an publikumswirksamer Ausstrahlung mit, das freilich durch die oberlehrerhaften Gebärden durchkreuzt wurde. Ganz anders sein Kontrahent Bruno Kreisky, der sich unter Journalisten wohlfühlte und dabei zur großen Unterhaltungsform auflief. Der Vision der „sozialen Leistungsgemeinschaft", wie sie Klaus propagierte, setzte Kreisky die Vision der sozialen Demokratie entgegen: nicht nur eine Demokratisierung der Politik, sondern aller Felder der Gesellschaft.

Paradoxerweise hatte die ÖVP-Alleinregierung jenes Medium erst geschaffen, auf dem Kreisky dann virtuos spielen sollte. Klaus fühlte sich den über 800.000 Unterzeichnern des Rundfunkvolksbegehrens von 1964 verpflichtet und ließ bereits 1966 das ORF-Gesetz beschließen. Nun konnte der rechtsliberale Generalintendant Gerd Bacher darangehen, einen relativ unabhängigen Rundfunk, ein relativ proporzfreies Fernsehen zu schaffen. Die atmosphärische Veränderung des öffentlichen Diskurses, in Richtung antiautoritäre Kritik, wurde im ORF aufgenommen. Die redlich um Reform bemühte Regierung Klaus wurde nicht nur vom eisigen Wind der Opposition geschüttelt, ungewohnterweise erfaßte sie nun auch eine wesentlich härtere, weniger parteipolitisch ausgerichtete öffentliche Kritik.

Die Regierung begann mit einem Reformelan sondergleichen, die Gesetze überstürzten sich. Klaus ließ das Parlament nicht zur Ruhe kommen, bald maulte selbst der überforderte ÖVP-Parlamentsklub, und die zurückgedrängten ÖVP-Bünde schauten nach einem weniger abgehobenen, weniger belehrenden Regierungschef aus. Der ernstgemeinte Dialog mit den Wissenschaften irritierte die gestandenen Interessenpolitiker, die sich von außen, von den lebensfernen Theoretikern nicht in das harte politische Geschäft hineinpfuschen lassen wollten. Das schwächte die Autorität des Kanzlers in der eigenen Partei ganz entscheidend.

Bundeskanzler Dr. Josef Klaus (links), 1968, mit dem designierten Vizekanzler Dr. Hermann Withalm (rechts) und Kabinettchef Dr. Alois Mock (Mitte)

Dazu kam die ökonomische Krise von 1967, genauer, eine Abschwächung des Wachstums auf 2,8 Prozent, was damals schon als Krise empfunden wurde, jedenfalls Strukturschwächen der österreichischen Wirtschaft bloßlegte. Im Frühjahr 1967 hatte das „big bargain" zwischen dem Finanzminister und den Sozialpartnern stattgefunden: eine Senkung der Lohn- und Einkommensteuer als Preis für gemäßigte Lohnforderungen der Gewerkschaften. Auf die Konjunkturabschwächung reagierte die Regierung Klaus mit dem Koren-Plan – dem Entwicklungsplan des wohl fähigsten Mannes der Regierung, des Staatssekretärs und Finanzministers Stephan Koren, der aus der Wissenschaft kam und über die „Aktion 20" entdeckt worden war – und einer strengen Austerity-Politik. Konkret hieß das: eine massive Steuererhöhung, vor allem die Einführung einer Sondersteuer für Alkohol und Autos. Das jedoch betraf heilige Symbole der Konsumgesellschaft; dementsprechend groß war die Verärgerung in der Bevölkerung.

Dazu kam zu Beginn der Alleinregierung der aufbrechende Bauskandal, Korruptionsvorfälle beim Straßenbau, der zahlreiche ÖVP-nahe Firmen und zahlreiche hohe Beamte betraf. Das war zwar ein Erbe der Vergangenheit, und Klaus versuchte rechtschaffen, den Skandal rechtsstaatlich aufzuarbeiten. Aber der Image-Verlust für die ÖVP griff tief.

Das zeigte sich bei Regional- und Lokalwahlen des Jahres 1967, die für die ÖVP verlorengingen. Wahlverluste aber heißen bei der ÖVP stets – Führungsdiskussionen. Die Position des Kanzlers Klaus war schwer angeschlagen. Ungeschickt reagierte er zunächst 1967 mit der verfehlten Ankündigung einer „Hofübergabe" an Hermann Withalm, um dann 1968 mit einem Kraftakt, dem „Paukenschlag", der Regierungsumbildung mit dem Aushängeschild Stephan Koren, die Offensive in der Öffentlichkeit zu ergreifen, unterstützt von Karl Pisa als Staatssekretär für Information. Tatsächlich gelang es, die Wirtschaft wieder anzukurbeln, nicht zuletzt wegen der strukturverbessernden Wachstumsgesetze. Das reale Brutto-Inlandsprodukt stieg bereits 1969 wieder auf 5,5 Prozent. Von der anhaltenden Hochkonjunktur profitierte dann aber nicht die Regierung Klaus, sondern die Regierung Kreisky.

Den Modernisierungspfad betrat die Regierung Klaus entschieden im Bildungssektor. Impulse kamen von der Wirtschaft – weiteres Wachstum braucht hochgebildete Fachkräfte, Impulse kamen von der internationalen Studentenbewegung – Beseitigung der Ordinarienuniversität, Demokratisierung der Bildung. Allein in den vier Jahren der ÖVP-Alleinregierung wurden 22 höhere Schulen gegründet (Mock 1981, 19). Das Hochschulstudiengesetz von 1966, Gründung des Forschungsförderungsfonds, Hochschulreformkommission etc. belegen die Anstrengungen der Regierung. Tatsächlich stieg die Zahl der Studierenden von 20.000 (1958/59) auf 88.000 (1973/74) (Hartmann 1994, 195).

Modernisierung hieß damals noch bauen: mehr Straßen, mehr Wohnungen. Die große Wohnbaureform von 1967/68 verlagerte die Kompetenz zu den Bundesländern, führte die Subjektförderung ein, förderte die Eigentumswohnungen. Der Bau des Atomkraftwerkes Zwentendorf, des Allgemeinen Krankenhauses in Wien, der UNO-City wurden in dieser Regierungsperiode beschlossen.

Das Dauerproblem der Politik in der Zweiten Republik, die Reform der verstaatlichten Industrie, versuchte die Regierung Klaus mit dem ÖIG-(später ÖIAG)Gesetz zu lösen. Mit relativ wenig Erfolg. Die Proporzgesinnung der beiden großen Parteien konnte nicht entscheidend gebrochen werden.

Vieles wurde begonnen, blieb aber liegen: die Strafrechtsreform, die am Einspruch der Kirche scheiterte, die Formulierung des Grundrechtskataloges (ein Lieblingsprojekt des Kanzlers), die Gewerbereform ...

In der Außenpolitik ging die Regierung Klaus den Weg einer aktiven Neutralitätspolitik weiter. Durch systematische Staatsbesuche in den kommunistischen Nachbarländern versuchte der Bundeskanzler eine neue Dialogphase zu eröffnen und den Wissenschaftstransfer zu fördern. Die Kritik der FPÖ – „Österreich gehe von der Neutralität des Julius Raab zum Neutralismus des Josef Klaus" (Mock 1981, 23) – schoß angesichts des entschiedenen Antikommunismus des Bundeskanzlers grob daneben. Berechtigter war dann die Kritik an der österreichischen Regierungspolitik beim Einmarsch der Warschauer-Pakt-Staaten in der Tschechoslowakei am 21. August 1968. Im Vergleich zu 1956 war die Reaktion 1968 tatsächlich eher lahm und ängstlich, traten massive Koordinationspannen auf.

In zwei für die österreichische Außenpolitik zentralen Punkten konnte die Regierung jedoch Erfolge erzielen: in der Südtirolpolitik (Paktlösung 1969) und in der Wiederaufnahme der Verhandlungen mit der EWG.

Die Bilanz der ÖVP-Alleinregierung war keineswegs schlecht, die Modernisierung Österreichs wurde in Gang gesetzt. Bei den Nationalratswahlen 1970 setzte Klaus dann alles auf eine Karte – entweder eine absolute Mehrheit für die ÖVP oder er geht! Klaus verlor – und ging tatsächlich aus der Politik. Das sozialdemokratische Jahrzehnt begann in Österreich.

Niemand hat Josef Klaus besser charakterisiert als er sich selbst (hier schlug wohl die Gewissensprüfung eines beichterfahrenen Katholiken durch). Der Hang zur Pedanterie eines notorischen Frühaufstehers, eine oberlehrerhafte Belehrungssucht, die leicht in Ungeduld ausartete, Expreßzug und Personenzug in einem sein zu wollen, wenig Ironie und spielerische Leidenschaft, dazu ein nicht leicht zu bändigender Ehrgeiz, so unerbittlich kritisiert er sich in seinen Memoiren. Ein bezeichnendes Detail gibt der Person des Dr. Josef Klaus aber eine über die Tagespolitik reichende Signifikanz: Er erkannte scharfsinnig die fundamentalen Veränderungen, die das Computerzeitalter auslösten. Als Bundeskanzler ließ er sich durch Privatstunden in das Geheimnis der neuen Technologie einführen. Als großer Kommunikator hat Josef Klaus wohl versagt; hierin war ihm Bruno Kreisky weit überlegen. Er verkörperte eher die Rolle des Chefs und Vordenkers, der aber wenig delegieren konnte und so an den Details haften blieb.

Klaus' Bruch mit der Politik war radikal und total. Er schrieb beachtenswert selbstkritische Memoiren. Sonst schwieg er beharrlich. Manche Kritiker meinten allerdings, daß er die ÖVP im Stich ließ. Vergleicht man jedoch das eiserne Schweigen des Dr. Klaus mit der quengelnden Altersbosheit des Dr. Kreisky, so lag in seinem Verhalten wohl mehr Würde.

Klaus mutierte zum Typus der „neuen Alten". Er las viel, er reiste viel, er betrieb Sport. Von dem Pensionisten Klaus kann man tatsächlich sagen: Er war ein glücklicher Mensch!

Literatur- und Quellenverzeichnis

Drimmel, Heinrich (1975). Die Häuser meines Lebens, Wien.

Hartmann, Gerhard (1994). Der CV in Österreich, Graz.

Huber, Wolfgang (Hg.) (1980). Landeshauptmann Klaus und der Wiederaufbau Salzburgs, Salzburg.

Klaus, Josef (1971). Macht und Ohnmacht in Österreich. Konfrontationen und Versuche, Wien.

Klaus, Josef (1978). Rede zur Eröffnung der Salzburger Festspiele 1978, Salzburg.

Klaus, Josef (1983). Die Wirkungen Werner Bergengruens und Reinhold Schneiders in unserer Kriegs- und Nachkriegsgeneration, in: Jochen *Jung* (Hg.): Vom Reich zu Österreich, Salzburg.

Klaus, Josef (1985). Führung und Auftrag, Graz.

Kreisky, Bruno (1988). Im Strom der Politik. Der Memoiren zweiter Teil, Wien.

Mock, Alois (Hg.) (1981). Durchbruch in die Moderne, Graz.

Reichhold, Ludwig (1975). Geschichte der ÖVP, Graz.

Weinzierl, Erika (1983). Josef Klaus, in: Friedrich *Weissensteiner* / Erika *Weinzierl* (Hg.): Die österreichischen Bundeskanzler. Leben und Werk, Wien.

Withalm, Hermann (1973). Aufzeichnungen, Graz.

Lebensdaten

1910	am 15. 8. in Mauthen (Kärnten) geboren
1925	Eintritt in die katholische Mittelschülerverbindung „Gothia“
1929–1934	Jus-Studium in Wien (Dr. iur., 1934)
1929	Eintritt in die CV-Verbindung „Rudolphina“
1932/33	Vorsitzender der Katholisch Deutschen Hochschülerschaft Österreichs
1934	Heirat mit Erna Seywald, Tochter eines Halleiner Kaufmannes

Berufliche Karrierestationen

1934–1936	Sekretär von Johann Staud, Präsident des Einheitsgewerkschaftsbundes
1936–1938	Mitarbeiter der Abteilung für Volkswirtschaft und Statistik der Wiener Arbeiterkammer
1938/39	Tätigkeit in der Privatwirtschaft (Holzhandlung Reder)
1939–1945	Deutsche Wehrmacht
1945–1949	Rechtsanwaltanwärter und selbständiger Rechtsanwalt in Salzburg und Hallein

Staatliche Funktionen

1949–1961	Landeshauptmann von Salzburg
1961–1963	Bundesminister für Finanzen
1964–1970	Bundeskanzler

Parteipolitische Ämter

1948	Bezirksparteiobmann der ÖVP für den Tennengau
1952–1963	Landesparteiobmann der ÖVP in Salzburg
1958–1970	Mitglied des Bundesvorstandes der ÖVP
1963–1970	Bundesparteiobmann der ÖVP

Theodor Körner

von
Peter Gerlich

Als Theodor Körner 1949 von der Schweizer Gesandtschaft zur Unabhängigkeitsfeier eingeladen war, hielt er eine der von seinen Beratern gefürchteten spontanen Reden und begann mit folgenden Worten: „Wir feiern heute den Tag, an dem die Schweizer die Habsburger aus dem Land hinausgeworfen haben. Leider sind wir Österreicher diesem Beispiel erst 650 Jahre später gefolgt." Die konservative Seite der österreichischen Öffentlichkeit reagierte empört, und die sogenannte „Schweizer Affäre" beeinträchtigte zumindest vorübergehend das Ansehen des Wiener Bürgermeisters.

Dieser Zwischenfall wirft ein Licht sowohl auf die schwierigen politischen Verhältnisse am Beginn der Zweiten Republik wie auch auf die Person des späteren Bundespräsidenten. Trotz politischem Neubeginn nach 1945 und trotz großer Koalition war das gegenseitige Mißtrauen und Mißverstehen zwischen den politischen Lagern noch stark. Und Körner war als ehemaliger Militär kein gefinkelter und vorsichtiger Politiker. Er stand für die Sozialdemokratie, der er sich nach dem Ersten Weltkrieg angeschlossen hatte, und für deren Werte ein. Und er machte aus seinem Herzen keine Mördergrube.

Der Weg bis zum Bürgermeister des roten Wiens der Nachkriegszeit und bis in die Amtsräume des Bundespräsidenten in der Wiener Hofburg war weit. Körner entstammt einer k. u. k. Offiziersfamilie, er war ein „Tournisterkind". Als Sohn des Hauptmanns Theodor Karl Körner am 24. 4. 1973 nahe der ungarischen Festung Komorn geboren war Körner, wie er selbst 1952 sagte, „aus Böhmen stammend, in Ungarn geboren, und dennoch ein Österreicher". Der Vater wurde aus Gesundheitsgründen frühzeitig pensioniert, später als kleiner Beamter im Finanzministerium angestellt. Wie sein Bruder Richard durchlief Theodor Körner höchst erfolgreich die Ausbildung zum Offizier. 1887 wurde er in die Militäroberrealschule in Mährisch Weißkirchen aufgenommen und bestand 1891 die Aufnahmsprüfung in die technische Militärakademie in Wien, die er als Jahrgangsserster verließ. Er trat dann in die Pionierwaffe ein und absolvierte 1897–1899 die Kriegsschule, die Vorbildungsschule für den Generalstab. 1900 wurde Vater Körner als „Edler von Siegringen" in den Adelsstand erhoben. Theodor Körner machte wenig Gebrauch von dem auch ihm zustehenden Adelsprädikat.

Körner galt als ausgezeichneter Offizier. Seine Dienstbeurteilungen sind äußerst positiv. 1913 ergänzt etwa der Chef des Generalstabes, Conrad von Hötzendorf, knapp, aber eindeutig eine geradezu euphorische Beschreibung des unmittelbaren Vorgesetzten mit dem Zusatz „Einverstanden – hervorragend tüchtig; selbständig wirkend". Diese überaus guten Einschätzungen setzten sich auch während des Ersten Weltkrieges, in dem Körner zuletzt als Generalstabschef der Isonzoarmee tätig war, fort. Er war bei Kriegsende einer der erfolgreichsten und beliebtesten Offiziere der Armee, respektiert von Vorgesetzten und Untergebenen, hart gegen sich, aber auch gegen andere. Körner schreckte nicht davor zurück, Todesurteile für Deserteure zu bestätigen. Andererseits fehlte es ihm auch nicht an Selbstkritik. Der Sappeuroberleutnant Julius Raab, der spätere Bundeskanzler, berichtet von einer Inspektion durch Körner, der trotz feindlichem Artilleriebeschuß aufrecht durch die Stellungen ging. Raab folgte diesem Beispiel. Raab erzählt: „Der Körner hat mi' g'fragt, warum I mi' im Feuer exponier'. I hab g'horsamst g'meint, daß der Herr Oberst do' a ka Rücksicht auf sich nimmt. Da hat Körner zum G'spaß g'sagt, es sei eh' keine Not an Obersten in der Armee. Nur die guat'n Sappeuroffiziere wurderten rar" (Drimmel 1976). Wie immer man derartige Geschichten einschätzen mag, man muß doch auch annehmen, daß Körner als typischer altösterreichischer Offizier eingestuft werden konnte, der seinen Dienst pflichtbewußt versah, sich aber keineswegs für Politik interessierte.

Dies änderte sich nach 1918. Körner trat in die neugegründete republikanische Armee ein. Er übernahm die Leitung der Präsidialabteilung des Staatsamtes für Heerwesen. Für die meisten seiner früheren Kollegen wurde er dadurch zum Renegaten. Im nachhinein betrachtet, kann man davon ausgehen, daß es sein ausgeprägter Sinn für militärische und politische Realität war, der ihn zu diesem Schritt bewog. Jedenfalls stellte er seine Arbeitskraft und seine organisatorischen Fähigkeiten voll in den Dienst der neuen Sache und identifizierte sich sofort mit der Republik und allmählich auch mit den politischen Zielsetzungen der Sozialdemokratie, die nunmehr für die neue Volkswehr verantwortlich war. Der Sozialdemokrat Julius Deutsch, Staatssekretär für das Heerwesen, urteilte 1921 sehr positiv über seinen höchsten Beamten: „Körner war nicht allein fachlich eine von allen Seiten anerkannte erste Kraft, sondern, was in diesen schweren Zeiten noch wertvoller erschien, ein Mann von echtem Schrot und Korn. Politisch ein unbeschriebenes Blatt, wußte er sich alsbald gegen rechts wie gegen links durch seine unbeirrbare Objektivität durchsetzen" (Kollman 1973, 82). Als 1922 die Christlichsozialen das Heeresressort übernehmen, kam es zu immer stärkeren Gegensätzen mit dem neuen Minister, Carl Vaugoin. 1924 wurde Körner als General in den Ruhestand versetzt. Die teils sehr heftigen Kontroversen mit den Christlichsozialen wurden von ihm aber bis zum Ende des demokratischen Regimes fortgesetzt.

Mit der Pensionierung hörte Körner auf, Offizier zu sein. Er trat 1924 der Sozialdemokratischen Partei bei und wurde Politiker. Die Partei entsandte ihn in den Bundesrat, dem er bis 1934 angehörte, und auch in die Zentralleitung des Republikanischen Schutzbundes. Dennoch war Körner stets von seiner militärischen Sozialisation geprägt. Wie Botz (1982) richtig feststellt, blieb er politisch immer unkonventionell, konsequent, spontan, aber auch bis zu einem gewissen Grad hilflos in Dingen der praktischen Parteipolitik.

So konnte er sich mit seiner, wie die Ereignisse vom Februar 1934 nachträglich zeigten, berechtigten Kritik an der militaristisch ausgerichteten Führung des Schutzbundes nicht durchsetzen. Körner hätte für den Fall eines Bürgerkrieges eine defensive Guerillataktik befürwortet. Die Schutzbundführer strebten ein offensives „Gegenmilitär" an. Körner verurteilte „die Soldatenspielerei des Schutzbundes absolut" und legte seine Schutzbundfunktionen zurück. Unmittelbar vor Ausbruch der Februarkämpfe riet er dringend von einem gewaltsamen Widerstand ab: „Jeder Versuch einer Gewaltäußerung unsererseits hat nicht die geringste Chance und ist Selbstmord." Die vorausgesagte Niederlage trat nach wenigen Tagen ein.

Dennoch wurde auch Körner von den Autoritäten des „Ständestaates" festgenommen und blieb zehn Monate in Haft. Danach widmete er sich bis zum Ende des Zweiten Weltkriegs militärwissenschaftlichen Studien, wozu ihm auch während des Nationalsozialismus seine ehemaligen Offizierskollegen im Wiener Kriegsarchiv bis 1943 die Möglichkeit boten. Nach dem 20. 7. 1944 wurde Körner auch von der Gestapo in Haft genommen, jedoch nach kurzer Zeit wieder entlassen. Für seine Forschungen im Archiv, die sich einerseits der sowjetischen Militärstrategie widmeten, lernte Körner noch als über Sechzigjähriger Russisch – was ihm ab 1945 sehr nützlich wurde. Andererseits widmete sich Körner auch historischen Studien, etwa über die Revolution von 1848, oder setzte sich mit Clausewitz, dem Klassiker des militärischen Realismus, auseinander. Seine in der Regel nicht für die Allgemeinheit verfaßten Studien aus dieser Zeit zeichnen sich durch eine Klarheit der Argumentation und eine Einsicht in Zusammenhänge aus, die auch heute noch beeindrucken können. Seine These von der Unbesiegbarkeit der Roten Armee etwa, die merkwürdigerweise auch der deutschen Heeresführung zugänglich gemacht werden sollte, wurde vom Gang der Ereignisse voll bestätigt.

Unmittelbar nach der Befreiung Wiens am 11. 4. 1945 wurde Körner auf Initiative der sich neu konstituierenden SPÖ zum Wiener Bürgermeister bestellt. Am 7. 4. wurde er in dieser Funktion vom sowjetischen Stadtkommandanten bestätigt. Zunächst gab es durchaus auch Bedenken, die das hohe Alter, die Offiziersvergangenheit und die mangelnde Erfahrung in der Kommunalpolitik betrafen. Körner wurde zunächst ernannt, „da sonst kein anderer wirklich populärer Kommunalpolitiker aus der Zeit vor 1934 zur Verfügung stand" (Botz 1982). Im nachhinein stellten sich viele von Körners Eigenschaften gerade angesichts der ungeheuer schwierigen Aufgabe des Wiederaufbaues der Stadt nach den physischen und organisatorischen Zerstörungen des Krieges als vorteilhaft heraus. Als Offizier, durch seine Russischkenntnisse und seine persönliche Autorität entwickelte er gute Beziehungen zur sowjetischen Besatzungsmacht, mit der er auch erfolgreich zähe Verhandlungen führte. Der ehemalige Generalstäbler bewältigte die Aufgabe der Rekonstruktion der Stadt, die Einrichtung einer funktionierenden zentralen und demokratischen Stadtverwaltung, die Lösung der Ernährungs- und der Wohnungsfrage, die Aufräumungsarbeiten und die Wiederherstellung von Verkehrsverbindungen, die Wiederaufnahme des Unterrichtsbetriebs. Körner war in seinem Element und setzte auch immer wieder eigenwillige Initiativen. Anläßlich der Unruhen im Oktober 1950 griff er persönlich und furchtlos, übrigens wie lange vorher schon im Juli 1927, vermittelnd in das Demonstrationsgeschehen ein. Bundespräsident Renner dankte ihm danach dafür, daß er sich „mutig in die Bresche gestellt" habe. Dieses Verhalten und seine vielen spontanen Reden machten ihn immer mehr zu einer überaus angesehenen Symbolfigur. Sein Äußeres paßte sich zunehmend dem von Kaiser Franz Joseph geprägten Landesvater-Bild an (Botz 1982). Körner wurde zum „Ersatzmonarchen" (Jedlicka 1987). Körner war, wie sein Biograph Kollman schreibt, zunächst der richtige Mann zur richtigen Zeit am richtigen Fleck. Die Bürgermeisterzeit in Wien war zweifellos die Zeit seiner größten Popularität. Gegen Ende dieser Periode, als in Wien allmählich wieder geordnete Verhältnisse eintraten, gab es allerdings in der Bürokratie und bei anderen Kommunalpolitikern zumindest interne Kritik an Körners unkonventionellem und nicht immer berechenbarem Verhalten.

Nach dem Tode Karl Renners, des ersten Bundespräsidenten der Zweiten Republik, einigten sich die Parteien darauf, dessen Nachfolger erstmals, wie in der Bundesverfassung seit 1929 vorgesehen, durch eine Volkswahl bestimmen zu lassen. Die ÖVP stellte den populären Landeshauptmann von Oberösterreich, Heinrich Gleißner, als ihren Kandidaten auf. Allgemein wurde er für nicht schlagbar gehalten. Die SPÖ einigte sich schließlich auf den angesehenen Wiener Bürgermeister als ihren Gegenkandidaten. Der Vorschlag dazu kam von Oskar Helmer und wurde auch von Karl Waldbrunner unterstützt, der Körner seit langem nahestand. Körner war nicht begeistert und ließ sich nur überreden, weil man ihm versicherte, es handle sich um eine reine Zählkandidatur. Körner führt wieder sein Alter, die Offiziersvergangenheit und den Umstand, daß er in Wien seiner Meinung nach noch einiges leisten könne, als Gründe an, die gegen seine Kandidatur sprächen. An Adolf Schärf schrieb er: „Deine Bemerkung, daß ich ja nur ein Zählkandidat sei, ist gewiß beruhigend, aber der Teufel schläft nicht" (Kollman 1973, 348).

Körner reiste durch ganz Österreich und führte einen erfolgreichen Wahlkampf, in dem es nicht ohne Polemiken abging. Nach dem ersten Durchgang lag Gleißner knapp in Front, da aber weder er noch Körner eine absolute Mehrheit hatten erringen können, kam es zu einer Stichwahl. Die Fronten verhärteten sich. Besonders wurde Körner die Wahlempfehlung der KPÖ, die er nicht ausdrücklich zurückwies, vorgeworfen. Außerdem warb auch er um die Stimmen der Unabhängigen: „Kleine Leute, Rentner, kleine Geschäftsleute, Wohnungssuchende, aber auch schwergetroffene Nationalsozialisten. Diesen allen kann ich nur empfehlen: Wählen Sie in der Stichwahl jenen Kandidaten, dessen Partei die sozial Bedürftigen, das arbeitende und das leidende Volk vertritt – die Sozialistische Partei! Für die sozial bedürftigen ehemaligen Nationalsozialisten gilt dasselbe“ (Kollman 1973, 355).

Schließlich gewann Körner die Wahl mit 52% der abgegebenen Stimmen. Am Wahlabend besuchte er die Oper, führte zunächst galant eine ÖVP-Gemeinderätin zum Parteihaus der ÖVP und stellte sich erst dann seinen Parteifreunden in der Hauptwahlbehörde mit den Worten: „Aber ihr habt's mir doch versprochen, daß ich nicht gewählt werd'!“ (Kollman 1973, 356).

Bundespräsident Theodor Körner, 1953

Trotzdem erfüllte der erste vom Volk gewählte Bundespräsident seine verfassungsmäßige Rolle in geradezu vorbildlicher Weise. Grundsätzliches über seine Auffassung vom Amt hatte Körner schon im Wahlkampf angekündigt: „Wir haben es in Österreich schon erlebt, daß die Regierung die Verfassung gebrochen hat. Das war im Jahre 1934. Wir haben es in Österreich schon erlebt, daß ein Bundespräsident zu schwach war und die Verfassung brechen ließ. Das war im Jahr 1938. Ich bin ein einfacher Mann, aber habe einen harten Willen und bin nicht so leicht umzuschmeißen. Ich würde eher fallen als an unserer Verfassung rütteln lassen. Der Bundespräsident kann keine Gesetze machen, aber er muß darauf sehen, daß sie eingehalten werden.“ Und in seiner Antrittsrede führte er aus: „Vor allem: ich werde alles daran setzen, auch als Bundespräsident den unmittelbaren Kontakt mit dem Volk nicht zu verlieren, der mir als

Bürgermeister von Wien so viele glückliche Stunden bereitet hat. Wer immer nur im Büro sitzt oder im schnellen Auto durch die Straßen fährt, kann nicht erfahren, wo die Leute der Schuh drückt, und auch das gehört zu den Aufgaben des Bundespräsidenten".

An das hier skizzierte Programm hat sich Körner erfolgreich gehalten. Er blieb volksverbunden, und er übte seine bescheidenen außenpolitischen und innenpolitischen Kompetenzen mit Bestimmtheit aus, wobei er durchaus auch wesentliche Akzente setzte. Daß ihm dies recht gut gelang, ist nicht zuletzt wohl auch dem Umstand zuzuschreiben, daß ihm die SPÖ einen ihrer tüchtigsten Diplomaten, einen jungen Mann namens Bruno Kreisky, als Kabinettsvizedirektor zur Verfügung stellte. Die beiden verstanden einander nicht schlecht. Kreisky mußte oft die Verbindung zur Partei aufrechterhalten und Körner, dessen Verhalten insbesondere von Adolf Schärf ein wenig schulmeisterlich beobachtet und oft kritisiert wurde, oft auch unangenehme Botschaften überbringen. Kreisky (1986, 424f.) erinnerte sich beispielsweise: „Ich bekam den heiklen Auftrag, dem Bundespräsidenten mitzuteilen, daß er ein Hörrohr anschaffen müsse. Also sagte ich: Die da drüben wollen, daß Du Dir ein Hörrohr anschaffst – Warum? – Weil sie sagen, Du hörst immer nur die Hälfte. Darauf Körner ganz kurz: Die genügt mir."

Außenpolitisch setzte der Bundespräsident seine Erfahrung und Autorität durchaus bewußt ein. Er forderte regelmäßige Berichterstattung durch die Bundesregierung und setzte diese auch durch. Nach wie vor hielt er seine guten Beziehungen zur sowjetischen Besatzungsmacht aufrecht. Schon 1951 schlug er, auf Anregung Kreiskys, in einer vielbeachteten Rede das Konzept der Neutralität als eine mögliche Orientierung, um für Österreich einen Staatsvertrag durchzusetzen, vor. Auch an den Vorbereitungen für den Staatsvertrag selbst war Körner maßgeblich beteiligt.

Julius Raab führte in einem Gedenkartikel zum fünften Jahrestag des Staatsvertrages dankbar aus, daß der Bundespräsident ihm stets mit Rat und Tat beigestanden sei: „Der verstorbene Bundespräsident kannte als alter Generalstäbler, der sich viel mit den Oststaaten befaßt hatte, die Mentalität und die Rechtsauffassung der Sowjets und informierte und beriet mich darüber stets richtig" (Jedlicka 1977, 190).

Innenpolitisch wurde Körner wiederholt von sich aus aktiv und griff ein, um die Arbeit der Regierung zu beeinflussen und die Zusammenarbeit zu erleichtern. Eine Reihe von Beispielen widerlegt die These, der Bundespräsident sei bloß von seinem Parteifreund Schärf abhängig gewesen. In der Budgetkrise von 1952 verweigerte Körner das Demissionsgesuch der Regierung, weigerte sich, ein Beamtenkabinett einzusetzen, und erteilte den Auftrag, sich vor Neuwahlen zumindest über den Staatshaushalt zu einigen. Die wesentlichste Weichenstellung Körners war seine explizite Weigerung im Jahre 1953, den WdU an der Regierung zu beteiligen. Der Einbeziehung einer nichtstaatstragenden Partei würde er niemals zustimmen. Damit war auch für die Zukunft eine wesentliche Rahmenbedingung für den Fortbestand der Koalition der beiden Großparteien gesetzt. Später übte Körner auch über öffentliche Erklärungen Druck auf die ÖVP aus, um diese Zusammenarbeit zu verbessern, und setzte diesbezüglich bewußt Präzedenzfälle. Ähnliche Zielsetzungen hatte auch seine 1954 gehaltene „Kapuzinerpredigt", die sich wiederum an die Adresse der ÖVP richtete. 1956 kritisierte er allerdings in einem vertraulichen Schreiben eine geplante scharfe Rede Schärfs an die ÖVP in sehr entschiedenen Worten. Schärf milderte seine Ansprache daraufhin.

Dieses Beispiel zeigt, daß die Beziehung zwischen diesen beiden sozialistischen Politikern keineswegs eine Einbahnstraße war. Zwar war, wie die Korrespondenz beider zeigt, Körner oft um die Zustimmung von Schärf bemüht und nahm Anregungen oder Kritik von diesem sehr ernst. Er war aber auch durchaus in der Lage, seinen Parteifreund mit Erfolg zu kritisieren.

Im Rahmen der relativ begrenzten Möglichkeiten, die das Amt des Bundespräsidenten bietet, hat Körner sehr bewußt zur Lösung der beiden großen Problemlagen beigetragen, die sich der Republik in den frühen fünfziger Jahren stellten: der Erringung der vollen Unabhängigkeit durch den Abschluß des Staatsvertrages und der Überwindung der Gegensätze der Ersten Republik durch die Zusammenarbeit der beiden großen Parteien. Damit hat er auch ein Modell für die Ausübung dieses höchsten Amtsträgers der Republik gelebt, das für die Zukunft zum Maßstab wurde: persönliche Autorität bei der Bevölkerung und damit Symbol der staatlichen Einheit, zurückhaltende, aber bestimmte Einflußnahme im Rahmen der Möglichkeiten, die die Verfassung bietet, Vermittlung in Regierungs- oder Staatskrisen. Körners Vorbild ist späterhin nicht immer erreicht worden.

Körner beherrschte die verschiedenen Stile der Politik. Als Bundespräsident und Bürgermeister war er stets ein Kommunikator. Seine Reden wurden zwar oft spontan gehalten und kamen daher gut an, sie wurden aber gerade in der Zeit als Staatsoberhaupt auch sehr bewußt und wirkungsvoll in der Öffentlichkeit plaziert. Körner konnte mit Menschen umgehen. Die Fotos, die zur Verfügung stehen, zeigen eine Persönlichkeit, die sich zu anderen gut in Beziehung setzt, sei es in der Militärzeit durch bewußte Einordnung oder später durch Offenheit und aktives Zugehen auch auf einfache Menschen.

Als Verhandler war Körner vor allem in seiner Zeit als Bürgermeister und da vor allem gegenüber der Besatzungsmacht gefordert. Diesbezüglich werden ihm nicht geringe Erfolge nachgesagt. Aber auch sein erwähnter innen- und außenpolitischer Einfluß als Bundespräsident sollte diesbezüglich nicht unterschätzt werden.

Schließlich mußte der ehemalige Generalstabsoffizier die Kunst der Organisation beherrschen. Dies zeigte sich vor allem während der Wiener Trümmerjahre, in denen die Initiative und Problemlösungskapazität des Bürgermeisters gefordert waren und seine Leistungen durchaus anerkannt wurden. Für den Bundespräsidenten gab es nicht viel zu organisieren, und was zu tun war, wurde ihm sicher von seinem Kabinett abgenommen.

Der persönliche Lebensstil Körners war von großer Bescheidenheit, ja Anspruchslosigkeit geprägt. Er lebte allein, kaufte noch als Bürgermeister selbst ein und flickte seine Kleider selbst. Als ihm seine Parteifreunde 1934 Hafterleichterungen verschaffen wollten, lehnte er dies entschieden ab. Hinzu kam eine heute schon schwer nachvollziehbare Härte des ehemaligen Soldaten gegen sich selbst. Bemerkenswert war auch sein Sarkasmus, seine Neigung, sich selbst zu ironisieren, die heute durchaus erfrischend wirkt. Der Witwe seines ehemaligen Vorgesetzten, Antonie von Latscher, war er in lebenslanger Freundschaft verbunden. Die beiden wohnten Tür an Tür. Ihr Tod während des Zweiten Weltkriegs traf Körner schwer.

Theodor Körner, „Edelmann und Demokrat“, kaiserlicher Offizier und „demokratischer Bolschewik“, gehört heute zu den unbestrittenen und anerkannten Gründungsgestalten des demokratischen Österreich. Das Staatsbegräbnis nach seinem plötzlichen Tod am 4. 1. 1957 blieb vielen Menschen im Gedächtnis und wurde nicht selten mit dem von Kaiser Franz Josef verglichen. Ein schlichter Nachruf stammt von seinem ehemaligen Kabinettsvizedirektor Bruno Kreisky: „Körner war ein außerordentlich ehrenwerter Präsident, ein Mensch gewordener, gerade gewachsener Baum.“

Literatur- und Quellenverzeichnis

Botz, Gerhard (1982). Theodor Körner, in: Friedrich *Weissensteiner* (Hg.): Die österreichischen Bundespräsidenten. Leben und Werk, Wien.

Drimmel, Heinrich (1976). Gott erhalte, Wien.

Duczynska, Illona (1975). Der demokratische Bolschewik. Zur Theorie und Praxis der Gewalt, München.

Huemer, Peter (1975). Sektionschef Hecht und die Zerstörung der Demokratie in Österreich, Wien.

Jedlicka, Ludwig (1977). Vom alten zum neuen Österreich, Wien.

Kollman, Eric C. (1973). Theodor Körner. Militär und Politik, Wien.

Körner, Theodor (1977). Auf Vorposten. Ausgewählte Schriften 1928–1938, Wien.

Kreisky, Bruno (1964). Theodor Körner, in: Norbert *Leser* (Hg.): Werk und Widerhall. Große Gestalten des österreichischen Sozialismus, Wien.

Lebensdaten

1873	am 24. 4. in Komorn geboren
1887	Militäroberrealschule
1891	Technische Militärakademie
1924	Mitglied der Sozialdemokratischen Partei
1934	zehn Monate Haft

Berufliche Karrierestationen

1894–1918	Berufsoffizier, zuletzt Oberst und Generalstabschef der Isonzoarmee
1919	Leiter der Präsidialabteilung des Staatsamtes für Heerwesen
1924	als General in den Ruhestand versetzt
1933–1949	Militärwissenschaftliche Studien im Wiener Kriegsarchiv

Staatliche Funktionen

1924–1934	Mitglied des Bundesrates
1945–1951	Bürgermeister von Wien
1945–1951	Mitglied des Nationalrates
1951–1957	Bundespräsident

Parteipolitische Ämter

1924–1930	Mitglied der Zentralleitung des Republikanischen Schutzbundes
1945	Mitglied des Parteivorstandes der SPÖ

Johann Koplenig

von
Herbert Steiner

Als viertes Kind eines Waldarbeiters wurde Johann Koplenig 1891 im kleinen Dorf Jadersdorf in Kärnten, in unmittelbarer Nähe der slowenischen und italienischen Grenze, geboren. Er besuchte zwei Klassen Volksschule und hatte den Wunsch weiterzulernen. Die Eltern waren aber zu arm, um ihm diese Bildung zu ermöglichen. So trat er als Lehrling bei einem Schuhmacher ein.

Bald knüpfte Koplenig erste Kontakte zur – noch jungen – organisierten Arbeiterbewegung. Er versuchte, die anderen Lehrlinge der Schuhmacherwerkstatt gewerkschaftlich zu organisieren, was zu seiner Entlassung führte. In der Folge fand er nur schwer wieder Arbeit und war zur Wanderschaft gezwungen. Schließlich wurde er in Knittelfeld von Gewerkschaftern und Sozialdemokraten freundlich aufgenommen. Dort gründete er eine Gruppe des Verbandes jugendlicher Arbeiter. Bald war Koplenig als tüchtiger Funktionär Delegierter bei verschiedenen Tagungen dieses Verbandes und der Gewerkschaft der Schuharbeiter.

1914 wurde Koplenig in die Armee einberufen und geriet bereits 1915 in russische Kriegsgefangenschaft. Damit wurde er entscheidend in seinem weiteren Leben beeinflußt. Koplenig kam in das Kriegsgefangenenlager von Nischni Nowgorod, wo er interessiert an den zahlreichen Diskussionen unter den Kriegsgefangenen – darunter vielen Sozialdemokraten – teilnahm. Meist wurden die ungelösten Probleme der verschiedenen Nationalitäten in Österreich-Ungarn, die Kriegsschuldfrage sowie die Möglichkeiten der Heimkehr der Kriegsgefangenen leidenschaftlich diskutiert. Mit Anteilnahme wurde auch die politische Situation in Rußland besprochen. Da die Kriegsgefangenen auch in russischen Betrieben eingesetzt waren, waren sie einigermaßen von der politischen Lage informiert. Nach der Revolution im November 1917 bildete sich unter den Gefangenen ein Österreichisch-ungarischer Arbeiter- und Soldatenrat. Koplenig wurde Mitglied, und man wählte ihn sogar zum Vorsitzenden. Später wurde er zur politischen Tätigkeit unter Kriegsgefangenen nach Perm entsandt, wo es mehr als 75.000 Kriegsgefangene gab.

Im Juli 1920 trat Koplenig mit einem Heimkehrertransport die Reise nach Österreich an. Er kehrte nach Knittelfeld zurück, wo er vor Beginn des Krieges beruflich und politisch tätig gewesen war. Dort wurde Koplenig feierlich begrüßt, allerdings war seine kommunistische Weltanschauung ein Hindernis für seine weitere Karriere innerhalb der Sozialdemokratischen Partei.

Koplenig schloß sich daher der jungen Kommunistischen Partei Österreichs (KPÖ) an und betätigte sich als Funktionär in der Obersteiermark. Seine Aktivität wurde sowohl von den Besitzern der Betriebe, insbesonders der Alpine-Montangesellschaft, als auch von der Polizei sowie von Funktionären der Sozialdemokratischen Partei und der Gewerkschaften immer wieder behindert. Zu dieser Zeit war die Kommunistische

Partei – besonders in Wien – vor allem mit internen Auseinandersetzungen beschäftigt. Verschiedene Auffassungen über Taktik und Strategie sowie personelle Animositäten innerhalb der Führung lähmten die politische Tätigkeit der KPÖ. Ihr allgemeiner Einfluß blieb daher äußerst gering. Die Kommunistische Internationale in Moskau, der die KPÖ angehörte, verfolgte diese Entwicklung mit Besorgnis und drängte auf personelle Änderungen in der Führung der KPÖ. Die positive politische und organisatorische Tätigkeit von Koplenig in der Obersteiermark war auch in der Kommunistischen Internationale aufgefallen, deren Vertreter in Wien der Bulgare Georgi Dimitroff war. Dieser setzte sich energisch dafür ein, Koplenig als leitenden Funktionär der KPÖ einzusetzen. Der Parteitag der KPÖ im Jahre 1924 wählte eine neue Leitung, und Johann Koplenig wurde leitender Sekretär, eine dem späteren Zentralsekretär entsprechende Position.

Vier Jahrzehnte führte Johann Koplenig die KPÖ, davon zwölf Jahre als illegale Partei. Koplenig sah seine Aufgabe an der Spitze der kleinen Partei vor allem darin, den Aufstieg des Faschismus in Österreich zu bekämpfen. Mehrmals richtete Johann Koplenig Angebote und Aufrufe an die Führung der Sozialdemokratischen Partei Österreichs, eine Einheitsfront der Arbeiter gegen die faschistische Gefahr zu bilden, wie sie auch von der Kommunistischen Internationale propagiert wurde. Die Sozialdemokratische Partei Österreichs lehnte jedoch alle kommunistischen Annäherungen strikte ab. Sie berief sich auf ihre überzeugende Stärke und auf die Tatsache, daß „die Einheitsfront der Arbeiter" in Österreich bereits politisch und organisatorisch innerhalb der Sozialdemokratischen Partei verwirklicht sei. Bis zum 15. 7. 1927 blieb die KPÖ daher weitgehend ohne Einfluß. Lediglich in wenigen Betrieben gelang es engagierten Funktionären der KPÖ, einige Arbeiter zu erreichen. Bei den Wahlen zum Nationalrat erreichte die KPÖ nie mehr als 16.000 Stimmen.

Größere Aufmerksamkeit fand Koplenig durch seinen Protest gegen das brutale Vorgehen der Polizei im Zusammenhang mit dem Justizpalastbrand, wobei etwa neunzig Demonstranten getötet wurden. Er sprach beim Begräbnis der am 15. 7. 1927 Erschossenen am Zentralfriedhof, und in einem Flugblatt der KPÖ hieß es: „Wenn die Arbeiterschaft nicht rechtzeitig den Faschismus niederschlägt, wird er sie selbst niederschlagen . . ." Dieses Flugblatt und die Ansprache für die Opfer des 15. Juli führten zur Anklage wegen „Aufwiegelung und Hochverrat". Koplenig nützte die Tribüne des Geschwornengerichts zu einer Abrechnung mit der Regierung. Seine Worte machten starken Eindruck, und Koplenig wurde freigesprochen.

Bei einem Aufenthalt in Moskau im Jahre 1929 lernte Koplenig am Institut für Marxismus-Leninismus seine spätere Frau Hilde kennen. Im Jahre 1929 wurde die Tochter Lisa geboren und im Jahre 1941 der Sohn Ernst, der schon 1962 starb.

Im Mai 1933 wurde die KPÖ behördlich verboten. Nun begann eine völlig neue Periode für die KPÖ, sie mußte sich auf die illegale Tätigkeit umstellen. Koplenig und andere führende Funktionäre der KPÖ wurden von der Polizei gesucht. Um die illegale Tätigkeit in Österreich besser koordinieren zu können, gingen sie ins Exil, zunächst nach Prag, wo sie die Auslandsleitung der KPÖ einrichteten und rege Tätigkeit entfalteten. Koplenig hielt laufend Kontakt zu den Funktionären der KPÖ, die in Österreich aktiv waren. Die tiefe Enttäuschung vieler Sozialdemokraten über die zögernde Haltung ihrer Parteiführung im Zusammenhang mit der Liquidierung der Demokratie in Österreich führte dazu, daß nicht wenige von ihnen der illegalen KPÖ beitraten.

Nach dem Februar 1934 änderte sich die KPÖ grundlegend. Koplenig legte großen Wert darauf, die aus der Sozialdemokratie kommenden neuen KPÖ-Mitglieder mit verantwortungsvollen Funktionen innerhalb der KPÖ zu betrauen. Die KPÖ wurde erstmals in ihrer Geschichte zu einer Partei, die – nunmehr in der Illegalität – bedeutenden Einfluß innerhalb der österreichischen Arbeiterbewegung hatte. Ehemalige Sozialdemokraten – z. B. der ehemalige Redakteur der *Arbeiter-Zeitung*, Ernst Fischer – wurden auch in das Zentralkomitee der KPÖ aufgenommen. Koplenig wurde nach dem Februar 1934 aus Österreich ausgebürgert.

Koplenig fand nun auch international stärkere Beachtung. In der Kommunistischen Internationale, zu deren Präsidiumsmitgliedern Koplenig gehörte, trat er konsequent für die Einheit der Arbeiter verschiedener Auffassungen im Kampf gegen den Faschismus ein, was zu ernsten Meinungsverschiedenheiten führte. Unmittelbar nach den blutigen Ereignissen des Februar 1934 sahen „linke" Kreise innerhalb der Kommunistischen Internationale wieder einen „revolutionären Auftrieb" und schätzten die internationalen Gefahren des Faschismus und auch seinen wachsenden Einfluß innerhalb der Arbeiterschaft nicht richtig ein. Koplenig setzte sich zusammen mit Dimitroff, der inzwischen zum Generalsekretär der Kommunistischen Internationale gewählt worden war, und den Präsidiumsmitgliedern Palmiro Togliatti (Ercoli) und Klement Gottwald für eine verstärkte Verständigung mit den Sozialdemokraten und der Sozialistischen Arbeiter-Internationale, die ihren Sitz in Brüssel hatte, ein.

Ein wichtiges politisches Ereignis nach dem Februar 1934 stellte die Gefahr einer nationalsozialistischen deutschen Annexion Österreichs dar. Da es in Österreich auch innerhalb der Arbeiterbewegung großdeutsche Strömungen gab, wurde eine gründliche Diskussion über die „nationale Frage" in Österreich zu einer dringenden Notwendigkeit. Auch innerhalb der KPÖ gab es dazu verschiedene Auffassungen. Koplenig drängte auf eine Klärung dieser Frage. So beauftragte die Führung der KPÖ Dr. Alfred Klahr und einige andere Funktionäre, grundlegende Überlegungen zur „nationalen Frage" zur breiten Diskussion zu stellen. Alfred Klahr veröffentlichte 1937 seine Bemerkungen zur „österreichischen Nation" unter dem Namen „Rudolf" in der theoretischen Zeitschrift der KPÖ *Weg und Ziel*.

Bei der in der Nähe von Prag stattfindenden Reichskonferenz der KPÖ im Jahre 1937 nahmen zahlreiche Funktionäre der KPÖ aus allen Gebieten Österreichs teil. Auf Anregung von Koplenig wurde dort auch die „nationale" Frage breit diskutiert. Es wurde der Beschluß gefaßt, den antifaschistischen Kampf unter Einbeziehung aller für die Unabhängigkeit und Freiheit Österreichs interessierten Kräfte zu führen. Darüber wurde vor allem mit den Funktionären der Revolutionären Sozialisten heftig diskutiert. Die Mehrzahl der Sozialdemokraten verlangte von Bundeskanzler Schuschnigg, ihre Forderungen zur Wiederherstellung demokratischer Rechte in Österreich zu erfüllen, ehe sie zum gemeinsamen Kampf für die Unabhängigkeit Österreichs aufriefen. Erst im Jänner 1938 wurde bei der Wiener Konferenz der Vertrauensleute der Arbeiterbewegung eine Einigung darüber erzielt, gegen den drohenden Nationalsozialismus gemeinsam aufzutreten.

Unmittelbar nach der Annexion Österreichs durch Hitler-Deutschland im März 1938 beschloß die KPÖ unter Leitung von Koplenig in Prag einen eindringlichen Aufruf zum gemeinsamen Kampf für die Wiederherstellung eines unabhängigen Österreich. Nach der deutschen Besetzung des Sudetengebietes der Tschechoslowakei war es nicht mehr möglich, die KPÖ in Österreich von Prag aus zu führen. Die Mitglieder des Zentralkomitees der KPÖ flüchteten zum Teil in die Sowjetunion und andere Länder. Im Mai 1938 übersiedelte Koplenig nach Paris, wo er und seine Freunde ihre politische Tätigkeit fortzusetzen. Doch bald stellte sich heraus, daß es weitaus schwieriger war, aus Paris die notwendigen Verbindungen nach Österreich aufzubauen. Als der Krieg im September 1939 begann, mußte die von Paris nach Österreich reichende politische Tätigkeit der KPÖ eingestellt werden. Mit einem gefälschten norwegischen Paß reiste

Koplenig mit großen Schwierigkeiten über die Schweiz, Italien, Jugoslawien und Bulgarien in die Sowjetunion und traf Ende Oktober 1939 in Moskau ein.

In Moskau war Koplenig im Präsidium der Kommunistischen Internationale, dem er seit 1929 angehörte, aktiv tätig. Mehrmals wurde er über „Radio Moskau" in Österreich gehört. Der Gestapo gelang es, durch Verhaftungen die Verbindung der KPÖ-Führung in Moskau mit den im besetzten Österreich tätigen Kommunisten zu behindern. Einige der führenden österreichischen Kommunisten wurden aus Moskau auf verschiedenen Wegen mit falschen Pässen zur Widerstandstätigkeit nach Österreich geschickt. Fast alle wurden aber von der Gestapo enttarnt und verhaftet, einige von ihnen auch hingerichtet.

KPÖ-Vorsitzender Johann Koplenig (links), 1947, mit Elektrifizierungsminister Dr. Karl Altmann

Nach dem Angriff der deutschen Truppen auf die Sowjetunion im Juni 1941 setzte sich Koplenig für die Trennung von österreichischen und deutschen Kriegsgefangenen ein. Für die österreichischen Kriegsgefangenen wurden einige politische Kurse, die sogenannten „Antifakurse", eingerichtet. Koplenig und andere Mitglieder des in Moskau tätigen Zentralkomitees der KPÖ nahmen als Referenten an diesen Kursen teil. Die bei der Moskauer Konferenz der Alliierten im Oktober 1943 beschlossene gemeinsame Erklärung über die Zukunft Österreichs „als ein befreites und unabhängiges Land" war für Koplenig auch eine langersehnte Bestätigung seiner politischen Tätigkeit während des Krieges.

Nach der Befreiung Wiens durch die Rote Armee im April 1945 war Koplenig zusammen mit Franz Honner und Ernst Fischer, die kurz vorher mit ihm aus Moskau heimgekehrt waren, an den Verhandlungen um die Bildung der Provisorischen Staatsregierung beteiligt. Diese Verhandlungen resultierten in der Beteiligung der KPÖ an der Provisorischen Staatsregierung, wobei sich die KPÖ mit ihren Forderungen nach Regierungsämtern aufgrund ihrer Unterstützung durch die Russen weitgehend durchsetzte. Wie die beiden anderen Parteichefs wurde Koplenig Staatssekretär ohne Geschäftsbereich und nach Adolf Schärf und Leopold Figl dritter Stellvertreter des Staatskanzlers. Bei dieser Besprechung wurde die „Unabhängigkeitserklärung" beschlossen, die bei der zweiten Sitzung der Provisorischen Staatsregierung am 27. 4. 1945 einstimmig angenommen wurde.

In der Provisorischen Staatsregierung erwiesen sich die Kommunisten, getreu ihrer politischen Haltung im Widerstand, als eine integrale Kraft. Sie erkannten, daß sich Österreich in der Gefahr einer territorialen Zersplitterung oder Zweiteilung befand. Koplenig setzte sich für den Wiederaufbau der zerstörten Betriebe, des öffentlichen Verkehrs und der kommunalen Einrichtungen ein. Unter dem Druck der Westmächte wurden für November 1945 die ersten Wahlen für den Nationalrat festgelegt. Es war besonders für die Kommunisten ein sehr ungünstiges Datum. Die meisten Kriegsgefangenen waren noch nicht heimgekehrt, und der größte Teil der überlebenden KZ-Häftlinge war noch nicht in das politische Leben integriert. Der beginnende Kalte Krieg und vor allem der Antikommunismus fanden in Österreich einen günstigen Boden.

Die Nationalratswahl 1945 brachte den Kommunisten eine empfindliche Niederlage, mit der sie nicht gerechnet hatten. Sie glaubten, daß der mutige Einsatz der kommunistischen Widerstandskämpfer größere Sympathien für die KPÖ hervorrufen würde. Koplenig blieb jedoch einer der vier bis fünf kommunistischen Abgeordneten, die zwischen 1945 und 1959 die kommunistischen Wähler im Parlament vertraten. Er nahm seine Tätigkeit als Abgeordneter zum Nationalrat sehr ernst. Die kommunistischen Abgeordneten setzten sich im Parlament für die sozialen Rechte der arbeitenden Bevölkerung ein. Sie wirkten aber auch stets für die völlige Souveränität Österreichs und forderten einen Staatsvertrag mit den Alliierten. Koplenig und die anderen kommunistischen Abgeordneten warben, obwohl sich der Kalte Krieg zwischen den Westmächten und der Sowjetunion verschärfte, für eine Verständigung der Großmächte. Vor allem unterstützten sie alle österreichischen und internationalen Initiativen zur Festigung des Friedens.

Im Kreise seiner Freunde war Koplenig stets kritisch gegenüber undemokratischen Entwicklungen innerhalb der kommunistischen Weltbewegung. Koplenig sprach sich auch erbittert gegenüber antisemitischen Strömungen und chauvinistischen Entgleisungen aus. Zweifellos war er aber ein disziplinierter Kommunist, der in seiner politischen Tätigkeit innerhalb des kommunistischen Lagers sowohl internationale Beschlüsse als auch jene der KPÖ verteidigte und vertrat. Berechtigte Kritik und Zweifel vertrat er lediglich in kleinem Kreis, vor allem ab 1956 und 1968 – insbesondere manche politischen Entscheidungen der KPdSU verstärkten seine persönlichen Zweifel. Aus Angst vor einer Spaltung der KPÖ oder ihrer internen Fraktionierung war er aber niemals bereit, öffentlich die KPdSU zu kritisieren. Durch seine Treue und aufgrund seiner Haltung zur Führung der KPdSU waren Koplenig und die KPÖ innenpolitisch in ihrer Handlungsfreiheit stark eingeschränkt. Diese Haltung teilte Koplenig mit den Führern anderer kommunistischer Parteien. Nach dem Zerfall der Sowjetunion und den politischen Veränderungen in anderen von ihr beeinflußten Ländern, die Koplenig jedoch nicht mehr erlebte, sahen sich viele Kommunisten mit der Frage nach ihren politischen Positionen in der Vergangenheit konfrontiert.

Koplenig war ein sehr auf die eigene Partei bezogener Politiker. Er war kein guter Verhandler; diesbezüglich verließ er sich zumeist auf Mitarbeiter, in der ersten Phase der Verhandlungen um die Bildung der Provisorischen Staatsregierung z. B. auf Ernst Fischer (1973, 65). Auch als Kommunikator wendete sich Koplenig vor allem an die eigenen Funktionäre. Dagegen war er ein guter und erfahrener Organisator. Nach 1945 überließ Koplenig zwar die Organisationsarbeit im engeren Sinne weitgehend dem KPÖ-Generalsekretär Friedl Fürnberg, beteiligte sich aber intensiv am innerparteilichen Leben. Nach Versammlungen, wo er Reden hielt, setzte er sich zu den Arbeitern und bemühte sich, ihre Meinungen, auch wenn sie kontroversiell waren, kennenzulernen. Die Auffassungen der Arbeiter überdachte er und versuchte sie in seiner politischen Tätigkeit zu verwerten. Seine große Stärke war, daß er gut zuhören und Anregungen anderer Menschen annehmen konnte. Koplenig war stets mit den Vertrauensleuten der KPÖ und anderen Arbeiterfunktionären persönlich eng verbunden, insbesondere mit seinen alten Kampfgenossen Franz Honner und Josef Lauscher. Als Koplenig in den letzten Jahren seiner Funktion als Vorsitzender der KPÖ von fortschreitender Schwerhörigkeit immer mehr behindert wurde, war dies einer der Gründe, sich von seiner leitenden Funktion zurückzuziehen: „Wenn ich nicht mehr hören kann, was die Arbeiter zu sagen haben, kann ich auch nicht mehr führender Funktionär sein."

Literatur- und Quellenverzeichnis

Der Weg des Arbeiterführers Johann Koplenig (1951). Wien.

Fischer, Ernst (1973). Das Ende einer Illusion, Wien.

Historische Kommission der KPÖ (1961). Aus der Vergangenheit der KPÖ. Aufzeichnungen und Erinnerungen zur Geschichte der KPÖ, Wien.

Fürnberg, Friedl (1952). Johann Koplenig, in: Friedl *Fürnberg:* Im Kampf für ein sozialistisches Österreich, Wien.

Koplenig, Johann (1951). Reden und Aufsätze 1924–1950, Wien.

Zucker-Schilling, Erwin (1971). Er diente seiner Klasse. Johann Koplenig 1891–1968, Wien.

Rote Fahne

Weg und Ziel

Volksstimme

Lebensdaten

1891	am 15. 5. in Jadersdorf, Kärnten, geboren
1905	Schuhmacherlehrling, Jadersdorf, anschließend Knittelfeld
1906	Mitglied im Verband Jugendlicher Arbeiter, Delegierter bei mehreren Konferenzen
1914	Einberufung zur Armee
1915	russische Kriegsgefangenschaft, Vertreter österreichischen Kriegsgefangener in Nischni Nowgorod
1917	November Mitglied des Arbeiter- u. Soldatenrates
1920	Rückkehr nach Österreich
1926–1933	mehrmals verhaftet
1934–1939	Exil in Prag
1939–1940	Exil in Paris, Flucht über Jugoslawien und Bulgarien in die Sowjetunion
1940–1945	Politische Tätigkeit in der Sowjetunion (Radio Moskau, Vorträge in Kriegsgefangenenlagern)
1945	April, Rückkehr nach Wien
1968	am 13. 12. nach langer schwerer Krankheit gestorben

Staatliche Funktionen

1945	Staatssekretär ohne Portefeuille (dritter Stellvertreter des Staatskanzlers)
1945–1959	Abgeordneter zum Nationalrat

Parteipolitische Ämter

1920–1924	Kommunistischer Funktionär in der Obersteiermark
1924–1965	Zentralsekretär (Vorsitzender) der KPÖ
1926–1943	Mitglied der Exekutive der Kommunistischen Internationale, Moskau
1965–1968	Ehrenvorsitzender der KPÖ

Hanns Koren

von
Wolfgang Mantl

Der Kulturwissenschafter, Volksbildner und Kulturpolitiker Hanns Koren war so etwas wie ein „Jahrhundertwein" der steirischen – und nicht nur der steirischen – Politik, der sich durch unverwechselbare, inhaltliche und formale Qualität auszeichnete. Korens Lächeln, aber auch seine Schwermut verbanden sich mit einer milden, jedoch durchaus wirksamen Autorität, seine weder boshafte noch lärmende Gescheitheit war auch frei von jenem „Dauergrant", der die Versuchung vieler Konservativer darstellt. Korens Intellektualität, Kreativität und Sensibilität mündeten in eine stets wachsame und neugierige „Weltfreundlichkeit". Preis für dieses feine psychische Gefüge war eine schmerzliche Verletzbarkeit, gerade angesichts von Angriffen aus jenen Kreisen, denen er selbst entstammte und stets angehörte, die sich aber seiner Offenheit gegenüber moderner Kunst und Kultur versperrten.

Trotz seiner starken Persönlichkeit, die durch ihr Beispiel in Wort und Tat beeindruckte, war Hanns Koren kein drückender „Übervater". Er hatte nichts Kaptatives in sich. Sein Wirkmodus war Ermutigung und Ermunterung, nicht Abmahnung oder gar Abstrafung. In einer Rede vor Fachkollegen sagte er 1961 einmal: „Kein Vater darf glauben, daß sein Sohn sein Ebenbild wird in allem und jedem. Das wäre der Stillstand im Fortschritt und in der Entwicklung der Menschheit. Aber er wird hoffen, daß ein guter Kern in den Kindern beschlossen liegt" (Koren 1966, 160). Gerade weil Koren nicht alles von vornherein besser wußte und alles gebieterisch durchdrücken wollte, fand er immer wieder eine Brücke auch zu ganz jungen Köpfen.

Hanns Koren wurde am 26. November 1906 als ältester von fünf Söhnen des Photographenmeisters Hans Koren und seiner Frau Mathilde, geb. Fink, in Köflach geboren. Nach sechs Jahren Volksschule in Köflach kommt er 1918 ins Fürstbischöfliche Knabenseminar und Gymnasium nach Graz, wo er 1927 maturiert. Die humanistische Bildung und eigene dichterische Versuche zeigen und fördern sehr früh seine große *Sprachkraft*. Koren nimmt dann das Studium der Germanistik, Geschichte und Volkskunde an der Grazer Universität auf, u.a. als Hörer bei Viktor v. Geramb, und promoviert 1932 als erster Student der Fachrichtung Volkskunde mit einer Dissertation über „Die steirischen Joseph-Spiele" bei Karl Polheim und Konrad Zwierzina. Während seiner Studienzeit findet er zu verschiedenen katholischen Gruppierungen („Neuland", CV und KV), wenn auch wohl die Prägung durch den Bund „Neuland" am stärksten ist.

1932–1935 ist Koren Assistent und später Leiter des Instituts für religiöse Volkskunde in Salzburg. Der damalige steirische Landeshauptmann Karl Maria Stepan holt ihn in die Steiermark zurück, wo Koren 1936 Assistent des Volkskundemuseums beim Steiermärkischen Landesmuseum Joanneum wird. Bis zu seiner Einziehung zur Wehrmacht „hatte er nach der Machtübernahme des Nationalsozialismus große Schwierigkeiten"

(Posch 1986, 10). 1938 heiratet Hanns Koren Ilse Zimmer, die ihm sechs Kinder gebiert. Nach dem Militärdienst 1940–1944 kann sich Hanns Koren im Dezember 1945 mit einer Arbeit über „Die Spende" (Fragen des Totenkults im Brauchtum) für Volkskunde an der Grazer Universität habilitieren. Er wird 1951 tit. Extraordinarius und von 1955–1972 Ordinarius für Volkskunde an der Universität Graz. 1949–1963 ist er als Nachfolger seines Lehrers Geramb Leiter des steirischen Volkskundemuseums. Ein geradliniger Weg, ein überraschungsloser Weg als Wissenschafter, Museumsdirektor, Universitätsprofessor und Volkskundelehrer scheint vorgezeichnet und durch zahlreiche schriftliche und mündliche Aktivitäten fundiert.

Von 1950–1953 ist Hanns Koren Vorsitzender der Katholischen Aktion (KA) der Steiermark. Auf dem Steirischen Katholikentag im Juni 1950 hält er vor 60.000 Zuhörern eine große, Aufmerksamkeit weckende Rede. Der damals noch junge Dozent Koren ist bereits eine der bekanntesten Persönlichkeiten des *katholischen Lebens* der Steiermark. 1953 präsentiert ihn die KA der ÖVP als Kandidaten für die Nationalratswahl, er zieht auch, an einen sicheren Platz gereiht, in den Nationalrat ein, dem er bis 1957 angehört. 1956 gründet er mit Franz Maria Kapfhammer das Steirische Volksbildungswerk und wird dessen erster Obmann (bis 1971).

Der endgültige Schritt in die Politik geschieht, als Landeshauptmann Josef Krainer sen. Koren 1957 als Landesrat in die Steiermärkische Landesregierung beruft. Damals wurden verstreute Kompetenzen zu einem neuen Kulturressort unter Einschluß des Sanitätswesens zusammengefaßt. Koren war von 1957 – zuerst als Landesrat, dann ab 1963 als Landeshauptmannstellvertreter – bis 1970 Kulturreferent des Landes Steiermark. In einer ebensolangen Periode wirkte er bis 1983 weiterhin kulturpolitisch als Präsident des Steiermärkischen Landtages. Aber auch in den letzten beiden Lebensjahren, nach seinem krankheitsbedingten Ausscheiden aus der Politik, ließ die kulturpolitische Wirksamkeit Korens keineswegs nach, er schrieb – schon im Spital – bis in seine letzten Lebenswochen.

Warum ist es gerechtfertigt, von einer durch Hanns Koren promovierten „neuen" Kulturpolitik zu sprechen? Er war es, der Kulturpolitik nicht nur – wie sonst meist in Österreich – als Schulpolitik verstand, sondern dezidiert auch die *Kulturkompetenzen* eines österreichischen Bundeslandes wahrnahm und einen erweiterten *Kulturbegriff* vertrat, der von der Bewahrung des Hergebrachten bis zur Vermittlung, Öffnung und Förderung des Neuen reichte. Es war dies ein Kulturbegriff, der sich nicht nur als „Ableger" Wiens verstand, wie das ja noch zum guten Teil bei den Salzburger Festspielen der Fall war und ist. Kultur wurde durch Hanns Koren zu einem großen Thema der Politik, gestützt auf ein reiches Potential an wissenschaftlichen und künstlerischen Einrichtungen und Personen in der Steiermark. Korens Persönlichkeit war dabei Garant dafür, daß dieser Kulturbegriff bei aller Verwurzelung im Lande Steiermark gleichzeitig die Entprovinzialisierung und Modernisierung der Steiermark weiterführte und dabei durch kluge Konservativität die schmerzlichen Modernisierungskosten „abfederte".

Vieles geschah ganz unbürokratisch, ja geradezu – von einem rationalistischen Ablaufdenken her gesehen – „unordentlich" (So kam es auch erst knapp vor seinem Tod zu einem Kulturförderungsgesetz des Landes v. 18. Juni 1985, LGBl. 87.). Korens Werk war eben in einem mehrfachen Sinn gesehen etwas *„Außerordentliches"*.

Koren wirkte als Erfinder, Initiant, Gründervater und Impulsgeber. Seine Aufgeschlossenheit gegenüber moderner Kunst und Kultur äußerte sich in diesem Öffnungsvorgang, nicht so sehr in einem „Besingen" moderner Kunst und Kultur durch Hanns Koren. Die Kraft seiner literarischen Darstellung wandte sich in einem viel größeren Ausmaß dem zu bewahrenden Traditionsgut zu. Aber in äußerster Krisensituation, etwa in seiner berühmten Rede zum Landesbudget im Dezember 1975, befaßte er sich auch zur

Verteidigung des „Steirischen Herbstes" mit Wolfgang Bauers Theaterstück „Gespenster", das damals in polemischer Zuspitzung den Konfliktstoff lieferte.

Wie gesagt, man kann die Jahre 1957–1970 als Korens *exekutive* Phase bezeichnen, wo nach den „Krainerwahlen" dieses Jahres und nach dem Abschluß des Wiederaufbaus die Weichenstellung zu jener Reformpolitik erfolgte, für die im ganzen Landeshauptmann Josef Krainer sen. verantwortlich war, aber deren kulturelle Seite Hanns Koren prägte. Die kulturpolitischen Aktivitäten Korens 1970–1983 könnte man seine *interpretative* Phase nennen, wo er mit zunehmender Originalität die politische Kultur im deskriptiven und präskriptiven Sinn prägte.

Bis 1918, ja darüber hinaus, lag durch die Dominanz des Hofes, des Adels und des Großbürgertums das kulturelle Zentrum in Wien, und wirkten nur die Kirche und wieder der Adel auch hinaus in die Kronländer. Hanns Koren zeigte jedoch, wie man trotz kompetenzrechtlicher und finanzieller Prävalenz des Bundes doch so etwas wie die *„Kulturhoheit"* eines Bundeslandes konstituieren kann, was ja von der verfassungsrechtlichen Struktur her in den deutschen Bundesländern und in den Schweizer Kantonen leichter ist. Freilich können Errungenschaften, wie Koren sie geschaffen hat, altern und Konkurrenz erhalten, etwa derzeit durch die „Ars Electronica" in Linz. Der Reformschub der sechziger Jahre ist keineswegs unverlierbarer und ewig blühender Besitz.

Der Kulturpolitiker Koren stützte seine „Erfindungen" auf drei Grundlagen:

– Nach den Verbesserungen der Beziehungen zu Jugoslawien konnte wieder – in nicht imperialistischer Weise freilich – auf die Idee von *Innerösterreich* zurückgegriffen werden, worin auch bis heute ein Korrelat zu donauländischen Mitteleuropavorstellungen zu sehen ist. Wie selbstverständlich empfahl sich aus dieser historischen Ideenwelt heraus *Graz* als ein besonders herausragendes Zentrum.

– Die Reformerpersönlichkeit Erzherzog Johanns wurde – wiewohl stets in der Steiermark lebendig – durch Hanns Koren zu neuer und vorbildlicher Aktualität gebracht, wobei immer wieder zu beachten ist, daß der Erfolg der *joanneischen Idee* gerade in ihrer eigentümlichen Mischung von Aufklärung und Romantik liegt. Die innerösterreichische und die joanneische Idee boten eine besonders fruchtbare Voraussetzung für einen transnationalen Kulturregionalismus, wie er sich in der Trigon-Idee realisierte, die ihrerseits eine der Wurzeln der 1978 in Venedig über Initiative der Steiermark gegründeten transnationalen Arbeitsgemeinschaft Alpen-Adria ist, die ja heute noch, wenn auch nach verschiedenen Transformationen, besteht.

– Nährboden für die Korenschen Reformvorstellungen war auch ein steirischer *renouveau catholique* sowie die Aufbruchsstimmung und das „Aggiornamento" des Zweiten Vatikanischen Konzils mit dem *Dialog* als Handlungsmodus, der eine neue Hinwendung zur Welt und damit auch zu ihren künstlerischen und wissenschaftlichen Äußerungen ermöglichte.

Die neue Kulturpolitik Hanns Korens verdichtete sich in zahlreichen Werken, die eine imponierende *Leistungsbilanz* ergeben:

– *Steirisches Gedenkjahr:* Gestützt auf das 1956 mitgegründete Steirische Volksbildungswerk konnte Hanns Koren 1959 anläßlich des 100. Todestages von Erzherzog Johann ein *Steirisches Gedenkjahr* formen, das Volkskultur bewahrte und doch schon die Öffnung in die Zukunft andeutete. Damals gab es auch die erste Landesausstellung, noch vor der Barock-Ausstellung (mit Jakob Prandtauer im Mittelpunkt) in Melk (1960), die in den vom jungen Koren 1936 und 1937 unter Landeshauptmann Stepan mitgestalteten Steirischen Volkstagen einen Vorläufer hatte. Das Steirische Gedenkjahr schloß nicht, ohne kräftige Spuren in Gestalt bleibender Werke zu hinterlassen: Kindergärten, Büchereien, Stipendien, Ortschroniken, Ortsbild- und Landschaftspflege.

– *Forum Stadtpark:* In dem neuen Klima der Modernisierung der Steiermark war auch eine Öffnung zur künstlerischen Avantgarde möglich, die einen institutionellen Niederschlag in der Gründung des Forums Stadtpark 1960 fand. In diesem Forum und auch in anderen Einrichtungen war es einer neuen Generation von Künstlern und Intellektuellen möglich, die außerhalb Wiens attraktivste moderne „Szene“ einzurichten (Emil Breisach, Karl Hans Haysen, Alois Hergouth, Werner Hollomey, Harald Kaufmann, Alfred Kolleritsch, Walter Koschatzky, der freilich bald als Direktor der „Albertina“ nach Wien ging, Wilfried Skreiner, Günter Waldorf und viele andere).

– *Steirische Akademie:* Als Ort des wissenschaftlichen Diskurses rief Hanns Koren 1960 die Steirische Akademie ins Leben, in der er auch immer wieder souveräne Einführungsvorträge hielt, die seine kulturpolitische Linie präsentierten. Vieles, was heute im Kongreß- und Symposienbetrieb der Universitäten und anderer Institutionen selbstverständlich erscheint, war damals etwas ganz Neues, Auf- und Anregendes, zumal ja die Konkurrenz bildhafter und farbenprächtiger Fernsehsendungen noch nicht oder erst rudimentär vorhanden war. Ebenfalls 1960 wurde das Bild- und Tonarchiv als Abteilung des Landesmuseums Joanneum gegründet.

Landesrat Dr. Hanns Koren

– *Österreichisches Freilichtmuseum Stübing:* Ausgehend von skandinavischen Ideen, die etwa im Freilichtmuseum „Skansen“ schon 1891 in Stockholm verwirklicht worden waren, ging Koren ans Werk, um über einen engeren regionalen Rahmen hinaus ein Österreichisches Freilichtmuseum in Stübing zu gründen, das die bäuerliche Lebenswelt des ganzen Ostalpenraumes und seiner Ausläufer in die beginnenden Ebenen Ostmitteleuropas darstellen sollte. Er gewann dafür nicht nur Landeshauptmann Josef Krainer sen., sondern auch den damaligen Unterrichtsminister Heinrich Drimmel und fand in

Viktor Herbert Pöttler jenen Fachmann, der die Gründungsidee Wirklichkeit werden ließ, sodaß 1970 das Österreichische Freilichtmuseum in Stübing, nächst Graz, eröffnet werden konnte, heute neben dem Lipizzanergestüt in Piber die wohl größte Attraktion der Steiermark außerhalb der Landeshauptstadt.

– *Trigon:* 1963 erhielt die junge Kunsthistorikerin Armgard Schiffer-Ekhart den Auftrag, eine Ausstellung mit Arbeiten von Künstlern aus Italien, Jugoslawien und Österreich unter dem Namen Trigon, der seinen Ursprung im Freundeskreis der „Urania“ hatte, zu gestalten. In einer generalisierenden Weise wurde dann dieses Ausstellungskonzept zur Trigon-Idee ausgeweitet, die bis heute die Grundlage konkreter Nachbarschaftspolitik in diesem südostmitteleuropäischen Raum bildet und eine der wesentlichen legitimatorischen Grundlagen des Alpen-Adria-Konzepts darstellt. 1966 fanden die ersten Internationalen Malerwochen im Landesbildungshaus Schloß Retzhof bei Leibnitz statt.

– *Steirischer Herbst:* Aus den Grazer Sommerspielen der Vereinigten Bühnen hervorgegangen, wird 1970 der erste Steirische Herbst veranstaltet, dem sich verschiedene Annexveranstaltungen, wie das Musikprotokoll und das Literatursymposion, anlagerten. 1972 wird das Weltfest moderner Musik in Graz abgehalten. Der Steirische Herbst führte auch zu den heftigsten Auseinandersetzungen um die Korensche Kulturpolitik, andererseits wurde er auch als der Inbegriff aller Neuerungen verstanden, der als einzige dauerhafte Avantgarde *außerhalb* Wiens, ja zeitweise *vor* Wien, zu charakterisieren ist. Noch in seinem Rundfunkinterview nach dem Rücktritt als Landtagspräsident vom 15. Oktober 1983 formulierte Hanns Koren seine, gerade auch den Steirischen Herbst tragenden Ideen: „Es kommt mir wirklich darauf an, die kulturelle Substanz des Landes, wie sie sich in vielen Dingen äußert und zeigt, in ihrem Kern und in ihrem inneren Wert zu erhalten, zu bewahren und weiterzuführen, sie aber doch nicht zu petrifizieren, nicht versteinern zu lassen. Ich bin für die Öffnung zu neuen Einsichten, zu neuen Werken, zu neuen Kulturauffassungen. Tradition ist das Selbstverständliche, der selbstverständliche Boden, auf dem man steht, von dem man nicht desertieren kann, dem man verwurzelt bleiben kann, ohne sich hier mit dem Gesicht und den Händen einzukrallen, sondern von dem aus man – eben weil man festen Boden unter sich hat – auch die Sicherheit und Freiheit hat, hinauszuschauen und mit anderen, die nicht da sind, die herkommen oder zu denen man geht, zu reden“ (Koren 1986, 114f.).

– *Aktionskomitee „Rettet die Grazer Altstadt“:* 1972 wurde auf Initiative des Journalisten Max Mayr ein Aktionskomitee zur Rettung der Grazer Altstadt gegründet, dessen Vorsitz Hanns Koren übernahm. Darin ist die Abwendung von der bloßen Wiederaufbaumentalität in simplizistisch gefaßter Moderne und die Hinwendung zu einer neuen Urbanität, zu einem Verständnis von Stadt und von Graz als kreativem Milieu, zu sehen.

Hanns Korens Arbeitskraft und Arbeitsfreude hatten eine große politische und literarische Produktion zur Folge. Schon wenige Wochen nach seinem Amtsantritt als Landeskulturreferent ruft er den steirischen Volksbildnern zum Auftakt für das Erzherzog-Johann-Gedenkjahr 1959 am 6. Juni 1957 zu: „. . . wir müssen uns Großes vornehmen, um das Mögliche erreichen zu können. Es ist eine herrliche Arbeit und es ist eine herrliche Aufgabe . . .“ (Koren 1966, 26). Leitmotivisch zitierte Koren gern ein Zinzendorfsches Kirchenlied aus dem achtzehnten Jahrhundert:

„Wir wollen nach Arbeit fragen,
Wo welche ist.
Nicht an dem Amt verzagen,
Und unsre Steine tragen,
Aufs Baugerüst.“

Ohne Scheu, jedoch sehr differenziert, gebraucht Hanns Koren den Heimatbegriff. Berühmt, geradezu abgegriffen, wurde sein Diktum: „Heimat ist nicht Enge, sondern Tiefe" (Koren 1966, 159). Im ORF-Interview nach seinem Rücktritt als Landtagspräsident im Oktober 1983 definiert er Heimat als „die große Geborgenheit oder das große Glück, an einem Punkt der Welt mit Menschen zusammenleben zu dürfen, die man kennt, für die man da ist, die für einen da sind. Es ist der Punkt, der uns zugewiesen ist, um mit den Fragen der Welt und den Rätseln der Zeit fertigzuwerden" (Koren 1986, 116).

Gerade aus seinem Heimatbewußtsein heraus konnte Koren Grenzen als Zäune und nicht als Mauern begreifen und überschreiten. Er war beheimatet in seiner Herkunftsfamilie und in der von ihm gegründeten Familie in Köflach, Graz und St. Bartholomä, seinem Alterssitz, beheimatet in der Steiermark, in Österreich und in der Katholischen Kirche. Hanns Koren war frei von einem Anti-Wien-Affekt: „Wien ist für mich immer die Hauptstadt" (Koren 1986, 117).

Daß die Steiermark, ja ganz Österreich nicht nur ein einziger großer „Musikantenstadl" sind, verdankt es auch und gerade Hanns Koren. Er hat Jahrzehnte daran gearbeitet, daß dieser nunmehr seine Kleinheit akzeptierende Staat sich dennoch eine Aura der Weite, Tiefe, ja als Ansporn, zumindest der *geistigen Größe,* bewahrt hat, die über die territoriale Begrenztheit hinausgreift. Koren tat dies als Wissenschafter, vielgesuchter Redner und seit den fünfziger Jahren auch als Politiker.

Traditionspflege und Suche nach neuen Wegen – beides lag ihm am Herzen, auch gegen Widerstände und gehässige Anfeindungen. Allmählich wurde Koren in die *Ikonizität* eines zweiten Erzherzog Johann entrückt, und man vergaß, daß er kämpfen mußte, seine Wunden erhielt, die schmerzvoll in seine heiter-nachdenkliche Altersreife hineinvernarbten. Er bestand die Anfechtungen, gelassen in den Traditionen dieses Landes und der Kirche stehend, so gewann er die Kraft, das Neue dem Alten anzuwandeln und das Alte ins Neue zu bergen – darin Papst Johannes XXIII. ähnlich. Nur wer – wie die beiden Genannten – Standfestigkeit besitzt, kann das Neue ins Werk setzen. Es verbietet sich, nur einen „halbierten" Koren im Gedächtnis zu bewahren, den progressiven Kunstfreund gegen den konservativen Volkskundler auszuspielen.

Die Sprachkraft Hanns Korens, damit Brücken zwischen den Generationen und den sozialen Schichten, aber auch zwischen den oft rivalisierenden katholischen Gruppierungen (CV, KV, „Neuland", KA) schlagend, ließ ihn zu einem der besten zeitgenössischen Redner und Essayisten werden, in dem sich die politische und geistige Kultur der Zweiten Republik in bewundernswerter Fülle widerspiegelt.

Es ist wahrhaftig keine Übertreibung, wenn man in Hanns Koren eine Persönlichkeit sieht, die das überzeugendste Modell der Kulturpolitik eines Bundeslandes nach 1918 entwickelt hat. Er tat dies zuerst als Landesrat, Landeshauptmannstellvertreter, dann als Landtagspräsident und schließlich bis an sein Lebensende als Kuratoriumspräsident des Joanneums. Koren hat damit aus seiner regionalen Verwurzelung heraus, aber ohne den pejorativen Beigeschmack der Provinzialität, die Identität der Steiermark, ja der ganzen Republik, mitgestaltet. So gut wie alle kulturpolitischen Neuerungen der Steiermark von der Kunst bis zur Erwachsenenbildung gehen auf ihn zurück. Manches ist zerfallen oder abgeschlafft, geblieben ist der Stachel, das Neue zu suchen, ohne das Alte zu verschleudern.

Die einigende Mitte all der genannten Aktivitäten war Korens selbstverständliche, doch keineswegs naive Katholizität, die gerade deswegen eine weit über katholische Kernschichten hinausreichende Strahlkraft besaß. Wenn das Wort vom „Laienapostolat" einen Sinn hat, dann ist dieser Sinn durch Korens Wirken durch Jahrzehnte realisiert worden.

Seine Gestaltungsmittel von Wirklichkeit waren Wort und Rede, ebenso mutig wie behutsam, manchmal weit ins Historische, aber auch in persönlich Erlebtes ausholend.

Nicht bürokratische Organisationskraft war seine Stärke, sondern die sanft-beharrliche Motivationskraft, die von ihm ausging und ihn – wie mit anderen Inhalten und Formen Josef Krainer sen. – als geradezu ins Mythische entrückte Persönlichkeit im öffentlichen Bewußtsein fortleben ließ. Abgesehen vom rechten und linken Rand des politischen Spektrums wuchs Koren eine tiefe Zuneigung zu, weil er wie wenige „Mitmensch" vieler Steirer war, die ihn täglich durch die Stadt Graz gehen sahen, mit seinem Lodenwetterfleck, seinem breitkrempigen Hammerherrenhut und seiner plastronartigen Krawatte.

Hanns Koren prägte das Landesbewußtsein wie wenige: geliebt, zitiert, freilich auch bisweilen verkannt und instrumentalisiert. Seine kulturelle Offenheit ließ ihn nicht seinen persönlichen Vorlieben folgen, sondern Chancen öffnen für das Andere, Fremde, geradezu Erschreckende, in der Grundhoffnung, daß die Zeit schon für Korrekturen sorgen werde. Demut, Bescheidenheit und Feingefühl waren Charaktereigenschaften, die sich in einer von Altbundespräsident Rudolf Kirchschläger berichteten Episode niederschlägt, der sich daran erinnert, den Landtagspräsidenten anläßlich eines Festgottesdienstes im Grazer Dom einmal gefragt zu haben, warum kein Landespolitiker an der Kommunion teilnehme. Koren antwortete, daß er wisse, daß nicht alle anwesenden Politiker auch wirklich zur Kommunion gehen wollten oder könnten, so wäre es besser, niemand ginge, um auch niemanden durch eine offenkundige Unterteilung zu kränken und zu verletzen (Kirchschläger 1986, 37).

Hanns Koren war ein Liberal-Konservativer aus christlicher Inspiration, kraftvoller Beweis dafür, daß Aufklärung und Reform auch Töchter des Christentums sind. Mit zunehmendem Alter wurde er immer origineller, eindringlicher, ja sein Höhepunkt an Wirkkraft liegt in seinen letzten Lebensjahren, als fast alle politischen Funktionen von ihm abgeglitten waren, er aber immer noch dem Land, seiner Kultur und seinen Menschen in „nicht-hoheitlicher Form" erhalten blieb. Koren verkörperte auch so etwas wie eine durch Vater und Sohn Josef Krainer abgedeckte und geschützte „Umwegrentabilität" für die ÖVP, die durch ihn ein niemals aus der Retorte der Politikberatung erzeugbares Signum der Aufgeschlossenheit, der Qualität und der Zukunftsfähigkeit erhielt. Koren hatte Charisma, aber er war kein Populist, weil er immer den Diskurs offen hielt, zuhören konnte, andere mitreden und wachsen ließ.

Literatur- und Quellenverzeichnis

Dullnigg, Ute (1992). Hanns Koren. Volkskundler, Kulturpolitiker. Bausteine einer Biographie, Univ. Graz: Diss.

Kirchschläger, Rudolf (1986). Der große Alte ..., in: Christian *Bauer* u. a. (Hg.): Erinnerungen an Hanns Koren, Graz.

Koren, Hanns (1966). Reden, Graz.

Koren, Hanns (1972). Verwandlung der Heimat, Graz.

Koren, Hanns (o. J., wohl 1976). Heimat ist Tiefe, nicht Enge. Reden, Graz.

Koren, Hanns (1986). Tradition ist der selbstverständliche Boden ... ORF-Interview vom 15. Oktober 1983, in: Christian *Bauer* u. a. (Hg.): Erinnerungen an Hanns Koren, Graz.

Posch, Fritz (1986). Nachruf auf Hanns Koren. Leben und Werk, in: Zeitschrift des Historischen Vereines für Steiermark 77.

Schuller, Anton L. (1986). Hanns Koren 1906–1985. Volkskundler, Kulturpolitiker, Schriftsteller. Bibliographischer Schlüssel zum Gesamtwerk, Graz.

Lebensdaten

1906	am 20. 11. in Köflach geboren
1912–1918	Besuch der Volksschule in Köflach
1918–1927	Besuch des Fürstbischöflichen Knabenseminars und Gymnasiums in Graz
1927–1932	Studium der Germanistik, Geschichte und Volkskunde an der Grazer Universität (Abschluß mit Dr. phil.)
1938	Heirat mit Ilse Zimmer (sechs Kinder)
1940–1944	Militärdienst
1985	am 27. 12. in Graz gestorben

Berufliche Karrierestationen

1932–1935	Assistent und bald Leiter des Salzburger Instituts für religiöse Volkskunde
1936	Assistent am Steirischen Volkskundemuseum in Graz
1945	Habilitation für Volkskunde an der Philosophischen Fakultät der Grazer Universität
1949–1963	Leiter des Steirischen Volkskundemuseums
1951	tit. Extraordinarius
1955–1972	Ordinarius für Volkskunde an der Grazer Universität

Staatliche Funktionen

1953–1957	Abgeordneter zum Nationalrat
1957–1970	Kulturlandesrat der Steiermärkischen Landesregierung,
1963–1970	Landeshauptmannstellvertreter
1970–1983	Präsident des Steiermärkischen Landtages

Parteipolitische Ämter

1963–1964	Spitzenkandidat der ÖVP bei der Grazer Gemeinderatswahl
1983–1985	Ehrenobmann der steirischen ÖVP

Weitere Funktionen

1950–1953	Vorsitzender der Katholischen Aktion Steiermark
1956–1971	Obmann des von ihm mitgegründeten Steirischen Volksbildungswerkes
1972–1985	Präsident des Kuratoriums des Steiermärkischen Landesmuseums Joanneum
1977	Ehrendoktor der Grazer Technischen Universität
1982	Ehrendoktor der Philosophie der Grazer Universität
1985	Mitherausgeber der *Kleinen Zeitung* (mit Alexander Appenroth und Wolfgang Mantl), Vorsitzender dieses Herausgeberkollegiums

Stephan Koren

von
Franz Schausberger

Stephan Koren wurde am 14. November 1919 in Wiener Neustadt geboren. Er stammte aus sehr einfachen Verhältnissen und bezeichnete sich selbst der Herkunft nach als „waschechten Proletarier“. Sein Vater kam aus der Südsteiermark; er war Gelegenheitsarbeiter; seine Mutter, wesentlich jünger als der Vater, entstammte einer Bauernfamilie aus dem Waldviertel. Stephan Koren wurde in eine wirtschaftlich und politisch äußerst schwierige Zeit hineingeboren und wuchs zusammen mit einer Schwester und einem Bruder in einer stark katholisch dominierten Umgebung auf. Diesem Milieu entsprach auch Korens Mitgliedschaft in der katholischen Jugend und bei den Pfadfindern (Pfeifer 1993, 15).

Vom einfachen, katholischen Milieu geprägt, war Koren Zeit seines Lebens „überzeugter Christ und praktizierender Katholik“ (Klaus 1989, 221), hatte ein starkes soziales Empfinden (Androsch 1989, 202) und übertrug seine innige Bindung an Eltern und Geschwister auch auf die eigene Familie.

Kindheit und Jugend verbrachte Koren in Wiener Neustadt, wo er an der Oberrealschule 1938 die Matura ablegte. Im Krieg kam er zur Luftwaffe und wurde in Rußland Ende 1941 so schwer verletzt, daß ihm die rechte Hand amputiert werden mußte. Mehr oder minder zufällig wandte er sich dem Studium der Volkswirtschaft an der Universität Wien zu. 1944 war er bereits als Werkstudent am Wiener Institut für Wirtschaftsforschung tätig. 1946 wurde er zum Doktor rer. pol. promoviert (Dusek/Eichmann 1987, 146).

Koren studierte bei Reinhard Kamitz und legte bei diesem im Februar 1945 seine Diplomprüfung ab. Koren, dessen Karriere viele Ähnlichkeiten mit der des um 12 Jahre älteren Kamitz aufweist (Wirtschaftsforschungsinstitut – Universitätsprofessor – Finanzminister – Raab-Kamitz-Kurs – Koren-Plan – Notenbankpräsident), bewunderte an Kamitz vor allem, daß er eine Diskussion moderner wirtschaftspolitischer Methoden in der praktischen Politik in Gang gesetzt hatte. Kamitz war auch sein Vorbild, was das intensive Arbeiten betraf.

Sofort nach Kriegsende schlug sich Koren auf abenteuerliche Weise nach Wien durch und begab sich zur Börse, wohin das „Institut für Wirtschaftsforschung“ übersiedelt war. Er wurde am 1. Juni 1945 als wissenschaftlicher Mitarbeiter des Institutes angestellt und gehörte damit praktisch zu den Gründungsmitgliedern. Seine erste Tätigkeit in den Wochen nach dem Kriegsende bestand darin, alle nur erreichbaren Unterlagen aus dem Schutt der Wiener Börse auszugraben. Noch im gleichen Jahr heiratete er seine Verlobte, Marianne Possek, die ihm sechs Kinder, 4 Töchter und 2 Söhne, schenkte.

Koren blieb 20 Jahre im Wirtschaftsforschungsinstitut. Er eignete sich dort alle Kenntnisse und Fähigkeiten an, die für die weitere Karriere von Bedeutung waren. Er war nicht nur Statistiker und Wirtschaftsforscher am Schreibtisch, sondern auch Kontaktmann zur Wirtschaft. Er war viel unterwegs und lernte dabei kleine und mittlere Unternehmen kennen, aber auch die „Großen" in Wirtschaft und Politik sowie die wichtigsten zuständigen Beamten (Steffe 1989, 236).

Koren wurden die Referate Energiewirtschaft und Industrie übertragen. Nachdem er sich in den fünfziger Jahren vor allem der empirischen Wirtschaftsforschung, in deren Mittelpunkt die volkswirtschaftliche Analyse stand, gewidmet hatte, befaßte er sich in den sechziger Jahren mit der wirtschaftshistorischen und politisch-theoretischen Analyse. Im Laufe der Zeit zog es Koren immer stärker in den universitären Bereich (Pfeifer 1993, 29 ff.).

Seine vielen wissenschaftlichen Arbeiten gipfelten schließlich in seiner Schrift „Sozialisierungsidee und Verstaatlichungsrealitität in Österreich", mit der er sich 1964 an der Universität Wien für das Fach Wirtschaftspolitik habilitierte. Er untersuchte darin u. a. die historische Entwicklung der Sozialisierungsideen in Österreich und vertrat etwa den Standpunkt, daß sich die Verstaatlichungen der Jahre 1946/47 nur aus einer Notsituation als Zweckmaßnahme aufgrund der Potsdamer Beschlüsse über das deutsche Eigentum heraus ergeben hätten, um die die SPÖ erst im nachhinein ein ideologisches Gerüst gebaut hätte (Koren 1964, 77 ff.).

Vor allem seine Aussagen über die verstaatlichte Industrie führten dazu, daß er im Zusammenhang mit seiner Berufung als Ordinarius für Wirtschaftswissenschaften an die Universität Innsbruck in seine erste politische Auseinandersetzung geriet. Die SPÖ erhob Einwände gegen seine Berufung und blockierte diese im Ministerrat. Dabei war das Sammelwerk „Die Verstaatlichung in Österreich", das auch die Habilitationsschrift Korens umfaßte, ursprünglich eine Auftragsarbeit der SPÖ gewesen. Die Sozialisten zogen den Auftrag allerdings zurück. Schließlich erhielt Koren im Frühjahr des Jahres 1965 die dritte Lehrkanzel an der Universität Innsbruck. Ein Jahr später wurde das Institut für Wirtschafts- und Sozialpolitik gegründet, dessen Vorstand Koren wurde.

Nach seiner Berufung pendelte er zwischen Wiener Neustadt, wo er ein Weinbauernhaus mit großem Garten bewohnte, und Innsbruck. Er trennte, wie auch später in seiner Zeit als Politiker, scharf zwischen Beruf und Privatleben, war zu Hause ganz Familienvater, war sein eigener Zimmerer, Tischler und Gärtner. Er hatte eine besondere Vorliebe für große amerikanische Autos, die er riskant fuhr und selbst reparierte, für starke Zigaretten, Kaffee und gelegentlich ein Glas guten Whiskys.

Koren hatte sich unterdessen hohes persönliches und wissenschaftliches Ansehen erworben, sodaß es nicht verwunderlich war, daß die Politik auf ihn aufmerksam wurde, obwohl er sich parteipolitisch in keine Richtung festgelegt hatte. Im Frühjahr 1965 wurde er von der Österreichischen Volkspartei eingeladen, an der „Aktion 20" teilzunehmen, mit der die ÖVP unter Josef Klaus eine moderne politische Arbeitsmethode kreieren wollte. Koren gehörte der „Aktion 20" von Beginn weg an, ohne Mitglied der ÖVP zu sein. Er übernahm den Vorsitz im Arbeitskreis „Wohlstand durch Wirtschaftskraft" (Reichhold 1975, 382 ff.). Die profunden Aussagen Korens zu Politik und Wirtschaft veranlaßten Bundeskanzler Klaus, Koren als Staatssekretär ins Bundeskanzleramt zu berufen. Damit wurde letztlich die „Aktion 20" zum Sprungbrett für Korens politische Karriere (Klaus 1971, 14 f.).

Stephan Koren wurde am 31. März 1967 als Staatssekretär für Wirtschaftsfragen angelobt. Seine Hauptaufgabe lag in der Unterstützung des Bundeskanzlers in strukturpolitischen Fragen und in der Koordination der Wirtschaftspolitik der ÖVP-Alleinregierung. Mit einer Rezession im Jahre 1962 hatte in Österreich eine Strukturkrise begonnen. Die ÖVP-Alleinregierung sah sich einem Nachlassen der Wirtschaftsexpansion, einer Benachteiligung der österreichischen Exporte durch die zunehmende Integration der EWG, zunehmenden Budgetdefiziten und einer kritischen Entwicklung der verstaatlichten Industrie gegenüber. Die Vollbeschäftigung schien erstmals gefährdet (Pfeifer 1993, 78f.). Koren hatte mit diesem umfangreichen Aufgabenbereich auch die Chance erhalten, sein theoretisches Wissen in die Praxis umzusetzen, was ihm immer ein besonderes Anliegen war. Er schuf sofort den sogenannten „politischen Koordinierungsausschuß", ein Beamtenkomitee, das neben dem Ministerkomitee der Koordination wirtschaftspolitischer Interessen diente und anfänglich auf vehementen Widerstand seitens Finanzminister Schmitz stieß. Dieser fürchtete, daß sich Koren damit zu sehr in die Angelegenheiten des Finanzministers einmischen werde. Aufgrund der geschilderten wirtschaftlichen Situation sah sich die Regierung aber veranlaßt, Einzelinteressen zurückzustellen und den neuen Staatssekretär mit Nachdruck zu unterstützen.

Im Frühjahr 1967 berieten Klaus und Koren in Salzburg über ein wirtschaftspolitisches Konzept, das Koren während des Sommers ausarbeiten sollte. Anläßlich einer Tagung im September 1967 in Bad Ischl legte Koren erstmals sein Konzept einem größeren Kreis vor (Androsch 1989, 191). Inzwischen hatte sich – wie verschiedene regionale Wahlergebnisse im Jahr 1967 zeigten – der politische Trend gegen die ÖVP zu wenden begonnen. Bundeskanzler Klaus bildete daher seine Regierung am 19. 1. 1967 um, wie erwartet wurde der stark ins Schußfeld der Kritik geratene Finanzminister Schmitz abberufen und durch Stephan Koren ersetzt, der inzwischen auch ÖVP-Mitglied geworden war. Das Führungsteam der ÖVP hieß nun: Klaus-Withalm-Koren.

Finanzminister a. D. und Präsident der Oesterreichischen Nationalbank Dr. Stephan Koren, 1981

Koren brachte einen neuen Stil ins Finanzministerium. So wie er den „Koren-Plan“ praktisch im Alleingang und in zahlreichen Nachtschichten erstellt hatte, agierte er auch als Finanzminister als wissenschaftlicher „Einmannbetrieb“. Nicht persönlicher Ehrgeiz oder intellektuelle und fachliche Überlegenheit trieben Koren zu dieser Vorgangsweise, sondern die politische Weitsicht und die harte Entschlossenheit, sich einer überaus schwierigen Aufgabe mit ganzer Energie zu widmen, um an verantwortlicher Stelle eine entstandene Budget- und drohende Wirtschaftskrise mit seiner ganzen Durchschlagskraft überwinden zu helfen. Der „Koren-Plan“ – dieser Bezeichnung stand Koren selbst als „Liberaler von Schrot und Korn“ (Haschek 1989, 210) skeptisch gegenüber, da er jegliche Art dirigistischer Planung und Lenkung ablehnte –, passierte im März 1968 den Ministerrat und wurde anschließend in Buchform veröffentlicht und war monatelang ein Bestseller in den Buchhandlungen. Koren erfüllte ein enormes Tagespensum und arbeitete täglich 12 bis 15 Stunden so rationell und ausdauernd wie möglich. Auch die von ihm geführten Sitzungen zeichneten sich durch Kürze und Prägnanz aus. Er delegierte gerne und ließ die Beamten entscheiden, was immer in ihren Entscheidungsbereich fiel. Endgültige Entscheidungen aber traf er allein und war damit eindeutig „der Chef“. Journalisten gegenüber wog er genau ab, welche Informationen in welcher Form weitergegeben werden konnten. Aggressiven Fragern kam er mit harten Gegenfragen, war aber wegen seiner unbestrittenen sachpolitischen Kompetenz und seiner Formulierungsgabe ein beliebter und respektierter Gesprächspartner der Medienvertreter (Klaus 1971, 353; Pfeifer 1993, 115). Von der Grundlinie seines Konzeptes wich Koren nicht ab und versuchte, dieses Punkt für Punkt zu verwirklichen.

Wenige Wochen nach seinem Amtsantritt kündigte er den sogenannten „Paukenschlag“ an, dessen wesentliche Maßnahmen mit den Forderungen des Koren-Planes ident waren: Freigabe des Eventualbudgets im Ausmaß von 50% zur Belebung der Konjunktur, einschneidende Ausgabenkürzungen und Steuererhöhungen zur Sanierung des Staatshaushaltes (Einführung der KFZ-Steuer und der Alkohol- und Tabaksteuer, sowie die Erhöhung der Lohn- und Einkommenssteuer ab 1. 1. 1969), Reform der landwirtschaftlichen Marktordnung, Novelle zum Kartellgesetz, Liberalisierung der Gewerbeordnung und des Kreditwesengesetzes, Schaffung des Bürgschaftsfonds und eines Strukturverbesserungsgesetzes. Trotz allem konnte die Regierung mit ihren erfolgreichen wirtschaftlichen Maßnahmen und der beginnenden Hochkonjunktur nicht ausreichend beim Wähler punkten. Es war das Verdienst Korens, daß die Regierung Klaus in einer Zeit der Hochkonjunktur einen geordneten, konsolidierten Staatshaushalt hinterließ, was allerdings von der Bevölkerung nicht honoriert wurde. Gesellschaftspolitisch hatte die ÖVP zu wenig Modernität vermitteln können, für das „moderne Österreich“ stand Kreiskys SPÖ (Reichhold 1975, 439f).

Es ist aber eine unbestrittene Tatsache, daß Stephan Korens Politik als Finanzminister Österreich jene ökonomische Kraft verlieh, die den Verteilungssozialismus der siebziger Jahre ermöglichte (Haschek 1989, 214).

Schwer fiel Koren der durch den Regierungswechsel erzwungene Abschied als Finanzminister. Koren wollte gestalten und verändern, die Rolle auf der Oppositionsbank war eine ganz andere. Dabei hatte er bei seiner Nominierung für einen aussichtsreichen Listenplatz für die Nationalratswahl 1970 erkennen müssen, wie sehr in der ÖVP unbestrittenes fachliches Ansehen hinter die bündischen Interessen zurückzutreten hatte. Es bedurfte einer massiven Intervention von Hermann Withalm, Koren über ein niederösterreichisches Mandat in den Nationalrat zu bringen (Vodopivec 1970, 84). Im Sommer 1970 gab Hermann Withalm bekannt, daß er die Funktion des Klubobmannes zurücklegen werde. In einem heftigen Bündestreit mußte Koren von Wirtschaftsbundpräsident Sallinger zur Kandidatur für den Klubobmann überredet werden, da er selbst nie an eine solche Position für sich gedacht hatte. In einer Kampfabstimmung am 10. 9.

1970 erhielt schließlich Koren 46 und sein Gegenkandidat Karl Glaser 39 Stimmen (Kriechbaumer 1981, 86f). Koren gelang es innerhalb kürzester Zeit, trotz ungünstiger innerparteilicher Voraussetzungen, den Klub einig und diszipliniert anzuführen und zu motivieren. Dazu trug zweifellos seine Kameradschaftlichkeit und sein kooperativer, aber auch glaubwürdiger Führungsstil bei, der nie in Kameraderie ausartete. Er betrachtete das Parlament als die politische Hauptbühne, auf der die oppositionelle ÖVP agieren mußte, und sah die Schwerpunkte der Oppositionstätigkeit zuerst in der Kontrolle der Regierung, dann in der Kritik und schließlich in der Notwendigkeit, Alternativen zu entwickeln. Beim politischen Gegner genoß Koren ein hohes Maß an Akzeptanz. Er war ein zielstrebiger Verhandler, an dem man seine Fachkenntnisse und seine hohe Intellektualität sehr schätzte, aber auch seine Kompromißbereitschaft und sein Bemühen, stets einen für alle vertretbaren Konsens herbeizuführen (Zögernitz 1989, 89, 99).

Mit der Wahl Korens zum Klubobmann präsentierte sich der ÖVP plötzlich neben Schleinzer ein zweiter potentieller Nachfolger für Withalm als Parteiobmann. Als Withalm ankündigte, beim Bundesparteitag am 4. Juni 1971 von seiner Funktion als Bundesparteiobmann zurückzutreten, galten als aussichtsreichste Nachfolger Generalsekretär Schleinzer und Klubobmann Koren. Nach langen innerparteilichen Auseinandersetzungen fielen die Würfel erst zwei Tage vor dem Parteitag endgültig zugunsten Karl Schleinzers. Entsprechend gespannt blieb auch das Verhältnis zwischen Parteiobmann und Klubobmann in den folgenden Jahren. Während Schleinzer immer für eine Annäherung an die FPÖ eintrat, zeigte Koren seine Vorliebe für eine Zusammenarbeit mit der SPÖ. Nach dem tragischen Tode von Karl Schleinzer im Jahr 1975 war Stephan Koren neben Alois Mock und Josef Taus wieder ein ernstzunehmender Kandidat für den Parteiobmann. Die Partei entschied sich für Josef Taus.

Als Klubobmann und Finanz- und Wirtschaftssprecher der ÖVP war Koren stets der „besorgte Mahner“ in der österreichischen Wirtschaftspolitik. Dies trug ihm die Etikettierung einer „Kassandra vom Dienst“ durch Bruno Kreisky ein, was auf Koren insofern nicht zutraf, als er ja verhindern wollte, daß sich seine Prophezeiungen erfüllten. Ebenso entsprach die manchmal verwendete Bezeichnung „Zyniker“ „niemals seinem Charakter“, er war gerne ironisch, gelegentlich sarkastisch, aber nie verletzend zynisch (Androsch 1989, 184).

Anfang Februar 1978 wurde Stephan Koren aus seiner politischen Funktion von Bundeskanzler Kreisky in die Position des Präsidenten der Oesterreichischen Nationalbank berufen. Korens größtes Verdienst als Nationalbankpräsident ist die Verankerung der Stabilitätspolitik und der Hartwährungspolitik. Ein politischer Gegenspieler, Bundeskanzler Vranitzky, gesteht Koren zu, seine größte Autorität in Österreich als „Hüter der Währung“ erlangt zu haben. „Die Mitmenschen wußten, daß ihre Währung in seinen Händen gut aufgehoben war. Solch massenhaftes Vertrauen in einer so sensiblen Materie zu gewinnen, ist die eigentliche Anerkennung seines umfassenden Lebenswerkes“ (Vranitzky 1989, 16).

Literatur- und Quellenverzeichnis

Androsch, Hannes (1989). Zwei Jahrzehnte wechselvoller Verbundenheit, in Werner *Clement* / Karl *Socher* (Hg.).

Stephan Koren 1919–1988. Wirtschaftsforscher und Wirtschaftspolitiker in Österreich, Wien.

Dusek, Peter / Hannes *Eichmann* (Hg.) (1987). Zeitzeugen. Wege zur Zweiten Republik, Wien.

Haschek, Helmut (1989). Stephan Koren – Bericht eines Zeitzeugen, in: Werner *Clement* / Karl *Socher* (Hg.): Stephan Koren 1919–1988, Wien.

Klaus, Josef (1971). Macht und Ohnmacht in Österreich. Konfrontationen und Versuche, Wien.

Klaus, Josef (1989). Am Beispiel Stephan Koren, in: Werner *Clement* / Karl *Socher* (Hg.): Stephan Koren 1919–1988, Wien.

Koren, Stephan (1964). Sozialisierungsideologie und Verstaatlichungsrealität in Österreich, in: Wilhelm *Weber* (Hg.): Die Verstaatlichung in Österreich, Berlin.

Pfeifer, Gabriele (1993). Stephan Koren. Wirtschaft im Spannungsfeld von Wissenschaft und Politik 1967–1970, Salzburg.

Reichhold, Ludwig (1975). Geschichte der ÖVP, Graz.

Steffe, Horst-Otto (1989). Stephan Koren als Wirtschaftsforscher, Kollege und Freund, in: Werner *Clement* / Karl *Socher* (Hg.): Stephan Koren 1919–1988, Wien.

Vranitzy, Franz (1989). Stephan Koren – Der politische Fachmann, in: Werner *Clement* / Karl *Socher* (Hg.): Stephan Koren 1919–1988, Wien.

Zögernitz, Werner (1989). Stephan Koren als Klubobmann, in: Werner *Clement* / Karl *Socher* (Hg.): Stephan Koren 1919–1988, Wien.

Lebensdaten

1919	am 14. 11. in Wiener Neustadt geboren
1930–1938	Oberrealschule in Wiener Neustadt
1938	Matura
1938–1939	Reichsarbeitsdienst
1939	Einberufung zur Wehrmacht
1941	Schwere Verwundung in Rußland, Amputation der rechten Hand.
1941	Beginn des Studiums der Volkswirtschaft an der Universität Wien (1945 Abschluß als Diplomvolkswirt
1944	studentisches Praktikum als Werkstudent am Institut für Wirtschaftsforschung
1945	Verehelichung mit Marianne Possek (sechs Kinder)
1946	Promotion zum Doktor rer. pol.
1988	am 26. 1. in Wien gestorben

Berufliche Karrierestationen

1945–1965	Wissenschaftlicher Mitarbeiter des Österreichischen Wirtschaftsforschungsinstitutes
1964	Habilitation an der Universität Wien für das Fach Wirtschaftspolitik
1965	Berufung an die Dritte Lehrkanzel für Nationalökonomie an der Universität Innsbruck
1966	Vorstand des Institutes für Wirtschafts- und Sozialpolitik an der Universität Innsbruck
1968	Vorstand des Institutes für Volkswirtschaft an der Universität Wien in der Nachfolge von Prof. Kerschagl

Staatliche Funktionen

1967–1968	Staatssekretär für Wirtschaftsfragen
1968–1970	Finanzminister der Republik Österreich
1970–1978	Abgeordneter zum Nationalrat
1970–1978	Klubobmann der ÖVP im Nationalrat

Parteipolitische Ämter

1970–1979	Bereichssprecher der ÖVP (Finanzen bzw. Wirtschaft)
1970–1978	Mitglied des Bundesparteivorstandes der ÖVP

Weitere Funktionen

1978–1988	Präsident der Oesterreichischen Nationalbank
1969–1981	Präsident des Österreichischen Akademikerbundes

Josef Krainer

von
Wolfgang Mantl

Nach dem Tod Josef Krainers durch Herzschlag auf einer Niederjagd am 28. November 1971 in Allerheiligen bei Wildon zeigte die berührende Eindringlichkeit seines Begräbnisses am 1. Dezember 1971 in Graz nicht nur – was in Wien immer seltener gelingt – daß auch eine Republik ihre ernste, würdevolle Symbolik hat, sondern machte überdies augenfällig, daß Politik nicht in sozialer Automatik von sich aus über Programme, Strukturen und Institutionen „läuft", sondern vielmehr – durchaus auch in der Demokratie – von starken Persönlichkeiten getragen wird.

Krainer wußte gerade aufgrund seiner harten Kindheit und Jugend, was Weltbezug, was Bildung, Leistung und Dynamik bedeuten. Er hat sich immer wieder sein Bild der Welt neu erarbeitet, seinen Horizont erweitert: durch sorgfältige Lektüre (James Burnham, Dale Carnegie, Winston Churchill, Romano Guardini, Henry Kissinger, Wilhelm Röpke, Heinrich Ritter von Srbik, Lorenz Stucki u. a.), durch Kurse, Schulungen, Gespräche, Kontakte und durch Informationsreisen, die durchaus den altmodischen Namen „Bildungsreisen" verdienen, so sehr sie auch der regionalen Außenpolitik dienten.

Josef Krainer wurde am 16. Feber 1903 als lediges Kind der Bauernmagd Theresia Krainer in St. Lorenzen bei Scheifling geboren und wuchs in Mariahof und nach der Heirat seiner Mutter mit dem Bauernsohn Franz Brandl ab 1910 auf dem Feldbaumer-Hof in Forst bei Kobenz in der Obersteiermark auf. Seine Großmutter, sein sozialdemokratischer Volksschullehrer Rudolf Wally, später dann Knittelfelder Priesterpersönlichkeiten prägen den Buben, der nach Abschluß der Volksschule Land- und dann Forstarbeiter wird. Über die Vertretung der Interessen dieser Berufsgruppen kommt Krainer in die Politik, in der er sein ganzes Leben aktiv bleibt: 1921 gründet er in Kobenz die Ortsgruppe des Verbandes der christlichen Land- und Forstarbeiter im Rahmen des Katholischen Bauernbundes und der Christlichsozialen Partei, 1924 wird er Landesobmann dieses Verbandes. Seine politische Sozialisation erfolgt aus seiner bäuerlichen Herkunft, Berufstätigkeit und Umgebung heraus über den politischen Katholizismus der Ersten Republik und nicht über den liberalen Landbund. Krainer vertieft seine beruflichen Kenntnisse mittels mehrerer Fortbildungskurse in Wien und der Schweiz.

Im Herbst 1927 übersiedelt Josef Krainer als geschäftsführender Obmann und hauptberuflicher Landessekretär des Verbandes der christlichen Arbeiter und Angestellten in der Land- und Forstwirtschaft nach Graz und heiratet im Jänner 1928 die Kobenzer Bauerntochter Josefa Sonnleitner. Der Ehe entstammen fünf Kinder, darunter 1930 als zweites Kind und erster Sohn der heutige Landeshauptmann der Steiermark, Dr. iur. Josef Krainer. In der Steiermark sind „politische Familien" nicht selten (z. B. Krainer, Schachner-Blazizek, Götz, Horvatek, Pirchegger, Riedler). 1932, während der Weltwirtschaftskrise, organisiert Krainer eine Hilfsaktion für arbeits- und obdachlose Land- und

Forstarbeiter. Er hat inzwischen auch die Funktionen des Sekretärs der christlichen Bauarbeitergewerkschaft, des geschäftsführenden Obmannes der Landwirtschaftskrankenkasse und des Vizepräsidenten der Landarbeiterversicherungsanstalt übernommen.

Ähnlich dem fast gleichaltrigen Niederösterreicher Leopold Figl werden dem nur wenig über 30 Jahre alten Josef Krainer im diktatorisch geführten ständisch-autoritären Staat 1934–1938 nach Ausschaltung der Sozialdemokratie zahlreiche Positionen übertragen (1934 Landtagsabgeordneter, 1935 stellvertretender Landesobmann des Bauernbundes, 1936 Präsident der Kammer für Arbeiter und Angestellte in der Steiermark, Vizepräsident der Landwirtschaftskammer und 1937 Vizebürgermeister von Graz).

Im März 1938 wird Krainer von den Nationalsozialisten verhaftet und drei Wochen eingesperrt, sein Grazer Grundstück beschlagnahmt. 1940 erwirbt er zusammen mit seiner Frau und deren Mutter eine kleine Landwirtschaft und Ziegelei im weststeirischen Gasselsdorf, unweit von Gleinstätten. Politische Freundeskontakte bleiben aufrecht. Der drohenden Verhaftung und Erschießung durch das untergehende NS-Regime entzieht sich Josef Krainer im März 1945, indem er als Knecht bei zwei Bauern im Gebiet Kornriegl-Stammeregg-Radlpaß untertaucht.

Nach der *Befreiung* Österreichs und seiner Unabhängigkeitserklärung wird Josef Krainer im Mai 1945 Bürgermeister von Gasselsdorf und bleibt es fünf Jahre hindurch. Die nationalsozialistische Herrschaft hatte mit totalitärem Druck die Rüstungswirtschaft und das Militärpotential der Steiermark aufs äußerste gesteigert. Zurück blieben immense humane Verwüstungen und materielle Kriegsschäden (Bomben auf Graz und die größeren Städte, Landkrieg im April/Mai 1945, zumal in der Oststeiermark), ein ausgeraubtes, ausgeblutetes Land. Die rasche Neugründung der Parteien und Verbände, meist aus altem Stamm, schuf neben der Kirche jene „corps intermédiaires“ zwischen Bürger und Staat, die für einen materiellen wie immateriellen Wiederaufbau unerläßlich waren. Die Steiermark war 1945–1955 britische Besatzungszone.

Diesem Wiederaufbau, der Mehrung von Freiheit und Wohlstand, dient Josef Krainer in verschiedenen Funktionen (Bürgermeister von Gasselsdorf, geschäftsführender Landesleiter der ÖVP und stellvertretender Landesobmann des Steirischen Bauernbundes), vor allem aber als Landesrat 1945–1948 (Ringen um Verbesserung der Energie- und Lebensmittelversorgung, Betreuung der Landgemeinden) und – Krönung seiner Karriere – als Landeshauptmann von 1948 bis zu seinem Tode 1971. Die Wiederaufbauphase stand etwa bis 1956 im Mittelpunkt der Krainerschen Politik, dann folgte eine bis zu seinem Tode 1971 dauernde Reformphase, die sein Andenken am stärksten prägte.

Die Klammer für Wiederaufbau *und* Reform bildet Krainers starke politische Persönlichkeit. Einer seiner Vorgänger, Karl Maria Stepan (Landeshauptmann 1934–1938), schrieb 1957: „Krainer bewies bald jene Qualitäten, die dem zu eigen sein müssen, dem die schwere Aufgabe gestellt ist, zugleich Kampf zu führen und Frieden zu bringen: ein in echter Gläubigkeit verankertes Gottvertrauen; Unnachgiebigkeit im Grundsätzlichen gepaart mit verständnisvoller Bereitwilligkeit, den Standpunkt des Gegners zu achten; wohltuende, herzliche Bescheidenheit und ein nimmermüder Fleiß, getragen von tiefem Pflichtgefühl“ (Stepan 1957). Zeitgenossen und spätere Chronisten werden nicht müde, Krainers „common sense“, seine Freude an und mit Menschen, seine Entscheidungskraft, Konfliktfähigkeit und sein unverkrampftes Verhältnis zur Macht als Mittel politischer Gestaltung zu rühmen. Es entstand das Bild von Krainer als „lärchenem Stipfl“ (Fauland 1972). Wissensdurst, Selbstbewußtsein und geistige Beweglichkeit ermöglichen Krainer raschen Zugang zu Wissenschaftern, Künstlern, Unternehmern und jungen Leuten. Ein politisches Naturtalent, fand er auch Gefallen am Kämpferischen und Spielerischen der Politik, die er als „Kunst“ handhabt. Als „Landesvater“ ist er der große Kommunikator, der in den Gesetzlichkeiten der Konkordanzdemokratie das Geschäft des Verhandelns ebenso beherrscht, wie er sich in- und außerhalb der Partei als Organisator bewährt. Er schöpft die Kompetenzchancen eines Landeshauptmannes voll aus („Staatsoberhaupt" des Landes, Vorsitzender der Landesregierung, Träger der mittelbaren Bundesverwaltung und Chef der Landesbürokratie).

Die Jagd war Krainers einziges Hobby, dort fand er auch den Tod. Krainers *Arbeitspensum* war gewaltig, Hanns Koren meinte, daß es „nur einer tragen konnte, der seine Nerven und seinen klaren Kopf als unverbrauchtes bäuerliches Erbe benutzte" (Koren 1981, 21). Krainer war eine phrasenlose, kernige *Sprache* eigen, schmuckloses Gewand entschlossenen Handelns: „Das, was Krainer zu sagen hatte, hat er getan" (Wimmer 1981, 138).

Kritiker jedoch bemängeln an Krainers Politik Verzögerungen im Straßenbau und manch problematische Personalentscheidung aufgrund allzu impulsiver Entschlüsse.

In zwei Wellen trachteten Krainer und die steirische ÖVP, Wähler und Mitarbeiter über den christlichsozialen Altbestand hinaus zu gewinnen: zuerst, ab den vierziger Jahren bis in die sechziger Jahre, Liberale (Landbund), Deutschnationale und ehemalige Nationalsozialisten, schließlich gegen Ende seines Lebens kritische Junge der 68er-Bewegung. Beide Einladungen erfolgten aus einer Mischmotivation von christlicher Versöhnung, liberaler Offenheit und parteipolitischem Kalkül. In der Festschrift zum 60. Geburtstag Krainers 1963 finden sich unter 23 Autoren 7 deutschnationale (darunter Bruno Brehm, Josef Papesch, Alexander Götz sen.). Der „Ennstaler Kreis" war seit den frühen fünfziger Jahren ein attraktives liberal-konservatives Forum, singulär in Österreich. Josef Krainer wurde bei dieser „Versöhnungspolitik" von Alfons Gorbach und Karl Brunner sowie organisatorisch von den Landesparteisekretären Franz Wegart und Alfred Rainer unterstützt. Andererseits diente der 9. Landesparteitag im April 1969 der Zuwendung zur Protestgeneration. „Steirische Breite" und „steirisches Klima" schufen ein weites Rekrutierungsreservoir: liberale Intellektuelle und Unternehmer, Wissenschafter der steirischen Hochschulen, Mitglieder des Bundes Steirischer Landjugend und freilich auch das katholische Vorfeld, weniger der Cartellverband als die Katholische Aktion (vier aufeinanderfolgende KA-Generalsekretäre gingen später in die Politik: 1957–1962 Josef Krainer jun., 1962–1964 Hermann Schaller, 1964–1967 Hans Hafner und 1967–1969 Josef Riegler). So war die Personalpalette um Josef Krainer – mit heutigen Augen gesehen – „sagenhaft" groß, sie reichte von dem in sich wieder vielfältigen katholischen „Kern" (Alfons Gorbach, Hanns Koren, Josef Wallner, Theodor Piffl-Perčević, Hans Vollmann, Franz Hasiba) über Liberal-Deutschnationale (Franz Thoma, Otto Hofmann-Wellenhof, Helmut Heidinger), die skeptische Heimkehrergeneration (Franz Wegart, Alfred Rainer) bis zu den aufbegehrenden Jungen der Endsechzigerjahre (Bernd Schilcher, Helmut Strobl, Gerfried Sperl).

Die Zweite Republik „notiert" heute auf der Meinungsbörse unter ihrem Wert. Erste Kritik brandete jedoch schon Ende der fünfziger Jahre auf, als man die damalige große Koalition als unbeweglich und starr zu empfinden begann. Damals wandte sich Josef Krainer einer dezidierten Reformpolitik im Lande selbst, aber auch – lang vor den anderen Bundesländern – auf Bundesebene zu. Die letzten fünfzehn Jahre der Amtstätigkeit Josef Krainers als steirischer Landeshauptmann sind durch ausdauernde Reformbemühungen auf den Gebieten der Europa-, Verfassungs-, Wirtschafts-, Sicherheits- und Kulturpolitik gekennzeichnet.

„Nichts beunruhigte Krainer so sehr wie Stillstand in der Politik" (Wimmer 1981, 165): Fortschritt und Erfolg sollten in erster Linie durch gesellschaftliche, nichtstaatliche Kräfte, mit Hilfe von Wissenschaft und Technik bewirkt werden, durch eine „Versachlichung" der Politik. Das mag heute als zu technokratisch anders beurteilt werden, damals war es ein signalhafter Aufbruch in eine neue Rationalität. So wurde 1964 – also schon zwei Jahre vor der „Aktion 20" des Bundeskanzlers Josef Klaus – ein „Volkswirtschaftlicher Beirat der Landesparteileitung der steirischen Volkspartei" zur fundierten Praxisvorbereitung gegründet.

Reformvorbilder waren für Krainer die Schweiz, die er schon vor dem Krieg als Praktikant und während forst- und agrartechnischer Kurse in Solothurn kennengelernt hatte (er interessierte sich für die Arbeit der „Neuen Helvetischen Gesellschaft", las regelmäßig die *Neue Zürcher Zeitung*), und die *USA* (sein Sohn Josef studierte dort ein Jahr und absolvierte später das Johns Hopkins Center in Bologna; Landesparteisekretär Franz Wegart war drei Monate in den USA und informierte sich über Wahlkampf- und Meinungsforschungsmethoden; schließlich war auch Karl Gruber für Krainer eine Verbindungsperson zum atlantischen Raum). Es gab also nicht – wie so oft in Österreich – nur deutsche Kontakte. Krainers Vorstellungen von moderner, sachlicher und personalisierter Politik, von Föderalismus, direkter Demokratie und Allparteienregierung wurden in jeweils wechselnder Mischung durch Schweizer und amerikanische Beispiele inspiriert.

Landeshauptmann Josef Krainer sen., 1964, im Landhaus Graz

Der eigenständige Weg der Steiermark begann 1956 mit der Entkoppelung der Landtagswahl von der Nationalratswahl. Die Steiermark war das erste Bundesland, das diesen Schritt wagte. Landesparteisekretär Franz Wegart inszenierte 1957 für die Landtagswahl einen auf den Landeshauptmann konzentrierten Persönlichkeitswahlkampf („Krainerwahlen"), der einen Gewinn von drei Mandaten brachte (der für 1956 nach dem Ergebnis der Nationalratswahl errechnete Gewinn hätte nur zwei Mandate betragen). Erstmals durchgeführte Meinungsumfragen (Kosten 250.000,– öS!) hatten ergeben, daß die ÖVP gut, Krainer aber besser liege.

Nach diesem Wahlerfolg und der Erkrankung Julius Raabs wurde 1959 als „Reformagentur" mit (wirtschafts)liberalem, antibürokratischem Timbre die „Neue Österreichische Gesellschaft" gegründet (Obmann: Josef Krainer, Generalsekretär: Karl Gruber, weitere Mitglieder z. B.: die Journalisten Fritz Molden, Helmut Schuster, Hans Thür-Porta, Akademikerbund-Generalsekretär Georg Zimmer-Lehmann, Wirtschaftskreise um Rigobert Plass und Kunata Kottulinsky). Karl Gruber erklärte später: „Personell lautete unser Programm sehr simpel: ‚Krainer an die Macht'" (Gruber 1985, 99). Krainer wollte nicht als Bundeskanzler nach Wien gehen (er gehörte nur 1965–1968 dem Bundesrat an, den er jedoch mangels Einflußmöglichkeit enttäuscht verließ), Alfons Gorbach jedoch und später Josef Klaus kamen „durch" und wurden Bundeskanzler, nicht zuletzt aufgrund des von Krainer und der Steiermark ausgehenden Erneuerungsschwunges.

Die Reformaktivitäten Josef Krainers lassen sich in folgender Leistungsbilanz zusammenfassen:

1. *Föderalismus:* Gestützt auf ein nicht folkloristisches, geradezu trotziges Landesbewußtsein entwickelte Krainer ein kräftiges Druck- und Verweigerungspotential gegenüber dem Bund, mit einem fast missionarischen Zungenschlag gegen Wien. So wird die Anekdote überliefert, daß Krainer einem steirischen Mandatar die wenig aufmunternden Worte mit auf den Weg über den Semmering gab: „Eigentlich bist jetzt kein Steirer mehr, und ich müßt dich völlig abschreiben. Aber ich weiß, es muß halt sein, daß wer hinausgeht nach Wien" (Fauland 1972, 40).

2. *Landeswohlfahrt:* Die Grenzregionen (Grenzlandförderung seit 1958) und das Land als Ganzes sollten nicht der Verödung als kraftlose Peripherie anheimfallen (Abwanderung, Pendlerproblem). Dazu gehörten nicht nur Krainers Interesse für Agrar-, Industrie- und Energiepolitik, sondern auch sein Gespür für sicherheitspolitische Notwendigkeiten (auch als militärische Landesverteidigung).

3. *Europapolitik:* Über „bloße" Nachbarschaftspolitik hinaus war ein Kern Krainerscher regionaler Außenpolitik seine dezidierte Europapolitik in Gestalt einer klaren West- und EWG-Orientierung. Ende 1959 prägte Krainer in Hartberg das schließlich geflügelte Wort: „Österreich darf nicht in der Neutralität verhungern."

4. *Wissenschafts- und Forschungspolitik:* Als eines der ersten Länder versuchte die Steiermark im Rahmen der Privatwirtschaftsverwaltung (Art. 17 B-VG) universitäre und außeruniversitäre Forschung und Entwicklung zu fördern (Landesfonds für Wissenschaft und Forschung, Elektronenmikroskopie, Herz-Lungen-Maschine, Rechenzentrum Graz, Tieftemperaturforschung, Isotopenforschung, Ringen um Neubauten, Professoren- und Studentenheime, Österreichische Akademie für Führungskräfte).

5. *Kulturpolitik:* Wer Prosperität will, muß alle schöpferischen Kräfte in Wissenschaft, Kultur und Kunst nicht nur gewähren lassen, sondern einen „Geschmack" für Offenheit und Kreativität besitzen und diese Kräfte auch in ihrer schwierigen Eigenwilligkeit fördern. Krainer tat dies mit der Persönlichkeit Hanns Korens an seiner Seite.

6. *Allgemeine Politik:* Immer wieder versuchte Landeshauptmann Krainer, die kompakte Konkordanzdemokratie österreichischen Zuschnitts reformerisch zu verbessern, nicht zu beseitigen. 1958 war er einer der ersten, der sich in einem Referat vor dem Wiener Institut für Sozialpolitik und Sozialreform den Kopf über eine korrekte Parteienfinanzierung zerbrach. Die „Neue Österreichische Gesellschaft" ventilierte bereits die Ombudsmann-Idee. Bei den Regierungsverhandlungen 1962/63 focht Krainer als Mitglied

des ÖVP-Verhandlungsteams zusammen mit Hans Lechner und Hermann Withalm für einen koalitionsfreien Raum und – allein – für ein Modell der Allparteienregierung mit Mehrheitsentscheidung auch auf Bundesebene (beides erfolglos). In der zweiten Hälfte der sechziger Jahre bemühte sich Krainer um eine produktive Verarbeitung des jugendlichen Protests (erste Vorwahlexperimente). Auf dem 9. Landesparteitag stellte er am 12. April 1969 fest: „Unsere Stärke bestand immer darin, daß wir imstande waren, die Dynamik der Jugend zu verkraften. Wer sich vor jungen Menschen und ihrer Mitarbeit fürchtet, ist reif für die Pension. Wer sich anmaßt, glaubhaft zu machen, auf alle Fragen der Zukunft eine Antwort zu wissen, täuscht und betrügt" (Kunz 1993, 158). Krainer hatte auch eine in Österreich eher unübliche Distanz zur Bürokratie. Er war kein Jurist, hatte Kontakt mit vielen Menschen „draußen" und Bildungserlebnisse bei Nationalökonomen wie Wilhelm Röpke und Wilhelm Taucher oder Geisteswissenschaftern wie Johann Fischl und Hanns Koren.

Die Steiermark ist ein Land der Vielfalt: landschaftlich, wirtschaftlich, kulturell und politisch. Ein Land mit der zweitgrößten Stadt Österreichs als Landeshauptstadt, mit zahlreichen höheren Schulen und vier Hohen Schulen, mit einer immer noch differenzierten Medienlandschaft und einer reichen Kunstszene, weist es geradezu notwendig den Typus eines selbstbewußten, kritischen, dem Pluralismus offenen Landesbürgers auf. Hier eine soziale Integrationspartei von der Art und der Größe der steirischen ÖVP aufzubauen, die sich schon im Wahlkampf 1945 mit ihrem neuen Namen als „Partei der Mitte" empfahl, ist eine beachtliche Leistung. Nicht zuletzt Josef Krainer war es, der als Staatsmann und „Landesvater" (weil auch glaubwürdig als Familienvater) die Integration christlicher, konservativer, liberaler, (ehemals) deutschgetönter und progressiver Elemente zustande brachte, durchaus mehr als ein Bündekonglomerat. Die ÖVP wurde nach 1957 zur „Landeshauptmannpartei" mit allen Vor- und Nachteilen dieser Personalisierung, umrandet freilich von einer farbigen Personalpalette und einer offenen Diskurskultur. Dennoch ist dies kein ungefährdetes Erbgut: Der „alpenländische Konservativismus" sticht der FPÖ ins Auge, die Umweltbegeisterung der jüngeren Leute den Grün-Alternativen und der Wirtschaftsliberalismus dem Liberalen Forum.

Wegen ihrer Randlage braucht die Steiermark nach wie vor etwas, was Josef Krainers Aktivitäten unter einen Zentralbegriff zusammenfassen läßt: *Vitalisierung* des Landes an der Peripherie. Was anders als Vitalisierung motivierte Krainers Eintreten für den Föderalismus? Er war der erste und für Jahre hinaus der einzige wirklich föderalistisch selbstbewußte Landespolitiker mit gesamtösterreichischer Bedeutung und Reputation, bis dann eigentlich erst nach seinem Tod, während der langen SPÖ-Alleinregierung, föderalistische Eigenständigkeit auch allgemein zur politischen Kategorie wurde.

Der Reformschub Krainers sichert ihm – wie auch Hanns Koren – nicht nur lebendige, herzliche Erinnerung in der Bevölkerung, sondern währt auch über seinen Tod hinaus: etwa im „Modell Steiermark" der siebziger Jahre als dem Unternehmen offener, pluraler Programmarbeit einer Partei oder in den Schritten einer Landesverfassungsreform (Landesrechnungshof, Volksrechte) in den achtziger Jahren. Vor allem mit seiner *Europa-* und Nachbarschaftspolitik behielt Josef Krainer „recht": „Regionalismus plus europäische Integration waren daher immer schon Grundpfeiler einer den Ost-West-Gegensatz unterlaufenden, blockübergreifenden außenpolitischen Konzeption der steirischen ÖVP, die durch die Teilnahme der Steiermark an der ARGE Alpen-Adria in den siebziger und achtziger Jahren sowie durch die positive Haltung zu einem Beitritt im Rahmen der EG-Diskussion, seit 1988 weitergeführt wurde und wird" (Marko 1982, 405).

Wie jeden Wertkonservativen machte gerade das unpathetische Stehen in den bäuerlichen Traditionen des Landes Krainer fähig zur Veränderung und Erneuerung mit Hilfe von Wissenschaft und Technik. Katholizität, Ehe und Familie, Heimatliebe und Ordnungssinn nagelten ihn nicht in ängstlicher Abwehr des Neuen im Hergebrachten fest, sondern waren „Proviant" für die Reise in die stets ungewisse, jedoch auch chancenreich offene Zukunft. „Qualitätssicherung," auch in der Politik, war Krainer wichtig. Gegen Ende seines Lebens sagte er mahnend: „Was uns immer plagen muß, ist die Sorge, daß die Mittelmäßigkeit überhandnimmt, die Besseren von den Dummen gejagt werden und an neuen Ideen so lange geknabbert wird, bis nichts mehr übrig bleibt. Wer sich zur politischen Verantwortung berufen fühlt, muß das Maß finden, seine eigenen Grenzen und die seiner Mitmenschen zu erkennen" (Kunz 1993, 158).

Literatur- und Quellenverzeichnis

Fauland, Ferdinand (1972). Der lärchene Stipfl. Anekdoten um Josef Krainer, Graz.

Gruber, Karl (1985). Die Neue Österreichische Gesellschaft, in: 40 Jahre Steirische Volkspartei 1985, in: Politicum 6, Nr. 23 a.

Koren, Hanns (1981). Nach zehn Jahren, in: Hanns *Koren* / Max *Mayr* / Kurt *Wimmer:* Josef Krainer. Ein Leben für die Steiermark, Graz.

Landeshauptmann Krainer (1963). Zum 60. Geburtstag des steirischen Landeshauptmannes von seinen Freunden und Verehrern, Wien.

Kunz, Johannes (Hg.) (1993). Josef Krainer. Ansichten des steirischen Landesvaters, Wien.

Marko, Joseph (1982). Parteien und Wahlen in der Steiermark, in: Herbert *Dachs* (Hg.): Parteien und Wahlen in Österreichs Bundesländern 1945–1991, Wien.

Reichhold, Ludwig (1975). Geschichte der ÖVP, Graz.

Stepan, Karl Maria (1957). Vom Ziegelschupfer zum Landeshauptmann. Der Weg des Steiermärkers Josef Krainer, in: Rheinischer Merkur, 5. April 1957.

Wimmer, Kurt (1981). Ein politisches Profil, in: Hanns *Koren* / Max *Mayr* / Kurt *Wimmer:* Josef Krainer. Ein Leben für die Steiermark, Graz.

Lebensdaten

1903	am 16. 2. in St. Lorenzen/Scheifling geboren
1909 – 1917	Besuch der Volksschule in Mariahof und Kobenz
1927	Übersiedlung nach Graz
1928	Heirat mit Josefa Sonnleitner (fünf Kinder)
1938	dreiwöchige Haft
1945	Rückkehr in die Politik
1971	am 28. 11. in Allerheiligen/Wildon gestorben

Berufliche Karrierestationen

1917	Landarbeiter in der Obersteiermark
1923	Forstarbeiter in der Obersteiermark
1927	geschäftsführender Obmann und hauptberuflicher Landessekretär des Verbandes der christlichen Arbeiter und Angestellten in der Land- und Forstwirtschaft in Graz
1932	Sekretär der christlichen Bauarbeitergewerkschaft, geschäftsführender Obmann der Landwirtschaftskrankenkasse und Vizepräsident der Landarbeiterversicherungsanstalt

Staatliche Funktionen

1934	Abgeordneter zum Steiermärkischen Landtag
1936	Präsident der Kammer für Arbeiter und Angestellte in der Steiermark und Vizepräsident der Landwirtschaftskammer
1937	Vizebürgermeister von Graz
1945 – 1950	Bürgermeister von Gasselsdorf
1945 – 1948	Landesrat
1948 – 1971	Landeshauptmann
1965 – 1968	Mitglied des Bundesrates

Parteipolitische Ämter

1921	Gründer der Ortsgruppe des Verbandes der christlichen Land- und Forstarbeiter im Rahmen der Christlichsozialen Partei
1924	Landesobmann des Verbandes der christlichen Land- und Forstarbeiter
1935	stellvertretender Landesobmann des Bauernbundes
1945	geschäftsführender Landesleiter der steirischen ÖVP
1958 – 1971	Mitglied des Bundesparteivorstandes der ÖVP
1965 – 1971	Landesparteiobmann der steirischen ÖVP

Weitere Funktionen

1955	Ehrensenator aller drei damaligen steirischen Hochschulen
1970	Ehrendoktor der Rechtswissenschaften der Grazer Universität

Herbert Kraus

von
Erich Marx

Herbert Kraus stammt aus einer politischen Familie. Schon sein Urgroßvater war Bürgermeister in Nordböhmen, und auch einige dessen Nachfahren haben sich politisch betätigt. Vater Maximilian Kraus, ein Generalstabsoffizier, schmiedete noch vor der Ermordung des Thronfolgers Franz Ferdinand gemeinsam mit einigen Offizierskameraden Pläne für eine Umwandlung der österreich-ungarischen Monarchie in eine Konföderation von mehreren Staaten mit eigenen nationalen Parlamenten.

Der Vater fiel bereits zu Kriegsbeginn 1914 an der russischen Front. Er hinterließ der Familie, seiner Frau mit fünf Kindern, das Vermächtnis, seine Lebensideale weiter hochzuhalten: die Treue zum Kaiser, die Vaterlandsliebe, die Tapferkeit und ganz besonders die Zivilcourage (Kraus 1988, 12). Die Mutter tat alles, um diesem Auftrag nachzukommen und das Andenken an den Vater zu bewahren.

Kraus besuchte die Volksschule in Hall in Tirol und anschließend das Humanistische Gymnasium in Brixen. Ab der dritten Klasse wechselte er nach Feldkirch in Vorarlberg an die Stella Matutina. An dieser Jesuiten-Schule gab es regelmäßig politische Diskussionen, wohl auch deshalb, weil sich unter den Vätern seiner Klassenkameraden mehrere hochrangige Politiker befanden (Otto Ender, Rudolf Ramek, Richard Steidle). Die Frage der Lebensfähigkeit von Rest-Österreich, das Zerreißen Tirols und die Fremdherrschaft Italiens bis zur Brennergrenze, die Anschlußbestrebungen Vorarlbergs an die Schweiz waren einige der diskutierten Themen. Kraus war angetan von dem offenen Klima im Internat und empfand die Ausrichtung der Feldkircher Jesuiten als „liberalen Katholizismus“. Diese Einstellung nahm er nach der Matura mit nach Wien, wo er 1930 das Studium der Nationalökonomie an der Hochschule für Welthandel begann. Er trat – anders als einige seiner Schulkameraden – keiner CV-Verbindung bei, war aber in einem wissenschaftlichen katholischen Studentenverein tätig.

Vor Studienbeginn hatte Kraus noch einige Monate im technischen Büro der Firma Siemens, die sein Onkel als Generaldirektor leitete, gearbeitet. Es hatten sich ihm dabei die schwierigen Arbeitsbedingungen der Angestellten geoffenbart, die Eintönigkeit ihrer Arbeit, das Brachliegen vieler Fähigkeiten, unnötige Behinderungen ihres Aufstieges und die mangelnde Vorsorge für irgendeine innere Motivation (Kraus 1988, 44). Diese Eindrücke, gepaart mit dem Erleben der Armut während der wirtschaftlichen Krisenjahre in der Zwischenkriegszeit, sollten später Anstöße für seine sozialpolitischen Initiativen bilden.

Kraus erlebte in Wien die bürgerkriegsähnlichen Unruhen der Jahre 1933 und 1934 aus nächster Nähe und sah in der mangelnden Dialogbereitschaft der politischen Gegner einen der Hauptgründe für den Untergang der jungen Demokratie.

Nach Abschluß seines Studiums 1935 arbeitete Kraus zunächst als Hofmeister und Hauslehrer in mehreren Schlössern in der Tschechoslowakei und Polen. Ab 1936 widmete er sich seinem neu gegründeten chemischen Kleinbetrieb in Wien.

Kraus war Augenzeuge der öffentlichen Verkündigung des „Anschlusses" Österreichs durch Adolf Hitler auf dem Heldenplatz, und er beschreibt diese Szenen folgendermaßen: „. . . ich stand unter der Menge: auf der einen Seite echte Begeisterung und leuchtende Augen und auf der anderen reine Neugier oder Genuß am großartigen Schauspiel, denn solche Schaustücke zu inszenieren haben die Hitler-Leute immer wieder verstanden; daneben auch angstvolles Umherblicken, ob man sich nicht verdächtig mache, wenn man bei den Begeisterungsstürmen die Hand nicht miterhob. Hinter mir hörte ich einen sagen: ‚Da kannst du ja gar nicht anders als mittun. Die führen dich ja nieder.' Das war auch das höchste Ziel dieser gutinszenierten Schauspiele" (Interview mit Kraus am 24. 11. 1993). Kraus erlebte den folgenden Terror alsbald aus nächster Nähe. Seine Schwester war mit der Tochter des Wiener Bürgermeisters Schmitz befreundet, der sofort ins KZ verbracht wurde. Er kümmerte sich um die plötzlich in Not geratene Familie. Er erlebte die Demütigung von Juden, die gezwungen wurden, auf Knien Gehsteige zu reinigen. Einigen dieser Bedrohten kaufte er verschiedene Gegenstände ab, weil diese das Geld für ihre Flucht ins rettende Ausland benötigten. Kraus gibt an, bei der Volksabstimmung am 10. April 1938 mit sieben seiner Freunde mit „Nein" gestimmt zu haben. Das Wahlergebnis in diesem Sprengel wies allerdings – zu seiner Überraschung – nur zwei Nein-Stimmen aus.

Noch im selben Jahr bewarb sich Kraus als Wirtschaftsredakteur beim *Neuen Wiener Journal.* Er erhielt die Stelle, obwohl er nicht NSDAP-Mitglied war. Nach der Einstellung des Wiener Blattes arbeitete er für das *Südost-Echo,* einer Zeitschrift des Reichswirtschaftsministeriums für den europäischen Osten, und für einen privaten Berliner Wirtschafts-Pressedienst. Im Frühjahr 1939 übersiedelte er nach Berlin und ließ bald Mutter und Schwester nachkommen. Seine Korrespondententätigkeit führte ihn im Jahre 1940 mehrfach nach Polen und in die Sowjetunion.

Im Juni 1941 wurde er zur Wehrmacht einberufen und vorerst im Oberkommando der Wehrmacht zur Auswertung der aus der Sowjetunion einlaufenden Wirtschaftsnachrichten eingesetzt. Er bereiste als Referent und Dolmetscher auch die besetzten „Ostgebiete". Im September 1941 erschien sein Buch „Rußland 1941 – Volk, Kultur und Wirtschaft". Die Erstauflage von 10.000 Exemplaren war bald verkauft, eine zweite durfte wegen der – nach Meinung des Reichspropaganda-Ministeriums – *untragbaren Objektivität* jedoch nicht mehr erscheinen (Kraus 1988, 128). Die Kriegsmaschinerie versetzte Kraus zunächst zur „Wirtschaftsinspektion Süd" in die Ukraine. Einige unverhohlen kritische Berichte über die Unterdrückung der ukrainischen Bevölkerung durch den Gauleiter und dessen Gehilfen brachten ihm sogar eine Anzeige wegen Wehrkraftzersetzung ein. Freunde im Offizierskorps, die sich mit seiner Darstellung identifizierten, halfen ihm. Er wurde in den Kaukasus versetzt, erhielt (seiner Meinung nach) unverdiente Auszeichnungen, meldete sich zur Fronttruppe und wurde von der Abwehr angefordert. Nach absichtlich verzögertem Aktenlauf endete das Kriegsgerichtsverfahren im Oktober 1944 mit einem Freispruch. Das Urteil wurde Kraus am 8. Mai 1945 zugestellt, am Tag des Kriegsendes.

Vor der Roten Armee war Kraus Richtung Westen geflohen und erlebte das Kriegsende in Mondsee. Von dort kam er schließlich in die Stadt Salzburg, wo er in seines Schwagers Haus an der Hellbrunner Allee eine Unterkunft fand. Kraus konzentrierte sich sofort darauf, in Salzburg eine Tageszeitung zu gründen. Der amerikanische Stadtkommandant vertröstete ihn jedoch. Durch Zufall lernte er die gerade erst aus dem KZ befreiten Häftlinge Viktor Reimann und Rudolf Strasser kennen. Gemeinsam traten sie in die Redaktion des von der US-Besatzungsmacht herausgegebenen *Österreichischen Kurier* ein, der im Juni 1945 in *Salzburger Nachrichten* umbenannt worden war. Im August 1945 war Kraus an der Gründung der Journalistengewerkschaft beteiligt und wurde zu deren stellvertretendem Vorsitzenden gewählt. Bald darauf verließ er die *Salzburger Nachrichten* und die Gewerkschaft, um sein eigenes Zeitungsprojekt zu verfolgen. Die Amerikaner verweigerten ihm jedoch die schon zugesagte Lizenz. Kraus mußte seine Planungen umstoßen und gründete Anfang 1946 das „Österreichische Forschungsinstitut für Wirtschaft und Politik", das ab 3. Mai 1946 eine Wochenschrift mit dem Titel *Berichte und Informationen* herausgab.

Kraus befaßte sich bereits in der ersten Nummer dieser Zeitschrift mit jenen Themen, die ihn seit vielen Monaten beschäftigten. Er versuchte zu ergründen, aus welchen sozialen Schichten und geistigen Gruppierungen die Wähler der drei Parteien bei der Nationalratswahl vom 25. November 1945 gekommen waren, berichtete über die neue Industrieproduktion und die ersten kulturellen Initiativen. Sehr bald griffen die „Berichte und Informationen" auch Fragen auf, die viele Menschen zwar sehr bewegten, in der sonstigen Zeitungslandschaft aber großteils tabu waren: Übergriffe der Besatzungsmächte, Abtransport von Maschinen aus den Industrieanlagen, Rückgabe Südtirols, Kritik am Denunziantentum für die neue Staatspolizei. In einem langen Artikel am 21. Februar 1947 zog Kraus gegen das Nationalsozialistengesetz zu Felde, mit dem seiner Meinung nach „die Grundprinzipien der Demokratie" verraten worden seien. „Denn die Gleichheit der Bürger vor dem Recht ist damit beendet. Die Brüderlichkeit ist ausgeschlossen und die Freiheit so weit abgewürgt, daß nicht einmal der mit größtem Kostenaufwand erlernte Beruf frei ausgeübt werden kann. Es sind hier schon Strafen verhängt worden, welche weder unser Recht noch das eines anderen Landes jemals gekannt hat. Die Strafe der beschränkten Einkommenshöhe und des gestrichenen Ruhegenusses, die Strafe des Berufsverbotes, die Mitbestrafung der Familienangehörigen sowie die ganze Fülle von Demütigungen und Benachteiligungen bis hinunter zum aufgelösten Pachtvertrag stehen deshalb in keinem Gesetzbuch der Welt, weil sie die Grundbedingungen eines demokratischen Staates zerstören würden" (*Berichte und Informationen,* 43). Viele der ehemaligen Nationalsozialisten hatten nun endlich jemand gefunden, der sich ihrer annahm und ihre Interessen vertrat. Die Popularität von Kraus stieg auch noch durch seine kritischen Beiträge über manche Mißstände im Staate im Rahmen der Forums-Diskussionen im Sender „Rot-Weiß-Rot".

Kraus konzentrierte sich in seinen *Berichte und Informationen* immer stärker auf die politische Unzufriedenheit mit den drei zugelassenen Parteien und auf die Chancen einer neuen Partei. Dazu wendete er die in den USA bereits erprobte Methode der Meinungsbefragung an, die ihm zeigte, daß sich bereits im September 1947 rund 49 Prozent der Bevölkerung (außerhalb der sowjetischen Besatzungszone) für eine neue Partei aussprachen.

Bestand die Zielsetzung von Kraus ursprünglich nur darin, mit seiner Publikationstätigkeit und seinen kritischen Analysen Einfluß auf die Politik gewinnen zu wollen, so reifte in ihm ab 1948 der Entschluß, selbst politisch aktiv zu werden und eine neue Partei zu gründen. Der zarte Versuch, einen vierten, die liberalen Kräfte ansprechenden Bund in der ÖVP zu installieren, scheiterte sofort am Widerstand von Leopold Figl und Julius Raab. Ein längeres Gespräch mit Ferdinand Graf, dem Propagandareferenten der ÖVP, der überhaupt kein Verständnis für die politischen Anliegen von Kraus zeigte, bestärkte diesen endgültig, mit der Gründung einer „Vierten Partei" nicht mehr zuzuwarten. Er bemühte sich dazu, sowohl Proponenten verschiedener, den Großparteien gegenüber kritischen Vereinigungen wie des „Interessenverbandes der Kleinsparer", der „Arbeitsgemeinschaft der Unabhängigen Betriebsräte", des „Verbandes zur Wahrung der Staatsbürgerrechte", des „Kongresses der Parteilosen" als auch Einzelpersonen zu gewinnen. Zu seinem engsten Mitstreiter wurde dabei der Journalist Viktor Reimann, der trotz seiner persönlichen Erfahrungen als ehemaliger KZ-Häftling in den *Salzburger Nachrichten* (*SN*, 6. 5. 1947, *SN*, 13. 10. 1947) für Versöhnung und Humanität gegenüber den ehemaligen Nationalsozialisten eingetreten war.

VdU-Obmann Dr. Herbert Kraus, 1949, Nationalratswahlkampf

Am 4. Februar 1949 gab Herbert Kraus in einer Pressekonferenz in Salzburg die Gründung des „Verbandes der Unabhängigen" bekannt. „Der Zweck des Verbandes ist es, allen Österreichern, die sich außerhalb der heutigen drei Parteien stehend fühlen und ihre Interessen durch diese nicht vertreten sehen, die immer noch fehlende politische Organisationsmöglichkeiten zu geben. Die politisch Obdachlosen sollen damit zur konstruktiven Mitarbeit an unserem öffentlichen Leben herangezogen werden." (*Salzburger Nachrichten*, 5. 2. 1949). Kraus wandte sich somit ganz offen an die unzufriedenen ehemaligen Nationalsozialisten, die Heimkehrer und Heimatvertriebenen, denen er eine neue politische Heimat bieten, die er in das „liberale Lager" führen wollte. Kraus und Reimann waren fest überzeugt, daß einige wenige führende liberale Köpfe diese Zielgruppe massiv beeinflussen, sie politisch-ideologisch „umerziehen" könnten. Sie nahmen dabei die Mitarbeit von minderbelasteten ehemaligen NSDAP-Mitgliedern nicht nur in Kauf, sondern sahen in diesen auch Vertrauenspersonen für ihre Zielgruppe. Gleichzeitig wollte Kraus aber das sture nationalstaatliche Denken überwinden, weil es ihm in seiner überspitzten Ausprägung immer als unheilbringend und friedensstörend erschienen war. Er richtete seine Gedanken bereits auf ein zukünftiges vereintes Europa.

Kraus war es nicht zuletzt durch seine volkswirtschaftlichen Analysen und seine Vorschläge für wirtschaftspolitische Reformen gelungen, einige Industrielle – vor allem in Oberösterreich – für seine Zielsetzungen zu gewinnen. Sie garantierten durch namhafte finanzielle Zuwendungen die finanzielle Basis für die neue Partei, den Aufbau einer kleinen Parteizentrale im Salzburger Schloß Frohnburg und die Gründung der Wochenzeitung *Die Neue Front,* deren erste Ausgabe am 25. Februar 1949 erschien.

Kraus überließ die notwendigen Kontakte zum sozialistischen Innenminister Oskar Helmer – dieser erhoffte sich durch die „Vierte Partei“ eine Schwächung der ÖVP – vor allem Reimann. Gemeinsam mit diesem traf er sich einmal, am 8. April 1949, in einem Salzburger Hotel mit dem sozialistischen Vizekanzler Adolf Schärf, der sich offen für eine Kooperation mit dem VdU zeigte. Kraus hielt weiterhin Kontakt zu ÖVP-Kreisen, ohne daß es dabei zu essentiellen Gesprächen gekommen wäre. Für die Bearbeitung der juristischen Fragen des VdU hatte Kraus den ehemaligen Universitätsprofessor Dr. Helfried Pfeifer gewonnen, der die verfassungsrechtlich zulässige Kandidatur als „Wahlpartei“ vorschlug.

Kraus selbst wandte sich vorrangig dem organisatorischen Aufbau der Partei zu. Im Februar und März 1949 reiste er dazu durch die von den Westmächten besetzten Bundesländer, um dort Parteistrukturen aufzubauen. Am 26. März 1949 fand schließlich in Salzburg die Gründungsversammlung des „Verbandes der Unabhängigen“ statt, wobei dazu die Vereinsform gewählt wurde. Als erster Obmann stand Herbert Kraus von vornherein fest, der sich als geistig-organisatorisches Haupt der neuen Partei etabliert hatte, wiewohl ihm die betont Nationalen eher distanziert gegenüberstanden und ihn nur als Platzhalter für „bessere Zeiten“ sahen, wie seiner späterer Widersacher Fritz Stüber in seinen Memoiren selbst zugibt (Stüber 1974, 65).

Der folgende Wahlkampf des Jahres 1949 artete in eine Schlammschlacht gegen den VdU aus, dessen führende Repräsentanten, darunter auch Herbert Kraus, massiven persönlichen Attacken, vor allem von seiten der ÖVP und der ihr nahestehenden Medien ausgesetzt waren. Kraus (und auch Reimann) wurde groteskerweise sein Widerstand im Dritten Reich und sein Kriegsgerichtsverfahren zum Vorwurf gemacht, ein von ihm angenommener Auftrag einer jüdischen Organisation, Daten über die ehemaligen Arisierungen zu erheben, als staatsfeindliche Umtriebe dargestellt. Einer seiner schärfsten Gegner, der Chefredakteur der *Salzburger Nachrichten* Gustav A. Canaval, bezeichnete Kraus als Konjunkturritter und als Mann, der mit dem Teufel einen Pakt geschlossen habe (*Salzburger Nachrichten,* 5. 10. 1949) und warf ihm außerdem noch vor, ein Paßfälscher und östlicher Agent zu sein. Kraus war in seinem Inneren von diesen Angriffen zwar betroffen, ließ sich jedoch weder durch die wiederkehrenden Ankündigungen, der VdU würde verboten und allfällige bei der Wahl errungene Mandate aberkannt, noch durch die Abwerbung von VdU-Funktionären durch die ÖVP beirren und entwickelte zunehmend Talent als Hauptredner bei Großkundgebungen in den Landeshauptstädten.

Bei der Nationalratswahl am 9. Oktober 1949 erreichte die „Wahlpartei der Unabhängigen“ 11,67 Prozent der Stimmen und 16 Mandate. ÖVP und SPÖ hatten je acht Nationalratssitze verloren.

Gleich in seiner ersten Parlamentsrede, in der Debatte nach der Regierungserklärung von Bundeskanzler Leopold Figl, bot Kraus als Klubobmann der neuen Parlamentsfraktion zuerst grundsätzlich die Zusammenarbeit an und befaßte sich dann ausführlich mit volkswirtschaftlichen Themen. Er lehnte die geplante Budgetausweitung und die zu erwartenden Steuererhöhungen entschieden ab. „Die Erzeugnisse unserer Wirtschaft müssen billiger werden, aber die jetzigen Steuern töten geradezu den Willen, die Kosten für die Herstellung der Produkte herabzusetzen. Es liegt daher gerade im Interesse der Arbeiter, daß wir zu einer Steuerpolitik kommen, welche eine Herabsetzung der Kosten und damit eine Verbilligung der Produktion ermöglicht.“ Kraus beantragte (erfolglos) eine Volksabstimmung über die Herabsetzung der Einkommen- und Lohnsteuer. „Nach unserer Bundesverfassung hat das österreichische Volk das Recht, zu den existenzbedrohenden Fragen unmittelbar Stellung zu nehmen, das heißt, durch eine Abstimmung über seine Meinung befragt zu werden. Es gibt keine zweite Frage, die für eine Volksabstimmung so prädestiniert ist, ja sie geradezu herausfordert, wie diese." Zur Schaffung eines eigenen Ministeriums für die verstaatlichte Industrie merkte Kraus an: „Hier erheben sich unsere schwersten Bedenken wegen der Gefahr einer unrationellen und eventuell parteipolitisch ausgerichteten Führung der verstaatlichten Betriebe ... Wir sind der Meinung, daß nur das Leistungsprinzip sowohl bei den Arbeitnehmern wie bei den Arbeitgebern eine Volkswirtschaft bereichern kann, und können es daher nicht verhehlen, daß uns diese Regelung mit größter Sorge erfüllt" (Sten. Prot., VI. GP., 24–25).

Kraus ging dann auch auf die Probleme der ehemaligen Nationalsozialisten ein, forderte die „Wiederherstellung des Rechtsstaates" und meinte, es liege „im höchsten staatspolitischen Interesse, daß diese Menschen – über ein Viertel unserer Bevölkerung! – unserem neugeschaffenen Österreich wieder so viel innere Sympathie entgegenbringen, daß jede innerpolitische Gefährdung unserer staatlichen Selbständigkeit ausgeschlossen ist." Kraus warnte davor, Menschen, die anderer politischer Gesinnung seien als die Regierungsparteien, auszugrenzen, vor „Faschismus, der im Staatsapparat verankert ist" und ebenso vor einem „von links kommenden Faschismus" der KPÖ (Sten. Prot., VI. GP, 27–29).

Dieser Linie blieb Kraus auch in den folgenden Jahren seiner Parlamentsarbeit treu. Er hatte innerhalb seiner Parlamentsfraktion immer wieder einen schweren Stand, weil er von den betont Nationalen, allen voran Fritz Stüber, niemals als einer der „Ihren" angesehen worden war. Trotzdem gelang es Kraus immer wieder auch in äußerst schwierigen Fragen, seine Fraktion auf eine Linie zu bringen. Ein besonderes Anliegen war ihm die Abschaffung der Todesstrafe. Der Nationalrat hätte nur mit Zweidrittelmehrheit dieses befristete Gesetz verlängern können. Kraus setzte im Parlamentspräsidium durch, was äußerst selten war, daß diese Gewissensentscheidung einer geheimen Abstimmung unterzogen wurde. Die 86 Nein-Stimmen verbannten Hinrichtungen aus dem österreichischen Strafrechtskatalog.

Obwohl ihm die ÖVP mehrfach die kalte Schulter gezeigt und Kraus die eigene Parteigründung nie verziehen hatte, bemühte er sich immer wieder um Kontakte und Zusammenarbeit in diese Richtung. Einen dieser Versuche unternahm er im Rahmen der Bundespräsidentenwahl 1951. Über seine Kontakte zur Industrie bemühte er sich, der ÖVP für den zweiten Wahlgang Burghard Breitner als gemeinsamen Kandidaten anzubieten. Die ÖVP lehnte ab. Trotzdem gab Kraus eine Wahlempfehlung zugunsten des ÖVP-Kandidaten Heinrich Gleißner ab. Dies wurde ihm innerhalb des VdU sehr übel genommen, zumal man die strikte Neutralität in dieser Frage beschlossen hatte, und zitierte ihn sogar vor das Parteigericht des VdU. Kraus zog die Konsequenzen und verzichtete auf eine neuerliche Kandidatur für den Parteiobmann, blieb aber weiterhin Klubobmann im Parlament.

Auf parlamentarischer Ebene war es Kraus nicht gelungen, zur SPÖ normale Kontakte herzustellen. Mit dem sozialistischen Klubobmann Bruno Pittermann fand er weder eine politische noch eine menschliche Gesprächsbasis. Vor allem die zahlreichen unabhängigen Betriebsräte in der verstaatlichten Industrie empfanden die Sozialisten als Stachel in ihrem Fleisch. Massiver Druck – Kraus selbst bezeichnete ihn als Betriebsterror – brachte diese zarten sozialliberalen Ansätze bald wieder zum Verwelken. Kraus blieb die Enttäuschung der weitgehenden politischen Ausgrenzung durch die SPÖ und nur informeller Kontakte zu führenden ÖVP-Politikern, die sich aber in entscheidenden Augenblicken immer eisern an die Koalitionsdisziplin hielten. Kraus hatte zwar vieles an der Politik der beiden großen Koalitionsparteien zu kritisieren, wollte aber niemals

Opposition um ihrer selbst willen machen, sondern die Politik mitgestalten. Dies wurde ihm in der eigenen Partei zum Teil als Anbiederung zum Vorwurf gemacht, während ÖVP und SPÖ Kraus deshalb nicht als Partner akzeptieren wollten, weil sie ihn trotz all seiner gegenteiligen Bemühungen als Helfershelfer der unverbesserlichen „Ehemaligen" betrachteten.

Auch nach der Nationalratswahl 1953, bei welcher der VdU zwei Mandate verlor, scheiterten die Verhandlungen mit der ÖVP über eine Regierungsbeteiligung des VdU. Die ÖVP hatte die Gespräche mit dem VdU in erster Linie aus taktischen Gründen geführt, um die SPÖ bei den Koalitionsverhandlungen stärker unter Druck setzen zu können. Gegenüber dem VdU besaß sie dann eine gute Ausrede, weil Bundespräsident Körner eine ÖVP-VdU-Regierung entschieden ablehnte. Kraus vermutete in diesem Zusammenhang, der betont deutschnationale und bewußt oppositionelle Wiener Abgeordnete Fritz Stüber habe seine Kontakte zur SPÖ genützt, um eine Regierungsbeteiligung des VdU zu hintertreiben. Der VdU schloß Stüber aus dem Verband und dem Parlamentsklub aus. Die Kluft zwischen den Nationalen und den Liberalen im VdU wurde dadurch auch nicht kleiner. Ganz im Gegenteil, die Nationalen gründeten die „Freiheitspartei", weil sie mit den Liberalen im VdU nichts mehr zu tun haben wollten. Nach langwierigen Verhandlungen einigten sich die meisten der Gruppen und Grüppchen des nationalliberalen Lagers auf die Neugründung einer Partei, der „Freiheitlichen Partei Österreichs". Deren erster Bundesparteiobmann, Anton Reinthaller, der Landwirtschaftsminister im Kabinett Seyß-Inquart, war ein Zeichen an die bewußt nationale Orientierung der neuen Partei. Kraus lehnte eine Mitarbeit in der FPÖ ab und mußte für sich zur Kenntnis nehmen, daß sein Projekt einer nationalliberalen, europaorientierten Partei, die eine Brücke zwischen dem Bekenntnis zum Deutschtum einerseits und einer liberalen Erneuerungsbewegung andererseits darstellen sollte, gescheitert war. Die Führungsmannschaft der FPÖ hätte ihn auch sicher nicht mehr für eine Spitzenposition akzeptiert. Die persönlichen Animositäten wären unüberwindbar gewesen (Reimann 1980, 276 ff.).

Über die Gründe des Scheiterns des VdU und die Rolle, die dabei Herbert Kraus gespielt hatte, gibt es sehr unterschiedliche Meinungen. Tatsache bleibt, daß Kraus niemals zu einer Integrationsfigur des Dritten Lagers geworden ist. Dies lag nicht nur in seiner ideologischen (liberalen) Einstellung, sondern auch in einer gewissen Unnahbarkeit, die er ausstrahlte, seinem intellektuellen Habitus und bisweilen auch in seiner mangelnden Kompromißfähigkeit begründet.

Nach seinem Ausscheiden aus der aktiven Politik 1956 widmete er sich erfolgreich dem beruflichen Neuaufbau, nachdem er im Jahr zuvor von Salzburg nach Wien übersiedelt war. Er verlor zwar nie das Interesse an der Politik, trat aber öffentlich nicht mehr in Erscheinung, bis er 1978 das Amt des Präsidenten im „Liberalen Klub" in Wien übernahm. Diese Funktion stellte er 1993 sofort zur Verfügung, als sich abzeichnete, daß der Klub unter den ausschließlichen Einfluß der FPÖ gebracht werden sollte.

Der politische Umbruch in Osteuropa 1989 ermöglichte es Herbert Kraus, seine langgehegten Gedanken in einem neuen Buch – nunmehr mit einem gewissen Realitätsbezug – darzulegen: „Großeuropa, eine Konföderation vom Atlantik bis Wladiwostok". Er reiste auf Einladung von Außenminister Edward Schewardnadse gemeinsam mit dem Generalsekretär der „Liberalen Internationale", dem Schweizer Urs Schöttli, nach Moskau. Schewardnadse betonte dabei, daß auch er keine andere dauerhafte Friedenslösung für Europa sehe als in einem wirtschafts- und verteidigungspolitisch geeinten Groß-Europa. Diese Idee ließ Kraus nicht mehr los. Unter seiner maßgeblichen Initiative gelang, was ihm in seiner aktiven Politikerlaufbahn versagt geblieben war: eine enge Zusammenarbeit liberaler und konservativer Parteien in der „Kommission für das Große Europa". Unter der Präsidentschaft von Jacques Chirac (Frankreich), dessen Stellvertretern Anatoli Chubais (Rußland), Otto Graf Lambsdorff (Deutschland) und Alois Mock (Österreich) sowie der Mitarbeit einer Reihe von weiteren führenden Politikern aus mehreren europäischen Staaten werden Konzepte für die politische, wirtschaftliche und kulturelle Zusammenarbeit zwischen der Europäischen Union und Rußland entwickelt. Herbert Kraus hat als „Vienna Headquarters" Räumlichkeiten seines Hauses an der Wiener Wallnerstraße zur Verfügung gestellt. Sie bieten wahrlich einen repräsentativen Rahmen, denn dieses Haus diente einst Kaiser Franz Stephan als Privatpalais. Und dieses Ambiente führt zu den Wurzeln des Herbert Kraus', der noch vieles von der alten Vielvölker-Monarchie mitgenommen hat, der immer ein großbürgerlicher, gemäßigt klerikaler, liberaler, aber vor allem europäisch denkender Mensch geblieben ist und der sich zum persönlichen Ziel gesetzt hat, Rußland, das ihm mehrfach zum Schicksal geworden ist, in das neue Europa zu integrieren.

Literatur- und Quellenverzeichnis

Kraus, Herbert (1979). Österreich zwischen 1945 und 1955, in: Schriftenreihe des freiheitlichen Bildungswerkes, Heft 2.

Kraus, Herbert (1988). Untragbare Objektivität, Politische Erinnerungen 1917 bis 1987, Wien.

Kraus, Herbert (1989). Großeuropa. Eine Konföderation vom Atlantik bis Wladiwostok, München.

Marx, Erich (1985). Die Anfänge des Verbandes der Unabhängigen in Salzburg, in: Eberhard *Zwink* (Hg.): Salzburg und das Werden der Zweiten Republik, Salzburg (Schriftenreihe des Landespressebüros, Salzburg Diskussionen Nr. 7).

Müller-Klingspor, Werner (1972). Die Neubegründung des freiheitlich-nationalen Lager in Österreich von 1945–1949, Univ. Wien: Diss.

Reimann, Viktor (1980). Die Dritte Kraft in Österreich, Wien.

Stüber, Fritz (1974). Ich war Abgeordneter. Die Entstehung der freiheitlichen Opposition in Österreich, Graz.

Berichte und Informationen, 1946 ff.

Die Neue Front, 1949 ff.

Salzburger Nachrichten, 1945 ff.

Stenographische Protokolle des Nationalrates und Bundesrates, VI. (1949–1953) und VII. (1953–1956) Gesetzgebungsperiode.

Lebensdaten

1911	am 18. 11. in Agram (Zagreb) geboren
1930	Matura an der Stella Matutina in Feldkirch
1935	Abschluß des Studiums an der Hochschule für Welthandel in Wien mit dem Doktorat
1945	Heirat in Salzburg (drei Kinder)

Berufliche Karrierestationen

1935–1936	Hofmeister und Hauslehrer in der Tschechoslowakei und Polen
1936	Gründung eines chemischen Kleinbetriebes
1938–1940	Wirtschaftsjournalist in Wien und Berlin
1940	Korrespondent des *Südost-Echo* in Moskau
1941–1945	Militärdienst (Wirtschaftsinspektion und Abwehr)
1946	Gründung des „Österreichischen Forschungsinstituts für Wirtschaft und Politik" und Herausgabe der Wochenschrift *Berichte und Informationen*
1959	Gründung des Finanzierungsinstitutes „Donau-Finanz", dessen Miteigentümer bis heute

Staatliche Funktionen

1949–1956	Abgeordneter zum Nationalrat

Parteipolitische Ämter

1949–1952	Bundesobmann des VdU
1950–1956	Klubobmann der Parlamentsfraktion des VdU
1951–1956	Mitglied der Verbandsführung des VdU

Weitere Funktionen

1978–1993	Präsident des „Liberalen Klubs Wien"
1993	Mitbegründer der „Kommission für das Große Europa"

Bruno Kreisky

von
Wolfgang C. Müller

Bruno Kreisky wurde 1911 als Sohn einer wohlhabenden Familie jüdischer Industrieller geboren. Sein Großonkel, Josef Neuwirth, war von 1873 bis 1895 liberaler Abgeordneter und auch ein einflußreicher Journalist und Mitbegründer der *Neuen Freien Presse* gewesen. Kreisky wurde während seiner Schulzeit Sozialist. Dafür ausschlaggebend waren die politischen Ereignisse der Zwischenkriegszeit, insbesonders die brutale Polizeiaktion im Zusammenhang mit dem Justizpalastbrand 1927, die er beobachtete.

Mit Beginn seines Studiums intensivierte Kreisky seine politischen Aktivitäten. 1933 wurde er zum Vorsitzenden des Reichsbildungsausschusses der Sozialistischen Arbeiterjugend gewählt. Nach dem Verbot der Sozialdemokratischen Partei im Jahre 1934 betätigte sich Kreisky illegal für die Partei, u. a. als Mitgründer der Revolutionären Sozialistischen Jugend. Im Jänner 1935 wurde er deshalb verhaftet und blieb bis zum berühmten Wiener Sozialistenprozeß im März 1936 in Untersuchungshaft. Kreisky wurde des Hochverrats angeklagt und zu einem Jahr schweren Kerkers verurteilt. Es war seine mutige und geschickte Verteidigungsrede in diesem Prozeß, die erstemals große nationale und internationale Aufmerksamkeit auf Kreisky lenkte. Im Juni 1936 wurde er vorzeitig aus der Haft entlassen, aber für zwei weitere Jahre von der Universität sowie von einer Tätigkeit in der Privatwirtschaft ausgeschlossen; ebenso wurde ihm die Ausreise verweigert. So konnte Kreisky sein Jus-Studium erst 1938 – am Tag des deutschen Einmarsches – mit dem Rigorosum abschließen.

Vom NS-Regime wurde Kreisky vom 14. 3. 1938 bis August 1938 gefangengehalten; er hatte dabei das Glück, daß ein sozialdemokratischer Wachebeamter seinen Namen von einer Liste jener Gefangenen strich, die zum Transport in das KZ Dachau bestimmt waren. Im August 1938 wurde Kreisky unter der Bedingung freigelassen, Österreich zu verlassen. Durch seine internationalen Kontakte mit Sozialisten gelang es ihm, im September 1938 nach Schweden zu emigrieren. Kreisky konnte auch seine Eltern nach Schweden in Sicherheit bringen, mindestens 20 seiner Verwandten kamen aber in Konzentrationslagern des Dritten Reichs ums Leben.

Seinen Lebensunterhalt in Schweden bestritt Kreisky vor allem aus seiner Arbeit für die Stockholmer Konsumgenossenschaft sowie durch journalistische Tätigkeit. Er setzte seine politischen Aktivitäten in Schweden fort und war u. a. Vorsitzender des Klubs der österreichischen Sozialisten und der Österreichischen Vereinigung in Schweden.

Kreiskys 12jähriger Aufenthalt in Schweden war eine wichtige prägende Phase: „Die Jahre in Schweden waren eine wesentliche Bereicherung und Abrundung meiner politischen Vorstellungen", schrieb er selbst (1986, 373). Hier kam Kreisky u. a. zu einer positiven Einschätzung der Neutralität in den internationalen Beziehungen und des politischen Pragmatismus in der Innenpolitik. Aus den Erfahrungen der schwedischen Sozialdemokraten lernte Kreisky, daß eine qualitative Veränderung einer Gesellschaft durch graduellen Wandel möglich ist. In Schweden knüpfte Kreisky auch wertvolle Kontakte, u. a. mit Willy Brandt.

1945/46 organisierte Kreisky das Österreich-Hilfsprogramm der schwedischen Regierung. Aus ungeklärten Gründen verhinderte die US-Besatzungsmacht Kreiskys Einreise nach Österreich unmittelbar nach Kriegsende, erst im Mai 1946 kam er über die französische Besatzungszone nach Österreich. Eine Position im SPÖ-Zentralsekretariat, für die ihn Freunde aus den Revolutionären Sozialisten in Aussicht nahmen, lehnte Kreisky ab (1986, 406; 1988, 56). Auf Wunsch von Karl Renner („wir haben ja keine geeigneten Diplomaten" – Kreisky 1986, 407) und Adolf Schärf trat Kreisky in den diplomatischen Dienst ein, um dort die SPÖ-Position zu stärken und um seine guten Kontakte in Schweden für Österreich nutzbar zu machen. Von Juli 1946 bis Februar 1947 baute Kreisky die österreichische Mission in Stockholm auf; nach Ernennung des ersten Gesandten, Paul Winterstein, war Kreisky Legationssekretär erster Klasse und damit zweiter Mann in der österreichischen Botschaft. Von Winterstein lernte Kreisky (1986, 409), „wie man mit Akten umgeht und wie man ein Dossier anlegt".

1951 gelang endlich die Rückkehr nach Österreich, wo Kreisky der wirtschaftspolitischen Abteilung des Außenamtes zugeteilt war. Wenige Monate später wurde er 1951 zum Kabinettsvizedirektor des gerade gewählten Bundespräsidenten Theodor Körner berufen. In der SPÖ war mit einer Wahl Körners nicht gerechnet worden, sein überraschender Sieg schien einen politischen Berater für den bereits betagten Präsidenten erforderlich zu machen. In dieser Funktion unterstützte Kreisky die Popularisierung der Idee der Neutralität als Mittel zum Staatsvertrag durch den Präsidenten und bestärkte ihn 1953 in seiner ablehnenden Haltung einer Drei-Parteien-Koalition unter Einschluß des VdU. Vor allem aber war Kreisky (1986, 427) durch diese Funktion „in den innersten Kreis der obersten Spitze der SPÖ hineingekommen", denn er wurde dem Montagabend-Essen beim Bundespräsidenten zugezogen, das Körner zur Pflege seiner Kontakte zu den wichtigsten Repräsentanten der SPÖ abhielt.

1953 wurde Kreisky zum Staatssekretär im Außenministerium, der ersten SPÖ-Regierungsposition im Bereich der Außenpolitik seit Ende der Provisorischen Staatsregierung, ernannt. Kreisky (1988, 54; 1986, 439) erwähnt, daß die Gewerkschafter Johann Böhm und Anton Proksch sich „in eindeutiger Weise" für ihn ausgesprochen hätten, und der Linzer Bürgermeister Ernst Koref, dem – als dem führenden Außenpolitik-Sprecher der SPÖ im Nationalrat – die Position zuerst angeboten worden war, eine solche Berufung abgelehnt und Kreisky statt seiner empfohlen habe. In seinen Memoiren hat Kreisky (1986, 332) beschrieben, wie sehr ihn dieses Angebot, das er nach einer schlaflosen Nacht annahm (Kreisky 1988, 433), bewegte und was ihn an der Politik reizte: „Ich war wie vom Blitz getroffen. Endlich sollte ich wieder den Weg in die wirkliche Politik finden. Bei aller Freiheit, die mir Bundespräsident Körner ließ, war ich ein Mann im Schatten; ich konnte zwar einiges bewirken, blieb aber ganz und gar im Hintergrund."

1959 wurde Kreisky Außenminister, als der SPÖ dieses Ressort nach ihrem relativen Wahlsieg (mehr Stimmen, aber ein Mandat weniger als die ÖVP) zufiel. Nach seinen Memoiren – die allerdings sehr quellenkritisch gelesen werden müssen – wollte Kreisky (1988, 61) zu diesem Zeitpunkt seine Tätigkeit als Staatssekretär jedenfalls beenden, auch um den Preis eines vorübergehenden Ausscheidens aus der Regierung. Bis zum Ende der großen Koalition behielt Kreisky dieses Ministerium. Nach der Nationalratswahl 1962, die für die SPÖ ungünstig ausging, wollte die ÖVP das Außenministerium wieder unter ihre Kontrolle bringen. Es war Franz Olah, dessen Beharrlichkeit in den Verhandlungen der SPÖ das Ministerium – wenngleich wichtiger Kompetenzen entkleidet – rettete, und Kreisky (1988, 383) – der angibt, daß er kein anderes Ressort übernommen hätte – somit in der Regierung hielt.

Trotz seiner eindrucksvollen Biographie politischen Engagements für die Sozialdemokratie fehlte Kreisky der „Stallgeruch" der Partei, und er stieß insbesondere in der traditionalistischen Wiener Organisation auf wenig Zuspruch. „Die Wiener meinten wohl, ich hätte mir bei ihnen die Sporen der Kleinarbeit verdienen sollen. Schon in der Zwischenkriegszeit wachte der Favoritner Jugendobmann Otto Probst mit großem Eifer über seine Stellung, und er hätte auch nach dem Krieg alles getan, um eine besondere Funktion für mich zu verhindern" (Kreisky 1988, 394). So wich Kreisky nach Niederösterreich aus. Es gelang ihm, sich in der dortigen Parteiorganisation zu etablieren; mit primär deren Unterstützung gelang es ihm, parallel zu seiner Regierungskarriere auch in der SPÖ aufzusteigen. 1956 wurde er erstmals in den Parteivorstand gewählt. Allerdings war er nicht im offiziellen Wahlvorschlag aufgeschienen, vielmehr wurde er von einem Parteitagsdelegierten – Karl Mark – vorgeschlagen, der Kreisky als „eine unserer größten Hoffnungen in der Partei" bezeichnete. Diese Meinung setzte sich durch, denn einer der offiziellen und daher auf dem Stimmzettel aufscheinenden Kandidaten – Rudolf Singer – wurde von einer Mehrheit der Delegierten gestrichen, während Kreiskys Name von 257 (der insgesamt 435) Delegierten auf den Stimmzettel geschrieben wurde (PTP 1956, 167–172). Zuvor war Kreisky 1956 schon erstmals in den Nationalrat gewählt worden, 1958 wurde er Stellvertretender Obmann der SPÖ Niederösterreich, und schon 1959 – nach dem Generationswechsel in der SPÖ – wurde er Stellvertretender Parteivorsitzender.

Am Generationswechsel in der SPÖ und der Wahl Pittermanns zum SPÖ-Vorsitzenden war Kreisky als Angehöriger einer „Jungtürken"-Gruppe beteiligt. Diese Gruppe, der u. a. Bruno Pittermann, Franz Olah, Felix Slavik, Christian Broda und Eduard Weikhart angehörten, wollte in den frühen 60er Jahren einen Wechsel von der großen Koalition ÖVP-SPÖ zur kleinen Koalition SPÖ-FPÖ vornehmen, u. a. weil sie glaubte, durch einen solchen Schritt nur den Gegnern der großen Koalition in der ÖVP zuvorzukommen. Kreisky war zusammen mit Olah Hauptverhandler der SPÖ mit der FPÖ. Ihnen standen die Traditionalisten wie Karl Waldbrunner, Probst, einige Gewerkschafter und die Parteilinken mit Karl Czernetz und Rosa Jochmann gegenüber. Im Zuge der Auseinandersetzungen um Franz Olah zerfiel diese Gruppe aber, wobei Kreisky bis zuletzt Olah verteidigte. Die zweite wichtige Frage, bei der Kreisky in dieser Phase seiner Karriere innerhalb der SPÖ-Führung in der Minderheit blieb, war die, ob die SPÖ nach der Nationalratswahl 1966, die der ÖVP erstmals seit 1945 eine absolute Mehrheit an Mandaten gebracht hatte, weiter in der Regierung bleiben sollte. Kreisky, der zusammen mit Pittermann und Alfred Schachner-Blazizek die SPÖ in den Verhandlungen mit der ÖVP vertrat, setzte sich bis zuletzt dafür ein, deren Angebot für eine Fortführung der großen Koalition anzunehmen.

Nach der Niederlage bei der Nationalratswahl 1966 und dem Gang der SPÖ in die Opposition war die Zeit für eine Ablöse von Parteivorsitzendem Pittermann gekommen. Innerhalb der Partei bildete sich eine neue Kräftekonstellation heraus, in der sich die Landesparteiorganisationen (außer Wien) auf Kreisky, der schon im Juni 1966 als Nachfolger von Ernst Winkler zum Obmann der SPÖ Niederösterreich – der nach Wien zweitgrößten Landesorganisation der SPÖ – gewählt worden war, festlegten. Die Landesorganisation Wien und die Sozialistischen Gewerkschafter dagegen unterstützten Hans Czettel, der hauptsächlich ins Rennen gebracht wurde, um Kreiskys Wahl zu verhindern. Auf dem Parteitag 1967 kam es bei der Wahl des Vorsitzenden – die erstmals nach dem seither geltenden Modus abgehalten wurde – zur Kampfabstimmung: Kreisky wurde mit 77,8% und Czettel mit 91,4% der Stimmen in den Parteivorstand gewählt. Dieser entschied sich mit 32 Stimmen (gegen 19 Stimmen für Czettel und einer Enthaltung) für Kreisky als neuen Parteivorsitzenden. Kreisky wurde dann vom Parteitag mit 87,4% der Stimmen als SPÖ-Vorsitzender bestätigt.

Kreisky begann sofort, die SPÖ zu modernisieren und präsentierte bei der Nationalratswahl 1970 ein attraktives Programm, das angeblich von „1400 Experten" ausgearbeitet worden war. Er korrigierte Image-Probleme der SPÖ, z.B. die ihr vor allem seit der KPÖ-Wahlempfehlung für die SPÖ im Jahre 1966 unterstellte KPÖ-Nähe durch die Eisenstädter Erklärung im Jahre 1969, in der Kreisky (1988, 406) erklärte, die SPÖ lehne „jegliche Unterstützung oder Empfehlung durch die Kommunisten mit aller Entschiedenheit ab".

Aufgrund von wahlpolitischen Fehlern der ÖVP und eigener Attraktivität gewann die SPÖ 1970 eine relative Mehrheit an Stimmen und Mandaten. Kreisky verhandelte zunächst mit der ÖVP über die Bildung einer großen Koalition, bemühte sich aber nicht allzusehr, eine Einigung herbeizuführen. Auf Basis einer noch in der Wahlnacht 1970 gefundenen Übereinstimmung mit der FPÖ – deren Obmann, Friedrich Peter, Kreisky die nunmehrige Realisierung der 1963 zwischen SPÖ und FPÖ vereinbarten Wahlrechtsreform in Aussicht stellte und die daher zumindest bis zur Einlösung dieses Versprechens Interesse am Überleben der Regierung haben mußte – konnte Kreisky dem Bundespräsidenten eine SPÖ-Minderheitsregierung als lebensfähige Alternative zur großen Koalition anbieten (Kreisky 1988, 364–366). In der Folge wurde Kreisky von Franz Jonas zum Bundeskanzler eben dieser Minderheitsregierung ernannt. Diese Regierung sollte demonstrieren, daß die SPÖ Österreich gut regieren könne. Noch viele Jahre später schwärmten die Mitglieder der Regierung Kreisky I vom „kameradschaftlichen Geist" und der „wunderbaren Zusammenarbeit". Als Kreisky der Meinung war, die Regierungsfähigkeit der SPÖ genügend unter Beweis gestellt zu haben und die Unterstützung der FPÖ allmählich prekär wurde, führte er 1971 eine vorzeitige Auflösung des Nationalrats herbei (Fischer 1993, 79–82). Die SPÖ ging mit dem Slogan „Laßt Kreisky und sein Team arbeiten" in die Nationalratswahl 1971. Sie gewann eine absolute Mehrheit an Stimmen und Mandaten, die sie 1975 und 1979 erfolgreich verteidigte. Kreisky war für die Wahlsiege der SPÖ enorm wichtig, was etwa im SPÖ-Wahlslogan von 1975 „Kreisky, wer sonst?" zum Ausdruck kam. 1979 wurde in einer repräsentativen Umfrage eine offene Frage nach den Ursachen des SPÖ-Wahlerfolges in diesem Jahr von 60% der Befragten mit „Kreisky" beantwortet. Kreisky selbst interpretierte die SPÖ-Mehrheit als Resultat einer „Wählerkoalition" aus einem großen Block sozialistischer Wähler und 3 bis 5% Liberalen oder Kreisky-Wählern. Das implizierte natürlich, daß es seinem Urteil überlassen werden müsse, welche Politik für die Aufrechterhaltung dieser Wählerkoalition zu machen sei.

Kreisky übernahm die Position des Bundeskanzlers unter sehr günstigen Bedingungen. Die ÖVP-Alleinregierung hatte das Budgetproblem durch unpopuläre Sondersteuern weitgehend gelöst, ein starker Wirtschaftsaufschwung hatte eingesetzt und hielt bis zur Rezession im Gefolge des ersten Ölschocks an. Kreisky fand auch eine modernisierungsbedürftige Gesellschaft vor, die den Reformen seiner Regierung mit einer Grundsympathie entgegenblickte. Als Bundeskanzler war Kreisky ab Mitte der 70er Jahre aber auch mit wirtschaftlicher Rezession konfrontiert.

Kreisky führte eine Alleinregierung einer relativ geschlossenen und disziplinierten Partei, was ihm großen Handlungsspielraum gab. Innerparteilich war Kreisky durch die Wahlsiege der SPÖ, die vor allem als sein Verdienst gesehen wurden, mächtiger als alle seine Vorgänger als Parteivorsitzender. Durch das bald nach seiner Wahl erfolgende Ausscheiden vieler ihm reserviert gegenüberstehender SPÖ-Spitzenpolitiker aus der aktiven Politik und sein tragfähiges Arrangement mit dem zweiten mächtigen Mann der SPÖ, Anton Benya, hatte Kreisky innerparteilich weitgehend freie Hand. Dies illustriert ein Witz, der von einem Minister und Parteivorstandsmitglied der Kreisky-Ära als „böse, aber zutreffend" überliefert wurde: Die SPÖ-Abgeordneten finden Reißnägel auf ihren Sitzen vor, nehmen aber unter offensichtlichen

Schmerzen dennoch Platz. Auf die Frage ihrer Abgeordneten-Kollegen von anderen Parteien, wozu das gut sein soll, antworten diese: „Der Kreisky wird's schon wissen." Allerdings war Kreisky auch am Höhepunkt seiner Macht nicht allmächtig. Er konnte z. B. gegen den Widerstand von Finanzminister Androsch, Nationalbank-Vizepräsident Karl Waldbrunner und ÖGB-Präsident Benya in den späten 70er Jahren keine Aufweichung der österreichischen Hartwährungspolitik durchsetzen, und die Ablöse von Androsch als Vizekanzler und stellvertretender Parteivorsitzender 1980 war Kreisky nur in einem langwierigen Prozeß, unter Aufbietung all seiner Kräfte und bei gleichzeitiger Bestellung Androschs zum Generaldirektor der größten österreichischen Bank, der Creditanstalt, möglich.

Kreisky war *der* politische Kommunikator seiner Zeit. Er hatte schon sehr früh die Bedeutung der parteiungebundenen Massenmedien erkannt. Kreisky galt als der „Journalistenkanzler", der es – so sein Pressesekretär Johannes Kunz (1993, 7) – verstand, „mit einer hingeworfenen Vertraulichkeit den Journalisten X für einen Artikel, der ihm gerade politisch gelegen gekommen war, zu belohnen. Ebenso verstand er es aber auch, durch Vorenthalten von Informationen oder auch durch bloßes Ignorieren den Journalisten Y für einen kritischen Artikel, den Kreisky als persönlichen Angriff aufgefaßt haben mag, zu strafen. War ein Journalist in seiner Gunst, dann kam er mit heißen Stories zu seinem Chefredakteur, war er in Kreiskys Mißgunst, dann mußte er sich vom Chefredakteur fragen lassen, wieso das Konkurrenzblatt mit einer Exklusivgeschichte schon wieder publizistisch die Nase vorn hatte." Für Journalisten, selbst von „abenteuerlich kleinen Zeitungen" (ein Mitarbeiter), war Kreisky jederzeit erreichbar, und er trat auch von sich aus gezielt mit ihnen in Verbindung. Die Journalistin Elisabeth Horvath (1989, 68) berichtet vom „Arbeitsstil des direkten, nicht von einer Sekretärin vermittelten Telefongespräches", das Kreisky „als neue Dimension in die Politik eingebracht hat". Sie meint, daß das „den Leuten das Gefühl einer persönlichen Beziehung zwischen dem großen Meister und ihnen selbst" gab. Manch jungen Journalisten soll Kreiskys auf diese Weise dargebrachtes Lob – „Sie sind der einzige, der verstanden hat, was ich meine!" – zu einem weitgehend unkritischen Berichterstatter gemacht haben.

Kreisky war auch souverän im Fernsehen, das sich erst während seiner politischen Karriere als wichtigstes Massenmedium etablierte. Seine TV-Konfrontation im Jahr 1975 mit dem neuen ÖVP-Obmann Josef Taus, der bis dahin von einer Welle der Euphorie getragen worden war, gehörte zu den wenigen derartigen Ereignissen mit einem klaren Sieger – Kreisky. Die eigentliche Stärke Kreiskys lag aber im Interview, wobei das von ihm eingeführte Pressefoyer nach dem Ministerrat am Dienstag seine wirkungsvollste Bühne war. Seine Auftritte hatten stets Unterhaltungswert, und für seine beste Zeit dürfte Horvath (1989, 50) nicht ganz falsch liegen:

„Die Leute wurden kreiskysüchtig und bekamen Entzugserscheinungen, wenn der Kanzler einen Tag lang nicht auf dem Fernsehschirm auftauchte."

Wie kein zweiter verstand es Kreisky, für jedes Publikum die richtigen Worte zu finden. Auch als Funktionär und Repräsentant einer Arbeiterpartei war Kreisky Großbürger geblieben und scheint in gewisser Weise das Kleinbürgertum verachtet zu haben. Andererseits hatte er einen enormen Respekt (oder wie es einer seiner Minister ausdrückte, ein „Minderwertigkeitsgefühl") vor Arbeitern und anderen „einfachen Leuten". Nur ihnen soll er wirklich aufmerksam zugehört haben und viele seiner innenpolitischen Initiativen – Gratisschulfahren, Erhöhung der Geburtenbeihilfe – hatten ihren Ursprung in solchen Gesprächen, die auch am Telefon stattfinden konnten. Kreiskys Telefonnummer stand im Telefonbuch, und es war bekannt, daß er morgens erreichbar und auch bereit war, sich Probleme von Bürgern anzuhören.

Sein über zwölfjähriger Aufenthalt in Schweden hatte Kreisky für Entwicklungen in anderen Ländern sensibilisiert, die vielleicht auch für Österreich relevant werden könnten. Am offensichtlichsten war das in der Frage der Nutzung der Atomkraft, die die schwedische Sozialdemokratie gespalten und ihre Wahlniederlage 1976 herbeigeführt hatte. Kreisky wollte eine Wiederholung dieses Szenarios in Österreich vermeiden und initiierte die erste Volksabstimmung der Zweiten Republik, um die Nationalratswahl 1979 von dieser Frage zu entlasten. Obzwar die Volksabstimmung nicht das von Kreisky intendierte Ergebnis – ein Ja zur Atomkraft – brachte, wurde ihr eigentlicher Zweck erreicht: die Wahrung der SPÖ-Mehrheit bei der Nationalratswahl 1979.

Im Verlauf seiner politischen Karriere wurde Kreisky auch als Verhandler gefordert, in der Innenpolitik vor allem als Angehöriger der großen Koalition, als Bundeskanzler einer Minderheitsregierung und als Leiter des SPÖ-Teams bei den Koalitionsverhandlungen 1983. In der großen Koalition galt Kreisky der ÖVP als „vernünftiger Mann", mit dem konstruktive Gespräche geführt werden konnten. Dies vielleicht auch deshalb, weil Kreisky in verschiedenen Fragen (z. B. Konkordat, EWG) selbst eine Meinung hatte, die zwischen den von ÖVP und SPÖ vertretenen Positionen lag. Großes Verhandlungsgeschick bewies Kreisky bei der Etablierung der SPÖ-Minderheitsregierung, sowohl beim geschickten Scheitern der Verhandlungen mit der ÖVP als auch bei der Herbeiführung der parlamentarischen FPÖ-Unterstützung. Bei der Bildung der SPÖ-FPÖ-Koalition, 13 Jahre später, setzte Kreisky weitgehend seine Vorstellungen von Regierungsprogramm und Ressortverteilung durch, wobei er es verstand, Differenzen im FPÖ-Team zu nutzen. Aber auch als Bundeskanzler einer mit absoluter Mehrheit ausgestatteten Partei bewies Kreisky, der die SPÖ-Mehrheit nur sparsam einsetzen wollte, Geschick und spielte die beiden Oppositionsparteien, aber auch Gruppierungen innerhalb der ÖVP, oft gegeneinander aus. Kreiskys Stärke lag hier darin, neue, bisher nicht beachtete Alternativen ins Spiel zu bringen. – Wie es ein langjähriger Oppositionspolitiker ausdrückte: „Ihm ist immer mehr eingefallen als mir."

Bundeskanzler Dr. Bruno Kreisky, 1973, Pressekonferenz nach dem Ministerrat

Als Parteivorsitzender und Bundeskanzler zeigte Kreisky auch beachtliche Fähigkeiten als Organisator. In kurzer Zeit gelang ihm die Modernisierung der SPÖ, wobei er sich aber weitgehend darauf beschränkte, die für die Außenwirkung der Partei unmittelbar relevanten Bereiche zu reformieren. Auch seine große Parteireform 1976 war letztendlich eher Beschäftigungstherapie für die Massenorganisation als deren nachhaltige Veränderung. An der Spitze der Partei und in der Regierung freilich erwies sich Kreisky als sehr effektiver Führer (im Sinne von *leadership*). In den einzelnen Machtzentren – Partei, Regierung und Parlament – bediente er sich fähiger und loyaler Mitarbeiter, voran Karl Blecha in der Partei, zuerst Androsch später dann Sinowatz in der Regierung, und Heinz Fischer im Parlament, trachtete aber, stets alle Fäden bei sich zusammenlaufen zu lassen. Obgleich er die Tätigkeit seiner Minister nicht systematisch überwachte, liefen wichtige Entscheidungen in der Regierung niemals an Kreisky vorbei. In der Partei hatte Kreisky – „der Alte", wie man ihn ab den späten 70er Jahren nannte – ein Regime etabliert, das ihm in der Bundespolitik weitgehende Vollmachten gab – gegen „Erfolgshaftung", also solange er Wahlerfolge aufzuweisen hatte, und um den Preis einer gewissen „Feudalisierung", also seiner weitgehenden Nicht-Einmischung in die Politik der SPÖ Landesorganisationen.

Kreisky war einer der einflußreichsten österreichischen Politiker seit 1945. Er führte die SPÖ zu ihren größten Erfolgen. Er gehörte der Regierung länger an als jeder andere, und er hatte enormen Einfluß auf die Politik in Österreich.

Während seiner ganzen politischen Karriere übte Kreisky großen Einfluß auf die österreichische Außenpolitik aus. Von Beginn an war er bedeutend für die Initiierung und Gestaltung der österreichischen Neutralitätspolitik. Er war einer der ersten, der Neutralität nach Schweizer Vorbild als Mittel zur Wiedergewinnung der österreichischen Souveränität zur Beendigung der alliierten Besatzung ansah, und er beeinflußte seine diesbezüglich skeptischeren Parteifreunde in diese Richtung. Er war auch einer der ersten SPÖ-Politiker, die die Notwendigkeit erkannten, Österreich näher an die EWG heranzubringen, und in der Zeit seiner Kanzlerschaft wurde schließlich 1972 ein Freihandelsvertrag zwischen der EWG und den EFTA-Staaten unterzeichnet. Kreisky agierte auch als Vermittler zwischen dem Westen und den kommunistischen Staaten. Während seiner Zeit als Außenminister und Bundeskanzler war Wien zweimal Ort von Gipfelgesprächen zwischen dem US-Präsidenten und dem Führer der Sowjetunion. Kreisky war auch einer der aktivsten Befürworter des KSZE-Prozesses.

Kreiskys Sicherheitskonzept für Österreich basierte auf der Überlegung, Österreich internationale Anerkennung als neutraler Staat zu verschaffen. Dazu gehörte Österreichs Rolle als aktives Mitglied der Vereinten Nationen mit seiner Teilnahme an friedenserhaltenden Missionen und dem Ausbau Wiens zum dritten Zentrum der UNO. Vor allem aber versuchte Kreisky, gute persönliche Kontakte zu den wichtigsten Politikern der Welt zu etablieren, die es erlauben würden, im Bedarfsfall rasch Gehör zu finden.

Als SPÖ-Vorsitzendem gelang es Kreisky, die Partei zur Aufgabe dogmatischer Positionen zu bewegen und ihre Attraktivität zu vergrößern. Unter seiner Führung gab sich die SPÖ 1978 ein neues Grundsatzprogramm, das trotz eines neulinken Jargons überkommene Ideen, etwa die der Verstaatlichung, aufgab. Die langwierige Ausarbeitung dieses Programms hatte weiters für die SPÖ den angenehmen Nebeneffekt, daß sie die unter effektiver politischer Kontrolle daran beteiligte linke Schickeria von „gefährlicheren" Aktivitäten als dem Schreiben wirkungsloser Programme fernhielt. Seit den 50er Jahren hatte sich Kreisky für eine Aussöhnung zwischen Katholischer Kirche und Sozialdemokratie eingesetzt. Er war maßgeblich an der Lösung der Konkordatsfrage ab dem Jahr 1956 beteiligt, und unter seiner Kanzlerschaft wurde auch die Frage der

Finanzierung der kirchlichen Privatschulen in einer für diese befriedigenden Weise gelöst.

Ziel der ersten Jahre der Kanzlerschaft von Kreisky war die Modernisierung und Demokratisierung Österreichs. In diesem Zusammenhang zu nennen sind die Wahlrechtsreform 1970, die Bundesheerreform, die Rundfunkreform 1974, die Einführung der betrieblichen Mitbestimmung und die Reform des Familienrechts und des Strafrechts. Im Zuge dieser Reformen wurde u. a. die Gleichheit der Frau in der Familie rechtlich anerkannt, das Scheidungrecht liberalisiert und staatliche Sanktionen gegen Ehebruch, Homosexualität und Abtreibung abgeschafft. Die Wahlrechtsreform reduzierte die Zugangshürde zur parlamentarischen Vertretung. Das Parteiengesetz von 1975 anerkannte und legitimierte erstmals die politischen Parteien, deren Öffentlichkeits- und Bildungsarbeit nun staatlich gefördert wurde. Zur Erhaltung des Meinungspluralismus wurde gleichzeitig eine Presseförderung eingeführt. Andere Reformen sollten den Kreisky-Slogan der „Durchflutung aller gesellschaftlichen Bereiche mit Demokratie" realisieren und gesellschaftliche Gruppen stärker an der Entscheidungsfindung innerhalb von wichtigen Institutionen wie Universität, Rundfunk und wirtschaftlichen Unternehmen beteiligen.

Viele der unter Kreisky durchgeführten Reformen waren lediglich die Anerkennung bereits vollzogener gesellschaftlicher Entwicklungen und stießen daher auf breite Zustimmung. In jenen Fällen, die auch breitere Kritik hervorriefen, war Kreisky mehr ein skeptischer Dulder des Reformeifers seiner Minister und Parteifreunde, denn die treibende Kraft dieser Maßnahmen. Und einige dieser Reformen hatten auch oder vor allem eine machtpolitische Komponente. Die Wahlrechtsreform des Jahres 1970 reduzierte die Diskriminierung kleiner Parteien und von Parteien mit einer hauptsächlich städtischen Wählerbasis. Sie half nicht nur der SPÖ, sondern diente auch der FPÖ, deren Unterstützung das Überleben der SPÖ-Minderheitsregierung ermöglichte (vgl. Kreisky 1988, 404f, 410). Kreiskys langfristige Vorstellung, die sich aus seinen schwedischen Erfahrungen ableitete, war das Überleben der FPÖ (und damit die Teilung des bürgerlichen Lagers) zu sichern und eine „besondere Beziehung" zu ihr zu haben, um so einen Koalitionspartner zu haben, sollte die SPÖ ihre absolute Mehrheit verlieren. Das trat schließlich 1983 ein, führte aber auf längere Sicht nicht zu der von Kreisky vorhergesehenen Situation. Die staatliche Parteienfinanzierung wurde so konzipiert, der damals einzigen kleinen Partei, der FPÖ, relative Vorteile zu gewähren und so ihre finanzielle Abhängigkeit von der Industriellenvereinigung zu reduzieren, die wieder eine mögliche Kooperation mit der SPÖ gefährden hätte können. Die Rundfunkreform 1974 zielte hauptsächlich darauf ab, den ORF regierungsfreundlicher zu machen.

Unter Kreisky wurde der Wohlfahrtsstaat weiter ausgebaut. Die Reichweite des Sozial- und Pensionsversicherungssystems wurde ausgedehnt, insbesondere auf die Selbständigen, sodaß es Ende der 70er Jahre praktisch die gesamt Bevölkerung umfaßte. Für die unselbständig Beschäftigten wurde der Urlaubsanspruch auf fünf Wochen erweitert, zusätzliche Sozialleistungen wurden eingeführt. Zahlreiche staatliche Leistungen wie freie Schulbücher und Schulfahrten wurden undifferenziert eingeführt. Das Bildungssystem wurde erheblich ausgebaut, mit der Folge einer Ausweitung des Anteils der Bevölkerung, der in den Genuß höherer Bildung kommen konnte.

Geprägt durch das soziale Elend und die politische Krise, die durch die Massenarbeitslosigkeit der 30er Jahre hervorgerufen worden waren, sah Kreisky ab der zweiten Hälfte der 70er Jahre den Kampf gegen die Arbeitslosigkeit als das zentrale Ziel seiner Politik, popularisiert in dem Satz: „Mir sind ein paar Milliarden Schulden lieber als ein paar tausend zusätzlicher Arbeitsloser." Durch ein bisher nie dagewesenes Ausmaß an *deficit spending,* dem Beibehalten eines hohen Beschäftigungsniveaus in den verstaatlichten

Unternehmen und durch die Ausdehnung des öffentlichen Sektors, war der Kampf gegen die Arbeitslosigkeit in den 70er Jahren sehr erfolgreich: Die Arbeitslosenrate Österreichs blieb unter den niedersten der OECD-Staaten. In den frühen 80er Jahren zwang die internationale Hochzinspolitik Kreisky allerdings dazu, die Politik des *deficit spending* abzuschwächen. Gleichzeitig stieß er auf zunehmenden Widerstand gegen die Kosten dieser Politik, nämlich höhere Steuern und größere Staatsverschuldung. Als Folge dieser Probleme hatte die Arbeitslosigkeit die 3%-Grenze – die für Kreisky die Grenze der Vollbeschäftigung markierte – bereits überstiegen, als er 1983 aus der Regierung ausschied. Als Folge von Kreiskys Kampf gegen die Arbeitslosigkeit lag die Arbeitslosenrate in Österreich auch Anfang der 90er Jahre unter den niedrigsten Westeuropas. Dem steht gegenüber die gewaltige Zunahme der Staatsverschuldung, ein Mangel an Anpassung an die wirtschaftlichen Zwänge im Bereich der verstaatlichten Industrie und ein aufgeblähter öffentlicher Sektor.

Vor, während und nach seiner Zeit als Bundeskanzler, war Kreisky ein Politiker, dessen Bedeutung überproportional zu der seines Landes war. Wie Henry Kissinger (1979, 1204) meint, „parlierte" Kreisky die formale Neutralität seines Landes in eine Einflußposition, die über die Stärke Österreichs hinausging. Tatsächlich fanden es Politiker aus aller Welt nützlich, internationale Fragen mit ihm zu besprechen und sich seiner Vermittlerdienste zu bedienen. Von 1976 bis 1989 war Kreisky auch Vizepräsident der Sozialistischen Internationale.

International und retrospektiv auch national erregte Kreisky paradoxerweise größte Kritik mit Handlungsweisen, die als fehlende Sensitivität gegenüber dem Nationalsozialismus bzw. als Antisemitismus (und „jüdischer Selbsthaß") interpretiert wurden. Kreisky, der im Gefängnis der Diktatur der Jahre 1934–1938 viel über die mit ihm einsitzenden Nazis – davon viele aus proletarischem Milieu – gelernt hatte, war nach 1945 für deren Reintegration: „Wir mußten darauf vertrauen, daß die Menschen, klüger geworden durch die Erfahrung, ihren Weg zur Demokratie finden" (Kreisky 1986, 428). Daß aber vier (von 12) Ministern der Regierung Kreisky I eine NS-Vergangenheit hatten – mehr als in jedem der früheren Kabinette der Zweiten Republik –, erschien als „Überbeanspruchung" dieses Prinzips und als kalkulierte Geste diesem Sektor der Wählerschaft gegenüber. Für viele Betrachter war die der Nationalratswahl 1975 folgende Intervention Kreiskys im Zusammenhang mit der von Simon Wiesenthal aufgedeckten Zugehörigkeit Friedrich Peters zu einer mit Kriegsverbrechen belasteten SS-Einheit die düsterste Episode der Ära Kreisky. Kreisky, der Interesse an Peters Verbleib an der FPÖ-Spitze hatte, begnügte sich nicht damit, bis zum Beweis des Gegenteils die Vermutung persönlicher Unschuld für Peter gelten zu lassen, sondern attackierte Wiesenthal in unqualifizierter Form.

Für Kreisky war seine jüdische Abstammung „von bildendem Einfluß auf die Persönlichkeitsformung", er weigerte sich aber, daraus den Schluß abzuleiten, „ich müsse mich der jüdischen Gemeinschaft in besonderem Maße verbunden fühlen, weil hier irgendwelche mystischen Kräfte obwalten" – das sei „eigentlich rassistisch gedacht" (Kreisky 1988, 280). Kreisky (1988, 274–306) lehnte die Idee einer jüdischen Rasse ab und sah nur die Religion als gemeinsame Basis des Judentums, dem er sich als Agnostiker daher nicht zurechnete. Eine besondere Verpflichtung gegenüber dem Staat Israel, die von jüdischer Seite von ihm eingefordert wurde, empfand Kreisky nicht (1988, 295).

Die erste größere Kritik Israels an Kreisky erfolgte 1973 im Zusammenhang mit dessen Krisenmanagement eines Überfalls arabischer Terroristen auf einen Transport jüdischer Emigranten aus der Sowjetunion im niederösterreichischen Schönau. Um die Freilassung der Geiseln zu erreichen, konzedierte Kreisky die Schließung des von der Jewish Agency betriebenen Durchgangslagers nach Israel. Zwar wurde die Emigration russischer Juden über Österreich fortgesetzt, aber unter der Aufsicht österreichischer Behörden und nicht mehr mit dem ausschließlichen Immigrationsziel Isreal.

Weitere israelische Kritik bezog sich vor allem auf Kreiskys Befassung mit dem Nahost-Konflikt, zum Teil im Rahmen der Sozialistischen Internationale. Er sah die Palästinenserfrage als dessen zentrale Frage an und glaubte, daß eine Konfliktlösung ohne die Mitwirkung der PLO nicht möglich sein werde. Da Kreiskys Position von Israel heftig kritisiert wurde, konnte er nicht den Vermittler spielen; statt dessen benützte er seinen internationalen Einfluß zunehmend dahingehend, die PLO akzeptabel zu machen. Kreiskys wichtigster Beitrag im Zusammenhang mit dem Nahost-Konflikt waren wahrscheinlich seine Bemühungen um eine Deradikalisierung der arabischen Staaten und der Palästinenser. In seinen vielen Kontakten trug Kreisky zu deren Bereitschaft bei, die Existenz des Staates Israel zu akzeptieren und den Terrorismus durch zivilisiertere politische Mittel zu ersetzen.

In seinen letzten Regierungsjahren war Kreisky durch Krankheit stark gehandicapt, mit der viele, die in häufigem Kontakt mit ihm standen, manche seiner Verhaltensweisen in kausalen Zusammenhang bringen. Die krankheitsbedingte „Ungeduld und Unduldsamkeit" war insbesondere in seinem Kampf gegen Hannes Androsch ersichtlich, dem Kreisky wieder teilweise die Schuld für seine Krankheit gab (Horvath 1989, 104f). Kreisky erblindete nach 1978 an einem Auge, litt an einer Herzinsuffizienz (mit der Folge von Blutstaus in der Lunge) und mußte sich vor allem in seinen letzten Regierungsjahren aufgrund eines Nierenleidens bis zu dreimal pro Woche einer Dialyse unterziehen.

Nach dem Verlust der absoluten Mehrheit bei den Nationalratswahlen 1983 schied Kreisky aus eigenem Wunsch aus der Regierung aus und verzichtete auf eine weitere Kandidatur zum SPÖ-Vorsitzenden; er wurde aber per Akklamation zum Ehrenvorsitzenden der SPÖ gemacht. Diese Methode war gewählt worden, um Kreisky zahlreiche Gegenstimmen aus jenen Kreisen der Partei zu ersparen, die die Meinung vertraten, es sei seine öffentliche Auseinandersetzung mit Androsch gewesen, die die SPÖ die absolute Mehrheit gekostet hatte.

Kreisky mag ursprünglich geglaubt haben, auch in seiner Funktion als Ehrenvorsitzender die großen Linien der Politik bestimmen zu können. Diese Hoffnung wurde – sofern sie existiert hatte – bald enttäuscht. Verschiedene Aussagen seines Nachfolgers, Fred Sinowatz, und vor allem die Regierungsumbildungen 1985 und 1986 führten zu heftiger, öffentlich vorgetragener Kritik Kreiskys, der sich auch zu Hannes Androsch immer wieder zu Wort meldete oder sich – offensichtlich nicht immer in bester gesundheitlicher Verfassung – von Journalisten „starke" Aussagen entreißen ließ. Schließlich legte Kreisky 1987 den SPÖ-Ehrenvorsitz zurück, als seine Partei das Außenministerium im Zuge der Bildung der großen Koalition an die ÖVP abtrat.

Auch nach seinem Ausscheiden aus den Positionen des Bundeskanzlers und Parteivorsitzenden setzte Kreisky seinen Kampf gegen die Arbeitslosigkeit fort. Unter seinem Vorsitz erarbeitete eine internationale Kreisky-Kommision aus Wissenschaftern und Politikern ein Programm für Vollbeschäftigung in den 90er Jahren (Kreisky 1989).

Kreiskys Abschied aus der aktiven Politik wurde mit einer Mischung aus Bedauern – weil ein Großer die politische Bühne verlassen hatte – und Erleichterung – weil seine beste Zeit eindeutig vorbei war und neue Lösungen erforderlich schienen – aufgenommen. Kreiskys Beitrag zur österreichischen Politik unterlag seit 1983 einer zyklischen Bewertung. Phasen einer Kreisky-Nostalgie, die sich vor allem auf Kreiskys Stil und Fähigkeit, die politische Tagesordnung zu bestimmen, bezogen, wechselten mit Phasen, in denen Kreisky vor allem mit ungelösten Problemen – sogenannten „Altlasten" (z.B. Budget, verstaatlichte Industrie) – identifiziert wurde.

Kreisky gehört jedenfalls zu den wenigen Politikern, die sich dauerhaft im kollektiven Gedächtnis der österreichischen Bevölkerung verankert haben. Insbesondere für heute bereits ältere Sozialdemokraten waren die Kreisky-Jahre ein „goldenes Zeitalter". Kreisky wird aber über das eigene Lager hinaus als bedeutender und im Summe positiv zu würdigender Politiker angesehen. Negative Evaluierungen beziehen sich vor allem auf den „Beginn des Schuldenmachens im großen Stil", Kreiskys Mangel an Sensibilität (oder Charakter) in der Auseinandersetzung mit der österreichischen Involvierung in den Nationalsozialismus und die während seiner Regierungszeit beginnende Serie an politischen Skandalen. Freundlichere Sichtweisen würden diese Negativa nicht nur den Errungenschaften seiner Ära gegenüberstellen, sondern sehen sie teilweise sogar im Kontext von prinzipiell richtigen politischen Strategien, wie die Bekämpfung der Arbeitslosigkeit, die Gewinnung ehemaliger Nationalsozialisten für die Demokratie und die Ermöglichung von mehr Transparenz.

Literatur- und Quellenverzeichnis

Amerongen, Martin van (1977). Kreisky und seine unbewältigte Gegenwart, Graz.

Bielka, Erich / Peter *Jankowitisch* / Hans *Thalberg* (Hg.) (1983). Die Ära Kreisky. Schwerpunkte der österreichischen Außenpolitik, Wien.

Bischof, Günter / Anton *Pelinka* (Hg.) (1994). The Kreisky Era in Austria, New Brunswick.

Brandt, Willy / Bruno *Kreisky* / Olof *Palme* (1975). Briefe und Gespräche, Frankfurt am Main.

Etzersdorfer, Irene (1987). Kreiskys große Liebe. Inszenierungen eines Staatsmannes, Wien.

Fischer, Heinz (1993). Die Kreisky-Jahre 1967–1983, Wien.

Horvath, Elisabeth (1989). Ära oder Episode. Das Phänomen Bruno Kreisky, Wien.

Kissinger, Henry (1979). White House Years, Boston.

Klein-Löw, Stella (1983). Bruno Kreisky, Wien.

Kreisky, Bruno (1969). Die Herausforderung. Politik an der Schwelle des Atomzeitalters, Wien.

Kreisky, Bruno (1974). Aspekte des demokratischen Sozialismus, München.

Kreisky, Bruno (1975). Neutralität und Koexistenz, München.

Kreisky, Bruno (1978). Die Zeit in der wir leben. Betrachtungen zur internationalen Politik, Wien.

Kreisky, Bruno (1981). Reden, 2 Bände, Wien.

Kreisky, Bruno (1982). Politik braucht Visionen, Königstein/Ts.

Kreisky, Bruno (1985). Das Nahostproblem, Wien.

Kreisky, Bruno (1986). Zwischen den Zeiten, Berlin.

Kreisky, Bruno (1988). Im Strom der Politik, Berlin.

Kreisky, Bruno (Hg.) (1989). Zwanzig Millionen suchen Arbeit, Wien.

Kunz, Johannes (Hg.) (1975). Die Ära Kreisky, Wien.

Kunz, Johannes (Hg.) (1993). Bruno Kreisky. Ansichten eines sozialdemokratischen Staatsmannes, Wien.

Lendvai, Paul / Karl Heinz *Ritschel* (1974). Kreisky. Porträt eines Staatsmannes, Wien.

Müller, Wolfgang C. (1995). Bruno Kreisky, in: David *Wilsford* (Hg.): Political Leaders of Contemporary Western Europe, Westport.

Rathkolb, Oliver / Irene *Etzersdorfer* (Hg.) (1986). Der junge Kreisky, Wien.

Reimann, Viktor (1972). Bruno Kreisky, Wien.

Wistrich, Robert S. (1992). The Kreisky Phenomenon: A Reassessment, in: Robert S. *Wistrich* (Hg.): Austrians and Jews in the Twentieth Century, New York.

Interviews mit 21 Angehörigen der Regierungen Kreisky I-IV, drei weiteren Spitzenpolitikern der „Ära Kreisky" und persönlichen Mitarbeitern Kreiskys.

Lebensdaten

1911	am 22. 1. in Wien geboren
1927	Eintritt in die Sozialistische Arbeiterjugend
1930–1938	Jus-Studium, Universität Wien (Dr. iur., 1938)
1935	Verhaftung
1936	Verurteilung wegen Hochverrats
1938	abermals in Haft
1938–1945	Emigration in Schweden
1990	am 29. 7. in Wien gestorben

Berufliche Karrierestationen

1938–1945	wissenschaftlicher Mitarbeiter der Stockholmer Konsumgenossenschaft, Korrespondent verschiedener westeuropäischer Zeitungen in Schweden
1946–1950	Diplomat (Legationsrat) an der Österreichischen Gesandtschaft in Stockholm
1950–1951	Beamter im Außenministerium in Wien
1951–1953	Kabinettsvizedirektor der Präsidentschaftskanzlei, politischer Berater von Präsident Körner

Staatliche Funktionen

1953–1959	Staatssekretär für Auswärtige Angelegenheiten
1956–1983	Abgeordneter zum Nationalrat
1959–1966	Bundesminister für Auswärtige Angelegenheiten
1970–1983	Bundeskanzler

Parteipolitische Ämter

1933	Vorsitzender des Reichsbildungsausschusses des Verbands der Sozialistischen Arbeiterjugend
1934	Gründungsmitglied der Revolutionären Sozialistischen Jugend
1956–1987	Mitglied des Bundesparteivorstandes der SPÖ
1959–1967	Stellvertretender Vorsitzender der SPÖ
1966–1967	Vorsitzender der SPÖ Niederösterreich
1967–1983	Vorsitzender der SPÖ
1983–1987	Ehrenvorsitzender der SPÖ
1972–1987	Vorsitzender des Kuratoriums des Renner-Instituts

Weitere Funktionen

1976–1989	Vizepräsident der Sozialistischen Internationale

Erwin Lanc

von
Irene Etzersdorfer

Erwin Lanc, geboren am 17. 5. 1930, enstammte einer im Spätliberalismus verarmten kleinbürgerlichen Handwerkerfamilie aus dem Harzgebiet. Der Vater, das 13. Kind eines Kupferschmiedes, arbeitete zunächst als selbständiger Stückmeister und Zuschneider, die Mutter war gelernte Schneiderin. In den Jahren der Weltwirtschaftskrise und ihrer Folgen verschlimmerte sich der soziale Abstieg der Familie: Beide Elternteile sahen sich gezwungen, ihre Berufe aufzugeben und schlechter bezahlte Teilzeitarbeiten anzunehmen. Zwischen 1935 und 1937 waren beide Elternteile überwiegend arbeitslos. Ab 1937 verdiente sich der Vater als Möbelverkäufer im Geschäft eines Heimwehrmajors jüdischer Abstammung (Rudolf Haas auf der Mariahilfer Straße im heutigen Generali-Center), während die Mutter in der gleichen Straße ebenfalls als Verkäuferin im Kindermodengeschäft „Jassinger" bei einem jüdischen Geschäftsmann tätig war. Beide Eltern engagierten sich seit den Anfängen der Ersten Republik aktiv in Nebenorganisationen der Sozialdemokratischen Arbeiterpartei Österreichs (SDAPÖ) und galten bis zu den Bürgerkriegsereignissen des Februar 1934 in ihrem Meidlinger Wohnbezirk als aktive Parteigänger. Erst nach den blutigen Zusammenstößen im Juli 1927, als die Christlichsoziale Partei sich zunehmend radikalisierte, traten 1929 beide Eltern aus der Katholischen Kirche aus und blieben fortan konfessionslos. Sie empfanden sich als integraler Teil der fortschrittlich-gemäßigten Richtung des „Roten Wien" und ließen ihren einzigen Sohn nach damaligen progressiven pädagogischen Idealen erziehen: Erwin Lanc besuchte den Montessori-Kindergarten in einer großen Gemeindebauanlage im „Domeshof" am Margaretengürtel, wo er, nach eigenen Schilderungen, mit „gruppendynamischen Erziehungsmethoden" in Berührung kam, die ihn Zeit seines Lebens mit einem hohen Verantwortungsgefühl für andere ausstatteten. Zeitgleich zu dieser frühkindlichen Vermittlung fortschrittlicher pädagogischer Lernmethoden erlebte Erwin Lanc ein familiäres Umfeld, das von Angst, Ohnmacht und Verzweiflung über den schrittweisen Verlust der sozialpolitischen Errungenschaften des „Roten Wien" geprägt war.

So bildeten auch die Kampftage des Februar 1934 ein prägendes Erlebnis für den 4jährigen Zaungast des Bürgerkrieges: Sein technisch versierter Vater, der in seinen arbeitslosen Perioden in Heimarbeit Prüfgeräte für die Radiofirma Minerva herstellte, wurde verdächtigt, eine geheime Sendestation für den Schutzbund zu betreiben. Angehörige der Heimwehr-Truppen stürmten die Wohnung und bedrohten die Familie. Engelbert Lanc, obwohl kein Schutzbundmitglied und auch kein Aktivist der illegalen Untergrundorganisation Revolutionäre Sozialisten, beteiligte sich dennoch in den ersten Monaten nach dem Verbot der Sozialdemokratischen Partei mehrmals an illegalen Aktionen, wurde verhaftet und kam mit einer Geldstrafe davon. Erwin Lanc' Volksschulzeit fällt bereits in die Periode austrofaschistischer Herrschaft. Der Einmarsch deutscher Truppen in Österreich im März 1938, die Veränderungen im sozialen wie auch im familiären Umfeld führten zu weiteren traumatischen Erlebnissen in der politischen Sozialisation von Erwin Lanc: Er mußte zusehen, wie sein jüdischer Mitschüler und Freund Waldemar Wassermann, Sohn eines eingesessenen Meidlinger Parfümeriehändlers, kommentarlos aus der Schule verschwand und nie wieder zurückkehrte; Maria Lanc erlitt im selben Jahr einen schweren, klinisch relevanten Nervenzusammenbruch, nachdem sie Zeugin der brutalen Mißhandlungen wurde, die ihre jüdischen Verkäuferinnenkolleginnen bei ihrer Vertreibung aus dem Geschäft ertragen mußten. Im selben Jahr bewarb sich der Vater um die Mitgliedschaft bei der NSDAP, wurde jedoch nicht mehr aufgenommen. Im Juni 1940 zur Wehrmacht einberufen, befand sich der Vater ab 1942 in der Position eines einfachen Gefreiten bei der Heeresgruppe E in Saloniki; als Soldat, der über ein intaktes Erinnerungsvermögen verfügte, erzählte er bei Heimaturlauben seiner Familie entsetzt über die von ihm beobachteten Judenverfolgungen – und Deportationen in diesem Raum. 1945 geriet er in britische Gefangenschaft. Erwin Lanc selbst engagierte sich nach 1938 in den Reihen des Deutschen Jungvolks, einer NS-Jugendorganisation, die er verließ, „als es Pflicht wurde".

Die politische Sozialisation des jungen Erwin Lanc fand somit in einem Klima der permanenten politischen Spannungen, sozialer Unsicherheiten, materieller Not, politischer und rassischer Verfolgung und des fast alltäglichen Terrors statt. An der Wiege eigener politischer Motivationen stand im Bereich äußerer, umweltbestimmter Faktoren sowohl die soziale Deklassierung der eigenen Familie, die Niederlage des politischen Hoffnungsträgers Sozialdemokratie, das eigene Erleben autoritärer und später totalitärer schulischer Erziehungsmethoden nach einer kurzen, aber prägenden Periode offenen, freien und zwanglosen Lernens. Das Miterleben der peinlichen Schwäche des Vaters, seines Positionswechsels von einem enttäuschten Sozialdemokraten zu einem Anwärter auf die Mitgliedschaft in der NSDAP, mag ein weiterer Markstein in der Entwicklung von Erwin Lanc gewesen sein, der sein späteres politisches Empfinden in starkem Ausmaß prägte: Ein hohes eigenes normatives Wertsystem, innere Stärke und die Verteidigung politischer Überzeugungen gegenüber Widerständen selbst in den eigenen Reihen und um den Preis der eigenen Niederlage bildeten den geistig-psychischen Rückhalt von Erwin Lanc späterem politischen Verhalten: „Ich habe gesehen, was Abhängigheit aus Menschen macht" (Interview). Erwin Lanc erlebte seine Eltern als Spielbälle ökonomischer und politischer Fehlentscheidungen, aber auch als Eltern, die sich dennoch überaus bemühten, ihrem Kind ein demokratisches Weltbild und eine Empathie für Ausgegrenzte zu vermitteltn, obwohl sie selbst nicht in der Lage waren, diese Ideale erfolgreich durchzusetzen. Zweifellos hat das Miterleben des sozialen Abstiegs seiner Eltern, die sich nie als klassenbewußte Proletarier, sondern stets als verhinderte Bürger verstanden („der Vater ein Stehkragenproletarier, der das Schmalzbrot auf Meißner Porzellan aß"), eine bleibende Angst vor ähnlichen Entwicklungen im eigenen Leben ausgelöst und war wohl mitverantwortlich für Erwin Lanc' eigenen Aufstiegswillen wie auch seinen von den Medien vielkommentierten ästhetischen Stil. Er stammte von einem Vater ab, der auch „nach mehrjähriger Arbeitslosigkeit noch immer weißen Kragen und Krawatte getragen hat, samt dem letzten Anzug, den er noch hatte. Sowas prägt sicher, aber dafür braucht man sich ja nicht zu genieren" (Interview). Je mehr die Eltern sozial absanken, desto mehr schien sie das Festhalten an kleinbürgerlichen „Familientugenden" vor der seelischen Deprivation zu bewahren. Feine Manieren, Selbstkontrolle und Selbstbeherrschung, keine nach außen sichtbaren Emotionen im Angesicht der drohenden materiellen Not, so suchte sich die um die Erhaltung der eigenen Würde bemühte Familie Lanc von der Masse der ihrer Niederlage ergebenen Proletarier durch eine noch immer „korrekte" Erscheinung in der Außenwelt abzuheben. Dies war möglicherweise ein Versuch der inneren Selbstbehauptung, auch der Aggression gegenüber der schmählichen Niederlage desjenigen Lagers, an dessen Erfolgen man als „bürgerlicher“ Überläufer gerne teilhaben, von dessen Niederlage man sich aber auch distanzieren wollte. In jedem Fall war es Ausdruck hoher Ambivalenz gegenüber der eigenen Milieuzugehörigkeit, die sich zweifellos in vielfältiger Weise auf den Sohn übertrugen.

Im Frühjahr 1946 trat Erwin Lanc der Sozialistischen Jugend bei, einer Organisation, die dazumals als Aufnahmevoraussetzung die Lektüre und Kenntnis des kommunistischen Manifestes abprüfte: Beeinflußt von den beeindruckenden Persönlichkeiten des umstrittenen, bei der übrigen Partei im Verdacht des „Kryptokommunismus“ stehenden ehemaligen Anhänger Otto Bauers, Erwin Scharf, und des aus dem französischen Exil zurückgekehrten Peter Strasser, engagierte sich Erwin Lanc am linken Parteiflügel, blieb aber nach dem kollektiven Parteiaustritt der oppositionellen Linkssozialisten bei der SPÖ, wo er sich nun der sozialdemokratischen Linken um Josef Hindels zugehörig fühlte. Als Delegierter der Sozialistischen Jugend führten ihn ausgedehnte Reisen in fast alle Länder Europas, besonders aber in jene alten, nicht „von oben“ verordneten Demokratien von England und den skandinavischen Staaten. Tief beeindruckt vom individuellen demokratischen Selbstverständnis der Briten, ihrem offenbar rüchsichtsvolleren zwischenmenschlichen Umgang und dem besser geglückt scheinenden Ausgleich von Individualismus und Gemeinsinn, imitierte Erwin Lanc in seinem Phänotypus gerne den britischen Gentleman, den „Lancelot“ oder „Lord“ – ein Erscheinungsbild, mit dem er sich auch bewußt von jenen Massen absetzte, die er „volksnah“ zu vertreten suchte. Wegen seines tadellosen, ja perfekten Aussehens vor allem in den eigenen Reihen belächelt, stellte Erwin Lanc lakonisch fest: „Ich habe nie geglaubt, daß schlampige Kleidung oder ungepflegtes Äußeres unbedingt die Voraussetzung dafür sind, eine fortschrittliche Haltung im politischen Bereich einzunehmen“ (Interview).

Nach der Matura trat Erwin Lanc zunächst als Vertragsbediensteter in das Bundesministerium für soziale Verwaltung ein, wechselte aber 1959 in die Österreichische Zentralsparkasse, wo er sich bis zur Übernahme des ersten Ministeramtes bis zum Geschäftsführer für Information im Bereich kommunaler Finanzierung hocharbeiteten konnte. Erwin Lanc politischer Aufstieg vollzog sich parallel zu seinen beruflichen und sportlichen Aktivitäten: 1959 wurde er zum stellvertretenden Bezirksobmann der SPÖ Margareten bestellt, 1960 wurde er Mitglied des Wiener Landtages und Gemeinderates und 1966 erstmals Abgeordneter zum Nationalrat. Immer wieder fiel Erwin Lanc durch seinen hohen persönlichen Einsatz als Abgeordneter auf. Nach seiner Wahl in den Wiener Gemeinderat stellte er sich jedem der ca. 50.000 Wähler/innen des Bezirkes Margarethen brieflich vor; als „Mann von der Straße“ agierte er „volksnah“, ja absolvierte persönliche Besuche bei seinen potentiellen Wählern/innen und trat häufig in der Öffentlichkeit auf. Dennoch stand Erwin Lanc Zeit seines aktiven politischen Lebens im Ruf eines nicht in die politische Kultur der – vor allem Wiener – SPÖ passenden Einzelgängers. Erst seit 1971 auch Mitglied des Wiener Landesparteivorstandes der SPÖ stieg Erwin Lanc nach dem Wahlsieg Bruno Kreiskys – seinem idealisierten politischen Vorbild – in den inneren Wiener „Parteiolymp“ auf, blieb aber als „programmatischer Linker“ stets umstritten und traf in der Person von Heinz Nittel sowie den Anhängern von Hubert Pfoch auf starke innerparteiliche Gegner.

Als junger Abgeordneter spezialisierte er sich auf Finanz- und Budgetthemen und beeindruckte durch hohe fachliche Kompetenz. Unter Hinweis auf seine Qualifikationen in Finanzfragen wurde Erwin Lanc 1973 von Bundeskanzler Bruno Kreisky 1973 mit dem Argument „Er ist ein Mann mit viel Verständnis für finanzielle Probleme“ (*Kurier,* 10. 6. 1982) als Verkehrsminister in die Regierung berufen. Tatsächlich setzte Lanc in einigen Bereichen, etwa bei der Herstellung von Telefonanschlüssen, stärker betriebswirtschaftliche Kriterien durch (mit der Priorität auf jene Regionen, die eine rasche Amortisation der Investitionen erwarten ließen). Auf dem Verkehrssektor bemühte sich Erwin Lanc um den Ausbau der Österreichischen Bundesbahnen, die Transportverlagerung des Warenverkehrs auf das Schienennetz. Als Verkehrsminister „ohne Führerschein“ traf Erwin Lanc auf den erbitterten Widerstand der sozialistischen Gewerkschafter, die ihn als „Fremdkörper“ im Ressort erlebten. Der stärkste Konflikt war jener mit der Postgewerkschaft über die Zeitungszustellung an Samstagen, im Zuge dessen Lanc sogar bereit war, diese Aufgabe an den privaten Sektor zu übertragen.

Innenminister Erwin Lanc, 1981, mit Hofrat Mag. Werner Liebhart anläßlich einer Pressekonferenz im Zusammenhang mit dem Mordfall Nittel

Doch erst als Innenminster stand Erwin Lanc ab 1977 im Rampenlicht der Tagespolitik. Ohne vorherige Konsultation – Lanc weilte gerade im Ausland – transferierte Bundeskanzler Kreisky ihn im Zuge einer Regierungsumbildung in das Innenministerium (aus dem Otto Rösch abgezogen worden war, um als „Krisenmanager“ ins Verteidungungsministerium einzutreten). Als ehemaliger sozialistischer Jugendfunktionär war Lanc nicht begeistert, plötzlich „Polizeiminister“ zu sein. Erwin Lanc Amtsführung als Innenminister ist – im europäischen Kontext der siebziger Jahre betrachtet – wohl als klassisches Nachziehverfahren zu bewerten: Er verstand sich als bedingungsloser Befürworter des von Bruno Kreisky eingeleiteten Reformprogrammes. Als der internationale Terrorismus auch in Österreich zuschlug, geriet Erwin Lanc seitens der Opposition wegen angeblicher mangelnder Sicherheitskonzepte unter Kritik; Vorwürfe, die sich nach dem Attentat auf Heinz Nittel am 1. 5. 1981 noch verstärkten – zumal der Innenminister den Mordanschlag zunächst mit innenpolitischen Auseinandersetzungen in Zusammenhang brachte (*Die Presse*, 25. 5. 1980). Erwin Lanc hat diese Angriffe stets zurückgewiesen, indem er auf die Schaffung der Antiterroreinheit „Cobra“ und anderer sicherheitspolitischer Maßnahmen verwies. Im Zentrum seiner Aktivitäten standen neben der Terrorismusbekämpfung der Kampf gegen den zunehmenden Drogenmißbrauch und die Flüchtlingspolitik. Erwin Lanc, der mit dem Ziel antrat, „kein Innenminister zu sein, vor dem sich die Leute fürchten“, kommentierte seine Tätigkeit folgendermaßen: „Mein neues Ressort habe ich auf dem Gipfel der Bankraubwelle übernommen. (. . .) ab Herbst 1977, begann eine Welle des Terrors, der Geißelnahmen und

Flugzeugentführungen. 1978 stieg der Suchtgiftmißbrauch plötzlich an, weil das Rauschgift in Übersee billiger geworden war. (...) Und kaum hatten wir das bewältigt, setzte 1981 der Araberterror ein ... im Sommer 1980 begann der Flüchtlingsstrom aus Polen" (*Neue Kronen Zeitung*, 30. 1. 1982).

1979 gab es Spekulationen über einen möglichen Wechsel von Erwin Lanc in das Wiener Rathaus. Im gleichen Jahr sorgte ein vielbeachteter Artikel des vielbeschäftigten Ministers über den Terrorismus für Aufregung. Erwin Lanc wurde des Plagiats beschuldigt, da mehr als die Hälfte der als seine Gedanken ausgegebenen Arbeit einem im Münchner Piper Verlag erschienenen Buch von Franz Wördemann entnommen waren.

In seinem gegenüber der Öffentlichkeit betonten Selbstverständnis verstand Erwin Lanc seine Position als Innenminister weit mehr von der institutionellen Rolle determiniert als von seinem „inneren Engagement": „Ein konservativer Innenminister müßte genau dieselbe Vorgangsweise wählen" (*profil*, Nr. 24, 14. 6. 1977); der Aufbau eines eigenständigen politischen Images gelang Erwin Lanc nur bedingt, da er in der zunehmenden Oligarchisierung und Vereinsamung der Führungselite mit Bruno Kreisky an der Spitze als bedingungsloser Adept Bruno Kreiskys galt; eine Zuschreibung, die Erwin Lanc stolz in der Öffentlichkeit annahm: „Mit einem Hauch von Größe an der Spitze ist es leicht, klein zu sein" (*Kurier*, 10. 6. 1982).

Zunächst wollte Lanc 1983 – nach zehnjähriger Ministerschaft – zusammen mit Kreisky aus der Regierung ausscheiden, wurde von diesem aber gedrängt, zur Wahrung der Kontinuität in der Regierung zu verbleiben. Kreisky, der als noch amtierender Parteivorsitzender der Architekt der SPÖ-Strategie in den Koalitionsverhandlungen mit der FPÖ war, dürfte dann das von Lanc angestrebte Außenministerium für diesen SPÖ-intern durchgesetzt haben. In seiner kurzen Amtsperiode als Außenminister der Regierung Sinowatz stand Erwin Lanc voll und ganz in der Tradition von Bruno Kreiskys außenpolitischen Strategien.

Im Zuge der tiefgreifenden innerparteilichen Veränderungen, die jene von Bruno Kreisky noch erfolgreich simulierte Einheit von Masse und Mythos endgültig entbehren konnte, fiel Erwin Lanc als Repräsentant der alten Ordnung der neuen Weichenstellung, die unter dem schwachen Bundeskanzler Fred Sinowatz eingeleitet und unter dem erfolgreichen Bundeskanzler Franz Vranitzky vollendet wurde, zum Opfer. Im Zuge einer großen Regierungsumbildung wurde Lanc 1984 von Leopold Gratz als Außenminister ersetzt.

Das ihm angebotene Nationalratsmandat, welches er 1983 nach seinem neuerlichen Einzug in die Regierung zurückgelegt hatte, nahm Lanc nicht an. Er kandidierte um die Nachfolge von Leopold Gratz als Wiener Bürgermeister, fand aber gegen Helmut Zilk keine Mehrheit in den Wiener Parteigremien. 1986 kandidierte er wieder für den Nationalrat, mußte aber – nach einem Parteibeschluß – darauf verzichten. Dieser Beschluß der SPÖ löste einen heftigen, jedoch vergeblichen Proteststurm in der kritischen Öffentlichkeit aus.

Seither agiert der ins Wirtschaftsleben Zurückgekehrte als kritisches Gewissen einer Partei, der er zwar noch angehört, die er aber für eine zunehmend „geschlossene Partei", in der „politischer Darwinismus" herrsche, hält (*Kleine Zeitung*, 19. 5. 1990). „Da glaubt man wirklich nicht, in eine moderne Partei zu gehen", kommentierte Erwin Lanc mehrmals öffentlich seine Besuche in der Parteizentrale (*Kurier*, 1. 4. 1987). Als bedingungsloser Verfechter der Neutralität Österreichs engagierte sich Erwin Lanc aus dem Hintergrund gegen den Eintritt Österreichs in die Europäische Gemeinschaft, kritisierte das Engagement Österreichs im Zusammenhang mit dem Golf-Krieg in der Tradition von Kreiskys Außenpolitik, aber auch die ausgrenzende Haltung der SPÖ gegenüber der FPÖ, die Lanc für „auf Dauer" nicht durchhaltbar hält. 1992 legte Erwin Lanc sämtliche noch verbliebenen Parteifunktionen bis auf den Ehrenvorsitz der Bezirksorganisation Margareten nieder.

Literatur- und Quellenverzeichnis

Lanc, Erwin (1972). Demokratisierung und Vermögensbildung, in: Die Zukunft, Nr. 6.

Lanc, Erwin (1972). Neutralität und Europapolitik, in: Die Zukunft, Nr. 17.

Lanc, Erwin (1977). Angelpunkte der Verkehrspolitik, in: Die Zukunft, Nr. 3.

Lanc, Erwin (1977). Konservative Reideologisierung und sozialistische Programmdiskussion, in: Die Zukunft, Nr. 6.

Lanc, Erwin (1978). Demokratie darf kein Torso sein, in: Die Zukunft, Nr. 3.

Lanc, Erwin (1978). Was tun gegen den Terrorismus?, in: Die Zukunft, Nr. 5.

Lanc, Erwin (1978). Denkmodell für eine demokratische Bezirksverwaltung, in: Die Zukunft, Nr. 8.

Lanc, Erwin (1982). „Wettlösen" statt Wettrüsten, in: Die Zukunft, Nr. 3.

Lanc, Erwin (1982). Europa gegen Amerika, in: Die Zukunft, Nr. 7/8.

Lanc, Erwin (1983). Zu einigen Prinzipien unserer Außenpolitik, in: Die Zukunft, Nr. 11.

Lanc, Erwin (1987). Software braucht die SPÖ – nicht Computer, in: Die Zukunft, Nr. 3.

Lanc, Erwin (1988). Wahn und Wirklichkeit, in: Die Zukunft, Nr. 12.

Lanc, Erwin (1989). Konventionelle Abrüstung, in: Die Zukunft, Nr. 12.

Lanc, Erwin (1990). Sozialdemokratie an der Zeitenwende, in: Die Zukunft, Nr. 9.

Interviews mit Erwin Lanc 1987 (geführt von Wolfgang C. Müller) und 1995.

Lebensdaten

1930	am 17. 5. in Wien geboren
1946	Eintritt in die Sozialistische Jugend
1948	Eintritt in die SPÖ
1983	am 5. 11. begeht Gattin Melitta Selbstmord

Berufliche Karrierestationen

1948	Vertragsbeamter im BM für soziale Verwaltung
1959–1973	Angestellter der Österreichischen Zentralsparkasse
1985–1988	Geschaftsführer der Z-Export
seit 1988	Präsident des Internationalen Instituts für den Frieden

Staatliche Funktionen

1960–1966	Abgeordneter zum Wiener Gemeinderat und Landtag
1966–1983	Abgeordneter zum Nationalrat
1973–1977	Bundesminister für Verkehr
1977–1983	Bundesminister für Inneres
1983–1984	Bundesminister für Äußeres

Parteipolitische Ämter

1949	Bezirksobmann der Sozialistischen Jugend
1959	Stellvertretender Bezirksobmann der SPÖ Margareten
1966	Bezirksobmann der SPÖ Margareten
1971	Mitglied des Landesparteivorstandes der SPÖ Wien
1974–1987	Obmann-Stellvertreter der SPÖ Wien
1978–1991	Mitglied des Parteivorstandes der SPÖ

Weitere Funktionen

1968–1982	Präsident des ASKÖ Wien
seit 1975	Präsident des österreichischen Handball- und Faustballbundes
seit 1984	Präsident der Internationalen Handball Federation seit 1990 Mitglied der Kommission für Radio und Fernsehen und des Internationalen Olympischen Komitees seit 1993 Mitglied des Rates der ASOIF

Hans Lechner

von
Herbert Dachs

Hätte man dem jungen Hans Lechner einst prophezeit, daß er einmal hohe politische Ämter bekleiden und gar Landeshauptmann von Salzburg werden würde, hätte er wohl ebenso ungläubig wie dröhnend aufgelacht. In den ersten vier Jahrzehnten seines Lebens deutete nämlich wenig auf eine spätere politische Spitzenkarriere hin.

Geboren wurde Hans Lechner am 16. Juli 1913 in Graz als Sohn des Justizbeamten Johann Lechner und seiner Frau Angela. Der Vater entstammte einer kinderreichen südsteirischen Kleinbauernfamilie, die Mutter war eine Grazer Gastwirtstochter. Er hatte noch drei ältere Schwestern, die ihn beim späteren Studium nicht unerheblich unterstützen sollten. Trotz karger materieller Ressourcen (bei kleiner Wohnung und geringem Einkommen) war man in der eindeutig christlichsozial eingestellten Kleinbürgerfamilie entschlossen, zumindest dem einzigen Sohn höhere Bildung zugänglich zu machen, und so wurde dem jungen Hans der Besuch einer Privat-Mittelschule ermöglicht und anschließend ab 1930 das Studium der Bodenkultur in Wien. Lechner studierte – nicht zuletzt wegen der knappen materiellen Mittel – sehr konzentriert, fand aber daneben noch Zeit, philosophische, juristische, volkswirtschaftliche und medizinische Vorlesungen an der Universität Wien zu besuchen. 1934 schloß er sein Studium mit dem Dipl.-Ing. ab.

Die von Wirtschaftskrise und innenpolitischen Polarisierungen geprägte Politik der damaligen Jahre berührte ihn sehr unangenehm, ja er lehnte sie größtenteils ab. Wichtig ist hier der intensive und stark prägende Kontakt mit der katholischen Jugendbewegung „Bund Neuland“. Diese vom charismatischen Priester Michael Pfliegler aufgebaute und christlich-deutsch geprägte Gruppierung legte auf äußere und beengende Formen und Organisation wenig Wert. Man suchte überall das Wesentliche, legte Wert auf eigene Verantwortung und möglichst große Freiheit, verwendete in der Liturgie die deutsche Sprache, trat für die Ökumene ein und für eine geistige Annäherung zwischen Kirche und Arbeiterschaft. Praktizierte Religiosität, Wandern, Romantik und einfaches Leben, das waren wesentliche Postulate, unter die man sich stellen wollte. Diese Haltungen kontrastierten natürlich scharf mit der während der 30er Jahre insbesondere seitens der Christlichsozialen realisierten Politik. Parteipolitische paramilitärische Organisationen wie etwa die Heimwehr wurden daher in Neuländerkreisen als „organisierte Todsünde“ bezeichnet, die Christlichsoziale Partei wurde sehr kritisch betrachtet und der spätere autoritäre Kurs überhaupt abgelehnt. Trotz eines kurzen Zwischenspiels – Hans Lechner wurde Vorsitzender der Katholischen Hochschülerschaft an der Bodenkultur und kam dort erstmals mit dem an der Juridischen Fakultät in ähnlicher Funktion engagierten Josef Klaus in Kontakt –, trotz dieser vorübergehend bekleideten Funktion blieb dem Neuländer Hans Lechner Politik und insbesondere engstirnige Parteipolitik fremd. „. . . dieser Kampf der Parteien, das also hat uns so abgestoßen, daß wir uns alle nicht beschmutzen wollten in dieser ersten Zeit.“

Diese Grundhaltung sollte lange vorhalten. Natürlich hat Lechner später eingesehen, daß man als Politiker ohne Partei nicht auskommen kann. Sie wurde aber auch später stets eher unter dem Gesichtspunkt des „geringeren Übels" betrachtet. Ähnlich anderen Neuländern drängte er also nie in die Politik, er wurde relativ spät dann erst geholt, auch ein wenig gedrängt, und auch über diese spätere Zeit betonte Lechner „... wir haben sicher nicht in der Partei unsere totale Heimat gehabt, sondern für uns war der Staat, war die Gemeinschaft des Landes im Vordergrund." In dieser Grundhaltung wurzelte wohl letztlich wesentlich seine spätere beharrliche Weigerung, als Salzburger Landeshauptmann auch den Vorsitz der Landespartei zu übernehmen.

Der junge Diplomingenieur fand zunächst Arbeit bei einem steirischen Viehzuchtverband, und daneben schrieb er an einer Dissertation über milchwirtschaftliche Erzeugungs- und Absatzverhältnisse. 1937 wurde er zum Doktor der Agrarwissenschaften promoviert, daneben legt er noch die Molkereimeister-, Maschinisten- und Dampfkesselwärterprüfung ab. Der junge Milchexperte trat dann in die Dienste der Landwirtschaftskammer, und nachdem er sich in Wien schon als Fachmann für Milchmarktordnungsfragen profiliert hatte, wurde er als solcher 1939 in die milchwirtschaftliche Abteilung der Reichsbauernschaft Alpenland mit Sitz in Salzburg berufen. Hier avancierte er bald zum Leiter des Salzburger Milchhofs, mit dem Auftrag, diesen neu zu bauen. Als nach drei Jahren der Neubau fertiggestellt war, verhaftete man Hans Lechner plötzlich. Offenbar sollte ein geeichter NS-Parteigänger an seine Stelle gesetzt werden. Es wurden ihm – der nicht Parteimitglied war – die unsinnigsten Dinge wie Sabotage, Begünstigung kommunistischer Umtriebe und Butterhandel mit der Schweiz vorgeworfen. Die Staatsanwaltschaft ließ zwar die Anklage fallen. An eine weitere Beschäftigung in der Reichsbauernschaft war aber nicht mehr zu denken, und Hans Lechner wurde selbst Bauer. Seine Frau Friederike – von Beruf Lehrerin und aus der bekannten Salzburger Kaufmannsfamilie Scio stammend – hatte in Salzburg ein kleines Häuschen geerbt. Dieses wurde verkauft, und man erwarb im nahegelegenen Fridolfing bei Laufen – in Salzburg war Lechner nämlich aus politischen Gründen als bauernunwürdig abgelehnt worden – ein kleines Bauerngut. Im Herbst 1943 rückte Lechner dann zur 11. Panzerdivision ein. Den Krieg überstand er im wesentlichen unversehrt.

Nach Kriegende fand Hans Lechner eine Anstellung beim Landesrat für Ernährung und Wirtschaft. Bald wurde er zum Leiter so sensibler Ämter wie das für Treuhand (zuständig für Hilfslieferungen und deutsches Eigentum) und für Landesernährung. Um die permanenten Verdächtigungen und das Mißtrauen, das der heiklen Arbeit in diesen Ämtern stets entgegengebracht wurde, ein für allemal aus der Welt zu schaffen, ging Hans Lechner in die Offensive: Das Amtsgeheimnis wurde aufgehoben, und Journalisten konnten jederzeit und ohne Voranmeldung das Amt besuchen, Schriftstücke einsehen und die vorhandenen Bestände kontrollieren. Diese Öffnung brachte die Kritik am Ernährungsamt bald zum Verstummen. – Einen ähnlich couragierten Schritt – nun aber im breiteren Rahmen – setzte Lechner dann 1974 mit der grundlegenden Reorganisierung der Informationspolitik des Landes: An die Spitze wurde ein für seine unbequeme Unabhängigkeit bekannter Journalist gesetzt – nämlich Eberhard Zwink – mit dem Auftrag, über die Landespolitik umfassend und gründlich – und ohne parteipolitische Beeinflussung – zu informieren. Dieses für die damalige Zeit bahnbrechende Modell war ungemein erfolgreich und bewährt sich bis heute.

Nebenher hatte Lechner damals auch noch Rechts- und Staatswissenschaften studiert. 1948 schloß er dieses zweite Doktorat mit der Promotion ab.

Als für Hans Lechners weiteren politischen Werdegang entscheidend sollte sich 1949 die überraschende Wahl des ihm von früher ja schon bekannten Halleiner Rechtsanwalts Dr. Josef Klaus zum Landeshauptmann erweisen. Klaus berief den fachlich hervorragend qualifizierten Regierungsrat in sein Präsidium und betraute ihn dort mit zunehmend wichtigeren Agenden. Erst 1952 trat er auf Empfehlung von Klaus der ÖVP bei, übernahm aber keinerlei Parteiämter.

Hans Lechner konnte also bis dahin auf einen sehr vielfältigen Ausbildungsweg und Erfahrung in verschiedensten gesellschaftlichen Bereichen zurückblicken. Sein Fortkommen hatte er stets auf Qualifikation zu gründen, auf für die Karriere meist dienliche Mitgliedschaften wie die beim CV konnte er sich nicht verlassen. Hans Lechner haben daher auch später immer diejenigen Menschen besonders imponiert, die ihren Aufstieg unter widrigen Umständen und aus eigener Kraft geschafft hatten bzw. die etwas bewegt haben. Bei Postenbesetzungen hielt er sich daher nicht selten an seine eigenen Vorstellungen. Parteiintern war er daher des öfteren erheblicher Kritik ausgesetzt, wenn ihm bei Personalentscheidungen die CV-Mitgliedschaft eines Bewerbers oder die Empfehlung eines Parteifreundes nicht ausreichend erschien.

1959 nützte Lechners politischer Mentor Klaus bei der notwendigen Besetzung des Landesratspostens für Finanzen eine innerparteiliche Pattstellung zwischen zwei Bünden (ÖAAB und Wirtschaftsbund hatten am gleichen Tag je eigene Kandidaten in der Öffentlichkeit präsentiert) und brachte erfolgreich Hans Lechner ins Spiel. Mit den Agenden Finanzen und Wohnungsbau war Lechner mit einem Schlag zu einem der wichtigsten Exponenten in der Landespolitik geworden, und er nutzte seine Chancen, setzte eine Vielzahl an Initiativen, von denen als hervorragendste das rasch entwickelte und als „Lechner-Plan“ konsequent umgesetzte Barackenbeseitigungs-Programm erwähnt sei.

Als im März 1961 dann die Berufung des ungeduldigen ÖVP-Parteireformers Klaus zum Finanzminister anstand, war quasi von heute auf morgen seine Nachfolge als Landeshauptmann von Salzburg zu regeln. Nominiert wurde – trotz seiner hervorragenden Arbeit als Landesrat doch ein wenig überraschend – Hans Lechner, und der Landtag wählte ihn als ersten Landeshauptmann nach 1945 einstimmig und per Akklamation.

So war also Hans Lechner, der öfter in eng sitzenden Anzügen steckende, massige Mann mit dem bulligen Kopf und den großen Händen und seinen sieben Töchtern Landeshauptmann von Salzburg geworden. Er legte bei seinen politischen Vorhaben ein immenses Tempo vor, war stets offen für neue Ideen und ansprechbar für Sorgen und Wünsche aus der Bevölkerung. Ein Journalist eines politischen Parteiblattes charakterisierte ihn treffend als „Edelmischung aus Klugheit und Leutseligkeit und schwitzender Betriebsamkeit“. Wenig verwunderlich, daß ihm schon wenige Jahre nach Amtsantritt quasi wie selbstverständlich das Attribut „Landesvater“ zugeschoben wurde. Journalisten titulierten ihn als „durchaus machtbewußtes politisches Schwergewicht“, und in den Salzburger Nachrichten wurde ihm schon nach etwas mehr als zweijähriger Amtszeit attestiert, daß er „zum populärsten Landespolitiker seiner Partei und gleichzeitig zum meist angegriffenen ÖVP-Mandatar Salzburgs . . .“ geworden sei. Verantwortlich dafür war wohl seine Engagementbereitschaft und sein politischer Stil. Hatte er ein Ziel als richtig erkannt, so war er bereit, lange darüber zu verhandeln und sich einzusetzen und auch Kompromisse einzugehen. Drohten aber – seiner Einschätzung nach – substantielle Abstriche oder hatte er den Eindruck, daß sein Gegenüber die Regeln der Fairneß, also „Treu und Glauben“ verletzte, dann scheute Lechner auch nicht patriarchalisch-autoritäre Kraftakte und die Ausschöpfung seiner Machtmöglichkeiten bis zur Neige.

Hans Lechner sah die landespolitischen Aufgaben, die sich ihm bzw. der Landesregierung in seiner Regierungszeit stellten, als der Phase des „erweiterten Wiederaufbaus“ zugehörend. Die erste große Bewährungsprobe sollte das Ringen um die Wiedererrichtung der Salzburger Universität werden. Gegen diesen schon lange verfolgten und auch von seinem Vorgänger forcierten Plan gab es seitens der Salzburger SPÖ und auch der FPÖ massive Widerstände (wohl aus Angst vor einer katholisch geprägten Universität), und auch im Unterrichtsministerium begegnete man den Salzburger Plänen eher kühl. Im Herbst 1961 teilte Finanzminister Klaus den Salzburgern dann mit, daß für die Errichtung der Hochschule in Linz alle finanziellen und organisatorischen Fragen geklärt wären, er aber seine

Unterschrift von einer ähnlichen Einigung über die Wiedererrichtung der Salzburger Universität abhängig gemacht habe. Lange könne er aber dieses Junktim nicht mehr durchhalten. Die Salzburger sollten sich also beeilen. In dieser dramatischen Phase gelang es nun Hans Lechner, einerseits in Salzburg die divergierenden Positionen zusammenzuführen, und gegenüber dem immer noch widerstrebenden Unterrichtsminister Dr. Heinrich Drimmel drohte er ultimativ mit seinem Rücktritt, falls dem Salzburger Anliegen nicht Rechnung getragen würde. Drimmel stimmte schließlich zu. Für Lechner – so schrieb er rückblickend – hätte der Rücktritt damals „kein sehr großes Opfer" bedeutet, weil er „die drückende Last und Verantwortung des Amtes" bereits hinreichend kennengelernt hätte und er selbst sich nicht sicher war, ob er diese auch entsprechend würde ausfüllen können. Er konnte sich nur schwer daran gewöhnen, daß man vorher als Fachmann geschätzt war und als Politiker dann öffentlich und persönlich kritisiert wurde, „ja plötzlich auch das Prädikat unfähig, unaufrichtig, machthungrig o. ä. zu hören bekommt."

Hans Lechners eminenter Einsatz für die Universität war neben ökonomischen Überlegungen vor allem von der Erwartung motiviert, „daß Salzburg durch die Universität erst von einer eher sommerlichen Zwei-Monate-Kulturstadt zu einer das ganze Jahr vom geistigen und künstlerischen Leben bewegten Stadt werden würde". Lechner setzte sich auch während der folgenden Jahre – wo immer nur möglich – für die junge Universität massiv ein, und bis zu seinem Ausscheiden 1977 war endlich auch die mühsame Diskussion um den Standort der notwendigen Neubauten ausgestanden, mit dem Ergebnis: Neubau der Naturwissenschaftlichen Fakultät in Freisaal, Unterbringung der übrigen Institute in Gebäuden der Altstadt.

Landeshauptmann Dr. Hans Lechner, 1991

Die zweite große und für alle sichtbare Leistung, mit der Hans Lechners erfolgreicher Einsatz aufs engste verknüpft war, ist die Errichtung der Tauernautobahn. Damit gelang es, in Salzburg die vor allem im Sommer vom touristischen Durchzugsverkehr verstopften Straßen und Dörfer wieder frei zu bekommen. Auch im Ringen um dieses in technischer und finanzieller Hinsicht gewaltige Bauwerk sah sich Lechner einmal gezwungen, seinen Rücktritt als Landeshauptmann anzudrohen. Doch auch diesmal sollte es nicht dazu kommen.

Im Bereich Wohnbau setzte Lechner neben dem schon genannten Barackenbeseitigungsprogramm die Subjektförderung durch. Salzburg war und ist ein Bundesland mit beträchtlichen Zuzugsraten. Während Lechners Regierungszeit stieg die Bevölkerung z. B. um mehr als 80.000 Menschen, und Wohnraum war daher stets knapp. Hans Lechner kritisierte damals nachhaltig das seiner Einschätzung nach „total verfilzte, ungerechte, unzweckmäßige, der Parteipolitik überlassene" Wohnbauförderungssystem des Bundes. Wesentlich auf sein Betreiben hin wurde in Salzburg zunächst drei Jahre lang das Modell der einkommensorientierten Subjektförderung erprobt und dann – gegen starken Widerstand – mit Unterstützung des Wohnbauministers Kotzina während der Zeit der Regierung Klaus bundesgesetzlich verankert.

Für die damalige Zeit höchst kontrovers war auch das erste Salzburger Altstadterhaltungsgesetz im Jahre 1967. Damit wurden erste Regeln formuliert, um der Zerstörung der Salzburger Altstadt durch Bauspekulation und „Verwüstungen" durch unsensible Neubauten einen Riegel vorzuschieben. Dieses Gesetz sollte noch mehrmals novelliert werden. Im Rückblick betrachtet stellte es einen bahnbrechenden ersten Schritt in die richtige Richtung dar.

Viel früher als in anderen Bundesländern wurde auch in Salzburg – wesentlich auf Drängen Lechners – ein Raumordnungsgesetz beschlossen und darauf aufbauende Entwicklungspläne in den Gemeinden geschaffen.

Ebenfalls ihrer Zeit voraus war der Einsatz für den Schutz der Natur und der Gewässer (d. h. Bau von Kläranlagen, Seenreinhaltung usw.).

Hans Lechner hat es – wie erwähnt – stets abgelehnt, sich neben seinem Amt als Landeshauptmann auch zum ÖVP-Landesparteiobmann wählen zu lassen. Er führte dagegen zeitökonomische Argumente ins Treffen. Entscheidend aber waren wohl seine vorhin angesprochenen, aus der Jugendzeit her stammenden, grundlegenden mentalen Vorbehalte gegen enge Parteienstandpunkte und die daraus in der Regel resultierende oft unschöne Praxis. Zudem war er ja 1961 der Partei quasi von außen oktroyiert worden, und Lechner glaubte daher, die ÖVP in den rein parteipolitischen Belangen nicht als Obmann präsentieren zu können. Daß es trotzdem nicht zum Auseinanderleben der zwei „Firmen" Partei und Chiemseehof kam, dafür war der dem ÖAAB angehörende Nationalrat Karl Glaser verantwortlich. Von 1964 bis 1976 Landesparteiobmann, war er ein guter Organisator und pragmatischer Parteiführer, der sich mit Lechners Qualitäten sehr gut ergänzte. Wichtig war bei alledem, daß Glaser keinerlei Ambitionen zeigte, in der Landespolitik zu reüssieren. – Obwohl Lechner also in der Partei nie eine Hausmacht hatte, war – ebenso wie er von ihr – diese letztlich in entscheidenden Fragen doch von ihm abhängig. Schien es doch fast denkunmöglich, daß der eigene Landeshauptmann von seiner Partei in den Rücktritt getrieben worden wäre. So dürfte sich Lechner in den ihm essentiell erscheinenden Punkten immer durchgesetzt haben.

Bundespolitische Ambitionen hatte Hans Lechner nie. Natürlich war er stets für eine Stärkung der Länder eingetreten. Was seiner Einschätzung nach den Ländern „mit Fug und Recht" zustand, dafür konnte er sich vehement und auch gelegentlich polternd einsetzen. Er war aber nie „Länderegoist", behielt das Gespür für das der „Gegenseite" Bund zumutbare.

In der ÖVP-internen Reformauseinandersetzung in der ersten Hälfte der 60er Jahre stand er vehement auf seiten der Reformer Krainer sen., Klaus usw. Diesen blieb er auch emotional verbunden, während er mit den VP-Spitzenexponenten der 70er Jahre kein vergleichbares Naheverhältnis aufbauen konnte.

Was das Verhältnis zu den übrigen Landtagsparteien und deren Exponenten anlangte, so war dieses – wie schon erwähnt – sachlich nicht selten sehr konfliktträchtig und scharf akzentuiert, bei alledem gelang es aber stets, auf der persönlichen Ebene tragfähige Kontakte zu pflegen und zu erhalten. Ein Journalist im sozialistischen *Salzburger Tagblatt* (16. 2. 1977) schrieb dazu, er war „hart in der Auseinandersetzung, konsequent in den Grundsätzen, geschickt in der politischen Pointierung, menschlich im täglichen Aufeinandertreffen". So traf sich Lechner beispielsweise mit dem SPÖ-Parteiobmann Franz Peyerl (und später mit dessen Nachfolger Karl Steinocher) alle 14 Tage zu einem persönlichen Gespräch ohne Tagesordnung. „Einfach, damit man unnötige menschliche Belastungen vermeidet. Politische Belastungen, andere Anschauungen sind ohnehin unvermeidbar." Mit dem freiheitlichen Spitzenmann Walter Leitner verband Lechner ohnehin stets ein gutes Verhältnis. Davon sollte er 1969 dann profitieren.

Bei den drei Landtagswahlen, die Hans Lechner als Landeshauptmann zu schlagen hatte, stand ein Mißerfolg zwei Erfolgen gegenüber. 1964 gewann die ÖVP ein Mandat, und daran schloß sich nach Lechners eigener Einschätzung, gemessen am Erreichten, seine erfolgreichste Legislaturperiode, und er erwartete daher bei den Wahlen 1969 einen entsprechenden Zuspruch. Es kam aber ganz anders. Auch in Salzburg schlug der in jenen Jahren für die ÖVP höchst ungünstige, für die SPÖ unter Bruno Kreisky jedoch positive Bundestrend durch, und zudem kämpfte die Salzburger FPÖ um ihr politisches Überleben (unter dem Motto „Leitner muß bleiben"). Das Ergebnis war für Lechner niederschmetternd. Die ÖVP (mit minimalem Stimmenvorsprung von etwas mehr als 600 Stimmen) mandatsgleich mit der SPÖ! Die Entscheidung des FPÖ-Spitzenmandatars Walter Leitner für Lechner sicherte diesem weiterhin die Führungsposition.

Hans Lechner war damals verbittert, dachte gar kurz an Rücktritt. 1974 hoffte dann die Salzburger SPÖ, endgültig das Blatt wenden zu können, doch nun war der Bundestrend im Unterschied zur Wahl fünf Jahre davor gegen sie. Die ÖVP gewann die Hälfte der Landtagssitze und die absolute Mehrheit in der Regierung. Für den neugewonnenen fünften Regierungssitz drückte er – gegen den Widerstand von darauf ebenfalls erpichten Funktionären – wieder unter Rücktrittsdrohungen den jungen und in der Partei völlig unbekannten Mittelschuldirektor Dr. Hans Katschthaler durch. Manche meinten, Lechner habe damit vielleicht das Spiel um seine Nachfolge etwas offener gestalten wollen. Er selbst hat diese Version stets bestritten. Tatsächlich waren diesbezüglich die Würfel schon früh und eindeutig gefallen. Der 1973 als Finanzreferent in die Regierung eingetretene Wilfried Haslauer hatte sich in der Zwischenzeit schon unübersehbar profiliert, und er übernahm 1976 auch die Parteiobmannposition. Hans Lechner war klar, daß er mit der 1974er Wahl den Höhepunkt seiner politischen Laufbahn erreicht hatte, und seit längerem spürte er bereits die Grenzen seiner gesundheitlichen Leistungskraft. Nach 18 Regierungsjahren – 16 davon an der Spitze – erklärte er schließlich am 19. April 1977 seinen Rücktritt.

Die 17 Jahre, die Hans Lechner nach seinem Rücktritt von der Landesspitze noch bleiben sollten, hat er intensiv und in höchst sympathischer und unkonventioneller Weise genutzt: Er las und reiste viel, besuchte immer wieder Vorträge und die verschiedensten kulturellen Veranstaltungen, mischte sich höchst kompetent in Diskussionen, pflegte Kontakte und zog Fäden, z. B. als Mitglied des ORF-Kuratoriums und des Kuratoriums der Salzburger Festspiele. Auch bezog er kritisch und öffentlich gegen den seiner Meinung nach verfehlten konservativen Kurs in der Katholischen Kirche

Stellung. Wenn er um Rat gefragt wurde, so sagte er diesen – auch auf Parteiversammlungen – direkt und unverblümt. Bevorzugtes Fortbewegungsmittel in der Stadt waren ihm Fahrrad oder Moped, und sein Image als „Landesvater", das er bis zuletzt auch geistig und körperlich eindrucksvoll verkörperte, blieb ungeschmälert. Im Grunde blieb er unkonventionell und jugendbewegt bis an sein Ende.

Literatur- und Quellenverzeichnis

Gönner, Rudolf (Hg.)(1978). Hans Lechner. Stimmen zur Zeit. Festschrift zum 65. Geburtstag, Salzburg.

Kolmbauer, Johann (1993). Altlandeshauptmann Dipl.-Ing. DDr. Hans Lechner und der Bund „Neuland" (mit Interview), in: Salzburg. Geschichte und Politik 3, 1/2.

Kriechbaumer, Robert (1988). Zwischen Land und Bund. Die Salzburger ÖVP in der Ära Lechner, Salzburg.

Lechner, Hans (1992). Der Weg zur Universität Salzburg, in: Salzburg. Geschichte und Politik 2, 3/4.

Zwink, Eberhard (Hg.) (1977). 17. April 1961 – 20. April 1977. Landeshauptmann Dipl.-Ing. DDr. Hans Lechner, Salzburg (Salzburg Dokumentationen, Nr. 14).

Zwink, Eberhard (Hg.) (1983). Dipl.-Ing. DDr. Hans Lechner. Zitate und Bilder. Zum 70. Geburtstag des Landeshauptmannes der Jahre 1961–1977, Salzburg (Salzburg Dokumentationen, Nr. 74).

Zwink, Eberhard / Herbert *Dachs* (Hg.) (1988). Die Ära Lechner. Das Land Salzburg in den sechziger und siebziger Jahren, Salzburg.

Zwink, Eberhard (1988). Treu und Glauben, in: Eberhard *Zwink* / Herbert *Dachs* (Hg.): Die Ära Lechner. Das Land Salzburg in den sechziger und siebziger Jahren, Salzburg.

Lebensdaten

1913	geboren am 16. 7. in Graz
1930	Matura in Graz
1930–1934	Studium an der Hochschule für Bodenkultur in Wien (Dipl.-Ing. 1934)
1930	Eintritt in den katholischen Bund „Neuland"
1933	Vorsitzender der katholischen Hochschülerschaft
1934–1937	als Werkstudent Doktorat der Agrarwissenschaften an der Boku Wien
1940	Heirat mit Friederike Scio (sieben Töchter)
1948	nebenberufliches Zweitstudium der Rechts- und Staatswissenschaften (mit Promotion abgeschlossen)
1994	Gestorben am 10. 6.

Berufliche Karrierestationen

1934	Anstellung bei einem steirischen Viehzuchtverband (als Zuchtwart, Kontrollassistent und Bauernberater)
1938	Labor der milchwirtschaftlichen Reichsvereinigung in Wien
1939	Milchwirtschaftliche Abteilung der Reichsbauernschaft Alpenland in Salzburg
1940	Direktor des Milchhofs Salzburg
1942	Verhaftung
1942	Erwerb eines Bauernhofs in Fridolfing bei Laufen (Bayern)
1943–1945	Deutsche Wehrmacht
1945	Landesbeamter in Salzburg
1947	Leiter des Landesernährungsamtes
1951–1956	Präsidium der Salzburger Landesregierung

Staatliche Funktionen

1959–1961	Landesrat für Wohnbau und Finanzen
1961–1977	Landeshauptmann von Salzburg

Hans Lehner

von
Alfred Stockinger

Hans Lehner kam am 12. Jänner 1926 als ältestes von sechs Kindern der Landwirte Anna und Johann Lehner am Schreinergut in Pasching, Oberösterreich, zur Welt.

Aus einer alteingesessenen, freien Bauernfamilie des Linzer Zentralraums zu kommen, bedeutete zuerst eines: zu wissen, daß man auf starken eigenen Füßen steht. In Pasching stehen die Vierkanter. Höfe wie Burgen, zu Lehners Jugendzeit mit Dutzenden Knechten und Mägden. Der Hof versorgte seine Belegschaft mit allem, was gebraucht wurde. Er war ein wirtschaftlich autarkes, mittelständisches Unternehmen. Der Bauer von damals ist mit dem von heute nicht mehr vergleichbar. Er war Souverän über seine Familie, sein Gesinde, seinen Grund und Boden. Seine Aufgabe war, das Unternehmen zu leiten und nach außen zu repräsentieren, Kontakte zu pflegen und das Umfeld in Ordnung zu halten: die Gemeinde, die Pfarre, die Genossenschaft, die Politik. Anforderungsprofil und Lebensstil entsprachen ebenfalls eher dem eines heutigen mittelständischen Unternehmers als dem eines Bauern von heute. Denn heute sind auch Betriebe mit 90 Hektar Grund Einmann-Unternehmen, wo jeder Handgriff, von der Traktorreparatur bis zur Buchhaltung, selbst zu erledigen ist.

Im oberösterreichischen Zentralraum gilt das Jüngsten-Erbrecht. Zu Unternehmen wie dem Schreinergut in Pasching gehörte, daß auch die weichenden Erben die bestmögliche Ausbildung bekamen. Hans Lehner wurde nach der Volksschule in Pasching an das bischöfliche Kollegium Petrinum in Linz geschickt, übersiedelte aber nach zwei Jahren – im Jahre 1938 – nach dem Einmarsch der deutschen Truppen an das Staatsgymnasium in Linz, wo er 1943 maturierte. Noch im selben Jahr wurde er zur Kriegsmarine eingezogen, wurde zuerst als Kadett auf Minensuch- und Torpedobooten an der Atlantikküste eingesetzt, selbst torpediert und nach seiner Rettung zum Befehlshaber West der Seestreitkräfte abkommandiert, wo er seine Sprachkenntnisse in Französisch und Englisch als Dolmetsch zur Verfügung stellte. Anschließend durfte Lehner in Tübingen ein Semester lang Medizin studieren, bevor er nach dem 20. Juli 1944 als Fähnrich wieder zur Marine an die Ostsee abkommandiert wurde. Seine Einheit kapitulierte in Dänemark. Im Februar 1946 gelang ihm die Flucht aus der englischen Kriegsgefangenschaft in Ostfriesland. Er setzte sein Medizinstudium im Oktober 1946 in Innsbruck fort. „Dort wurde ich als Anführer einer Studentendemonstration einmal von der Polizei in Gewahrsam genommen und verhört", erinnerte sich Lehner gegenüber der *Agrar-Post* vom 26. Jänner 1977 an seinen ersten öffentlichen Auftritt. Er wurde Mitglied beim Kartellverband und spielte in der Universitätsauswahl Fußball.

Nach seiner Promotion, 1952, war Lehner ein Jahr lang Sekundararzt im Krankenhaus der Elisabethinen und 1954 an der Frauenklinik in Linz. Am 5. September 1954 heiratete er die Gutsbesitzerstochter Julia Mandl aus Breitbrunn bei Hörsching. Der glücklichen Ehe sollten vier Söhne und eine Tochter entstammen.

„Damals stand ich vor der Wahl: entweder beides halb oder eines ganz zu tun" (*Agrar-Post* vom 26. 1. 1977). Dr. Hans Lehner hängte seinen Arztberuf an den Nagel und wurde „Mair zu Breitbrunn", Herr über 90 Hektar und rund 70 Stück Vieh. Was er machte, machte er ganz, mit Sachverstand und überaus erfolgreich. Rinderzucht, Saatgutvermehrung, Ölsaaten- und Zuckerrübenanbau sind auch heute noch Tätigkeitsfelder, die mehr als Durchschnittsleistungen verlangen. Als Lehner aufgrund seiner immer zahlreicher werdenden öffentlichen Ämter die Milchviehhaltung aufgab, war er mit seinen 30 Braunviehkühen und einer durchschnittlichen Milchleistung von 5000 kg unter den österreichischen Rinderzüchtern an der Spitze zu finden.

Der eigene Hof als feste Burg gab dem Politiker Lehner sein ganzes Leben lang die Option mit, jederzeit mit der gegenüber der jeweiligen politischen Funktion mindestens ebenso attraktiven Alternative des Rückzugs spielen zu können. „Ich brauche das Geld nicht. Wenn es euch nicht paßt, ziehe ich mich zurück. Dann bin ich der ‚Moa z'Broatbrunn' ", war die oftmalige Reaktion Lehners darauf, daß seine Kollegen wieder einmal seine gegenüber den politischen Gegnern konziliante Verhandlungsführung kritisierten.

Drei organisatorische Säulen hat die Bauernschaft um die Jahrhundertwende geschaffen, um sich selbst zu helfen. Zuerst, in den 80er Jahren des 19. Jahrhunderts, die Raiffeisenkassen und Warengenossenschaften, dann ab 1906 die eigene politische Interessenvertretung, den Bauernbund, und in den 20er Jahren die Landwirtschaftskammern. Da der umsichtige Bauer nicht nur seinen Hof in Ordnung hält, sondern auch dessen Umfeld, engagierte sich Hans Lehner. Er wurde 1955 Vizebürgermeister in Hörsching, selbstverständlich als Bauernbündler. Und da man nach der Tradition seine Wurzeln nicht verläßt, blieb er es bis zu seinem Tod.

Wie sein Vater hat er sich besonders im Genossenschaftswesen engagiert. Hans Lehner machte die Ochsentour, aber nicht auf Ochsenart, sondern im Tempo eines Arabers. 1957 wurde er Obmann der oberösterreichischen Rübenbauerngenossenschaft und Vorstandsmitglied des Vereines für Zuckerforschung in Wien. Landwirtschaftsminister Eduard Hartmann entsandte den sprach- und weltgewandten 36jährigen Jungbauern 1962 in den Verwaltungsrat des Verbandes der europäischen Rübenbauern „Confederation Internationale des Betteraviers Europeens" in Paris. 1956 wurde Dr. Lehner Vorstandsmitglied der Raiffeisenkasse Hörsching-Pasching, 1963 deren Obmann. 1960 wurde er Vorstandsmitglied der oberösterreichischen Volkskreditbank, 1967 deren Vizepräsident. Seit 1961 war er auch Aufsichtsratsmitglied der Anwaltschaft der land- und forstwirtschaftlichen Genossenschaften Oberösterreichs.

1966, mit 40 Jahren, wurde Dr. Hans Lehner Präsident der oberösterreichischen Landwirtschaftskammer. „Aufgrund seiner konzilianten Haltung, seines Verhandlungsgeschickes und seiner profunden Fachkenntnisse galt er in den letzten Jahren schon immer als einer der wahrscheinlichen Anwärter für den Posten eines Landwirtschaftskammerpräsidenten", schrieb das Organ des Oberösterreichischen Bauernbundes, die *Landwirtschaftszeitung*, am 16. März 1966.

Als LHStv. Johann Blöchl zu Jahresanfang 1966 seine politischen Funktionen zurücklegte, nominierte der Bauernbund den bisherigen Kammerpräsidenten Diwold zum Landesrat. Nachdem die Landtagsabgeordneten Blaimschein und DI Ritzberger eine Kandidatur abgelehnt hatten, wurde Hans Lehner in geheimer und schriftlicher Abstimmung vom Bauernbund-Landesausschuß mit 86 von 95 abgegebenen Stimmen zum neuen Kammerpräsidenten gewählt. Sein Vater war zu diesem Zeitpunkt noch Bezirksbauernkammerobmann des mächtigen Bezirkes Linz-Land. „Es wird nicht leicht sein, nach Minister a. D. Mandorfer, LHStv. Blöchl und Landesrat Diwold diesen Posten so zu bekleiden, daß die Geschäftsführung die Anerkennung der bäuerlichen Standeskollegen findet", gibt die Landwirtschaftszeitung dem jungen, dynamischen Bauern mit auf den Weg, deutet damit aber auch an, daß der Großbauer Lehner, der seinen Freundeskreis aus der gehobenen Bürgerschaft des Landes rekrutiert, bei den Bauern nicht unumstritten ist. In den Augen der meisten Bauern ist Hans Lehner zeitlebens der Frauenarzt geblieben, den sie in einer gewissen Distanz und daher kritisch gesehen haben. Zumindest außerhalb Oberösterreichs ist Lehner in der Bauernschaft nie wirklich populär geworden.

„Nicht recht haben, sondern recht behalten", war einer von Lehners Lieblingssprüchen. Und 1977 konnte er stolz sagen: „So lange wie ich war noch keiner im Amt" (*Agrar-Post* vom 26. 1. 1977). Lehner holte sich binnen Jahresfrist mit Dr. Franz Handlbauer einen ebenso dynamischen wie jungen Kammeramtsdirektor. „Die Mitarbeiter unseres Hauses wurden von der Dynamik und Persönlichkeit unseres ersten Funktionärs angespornt und mitgerissen. Sein Verhältnis zu uns Mitarbeitern war geprägt von Großzügigkeit. Großzügigkeit wurde dem Fachmann gewährt in der Findung neuer Ideen. Großzügigkeit wurde gewährt in der Schaffung neuer Organisationen, Großzügigkeit in der Weiterentwicklung von Interessenvertretung, Beratung, Schulung und Förderung. Diese Großzügigkeit entsprang seiner gefestigten Persönlichkeit, Intelligenz und dem gesunden Empfinden eines realistischen Wirtschafters, eines echten Bauern. Er wußte, daß Höchstleistungen der Mitarbeiter nur so entstehen können. Diese Großzügigkeit war eingegrenzt durch klare, bindende agrarpolitische Konzepte. Wer erinnert sich nicht an die strukturpolitische Grundsatzentscheidung hier in dieser Kammer, als es galt, den Vorstellungen der EG ein österreichisches Gegengewicht zu geben, oder die Anerkennung aller Formen des bäuerlichen Familienbetriebes, sei es Voll-, Zu- oder Nebenerwerb. Die ergänzende, überbetrieblich organisierte Zusammenarbeit der bäuerlichen Betriebe in Produktion und Absatz, die Spezialisierung in der Produktion, die notwendige Absatzsicherung, sie war eine ganz besondere Sorge, die ihn bis zum Grab verfolgte. Gerade wir als mitarbeitende Beamte können eine seiner Hauptleistungen besonders würdigen. Sein Bestreben, dieser Bauernschaft wieder Selbstbewußtsein und Vertrauen in seine Eigenart zu geben. Konkret hieß dies, Werte definieren, Schulung, Weiterbildung", so charakterisiert Kammeramtsdirektor Dr. Franz Handlbauer, engster Mitarbeiter Lehners während dessen Präsidentschaft in Wien, seinen Freund (*Der Bauer,* 5. 9. 1984). Oberösterreichischer Kammerpräsident blieb Hans Lehner bis zu seinem Tod.

Seit Ende der 50er Jahre bereitete die marktwirtschaftliche Lage den verantwortlichen Agrarpolitikern Europas einiges Kopfzerbrechen. Der Getreideberg und die Milchschwemme wirkten sich als Hemmschuh für eine kostenorientierte Preispolitik aus. Die Landwirte versuchten, die relativ sinkenden Einkommen mit einer Steigerung der Produktion auszugleichen, was wiederum die Überproduktion verstärkte und die Chance auf Preisverbesserung schmälerte. In dieser schwierigen Situation trat Dr. Sicco Mansholt, Agrarkommissar der EWG, im Dezember 1968 mit seinem Memorandum „Landwirtschaft 1980" auf den Plan. Hauptansatzpunkte für sein agrarpolitisches Modell waren die Einkommensdisparität und die erheblichen Produktionsüberschüsse. Die Einkommensdisparität betrachtete er als eine logische Folge unzureichender Betriebsgrößenverhältnisse, wobei er in der geringen Marktleistung und den überhöhten Mechanisierungskosten infolge Nichtausnutzung der Maschinen die ausschlaggebenden Momente sah. Mit Hilfe der Großbetriebe vermeinte er, auch das Überschußproblem befriedigend lösen zu können. Er ging dabei von der Überlegung aus, daß die Großbetriebe mit einer Angebotskapazität auf den Markt kommen würden, die absolut marktgerechtes Verhalten dieser Betriebe erzwänge.

Mit seiner Parole „Ausschaltung aller Kleinbetriebe", die eine rationelle Mechanisierung und in Verbindung mit einer ausreichenden Produktionsleistung ein befriedigendes Einkommen nicht erreichen können, bot Mansholt heißen agrarpolitischen Zündstoff. Die Kleinbetriebe sollten über Prämien zum Aufgeben animiert, die Agrarstrukturförderung auf jene von ihm geforderten modernen, großen Produktionseinheiten beschränkt werden. Bei Mansholt gab es keine Einkommenskombination zwischen Landwirtschaft und einem außerlandwirtschaftlichen Erwerb, weil er die Nebenerwerbslandwirtschaft bestenfalls als Übergangserscheinung, aber nie als dauerhafte Lösung einschätzte.

Mit Ausnahme weniger Großgrundbesitzer sahen die europäischen Bauern im Mansholt-Plan den Versuch, ihrer Arbeit den Sinn und ihrer Familie die Existenzgrundlage zu nehmen. In Österreich wurde gegen den Mansholt-Plan vor allem ins Treffen geführt, daß eine solche Agrarpolitik zwangsläufig zur Einstellung der landwirtschaftlichen Tätigkeit in den Berg- und Randgebieten, damit auch zur völligen Entleerung gerade der wirtschaftlich benachteiligten ländlichen Regionen, etwa am Eisernen Vorhang, führen würde. Ohne Bergbauern wären auch Fremdenverkehr und Siedlungstätigkeit im Alpenraum nicht weiter möglich.

Dr. Hans Lehner legte in der Vollversammlung der Oberösterreichischen Landwirtschaftskammer vom 16. April 1969 sein Alternativkonzept zu Mansholt mit folgenden Schwerpunkten vor, die auch heute ihre Aktualität nicht verloren haben und in den 70er und 80er Jahren zu einem eigenständigen österreichischen Weg der Agrarpolitik ausgebaut wurden:

1. *Einkommenskombination:* Leitgedanke Lehners ist ebenfalls eine befriedigende Einkommensentwicklung. Wird diese aus der Landwirtschaft allein nicht erreicht, so wird die Annahme eines außerlandwirtschaftlichen Erwerbes nicht mehr als Schande, sondern als wertvolle Möglichkeit zur Absicherung der Existenz gesehen. Während die österreichischen Nebenerwerbsbauern in Förderungsangelegenheiten traditionell gleichbehandelt wurden, hat die EU im Bereich der Agrarstrukturpolitik bis Ende 1994 nur den Haupterwerbsbetrieb berücksichtigt.

2. *Überbetriebliche Zusammenarbeit:* Die Betriebe sollten harmonisch, d.h. ohne radikalen Eingriff weiterentwickelt und vergrößert werden. Als Lösung für die Lukrierung der Vorteile größerer Betriebseinheiten forcierte Lehner die überbetriebliche Zusammenarbeit in all ihren Formen, sei es in der Produktion, im Absatz oder in der sozialen Hilfestellung.

3. *Politik für den ländlichen Raum:* Wesentliche Voraussetzung für die Erhaltung der ländlichen Strukturen und der bäuerlichen Familienbetriebe ist die Schaffung von Arbeitsplätzen im ländlichen Raum. In Österreich ist man über isolierte Förderungsmaßnahmen für das Grenzland in diesem Bereich nicht weit hinausgekommen. Eine ausdifferenzierte, nach regionalen Problemlagen maßgeschneiderte Regionalpolitik gibt es erst seit dem EU-Beitritt.

4. *Diversifizierung:* Die landwirtschaftliche Produktion sollte durch Umschichtung von den Überschußsektoren auf jene Sparten verlagert werden, in denen noch Bedarf gegeben war. So wurde bereits Ende der 60er Jahre mit Erfolg, aber gegen heftigen Widerstand der Brotgetreideproduzenten, versucht, durch eine Änderung der Preisrelation zwischen Brot- und Futtergetreide die Produktion in Richtung Futtergetreide zu drängen. Auf dem Milchsektor setzte man alles daran, um die Bauern zu einer Umlenkung von der Milch- auf die damals noch entwicklungsfähige Rindfleischerzeugung zu bewegen. Seit Mitte der 70er Jahre forderte Lehner den Einstieg in die Ölsaaten- und Eiweißfutterproduktion – Österreich war bei pflanzlichen Ölen und Fetten zu 96 Prozent von Importen abhängig – leider konnte er die erfolgreiche Realisierung dieser Vorstellung nicht mehr erleben. Dennoch wurde die Produktionsumlenkung in Österreich früher, konsequenter und erfolgreicher in Angriff genommen als in

der EU. Dadurch konnten vor allem ab Mitte der 80er Jahre weitaus höhere Erzeugerpreisniveaus gesichert werden als in Westeuropa.

5. *Maßgeschneiderte Strukturverbesserung:* Lehner begann bereits 1967, maßgeschneiderte Betriebsentwicklungs- und Investitionsprogramme ausarbeiten zu lassen, die gemeinsam von den Wirtschaftsberatern der Landwirtschaftskammer und von den jeweiligen Bauern für die einzelnen Höfe erstellt wurden.

Vorsitzender der Präsidentenkonferenz der österreichischen Landwirtschaftskammern Dr. Hans Lehner, 1972

6. *Entlohnung der landschaftskulturellen Leistungen der Bauern:* Gemeinsam mit Landwirtschaftsminister Dr. Eduard Hartmann begann Kammerpräsident Lehner unter dem Motto „Landwirtschaft geht alle an" in der Öffentlichkeit das Bewußtsein zu verankern, daß bäuerliche Landwirtschaft mehr ist als nur Nahrungsmittelproduktion, sondern eine Schlüsselrolle bei der Erhaltung und Sicherung von Umwelt und Erholungslandschaft einnimmt. Wenn man die Landbewirtschaftung flächendeckend, d. h. auch in den extremen und peripheren Regionen erhalten will, dann müssen die Wettbewerbsnachteile in diesen Regionen kompensiert werden. Ein sehr bescheidener Ansatz gelang mit der Einführung des Bergbauernzuschusses in den Jahren 1971 und 1972. Die EG führte erst 1975 die Ausgleichszulage ein.

7. *Soziale Absicherung:* Sozialpolitik, Sozialversicherung, Kinderbeihilfe, Krankenversicherung, Pension, das waren lange Zeit Begriffe, die in bäuerlichen Kreisen fremd waren. Sie wurden traditionellerweise als Eingriffe in den Lebensbereich des selbständigen Bauern und seiner Familie empfunden.

Andererseits beschleunigte das Nichtvorhandensein sozialer Absicherung die Abwanderungstendenzen. Durch die Abwanderung war aber wiederum die Alterssicherung gefährdet. Erst 1954 wurde die Kinderbeihilfe für Bauern und Selbständige eingeführt, 1957 die Zuschußrentenversicherung, 1965 die gesetzliche Krankenversicherung.

Gegen den Widerstand vieler Bauern, die von einer „Verstaatlichung des Leibes" sprachen und sich gegen Pensionsversicherungsbeiträge wehrten, setzten Dr. Lehner und seine Kollegen in der Agrarspitze 1969 auch das Bauern-Pensionsversicherungsgesetz durch. Die Vorteile gegenüber den Zuschußrenten lagen für den einzelnen darin, daß Personen, die aus der Landwirtschaft abwanderten, ihren im bäuerlichen Beruf erworbenen Pensionsanspruch mitnehmen konnten und Mindestpensionisten einen Anspruch auf Ausgleichszulage erhielten, für die Bauernschaft insgesamt bedeutete die Pensionsversicherung, daß der Bund ihr weitgehend die sozialen Lasten des Strukturwandels abnahm.

Als die Wahlniederlage der ÖVP von 1970 auch in der Agrarführung zum Generationswechsel führte, wurde Hans Lehner am 14. Mai 1970 einstimmig zum Nachfolger von Isidor Grießner als Präsident der Präsidentenkonferenz der Landwirtschaftskammern Österreichs gewählt.

Die Präsidentenkonferenz war am 10. Jänner 1923 als „Präsidentenkonferenz der landwirtschaftlichen Hauptkörperschaften Österreichs“ als gemeinsame Organisation der Landwirtschaftskammern bzw. Landeskulturräte eingerichtet, in der Nazizeit aufgelöst und am 10. Jänner 1946 als Präsidentenkonferenz der Landwirtschaftskammern wiedereingerichtet worden. Seit 1953 ist die Präsidentenkonferenz ein Verein mit dem Zweck der Förderung der gesamtwirtschaftlichen Aufgaben der Land- und Forstwirtschaft und der Vertretung deren gemeinsamer Interessen. Seit 1924 besitzen Landwirtschaftskammern und Präsidentenkonferenz ein Begutachtungsrecht für Gesetzes- und Verordnungsentwürfe, die Mitwirkungsrechte der Präsidentenkonferenz, vor allem Entsendungs- und Anhörungsrechte, sind in mehreren Dutzend Gesetzen verankert.

Die Außenvertretung obliegt dem für vier Jahre, in der Regel aus dem Kreis der Präsidenten der Landwirtschaftskammer gewählten Präsidenten. Die Willensbildung erfolgt in monatlichen Sitzungen der Präsidenten der neun Landwirtschaftskammern. Für Dr. Hans Lehner, dem kein Tellerrand zu hoch war, daß er nicht darüber hinaus gesehen hätte, bedeutete dies, daß er seinen Spielraum bei der Umsetzung agrarpolitischer Innovationen erst über einen mühsamen Prozeß des inneragrarischen Interessenausgleichs erarbeiten mußte.

Die Arbeitsteilung mit dem Präsidenten des österreichischen Bauernbundes ergibt sich vor allem aus der Verankerung der Präsidentenkonferenz in der Sozialpartnerschaft, während der Bauernbundpräsident eher auf aktionistischer, parlamentarischer Ebene und über die Ebene der Parteiführung tätig wird.

Die Agrarpolitik der EWG war verrechtlicht. Förderungsrichtlinien und Budgetmittel bestanden auf gesicherter gesetzlicher Basis. Österreich war anders. Da Landwirtschaft Landeskompetenz ist, waren Marktordnungen nur mit Verfassungsbestimmung möglich, und sie waren immer befristet, zuerst auf zwei und erst Ende der 80er Jahre auf vier Jahre. Bei Nichtverlängerung wären den Bauern über Nacht die Märkte zusammengebrochen, denn die wesentlichen Außenhandelsbestimmungen, sprich Mengenbeschränkungen bei Importen, die Exportförderungen, die Preise und Absatzgarantien waren in den Marktordnungsgesetzen geregelt.

Verfassungsbestimmungen bedeuteten auch den Zwang für beide Großparteien, unabhängig von der Regierungsform zu einer gemeinsamen Lösung zu kommen. Da die Bauern die Marktordnungen brauchten, waren die turnusmäßigen Verhandlungen begehrtes Junktimierungsobjekt. Andererseits brauchte die Regierung Preisgesetze, Energieversorgungs- und Lenkungsgesetze, die mit der Marktordnung immer im Paket verhandelt wurden.

Als Dr. Bruno Kreisky 1970 Bundeskanzler einer Minderheitsregierung wurde, hob er diese Tauschsituation auf eine neue Ebene. Er machte die Verlängerung der Wirtschaftsgesetze von einer Zustimmung der ÖVP, des Bauernbundes oder einzelner Bauernbundabgeordneter zum Budget 1971 abhängig. ÖVP und Bauernbund lehnten das Budget ab, Kreisky mußte am 22. November ein Übereinkommen mit der FPÖ treffen. Es kam zur Kraftprobe mit dem Bauernbund.

Am 11. Jänner 1971 verhandelte eine ÖVP-Delegation mit Kreisky wegen einer Produzentenmilchpreiserhöhung und der Verwendung von Ofenheizöl für landwirtschaftliche Maschinen. Die Bauern gingen am 19. März 1971 mit 7.000 Traktoren auf die Ringstraße, die Bauernbunddelegation kehrte ohne Zusagen zurück. Weitere Demonstrationen gab es in den Landeshauptstädten. Der Produzentenmilchpreis wurde am 18. Mai um 25 Groschen erhöht.

Dieselpreis, Einkommensteuer, Mehrwertsteuer, Zuschußrentenanpassung, Förderungsbudget, vor allem aber Milch-, Vieh- und Getreidepreise: Die Konfliktfelder wechselten, das Konfliktmuster blieb. Zur Eskalation kam es, als die Bauern begannen, die Regierungsmitglieder der SPÖ bei ihren Bundesländerreisen zu stellen. Am 1. April 1973 in Schärding solcherart gestellt, drohte Kreisky, den Landwirtschaftskammern die Förderung wegzunehmen und das Vertretungsmonopol des Bauernbundes zu zerschlagen. In der Folge begann der Bundeskanzler, alle Bauernorganisationen, auch die in keiner Körperschaft gewählten, zu Verhandlungen einzuladen. Der Bauernbund reagierte im März 1974 mit einer Urabstimmung unter allen Bauern. Kreisky versuchte, mit gezielten Angeboten an die Bergbauern die Bauernschaft zu spalten, und ließ eine Bergbauernvereinigung gründen.

1976 verlagerte sich die Auseinandersetzung auf Sozialpartnerebene. Die Arbeitnehmerseite verlangte die Einbeziehung des ÖGB in die agrarischen Fonds, die Aufhebung des Einstimmigkeitsprinzips und die Liberalisierung der Vieh- und Fleischimporte. Gewerkschaftspräsident Anton Benya drohte mit einem ersatzlosen Auslaufen der Wirtschaftsgesetze. Im Februar 1976 legte die Bundesregierung einfachgesetzliche Lösungen für die Marktordnung vor. Sie beinhalteten eine weitgehende Importliberalisierung und beseitigten das Mitspracherecht der Land- und Forstwirtschaft in den Agrarfonds, die zur Verwaltung der Marktordnungen eingerichtet sind. Benya verlangte am SPÖ-Parteitag ein Durchziehen dieser Lösung. Die ÖVP verkündete bei ihrer Klubklausur in Badgastein den „Paketstandpunkt": Entweder alle Wirtschaftsgesetze einvernehmlich oder zu keinem Gesetz eine Zustimmung. Die Verhandlungen wurden in der ersten Maiwoche abgeschlossen. Es blieb bei 2/3-Lösungen für die Marktordnung, der ÖGB wurde in die Fonds aufgenommen, das Mitspracherecht der Landwirtschaft in den Fonds blieb aufrecht.

Am 17. Mai beschlossen die Kärntner SPÖ und FPÖ eine weitgehende Demontage der Kärntner Landwirtschaftskammer. Die Kammerorganisation auf Orts- und Bezirksebene wurde aufgelöst und die Agenden auf die Gemeinderäte bzw. Bezirkshauptmannschaften übertragen. Daß es in anderen Bundesländern nicht dazu kam, lag an den stabilen ÖVP-Mehrheiten in den Landtagen. Auch der Versuch, die Landwirtschaftskammern über Landesprüfungskommissionen zur Förderungsvergabe oder über eine direkte Förderungsabwicklung durch das Landwirtschaftsministerium abzuschirren, scheiterte.

Die starke Position der Landwirtschaftskammern in den Ländern und die Tatsache, daß man den Bauernbund nicht treffen konnte, ohne die Bauern selbst zu treffen, und sie damit unter der Führung des Bauernbundes nur noch enger zusammenschweißte, führte letztlich dazu, daß mit zunehmender Dauer der SPÖ-Regierungen eine Deeskalation eintrat. Man stritt punktuell, aber man lernte, sich zusammenzuraufen. Dem Bauernbund kam dabei zugute, daß er österreichweit mit rund 85 Prozent der bäuerlichen Stimmen bei den Kammerwahlen und durch seine Präsenz in jedem Dorf, in jedem Landtag, in jeder Landesregierung als einzige Organisation in der Lage war, jene Kompromisse, die getroffen wurden, gegenüber den Bauern zu rechtfertigen und durchzutragen.

All dies führte dazu, daß während Lehners Präsidentschaft weder der Bauernbund noch die SPÖ große Sprünge in der Agrarpolitik durchsetzen konnten, sondern nur mühsam, Schritt für Schritt, vorwärts kamen. Aber gerade diese Erstarrung hat den Bauern auch viele Fehlsteuerungen und agrarpolitische Kurswechsel erspart.

Die Sozialpartner haben in dieser Situation eher an Verhandlungsgewicht gewonnen. Schließlich hing es an ihnen, neben der aus der Parteienkonkurrenz heraus geführten tagespolitischen Auseinandersetzung die Zusammenarbeit und Kontinuität in wirtschafts- und sozialpolitischen Sachfragen sicherzustellen. Auch wenn in der Sozialpartnerschaft für die Bauern alles andere als eitel Wonne herrschte, von der Interessenlage her waren sowohl Arbeitnehmer als auch Arbeitgeber an niedrigen Lebensmittelpreisen interessiert, so konnte die Bauernschaft im Endeffekt doch auf stabile Rahmenbedingungen zählen.

Dr. Hans Lehner spielte kraft seiner Funktion als Sozialpartner die Rolle des gesprächsbereiten, ausgleichenden Verbindungsmannes in einer sehr angespannten Situation. Das Gemeinsame vor das Trennende zu stellen entsprach auch eher seinem Charakter. Seine Freundschaft mit SPÖ-Landwirtschaftsminister Oskar Weihs war sprichwörtlich.

Für Gewerkschaftspräsident Benya war Hans Lehner ein Verhandlungspartner, „mit dem man offen reden konnte" (*Arbeiter-Zeitung*, 27. 8. 1984). „Er scheute die Auseinandersetzung nicht, aber seine Klinge war immer rein, und der Klang seiner Klinge war immer hell", so Bundeskanzler Dr. Fred Sinowatz. Lehner habe in seinem Gegenüber nie den Gegner, sondern immer einen Partner gesehen. Wenn er verhandelte, gab es auch keinen Sieger und keinen Besiegten, da er wußte, daß dies der Keim für das Scheitern der nächsten Verhandlung gewesen wäre, so der oberösterreichische Landeshauptmann Dr. Josef Ratzenböck (*Der Bauer*, 5. 9. 1984).

Im nachhinein betrachtet hat die österreichische Agrarpolitik in der Amtszeit Lehners europaweite Pionierleistungen zustande gebracht, die oftmals später auch zum Vorbild für ähnliche Regelungen in der EG wurden: der Bergbauernzuschuß, die Milchkontingentierung, die Flächengebundenheit in der Viehhaltung, der Ölsaatenanbau, der Einstieg in die erneuerbare Energie u. v. a.

Am 1. April 1978 wurde Lehner einstimmig zum Obmann des Oberösterreichischen Bauernbundes gewählt, am 24. November 1978 wurde er auch Vizepräsident des österreichischen Bauernbundes. Am 23. März 1979 kam die Bestellung zum Genossenschaftsanwalt des Raiffeisenverbandes Oberösterreich. In der Nacht von Freitag auf Samstag, dem 25. August 1984, brach Dr. Lehner am Vorabend der Hochzeit eines seiner vier Söhne zusammen. Er starb während des Transports ins Krankenhaus.

Dr. Hans Lehner war von seiner Einstellung her ein Liberaler, verteidigte aber mit aller Härte ein streng reglementiertes System der agrarischen Marktordnung. Er wollte die Agrarpolitik von Grund auf reformieren, haßte es, sich ständig mit Provisorien und isolierten Einzellösungen herumschlagen zu müssen, und mußte dennoch wochenlang kämpfen, um auch nur eine Milchpreiserhöhung von 10 Groschen zu erreichen.

Er war mit Leib und Seele Sozialpartner. Politischer Zank war ihm zuwider. „Wir müssen das Gemeinsame vor das Trennende stellen", war eines seiner Lieblingsworte. Er konnte dennoch die politische Eskalation nicht verhindern.

Hans Lehner war in seinem Lebensstil und Freundeskreis ein Landlord, war Mitglied beim CV und zugleich Rotarier. Er liebte die französische Küche, exzellente Weine, pflegte in ganz Europa Freundschaften, verehrte die Musik Anton Bruckners und las mit Vorliebe Politikerbücher. Er hatte seinen Arztberuf aufgegeben, blieb aber in den Augen der Bauern zeitlebens der Arzt.

„Wer werden ist leicht, wer bleiben schwer" – Hans Lehner kämpfte ein Politikerleben lang gegen die innere Korruption, die Macht und Einfluß mit sich bringen. Er strahlte Ruhe und Zuversicht aus und spielte dennoch ständig mit dem Gedanken, der Politik den Rücken zu kehren. Er blieb, bis ihn der Tod einholte.

Literatur- und Quellenverzeichnis

Brandstätter, Ernst (1970). Der Weg zur Bauernpension, in: Agrarische Rundschau Nr. 1/2.

Brandstätter, Ernst (1983). Entwicklung und Bedeutung der Präsidentenkonferenz, in: Agrarische Rundschau Nr. 7.

Grießner, Isidor (1966). Aufgaben und Tätigkeit der bäuerlichen Berufsvertretung im Wandel der Zeit, in: Agrarische Rundschau Nr. 1.

Kandler, Klaus (1977). Wir stellen vor: Den Vorsitzenden der Präsidentenkonferenz der Landwirtschaftskammern Österreichs, Dr. Hans Lehner, in: Agrar Post Nr. 4.

Landwirtschaftskammer für Oberösterreich (Hg.) (1974). Bauernland Oberösterreich. Entwicklungsgeschichte seiner Land- und Forstwirtschaft, Linz.

Lehner, Hans (1972). Die Probleme der österreichischen Landwirtschaft und Zielvorstellungen der Agrarpolitik, in: Der Förderungsdienst Nr. 2.

Lehner, Hans (1974). Konzepte für eine moderne Land- und Forstwirtschaft, in: Agrarische Rundschau Nr. 6/7.

Lehner, Hans (1975). Agrarpolitik im Wandel, in: Der Förderungsdienst Nr. 7.

Lehner, Hans (1975). Sozialpartnerschaft unteilbar, in: Agrarische Rundschau Nr. 7/8.

Lehner, Hans (1983). Bauern zwischen Fortschritt und Bewahrung, in: Agrarische Rundschau Nr. 7.

Schratt, Hans (1984). Abschied von einem großen Agrarpolitiker, in: Der Förderungsdienst Nr. 9.

Weihs, Oskar (1973). Agrarpolitik in diesem Jahrzehnt, in: Der Förderungsdienst Nr. 1.

Lebensdaten

1926	geboren am 12. 1. als ältestes von sechs Kindern des Landwirteehepaares Anna und Johann Lehner in Pasching 10 bei Linz
1932–1936	Volksschule Pasching
1936–1938	Besuch des bischöflichen Gymnasiums Kollegium Petrinum Linz
1938–1943	Besuch des humanistischen Staatsgymnasiums in Linz
1943	Matura
1943–1945	Kriegsdienst bei der Marine
1945	Britische Kriegsgefangenschaft in Ostfriesland
1946	Flucht aus der Kriegsgefangenschaft
1946–1952	Studium der Medizin an der Leopold-Franzens-Universität in Innsbruck
1953	Sekundararzt im Krankenhaus der Elisabethinen in Linz
1954	Sekundararzt in der OÖ Landesfrauenklinik in Linz
1954	Heirat mit der Gutsbesitzerstochter Julia Mandl aus Breitbrunn bei Hörsching, vier Söhne und eine Tochter
1984	24. 8. Tod durch Lungenembolie

Berufliche Karrierestationen

1954	seit der Heirat hauptberuflicher Landwirt
1956	Vorstandsmitglied der Raiffeisenkasse Hörsching-Pasching
1957	Obmann der OÖ Rübenbauerngenossenschaft und Vorstandsmitglied des Vereines für Zuckerforschung in Wien
1960	Vorstandsmitglied der OÖ Volkskreditbank
1962	Verwaltungsrat der „Confederation Internationale des Betteraviers Europeens" in Paris
1963	Obmann der Raiffeisenkasse Hörsching-Pasching
1978	Genossenschaftsanwalt des Raiffeisenverbandes OÖ, Generalanwalt-Stellvertreter des Österreichischen Raiffeisenverbandes, Aufsichtsrat der Chemie-Linz AG

Staatliche Funktionen

seit 1955	Vizebürgermeister von Hörsching

Parteipolitische Funktionen

1966	Mitglied der Landesparteileitung der ÖVP OÖ und des OÖ Bauernbundes
1970	Mitglied der ÖVP-Bundesparteileitung
1978	Obmann des OÖ Bauernbundes und damit Mitglied des OÖ ÖVP-Landesparteivorstandes
1978	Vizepräsident des Österreichischen Bauernbundes

Verbändefunktionen

1966	Präsident der OÖ. Landwirtschaftskammer
1970	Vorsitzender der Präsidentenkonferenz der Landwirtschaftskammern Österreichs

Siegfried Ludwig

von
Michael Dippelreiter

Siegfried Ludwig wurde am 14. Februar 1926 in der kleinen mährischen Gemeinde Wostitz geboren und verlebte hier eine glückliche Kindheit. Die Eltern betrieben eine kleine Landwirtschaft und eine Wagnerei, die gerade genug abwarfen, um den Kindern (Ludwig hatte eine ältere Schwester und einen jüngeren Bruder) eine gute Ausbildung zu ermöglichen. Er besuchte das Gymnasium in Znaim und maturierte dort 1944.

Die Familie gehörte also zu den „Südmährern", welche seit 1918 zwar zur Tschechoslowakei gehörten, sich aber immer als „Nord-Niederösterreicher" fühlten. Die kleine Gemeinde Wostitz war rein deutschsprachig, und Ludwig bedauerte später, daß er in seiner Schule nicht wenigstens die Grundbegriffe der tschechischen Sprache erlernt hatte. Der grausame „Todesmarsch" der Südmährer blieb der Familie erspart, denn sowohl der Vater als auch der junge Siegfried Ludwig befanden sich nach dem Ende des Krieges in Kriegsgefangenschaft, während die Mutter mit den beiden anderen Kindern das Kriegsende in Großkrut erlebte, wo Ludwigs Schwester als Lehrerin wirkte.

Ludwig war nach der Matura sofort zur Wehrmacht eingezogen worden, und zwar zu den Panzergrenadieren. Im Mai 1945 geriet er in Oberösterreich in amerikanische Kriegsgefangenschaft und wurde einige Tage später den Sowjets übergeben, welche ihn in einem Lager in der Nähe von Stockerau internierten. Immer wieder war die Rede von Deportation nach Sibirien, aber Ludwig hatte Glück: Im August 1946 wurde er entlassen und stieß zu seiner Familie nach Großkrut.

Durch die Abwesenheit des Vaters war Ludwig so etwas wie Familienoberhaupt geworden und mußte sich um die Existenzprobleme seiner Angehörigen kümmern. Er fand Arbeit bei einem Bauern in der Umgebung und konnte so die nötigsten Nahrungsmittel erwerben. Bald jedoch suchte er einen Posten, bei dem er sich eine Lebensgrundlage schaffen konnte. Er begann auf den Erdölfeldern im Weinviertel zu arbeiten, geriet aber bald in Schwierigkeiten, weil er nicht der Kommunistischen Partei beitreten wollte, was für Arbeiter in diesem Bereich, der den Sowjets direkt unterstellt war, fast eine Notwendigkeit war.

1947 kam der Vater endlich nach Hause, und Siegfried Ludwig konnte sich seinen langgehegten Wunsch erfüllen, in Wien Jus zu studieren. Seine geistige Heimat fand er hier bei der CV-Verbindung „Austria", wo er viele Lebensfreundschaften gründete, während er seine materiellen Bedürfnisse durch einen Job beim Bundesholzwirtschaftsverband absicherte.

Nach Beendigung seines Studiums trat er zu Beginn des Jahres 1954 in den Dienst der Niederösterreichischen Landesregierung und wurde der Bezirkshauptmannschaft Horn zugeteilt. Hier engagierte er sich in der Interessenvertretung der ÖVP, dem ÖAAB, und wurde zu dessen Bezirksobmann gewählt. In dieser Funktion wurde er vom späteren Verteidigungsminister Georg Prader „entdeckt", welcher ihn nach Wien in die Zentrale der Niederösterreichischen Landesregierung holte.

Diese Veränderung kam Ludwig zuerst gar nicht gelegen, hatte er doch kurz zuvor eine Kollegin aus der Sozialabteilung geheiratet und begonnen, sich in Horn eine Wohnung einzurichten. Schließlich war er jedoch bereit, seinen Lebensmittelpunkt nach Wien zu verlagern.

Zuerst war er zuständig für Kinos, für die Genehmigung von Veranstaltungen. Später, im Jahre 1961, erfolgte seine Bestellung zum Leiter des Amtsinsepktorates. In der Personal- und Standesvertretung war Ludwig weiter aktiv; bereits 1958 wurde er Obmann der ÖAAB-Ortsgruppe Landhaus, 1962 gehörte er der ersten gewählten Zentralpersonalvertretung der Landesbediensteten an. Als er 1965 zu deren Obmann gewählt wurde, hatte seine politische Karriere bereits begonnen. Ebenfalls 1965 erfolgte ein weiterer wichtiger Schritt auf Ludwigs privatem und politischem Lebensweg: Er übersiedelte nach Perchtoldsdorf, wo er einen kommunalpolitischen Wirkungskreis finden sollte.

Siegfried Ludwig hatte die leitenden Funktionäre der niederösterreichischen Volkspartei durch sein Engagement und seinen Arbeitseinsatz im Bereich der Personalvertretung und des ÖAAB auf sich aufmerksam gemacht. Daher war es verständlich, daß er für die Landtagswahl 1964 ein Mandat angeboten bekam. In dieser Zeit standen Niederösterreich und vor allem die niederösterreichische Volkspartei vor einer Zerreißprobe. Die zweite Hälfte der 60er Jahre stand im Zeichen der Affäre um den Landeshauptmannstellvertreter Viktor Müllner und die Landesgesellschaften NEWAG und NIOGAS. Als im Dezember der damalige Finanzlandesrat Roman Resch, ein enger Vertrauter Müllners, von seinen Ämtern zurücktrat, wählte der Landtag am 25. Jänner 1968 den damals 42jährigen Siegfried Ludwig zum Mitglied der Landesregierung. Im November 1969 folgte die Wahl zum Landeshauptmannstellvertreter. Als Landesfinanzreferent, aber auch als führender Funktionär im NÖ-ÖAAB spielte Ludwig eine wichtige Rolle bei der Bereinigung der „Müllner-Affäre".

Zu seinen Agenden gehörte – bis zum Ende seiner Amtszeit als Landeshauptmann – die Wohnbauförderung, die ihn besonders faszinierte, weil er in diesem Bereich rasch und unbürokratisch vielen Menschen helfen konnte. Auch die relativ neue „Raumordnung" fiel in Ludwigs Bereich, und gerade hier konnte er Pionierarbeit leisten und sich einen Ruf als „Macher" schaffen. Diesen Ruf verstärkte Ludwig durch seine Aktivitäten als Bürgermeister von Perchtoldsdorf, der er in den Jahren 1975 bis 1981 war. Hier setzte er viele zukunftsorientierte Maßnahmen, so etwa die Errichtung des modernen Freizeit- und Erholungszentrums, den Bau des Gymnasiums und weiterer Bildungseinrichtungen, die Errichtung des Landespensionistenheims, die Neuordnung der Wasserversorgung, die Verbesserung der Infrastruktur, eine Reihe von bedeutenden Betriebsansiedlungen, die Einrichtung der Sommerspiele im Burghof und des Kulturzentrums in der Burg und vieles andere mehr.

Elf Jahre arbeitete Ludwig als Landeshauptmannstellvertreter in gutem Einvernehmen mit dem sieben Jahre älteren Landeshauptmann Andreas Maurer. Als sich Ende der 70er Jahre ein Generationswechsel ankündigte, war Siegfried Ludwig der logische Nachfolger Maurers an der Spitze der Landesregierung und der niederösterreichischen Volkspartei. Mit Ludwig wurde zum ersten Mal im Nachkriegsniederösterreich ein Mann an die Spitze der Landesregierung gewählt, der nicht dem mächtigen Bauernbund angehörte, sondern aus den Reihen des Arbeiter- und Angestelltenbundes kam.

Ludwig war ein Vertreter der jungen Generation und brachte in sein Team eine Reihe junger, „unverbrauchter" Mitarbeiter ein. Nach den Jahren des Wiederaufbaues, der Konsolidierung und der Reformen für ein modernes Niederösterreich, forcierte Ludwig die heute selbstverständliche Bürgernähe in seinem Programm. Zum Beispiel sind die aus dem heutigen Alltag nicht mehr wegzudenkenden Sprechtage des Landeshauptmannes in den Bezirkshauptstädten seine Idee gewesen und fanden großen Anklang.

Siegfried Ludwig formulierte einmal selbst jene Leitlinien, nach denen er bei Entscheidungen und Entwicklungen vorzugehen pflegte:

- Dienen sie in ihrer Konsequenz wirklich den Menschen?
- Sind sie geeignet, den Niederösterreichern mehr Lebensqualität zu sichern?
- Sind sie in der Gesamtheit imstande, mehr Lebensfreude und mehr Lebenschancen in dieses Land zu bringen?

Weiters meinte Ludwig, daß es in der Politik der ÖVP spürbar werden muß, daß die Partei auch noch nach mehr als 35jähriger unangefochtener Mehrheit nicht erstarrt, sondern imstande ist, die gesellschaftlichen Wandlungen mitzumachen und ihre innere Kraft stets mit neuem, frischem Geist zu erfüllen.

Ludwig machte nie einen Hehl aus seiner Vorliebe für Kooperation statt Konfrontation. Immer suchte er das Gespräch, auch mit den politischen Gegnern, um gemeinsam die besten Lösungen für die niederösterreichische Bevölkerung zu erreichen. Umso schlimmer mußten für ihn jene Erfahrungen gewesen sein, als sich die politischen Gegner in einer intensiven Kampagne gegen ihn wendeten und durch haltlose Vorwürfe zu diffamieren versuchten. Mehrere Vorwürfe richteten sich gegen Ludwig: So wurde er u. a. beschuldigt, das Bürogebäude in der Operngasse in Wien zu einem stark überhöhten Preis erworben zu haben. Die Hauptangriffe kreisten aber rund um die Affäre um die Siedlungsgenossenschaft WBO (Wohnbaugenossenschaft Ost), wo der niederösterreichischen VP eine Finanzierung aus WBO-Geldern unterstellt wurde.

Nach dem knappen Wahlergebnis von 1979 war zu erwarten gewesen, daß der landespolitische Wind rauher werde würde, aber mit jener Diffamierungskampagne hatte keiner gerechnet. Vom Anfang seiner Regierung an sah sich Ludwig auch persönlichen Angriffen seiner politischen Gegner ausgesetzt. Je näher der Wahltermin 1983 rückte, umso härter wurden die Angriffe, die jedoch keine negativen Auswirkungen zeitigten: In einem dramatischen Wahlkampf konnte Ludwig am 16. Oktober 1983 den höchsten Wahlsieg für die ÖVP in der Geschichte Niederösterreichs erringen. Erst einige Jahre später wurde Ludwig auch gerichtlich die Unhaltbarkeit der Anschuldigungen bestätigt.

Mehrere Großprojekte, wie etwa die Schaffung einer eigenen Landeshauptstadt, der Bau des Marchfeldkanals und die Initiierung der Donauuniversität, sind untrennbar mit Ludwigs Namen verbunden. In seiner Ära wurden weiters die Umweltschutzakademie gegründet, ein gesetzlich verankerter Umweltschutzanwalt installiert und mit regelmäßigen Messungen der Luft- und Wasserqualität begonnen.

Eines der Markenzeichen der Ära Ludwig und damit der 80er Jahre ist die eigene „Außenpolitik" des Landes. Die Idee einer Renaissance Mitteleuropas und des Donauraumes hat von Niederösterreich aus sicher eine Belebung erfahren. Ansätze dieser Landes-Außenpolitik gab es bereits ab Mitte der 70er Jahre. Der damalige Landeshauptmann Andreas Mauerer betonte erstmals die Notwendigkeit einer verstärkten Zusammenarbeit der Staaten und vor allem der Regionen im Donauraum; damals war allerdings die Zeit noch nicht reif dazu.

Am 1. Juni 1982 begannen anläßlich eine Symposions in Melk die Vorarbeiten zur Bildung einer Arbeitsgemeinschaft der Donauländer, die dann acht Jahre später tatsächlich formal gegründet wurde. Eine Zusammenarbeit, vor allem auf Beamtenebene, erfolgte aber schon ab 1987, als erstmals auch Vertreter des damaligen „Ostblocks" an den Sitzungen teilnahmen.

Noch vor dem Ende der kommunistischen Regierungen in den Staaten Mittel- und Osteuropas förderte Niederösterreich unter Ludwig Partnerschaften mit Nachbarregionen in Ungarn und der Tschechoslowakei, wodurch die Basis für den raschen Aufbau von normalen Beziehungen nach dem Sturz der alten Regime in diesen Staaten geschaffen wurde.

Neue Weichen stellte Siegfried Ludwig in den Bereichen aktive Bürgerbeteiligung und bürgernahe Verwaltung. Bereits in seiner ersten Regierungserklärung am 22. Jänner 1981 erklärte er u. a. folgendes:

- „Wir werden jedem Landesbürger die Möglichkeit geben, an der Gestaltung seiner Zukunft selbst mitzuwirken."
- „Die Landesverwaltung hat sich grundsätzlich und in Hinkunft da und dort verstärkt als Dienst am Landesbürger zu verstehen."
- „Ich bin sicher, daß unsere Mitarbeiter den Dienst am Menschen als Auftrag, als neue Herausforderung, als neue und selbstverständliche Dimension ihres Handelns betrachten."

Diese Proklamation hatte Auswirkungen auf die Landesverfassung. Im Artikel 26 der niederösterreichischen Landesverfassung wurde den Landesbürgern das Recht eingeräumt, die Erlassung, Abänderung oder Aufhebung von Landesgesetzen einschließlich der Landesverfassung zu erreichen. Die Initiative dazu kann in Form einer einfachen Anregung oder eines Gesetzesentwurfs erfolgen und muß von der Landesregierung dem Landtag zur geschäftsordungsmäßigen Behandlung vorgelegt werden, wenn sie von wenigstens 5% der zum Landtag wahlberechtigten Landesbürger ausgeht.

Landeshauptmann Mag. Siegfried Ludwig, 1984

Großer Erfolg war den von Ludwig angekündigten regionalen Sprechtagen beschieden. Aber auch andere Maßnahmen in Richtung bürgernahe Verwaltung wurden eingeführt: So wurden wöchentlich einmal die Amtsstunden auf den Abend verlegt, um der berufstätigen Bevölkerung die Amtswege zu erleichtern; die Landesdieststellen wurden angehalten, für eine raschere Erledigung der Ansuchen zu sorgen, weiters wurden in allen Bezirkshauptmannschaften rechtskundige Beamte beauftragt, Beschwerden der Landesbürger, welche Angelegenheiten im Vollziehungsbereich des Landes betreffen, entgegenzunehmen, den Beschwerdeführer aufzuklären und eventuell die Beschwerden an die zuständigen Behörden weiterzuleiten.

Als Siegfried Ludwig im Jahr 1984 mit der Idee einer eigenen Landeshauptstadt für Niederösterreich an die Öffentlichkeit ging, wurde er gar nicht so ernst genommen; zu sehr war in der Bevölkerung, der Beamtenschaft und in den Politikerkreisen die Sonderstellung Niederösterreichs verankert. Mit ungeheurer Zähigkeit und persönlicher Informationsarbeit ging Ludwig daran, seine Mitarbeiter und Parteifreunde von der Wichtigkeit seiner Idee zu überzeugen, ein Projektteam zu installieren und schließlich eine Volksbefragung durchzusetzen. Bei dieser Volksbefragung im März 1986 sprach sich schließlich eine große Mehrheit für eine eigene Landeshauptstadt aus. Durch Landtagsbeschluß wurde St. Pölten zur niederösterreichischen Landeshauptstadt ernannt, und damit ging ein Traum von Ludwig in Erfüllung. Die Arbeiten am neuen Regierungsviertel begannen unverzüglich, und dieses wird voraussichtlich anläßlich der „Milleniumsfeiern" im Jahre 1996 feierlich eröffnet. Siegfried Ludwig hat gerade in der Causa „Landeshauptstadt" seine visionären Fähigkeiten und seine Beharrlichkeit bei der Durchsetzung von zuerst verlachten Ideen gezeigt.

Siegfried Ludwig war kein Mann einsamer Entschlüsse; sowohl innerparteilich als auch im Umgang mit den politischen Gegnern suchte er stets das Gespräch. Für gute Ideen war er aufgeschlossen, vernünftigen Vorschlägen zugänglich. Innerhalb der Bundes-ÖVP hatte er eine starke Stellung inne, schon allein deshalb, weil er der stärksten Landespartei vorstand. Durch seien Funktion im Bundesparteivorstand konnte er immer wieder seine Wünsche für die Zielrichtung der ÖVP deponieren und realisieren, wobei er aber auch hier in den seltensten Fällen auf Konfrontationskurs ging, vielmehr stets das Wohl der Gesamtpartei im Auge behielt. Seine Zugehörigkeit zum ÖAAB bestimmte zwar sein politisches Handeln, die Bedürfnisse der anderen Bevölkerungsgruppen blieben deshalb jedoch nicht unberücksichtigt.

Das Leben und das politische Handeln von Ludwig waren immer stark von Bindungen geprägt, von Bindungen zur Heimat, zu Institutionen und vor allem zu Menschen. Ludwig knüpfte im Verlauf seines Wirkens viele Bekanntschaften, die sich zu Freundschaften entwickelten, aus seiner geistigen Heimat, dem CV, aus der Partei und aus dem gesamten politischen Umfeld. Auch über Parteigrenzen hinweg suchte er immer das Gespräch, auch hier kam es zu Freundschaften, die alle Stürme überdauern sollten, so etwa zum langjährigen Bürgermeister von Wien, Helmut Zilk. Da die Kampagne gegen ihn auf sehr persönliche Art geführt wurde, hat dies zweifellos in der Persönlichkeit Ludwigs Spuren hinterlassen. Aufgrund der damaligen Medienberichterstattung haben sich unbestritten vorsichtige Verhaltensweisen entwickelt, die deutlich bei seinem Umgang mit Journalisten zu sehen waren. Aber, wie Ludwig immer wieder betonte, es wurden in dieser Zeit auch Freundschaften gefestigt und die Grundlagen für neue Bindungen gelegt.

Nach seinem Ausscheiden aus der aktiven Politik bezog Siegfried Ludwig ein Büro in der EVN (Energie-Versorgung Niederösterreich AG), um sowohl in diesem Bereich als auch in der Landeshauptstadtplanungsgesellschaft seine Erfahrungen als Konsulent einzubringen.

Literatur- und Quellenverzeichnis

Hussinsky, Herbert (1985). 40 Jahre Volkspartei, St. Pölten.

Hussinsky, Herbert (1990). 45 Jahre Volkspartei, St. Pölten.

Mock, Alois / Richard *Plaschka* (Hg.) (1993). Spuren in Niederösterreich, Zwettl.

Ströbitzer, Hans (1984). Landeshauptmann Andreas Mauerer und seine Zeit, St. Pölten/Wien.

Lebensdaten

1926	am 14. 2. in Wostitz bei Nikolsburg (heute Tschechische Republik) geboren
1944	Reifeprüfung, danach Deutsche Wehrmacht
1945–1946	sowjetische Kriegsgefangenschaft
1947–1953	Arbeit bei der ÖMV und der Kammer der gewerblichen Wirtschaft (Bundesholzwirtschaftsrat), daneben Jus-Studium
1953	Abschluß des Studiums als Mag. iur.
1956	Heirat mit Herlinde Fichna (2 Töchter)

Berufliche Karrierestationen

1954	nach Absolvieren des Gerichtsjahres Eintritt in den niederösterreichischen Landesdienst (BH Horn)
1957	Versetzung ins Polizeireferat beim Amt der niederösterreichischen Landesregierung (mit Sitz in Wien)
1961	Bestellung zum Leiter des Amtsinspektorates und Obmann der Gemeinnützigen Bau-, Wohn- und Siedlungsgenossenschaft „Alpenland"
1965	Übersiedlung nach Perchtoldsdorf

Parteipolitische Ämter

1955	Wahl zum Obmann des ÖAAB der Betriebsgruppe der Bezirkshauptmannschaft Horn, Funktionär der Stadt- und Bezirksorganisation der ÖVP Horn
1958	ÖAAB-Obmann der Ortsgruppe Landhaus und Berufung in die Fachgruppenleitung der Niederösterreichischen Landesbediensteten
1962	Dienstrechtsreferent der Zentralpersonalverwaltung
1965	Wahl zum Obmann der Zentralpersonalverwaltung der niederösterreichischen Landesbediensteten
1965	Wahl zum geschäftsführenden Hauptbezirksparteiobmann von Mödling, Mitglied des Gemeinderates von Perchtoldsdorf, Mitglied des Landesvorstandes des ÖAAB Niederösterreich. Mitglied im Landes- und Bundesparteivorstand der Gewerkschaft des öffentlichen Diensts, Obmann der Arbeitsgemeinschaft Landesbedienstete im ÖAAB
1969	Wahl zum Fachgruppenobmann der niederösterreichischen Landesbediensteten
1975–1980	Geschäftsführender Obmann der ÖVP Niederösterreich
1980–1992	Obmann der ÖVP Niederösterreich
1981–1992	Landeshauptmann von Niederösterreich
1981–1992	Mitglied des Bundesparteivorstandes der ÖVP
1986–1991	Stellvertretender Bundesparteiobmann der ÖVP
1989–1994	Mitglied des Bundesparteipräsidiums der ÖVP

Staatliche Funktionen

1964–1968	Abgeordneter zum Niederösterreichischen Landtag als Kandidat des Viertels unter dem Manhartsberg
1968	Landesrat (Landesfinanzreferent)
1969–1981	Landeshauptmannstellvertreter (Finanzwesen, Wohnbauförderung, überörtliche Raumplanung, Verkehrswesen)
1975–1981	Bürgermeister von Perchtoldsdorf

Alfred Maleta

von
Alfred Stirnemann

In der katholischen und kaisertreuen Familie seines Stiefvaters, eines k. u. k. Militärapothekers im Rang eines Obersten, aufgewachsen, sah sich der Gymnasiast Alfred Maleta im Umbruch nach dem Ersten Weltkrieg mit der Präsenz von Soldatenräten, Maschinengewehren, abgerissenen kaiserlichen Kokarden und schwarzgelben Fahnen konfrontiert. Er besuchte als Zwölfjähriger erstmals eine politische (sozialdemokratische) Versammlung und las schon als Achtjähriger täglich die *Neue Freie Presse* beim in die Länge gezogenen Weg von der Trafik nach Hause. In der Mittelschulzeit war Maleta im Christlichdeutschen Studentenbund aktiv in der Auseinandersetzung mit den Glökkelschen Schulreformen. Später, in der Marianischen Studentenkongregation im Alten Dom in Linz, fielen dem Sechzehnjährigen während einer Krankheit *Das Kapital* von Karl Marx sowie Schriften der Sozialdemokraten Robert Danneberg, Wilhelm Ellenbogen, Otto Bauer u. a. in die Hand. Sein Geschichtslehrer, der weiter sein politischen Interesse förderte, war der Reichsparteiobmann der Großdeutschen Volkspartei Österreichs, Hermann Foppa, später NS-Gauschulinspektor in Oberdonau und Mitglied des Deutschen Reichstags. Mit 17 Jahren verschlang Maleta das Buch *Paneuropa* von Richard v. Coudenhove-Kalergi und trat der Paneuropabewegung bei. Maturafrage war „Der Unterschied zwischen utopischem und wissenschaftlichem Sozialismus und daraus die Entwicklung der Grundgedanken von Karl Marx", über geopolitische Fragen und den Friedensprozeß verfaßte er eine 120seitige Maturahausarbeit.

Zunächst war er Mitglied des Christlichdeutschen Studentenbundes, in dem er nach sehr kurzer Zeit Landesobmann von Oberösterreich wurde, schließlich Senior der Gymnasialverbindung Nibelungia im MKV, wodurch er wieder in Kontakt mit den führenden politischen Persönlichkeiten des bürgerlichen Lagers Oberösterreichs (insbesondere Heinrich Gleißner) kam. Später nannte Maleta die Jugendorganisationen der religiösen und politischen Bewegungen „Kadettenschulen für den Führungsnachwuchs", welchen er trotz seines von ihm selbst beschriebenen introvertierten Charakters als Individualist und Einzelgänger mit Abneigung gegen Massenereignisse beitrat. In der Grazer Studentenzeit schloß er sich der CV-Verbindung „Carolina" an, wurde deren Senior und Vorsitzender der Grazer CV-Verbindungen und hatte Kontakt mit führenden Bundespolitikern (Anton Rintelen, Kurt Schuschnigg, Ignaz Seipl, Ernst Rüdiger Starhemberg, Theodor Innitzer, Karl Maria Stepan, Josef Joham). Schließlich wurde Maleta Vorsitzender des katholisch-deutschen Akademikerausschusses (KDAA) und Fraktionsführer in der Deutschen Studentenschaft sowie Vorsitzender-Stellvertreter, Präsidiumsmitglied und Vertreter dieser Studentenverbindung bei den Wiener Zentralstellen. Nach Promotion und Gerichtspraxis fand er keinen Posten „obwohl ich alle Cartellbrüder in führenden Positionen des Landes kannte". Nachdem alle Bemühungen, in die Politik einzutreten, am Mangel an Unterstützung durch die Christlichsoziale Partei fehlgeschlagen waren und auch die Versuche, als Journalist in die *Reichspost* einzutreten, bei

Friedrich Funder erfolglos blieben, erreichte Ende Februar 1933 die Anfrage Gleißners, „ob ich das neu zu errichtende Landessekretariat der erst kürzlich proklamierten Vaterländischen Front (V. F.) hauptamtlich übernehmen würde. Mein ‚Ja' zu Gleißners Angebot war daher verständlich, aber sicher auch mitverursacht durch meine bereits erwähnte, bittere Enttäuschung, die mir durch die mangelnde Hilfsbereitschaft der Führer der Christlichsozialen Partei zugefügt worden war" (Maleta 1981, 83f.). Nach der Berufung Gleißners als Staatssekretär nach Wien setzt er sich durch einen „Coup auf Biegen und Brechen" mit einer Pressefalschmeldung als geschäftsführender Landesführer der Vaterländischen Front durch.

Am 12. 3. 1934 trat Maleta seine erste wichtige Funktion als Erster Sekretär (Kammeramtsdirektor) in der oberösterreichischen Arbeiterkammer an, deren Angestellte sämtlich Sozialdemokraten waren und die er als Jüngster auf „vaterländischen Kurs" zu bringen hatte. Literarisches Produkt um die Bemühungen der Gründung des Österreichischen Gewerkschaftsbundes, dessen leitender Sekretär für Oberösterreich Maleta wurde, und der SAG, die vom Regime als soziale Beratungsstelle der V. F. gedacht war, in der Jüngere auch eine Keimzelle für eine echte vaterländische Arbeiterbewegung sehen wollten, war das Buch *Der Sozialist im Dollfuß-Österreich*. Das Buch wurde zensuriert und von den Wiener Zentralstellen mit entsprechendem Mißtrauen gesehen.

Diese dreifache Tätigkeit in Arbeiterkammer, Gewerkschaftsbund und SAG führte am 13. 3. 1938 zu seiner Verhaftung durch die Gestapo und der Überstellung ins KZ Dachau und später ins KZ Flossenbürg. Nach der Entlassung aus dem KZ wurde Maleta als Wehrmachtsangehöriger an der Ostfront eingesetzt.

Die Problemlage der Zeit, in der Maleta seine politische Tätigkeit nach dem Kriegsende begann, war geprägt durch die Bedürfnisse des wirtschaftlichen Wiederaufbaus nach den Zerstörungen des Zweiten Weltkriegs, der Versöhnung zwischen den Bürgerkriegsparteien von 1934 und der Reintegration der durch das Engagement im Nationalsozialismus belasteten politischen Kreise in das politische Leben sowie die Wiederherstellung der Souveränität und Unabhängigkeit Österreichs. Der Handlungsspielraum der Politiker war beschränkt durch die Präsenz der vier Mächte und die Aufteilung in vier Besatzungszonen sowie der relativ raschen Wiederherstellung der traditionellen Bindungen der österreichischen Bevölkerung an die drei politischen Lager.

Maleta war neben den Bauernführern Peter Mandorfer und Felix Kern an der von Josef Zehetner initiierten Gründung der oberösterreichischen Volkspartei beteiligt. Als Obmann des neugegründeten ÖAAB traf er allerdings auf Widerstände gegen seine Aufnahme in die Landesregierung und die Wahl zum Landeshauptmann-Stellvertreter. Um dies zu verhindern, entsandten ihn seine innerparteilichen Gegner in den Nationalrat. In der Bundesregierung hatte die ÖVP Oberösterreich (bis zur Regierung Klaus II) als einzige Landesorganisation keinen Vertreter. In seiner Biographie stellt Maleta das Fehlen eines Vertreters seines Bundeslandes allerdings als ein Unentschieden in der Auseinandersetzung der Kräfte zwischen seinen Gegnern in Linz und seinem Einfluß in Wien dar.

1949 war Maleta Organisator der Oberweiser Gespräche, die am 28. 5. 1949 auf seinem Landsitz Trauneck zwischen einerseits ihm, Julius Raab, Alfons Gorbach, Alois Schöpf, Karl Brunner, Theodor Hornbostl und andererseits Vertretern der ehemaligen Nationalsozialisten (Manfred Jasser, Friedrich Heiß, Taras Borodajkewycz, Hermann Raschhofer, Allitsch und Strohschneider) stattfanden. Diese Gespräche waren eine Gegenmaßnahme gegen die SPÖ-Strategie, über die Zulassung einer „vierten Partei" bei den Nationalratswahlen die bisherige Alleinvertretung des bürgerlichen Lagers durch die ÖVP zu beenden, so ihre absolute Mehrheit zu brechen und selbst zur stärksten Partei zu werden. Ziel der ÖVP-Gruppe um Raab und Maleta war, den ehemaligen minderbelasteten Nationalsozialisten, die 1949 erstmals wieder das Wahlrecht hatten, die ÖVP als politische Heimat anzubieten. Die Gespräche führten zu einem Aufruf der genannten Repräsentanten der ehemaligen Nationalsozialisten zur Unterstützung der ÖVP bei den Nationalratswahlen, gegen die Zusage der Überlassung von 25 Nationalratsmandaten und der Aufstellung eines genehmen Bundespräsidentenkandidaten sowie der Überlassung einzelner Posten (als einziges realisiert: Jasser als Chefredakteur-Stv. der *Neuen Wiener Tageszeitung,* Borodajkewycz als Professor an der Hochschule für Welthandel). Das ohne Wissen von Leopold Figl und Felix Hurdes durchgeführte Gespräch, das vom Staatspolizeichef Oswald Peterlunger observiert wurde, hatte keine weiterreichenden politischen Auswirkungen; der VdU erreichte bei den Nationalratswahlen 1949 16 Mandate, die zwar die absolute, nicht aber die relative Mehrheit der ÖVP brachen, die SPÖ allerdings stärker schwächte.

Bei der Regierungsbildung 1949 war die Kontrolle über die verstaatlichte Industrie völlig an die SPÖ gegangen und führte zum Aufbau des sogenannten „Königreichs Waldbrunner". Die einzige Konzession war, daß Maleta die Federführung im sogenannten 6er-Ausschuß zugesagt erhielt. Mit dieser Funktion war eine weitere Profilierung ihres Vorsitzenden in der Öffentlichkeit verbunden. Es war dies die einzige Konzession an den ÖAAB, dessen Positionsverlust in der verstaatlichten Industrie damit jedoch nicht wettgemacht werden konnte. Ab 1956 wirkte Maleta auch als Fraktionsobmann für alle ÖVP-nominierten Aufsichtsräte und Vorstandsmitglieder der staatlichen Wirtschaft.

Vier Tage nach der Wahlniederlage des ÖVP-Präsidentschaftskandidaten Heinrich Gleißner traten Figl und Hurdes als Obmann und Generalsekretär der ÖVP zurück und wurden durch Raab und Maleta als geschäftsführende Nachfolger ersetzt. Unter der Generalformel „Trennung von Partei- und Regierungsfunktionen" wurde eine Stärkung der Parteispitze, ein anderer wirtschafts- und sozialpolitischer Kurs, mit stärkerer Absetzung gegenüber der SPÖ, die verstärkte Unterstützung kleiner Existenzen und die Ablehnung jeglicher Lohn- und Preisabkommen beschlossen. Im Apparat des Generalsekretariats, in dem „der neue Generalsekretär Maleta immer ein Fremdkörper blieb", „aber aus politischen Notwendigkeiten nicht zu übergehen war", und der auch „ganz andere als administrative Interessen in der Verwaltung der Partei hatte", bedeutete die Bestellung des Raab-Vertrauensmanns Josef Scheidl als dessen Stellvertreter „nicht, daß bei Maleta alle Fäden zusammenliefen" (Reichhold 1975, 214). Nach der endgültigen Wahl Raabs und Maletas am 28. 1. 1952 leitete eine Erklärung Maletas über die Lohn- und Preispolitik, über Abgrenzung zur SPÖ und über Wirtschaftspolitik die Konkretisierung der Politik, die mit dem Namen Reinhard Kamitz verbunden ist, ein. Nachdem der taktische Schachzug Raabs, Bundeskanzler Figl mit einem Auftrag zur Bildung einer Dreier-Regierung unter Einschluß des VdU abzusetzen, durch die Weigerung der Sozialisten und des Bundespräsidenten Theodor Körner aufging, legte Figl das Mandat zur Bildung der Regierung am 23. 3. 1952 zurück. Neubeauftragt wurde Raab, dem Maleta als VP-Klubobmann im Parlament folgte. Unter Maleta war der Klub aber keine eigenständige Größe, wie unter Raab, sondern wurde ein Instrument der Kärntner Straße bzw. des Ballhausplatzes und hatte nur die Aufgabe, „das in Gesetzesform zu gießen, was im Koalitionsausschuß einvernehmlich festgelegt worden ist" (Reichhold 1975, 237). Die von Maleta eingeführten „Semmering-Tagungen" des Klubs, an denen auch alle Mitglieder der Bundesparteileitung teilnahmen, bildeten kein Gegengewicht, sondern waren auch terminlich so angelegt, daß sie als Vorbereitung auf die bevorstehende Gesetzgebungsperiode wirksam wurden.

Zu Raabs täglichem nachmittägigen Kaffekränzchen in der Kärntner Straße, das große innerparteiliche Bedeutung hatte, wurde „Maleta nur gelegentlich beigezogen" (Reichhold 1975, 279). Am ÖVP-Parteitag 1958 in Innsbruck wurde ein Grundsatzprogramm angenommen, das die Handschrift Karl Pisas trug und gegen das Maleta opponierte, obwohl er in dem entsprechenden Ausschuß selbst den Vorsitz führte.

Nach der Wahlniederlage 1959 legte Raab den Auftrag zur Regierungsbildung zurück. Ohne einen designierten Kanzler-Kandidaten wurden die Verhandlungen auf ÖVP-Seite durch ein Komitee, bestehend aus Maleta, Josef Kraus und Josef Klaus, geführt. In der in der ÖVP ausbrechenden Führungskrise eröffneten die *Österreichischen Monatshefte* in ihrer Juli/August-Nummer 1959 eine Diskussion über die Reform der Volkspartei und das neue Denken. Dazu wurde eine Arbeitsgruppe, bestehend aus Gottfried Heindl, Karl Pisa und Matthias Glatzl, gebildet, die vom Generalsekretär Maleta beauftragt wurde, eine Analyse über die Ursachen der Wahlniederlage und eine Therapie für die Reform der Partei auszuarbeiten. Unter dem Titel „Die Zukunft der Partei" wurden durch sie 33 Vorschläge für Maßnahmen auf den Gebieten der Politik, der Organisation und der Propaganda „zur Wiedererringung einer eindeutigen Führungsposition" ausgearbeitet. Als wichtigste Gründe der Wahlniederlage wurden festgestellt:

1. das Abnehmen der Attraktivität des Führungsteams Raab/Maleta,
2. der Parteiapparat sei im wesentlichen auf dem Stand von Herbst 1945 geblieben,
3. die programmatischen Fragen hätten sich ausschließlich auf Wirtschaftspolitik, nämlich die Umsetzung des Raab-Kamitz-Kurses, beschränkt, während neue gesellschaftspolitische Fragestellungen aufgetaucht waren, und
4. die Sozialstruktur der Partei habe sich von jener der Bevölkerung stark abgelöst.

Als Konsequenz wurde die Ersetzung Maletas durch Hermann Withalm beschlossen. Maleta war durch seine geringere Machtbasis, die ausschließlich im ÖAAB Oberösterreich bestand, leichter abzuwählen als Raab. Auslösend dafür war ein Leitartikel des Chefredakteurs der *Salzburger Nachrichten* Gustav Canaval, der wohl von Raab inspiriert war: „Via Maleta!"

Zweiter (aber einziger amtierender) Nationalrats-Präsident Dr. Alfred Maleta, 1970, mit SPÖ-Klubobmann Dr. Bruno Pittermann

Bereits vor seinem Ausscheiden aus der Funktion des ÖVP-Generalsekretärs am 12. 2. 1960 trat Maleta am 8. Bundestag des ÖAAB in Baden gegen Franz Soronics an und wurde am 30. 1. 1960 zum Obmann dieses Bundes gewählt. Dies war nicht zuletzt auf den schlechten Gesundheitszustand Lois Weinbergers zurückzuführen, der seit 1945 an der Spitze des ÖAAB gestanden war und ein Jahr darauf verschied und der auf die Wahl seines Nachfolgers keinen Einfluß mehr genommen hatte. Für die Wahl Maletas war sein Ansehen als Programmatiker ausschlaggebend, gegenüber der Ära Weinberger bedeutete dies eine Akzentverschiebung von den gesellschaftspolitischen Grundideen und sozialrevolutionären Neigungen auf einen ausschließlich sozialpolitischen Kurs. „Von Volksaktien wurde nun im ÖAAB erst recht nicht geredet" (Reichhold 1975, 319).

Durch diese neue Funktion war die Ablösung in der Kärntner Straße erleichtert worden. Maleta blieb als Obmann einer der drei Bünde der Volkspartei weiter Mitglied in den wichtigsten Entscheidungsgremien der Partei. In diese Funktion, welche zu dieser Zeit automatisch jene eines Bundesparteiobmann-Stellvertreters miteinschloß, war Maleta sowohl 1962, als das Verhandlungsteam durch starke interne Gegensätze gekennzeichnet war, als auch 1966 Mitglied des Komitees für die Regierungsverhandlungen. Weiters war diese Position der Ausgangspunkt, aus der er 1961 Nachfolger Gorbachs als Dritter Präsident des Nationalrats und 1962 Nachfolger Figls als Erster Präsident wurde. In dieser Funktion ermöglichte er 1969 erstmals die freie Fernsehberichterstattung aus dem Parlament und war in der Zeit der ÖVP-Alleinregierung maßgeblich für das Durchsetzen einer parlaments- und damit oppositionsfreundlichen Interpretation der Geschäftsordnung des Nationalrates.

Obwohl Maleta durch die von den westlichen Bundesländern und dem Wirtschaftsbund unterstützte Reformergruppe faktisch aus seiner Funktion als Generalsekretär abgedrängt wurde und seine bis ins Privat-Persönliche hineingehende, von neurotischen Zügen nicht freie, Abneigung gegenüber Personen wie Klaus und Withalm notorisch war, unterstützte der abgehende Generalsekretär und neue Bundesobmann des ÖAAB doch nicht jene Kräfte, welche dann auch am 9. Bundesparteitag (19.–20. 9. 1963) in Klagenfurt zur Entscheidung gegen die Reformergruppe angetreten waren. Es waren dies einerseits Heinrich Drimmel und Eduard Hartmann, unterstützt vom Niederösterreichischen Bauernbund und Teilen des ÖAAB, und andererseits die Kerngruppe um den früheren Kärntner Landeshauptmann-Stellvertreter Hermann Gruber. Dies ist umso überraschender, als er mit Drimmel im Eintreten für die große Koalition und gegen das Überhandnehmen von Industrieinteressen übereinstimmte.

Nach der Wahlniederlage von 1970 wurde Maleta Zweiter Präsident des Nationalrats. Ein Erkenntnis des Verfassungsgerichtshofes machte ihn vorübergehend zum einzigen Nationalratspräsidenten, denn die Ergebnisse der Nationalratswahl vom 1. 3. 1970 wurden am 25. 6. 1970 wegen gefälschter Unterschriften auf dem NDP-Wahlvorschlag in einigen Wiener Wahlkreisen aufgehoben, was die Nebenwirkung hatte, daß mehrere Abgeordnete ihrer Mandate verlustig wurden, darunter auch der Präsident und der Dritte Präsident des Nationalrats (Waldbrunner und Probst). Maleta stellte angesichts der damit allenfalls drohenden Verfassungskrise am 26. 6. fest, daß das Parlament weiter beschlußfähig sei. Er führte sodann als einziger Nationalratspräsident bis zur Wiederholungswahl in den drei Wahlkreisen am 4. 10. 1970 den Vorsitz im Hohen Haus, was ihm zusammen mit der Vermeidung der Verfassungskrise als hohe Leistung von allen Seiten angerechnet wurde.

Maleta unterschied sich auffallend vom typischen Erscheinungsbild der österreichischen Politiker, besonders jener seiner eigenen Partei, war in taktischen Fragen aber der typische Proporzpolitiker des Machtausgleichs durch Kompromiß und Junktim, und hatte einen ausgeprägten Sinn für Ämterpatronage, vor allem in der verstaatlichten Industrie, derer er sich auch in seiner Biographie wiederholt rühmt.

In einem weitgehend nicht-intellektuellen politischen Milieu fiel er durch seine theoretischen Neigungen zu politischen Ideen, seine analytischen Fähigkeiten sowie durch die Förderung von jungen intellektuellen Kräften im ÖAAB (Josef Taus, Alois Mock, Manfred Drennig) auf. Dies führte zwar nie zur Herausbildung einer umfassenden Theorie, deren Publikation er zwar wiederholt ankündigte (sein *„Anti-Marx"* wurde nie abgeschlossen), er hatte aber immer ein Problembewußtsein für die Zeiterfordernisse und Sinn für den Zeitgeist.

Mit seinen großen Reden als Parlamentsvorsitzender erregte er – trotz eines leichten Sprachfehlers – zu entsprechenden Staatsjubiläen große Aufmerksamkeit. Dem Organisator wurde hinsichtlich seiner Tätigkeit als Generalsekretär der ÖVP bestätigt, daß ihm „das Gefühl für die Möglichkeiten der Beherrschung des Apparats fehlte" (Reichhold 1975, 356).

In Stilfragen erlebt sich Maleta (1981, 35) selbst als „Smoking-Mensch", als „arbiter elegantiarum, dem noch heute mein Lebensstil entspricht", „der Einladungen auf seinen Landsitz ausspricht", als „Florettkämpfer" in einer sonst durch Lederhosen- und Dreschflegelkämpfer bestimmten alpenländischen Umwelt. Seine Eitelkeit war auch im hohen Alter, etwa in der Schilderung seiner Abenteuer, nicht zu überhören. Seine eigenen finanziellen Interessen wußte er wohl zu wahren und sie in der Politik – etwa durch die Herausgeberschaft eines der wichtigsten Presseorgane seines eigenen Wahlkreises – zu nutzen.

In seiner Biographie ist kein Hinweis auf persönliche Religiösität zu finden, der Kirche, „die uns benützt, für die wir uns nie mehr sonderlich exponieren" (Maleta 1981, 197), begegnet er mit auffallender Kühle. Hinweise auf die Katholische Soziallehre fehlen für einen christlichen Arbeitnehmerführer überraschenderweise weitgehend, sind allenfalls als Etikette oder formale Flagge zitiert.

Eine Konstante seines politischen Strebens war es, die Arbeiterschaft für eine nichtrevolutionäre Alternative zu gewinnen, etwa für den „Ständestaat" oder für den ÖAAB. Maleta berichtet selbst von einem wiederkehrenden Traum, in dem er als Volkstribun über die Verteidigung des bestehenden Systems hinauswächst. Als Angehöriger des Bürgertums war er jedoch von keinem sozialrevolutionären Gedankengut, nicht einmal im Sinne der Katholischen Soziallehre, angekränkelt.

Vieles in seiner Charakterzeichnung und seinem Lebenslauf ist aber wohl dadurch erklärlich, daß seiner politischen Karriere kein endgültiger Durchbruch (über vorwiegend Repräsentationsaufgaben hinaus) in bedeutende Exekutivfunktionen vergönnt war: So stand er nach eigener Darstellung 1935 und im März 1938 vor der Berufung als Staatssekretär für Arbeiterfragen durch Schuschnigg; 1945 mißlang der Eintritt in die oberösterreichische Landesregierung, 1945 verhinderte ihn Kunschak mit dem Hinweis, er sei „ein Rechter", als Minister ohne Portefeuille in der Regierung Figl; Julius Raab hielt ihn, den Generalsekretär, von der Führung der Geschäfte des Generalsekretariats fern, und die „Reformer" wußten ihn auf das Parlamentspräsidium zu beschränken. Im Umgang mit seinen innerparteilichen Widersachern bediente Maleta sich eines Rates seiner Mutter, den er im Alter von 12 oder 13 Jahren erhalten hatte: „Wenn du Angst hast, Fredi, dann stelle dir die großen Tiere ganz einfach respektlos in Gattje-Hosen vor." So durchleuchtete er Respektspersonen, Starjournalisten und „aufgeblähte Würde", „messianische Berufung" und „eiserne Charakterstärke" mittels seines „Gattje-Röntgenapparats".

Maleta gehörte zu den frühen Verfechtern der Neutralität als Mittel zur Erlangung des Staatsvertrags. Am außerordentlichen Bundesparteitag der ÖVP im Jänner 1952 warf Maleta am Beginn seines Rechenschaftsberichts als geschäftsführender Generalsekretär unter anderem die Frage auf, wie das antikommunistische Österreich die kommunistische Sowjetunion zum Staatsvertrag bewegen könne, und nannte dabei als mögliche Bedingung die Erklärung der Neutralität Österreichs. Wie wenig damals innerhalb und außerhalb der Partei diese Schlußfolgerung als möglich angesehen war, verdeutlicht die Tatsache, daß dieser Passus der Rede zensuriert und dem Generalsekretär selbst sogar das Manuskript abgenommen wurde. Es gibt daher für diese Erklärung kein schriftliches Zeugnis (!). Maleta hatte sich schon im März 1950 und später nochmals im April 1953 für die Neutralität Österreichs in Erklärungen im Nationalrat ausgesprochen. Hindernisse, den latenten Neutralitätswillen auch offiziell zu erklären, waren die Befürchtung, in einen „Neutralismus" zu schlittern, sowie Rücksichtnahme auf die Haltung des Koalitionspartners, der damals strikt dagegen war. Bei der Nationalratssitzung am 28. 4. 1955 über den Bericht der Regierung zum Moskauer Verhandlungsergebnis war Generalsekretär Maleta Hauptsprecher seiner Partei. Er stellte eine Abgrenzung zwischen Neutralität und Neutralismus her, lehnte eine „finnische Lösung" ab und hob die genaue Formulierung der völkerrechtlichen Neutralität hervor. Eine schwierige Aufgabe Maletas war es, vor dem Abschluß des Staatsvertrages auf einer (geheimgehaltenen) Reise nach Bonn, dem Bundeskanzler Konrad Adenauer und der Bonner Regierung das Ergebnis der Moskauer Gespräche und die österreichische Neutralitätserklärung verständlich zu machen.

Ein großes Anliegen war Maleta die Versöhnung der Bürgerkriegslager von 1934 und die Herstellung eines nationalen Konsenses. Dies kommt in seinen zahlreichen Reden als Nationalratspräsident zum Ausdruck, die er zu den verschiedenen Jubiläen halten mußte, wie in seinem Beitrag zur Diskussion über die Erforschung der österreichischen Geschichte der Jahre von 1927 bis 1938, besonders aber durch jenes gemeinsame Kuratorium des Leopold-Kunschak-Preises, dessen Vorsitzender er war, und der Theodor-Körner-Stiftung unter dem Vorsitz von Bruno Kreisky, welche sich der Aufgabe widmete, die Hintergründe, die zu den Ereignissen des Jahres 1934 führten, wissenschaftlich aufzuarbeiten.

Maleta engagierte sich auch im Bereich der internationalen Politik. Er war bereits 1946 bei Sitzungen der Nouvelles Équipes Internationales (NEI), wie die Christlich-demokratische Internationale bis zum Jahre 1965 bezeichnet wurde, in Frankreich und konnte auf die Gleichberechtigung der Parteien aus den Ländern der früheren Achsenmächte – die keineswegs selbstverständlich war – hinarbeiten. Traditionsgemäß war seit Hurdes der ÖVP-Generalsekretär auch Vizepräsident der NEI. Ein besonderes Anliegen war Vizepräsident Maleta dabei das Thema Saarland, wo im Juli 1946 die französische Militärverwaltung die Grenze des Saargebietes gegen den Einspruch der anderen Alliierten neu gezogen hatte und dies zum Problem zwischen Frankreich und Deutschland und zum Hindernis für die europäische Integration geworden war. Maleta gelang es, in der Christlich-demokratischen Internationale das Gespräch ständig zu vertiefen, und half bei einer deutsch-französischen Aussprache am 8. 10. 1955 zwischen christdemokratischen Spitzenpolitikern beider Länder mit, einen gesichtswahrenden Kompromiß für beide Seiten zu erreichen. Das Ergebnis der Abstimmung der Saarbevölkerung führte sodann zur endgültigen Lösung des Problems. Maleta erhielt aus diesem Anlaß den für Staatsoberhäupter reservierten bundesdeutschen Orden.

Maleta verzichtete 1975 auf eine neuerliche Kandidatur zum Nationalrat, da diese nach dem neuen ÖVP-Organisationsstatut einer Zweidrittelmehrheit bedurfte und diese für Maleta kaum zu erlangen gewesen wäre. Maleta blieb aber als Präsident, später als Ehrenpräsident der Politischen Akademie der ÖVP, als Autor seiner Biographie und als Vortragender weiter politisch aktiv. Der angekündigte zweite Memoiren-Band *Die Zeit der neuen Zeiten* über seine eigentliche polititsche Karriere in der Zweiten Republik blieb ebenso unabgeschlossen (das Manuskript ist unauffindbar) wie die geplante ideologische Auseinandersetzung mit linkem Denken. Wie die meisten Politiker, die nicht in Spitzenfunktionen der Exekutive tätig waren, ist Maleta heute einem breiteren Publikum nicht mehr bekannt.

Literatur- und Quellenverzeichnis

Khol, Andreas / Robert *Prantner* / Alfred *Stirnemann* (Hg.) (1976). Um Parlament und Partei. Alfred Maleta zum 70. Geburtstag, Graz (dort auch ein vollständiges Schriftenverzeichnis Alfred Maletas).

Maleta, Alfred (1936). Der Sozialist im Dollfuß-Österreich, Linz.

Maleta, Alfred (1981). Bewältigte Vergangenheit. Österreich 1932–1945, Graz.

Maleta, Alfred (1984). 1934–1984: Wie hat die Republik die Jubiläen bewältigt?, in: Österreichisches Jahrbuch für Politik 1984.

Reichhold, Ludwig (1975). Geschichte der ÖVP, Graz.

Lebensdaten

1906	am 15. 1. als Alfred Pertusini in Mödling/Niederösterreich geboren
1919–1927	Gymnasium in Baden bei Wien, ab 1920 in Linz/Donau
1927–1932	Studium an der Universität Graz, Dr. iur. 1932
1932–1933	Gerichtsjahr beim Strafbezirks- und Landesgericht Linz
1938–1941	KZ Dachau und KZ Flossenbürg
1941–1945	Militärdienst an der Ostfront
1990	am 16. 1. in Salzburg gestorben, begraben in Gmunden

Berufliche Karrierestationen

1934–1938	Erster Sekretär der Oberösterreichischen Kammer für Arbeiter und Angestellte und des Landeskartells des Gewerkschaftsbundes.

Staatliche Funktionen

1945–1975	Abgeordneter zum Nationalrat
1961–1962	Dritter Präsident des Nationalrats
1962–1970	Präsident des Nationalrats
1970–1975	Zweiter Präsident des Nationalrats
1974	von 8. 4. bis 24. 4. gemeinsam mit den beiden anderen Nationalratspräsidenten Vertretung des erkrankten Bundespräsidenten

Parteipolitische Ämter

1933–1938	Landessekretär der Vaterländischen Front, dann Stellvertretender Landesleiter der Vaterländischen Front
1934–1938	geschäftsführender Landesobmann der Sozialen Arbeitsgemeinschaft (SAG)
1945–1955	Landesobmann des ÖAAB Oberösterreich, Stellvertretender Landesparteiobmann Oberösterreich
1949–1953	Stellvertretender Bundesobmann des ÖAAB
1952–1960	Generalsekretär der ÖVP
1952–1972	Mitglied des Bundesparteivorstandes der ÖVP
1953–1962	Obmann des ÖVP-Parlamentsklubs
1955–1976	Obmann des Klubs der Aufsichtsräte und Vorstandsmitglieder der staatlichen Wirtschaft, dann deren Ehrenobmann
1960–1971	Bundesobmann des ÖAAB, Bundesparteiobmann-Stellvertreter der ÖVP
1972–1989	Präsident der Vereinigung für Politische Bildung (Politische Akademie der ÖVP), dann deren Ehrenpräsident

Weitere Funktionen

seit 1951	Mitglied des Politischen Bureaus der Nouvelles Équipes Internationales (NEI)
1953–1990	Herausgeber der *Oberösterreichischen Nachrichten*
1955–1960	Erster Vizepräsident der NEI
1969–1990	Präsident des „Leopold-Kunschak-Preises“

Eugen Margarétha

von
Hildegard Hemetsberger-Koller

Eugen Margarétha wurde am 6. Juli 1885 als Sohn von Paul Margarétha und dessen Gattin Ida, geborene Zittritsch, in Perchtoldsdorf bei Wien geboren. Sein Vater war 1860 aus Ungarn nach Wien übersiedelt. Er entstammte einem Weinbauerngeschlecht der Tokayer Gegend, deren Urahnen im 16. Jahrhundert aus Griechenland nach Ungarn eingewandert waren. Ida Zittritsch war ungarisch-kroatischer Abstammung. Paul Margarétha leitete den „Ersten Wiener Consumverein", eine parteiungebundene, bürgerliche Institution.

Sein Sohn Eugen besuchte in Wien das Akademische Gymnasium, an dem er 1904 mit Auszeichnung maturierte. Anschließend absolvierte er den Wehrdienst bei der Kavallerie. Während seines Studiums der Rechts- und Staatswissenschaften an der Universität Wien in den Jahren 1905 bis 1910 verbrachte er 1906/7 zehn Monate in London als Volontär beim Import-Exporthaus Wedekind & Co. und 1908 weitere zehn Monate in Frankreich, zumeist an der Universität in Besançon. Am 4. Februar 1910 promovierte Margarétha zum Doktor der Rechte. Nach einer kurzen Praxis am Landesgericht Wien trat er am 1. Mai 1910 eine Stelle als Konzipient in der „Hauptstelle industrieller Arbeitgeberorganisationen", einem der wichtigsten Verbände der industriellen Unternehmerschaft der Monarchie, an. Die Hauptstelle befaßte sich vorwiegend mit sozialpolitischen Agenden und Arbeitgeberfragen. Margarétha trat in diesen Jahren bereits mit Publikationen zu diesbezüglichen Themen hervor. Er avancierte rasch zum Sekretär.

1911 heiratete er Käthe Seidel. In den beiden darauffolgenden Jahren wurden die beiden Kinder Herbert und Maria geboren.

Im Ersten Weltkrieg rückte Eugen Margarétha als Leutnant des dritten Ulanen-Regimentes zur Kriegsdienstleistung an der Front ein, wurde mehrfach ausgezeichnet und erlangte den Rang eines Rittmeisters.

1918 kehrte er vorübergehend zur „Hauptstelle industrieller Arbeitgeberorganisationen" zurück und wechselte 1919 als Sekretär und später als leitender Sekretär zum Wiener Industriellenverband, der nach 1918 praktisch die gesamte Industrie Österreichs vertrat. Während der Inflationsjahre beschäftigte er sich vor allem mit Lohnfragen, trat für die Schaffung von gleitenden Löhnen ein und behandelte in zahlreichen Artikeln Fragen der Arbeitslosigkeit, der Arbeitslosenversicherung und der Beschäftigungsmöglichkeiten für Jugendliche. Sozialversicherung, Sozialrecht und Arbeitsrecht wurden seine wichtigsten Aufgabenbereiche. Auch währungs- und finanzpolitische Fragen interessierten ihn, insbesondere die Besteuerung der Industrie. Einen weiteren Schwerpunkt seiner Arbeit bildete das Aushandeln von Kollektivverträgen zwischen Unternehmer- und Arbeiterorganisationen, wobei die in der Zweiten Republik so bestechende Eigenschaft Magaréthas, in sachpolitischen Fragen Konsensbereitschaft und geschickte

Verhandlungstaktik zu zeigen, bereits deutlich erkennbar war. In dieser Zeit wurden allerdings die politischen Auseinandersetzungen noch in weit schärferem Ton geführt als nach 1945.

Margarétha betonte insbesondere während der Weltwirtschaftskrise die begrenzte Hilfestellung der Arbeitslosenversicherung und befürwortete mit großem Nachdruck Arbeitsbeschaffung, wobei er auch den freiwilligen Arbeitsdienst gegen Kost und Quartier als vorübergehende Linderung der Arbeitslosigkeit für notwendig erachtete. Vor allem aber kämpfte er um höhere Investitionen zur Beschäftigungssicherung.

1934 avancierte Margarétha zum geschäftsführenden Vizepräsidenten des Wiener Industriellenverbands. Darüber hinaus bekleidete er verschiedene Stellen im Bereich der Sozialversicherung, u. a. als Vizepräsident der Arbeiterkrankenkasse und Funktionär in der Angestelltenversicherung. Er war Vorstandsmitglied und Finanzreferent des Landesarbeitsamtes Wien und Mitbegründer sowie viele Jahre Funktionär der Paritätischen Arbeitsnachweise für die Wiener Metallindustrie. Er übernahm auch eine Reihe von ehrenamtlichen Tätigkeiten.

Als volkswirtschaftlicher Mitarbeiter österreichischer Tageszeitungen wie der *Neuen Freien Presse*, des *Neuen Wiener Tagblattes*, der *Reichspost* und einiger Fachzeitschriften, insbesondere der *Industrie* und dem *Österreichischen Volkswirt*, verfaßte Margarétha zahlreiche Aufsätze zum Bereich Wirtschaft- und Sozialpolitik.

Unter der Regierung Schuschnigg wurde Margarétha am 1. Juli 1935 zum Geschäftsführer des Verbandes für das Gebiet der Stadt Wien im Bund der österreichischen Industriellen bestellt und gleichzeitig in das Präsidium des Bundes der österreichischen Industriellen berufen. Politisch wichtig, vor allem aber für seinen späteren Werdegang folgenschwer, wurde seine Berufung in den Bundeswirtschaftsrat. Margarétha war bereits Mitglied der Heimwehr und der Vaterländischen Front, allerdings übernahm er keine parteipolitischen Funktionen. Auch als langjähriges Mitglied der Christlichsozialen Partei trat er parteipolitisch nicht hervor.

Maßgebend beteiligt am Aufbau der berufständischen Organisation, war Margarétha überzeugt, daß die Verfassung 1934 eine neue Chance zur Verbesserung der wirtschaftlichen Situation wäre. Er betonte in einigen Publikationen den schlecht funktionierenden Parlamentarismus bis 1933. Parteipolitische Kontroversen und mangelnde Durchsetzbarkeit lebensnotwendiger Gesetze hätten lähmend gewirkt. Er sah den „Ständestaat" als rein österreichische Lösung, deutlich abgegrenzt vom italienischen Faschismus oder von den Vorschlägen der päpstlichen Enzyklika „Quadragesimo anno". Er unterstrich auch immer wieder die Bedeutung der gewerkschaftlichen Organisation und die Zusammenarbeit zwischen den Interessenvertretungen. 1934 wurde Margarétha auch Mitglied der Wiener Handelskammer.

Einen weiteren Aufgabenbereich füllte er in der Privatwirtschaft als Verwalter des Vermögens seiner Frau aus. Die Position im Verwaltungsrat der „Vereinigten Färbereien AG", einer Firmenkonstruktion, die einige Betriebe in Wien umfaßte und mit einer Schweizer Holding und mit ungarischen Betrieben verbunden war, ermöglichte es ihm in den Jahren der deutschen Herrschaft, für sich und seine Familie den Lebensunterhalt zu sichern (s. dazu Brusatti 1990, 13 ff.).

Margarétha wurde am 14. März 1938 vom Dienst enthoben und am 23. Juni fristlos entlassen. Die Ansprüche aus seinem Dienstvertrag wurden nicht erfüllt. Nach einem Gutachten der NSDAP wurde er als politisch unzuverlässig eingestuft, galt als Feind des Nationalsozialismus und hatte somit im Deutschen Reich keine Möglichkeit, eine seiner Qualifikation entsprechende Tätigkeit auszuüben. Er bemühte sich in den Folgejahren um die Wiederherstellung seines Rufes und der Rechte aus seinem Dienstvertrag. Materielle Schädigung und völlige Isolierung waren jedoch unabwendbar. Margarétha versuchte wiederholt, auf dem Rechtsweg seine Ansprüche durchzusetzen. Da sich diese Verfahren erfolglos über Jahre hinzogen, bemühte er sich um eine Rehabilitierung durch eine einvernehmliche Lösung seines ehemaligen Dienstverhältnisses, um wieder eine angemessene regelmäßige Beschäftigung finden zu können. Er erreichte lediglich im April 1940 die Ausstellung eines knapp gefaßten Dienstzeugnisses. Dennoch gelang es ihm, trotz zahlreicher Bewerbungen, vorerst nicht, wieder in der Wirtschaft Fuß zu fassen. Seine Tätigkeit in den ausländischen Familienbetrieben wurde durch Erschwernis der Ausreise schrittweise unterbunden und nahm nur mehr wenig Zeit in Anspruch. Erst 1943 fand er eine Halbtagsbeschäftigung als Rechtskonsulent. Diese fehlende Auslastung ermöglichte ihm, seinem Hobby, der Arbeit in einer Gärtnerei, nachzugehen.

Die Zeit der Isolierung während der Kriegsjahre nutzte Margarétha zu politischen Gesprächen mit Julius Raab und Lois Weinberger (Weinberger 1948, 98f.). Der Gedankenaustausch zur Vorbereitung der Gründung der Österreichischen Volkspartei und zur Erhaltung bzw. Neuorganisation der Interessensvertretungen festigte in diesen späteren Führungskräften den Glauben an eine Zukunft Österreichs.

So ist es auch verständlich, daß Eugen Margarétha als einer der ersten 1945, nunmehr politisch unbelastet, den Wiederaufbau des Landes mitgestalten konnte. Für diesen Neubeginn, für die Möglichkeit, wieder ohne Diskriminierung arbeiten zu können, war ihm kein Opfer zu groß. Täglich nahm er kilometerlange Fußmärsche von der Bossigasse in Wien-Hietzing zum Schwarzenbergplatz in Kauf, um zu seinem neuen Arbeitsplatz als Generalsekretär der Industriesektion der Wiener Handelskammer, die mit dem Bundesgesetz vom 25. Mai 1945 die Gauwirtschaftskammer ersetzte, zu gelangen. Von den frühen Morgenstunden bis spät in die Nacht hinein war er Anlaufstelle für zahlreiche Probleme, mit denen die Unternehmer in diesen ersten Jahren zu kämpfen hatten. Diese reichten vom Verlust des Betriebes über den Mangel an Rohstoffen und Maschinen, die Zerstörungen und Demontagen, den Mangel an Arbeitskräften, über Finanzierungsengpässe, ungeklärte Rechtsverhältnisse, die Willkür der Besatzungsmächte, über Entnazifizierungsfragen bis zu sehr persönlichen Anliegen. Eine minutiöse Beschreibung seiner Tätigkeit und der Lebensumstände in Wien sowie des politischen Neubeginns findet sich in seinem Tagebuch 1945 bis 1947 und in den Tagesjournalen seines Büros ab 1945.

Ein zweites Standbein hatte Margarétha in der Politik. Er nahm an der konstituierenden Sitzung zur Gründung der Österreichischen Volkspartei am 17. 4. 1945 teil und organisierte in der Folge mit Julius Raab und Eduard Heinl den Wirtschaftsbund, dem er als Vorstandsmitglied angehörte. Bei den Novemberwahlen 1945 wurde er als Mandatar der Österreichischen Volkspartei im 6. Wahlkreis in den Nationalrat gewählt. Er blieb bis 11. 3. 1952 Abgeordneter. Seine Tätigkeit in mehr als acht Parlamentsausschüssen ermöglichte es ihm, grundlegende Arbeit für den Wiederaufbau zu leisten. Er arbeitete u. a. in den Ausschüssen Finanz- und Budget, Justiz, Soziale Verwaltung, Vermögenssicherung und Wirtschaftsplanung, Energie und Elektrizitätswirtschaft, Handel und Wiederaufbau, Verstaatlichung und im Hauptausschuß des Parlaments.

Langwierige Verhandlungen mit dem Koalitionspartner führte Margarétha als Mitglied und später als Vorsitzender der damals äußerst einflußreichen Kreditlenkungskommission. Seine Mitarbeit in der Wirtschaftskommission ermöglichte ihm die intensive Teilnahme an der Preis- und Lohnpolitik der Regierung. Maßgeblich wirkte er auch an der Gründung der Industriellenvereinigung mit.

Am 6. Dezember 1946 wurde Eugen Margarétha zum Hauptgeschäftsführer der Sektion Industrie der neugegründeten Bundeskammer der gewerblichen Wirtschaft berufen.

Die wichtigsten Entscheidungen auf wirtschaftspolitischer Ebene betrafen die Verstaatlichung, die Währungssanierung und Inflationsbekämpfung bzw. die Anpassung der Wirtschaftsstruktur an die Gegebenheiten eines Kleinstaates und – auf gesellschaftspolitischer Ebene – die gesetzliche Regelung der Nationalsozialistenfrage und die Wiedergutmachung.

Finanzminister Dr. Eugen Margarétha

Um Margaréthas Position zu entscheidenden Fragen zu illustrieren, seien zwei Fragenbereiche herausgegriffen: Verstaatlichung und Entnazifizierung. Vor allem die Verstaatlichungsfrage lag ihm am Herzen. Für die Unternehmerseite kämpfte er um ein tragbares Ausmaß an Verstaatlichung. Dieses sollte nicht über einen unverzichtbar notwendigen Rahmen hinausgehen. Für die Arbeiterschaft war er bemüht, durch das Werksgenossenschaftsgesetz eine Beteiligung der Arbeitnehmer an ihren Betrieben zu ermöglichen (Hemetsberger-Koller 1986, 279ff.; 1989, 116ff.).

In der Frage der Entnazifizierung vertrat er die Ansicht, daß minderbelastete ehemalige Nationalsozialisten ihre Funktionen beibehalten sollten, allerdings dafür einen Zuschlag zur Einkommensteuer oder eine Vermögensabgabe zu entrichten hätten. Diese Gelder sollten für die Wiedergutmachung verwendet werden. Er trat darüber hinaus entschieden für die Rückgabe jüdischen Besitzes ein. Sowohl in der Verstaatlichung als auch in der Entnazifizierung konnten sich Margaréthas Ideen weitgehend durchsetzen.

Margarétha war durch sein vielseitiges Engagement und seine oftmalige Ratgeberfunktion eng mit der Regierungsarbeit verbunden. Seine Berufung zum Bundesminister für Finanzen in das Kabinett Figl II am 9. 11. 1949 war daher nicht überraschend.

Nicht so sehr aus Ehrgeiz, sondern aus einem Pflichtbewußtsein heraus, nahm der bereits 64jährige diese Aufgabe auf sich. Am 31. Oktober schrieb Margarétha in einem Brief an seinen Sohn: „Die Bildung des neuen Kabinetts macht uns große Sorgen … Wenn ich den Finanzministerposten annehmen würde, wäre die Sache gelöst. Ich lehne aber konsequent ab ... Es wird aber wohl auch in der nächsten Zeit keine schwierigere oder undankbarere Aufgabe geben, als die des österreichischen Finanzministers." Und am 8. November 1949 schrieb er dazu weiter: „... trotz meiner guten Vorsätze konnte ich es nicht vermeiden, diesmal in die Regierung einzutreten, weil ich einfach der einzige Mann war, der bei allen Großen unserer Partei, aber auch bei den anderen Parteien so viel Vertrauen genießt, daß man ihm dieses Amt überantwortet hat."

Margarethas reiche Erfahrung, seine große Sachkenntnis, sein Durchsetzungsvermögen, vor allem aber sein Verhandlungsgeschick und seine Fähigkeit zur Konsensfindung prädestinierten ihn auch aus der Sicht des politischen Gegners, dieses schwierige Amt anzunehmen.

Die österreichische Wirtschaftslage war gekennzeichnet durch eine ständig drohende Inflation. Nach wie vor herrschte eine Mangelwirtschaft, in der das Preis-Lohn-Gefüge immer wieder erschüttert wurde. Hohe Besatzungskosten, außergewöhnliche Belastungen durch Subventionen, Infrastrukturausgaben, ein überdimensionierter Beamtenstab und hohe soziale Lasten beanspruchten die Ausgabenseite des Budgets aufs äußerste. Die Einnahmen konnten mit dieser Entwicklung nicht mehr Schritt halten. Die Steuerbelastung erreichte ein unzumutbares Ausmaß.

Margarétha verfolgte einen pragmatischen Kurs traditioneller Finanzpolitik des Budgetausgleichs, der im übrigen auch von den Amerikanern zur Bedingung für die Freigabe von Counterpartmitteln gemacht wurde. Er war aber auch der Meinung, daß die Durchsetzung von theoretischen Grundsätzen an Voraussetzungen gebunden sei, die besonders in Zeiten nach einem Krieg und den damit verbundenen Zerstörungen nicht gegeben sind.

Zunehmend spürte er die Härten dieser Position. Er hatte nun nicht mehr die Interessen einer Gruppe zu vertreten. Das gesamtstaatliche Konzept stand im Vordergrund. Die Kritik aus den eigenen Reihen war daher entsprechend nachhaltig. Margarétha betonte daher immer wieder, daß ein richtiger Finanzminister verstehen müsse, hart zu bleiben. Er könne es aber auf die Dauer nur, wenn er auch gerecht sei, d. h. hart gegen alle, auch gegen seine alten Freunde, und weiter meinte er: „Schon als Nationalrat haben sie mir den Verwurf gemacht, daß ich kein Vertreter der Industrie, sondern ein Staatsmann sei" (Vortrag 23. 9. 1950). Die Opposition wiederum kritisierte den „Großindustriellen" im neuen Finanzminister.

Auch die Besatzungsmächte bekamen Margarethas Härte zu spüren. So berichtet er im Dezember 1951 von übermäßigen Forderungen der Franzosen und Russen, denen er nicht nachkam, weshalb er von Empfängen wieder „ausgeladen" wurde (Brief an seinen Sohn).

Resümierend wird ihm von der Tagespresse (*Neues Österreich*, 24. 1. 1952) bei seinem Ausscheiden aus dem Finanzministerium attestiert, daß er „seinen Posten mit dem guten Gewissen eines echten Dieners am Staat verlassen darf, der vom ersten Federstrich an bis zum letzten für das Wohl des Staates gearbeitet hat und unerbittlich gegenüber Einzelinteressen auftrat".

Margarethas zweijährige Ministerschaft fiel in die letzte Phase der weitgehend regulierten Nachkriegswirtschaft. Wenige Tage nach dem Amtsantritt mußte er den Wechselkurs des österreichischen Schillings infolge der Pfundabwertung neu regeln. Der Schilling wurde abgewertet, wobei die Dreiteilung des Wechselkurses noch bis November 1951 aufrecht blieb. Margarétha betonte wiederholt, daß das von ihm angestrebte Ziel eine Kursvereinheitlichung sei. So wie diese erst 1953 erreicht wurde, konnten auch andere projektierte Reformen erst in der Kamitz-Ära verwirklicht werden, insbesondere eine Reform der Einkommensteuer, die Rekonstruktion des Kreditapparates, die

Bemühungen um höhere Investitionsmittel aus Sparaufkommen und Auslandskrediten, die Schillingseröffnungsbilanz und eine Zolltarifänderung. Dennoch gelang es Margarétha vorerst, die Einkommensteuer zu senken.

1951 war die Budgetsituation besonders angespannt. Die Politik der Lohn-Preis-Abkommen brachte immer neue und zunehmend weniger verkraftbare Ausgabenerhöhungen für den öffentlichen Haushalt. Zusätzlich löste die Koreakrise Preiserhöhungen auf dem Rohstoffsektor aus. Erst die Zusammenarbeit mit den Interessenvertretungen ermöglichte eine Beruhigung der Wirtschaftslage. Die Gewerkschaften erklärten sich bereit, auf Lohnerhöhungen zu verzichten, die Unternehmerseite stimmte einer Preissenkungsaktion zu. Zusätzlich stoppten eine Diskontsatzerhöhung der Notenbank und Kreditrestriktionen die drohende Inflation. Die ersten Schritte zur wirtschaftspolitischen Kurswende waren damit getan. Margarétha konnte den neuen Weg allerdings nicht mehr fortsetzen, weil er Ende Jänner 1952 aus diesem Amt schied.

Eugen Margarétha wurde am 10. März 1952 zum Präsidenten der Oesterreichischen Nationalbank berufen, eine Position, die er bis zum 20. Juni 1960 innehatte. Er war zum Zeitpunkt seiner Berufung bereits im 67. Lebensjahr. Während er in den ersten Jahren noch mit viel Schwung entscheidend an der Gestaltung dieses neuen Aufgabenbereiches – der Reorganisation des österreichischen Kapitalmarktes, einem neuen Notenbankstatut, der Konvertierbarkeit des Schillings und der schrittweisen Beseitigung der Hemmnisse für den Handel- und Zahlungsverkehr – mitwirkte, mußte er in der zweiten Hälfte der fünfziger Jahre sein Arbeitspensum schrittweise verringern. In Summe konnte er aber auch in diesem Abschnitt seines Wirkens auf beträchtliche Erfolge verweisen: auf die Vereinheitlichung des Wechselkurses, auf den Anstieg der Spartätigkeit, auf das Notenbankgesetz 1955, das u. a. neue Instrumente wie die Offenmarktpolitik einführte, auf die Lockerung der Devisenbestimmungen und die Teilkonvertibilität des Schillings. Nach wie vor übernahm er, teils mit der Funktion eines Notenbankpräsidenten verbunden, teils aus besonderem Interesse zusätzliche Aufgaben, so z. B. als österreichischer Gouverneur beim IMF, als Präsident der Bankwissenschaftlichen Gesellschaft, als Kuratoriumsmitglied des Österreichischen Instituts für Wirtschaftsforschung sowie als Mitglied in verschiedenen österreichischen und internationalen wissenschaftlichen und kulturellen Einrichtungen.

Margarétha wurde im Verlaufe seines arbeitsreichen Lebens verschiedentlich ausgezeichnet; unter anderem erhielt er das Große Goldene Ehrenzeichen am Bande für Verdienste um die Republik Österreich und das Komturkreuz des Gregoriusordens mit Stern, das ihm Pius XII verliehen hat. Am 7. Dezember 1957 erfolgte seine Ernennung zum Ehrensenator der Hochschule für Welthandel.

Eine intensive Beziehung hatte er Zeit seines Lebens zur Musik. Er war im Vorstand der Wiener Philharmoniker, versäumte kaum ein philharmonisches Konzert in Wien und musizierte darüber hinaus auch selbst. Er spielte Klavier, Harmonium und Orgel.

Die letzten Jahre seines Lebens verbrachte Margarétha zurückgezogen im Kreis seiner Familie in Wien. Er starb am 25. Mai 1963 nach längerer Krankheit im 78. Lebensjahr in Wien. Obwohl Eugen Margarétha in der Formationsphase der Zweiten Republik aufgrund seiner fachlichen Kompetenz und seiner Fähigkeit, gegensätzliche Positionen zu verbinden und gleichzeitig politisch konservativ und doch fortschrittlich zu sein, wesentliche Akzente setzte, ist sein Wirken für Österreich nur wenigen in vollem Umfang bekannt.

Literatur- und Quellenverzeichnis

Brusatti, Alois (Hg.) (1990). Zeuge der Stunde Null. Das Tagebuch Eugen Margaréthas 1945–1947, Linz.

Enderle-Burcel, Gertrude (1991). Mandatare im Ständestaat 1934–1938, Wien.

Hemetsberger-Koller, Hildegard (1986). Julius Raab und die Verstaatlichung, in: Alois *Brusatti* / Gottfried *Heindl* (Hg.): Julius Raab, Linz.

Hemetsberger-Koller, Hildegard (1989). Der Staat als Unternehmer, in: Österreichische Gesellschaft für Unternehmensgeschichte (Hg.): Unternehmer und Unternehmen, Wien.

Margarétha, Eugen, Briefe sowie persönliche Aufzeichnungen, zur Verfügung gestellt von Dr. Herbert Margarétha.

Margarétha, Eugen, Tagesjournale 1945–1960, Zeitungsartikel, Beiträge in Zeitschriften, Vorträge usw. aus dem Nachlaß Eugen Margarétha 1919–1960, Institut für Zeitgeschichte der Universität Wien.

Zeitungsausschnitte-Sammlung der Wiener Handelskammer.

Lebensdaten

1885	am 6. 7. in Perchtoldsdorf bei Wien geboren
1905–1910	Studium der Rechts- und Staatswissenschaften, Universiät Wien, zwei Jahre Studium in England und Frankreich (Dr. iur., 4. 2. 1910)
1914–1918	Teilnahme am Ersten Weltkrieg
1963	am 25. 5. in Wien gestorben

Berufliche Karrierestationen

1910–1914	Sekretär der „Hauptstelle industrieller Arbeitgeberorganisationen"
1919–1933	Leitender Sekretär des Wiener Industriellenverbandes
1934–1938	geschäftsführender Vizepräsident des Wiener Industriellenverbandes, Geschäftsführer des Verbandes für das Gebiet der Stadt Wien im Bund der österreichischen Industriellen und Mitglied des Präsidiums des Bundes der österreichischen Industriellen, Mitglied des Bundeswirtschaftsrates und der Wiener Handelskammer
1938	Entlassung aus allen Funktionen
1938–1945	Teilbeschäftigung in der Privatwirtschaft
1945	Generalsekretär der Industriesektion der Wiener Handelskammer
1946–1949	Hauptgeschäftsführer der Industriesektion der Wiener Handelskammer

Staatliche Funktionen

1945–1952	Abgeordneter zum Nationalrat
1949–1952	Bundesminister für Finanzen
1952–1960	Präsident der Oesterreichischen Nationalbank

Parteipolitische Ämter

1945	Gründungsmitglied der Österreichischen Volkspartei Vorstandsmitglied des Österreichischen Wirtschaftsbundes
1949–1951	Mitglied des Bundesparteipräsidiums der ÖVP

Andreas Maurer

von
Michael Dippelreiter

Andreas Maurer wurde am 7. September 1919 in Trautmannsdorf an der Leitha geboren, zu einem Zeitpunkt, als die Republik noch nicht einmal ein Jahr alt war. Sein Vater war Landwirt, und das bäuerliche Leben prägte Maurer von Beginn an. Allerdings hinterließ auch seine Umgebung starke Eindrücke: Der alte Marktflecken war schon lange nicht mehr das rein bäuerliche Dorf. Es gab zahlreiche Eisenbahner und Beamte, aber auch viele Arbeiter, welche vor allem in der Zementfabrik im nahen Mannersdorf oder in der Zuckerfabrik in Bruck an der Leitha arbeiteten.

Maurers Vater war ein ganz der bäuerlichen Tradition verhafteter Mann, der auch für die Christlichsoziale Partei auf Gemeindeebene tätig war. Die Kinder, Andreas Maurer hatte eine ältere Schwester und einen jüngeren Bruder, mußten schon früh zupacken und lernten so alle täglichen Arbeiten auf einem mittelgroßen Bauernhof kennen. Andreas Maurer besuchte acht Jahre die Volksschule und hatte das Glück einen ausgezeichneten Lehrer zu finden, welcher ihn selbständiges Denken und Überblicken von Zusammenhängen lehrte; desgleichen führte ihn der Lehrer in die Musik ein und weckte so ein „Hobby“ für Maurer, welches ihn nicht mehr loslassen sollte.

Mit verschiedenen landwirtschaftlichen Reformideen wurde Andreas Maurer in der landwirtschaftlichen Fachschule in Bruck an der Leitha vertraut, welche er in den Wintersemestern 1935/36 und 1936/37 besuchte. Sein Vater stand den Neuerungen zunächst skeptisch gegenüber, erst schrittweise konnte Andreas Maurer seine Ideen durchsetzen.

Die zunehmende Radikalisierung der politischen Lager stieß im Hause Maurer auf große Besorgnis. Die Familie war christlich geprägt und hatte ihre natürliche politische Heimat im Lager der Christlichsozialen Partei. Der autoritäre „Ständestaat“ wurde nicht als Unheil empfunden, vielmehr erhoffte man sich davon eine Stärkung des bäuerlichen Standes. In seiner Freizeit widmete sich Andreas Maurer damals der Musikkapelle, dem Kirchenchor und dem Reichsbund der Katholischen Jugend. Hier lernte er auch die Nachbarstochter Hermine Berger näher kennen und lieben.

Der gewaltsame „Anschluß“ Österreichs war ein Schock für die Familie Maurer. Die männlichen Mitglieder zogen sich völlig aus der Politik zurück in die kleine Welt der Familie und des Bauernhofes. Vorläufig mußte Maurer nicht zur Wehrmacht, erst am 1. Mai 1940 erhielt er seine Einberufung und wurde nach der Grundausbildung an die Ostfront verschickt. Er nahm bei einer Panzertruppe am „Rußlandfeldzug“ teil und wurde im Mai 1942 schwer verletzt. In Rußland war Maurer auch unfreiwillig Zeuge von Greueltaten, welche SS-Truppen an Juden und der sowjetischen Zivilbevölkerung verübten. Dies waren Schlüsselerlebnisse für ihn. Sie bestärkten ihn nicht nur in seiner Abscheu vor dem NS-Regime, sondern auch in seinen Wertvorstellungen, wonach es ohne Verantwortung vor Gott keine humane Gesellschaftsordnung geben könne.

Während seines Genesungsurlaubs in Mödling erkrankte Maurer schwer an Malaria und hätte beinahe nicht überlebt. Andererseits bedeutete die Nähe zu Trautmannsdorf auch, daß seine Familie und seine Braut oft zu Besuch kommen konnten. Am 9. Juli 1944 heiratete Andreas Maurer seine Nachbarin und ging damit eine Verbindung ein, welche ihm bis heute ein glückliches Familienleben beschert.

Maurer verbrachte die Zeit bis Februar 1945 als Rekonvaleszent in Mödling und hoffte bereits, das Kriegsende hier erleben zu können, als er an die italienische Front versetzt wurde. Hier rettete er einerseits einem italienischen Partisanen das Leben, andererseits wäre er beinahe von einer anderen Partisanengruppe erschossen worden. Bis Anfang Oktober 1945 war Maurer in englischer Kriegsgefangenenschaft, dann kam er in die Lazarettkaserne nach Graz. Hier konnte er über seine Schwester wieder Kontakt zu seinen Angehörigen aufnehmen, und als er eines Tages seinen Bruder im Lazarett traf, warteten die Brüder Maurer nicht auf den offiziellen Entlassungsschein, sondern schlugen sich zu Fuß ins Heimatdorf durch. Hier trafen sie am 31. Oktober 1945 ein. Andreas Maurer sah zum ersten Mal seinen inzwischen vier Monate alten Sohn.

Andreas Maurer hatte nicht „beschlossen", Politiker zu werden, er wurde vielmehr in die Politik gedrängt. Begonnen hatte es kurz nach dem Krieg, als er durch sein entschlossenes Vorgehen gegen die sowjetische Besatzungsmacht im Zuge von Viehbeschlagnahmungen die Aufmerksamkeit seiner Standeskollegen erregte. Kurz entschlossen entsandten ihn diese als ihren Vertreter in den Bezirksaufbringungsausschuß. Danach begann er seine politische Karriere von ganz unten, das heißt, Ortsbauernrat, Obmann des Ortsbauernbundes, Bezirksbauernkammerrat, Gemeinderat (in einer Gemeinde mit sozialistischer Mehrheit) und Obmann der Bezirksbauernkammer.

Zusammen mit seinem Bruder bewirtschaftete Maurer die beiden Höfe der Eltern; erst 1960 wurden die Bauernhöfe getrennt. Bis 1958 waren die beiden Höfe durch Pachtungen und Zukäufe so aufgestockt worden, daß sie den anwachsenden Familien eine gesicherte Existenz bieten konnten. 1951 führte Maurer eine für damalige Zeiten radikale Strukturreform durch; er gab die Milchwirtschaft auf und stellte auf reine Ackerwirtschaft und Schweinemast um. Er tat dies auch aus familiären Gründen, wie er später immer wieder betonte. Er hatte bereits vier Kinder – ein fünftes sollte noch nachfolgen –, und er wollte seine Frau entlasten, welche immer mehr Tätigkeiten in der Landwirtschaft übernehmen mußte, da Maurer durch seine öffentlichen Funktionen immer öfter von seinem Bauernhof ferngehalten wurde.

Mit der Übernahme der Obmannschaft der Bezirksbauernkammer 1955 rückte Maurer ins politische Rampenlicht. Der damalige Vizepräsident der Landeslandwirtschaftskammer, Alois Scheibenreif, wurde auf ihn aufmerksam und schlug ihn als Kandidaten für den Niederösterreichischen Landtag vor. Am 10. Mai 1959 wurde Maurer erstmals als Kandidat des Viertels unter dem Wienerwald in den Landtag gewählt, und damit begann eine Karriere, die sich der junge engagierte Bauer wohl nicht erträumt hätte.

Das politische Klima in Niederösterreich war beim Einzug Maurers in den Niederösterreichischen Landtag überaus frostig. ÖVP und SPÖ hatten einen harten Wahlkampf geführt. Hauptangriffspunkt war der damalige Finanzlandesrat, hohe ÖAAB-Funktionär und oberste Verantwortliche für die Landesgesellschaften NEWAG und NIOGAS, Viktor Müllner. An der Spitze der Landesregierung stand seit zehn Jahren der beliebte, aber autoritär agierende Bauernbundfunktionär Johann Steinböck. Bereits in einer der ersten Landtagssitzungen wandte sich Maurer im Zuge von Budgetverhandlungen gegen die vermeintliche Benachteiligung der Bauern, was ihm einen kräftigen Rüffel der Parteispitze einbrachte. Als Abgeordneter wurde Maurer allmählich mit den unterschiedlichsten Problemen im Land vertraut. Er wurde von seiner Fraktion in das Kollegium des Landesschulrates entsandt und konnte schon damals bei der Verbesserung der Schul- und Gemeindestruktur mitarbeiten. Er bemühte sich um die Zusammenlegung der Zwergschulen und Kleinstgemeinden, doch damals war das Verständnis für derartige Reformen noch gering. Aus seiner Liebe zur Blasmusik heraus forderte er auch mehr Unterstützung dafür, doch damit stieß er höchstens auf ein Lächeln der Parteispitze, verstand man doch damals unter Kultur nur die „Hochkultur". Sein Hauptaugenmerk lag jedoch weiter im Agrarbereich, wo er immer zahlreichere Landesfunktionen übernahm. So wurde er 1961 erster Obmann-Stellvertreter des Rübenbauernbundes und Aufsichtsratsmitglied der Tullner Zuckerfabrik AG. 1962 wurde er zum Obmann-Stellvertreter des Niederösterreichischen Bauernbundes gewählt. Sein Mentor, Alois Scheibenreif, war inzwischen Präsident der Landeslandwirtschaftskammer und Obmann des Bauernbundes geworden und wollte Maurer in den Nationalrat entsenden; nach einer kurzen Bedenkzeit lehnte dieser jedoch ab; er wollte kein „Schreibtischbauer" werden.

Nach der Landtagswahl 1964 wurde Andreas Maurer für das Amt des Landesrates für Agrarangelegenheiten vorgeschlagen und einstimmig gewählt. Seine wichtigsten Agenden waren die Landwirtschaft, der landwirtschaftliche Wasser- und Wohnbau, das landwirtschaftliche Schulwesen sowie Jagd und Fischerei.

Maurer war über die Bestandsaufnahme in seinem Ressort kaum hinausgekommen, als am 9. Mai 1965 Landeshauptmann Figl starb. Scheibenreif wollte seinen Schützling Maurer dazu bewegen, das Amt des Landeshauptmannes anzunehmen. Maurer lehnte ab mit der Begründung, er sei noch zu kurz in seinem Amt und er könne die vielfältigen Agenden eines Landeshauptmannes deshalb nicht übernehmen. So wurde der Agrarpolitiker Eduard Hartmann als neuer Niederösterreichischer Landeshauptmann vorgeschlagen und gewählt.

Von Hartmanns großem Wissen und seiner Sachkenntnis lernte Andreas Maurer sehr viel, und er versuchte auch von dessen Arbeitsstil zu profitieren. Während dieser Zeit erreichte der Strukturwandel in der Landwirtschaft seinen Höhepunkt; die Bauern hatten ihre Höfe mechanisiert und die Produktion spezialisiert. Dadurch gingen viele Arbeitsplätze verloren, viele ehemalige landwirtschaftlich Beschäftigte sowie zahlreiche Bauernsöhne und -töchter wanderten in die Industrie ab. Die Zusammenlegung von Kleinbetrieben wurde erfolgreich durchgeführt, und erstmals entstanden Flächenwidmungspläne für die Gemeinden. Alle diese Vorhaben wurden von Maurer tatkräftig vorangetrieben.

In den Jahren 1965/66 erreichte die Affäre um Viktor Müllner ihren Höhepunkt. Der Landeshauptmann mußte alle Kräfte mobilisieren, um den Schaden zu begrenzen und die politische Glaubwürdigkeit seiner Partei aufrechtzuerhalten; dabei stand ihm Andreas Maurer stets treu zur Seite. Für Eduard Hartmann waren die Aufregungen aber zu viel. Völlig überraschend starb er am 14. Oktober 1966 nach einem Herzinfarkt. Der Schock für die ÖVP und den Bauernbund war groß; wer konnte die Partei aus den Schwierigkeiten rund um die Müllner-Affäre wieder herausführen?

Der Wirtschaftsbund schlug Landeshauptmann-Stellvertreter Rudolf Hirsch vor, aber der Bauernbund beharrte auf seinem – ungeschriebenen – Recht der Nachfolge. Alois Scheibenreif setzte seinen Kandidaten Andreas Maurer zunächst nicht durch, erst bei einer Kampfabstimmung des Präsidiums ging eine klare Stimmenmehrheit an Maurer. Nach zähen Verhandlungen wurde folgende Lösung gefunden: Andreas Maurer wurde als Landeshauptmann und geschäftsführender Landesparteiobmann designiert, Georg Prader sollte die Funktion des Landesparteiobmannes wahrnehmen, neuer Landesparteisekretär wurde der ehemalige Leiter des WIFI, Dr. Otto Bernau.

Am 24. November 1966 wurde Andreas Maurer einstimmig zum Landeshauptmann gewählt. Er machte sich sofort daran, die Problemreste der Müllner-Affäre zu beseitigen. Die Art, in der dies geschah, verschaffte ihm Respekt auch über die Parteigrenzen hinaus. Allerdings dauerte die Bereinigung der Affäre noch bis ins Jahr 1968 hinein, als nämlich mit dem jungen Siegfried Ludwig ein neuer Mann das Amt des Landesfinanzrates einnahm und Dr. Rudolf Gruber die Geschäftsführung der Landesgesellschaften übernahm.

Der Bauer aus Trautmannsdorf, welchen die ÖVP nach dem Tod Eduard Hartmanns für die höchste Funktion im Lande vorgeschlagen hatte, galt für die meisten Funktionäre nur als eine „Übergangslösung“. Niemand konnte voraussehen, daß Andreas Maurer der längstdienende Landeshauptmann Niederösterreichs der Zweiten Republik werden sollte. Ausschlaggebend für diesen Rekord mag die Energie gewesen sein, mit der er sich zu Beginn seiner Tätigkeit auf anstehende Probleme, wie etwa die endgültige Bereinigung der Müllner-Affäre, konzentriert hat. Maurer war sich bewußt, welch schweres Erbe er als Nachfolger von Figl und Hartmann anzutreten hatte, er gab auch einmal zu, wie schwer ihm sein Amt in der Anfangszeit gefallen war.

Maurer schaffte es jedoch in kurzer Zeit, zu höchster Popularität zu gelangen, vor allem durch seine leutselige Art und durch seinen Fleiß, mit dem er die Probleme anging. Für seine Popularität ist sicher der Umstand maßgebend, daß sich praktisch jeder Niederösterreicher mit ihm identifizieren konnte. Er blieb auch als Landeshauptmann der, der er immer war: ein Mann, der anpackt, wenn Not am Mann ist, einer der sich nicht darauf verläßt, daß andere tun, was getan werden muß.

Landeshauptmann Andreas Maurer, 1980

Zwei Bereiche der niederösterreichischen Landespolitik sind fest mit Maurers Namen verbunden: die Familien- und die Seniorenpolitik. Er setzte sich für die gesellschaftliche Aufwertung und materielle Besserstellung der Familie ein und schuf die Aktion „Älter werden – jung bleiben". Durch die Tatsache, daß Maurer aus einer intakten Familie kommt, hat er Ideen und Anregungen für diese Aktionen weitergegeben und deren Erfolg erleben können.

Markenzeichen seiner Familie wurde ein anderes seiner Hobbies: die Musik. Das Maurer-Quintett wurde zu einem Begriff in der niederösterreichischen Musikwelt, und noch heute läßt er keine Gelegenheit verstreichen, eine Blaskapelle zu dirigieren oder einige Takte mitzumusizieren.

Bei der Landtagswahl 1969 mußte die ÖVP zwar den Verlust eines Mandates hinnehmen, konnte die absolute Mehrheit jedoch halten. Dies brachte Andreas Maurer einen gewaltigen Prestigegewinn innerhalb der ÖVP; seine Stimme erhielt Gewicht. Durch eine Regierungsumbildung wurde Andreas Maurer zum dienstältesten Regierungsmitglied, seine Mitarbeiterauswahl zeigte aber sein politisches Gefühl, denn er konnte mit den neuen Mitgliedern im Landtag und der Landesregierung eine schlagkräftige politische Führungsschicht der ÖVP aufbauen.

Im Jahr 1970 löste Andreas Maurer seinen Freund und politischen Mentor Alois Scheibenreif als Obmann des Niederösterreichischen Bauernbundes ab. In den folgenden Jahren nutzte Maurer seine „Hausmacht" mehrmals, um gegen die „bauernfeindliche" Politik der SPÖ-Alleinregierung zu protestieren, so etwa 1971 mit einer gewaltigen Demonstration mit über 10.000 Teilnehmern auf dem Ballhausplatz.

Die Landtagswahl vom 9. Juni 1974 brachte Maurer den größten Triumph seiner Amtszeit; die ÖVP gewann ein Mandat, und Maurer saß fester denn je im Sattel. Dies zeigte sich umso mehr, als im nächsten Jahr der Landesparteiobmann Dr. Georg Prader aus Altersgründen seine Funktion zur Verfügung stellte; Andreas Maurer wurde zu seinem Nachfolger gewählt, die Funktion des geschäftsführenden Landesparteiobmannes erhielt Siegfried Ludwig.

Ein Meilenstein der „Ära Maurer" war die Vollendung der neuen Landesverfassung knapp vor den Landtagswahlen 1979. Nach langwierigen Verhandlungen zwischen ÖVP und SPÖ wurde das neue Gesetzeswerk beschlossen, in dem vor allem die Bürgerbeteiligung einen neuen Stellenwert erhielt; allerdings war damals anscheinend für derartig fortschrittliche demokratische Methoden die Zeit noch nicht reif, Möglichkeiten blieben vorerst weitgehend ungenützt.

Die Landtagswahl 1979 wurde zu einem Debakel für die ÖVP und damit für deren Spitzenkandidaten Andreas Maurer. Die Volkspartei fiel stimmenmäßig erstmals unter die 50-Prozent-Grenze und verlor zwei Mandate. Die Schuld für die Niederlage wurde weitgehend Andreas Maurer zugeschrieben. Er wurde zwar wieder als Landeshauptmann gewählt, dennoch verstummten die Stimmen nicht, die seine baldige Ablöse forderten.

Als im September 1980 Maurers langjähriger Weggefährte von der SPÖ, Landeshauptmann-Stellvertreter Hans Czettel, überraschend verstarb, war Maurer zu dem Schluß gekommen, Abschied vom Landhaus zu nehmen. Er verkündete, nicht mehr als Landesparteiobmann kandidieren und das Amt des Landeshauptmanns zur Verfügung stellen zu wollen. Beim Landesparteitag in Hollabrunn am 8. November 1980 wurde Landeshauptmann-Stellvertreter Siegfried Ludwig zum neuen Landesparteiobmann der ÖVP Niederösterreich gewählt und als neuer Kandidat für das Amt des Landeshauptmannes designiert; gleichzeitig wurde Andreas Maurer Ehrenobmann der ÖVP.

Am 20. Jänner 1981 führte Andreas Maurer zum letzten Mal den Vorsitz bei einer Sitzung der Landesregierung. Zwei Tage später folgte die „Hofübergabe“ im Landhaus. Andreas Maurer, der als „Übergangslösung“ an die Spitze der Landesregierung getreten war, war zum längstdienenden Landeshauptmann des größten österreichischen Bundeslandes geworden.

Maurer genoß auch über die Grenzen Niederösterreichs hinaus weites Ansehen. Seine Landeshauptleute-Kollegen schätzten ihn als besonnenen Politiker, den man jederzeit um Rat fragen konnte. Mehrmals wurde er in heiklen Fragen bei Verhandlungen mit dem Bund als Sprecher der Landeshauptleutekonferenz gewählt. Nicht zuletzt, weil er ein überzeugter Föderalist war, der immer wieder die Wichtigkeit einer gleichberechtigten Zusammenarbeit aller relevanter Verwaltungskörperschaften forderte.

Zwei der herausragendsten Eigenschaften von Andreas Maurer, privat und in seinem politischen Wirken, sind Offenheit und Ehrlichkeit. Obwohl er sich damit nicht nur Freunde geschaffen hat, erwarb er sich dennoch den Ruf, ein „verläßlicher“ Mann zu sein. Er betonte immer wieder, daß es für einen führenden Politiker nicht zielführend sei, alles zu versprechen, wider besseren Wissens, daß manches undurchführbar sei; vielmehr sei es wichtig, nur diejenigen Zusagen zu machen, welche auch realisiert werden können. Die Bürger Niederösterreichs verstanden und schätzten diese Sprache.

Desgleichen wurde Maurers „Volksnähe“ geschätzt. Nicht nur seine Präsenz bei zahlreichen Veranstaltungen in ganz Niederösterreich, sondern in viel größerem Ausmaß seine Herkunft und seine volkstümliche Sprache sicherten ihm Sympathien in breiten Kreisen der Bevölkerung und führten zu einer Popularität, welche weit über Parteigrenzen hinausging.

Die Funktion des Obmannes des Niederösterreichischen Bauernbundes behielt Maurer bei, und zwar bis 1989. Damit war er weiter fest in die niederösterreichische Politik involviert und für viele weitreichende Entscheidungen mitverantwortlich. Erst mit 70 übergab er den Vorsitz dieser großen Teilorganisation der Niederösterreichischen Volkspartei in jüngere Hände, um den wohlverdienten Ruhestand zu genießen.

Vor kurzem konnte Andreas Maurer zwei Familienfeiern genießen, die „Goldene Hochzeit“ und den 75. Geburtstag. Beide Male stand er wieder im Mittelpunkt der Aufmerksamkeit. Die große Zahl der Gratulanten beweist, welches Ansehen sich der Mensch und Politiker Andreas Maurer erworben hatte und noch immer genießt.

Literatur- und Quellenverzeichnis

Hussinsky, Herbert (1985). 40 Jahre Volkspartei, St. Pölten.

Hussinsky, Herbert (1990). 45 Jahre Volkspartei, St. Pölten.

Mock, Alois / Richard *Plaschka* (Hg.) (1993). Spuren in Niederösterreich, Zwettl.

Ströbitzer, H. (1984). Landeshauptmann Andreas Maurer und seine Zeit, St. Pölten.

Lebensdaten

1919	am 7. 9. als 2. (von 3) Kind(ern) in Trautmannsdorf/Leitha (NÖ) geboren
1925–1933	achtklassige Volksschule
1935–1937	Besuch der landwirtschaftlichen Schule in Bruck/Leitha
1940	Einberufung in die Deutsche Wehrmacht, Fronteinsatz im Osten
1942	schwere Verwundung auf Genesung bis 1945 in Mödling
1944	Heirat mit Hermine Berger (5 Kinder)
1945	im Februar Versetzung an die italienische Front, englische Kriegsgefangenschaft
1945	am 31. 10. Heimkehr

Berufliche Karrierestationen

1945	Übernahme zweier Bauernhöfe (gemeinsam mit seinem Bruder)

Parteipolitische Ämter

1946	Ortsbauernrat
1948	Aufsichtsrat der landwirtschaftlichen Genossenschaft Schwadorf
1949	Kammerrat der Bezirksbauernkammer Bruck/Leitha Obmann des Bauernbundes Trautmannsdorf
1950–1955	Gemeinderat in Trautmannsdorf
1954	Obmann des Bezirksbauernrates Bruck/Leitha Vorsitzender des Aufsichtsrates der Raiffeisenkasse Bruck/Leitha
1955	Obmann der Bezirksbauernkammer
1961	Obmann-Stellvertreter des Rübenbauernverbandes Aufsichtsratsmitglied der Tullner Zuckerfabrik AG
1962	Obmann-Stellvertreter des Niederösterreichischen Bauernbundes
1966–1969	Mitglied des Bundesparteivorstandes der ÖVP
1967–1975	Geschäftsführender Landesparteiobmann der ÖVP Niederösterreich
1970–1989	Obmann des Niederösterreichischen Bauernbundes
1975–1980	Obmann der ÖVP Niederösterreich

Staatliche Funktionen

1959–1964	Abgeordneter des NÖ Landtages
1964	Mitglied der NÖ Landesregierung
1966–1981	Landeshauptmann von Niederösterreich

Freda Meissner-Blau

von
Peter Gerlich

Im Mai 1968 befand sich Freda Meissner-Blau in Paris. Für sie war dies das Vorspiel: „Generalstreik, Menschenströme auf Straßen und Plätzen, ein Land in Aufruhr." Die Slogans auf Hauswänden, Zügen und Brücken lösen bei ihr unterschiedliche Reaktionen aus. „Die Phantasie an die Macht" gefällt ihr. „Traue keinem über dreißig" findet die Vierzigjährige albern. „Es ist verboten zu verbieten" erscheint ihr ziemlich gewagt. Den neuen Menschen, der dazu nötig wäre, den gab es ja noch nicht, und es war fraglich, ob es ihn je geben würde. Aber jedenfalls „Die Infragestellung alles Gewohnten, der gottgewollten Hierarchien, der Mandarine in Hörsälen, Amtsstuben und Exerzierplätzen, des Schicksals der Welt in (alleiniger und bisher recht „patscherter") Männerhand – das war Politisierung im besten Sinn, *bottom up* statt *top down:* wir bekamen Lust auf mehr Demokratie". Dazu, daß diese Lust sich etwas später auch in Österreich ausgewirkt hat, hat Freda Meissner-Blau nach 1968 noch einiges beigetragen. Zuvor hatte sie jedoch einen recht weiten Weg zurückgelegt.

Sie kommt aus großbürgerlichen, sozusagen altösterreichischen Verhältnissen, ist eine „echte Habsburger Reichsmischung" (Blau 1992). Ihr Vater, Dr. Ferdinand von Meissner, stammte aus einer altösterreichischen Offiziersfamilie und war Ökonom und Journalist. 1938 wurde er Chefredakteur des *Grenzboten,* einer deutschsprachigen, in Preßburg erscheinenden Zeitschrift. Als Gegner des Hitlerregimes emigrierte er 1939 nach England, eine politisch ehrenhafte Tat, die seine Familie allerdings in erhebliche Schwierigkeiten brachte. Die drohende politische Verfolgung der „Sippe eines Landesverräters" erzwang die Scheidung der Eltern. Freda Meissner-Blaus Mutter, die aus einer sehr vermögenden böhmischen Familie stammte, beschloß 1941 mit ihren Kindern von Wien nach Reichenberg, wo ihr Besitz gelegen war, zu übersiedeln. 1945 entschied sich die Mutter zu bleiben, während ihre 17jährige Tochter den Entschluß faßte, in den Westen zu flüchten. Sie erlebte die Bombardierung von Dresden und schlug sich dann in die amerikanische Besatzungszone Deutschlands durch. Ihre Sprachkenntnisse ermöglichten es ihr, für die Besatzungsmacht zu arbeiten. 1947 gelang es, zu ihrem Vater zu reisen, der in England interniert gewesen war und für dessen Kinder immer noch Einschränkungen der Berufsausbildung galten. So absolvierte die Tochter in England eine Krankenschwesternausbildung. Der Mutter war es inzwischen gelungen, unter Verlust ihres Vermögens aus der Tschechoslowakei nach Österreich zu kommen. Sie siedelte sich in Linz an.

Freda Meissner-Blau ging dann 1949 nach Frankfurt und begann dort als Werkstudentin Medizin zu studieren. Sie lernte dabei einen Mitarbeiter der französischen Besatzungsmacht, George Pawloff, kennen. Dieser stammte aus der Diaspora der weiß-russischen Aristokratie, war aber durch seine Erziehung in Frankreich zum Franzosen geworden. Beide heirateten 1953 und begaben sich nach Zentralafrika, um dort zunächst für eine deutsche Firma und später als Gründer der Filiale eines belgischen technischen Unternehmens wirtschaftlich tätig zu sein. Der dreijährige Aufenthalt in Schwarzafrika vermittelte viele neue Eindrücke, nicht zuletzt durch das unmittelbare Erlebnis der Revolution in Zaire, damals noch dem belgischen Kongo.

1957 kehrte die Familie nach Paris zurück. Meissner-Blau arbeitete für die UNESCO und übersetzte nebenher französische Atomkraftwerksangebote mit allen technischen Details ins Deutsche. Dabei wich eine Euphorie über die technischen Möglichkeiten der Atomkraft allmählich einer tiefen, weil wohlinformierten Skepsis. Als George Pawloff an die Internationale Atombehörde in Wien berufen wurde, bewarb sich seine Gattin erfolgreich um die Stelle einer Generalsekretärin des neugegründeten Instituts für Höhere Studien in Wien. In dieser Zeit lernte sie den Journalisten Paul Blau kennen, von dem die Tochter aus gutem Haus zum ersten Mal etwas über Gewerkschaften hörte. Nach der Scheidung von ihrem ersten Mann wird sie diesen dann 1970 heiraten.

Doch zuerst ging es 1968 noch einmal zurück nach Paris, wiederum zur UNESCO, zum Maison des Sciences de l'Homme und zum „Aufwachen“ durch den Mai 1968, dem oben erwähnten Vorspiel. 1972 kehrte Freda Meissner-Blau endgültig nach Wien zurück. Zuerst war sie in der Öffentlichkeitsarbeit für die WIG 74, eine großangelegte Gartenausstellung in Wien, aktiv. Etwas später begann dann ihre Tätigkeit als Bildungsreferentin in der ÖMV, der großen verstaatlichten österreichischen Erdölfirma. Hier bemühte sie sich vor allem um die Fortbildung der einfachen Arbeitnehmer. Ihre mehrtägigen Seminare wurden von insgesamt 1200 Arbeitern besucht. Parallel dazu richtete sie unter dem Motto „Selbstbewußtsein kann man lernen“ Kurse für Frauen in der SPÖ ein. Im Zusammenhang mit dieser Tätigkeit trat sie dann auch als einfaches Mitglied der SPÖ bei. Anläßlich ihrer Kandidatur bei den Bundespräsidentenwahlen trat sie 1985 wieder aus.

Die allmähliche Entwicklung eines politischen Bewußtseins und aktiven Engagements stellt unter Beweis, daß – wie die Politologen sagen – die politische Sozialisation einen lebenslangen Prozeß darstellt. Freda Meissner-Blau kommt aus einem großbürgerlichen und weltoffenen Milieu, das aber für Töchter eher keine politische Aktivität vorsah. Teils durch die Zeitumstände gezwungen, teils wohl auch aus eigenem Anstoß, sucht sie das Weite, macht Erfahrungen und entwickelt ein allgemein politisches, aber nicht parteipolitisches Bewußtsein. Fast kann man an eine besondere Fähigkeit glauben, bei großen Ereignissen dabeizusein. Der Untergang von Dresden, die Flucht, der Überlebenskampf der Besatzungszeit stärkten die Gegnerschaft zu Krieg und zu Diktatur. Als während ihrer Jugend Freunde der Familie Meissner sich umbrachten, „weil sie Juden waren“, war das zwar schmerzhaft, aber noch kein Anstoß zu weiteren Überlegungen gewesen. Die Auslandserfahrungen, besonders der Afrikaaufenthalt, das hautnahe Erlebnis der Revolution in Zaire, weiteten ihr Blickfeld, vermittelten allmählich ein Verständnis für die Probleme der Unterentwicklung. Der Pariser Sturmfrühling von 1968 brachte dann den letzten Anstoß.

Danach kam es in Österreich zu zwei großen Anlässen der alternativen Umweltpolitik bzw. zu zwei wesentlichen Anstößen für die Herausbildung einer Grünbewegung: dem Widerstand gegen die Kraftwerksprojekte von Zwentendorf und Hainburg. Bei beiden Anlässen war Meissner-Blau intensiv involviert. Die Mitbegründerin einer Gruppe „Frauen gegen Atomkrieg“ setzte sich voll und medienwirksam für die Nichtinbetriebnahme des Atomkraftwerkes in Zwentendorf ein und war mit vielen anderen erfolgreich, als eine Volksabstimmung im Herbst 1978 mit knappem Ausgang zu einem gesetzlichen Verbot der Atomenergie führte.

Ähnlich aktiv war Freda Meissner-Blau, die dabei allmählich zu einer wichtigen Symbolfigur der Grünbewegung wurde, beim Kampf gegen die Zerstörung der Donau-Auen östlich von Wien durch das geplante Wasserkraftwerk in Hainburg. Im Herbst 1984 kam es dabei zu einer allmählichen Eskalation, in der Meissner-Blau den zuständigen Landespolitiker als Umweltverbrecher bezeichnete – eine klare Kampfansage gegen das politische Establishment, dem sie bis dahin in gewisser Weise nahegestanden hatte. Eine sofortige Beendigung ihres Vertrages als Moderatorin beim österreichischen Fernsehen war die Folge. Zu Weihnachten kam es zu einer Besetzung der Au durch Tausende meist jugendlicher Umweltschützer, an der Meissner-Blau maßgeblich beteiligt war. Der Versuch der gewaltsamen Räumung durch die Exekutive führte zu spontanen Massendemonstrationen in Wien, und die Regierung mußte zum zweiten Mal vor der Front der Kraftwerksgegner zurückweichen. Dies bedeutete in gewisser Weise das Ende der traditionellen Form der Politik der Zweiten Republik. Die Sozialpartner und die mit ihnen verbündeten Parteien hatten sich trotz Einsatz der Staatsmacht nicht durchsetzen können. Meissner-Blau war überall dabei und wurde endgültig zur *„national figure“*.

Ihre Popularität führte im folgenden Jahr dazu, daß sie von ihren Freunden in der grünen Bewegung dazu gedrängt wurde, für das Amt des Bundespräsidenten zu kandidieren. Der Entschluß, dies zu wagen, fiel ihr nicht leicht. Sie wollte mit ihrer Kandidatur dann verhindern, daß ein rechter Kandidat viele Proteststimmen sammeln könnte, und für Umweltpolitik, Demokratie und das Engagement der Frauen ein Signal setzen. In der Pressekonferenz zur Bekanntgabe der Kandidatur führte sie aus:

„Man kann resignieren, oder man kann sich engagieren. Ich wählte das Engagieren, im persönlichen Leben und für große öffentliche Anliegen, die mich bewegen: für den Umweltschutz – von Zwentendorf bis Hainburg – für die Menschenrechte, gegen das Elend der Dritten Welt, gegen den daran mitschuldigen Rüstungswahnsinn, gegen die Einkommensungerechtigkeit angesichts wachsender Arbeitslosigkeit und Armut. Nicht zuletzt kandidiere ich für den Zugang der Bürger zu ihrem Recht. Auch dafür wird meine Kandidatur ein Lehrstück und vielleicht sogar ein hoffnungsvolles Lernbeispiel sein.“

Sie selbst war mit dem Ergebnis von 5,5 Prozent der Stimmen nicht zufrieden, verhinderte allerdings damit die Wahl von Kurt Waldheim im ersten Wahlgang und erreichte sicher den Höhepunkt ihrer Popularität als Repräsentantin des alternativen Lagers.

Diese Umstände führten zu ihrer Kandidatur für die Nationalratswahlen von 1986. Sie stand an der Spitze einer Kandidatenliste die ihren Namen trug: „Die Grüne Alternative Liste Freda Meissner-Blau“. Der Kandidatur waren schwierige Auseinandersetzungen verschiedener Gruppierungen und Strömungen innerhalb der Grünbewegung vorausgegangen. Unter Einsatz ihrer persönlichen Autorität brachte Meissner-Blau, die keiner der rivalisierenden Gruppen angehörte, eine gemeinsame Kandidatur zustande. Dabei gab es unvermeidlich auch manche interne Kritik. „Der österreichweite Kandidatinnenfindungsprozeß war ein schwerer Schlag gegen jede Regel der Demokratie und hat die Bewegung weitenteils gespalten“ urteilt ein Gegner (Lind 1988). Die neue Gruppierung zog mit acht Abgeordneten ins Parlament ein. Obwohl zuvor Geschlechterparität in Aussicht genommen worden war, hatten sich die grünen Männer voll durchgesetzt. Meissner-Blau als Gallionsfigur der Grünbewegung wurde Klubobfrau und entfaltete zwei Jahre lang bis zu ihrem Rücktritt 1986 eine politische Aktivität im traditionellen staatlichen Rahmen.

Die Grünen waren mit den politischen Möglichkeiten des Parlaments und im Parlament sehr unzufrieden. Dennoch haben sie den österreichischen Parlamentarismus stark belebt. Das Parlament war seither, wie es der damalige Nationalratspräsident Leopold Gratz Meissner-Blau gegenüber ausdrückte, nicht mehr dasselbe. Das parlamentarische Klima hatte sich erheblich geändert. Sie haben mehr erreicht als sie glauben, meinte der Präsident. Dies wurde nicht nur durch die Reden im Plenum, bei denen viele neue

Akzente gesetzt wurden, bewirkt, sondern auch durch die intensive Arbeit der Grünen in den Ausschüssen und in der Präsidialkonferenz des Nationalrats. Die Ziele, die sich Meissner-Blau und ihre Anhänger gesteckt haben, mögen viel ambitionierter gewesen sein. Allein der Umstand, daß es gelang, die parlamentarische Arbeit und politische Diskussion in Österreich nachhaltig im Sinne der neuen Anliegen zu beeinflussen, stellt für eine Außenseitergruppe in einem politischen System, in dem der internen Kooperation in großer Koalition und Sozialpartnerschaft notwendigerweise die Ausgrenzung der Nichtdazugehörigen entsprach, keine geringe Leistung dar. Dazu kommt der Umstand, daß es den Grünen – anders etwa als in der Bundesrepublik – gelungen ist, dauerhaft im Parlament vertreten zu bleiben. Dazu war viel Vermittlertätigkeit notwendig, eine Mutterrolle im Kreise der jüngeren männlichen Kollegen, die Meissner-Blau mit Erfolg ausübte. Demgegenüber ist ihr Ausscheiden infolge interner Auseinandersetzungen und wohl auch aus Frustration über die an höheren Ansprüchen gemessen geringen Möglichkeiten der Durchsetzung von Politik im Parlament und über das Ausmonövrieren durch die erfahrenen Parlamentarier der großen Fraktionen nicht überzubewerten.

Klubobfrau der Grünen Freda Meissner-Blau, 1988, mit Nationalrats-Abgeordnetem Walter Geyer, Pressekonferenz in der Kanalisation unter dem Karlsplatz, Wien

Die überzeugendsten Fähigkeiten entwickelte Meissner-Blau wohl in der Rolle einer Kommunikatorin. Dies war ihr zweifellos nicht in die Wiege gelegt. „Selbstbewußtsein kann man lernen", das betraf in dieser Hinsicht auch sie selbst. Sie überwand schrittweise ihre Scheu vor öffentlichem Auftreten und erzielte ihre großen Erfolge durch ihre überzeugende Publikums- und vor allem Medienwirksamkeit, in den Antikraftwerksbewegungen, in den Wahlkämpfen, aber auch im Parlament.

Die Fähigkeiten einer Verhandlerin hat sie vor allem in ihren beruflichen Tätigkeiten erlernt. Im Parlament war sie diesbezüglich ohne Zweifel auch herausgefordert. Ihr selbst war die Tätigkeit in der Präsidialkonferenz und in den Ausschüssen nach eigener Angabe eher nicht sehr angenehm. Im Parlament war es nötig zu lernen, man mußte versuchen, die Geschäftsordnung zu beherrschen, wobei man in den anderen Fraktionen mit gewieften Kennern zu rechnen hatte, denen nicht leicht das Wasser zu reichen war. „Ich schlief damals immer mit der Geschäftsordnung unter dem Kopfpolster", erinnert sich Meissner-Blau. Dennoch sollte der Einfluß der neuen Fraktion und ihrer Obfrau nicht unterschätzt werden. Es gelang doch immer wieder, etwas durchzusetzen oder Aufmerksamkeit zu erzeugen. Das Parlament war eben, nicht zuletzt auch wegen zäher Verhandlungsführung der Grünen, nicht mehr dasselbe.

Als Organisatorin bleibt es das Verdienst von Freda Meissner-Blau, eine volle Desintegration der Fraktion verhindert zu haben. Im nachhinein sieht sie selbst klar, daß sie eine mit allen Imponderabilien einer solchen Situation behaftete Mutterrolle gegenüber den jungen Männern ihrer Fraktion gespielt hat. Diese wollten sich nicht immer mit diesem Umstand abfinden. Es gab auch zahlreiche Meinungsverschiedenheiten über Stil und Inhalte der Politik, die nicht zuletzt zum Entschluß, nach zwei Jahren auszuscheiden, beitrugen. Meissner-Blau wandte sich insbesondere gegen einen bloßen Aufdekkungsparlamentarismus. Sie wollte nicht das bestehende Regime entlarven, sondern politische Alternativen durchsetzen. Aber die Weichen für eine erfolgreiche und kontinuierliche Tätigkeit der grünen Fraktion und Partei waren gestellt.

Im nachhinein ging das Ausscheiden aus der politischen Aktivität nicht ganz so einfach vor sich, wie Freda Meissner-Blau sich das zunächst vorgestellt hatte. Sie hatte gedacht, „die brauchen die Mama nicht mehr", aber einerseits ganz auf ihre Wähler vergessen. Als sie solche auf dem Gehsteig zur Rede stellten („Wir haben Sie doch gewählt!"), verspürte sie Gewissensbisse. Andererseits fiel es ihr zunächst auch etwas schwerer, als sie erwartet hatte, auf die konstante Präsenz in der Öffentlichkeit zu verzichten. Obwohl sie es vorher immer als lästig empfunden hatte, zu allem befragt zu werden, und immer vermeiden wollte, in der „Hohlsprache der Politiker" auch etwas zu Themen zu sagen, über die sie nichts zu sagen hatte, fehlte ihr nun die kontinuierliche Aufmerksamkeit der Journalisten.

Freda Meissner-Blau hat diese Krise aber rasch überwunden. Dies umsomehr, als sie in zahlreichen internationalen Gremien und in der internationalen Umweltbewegung „auf höherer Ebene" nach wie vor als Expertin involviert ist. Auch darüber hinaus entfaltet sie noch immer eine rege publizistische Aktivität und tritt bei vielen Anlässen an die Öffentlichkeit. In dieser ist sie vielleicht noch mehr als zu ihrer politisch aktiven Zeit als fachliche und moralische Autorität anerkannt. In ihrer eigenen Einschätzung besteht ihre größte Leistung darin, daß sie 1986 eine erfolgreiche Kandidatur der Grünen Liste für das Parlament durch ihr persönliches Eingreifen ermöglichte. Es darf nicht übersehen werden, daß für Bewegungen wie die Grünen die Vertretung im Parlament die Begründung des Parteienstatus bewirkt. Damals konnten es die Grünen nur mit ihr schaffen. Später wäre es wahrscheinlich auch ohne sie gegangen. Aber wie 1968 war sie in eigener Sicht die richtige Person am richtigen Platz. Sie verfügte damals als einzige über die Glaubwürdigkeit, die auseinanderstrebenden Gruppierungen zusammenzuführen. Darin, daß ihr dies gelungen ist, sieht sie heute ihren wesentlichen Beitrag zur Politik in Österreich.

Literatur- und Quellenverzeichnis

Blau, Paul F. (1992). Wehren bewährt sich, in: Christine *von Weizsäcker* / Elisabeth *Bücking* (Hg.): Mit Wissen, Widerstand und Witz. Frauen für die Umwelt, Freiburg.

Kunz, Johannes (1991). Freda Meissner-Blau, in: Johannes *Kunz* (Hg.): Erinnerungen 2, Wien.

Lind, Karl (1988). Von der Mühsal der Ebenen und der Lust der Höhen. in: Karl *Lind* (Hg.): Nur kein Rhabarber, Wien.

Meissner-Blau, Freda (1989). Hat Hainburg die Republik verändert? in: Ingrid *Monjens* / Herbert *Rainer* (Hg.): Hainburg 5 Jahre danach, Wien.

Meissner-Blau, Freda (1990). Skizzen zu einer ökologischen Ethik, in: Anton *Graber-Heider* / Kurt *Weinke* (Hg.): Lebenswerte im Wandel, Graz.

Meissner-Blau, Freda (1993). EG und Umweltpolitik: Ein unlösbarer Widerspruch. in: Gunther *Witzany* (Hg.): Verraten und Verkauft: Das EG Lesebuch, Salzburg.

Meissner-Blau, Freda (1993), Principles of a Sustainable Economy. in: Franz *Moser* (Hg.): Sustainability – Where do we stand, Graz.

Meissner-Blau, Freda (1994). Die ökologischen Gefahren für Europa. in: Margit *Pieber* u. a. (Hg.): Europa – Zukunft eines Kontinents, Münster.

Interview mit Freda Meissner-Blau am 9. 1. 1995.

Persönliche Daten

1927	geboren am 11. 3. in Dresden
1933–1946	Volks- und Mittelschule in Linz und Wien
1947	Ausbildung zur Krankenschwester in England
1949–1953	Medizinstudium in Frankfurt
1953–1968	verheiratet mit George Pawloff, drei Kinder
1970	verheiratet mit Paul Blau

Berufliche Tätigkeiten

1953–1957	Aufenthalt in Zaire
1957–1962	Social Science Department der UNESCO, Paris
1962–1968	Generalsekretärin des Instituts für Höhere Studien, Wien
1968–1972	UNESCO und Maison des Sciences de l'Homme, Paris
1972–1974	Pressearbeit für die WIG 74, Wien
1974–1980	Bildungsreferentin der ÖMV, Wien
1980–	Freie Journalistin

Politische Funktionen

1977	Gründung der „Mütter gegen Atomenergie" und weitere Beteiligungen an der Ökologiebewegung
1986	Präsidentschaftskandidatin der Grünen
1986–1988	Klubobfrau der Grünen im Nationalrat

Franz Olah

von
Manfred Lechner

Franz Olah wurde am 13. 3. 1910 als Sohn von Ladislaus Olah und Hermine Glück in Wien geboren. Die Stationen seines Lebens reflektieren weit über Biographisches hinaus die politischen und gesellschaftlichen Brüche und dynamischen Veränderungen der österreichischen Geschichte.

Die ersten Lebensjahre verbrachte Olah in Wien, später übersiedelte er mit seinem Vater nach Laibach. Olahs Vater, ein gelernter Installateur, war Berufssoldat und, solange Krain noch zu Österreich gehörte, in der Garnisonsstadt Laibach stationiert. 1918 zog die Familie Olah nach einem kurzen Zwischenstopp in Wien nach Budapest, wo er die nächsten viereinhalb Jahre verbrachte. Die Trennung der Eltern führte Franz Olah 1923 endgültig nach Wien zurück, wo er aus Geldmangel die in Budapest begonnene Gymnasialausbildung abbrechen mußte und sich 1924 für eine Klaviermacherlehre entschied: „... weil ich schon mit sechs Jahren angefangen habe, Klavier zu spielen – und die Musik immer schon sehr gern gehabt habe" (*Salzburger Nachrichten*, 8./9. 3. 1980).

Mit dem Einstieg in die Lehre – also bereits mit vierzehn Jahren – fand er den Zugang zur Gewerkschaftsbewegung, die seine eigentliche politische Heimat wurde. Olah trat 1924 der Jugendabteilung der Gewerkschaft bei und hatte ein Jahr darauf bereits die Position eines Jugendvertrauensmannes inne. Die Arbeit in der sozialdemokratischen Partei begann er 1926, als er auch in der Sozialistischen Arbeiterjugend seines Heimatbezirks Hernals aktiv wurde. Nach Abschluß seiner Lehre arbeitete er bei verschiedenen Firmen in Wien als Klaviermachergeselle und verlor 1928 infolge der Wirtschaftskrise das erstemal seine Arbeit. Er betätigte sich daraufhin über mehrere Monate hauptamtlich als Heimleiter der Aktion „Jugend und Not" und als Werkstättenleiter der Aktion „Jugend am Werk". Olah war damit aktiver Teil der sozialdemokratischen Gegenkultur der Ersten Republik – der Konzeption der „Neuen Menschen", die durch neu akzentuierte Bildungs-, Erziehungs- und Kulturarbeit eine humanere Gesellschaft schaffen wollte.

Geprägt im sozialdemokratischen Milieu der Ersten Republik war für Olah, wie für die meisten jungen engagierten Sozialdemokraten, die Niederlage der Sozialdemokratie im Bürgerkrieg 1934 eine signifikante Weichenstellung. Konsequenterweise schloß er sich den Revolutionären Sozialisten an und zählte bereits 1934, wenn auch nicht unumstritten, zu den fünf Kreisleitern der Wiener Organisation. 1935 stieg er in das Zentralkomitee der Revolutionären Sozialisten auf. Kurz darauf, im April 1935, wurde Olah das erstemal verhaftet und zu 15 Monaten Arrest verurteilt. Im Zuge der Weihnachtsamnestie 1935 entlassen, erfolgte Ende 1937 die neuerliche Verhaftung mit nochmaliger Amnestie im Februar 1938.

Ungeachtet der harten Konfrontation mit dem „Ständestaat" gehörte Olah zu der Gruppe von Sozialisten, die Anfang 1938 mit der Schuschnigg-Regierung über eine gemeinsame Abwehr der Nationalsozialisten verhandelten. Die Rechnung dafür wurde nach dem Einmarsch der Nazis umgehend präsentiert. Olah wurde verhaftet und am 13. 3. 1938, seinem 28. Geburtstag, mit dem „Prominententransport" nach Dachau gebracht. Die gesamte Zeit der nationalsozialistischen Herrschaft überlebte Franz Olah in verschiedenen Konzentrationslagern. Verwickelt in Auseinandersetzungen innerhalb der Lager gab es oftmals Spekulationen über seine dortige Rolle. Details wurden durch einen außergerichtlichen Vergleich aber nie veröffentlicht. Olah war aber unbestreitbar unmittelbares Opfer der Nationalsozialisten, der im lebensfeindlichen Milieu der Lager Überlebensstrategien entwickelte, die ihm letztlich die Rückkehr ermöglichten.

Am 21. 4. 1945 gelang Olah schließlich die Flucht aus einem Konzentrationslager im Südharz. Nachdem er am 1. 7. 1945 endlich in Wien angekommen war, nahm er umgehend alte Kontakte zur Sozialdemokratie auf und startete in einer nach den politischen Brüchen des 20. Jahrhunderts von einer gewissen Politikmüdigkeit gekennzeichneten Zeit seine beeindruckende Karriere.

ÖGB-Präsident Johann Böhm machte Olah sofort zum Sekretär der Gewerkschaft der Bau- und Holzarbeiter, der er als Klaviermacher angehörte, und auch die Sozialistische Partei verzichtete nicht auf sein politisches Potential. Schon 1945 wurde er als Abgeordneter in den Wiener Landtag entsandt. 1947 war er bereits SPÖ-Bezirksobmann von Hernals und nahm als einer der jüngsten Gewerkschaftssekretäre an den Verhandlungen zum ersten Lohn- und Preisabkommen teil. Ein Jahr darauf übernahm er das Nationalratsmandat des aus der SPÖ ausgeschlossenen Erwin Scharf. Mit Olah löste damit ein eindeutiger Vertreter der Westorientierung in Gewerkschaft, Partei und Staat – als auch nach außen sichtbares deutliches Signal – den Repräsentanten eines integralen Sozialismus ab. Nach dem überraschenden Tod des Vorsitzenden der Bau- und Holzarbeitergewerkschaft Franz Novy wurde Olah 1949 zum Vorsitzenden der damals zweitgrößten Einzelgewerkschaft und gleichzeitig Vorstandsmitglied des ÖGB.

Das signifikante Ereignis in der politischen Karriere Olahs ist sicher der Streik gegen das 4. Lohn- und Preisabkommen im Herbst 1950. Sein Einsatz gegen die kommunistischen Aktivitäten brachte ihm den Ruf des „Retters Österreichs" und gehört ins Repertoire der unverrückbaren Bilder über die Zweite Republik.

Der nächste Karrieresprung – Olah war bereits 1953 für ein Ministeramt vorgesehen – wurde von seinen Gegnern in der SPÖ noch verhindert, 1955 wurde er aber zum Vizepräsidenten des ÖGB und 1957 zum geschäftsführenden Obmann des Parlamentsklubs der SPÖ, womit er an Schlüsselstellen in Gewerkschaft und Partei saß.

Nach dem Tod von ÖGB-Präsident Johann Böhm folgte ihm Olah 1959 in diese Position nach. Im Parlament wechselte er ins Präsidium und hatte in diesen Positionen wohl den absoluten Höhepunkt seiner Macht erreicht. Öffentlichkeitswirksam schied Olah im Herbst 1961 aufgrund eines von ihm nicht mitgetragenen Kompromisses über die Lohnsteuerreform bei den Budgetverhandlungen aus dem Parlament aus, wurde aber bei den nächsten Wahlen erneut Abgeordneter und bei der Regierungsbildung 1963 mit dem Innenressort betraut. Mit dem Wechsel ins Innenministerium legte er aber die Präsidentschaft im ÖGB zurück und gab damit seine eigentliche Hausmacht auf.

Zu diesem Zeitpunkt liefen bereits ÖGB-interne Erhebungen wegen eigenmächtiger finanzieller Transaktionen, die für einen amtierenden ÖGB-Präsidenten wahrscheinlich weniger dramatisch geendet hätten, so aber im September 1964 zu seinem Rücktritt als Innenminister und zwei Monate später zu seinem Ausschluß aus der Partei führten. Olah blieb als wilder Abgeordneter im Parlament und kandidierte 1966 mit seiner eigenen Demokratisch Fortschrittlichen Partei (DFP) wenig erfolgreich bei der Nationalratswahl. Im wegen finanzieller Unregelmäßigkeiten mit Gewerkschaftsgeldern folgenden Strafprozeß gegen Olah wurde er am 28. 3. 1969 zu einem Jahr Gefängnis verurteilt. Seit seiner Entlassung lebt er als Pensionist in Baden bei Wien.

Die Betrachtungen zu Franz Olah sind in erster Linie von den Skandalen um seine Person geprägt, die für sich betrachtet durchaus interessante Kriminalgeschichten abgeben. Wesentlicher ist aber der Umstand, daß sich rund um diese Skandale Bilder seiner politischen Arbeit und Einstellungen entwickeln lassen, die der Konstruktion politisch-kultureller Orientierungsmuster der Zweiten Republik dienen.

Franz Olah war nach 1945 für eine politische Karriere geradezu prädestiniert. Er war noch relativ jung, dynamisch und bereit, sich voll zu engagieren. Seine Biographie – der Widerstand gegen „Ständestaat" und Nationalsozialismus – wies ihn als österreichischen Patrioten aus, womit er zu der gar nicht so großen Gruppe von Politikern gehörte, die auch außenpolitisch herzeigbar waren. Als Olah 1948 das Nationalratsmandat von Erwin Scharf übertragen wurde, bereiste er gerade als ÖGB-Delegierter die USA und wurde von den amerikanischen Gewerkschaften herzlich empfangen. Das offizielle Bild Österreichs als Opfer nationalsozialistischer Aggression konnte durch Olahs Lebenslauf betont werden, und als strikter Antikommunist gewann Olah unter den amerikanischen Gewerkschaftern wertvolle Sympathien und Kontakte für die Zukunft.

Diese wurden besonders wichtig, als nach den Streiks vom Herbst 1950 eine paramilitärische Geheimorganisation zum Schutz vor kommunistischen Umsturzversuchen unter Olahs Leitung und mit der finanziellen Unterstützung amerikanischer Gewerkschaften gegründet wurde. Seine guten Kontakte und die Bereitschaft zur Überwindung der Streiks – wohl eher Legitimationskrise des ÖGB als kommunistischer Putsch –, auch Gewalt einzusetzen, qualifizierten Olah für dieses sogenannte „Sonderprojekt". Olah verfügte in diesem Szenario über geheime Konten, Tarnfirmen, Funk- und Sendeanlagen, Waffenlager und Spezialeinheiten für „den Notfall". Wie auch immer die Effektivität dieser erst mit Olahs politischem Sturz aufgelösten Organisation eingeschätzt werden mag, wird doch zuallererst ein neuer Umgang mit persönlicher Macht deutlich. Bei der Umgehung demokratischer Kontrollmechanismen durch unübersichtliche Finanzierungen zur Umsetzung persönlich formulierter politischer Ziele schreckte Olah auch vor Einschränkungen staatlicher Souveränität nicht zurück.

Gerade Olahs persönlicher politischer Stil und die Rahmenbedingungen, in denen er umgesetzt werden konnte, machen den „Fall Olah" für die politische Kultur der Zweiten Republik erst relevant. Jenseits seines einzelgängerischen Machtanspruchs war er vor allem ein Vorreiter in Fragen des Umgangs mit Medien und im populistischen Überschreiten von Lagergrenzen zur Erreichung seiner politischen Ziele. Dabei zeigte er neue Möglichkeiten und Wege der Wählerrekrutierung auf, die – verfeinert und von ihren strafrechtlichen Komponenten befreit – die Grundlage der SPÖ-Alleinregierung unter Bruno Kreisky waren. Mit guten Kontakten zur Katholischen Kirche sowie zum nationalen Lager zielte Olah auf möglichst breite Unterstützung des von ihm repräsentierten Flügels der SPÖ. Zudem setzte er sehr früh auf möglichst massive Medienpräsenz – schon 1952 nahm er unter den im *Kurier* am häufigsten genannten Politikern die vierte Stelle ein.

Als nach dem Tod von Theodor Körner die Wahl des neuen Bundespräsidenten anstand, befürchtete die SPÖ von seiten der Katholischen Kirche Polemiken gegen ihren konfessionslosen Kandidaten Adolf Schärf. Aus diesem Grund suchten einige einflußreiche Katholiken in der SPÖ, darunter maßgebend Franz Olah, das Verhältnis zur Kirche zu verbessern. Im Gespräch mit dem Wiener Erzbischof Franz König erhielten sie auch die Zusicherung, daß die Kirche sich grundsätzlich aus politischen Angelegenheiten heraushalten würde. Zum Ausgleich wurden Verhandlungen über das

Hauptanliegen der Katholischen Kirche, die Anerkennung des Konkordates von 1933 bzw. den Abschluß eines neuen Konkordates, angeboten. Der neu gewählte Bundespräsident Adolf Schärf erklärte dann die Aussöhnung mit der Katholischen Kirche u. a. zu einem seiner politischen Ziele. Die Annäherungspolitik an die Katholische Kirche löste im atheistischen Flügel der SPÖ zwar auch Widerstand aus, in ihren politischen Konsequenzen aber war die von Olah und dem ÖGB initiierte pragmatische Haltung gegenüber der Kirche im katholischen Österreich einer der entscheidenden Schritte der SPÖ auf dem Weg zur Mehrheitspartei.

Innenminister a. D. Franz Olah, 1964, einen Tag nach seinem Rücktritt, mit seinen Anhängern vor der SPÖ-Zentrale in der Löwelstraße, Wien

Einen weiteren Schritt über die Parteigrenzen hinaus setzte Olah durch seine ausgezeichneten Kontakte zum „Dritten Lager". Er knüpfte dabei an die Politik seines „väterlichen Ratgebers" Oskar Helmer an, der als Innenminister bereits 1949 die Gründung des Verbands der Unabhängigen (VdU) massiv unterstützt hatte. Nach der Umwandlung des VdU in die Freiheitliche Partei Österreichs (FPÖ) mußte die FPÖ in den ersten Jahren mit erheblichen finanziellen Problemen fertig werden. Im Herbst 1962 war es wieder einmal „sehr dringend". Die Industriellenvereinigung hatte vorübergehend ihre Spenden an die FPÖ eingestellt, sodaß Parteiobmann Friedrich Peter auf andere Finanzquellen angewiesen war. Tatsächlich erhielt er nach Anfrage bei Franz Olah eine Subvention in Höhe von einer Million Schilling zur Bezahlung der Gehälter von FPÖ-Angestellten. Der Verbleib dieses Geldes beschäftigte später die Kontrollkommission des ÖGB, da Olah ohne Wissen des Fraktionspräsidiums das Geld von einem Kredit der sozialistischen Fraktionen von fünf Einzelgewerkschaften zur Sanierung der sozialistischen Zeitung *Express* abgezweigt hatte.

Die kurz nach der Olah-Subvention abgehaltenen Nationalratswahlen brachten der SPÖ zwar einen Verlust von zwei Mandaten, durch die Verpflichtung der FPÖ konnte aber eine harte Linie bei den Regierungsverhandlungen eingeschlagen werden. Besonders in der Frage des Außenministeriums konnte Olah u.a. mit dem Spruch vom „Außenamt, das nicht am Christbaum hängt" den politischen Erfolg auf sein ganz persönliches Konto buchen. Die finanziellen Zuwendungen – aber auch Unterstützung in Fragen einer für die FPÖ-günstigen Wahlrechtsreform auf Bundesebene – öffneten Franz Olah Handlungsspielräume, die sich bis auf die Ebene von Personalfragen der FPÖ niederschlugen. So wurde der FPÖ-Fraktionsobmann im Parlament Dr. Wilfried Gredler, u.a. weil er den SPÖ-freundlichen Kurs seines Parteiobmannes nicht unterstützte, zum Gesandten beim Europarat in Strassburg bestellt. Auch sein Nachfolger im Parlament Dr. Jörg Kandutsch wurde aus dem gleichen Grund aus dem Parlament „befördert" und zum Präsidenten des Rechnungshofs berufen. Erst der Klubobmann Emil van Tongel stellte sich hinter die angestrebte SPÖ-FPÖ-Zusammenarbeit. Die dahinterstehende politische Vision einer kleinen Koalition zwischen SPÖ und FPÖ mit einem Bundeskanzler Franz Olah ließ sich zwar nicht verwirklichen, war aber wegweisend für die Duldung der Minderheitsregierung Kreisky Anfang der 70er Jahre und die 1983 doch noch gebildete kleine Koalition in Österreich.

Zu den beachtenswertesten Eigenheiten Olahs gehörte zweifellos seine Begabung, verfügbare Medien für seine politischen Ziele einzusetzen. Damit bereicherte er den politischen Stil der Zweiten Republik um einen damals in diesem Ausmaß in Österreich noch unbekannten bzw. ungenützten Faktor. In seinem populistischen Politikverständnis suchte er erfolgreich über mediengerecht an die Öffentlichkeit transportierte Aktionen, Zustimmung für seine Person zu erlangen. Schon 1950 war es ihm gelungen, sich bei der Bekämpfung des Streiks zum Medienhelden zu stilisieren. Inszenierungen für die Öffentlichkeit erfolgten u.a. auch 1961, als Olah sich bei den Budgetverhandlungen mit der gewerkschaftlichen Forderung zu Fragen der Steuerprogression nicht durchsetzte. Spektakulär legte er in einem öffentlichen Auftritt sein Abgeordnetenmandat und damit den Sitz im Präsidium des Nationalrates zurück und präsentierte sich als einziger Vertreter der Arbeiterinteressen. Besonders in Erinnerung ist auch sein Fernsehauftritt vom 28. 1. 1964, bei dem er live Akten der Staatspolizei vorlegte, die über bekannte politische Persönlichkeiten angelegt worden waren.

Der Ausbau der Sozialpartnerschaft im Raab-Olah-Abkommen am Beginn der sechziger Jahre war ein weiterer für die politische Kultur des Landes bedeutender Schritt und entsprach nicht zuletzt Olahs Neigung zu informellen, aber zielgerichteten Aktivitäten. Die konkrete politische Arbeit gestaltete Olah im Gegensatz zu seinen inszenierten öffentlichen Auftritten im wesentlichen als Einzelkämpfer, der wenige ihm ergebene und von ihm abhängige Mitarbeiter um sich sammelte. Außerdem kümmerte er sich in der Regel nicht um zuständige Instanzen in Gewerkschaft oder Partei, sondern entschied, organisierte und finanzierte aus rein persönlicher Machtbefugnis. Dabei bewegte er sich häufig in Grauzonen der Legalität und verstieß jedenfalls gegen demokratische Grundsätze und interne Ordnungs- und Kontrollprinzipien, die er in der Regel durch öffentliche Legitimation zu kompensieren suchte.

Die Gründung der *Kronen Zeitung* war der Gipfel der medienpolitischen Weitsichtigkeit des Franz Olah. Das heute mit Sicherheit einflußreichste innenpolitische Medium sollte in Olahs Konzeption als „unabhängige" Zeitung der Umsetzung seiner populistischen Zielsetzungen dienen. Olah setzte im proporzmäßig aufgeteilten Medienmarkt der 50er Jahre mit sicherem Instinkt auf einen expandierenden Sektor – eine billige Boulevardzeitung für neue Leserschichten. Und der Schlüssel zum Erfolg der *Kronen Zeitung* war jedenfalls ihre „Unabhängigkeit", die im Aufgreifen wie Initiieren von Themen in einer engen Wechselbeziehung zu den Lesern gerade der Politik Olahs entsprach. Gelöst von seiner Person wurde die *Kronen Zeitung* schließlich zum „eigentlichen Zentralorgan der SPÖ" (Fabris 1982, 395), das zwar nicht notwendig die Inhalte, aber in den 70er und 80er Jahren ihre Leser aus den Kernschichten der SPÖ rekrutierte. Trotzdem war die Gründung einer Tageszeitung ein finanziell ausgesprochen risikoreiches Unternehmen, für das Olah ohne Wissen und Zustimmung der zuständigen Gremien beträchtliche Summen des Vermögens der Bau- und Holzarbeitergewerkschaft einsetzte. Olah war es auch, der das Erfolgsteam der *Kronen Zeitung* zusammenführte. Neben dem Chefredakteur Hans Dichand, der einen Geldgeber für die Gründung der Zeitung gesucht und in Olah gefunden hatte, vermittelte er für die geschäftlichen Angelegenheiten den jungen Kurt Falk, Sohn eines Olah-Freundes aus der Bau-Holz-Gewerkschaft. Ein weiter Olah-Freund aus der Zeit im Konzentrationslager, der deutsche Kaufmann Ferdinand Karpik, diente als Strohmann für die Finanzierung der Zeitung.

Im wesentlichen waren für die Gründung der Zeitung zwei finanzielle Vorgänge wichtig. Erstens der Erwerb der Titelrechte und die Anteilsverteilung – durch Strohmänner und Treuhandverträge getarnt – der *Kronen Zeitungs*-Gesellschaft. Zweitens die Finanzierung der kapitalintensiven Anfangsphase, die über Erfolg oder Mißerfolg jeder Zeitungsgründung entscheidet. Als Sicherheiten für den dazu benötigten Kredit dienten Sparbücher der Bau-Holz-Gewerkschaft, die für diesen Zweck verpfändet wurden. Erst im Verlauf der ÖGB-internen Ermittlungen wurde die Verpfändung, die durch vorhandene Zeichnungsberechtigungen rechtlich voll gedeckt war, den zuständigen Gewerkschaftsinstanzen bekannt. Die Finanzierung der *Kronen Zeitung* blieb im Prozeß gegen Olah weitgehend ohne Folgen, war sie doch ein gewerkschaftsinternes Kontrollproblem. Die Verurteilung zu einem Jahr Haft erfolgte wegen eines eher geringfügigen Teilaspekts dieser Finanztransaktionen.

Natürlich waren Olahs Machenschaften mit Gewerkschaftsgeldern der Schwachpunkt, den seine Gegner in der Partei zu seinem politischen Sturz nützen konnten. Der Öffentlichkeit wurden allerdings nur wenige Fakten bzw. vorgeschobene Gründe für seine politische Entmachtung mitgeteilt, wodurch – in Verkennung der Bedeutung medialer Öffentlichkeit – das langlebige Bild einer reinen Parteiintrige mit dem „Opfer Olah" entstehen konnte. Jedenfalls standen sich in den frühen sechziger Jahren zwei Gruppen in der SPÖ mit unterschiedlichen Zielvorgaben gegenüber. Die „Traditionalisten" rund um Christian Broda, die die SPÖ als Weltanschauungspartei zu festigen suchten, standen einer pragmatischen, populistischen, auf Wählermaximierung zielenden Gruppe mit der eindeutigen Führerfigur Franz Olah gegenüber. Der neue medienwirksame, auf persönliches Charisma setzende Stil zum Ausbau von Machtpositionen im Staat war letzten Endes auch eine Herausforderung an das traditionelle Selbstverständnis der SPÖ. Die Konfrontation beider Gruppierungen ging im Herbst 1964 – aufgrund der nicht wegzuleugnenden Tatbestände – noch klar gegen Franz Olah aus. Der durch seinen Rücktritt und Parteiausschluß erzielte innerparteiliche Erfolg konnte allerdings nie nach außen hin umgesetzt werden. Für die Öffentlichkeit blieb der Fall Olah im großen und ganzen ein Skandal der SPÖ, der auch am Entzug politischer Loyalität ablesbar war. Mit seiner Demokratisch Fortschrittlichen Partei trug Olah dazu bei, ohne selbst ein Mandat zu gewinnen, der SPÖ bei den Nationalratswahlen 1966 die Niederlage zuzufügen, die mit zum Ende der großen Koalition beitrug.

Olahs politischer Stil – mediengerecht, pragmatisch und lagerübergreifend – nahm jedoch wesentliche Veränderungen in der politischen Kultur des Landes vorweg und führte von seinen strafrechtlichen Aspekten befreit zu den absoluten Mehrheiten der SPÖ unter Bruno Kreisky.

Am 16. 9. 1964 wurde Franz Olah aus dem gerade für einen Medienpolitiker unglaublich lächerlichen Grund der „Mitarbeit an nichtsozialistischen Presseerzeugnissen" von einem Parteischiedsgericht verwarnt und mußte deshalb am Tag darauf als Innenminister zurücktreten. Diese fadenscheinige Begründung und Olahs unverminderte Popularität führten tags darauf zu spontanen Streikaktionen von Olah-Anhängern. In Wien wurde kurzfristig sogar die Stromversorgung unterbrochen, und vor dem Parteihaus in der Löwelstraße versammelten sich demonstrierende Arbeiter, die gegen Broda, Bruno Pittermann und Anton Benya protestierten, wobei auch deutlich antisemitische Töne mitklangen.

Trotz des erzwungenen Rücktritts wurde Olah von der niederösterreichischen Landesorganisation und besonders von Bruno Kreisky weiter unterstützt und massiv im Wahlkampf für die am 25. Oktober stattfindenden Landtagswahlen eingesetzt. Bereits am 24. September war auf Olahs Antrag ein Ehrengericht der Parteivertretung eingesetzt worden, um die Vorwürfe gegen ihn zu klären. Das Erkenntnis des Ehrengerichts erhellte in erster Linie die Transaktionen rund um die Finanzierung des *Express*, umfaßte aber bereits wesentliche Teile anderer „aufklärungsbedürftiger" Angelegenheiten. Aufgrund dieses Erkenntnisses wurde Franz Olah am 3. 11. 1964 vom Parteivorstand ohne Gegenstimme aus der SPÖ ausgeschlossen und Anfang 1965 auch als Angestellter des ÖGB entlassen. Olah blieb als „wilder" Abgeordneter im Parlament und kandidierte mit seiner neu gegründeten DFP bei den folgenden Nationalratswahlen, erreichte aber mit 3,28 Prozent (knapp 150.000 Stimmen) kein Mandat. Allerdings zog er bei den Wiener Landtagswahlen vom April 1967 mit drei Mandaten für die DFP in den Wiener Landtag ein. Bei den nächsten Wahlen – Olah war aufgrund seiner Haftstrafe nicht mehr bei der DFP – gingen diese Mandate wieder verloren.

Am 30. 1. 1969 wurde schließlich der Strafprozeß gegen Olah eröffnet, der am 28. 3. mit seiner Verurteilung zu einem Jahr schweren Kerkers endete. Nach der Bestätigung des Urteils durch den Obersten Gerichtshof trat Olah im Oktober 1970 die Haftstrafe an, aus der er nach acht Monaten entlassen wurde. Seither lebt Franz Olah als Pensionist in Baden bei Wien. Als Bruno Kreisky 1974 kurzfristig die Geschäfte des Bundespräsidenten wahrnehmen mußte, konnte er die Straffolgen für Olah löschen. Franz Olah gilt seither wieder als unbescholten und bekommt seine Ministerpension vollständig ausbezahlt.

Der Öffentlichkeit blieb Franz Olah nach seinem Rückzug aus der Politik in erster Linie wegen der Mythen rund um den „kommunistischen Putschversuch", den Streik vom Herbst 1950, in Erinnerung. Das seit den späten 80er Jahren insgesamt größere Interesse an Zeitgeschichte und die damit verbundene Aufwertung von „Zeitzeugen" brachte auch Franz Olah nach langer politisch-gesellschaftlicher Abseitsposition wieder vermehrte mediale Aufmerksamkeit. An der neuen Nachfrage nach seiner Person konnte er noch einmal sein überragendes mediales Talent zur Schau stellen. Als „Insider" und *elder statesman* feierte er rund um seinen 80. Geburtstag am 13. 3. 1990 die Rückkehr als Auskunftsperson zu vielfältigen Fragen zur Geschichte der Zweiten Republik. Auch sein persönliches Verhältnis zur SPÖ hat sich inzwischen normalisiert: „Die meisten leben ja nicht mehr. Die anderen sind sehr freundlich" (*Kurier*, 18. 7. 1988).

Den Höhepunkt seiner „endgültigen Rehabilitierung" (*Die Presse*, 9. 1. 1990) erlebte Olah am 8. 1. 1990 mit der Verleihung des Großen Goldenen Ehrenzeichens der Stadt Wien durch Bürgermeister Helmut Zilk, wobei – wie sollte es anders sein – seine Verdienste bei der „Abwehr des kommunistischen Putsches" im Herbst 1950 ausgezeichnet wurden.

Jenseits aller bis heute kaum mehr vorhandenen Erinnerung an seine Aktionen in den Grenzbereichen der Legalität entstand in den 80er Jahren, getragen von den Medien, ein durchgehend positiv besetztes Bild von „Olahs liebenswürdiger Unversöhnlichkeit" (*Kurier*, 27. 9. 1982).

Literatur- und Quellenverzeichnis

Fabris, Hans Heinz (1982). Zwischen Lager-Öffentlichkeit und Telekratie. Vom schwierigen Umgang der SPÖ mit den Medien, in: Peter *Pelinka* / Gerhard *Steger* (Hg.): Auf dem Weg zur Staatspartei. Zu Geschichte und Politik der SPÖ seit 1945, Wien.

Karlhofer, Ferdinand / Eva *Lichtenberger* (1987). Franz Olah – Eine anachronistische Karriere. Zum Funktionswandel politischer Eliten in der Zweiten Republik, in: Anton *Pelinka* (Hg.): Populismus in Österreich, Wien.

Klenner, Fritz (1979). Die österreichischen Gewerkschaften. Vergangenheit und Gegenwartsprobleme, 3. Band, Wien.

Konrad, Helmut (1986). Zur politischen Kultur der Zweiten Republik am Beispiel des „Falles Olah", in: Geschichte und Gegenwart 5.

Konrad, Helmut / Manfred *Lechner* (1992). Millionenverwechslung. Franz Olah – Kronen Zeitung – Geheimdienste, Wien.

Langbein, Hermann (1982). Die Stärkeren. Ein Bericht aus Auschwitz und anderen Konzentrationslagern, Köln.

Lechner, Manfred (1991). Olah im Herbst 1950 – Das Sonderprojekt als Folge der Streikereignisse, in: Michael *Ludwig* / Klaus Dieter *Mulley* / Robert *Streibel* (Hg.): Der Oktoberstreik 1950. Ein Wendepunkt der Zweiten Republik, Wien.

Olah, Franz (1980). Als vor 30 Jahren die Kommunisten putschten, in: Politische Perspektiven.

Pleschberger, Werner (1988). Die Olah-Krise: Politische Probleme der Modernisierung des österreichischen Parteiensystems in den sechziger Jahren, in: Anton *Pelinka* / Fritz *Plasser* (Hg.): Das österreichische Parteiensystem, Wien.

Porta, Hans T. (1965). Fall Olah. Ein Symptom. Die Sozialistische Partei 75 Jahre nach Hainfeld, Wien.

Svoboda, Wilhelm (1990). Franz Olah. Eine Spurensicherung, Wien.

Lebensdaten

1910	am 13. 3. in Wien geboren
1916–1924	Schulbesuch in Wien, Laibach und Budapest
1924	Mitglied der Jugendabteilung der Gewerkschaft
1926	Mitglied der Sozialistischen Arbeiterjugend
1934–1938	Mitglied der Revolutionären Sozialisten
1935	Verurteilung zu 15 Monaten Arrest, zu Weihnachten amnestiert
1937	Neuerliche Verurteilung
1938	im Februar wieder amnestiert. Am 12. 3. von den Nationalsozialisten verhaftet, Transport nach Dachau
1938–1945	in verschiedenen Konzentrationslagern des Dritten Reiches
1964	Rücktritt als Innenminister, Ausschluß aus der SPÖ
1969	Verurteilung im Strafprozeß zu einem Jahr Gefängnis
1970–1971	Verbüßung von acht Monaten Haftstrafe
1971	Pensionist
1975	Löschung der Straffolgen
1990	Großes Goldenes Ehrenzeichen der Stadt Wien

Berufliche Karrierestationen

1924–1927	Klaviermacherlehre. 3 Klassen fachliche Fortbildungsschule
1924	Klaviermacher
1945–1965	Angestellter des ÖGB

Staatliche Funktionen

1945–1948	Abgeordneter zum Wiener Landtag und Gemeinderat
1948–1966	Abgeordneter zum Nationalrat (kurze Unterbrechung 1961–1962 bzw. während seiner Zeit als Innenminister)
1959–1961	Zweiter Präsident des Nationalrates
1963–1964	Innenminister
1967–1969	Abgeordneter zum Wiener Gemeinderat und Landtag (für die DFP)

Parteipolitische Ämter

1947–1957	Bezirksobmann der SPÖ Hernals
1948–1957	Mitglied der Parteikontrolle der SPÖ
1957–1959	Geschäftsführender Klubobmann der SPÖ im Parlament
1957–1964	Mitglied der Parteiexekutive der SPÖ
1957–1964	Mitglied des Parteivorstandes der SPÖ

Gewerkschaftliche Funktionen

1945–1949	Sekretär der Gewerkschaft der Bau- und Holzarbeiter
1949–1960	Vorsitzender der Bau-Holz-Gewerkschaft
1955–1959	Vizepräsident des ÖGB
1959–1963	Präsident des ÖGB

Friedrich Peter

von
Kurt Richard Luther

Friedrich Peter wurde 1921 in der überwiegend sozialdemokratischen „Eisenbahnstadt" Attnang-Puchheim in Oberösterreich geboren. Sein Vater war Lokomotivführer und gehörte dem Republikanischen Schutzbund an. Im weiteren Familienkreis Peters spiegelten sich die politischen Konflikte der Ersten Republik: So war Peters Großvater mütterlicherseits Großdeutscher, der mit Peters Vater eine Abneigung gegen die Habsburger teilte, jedoch nicht zum Nationalsozialismus überging, während der Bruder von Peters Mutter NSDAP-Mitglied war und von einem Heimwehrmann erschossen wurde.

Nach der örtlichen Pflichtschule besuchte Peter die Lehrerbildungsanstalt in Linz, wo er maturierte. Bereits als Siebzehnjähriger trat er im November 1938 in die NSDAP ein und meldete sich später freiwillig zur SS. Von 1941–1945 diente er (zuletzt als Obersturmführer) in der für Kriegsverbrechen berüchtigten 1. Infanteriebrigade der Waffen-SS. Obwohl Peter persönlich kein Verbrechen nachgewiesen wurde, beeinflußte die Zugehörigkeit zur SS die künftige politische Laufbahn des zu Kriegsende erst 23jährigen maßgeblich. Zunächst wurde er 1946–1947 deswegen für zehn Monate im amerikanischen Anhaltelager Glasenbach inhaftiert, was seine emotionale Identifikation sowohl mit der Frontgeneration als auch mit dem Dritten Lager nur verstärkt haben dürfte. Denn die selbsternannte Rolle der 1949 zugelassenen Partei dieses Lagers, des VdU, bestand schwerpunktmäßig in der Verteidigung nationaler und heimkehrender Österreicher (bzw. „Volksdeutscher") sowie der wegen ihrer NSDAP-Mitgliedschaft und ihres Kriegseinsatzes von „Sondergerichten" vermeintlich ungerecht benachteiligt und oder verfolgten Mitbürgern (VdU-Programme). Peters Bekenntnis zu seiner Nazivergangenheit und Kriegstätigkeit – die er nie leugnete und anfangs zuweilen als bloßes Ausüben seiner „Pflicht" beschrieb – brachte ihm den Applaus rechtsnationaler Kreise innerhalb des Dritten Lagers. Außerhalb dessen galten sie jedoch als schwere politische Hypothek, die lange zur Isolierung der FPÖ beitrugen, und viele Jahre später erwies sich Peters Mitgliedschaft in der Waffen-SS als entscheidendes Hemmnis seiner politischen Karriere.

In den ersten Nachkriegsjahren widmete er sich jedoch fast ausschließlich seiner beruflichen Karriere. Er absolvierte die Lehrbefähigungsprüfung für Volks- und Sonderschulen und war bis 1955 Volksschullehrer. Später lehrte er an einer Sonderschule in Linz, bevor er schließlich 1968 – als eine der Gegenleistungen für die FPÖ-Unterstützung der Wiederwahl von Heinrich Gleißner zum Landeshauptmann im Jahre 1967 – zum Landesschulinspektor für allgemeine Pflichtschulen Oberösterreichs befördert wurde.

Peter kam erst in den frühen fünfziger Jahren wieder in direkte Berührung mit dem Dritten Lager, und zwar über den Linzer VdU-Stadtrat Ferdinand Fastner, der ihn zur

Mitgliedschaft im oberösterreichischen Landeslehrerverein bewegte (Piringer 1982, 25f.). Es handelte sich hier um eine der vielen damals zaghaft wiedergegründeten „Traditionsvereine" (Vorfeldorganisationen) des Dritten Lagers, wovon viele sehr national waren und die dem für sie zu liberalen VdU daher oft sehr kritisch gegenüberstanden. Der Verein tagte im Grünen Salon des Linzer Schwechaterhofes, dem Treffpunkt der Nationalen (Ober-)Österreichs. Hier lernte Peter namhafte Mitglieder des Dritten Lagers wie Herbert Kraus, Viktor Reimann, Max Stendebach und Emil van Tongel kennen und wohnte oft ihren Diskussionen bei. Ausschlaggebend für Peters politisches Engagement dürfte seine sehr gute persönliche Beziehung zu Anton Reinthaller, dem künftigen ersten FPÖ-Obmann, gewesen sein. Sie verband die Freundschaft Rheinthallers mit Peters Vater, die gemeinsame SS- (Reinthaller bekleidete den Ehrenrang eines SS-Obergruppenführers) und NSDAP-Vergangenheit, wenn auch jene Reinthallers viel prominenter war. Er war Landwirtschaftsminister der Regierung Seyß-Inquart und Hitlers Unterstaatssekretär im Reichsministerium für Ernährung und Landwirtschaft gewesen, wofür er nach dem Krieg zweimal wegen Hochverrats zu Freiheitsstrafen verurteilt wurde (Stäuber 1974, 140f.).

Peters Einstieg in die aktive Parteipolitik war u.a. durch seine wachsende Überzeugung motiviert, der VdU sei als parteipolitische Vertretung des Dritten Lagers ungeeignet. Aufgrund weitgehend erfolgreicher Bemühungen der Großparteien, die Ehemaligen für sich zu gewinnen, sowie steigender interner Konflikt (z.B. Stüber-Affäre 1953), hatten VdU-Wahlniederlagen und -Auflösungserscheinungen zugenommen.

Im Februar 1955 bildete sich unter enger Mitwirkung Peters die Freiheitspartei, deren Ziel darin bestand, die „dritte Kraft" mittels einer betont nationalen Linie wieder zu sammeln (Riedlsperger 1978, 129–60). Die „Gallionsfigur" (Kraus 1988, 279) war Reinthaller, die treibende Kraft jedoch Emil van Tongel, ein NS-belasteter Wiener Apotheker, über den ein Berufsausübungsverbot verhängt worden war und der daher in Linz als Vertreter arbeitete. Peter war in vorangegangene Geheimgespräche mit der ÖVP eingeweiht und spielte in den besonders harten Verhandlungen mit dem oberösterreichischen VdU (Piringer 1982, 30f.) eine Schlüsselrolle. Bezeichnend für Peters künftigen politischen Stil war, daß er dabei eher die Reinthaller-Linie (Kompromiß), statt jene van Tongels (Konfrontation) bevorzugte. Unter dem wegen unmittelbar bevorstehender Landtagswahlen gegebenen Zeitdruck wurde ein Übereinkommen gefunden, wonach Peter zum Spitzenkandidaten der „Freiheitlichen Wahlgemeinschaft VdU, Freiheitspartei, Parteilose" nominiert wurde. Er zog am 25. 10. 1955 mit drei Parteikollegen (gegenüber bisher 10 VdU-Mandaten) in den Landtag ein, dem er bis 1966 angehörte. Im November 1955 wurde Peter oberösterreichischer Landesparteiobmann der noch in Entstehung begriffenen FPÖ, was ihm eine beträchtliche regionale Hausmacht gab.

Im Oktober 1955 war er dem Proponentenkomitee beigetreten, aus dem nach langem Ringen schließlich am 7. 4. 1956 die FPÖ hervorging. Der erst 35jährige und politisch unerfahrene Peter wurde daraufhin in den Bundesparteivorstand der FPÖ gewählt, wo er zunächst von starken Persönlichkeiten wie Wilfried Gredler, Helfried Pfeifer, Gustav Zeillinger und Jörg Kandutsch überschattet wurde, aber vor allem auch von van Tongel, der damals die eigentliche Machtquelle der Partei darstellte und Obmann-Ambitionen hegte. Nach dem Tode Reinthallers im März 1958 nominierte der Vorstand nicht van Tongel als neuen Parteiobmann, dessen unbeugsamen politischen Stil seine Kollegen nicht immer schätzten, sondern Peter, der jung war und als dynamischer Pragmatiker galt und die Unterstützung u.a. von Reinhold Huber, Heinrich Zechmann, Jörg Kandutsch und Gustav Zeillinger genoß. Am Bundesparteitag im September 1958 wurde Peter nach erst dreijähriger parteipolitischer Tätigkeit mit 207 von 224 Delegiertenstimmen unangefochten zum FPÖ-Bundesparteiobmann gewählt. Er übte diese Funktion bis zum 30. 9. 1978 aus und ist somit der bislang am längsten amtierende Obmann einer im Parlament vertretenen Partei in der Zweiten Republik.

Gemessen an den VdU-Werten von 1949 und 1953 (ca. 11% der Wähler und 16 bzw. 16 Mandate) lag die junge FPÖ sehr schlecht. Bei den Nationalratswahlen vom Mai 1956 hatte die neue Partei nur 6,5% der Stimmen und 6 Mandate gewinnen können. Die erste Wahl unter Peters Obmannschaft (1959) brachte zwar eine Verbesserung auf 7,7% und 8 Mandate, entsprach aber nicht den Erwartungen vieler Freiheitlicher, die sich aufgrund der Wiederbelebung des nationalen Gedankens einen Rückkehr zu den VdU-Erfolgen erhofft hatten. Neben Opposition zum Proporz und sonstigen Praktiken des großkoalitionären Systems waren nämlich vor allem nationale Anliegen betont worden. Mit Parolen wie „Getreu dem Eid", „Pflichterfüllung gegenüber Volk und Vaterland" u. ä. m. wurden die Interessen der Frontgeneration und die Funktion der FPÖ als Garant der Deutscherhaltung Österreichs hervorgehoben (Stäuber 1974, 150f.). Peter ärgerte sich lange über viele – wie er meinte – heuchlerische Vertreter der Großparteien (besonders der ÖVP), die privat mitunter betont nationale Positionen einnahmen, die FPÖ in der Öffentlichkeit wegen ähnlicher Argumente jedoch vehement angriffen. Als Pragmatiker mußte er jedoch bald zur Kenntnis nehmen, daß (deutsch-)nationale Themen das Ghettodasein seiner Partei nur befestigten. Diese wurde lange (und besonders von der SPÖ) als Partei der Ewiggestrigen und daher als koalitionsunfähig gestempelt, wie einst der VdU, von dem im Jahre 1953 Bundespräsident Theodor Körner behauptet hatte, er käme für eine Regierungsbeteiligung nicht in Frage.

Seine Strategie als FPÖ-Obmann wurde von dieser Erklärung Körners, welcher Peter einen tiefgreifenden negativen Erinnerungswert bescheinigt, maßgeblich geformt. Es ging ihm hauptsächlich darum, die Regierungsfähigkeit der FPÖ zu beweisen bzw. aufzubauen. In den ersten Jahren strebte er eine Zusammenarbeit mit der ÖVP an. Er tat dies teils aufgrund der Tradition bürgerlicher Koalitionen während der Ersten Republik, vor allem jedoch wegen der Andeutungen der ÖVP, deren Bundeskanzler, Julius Raab, im Jahre 1955 Reinthaller und van Tongel zur neuen Parteigründung aufgefordert hatte, man könne mit einer künftigen Zusammenarbeit mit der ÖVP rechnen. 1957 hatte die ÖVP sogar versprochen, als Gegenleistung für eine FPÖ-Unterstützung ihres Bundespräsidentschaftskandidaten – Wolfgang Denk – bis spätestens Oktober eine Wahlrechtsreform einzuleiten. Obwohl dieses Versprechen nicht eingehalten wurde, setzte Peter weiterhin vorwiegend auf die ÖVP. Vor der Wahl 1962 schienen sich wieder ernsthafte Möglichkeiten einer FPÖ-Regierungsbeteiligung zu bieten, als Alfons Gorbach anläßlich eines Grazer Sommergespräches zwischen ÖVP und FPÖ (vertreten durch Peter und Götz) eine schwarz-blaue Koalition in Aussicht stellte. Folglich wurde in der FPÖ-Wahlkampagne 1962 erstmals der Wunsch betont, in der Regierung mitzuwirken.

Um so traumatischer war es daher für Peter, als Gorbach ihm nach der Wahl mitteilte, die Grazer Vereinbarung sei von der ÖVP-Führung verworfen worden. Dazu kam, daß die Partei trotz Bewahrung ihrer 8 Mandate ca. 22.000 Stimmen verloren hatte. Peter berichtet, ihm sei zu diesem Zeitpunkt die Aussichtslosigkeit einer ÖVP-FPÖ-Kooperation klar geworden, denn die FPÖ werde von der ÖVP primär als „Rute im Fenster" verwendet. Peters Enttäuschung über die Volkspartei war ein Grund, weshalb sich bei ihm immer mehr ein Umdenken in Richtung SPÖ durchsetzte. Wegen seines Elternhauses war ihm das sozialistische Lager kein feindliches Milieu. In der Tat hatte er anläßlich seiner ersten Kundgebung als FPÖ-Obmann an die Übereinstimmung der National-Freiheitlichen der Ersten Republik mit den Sozialdemokraten in kulturpolitischen Fragen erinnert. Für seine Neuorientierung war schließlich die Beeinflussung durch zwei SPÖ-Politiker sehr wichtig, nämlich Franz Olah und vor allem Bruno Kreisky, der ihn faszinierte.

Peter hatte bereits gute private Kontakte zum ÖGB-Präsidenten Olah, der der FPÖ im Herbst 1962 aus Gewerkschaftskassen eine Million Schilling als Wahlkostenbeitrag heimlich zur Verfügung gestellt hatte. Anläßlich einer strategischen Diskussion mit van Tongel und Zeillinger wurde nun auf Vorschlag des ersteren beschlossen, die Möglichkeiten politischer Zusammenarbeit mit der SPÖ zu untersuchen. Diese Annäherungsversuche ruhten innerparteilich vor allem auf Personen, wie Tassilo Broesigke, deren nationaler Gedanke eine gewisse Sozialkomponente enthielt. Die inhaltliche Kooperation begann aber mit der Habsburgerfrage, wo FPÖ und SPÖ in einer parlamentarischen Entschließung gegen die Stimmen der ÖVP die Rückkehr Habsburgs für unerwünscht erklärten. Damit war es der FPÖ erstmals gelungen, in einer wichtigen Angelegenheit maßgeblichen politischen Einfluß auszuüben. Peters Haltung war aber nicht etwa durch die in Peters Familie tradierte Abneigung gegenüber den Habsburgern begründet, sondern durch die Überlegung, dadurch die Kluft zwischen den Koalitionspartnern vergrößern zu können.

Im Juni 1963 ermächtigte der Parteivorstand Peter und den Parlamentsklub, Verhandlungen mit der SPÖ zu führen, aber die Partei stand keineswegs geschlossen hinter dieser Strategie. Es hatte im Klub starke Opposition gegen Peters Habsburg-Linie gegeben (z.B. von Klaus Mahnert, Helfried Pfeifer und Wilfried Gredler, der seit 1956 Klubobmann war), während weitere bürgerliche Elemente wie Otto Scrinzi und Alexander Götz einer Kooperation mit der SPÖ überhaupt sehr skeptisch gegenüberstanden. Den der ÖVP zuneigenden Gredler konnte Peter mit Hilfe der SPÖ auf einen diplomatischen Posten abschieben. Daß es noch zu keinem offenen Kampf in der FPÖ kam, war auch den anscheinend vielversprechenden ersten Entwicklungen der neuen Orientierung zu verdanken. Im April 1963 hatten beide Präsidentschaftskandidaten, Raab und Schärf, positive Erklärungen zur FPÖ abgegeben. Im Laufe des Jahres gab es aus der SPÖ mehrere Stimmen, die sich positiv zur Wahlrechtsreform äußerten. Ferner erörterten Peter und Zeillinger in vielen vertraulichen Gesprächen mit Olah und Kreisky die Möglichkeiten einer SPÖ-FPÖ-Koalition, und es erschienen in den jeweiligen Parteizeitungen wohlwollende Interviews der beiden Vorsitzenden. Im Februar 1964 berichteten sogar ÖVP-nahe Zeitungen über einen SPÖ-FPÖ-Geheimpakt, wonach die FPÖ in einer SPÖ-FPÖ-Regierung angeblich den Vizekanzler sowie die Handels- und Landwirtschaftsminister stellen sollte. Im Juli 1964 wurde schließlich die mündliche Vereinbarung zur Wahlrechtsreform schriftlich fixiert. Peter war nun so optimistisch, daß er am FPÖ-Parteitag 1964 erklärte, die politische Isolation sei überwunden und die Wahlrechtsreform werde noch vor Jahresende erfolgen.

Mit der Enthüllung der „Olah-Million" im September 1964 erlitt aber die Beziehung zur SPÖ einen tiefen Rückschlag. Die FPÖ mußte auch bei den Landtags- und Gemeinderatswahlen der folgenden Monate schwere Verluste hinnehmen und büßte bei den Parlamentswahlen vom Jänner 1966 über 70.000 Stimmen und zwei ihrer acht Mandate ein. Die ÖVP bildete die erste Einparteienregierung der Zweiten Republik, womit Peters geplante Kooperation mit der SPÖ klar gescheitert war. Bereits im November 1964 waren Mahnert und Götz gegen Peter in die Offensive gegangen. Sie stellten in der Bundesparteileitung einen Mißtrauensantrag und beantragten einen außerordentlichen Parteitag, um ihn zu ersetzen. Obwohl sie den außerordentlichen Parteitag nicht durchsetzen konnten, war dies für Peter eine Zäsur. Erstens herrschte fortan zwischen ihm und Götz eine auf Gegenseitigkeit beruhende Feindschaft. Zweitens war die parteiinterne Opposition zu Peter ermutigt und er selbst geschwächt worden. Am ordentlichen Parteitag 1966 z.B. wurde entgegen dem Vorschlag des Parteivorstandes Peter-Gegner Scrinzi zum Parteiobmann-Stellvertreter gewählt, während rechtsextreme Kreise um Norbert Burger Peter heftig angriffen und sich dann als NDP abspalteten.

Dadurch fühlte sich Peter in seiner Strategie der Anpassung zwecks einer künftigen FPÖ-Regierungsbeteiligung aber nur bestätigt. Ferner hatte sich bei ihm seit 1962 allmählich der Gedanke gefestigt, aus der FPÖ eine Art FDP zu machen, die als Zünglein an der Waage fungieren konnte. Dies bedurfte u. a. einer viel differenzierteren Opposition, als sie bisher vom Klub betrieben worden war, was Peter, der ab 1966 erstmals dem Parlament angehörte, mit Unterstützung seines liberalen Klubsekretärs Mario Erschen nun einleitete. Bis 1970 war zwar noch van Tongel Klubobmann, aber Peter, der als Bundesparteiobmann ohnehin an den Klubsitzungen teilgenommen hatte, war die gestaltende Kraft. Peter blieb bei seiner SPÖ-Präferenz und pflegte seine Kontakte zu Kreisky, der 1967 zum SPÖ-Vorsitzenden gewählt wurde, unterstützte aber auch zeitweilig die ÖVP, etwa bei der Rundfunkreform (1966) oder bei Gleißners Wahl zum Landeshauptmann Oberösterreichs (1967). Peter meinte (1987 Interview), die FPÖ sei während der ÖVP-Alleinregierung jedoch „so an der Wand wie nie zuvor“ gewesen, da man jahrelang die bürgerliche Gemeinschaft beschworen, unter Bundeskanzler Josef Klaus aber unmißverständlich zu spüren bekommen hätte, daß seitens der ÖVP eine Zusammenarbeit unerwünscht sei. Dadurch sei die FPÖ-Führung verbittert und zu einer weiteren Annäherung an die SPÖ motiviert worden.

FPÖ-Obmann Friedrich Peter, 1975, Stellungnahme zur Veröffentlichung seiner Tätigkeit in der SS durch Dipl.-Ing. Simon Wiesenthal

Dennoch ließ sich Peter 1970 zum schicksalsschweren Wahlspruch überreden, es werde nach der Wahl „keinen roter Kanzler und kein schwarzes Österreich“ geben, was er als den größten Fehler seiner Obmannschaft bezeichnet (Interview 1987). Die Parole wurde ihm u. a. von Götz und Scrinzi aufgedrängt, was seine bereits schlechte Beziehung zu ersterem weiter verschärfte, denn damit war es nach dem unerwarteten Ausgang der Wahl (einer relativen SPÖ-Mehrheit) unmöglich gemacht worden, die von Peter begehrte Regierung mit Kreisky zu bilden. Statt dessen mußte er sich mit einer parlamentarischen Koalition abfinden, wofür die FPÖ von der ÖVP und den Medien als „Steigbügelhalter der SPÖ" bezeichnet wurde, was parteiintern für Peter mehr und mehr zur Belastung wurde. Andererseits stellte die inhaltliche Zusammenarbeit (z.B. bezüglich des Budgets) einen äußerst wichtigen Lernprozeß für die FPÖ dar, innerhalb derer sich die erste Gelegenheit bot, Verantwortungsbewußtsein zu beweisen. Diese Periode gilt für Peter als die Phase des Ausbruches aus dem politischen Ghetto (Interview 1987). Die FPÖ erzielte auch endlich eine Wahlrechtsreform, womit ihre leichten Stimmenverluste bei der vorverlegten Wahl von 1971 wegen gleichzeitiger Vergrößerung ihrer Mandatsanzahl (auf 10) verschleiert wurden. Da aber die SPÖ unerwartet die absolute Mehrheit errungen hatte, kam eine FPÖ-Regierungsbeteiligung wieder nicht zustande. Dies war für Peter freilich eine Enttäuschung, wurde jedoch dadurch gemildert, daß die SPÖ der FPÖ weiterhin Zugang zu Regierungsinformationen gewährte. Es gab z.B. eine persönliche Kooperation mit dem jeweiligen Innenminister, der Peter über rechtsradikale Bedrohungen in den eigenen Reihen informierte, so daß er rechtzeitig gegen radikale Auswüchse agieren konnte (z.B. Klement-Affäre 1973).

Daß das ehemalige Mitglied der Waffen-SS nun diese Kooperation suchte, bezeugt eine grundlegende politische Umorientierung. Dies wurde von namhaften Politikern aller Parteien als echter Gesinnungswandel bewertet, was wiederum Peters Rolle als Verhandler mit den anderen Lagern begünstigte. Peter widmete seine ganze Obmannschaft hindurch seiner Rolle als Verhandler sehr große Aufmerksamkeit und war stets bedacht, seine Partei in die politische Mitte zu führen. Er verfolgte seine Annäherungsstrategie vor allem durch persönliche Gespräche, in denen er zum Teil sehr gute Beziehungen zu Politikern anderer Lager aufzubauen vermochte. Zwischen Peters parteiexternen Rolle und seiner Kommunikationsrolle im eigenen Lager bestand jedoch eine eindeutige Spannung. Er mußte nämlich seine externen Gesprächspartner davon überzeugen, daß die FPÖ unter seiner Führung den rechtsnationalen und autoritären Gedanken endgültig den Rücken gekehrt hatte, konnte es sich aber nicht leisten, die innerparteilichen rechtsnationalen Elemente zu entfremden. Peter hat jahrelang bewußt liberale Ideen in seine Reden eingebaut und trat für das Zurückdrängen des nationalen Gedankens zugunsten einer Liberalisierung ein. Von vielen im eigenen Funktionärskader wurden seine liberalen Beteuerungen aber als nach außen gerichtete opportunistische Tarnung abgetan, zumal Peter z.B. weiterhin die jährlichen SS-Treffen besuchte, wenngleich er diese Gelegenheit immer öfter dazu nutzte, dort vertretene Einstellungen zu kritisieren. Zusammenfassend kann behauptet werden, daß es Peter eher gelungen ist, seine Gesprächspartner außerhalb des eigenen Lagers von seinem politischen Umdenken zu überzeugen, als die ganze Partei für die Liberalisierung zu gewinnen. Dennoch konnte er wichtige programmatische Änderungen vollziehen.

Erster wichtiger Schritt einer programmatischen Umorientierung war das Salzburger Bekenntnis (1964), in dem erstmals auf die liberale Tradition des Dritten Lagers hingewiesen wurde. Danach kam das Bad Ischler Programm (1968), das als Kompromiß mit den konservativen Kräften entstand und daher zwar ein Bekenntnis zur österreichischen Republik, aber weder eine Betonung des Liberalismus noch eine Akzeptanz der Neutralität enthielt. Peters programmatischen Reformen standen parteiintern anscheinend unüberwindbare Schwierigkeiten im Spannungsverhältnis österreichische Nation – deutsche Nation gegenüber. Eine Taktik, die er nützlich fand, war die Betonung des sozialen Liberalismus, wofür nationale Elemente größeres Verständnis zeigten. Peter mußte sich aber dauernd fragen, wie weit er in der Liberalisierung gehen konnte, und befand die Reaktion der Linzer Burschenschafter als nützlichen Indikator. Wurde er hier stark angegriffen, so übte er eine Zeitlang Zurückhaltung. 1973 kam der nächste Schritt in Form des unter Broesigkes Vorsitz entworfenen „Freiheitlichen Manifests". Offiziell kein Parteiprogramm und auf Gesellschaftspolitik beschränkt, stellte es dennoch einen wichtigen Meilenstein der FPÖ-Liberalisierung dar. Da der Liberalismus während der Kreisky-Jahre ohnehin eine stärkere öffentliche Betonung erfuhr und vor allem gesellschaftspolitisch gedeutet wurde, diente die programmatische Innovation auch Peters Plänen zur Zusammenarbeit mit der SPÖ.

Die programmatischen Reformbestrebungen hatten den parteiinternen Mangel an Konzepten und intellektuellen Kapazitäten gezeigt, weshalb sich Peter bemühte, die liberalen Kontakte der Partei zu erweitern. Einerseits baute er internationale Beziehungen zu liberalen Organisationen auf, vor allem zur FDP. Es wurden z.B. Thomas Dehler und Walter Scheel zum Parteitag 1964 eingeladen, und die FPÖ beteiligte sich ab 1965 an den Internationalen Liberalen Bodenseetreffen. Peter stellte auch Kontakte zur Liberalen Internationale her, Mitglied konnte die FPÖ aber erst unter seinem Nachfolger Götz werden. Andererseits bemühte er sich, junge Kräfte für die Partei zu rekrutieren. Vor allem über den RFS, der eben eine Blütezeit erfuhr, und über den 1971 gegründeten Atterseekreis kamen Personen wie Norbert Steger, Friedhelm Frischenschlager, Helmut Kabas u.a.m. zur FPÖ und bildeten eine Art „Jungtürken"-Gruppe. Über Peters ursprüngliche Einstellung zum Atterseekreis gehen die Meinungen auseinander. Nachdem sich aber namhafte Mitglieder nicht mehr damit begnügen wollten, einen intellektuellen bzw. ideologischen Beitrag zu leisten, sondern eine Strategie der Machtergreifung verfolgten (zunächst innerhalb der Landesgruppe Wien), ging Peter zu manchen von ihnen klar auf Distanz, wie zu Steger, den Peter persönlich für die FPÖ rekrutiert hatte.

Denn die Bemühungen der „Jungtürken" bedrohten seine seit 1964 ohnehin prekäre innerparteiliche Machtposition. In der dezentralisierten und von starken persönlichen Rivalitäten gekennzeichneten Honoratiorenpartei beruhte Peters Macht auf Allianzen, mit denen er sich gegen die Gefahr vor allem seitens der Steirischen und Tiroler Landesgruppen absicherte: Wichtig war seine Obmannschaft der mitgliederstärksten Landesgruppe Oberösterreich. Konsequente Unterstützung erhielt er von der kleinen, liberalen Landesgruppe Vorarlberg. Zeillinger, stets ein enger und loyaler Verbündeter Peters, vermochte die latente Kritik der Salzburger Landesgruppe in Peters Sinne umzustimmen, während Broesigke, der Götz als Populist betrachtete, die Stimmen Wiens sicherte. Dazu kam, daß Peter in schwierigen Situationen fast immer mit den Stimmen der Kärntner Landesgruppe rechnen konnte, die zwar national gesinnt war, aber (noch) nicht gegen ihn mobilisierte.

Es war hauptsächlich dieser innerparteilichen Situation zu verdanken, daß Peter während seiner ganzen Obmannschaft verpflichtet war, in seiner Rolle als innerparteilicher Organisator ausgleichend zu wirken. Peters politischer Stil war sehr formelhaft. Er bereitete sich sehr genau und zum Teil pedantisch auf Gremien vor und hatte genaue Vorstellungen über die Rolle eines Mandatars, was im Klub mitunter zu scharfen Auseinandersetzungen mit Kollegen führte, von denen er meinte, sie würden ihre Verpflichtungen nicht ernst genug nehmen. Es kann gut sein, daß er gerne noch mehr autoritär hätte agieren wollen, aber mit Kollegen wie etwa Zeillinger war dies nicht möglich. Peter war also nicht immer freiwillig konziliant, sondern war verpflichtet, als *primus inter pares* zu wirken. Die Effektivität von Peters innerparteilicher Organisationsarbeit läßt sich daran ablesen, daß er es schaffte, 20 Jahre lang Obmann zu bleiben und es durch Koordinierung und Überredung vermochte, z.B. die im Klub vertretene Sammlung von Einzelgängern zusammenzuhalten.

Peters Schwierigkeiten, sich parteiintern zu behaupten, nahmen langsam zu. Erstens vermochte er keinen wirklichen Wahlerfolg zu erbringen, sondern verwaltete einen langsamen Rückgang des FPÖ-Wähleranteils, was die Funktionäre entfremdete, die Wahlsiege weitgehend als Selbstzweck und nicht als Mittel zur Politikverwirklichung betrachteten. Zweitens konnte Peter nie die vielbeschworene Regierungsbeteiligung der FPÖ erreichen, so daß es von Parteitag zu Parteitag immer schwieriger wurde, die Unterstützung der Delegierten zu erhalten. Schließlich standen Peter parteiintern nicht mehr bloß seine alten, um Götz gescharten Widersacher gegenüber: Es hatte sich in den 70er Jahren eine zusätzliche und ungeduldige alternative Führungsgruppe entwickelt, jene der – von Peter zunächst unterstützten – jungen liberalen Kräfte.

Die Weichen zu Peters Ablösung als Obmann im Jahre 1978 wurden bereits 1975 und 1976 gestellt. Erstens hatte die FPÖ bei den Oktoberwahlen 1975 stagniert und war angesichts der absoluten SPÖ-Mehrheit als Regierungspartner entbehrlich geblieben. Wenige Tage danach publizierte Simon Wiesenthal Details über die von der Waffen-SS-Einheit, der Peter angehört hatte, im Zweiten Weltkrieg verübten Verbrechen. Peter wurde zwar durch Kreisky verteidigt, diese Veröffentlichung und die ihr folgende Diskussion machten ihn aber unglaubwürdig und aktionsunfähig. Paradoxerweise war es der „Rechtsaußen" Scrinzi, der ihn innerhalb der FPÖ zuerst angriff und zum Rücktritt aufforderte. Ihm folgten im Laufe der folgenden Monate die jungen Liberalen, die Peter am Bundesparteitag vom September 1976 dann auch stark attackierten. Peter wurde zwar wiedergewählt, aber nur mit 74% der Stimmen (1974 93%). Da seine politische Autorität damit stark untergraben worden war, erklärte Peter bald danach, er würde 1978 nicht wieder kandidieren. Peter blieb bei dieser Festlegung und mußte zusehen, wie sein alter Rivale, Alexander Götz, 1978 zum neuen FPÖ-Obmann gewählt wurde.

Unter Götz brachte die Nationalratswahl 1979 der FPÖ zwar einen gewissen Erfolg (6,06%, d.h. plus 37.000 Stimmen und ein Mandat), aber keinen Durchbruch, zumal auch die SPÖ auf Kosten der ÖVP Stimmen und Mandate hinzugewann. Nun erneuerte sich die Peter-Steger-Achse, die auf einen Wechsel in der Parteiführung und auf eine Wiederbelebung der SPÖ-orientierten, liberalen Strategie drängte. Peter führte den innerparteilichen Kampf gegen Götz aus seiner starken Position im Parlamentsklub. Der Konflikt eskalierte, und als es Götz nicht gelang, Peter als Klubobmann zu entfernen, legte Götz zunächst sein Nationalratsmandat und am 1. 12. 1979 auch die Obmannschaft der FPÖ zurück.

Mit Stegers Nominierung am 16. 12. 1979 und seiner – wenn auch knappen – Wahl zum FPÖ-Obmann am 2. 3. 1980 stieg Peters innerparteilicher Einfluß wieder. Denn als Parteiobmann entwickelte Steger Peters Strategie der Liberalisierung weiter und bemühte sich auch wieder, mit der SPÖ in eine Regierung zu kommen. Dafür waren Peters seit Jahrzehnten mühsam aufgebaute politische Beziehungen unerläßlich. Sie beschleunigten Stegers Akzeptanz durch den SPÖ-Vorsitzenden Kreisky. Bei der Nationalratswahl 1983 erzielte die FPÖ ihren bislang niedrigsten Stimmenanteil (4,98%), konnte aber aus wahlarithmetischen Gründen ein zwölftes Mandat gewinnen. Vor allem gelang es ihr endlich, die seit über 25 Jahren von Peter angestrebte Regierungsbeteiligung zu realisieren. Peter wurde selbstverständlich in die Koalitionsverhandlungen einbezogen, in denen er eine Schlüsselrolle ausübte. Angesichts der neuerlichen Thematisierung seiner Vergangenheit verzichtete er auf die Kandidatur der für ihn vorgesehenen Position des Dritten Nationalratspräsidenten. Er blieb Klubobmann, verhielt sich Steger gegenüber sehr loyal und war vehementester Bekämpfer von dessen Widersacher, Jörg Haider, den er z.B. am Bundesparteitag 1984 offen kritisierte. Im Frühjahr 1985 beantragte er sogar (wenn auch vergebens), Haiders Parteiausschluß wegen parteischädigenden Verhaltens. Als der nunmehr 65jährige dann im April 1986 in den

Ruhestand trat, nominierte ihn Handelsminister Steger als Aufsichtsratspräsident der Verbundgesellschaft. Peter wurde von Haider sofort wegen dieser „politischen Versorgung" heftigst angegriffen, er blieb jedoch bis Ende 1987 auf diesem Posten. Nach Haiders Wahl zum FPÖ-Obmann legte Peter sofort seine verbliebenen Parteifunktionen zurück und war nun einfaches Mitglied der Ortsgruppe Großweikersdorf in Niederösterreich.

Seit seinem Rückzug aus der Parteipolitik trat Peter bisher nur dreimal politisch auf. Im Dezember 1988 wurde ein Privatbrief Peters veröffentlicht, in dem er Haider „Polit-Dreckschleuderei" vorwarf und behauptete, es seien Partei und Klub „ein Saustall" geworden. Haider erwiderte, Peters Bemerkungen würden dem „Neid eines ewig Erfolglosen" entstammen (z.B. *Arbeiter-Zeitung,* 16. 12. 1988). 1991 bezeichnete er Haiders Äußerungen zur „ordentlichen Beschäftigungspolitik" des Dritten Reiches als „beschämende Entgleisung" und forderte das Parteipräsidium auf, ihn abzulösen. Im September 1992 trat Peter schließlich mit Hinweis auf Haiders Anti-EG-Kurs aus der FPÖ aus, wozu Haider meinte, es gebe keinen Grund für eine „Verlustanzeige" für jemanden, der sich als SPÖ-Wahlhelfer betätigt habe. Diese wechselseitige Feindschaft ist weitgehend dadurch zu erklären, daß – aus Peters Sicht – Haiders aggressive Strategie sein politisches Lebenswerk zu zerstören droht. Peter war nämlich seit den 50er Jahren konsequent für den Konsens statt den Konflikt eingetreten und hat bereits 1986 jede Diskussion einer „Dritten Republik" abgelehnt (Peter 1986, 74–77). Nach Peters Einschätzung hat die konfliktträchtige Haider-Linie trotz ihrer spektakulären Wahlerfolge die Partei weiter denn je von der Möglichkeit entfernt, Politik zu gestalten. Wer die richtige Strategie verfolgt(e), sei dahingestellt.

Peter ist nicht sehr lange im Bewußtsein des Publikums geblieben, und sein Beitrag zur Zweiten Republik bleibt umstritten, auch wenn er unter professionellen Politikbeobachtern nun ein positiveres Image genießt als während seiner politischen Karriere. Für viele seiner Mitstreiter stellt Peter eine tragische Figur dar. Trotz einer wirklichen ideologischen Umorientierung, die es ihm erlaubte, über seinen eigenen politischen Schatten zu springen, blieb Peter hauptsächlich wegen seiner belasteten Vergangenheit die Krönung seines Lebenswerkes verweigert. Er konnte auch nicht die heroischen Wahlerfolge eines Haiders erbringen, obwohl nicht übersehen werden darf, daß Peter in einer Zeit agierte, in der das politische Geschehen noch immer stark vom Lagerdenken und -handeln geprägt war und aufgrund der gesellschaftlichen Versäulung kaum Wechselwähler vorhanden waren.

Andererseits ist rückblickend nun auch deutlich, daß Peter über Jahre hinweg eine sehr wichtige, von seinen Zeitgenossen oft unterschätzte oder mißverstandene politische Funktion ausübte. Weitgehend seiner Strategie der kleinen, nachhaltigen Schritte war es zu verdanken, daß sich seine eigene, ursprünglich dazu keineswegs bereite Partei in Richtung Liberalismus bewegte. Daß dies nur zaghaft voranging und unvollständig gelang, kann wohl als Maß der Schwierigkeit des Unternehmens gewertet werden. Ohne Peter wäre aber selbst diese Entwicklung wahrscheinlich überhaupt nicht eingetreten. Ein Resultat war die Bildung der ersten und bislang einzigen kleinen Koalition der Zweiten Republik. Peters Beitrag geht jedoch über sein eigenes Lager hinaus. Durch seine beharrlichen Verhandlungen mit den anderen Lagern (vor allem mit der SPÖ) ist es ihm gelungen, das zunächst der Zweiten Republik weitgehend entfremdete Dritte Lager für diesen Staat zu gewinnen.

Literatur- und Quellenverzeichnis

Kraus, Herbert (1988). „Untragbare Objektivität". Politische Erinnerungen 1917 bis 1987, Wien.

Peter, Friedrich (1979). Freiheitliche Standortbestimmung, in: Freie Argumente. Freiheitliche Zeitschrift für Politik 11.

Peter, Friedrich (1984). Grundsätze liberaler Kulturpolitik, in: Freie Argumente. Freiheitliche Zeitschrift für Politik 11.

Peter, Friedrich (1984). Die erste Kleine Koalition in der Zweiten Republik. Vorgeschichte, Zwischenbilanz und Ausblick, in: Europäische Rundschau 12, Nr. 1.

Peter, Friedrich (1986). 30 Jahre Freiheitliche Partei Österreichs, in: *Freiheitliches Bildungswerk* (Hg.): 30 Jahre Freiheitliche Partei Österreichs. Festakt der FPÖ am 7. April 1986 im Palais Auersperg in Wien, Schriftenreihe des Freiheitlichen Bildungswerkes, Nr. 18, Wien.

Piringer, Kurt (1982). Die Geschichte der Freiheitlichen. Beitrag der Dritten Kraft zur österreichischen Politik, Wien.

Reimann, Viktor (1980). Die Dritte Kraft in Österreich, Wien.

Reiter, Erich (1982). Programm und Programmentwicklung der FPÖ, Wien.

Riedelsperger, Max (1978). The Lingering Shadow of Nazism: the Austrian Independence Movement since 1945, New York.

Stäuber, Roland, (1974). Der Verband der Unabhängigen (VdU) und die Freiheitliche Partei Österreichs (FPOe). Eine Untersuchung des Deutschnationalismus als Einigungsfaktor einer politischen Partei in Österreich seit 1945, St. Gallen.

Interview mit Friedrich Peter (1987, geführt von Wolfgang C. Müller) und 80 Interviews mit FPÖ-Politikern im Zeitraum 1985–1994.

Lebensdaten

1921	am 13. 7. in Attnang-Puchheim, Oberösterreich, geboren Pflichtschule und danach Lehrerbildungsanstalt, Linz
1938	Mitglied der NSDAP
1941–45	Wehrtätigkeit, zuletzt als Obersturmführer beim 10. Regiment der 1. Infanteriebrigade der Waffen-SS in Rußland
1946–47	10 Monate im amerikanischen Anhaltelager Glasenbach inhaftiert
1955	Mitbegründer der Freiheitspartei (mit Reinthaller und van Tongel)

Berufliche Karrierestationen

1945	Lehrbefähigungsprüfung für Volks-, Haupt- und Sonderschulen
1945–1968	Volks- und Sonderschullehrer in den politischen Bezirken Kirchdorf an der Krems und Linz-Stadt
1968	Landesschulinspektor für allgemeine Pflichtschulen Schriftleiter der Zeitschrift des österreichischen Lehrerverbandes
1986–87	Aufsichtsratspräsident der Verbundgesellschaft

Staatliche Funktionen

1955–1966	Abgeordneter zum oberösterreichischen Landtag
1966–1986	Abgeordneter zum Nationalrat

Parteipolitische Ämter

1955/6–1972	Landesparteiobmann der FPÖ Oberösterreich
1958–1978	Bundesparteiobmann der FPÖ
1970–1986	Klubobmann der FPÖ-Nationalratsfraktion

Weitere Funktionen

Mitglied des Kuratoriums des Österreichischen Rundfunks

Bruno Pittermann

von
Wolfgang C. Müller

Bruno Pittermann wurde 1905 in Wien als Sohn einer typischen sozialdemokratischen Familie geboren. Sein Vater war ursprünglich manueller Arbeiter (Wagnergehilfe) in Steyr gewesen, war als politisch gemaßregelter Gewerkschafter im Alter von 35 Jahren nach Wien gekommen und dort Krankenkassenangestelllter geworden. Bruno Pittermann besuchte das humanistische Gymnasium (Matura 1924) und studierte anschließend mit ausgezeichnetem Erfolg Geschichte und Geographie. Sein Studium finanzierte er durch das Erteilen von Nachhilfeunterricht.

Pittermanns Verwurzelung im sozialdemokratischen Milieu führte gewissermaßen automatisch zum Engagement im Rahmen sozialdemokratischer Jugendorganisationen. Mit 18 Jahren trat er der SDAP bei und wurde Obmann der Sektion Universität des Verbandes der Sozialistischen Studenten. So kam er in Kontakt mit dem damaligen Klubsekretär der Sozialdemokratischen Partei, Adolf Schärf, der Pittermanns Weg bis in die Positionen des Parteivorsitzenden und Vizekanzlers maßgeblich beeinflussen sollte. Pittermann selbst sprach von „einem engeren und tieferen Verhältnis", als es zwischen einem Angehörigen der politischen Hierarchie (Schärf) und einem Anfänger (Pittermann) üblich sei (Stadler 1982, 107). Nach Abschluß seiner Studien war Pittermann wenige Monate Lehrer für humanistische Fächer an der Technischen Lehranstalt in Wien X. Auf Rat von Schärf begann Pittermann 1929 nebenher das Studium der Rechts- und Staatswissenschaften. Im selben Jahr trat Pittermann auf Schärfs Vermittlung eine Position in der Arbeiterkammer Kärnten an, wo er zuerst im Bildungs- und Bibliothekswesen, dann in der Sozialpolitik-Abteilung tätig war. Parallel dazu führte Pittermann sein parteipolitisches Engagement weiter, als Obmann der Sozialistischen Jungfront und der Kärntner Kinderfreunde; seine Frau Maria war als Vorsitzende des sozialdemokratischen Frauenkomitees Klagenfurt ebenfalls fest im sozialdemokratischen Organisationsleben verankert.

1934 war auch für Pittermann ein tiefer Einschnitt: Er wurde für kurze Zeit inhaftiert und von seiner Position in der Arbeiterkammer entfernt. Pittermann kehrte zurück nach Wien, wo er nach längerer Arbeitslosigkeit eine Anstellung als HTL-Lehrer für Geschichte, Geographie und Deutsch fand. Nebenher führte er sein Jus-Studium fort und betätigte sich bis 1938 politisch illegal im Rahmen der Revolutionären Sozialisten. Unter nationalsozialistischer Herrschaft wurde er 1938 abermals aus dem Beruf entlassen, die Nazis verhinderten aus politischen Gründen auch seine Promotion zum Dr. iur., ebenso seine Zulassung als Rechtsanwaltsanwärter. Bis 1944 brachte Pittermann sich und seine Frau, die aus rassischen Gründen besonders gefährdet war, als Mitarbeiter in der Kanzlei eines befreundeten Rechtsanwalts durch. Die Verbindung zu Schärf, der als Anwalt, ohne Verdacht zu erregen, kontaktiert werden konnte, riß auch in dieser Zeit nicht ab. 1944 wurde Pittermann ausgebombt und tauchte schließlich mit seiner Frau in Oed bei Amstetten unter, wo er bis Kriegsende als „U-Boot" lebte.

Nach der Befreiung wurde Pittermann Sekretär von Staatssekretär Johann Böhm, dem Leiter des Staatsamtes für Soziales in der Provisorischen Staatsregierung. Angesichts des völligen Fehlens politisch der SPÖ nahestehender Beamter handelte es sich um eine Position, deren Bedeutung weit über die eines heutigen Minister-Sekretärs hinausging. Pittermann wurde 1945 auch Beamter im Sozialressort, eine Position, die er als Zivilberuf über seine ganze politische Karriere beibehielt. Im Sozialressort bereitete Pittermann die Wiedererrichtung der Arbeiterkammern durch Gesetz vor und übersiedelte, nachdem dies geschehen war, in die Arbeiterkammer Wien. Als Erster Sekretär, eine dem heutigen Kammeramtsdirektor entsprechende Position, wirkte Pittermann maßgeblich am Aufbau dieser Kammer mit. 1945 wurde er auf einem Restmandat im Wahlkreis Wien in den Nationalrat gewählt; bis 1971 gehörte Pittermann ununterbrochen dem Nationalrat an, wobei er verschiedene Mandate innehatte, zuletzt eines des oberösterreichischen Hausruckviertels.

Abermals war es Schärf, nunmehr Vorsitzender der SPÖ, der die Weichen für Pittermanns Karriere stellte. Er wählte Pittermann als Begleiter für seine wichtige Großbritannien-Reise im Jahre 1946 (Stadler 1982, 241) und machte ihn schließlich 1948 zum Klubsekretär der SPÖ-Parlamentsfraktion. Damit war er Nachfolger von Schärf, der diese Position in der Ersten Republik innegehabt hatte. Klubobmann war damals Schärf, der aber als Parteivorsitzender und Vizekanzler stark belastet war; 1949 wurde Pittermann zum geschäftsführenden Klubobmann befördert und damit auch formell zu dem, was er als „der Motor und der Kopf der parlamentarischen Arbeit der SPÖ" (Fischer) de facto schon gewesen war.

1957 wurde Schärf, der im 67. Lebensjahr stand, zum Bundespräsidenten gewählt und mußte daher aus der Parteiführung ausscheiden. Er war von einer Gruppe von „Jungtürken" in der SPÖ-Spitze (Pittermann, Franz Olah, Felix Slavik, Bruno Kreisky, Eduard Weikhart, Christian Broda u. a.) zur Kandidatur gedrängt worden, nicht zuletzt, weil diese einen Generationswechsel an der Parteispitze herbeiführen wollten. Zu diesem Zeitpunkt war Pittermann ein Angehöriger der engsten Parteispitze; er war in der Wiener Parteiorganisation, wo er seit 1950 stellvertretender Obmann war, im Gewerkschaftsflügel der SPÖ und natürlich im Parlamentsklub fest verankert. Für den britischen Labour-Politiker Denis Healey war er „der hervorstechendste unter den jüngeren Parteiführern" der SPÖ (zit. nach Stadler 1982, 374).

Pittermann wurde von den drei größten Landesparteiorganisationen (Wien, Niederösterreich und Steiermark) als neuer Parteivorsitzender und Vizekanzler nominiert und vom engsten Führungsgremium, der Parteiexekutive, als einziger Kandidat bestätigt. Die anderen Landesparteiorganisationen plädierten aber für eine Funktionstrennung, wobei sie Ernst Koref als Vizekanzler und Karl Waldbrunner als Parteivorsitzenden vorschlugen. Mit der Unterstützung von Schärf, der in der entscheidenden Sitzung der Parteivertretung, dem größeren SPÖ-Führungsgremium, an die wenig fruchtbare De-facto-Trennung von Staats- und Parteifunktionen in der Ersten Republik (Renner vs. Bauer) erinnerte, setzte sich schließlich die Beibehaltung der Personalunion mit einer Mehrheit von etwa zwei Dritteln durch. Da die Kandidatur von Koref nun zurückgezogen wurde, wurde Pittermann bei einer Gegenstimme und einigen Stimmenthaltungen zum Parteivorsitzenden gewählt. Von dieser Kontroverse drang jedoch nichts nach außen, und schon wenige Monate später, am Parteitag 1957, waren die Reihen der SPÖ-Führung wieder dicht geschlossen: Pittermann, seine Stellvertreter und die Parteiexekutive wurden in der Parteivertretung einstimmig gewählt.

Als Parteivorsitzender war Pittermann beim Amtsantritt mit einer gewissen Stagnation konfrontiert. Die SPÖ hatte seit 1945 von Wahl zu Wahl ihre Position verbessert und 1953 die ÖVP an Wählerstimmen übertroffen. Zwar war auch 1956 der Stimmenanteil der SPÖ geringfügig gewachsen, die ÖVP hatte aber wieder einen Vorsprung von fast 3% erzielen können. Diese wahlpolitische Stagnation spiegelte nur die innere Stagnation wider, in welche die SPÖ in den letzten Jahren unter dem Vorsitz Schärf geraten war. Schärf war wohl der beste Vorsitzende, den seine Partei – aber auch das Land – in der schwierigen ersten Nachkriegsdekade haben konnte; daß die SPÖ unter seiner durch Stabilität und Kontinuität gekennzeichneten Führung den innerparteilich ersehnten Durchbruch zur führenden politischen Kraft schaffen würde, erwartete aber kaum mehr jemand.

Pittermann leitete sofort eine erste Modernisierung der Parteiorganisation ein. Unter seiner Führung begann die SPÖ, die modernen Techniken der politischen Meinungsforschung und Werbung einzusetzen; als Konsequenz stiegen die Propagandaausgaben von etwa 5% auf fast ein Drittel des Parteibudgets. Um die personelle Erneuerung des Abgeordnetenklubs zu erreichen, drängte Pittermann auf eine Reduzierung von Mehrfachfunktionen und setzte eine Altersklausel von 65 Jahren für öffentliche Ämter durch, die allerdings nur Empfehlungscharakter hatte.

Pittermann leitete auch eine programmatischen Erneuerung der SPÖ ein. An die Stelle des Linzer Programms von 1926 und des Aktionsprogramms von 1947 sollte ein neues Parteiprogramm treten, dessen Grundlinien Pittermann 1957 andeutete. Der Programmentwurf wurde von einer vierköpfigen Kommission (Benedikt Kautsky, Fritz Klenner, Bruno Kreisky, Alois Piperger) ausgearbeitet, traf aber auf großen innerparteilichen Widerspruch: Die radikale ideologische Erneuerung, wie sie im Programmentwurf angedeutet war, erwies sich als nicht durchsetzbar. Die große Leistung Pittermanns für das Zustandekommen des Wiener Programms 1958 war „die Integration aller repräsentativen Auffassungen" (Christian Broda) innerhalb der SPÖ in nur wenigen Wochen. Mit diesem Programm, das marxistisches Erbgut durch Elemente eines humanistischen Sozialismus ersetzte und die Programmatik teilweise an die seit 1945 geübte Praxis anpaßte, wurde „ideologischer Ballast" abgeworfen (Fred Sinowatz).

Obwohl Pittermann bedeutende Innovationen brachte, war sein Handlungsspielraum innerhalb der SPÖ doch relativ eng begrenzt. Schon bei seiner Wahl zum Vorsitzenden war er nicht der eine, unumstrittene Kandidat gewesen, und während der ganzen Zeit seines Parteivorsitzes war er umgeben von starken Führungspersönlichkeiten wie Waldbrunner, Olah, Kreisky, Anton Benya, einzelnen Repräsentanten aus den Bundesländern, wie etwa Alfred Schachner-Blazizek, aber auch von Zentralsekretär Otto Probst. In diesem Kreis war Pittermann weitgehend Erster unter Gleichen und sprach selbst wiederholt von der „kollektiven Führung" der SPÖ. Tatsächlich hielten die SPÖ-Gremien in seiner Zeit als Parteivorsitzender mehr Sitzungen ab als jemals zuvor und vor allem danach. In diesen Sitzungen gab Pittermann der Partei die Entscheidungen zumeist nicht bloß zur formalen Beschlußfassung vor, vielmehr wurde substantiell über sie diskutiert; ja selbst seine Parlamentsreden stellte Pittermann zur internen Diskussion, bevor er sie hielt. Nicht immer setzte er sich innerhalb seiner Partei durch, oft war er zu „halben Lösungen" gezwungen. Wichtige Fragen wurden in den Gremien „zerredet", dem Parteivorsitzenden wurden keine großen Vollmachten erteilt, wie sie von ihm auch nicht verlangt wurden, selbst relativ kleine politische Schritte beruhten oft auf förmlichen Ermächtigungen der Parteigremien.

Innerhalb des Regierungssystems waren die Handlungsspielräume zum Zeitpunkt der Übernahme des SPÖ-Vorsitzes durch Pittermann nicht mehr so eng wie in der Amtszeit seines Vorgängers. Das Ende der alliierten Besatzung hatte den außenpolitischen Zwang zur großen Koalition beseitigt. Die ersten Anzeichen einer Lockerung der politischen Bindungen deuteten auf einen vergrößerten Aktionsradius hin, daß also bei Wahlen mehr zu erreichen war als die Mobilisierung der eigenen Anhängerschaft.

SPÖ-Klubobmann Dr. Bruno Pittermann (rechts), 1956, mit Verkehrsminister Dipl.-Ing. Karl Waldbrunner, im Innenministerium anläßlich der Bekanntgabe des Ergebnisses der Nationalratswahl

Am Beginn seiner Amtszeit als SPÖ-Vorsitzender interpretierte Pittermann die große Koalition als ein für Österreich adäquates Demokratiemodell, in welchem es möglich sei, „die politischen Massenorganisationen zu einem gemeinsamen Handeln für das allgemeine Interesse der Staatsbürger zu verbinden, ohne daß die freie Konkurrenz der politischen Parteien oder sonstigen Vereinigungen und damit die persönliche und politische Freiheit des Staatsbürgers eingeschränkt werden muß" (PTP 1957, 94). In den Koalitionsverhandlungen 1959, in denen aufgrund der Hinhalte-Taktik von Julius Raab und ÖVP-internen Meinungsverschiedenheiten der SPÖ-Wahlerfolg sich langsam „verflüchtigte", spielte Pittermann für kurze Zeit mit dem Gedanken einer von der FPÖ unterstützten Minderheitsregierung (Stadler 1982, 496f.). In der ersten Hälfte der 60er Jahre gehörte Pittermann mit Olah und Kreisky zu jenen Parteiführern, die die Position der SPÖ im Parteiensystem verbessern wollten, indem sie die „FPÖ-Karte" spielten, um gegebenenfalls eine SPÖ-FPÖ-Koalition als Alternative zur großen Koalition bilden zu können. Bei den Koalitionsverhandlungen 1962/63 verfügte die SPÖ bereits über diese FPÖ-Option und konnte so die Regierungsverhandlungen „gewinnen". Im Zuge der Habsburg-Krise 1963 gehörte Pittermann zu jenen Mitgliedern der SPÖ-Parteiführung, die bereit waren, die große Koalition zugunsten einer SPÖ-FPÖ-Koalition aufzugeben; die beiden parlamentarischen Abstimmungen, in denen SPÖ und FPÖ die ÖVP überstimmten, waren für ihn „die erste Spaltung der anti-sozialistischen Mehrheit im Parlament", die – so Pittermann später – die ÖVP zur Vernunft gebracht hätten. Pittermann gehörte auch zu jenen SPÖ-Politikern, die 1964 zunächst einer gemeinsamen Beschlußfassung eines neuen, mehr proportionalen Wahlrechts mit der FPÖ im „koalitionsfreien Raum" zuneigten; er nahm aber dann eine vermittelnde Position zwischen den beiden Gruppen ein, in die die SPÖ in dieser Frage gespalten war. Für Pittermann waren die ab 1960 die Führung der ÖVP übernehmenden „Reformer" Vertreter der „Reaktion", die auf eine Beseitigung der SPÖ-Regierungsbeteiligung hinarbeiteten (PTP 1961, 88–93); in dieser Perspektive war die Eröffnung der FPÖ-Option eine legitime Gegenstrategie. Die Aufgabe der großen Koalition zugunsten dieser Alternative war aber in der SPÖ aus verschiedenen Gründen nicht durchsetzbar und wurde von Pittermann auch nicht mit letzter Konsequenz betrieben. Nachdem die FPÖ-Option nicht mehr offen stand, kehrte er zu seinem uneingeschränkten Bekenntnis zur großen Koalition zurück (PTP 1965, 110).

Obwohl die „kollektive Führung" der SPÖ den Mitgliedern der Spitzengremien mehr Macht gab als jemals zuvor oder danach, wurde Pittermann im Zuge der Olah-Krise von beiden Seiten der Vorwurf gemacht, er habe es an Autorität fehlen lassen. Tatsächlich hatte die SPÖ dem Tun ihres Spitzenfunktionärs Olah lange tatenlos zugesehen, wobei Pittermann versucht hatte, den Konflikt nicht eskalieren zu lassen (etwa durch Hinnahme eines Briefes im Jahre 1961, in welchem Olah Pittermann aufforderte, er möge nicht mehr die Sitzungen der FSG besuchen, weil sonst er – Olah – selbst nicht mehr anwesend sein könne). Pittermann hatte lange geschwankt und war in strategischen Fragen – vor allem im Hinblick auf die Koalitionspolitik – lange auf derselben Seite wie Olah gewesen. Allerdings untergruben die Aktionen Olahs auch die Position Pittermanns, und als dieser letztendlich 1964 in der Parteivertretung einen Antrag auf Abberufung Olahs aus der Bundesregierung stellte, erwies sich dieser als nicht leicht durchsetzbar (er wurde schließlich mit 34 gegen 13 Stimmen angenommen).

Pittermann war – auf eine heute altmodisch erscheinende Art – ein großer Kommunikator. Er war ein exzellenter Redner (für Sinowatz ein „packender Redner", Benya attestierte ihm „brillante Rednergabe"). Im persönlichen Kontakt war er durch „seine heitere und offene Art" (Kreisky) und seinen Humor, der ihn auch in schwierigen Situationen nicht verließ, gewinnend. Diese Eigenschaften dürften die reale Basis für den SPÖ-Wahlslogan von 1959 „Pittermann für jedermann, jedermann für Pittermann" gewesen sein (mit der ÖVP-Antwort „Wählt jedermann den Pittermann, wird's bitter dann für jedermann"). Pittermanns Popularität in der Bevölkerung war aber bald einem starken Erosionsprozeß ausgesetzt – nicht zuletzt ablesbar an der zunehmenden Verwendung seines Namens und auch Bildes in der Propaganda anderer Parteien in den Nationalratswahlkämpfen 1962 und insbesondere 1966 (Hölzl 1974), die beide mit Niederlagen der SPÖ endeten.

Neueren Formen der Kommunikation – insbesondere der über nicht-parteigebundene (und daher unkontrollierbare) Medien – stand Pittermann skeptisch gegenüber. Wie Pittermanns langjährige Sekretärin Herma Nothelfer feststellte, hielt er immer Distanz zu Journalisten. Dermaßen abgeschottet hatte Pittermann Schwierigkeiten, die Konsequenzen bestimmter SPÖ-Positionen rechtzeitig einzuschätzen, sei es im Fall Fußach (siehe die Biographien Otto Probst und Herbert Keßler) oder bei der Hinnahme der Empfehlung der KPÖ an ihre Anhänger, 1966 für die SPÖ zu stimmen, die gegen Warnungen aus der Parteiführung erfolgte. Bei mechanischer Betrachtung machte die Wahlempfehlung einer 3%-Partei die SPÖ zwar stärker als die ÖVP (war sie doch 1962 weniger als 3% hinter dieser gelegen), doch ermöglichte sie die Wiederbelebung der „roten Katze"-Wahlstrategie der ÖVP. Fritz Klenner (in Fischer/Gratz 1985, 130f.) hat Pittermann – im Rückblick aus der Post-Kreisky-Ära – treffend charakterisiert: „Die mit dem Beginn der siebziger Jahre einsetzende Öffnung der Partei war nicht Pittermanns Fall. Seiner Meinung nach sollte die Politik der Partei in deren Gremien ... erarbeitet und von deren Zustimmung getragen werden. Einflüssen, die von außen kamen, stand er reserviert gegenüber. Sein Lebensbereich war der Kontakt mit den Vertrauensmännern und die parlamentarische Tribüne."

Als Klubobmann und später als Vizekanzler in der alten großen Koalition, die durch Koalitionsabkommen und das weitgehende Fehlen von Alternativen gezwungen war, sich zu einigen, war Pittermann unentwegt in der Situation, zwischenparteiliche Verhandlungen führen zu müssen. Freunde bescheinigen Pittermann ein „sanguinisches Temperament" (Klenner), das es ermöglicht hätte, trotz harter Auseinandersetzungen ein gutes Gesprächsklima mit dem politischen Gegner zu haben, Benya nannte ihn „bereit und fähig zum Kompromiß". Tatsächlich hatte Pittermann nach übereinstimmender Meinung aller Zeitgenossen als Klubobmann ein „ausgezeichnetes Verhältnis zu Raab" (Kreisky), mit Hermann Withalm verband Pittermann das „sportliche Element" der Freude an der parlamentarischen Auseinandersetzung (mit alljährlichem Waffenstillstand in den „Montecatini-Festwochen"), und auch zu Alfons Gorbach war das persönliche Verhältnis gut. Allerdings war Pittermann ein harter Verhandler – darin Withalm ebenbürtig – und wurde daher von bürgerlicher Seite – in Anspielung auf die sowjetische Rolle in den Staatsvertragsverhandlungen – „Mister Njet" genannt. Ein langes Beharren auf einmal eingenommenen Position war nur eine Seite von Pittermanns Verhandlungsstil, die andere war, eine oft verwirrende Vielfalt an Alternativen anzubieten. Ein Resultat dieses Verhandlungsstils war, daß das Verhältnis zwischen Pittermann und Raab während ihrer gemeinsamen Regierungszeit nicht mehr gut war, jenes zu Josef Klaus war es nie gewesen. Für letzteren waren die wöchentlichen Aussprachen mit Pittermann „weder angenehm noch ergiebig" (Klaus 1971, 147), und es ist bezeichnend, daß die SPÖ-Unterhändler bei den erfolglosen Koalitionsverhandlungen 1966 versuchten, Klaus kompromißbereit zu machen, indem sie ihn wissen ließen, daß Pittermann einer erneuerten Koalitionsregierung nicht mehr angehören werde. Pittermann war es zwar möglich, in harten Verhandlungen manche Erfolge für seine Partei zu erzielen, er gehörte damit aber zu jenen, die von seiten der SPÖ die Basis der Zusammenarbeit in der großen Koalition untergruben, die Immobilität der Regierung verstärkten und so dazu beitrugen, die Akzeptanz dieser Regierungsform zu vermindern.

Pittermann war kein Politiker, der konsequent am einmal eingeschlagenen Kurs festhielt. Felix Slavik, ein Mitglied der Parteiführung, beklagte 1961: „Wir ändern zu oft unsere Taktik, und die Mitglieder und Vertrauenspersonen verstehen uns immer weniger. Veränderungen in unserer Politik sollten nicht so abrupt vorgenommen werden." Fritz Klenner (in Fischer/Gratz 1985, 129) hat im Rückblick diesen Sachverhalt zwar freundlicher formuliert, aber letztendlich bestätigt: „Der Zickzack-Kurs, den man Pittermann vorwarf, war in der Krise der Koalition begründet, und dieser Kurs war eigentlich kein Fehler, sondern das Ergebnis des geschickten politischen Lavierens Pittermanns, durch das doch manche positiven Resultate erzielt werden konnten." In dieses Bild paßt, daß der begeisterte Parlamentarier Pittermann wahrscheinlich der erste war, der sich für eine bessere Infrastruktur des Parlaments aussprach, aber keine wirkliche Initiative zur Umsetzung dieser Idee unternahm, daß er sich sowohl kritisch als auch positiv zur – die Rolle des Parlaments schwächenden – Sozialpartnerschaft äußerte (Pittermann 1950; 1953; 1955). Es scheint also berechtigt, daß Kreisky eines seiner Lieblingszitate zur Charakterisierung Pittermanns verwendete: „Er war kein ausgeklügelt' Buch – er war ein Mensch in seinem Widerspruch."

Als Parteipolitiker galt die Aufmerksamkeit Pittermanns der Modernisierung der SPÖ; er bewirkte programmatische, organisatorische und taktische Änderungen. Allerdings waren die Effekte des Neuerungsschubs bald aufgebraucht, oder die Ideen Pittermanns ließen sich nicht durchsetzen. So erschien er zunehmend als ein Strukturkonservativer.

Neben der Führung des SPÖ-Klubs lag der Schwerpunkt der parlamentarischen Tätigkeit von Pittermann im Bereich der Sozialpolitik. Er gilt als einer der Väter des ASVG (1955) und – als Vizekanzler – des Pensionsanpassungsgesetzes (1965), mit welchem die Pensionsdynamik eingeführt wurde.

Ab 1959 war Pittermann auch Ressortminister. Nach dem relativen Wahlsieg der SPÖ erlangte sie wieder die politische Kontrolle über die verstaatlichte Industrie. Diese wurde – als Sektion IV – an das Bundeskanzleramt angegliedert, der Vizekanzler wurde mit der Leitung dieser Sektion betraut. Allerdings hatte Pittermann wenig Handlungsspielraum: Ohne Zustimmung des Koalitionspartners konnten kaum relevante Entscheidungen im Bereich der verstaatlichten Industrie getroffen werden. Nach der Wahlniederlage der SPÖ im Jahre 1962 wurde die Verfügungsgewalt des Vizekanzlers über die verstaatlichte Industrie weiter eingeschränkt: Die Entscheidungen fielen in paritätisch besetzten Gremien, wo es „zeitraubende Verhandlungen über jeden Tagesordnungspunkt“ (Garscha) gab. Unter diesen Bedingungen erzielte Pittermann Teilerfolge bei der Zusammenführung branchengleicher Unternehmen, ohne aber einen Durchbruch im Sinne einer großen Fusion zu erreichen, er löste das Siemens-Problem, unterstützte die verstaatlichte Industrie intensiv beim Werben um Auslandsaufträge und versuchte sie als „Nationalindustrie“ zu popularisieren. Spektakuläre Erfolge blieben ihm aber als Ressortminister versagt.

Der Dreifachbelastung – Parteivorsitzender, Vizekanzler und ab 1959 Ressortchef – war Pittermann nach übereinstimmender Meinung der Zeitzeugen nicht gewachsen. In Kreiskys eleganter Formulierung hat Pittermann „in der Zeit seiner Regierungstätigkeit nicht mehr jene starke allgemein politisch-schöpferische Aktivität entwickelt, wie wir es von ihm von früher gewohnt waren“.

Zusätzlich war Pittermann auch auf der internationalen Ebene sehr aktiv, im Europarat und in der Sozialistischen Internationale (SI). Ab 1952 – als Österreich wegen der Besatzung noch nicht Mitglied im Europarat war – war Pittermann Beobachter, von 1956 bis 1972 dann Delegierter oder Ersatzdelegierter. Sein Einsatz galt vor allem den Menschenrechten und der Demokratie. Pittermann war maßgeblich an der internationalen Ächtung des 1967 erfolgten Militärputsches in Griechenland beteiligt, mit viel Engagement vertrat er die Rechte der Dissidenten im Ostblock und die der jüdischen Bürger in der Sowjetunion und in Polen. Diesen Fragen widmete sich Pittermann auch im Rahmen der SI, deren Präsident er ab 1964 war. Ab 1966 war die SI „willkommener Zufluchtsort“ (Janitschek) für ihn. Ab 1967 nicht mehr Parteivorsitzender, ab 1971 auch nicht mehr Parlamentarier, konzentrierte Pittermann seine Energien auf die SI. Dank einer Intrige in der Labour Party, die ab 1972 den Präsidenten stellen sollte, blieb Pittermann bis 1976 im Amt.

Die Nationalratswahl 1966 brachte der SPÖ eine große Niederlage und der ÖVP die absolute Mehrheit an Mandaten. Pittermann war anfänglich dennoch für eine Fortsetzung der großen Koalition, befürwortete aber letztendlich den Gang der SPÖ in die Opposition. Er war zunächst bemühte, seine Position als Parteivorsitzender zu halten. Als sich herausstellte, daß dies nicht möglich sei, versuchte er, die Wahl Kreiskys zu verhindern, und bot an, zugunsten von Hans Czettel auf eine neuerliche Kandidatur zu verzichten. Wenn dieser Schachzug überhaupt je eine Chance auf Erfolg gehabt hatte, machte Pittermann ihn zu spät, zu einem Zeitpunkt, zu welchem die Landesparteiorganisationen der Bundesländer sich bereits auf Kreisky festgelegt hatten. So kam nach der Niederlage bei der Nationalratswahl noch eine innerparteiliche.

Danach erlebte Pittermann allerdings einen „zweiten Frühling“. In der Innenpolitik wirkte er als Klubobmann, war damit zurück an der Wirkungsstätte, die er auch am Höhepunkt seiner Macht – als SPÖ-Vorsitzender – selbst gewählt hätte, wenn ihm diese Option offengestanden wäre. Unter Pittermanns Führung entwickelte die SPÖ-Fraktion eine „parlamentarische Daueroffensive“ (Fischer), die etwa zur Verdreifachung der parlamentarischen Aktivitäten führte und die ÖVP-Alleinregierung unter einen in der Zweiten Republik bisher nicht bekannten Druck brachte. Als begeisterter Parlamentarier, hervorragender Redner und exzellenter Kenner der Geschäftsordnung des Nationalrates war Pittermann in seinem Element, und er genoß dabei große Freiheit und Selbständigkeit (Fischer 1993). Versuche der ÖVP, einen Keil zwischen Parteiorganisation (Kreisky) und Parlamentsfraktion (Pittermann) zu treiben, scheiterten, obwohl das Verhältnis zwischen den beiden Protagonisten gespannt blieb. 1970 setzte Kreisky die Streichung der Möglichkeit zu Ausnahmen von der 1968 im SPÖ-Statut verankerten Altersklausel durch und verhinderte auf diese Weise eine erneute Kandidatur Pittermanns bei der Nationalratswahl 1971. Pittermann, Erfinder der Altersklausel im Jahr 1959, wurde nun ihr prominentestes Opfer; er schied aber nur aus dem Parlament aus, denn seine Wiederwahl als SI-Präsident verschaffte ihm weiter einen Sitz im Parteivorstand.

1975 erlitt Pittermann eine Serie von Schlaganfällen, die schließlich zur Erblindung und fast völligen Bewegungslosigkeit führten. Nach langem Leiden starb Pittermann 1983.

Pittermann ist zu keiner mythischen Figur der österreichischen Innenpolitik – wie etwa Figl, Raab oder Kreisky – geworden, sein Name ist heute der jüngeren Generation nicht vertraut. Als Mensch ist Pittermann jenen, die ihn persönlich kannten, zumeist in guter Erinnerung geblieben; Heinz Fischer etwa nennt ihn „einen der großen Parlamentarier der Zweiten Republik und darüber hinaus einen guten Sozialisten und einen liebenswerten Menschen". Im kollektiven Gedächtnis des nicht-sozialistischen Lagers ist das Bild Pittermanns das eines dogmatischen Sozialisten, eines Parteipolitikers reinsten Wassers, der innerhalb der SPÖ die schlechten Seiten der alten großen Koalition personifiziert. Diese Interpretation teilen im großen und ganzen auch viele Historiker, für die Pittermann wie kein anderer die auslaufende große Koalition symbolisiert, welche wieder dem notwendigen Modernisierungsschub unter Klaus und Kreisky im Wege stand. Innerhalb des sozialistischen Lagers diente Pittermann am Beginn der Ära Kreisky als Referenzpunkt der Strukturkonservativen. Die großen Erfolge der Kreisky-Zeit reduzierten aber den Bedarf dafür drastisch. Heute wird die Ära Pittermann parteigeschichtlich eher als eine Phase der Stagnation betrachtet, in der die SPÖ weder den Durchbruch zur Staatspartei schaffte (was bereits unter Schärf geschehen war) noch den Aufstieg zur dominierenden politischen Kraft (was erst unter Kreisky gelang). Die letzten Einschätzungen des Politikers Pittermann sind objektiv richtig; subjektiv liegt die Tragik seiner Karriere darin, daß ein als Modernisierer angetretener Politiker innerhalb weniger Jahre von der Entwicklung überholt und zur Personifizierung eines Zustandes wurde, der weder aus Systemperspektive noch aus dem Blickwinkel seiner Partei positiv bewertet wird.

Literatur- und Quellenverzeichnis

DDr. Bruno Pittermann. Bibliographie 1945–1965. Zu seinem 60. Geburtstag, Wien.

Fischer, Heinz (1993). Die Kreisky-Jahre, Wien.

Fischer, Heinz / Leopold Gratz (Hg.) (1985). Bruno Pittermann. Ein Leben für die Sozialdemokratie, Wien.

Hölzl, Norbert (1974). Propagandaschlachten, Wien.

Klaus, Josef (1971). Macht und Ohnmacht in Österreich, Wien.

Pittermann, Bruno (1950). Parlamentarische Demokratie oder Kammerstaat?, in: Die Zukunft Nr. 12.

Pittermann, Bruno (1953). Krise des Parlamentarismus?, in: Die Zukunft Nr. 7.

Pittermann, Bruno (1955). Aschenbrödel Parlament, in: Die Zukunft Nr. 2.

Pittermann, Bruno (Hg.) (1962). Mensch und Staat. Handbuch der österreichischen Politik, 2 Bände, Wien.

Pittermann, Bruno (1966). Das Zeitalter der Zusammenarbeit. Reden aus zwei Jahrzehnten, Wien.

Stadler, Karl R. (1982). Adolf Schärf. Mensch, Politiker, Staatsmann, Wien.

Lebensdaten

1905	am 3. 9. in Wien geboren
1924–1929	Studium der Geschichte und Geographie an der Universität Wien (Dr. phil. 1928, Lehramtsprüfung 1929)
1934	Haft, politisch bedingte Entlassung aus dem Beruf
1934–1938	Jus-Studium, Universität Wien (Dr. iur. 1938, Promotion aus politischen Gründen verweigert, 1945 nachgeholt)
1983	am 19. 9. in Wien gestorben

Berufliche Karrierestationen

1929	Lehrer an der Fachschule für Maschinenbau und Elektrotechnik in Wien
1929–1934	Sekretär der Kammer für Arbeiter und Angestellte Kärnten
1934–1938	Lehrer an einer Höheren Technischen Lehranstalt in Wien
1945	Sekretär von Staatssekretär Böhm im Staatsamt für Soziale Verwaltung
ab 1945	Beamter im Sozialministerium
1945–1948	Erster Sekretär der Kammer für Arbeiter und Angestellte Wien
1948–1949	Sekretär der Parlamentsfraktion der sozialistischen Abgeordneten

Staatliche Funktionen

1945–1971	Abgeordneter zum Nationalrat
1957–1966	Vizekanzler (1959–1966 verantwortlich für die verstaatlichte Industrie)

Parteipolitische Ämter

1949–1956	Geschäftsführender Obmann des Klubs sozialistischer Abgeordneter
1957–1971	Obmann des Klubs sozialistischer Abgeordneter
1950–1957	Stellvertretender Obmann der SPÖ Wien
1957–1967	Vorsitzender der SPÖ

Sonstige Funktionen

1964–1976	Präsident der Sozialistischen Internationale
1957	Vizepräsident der Beratenden Versammlung des Europarates

Georg Prader

von
Christian Mertens

Georg Prader, am 15. 6. 1917 in St. Pölten geboren, stammte aus traditionell christlich-sozialem Milieu. Der Vater, im Zivilberuf Lehrer, war in der Zwischenkriegszeit Vizebürgermeister von St. Pölten, Abgeordneter zum niederösterreichischen Landtag und von 1932 bis 1938 Landesrat für Finanzen gewesen. Neben der familiären Herkunft prägten die Erziehung am humanistischen Gymnasium des Benediktinerkonvikts Seitenstetten und das Engagement in katholischen Jugendorganisationen das Weltbild des späteren Ministers.

1937 inskribierte er an der juridischen Fakultät der Universität Wien. Dieses Studium mußte er 1940 unterbrechen, als er zur Deutschen Wehrmacht eingezogen und in weiterer Folge an der Ost-, später an der Westfront eingesetzt wurde. Nach einer schweren Verwundung im letzten Kriegsjahr verlor er sein rechtes Bein.

Nach der Rückkehr aus amerikanischer Kriegsgefangenschaft konnte Prader sein Studium im Juli 1946 abschließen. Schon im März des Jahres war er in den niederösterreichischen Landesdienst eingetreten, wo er zunächst im Referat für Gemeinderechtsangelegenheiten tätig war.

Den Einstieg in die politische Karriere vollzog Georg Prader im Februar 1949, als er in den gewerkschaftlichen Betriebsausschuß beim Amt der Niederösterreichischen Landesregierung kooptiert und schon wenig später zum Vorsitzenden des Ausschusses gewählt wurde. Vorrangiges Ziel des jungen Personalvertreters war es, die damals festgeschriebene Drittelparität im Betriebsausschuß zwischen ÖAAB, SPÖ und KPÖ den tatsächlichen politischen Verhältnissen unter den Landesbediensteten anzupassen. In systematischer Kleinarbeit wurde unter Praders Leitung ein ÖAAB-Funktionärskader aufgebaut, um alle Außenstellen des Landesdienstes zu erfassen. Auf der anderen Seite kämpfte er um die Realisierung rechtlicher Grundlagen für betriebliche Personalvertretungswahlen. Die ersten derartigen Wahlen im Herbst 1962 bescherten der ÖAAB-FCG-Liste mit Prader an der Spitze einen fulminanten Wahlerfolg (18 von 19 Mandaten im Zentralausschuß). Unter seiner Führung wurden die Landesbediensteten zur dominierenden Kraft im niederösterreichischen ÖAAB und stellten sich in der Folge als wichtiges Reservoir für Führungskräfte der ÖVP heraus (aus dieser Gruppe kamen etwa der spätere FCG-Bundesvorsitzende Hans Gassner, der spätere Landeshauptmann Siegfried Ludwig und der spätere Verteidigungsminister Robert Lichal).

Das Engagement Praders in der Personalvertretung prädestiniere ihn für höhere politische „Weihen“. Anfang der 50er Jahre wurde er in rascher Folge in die Leitungsgremien des Landes- und Bundes-ÖAAB bestellt. Trotz gewisser Ressentiments des damaligen niederösterreichischen Landesparteiobmannes Julius Raab, der ein innerparteilicher Gegner von Praders Vater gewesen war, wurde der 35jährige nach der Landtagswahl 1954 in den Bundesrat entsandt und 1959 in den Nationalrat gewählt. Dort beschäftigte er sich schwerpunktmäßig mit Fragen der Verteidigungs- und Demokratiepolitik sowie mit der Sozialgesetzgebung. Insbesondere waren dem Kriegsversehrten die Rechte von Kriegsopfern ein großes Anliegen.

Innerparteiliche Auseinandersetzungen in der ÖVP führten Anfang 1964 zum Rücktritt von Bundeskanzler Gorbach. In die am 2. 4. 1964 angelobte Regierung Klaus I wurde Georg Prader als Verteidigungsminister aufgenommen. Das ÖVP-Organ *Volksblatt* meinte am 4. 4. 1964 dazu: „Das Amt des Verteidigungsministers gehört zu jenen Ministerämtern, die politische Funktionen im weiteren Sinne sind und für die wohl Eignung und Neigung, nicht aber fachliche Vorbildung zur Voraussetzung gemacht werden können." Diese Formulierung legt den Schluß nahe, daß Praders Durchsetzungsfähigkeit und innerparteiliches Engagement Hauptgründe seiner Berufung waren.

Wie seine Vorgänger hatte Prader mit dem Problem geringer finanzieller Mittel bei gleichzeitig wachsenden Personal- und Instandhaltungskosten zu kämpfen. Deshalb setzte er rasch auf eine Imageverbesserung des Heeres: Angelobungsfeiern wurden aus den Kasernen in Ortschaften verlegt, Militärmusikkapellen gastierten in Fremdenverkehrsorten, und in den Medien wurde eine Werbekampagne gestartet.

Eine weitere Kurskorrektur vollzog der bewußte Österreicher Prader in der Traditionspflege. Eindeutiger als seine Vorgänger stellte er sich gegen jede Traditionspflege der Deutschen Wehrmacht und bemühte sich um eine Wiederbelebung der österreichischen Tradition. Dazu zählte auch die bewußte Benennung von Kasernen nach Widerstandskämpfern.

Seinem Ruf als „Mann für die kleinen Leute" wurde der „gelernte" Personalvetreter Prader mit seiner Sozialoffensive für das Bundesheer gerecht. Durch eine Reform der Unteroffiziersdienstgrade wurden bessere Aufstiegsmöglichkeiten geschaffen, was einen höheren Leistungsanreiz bieten sollte. Darüber hinaus wurden das Beamtenschutz- und Personalvertretungsrecht ohne Einschränkungen – gegen den Widerstand höherer Militärs – eingeführt, das Taggeld für Wehrpflichtige, Nebengebühren und Bemessungsgrundlagen entscheidend erhöht und der Bau „menschenwürdiger Unterkünfte" vorangetrieben.

Im Bereich der Ausbildung wurden Sport- und Schießstätten ausgebaut, die staatsbürgerliche Erziehung der Soldaten intensiviert und Trainingsgeräte modernisiert. Die Stabsakademie wurde 1967 zur Landesverteidigungsakademie (LAVAK) erweitert, in Langenlebarn wurde eine Bundesfachschule für Flugtechnik eingerichtet. Auf dem Gebiet der Versorgung achtete das Verteidigungsministerium darauf, den Bedarf an militärischer Ausrüstung so weit wie möglich im Inland zu decken.

Schon vor Prader waren die Weichen für die Umfassende Landesverteidigung (ULV) gestellt worden. 1965 verabschiedete der Ministerrat die „Zielsetzungen der ULV", die drei Bedrohungsstufen vorsahen (Krisen-, Neutralitäts- und Verteidigungsfall); diese Konzeption blieb bis zum Fall des Eisernen Vorhangs gültig. Mit der Wehrgesetzesnovelle 1966 wurde die personelle Mobilmachung verbessert; damit war auch die teilweise Einberufung einzelner oder mehrerer Jahrgänge sowie bestimmter Jahrgangs-Gliederungen möglich.

Für Kritik, vor allem der Medien, sorgte das Verhalten des Verteidigungsministers anläßlich der Tschechoslowakei-Krise im August 1968. Auf Vorschlag Georg Praders beschloß der Ministerrat, die österreichischen Einheiten zum Schutz der Grenze nicht unmittelbar an dieser, sondern 30 Kilometer im Inneren abzusetzen. Damit wollte Österreich demonstrieren, daß es keine Dramatisierung der Ereignisse erwarte und seinerseits nicht zu einer Eskalierung beitragen wollte.

Verteidigungsminister Dr. Georg Prader, 1965, mit dem stellvertretenden US-Verteidigungsminister Cyrus Vance, Wien

Mit der 1969 beschlossenen „Wehrmilliarde" wurden die gravierendsten Mängel der Ausrüstung und Ausstattung des Bundesheeres beseitigt. Das Sofortprogramm sah den Aufbau der Heeresmotorisierung, die Verbesserung der Infrastruktur, die Aufstockung von Waffen und Geräten der Landwehr sowie den Aufbau eines Flugfunksystems im Rahmen der Luftraumverteidigung vor.

Obwohl sich Prader als „Parteisoldat" fühlte (Husinsky 1985, 173), war er nicht bereit, die Interessen des Heeres wahltaktischen Überlegungen zu opfern. Als 1966 die „Aktion 20" der ÖVP eine Verkürzung der Wehrdienstzeit von neun auf vier Monate vorschlug – damit sollte der Vorstoß des sozialistischen Verteidigungspolitikers Rösch (sechseinhalb Monate) unterlaufen werden – stellte er sich, im Bewußtsein seiner Verantwortung für ein einsatzbereites Bundesheer, dagegen. Der Ruf, den Georg Prader in der niederösterreichischen Landesregierung als konsequenter Personalvertreter erworben hatte, hing ihm im Ministerium nach. Von seiten der Opposition wurde ihm im Zusammenhang mit Personalbestellungen immer wieder der Vorwurf einer Verpolitisierung des Heeres gemacht.

Die Kontaktfreudigkeit des Ministers war legendär. Kurz nach seinem Amtsantritt erschienen drei Straßenarbeiter im Ministersekretariat und fragten den Amtsdiener: „Wo ist der Schurl?" Auf den Hinweis, daß sich hier das Büro des Bundesministers Prader befände, beharrten die Männer: „Ja, den meinen wir!"

Mit der Wahlniederlage der ÖVP bei den Nationalratswahlen vom 1. 3. 1970 – dabei hatte die Frage der Wehrdienstzeitverkürzung eine große Rolle gespielt (SPÖ-Slogan: „6 Monate sind genug") – und der folgenden Bildung einer SPÖ-Minderheitsregierung schied Georg Prader aus dem Amt. Er blieb bis 1979 Abgeordneter zum Nationalrat, wo er vor allem im Landesverteidigungsausschuß und im Verfassungsausschuß für die ÖVP tätig war.

Um das Bild des niederösterreichischen „Vollblutpolitikers“ – so einige Biographen – abzurunden, ist es notwendig, Praders Bedeutung und Machtstellung innerhalb der ÖVP sowie deren Arbeitnehmerflügel ÖAAB zu skizzieren.

Prader kann mit Sicherheit als Ideologe bezeichnet werden. Immer wieder definierte er in Reden Grundsätze und Gesellschaftsbild der ÖVP, im speziellen des ÖAAB – „Meine Weltanschauung und mein Bekenntnis waren nie eine Eintagsfliege“ (Husinsky 1985, 169). Mit dem Begriff „bürgerlich“ konnte er nicht viel anfangen: „Weder der ÖAAB noch die ÖVP als Ganzes sind eine bürgerliche Partei. Ich habe keine Definition des landläufigen Begriffs ‚bürgerlich‘ im soziologischen Bereich finden können. Wir sind eine christlich-demokratische Partei“ (Lichal/Rozum 1986, 38).

Neben seiner grundsatzpolitischen Bedeutung kam Minister Prader in der zweiten Hälfte der 60er Jahre die Rolle eines „trouble shooters“ für die niederösterreichische ÖVP zu, deren Ansehen durch die „Affäre Müllner“ schwer beschädigt war. Viktor Müllner, geschäftsführender Landesparteiobmann der ÖVP und Landesobmann des ÖAAB, wurde als Generaldirektor der Landesgesellschaften NEWAG und NIOGAS bei einer Überprüfung durch den Rechnungshof die zweckwidrige Verwendung hoher Geldbeträge vorgeworfen und schließlich im Juli 1968 wegen Amtsmißbrauch und Veruntreuung (Schaden: 47 Millionen öS) verurteilt.

Prader gehörte zu den ersten niederösterreichischen Politikern, die auf einen Rücktritt Müllners aus allen Ämtern drängten. Im Oktober 1966 mußte Müllner dem Druck der Öffentlichkeit weichen und legte sein Amt als geschäftsführender Landesparteiobmann nieder. Im ÖAAB wurde Minister Prader im gleichen Monat mit der Führung der Geschäfte betraut. 1968 wurde Müllner schließlich aus der ÖVP ausgeschlossen.

Das Image der ÖVP Niederösterreich hatte unter diesem Skandal enorm gelitten. Sowohl im Landtag wie in der Öffentlichkeit war sie in die Defensive geraten. In dieser Situation wurde Minister Prader am 5. 3. 1967 zum Landesparteiobmann gewählt. Seine Aufgabe war es, die Partei zu reorganisieren und den neuen Landeshauptmann Andreas Maurer (seit November 1966) von Parteiarbeit zu entlasten.

In die Anfangszeit des Teams Prader/Maurer fiel die Aktivierung der „Aktion 20“ in Niederösterreich. Dadurch sollten auch unabhängige Fachleute zur Mitarbeit herangezogen werden, was bei manchen alteingesessenen Funktionären auf einige Skepsis stieß. In die Funktionsperiode Praders fallen auch die ersten Vorwahlen in Niederösterreich für die Gemeinderatswahlen und die Nationalratswahlen 1975.

Völlig überraschend verzichtete Georg Prader im November 1975, nur wenige Wochen vor dem Landesparteitag, auf eine Wiederkandidatur. Durch diesen Schritt Praders wurde Landeshauptmann Maurer zum Landesparteiobmann, Siegfried Ludwig, ein alter politischer Weggefährte des Ex-Ministers, geschäftsführender Landesparteiobmann. Der Landesparteileitung gehörte er bis zu seinem Tod am 16. 3. 1985 an. Auch im ÖAAB Niederösterreich, dessen Obmann er von März 1968 bis November 1978 war, sorgte Prader durch den Ausbau der Betriebsarbeit und der Schulungstätigkeit für eine Steigerung der Effizienz.

Eine besondere Rolle spielte Prader im Nachfolgespiel für den aus dem Amt scheidenden ÖAAB-Bundesobmann Alfred Maleta. Im März 1971 designierte der Bundesvorstand Prader zum Nachfolger. Nach heftigen medialen Attacken verzichtete er und präsentierte statt dessen völlig überraschend den früheren Unterrichtsminister Alois Mock, der am 22. 5. 1971 zum ÖAAB-Bundesobmann gewählt wurde.

Georg Praders Nachwirkungen auf die politische Landschaft sind weniger in seiner Staatsfunktion zu suchen als in seiner „politischen Hausmacht“, der ÖVP Niederösterreich. Der gelungenen Reorganisation der nach dem Müllner-Skandal schwer angeschlagenen Landespartei ist es zuzuschreiben, daß die ÖVP auch bei den „Schicksals“-

Landtagswahlen 1969 die Mehrheit in Niederösterreich behielt. Spätestens damals gab die SPÖ den ernsthaften Glauben an einen Machtwechsel in diesem Bundesland auf. Prader gilt weiters als Entdecker und Förderer so prominenter Politiker wie Alois Mock (ehemaliger Außenminister und Bundesparteiobmann der ÖVP), Robert Lichal (ehemaliger Verteidigungsminister und Zweiter Präsident des Nationalrates) oder Siegfried Ludwig (ehemaliger Landeshauptmann von Niederösterreich) – diese Gruppe wird seit den achtziger Jahren auch als die „Stahlhelmfraktion" der ÖVP bezeichnet.

Literatur- und Quellenverzeichnis

Heitger, Marian / Georg *Prader* / Manfred *Scheich* (1969). Österreich – seine Neutralität und ihr Schutz, Melk.

Husinsky, Heribert (1985). 40 Jahre Volkspartei. Vierzig gute Jahre für Niederösterreich, St. Pölten.

Lichal, Robert / Karl *Rozum* (Hg.) (o. J.). Gelebte Politik – Georg Prader 1917–1985, Maria Enzersdorf.

Prader, Georg (Hg.) (1986). Populorum progressio und wir. Ein Beitrag zum Dialog über die Fortschrittsenzyklika, Melk.

Prader, Georg (1952). Niederösterreichische Gemeindeordnung, Wien.

60 Jahre Georg Prader. Festschrift anläßlich des 60. Geburtstages von Georg Prader (1977). Maria Enzersdorf.

Mein Dank gilt MinR Johann Ellinger, dem ehemaligen Pressereferenten von Minister Prader, der sich für ein Interview zur Verfügung stellte.

Lebensdaten

1917	am 15. 6. in St. Pölten geboren
1936	Matura im Benediktinerkonvikt Seitenstetten
1937–1946	Jus-Studium, Universität Wien (Dr. iur., 1946)
1940–1945	Teilnahme am Zweiten Weltkrieg (schwerstkriegsversehrt)
1985	am 16. 3. in Wien gestorben

Berufliche Karrierestationen

1946–1969	Beamter im niederösterreichischen Landesdienst (1962 Hofrat)

Staatliche Funktionen

1954–1959	Mitglied des Bundesrates
1959–1979	Abgeordneter zum Nationalrat
1964–1970	Bundesminister für Landesverteidigung

Parteipolitische Ämter

1952–1978	Mitglied des Präsidiums des ÖAAB Niederösterreich
1953–1978	Mitglied des Bundesvorstandes des ÖAAB
1956–1969	Obmann der ÖAAB-Fachgruppe der niederösterreichischen Landesbediensteten
1957	Gemeindeparteiobmann der ÖVP Langenzersdorf
1965–1974	Stellvertretender Bundesobmann des ÖAAB
1966–1978	Landesobmann des ÖAAB Niederösterreich (bis 1968 provisorisch)
1967–1975	Landesparteiobmann der ÖVP Niederösterreich
1967–1972	Mitglied des Bundesparteivorstandes der ÖVP

Verbändefunktionen

1949–1964	Mitglied des Betriebsausschusses beim Amt der Niederösterreichischen Landesregierung
1950–1952	Vorsitzender des Betriebsausschusses

Weitere Funktionen

1955–1985	Vorstandsmitglied des Kriegsopferverbandes für Wien, Niederösterreich und Burgenland
1956–1985	Vorstandsmitglied der Zentralorganisation der Kriegsopferverbände

Otto Probst

von
Wolfgang C. Müller

Otto Probst – mit allen Vornamen: Otto Urban Probst – wurde 1911 in Wien als Sohn einer der in der Monarchie so typischen Zuwandererfamilien geboren: Seine Mutter Maria stammte aus dem ehemaligen Westungarn, sein Vater – ein Fuhrwerker – aus dem Lavanttal in Kärnten. Probst wuchs im proletarischen Milieu der Zwischenkriegszeit auf. Nach Absolvierung von Volks- und Hauptschule erlernte er den Beruf eines Lithographen und besuchte die Fortbildungsschule für das graphische Gewerbe. Politisch engagierte sich Probst ab 1926 im Rahmen der Sozialdemokratie. In diesem Jahr trat er der Sozialistischen Arbeiterjugend bei, 1930 der Sozialdemokratischen Arbeiterpartei. 1928 wurde er Bezirksobmann der Sozialistischen Arbeiterjugend Favoriten, 1934 war er bereits zweiter Obmann-Stellvertreter der Arbeiterjugend Wien sowie Obmann von deren Bezirksorganisation Favoriten und Vorstandsmitglied der Sozialistischen Jugend. 1932 bis 1934 arbeitete Probst in der Jugendschutzstelle der Arbeiterkammer Wien in den Fürsorgeaktionen „Jugend in Not" und „Jugend am Werk".

Der sich abzeichnende kontinuierliche Aufstieg innerhalb der Wiener Sozialdemokratie wurde 1934 jäh unterbrochen. Aufgrund seiner politischen Funktionen nahm ihn die Polizei im Februar dieses Jahres für einige Tage in Haft. Nach seiner Freilassung begann er sofort mit illegaler politischer Tätigkeit und nahm u. a. an der Reichskonferenz der Revolutionären Sozialisten teil, die an der Jahreswende 1934/35 in Brünn abgehalten wurde. Die illegale politische Tätigkeit von Probst entging aber nicht der Aufmerksamkeit der Polizei: 1935 wurde Probst erneut festgenommen und im Rahmen des großen Sozialistenprozesses von 1936 – zusammen mit Franz Jonas, Bruno Kreisky, Anton Proksch, Marie Emhart u. a. – wegen Hochverrats angeklagt. Das Gericht sprach Probst zwar frei, eine Entschädigung für seine mehrmonatige Haft wurde ihm aber verweigert. 1937 wurde Probst – er war mittlerweile zum Mitglied des erweiterten Zentralkomitees der Revolutionären Sozialisten aufgestiegen – wieder verhaftet und für mehrere Monate im Internierungslager Wöllersdorf eingesperrt.

Da Probst nicht mehr damit rechnen konnte, als Lithograph Arbeit zu finden, erlernte er 1938 den neuen Beruf eines Elektroschweißers. Er versuchte, auch unter den Bedingungen verschärfter Repression des NS-Regimes, die illegale politische Tätigkeit aufrechtzuerhalten. Aufgrund der Denunzierung eines Spitzels wurde Probst im September 1939 von der Gestapo verhaftet und ins KZ Buchenwald gebracht. Dort mußte er zuerst im Steinbruch arbeiten, später in der Druckerei. Im Juni 1943 wurde Probst aus der Haft entlassen und sofort in die Wehrmacht überstellt, wo er in einer Strafkompanie an der Ostfront eingesetzt wurde. Dabei wurde er zweimal verwundet, darunter eine schwere Schädelverletzung kurz vor Kriegsende. Unmittelbar nach seiner Entlassung aus dem Lazarett setzte sich Probst von der Truppe ab und erreichte Wien im Juli 1945.

Aufgrund seiner bisherigen Biographie wurde Probst sofort mit Funktionen in der SPÖ betraut. Zusammen mit anderen Vertretern der Revolutionären Sozialisten übernahm er die Leitung des Parteisekretariats der SPÖ-Niederösterreich, die im August 1945 ihre erste Landesparteikonferenz abhielt, gewissermaßen als „Proporz"-Ausgleich zu den Vertretern der alten Sozialdemokraten, welche die Obmann- und Obmann-Stellvertreter-Positionen einnahmen (Weber 1986, 27). Probst wurde im Herbst 1945 zum Obmann der SPÖ-Bezirksorganisation Favoriten gewählt. Aufgrund seiner dominierenden Stellung innerhalb dieser Bezirksparteiorganisation wurde Probst später „der Kaiser von Favoriten" genannt. Favoriten war am Beginn der Zweiten Republik mit rund 19.000 SPÖ-Mitgliedern (1946) die zweitgrößte Wiener Bezirksorganisation (nach Ottakring) und übertraf bald alle anderen Bezirksorganisationen an Mitgliedern: zwischen 1950 und 1975 organisierte die SPÖ-Favoriten zwischen 22.000 und 28.000 Mitglieder. Das waren mehr Mitglieder, als etwa jede der Landesorganisationen Burgenland, Salzburg, Tirol und Vorarlberg aufzuweisen hatte, und auch mehr Mitglieder, als Stimmen für ein Nationalratsmandat erforderlich waren. Schon allein die organisationsinterne Bedeutung seiner „Hausmacht", der SPÖ-Favoriten, garantierte Probst ein Nationalratsmandat. Er wurde im November 1945 in den Nationalrat gewählt und behielt dieses Mandat bis zu seinem Tod im Jahr 1978. Von 1948 bis 1978 war Probst Vorsitzender des Verfassungsausschusses des Nationalrats.

Mit dem Parteitag 1946 wurde Otto Probst – neben Karl Waldbrunner und Erwin Scharf – zu einem der Zentralsekretäre der SPÖ gewählt; er ersetzte Franz Popp, der aufgrund seiner Tätigkeit als Landeshauptmannstellvertreter von Niederösterreich diese Funktion schon seit Dezember 1945 nur mehr formell ausgeübt hatte. Unmittelbar nach dem Parteitag 1947 wurde Erwin Scharf, der dort als Anführer einer Linksopposition aufgetreten war, als Zentralsekretär nicht wiedergewählt. Probst und Waldbrunner waren insofern aktiv daran beteiligt, als sie sich – gewiß in Absprache mit dem SPÖ-Vorsitzenden Adolf Schärf – geweigert hatten, weiter mit Scharf im Zentralsekretariat zusammenzuarbeiten. Nunmehr wurde kein dritter Zentralsekretär bestellt und die Arbeit zwischen Probst und Waldbrunner so verteilt, daß Waldbrunner sich um die Bereiche Bildung und Wirtschaft kümmerte, während Probst die klassischen Parteisekretariatsaufgaben von Organisation, Finanzen und Propaganda übernahm (Probst 1971, 115–117). Als Waldbrunner 1949 Minister wurde, reduzierte sich seine Möglichkeit, im Zentralsekretariat zu arbeiten; bis 1956 – Waldbrunners formellem Ausscheiden aus dem Zentralsekretariat der SPÖ – war Probst de facto alleiniger Zentralsekretär.

Auf eigenen Wunsch schied Waldbrunner nach der Nationalratswahl 1962 aus der Bundesregierung aus, um das Amt des Zweiten Nationalratspräsidenten zu übernehmen. Nach Abschluß der Koalitionsverhandlungen wurde Probst, der nach Meinung mancher seiner zeitgenössischen Parteifreunde schon lange Ambitionen auf ein Regierungsamt gehabt hatte, von der Parteivertretung, dem größeren SPÖ-Führungsgremium, am 23. 3. 1963 einstimmig zum Nachfolger Waldbrunners als Verkehrsminister nominiert und trat dieses Amt in der Regierung Gorbach II an. Mit seiner Bestellung zum Minister wurde Probst von seinen organisatorischen und administrativen Aufgaben als Zentralsekretär beurlaubt, nahm aber weiter die politischen Aufgaben dieses Amtes wahr (SPÖ-Zentralsekretariat, RS 11/1963). Im Kontext des nächsten Parteitages im Jahr 1965 endete Probsts Tätigkeit als Zentralsekretär. Solange er dieses Amt bekleidete, gehörte Probst dem Parteivorstand ex officio an, mit Beendigung dieser Tätigkeit wurde er, der im selben Jahr zum stellvertretenden Wiener SPÖ-Obmann avanciert war, gewähltes Mitglied dieses Gremiums.

Die Wahlniederlage der SPÖ im Jahre 1966 und ihr Ausscheiden aus der Regierung kosteten Probst das Ministeramt. Nach 20 Jahren in führenden Partei- und Regierungsfunktionen war Probst 1966 plötzlich nur einfacher Nationalratsabgeordneter und einfaches

Mitglied des SPÖ-Parteivorstandes. Das sollte sich 1967 wieder ändern. Auf Wunsch der Wiener Landesorganisation wurde Probst erneut zum Zentralsekretär der SPÖ gewählt, als Nachfolger des aus Krankheitsgründen ausgeschiedenen Alois Piperger, der 1956 Waldbrunner nachgefolgt war. Dieser Wahl war eine Auseinandersetzung zwischen der Wiener Landesparteiorganisation und den Parteiorganisationen der anderen Bundesländer vorangegangen, wobei letztere sich gegen die Bestellung von Probst aussprachen. Dies geschah mit dem Argument, man wolle die Anzahl der Zentralsekretäre von drei auf zwei verringern. Auch wenn das numerische Argument tatsächlich von Bedeutung war, so war es doch vor allem Probst selbst, der als Zentralist und strukturkonservativer Organisator auf die Ablehnung der zur Parteireform angetretenen Bundesländerorganisationen stieß. Der neue Parteivorsitzende Bruno Kreisky, der seine Wahl vor allem einer Koalition der SPÖ-Bundesländerorganisationen verdankte, dürfte diese Bedenken geteilt haben, akzeptierte aber in eine Geste der Konzilianz gegenüber der Wiener Organisation die Wiederbestellung von Probst zum Zentralsekretär. Allerdings trachtete Kreisky, die Aufgaben im Zentralsekretariat so zu verteilen, daß Probst nicht zum Hindernis der angestrebten Modernisierung der Partei werden konnte. Probst wurden folgende Aufgabenbereiche übertragen: die Parteiunternehmungen, Budget- und Finanzfragen (ausgenommen die Beitragsmarkenkassierung), die Wahrung der SPÖ-Interessen in der verstaatlichten Wirtschaft und die Kontakte zu einer Reihe von sozialistischen Organisationen (FSG, FWV, ARBÖ, ASKÖ, Naturfreunde, Mietervereinigung etc.). Kreisky stand Probst aber auch aus persönlichen Gründen reserviert gegenüber. Sie waren schon in der sozialdemokratischen Jugendbewegung Rivalen gewesen, und nach den Memoiren von Kreisky (1988, 394) hätte Probst „auch nach dem Krieg alles getan, um eine besondere Funktion (in der SPÖ Wien) für mich zu verhindern", was dazu führte, daß Kreisky in die SPÖ Niederösterreich ausweichen mußte.

Obmann der SPÖ Wien, Dritter Nationalrats-Präsident Otto Probst, 1973

Der SPÖ-Sieg bei der Nationalratswahl 1970 ermöglichte es Kreisky, Probst aus dem Zentralsekretariat auf den ehrenvollen, aber politisch weniger bedeutsamen Posten eines Dritten Präsidenten des Nationalrats abzuschieben, welchen dieser dann bis zu seinem Tode innehatte. Als Felix Slavik 1970 das Amt des Wiener Bürgermeisters eroberte, mußte er sich vom Amt des Wiener SPÖ-Obmanns trennen. Als einer der profiliertesten Politiker der Wiener SPÖ und Obmann ihrer größten Bezirksparteiorganisation wurde Probst in diesem Jahr zum Wiener SPÖ-Obmann gewählt. Aufgrund dieser Funktion wurde Probst 1972 zu einem der stellvertretenden Parteivorsitzenden der SPÖ gewählt, eine Position, die er bis zu seinem Tode behielt, obwohl er das Amt des Wiener Parteiobmanns schon 1976 an Leopold Gratz übergeben hatte.

Obwohl Probst bis zu seinem Tode im Jahre 1978 – und damit auch während des größeren Teils der SPÖ-Alleinregierung – bedeutende Funktionen bekleidete, fällt seine politisch wichtigste Zeit eindeutig in die Ära der große Koalition. Als Zentralsekretär der SPÖ mußte Probst teilweise unter den erschwerenden Bedingungen der Alliierten Besatzung arbeiten und war in den ersten Jahren auch stark okkupiert von der Auseinandersetzung mit der KPÖ. Die sich schon in der zweiten Hälfte der 50er Jahre andeutenden, in den 60er Jahren und 70er Jahren politische Relevanz gewinnenden gesellschaftlichen Veränderungen paßten nicht in das Weltbild von Probst. Sein Ministeramt übte er in jener Phase der alten großen Koalition aus, die schon durch politischen Immobilismus und teilweise spektakuläre regierungsinterne Konflikte gekennzeichnet war.

Als Zentralsekretär diente Probst unter drei Parteivorsitzenden – Schärf, Pittermann und Kreisky. Er selbst sah das Zentralsekretariat als „loyalen Mittelpunkt des gesamten Parteigeschehens". Seine und Waldbrunners Rolle beschrieb Probst wie folgt: „Wir standen als Zentralsekretäre zwar zur Partei in einem Dienstverhältnis, fühlten uns aber nicht als Verwaltungsbeamte und Erfüllungsgehilfen. Es lag vielmehr in unserer Auffassung, eigene Initiativen in unseren Aufgabenbereichen zu entwickeln und den leitenden Gremien die entsprechenden Vorschläge dafür zu unterbreiten. Es lag in der Funktion, daß von uns Anregungen für die Politik der Partei erwartet wurden, weil jeder von uns als Abgeordneter, aber auch in anderer Weise, mit der Organisation als gewählter Mandatar verankert war." Für sich selbst erwähnt Probst (1971, 117) in diesem Zusammenhang seine Position als Bezirksparteiobmann in Favoriten.

Den größten innerparteilichen Einfluß hatte Probst wohl in der Amtszeit des Parteivorsitzenden Pittermann. Nicht immer stimmte Probst mit diesem überein; beim „Flirt" der SPÖ mit der FPÖ im Jahre 1963 warnte Probst intern davor, die „18jährige Klugheit der Aufrechterhaltung der Koalition" aufzugeben. Probst war zwar für die harte Vertretung von SPÖ-Interessen gegenüber der ÖVP, zusammen mit Waldbrunner (und gegen Pittermann, Olah, Kreisky und Slavik) aber nicht für die Infragestellung der großen Koalition. In der Olah-Krise unterstützte er Pittermann vorbehaltlos und drohte sogar mit seinem Rücktritt als Zentralsekretär und Minister; schließlich fungierte er als Vorsitzender des Ehrengerichts, das am 3. 11. 1963 erkannte, daß die gegen Olah erhobenen ehrenrührigen Anschuldigungen berechtigt seien und so die rechtliche Grundlage für dessen Ausschluß aus der SPÖ schuf. Nach der Wahlniederlage 1966 gehörte Probst zu jenen SPÖ-Politikern, die sich für das Ausscheiden der SPÖ aus der Regierung aussprachen, vielleicht nicht zuletzt deshalb, weil er selbst nicht mit einer neuerlichen Nominierung als Minister rechnete.

In der Amtszeit des Parteivorsitzenden Kreisky gehörte Probst zu jenen Politkern, die derselben Generation wie Kreisky angehörten, ihre Karriere nicht diesem verdankten und über eine eigenständige Machtbasis – in seinem Fall die Wiener SPÖ – verfügten. Diese Faktoren erleichterten es ihm, innerhalb der SPÖ eigenständige Positionen einzunehmen, die – wenn sie mit denen Kreiskys nicht übereinstimmten – in der Bundespartei freilich kaum durchzusetzen waren. Aus Gründen der für Probst typischen Parteidisziplin blieben solche Meinungsverschiedenheiten aber der Öffentlichkeit weitgehend verborgen (*Die Presse,* 9./10. 9. 1978). Nur Probsts Rücktritt als Präsident der Österreichisch-Israelischen-Gesellschaft im Jahre 1978 als Protest gegen Kreiskys Nahostpolitik wurde in der Öffentlichkeit registriert.

Probst war dann ein guter Kommunikator, wenn er sich innerhalb der SPÖ an ein Wiener Publikum wenden konnte. Er hatte aber Probleme schon gegenüber Parteifreunden in den Bundesländern und erst recht gegenüber einer breiteren Öffentlichkeit. Dies war besonders deutlich in der „Affäre Fußach". In diesem Fall hatte Probst als Verkehrsminister den Namen eines neuen ÖBB-Bodenseeschiffes mit „Karl Renner" festgelegt und den Wunsch der Vorarlberger Landesregierung, aber auch der Vorarlberger SPÖ, das Schiff „Vorarlberg" zu nennen, ignoriert. Probst hatte sich durch einen Beschluß der SPÖ-Parteigremien auf Bundesebene abgesichert, denen aber die potentielle Sprengkraft dieser Namensfrage zu diesem Zeitpunkt nicht klar war. Eine vor allem von den *Vorarlberger Nachrichten* emotionalisierte Masse verhinderte in „aggressiver politischer Partizipation" (Edward N. Muller) – durch Gewalt – die Schiffstaufe in Fußach (Wanner 1980). Mit der hehren Begründung, nicht der Gewalt weichen zu wollen, beharrte Probst noch viele Monate auf dem Namen „Karl Renner"; später machte er den unglücklichen Kompromißvorschlag „Europa". Letztendlich mußte das Schiff doch auf den Namen „Vorarlberg" getauft werden. Probsts Fehler war vor allem, nicht erkannt zu haben, welche Symbolkraft diese Frage in Vorarlberg hatte und welche Ressentiments durch seine starre Haltung in einigen anderen Bundesländern ausgelöst wurden. Probst (1966) selbst sah sich, aufgrund der von ihm herbeigeführten und später aus Solidarität zu ihm erneuerten Beschlüsse der Parteigremien, vor allem als Vertreter einer aus der innerparteilichen Willensbildung hervorgegangen Politik, de facto aber hatte er die SPÖ „in Geiselhaft" genommen und auf eine Position festgelegt, die ihr wahlpolitisch zum Schaden gereichen mußte. Die „Affäre Fußach" hatte 1966 und 1967 „Nachwehen", als sie innerparteilich als Erklärung der Wahlniederlage 1966 erneut aufgegriffen wurde. Gegen einen Kommentar aus einer Bundesländer-Parteizeitung wehrte sich Probst (1966) in einem Artikel im SPÖ-Diskussionsorgan *Die Zukunft*. Gegen eine Passage in einem Buch des SPÖ-Politikers Tschadek (1967, 55–57) mobilisierte Probst die Unterstützung der Parteigremien, was schließlich zu einer Ehrenerklärung Tschadeks und einem Stopp des Verkaufs des Buches führte.

Ebenfalls durch Probleme der Perzeption der Außenwelt und Kommunikation mit ihr gekennzeichnet war die erste schwere Krise seit den 40er Jahren, in die die SPÖ Wien unter ihrem Obmann Probst (und Bürgermeister Felix Slavik) schlitterte. Es handelte sich um die Frage der teilweisen Verbauung des Wiener Sternwarteparks, gegen die Bürgerinitiativen und die *Kronen Zeitung* mobilisierten und die schließlich zu einer Volksabstimmung mit SPÖ-Niederlage führte. Als Folge dieser Niederlage erhielt Probst auf dem Landesparteitag 1973 nur eine Mehrheit von 52% bei seiner Wiederwahl zum Parteiobmann, ein selbst in Wien, mit seiner traditionell kritischen Parteibasis vorher und seither unerreichtes negatives Rekordergebnis (Müller/Melchior 1992).

Aufgrund seiner Funktionen mußte Probst die SPÖ immer wieder in Verhandlungen vertreten. Ab 1959 war er Mitglied des Koalitionsausschusses, der damals am Höhepunkt seiner Macht stand, von 1967 bis 1970 war er der hauptsächliche SPÖ-Verhandler mit der ÖVP in Fragen der verstaatlichten Industrie. Probst war ein harter Verhandler, der die Interessen seiner Partei sehr zäh vertrat, wahrscheinlich aber dem Umstand zu wenig Bedeutung beimaß, daß es ab den 60er Jahren immer wichtiger wurde, die eigenen Positionen auch gegenüber der Öffentlichkeit zu vertreten, um auf diese Weise Unterstützung zu mobilisieren.

Die eigentliche Stärke von Probst lag in der Organisationstätigkeit und hier wieder in der klassischen Parteiorganisationsarbeit. Als dynamischer Zentralsekretär war er zusammen mit dem leitenden Parteiangestellten Josef Kratky maßgeblich am Aufbau der

SPÖ-Organisation in der ersten Nachkriegsdekade beteiligt. Allerdings war Probst auch hier Traditionalist. Er glaubte an die fortdauernde Gültigkeit der in der Zwischenkriegszeit entwickelten Organisationskonzepte und war Neuerungen wie der Meinungsforschung oder der Übernahme kommerzieller Werbetechniken in die Politik gegenüber skeptisch.

Als Zentralsekretär, Obmann der SPÖ-Wien und Ressortminister wirkte Probst primär auf bestimmte Sektoren der Politik. Als Zentralsekretär oblag ihm aber teilweise auch die Vertretung der Partei nach außen, und als Obmann der größten Landesparteiorganisation hatte er großes Gewicht. In diesen Funktionen und als Obmann des Verfassungsausschusses des Nationalrats war Probst auch Generalist, der z. B. Stellungnahmen zur Verteidigungspolitik oder der direkten Demokratie abgab.

Als Minister für Verkehr und Elektrizitätswirtschaft legte Probst, der sich der besonderen Unterstützung der Postgewerkschaft erfreute, besonderen Wert auf die Zusammenarbeit mit der Personalvertretung. Seine Ministerschaft ist durch keine spektakulären Neuerungen gekennzeichnet, vielmehr führte Probst laufende Investitionsprogramme, z. B. für die Elektrifizierung der Eisenbahn, den weiteren Streckenausbau und im Fernmeldewesen, fort. Als Ressortminister war Probst indirekt am Ende der großen Koalition beteiligt: Einer der Punkte, an dem 1965 die Budgetverhandlungen scheiterten, waren die vom Finanzminister geforderten Einschränkungen der ÖBB-Investitionen und Tariferhöhungen im Bereich seines Ministeriums.

Probst war kein Neuerer in der Politik. Schon ab Ende der 50er Jahre gehörte er zu jenen, die die innerparteilichen Strukturen und das politische System der Zweiten Republik konservieren wollten. Trotz seiner hohen staatlichen Ämter wurde Probst nie „Staatsmann“; er blieb der Vertrauensmann der Sozialdemokratie.

Probst starb im 67. Lebensjahr an einem Herzschlag. Zu diesem Zeitpunkt war er als stellvertretender Vorsitzenden der SPÖ und Dritter Nationalratspräsident formal auf dem Höhepunkt seiner Karriere, und wahrscheinlich hätte er sie über eine Ausnahme von der Altersklausel der SPÖ bis in die 80er Jahre fortsetzen können. Real betrachtet lag der Höhepunkt seiner politischen Bedeutung zu diesem Zeitpunkt aber schon hinter ihm. In die Annalen der Zweiten Republik ist Probst vor allem als der klassische Parteipolitiker – mit allen Konnotationen – und insbesondere als der Prototyp des SPÖ-Parteisekretärs eingegangen.

Literatur- und Quellenverzeichnis

Kreisky, Bruno (1988). Im Strom der Politik, Berlin.

Müller, Wolfgang C. / Josef *Melchior* (1992). Parteien und Parteiensystem in Wien, in: Herbert *Dachs* (Hg.): Parteien und Wahlen in Österreichs Bundesländern 1945–1991, Wien.

Probst, Otto (1959). Von Parteitag zu Parteitag, in: Die Zukunft Nr. 11.

Probst, Otto (1960). Die Sozialistische Internationale – ihr Wesen und Wirken, in: Die Zukunft Nr. 6.

Probst, Otto (1961). Aufwärtsblicken – vorwärtsstreben, in: Die Zukunft Nr. 5.

Probst, Otto (1964a). Probleme der Energiepolitik, in: Die Zukunft Nr. 11.

Probst, Otto (1964b). Verkehrspolitik – ein Kernstück der Wirtschaftspolitik, in: Die Zukunft Nr. 13/14.

Probst, Otto (1964c). Im Verkehrswesen hat die Integration bereits begonnen, in: Die Zukunft Nr. 15/16.

Probst, Otto (1966 a). Das Verkehrsressort und das Budget, in: Die Zukunft Nr. 2.

Probst, Otto (1966 b). Die Wahrheit über Fußach, in: Die Zukunft Nr. 7.

Probst, Otto (1971). Zentralsekretär der SPÖ, in: Festschrift für Karl Waldbrunner, Wien.

Tschadek, Otto (1967). Jahre der Freiheit, Wien.

Wanner, Gerhard (1980). Schiffstaufe Fußach 1964, Bregenz.

Weber, Fritz (1986). Der Kalte Krieg in der SPÖ, Wien.

Archiv der SPÖ (VGA).

DÖW, Akte Nr. 1580, 6131, 8050/5 und 7, 17167.

Lebensdaten

1911	am 29. 12. in Wien geboren
1926–1930	Lehrzeit, Besuch der Fortbildungsschule für graphisches Gewerbe
1926–1934	Mitglied der sozialitischen Arbeiterjugend (u. a. leitenden Funktionen)
1932–1934	Mitarbeit in der Jugendschutzstelle der Arbeiterkammer Wien
1934	arbeitslos
1934–1939	Mitglied der Revolutionären Sozialisten
1935–1936	Inhaftierung
1939–1943	Haft im KZ Buchenwald
1943–1945	Wehrdienst in einer Strafkompanie an der dt. Ostfront, zwei Verwundungen
1978	am 22. 12. in Wien gestorben

Berufliche Karrierestationen

1930–1934	Litograph
1938–1939	Elektroschweißer

Staatliche Funktionen

1945–1978	Abgeordneter zum Nationalrat
1963–1966	Bundesminister für Verkehr und Elektrizitätswirtschaft
1970–1978	Dritter Präsident des Nationalrates

Parteipolitische Ämter

1945–1978	Obmann der SPÖ-Bezirksorganisation Favoriten
1946–1978	Mitglied des Parteivorstandes der SPÖ
1946–1965 sowie 1967–1970	Zentralsekretär der SPÖ
1965–1970	Stellvertretender Obmann der SPÖ-Wien
1970–1976	Obmann der SPÖ-Wien

Weitere Funktion

1963–1978	Vorsitzender der Österreichisch-Israelischen Gesellschaft

Julius Raab

von
Peter Gerlich

Ein einflußreicher österreichischer Wirtschaftsfunktionär berichtet in seinen Erinnerungen, daß er Julius Raab erstmals als Präsident der Bundeskammer der gewerblichen Wirtschaft kennenlernte: „Sechzehn prominente Vertreter der Wirtschaft waren eingeladen, sich zu einem bestimmten Entwurf zu äußern. Raab stellte seine Meinung zur Debatte, hatte aber vier oder fünf Herren gegen sich. Daraufhin diktierte Raab der Sekretärin seine Version, als ob nichts gewesen wäre, und fügte hinzu: Einstimmig angenommen! Keiner der Opponenten muckste auf" (Sturminger 1988).

Ähnliche Berichte über den Raabschen Entscheidungsstil, über Raab als den Mann der einsamen Entschlüsse, über seine Neigung zur „Demokratur" gibt es mit leichten Variationen in großer Zahl. Sie charakterisieren sicher Raab als Politiker und als Person. Er verkörperte Autorität und setzte sie bewußt um. Seine Herkunft und frühen Lebenserfahrungen bereiteten ihn auf diese Rolle vor. Und als maßgeblicher Staatsmann übte er sie konsequent aus, bis zum für ihn selbst eher bitteren Ende.

Die häufige unkritische, leichte bewundernde Wiederholung ähnlicher Anekdoten zeigt, daß Raab und sein Umfeld eine Periode der politischen Entwicklung repräsentieren, die der Vergangenheit angehört. Heute würde ein solcher Führungsstil von Politikern in ähnlichen Positionen wie Raab von der Umgebung schwerlich akzeptiert und sicher auch nicht positiv kommentiert. Aber in der Zeit des Wiederaufbaus muß ein Bedürfnis danach bestanden haben, politisch geführt zu werden. Und Julius Raab kam dieses Bedürfnis zugute, und es ermöglichte ihm, für sein Land viel zu vollbringen und nach dem Chaos von Bürgerkrieg und Faschismus, von Krieg und Zerstörung die Weichen für eine positive wirtschaftliche, soziale und politische Entwicklung der Zweiten Republik zu stellen.

Raab stammt aus bürgerlichen Verhältnissen. Die Einflußfaktoren seines Herkunftsmilieus können mit den Schlagworten Kleinstadt, Kirche und Gewerbe charakterisiert werden. Raabs Vater, Julius Peter Raab, war Baumeister und stammte aus Schlesien. 1889 trat er in eine St. Pöltner Baufirma ein und heiratete bald darauf die Schwester seines neuen Chefs, Franziska Wohlmeyer. Die Baufirma plante in dieser Zeit zahlreiche öffentliche Bauten in der wirtschaftlich aufstrebenden Stadt und führte sie auch aus. Raabs Mutter war eine tiefreligiöse Persönlichkeit, die ihren Sohn in dieser Hinsicht auch dauerhaft prägte. Ihr Onkel, Johann Wohlmeyer, war Christlichsozialer der ersten Stunde und Reichsratsabgeordneter. Als ältester von drei Brüdern wurde Julius Raab am 29. 11. 1891 in dieses Milieu, das ihm von Anfang an seinen Stempel aufdrückte und zu dem er sich später immer eindeutig bekannte, hineingeboren.

Zwei weitere Erfahrungen verstärkten Raabs konservative und autoritätsorientierte Haltung: die Schule und das Militär. Raab maturierte am Seitenstettner Stiftsgymnasium. Dieser kirchlichen Internatsschule blieb er in seinem späteren Leben in großer

Anhänglichkeit verbunden. Schon dort lernte er zu führen. Seine Mitschüler gaben ihm den Spitznamen Julius Cäsar, den er später auch als Coleurnamen in der CV-Verbindung „Norica“ annahm, und als Senior, also aufsehender älterer Schüler, war er bei seinen jüngeren Mitschülern bereits gefürchtet (Wagner 1992, 48).

Auch das Militär prägte Julius Raab nachhaltig. Sein Hochbaustudium an der Technischen Hochschule in Wien unterbrechend, meldete er sich 1913 als Einjährig-Freiwilliger, also als Anwärter auf den Rang eines Reserveoffiziers, bei den Sappeuren, das heißt den Pionieren, in Krems. Er machte den gesamten Ersten Weltkrieg mit und diente zuerst im Osten und dann in Italien. Bei Vorgesetzten und Untergebenen war er hochangesehen und beendete seine militärische Laufbahn 1918 als Oberleutnant und Kompaniekommandant. Bemerkenswert und für Julius Raab typisch ist, wie er seine Kompanie abrüstete. Als sich die Front in Italien im November 1918 auflöste, marschierte er mit seinen 200 Soldaten, die ihm nicht mehr hätten gehorchen müssen, dies aber freiwillig dennoch taten, zu Fuß in drei Wochen nach St. Pölten. Im heimatlichen Bauhof löste er seine Einheit auf und gab jedem der Männer, der dies wollte, Verpflegung und Zivilkleidung für den weiteren Heimweg mit. Leopold Figl, Raabs späterer Freund und politischer Ziehsohn, war Zeuge des Ereignisses und bezeichnet diesen Vorgang, mit dem Raab für seinen Bereich die Monarchie korrekt und menschlich zu einem Ende brachte, immer als unauslöschliches Jugenderlebnis.

Auch später war Raabs Autorität nicht bloß Ausdruck formaler Hierarchie, sondern beruht auf einem wechselseitigen Verhältnis von Vertrauen der und Obsorge für die von ihm Geführten. Es fällt auf, daß wie bei vielen Vertretern seines Milieus und seiner Generation das männerbündnische Element, das für eine derartige Haltung fördernd sein dürfte, sehr stark ist. Knabeninternat, Militär und CV-Studentenverbindung waren exklusiv männliche Einflußfaktoren für die Entwicklung einer politischen Persönlichkeit. In gewisser Hinsicht blieb Raab auch immer Militarist. Sein letzter Unterrichtsminister, der eher intellektuelle Heinrich Drimmel (1975), empfand dies ganz deutlich. Raab teilte ihm kurz mit, wann er angelobt werden würde. „Dabei sah mich Julius Raab an wie ein Kompaniekommandant seinen Rekruten.“ Und ein paar Zeilen weiter heißt es in Drimmels Erinnerungen enthüllend offen: „Julius Raab war für mich, was für meinen Vater sein Hauptmann gewesen ist.“ Die soldatischen Traditionen wirkten aber auch nach oben weiter. Als Raab Bundeskanzler wurde, meldete er sich militärisch beim Bundespräsidenten Theodor Körner, der als k. u. k. Oberst an der Italienfront einer seiner Vorgesetzten gewesen war. Untereinander verwendeten die beiden auch noch in der Zweiten Republik das Offiziersdu der alten Armee.

1922 beendete Raab sein Studium, trat in die väterliche Firma ein und ehelichte Hermine Hammer, die Tochter einer angesehenen St. Pöltner Kaufmannsfamilie. Die Ehe blieb kinderlos. Angeregt durch seine früheren Mitstudenten aus dem CV, aber auch durch die Familientradition, trat Raab der Christlichsozialen Partei bei und war bald als Gemeinderat in St. Pölten und als Bezirkssekretär aktiv. Von Anfang an war es dabei sein Anliegen, die kleinen Unternehmer, den Gewerbestand, zu vertreten. Zugleich entwickelten sich auch Kontakte zur Kolpingbewegung und, wenn auch eher konfliktorischer Art, zu den Gewerkschaften.

1927 entsandte der christlichsoziale Bundesparteiobmann, Ignaz Seipel, Raab in die niederösterreichische Heimwehrbewegung. In dieser grundsätzlich antidemokratischen Organisation gab es verschiedene Strömungen. Raab gehörte eher dem gemäßigten, christlichsozialen Flügel an. Ihnen lag der faschistische oder nationalsozialistische Radikalismus nicht. Dennoch machte er mit, als von der Heimwehr 1930 der sogenannte Korneuburger Eid, ein Bekenntnis zur Abschaffung der parlamentarischen Demokratie, abgelegt wurde. Nach dem Übergang zum „Ständestaat“ zog er sich aus der Heimwehr und der eigentlichen Politik zurück und widmete sich im Rahmen des Österreichischen Gewerbebundes vor allem der Vertretung der Interessen der Klein- und Mittelunternehmen. Dabei nahm er maßgeblichen Einfluß auf die Gestaltung des Handelskammergesetzes von 1937. Deshalb wurde er 1938, allerdings nur für einige Tage, zum Handelsminister im letzten Kabinett des Bundeskanzlers Kurt Schuschnigg bestellt. Daß er Anhänger des „Ständestaates" war, überrascht angesichts der Herkunft und bisherigen Lebenserfahrung Raabs nicht. Er war jedoch auch schon in dieser Zeit um Pragmatismus und Vermittlung bemüht und distanzierte sich von radikalen Entwicklungen.

Während der Herrschaft des Nationalsozialismus ging Raab ins Baufach zurück, erhielt allerdings ein Aufenthaltsverbot für seinen Heimatbereich. Haft und Konzentrationslager blieben ihm erspart. Er war als Bauleiter einer Wiener Firma vor allem im Straßenbau tätig. Dort brachte er nach dessen Rückkehr aus dem KZ auch seinen Freund Leopold Figl unter und hoffte mit ihm und anderen Freunden auf das Wiedererstehen eines unabhängigen Österreich. Sein Verhalten nach 1945 zeigt, daß er imstande war, aus politischen Erfahrungen zu lernen. Stärker noch als in der Ersten Republik suchte er trotz allen Beharrens auf dem eigenen Interessenstandpunkt die Verständigung und den Ausgleich mit dem politischen Gegner. Er akzeptierte nun auch trotz seines eher autoritären Führungsstils die parlamentarische Demokratie voll als Grundlage und Rahmen der Politik.

In der Zweiten Republik war Julius Raab ein Mann der ersten Stunde. Er wirkte bei der Gründung der ÖVP maßgeblich mit, war Staatssekretär in der Provisorischen Staatsregierung, später Obmann des ÖVP Parlamentsklubs und Landesparteiobmann der ÖVP Niederösterreich. Er wurde Präsident der Bundeswirtschaftskammer und schließlich Bundesparteiobmann der ÖVP und Bundeskanzler. In allen diesen Funktionen gestaltete er einerseits die entsprechenden Institutionen und Organisationen mit und beeinflußte andererseits maßgeblich jene Politik, die Österreich als Land und Staat wieder aufrichtete. Obwohl das Klischee schon etwas abgenützt erscheint, kann man sagen, daß der Baumeister aus St. Pölten auch zum Baumeister des neuen Österreich wurde.

Bei der Gründung der ÖVP, die am 17. 4. 1945 im Wiener Schottenstift erfolgte, half Raab als Präsident des Wirtschaftsbundes, der an die Stelle des Gewerbebundes trat, mit, die bündische Struktur dieser Partei durchzusetzen (Jedlicka 1965, 17). Damit gelang von Anfang an eine bemerkenswerte Konsolidierung des bürgerlichen Lagers, die dieser Partei für über zwanzig Jahre die erste Rolle innerhalb der österreichischen Politik sicherte. In der Provisorischen Staatsregierung unter Karl Renner war Julius Raab Staatssekretär für öffentliche Bauten, Übergangswirtschaft und Wiederaufbau. Nach den Wahlen 1945 wollte der neue Bundeskanzler Leopold Figl seinen Freund Julius Raab als Handelsminister in die neue Bundesregierung berufen. Dies scheiterte am Einspruch der sowjetischen Besatzungsmacht. Raab wandte sich anderen Aufgaben zu: Er wurde Klubobmann und Handelskammerpräsident.

Nach den Aussagen von Zeitzeugen war Raab ein ambitionierter Parlamentarier. Er schätzte die Funktion des Parlaments sehr hoch ein und: „Es hat ihm auch Spaß gemacht" (Bergmann/Wögerbauer, in Brusatti/Heindl 1986). Bruno Kreisky berichtet in seinen Erinnerungen, daß es das parlamentarische Duo Raab und Pittermann, dieser war SPÖ-Klubobmann, mit besonderer Freude erfüllte, dem Regierungsduo Figl und Schärf gelegentlich ein wenig ins Handwerk zu pfuschen. Dies war nach Kreisky Ausfluß jener sonderbaren typisch österreichischen Haltung „a bißl Liab – und a bißl Falschheit" (Kreisky 1986, 135). Allerdings war Raab auch im Hohen Haus kein großer Redner. Er war ein Techniker der Politik im Parlament, ein guter Verhandler in den Ausschüssen, aber kein rhetorischer Akteur.

Die Bundeskammer für gewerbliche Wirtschaft, deren gesetzliche Grundlage 1946 geschaffen wurde, machte Raab zu seinem Instrument. Er sorgte dafür, daß eine große Handelskammerorganisation aufgebaut und die Bundesebene erheblich gestärkt wurde. Auf dieser Grundlage war Raab dann auch wesentlich an der Entwicklung der österreichischen Sozialpartnerschaft, der korporatistischen Zusammenarbeit der großen wirtschaftlichen Interessenverbände, beteiligt. Dies geschah zunächst durch fünf Lohn- und Preisabkommen, die er mit dem Präsidenten des ÖGB, Johann Böhm, schloß und dann durch die Einrichtung der Paritätischen Kommission. Damit wurde die Grundlage für die Erreichung des sozialen Friedens und wirtschaftlichen Wohlstands in Österreich gelegt. Die Situation war dadurch gegenüber der klassenkämpferischen Ersten Republik wesentlich geändert: „I hab' die Roten lieber in der Regierung als auf der Stroßn", sagte Raab (Kreisky 1986, 437). Bernd Raschauer weist darauf hin, daß Österreich die Sozialpartnerschaft eigentlich den Russen verdanke. Hätten sie zugelassen, daß Raab im Kabinett Figl Handelsminister geworden wäre, so hätte er vielleicht nicht die Energie erübrigt, Bundeskammer und zwischenverbandliche Zusammenarbeit aufzubauen (in Heinz 1981).

1951 löste Raab als starker Mann seiner Partei Leopold Figl in der Funktion des Parteiobmannes ab. Anstoß dafür war die kurz zuvor durch die ÖVP verlorene Bundespräsidentenwahl. Durch seinen autoritären Führungsstil, durch die Auswahl hervorragender Mitarbeiter wie Alfred Maleta als Generalsekretär und Reinhard Kamitz als Wirtschaftsfachmann – Leopold Figl blieb für die Außenpolitik zuständig – sowie durch die Ausarbeitung neuer politischer Konzepte, insbesondere in Wirtschaftsangelegenheiten, brachte Raab die Volkspartei geschlossen hinter sich. Nach den stimmenmäßig verlorenen, aufgrund des Wahlrechts mandatsmäßig aber gewonnenen Nationalratswahlen von 1953 übernahm er auch das Amt des Bundeskanzlers.

In dieser Funktion erreichte Raab eine ungeheure Popularität. Einerseits repräsentierte er auch für den kleinen Mann die bürgerlichen Tugenden wie Fleiß und Sparsamkeit, Privatinitiative, Selbständigkeit und Verläßlichkeit (Riepl 1983, 309) und setzte diese Werte insbesondere durch den erfolgreichen Raab-Kamitz-Kurs in der Wirtschaftspolitik überzeugend um. Andererseits wurde er überraschenderweise auch in der Außenpolitik erfolgreich aktiv. Er nützte die Chance, die eine erste Entspannung im Kalten Krieg brachte, und errang durch den Staatsvertrag die Unabhängigkeit Österreichs.

Die innenpolitischen Orientierungen Raabs kann man mit Reichold (1964, 28) in drei Punkten zusammenfassen. Er war erstens kein Liberaler, sondern der Vertreter des sozialpartnerschaftlichen Korporatismus, der auch die Verstaatlichung großer Teile der Wirtschaftsunternehmungen, für staatliche Interventionen, Subventionen und Marktordnungen eintrat. Raab forderte aber zweitens auch Grenzen des staatlichen Einflusses. Dies war der Inhalt des Raab-Kamitz-Kurses: ausgeglichene Budgetpolitik, Steuersenkungen, Wettbewerbspolitik, Aufbau des Kapitalmarktes, Liberalisierung des Außenhandels. Von besonderer Bedeutung war für Raab in diesem Zusammenhang die Erzielung der Geldwertstabilität, die es ihm auch weitgehend zu erreichen gelang. Wie wichtig dies für ihn als Angehöriger einer Generation, die die große Inflation erlebt hatte, war, erhellt ein kleiner Zwischenfall: Eines Tages brachte man ihm einen Zwanzig-Franken-Schein. Er sagte: „Da steht 1912 drauf. Kriegt man für den no was?" Ein Mitarbeiter fragte in einer Bank nach und brachte den Geldwert in Schilling. Raab war tief beeindruckt (Ritschel 1975). Schließlich war Raab, drittens, ein Mann des Ausgleichs, er befürwortete die Zusammenarbeit mit den Sozialisten in der Regierung und in der Sozialpartnerschaft und akzeptierte weitreichende sozialpolitische Gesetze und Maßnahmen. So geht etwa das Allgemeine Sozialversicherungsgesetz, der Familienlastenausgleich und die Arbeitszeitverkürzung auf die Zeit seiner Regierung zurück. Die Politik der Zusammenarbeit hatte freilich auch ihre Kosten, etwa in der Gestalt des österreichischen Proporzes. Raab konnte diesbezüglich auch selbstkritisch sein. Einem ausländischen Journalisten erklärte er: „Proporz ist, Herr Redakteur, wenn Sie in die Argentinierstraße kommen und einem verantwortlichen Mann des Rundfunks die Hand hinstrecken und sich dann wundern müssen, daß Sie plötzlich zwei Hände drücken" (Pisa, in Brusatti/Heindl 1986).

Bundeskanzler Julius Raab, 1955, ÖVP-Kundgebung in den Sofiensälen

Außenpolitisch versuchte Raab von Anfang an, um das Vertrauen der sowjetischen Besatzungsmacht zu werben. Anders als viele österreichische Politiker jedweder Partei, die ihre Unzufriedenheit über die jahrelange Verzögerung des Staatsvertrags und über den zu starken Einfluß der Besatzungsmacht den Sowjets gegenüber aggressiv auftraten, weigerte sich Raab „den russischen Bären in den Schwanz zu zwicken". Diese Haltung lohnte sich. Anfang 1955 luden die Sowjets eine österreichische Delegation, die unter der Leitung Raabs stand, nach Moskau ein. In harten Verhandlungen, bei denen Raab entgegen einflußreichen sozialistischen Delegationsmitgliedern die Konzeption einer immerwährenden Neutralität Österreichs nach Schweizer Muster anbot und auch sonst einige Konzessionen machen mußte, konnte die russische Zustimmung zu einem Staatsvertrag durchgesetzt werden. Da auch die Westalliierten einverstanden waren, wurde dieser am 15. 5. 1955 unterzeichnet. Österreich war frei. Die Besatzungstruppen verließen das Land, und der Nationalrat beschloß feierlich die immerwährende Neutralität. Für Raab hatte die Neutralität auch noch den hintergründigen Sinn einer endgültigen Sicherung des Bestandes eines österreichischen Staates (Reichold 1964, 40). Raab ging als der Staatsvertragskanzler in das öffentliche Bewußtsein und in die Geschichte ein. Es war Raab bewußt, daß der Status der Neutralität auch die Notwendigkeit der militärischen Landesverteidigung mit sich brachte. Er entwickelte großes Interesse für die Einrichtung des Bundesheeres, die zunächst im Rahmen seines eigenen Ressorts, des Bundeskanzleramtes, erfolgte, und setzte sich etwa persönlich für die Einrichtung von Garnisonen in Grenznähe ein. Was die finanziellen Möglichkeiten betraf, gab er sich keinen Illusionen hin. Als im Jahre 1956 die Ungarnkrise ausbrach, zögerte er allerdings nicht, das Bundesheer einzusetzen und „erstaunlich mutig" (Riepl 1983) bei der Sowjetunion gegen das Blutvergießen im östlichen Nachbarland zu protestieren.

Sein Sinn für Verantwortung und sein autoritärer Führungsstil führten dazu, daß Raab das Ende seiner politischen Laufbahn nicht leicht fiel. Es war ihm nicht vergönnt, einen würdevollen Ausstieg aus dem politischen Leben zu erreichen. Nach der Wahlniederlage seiner Partei bei der Bundespräsidentenwahl forderten neue Männer in dieser Partei, deren Ansichten ihn zutiefst beunruhigten, seine Ablöse. Ein Schlaganfall im Jahre 1957 trug dazu bei, daß er nicht mehr der alte war. 1961 trat er als Bundeskanzler ab, behielt aber die Funktion eines Handelskammerpräsidenten. 1963 ließ er sich, von seiner Krankheit schon schwer gezeichnet, überreden, gegen den amtierenden Bundespräsidenten Adolf Schärf anzutreten. Die Niederlage, die vorauszusehen gewesen wäre, schmerzte ihn tief.

Am 8. 1. 1964, ein Jahr später, starb Julius Raab in seinem 72. Lebensjahr. Wie er es in seinem Testament gewünscht hatte, sprach an seinem Grab nur ein einziger Redner, sein alter Freund und politischer Kampfgefährte Leopold Figl.

Wie kann Julius Raabs politisches Wirken in heutiger Sicht eingeschätzt werden? Er beherrschte die verschiedenen Rollen, die ein Politiker spielen können muß. Als Kommunikator war er sehr erfolgreich, wenn auch hauptsächlich in indirekter Weise. Wie schon erwähnt, galt er als beredter Schweiger, er war kein Freund langer Reden (Kreisky 1986). Allerdings konnte er, wenn es darauf ankam, einfache, aber klare und sehr wirkungsvolle Worte finden. Das Geheimnis seines Erfolgs in der Öffentlichkeit, der Aufbau eines überaus positiven Image, das bis heute weiterwirkt, lag darin, daß er sich der damaligen Medien optimal bediente. In seinem Büro umgab er sich mit ausgezeichneten medienorientierten Mitarbeitern und kongenialen Ghostwritern und ließ durch sie die damals – noch vor dem Siegeszug der elektronischen Medien – vorhandenen politischen Werbeträger, insbesondere Wochenschauen, Zeitungen (vor allem mittels Fotos und Karikaturen) sowie während der Wahlzeiten Plakate und Postwürfe effektiv bearbeiten. So entstand ein sehr einprägsames Bild vom Virginia-Raucher, Beamtenforellenesser, Zitherspieler und Patriarchen (Pisa, in Brusatti/Heindl 1986). Im Rahmen dessen, was er kannte, war Raab auch medienpolitisch sehr bewußt und sorgte für den Einfluß seiner Partei auf Presse und Rundfunk. Die Zukunft des Fernsehens schätzte er jedoch vollkommen falsch ein. Es war ihm egal, „ob 3000 ins Narrnkastl schauen oder nicht", und er überließ diese in seinen Augen technische Spielerei gerne dem Einflußbereich seines Koalitionspartners, der SPÖ.

Es gibt zahlreiche Hinweise darauf, daß Raab ein zäher und geschickter Verhandler war. Nach allem, was über seine Autorität und seinen persönlichen politischen Stil bereits gesagt wurde, wird dies nicht verwundern. Seine wichtigsten außenpolitischen Verhandlungspartner waren einerseits die Vertreter der russischen Besatzungsmacht in Österreich und dann der sowjetischen Führungsschicht in Moskau bei den Staatsvertragsverhandlungen. Es kann nicht bezweifelt werden, daß Raab den Russen imponierte (Jedlicka 1965, 19). Bekannt ist jener Zwischenfall beim zweiten Moskaubesuchs Raabs im Jahre 1958. Chruschtschow schaute Raab, der seine Virgina in der Hand hatte, prüfend an und sagte: „Sie sind ein Kapitalist". Raab zog genüßlich an der Zigarre und meinte: „Nur ein kleiner Kapitalist, dafür sind Sie ein großer Kommunist" (Ritschel 1975). Ähnliches galt auch für Raabs Verhandlungspartner in der Innenpolitik, im Parlament, in der großen Koalition, in der Sozialpartnerschaft. Sie respektierten ihn, seine Konsequenz in der Vertretung der Interessen seiner Gruppen und seine Konzilianz, die stets das Finden von Kompromissen ermöglichte.

Zweifellos war Raab auch ein großer Organisator. Das Wort vom Baumeister der Zweiten Republik wurde schon erwähnt. Der frühere Pionieroffizier, der Hochbauingenieur, hatte auch ein Gespür dafür, wie man Organisationen und Institutionen aufbaut. Im Wirtschaftsbund, in der ÖVP, in der Bundeswirtschaftskammer, in der Regierungsform der großen Koalition, in der Sozialpartnerschaft hat er Denkmäler seiner Aufbaufähigkeit hinterlassen, die, wenn schon nicht dauernder als Stein, dennoch bis heute die politische Physiognomie Österreichs geprägt haben. Es ist durchaus vorstellbar, daß mit einer anderen Persönlichkeit an der Spitze des bürgerlichen Lagers eine andere Entwicklung Platz gegriffen haben könnte. Kritisch ließe sich allerdings anmerken, daß das von Raab errichtete Institutionengefüge zwar stabil, aber auch sehr starr war. Dies zeigte sich in der Notwendigkeit einer Liberalisierung des politischen und auch geistigen Lebens in Österreich, wie sie nach dem Ende der großen Koalition erfolgreich einsetzte.

Von seiner Auffassung von Politik her war Julius Raab sicher mehr als ein bloßer Interessenvertreter oder ein durchschnittlicher Politiker, der sich im Hickhack der Alltagspolitik erschöpfte. Er war Staatsmann: „Ich bin ein alter Politiker, ich hab immer 'glaubt, ein großer Politiker ist nicht einer, der tut was die Leut' wollen, sondern einer, der die Leut dazu bringt zu tun, was er will." So Raab 1961. Auf ihn selbst traf diese Einschätzung wohl auch zu. Die Chance einer solchen Haltung bestand darin, für seine Gruppe, aber nicht zuletzt auch für sein Land, viel zu erreichen. Raab war jemand, der politische Freiräume intuitiv erkannte und die sich daraus ergebenden Möglichkeiten sowohl spontan als auch konsequent und beharrlich nützte. Die Gefahr seiner politischen Haltung lag in der Möglichkeit von Fehlentscheidungen. Und auch solche sind Raab, besonders am Ende seiner Laufbahn, nicht erspart geblieben (Jedlicka 1965, 22). Was Raabs politische Grundeinstellung betrifft, kann man Heinrich Drimmel, seinem Unterrichtsminister, folgen, der, wie man den Erinnerungen entnehmen kann, als Intellektueller von dem intensiven Machtmenschen Raab fasziniert war. Drimmel bezeichnete Raab als einen gebildeten Menschen – dies glaubte er hervorheben zu müssen –, als einen frommen Christen, aber keinen Klerikalen, als einen Christlichsozialen, aber keinen Kapitalisten und schließlich als einen Konservativen. Dazu kam noch die tief verwurzelte Haltung eines österreichischen Patriotismus (Drimmel 1975, 208).

Die Persönlichkeit Raabs, Raab als Mensch, entzieht sich einer leichten vordergründigen Beurteilung. Die Klischees vom „Caesar in Knöpferlschuhen", vom kautzigen Virginiaraucher, vom beredten Schweiger führen da nicht viel weiter. Von heute aus gesehen, war Raab das Produkt einer anderen Zeit. Er strahlt eine Art von geradliniger, aber auch grimmiger Gemütlichkeit aus. Drei Aspekte mögen dies illustrieren.

Erstens seine persönliche Bescheidenheit und Anspruchslosigkeit, für die es viele Belege gibt und die er mit Anhänglichkeit an und Fürsorge für viele Menschen, die seinen Lebensweg kreuzten, verband.

Zweitens die Sprache der Bilder: Es gibt eine Fülle von Fotos von Raab, beginnend in seiner Jugend. Betrachtet man sie, so fallen dreierlei Merkmale immer wieder ins Auge: Raab steht fast immer – auch schon als Schüler oder Soldat – im Zentrum. Um Raab bildet sich regelmäßig ein Abstand, der nur als Respektsabstand interpretiert werden kann. Schließlich fällt dieser Abstand dann weg, wenn er Persönlichkeiten begegnet, die eindeutig einflußreicher sind als er selbst. Diesen gegenüber scheint er keinen so großen

Wert auf Distanz zu legen. Diese Beobachtungen unterstreichen die natürliche Autorität, über die Raab verfügte, die aber auch nach oben hin ihre Grenzen hatte.

Drittens die Macht der Worte: Liebenswürdige Biographen Raabs versuchen immer wieder zu betonen, wie belesen er gewesen sei, und ihm verbundene Literaturwissenschaftler haben sich in rührender Weise bemüht, seine Gelegenheitsgedichte ernsthaft als bedeutsam hinzustellen. Dies mag nicht so recht zu überzeugen. Was aber heute noch beeindruckt, sind Raabs spontane, also nicht von anderen für ihn verfaßte, holzschnittartige Formulierungen, besonders bei wichtigen Anlässen, aus heutiger Sicht am Rande des Pathetischen, aber letztlich doch überzeugend.

1955 am Flugplatz von Vöslau, zurück aus Moskau, mit dem Staatsvertrag so gut wie im Gepäck: „Liebe Österreicher und Österreicherinnen, vor allem möchte ich meinen Dank sagen dem Herrgott, daß wir diese Stunde für Österreich erleben konnten. Wir werden, was wir in diesen zehn Jahren erhofft und erstrebt haben – frei sein“ (Wagner 1992, 324).

Oder bei der Einweihung eines Kruzifixes im ÖVP-Parlamentsklub im Jahre 1950: „Da lobe ich mir den alten Dorfpfarrer, der Jahrzehnte lang in seiner Gemeinde die Seelen betreut und behütet. Nackt kommen sie zur Welt, und ohne Hab und Gut, mit Ausnahme der sittlichen Werte, die sie geschaffen, werden sie zurückgegeben an die Mutter Erde“ (Wagner 1992, 105). Welcher Politiker würde heute, in einer Zeit, die die Tatsache der Endlichkeit und Zerbrechlichkeit des menschlichen Lebens tabuisiert, solche Formulierungen verwenden?

Schließlich Raabs Testament, das er 1961 verfaßte und das nach seinem Tode von Leopold Figl verlesen wurde (Riepl 1983, 323): „Alle bitte ich inständig, die rotweißrote Fahne hochzuhalten und unser schönes Österreich als einen Hort der Freiheit zu bewahren. Von meinen Freunden und Mitarbeitern und von allen Österreichern sowie von meinen Anverwandten erbitte ich Nachsicht über manches ungereimte Wort und um Verzeihung, wenn ich sie gekränkt haben sollte; dies gilt auch für meine politischen Gegner. Der schönste Freundschaftsdienst, den mir jemand erweisen will, ist ein stilles andächtiges Gebet. Ich hoffe, daß mir der Herrgott ein gnädiger Richter sein wird und die Gottesmutter eine gütige Fürbitterin. Und nun leb wohl schöne Welt. Ich fürchte den Tod nicht. Er ist Erlösung von der Erdenschwere, von der vergänglichen Materie, ein schöner Schritt dem wirklichen Endziel zu: Gott zu schauen und seine Herrlichkeit.“

Das Bild Raabs lebt weiter. Über keinen konservativen Politiker der Zweiten Republik gibt es so viele Veröffentlichungen wie über ihn, dem Parlament gegenüber wurde ihm ein Denkmal errichtet, in manchen verrauchten Gasthausstuben des hinteren Waldviertels hängt noch immer sein von der Zeit vergilbtes Bild. Aber dies sind nur äußere Zeichen. Raab lebt auch im Bewußtsein der Österreicher fort als Teil ihrer Geschichte. Er ist zum unbestrittenen Gründungsvater der Zweiten Republik geworden, bei allen Landsleuten, auch seinen ehemaligen politischen Gegnern. Bruno Kreiskys Urteil ist unsentimental, aber eindeutig „Raab war eine bedeutende Persönlichkeit und hatte in der Koalition eine Autorität, die auch von den Sozialdemokraten anerkannt wurde“ (Kreisky 1986, 437).

Literatur- und Quellenverzeichnis

Brusatti, Alois / Gottfried *Heindl* (Hg.) (1986). Julius Raab. Eine Biographie in Einzeldarstellungen, Linz.

Drimmel, Heinrich (1975). Die Häuser meines Lebens, Wien.

Gerlich, Peter (1991). Die Landesverteidigung im Konzept der politischen Parteien, in: Manfred *Rauchensteiner* / Wolfgang *Etschmann* (Hg.): Schild ohne Schwert. Das Österreichische Bundesheer 1955–1970, Graz.

Heinz, Bernhard (Hg.) (1981). Julius Raab. Zum 90. Geburtstag, Wien.

Jedlicka, Ludwig (1965). Julius Raab (1891–1964), in: Neue Österreichische Biographie ab 1815, Band XVI, Wien.

Kreisky, Bruno (1986). Zwischen den Zeiten, Berlin.

Kunz, Johannes / Robert *Prantner* (Hg.) (1991). Julius Raab. Ansichten eines Staatsvertragskanzlers, Wien.

Raab, Julius (1961). Verantwortung für Österreich, Wien.

Raab, Julius (1964). Selbstportrait eines Politikers, Wien.

Reichhold, Ludwig (1964). Portrait eines österreichischen Politikers, in: Julius *Raab:* Selbstportrait eines Politikers, Wien.

Riepl, Hermann (1983). Julius Raab, in: Friedrich *Weissensteiner* / Erika *Weinzierl* (Hg.): Die österreichischen Bundeskanzler. Leben und Werk, Wien.

Ritschel, Karl Heinz (1975). Der Staatsvertragskanzler Julius Raab, Salzburg.

Sturminger, Alfred (1988). Ich hab's erlebt, Graz.

Wagner, Benedikt (red.) (1992). Julius Raab – Aussaat und Ernte, Seitenstetten.

Lebensdaten

1891	geboren am 29. 11.
1911	Matura am Stiftsgymnasium Seitenstetten und Studium an der Technischen Hochschule Wien
1914–1918	Sappeuroffizier im Ersten Weltkrieg
1922	Diplom an der Technischen Hochschule
1922	Bauleiter in der väterlichen Firma
1923	Heirat mit Hermine Hammer
1938–1945	Bauleiter einer Wiener Straßenbaufirma
1964	gestorben am 8. 1.

Parteipolitische Funktionen

1945–1951	Bundesparteiobmann-Stellvertreter der ÖVP
1951–1952	Geschäftsführender Bundesparteiobmann der ÖVP
1952–1961	Bundesparteiobmann der ÖVP
1961–1964	Bundesparteiobmann-Stellvertreter der ÖVP
1945–1959	Landesparteiobmann der ÖVP Niederösterreich
1945–1964	Obmann des Wirtschaftsbundes
1945–1953	Klubobmann der ÖVP im Nationalrat

Staatliche Funktionen

1927–1933	Gemeinderat in St. Pölten
1927–1934	Abgeordneter zum Nationalrat
1935	Obmann des Bundeswirtschaftsrates
1938	Bundesminister für Handel und Verkehr
1945	Staatssekretär für öffentliche Bauten
1945–1964	Abgeordneter zum Nationalrat
1953–1961	Bundeskanzler

Verbändefunktionen

1930–1934	Vizepräsident des Gewerbebundes
1934–1938	Präsident bzw. Obmann des Gewerbebundes
1938	Präsident der Landeshandelskammer Niederösterreich
1938	Vizepräsident der Bundeshandelskammer
1945–1953	Präsident der Bundeswirtschaftskammer
1961–1964	Präsident der Bundeswirtschaftskammer

Weiteres politisches Amt

1928	Landesführer Niederösterreich der Heimwehr

Grete Rehor

von
Barbara Steininger

Am 30. 6. 1910 wurde Grete Daurer – so ihr Mädchenname – in Wien geboren. Ihre Mutter war diplomierte Krankenschwester, ihr Vater Beamter. Von insgesamt drei Mädchen der Familie war sie das mittlere. Zwei wesentliche Grundmerkmale ziehen sich gleichsam wie ein roter Faden durch ihr Leben: ihre katholische Lebenseinstellung und ihr ausgeprägter Sinn für soziale Anliegen. Der Grundstein für beides wurde in ihrer Kindheit gelegt. Von klein auf war das städtisch-katholische Milieu für sie prägend, so schloß sie sich auch der katholischen Mädchenbewegung an. Ihr Engagement für soziale Gerechtigkeit läßt sich ebenfalls auf Erfahrungen in der Kindheit zurückführen: Der Vater wurde während des Ersten Weltkriegs in die Armee eingezogen und galt ab ca. 1918 als vermißt. Die damals 8jährige wuchs in einem „Frauenhaushalt" auf, der von wirtschaftlicher Not geprägt war. Mit ungefähr 19 Jahren wurde sie Vollwaise.

In der Schulbildung Grete Rehors zeigt sich erstmals ihr Ehrgeiz, sich durch Fleiß und Wissenserwerb eine berufliche Lebensgrundlage zu schaffen: Nach der fünfklassigen Volksschule in Wien Josefstadt besucht sie die Bürgerschule, ein Vorbereitungsjahr für das Lehrerinnenseminar, und von 1925 bis 1927 eine private Handelsschule. Der eigentliche Berufswunsch, Lehrerin, konnte aus finanziellen Gründen nicht verwirklicht werden. Ab dem 14. Lebensjahr verdiente sie sich sowohl den Unterhalt als auch das Schulgeld anfangs durch diverse Tätigkeiten, später als Textilarbeiterin. Dieser Branche sollte Sie in den kommenden Jahren in verschiedensten Funktionen treu bleiben.

Ihre eigentliche berufliche Laufbahn begann sie 1927 als Angestellte – genau gesagt als Kontoristin – in einer Textilfirma in Wien. Nächste berufliche Station war 1929 der Eintritt als Angestellte bzw. später Sekretärin in den Zentralverband der christlichen Textilarbeiter, wo sie als Mitarbeiterin des damaligen Zentralsekretärs und späteren Vizepräsidenten des Österreichischen Gewerkschaftsbundes Erwin Altenburger tätig war. Der erste Kontakt mit der christlichen Gewerkschaft begann mit ehrenamtlicher Tätigkeit in der Gewerkschaftsjugend. In dem 1924 errichteten Jugendbeirat der Arbeiterkammer Wien, dem je drei sozialdemokratische und katholische bzw. christlichsoziale Jugendorganisationen angehörten, vertrat sie mit ihrem späteren Mann, Karl Rehor, die christliche Gewerkschaftsjugend – übrigens als erste Frau. Dieser Jugendbeirat beschäftigte sich vor allem mit Fragen des Lehrlingsschutzes und der Arbeitsbeschaffung für Jugendliche. Unter anderem saß auch der Sozialdemokrat Anton Proksch, der Vorgänger Rehors als Sozialminister, in diesem Beirat.

Erste Kontakte mit dem späteren Bundeskanzler Josef Klaus resultierten aus gemeinsamer Mitgliedschaft in der „Jungen Front im Arbeitsbund", einer kleinen Jugendgruppe in der christlichen Arbeiterbewegung. 1933 wurde sie Vorstandsmitglied im Internationalen Bund Christlicher Textilarbeiter. Im „Ständestaat" war sie beruflich ebenfalls im Gewerkschaftsbund tätig. 1935 heirateten Grete Daurer und Karl Rehor. Drei Jahre später kam Tochter Marielies zur Welt.

Karl Rehor, der bereits seit 1922 in führender Position in katholischen Jugendorganisationen und der christlichen Arbeiterbewegung tätig gewesen war, wurde 1934 unter anderem leitender Sekretär der Gewerkschaftsjugend im Österreichischen Gewerkschaftsbund und Rat der Stadt Wien. Als Leiter der Sozialen Arbeitsgemeinschaft Wien im „Ständestaat", die sich als „Auffangorganisation" (Hindels 1976, 88) für die dem Regime teilweise skeptisch gegenüberstehende christliche Arbeiterschaft etablierte und in der Persönlichkeiten wie Ernst Karl Winter eine wesentliche Rolle spielten, versuchte Karl Rehor den Kontakt mit den Funktionären der Freien Gewerkschaften aufrechtzuerhalten. Der Einmarsch Hitlers im Jahre 1938 war auch ein Einschnitt in das Leben der Familie Rehor. 1938 wurde Karl Rehor verhaftet, von seiner Arbeitsstelle entlassen und 1940 in die Wehrmacht eingezogen. Er fiel mit großer Wahrscheinlichkeit 1942 in Stalingrad und gilt seit 1943 offiziell als vermißt. Grete Rehors Widerstand gegen das Nazi-Regime dokumentiert die Tatsache, daß sie an illegalen Treffen der christlichen Gewerkschafter im Umfeld von Lois Weinberger teilgenommen hat, Reichhold (1987, 576) bezeichnet sie als „zum harten Kern" dieser Gruppe zugehörig. Vorwiegender Zweck dieser Zusammenkünfte, die zumeist in Wohnungen und Werkstätten stattfanden, war es, Verbindungen zwischen den früheren Funktionären der christlichen Gewerkschaften aufrechtzuerhalten, aber auch Pläne für die Zeit nach dem NS-Terror-Regime zu schmieden.

1945 startete sie beruflich in der gleichen Position, die sie vor der NS-Zeit innegehabt hatte: als Sekretärin der Gewerkschaft der Textil-, Bekleidungs- und Lederarbeiter. Gleichzeitig begann nun eine kontinuierliche Folge von Karrierestationen. Im ÖGB wurde sie 1948 (erste weibliche) Vorsitzende-Stellvertreterin der Gewerkschaft der Textil-, Bekleidungs- und Lederarbeiter für die Fraktion Christlicher Gewerkschafter. Damit war das Fundament für den innerparteilichen Aufstieg im Bündesystem der ÖVP gelegt: Sie wurde 1949 (ebenfalls als erste Frau) Obmann-Stellvertreterin im ÖAAB und zog im gleichen Jahr als ÖVP-Abgeordnete in den Nationalrat ein. Unterstützt wurde ihre Kandidatur auf einem sicherer Listenplatz unter anderem von dem damaligen Bundesobmann des ÖAAB Lois Weinberger, kritisiert wurde sie von der Österreichischen Frauenbewegung, die eine neuerliche Kandidatur ihrer Bundesleiterin Nadine Paunovic forcierte, damit aber erfolglos blieb.

Die Nationalratswahlen 1966 brachten der ÖVP die absolute Mehrheit. Dennoch wurden Koalitionsverhandlungen mit der SPÖ geführt. Bei einer Fortsetzung der Koalition hätte die SPÖ das Sozialministerium sicher behalten. Grete Rehor wurde in den Tageszeitungen als Kandidatin für das Staatssekretariat im Sozialministerium genannt. Als die Koalitionsverhandlungen jedoch scheiterten, trat das Kabinett Klaus als Alleinregierung an.

Die Gründe, die für die Nominierung Grete Rehors zur Sozialministerin ausschlaggebend waren, liegen sicher nicht allein in dem Faktum, daß sie eine Frau war. Die erste Alleinregierung der ÖVP bot für die Bünde *die* Gelegenheit, Anspruch auf bestimmte Regierungspositionen zu erheben. Das bisher der SPÖ vorbehaltene Sozialressort wurde vom ÖAAB beansprucht. Grete Rehor war zu diesem Zeitpunkt bereits stellvertretende Vorsitzende im ÖAAB, daher bekam sie auch Unterstützung vom damaligen ÖAAB-Obmann und Präsidenten des Nationalrates Dr. Alfred Maleta. Mit diesem Hintergrund sowie 17 Jahren Parlamentserfahrung, in denen sie sich eine beachtliche sozialpolitische Kompetenz aufgebaut hatte, hatte sie beste Voraussetzungen für das Amt einer Sozialministerin.

Das Sozialressort war innerhalb der Koalitionsregierungen seit 1945 immer eine Domäne der SPÖ gewesen und war daher in der ersten ÖVP-Alleinregierung ein sensibler

Bereich. Die Haltung des Österreichischen Gewerkschaftsbundes war ein wichtiges Faktum im machtpolitischen Kräftespiel zwischen SPÖ und ÖVP. Als christliche Gewerkschafterin mit bester Gesprächsbasis zu den Sozialdemokraten war Rehor geeignet, als Integrationsfigur zu wirken. Möglicherweise spielte in diesem Zusammenhang die Tatsache, daß sie eine Frau war, zusätzlich eine Rolle. Die Annahme der ÖVP-Strategen, daß sich die SPÖ einer Frau gegenüber möglicherweise eher „gentlemanlike" verhalten würden, war aus der Sicht des damaligen männlich dominierten Zeitgeistes durchaus plausibel. Außerdem konnte Bundeskanzler Josef Klaus mit einer Gewerkschafterin als Sozialministerin den Anspruch des Österreichischen Gewerkschaftsbundes auf diese Position (alle SPÖ-Sozialminister seit 1945 kamen aus dem ÖGB) sogar in einer ÖVP-Alleinregierung erfüllen. Und nicht zuletzt die persönliche Loyalität zu Bundeskanzler Klaus, den sie seit ihrer Jugend kannte, gab zusammen mit den oben genannten Gründen den Ausschlag.

Der Vorgänger Grete Rehors, Anton Proksch (SPÖ), war 10 Jahre Sozialminister gewesen. Er kannte Rehor bereits seit ihrer Jugend aus der gemeinsamen Arbeit im Jugendbeirat der Wiener Arbeiterkammer. Daß er ihr das Ministerium nicht offiziell übergab (er hatte sich bereits vor ihrer Amtsübernahme von seinen Mitarbeitern verabschiedete und kam auch nicht zu ihrem Amtsantritt), bezeichnete sie als „besondere Haltung", ein solches Verhalten hatte sie nicht erwartet.

Sozialminister Grete Rehor

Nicht nur personell, sondern auch strukturell änderte sich 1966 einiges im Sozialministerium. Ein Staatssekretariat wurde errichtet und kompetenzmäßig mit den Angelegenheiten Kriegsopfer- und Heeresversorgung, Opfer- und sonstige Fürsorge, Volksgesundheit und Personalangelegenheiten betraut. Mit Ausnahme der Provisorischen Staatsregierung gab es bis dahin kein Staatssekretariat im Sozialministerium. Die Gründe für dessen Errichtung liegen unter anderem in dem Faktum, daß Bundeskanzler Klaus Vertreter aller Bundesländer in seinem Kabinett unterbringen wollte. Während der Ministerschaft Rehors waren der Landesobmann des ÖAAB Burgenland, Franz Soronics, und ab 1968 der Vorarlberger Johann Bürkle als Staatssekretäre tätig.

Der Handlungsspielraum der Sozialministerin war in dreifacher Weise eingeschränkt: Erstens stellt – wie Tálos (1981, 326) konstatiert – „das Sozialministerium – bildlich ausgedrückt – das Einfallstor gewerkschaftlicher sozialpolitischer Forderungen dar, oder, anders ausgedrückt, die Aktivitäten des Ministeriums sind durch die Forderungen der Gewerkschaften und Arbeiterkammern wesentlich geprägt". Im Hinblick auf politische Stabilität war die Haltung des ÖGB während der ÖVP-Alleinregierung von besonderer Bedeutung. Zweitens spielen im sozialpolitischen Gesetzgebungsprozeß Verhandlungsergebnisse zwischen den Interessenvertretungen im Rahmen der Sozialpartnerschaft eine wesentliche Rolle und beschränken so ebenfalls die Kompetenzen der Sozialministerin. Dies galt bzw. gilt aber für alle Sozialminister. Der dritte Punkt betrifft den innerparteilichen Handlungsspielraum Rehors als Sozialministerin: Während ihrer Amtszeit war sie immer wieder der Kritik des Wirtschaftsbundes und der Bundeswirtschaftskammer ausgesetzt. Diese warfen ihr vor, den Willen der Gewerkschaften zu vollziehen. Tatsächlich fühlte sie sich als Sozialministerin in erster Linie der Arbeitnehmerschaft verpflichtet, sie agierte sowohl materiell als auch im Umgang mit dem politischen Gegner – der SPÖ – als Gewerkschafterin. Parteipolitische konfliktorientierte Taktik waren ihr fremd. „Der Einsatz von Macht und politischer Mehrheit waren ihr nie nahe, wichtig war ihr, die anderen zu überzeugen. Es zeichnete sie eine konziliante Amtsführung aus" (Fuchs 1975, 10).

Grete Rehors Terrain war – sowohl vor als auch während ihrer Ministerschaft – der Verhandlungstisch. Da ihre politische Sozialisation ausschließlich in der Gewerkschaftsbewegung stattgefunden hatte, war sie eine geübte Verhandlerin, sowohl innerhalb des ÖGB als auch im Bereich der Sozialpartnerschaft. Pragmatische, sachliche Gesprächsführung waren kennzeichnend für sie. Inhaltliche Kompetenz im Bereich Soziales hatte sie sich vor allem durch ihre Mitgliedschaft im Sozialausschuß des Nationalrates über fünf Gesetzgebungsperioden hinweg erworben. Sie galt als engagierte Arbeitnehmerpolitikerin, ideologisch geprägt durch die Katholische Soziallehre, kooperativ und von hoher Konsensbereitschaft gegenüber den Sozialdemokraten. Ihr Politikverständnis könnte man als „Sachehrgeiz im Bereich Soziales" definieren. Innerhalb der ÖVP vertrat sie vor allem die Interessen des (vorwiegend weiblichen) Arbeiterflügels des ÖAAB. Ihre Klientel waren primär die berufstätigen Frauen, und sie wies immer wieder auf die Benachteiligung der Frauen im Berufsleben, auf Diskriminierung durch ungleichen Lohn für gleiche Arbeit hin, was natürlich innerparteilich Konflikte mit dem Wirtschaftsbund hervorrief.

So innovativ ihre gewerkschaftlichen Anliegen waren, so konservativ waren ihre Ansichten über „Frau und Familie". Als Rehor 1936 auf der Reichskonferenz der Bekleidungs- und Textilarbeiter ein Referat über das Recht der Frau hielt, kommentierte *Der neue Aufstieg,* das Organ der revolutionären Textil-Bekleidungs- und Lederarbeiter (das Verbandsorgan der Sozialisten in der Illegalität): „Wir gewinnen den Eindruck, daß diese Frau beides zugleich ist: Frauenrechtlerin und konservative Familienpolitikerin in einer Person" (zit. nach Hindels 1976, 322). Dieser Widerspruch findet sich bei Grete Rehor in einer Vielzahl von Aussagen. Als Nationalratsabgeordnete plädiert sie dafür, die Mutter aus dem Berufsleben „wieder der Familie zuzuführen", als Ministerin schuf sie aber 1966 erstmals eine Abteilung für Frauenfragen im Sozialministerium, die sich vor allem mit Angelegenheiten der berufstätigen Frauen und ihrer familiären Situation befassen sollte. Auch versuchte sie erfolgreich, innerhalb ihres Ministeriums Frauen in gehobene Positionen zu bringen. Eine grundsätzliche, kritische Auseinandersetzung mit dem Frauenbild ihrer Partei und ein öffentliches Infragestellen männlicher Wertvorstellungen wird man bei Grete Rehor aber nur selten finden. Auch hier bevorzugte sie den Konsens und nicht die Konfrontation.

Grete Rehors engste politische Heimat war die christliche Arbeiterbewegung, deren Funktionärsschichte fast ausschließlich aus Männern bestand. Die Denkweise letzterer bestand nun darin, Politik als männliches Terrain zu definieren und formal gleichberechtigte Funktionärinnen als leider nicht vermeidbare Tatsache hinzunehmen, wie ein Gespräch zwischen Leopold Kunschak und Lois Weinberger (beide Förderer Rehors) zeigt: „Sehn'S, Weinberger, ... denn in der Politik müssen die Männer wissen, was sie zu tun haben, und die Frauen dürfen da nicht viel dreinreden. Daß einige Weibsbilder auch im Parlament sind, na schön, aber daß sich auch noch die Mütter und Gattinnen und die Schwestern über ihre Söhne, Männer und Brüder dreinmischen, na, das wär zu viel!" (Frankenstein 1994, 35).

Trotz patriarchalischer Denkmuster ihrer Funktionäre stellte die ÖVP die erste Sozialministerin Österreichs. Grete Rehor gelang während ihrer Amtszeit unter anderem 1968 die Verabschiedung des Arbeitsmarktförderungsgesetzes, welches als Hauptwerk ihrer Amtsperiode und auch als wichtige Etappe in der österreichischen Sozialpolitik angesehen wird. Rehor dürfte den Abschluß zurecht auch als persönlichen Erfolg betrachtet haben, denn bereits am 16. 3. 1966 hatte der ÖGB ein sozialpolitisches Forderungsprogramm beschlossen und unter anderem die Schaffung eines modernen Arbeitsvermittlungsgesetzes gefordert. Als aktive Gewerkschafterin (Mitglied des Bundesvorstandes des ÖGB) stand Rehor damals auf seiten der Forderer (*Solidarität,* Nr. 485, März 1967). Weiters wurden während ihrer Ministerschaft eine Pensionserhöhung für Witwen, die Einführung einer Bauernpension und das Berufsausbildungsgesetz – um nur einige Beispiele zu nennen – beschlossen. Insgesamt wird Grete Rehor als Sozialministerin auch von sozialdemokratischer Seite positiv bewertet.

Nach dem Wahlergebnis 1970 und dem Rücktritt von Bundeskanzler Klaus war auch die Karriere Rehors als Sozialministerin beendet. Außer einigen ehrenamtlichen Funktionen, wie z. B. der Vizepräsidentin der Arbeitsgemeinschaft für Rehabilitation, trat sie danach öffentlich kaum mehr in Erscheinung.

In die Geschichtsschreibung der Zweiten Republik wird Grete Rehor wohl als „Grete die Erste" eingehen, da sie die erste Ministerin in der Geschichte Österreichs war. Im Zeitraum zwischen der Regierungszeit Kaiserin Maria Theresias und der Amtsperiode der Sozialministerin regierten – abgesehen von der Unterstaatssekretärin Hella Postranecky – immerhin 226 Jahre ausschließlich Männer. Das Ministeramt Grete Rehors war im Rückblick der Startpunkt für Frauen als fixer Bestandteil der Regierungselite in Österreich.

Literatur- und Quellenverzeichnis

Die christlichen Gewerkschaften in Österreich (1975). Wien.

Frankenstein, Gerda (1994). Grete Rehor. Gewerkschafterin – Parlamentarierin – Erste „Frau Minister" Österreichs, Univ. Wien: Dipl.-Arb.

Fuchs, Maria (1975). Grete Rehor-Lebenslauf, in: Soziale Sicherheit und politische Verantwortung, Festschrift für Grete Rehor, Wien.

Hampel-Fuchs, Maria / Herbert *Kohlmaier* / Alois *Mock* (Hg.) (1980). Festschrift für Grete Rehor, Wien.

Hindels, Josef (1976). Österreichs Gewerkschaften im Widerstand 1934–1945, Wien.

Reichhold, Ludwig (1987). Geschichte der christlichen Gewerkschaften Österreichs, Wien.

Tàlos, Emmerich (1981). Staatliche Sozialpolitik in Österreich, Wien.

Interview mit Dr. Marielies Rehor im August 1994.

Ich danke Frau MRat Dr. Marielies Rehor für ein Interview und für die Durchsicht einer ersten Fassung dieser Biographie.

Lebensdaten

1910	am 30. 6. in Wien geboren
1916–1927	Volksschule, Bürgerschule, Handelsschule
1935	Heirat mit Karl Rehor
1938	Geburt von Tochter Marielies
1987	am 28. 1. in Wien gestorben

Berufliche Karrierestationen

1925–1927	Textilarbeiterin
1927–1937	(ab 1933 leitende) Sekretärin im Zentralverband der christlichen Textilarbeiter
1945–1966	Fachgruppensekretärin der Weber in der Gewerkschaft der Textil-, Bekleidungs- und Lederarbeiter

Staatliche Funktionen

1949–1970	Abgeordnete zum Nationalrat
1966–1970	Bundesministerin für soziale Verwaltung

Parteipolitische Ämter

1945–1971	Mitglied des Bundesvorstandes des ÖAAB
1949–1971	Bundesobmannstellvertreterin des ÖAAB
1957–1974	Bundesfrauenreferentin des ÖAAB
1960–1967 sowie 1970–1974	Stellvertreterin der Bundesleiterin der Österreichischen Frauenbewegung
1966–1970	Mitglied des Bundesparteivorstandes der ÖVP

Verbändefunktionen

1945–1975	Vorsitzende- Stellvertreterin im Frauenreferat des ÖGB
1948–1967	Stellvertretende Vorsitzende der Gewerkschaft der Textil-, Bekleidungs- und Lederarbeiter (Fraktion Christlicher Gewerkschafter)
1959–1975	Mitglied des Bundesvorstandes des ÖGB (mit beratender Stimme)
1945–1970	Kammerrat der Arbeiterkammer Wien

Karl Renner

von
Anton Pelinka

Renner war von seiner Herkunft aus armen ländlichen Verhältnissen im gemischtsprachigen Gebiet Südmährens geprägt. Die soziale Komponente brachte ihn sehr früh in Kontakt mit sozialdemokratischen Studenten. Die sprachliche (nationale) Komponente schärfte von Anfang an seinen Sinn für die „nationale Frage", der auch seine ersten wissenschaftlichen Veröffentlichungen (z.B. Staat und Nation 1899; Der Kampf der österreichischen Nationen 1902) gewidmet waren.

Seine Tätigkeit als Beamter der Parlamentsbibliothek entsprach zwar einerseits seinem Interesse an Politik und Wissenschaft; andererseits behinderte diese Funktion aber sein öffentliches politisches Auftreten – so mußte er einen Großteil seiner Veröffentlichungen bis 1907 unter einem Pseudonym publizieren, um einen Interessenkonflikt zwischen seinen (sozialdemokratischen) Aktivitäten und seiner beruflichen Position zu vermeiden.

1907 wurde Renner als Abgeordneter eines niederösterreichischen Wahlkreises (Neunkirchen) in den Reichsrat gewählt. Es war dies die erste nach dem allgemeinen und gleichen Männerwahlrecht durchgeführte Parlamentswahl in Österreich. Für die beiden Wahlen 1907 und 1911 (bei der Renner wiedergewählt wurde) galt der Grundsatz des absoluten Mehrheitswahlrechtes – Renner konnte (mußte) sich also auf die absolute Mehrheit der Stimmen in seinem Einerwahlkreis stützen. Diese Erfahrung mit der Mehrheitswahl hinderte ihn freilich in der Verfassungsdebatte ab 1918 nicht daran, sich entschieden – mit seiner Partei – für die verfassungsrechtliche Verankerung des Verhältniswahlrechts einzusetzen.

Renner war von 1907 bis 1933 – also 26 Jahre hindurch – Parlamentarier. Dieser Erfahrungshintergrund spielte für ihn eine wichtige Rolle – so, wenn er nach 1934 sich auf diese Prägung durch legale politische Tätigkeit berief, um seine geringe Neigung oder auch Fähigkeit zur illegalen politischen Arbeit zu begründen; so auch, als die Sozialdemokratie – ihrem geschichtlichen Hintergrund und ursprünglichen Selbstverständnis als Fundamentalopposition eigentlich entgegengesetzt – plötzlich Vertreter für Regierungsfunktionen stellen sollte.

Als die österreichische Regierung etwa ab Ende 1916 einen „weicheren" innenpolitischen Kurs zu steuern versuchte, war Renner bald ihr bevorzugter sozialdemokratischer Ansprechpartner. 1917 durfte er – mitten im Krieg, und das hieß mit ausdrücklicher Billigung der Regierung – zum sozialistischen Friedenskongreß nach Stockholm fahren. Im selben Jahr wurde er auf dem Parteitag der österreichischen Sozialdemokratie vom linken Parteiflügel heftig attackiert, weil sein Name für die Übernahme einer Regierungsfunktion immer wieder ins Gespräch gekommen war. 1917 formulierte auch Friedrich Adler vor Gericht seine scharfe Kritik an Karl Renner: Dieser sei der „Lueger der Sozialdemokratie, der den Geist der Prinzipienlosigkeit, den Geist der Gaukelei in unsere Partei eingebracht hat, daß man sich schämen muß, das auf sich sitzen zu lassen" (zit. nach Pelinka 1989, 22).

Spätestens zu diesem Zeitpunkt war Renners Ruf festgeschrieben: Er stand für den „rechten" Flügel der Sozialdemokratie; und er repräsentierte das stark ausgeprägte Interesse eines Teils der Partei, aus der Oppositionsrolle heraus Regierungsverantwortung übernehmen zu müssen. Daß Friedrich Adler in seinem Prozeß vor dem Ausnahmegericht Renner auch den „Präsidialist(en) der jeweiligen Regierung" nannte (zit. nach Pelinka 1989, 22), charakterisierte diese Neigung Renners sehr deutlich: Ihm ging es immer auch und vor allem um das konkrete Handeln; um die Übernahme konkreter Verantwortlichkeit; um den kürzesten Weg zur unmittelbaren politischen Praxis.

Als im Herbst 1918 aus der Logik eines „Revolution" genannten Machtvakuums heraus die Sozialdemokratie plötzlich Regierungsverantwortung übernehmen mußte, war es daher naheliegend, denjenigen ihrer Spitzenrepräsentanten dafür zu bestimmen, der die geringsten Reserven gegenüber der direkten politischen Macht zu haben schien. Den „bürgerlichen" Koalitionspartnern (Christlichsoziale und Deutschnationale) als Mann des „rechten" (und damit gemäßigten) Parteiflügels das kleinste aller möglichen sozialdemokratischen Übel, ersparte Renner auch den zur Regierungsmacht weniger selbstverständlich strebenden Genossen ein Stück Gewissens- und Rollenkrise. Er war, Ende Oktober und Anfang November 1918, der logische Mann der Stunde, eben weil er, von Theorie und Temperament her gesehen, der am wenigsten revolutionär gesinnte Vertreter einer verbal revolutionären Partei war, deren Regierungsbeteiligung zur faktischen Verhinderung der Revolution aber unbedingt notwendig erschien.

Und so wurde Karl Renner zum ersten Regierungschef der (Ersten) Republik Österreich, die sich zunächst Deutschösterreich nannte. Aus einer analogen Logik heraus sollte er, fast 27 Jahre später, zum ersten Regierungschef der Zweiten Republik und schließlich zu deren erstem Staatsoberhaupt werden. Seine Karriere umspannt nicht nur alle Phasen, die Österreich – mehrere höchst unterschiedliche politische Systeme hindurch – in der ersten Hälfte des 20. Jahrhunderts durchschritten hat; sie belegt auch die persönliche und strategische Verwendbarkeit Renners.

Renners Verhalten als Staatskanzler einer zunächst drei Parteien umfassenden Konzentrationsregierung, dann einer Regierung der „großen Koalition" zeigte seine Fähigkeit zur Vermittlung. In den beiden für die Provisorische Staatsregierung wohl besonders wesentlichen Fragen – der Friedensschluß und die Verfassungsentscheidung – war Renner vor allem ein Sucher nach dem Kompromiß, der seine Rolle vor allem darin verstand, aus den verschiedensten politischen Interessen so etwas wie einen gemeinsamen Nenner zu formulieren und diesen mit der politischen Möglichkeit in Einklang zu bringen.

Als Präsident der österreichischen Delegation in St. Germain äußerte sich dies in Renners Bereitschaft, das Anschlußverbot zu akzeptieren. Entgegen den klaren Wünschen der Provisorischen Nationalversammlung, die sich – mit Berufung auf Woodrow Wilsons 14 Punkte und das darin verankerte Selbstbestimmungsrecht – zum Anschluß an eine demokratische deutsche Republik bekannt hatte, verboten die Alliierten (die dabei besonders das französische Interesse verfolgten) eben diesen Anschluß. Die Deutschnationalen verließen eben deshalb die Koalition, und Otto Bauer, Staatssekretär des Äußeren, trat unter Protest von seinem Amt zurück: Das Anschlußverbot dürfe nicht akzeptiert werden. Doch Renner übernahm demonstrativ selbst das Außenressort und akzeptierte so die politische Verantwortung dafür, daß in St. Germain – wenn auch unter verbalem Protest – der Staatsvertrag samt Anschlußverbot unterzeichnet wurde.

Renner, dessen theoretischer Deutschnationalismus in allen seinen Äußerungen schon vor und erst recht während und nach der Republikgründung dem Otto Bauers keineswegs nachgestanden war, zeigte so seinen Sinn für das politisch Mögliche. Vor die Wahl gestellt, die Friedenskonferenz scheitern zu lassen oder sich dem „Diktat der Siegermächte" zu beugen, optierte er für das pragmatische Handanlegen und gegen den demonstrativen Gestus. Renner wollte Politik machen – und nicht Politik verweigern. Und angesichts der realen Machtverhältnisse sah er keine Möglichkeit, Politik gegen die vitalen Interessen der Siegermächte zu machen.

Daß diese Flexibilität keineswegs eine theoretische Absage an den „Anschluß" und damit an den spezifisch österreichischen Deutschnationalismus dieser Zeit war, zeigte Renner in den 20er und frühen 30er Jahren, als er – in voller Übereinstimmung mit der herrschenden Richtung seiner Partei und der gesamten österreichischen Öffentlichkeit – den Anschluß an ein demokratisches Deutschland zwar für aufgeschoben, aber keineswegs für endgültig aufgehoben betrachtete. Und sein Verhalten unmittelbar nach dem bereits unter militärischen Vorzeichen vollzogenen Anschluß an ein keineswegs demokratisches Deutschland unterstrich, daß für ihn das Akzeptieren des Anschlußverbotes die Hinnahme realpolitischer Grenzen war – und nicht der Verzicht auf ein bestimmtes, langfristiges Ziel.

Seine Interviews im April 1938 wie auch sein Nachwort zu seiner Dokumentation im November 1938 belegten, wie sehr er reale politische Gegebenheiten zur eigentlichen Richtschnur seines Verhaltens machte: War der Anschluß nicht möglich, dann mußte er zurückgestellt werden; aber war er vollzogen, dann durfte es eigentlich nicht stören, daß er nicht mit demokratischen, sondern mit totalitären Mitteln herbeigeführt worden war. Zwar machte Renner klar, daß er die Methoden des „Anschlusses" ablehnte – am Akzeptieren des Ergebnisses sollte und konnte dies aber nichts ändern. Renner stand immer auf dem Boden der Tatsachen – wie auch im April 1945, als er den Kontakt zur obersten sowjetischen Autorität, zu Josef Stalin suchte, um auf diese Weise reale Politik zu machen – selbstverständlich nun mit einer demonstrativen Absage an jede Form des Anschlusses.

In der Verfassungsfrage wiederum war Renners Verhalten geprägt von seinem Verständnis über das Wesen des Rechtes. In seiner (in erster Fassung schon 1904 veröffentlichten) Schrift über *Die soziale Funktion der Rechtsinstitute, besonders des Eigentums* (Titel der 1929 erschienen, überarbeiteten Ausgabe: *Die Rechtsinstitute des Privatrechts und ihre soziale Funktion*) hatte er sich ausführlich mit der Wechselbeziehung von sozialem Wandel, politischer Umsetzung und rechtlicher Instrumentierung von Interessen befaßt. Weder folgte er einem Rechtsdogmatismus, der das Recht von seinen sozialen und politischen Voraussetzungen isoliert und zu einer unabhängigen Variablen, zu einer unpolitischen Determinante macht; noch einem simplifizierten, vulgären Marxismus, der das Recht auf ein einfaches Überbauphänomen reduziert.

Ähnlich war Renners Position im Vorfeld der Beschlußfassung des Bundes-Verfassungsgesetzes 1920. Er selbst hatte sich durchaus mit inhaltlichen Beiträgen an der Debatte beteiligt – so etwa mit ausführlichen Begründungen für die verfassungsrechtliche Verankerung des Grundsatzes der Verhältniswahl. Doch in den eigentlichen Konfliktfeldern, in denen die beiden wirklichen Verfassungsgeber – Sozialdemokratie und Christlichsoziale – aufeinanderprallten, war er viel weniger „Partei" als etwa Otto Bauer und Ignaz Seipel. Der Kompromiß, der funktional der noch vorhandenen Gemeinsamkeit der beiden Regierungsparteien entsprach, trug dann insofern Renners Handschrift, als dieser Kompromiß tatsächlich eine pragmatische Mittellösung war, die Kompromißunfähiges wie den Grundrechtskatalog ausklammerte und bei anderen Divergenzen (Förderalismus, Rolle des Staatsoberhauptes etc.) beidseitiges substanzielles oder funktionales Nachgeben ausdrückte.

Renners Verhalten war am Anfang der Ersten Republik wesentlich – am Ende der Ersten Republik war es signifikant. Als Präsident des Nationalrates verhielt sich Renner bei der entscheidenden Sitzung vom 5. März 1933 so, wie es einer kurzfristig entwickelten Parteitaktik entsprach – er legte sein Amt zurück und lieferte, ungewollt, der Regierung Dollfuß den Vorwand zur Ausschaltung des Nationalrates und damit des Parlamentarismus. Schon vorher, im Zusammenhang mit Seipels überraschendem Koalitionsangebot an Bauer, das vom sozialdemokratischen Parteivorstand mit Renners Zustimmung zurückgewiesen wurde, hatte sich gezeigt, daß der Realpolitiker Renner in Zeiten der Konfrontation weniger oder gar nicht ein spezifisches Verhalten konkret zu zeigen vermochte. Illegalität und Widerstand waren ihm jedenfalls, wie er 1937 in einem Brief an Friedrich Adler schrieb, wesensmäßig fremd.

1934 und 1938 – die Versuche, am Vorabend des Bürgerkrieges bei der Regierung Dollfuß doch noch Kompromißbereitschaft auszuloten, bzw. nach dem „Anschluß" sich eine publizistische Nische aufzutun – unterstreichen eine gewisse Hilflosigkeit Renners im Umgang mit Situationen, die durch Radikalisierung und Entdemokratisierung gekennzeichnet waren.

Die Befreiung Österreichs durch alliierte Truppen und die der Moskauer Deklaration entsprechende alliierte Politik, die auf eine Wiederherstellung der österreichischen Unabhängigkeit gerichtet war, kam Renners Temperament hingegen voll entgegen. Schon Anfang April 1945, als er von sich aus mit Offizieren der Roten Armee in Niederösterreich Kontakt aufnahm, berief er sich auf seine Rolle als letzter Präsident des letzten frei gewählten Nationalrates der Republik. Darüber hinaus brachte er gegenüber dem „Genossen Stalin" auch seine – Renners – Reputation als marxistischer Theoretiker ins Spiel.

Gegenüber den österreichischen Kommunisten war er, zunächst, daher auch der Mann, der sich auf Stalins Legitimation (ausgedrückt in einem durchaus freundlichen Schreiben des sowjetischen Ministerpräsidenten und Generalsekretärs der KPdSU) berufen konnte; für die Christlichsozialen bzw. die ÖVP konnte Renner ohnehin sein Ansehen als „gemäßigter", als rechter Sozialdemokrat ins Spiel bringen. Es war daher wiederum im Sinne nicht nur einer historischen, sondern auch einer aktuellen Logik, daß der Staatskanzler der Provisorischen Staatsregierung von 1918 bis 1920 wiederum Staatskanzler einer wiederum drei Parteien umfassenden Provisorischen Staatsregierung werden sollte.

Anders als die Provisorische Staatsregierung am Beginn der Ersten war die am Beginn der Zweiten Republik jedoch eine ohne parlamentarische Legitimation. Sie gründete sich auf die Parteien – und Renner unterschrieb, gemeinsam mit Adolf Schärf, für die SPÖ die Unabhängigkeitserklärung, der die legitimierende Funktion zukommen sollte. Innerhalb der Provisorischen Staatsregierung verstand sich Renner von Anfang an aber eher über den Parteien stehend denn als bloßer Parteivertreter. Diese Rolle überließ er Schärf, der auf einer Ebene mit Leopold Figl und Johann Koplenig agierte.

Renner verstand sich als Vermittler – er hinderte aber nicht erste Weichenstellungen in Richtung auf eine Präferenz zugunsten einer SPÖ-ÖVP-Zusammenarbeit auf Kosten der KPÖ. So akzeptierte er, daß sich im Sommer 1945 in der Verfassungsfrage SPÖ und ÖVP gegen die KPÖ stellten – es ging darum, ob das Bundes-Verfassungsgesetz 1920 ohne die oder einschließlich der Novelle 1929 in Geltung gesetzt werden sollte. Die KPÖ gab nach, und die Kompetenzen des Bundespräsidenten blieben die der Novelle 1929.

Der Renner des Jahres 1945 war auch in der „nationalen Frage" Repräsentant einer besonderen Flexibilität. Sein Deutschnationalismus, der ihm zur Begründung seiner Anschlußbejahung 1938 gedient hatte, war nun nicht mehr gültig. Wie 1919, in St. Germain, stellte er ihn zurück – aber jetzt nicht mehr gleichsam unter Protest und als Resultat eines Druckes der Siegermächte, sondern als Ergebnis seiner nun österreichisch-patriotischen und österreichisch-nationalen Überzeugung. Renner „verzichtete" nicht nur, wie 1919, auf den Anschluß – er sagte sich (unter weitgehender Vernachlässigung der Reflexion seines eigenen Entwicklungsprozesses) nunmehr von der Zuordnung Österreichs zu einer deutschen Identität überhaupt los.

Daß Renner diesbezüglich immer die Mehrheitsmeinung wiedergab – sowohl in seinem ursprünglichen Deutschnationalismus, als auch in seinem nunmehrigen Österreich-Patriotismus – machte ihn als Integrationsfigur besonders geeignet. Er repräsentierte in allen diesen Phasen nicht nur seine eigene Entwicklung, sondern auch die der in Österreich hegemonialen Auffassung.

Bundespräsident Dr. Karl Renner, 1945, mit den Vertretern der Alliierten Alfred M. Gruenther, Ivan Stepanoviç Konjev, Sir Richard Loundon MacCreery und Emile Béthouard

Im Wahlkampf zur Nationalratswahl vom November 1945 „schwebte" Renner über den Parteien. Seine Rolle im Jahr 1938 wurde tabuisiert – auch die Kommunisten, die 1947 und 1948, nach dem Ausbruch des Kalten Krieges und ihrem folgerichtigen Ausscheiden aus der Konzentrationsregierung den Renner des Jahres 1938 zum Thema machen sollten, respektierten 1945 den Kanzler, der ja offenkundig noch immer Stalins Gunst besaß.

Da die Nationalratswahl 1945 der ÖVP die absolute Mandatsmehrheit brachte, sollte ihr – im Sinne informeller Vereinbarungen, die schon vor der Wahl getroffen worden waren – unabhängig von der fortzuführenden Konzentrationsregierung nunmehr das Amt des (Bundes-)Kanzlers zufallen. Renner war als Bundespräsident vorgesehen – und er wurde, durch ein Ausnahmegesetz im Verfassungsrang ermöglicht, von der Bundesversammlung einstimmig (also auch mit den Stimmen der KPÖ) zum Bundespräsidenten gewählt.

Der Provisorische Staatskanzler Renner zeigte jedenfalls, wo seine besonderen politischen Fähigkeiten lagen. Er war ein hervorragender Integrator. Er wurde von allen Parteien der Regierung als „primus inter pares" akzeptiert und respektiert. An seinem 75. Geburtstag bezeugten auch die Kommunisten, wie sehr er in diesen für die Zweite Republik entscheidenden Monaten die internationalen und die nationalen Rahmenbedingungen optimal auslotete und ein Maximum an Konsens zu formulieren verstand.

Als Bundespräsident war Renner weiterhin publizistisch tätig. So verfaßte er zeitgeschichtliche Bücher, die freilich seine Rolle 1938 teilweise aussparten; und er beteiligte sich auch, in Form eines Zeitungsartikels, an der ersten Diskussion über eine mögliche Neutralität Österreichs nach Schweizer Vorbild.

Der Kalte Krieg begann an Renners überparteilicher Rolle etwas zu verändern – ab 1948 versuchte die KPÖ, Renner als typischen Vertreter eines sozialdemokratischen Opportunismus zu zeichnen und sein Verhalten 1938, insbesondere seine (zunächst von nicht-kommunistischer Seite weiterhin ignorierte) Dokumentation vom Herbst 1938, zu thematisieren. Im kommunistisch inspirierten Versuch eines Generalstreiks im September und Oktober 1950 stand Renner, intern, voll auf der Seite der Regierung und insbesondere der SPÖ-Spitze um Schärf und Helmer.

Am 14. Dezember 1950 wurde er, anläßlich seines 80. Geburtstages, Gegenstand hoher Ehrungen – die Zweite Republik hatte ihn zur Symbolfigur erklärt. Kurz darauf, in den letzten Stunden des Jahres 1950, starb Karl Renner – seine Rundfunkrede zum Jahreswechsel war bereits aufgenommen worden und wurde gespielt, als er bereits tot, sein Tod aber noch nicht öffentlich bekannt gemacht worden war.

Renner steht mehr als jeder andere Politiker der Zweiten Republik – wohl mehr als jeder andere österreichische Politiker des 20. Jahrhunderts – für die Kontinuität der politischen Kultur und der politischen Eliten. Wann immer das sozialistische Lager aufgerufen war, bei der Gestaltung des österreichischen politischen Systems entscheidend mitzuwirken, war Karl Renner zur Stelle: In der Schlußphase der Monarchie, in der „Revolution“ genannten Phase des Übergangs vom multiethnischen Reich zum sich deutsch verstehenden Kleinstaat; während der Ersten Republik und über die die Sozialdemokratie (nicht aber unbedingt Karl Renner als Person) ausschließenden Phasen des autoritären „Ständestaates“ und der nationalsozialistischen Diktatur; in der Gründungs- und Stabilisierungsphase der Zweiten Republik – Renner war bereit, eine führende Rolle zu übernehmen; und zumeist war er gefordert, diese Rolle auch tatsächlich auszuüben.

Diese Kontinuität der Eliten, besonders exemplifiziert am Beispiel Renners, spricht für die ungewöhnliche und entscheidende Lernfähigkeit eben dieser Eliten. Es waren ein und dieselben Personen des sozialistischen und des christlich-konservativen Lagers, die den Dissens am Ende der Ersten Republik durch eine Politik der Konfrontation in Richtung Bürgerkrieg verstärkten – bis die zur Diktatur bereite Regierung Dollfuß die autoritäre Herrschaft des christlich-konservativen Lagers errichtete; dieselben Personen, die dann 1945 – nach den Erfahrungen der totalitären Diktatur und in „realpolitischer“ Perzeption internationaler Möglichkeiten – die auf elitären Konsens aufbauende Demokratie der Zweiten Republik errichteten. Renners Biographie unterstreicht mehr als jede andere, daß es niemals eine „Stunde Null“ gegeben hat; daß vielmehr jede Phase mit konsequenter Logik aus der vorhergegangenen entstanden war; und daß ein und dieselben Strukturen (die „Lager“) und Personen höchst unterschiedliche, ja eigentlich einander widersprechende Ergebnisse zu verantworten hatten.

Doch Renner war nicht nur Repräsentant von Strukturen, die eine erstaunliche Kontinuität unter Beweis stellen konnten. Renner war auch eine besondere Persönlichkeit, die als *marginal leader* bezeichnet werden kann. Alles spricht dafür, daß er jedenfalls bis 1945 niemals die Integrationsfigur seines Lagers war – diese Rolle war in den 20er und 30er Jahren ganz eindeutig von Otto Bauer wahrgenommen worden, dessen Person und die von ihr vertretenen Inhalte die maximale Zustimmung der verschiedenen Interessen und Zielvorstellungen der Sozialdemokratie auf sich vereinen konnte. Aber Renner war, obwohl in seiner Partei Jahrzehnte hindurch ein (mehr oder weniger respektierter) Mann eines bestimmten (des „rechten“, des „niederösterreichischen“)

Flügels, immer dann der Mann der politischen (Stern-)Stunde, wenn es galt, Integrationsarbeit nicht primär innerhalb der Sozialdemokratie, sondern gegenüber Gegnern oder Konkurrenten zu leisten.

Renner war der Mann des Flügels der Sozialdemokratie, der ihr die größtmögliche Flexibilität verschaffte, wenn es nicht um Konfrontation, sondern um Kooperation ging. Karl Renner war der Prototyp des Koalitionärs, dessen besondere (Führungs-)Qualitäten dann gefragt waren, wenn – so 1918, so wiederum 1945 – die Sozialdemokratie nicht einfach regieren, sondern wenn sie mitregieren wollte.

Für diese Aufgabe an der Nahtstelle der Sozialdemokratie war Renner bestens geeignet. Sein zu ständiger Zusammenarbeit mit (fast) jedermann (fast) immer bereites Temperament ließ weder kaiserliche Regierungen noch bereits autoritär regierende Christlichsoziale, noch umjubelte Nationalsozialisten, noch den „sehr geehrten Genossen Stalin" außer acht: In jeder Situation wollte Renner politisch Hand anlegen; in jeder wollte er politisch dabei sein.

Nicht immer waren seine Dienste gefragt: nicht 1934 und letztendlich auch nicht 1938. Zum Besten seiner politischen Biographie brauchten die Diktatoren Dollfuß und Hitler seine Kooperation, die er ihnen – unter Verzicht auf einen allzu plumpen Stil der Anbiederung – offerierte, dann doch nicht. Daß die Nationalsozialisten Renners Fleißaufgabe, nämlich das Lob des Münchner Abkommens, schließlich doch nicht publizierten, rettete Renners Ansehen – für später. Und so konnte er, der pragmatische Interpret einer revolutionären Rhetorik, zum „Pater Patriae" der Zweiten Republik werden; zum zweimaligen Republikgründer, dessen Leben und Wirken – unter Vernachlässigung gewisser Schattenseiten (so seines Lobes des Münchner Abkommens) – von den Mitgründern der Zweiten Republik zur weiteren Stabilisierung eben dieser Republik genützt werden:

Der arme Bauernbub, der sich sein Studium selbst verdient; der Sozialdemokrat, der sich als „gemäßigt" profiliert und eben deshalb für seine politischen Gegner noch der Akzeptabelste unter den Sozialdemokraten ist; der Theoretiker, der das Kunststück zuwege bringt, Bernsteins Revisionismus unter Wahrung marxistischer Begrifflichkeit zu austrifizieren, ohne die eigene Partei deshalb zu spalten; der Österreicher, der bald eine deutschnationale Tradition für sich beanspruchte (so 1918 und 1938), bald eine österreichisch-patriotische (so andeutungsweise 1934–1937 und insbesondere 1945 und in den verbleibenden Jahren): Für jede denkmögliche Position innerhalb des Extreme ausschließenden Spektrums der Zweiten Republik liefert Renner Bezugspunkte und Identifikationsmöglichkeiten.

Literatur- und Quellenverzeichnis

Hannak, Jacques (1965). Karl Renner und seine Zeit. Versuch einer Biographie, Wien 1965.

Knight, Robert (Hg.) (1988). „Ich bin dafür, die Sache in die Länge zu ziehen." Die Wortprotokolle der Österreichischen Bundesregierung von 1945–52 über die Entschädigung der Juden, Frankfurt.

Leser, Norbert (1971). Die Odyssee des Marxismus. Auf dem Weg zum Sozialismus, Wien.

Pelinka, Anton (1989). Karl Renner zur Einführung, Hamburg.

Rauscher, Walter (1995). Karl Renner. Ein österreichischer Mythos, Wien.

Renner, Karl (1899). Staat und Nation. Zur österreichischen Nationalitätenfrage. Staatsrechtliche Untersuchung über die möglichen Principien einer Lösung und die juristischen Voraussetzungen eines Nationalitätengesetzes, Wien (unter dem Pseudonym Synopticus).

Renner, Karl (1914). Die Nation als Rechtsidee und die Internationale, Wien.

Renner, Karl (1917). Marxismus, Krieg und Internationale. Kritische Studien über offene Probleme des wissenschaftlichen und des praktischen Sozialismus nach dem Weltkrieg, Stuttgart 1917.

Renner, Karl (1945). Drei Monate Aufbauarbeit der Provisorischen Staatsregierung der Republik Österreich, Wien.

Renner, Karl (1946). Denkschrift über die Geschichte der Unabhängigkeitserklärung Österreichs, 2. (Schweizer) Auflage, Zürich.

Renner, Karl (1950). Reden. Für Recht und Frieden. eine Auswahl der Reden des Bundespräsidenten Dr. Karl Renner, herausgegeben von der Österreichischen Bundesregierung, Wien.

Renner, Karl (1953). Österreich von der Ersten zur Zweiten Republik, Wien.

Renner, Karl (1954). Das Weltbild der Moderne, Wien.

Renner, Karl (1965). Die Rechtsinstitute des Privatrechts und ihre soziale Funktion. Ein Beitrag zur Kritik des bürgerlichen Rechts. Mit einer Einleitung und Anmerkungen von Otto Kahn-Freund, Stuttgart.

Renner, Karl (1965). Mensch und Gesellschaft. Grundriß einer Soziologie, 2. Auflage, Wien.

Renner, Karl (Hg.) (1938). Die Gründung der Republik Deutschösterreich, der Anschluß und die Sudetendeutschen. Dokumente eines Kampfes ums Recht, Wien (Gesetzt, aber nicht gedruckt – Exemplar im Dokumentationsarchiv des Österreichischen Widerstandes).

Lebensdaten

1870	am 14. 12. in Unter-Tannowitz (Mähren) geboren
1890–1896	Studium der Rechtswissenschaften an der Universität Wien (Dr. iur., 1896)
1895	Eheschließung mit Luise Stoisits; das einzige gemeinsame Kind (Leopoldine) ist bereits 1891 geboren
1934	im Zusammenhang mit dem Bürgerkrieg vom Februar 1934 und dem von der autoritären Regierung verhängten Verbot der Sozialdemokratischen Arbeiterpartei wird Renner verhaftet, nach mehreren Wochen Untersuchungshaft aber auf freien Fuß gesetzt
1938	Anfang April öffentliches Eintreten für ein „Ja“ bei der von der NSDAP organisierten und manipulierten „Volksabstimmung“ über den (bereits vollzogenen) „Anschluß“ Anfang November Fertigstellung eines Manuskriptes, in dem Renner das Münchner Abkommen ausdrücklich gutheißt
1945	Anfang April erste Kontakte mit der Roten Armee, Brief an den „sehr geehrten Genossen“ Stalin
1950	am 31. 12. in Wien gestorben

Berufliche Karrierestationen

ab 1894	Publizistische Tätigkeit
1895–1907	Beamter der Parlamentsbibliothek
1922	Präsident der Arbeiterbank
1934–1945	Leben als Pensionist in Gloggnitz (Niederösterreich)

Staatliche Funktionen

1907–1918	Abgeordneter im Abgeordnetenhaus des Reichsrates
1916–1918	Direktor im „Ernährungsamt“
1918–1920	Staatskanzler der Provisorischen Staatsregierung
1918–1920	Abgeordneter der Provisorischen bzw. der Konstituierenden Nationalversammlung
1919	Präsident der österreichischen Friedensdelegation in Versailles Führung des Außenressorts zusätzlich zur Funktion des Staatskanzlers in der Provisorischen Staatsregierung
1920–1933	Abgeordneter zum Nationalrat
1930–1933	Präsident des Nationalrates
1945	Staatskanzler der Provisorischen Staatsregierung
1945–1950	Bundespräsident

Parteipolitische Ämter

ab 1890	Verschiedene, vor allem bildungspolitische Aktivitäten im Rahmen der Sozialdemokratie
ab 1894	Regelmäßige Mitarbeit in der *Arbeiter-Zeitung*, im *Kampf* und in anderen Parteiorganen
1917–1934	Mitglied des Vorstandes der Sozialdemokratischen Arbeiterpartei
1945	Mitglied des Provisorischen Parteivorstands der SPÖ

Rudolf Sallinger

von
Inge Görner

Rudolf Sallinger, 1916 in Lassee, Niederösterreich, als Sohn eines Tischlermeisters geboren, kam aus den damals für kleine Gewerbetreibende typischen Verhältnissen: also aus einer einfachen, armen, sehr arbeitsamen Familie, deren Kinder nach „Höherem", also nach besserer Bildung, besseren beruflichen Positionen und besserem Einkommen strebten. Diesem Streben entspricht der weitere Werdegang Rudolf Sallingers mit dem Besuch der Baugewerbeschule in Wien, der Maurer- und Steinmetzlehre mit Gesellenprüfung, einer weiteren Ausbildung als außerordentlicher Hörer an der Technischen Hochschule in Wien, Fachabteilung Architektur, und schließlich mit der Ablegung der Bau- und Steinmetzmeisterprüfung.

Seine große Begabung für klare, technische Strukturen, für das Hindurchsehen durch Äußerlichkeiten und Fassaden und die Erfassung des Wesentlichen kam später in seiner Arbeit in der wirtschaftlichen Interessenvertretung und in der Politik immer wieder deutlich zutage.

Die Militärzeit während des Zweiten Weltkrieges ab 1940 mit Fronteinsätzen in Frankreich, am Balkan und in Rußland ließ in Rudolf Sallinger, wie er oft betonte, tiefe Abscheu vor der Vernichtung menschlichen Lebens und der Zerstörung menschlicher Werte entstehen. Gleichzeitig wurde aber bei den Pionieren (seine Militäreinheit) das überragende Talent Sallingers für Organisation, Improvisation sowie seine enorme Problemlösungskapazität in schwierigen Situationen herausgefordert, auf die Probe gestellt und auch sein realistischer Sinn für das „Machbare" entwickelt, Eigenschaften, die er später in wichtigen wirtschaftlichen und politischen Positionen oft genug unter Beweis gestellt hat.

Der Einstieg Rudolf Sallingers in die wirtschaftliche Interessenvertretung und damit auch in die Politik vollzog sich nach Beendigung des Zweiten Weltkrieges im Jahre 1945 eigentlich wie selbstverständlich. Die damalige Situation mit größten Zerstörungen ohne verfügbares Material, einer darniederliegenden Produktion, mangelnden Arbeitsplätzen, ohne Wohnungen, Lebensmittel und Geld auf der wirtschaftlichen Seite, mit vier Besatzungszonen in einem Staat, dem man die Eigenständigkeit und Lebensfähigkeit nicht zutraute, auf der politischen Seite, war für Rudolf Sallinger Herausforderung und Grundlage für sein Engagement in Politik und Wirtschaft. Er wollte mithelfen, dabeisein und vorantreiben, wenn es darum ging, mit seinem Steinmetzbetrieb und seinen Baumeister- und Steinmetzkollegen Wien und die Wiener Wirtschaft aufzubauen. Immer schon von den engen Zusammenhängen von Wirtschaft und Politik überzeugt, wollte er folgerichtig auch mittun, den Staat, die politische Struktur und die wirtschaftliche und politische Freiheit in Österreich neu zu errichten und auf eine wirklich lebensfähige und dauerhafte Basis zu stellen.

Schon 1945 stellte er sich daher zur Mitarbeit als Funktionär der Steinmetzinnung in Wien zur Verfügung, wurde 1953 Obmann der Gewerbesektion der Wiener Handelskammer und Kurator des Wiener Wirtschaftsförderungsinstitutes, von 1960 bis 1964 Präsident der Wiener Handelskammer. 1964 trat er das Erbe von Julius Raab als Präsident der Bundeswirtschaftskammer an. Von 1966 bis 1989 war Rudolf Sallinger Obmann des Österreichischen Wirtschaftsbundes, damit verbunden von 1966 bis 1980 stellvertretender Bundesparteiobmann der ÖVP und ebenfalls ab 1966 bis 1990 Abgeordneter zum Nationalrat.

In diesen Jahren prägte Sallinger die Entwicklung von Wirtschaft und Politik ganz entscheidend mit. Er hat wesentlich dazu beigetragen, daß nach dem Krieg eine neue österreichische Wirtschaftsstruktur mit einem starken, mittelständischen Unternehmertum, mit leistungsfähigen Industriebetrieben, einer aufblühenden Fremdenverkehrswirtschaft und dem raschen Aufbau eines florierenden Außenhandels entstehen konnte.

Relevante Zusammenhänge zu erfassen, sie zu berücksichtigen, zu nützen und die Zusammenarbeit auf allen Ebenen innerhalb der Wirtschaft, zwischen Arbeitgebern und Arbeitnehmern sowie innerhalb der verschiedenen politischen Gruppen herzustellen und zu fördern, gehörte zu Rudolf Sallingers Credo.

Freies Unternehmertum, mittelständische Wirtschaft, bestmögliche Ausbildung der Jugend, Anerkennung des Leistungswillens und der Leistungsfähigkeit, Stärkung der Eigentumsbildung, offene und erfolgreiche Auslandsbeziehungen, wirtschaftliche und politische Freiheit für den einzelnen, soziale Sicherheit und Sozialpartnerschaft mögen als Schlagworte angesehen werden, haben aber die tägliche Arbeit von Rudolf Sallinger im kleinen und im großen, in der Politik und in der Wirtschaft bestimmt, wie anhand einiger Beispiele noch zu illustrieren sein wird. Sallinger hat natürlich nicht nur Erfolge erzielt, sondern auch Mißerfolge einstecken müssen, er hat so manchen politischen Kampf gewonnen und so manchen verloren. Er hat sich aber nie entmutigen lassen und ist immer mit Optimismus an Neues herangegangen, hat wichtige Entwicklungen für die Zukunft eingeleitet.

Ein entscheidender Punkt in seinem Leben war es, die Nachfolge Julius Raabs in der Handelskammerorganisation und im Österreichischen Wirtschaftsbund anzutreten. Julius Raab und Rudolf Sallinger gehörten vom Geburtsjahr her (1891, 1916) verschiedenen Generationen an. Sie hatten in den ersten Jahren nach 1945 nur wenige Berührungspunkte – Raab hatte schon in der Ersten Republik hohe politische Funktionen ausgeübt –, und sie harmonierten auch nicht von Anfang an, sie hatten so manche Auseinandersetzung ausgetragen, die einmal in Raabs Worten gegenüber Sallinger gipfelte: „Zerbrechen's Ihnen net meinen Kopf, sondern Ihren!" Andererseits waren beide Niederösterreicher, beide stammten beruflich aus der Baubranche. Sallinger und Raab waren Männer der Tat und nicht der vielen Worte, beide konnten dennoch klar, deutlich und unmißverständlich ihren Willen ausdrücken. Schließlich sprach Julius Raab den Wunsch aus, Sallinger möge sein Nachfolger werden. Auch einen persönlichen Auftrag gab Julius Raab seinem Nachfolger mit auf den Weg: „Du sollst nie Minister werden, aber wenn die Möglichkeit dazu besteht, Minister machen." So geschah es auch. Sallinger hat nie einer Regierung angehört, aber während acht verschiedenen Regierungen entscheidenden Einfluß ausgeübt.

Wie sehr persönliche Bescheidenheit und fester Wille zur Gestaltung für Sallinger signifikant waren, möge ein Zitat aus seiner Abschiedsrede als Wirtschaftsbundobmann am 30. 9. 1989 erkennen lassen: „Wenn ich heute als Obmann des Österreichischen Wirtschaftsbundes Abschied nehme, denke ich an jenen Tag zurück, an dem ich angefangen habe – angefangen, das gestehe ich ein, mit Unsicherheit und Ungewißheit, aber doch mit dem Ziel vor Augen, das Erbe von Julius Raab für die Zukunft zu bewahren und mein Bestes zu geben. Ich war mir damals noch nicht über die Größe des Aufgabengebietes, über die Tragweite der Entscheidungen und über die Fülle neuer Verantwortungen ganz im klaren. Die Politik auf Bundesebene war für mich in vielen Bereichen neu, obwohl ich ja 1966, zu Beginn meiner Funktion als Wirtschaftsbundobmann, schon seit zwei Jahren Präsident der Bundeswirtschaftskammer und vorher auch in zahlreichen Funktionen der Wiener Handelskammer engagiert war. Für mich war damals die ÖVP die Partei der großen, erfahrenen Männer wie Gorbach, Klaus, Withalm, Maleta und Wallner, die ich bewundert, manchmal vielleicht auch kritisiert, jedenfalls aber in ihren politischen Handlungen und Haltungen sehr geachtet habe. Ich war zu dieser Zeit der politische Neuling, der Unerfahrene, der Benjamin – der das natürlich oft auch zu spüren bekam.

Das hat mich manchmal zwar gestört, das möchte ich aus der Erinnerung ganz offen sagen, aber nicht in meinen Auffassungen behindert und schon gar nicht in meinen Zielen beirrt. Mit dem festen Willen, die Anliegen der Wirtschaft mit aller Kraft zu vertreten, den Unternehmern ihre Entfaltung in der Zukunft zu erleichtern und für Österreich Weichen in eine moderne Entwicklung zu stellen, bin ich in die Politik hineingewachsen. Diese Auffassung habe ich 23 Jahre lang als Obmann des Österreichischen Wirtschaftsbundes versucht, gegenüber allen Parteien, Regierungen und Bevölkerungsgruppen, zu vertreten und auch durchzusetzen.

Ich habe meine Aufgabe immer darin gesehen, Probleme mit den verschiedenen Gruppen und Teilorganisationen gemeinsam zu lösen, die Österreichische Volkspartei einig und stark zusammenzuhalten und eine möglichst breite Zustimmung in der Bevölkerung für unsere Weltanschauung, für unseren Weg und für unsere Politik zu finden. Denn ich bin heute noch überzeugt, damit für alle Österreicher das Beste erreichen zu können."

Zu den in der Öffentlichkeit bekanntesten Anliegen Rudolf Sallingers gehörte die Erhaltung und die zeitgemäße Weiterentwicklung einer funktionierenden Sozialpartnerschaft. Wie in vielen anderen Bereichen verfolgte Sallinger auch auf diesem Gebiet gleiche Ziele wie Raab, aber auf anderen Wegen, in einer anderen Zeit. Schließlich galt es, vom Wiederaufbau zum Wirtschaftsaufschwung zu gelangen. Politische und wirtschaftliche Stabilität, sozialer Friede und die Nutzung des großen Potentials der Zusammenarbeit von Unternehmern, Arbeitnehmern und politischen Parteien war das Ziel. Die Mittel und Wege wandelten sich: An die Stelle der in der Nachkriegszeit notwendigen punktuellen Eingriffe in die Materialbeschaffung aus dem In- und Ausland, in die Lohn- und Preisgestaltung, in die Investitionstätigkeit durch Förderungsmaßnahmen traten immer mehr gesamtwirtschaftlich ausgerichtete und wirksame Konzepte, die vor allem von dem 1963 gegründeten Beirat für Wirtschafts- und Sozialfragen ausgearbeitet wurden und erheblich zu einer Versachlichung der Wirtschaftspolitik beitrugen. Eine große Anzahl wirtschaftlicher Probleme und wirtschaftspolitischer Maßnahmen konnten dadurch im vorparlamentarischen Raum aufbereitet und in wesentlichen Punkten außer Streit gestellt werden. Einige Stichworte mögen als Beispiel dienen: Stabilisierungsprogramm, Kapitalmarktpolitik, Budgetpolitik und Budgetvorschau, Teilzeitbeschäftigung, Arbeitszeitverkürzung (Einführung der 40-Stunden-Woche in drei Etappen), Industriepolitik, Förderung von Klein- und Mittelbetrieben im Wachstumsprozeß, Umweltpolitik, Regulierung des Bedarfs an ausländischen Arbeitskräften, regionale Strukturpolitik, Wohnbau, Energieversorgung, Schattenwirtschaft, Arbeitsmarktentwicklung.

Die Sozialpartnerschaft hat natürlich nicht nur Anerkennung erfahren, sondern auch harte – sachliche, wie unsachliche – Kritik, Verteufelung, Bekämpfung und Verspottung. Sie wurde oft bis zum äußersten gefordert, oft überfordert und manchmal auch übergangen; dies meist nicht zum Vorteil zielführender Lösungen.

Für Rudolf Sallinger konnte es eine konstruktive Sozialpartnerschaft nur mit dem Willen zur freiwilligen Zusammenarbeit, mit Kompromißbereitschaft, mit der Gleichgewichtigkeit der Partner und mit gegenseitigem Vertrauen geben. Die Sozialpartner mußten nach seiner Auffassung zum Konsens fähig und in der Lage sein, getroffene Vereinbarungen jeweils im eigenen Bereich durchzusetzen und auch die Verantwortung dafür zu tragen. Oftmals von Regierung und Parlament verlangte Einsätze als „Krisenfeuerwehr" in politisch verfahrenen Situationen lehnte er grundsätzlich ebenso strikt ab wie ein Agieren der Sozialpartner als Nebenregierung, obwohl es ihm nicht erspart blieb, in diesen Rollen aktiv zu werden. Zu Sallingers wichtigsten Waffen im Kampf um tragbare und effiziente Lösungen gehörten Verhandlungen auf allen Ebenen der Wirtschaft und Politik. „Wenn wir miteinander leben wollen, müssen wir auch miteinander reden können", lautete sein Bekenntnis zur Zusammenarbeit und gegen übereilte Kampfmaßnahmen.

Die besondere persönliche Widmung seiner Arbeit galt der Förderung des Mittelstandes, der vielen kleinen und mittleren Betriebe Österreichs. Sie waren für ihn der wichtigste Garant für Leistung, Ideenreichtum, Innovation, gesunde Wirtschaftsstruktur, Krisenfestigkeit, Eigentum und unternehmerische Freiheit. „Die vielen kleinen und mittleren Betriebe sind nicht eine Schwäche, sondern die Stärke der österreichischen Volkswirtschaft", wußte Sallinger dem Verlangen nach besonderer Bevorzugung von großen Wirtschaftseinheiten und Konzentrationen entgegenzusetzen.

Diese Einstellung fand den deutlichsten Ausdruck im Zustandekommen eines eigenen Mittelstandsgesetzes, das am 1. 7. 1982 im Nationalrat beschlossen wurde. Erwähnenswert ist, daß zu diesem Zeitpunkt die SPÖ über die absolute Mehrheit verfügte, mit diesem von der in Opposition befindlichen ÖVP eingebrachten Gesetzesentwurf aber die Vorstellungen einer Minderheit durchgesetzt werden konnten. Das sei nur als Beweis für Sallingers Verhandlungsgeschick und politische Überzeugungskraft angemerkt. Karl Pisa (1989) nennt Rudolf Sallinger in diesem Zusammenhang den Mann, „der den Mittelstand zum Gesetz des politischen Handelns machte".

Mittelständische Aktivitäten wurden natürlich nicht nur im politischen und gesetzgeberischen Bereich gesetzt, sondern in vielfacher Hinsicht auch in der Interessenvertretung der Wirtschaft, vor allem von den Wirtschaftsförderungsinstituten. Sowohl Schulungen, Kurse, Ausbildungsprogramme, Betriebsberatungen und Werbemaßnahmen wurden sehr stark auf die Bedürfnisse mittelständischer Unternehmer und ihrer Mitarbeiter ausgerichtet, als auch außenhandelsfördernde Maßnahmen, z. B. die Unterstützung von Exporten, in- und ausländische Messebeteiligungen etc.

Der Stärkung der österreichischen Position auf ausländischen Märkten hat Rudolf Sallinger höchste Aufmerksamkeit gewidmet, sei es durch den gezielten Ausbau der Auslandsorganisation mit ihren 90 Außenhandelsstellen aller Welt, sei es durch die unermüdliche Pflege persönlicher Kontakte des Bundeskammerpräsidenten in aller Welt. Diese Bemühungen galten nicht nur verwandten Organisationen und deren Repräsentanten im Ausland, sondern umfaßten viele Besuche und Gegeneinladungen Sallingers bei zahlreichen Staatsoberhäuptern in Ländern mit den unterschiedlichsten Staats- und Regierungsformen. Beispiele für solche Besuche sind: Sallinger war der erste Vertreter eines westlichen Landes, der die Volksrepublik China besuchte (1966). Er war bei Zhu Enlai, bei allen sowjetischen Ministerpräsidenten seiner Zeit, bei Ronald Reagan, bei der englischen Königin, beim Papst, beim japanischen Kaiser Hirohito, bei König Hussein, bei den Königen von Spanien, Norwegen, der Niederlande, bei König Kaled und Revolutionsführer Gaddafi. Diese Liste ließe sich noch lange fortsetzen. Das größte Aufsehen in der ganzen Welt erregte wohl die Übergabe eines Lipizzaners von Sallinger an Reagan vor dem Weißen Haus in Washington.

Bundeswirtschaftskammer-Präsident Rudolf Sallinger, 1977, mit dem Wiener Kammer-Präsidenten Ing. Karl Dittrich

Die Überzeugung Rudolf Sallingers, daß Österreich in aller Welt wettbewerbsfähig und die österreichische Wirtschaft in starkem Maße auf den Außenhandel angewiesen ist, manifestierte sich dann auch in seinen energischen Bemühungen, für Österreich die Teilnahme an der Europäischen Integration als Vollmitglied zu erreichen. Der EG-Beitritt Österreichs war sein erklärtes Ziel. Bereits im Dezember 1987 wurde vom Kammertag, dem Obersten Organ der Bundeswirtschaftskammer (jetzt Wirtschaftskammer Österreich), der Beschluß gefaßt, den Beitritt Österreichs zur EG anzustreben. Eine Sozialpartnerstudie über den Beitritt wurde erarbeitet. Diese Vorarbeit der Sozialpartner war eine essentielle Voraussetzung für das Beitrittsansuchen. Als Abgeordneter hat Sallinger im Parlament den österreichischen Beitritt zur EG (jetzt EU) wiederholt und mit allem Nachdruck verlangt. In der Kammerorganisation wurde eine branchenmäßige Studie über Vor- und Nachteile des Beitritts erarbeitet und ein umfangreiches Programm für die Vorbereitung der Betriebe auf den europäischen Binnenmarkt erstellt. Den Erfolg dieser Initiativen mit dem Beitritt Österreichs zur EU am 1. 1. 1995 konnte Rudolf Sallinger nicht mehr erleben.

Das breite Spektrum der Arbeit von Rudolf Sallinger für Österreich kann hier nicht lückenlos dargestellt werden. Wichtig zu nennen ist noch die besondere Sorgfalt, die er der Ausbildung der Jugend für die berufliche Tätigkeit als Selbständige oder Mitarbeiter angedeihen ließ. Auch der „Frau in der Wirtschaft" schenkte er große Beachtung. Er ermutigte und unterstützte Unternehmerinnen, sich in der wirtschaftlichen Interessenvertretung aktiv als Funktionärinnen zu betätigen und ihre spezifischen Probleme darzustellen. Sallinger regte viele Aktivitäten der Kammerorganisation zur Zusammenarbeit von Wirtschaft und Sport, Wirtschaft und Mode, Wirtschaft und Kunst und vor allem von Wirtschaft und Wissenschaft an.

Die Erhaltung und der Schutz einer lebenswerten Umwelt (Gründung eines umweltpolitischen Referates in der Bundeskammer), die Förderung neuer Technologien, eine internationale Ausbildung hochwertiger Manager (Hernstein-Institut) und der Einsatz modernster Informationssysteme sind typische Initiativen von Sallinger, die auf die Zukunft gerichtet sind.

Während seiner 25jährigen Tätigkeit als Präsident der Bundeswirtschaftskammer hat Rudolf Sallinger Wesentliches zur Modernisierung, zum Strukturwandel, zur Wettbewerbsfähigkeit und zur Internationalisierung der österreichischen Wirtschaft beigetragen. Als ganz besonderes Verdienst ist ihm anzurechnen, daß er auch bedeutende gesellschaftspolitische Akzente gesetzt und die Position des freien Unternehmers in Wirtschaft, Gesellschaft und Politik gestärkt hat. Durch seine Arbeit hat Rudolf Sallinger den wirtschaftlichen und sozialen Fortschritt in Österreich mitgestaltet.

In der Wirtschafts- und Gesellschaftspolitik sind neben der schwerpunktmäßigen Mittelstandspolitik (Mittelstandskongresse, Mittelstandsgesetz, Durchsetzung des Mittelstandsberichtes der Bundesregierung) vor allem die Erarbeitung eines Grundsatzprogrammes der Handelskammerorganisation sowie zahlreiche Initiativen zur Deregulierung und Entbürokratisierung zu nennen. Daneben ging es Sallinger auch stets darum, eine Belebung der Marktwirtschaft, etwa durch die Reform der Gewerbeordnung, durch die Schaffung fairer Wettbewerbsbedingungen oder durch Wachstumsgesetze wie den Koren-Plan, zu erreichen. Ein wichtiges Ziel war immer auch die Budgetsanierung, verbunden mit Steuerreformen, die zu wesentlichen Erleichterungen für die Wirtschaft führen sollten.

Hinsichtlich der Sozialpartnerschaft ging es Sallinger um deren Ausbau im Sinne einer gesamtwirtschaftlichen Konzeption mit Betonung auf Freiwilligkeit der Zusammenarbeit. Die Konzeption einer Nebenregierung lehnte er ab, trat aber für die Ausweitung beratender sozialpartnerschaftlicher Aktivitäten in alle wichtigen Bereiche der Wirtschaftspolitik ein. Diesbezüglich könnte man etwa besonders auf das Sallinger-Benya-Abkommen zur Bekämpfung der Inflation von 1972 hinweisen, wie auch auf die Umstellung auf das Mehrwertsteuersystem oder auf Sallingers Bemühungen um die Flexibilisierung der Arbeitszeit sowie der Betriebs- und Ladenöffnungszeiten. Trotz politischer Differenzen und der Änderung von Machtverhältnissen bemühte sich Sallinger stets, die Gesprächsbereitschaft der Sozialpartner aufrechtzuerhalten. Er sah darin immer einen wesentlichen Beitrag zur Erhaltung des sozialen Friedens.

In der Bundeskammer ging es Sallinger einerseits um eine Versachlichung der Wirtschaftspolitik, wie etwa durch Gründung der Abteilungen für Wirtschaftspolitik und Statistik sowie durch die Forcierung internationaler Kontakte der Kammerexperten. Andererseits war er intensiv um die Stärkung der Wettbewerbsfähigkeit der österreichischen Wirtschaft bemüht. Dies versuchte er durch die Beeinflussung der Gesetzgebung und durch den Ausbau der Serviceleistungen der Kammerorganisation, insbesondere durch die Erweiterung der Außenhandelsorganisation, durch Exportförderung und durch Innovationsförderung zu erreichen.

Politisch verfügte Sallinger über großen Einfluß. Dies war etwa innerhalb der ÖVP nicht nur durch seine Stellung als Obmann des finanzstarken Wirtschaftsbundes bedingt, sondern auch durch seine Begabung für geschicktes Verhandeln und das Überzeugen im persönlichen Gespräch. Darin bestand auch seine kommunikative Stärke. Er hielt viele persönliche Kontakte mit Journalisten, lud diese oft ein und gab ehrliche Informationen, oft auch nur als vertrauliche Mitteilungen. Im Prinzip hat sich diese Vorgangsweise für sein öffentliches Image sehr gut ausgewirkt, obwohl er öffentliche Auftritte nicht liebte und während seiner gesamten Amtszeit nur zwei Pressekonferenzen abhielt. In Anspielung auf seine kleine, agile und rundliche Gestalt verpaßten ihm die Medien die liebevoll gemeinte Bezeichnung „Kugelblitz". Sallinger wußte, daß er kein guter Redner war, und bereitete sich auf öffentliche Auftritte daher sehr sorgfältig und gewissenhaft vor. Die Handelskammerorganisation kannte er ausgezeichnet und beherrschte sie. Diese Organisation war sein politisches Instrument, das er nicht zuletzt dadurch effektiv nützte, daß er sich geschickt eine Hausmacht aufbaute und sich dabei vor allem auf einige Landeskammern und die Funktionäre des Mittelstandes stützte. Er leitete wie erwähnt gewisse Reformen der Handelskammer ein, schreckte aber davor zurück, die ungeheuer komplizierte Organisation radikal zu vereinfachen.

Sein Ausscheiden aus der Politik erfolgte schrittweise. 1990 lief seine fünfte Funktionsperiode als Kammerpräsident aus. Von Bundeskammer, Wirtschaftsbund und Partei wurde er feierlich verabschiedet. Er blieb mit den politischen Instanzen jedoch noch stark verbunden. Ihm nahestehende Personen stellen fest, daß er eigentlich nie wirklich ausgeschieden ist. 1992 starb er, allgemein betrauert, im Alter von 76 Jahren.

Anton Benya, der frühere Präsident des Österreichischen Gewerkschaftsbundes, der gemeinsam mit Rudolf Sallinger durch Jahrzehnte die Sozialpartnerschaft verkörpert hatte, führte in seinem Nachruf aus: „Rudolf Sallinger hat die Entwicklung dieser Zweiten Republik wesentlich mitgeprägt. Er hat dies mit großer Selbstverständlichkeit und mit großer Bescheidenheit getan, ohne sich je vorzudrängen, ohne je darauf zu pochen, in der vordersten Reihe zu stehen. Er war der Sprecher einer Interessengruppe, und er hat diesen Auftrag, diesen Vertrauensvorschuß, sehr ernst genommen. Gleichzeitig aber hat er das Ganze nie aus den Augen verloren und deshalb jenen Grundkonsens gesucht, der ihm für unser Land so wichtig erschien."

Literatur- und Quellenangaben

Kunz, Johannes (Hg.) (1993). Rudolf Sallinger. Ansichten des Bundeswirtschaftskammer-Präsidenten, Wien.

Pisa, Karl (1989). Rudolf Sallinger. Mitgestalter eines Vierteljahrhunderts, Wien.

Lebensdaten

1916	3. 9. in Lassee, NÖ, als Sohn eines Tischlermeisters, geboren
1922–1930	Besuch der Volks- und Hauptschule in Lassee
1930–1938	Besuch der Baugewerbeschule in Wien IV; Maurer- und Steinmetzlehre, Gesellenprüfung
1935–1939	außerordentlicher Hörer an der Technischen Hochschule Wien, Fachabteilung Architektur
1940	Einberufung zum Militär (Pioniere) mit anschließendem Fronteinsatz in Frankreich, Jugoslawien und Rußland
1943	Hochzeit mit Antonie Pavesi
1944	Geburt der Tochter Ilse
1946	Geburt der Tochter Eva
1992	7. 3. im Wiener Kaiser-Franz-Joseph-Spital an einer Lungenentzündung gestorben

Berufliche Karrierestationen

1943	Ablegung der Bau- und Steinmetzmeisterprüfung
1953	Eintritt in den Steinmetzbetrieb der Ehefrau (Oreste Bastreri in Wien)

Parteipolitische Ämter

1966–1989	Obmann des Österreichischen Wirtschaftsbundes
1966–1980	Stellvertretender Bundesparteiobmann der ÖVP

Verbändefunktionen

1945	Funktionär im Rahmen der Innung der Steinmetzmeister und stellvertretender Innungsmeister
1953	Obmann der Sektion Gewerbe der Wiener Handelskammer und Kurator des Wiener Wirtschaftsförderungsinstitutes
1960–1964	Präsident der Wiener Handelskammer
1964–1990	Präsident der Bundeswirtschaftskammer

Adolf Schärf

von
Wolfgang C. Müller

Adolf Schärf wurde 1890 in Nikolsburg, einer Kleinstadt in Mähren, als Sohn einer relativ erfolgreichen Handwerkerfamilie geboren, die in Heimarbeit Glasperlen erzeugte. 1899 übersiedelte die Familie nach Wien, wo sie väterlicherseits abstammte. Adolf Schärf besuchte in Ottakring die Volksschule, dann das humanistische Gymnasium in der Kalvarienberggasse in Hernals, wo er sich als guter Schüler erwies. Der Wahlrechtskampf der Sozialdemokratie war eine politisch prägende Beobachtung für Schärf, der 1907/1908 der Ortsgruppe der Jugendlichen Arbeiter beitrat und 1908 an der Gründung einer eigenen Sozialistischen Mittelschülervereinigung beteiligt war. Es handelte sich dabei um für Schüler verbotene Vereine: Schärfs Mitgliedschaft hätte mit Schulverweis geahndet werden können. Aus der Tätigkeit in der Sozialistischen Mittelschülervereinigung ergaben sich bald Kontakte mit einigen der führenden Intellektuellen der Sozialdemokratie; Schärf (1963, 16) selbst nennt Viktor Adler, Karl Renner, Karl Seitz, Otto Bauer, Wilhelm Ellenbogen und Engelbert Pernerstorfer.

1909 bestand Schärf seine Matura mit Auszeichnung und begann das Studium der Rechtswissenschaft, wo er sehr gute Erfolge aufzuweisen hatte. Einen wesentlichen Teil seiner Schul- und Studienkosten verdiente er selbst, zuerst durch das Erteilen von Nachhilfe, ab 1911 als Schreibkraft in der Rechtsanwaltskanzlei seines Bruders. 1914 promovierte Schärf zum Dr. iur. und wurde Rechtsanwaltsanwärter in der Kanzlei seines Bruders. Um der Einberufung zuvorzukommen und so den Truppenkörper selbst auswählen zu dürfen, meldete sich Schärf 1915 freiwillig zum Militär und leistete bis 1918 Kriegsdienst, hauptsächlich an der Italien-Front, wo er 1916 auch verwundet wurde. Den Zusammenbruch der Monarchie erlebte Schärf auf Heimaturlaub in Wien.

Über seine spätere Frau Hilda, die seit 1912 Hilfsbeamtin der Arbeiter-Unfallversicherung war, kam Schärf in Kontakt mit Otto Glöckel. Die „Bekanntschaft, ja die Freundschaft mit Glöckel" habe sein Leben „entscheidend beeinflußt", meinte Schärf (1963, 24) im Rückblick selbst (vgl. Stadler 1982, 28). In den Tagen des Zusammenbruchs der Monarchie – Schärf hatte gerade sein Gerichtsjahr begonnen – brachte ihn Glöckel mit Seitz in Kontakt, mit den Worten: „Geht's schlecht, so werden Sie aufgehängt, geht's gut, dann sind Sie bei einer großen Sache dabei." (Schärf 1963, 66) Gesucht wurde ein Sekretär für den Präsidenten der Provisorischen Nationalversammlung, Karl Seitz, der wenige Wochen später – nach dem Tod Viktor Adlers – auch Partei- und Fraktionsvorsitzender der Sozialdemokraten wurde. Nachdem Viktor Adler der Bestellung von Schärf zugestimmt hatte, wurde Schärf noch vom kaiserlichen Justizminister Seitz dienstzugeteilt. Aus der Funktion des Sekretärs von Seitz „ergab es sich ... sozusagen von selbst" (Schärf 1963, 69), daß ihm auch die Funktion des Sekretärs der Parlamentsfraktion – die bis zum Ausbruch des Ersten Weltkrieges von Otto Bauer ausgeübt worden war – übertragen wurde. Bald wurde Schärf auch Sekretär der Sozialdemokratischen Landtagsabgeordneten in Niederösterreich. Mit der Funktion des Klubsekretärs war die Teilnahme an den Parteivorstandssitzungen mit beratender Stimme verbunden. Als einer der wenigen Juristen der Partei erlangte Schärf bald einen gewissen Einfluß. Seinen Worten nach schaute er „den Männern am Webstuhl der Geschichte nicht nur zu, ich durfte ihnen manchmal Material zu ihrer Arbeit reichen" (Schärf 1963, 71).

Neben seiner Tätigkeit im Parlament engagierte sich Schärf für die Ausweitung der Sozialdemokratie über den Bereich der Arbeiter und Angestellten hinaus in Richtung Volkspartei. So war er 1920 an der Gründung des Verbandes der Kleinbauern, Weinbautreibenden und Kleinpächter Österreichs beteiligt und verfaßte einschlägige Schriften wie *Sozialdemokratie und Landvolk* (1929) und *Bauer, wach auf! Die Sozialdemokraten kommen!* (1923) (Bibliographie bei Stadler 1982, 554f.); er arbeitete auch maßgeblich am Agrarprogramm 1925 mit. Ab 1930 war Schärf auch an der Basis tätig, und zwar in der Bezirksorganisation Hernals: „Hatte ich bis dahin sozusagen in den höheren Sphären der Arbeiterbewegung zugebracht, so lernte ich jetzt die Kleinarbeit im Bezirk und in der Sektion kennen" (Schärf 1963, 101). Bei den Nationalratswahlen 1923, 1927 und 1930 kandidierte er als „Zählkandidat", zunächst in Kärnten, 1930 dann im Wiener Wahlkreis Rudolfsheim, Ottakring, Hernals. Ein 1933 erfolgtes Angebot von Seitz, Stadtrat in Wien zu werden, schlug Schärf (1963, 124f.) aus, weil Seitz diese Position als reines Vollzugsorgan des Bürgermeisters definiert hatte. Erst nach der Ausschaltung des Nationalrates erhielt Schärf sein erstes öffentliches Mandat, 1933 wurde er vom Wiener Landtag in den Bundesrat entsandt. Dort setzte sich Schärf wiederholt kritisch und fundiert mit der pseudo-legalen Basis der Herrschaft der Regierung, den Kriegswirtschaftlichen Ermächtigungsgesetzen und den mangelhaften Abwehrmaßnahmen der Regierung gegen den Nationalsozialismus auseinander (Stadler 1982, 111–116).

Während des Großteils der Ersten Republik stand Schärf in loyaler Opposition zur Parteiführung und insbesondere zu Otto Bauer. Er stimmte weder mit der Militärpolitik (Schutzbund) noch der Koalitions- bzw. Oppositionspolitik der sozialdemokratischen Parteiführung überein. Wichtig für den Aufstieg, den Schärf am Beginn der Zweiten Republik machte, war die durch ihn erfolgende Organisation einer Reihe von gleichgesinnten Abgeordneten und Landesregierungsmitglieder der SDAP – darunter Karl Renner, Theodor Körner und Oskar Helmer –, die es sich zum Ziel gesetzt hatten, „innerhalb der maßgebenden Parteikörperschaften eine Meinungsänderung herbeizuführen" (Schärf 1963, 120).

In der vom Februar-Aufstand ausgelösten Welle politischer Repression wurde Schärf am 12. 2. 1934 im Parlament verhaftet; er blieb bis 17. 5. 1934 inhaftiert, hauptsächlich im Internierungslager Wöllersdorf. Dort knüpfte er zahlreiche Kontakte zu anderen inhaftierten Sozialdemokraten; nach seiner Entlassung betätigte er sich als Überbringer von Nachrichten aus Wöllersdorf. Wieder in Freiheit lehnte es Schärf (1963, 146) ab, sich an der illegalen Organisation zu beteiligen, „schon weil meine Anwesenheit andere gefährdet hätte", hielt aber bis 1945 regelmäßigen Kontakt mit den im Land verbliebenen sozialdemokratischen Mandataren und Funktionären der Ersten Republik, wobei ihm sein neuer Beruf als Rechtsanwalt es ermöglichte, dies in unverdächtiger Weise zu tun.

Schärf war 1934 als Beamter vom Dienst suspendiert worden und erwartete im günstigsten Fall die Pensionierung (die dann tatsächlich Ende 1934 erfolgte). Um sich eine neue Existenz zu schaffen und weil er sich mit 44 Jahren zu jung für ein Pensionistendasein fühlte, legte Schärf 1935 die Rechtsanwaltsprüfung ab. Nach einer Zeit als Rechtsanwaltsanwärter wurde er 1936 in die Rechtsanwaltsliste eingetragen und übte diesen Beruf bis 1945 aus. Der (Pflicht-)Mitgliedschaft im NS-Rechtswahrerverband entzog er sich durch List, indem er nämlich statt seiner Beitrittserklärung einen leeren Briefumschlag als Einschreibebrief abschickte (Stadler 1982, 163). Wie schon zwischen 1934 und 1938 war der Rechtsanwaltsberuf Schärfs auch in der NS-Zeit nützlich für politische Kontakte, diesmal auch mit einer Reihe von Personen, die ÖVP-Politikern der allerersten Stunde wurden: Felix Hurdes, dem ersten ÖVP-Generalsekretär, Josef Kollmann, dem ersten christlichsozialen Ansprechpartner von Karl Renner im Jahr 1945, Eduard Heinl, der Mitglied der Provisorischen Staatsregierung wurde, und Leopold Kunschak, dem Präsidenten der ÖVP (Schärf 1963, 169).

Vom NS-Regime wurde Schärf am 12. 3. 1938 für 15 Tage in Polizeihaft genommen. 1944 – nach dem Attentat auf Hitler – wurde Schärf wieder verhaftet, nach fünf Wochen Haft aber aufgrund einer Intervention seiner Frau entlassen. In den letzten Tagen der NS-Herrschaft in Wien entging Schärf einer weiteren Verhaftung nur, weil er im Allgemeinen Krankenhaus Zuflucht gesucht hatte und für die Gestapo nicht auffindbar war. Der größte persönliche Verlust, den die Familie Schärf in der NS-Zeit erlitt, war aber der Tod des Sohnes Reinhold, der 1941 als Wehrmachtssoldat in Rußland fiel.

Am 20. 4. 1945 wurde Schärf von Renner, der noch nicht in Wien eingetroffen war, aber – von sowjetischer Seite unterstützt – die Bildung der Provisorischen Staatsregierung vorbereitete, brieflich aufgefordert, sich für „ernste und wichtige Zusammenarbeit" bereitzuhalten. Am selben Tag noch nahm Schärf an der ersten Runde der Parteienverhandlungen zur Regierungsbildung unter dem Vorsitz Renners teil, die am 23. 4. 1945 abgeschlossen wurden. Schärf ging als Staatssekretär ohne Geschäftsbereich, Vertreter der SPÖ im Politischen Kabinettsrat und erster Stellvertreter des Staatskanzlers aus diesen Verhandlungen hervor.

Die Gründung der SPÖ und die Errichtung der Wiener Landesregierung waren zu diesem Zeitpunkt schon erfolgt. Als Gründungsdatum der SPÖ gilt der 14. 4. 1945, an dem das erste Zusammentreffen von Sozialdemokraten und Revolutionären Sozialisten im Roten Salon des Wiener Rathauses erfolgte. Bei dieser Gelegenheit führte Schärf die Verhandlungen zwischen den alten Sozialdemokraten und den Revolutionären Sozialisten in einer „Pendelmission" zum Abschluß. Wann Schärf zum provisorischen Vorsitzenden der SPÖ gewählt wurde, ist dagegen nicht geklärt. In seiner eigenen Darstellung wurde über die Person des Vorsitzenden „zunächst gar nicht gesprochen, weil wir alle an Seitz dachten". Erst bei „einer späteren Gelegenheit – es mußte ja nach auswärts jemand als Vertreter der Partei auftreten – wurde entschieden, daß der provisorische Vorsitzende Schärf sein solle" (Schärf 1948, 70). Daß Paul Speiser, der erste Wiener SPÖ-Vorsitzende und Vizebürgermeister, Schärf in den ersten Tagen nach der Befreiung im April 1945 die Position des Wiener Magistratsdirektors anbot (Stadler 1982, 92), zeigt, daß es selbst für maßgebliche Repräsentanten der Partei noch nicht so klar war, daß Schärf an der Spitze der SPÖ stehen werde. Sein Alter – Schärf war 55 Jahre – und sein relativ guter Gesundheitszustand sprachen inmitten der „alten Männer", die damals die Sozialdemokratie repräsentierten, für Schärf. Auch hatte er ab 1933 als Mitglied des Bundesrates und als zentrale Figur im Netzwerk der Kontakte an Bedeutung gewonnen. Vor allem aber war er in der Ersten Republik der Organisator der loyalen innerparteilichen Opposition gewesen, die nicht nur gewissermaßen historisch recht behalten hatte, sondern auch – nach Ermordung oder Flucht der (großteils jüdischen) Linken – 1945 das Feld beherrschte. Ja angeblich hatte selbst Otto Bauer Schärf 1934 als kommenden Erneuerer der Partei gesehen. Daß mit Renner und Körner persönliche Freunde von Schärf in zentralen Exekutivfunktionen – Staatskanzler und Wiener Bürgermeister – gekommen waren, war, wenn nicht entscheidend, so doch hilfreich für Schärfs Aufstieg.

Nach seiner Rückkehr aus der Gefangenschaft in Deutschland übernahm Seitz am 25. 6. 1945 wieder den Vorsitz der SPÖ; Schärf wurde bei dieser Gelegenheit zum ersten stellvertretenden Vorsitzenden gewählt. Seitz erwies sich allerdings als zu krank für dieses Amt; im Zusammenhang mit dem ersten Parteitag der SPÖ wurde Schärf am 15. 12. 1945 von der Parteivertretung, dem größeren Führungsgremium der SPÖ, einstimmig zum neuen Parteivorsitzenden gewählt (Stadler 1982, 283). Dieser Parteitag hatte auch formell die Beteiligung der SPÖ an der ersten aus Wahlen hervorgegangenen Regierung der Zweiten Republik beschlossen, wobei Schärf die Position des Vizekanzlers übernahm.

Vizekanzler Dr. Adolf Schärf, 1956,
anläßlich der Bekanntgabe des Ergebnisses der Nationalratswahl

Bis 1957 war Schärf Vorsitzender der SPÖ und Vizekanzler. Nach dem Tod von Bundespräsident Körner am 5. 1. 1957 wurde Schärf am 5. 5. 1957 zum Bundespräsidenten gewählt. Eine Gruppe von „Jungtürken" in der SPÖ-Spitze (Franz Olah, Felix Slavik, Bruno Pittermann, Bruno Kreisky, Eduard Weikhart, Christian Broda u. a.) hatte Schärf zur Kandidatur gedrängt, nicht zuletzt weil sie einen Generationswechsel an der Parteispitze herbeiführen wollten. Kreisky (1988, 358) beschreibt Schärfs Reaktion auf den Vorschlag, ihn zum Präsidentschaftskandidaten zu küren, mit den Worten: „Sein Entsetzen war groß." Schärf (1961, 108) selbst meinte im Rückblick: „Der Vorschlag, mich zu kandidieren, widersprach meinen Wünschen und meinen Absichten." Schließlich dürfte Schärf der Kandidatur zugestimmt haben, weil es – wie die Wahl Körners 1951 gezeigt hatte – eine gewisse Chance auf den Wahlsieg gab, er dadurch seine politische Karriere verlängern konnte und weil er mit einem auch nur relativ guten Abschneiden seine innerparteiliche Position nicht geschwächt hätte. Bei der Nominierung von Schärf hatte man allerdings im SPÖ-Parteivorstand vorausgesetzt, daß sowohl ÖVP als auch FPÖ eigene Präsidentschaftskandidaten nominieren würden, tatsächlich überraschten diese Parteien aber dann durch den gemeinsamen „überparteilichen" Kandidaten Dr. Wolfgang Denk. Wäre dies schon vor der Entscheidung der SPÖ festgestanden, so „hätte sich die SPÖ . . .

mit der Aufstellung eines Zählkandidaten begnügt" (Migsch 1965, 40). Nach dem Wahlerfolg der ÖVP bei der Nationalratswahl 1956 und dem gemeinsamen Vorgehen mit der FPÖ schienen die Chancen eines SPÖ-Kandidaten in der Tat gering zu sein. Das Argument der Erhaltung des politischen Gleichgewichts (zwischen „schwarzem" Bundeskanzler und „rotem" Bundespräsidenten), die reiche politische Erfahrung Schärfs gegenüber dem Chirurgen Denk und eine intensive Wahlreise, bei der Schärf 550 Termine absolvierte, ließen Schärf die Wahl mit 51,5% der Stimmen knapp gewinnen.

Als Bundespräsident mußte Schärf aus der Führung der SPÖ ausscheiden. Er beeinflußte noch maßgeblich die Wahl des neuen Parteivorsitzenden Pittermann und hielt sich auch in der Hofburg über innerparteiliche Entwicklungen auf dem laufenden, versuchte aber nicht mehr in das innerparteiliche Geschehen aktiv einzugreifen. 1963 lief Schärfs Mandat als Bundespräsident aus. Im Vollbesitz seiner Kräfte kandidierte er ein zweites Mal, wobei diesmal der kranke und an der Partei- und Regierungsspitze bereits abgelöste „Staatsvertragskanzler" Julius Raab sein Gegenkandidat war. Schärf wurde mit 55,4% der Stimmen im ersten Wahlgang wiedergewählt, ein erst bei der Wiederwahl von Rudolf Kirchschläger übertroffenes Ergebnis.

Schärfs eigentliche politische Karriere fiel in eine schwierige Zeit. Von seinen 12 Jahren als Vizekanzler und SPÖ-Vorsitzender fielen zehn in die Besatzungszeit, die der Politik zwar ein großes und unbestreitbares Ziel – die Wiedererlangung der vollen Souveränität – vorgab, gleichzeitig aber den politischen Handlungsspielraum teilweise sehr eng begrenzte. Dazu kam die materielle Not der unmittelbaren Nachkriegszeit und die Notwendigkeit, sich mit zwei Diktaturen – dem „Ständestaat" und dem Nationalsozialismus – und ihren Konsequenzen für die Zweite Republik auseinanderzusetzen. Weiters sah Schärf seine Partei und in der Folge den Staat bis 1950 in der Gefahr einer kommunistischen Unterwanderung. Die Nachkriegszeit war freilich auch jene Zeit, in der wichtige Weichenstellungen vorgenommen wurden und die ihren Protagonisten daher von vornherein mehr Platz in den Geschichtsbüchern einräumt. Als Bundespräsident war Schärf Staatsoberhaupt eines wirtschaftlich prosperierenden Landes, dessen politische Struktur – die große Koalition – aber zunehmend an Funktionsproblemen litt.

Schärf war als Politker nicht vorrangig Kommunikator. Seine Funktionen brachten es zwar mit sich, daß er mehr als viele andere im Rampenlicht stand, er bemühte sich aber nicht um starke Öffentlichkeitspräsenz: „Er hielt selten Reden und überließ das Steigen von Versuchsballons anderen Funktionären. Er wollte in der Öffentlichkeit und in der Partei die letzte Instanz sein" (Migsch 1965, 27). Niemand bescheinigt Schärf auch besondere Fähigkeiten als Kommunikator. Seine Reden waren zwar gut argumentiert, was sie auch noch heute lesenswert macht, sie blieben in der Präsentation aber farblos. Auch für seinen langjährigen politischen Freund und Manager seiner Wahlkampfreise 1957, bei der Schärfs Talent zur Kommunikation im Gespräch mit einzelnen hervorgetreten sein soll (Stadler 1982, 482), Alfred Migsch (1965, 40), war Schärf „kein Volkstribun", sondern ein „der Masse gegenüber schüchterner Verstandesmensch". Und im Nachruf des *Neuen Österreich* heißt es, daß Schärf als Vizekanzler und Parteivorsitzender „niemals im eigentlichen Sinne des Wortes populär war, weil seine eher spröde Natur jede billige Effekthascherei ablehnte" (zit. nach Stadler 1982, 526). Selbst im persönlichen Kontakt soll Schärf häufig Kälte ausgestrahlt haben. Auch wenn Stadlers (1982, 538) Interpretation zutrifft – „Was als kühle Distanz erschienen sein mag, war Respekt vor der Persönlichkeit des anderen, und was im öffentlichen Leben oft zu Zynismus entartet, blieb bei ihm empfindsamer Humanismus", – machten diese Eigenschaften Schärf nicht zum Kommunikator-Typ eines Politikers.

Dagegen wies Schärf beachtliche Fähigkeiten als Verhandler auf. Verhandlungen pflegte Schärf sehr gründlich vorzubereiten, durch Einholung von Informationen und Erarbeiten einer Verhandlungslinie, wobei auch versucht wurde, interne Gegensätze des Verhandlungspartners zu nützen. Verhandlungen wurden von Schärf auch „nachbereitet", durch Gedächtnisprotokolle oder Briefe, die er den Verhandlungspartnern übermittelte, um so das Ergebnis der Gespräche für die Zukunft außer Streit zu stellen. Beim Treffen politischer Vereinbarungen blieb Schärf immer im Rahmen seiner Vollmachten, und an einmal getroffene Abmachungen hielt er sich eisern und erwartete dasselbe auch von seinen Partnern. Im Bereich der Innenpolitik war die ÖVP der hauptsächliche Verhandlungspartner Schärfs. Er hatte ein gutes Gesprächsverhältnis mit Leopold Figl, Felix Hurdes und Karl Gruber, ein weniger gutes mit Raab, mit dem heikle Verhandlungen zu führen er oft Oskar Helmer überließ. Die internationalen Verhandlungen Schärfs waren hauptsächlich auf die Erlangung des Staatsvertrags ausgerichtet, einerseits in Versuchen, Parteifreunde in Großbritannien und Frankreich für die österreichische Sache einzunehmen, andererseits in Verhandlungen mit Repräsentanten der Alliierten, darunter die Staatsvertragsverhandlungen in Moskau. Schärfs geradlinige Art kam dabei in der Regel gut an, und er erwies sich als „der Mann der besonderen Vorsicht" (Kreisky). Im Zuge der Staatsvertragsverhandlungen in Moskau weigerte sich Schärf z. B. dem sowjetischen Wunsch nachzukommen, die Verhandlungen nach einem Festbankett fortzuführen, mit dem Hinweis er habe in seiner Anwaltspraxis grundsätzlich nach 21 Uhr nichts mehr unterschrieben. Das Prinzip Vorsicht galt auch in der Innenpolitik. Kreisky (1988, 362) zitiert Schärf mit den Worten: „Wir müssen eine Politik in der Koalition betreiben, die wir, wenn wir einmal in der Opposition sein werden, nicht zu bereuen haben."

Vor allem aber war Schärf ein geschickter Organisator, ein exzellenter „Techniker der Macht". Seine Interpretation der Rolle des Parteivorsitzenden war durch die Erfahrungen geprägt, die er in der Zwischenkriegszeit gemacht hatte. Schärf war überzeugt, „daß die Ereignisse ab 1933 nicht eingetreten wären, wenn nicht faktisch trotz der Existenz des Parteivorstandes die Entscheidungen von wenigen Köpfen gegen das innere Streben der übrigen gefällt worden wären" (Schärf, zit. nach Stadler 1982, 311, vgl. 96f). Insbesondere im Zusammenhang mit dem Justizpalastbrand und der Ausschaltung des Nationalrates im Jahre 1933 erkannte Schärf (1955, 379) auch schwerwiegende Fehler der Sozialdemokratie, die darauf zurückgingen, „daß einzelne wenige Personen wichtige Entscheidungen trafen, ohne daß sie im Augenblick die Folgen übersahen". Auf Schärfs Vorschlag wurden in der SPÖ ab 1945 neue Formen der Willensbildung praktiziert, „um die Möglichkeit übereilter Entschlüsse eines engen Kreises auszuschalten", in den Worten Renners setzte Schärf auf „Kooperation im Ensemblespiel" (zit. nach Stadler 1982, 309). Dazu gehörte die Entwicklung eines ausdifferenzierten Systems von Parteigremien und die Aufwertung des Parlamentsklubs als innerparteiliches Beratungsgremium, mit dem Ziel, möglichst viel Sachverstand aus der Partei zu mobilisieren und Entscheidungen erst dann im Parteivorstand zu treffen, „wenn die Interessierten Gelegenheit gehabt haben, sich zu informieren". Für Schärf (1955, 380) war so der „Gefahr übereilter Beschlüsse ... weitgehend vorgebeugt. Diese Art der aufrichtigen Zusammenarbeit hat der Sozialistischen Partei in den abgelaufenen Jahren einen Leitungskörper gegeben, in dem offene Aussprachen selbstverständlich und in dem jeder von allem unterrichtet ist." Migsch (1965, 26) betonte Schärfs Rolle als *chairman*, der bei allen Entscheidungen alle Für und Wider gegenüberstellte, wichtige Informationen nicht für sich behielt und die Beratungen in Parteigremien nüchtern und klar zusammenfaßte. Diese Darstellungen sind zwar korrekt, es wäre aber unvollständig, nicht zu erwähnen, daß Schärf es vorzüglich verstand, sich in diesem System durchzusetzen, und die kollektive Beratung auch die Funktion hatte, die Verantwortung weitgehend gleichmäßig auf die Spitzenfunktionäre der Partei zu verteilen.

Unter Schärf als Vorsitzendem gelang der SPÖ in kurzer Zeit der Aufbau der Parteiorganisation. Er war maßgeblich daran beteiligt, daß dies entsprechend dem Modell der

Massenpartei (anstatt des von den ehemaligen Revolutionären Sozialisten favorisierten Modells der Kaderpartei) geschah. In seiner Amtszeit stieg die Anzahl der SPÖ-Mitglieder von Null auf fast 700.000. Schärf war insofern auch wichtig für die Verankerung der SPÖ in bisher organisatorisch nicht erfaßten Gebieten, als er die Einsetzung und Bezahlung von hauptamtlichen Bezirksparteisekretären durch die Parteizentrale durchsetzte, was natürlich auch einen Zentralisierungseffekt hatte. In der unmittelbaren Nachkriegszeit gehörte Schärf nicht nur zu jenen, die eine Unterwanderung oder Vereinnahmung der SPÖ durch die KPÖ über die Bildung einer Einheitsfront vehement bekämpften, sondern auch zu jenen, die dies mit taktischem Geschick taten. So wurde z.B. unter Schärfs maßgeblichem Einfluß in den ersten Monaten der Zweiten Republik aus der von der SPÖ-Linken favorisierten „Aktionsgemeinschaft" zwischen SPÖ und KPÖ ein „gleichartiges Vorgehen" in einzelnen Fragen (Schärf 1950, 63–79), um bald ganz aus dem Bereich der Optionen der SPÖ zu verschwinden.

Vor allem aber machte Schärf die SPÖ zur „Staatspartei". Unter seiner Führung und seinem maßgeblichen Einfluß wurde aus einer Partei, die vor 1945 nur zwei Jahre in der Regierung vertreten gewesen war und den Staatsapparat insgesamt als feindlich einschätzte, eine Partei, die über kontinuierliche Regierungsbeteiligung und die Eroberung von Positionen in der Beamtenschaft und im staatlichen Wirtschaftssektor zu einer „staatstragenden" Kraft wurde. Schärf richtete seine Politik darauf aus, der SPÖ die Regierungsbeteiligung zu erhalten, mit großer Akribie wachte er über die „Besitzstände" seiner Partei im Staatsapparat und bemühte sich um ihre systematische Ausweitung, etwa beim Aufbau des Bundesheeres. Die in diesen Jahren perfektionierte parteipolitische Aufteilung des Staatsapparates unter die beiden Großparteien widerspricht liberal-demokratischen Grundsätzen und ist heute nicht mehr zu rechtfertigen, im Anschluß an die Erste Republik und die NS-Zeit hatte sie aber eine positive Integrationsfunktion.

Bei den Nationalratswahlen nahm der SPÖ-Stimmenanteil ab 1949 zwar kontinuierlich zu, unter Schärf erzielten die Sozialisten aber nur einen wirklichen Erfolg: im Jahre 1953, als die SPÖ die ÖVP erstmals an Stimmen übertraf, aber aufgrund der Wahlarithmetik ein Mandat hinter ihr zurückblieb. Die Nationalratswahl 1949 war ein halber Erfolg: Die SPÖ mußte zwar erhebliche Verluste hinnehmen, die von Schärf unterstützte erstmalige Kandidatur des VdU brach aber die absolute Mehrheit der ÖVP und brachte so die SPÖ in eine bessere Position in den Regierungsverhandlungen, die sie auch zu nützen wußte. Die Nationalratswahlen 1945 und 1956 waren dagegen – obwohl das 1945 zunächst nicht so dargestellt wurde – sowohl im Hinblick auf das Wahlergebnis als auch auf das Ergebnis der Koalitionsverhandlungen Mißerfolge.

Als Spitzenrepräsentant der SPÖ in der Regierung übernahm Schärf kein Ressort. Er beschränkte sich auf das Amt des Vizekanzlers und hielt sich frei für die Koordination der SPÖ-Regierungsfraktion, die Repräsentation der SPÖ gegenüber dem Regierungspartner und reine Parteiarbeit. Bei Abwesenheit von SPÖ-Ministern wurden diese in der Regel von ihm vertreten, wodurch er Einblick in deren Ressortführung gewann, was wieder Ursache für Auswechslungen in der SPÖ-Regierungsmannschaft sein konnte.

Es gibt keine bedeutende politische Frage der Jahre 1945 bis 1957, auf die Schärf nicht maßgeblichen Einfluß genommen hätte. Seinen Positionen als Parteivorsitzender und Vizekanzler entsprechend, war er Generalist, der sich mit allen Politikbereichen beschäftigen mußte. Am wenigsten engagierte sich Schärf in Wirtschafts- und Finanzfragen, wo die Bestimmung der SPÖ-Position weitgehend Karl Waldbrunner und einigen anderen Wirtschaftsexperten überlassen blieb. Spezialist war Schärf dagegen für alle Fragen, die die rechtlichen Rahmenbedingungen der Politik betrafen, also die Verfassung, die Geschäftsordnung des Nationalrates etc., und er interessierte sich stark für die Arbeit des Justizressorts. Schärf erarbeitete sich aber in allen Politikbereichen einen

Überblick über die anstehenden Fragen, die Entscheidungsalternativen und ihre wahrscheinlichen Konsequenzen. Auf Basis seines Gesamtüberblicks nahm er bestimmenden Einfluß auf das *timing* und die Bereitschaft der SPÖ, Kompromisse mit dem Regierungspartner zu schließen. Für zumindest zwei Situationen – bei der Verstaatlichung im Jahre 1946 und bei der Beschlußfassung des ASVG im Jahre 1955 – nahm Schärf im Rückblick für sich in Anspruch, durch das Erkennen eines *open policy window* (John W. Kingdon), also einer vorübergehenden Chance zur Durchsetzung bestimmter politischer Inhalte, entscheidend zur Erreichung wesentlicher Ziele der SPÖ beigetragen zu haben (Stadler 1982, 459f., 518f.).

In seinem unveröffentlichten Manuskript *Österreich wieder in Freiheit 1955–1957* hat Schärf selbst dargestellt, was er als seine größten staatspolitischen Verdienste ansieht: die rasche Lösung der Verfassungsfrage 1945, die Verhinderung einer raschen Entscheidung über die Ölfelder in Ostösterreich im selben Jahr und die Vorbereitung des Zweiten Kontrollabkommens im Jahre 1946. Der Entschluß, 1945 keine neue Verfassung zu diskutieren und anzustreben, „ging auf mich zurück, ja wurde von mir durchgesetzt", angesichts der Gefahr, daß sich die Kommunisten „unter dem Schutze einer Besatzungsarmee dauernde Machtpositionen in der Verfassung" sichern könnten, schien Schärf das Risiko zu groß zu sein (vgl. Stadler 1982, 189ff.). Es war Schärf, der zunächst als einziges Mitglied des Politischen Kabinetts der Provisorischen Staatsregierung eine gemeinsame sowjetisch-österreichische Firma zur Ausbeutung der Zistersdorfer Erdölquellen ablehnte und sich schließlich auch damit durchsetzte, womit das Risiko einer dauerhaften sowjetischen Enklave auf österreichischem Boden verhindert wurde (Stadler 1982, 226–231). An der Vorbereitung des Zweiten Kontrollabkommens, das die Einspruchsmöglichkeit der Alliierten gegen die österreichische Gesetzgebung wesentlich beschränkte, war Schärf beteiligt, indem er in intensiven Kontakten die in Großbritannien regierende Labour Party für die österreichische Position gewinnen konnte.

Schärf war auch durch Kontakte mit der französischen Sozialistischen Partei und mit Repräsentanten der Sowjetunion an der Aufbereitung des Terrains für den Staatsvertrag und an den Staatsvertragsverhandlungen in Moskau beteiligt (Stadler 1982, 368–377, 410–453). Wieder zeigte sich Schärfs besondere Vorsicht: Er drängte auf die Präzisierung des Inhalts der Neutralität, und er setzte in der Erdölfrage eine unmißverständliche Lösung durch, um spätere Probleme durch unterschiedliche Interpretationen des Vertrages zu vermeiden.

Nicht immer verfolgte Schärf aber einen vorsichtigen Kurs. An seinen Überzeugungen in bezug auf Religion und Kirche hielt er sein Leben lang fest; über ein „Religion ist Privatsache" war Schärf – der schon 1915 aus der Kirche ausgetreten war – nicht bereit, hinauszugehen. So verhinderte er die Anerkennung des vom Dollfuß-Regime geschlossenen Konkordats mit dem Vatikan (Stadler 1982, 353–361, 396–399) und war sogar bereit, in diesem Zusammenhang die Theorie zu vertreten, beim „Anschluß" 1938 habe es sich nicht um eine Okkupation, die nur die Ausübung der österreichischen Staatsmacht verhindert habe, sondern um eine Annexion, die Österreich völkerrechtlich zu einem Teil des Deutschen Reiches gemacht hätte, gehandelt (*Die Zukunft* 1950), was aufgrund der damit potentiell verbundenen Konsequenzen (Frage der Kriegsbeteiligung Österreichs etc.) eine mehr als problematische Position war, die etwa von Kreisky (1988, 370) nicht geteilt wurde.

Schon vor seiner Wahl zum Bundespräsidenten hatte sich Schärf (1961, 132) vorgenommen, „alles zu tun, um die so fruchtbare Zusammenarbeit der großen Parteien möglichst lange weiter zu erhalten". Diesbezüglich erstmals gefordert wurde Schärf im Anschluß an die Nationalratswahl 1959, bei der die SPÖ die ÖVP erneut stimmenmäßig übertroffen hatte, aber wieder ein Mandat weniger hatte als diese. Gegenüber der ÖVP, die ihre

Position durch den Vorschlag einer Drei-Parteien-Regierung unter Einschluß der FPÖ verbessern wollte, beharrte er auf einer Fortsetzung der großen Koalition, und während der schwierigen Verhandlungen führte er mehrfach Gespräche, in denen er auf eine Fortführung der Kooperation drängte. Als sich unter dem Einfluß der nächsten Generation an SPÖ-Politikern (Bruno Pittermann, Franz Olah, Bruno Kreisky, Felix Slavik) in den folgenden Jahren eine SPÖ-FPÖ-Koalition als Alternative zur großen Koalition abzeichnete, war Schärfs ablehnende Haltung, die er innerhalb der SPÖ zu kommunizieren vermochte, ebenso deutlich. Im Herbst 1960 lehnte Schärf den im Zuge gescheiterter Budgetverhandlungen an ihn herangetragenen Wunsch nach einer Demission der Regierung Raab ab und zwang die Regierungsparteien so, doch noch eine Einigung zu erzielen; erst dann akzeptierte er die Demission und die unveränderte Angelobung des Kabinetts. Trotz dieses Einflusses auf die Innenpolitik und seine Teilnahme an der Außenpolitik durch Staatsbesuche war für Schärf das Amt des Bundespräsidenten doch ein Ausstieg aus der Politik und „keine reine Freude" (NL Schärf). Schärf vermißte vor allem seine Parteitätigkeit und den täglichen Umgang mit seinen politischen Freunden, umso mehr als seine Frau schon 1956 gestorben war und er Einsamkeit empfand.

Schärf fand neben seiner politischen Tätigkeit auch Zeit für das Schreiben von zeitgeschichtlichen Büchern, die zwar naturgemäß keine objektiv-distanzierte Interpretation der Ereignisse darstellten, wohl aber durch die ihnen zugrundeliegende gründliche Faktenrecherche unter führenden Parteifreunden weit mehr sind als Memoiren oder politische Rechtfertigungsschriften.

Als Parteivorsitzender, Vizekanzler und Bundespräsident wirkte Schärf auf das ganze politische System ein. Zunächst war er einer der Baumeister, dann Bewahrer des 1945 geschaffenen politischen Systems. Als Parteivorsitzender und Vizekanzler diente Schärf seiner Partei *und* dem Staat, was der Titel eines seiner Bücher – *Der Teil und das Ganze* – gut erfaßt. Als Bundespräsident betonte er noch mehr seine Rolle als Staatsmann. Er glaubte an die Notwendigkeit der Aufrechterhaltung der großen Koalition, sah aber hier durchaus einen Gleichklang zwischen den Interessen der SPÖ – auch wenn das von führenden SPÖ-Politikern der ersten Hälfte der 60er Jahre nicht so gesehen wurde – und den Interessen der Republik.

Nach kurzer Krankheit starb Schärf am 28. 2. 1965 als amtierender Bundespräsident im 75. Lebensjahr. Als einer der vier Unterzeichner der Unabhängigkeitserklärung der Republik Österreich im Jahre 1945, als Mitglied der österreichischen Delegation bei den Staatsvertragsverhandlungen von Moskau im Jahre 1955 und als Bundespräsident gehört Schärf zu jenen Politikern der Zweiten Republik, die auch heute noch einer breiteren Öffentlichkeit bekannt sind. Insbesondere seiner Amtsführung als Bundespräsident wurde das beste Zeugnis ausgestellt, nicht zuletzt von seinen Nachfolgern Franz Jonas und Rudolf Kirchschläger. Selbstgerechte junge Historiker haben aus Details von Schärfs Leben, seines Nachlasses oder seiner publizierten Selbstdarstellungen Vorwürfe konstruiert, die sich bei genauer Betrachtung allerdings als haltlos erweisen. Schärf war ein unspektakulärer Baumeister der Zweiten Republik und gehört mit Raab und Renner zu den wichtigsten Politikern in deren ersten eineinhalb Dekaden. Daß die Zweite Republik im großen und ganzen eine Erfolgsgeschichte geworden ist, verdankt sie ganz wesentlich auch Schärf.

Literatur- und Quellenverzeichnis

Kreisky, Bruno (1988). Im Strom der Politik, Berlin.

Leitner, Thea / Franz *Kreuzer* (o. J. = 1957). Das Buch vom Dr. Schärf, Wien.

Migsch, Alfred (o. J. = 1965). Adolf Schärf in seiner Zeit, Wien.

Migsch, Alfred (1968). Dr. Adolf Schärf, in: Neue Österreichische Biographie ab 1815, Band XVII, Wien.

Schärf, Adolf (1948). April 1945 in Wien, Wien.

Schärf, Adolf (1950). Zwischen Demokratie und Volksdemokratie, Wien.

Schärf, Adolf (1955). Österreichs Erneuerung 1945–1955, Wien.

Schärf, Adolf (1961). Österreich wieder in Freiheit 1955–1957 (NL Schärf).

Schärf, Adolf (1963). Erinnerungen aus meinem Leben, Wien.

Schärf, Adolf (1965). Der Teil und das Ganze, Wien.

Stadler, Karl R. (1982). Adolf Schärf. Mensch – Politiker – Staatsmann, Wien.

Stadler, Karl R. (1982a). Adolf Schärf, in: Friedrich *Weissensteiner* (Hg.): Die österreichischen Bundespräsidenten. Leben und Werk, Wien.

Nachlaß Adolf Schärf (VGA)

Lebensdaten

1890	am 20. 4. in Nikolsburg (Mähren) geboren
1909–1914	Jus-Studium, Universität Wien (Dr. iur. 1914)
ca. 1907	Obmann einer sozialdemokratischen Mittelschülervereinigung in Wien
1915–1918	Militärdienst
1934, 1938, 1944	mehrmonatige politische Freiheitsstrafen
1965	am 28. 2. in Wien gestorben

Berufliche Karrierestationen

1914	Rechtsanwaltsanwärter
1918–1934	Parlamentsbeamter (1923 Sektionsrat, 1931 Hofrat)
1935–1936	Rechtsanwaltsanwärter
1936–1945	Rechtsanwalt

Staatliche Funktionen

1933–1934	Mitglied des Bundesrates
1945–1957	Abgeordneter zum Nationalrat
1945	Staatssekretär ohne Portefeuille (erster Stellvertreter des Staatskanzlers)
1945–1957	Vizekanzler
1957–1965	Bundespräsident

Parteipolitische Ämter

1918–1934	Sekretär der Parlamentsfraktion der sozialdemokratischen Abgeordneten
1945–1957	Vorsitzender der SPÖ
1945–1957	Obmann des Klubs sozialistischer Abgeordneter

Karl Schleinzer

von
Karl Pisa

Vorgeprägt für sein ganzes Leben wurde Karl Schleinzer schon in jungen Jahren durch seine engere Heimat Kärnten, sein Aufwachsen auf einem Bauernhof und den frühen Tod seines Vaters: 1924 im Lavanttal geboren, wurde er mit kaum sechs Jahren zum Halbwaisen. Der nachdenkliche und ernste Bub wuchs zu einem lernbegierigen Schüler und Studenten heran. Als junger Mann fand er nach dem Zweiten Weltkrieg väterliche Freunde, die für sein weiteres Leben wegweisend wurden. Selbst als Politiker in den höchsten Funktionen merkte man Karl Schleinzer an, daß er es in seinem Leben nicht leicht gehabt hatte und daß er es sich auch nicht leicht machte. Ausbildungsziel des Bauernbuben war die Landwirtschaft; die Bergbauernproblematik wählte der Student zum Dissertationsthema, und sein beruflicher Werdegang führte über die Vertretung bäuerlicher Interessen in die Politik. Als Landwirtschaftsminister fand er ein ideales Betätigungsfeld, wobei er niemals die Gemeinschaft als Ganzes aus dem Blick verlor. Die gemeinsam getragene Verantwortung, die das Zusammenleben auf einem Bauernhof kennzeichnet, war für ihn jederzeit Vorbild und Leitbild. Wäre ihm ein Leben nach der Politik vergönnt gewesen, so wäre ihm eine Lehrtätigkeit an der Hochschule für Bodenkultur als ein erstrebenswertes Ziel erschienen. Karl Schleinzers Vorfahren waren seit 1772 in Zelsach, seinem Geburtsort, ansässig. Schleinzers Beziehung zu seiner engeren Heimat war von der in den Kärtner-Liedern zum Ausdruck kommenden Sentimentalität geprägt. Auch die besondere politische Struktur Kärntens bedingte ein politisches Karrieremuster, das einen vorerst Ausgegrenzten zu einem Landespolitiker werden ließ, von dem man sich die Überwindung konfessioneller und ideologischer Grenzen erwartete – und der schließlich als Bundespolitiker bis kurz vor seinem Tod hoffte, die ÖVP im damaligen Drei-Parteien-System aus ihrer oppositionellen Isolierung herausführen zu können.

Die politische Zäsur des Jahres 1938 konnte der Hauptschüler Karl Schleinzer noch nicht als persönliches Unglück empfinden, ermöglichte doch das sogenannte Langemarckstudium dem Hochbegabten 1943 die Zulassung zum Hochschulstudium ohne Reifeprüfung. Erst bei seiner Eheschließung im Jahre 1946 erfuhr Schleinzer, daß seine Mutter im Bewerbungsformular für das Studium auf die Anführung einer Religionszugehörigkeit verzichtet hatte. Mit seiner kirchlichen Trauung im Jahre 1950 wurde dieser „Makel“ des „Kirchenaustritts“ getilgt.

Der ehemalige Jungzugführer der HJ und Leutnant der Deutschen Wehrmacht hätte ohne Schwierigkeiten auch Aufnahme in der SPÖ Kärntens finden können. Seine erste Bewerbung um Aufnahme in die ÖVP im Jahre 1947 scheiterte allerdings vorerst an der – im Vergleich zur ÖVP der benachbarten Steiermark – engherzigeren Haltung der damaligen Kärtner ÖVP-Führung gegenüber ehemaligen Nationalsozialisten, obwohl dies auf Schleinzer, der nicht NSDAP-Mitglied war, so nicht zutraf. Sein vorrangiges

Ziel in diesem Jahr war jedoch das Studium an der Hochschule für Bodenkultur in Wien, für das er nach mehrfachen vergeblichen Eingaben 1948 zugelassen wurde. Dort regte der katholische Universitätsprofessor Herbert Franz den Studenten dazu an, eine Vertiefung seiner Weltanschauung in der zur sozialen und politischen Erneuerung im Geist des Christentums geschaffenen „Moral Rearmament"-Bewegung zu suchen, die er dann auch in den jährlichen Weltkonferenzen in Caux fand. Ein im Tatchristentum wurzelndes Handeln sowie die Gewohnheit, allmorgendlich eine Viertelstunde dazu zu nützen, sich zu sammeln und sein Tagewerk zu ordnen, wurden für Schleinzers Lebensweg zur Richtschnur.

Auch in Kärnten fand Schleinzer im Großgrundbesitzer Ök.-Rat Hans Maresch und im Landeshauptmann-Stellvertreter Hans Ferlitsch väterliche Freunde. Mit dem sogenannten „Sechseck", dem der Obmann des Kärntner Akademikerbundes Dr. Kurt Burger-Scheidlin, der Landtagsabgeordnete Dr. Wolfgang Mayrhofer-Grüenbühl, der nachmalige Bundesrat Dr. Leopold Goess, der Regierungsrat Dr. Staunig und der Sekretär der Industriellenvereinigung und Nationalratsabgeordnete Dr. Walther Weissmann angehörten, verband Schleinzer das Streben nach einer Politik, die sich für eine Öffnung der ÖVP in Richtung einer überkonfessionellen, liberaleren und auch die nationale Tradition nicht vernachlässigenden Haltung einsetzte. Hier fand er für seine spätere politische Laufbahn gleichgesinnte Mitstreiter.

ÖVP-Generalsekretär Dr. Karl Schleinzer (links), mit ÖVP-Obmann Dr. Hermann Withalm

Politisch betätigte sich Schleinzer zuerst im Bauernbund, in dem er der erste Obmann einer für Mitarbeiter der Landwirtschaftskammer, der Genossenschaften und des Agrarreferats der Landesregierung bestimmten Sektion war; in dieser Eigenschaft wurde er auch in das Bauernbundpräsidium berufen. Der Bauernbundobmann Ferlitsch holte ihn 1954 aus der Landwirtschaftskammer in das von ihm geleitete Agrarreferat der Landesregierung. Zu dieser Zeit mußte die ÖVP, die selbst 1945 als einzige

„bürgerliche“ Partei nur 39,8% der Stimmen erhalten hatte, nach Auftreten der Wahlpartei der Unabhängigen (WdU) bei den Landtagswahlen der Jahre 1949 und 1953 sich mit 31,9% und 25,5% der Stimmen begnügen. Vor diesem Hintergrund lag es nahe, daß in der ÖVP nach neuen und jüngeren Kräften Ausschau gehalten wurde. Für die Landtagswahlen des Jahres 1956 kandidierte „als neuer Mann des Kärntner Bauernbundes“ der damals 32jährige Schleinzer, „dessen Agilität“ laut Bauernbundorgan „schon weite Kreise aufhorchen ließ“. Als dann 1959 die ÖVP auch auf der Bundesebene einen Rückschlag erlitt, wurde angesichts der 1960 bevorstehenden Landtagswahl in Kärnten der Ruf nach Erneuerung und Verjüngung an der Parteispitze laut, zumal der bisherige Obmann, Hermann Gruber, diese Funktion schon seit 1945 innehatte und 1959 in den Nationalrat gewählt worden war. Schleinzer verfügte nun seit 1957 als Geschäftsführer des Bauernbundes nicht nur über eine bündische „Hausmacht“, sondern auch über einen Anhang in breiten Funktionärskreisen der Gesamtpartei. Einem Beratungsgremium für die Vorbereitung des außerordentlichen Landesparteitages vom 19. 12. 1959 gehörten neben Mitgliedern des „Sechsecks“ und dem mit Schleinzer befreundeten Mitglied des Bauernbundpräsidiums Herbert Bacher auch Karl Schleinzer selbst an. Die Weichenstellung für die Wahl zum Landesparteiobmann erfolgte durch den Zusammenschluß verschiedener „Netzwerke“, zu denen der Bauernbund, „Reformkreise“ der Partei und ihre Vorfeldorganisationen gehörten.

Ihr in der Geschichte der Zweiten Republik bestes Landtagswahlergebnis erzielte die ÖVP in Kärnten im Jahr 1960 – Schleinzer war gerade knappe vier Monate Landesparteiobmann – mit 33,3% der Stimmen. Am liebsten hätte sich Schleinzer nach dieser Bestätigung durch die Wähler nun ganz der Kärntner Landespolitik gewidmet. Umso schwerer fiel ihm im darauffolgenden Jahr die Entscheidung, der Berufung in die Bundesregierung durch Bundeskanzler Dr. Alfons Gorbach Folge zu leisten – Verteidigungsminister zu werden war kein von ihm vorher ins Auge gefaßtes Ziel, noch dazu verurteilte ihn diese Ernennung zu einem Pendlerdasein. Auch diese Aufgabe nahm er aufgrund der damals anzunehmenden Bedrohungsfälle – zu denen auch die Einbeziehung Österreichs in einen Konflikt zwischen dem Warschauer Pakt und der NATO gehörte – systematisch in Angriff und leitete die inzwischen notwendig gewordenen Reformen ein. Dies ging aber zwangsläufig zu Lasten eines vollen Einsatzes für die Kärntner ÖVP. Als 1963 seine dritte Tochter und kein wehrpflichtiger Sohn geboren wurde, schien Schleinzers Bemerkung, er müsse deshalb zurücktreten, seiner Familie nicht gleich als eine scherzhafte.

In diesem Jahr kam dem Wirken Schleinzers bereits bundespolitisches Gewicht zu. Als damals jüngster Minister war er im Nationalratswahlkampf 1962 neben Bundeskanzler Gorbach und Finanzminister Josef Klaus auf den Plakatwänden zu sehen. 1963 – nach dem enttäuschenden Ergebnis der Regierungsverhandlungen – kandidierte Gorbach nicht mehr als Bundesparteiobmann; für den Klagenfurter Bundesparteitag (bei dem es zum ersten Mal in der Geschichte der ÖVP zu einer Kampfabstimmung um die Parteiobmannschaft kam) wurde Schleinzer die heikle Aufgabe eines Vorsitzenden des politischen Ausschusses übertragen. Dieser Ausschuß erarbeitete u. a. einen Vorschlag für eine persönlichkeitsorientierte Wahlrechtsreform. Als Klaus dann Gorbach nicht nur als Bundesparteiobmann, sondern 1964 auch als Bundeskanzler ablöste und Heinrich Drimmel und Eduard Hartmann aus dem Kabinett Klaus ausschieden, blieb Schleinzer in der Bundesregierung und löste Hartmann als Landwirtschaftsminister ab. Damit übernahm Schleinzer ein für ihn maßgeschneidertes Ressort, in dem er bis zu seiner Dissertation zurückreichende Ideen verwirklichen, aber auch eine über die Zäsur des Jahres 1963 hinausreichende Kontinuität verkörpern konnte. Nachdem die ÖVP die absolute Mehrheit errungen hatte und Schleinzer beim Bundesparteitag des Jahres 1966 wieder den Vorsitz im politischen Ausschuß führte, ließ er mit der im Jubel untergehenden Forderung, „nicht selbstzufrieden zu werden, neuen Bewährungsproben und künftigen Gefahren mehr Aufmerksamkeit zu schenken als vergangenen Erfolgen" eine seinem Wesen gemäße nüchterne Einschätzung der Lage anklingen.

Als dann bei der Nationalratswahl 1970 die ÖVP erstmals von der SPÖ an Mandaten übertroffen wurde, Klaus die politische Bühne verließ und Hermann Withalm Parteiobmann wurde, fiel die Wahl auf den erst 46jährigen, aber schon über eine neunjährige Erfahrung in der Bundespolitik verfügenden Schleinzer als Generalsekretär. Bereits ein Jahr später, nach dem Ausscheiden Withalms, entschied eine Kampfabstimmung zwischen Schleinzer und Stephan Koren auch seine Wahl zum Bundesparteiobmann. Rückblickend betrachtet übernahm Schleinzer damit ein „Himmelfahrtskommando", denn die Minderheitsregierung Kreisky konnte dank der kleinen Wahlrechtsreform mit der Unterstützung durch die FPÖ rechnen und den Zeitpunkt von Neuwahlen bestimmen, übernahm von der ÖVP-Regierung keineswegs leere Kassen, konnte sich bei hohen Wachstumsraten bis 1974 spendierfreudig zeigen und ihr Wahlversprechen der Wehrdienstzeitverkürzung einlösen. Gegenüber einem Medienkanzler mit einer weit über seine Partei hinausreichenden Ausstrahlung mußte die ÖVP die für sie neue Oppositionsrolle erst mühsam erlernen und gab sich gleichzeitig ungeduldig der trügerischen Hoffnung hin, das Pendel werde bald in die entgegengesetzte Richtung ausschlagen, wodurch Schleinzer unter einen hohen Erwartungsdruck geriet.

Was der seriös wirkende und strategisch denkende Schleinzer für die unter diesen Umständen undankbare Rolle des Oppositionsführers mitbrachte, waren nicht in erster Linie die Eigenschaften eines Kommunikators im Sinne der immer mehr in Mode kommenden „Sprechblasenpolitik". Als Verhandler hatte er sich 1966 und 1968, als es um die erforderliche Zwei-Drittel-Mehrheit für die Verlängerung der Marktordnungsgesetze ging, bewährt. Doch bei einfachen Gesetzen gab es, ab 1970 angesichts der stillen kleinen Koalition zwischen SPÖ und FPÖ und ab 1971 angesichts der absoluten SPÖ-Mehrheit, nur wenig zu verhandeln. Umso notwendiger aber war für die ÖVP ein Organisator der Arbeit „nach innen", denn Kreisky suchte die Machtposition seiner Partei auch nach dem „schwedischen Modell" zu festigen und zielte – siehe den nicht realisierten Plan der Ernennung des Bauernbündlers Franz Stummer zum Bergbauernstaatssekretär und die sich zwangsläufig ergebende Verhandlungspartnerschaft zwischen Regierung und Wirtschaft – auch auf die Nahtstellen der bündisch strukturierten ÖVP ab. Bereits als Generalsekretär hatte Schleinzer die Absicht der SPÖ, die „ÖVP von innen heraus zu spalten", erkannt, und daraus ergab sich für ihn auch als Parteiobmann die defensive Aufgabe, den Zusammenhalt seiner durch die Wahlniederlagen der Jahre 1970 und 1971 entmutigten Partei zu festigen.

Seine vorerst nach außen hin kaum in Erscheinung tretende Wirkung bestand in der Reorganisation der Parteizentrale mit neuen Abteilungen für Grundlagenforschung und Bildung sowie in der Koordinierung der nicht mehr in Ministerien vorbereitbaren ÖVP-Politik in zehn und später 15 bündisch zusammengesetzten und mit Experten besetzten Arbeitsausschüssen. Unter dem „Trommelfeuer" einer Regierungspolitik, die Gratisschulbuch und Heiratsprämie, Wehrdienst- und Arbeitszeitverkürzung zu bieten hatte, das Strafrecht und die Universitäten reformierte und die Rundfunkreform des Jahres 1966 wieder verwässerte, verfügte die ÖVP in diesen Arbeitsausschüssen zwar über kein sehr wendiges – und von Klubobmann Koren unter dem Stichwort „Zwei Firmen" kritisiertes – Instrument, doch die dort erarbeiteten Standpunkte waren zumindestens fundierte.

Schleinzer verfolgte aber auch längerfristig wirksame Ziele, um aus der Defensive herauszukommen. Dem „Jahr der Parteiarbeit", 1972, sollte das „Jahr der Konfrontation", 1973, das „Jahr der Alternativen", 1974, und das „Jahr der Ablöse", 1975, folgen.

1972 wurde nach einer breiten Diskussion das noch für Jahrzehnte als gültig angesehene „Salzburger Programm“ beschlossen.

Mit den vier Plänen zur „Lebensqualität“ wurden so unterschiedliche Politikbereiche wie Umwelt, Gesundheit und Wohnen, eine Sozialpolitik der menschlichen Nähe, eine qualitative soziale Marktwirtschaft und das Bildungswesen einer attraktiven Zielvorstellung untergeordnet. Dieses erste Kontrastprogramm zum Kreiskyschen Reformkurs kam dann im Wahlkampf des Jahres 1975 nicht mehr zur Geltung, kann aber zumindestens in zwei Bereichen als Vorläufer der ökosozialen Marktwirtschaft angesehen werden. Schließlich fand auch die durch die „Aktion 20“ eingeleitete Zusammenarbeit zwischen Politik und Wissenschaft in der Zukunftskommission unter Vorsitz von Univ.-Prof. Dr. Gerhart Bruckmann eine Fortsetzung.

Ein strategisches Ziel Schleinzers war auch die Wiedergewinnung der Manövrierfähigkeit der ÖVP im Drei-Parteien-System. Auf eine solche hatte Klaus trotz des FPÖ-Slogans „Kein roter Kanzler“ im Nationalratswahlkampf des Jahres 1970 noch in der Wahlnacht des 1. 3. 1970 verzichtet, als er eine ÖVP-FPÖ-Koalition ausschloß. Die Chancen dafür waren allerdings gering, weil zwischen SPÖ und FPÖ eine bis ins Jahr 1963 zurückreichende Übereinstimmung in der Wahlrechtsfrage bestand. Mit der auch von der steirischen ÖVP favorisierten Idee der „unabhängigen Kandidaten“ Felix Ermacora, Rudolf Heinz Fischer und Ernst Strachwitz wurde bei der Wahl des Jahres 1971 weder eine Stärkung der ÖVP noch eine Schwächung der FPÖ im Vergleich zu ihren Stimmenanteilen bei der Wahl des Jahres 1970 erzielt. Durch seine am 2. 7. 1975 im Nationalrat erklärte Bereitschaft zur Bildung einer Drei-Parteien-Regierung für den Fall der relativen ÖVP-Mehrheit drängte Schleinzer Kreisky jedoch zum ersten Mal in die ungewohnte Rolle des Reagierens. Obwohl der Gedanke einer Konzentrationsregierung schon von Withalm und Josef Krainer sen. ventiliert worden war, witterte Kreisky, der dramatisch von „Verfassungsbruch“ und einer „Watergate-Lage“ für Österreich sprach, die Gefahr neuer Mehrheitsbildungen.

Schleinzer war sich sehr wohl bewußt, daß er, wie er nach seiner Wiederwahl zum Bundesparteiobmann im Jahre 1974 betonte, „aus einem anderen Holz geschnitzt ist“ als der zum „Sonnenkönig“ hochstilisierte Kreisky. Obwohl er in den Fernsehdiskussionen mit Kreisky gute Figur machte, zeigten ihn die Wahlplakate 1971 als „Teamchef“ flankiert von Marga Hubinek, Herbert Kohlmaier, Stephan Koren und Sixtus Lanner; in den Wahlkampf des Jahres 1975 wollte Schleinzer mit den „jungen Löwen“ Erhard Busek, Bertram Jäger, Josef Krainer (jun.), Sixtus Lanner, Alois Mock, Josef Ratzenböck und Josef Taus ziehen, unter denen sich drei künftige Parteiobmänner der ÖVP befanden. Mittlerweile aber war Kreisky, von dem es auf den SPÖ-Wahlplakaten des Jahres 1971 geheißen hatte, man solle ihn und „sein Team arbeiten lassen“, Woche für Woche nach jeder Ministerratssitzung zum bildschirmbeherrschenden Politikinterpreten geworden.

Die Frage, was unter einem anderen Parteiobmann anders gelaufen wäre, läßt sich nur spekulativ beantworten. Der einzige ernsthafte zweite Bewerber um diese Funktion war beim Parteitag 1971 Klubobmann Stephan Koren, der als profunder Kenner der Wirtschaftspolitik und scharfzüngiger Kritiker der Regierung zweifellos einen guten Oppositionsführer abgegeben hätte. Ihm wäre gegenüber den Medien größere Flexibilität zuzutrauen gewesen, wenngleich er in Fernsehdiskussionen gegen den trickreichen Kreisky nicht die Oberhand gewinnen konnte. Als Anhänger einer großen Koalition aber wäre auch Koren nur erfolgreich gewesen, wenn er, dem eine so systematische Parteiarbeit wie jene Schleinzers weniger lag, Kreisky auf dem Höhepunkt seiner Popularität überrunden hätte können. Andere ins Spiel gebrachte Bewerber wie Krainer jun. und Taus brachten aber selbst Vorbehalte gegenüber ihrer Wahl zum Parteiobmann vor. Taus mußte nach dem unerwarteten Tod Schleinzers zwar selbst in die Bresche springen, konnte aber weder unter den schwierigen Bedingungen eines *newcomers* bei der Wahl des Jahres 1975 noch bei der Wahl des Jahres 1979 die absolute Mehrheit der SPÖ brechen.

Schleinzer war in seinen letzten Lebensjahren längst aus den Schuhen eines bloßen Vertreters bäuerlicher oder Landes-Interessen herausgewachsen, und sein politischer Horizont reichte auch weit über den eines sachkundigen Ministers hinaus. Er, der schon in jungen Jahren eine Neigung zu gemeinschaftsbildenden Gesprächen entwickelt und sich mit religiösen und philosophischen Fragen auseinandergesetzt hatte, vereinte in seiner Person Wertkonservativismus und Erneuerungswillen. Die Struktur seiner Partei versuchte er, durch einen *think tank* von Experten, durch Programmdiskussionen, neue Teilorganisationen und die im Mai 1975 zum ersten Mal durchgeführten Vorwahlen den Erfordernissen der modernen Gesellschaft anzupassen. Er machte sich aber auch Gedanken über eine Reform der Bundesregierung durch Verfassungsänderungen und über eine Erweiterung des Prognose- und Planungshorizonts der Politik über die Dauer einer Legislaturperiode hinaus. Obwohl er sich ab 1970 – auf dem Höhepunkt seiner Karriere – mit der Rolle eines Oppositionspolitikers begnügen mußte, besaß er staatsmännisches Format. Mit 51 Jahren mitten aus dem Leben herausgerissen, war ihm kein Leben nach der Politik vergönnt. Aber ein politisches Vermächtnis für die Zeit nach seinem Wirken hinterließ er in den drei Politik-Geboten, die er beim Jubiläumsparteitag der ÖVP im Jahre 1975 für die nächsten drei Jahrzehnte formulierte:

„Ich sehe in Zukunft die Notwendigkeit des besseren Haushaltens, aber auch des erfinderischen Neugestaltens als ökonomisches und ökologisches Politik-Gebot! Ich sehe die Notwendigkeit, den einzelnen und die kleineren Gemeinschaften als Träger der Verantwortung und Entscheidung zu erhalten und verstärkt heranzuziehen als ein demokratisches Politik-Gebot! Und ich sehe in Zukunft die Notwendigkeit, uns wieder stärker als Schicksalsgemeinschaft zu empfinden – die Notwendigkeit, nicht nur zu fragen, wer von wem etwas zu bekommen hat, sondern auch zu fragen, wer etwas für wen tun könnte, als ethisches Politik-Gebot!“

„Die Größe eines Baumes erkennt man erst, wenn er gefällt ist“, sagte Erzbischof Dr. Jachym in seiner Trauerpredigt. Hatte man Schleinzer vor seinem Tod oft zu geringe „Ausstrahlung“ attestiert, so weiß man heute zu schätzen, daß er in der dunkelsten Stunde seiner Partei Führungsaufgaben übernahm und „wie wichtig die Nüchternheit und der Realismus Karl Schleinzers“ nach den Worten seines Nachfolgers Josef Taus für den Zusammenhalt der Volkspartei in ihren ersten Oppositionsjahren waren.

Literatur- und Quellenverzeichnis

Heindl, Gottfried / Hans *Magenschab* (1975). Für Österreich – das Vermächtnis von Karl Schleinzer, ÖVP-Bundesparteileitung, Wien.

Bacher, Herbert / Peter *Bochskanl* / Heinz *Gerlitz* / Gottfried *Heindl* / Ferdinand *Manndorff* / Karl *Pisa* (1983). Karl Schleinzer – Der Mann und das Werk, Wien.

Lebensdaten

1924	am 8. 1. im Kärntner Lavanttal geboren
1930–1943	Pflichtschule, Landwirtschaftslehre und Langemarckstudium
1943–1945	Deutsche Wehrmacht und englische Kriegsgefangenschaft
1946	Rückkehr auf den väterlichen Bauernhof und Eheschließung (5 Kinder: 1 Sohn, 4 Töchter)
1948–1952	Studium und Doktorat an der Hochschule für Bodenkultur
1975	am 19. 7. tödlich verunglückt

Berufliche Karrierestationen

1952–1954	Landwirtschaftsrat und Referent für Betriebswirtschaft in der Kärntner Landwirtschaftskammer
1954–1956	Provisorischer Landwirtschaftsoberkommissär der Landesregierung

Staatliche Funktionen

1956–1960	Abgeordneter zum Kärntner Landtag
1960–1961	Landesrat der Kärntner Landesregierung
1961–1964	Bundesminister für Landesverteidigung
1964–1970	Bundesminister für Land- und Forstwirtschaft

Parteipolitische Ämter

1957–1960	Geschäftsführer des Kärntner Bauernbundes
1959–1970	Landesparteiobmann der ÖVP Kärnten
1959–1975	Mitglied des Bundesparteivorstandes der ÖVP
1970–1971	Generalsekretär der ÖVP
1971–1975	Bundesparteiobmann der ÖVP

Fred Sinowatz

von
David F. J. Campbell

Das Bild der Öffentlichkeit von Fred Sinowatz wird vor allem durch seine Kanzlerjahre während der SPÖ-FPÖ-Koalition in den Jahren 1983–1986 geprägt. Die kleine Koalition scheiterte letztlich als strategisches Experiment. Dies darf jedoch nicht darüber hinwegtäuschen, daß Sinowatz für die SPÖ zweimal entscheidende Weichenstellungen vornahm. In den 50er und 60er Jahren profilierte er sich als Reformer und *think tank* der burgenländischen SPÖ. 1964 fungierte er als Wahlkampfleiter und realisierte damit eine politische Wende: Erstmals in der österreichischen Nachkriegsgeschichte kippten auf der Ebene eines Bundeslandes die politischen Mehrheitsverhältnisse – es gelang der SPÖ-Burgenland, die ÖVP-Burgenland in der Wählergunst zu überholen. Während seiner Bundeskanzlerzeit (1983–1986) wurde Sinowatz der strategische Rahmen bereits von seinem Vorgänger, Bruno Kreisky, vorgegeben: Die SPÖ legte sich auf eine Koalition mit der FPÖ fest. Als die SPÖ-FPÖ-Koalition jedoch Ende 1985 und 1986 in ein demoskopisches und mediales Dauertief abglitt, entschied sich Sinowatz dafür, Franz Vranitzky als Nachfolger einzusetzen. Damit realisierte Sinowatz die zweite Weichenstellung, die letztlich die politische Wettbewerbsposition der SPÖ für die Nationalratswahlen 1986 und 1990 deutlich verbesserte.

Fred Sinowatz wurde am 5. 2. 1929 in Neufeld an der Leitha, im nördlichen Burgenland, geboren. Bereits in der Geschichte seines Familiennamens spiegelt sich die von Brüchen durchzogene Entwicklung des Burgenlandes. Zuerst ein kroatischer Familienname, *Sinovac* (im Kroatischen wörtlich „Sohn des Bruders"), wurde dieser in der zweiten Hälfte des 19. Jahrhunderts zu *Szinovatz* magyarisiert. Bei der Abfassung der Geburtsurkunde für Fred Sinowatz am Standesamt in Neufeld wurde der Familienname kurzerhand auf „Sinowatz" eingedeutscht. Als das ehemalige Westungarn bzw. Deutsch-Westungarn wurde das Burgenland, das Sinowatz einmal selbst als den „namenlosen Gebietsstreifen" bezeichnete (Sinowatz 1961 a, 66), erst 1921 als jüngstes Bundesland an Österreich angegliedert. Diese historisch-geographisch determinierte Randlage des Burgenlandes wurde später zu einem zentralen Thema für das politische Engagement von Sinowatz: Sein Ziel bestand darin, ein Selbstbewußtsein des Burgenlandes zu entwickeln und der SPÖ-Burgenland ein scharfes Profil als „Burgenlandpartei" zu geben (siehe dazu auch Sinowatz 1961 b).

Als einziger Sohn wurde Fred Sinowatz in das Sozialmilieu einer Arbeiterfamilie hineingeboren. Sein Vater, Ferdinand Sinowatz (1904–1972), war Schlosser im nahen Bergbau, und seine Mutter Maria, geborene Cech (1906–1978), arbeitete in der Hanf- und Jutefabrik von Neufeld. Kindergarten und Volksschule besuchte Fred Sinowatz in Neufeld. Seine Eltern entschieden sich dafür, ihrem Sohn eine Schulausbildung am Gymnasium zu ermöglichen. Zuerst kam Fred Sinowatz in das Wiener Neustädter Gymnasium, wo er mit milieubedingten sprachlichen Anpassungsschwierigkeiten zu kämpfen hatte – noch später gab Sinowatz zu, daß er während seiner Mittelschulzeit öfters Ressentiments wegen seiner „Herkunft aus dem Arbeitermilieu" ausgesetzt war (Sinowatz 1994). Um diesem sozialen Druck zu entgehen, beschlossen seine Eltern, ihn nach Baden bei Wien wechseln zu lassen. 1948 maturierte Fred Sinowatz am Gymnasium in Baden mit Auszeichnung (Britz 1979, 11–12); im selben Jahr trat Sinowatz auch der SPÖ bei.

Kindheit und Schulzeit waren für Fred Sinowatz mehrfach prägend: 1. Sinowatz wurde in den Industrieort Neufeld hineingeboren, dessen Bevölkerung sich aus einer „kompakten" Arbeiterschaft rekrutierte. Fast als logische Konsequenz wuchs Sinowatz in einer sozialen Umwelt auf, in der die Sozialdemokratie die wichtigste politische Kraft repräsentierte. 2. In der Familie Sinowatz wurde Bildung sehr hoch geschätzt und als eine Schlüsselressource angesehen. Die Entscheidung der Eltern, Sinowatz eine Gymnasialausbildung zu ermöglichen, war somit die konsequente Umsetzung dieses Grundsatzes. War jedoch für die Eltern von Sinowatz die Ressource „Bildung" noch ein Mittel zum Zweck, deren instrumentelle Legitimation sich im beruflichen Vorwärtskommen begründete, definierte Fred Sinowatz die Bildung unter politischen Prämissen: Für ihn war „Kulturpolitik die Fortsetzung der Sozialpolitik" (Sinowatz 1994). Während sich sozialdemokratische Politik über lange Zeit auf die Verbesserung der sozioökonomischen Umstände, d. h. Reformen der ökonomischen Basis, konzentrierte, maß Sinowatz dem geistig-kulturellen „Überbau" eine große Bedeutung zu. Für Sinowatz war es wichtig, „Vernachlässigungen im geistigen Bereich zu kompensieren" (Stichwort: „geistige Chancengleichheit") (Sinowatz 1994). 3. Sein Onkel mütterlicherseits, Josef Cech, repräsentierte für Fred Sinowatz eine Schlüsselfigur für seinen späteren Eintritt in das politische Leben; er war nicht nur überzeugter Sozialdemokrat, sondern auch parteipolitisch aktiv und bekleidete für die SPÖ für fast drei Jahrzehnte (1946–1972) die Position des Bürgermeisters der Gemeinde Neufeld. Zwischen 1934 und 1939 war Josef Cech arbeitslos. Wegen seiner sozialdemokratischen Gesinnung sowie seines Status als „illegaler Sozialdemokrat" erhielt er keine Anstellung. Die Eltern von Sinowatz gewährten im deshalb Unterstand. Dafür engagierte sich Josef Cech auch bei der Erziehung seines Neffen Fred Sinowatz.

Im direkten Anschluß an die Matura begann Sinowatz noch 1948 an der Universität Wien zu studieren: im Hauptfach Geschichte sowie Germanistik und Zeitungswissenschaften. In Wien lebte er in der Alserstraße in einer kleinen Wohnung von Bekannten, mehr die „Kofferkammer einer früher herrschaftlichen Wohnung", die nur ein Gangfenster aufwies und von der Sinowatz rückblickend erzählt, daß sie im Winter nicht geheizt werden konnte (Sinowatz 1994). 1953 beendete Sinowatz sein Studium mit einer Dissertation über „Protestantismus und katholische Gegenreformation in der Grafschaft Forchtenstein und Herrschaft Eisenstadt" (Britz 1979, 12). Nach dem Studienabschluß setzte Sinowatz nahtlos seine parteipolitische (und berufliche) Karriere fort, jedoch strikt im Rahmen der SPÖ-Burgenland. 1953 beschloß die burgenländische Regierung, all ihren Mitgliedern (Landesräten) einen Sekretär zu finanzieren. Somit wurde Sinowatz am 1. Jänner 1954 von Landesrat Albin Dostal, der als Sozialreferent der burgenländischen Landesregierung tätig war, als Sekretär (Landesbeamter) angestellt. Parallel zur Tätigkeit in der Landesregierung arbeitete Dostal auch als Redakteur für die Wochenzeitung *Burgenländische Freiheit,* die Parteizeitung der SPÖ-Burgenland (während des Krieges lebte Dostal in der politischen Emigration in England). Das Arbeitsprofil von Sinowatz war ein zweifaches: Einerseits war er für das Sozialreferat von Dostal zuständig, andererseits arbeitete er auch redaktionell für die *Burgenländische Freiheit.* Gerade diese redaktionelle Arbeit erwies sich für die spätere parteipolitische Blitzkarriere von Sinowatz als entscheidend. Neben dem Erlernen des Handwerks des Zeitungsmachens bereiste Sinowatz das Burgenland und lernte somit das Land in seinen regionalen Schattierungen kennen. Noch wichtiger war aber der Umstand, daß Sinowatz mit den führenden Funktionären der SPÖ-Burgenland Kontakte knüpfte und sich aufgrund dessen innerhalb der Partei einen hohen Bekanntheitsgrad erarbeitete. 1956 wechselte Sinowatz seinen bürgerlichen Beruf und trat einen wissenschaftlichen Dienst in der Bibliothek des Burgenländischen Landesarchivs in Eisenstadt an. Mit der Übernahme eines Landtagsmandates im Jahr 1961 wurde er jedoch von seinem Bibliotheksdienst für immer beurlaubt.

1954 heiratete Sinowatz Hermine Semler, die aus dem nahen Ebenfurth in Niederösterreich stammte und Lehrerin war. Sinowatz hatte sie an einem Badesee bei Neufeld kennengelernt. Die ersten fünf Jahre lebte das Ehepaar in Ebenfurth, wo auch Tochter Eva geboren wurde. Danach zog die Familie wieder in die Gemeinde Neufeld zurück, in der Sinowatz auf einem Grundstück, das ihm seine Eltern schenkten, ein Haus baute. In Neufeld wurde das zweite Kind, der Sohn Peter, geboren (Britz 1979, 13–14; Sinowatz 1994). Die Nähe seines Hauses zu jenem der Eltern veranlaßte Sinowatz auch zu der Bemerkung, daß er sein ganzes Leben nur in einem „Radius von dreihundert Metern" verbrachte. Selbst während seiner Zeit als Unterrichtsminister und Bundeskanzler fuhr Sinowatz täglich mit dem Auto vom Burgenland nach Wien. Während der fünfziger Jahre war Sinowatz auch in der Kommunalpolitik aktiv, bekleidete mehrere Funktionen und wurde 1956 Obmann der SPÖ-Neufeld. 1958 gelang Sinowatz schließlich die Aufnahme als Mitglied in den Landesparteivorstand der SPÖ-Burgenland; diese Funktion übte er bis 1988 aus, 1960 wurde er auch Landesparteisekretär. Vor allem die Funktion des Lokalobmanns der SPÖ-Neufeld war für Sinowatz mit viel Prestige verbunden. Da Neufeld als bedeutende Industriegemeinde die stärkste sozialistische Organisation des Burgenlands stellte, übte Neufeld in seinen Augen „eine gewisse Vorbildfunktion" für die gesamte SPÖ-Burgenland aus (Sinowatz 1994). Über die Lokalobmannschaft in Neufeld kam auch der erste persönliche Kontakt zwischen Fred Sinowatz und Bruno Kreisky zustande. Denn für das Ritual der Wahl des Lokalobmanns war es üblich, einen prominenten SPÖ-Vertreter einzuladen, von dem erwartet wurde, bei dieser Gelegenheit ein politisches Referat vorzutragen. Im Fall von Sinowatz ergab sich zufällig, daß zu seiner Wahl 1956 ausgerechnet Kreisky, damals Staatssekretär für Auswärtige Angelegenheiten, kam, um einen Vortrag zu halten. Nach den Worten von Sinowatz soll Kreisky beeindruckt gewesen sein, daß Sinowatz als 27jähriger (und Akademiker) zum Obmann solch einer bedeutenden SPÖ-Lokalorganisation gewählt wurde (Sinowatz 1994).

Am 29. Mai 1961 wurde Fred Sinowatz, noch während der Funktionsperiode, in den burgenländischen Landtag berufen und trat das Mandat von Friedrich Szenkuröck, des verstorbenen Präsidenten der Burgenländischen Arbeiterkammer, an (Britz 1979, 14). Für die weitere parteipolitische Karriere von Sinowatz sollte vor allem die burgenländische Landtagswahl von 1964 von entscheidender Bedeutung sein. Denn in seiner Funktion als Landesparteisekretär war Sinowatz gleichzeitig Chefkoordinator und Wahlkampfleiter der SPÖ – und erstmals wurden 1964 in der österreichischen Nachkriegsgeschichte die politischen Mehrheitsverhältnisse in einem Bundesland gekippt. Das Kernstück der Wahlstrategie von Sinowatz bestand darin, die SPÖ als *Die Burgenland-Partei* zu präsentieren und gleichzeitig „alt-sozialistische" Konzepte des Klassenkampfes in den Hintergrund zu drängen.

Eine direkte Folge des sozialistischen Wahlsieges von 1964 bestand darin, daß erstmals ein Sozialdemokrat, Hans Bögl, als Landeshauptmann des Burgenlandes eingesetzt wurde. Da Sinowatz als Wahlkampfleiter maßgeblich an diesem Erfolg beteiligt war, stärkte dies seine Position innerhalb der SPÖ-Burgenland. Sinowatz blieb in seiner Abgeordnetenfunktion bis 1966 und war auch Präsident des burgenländischen Landtags in den Jahren 1964–1966. Bögl führte sein Amt als Landeshauptmann jedoch nicht bis zum Ende der Funktionsperiode aus – unter anderem aus Alters- und Krankheitsgründen trat er bereits 1966 zurück. In diesen Rücktritt spielte auch die strategische Überlegung hinein, daß die SPÖ-Burgenland mit Blick auf die nächste Landtagswahl (1968) eine starke Startposition beziehen wollte. Bögl knüpfte jedoch zwei Bedingungen an seinen Rücktritt: Erstens forderte er, daß die SPÖ-internen Kontrahenten seiner Generation ebenfalls aus der Politik ausscheiden müßten. Zweitens nannte Bögl als Wunschkandidaten für seine Nachfolge den jungen, erst 37jährigen Fred Sinowatz. Sinowatz nahm diesen Vorschlag jedoch nicht an, sondern schlug seinerseits Theodor Kery, im bürgerlichen Beruf Lehrer, vor (Pöschl 1994). Folgende Überlegung war dabei für Sinowatz maßgeblich: Die SPÖ-Burgenland stand im politischen Spannungsfeld einer Nord-Süd-Konfliktlinie. Die wichtigste „geographische Clique“ – der Nordflügel – war die Neufelder Gruppe, der sowohl Bögl als auch Sinowatz angehörten. Sinowatz befürchtete, daß seine Implementierung zum Landeshauptmann diesen Nord-Süd-Konflikt perpetuiert hätte. Da Kery dem Südflügel zugerechnet wurde und gleichzeitig als realpolitischer Pragmatiker galt, erschien er Sinowatz für die Funktion des Landeshauptmanns geeignet (Pöschl 1994).

Theodor Kery wurde schließlich 1966 von der SPÖ-Burgenland zum Landeshauptmann gewählt. Gleichzeitig trat Sinowatz in die neue burgenländische Landesregierung als Landesrat für Kultur ein (1966–1971). Damit verfügte Sinowatz über jene politische Basis, um sein Konzept von Kultur in die Praxis umsetzen zu können. Das primäre Ziel für Sinowatz bestand darin, so etwas wie ein burgenländisches Selbstbewußtsein zu entwickeln (siehe dazu Sinowatz 1961 b) – deshalb auch die politische Wahlkampfstrategie, die SPÖ als Burgenland-Partei zu präsentieren, um damit „latente kollektive Minderwertigkeitsgefühle“ zu kompensieren. In diesem Zusammenhang fielen Begriffe wie „Burgenland-Ideologie“ und „Burgenland-Bewußtsein“ (Britz 1979, 19). Sinowatz war bestrebt, eine „Identität mit diesem Grenzraum“ (Sinowatz 1994) herzustellen: Aufgrund seiner geographischen Offenheit und dem weitgehenden Fehlen natürlicher Grenzen definierte er das Burgenland als „Land des Übergangs“ (Sinowatz 1994). Ein Burgenland-Bewußtsein müßte somit über ein Kulturkonzept realisiert werden, das einerseits die historischen Besonderheiten und andererseits die kulturelle Buntheit dieses politischen Grenzraumes, an der Nahtstelle unterschiedlichster kultureller Strömungen, berücksichtigt. Das wichtigste politische Instrumentarium dafür bestand für Sinowatz in einer offenen Kulturpolitik, die sich über eine Reihe kultureller Initiativen definierte. Burgen und Bauernhöfe wurden revitalisiert und Künstlern als Wohnsitze angeboten: Es wurde eine aktive Politik betrieben, Künstler ins Land zu holen. „Burgenlandtreffen“ (Volksfeste mit Musik) wurden veranstaltet, Museen errichtet und die Haydn-Volksmusikschule fertiggestellt. Im Burgenland der zweiten Hälfte der 60er Jahre wurde bereits mit Kulturkonzepten experimentiert, die später auch von der Bundes-SPÖ aufgegriffen wurden (Britz 1979, 19).

Parallel zu seiner Kulturpolitik versuchte Sinowatz die SPÖ-Burgenland zu öffnen und über die SPÖ-Kernwähler hinaus ein breites Spektrum der Wahlbevölkerung anzusprechen. Als Beispiel dafür kann angeführt werden, daß das Aktionsprogramm der SPÖ-Burgenland nicht mit einem roten, sondern blauen Umschlag gedruckt und gezielt an nicht-sozialistische Klientelgruppen versandt wurde. Sinowatz wollte in die SPÖ-Burgenland einen „frischen Wind“ hineinbringen (Pöschl 1994). Interessant ist auch die politische Arbeitsteilung, auf die sich Kery und Sinowatz einigen konnten. In seiner Funktion als Landeshauptmann galt Kery als Pragmatiker, dessen politische Reichweite bis in das konservative Lager hinüberreichte. Als „konservativer Sozialdemokrat“, mit katholischen Wurzeln, konnte er sich „bürgerliche“ politische Attribute aneignen. Ferner schien Kery ein Garant für Wirtschaftswachstum und Arbeitsplätze zu sein. Im Kontrast dazu agierte Sinowatz als der „Ideenlieferant“ der SPÖ-Burgenland, d.h.

Sinowatz entwarf jene strategischen Konzepte, die Kery dann in die Praxis umsetzte. Als beispielhaft gilt in diesem Zusammenhang die von Sinowatz entworfene Initiative „Kery kommt“: Im Zeitraum 1966–1968 besuchte Kery jede Gemeinde im Burgenland. Der Akademiker Sinowatz wußte ferner, wie er mit Bauernschläue den Nicht-Akademiker Kery behandeln mußte, damit ihre „symbiotische politische Beziehung“ nicht in eine offene Rivalität ausartete. Mit dem Verlust von Sinowatz als wichtigem politischen Berater – Sinowatz wechselte 1971 in die Bundespolitik – begann die SPÖ-Burgenland, unter der Führung von Kery, in den achtziger Jahren eine teilweise verhängnisvolle Entwicklung zu nehmen. Die SPÖ-Burgenland erstarrte, verlor ihr Innovationsmomentum. Gleichzeitig verbreitete sich ein parteiinternes Klima, das Kritik und Opposition nicht mehr zuließ. Innerhalb der SPÖ-Burgenland brachen schwere Konfliktlinien auf. Vielfach wurde kritisiert, daß sich in dieser Situation Fred Sinowatz, in seiner Doppelfunktion als Bundeskanzler (1983–1986) und Mitglied des Landesparteivorstandes der SPÖ-Burgenland (bis 1988), nicht stärker für die SPÖ-Burgenland engagierte. 1987 trat Kery als Landeshauptmann zurück.

Unterrichtsminister Dr. Fred Sinowatz (vorne), 1975, mit Bürgermeister Dr. Alois Lugger, Eröffnung der olympischen Bob- und Rodelbahn in Innsbruck

1970 und 1971 brach in der österreichischen Bundespolitik eine Zeitenwende an: In der „Ära Kreisky“ entwickelte sich die SPÖ zur systemdominanten Partei. Im ersten Kabinett Kreiskys war Leopold Gratz Unterrichtsminister. Da Gratz 1971 auf Wunsch Kreiskys die Klubobmannschaft der SPÖ-Fraktion im Nationalrat übernahm, mußte der Posten des Unterrichtsministers neu besetzt werden. Aus der Erzählperspektive von Sinowatz führten Gratz und Kreisky ein Gespräch darüber, wer mit der Funktion des Unterrichtsministers betraut werden sollte: Dabei fiel die Wahl auf Sinowatz (wie Sinowatz betont, verband ihn damals bereits eine mehrjährige, auch „familiäre“ Freundschaft mit

Gratz). Kreisky rief Sinowatz an, der sich gerade auf einer Veranstaltung im Schloß von Eisenstadt befand, und erklärte: „Ich möchte, daß du in die Regierung als Unterrichtsminister eintrittst." Sinowatz, der überrascht war, gab zu bedenken, daß er kein Lehrer sei. Darauf soll Kreisky geantwortet haben: „Ich will keinen Lehrer als Unterrichtsminister" (Sinowatz 1994). Sinowatz nahm das Angebot Kreiskys an und wechselte somit 1971 in die Bundespolitik über – er behielt die Funktion des Unterrichtsministers bis 1986, also auch während seiner Zeit als Bundeskanzler in den achtziger Jahren. Als Bundesminister für Unterricht und Kunst versuchte Fred Sinowatz jene Konzepte, mit denen er als Kulturlandesrat im Burgenland bereits experimentiert hatte, weiterzuentwickeln. Über eine offensive Bildungspolitik war Sinowatz bestrebt, ein hohes Maß an Chancengleichheit zu realisieren. Im Sinne dieser Logik sollten soziale Schranken und das Bildungsgefälle zwischen Stadt und Land beseitigt werden. Parallel dazu wurden gezielte *policy*-Aktionen gesetzt: 1971 und 1972 wurden die freie Schulfahrt und die unentgeltlichen Schulbücher eingeführt. Die Koedukation, d. h. die gemeinsame Ausbildung der Knaben und Mädchen, wurde flächendeckend durchgesetzt. Mehrere Schulversuche, wie die integrierte Gesamtschule, die fremdsprachliche Vorschulung in der Volksschule, der Polytechnische Lehrgang und das Oberstufenrealgymnasium, wurden gestartet und teilweise auch in das Regelschulwesen überführt. Die Aufnahmsprüfungen in die allgemeinbildenden höheren Schulen wurden ausgesetzt. In einem wesentlichen Punkt schaffte es jedoch Fred Sinowatz – und mit ihm die gesamte SPÖ – nicht, sich durchzusetzen: Die gemeinsame Schule der Zehn- bis Vierzehnjährigen, genannt die *Gesamtschule,* scheiterte am entschiedenen Veto der oppositionellen ÖVP.

Es war ein „offenes Geheimnis", daß Kreisky seinen Finanzminister Hannes Androsch (seit 1976 auch Vizekanzler) als Nachfolger aufbauen wollte. Gegen Ende der Kreisky-Ära brach jedoch eine schwere Konfliktlinie zwischen Kreisky und Androsch auf. Es kam zum nicht wieder gutzumachenden Zerwürfnis, und Androsch schied im Jänner 1981 aus der Bundesregierung aus. Fred Sinowatz folgte auf Wunsch Kreiskys noch 1981 auf den Posten des Vizekanzlers nach. Sinowatz war nicht sehr glücklich darüber, da die Funktion des Vizekanzlers in gewisser Hinsicht eine spätere Kanzlerschaft präjudiziert: Die persönliche Karriereplanung von Sinowatz zielte vielmehr darauf, 1983 aus der Bundesregierung auszuscheiden und sich im Nationalrat sachthematisch mit Fragen der Kultur- und Bildungspolitik auseinanderzusetzen (Sinowatz 1994) – es sollte jedoch anders kommen. In der Nationalratswahl vom 24. April 1983 verlor die SPÖ ihre absolute Parlamentsmehrheit, und dies beendete gleichzeitig die Ära Kreisky. Das politische Pendel schlug wieder stärker nach rechts aus, und die beiden „bürgerlichen" bzw. nicht-sozialistischen Parteien ÖVP und FPÖ verfügten über eine rechnerische Parlamentsmehrheit. Kreisky zog die Konsequenzen und entschied sich dafür, nicht mehr als Kanzler zur Verfügung zu stehen (Pelinka 1993, 27). Gesundheitliche Probleme und sein Alter waren für diesen Schritt ebenfalls Beweggründe. Noch in der Wahlnacht rief Kreisky Sinowatz in Eisenstadt an und unterbreitete ihm den Vorschlag, der neue Bundeskanzler zu werden. Auf Wunsch Kreiskys nahm Sinowatz das Angebot an, obwohl Sinowatz selbst im Rückblick zugibt, daß er eigentlich nicht Bundeskanzler werden wollte: „Ich wäre froh gewesen, wenn es jemand anderer geworden wäre" (Sinowatz 1994). Neben der persönlichen Loyalität von Sinowatz gegenüber Kreisky, die dieser nach seinem Zerwürfnis mit Androsch besonders schätzte, können mehrere Gründe genannt werden, warum Kreisky seinen Unterrichtsminister Sinowatz als Nachfolger haben wollte: 1. Meinungsumfragen signalisierten eine öffentliche Unterstützung für Sinowatz. Sinowatz wurde ferner Sachkompetenz beschieden. 2. Wegen seiner Tätigkeit als Unterrichtsminister konnte Sinowatz auf eine lange politische Erfahrung in der Bundespolitik zurückgreifen. 3. Sinowatz wies innerhalb der Partei eine hohe Akzeptanz auf und verfügte damit über die Voraussetzung, in der schwierigen Nach-

Kreisky-Ära die wichtige Funktion einer Integrationsfigur übernehmen zu können. Sein kooperativer Führungsstil, noch während seiner Zeit als Unterrichtsminister, wurde geschätzt. Somit konnte Fred Sinowatz im Oktober 1983 Bundesparteivorsitzender der SPÖ werden und Kreisky ablösen.

Obwohl Kreisky seinen Rückzug aus der Politik beschloß, vollzog er noch entscheidende Weichenstellungen für das Post-Kreisky-Kabinett unter Sinowatz: Im Anschluß an die Nationalratswahl fanden zwar zwischen allen drei im Parlament vertretenen Parteien – SPÖ, ÖVP und FPÖ – Sondierungsgespräche statt, in denen Kreisky für die SPÖ die Regie führte (Pelinka 1993, 27–28). Trotzdem war klar, daß sich SPÖ und FPÖ bereits de facto auf die Bildung einer kleinen Koalition festgelegt hatten. Diese Interpretation wird auch von Fred Sinowatz geteilt (Sinowatz 1994): 1. Die Wiedererlangung einer absoluten Mehrheit war für die SPÖ zwar theoretisch möglich; andererseits müßte sich die Sozialdemokratie auch auf das Szenario einlassen, daß absolute Mehrheiten der Vergangenheit angehören. 2. Der politische Preis einer Koalition mit der ÖVP wäre höher gewesen – weniger im Sinne der Aufgabe von Ressorts als vielmehr sachpolitisch. 3. Über Einbindung der FPÖ in Regierungsverantwortung sollte dem liberalen Element in dieser Partei endgültig zum Durchbruch verholfen werden. Das Kalkül der Billigheit der kleinen Koalition ging für die SPÖ schließlich auf, da sie nur drei Ministerien opfern mußte: Nach nur einem Verhandlungsmonat konnte die neue Bundesregierung, auf Basis einer Regierungskoalition zwischen SPÖ und FPÖ und unter der Kanzlerschaft von Sinowatz, am 24. Mai 1983 von Bundespräsident Rudolf Kirchschläger angelobt werden. Die Sinowatz-Ära hatte damit begonnen.

Zu Beginn seiner Kanzlerschaft war Fred Sinowatz mit folgender Problemlage bzw. folgenden Rahmenbedingungen konfrontiert: 1. Sinowatz stand – zumindest bis zu einem gewissen Grad – im Schatten Kreiskys. Vor allem in zwei Bereichen wurde dies deutlich: Die Festlegung der SPÖ auf eine kleine Koalition war jenes von Kreisky selbst aufgestellte strategische Kalkül, das gleichsam als Prämisse die Koalitionsverhandlungen der SPÖ determinierte. Ferner besaß Sinowatz keine durchgehende Personalhoheit, was sein Regierungsteam betraf. Sinowatz wollte bereits 1983 Franz Vranitzky (seit 1981 Generaldirektor der Länderbank) als Finanzminister haben, konnte sich jedoch gegenüber Bruno Kreisky und ÖGB-Chef Anton Benya nicht durchsetzen. Kreisky beharrte darauf, daß Herbert Salcher, der in der Auseinandersetzung mit Androsch loyal auf der Seite Kreiskys stand, weiterhin Finanzminister blieb. Ferner war Kreisky gegenüber Vranitzky skeptisch, da er ein Naheverhältnis zum „Androsch-Clan“ vermutete. Aus der Sicht Benyas sollte Salcher ebenfalls aus Loyalitätsgründen seine Funktion weiterführen können (Pelinka 1993, 29, 35; Sinowatz 1994). 2. In der öffentlichen Wahrnehmung war die kleine Koalition mit einer äußerst schwierigen Startposition konfrontiert. Wie Meinungsumfragen deutlich belegen, besaß die kleine Koalition in der Bevölkerung keinen hohen Sympathiegrad. Damit befand sich die Regierungskoalition unter Sinowatz von vornherein im demoskopischen Gegenwind. 3. Im Zeitraum 1981–1983 rutschten die OECD-Nationen in eine Rezession. Die Wachstumskurven brachen ein, und die Arbeitslosigkeit erreichte 1983 in Österreich ihren Spitzenwert in den achtziger Jahren. Dies erklärt auch, warum aus der Sicht von Sinowatz eine Kanzlerschaft damals nicht unbedingt das Erstrebenswerteste war (Sinowatz 1994). 4. Sinowatz mußte eine Reihe ungelöster Probleme aus der Kreisky-Ära übernehmen, die durch die allgemeine wirtschaftliche Rezession noch verschärft wurden. Dazu gehörten die Konsolidierung des Budgets und die Eindämmung der Staatsverschuldung, die Notwendigkeit einer Pensionsreform und Umstrukturierungsmaßnahmen in der verstaatlichten Industrie. Im energiepolitischen Bereich bekam Sinowatz als „Erbe“ auch das Atomkraftwerk (AKW) Zwentendorf, das nach dem negativen Ausgang der Volksabstimmung im November 1978 nicht in Betrieb genommen werden konnte – Sinowatz macht kein

Geheimnis daraus, daß ein energiepolitisches Ziel seiner Kanzlerschaft darin bestand, das AKW Zwentendorf doch ans Netz gehen zu lassen (Sinowatz 1994).

Als Stimmungsbarometer dafür, wie die kleine Koalition bei der Bevölkerung ankam, können Meinungsumfragen herangezogen werden, die den Vorsprung der SPÖ auf die ÖVP testeten. Demnach wies die kleine Koalition in der öffentlichen Wahrnehmung drei Hochphasen auf: Mai–Juni 1983, Dezember 1983 bis März 1984 und Oktober 1984 bis Oktober 1985 (Traar/Birk 1987, 18). Vor allem das dritte Langzeithoch ist interessant, da dieses zeitlich an eine von Sinowatz durchgeführte Umstrukturierung der SPÖ-Regierungsmannschaft anschließt, die am 3. September 1984 auch vom Bundesparteivorstand der SPÖ gebilligt wurde: Franz Vranitzky löste Herbert Salcher als Finanzminister ab, Leopold Gratz (bis dahin Wiener Bürgermeister) wurde Außenminister, Herbert Moritz Unterrichtsminister, Gertrude Fröhlich-Sandner Familienministerin, und Ferdinand Lacina erhielt das um den Bereich der „Öffentlichen Wirtschaft" erweiterte Verkehrsministerium – mit der Bestellung von Lacina, der als „Linker" galt, sollte auch der linke SPÖ-Flügel politisch gewonnen werden (Pelinka 1993, 36–37, 113). Diese Umstrukturierung wurde jedoch von dem optischen Problem begleitet, daß Herbert Salcher genau dann aus seinem Amt ausscheiden mußte, nachdem er im Sommer 1984 in der „Causa Androsch" eine Sachverhaltsdarstellung der Staatsanwaltschaft übergeben hatte. Peter Michael Lingens bezeichnete dies im Nachrichtenmagazin *profil* (1984/Nr. 36, Seite 8) als Optik der Amoral. Sinowatz selbst bestreitet diesen Zusammenhang und interpretiert seinen damaligen Schritt nicht als Anti-Salcher, sondern Pro-Vranitzky. Neben seiner fachlichen Eignung war Vranitzky für Sinowatz die „Personifizierung einer neuen politischen Generation". Trotzdem räumt Sinowatz ein, daß Salcher „natürlich bleiben wollte". Mit der im September 1984 abgeschlossenen Umstrukturierung des SPÖ-Regierungsteams beabsichtigte Sinowatz auch, als Bundeskanzler in die nächste Nationalratswahl zu gehen (Sinowatz 1994). Ab diesem Zeitpunkt hatte sich die SPÖ eindeutig, wie es Anton Pelinka formulierte, von einer „Kreisky-Partei" in eine „Sinowatz-Partei" entwickelt (Pelinka 1993, 38).

Der Führungsstil von Fred Sinowatz wurde als „kollektiv" bewertet, wobei dem engsten Kreis um Sinowatz die Politiker Gratz, Heinz Fischer und Karl Blecha angehörten (Blecha war Innenminister und wurde auch als Vertrauter Kreiskys eingestuft). Einen weiteren Kreis bildete das „Siebener-Komitee", das sich neben Sinowatz, Gratz, Fischer und Blecha noch aus Sepp Wille (Klubobmann) und den Zentralsekretären Fritz Marsch und Peter Schieder zusammensetzte. Sowohl die Integrationsleistungen als auch der Kommunikationsfluß im SPÖ-Team werden positiv beurteilt (Pelinka 1993, 37, 67). Diesem kollektiven Führungsstil entsprach auch ein komplexes Weltverständnis von Sinowatz: Der Komplexität des Problemdrucks könne nur mit einem pluralistischen Regierungsstil, d.h. mit Teamarbeit, begegnet werden. Diesen Gedanken formulierte Fred Sinowatz bereits in seiner Regierungserklärung am 31. Mai 1983 vor dem Nationalrat: „Ich weiß schon, meine Damen und Herren, das alles ist sehr kompliziert, wie diese Welt, in der wir leben und handeln, und die Gesellschaft, in der wir uns entfalten wollen. Haben wir daher den Mut, mehr als bisher die Kompliziertheit darzulegen, zuzugeben, daß es perfekte Lösungen für alles und für jeden in einer pluralistischen Demokratie gar nicht geben kann. Helfen wir mit, daß die simplen Denkmuster in der Politik überwunden werden können und daß wir die notwendigen Auseinandersetzungen für einen demokratischen Willensbildungsprozeß ohne Herabwürdigung der Politik führen können" (Sinowatz 1983, 45). Ferner definierte sich Sinowatz als politischen Akteur, der strikt im Rahmen seiner Partei agiert und, was von noch größerer Bedeutung ist, sein persönliches Karriereinteresse dem Gesamtinteresse der Partei unterordnen muß. Der Verzicht auf den Landeshauptmann-Posten im Burgenland (1966) und die Implementation Vranitzkys als Kanzler-Nachfolger (1986) dokumentieren die konsequente Umsetzung dieses Prinzips. Dazu hielt Sinowatz in einer Rede in der Kurhalle Wien-Oberlaa am 13. September 1984 fest: „Die sozialistische Bewegung kennt aber eine Moral in der Politik, die über die individuellen Verpflichtungen hinausgeht. Nämlich den vollen Einsatz für die übertragenen politischen Aufgaben und die lebendige Verbundenheit mit den Menschen, die uns gewählt haben. Die Privatheit muß zugunsten dieser Verpflichtung zurücktreten. Die sozialistischen Mandatare brauchen kein Armutsgelübde abzulegen, aber alle sollen das bleiben, was sie gewesen sind, alle sollen verbunden bleiben mit diesem Lebenskreis, aus dem sie kommen" (Sinowatz 1984, 10). Die Medien übersetzten dies in die beiden Sinowatz-kritischen Kurzsätze *Alles ist sehr kompliziert* und *Ohne die Partei bin ich nichts*.

Die Beurteilung des Leistungsprofils von Sinowatz als Bundeskanzler muß differenziert ausfallen:

1. *Die allgemeine Sachpolitik:* Um die öffentliche Verschuldung einzudämmen, wurde ein Maßnahmenpaket beschlossen, mit dem das Staatsbudget tatsächlich stabilisiert werden konnte. Gleichzeitig ließ sich eine Pensionsreform durchsetzen. Grundsätzlich muß festgehalten werden, daß sich während der Ära Sinowatz die wichtigsten wirtschaftlichen Indikatoren positiv entwickelten. Was der Regierung Sinowatz jedoch nicht gelang, war eine erfolgreiche Reform des Komplexes der verstaatlichten Industrie. Hier war die wechselseitige und widersprüchliche Überlappung von Parteipolitik und Management derart stark ausgeprägt, daß eine Reformpolitik nicht greifen konnte. Gegen Ende des Jahres 1985 brach in der verstaatlichten Industrie eine schwere Krise aus, verursacht durch Milliardenverluste der VOEST-Handelsfirma „Intertrading" und einer Tochterfirma der Chemie-Linz. Die Regierung Sinowatz rutschte damit in eine schwere Legitimationskrise; parallel dazu überholte die ÖVP die SPÖ in den Meinungsumfragen.

2. *Die Energiepolitik:* Die Energiepolitik unter der Kanzlerschaft von Sinowatz wurde in der öffentlichen Diskussion vor allem durch zwei Themen bestimmt – Hainburg und Zwentendorf. Bereits im Regierungsübereinkommen zwischen SPÖ und FPÖ wurde festgehalten, bei Hainburg ein Donaukraftwerk zu errichten (Pelinka 1993, 42). Nach Erteilung der naturschutzbehördlichen und wasserrechtlichen Bewilligungen durch das Bundesministerium für Land- und Forstwirtschaft wurde im Dezember 1984 mit Rodungen in der Stopfenreuther Au begonnen. Dies rief den Widerstand von Grünaktivisten auf den Plan, die die Augebiete „präventiv" besetzten. Nach Auseinandersetzungen zwischen Aubesetzern und Exekutivkräften sowie aus Furcht vor einer Eskalation beschloß Sinowatz, über die Weihnachtsferien eine Nachdenkpause einzulegen. Am 4. Jänner 1985 entschied sich die Bundesregierung dafür, den Baustopp des Donaukraftwerkes auf unbestimmte Zeit zu verlängern. Sinowatz versuchte, damit eine gesellschaftliche Polarisierung zu verhindern. Zwentendorf war das zweite große energiepolitische Issue. Nach dem negativen Ausgang des Referendums über das AKW Zwentendorf wurde noch 1978 das „Atomsperrgesetz" implementiert. Seitens der Sozialpartnerschaft geriet die Bundesregierung jedoch unter Druck, eine neuerliche Abstimmung über das AKW Zwentendorf zu wagen (Pelinka 1993, 42–44). Parallel dazu beabsichtigte auch Sinowatz eine Inbetriebnahme von Zwentendorf (Sinowatz 1994). Dies manövrierte die kleine Koalition in ein Dilemma, da die FPÖ auf einer Fortsetzung ihres strikten Anti-AKW-Kurses beharrte. Am 21. März 1985 kam es im Nationalrat zur Abstimmung über die Aufhebung des Atomsperrgesetzes, bei dem der SPÖ-Initiativantrag nur eine knappe Mehrheit von 91 Stimmen mobilisieren konnte (90 Mandatare votierten dagegen). Damit realisierte die SPÖ zwar eine rechnerische Mehrheit, blieb jedoch deutlich unter der erforderlichen Zwei-Drittel-Mehrheit.

3. *Die Regierungseinbindung des Koalitionspartners FPÖ:* Über die Regierungsbeteiligung erhoffte sich die FPÖ, in Wirtschaftsfragen ein Profil entwickeln zu können und somit auch zu einer ernsthaften Konkurrenz für die ÖVP zu werden (etwa im Rahmen der Sozialpartnerschaft). Faktisch muß jedoch festgehalten werden, daß die dominante Regierungspartei, die SPÖ, der FPÖ nur wenig Spielraum zugestand. Die SPÖ ging im Sinne ihrer „Billig"-Prämisse – was die Verteilung von Regierungsressourcen betraf – davon aus, die FPÖ möglichst eng an die sozialdemokratischen Zielinteressen anzubinden. Im Rückblick gibt selbst Sinowatz zu, daß es ein taktischer Fehler war, der FPÖ nicht „stärkere Entfaltungsmöglichkeiten" zuzugestehen (Sinowatz 1994). Als symptomatisch dafür kann auf die Geschehnisse um die Diskussion der „Ladenschlußzeiten" hingewiesen werden, die in einer Verfassungsklage der Bundesregierung gegen den Salzburger Landeshauptmann Wilfried Haslauer ihren Höhepunkt fanden (Pelinka 1993, 40–41). Die Folgen der SPÖ-Politik gegenüber dem kleineren Koalitionspartner FPÖ waren kontraproduktiv, d. h. die historische Chance einer längerfristigen Partnerschaft wurde verspielt. Die Bundes-FPÖ sackte in der Wählergunst bedrohlich ab und näherte sich in Meinungsumfragen der 3%-Marke (Stirnemann 1991, 137). Für die FPÖ stellte sich damit die „politische Überlebensfrage". In diesem Kontext exponierte sich Steger der massiven Kritik des rechts-nationalen Flügels innerhalb seiner Partei, der die kleine Koalition und somit den sozialliberalen Profilierungskurs der Bundes-FPÖ insgesamt in Frage stellte. Jörg Haider, Landesparteiobmann der FPÖ-Kärnten seit 1983, war einer der wichtigsten Akteure dieser rechten Kritik und lieferte Steger in den Jahren 1983 bis 1986 ein mediales Showdown.

4. *Fred Sinowatz in seiner Funktion als Medienkanzler:* In der medialen Selbstdarstellung der Regierungsarbeit der kleinen Koalition scheiterte Sinowatz zu weiten Teilen. Fritz Plasser kommt in einem Vergleich der „Tele-Images" mit Kreisky und Vranitzky über Fred Sinowatz zu dem knappen Befund: „unvorteilhaftes Auftreten in der Öffentlichkeit". Auf der Positiv-Seite konnte Sinowatz zwar Eigenschaften wie Volksverbundenheit, Gemütlichkeit, Vertrauen, Verläßlichkeit und politische Erfahrung mobilisieren, jedoch die Negativ-Seiten seiner medialen Präsenz dominierten: Farblosigkeit, Unsicherheit, Überforderung und Führungsschwäche (Plasser 1993, 417). Mit dem Auftauchen von Problemen kippte schnell das öffentliche Ansehen der Bundesregierung – somit lag es durchaus im (ökonomischen) Eigeninteresse der Medien, die kleine Koalition kritisch zu rezipieren. Zuerst richtete sich die Kritik in erster Linie noch gegen den kleineren Koalitionspartner, die FPÖ. Später traf es jedoch auch die SPÖ. Als der Komplex der verstaatlichten Industrie in der zweiten Jahreshälfte 1985 in eine schwere Strukturkrise rutschte, sah sich die SPÖ einem zweifachen Angriff ausgesetzt: einerseits durch die ÖVP-Opposition und die Medien; andererseits wurde die politische Achse zwischen der SPÖ und einer ihrer wichtigsten Wählerklientelgruppen, der Arbeiterschaft in der Verstaatlichten, erheblich irritiert. Sinowatz gibt zu, daß die möglichen negativen Auswirkungen der demoskopischen Außenseiterposition der kleinen Koalition anfänglich unterschätzt wurden. Ferner wurde die Sinowatz-Regierung von der Schärfe der „medialen Abwertung der Politik" überrascht (Sinowatz 1994). In den 80er Jahren fiel endgültig das Tabu, eine Regierung in der Berichterstattung nicht frontal zu kritisieren.

1986 stürzte die kleine Koalition in ein demoskopisches und mediales Dauertief und in Umfragen überflügelte die ÖVP die SPÖ. Symptomatisch dafür wurde Kurt Steyrer, im Kabinett Sinowatz SPÖ-Bundesminister für Gesundheit und Umweltschutz, im zweiten Durchgang der Präsidentschaftswahlen am 8. Juni 1986 vom ÖVP-Kandidaten Kurt Waldheim deutlich geschlagen. Sinowatz nutzte diese Gelegenheit, trat am nächsten Tag zurück und schlug Franz Vranitzky als neuen Bundeskanzler vor: Damit endete die Ära Sinowatz. Kreisky kritisierte Sinowatz dafür, daß er den politischen Kampf zu früh aufgegeben hätte und überstürzt zurückgetreten wäre (Sinowatz 1994). Für Sinowatz war jedoch klar, daß „eine neue Phase in der Politik" angebrochen sei und daß es einen Wechsel geben müsse: Vranitzky repräsentierte, aus der Sicht von Sinowatz, diese „personelle Alternative", war „jung und unverbraucht" und konnte als Vertreter einer neuen politischen Generation die „Zeitenwende" am besten meistern (Sinowatz 1994). Trotz Kanzlerwechsel glaubte Sinowatz anfänglich, daß die kleine Koalition unter Vranitzky fortgeführt werde (Sinowatz 1994). Erst als beim FPÖ-Bundesparteitag in Innsbruck im September 1986 der liberale Steger durch den rechts-nationalen Jörg Haider gestürzt wurde, war für den durch diesen Ausgang „überraschten" Sinowatz klar, daß damit die kleine Koalition an ihrem politischen Ende stand (Sinowatz 1994). Vranitzky beendete die kleine Koalition und leitete eine Vorverlegung der Nationalratswahlen auf den 23. November 1986 ein: 1987 kehrte Österreich zum tradierten Regierungsmuster der großen Koalition zwischen SPÖ und ÖVP zurück. Mehrere politische Beobachter gehen davon aus, daß Vranitzky seitens der SPÖ schon frühzeitig zu den „stillen" Kritikern der kleinen Koalition gehörte. Obwohl Vranitzky von Sinowatz bereits 1986 als Bundeskanzler eingesetzt wurde, behielt Sinowatz seine Funktion als Bundesparteivorsitzender der SPÖ bis 1988: Aufgrund des beruflichen Backgrounds als Bankier sowie einer gewissen Distanz zu den sozialistischen Basisorganisationen wurde Vranitzky vor allem vom „linken Flügel" der SPÖ mit einiger Skepsis aufgenommen. In dieser Situation mußte sich Sinowatz als Garant für die Einheit der Partei profilieren und sollte ferner die Kommunikation zwischen der SPÖ-Regierung (unter Vranitzky) und der SPÖ-Partei optimieren. Erst mit seiner medialen Popularität und seiner überzeugenden Distanzierung gegenüber dem rechtspopulistischen Kurs Jörg Haiders gelang es Vranitzky, sich in der SPÖ eine hohe Akzeptanz zu erarbeiten. Im Rahmen eines außerordentlichen Parteitages wurde Vranitzky schließlich im Mai 1988 als neuer Parteivorsitzender der SPÖ eingesetzt (Pelinka 1993, 100–101; Campbell 1995). Sinowatz konfrontiert uns mit dem Paradoxon, daß im Rückblick seine gesamte Kanzlerschaft dahingehend interpretiert werden könnte, einen erfolgreichen Nachfolger zu suchen

Parallel zu seinem Ausscheiden aus der Aktivpolitik wurden die ersten Pensionsjahre von Sinowatz von zwei Prozessen überschattet. 1. Während der Vor-Wahlkampfphase zu den Präsidentschaftswahlen soll Sinowatz, nach einer Aufzeichnung von Ottilie Matysek, im Rahmen einer Vorstandssitzung der SPÖ-Burgenland im Oktober 1985 über die „braune Vergangenheit" Kurt Waldheims gesprochen haben. Als der Journalist Alfred Worm im Nachrichtenmagazin *profil* darüber berichtete, wurde er von Sinowatz verklagt: Mit einer „Ehrenerklärung" Worms im April 1988 wurde das Verfahren jedoch beendet. Daraufhin wurde aber Sinowatz seinerseits von der Staatsanwaltschaft wegen „falscher Zeugenaussage" angezeigt und folglich zu einer Geldstrafe verurteilt – dieses Urteil ist seit Juni 1992 rechtskräftig (APA-Meldung vom 2. 2. 1994). 2. Im sogenannten „Noricum-Prozeß" wurde Fred Sinowatz, gemeinsam mit Ex-Außenminister Leopold Gratz und Ex-Innenminister Karl Blecha, im Zusammenhang mit Waffenlieferungen der Firma Noricum in den Iran mit dem Vorwurf konfrontiert, daß er sein Amt mißbraucht, die Neutralität gefährdet und Österreich vorsätzlich geschadet habe. Im Juni 1993 wurde Sinowatz einstimmig freigesprochen (APA-Meldung vom 2. 2. 1994). Mit Beendigung dieser beiden Prozesse konnte sich Sinowatz wieder verstärkt seinen historischen Studien über die burgenländische SPÖ widmen. Im Rückblick beurteilt Sinowatz seine Kanzlerjahre als „abenteuerreichen Abschnitt" und als eine Erfahrung, die er nicht missen möchte (Sinowatz 1994).

Literatur- und Quellenverzeichnis

Britz, Nikolaus (1979). Das burgenländische Jahrzehnt des Dr. Fred Sinowatz, Mattersburg.

Campbell, David F. J. (1995). Franz Vranitzky, in: David *Wilsford* (Hg.): Political Leaders of Contemporary Western Europe, New York.

Pelinka, Anton (1993). Die Kleine Koalition. SPÖ-FPÖ 1983–1986, Wien.

Plasser, Fritz (1993). Tele-Politik, Tele-Image und die Transformation demokratischer Führung, in: Österreichische Zeitschrift für Politikwissenschaft 22 Nr. 4.

Pöschl, Gerhard (1994). Für die Analyse der „Burgenlandjahre" von Fred Sinowatz führte der Autor David Campbell mit Mag. Gerhard Pöschl am 1. Juli 1994 in Wien ein längeres Expertengespräch.

Sinowatz, Fred (1961 a). Zur Geschichte des Landesnamens („Burgenländische Freiheit" Nr. 40 und 42, 7. und 21. Oktober 1961), 57–66, in: Nikolaus *Britz* (1979) (Hg.): Das burgenländische Jahrzehnt des Dr. Fred Sinowatz, Mattersburg.

Sinowatz, Fred (1961 b). Das Werden des burgenländischen Selbstbewußtseins („Burgenländische Freiheit" Nr. 30, 29. Juli 1961), 50–56, in: Nikolaus *Britz* (1979) (Hg.): Das burgenländische Jahrzehnt des Dr. Fred Sinowatz, Mattersburg.

Sinowatz, Fred (1983). Die Regierungserklärung der Koalitionsregierung Sinowatz–Steger. Vier weitere Jahre auf dem österreichischen Weg, Wien.

Sinowatz, Fred (1984). Das Morgen fängt heute an, in: Perspektiven 90/1.

Sinowatz, Fred (1994). Zur Unterstützung des biographischen Profils führte der Autor David Campbell mit Dr. Fred Sinowatz am 27. April und 11. Mai 1994 in der SPÖ-Zentrale Löwelstraße zwei längere Interviews.

Stirnemann, Alfred (1991). Gibt es einen Haider-Effekt? Der Aufstieg der FPÖ zu einer (kleinen) Mittelpartei 1986–1991, in: Österreichisches Jahrbuch für Politik 1991.

Traar, Kurt / Franz *Birk* (1987). Der durchleuchtete Wähler – in den achtziger Jahren, in: Journal für Sozialforschung 27 Nr. 1.

Lebensdaten

1929	am 5. 2. in Neufeld an der Leitha (Burgenland) geboren
1948	Matura am Gymnasium in Baden bei Wien
1948–1953	Studium an der Universität Wien: Geschichte, Germanistik, Zeitungswissenschaften
1953	Promotion zum Dr. phil.

Berufliche Karrierestationen

1954–1956	Sekretär bei einem Mitglied der Burgenländischen Landesregierung
ab 1956	Wissenschaftlicher Dienst beim Amt der Burgenländischen Landesregierung (Landesbibliothek)

Staatliche Funktionen

1956–1966	Mitglied des Gemeinderates von Neufeld/Leitha
1961–1966	Abgeordneter zum Burgenländischen Landtag
1964–1966	Präsident des Burgenländischen Landtages
1966–1971	Mitglied der Burgenländischen Landesregierung (Landesrat für Kultur)
1971–1986	Mitglied der Bundesregierung (Bundesminister für Unterricht und Kunst)
1971–1983	Abgeordneter zum Nationalrat
1981–1983	Vizekanzler
1983–1986	Bundeskanzler
1986–1988	Abgeordneter zum Nationalrat

Parteipolitische Ämter

1948	Mitglied der SPÖ
1954	Mitglied des Lokalausschusses Neufeld/Leitha der SPÖ
1956	Mitglied des Bezirksausschusses Eisenstadt der SPÖ und Lokalobmann der SPÖ von Neufeld/Leitha
1958–1988	Mitglied des Landesparteivorstandes der SPÖ-Burgenland
1960	Landesparteisekretär der SPÖ-Burgenland
1965	Bezirksobmann
1970–1988	Mitglied des Bundesparteivorstandes der SPÖ
1981–1983	Stellvertretender Bundesparteivorsitzender der SPÖ
1983–1988	Bundesparteivorsitzender der SPÖ

Felix Slavik

von
Manfred Marschalek

Übersetzt aus dem Lateinischen und Tschechischen bedeutet Felix Slavik „glückliche Nachtigall“. Doch der Abgang dieses typischen Politikers der Wiederaufbaugeneration war unglücklich: Nach einer verlorenen Volksabstimmung über das zweitrangige Thema Sternwartepark bekam er 1973 auf dem Wiener Landesparteitag nur mehr zwei Drittel der Delegiertenstimmen und trat beleidigt als Wiener Bürgermeister zurück. Er, der vier Jahre als Widerstandskämpfer in Nazi-Haft verbracht, der als einer der Männer der ersten Stunde im April 1945 die Zweite Republik mitbegründet hatte, ging skandalumwittert nach nur zweieinhalb Jahren Amtszeit als der unpopulärste sozialdemokratische Wiener Bürgermeister in die Geschichte ein. Bis heute ist nicht völlig klar, ob er ein entlarvter Finsterling oder das unschuldige Opfer einer antisozialistischen Medienkampagne war. Slaviks Sturz markiert jedenfalls die allmähliche Wende von der unter sehr unnormalen Bedingungen nach 1945 entstandenen Proporz-„Demokratur“ zu einer normalen Demokratie westlichen Zuschnitts mit Politikern, die nicht mehr den geistigen Ballast der gescheiterten Ersten Republik in sich tragen.

Über Felix Slaviks Familie weiß man nicht viel. Zur Welt kam er am 3. 5. 1912 im bürgerlichen Wiener Bezirk Josefstadt. Sein Vater, Inhaber eines Zeitungskorrespondenzbüros und Sozialdemokrat, übersiedelte 1917 mit der Familie ins besetzte Belgrad, wo er die dortige österreichische Besatzungszeitung mit Nachrichten versorgte und Felix die Volksschule besuchte. 1918 kam die Familie wieder nach Wien zurück und wohnte erst in der Favoritner Trostkaserne und dann im Washingtonhof, einem Glanzstück der Gemeindebauarchitektur des Roten Wien. Zwischen den Gstätten und Ziegelteichen des Wienerbergs wuchs Slavik als Favoritner Proletarierbub auf, trat mit zehn Jahren in den Wiener Arbeiterturnverein ein und übernahm dort mit dreizehn seine erste leitende Rolle in der Funktion als Vorturner. Mit vierzehn lernte er bei den Roten Falken seinen langjährigen Weggefährten (und Rivalen) Otto Probst kennen. Schon während seiner Lehrzeit als Mechaniker in der Firma Friedrich Kopp & Co zwischen 1926 und 1929 trat er der Metallarbeitergewerkschaft bei und wurde Vertrauensmann und Mitarbeiter der Jugendzeitung. 1929 absolvierte er eine Wehrsportausbildung und wurde Bezirkswehrsportführer, also praktisch Schutzbundfunktionär.

1931 arbeitslos geworden, engagierte sich der junge Slavik noch stärker für die Sozialdemokratie und beteiligte sich zusammen mit dem späteren Stadtplaner Victor Gruen an einem politischen Kabarett. Nach dem Untergang der Partei im Februar 1934 schloß er sich sofort der illegalen Nachfolgepartei der Revolutionären Sozialisten (RS) an, die in den ersten Monaten nach der Ausschaltung der Demokratie das autoritären Regime durch gewagte Propagandaaktionen zu erschüttern versuchte. Slavik rühmte sich, damals Straßenbahnzüge zum Stehen gebracht zu haben, indem er Kupferdrähte über die Oberleitung schleuderte.

Diese Revolutionären Sozialisten verstanden sich als Kaderpartei Leninschen Typs, traten für die Diktatur des Proletariats ein und waren gegen jeden Kompromiß mit dem austrofaschistischen Regime, was vor allem den Zweck verfolgte, das weitere Abwandern der sozialdemokratischen Massen zur radikalen illegalen Konkurrenz KPÖ und NSDAP zu verhindern. Der rechte Flügel der Sozialdemokratie um Karl Renner mißbilligte die Tätigkeit der RS übrigens sehr.

Als Anfang 1935 nach einer Konferenz der RS in Brünn, an der ein Spitzel teilgenommen hatte, beinahe der ganze Funktionärsapparat verhaftet wurde, wanderte auch Felix Slavik (bezeichnenderweise zusammen mit seinem Vater) erstmals hinter Gitter, kam aber als kleiner Fisch mit der Minimalstrafe von vier Wochen Polizeiarrest und drei Monaten Anhaltelagerhaft in Wöllersdorf davon.

Nach der Entlassung fand Slavik, der angesichts der anhaltenden Krise der Metallindustrie eine Textilfachausbildung gemacht hatte, wieder Arbeit in einer Seidenweberei in Wien-Wieden, betätigte sich in der illegalen Textilarbeitergewerkschaft und wurde Obmann der Weber.

Nach dem März 1938 wurde der Parteiapparat stillgelegt. Fortan existierten nur abgeschirmte sozialistische Gruppen weiter, aber keine organisierte Partei. Der Gewerkschafter Stefan Wirlandner soll Slavik damals namens des Zentralkomitees damit beauftragt haben, Kontakt zu Widerstandsgruppen anderer politischer Richtung aufzunehmen. Während die sozialistische Auslandsvertretung bis Kriegsende (anders als die KP) jede Zusammenarbeit mit Austrofaschisten und Monarchisten strikt ablehnte, wurden Slavik und seine Freunde in die Aktivitäten einer katholisch-monarchistischen Widerstandsgruppe mit besten Beziehungen zu Otto Habsburg in Paris verwickelt. Ohne sich zum Legitimismus zu „bekehren", soll Slavik sich damals bereiterklärt haben, falls nach Kriegsende eine Monarchie oktroyiert würde, in dieser loyal mitzuarbeiten.

Nach dem Bürgerbräu-Attentat auf Hitler im Oktober 1939 verhaftete die Gestapo zusammen mit 3.000 Österreichern auch die längst unter Beobachtung stehenden Mitglieder der sogenannten Gruppe Müller-Thanner. Nach nicht weniger als vier Jahren Untersuchungshaft (die Slavik zum Teil in Regensburg verbrachte, wo er durch einen Arbeitsunfall auf einem Auge erblindete), wurden die Führer der Gruppe im November 1943 in Wien zu langjährigen Zuchthausstrafen verurteilt. „Mitläufer" Slavik wurde lediglich wegen Verletzung der Anzeigepflicht zu zwei Jahren Haft verurteilt und wurde freigelassen.

Sein Anwalt Adolf Schärf (der durch die Übernahme der Kanzlei des emigrierten Parteianwalts Arnold Eisler eine zentrale Stellung im Netz der sozialistischen Untergrundbeziehungen einnahm) erstritt für Slavik 1944 sogar eine Invalidenrente von monatlich 45 Mark. Slavik kam als Wächter bei der Firma Rost unter, wo er schon vor seiner Verhaftung gearbeitet hatte, und wirkte in seiner Freizeit als Verbindungsmann Schärfs zur „O5" und zum „Provisorischen Österreichischen Nationalkomitee" (POeN), das sich im April 1945 im Palais Auersperg quasi als österreichische Regierung etablierte, bis es nach wenigen Tagen von den Russen als Agentur westlicher Geheimdienste aufgelöst wurde.

Mit hervorragenden Beziehungen zu Schärf, den RS-Freunden und zu den bürgerlichen Antifaschisten kam Slavik eine Schlüsselrolle zu, als am 14. 4. 1945 im Roten Salon des Wiener Rathauses die neue SPÖ gegründet wurde. Slavik wurde Mitglied des vorerst paritätisch von SDAP-Funktionären und RS-Leuten besetzten provisorischen Parteivorstandes und baute zusammen mit Josef Afritsch das erste Parteisekretariat in der

Ebendorferstraße auf. Wurden die im politischen Geschäft weitgehend unerfahrenen einstigen Untergrundfunktionäre sonst meist nur in den Vorzimmern der alten Granden geduldet, um die unangenehmen Dinge zu erledigen, so erhielt Slavik sofort ein öffentliches Amt, wenn auch nicht gerade das angenehmste: In der ersten Wiener Stadtregierung unter Theodor Körner übernahm er die damals hochwichtige Funktion des Stadtrats für das Wohn- und Siedlungswesen, der sämtliche Wiener Wohnungen zu vergeben hatte.

Die ehemaligen RS verloren in der Partei schnell gegenüber den alten Rechten um Renner, Schärf und Oskar Helmer an Boden. Die Wiener Bezirksorganisationen blieben allerdings vorerst weitgehend in der Hand von ehemaligen Schutzbundführern und RS-Funktionären, die sich – ganz anders als die Bundesländersozialisten – dagegen wehrten, einstige Sozialdemokraten, die zur NSDAP abgeschwenkt waren, wieder aufzunehmen. Lediglich die Hernalser Bezirksorganisation Franz Olahs, aber auch Felix Slavik, waren für die Aufnahme ehemaliger Nazis. Slavik scheint sich dadurch zwischen alle Sessel gesetzt zu haben: Den Rechten als RS-Mann verdächtig, den Linken als Kompromißler suspekt, wurde er aus dem Parteisekretariat gedrängt. Wiener Sekretär wurde der RS-Linke Heinrich Hackenberg. 1945 flog Slavik auf dem Dezember-Parteitag aus dem Bundesparteivorstand. Als Wohnungsstadtrat hatte ihm die KPÖ vorgeworfen, Nazi-Beamte weiterzubeschäftigen, und obendrein hatte er es sich mit allen vier Besatzungsmächten verscherzt. Sein Nachfolger, der Wiedener Bezirksvorsteher Gottfried Albrecht, entledigte sich sofort der Verantwortung, indem er die Wohnungsvergabe dezentralisierte und den Bezirken übertrug. Slavik mußte sich mit einem Sitz im Gemeinderat (wo er Klubsekretär wurde), einem der 12 Wiener Bundesratsitze und dem Posten eines Sekretärs des Städtetages „begnügen".

Bürgermeister Felix Slavik, 1971, Eröffnung des Wiener Christkindlmarktes

Seine Stunde kam im August 1948, als Heinrich Hackenberg krankheitshalber von seinem Posten als Wiener Sekretär zurücktrat. Auf dem folgenden Parteitag wurde die Parteilinke endgültig ausgeschaltet, Slavik wurde wieder in den Bundesparteivorstand gewählt und übernahm nach den Nationalratswahlen 1949 Paul Speisers Nationalratsmandat. Im Jahr darauf konnte Slavik als Wiener Sekretär nach der Wahl Theodor Körners zum Nachfolger Renners im Bundespräsidentenamt den einstigen Floridsdorfer RS-Bezirksleiter Franz Jonas zum neuen Wiener Bürgermeister vorschlagen, den ersten aus der Arbeiterklasse aufgestiegenen einstigen RS-Funktionär, der ein hohes öffentliches Amt einnahm.

War die Wiener Partei in den ersten Nachkriegsjahren trotz der Zäsur von elf Jahren weitgehend eine Fortsetzung der alten Partei gewesen, änderte sich ihr Charakter unter Slavik, der die Organisation als seine ureigenste Domäne betrachtete, gründlich. Schon 1950 hat die Mehrzahl der Mitglieder, obwohl dies von ihrem Alter her möglich gewesen wäre, nicht der Vorkriegspartei angehört. Die „Neubekehrten" waren an beruflichem Aufstieg, nicht aber an Ideologie interessiert.

Der allgemein als weitgehend ungebildet beschriebene Workaholic Slavik (nach einer täglichen Arbeitszeit von 12 bis 20 Stunden fand er noch Zeit, zum Beispiel Englisch zu lernen), ohne private Interessen (außer Frauen), ohne Beziehungen zur alten bürgerlichen Kultur, aber auch ohne sozialistische Zukunftsvision, war der Prototyp der neuen Funktionärsgeneration. So bemühte er sich 1951 um die Rechtfertigung der kräftigen Erhöhung der Politikergehälter im Zentralorgan der SPÖ. Vor dem Parteitag 1953 wies er die Mandatare an, ihre Autos einige hundert Meter vom Tagungslokal entfernt zu parken, um bei den Delegierten keinen Anstoß zu erregen. Aus Diktatur und Besatzungszeit gewohnt, Gesetze nicht ernst zu nehmen, im Funktionärsapparat im Kommandieren geübt, erlernten die aus den Reihen der RS kommenden Sekretäre vom Typ Slavik, Olah und Probst (wie ihre aus der Heimwehr kommenden ÖVP-Kollegen) nie den richtigen Umgang mit der demokratischen Öffentlichkeit. Als Wiener Sekretär war Slavik an allen Versuchen der SPÖ beteiligt, „unabhängige" Zeitungen zu kaufen. Slaviks Vorstellung von Demokratie charakterisiert eine Geschichte, die er in seinem Buch *Wien – am Beispiel einer Stadt* erzählt: Sein sparsamer Vorgänger als Wiener Finanzstadtrat weigerte sich, die Erweiterung des Stadions auf 90.000 Plätze zu finanzieren. Slavik:

„Bei einer Veranstaltung der Sozialistischen Partei, die im Stadion abgehalten wurde, sah ich die Chance gekommen, Reschs Widerstand im Handstreich zu brechen. ‚Das wär' doch eine gute Gelegenheit, die Leute darüber abstimmen zu lassen, ob sie ein größeres Stadion wollten oder nicht', meinte ich, harmlos tuend, und wies in das dichtgefüllte Oval. Resch war sicher, daß ich für eine solche Abstimmung zu meinem eigenen Nachteil das ungünstige Forum gewählt hätte. Schließlich waren wir bei keinem Fußballfest, sondern bei einer politischen Veranstaltung. Voll hämischer Freude über meine zu erwartende Niederlage stimmte er dem Vorschlag zu. Die Abstimmungstechnik war einfach. Schon vorher hatte jeder der Teilnehmer ein weißes und ein rotes Fähnchen erhalten. Wer für die Vergrößerung war, sollte das weiße, wer dagegen war, das rote Fähnchen schwenken. Die Teilnehmer wurden über den Lautsprecher informiert und Resch sah sich einem Meer von weißen Fähnchen gegenüber.

Die erste ‚Volksabstimmung' Nachkriegs-Österreichs, wenn auch nur unter dem Parteivolk der SPÖ und ohne gesetzliche Verankerung, hatte ihren Abschluß gefunden!"

Als Johann Resch im September 1957 aus Gesundheitsgründen zurücktrat, wurde Slavik Finanzstadtrat und als zweitwichtigster Mann nach dem Bürgermeister Herr über ein Imperium gemeindeeigener Firmen. Er gab sein Nationalratsmandat auf, übersiedelte wieder in den Gemeinderat und wurde im Juni 1959 Wiener Vizebürgermeister. Im gleichen Jahr empfing Reformpapst Johannes XXIII. Slavik (gemeinsam mit Olah) und überreichte den beiden Brückenbauern zum katholischen Lager keinen Orden, wie mehrfach kolportiert, sondern eine Gedenkmedaille.

Viele Beobachter hatten gemeint, Slavik werde als Finanzstadtrat mit der bisherigen, angesichts des Wirtschaftswunders übertrieben ängstlichen Finanzpolitik der Bundeshauptstadt Schluß machen und mit großzügigen Anleihen die längst fälligen Großprojekte, etwa auf dem Verkehrssektor, in Angriff nehmen. Doch Slavik, stolz auf die gehortete Rathausmilliarde, blieb ein Kind der Ersten Republik, wenn er (der stets für kostendeckende Mieten eingetreten war), nun auch mit Tabus brach, wie dem, „daß eine Gemeindewohnung nichts kosten dürfe". Statt endlich das seit einem halben Jahrhundert fällige U-Bahn-Netz in Angriff zu nehmen, baute man ein Stückwerk von Unterpflastertramwaystrecken und beschloß auf Slaviks Rat hin allen Ernstes, eine Einschienen-Bahn zwischen Gumpendorferstraße und Philadelphiabrücke zu bauen, was in der Folge den Abriß der Otto-Wagnerschen Gürtelstadtbahn bedeutet hätte und nur an Verkehrsminister Otto Probst scheiterte. Slaviks erste Entscheidung für ein zukunftsweisendes Großprojekt war 1958 die Vereinbarung mit dem Bund zum Bau des neuen Allgemeinen Krankenhauses, mit dem er der Stadt noch jahrzehntelang Skandale bescherte. Die letzte Entscheidung über ein Großprojekt war die für den Bau der ökologisch hochproblematischen, aber beliebten Donauinsel.

Selbst frei von luxuriösen Hobbies (und Bewohner einer Drei-Zimmer-Wohnung in der Josefstädter Albertgasse) brachte den undogmatischen Pragmatiker übergroße Toleranz verschiedentlich in die Nähe von Geschäftemachern, obwohl er nie im Verdacht stand, sich persönlich zu bereichern. Da war der Grundstücksmakler Josef Machek, verheiratet mit einer Slavik-Cousine und stets bestens informiert, wo die Gemeinde bauen wollte. Da war die Pleite der Stadthallenfilmgesellschaft, mit der der Finanzstadtrat den defizitären (und weitgehend nutzlosen) kommunalen Mehrzwecksaal hatte sanieren wollen. Es gab Pleiten zahlreicher ganz oder teilweise gemeindeeigener Wirtschaftsbetriebe, die am Image des ohnehin nie populären „Finanzgenies" nagten.

1964 hatte Franz Olah seinen Freund Slavik als Vertrauensmann ins Parteischiedsgericht entsandt, das dennoch seinen Ausschluß beschloß. Als Franz Jonas 1965 Bundespräsident wurde, war die Olah-Affäre noch zu frisch in Erinnerung, als daß Slavik sofort die Nachfolge hätte antreten können. Slavik beschloß, abzuwarten und an seiner Popularität zu arbeiten, Bruno Marek wurde als Übergangskandidat Bürgermeister. Der 1964 mit der Olah-Affäre öffentlich gewordene Konflikt zwischen einem eher traditionalistischen Flügel in der SPÖ und einer Gruppe von „Erneuerern" ohne Berührungsängste zum „nationalen Lager" eskalierte auf dem Parteitag 1967. Mit tatkräftiger Mithilfe Slaviks wurde der Olah-Freund Bruno Kreisky zum neuen Parteivorsitzenden gekürt. Kreisky verkündete eine Öffnung und Liberalisierung der Partei und überließ dem ÖGB als „Trostpflaster" das defizitäre Zentralorgan *Arbeiter-Zeitung,* dessen Chefredakteur Franz Kreuzer sich besonders für eine Erneuerung der Partei exponiert hatte.

Daraufhin befand Slavik, die Wiener SPÖ benötige eine eigene Tageszeitung. Rund 60 Millionen Schilling wurden in ein kleinformatiges Boulevardblatt namens *Neue Zeitung* investiert, das zwischen Sex & Crime für die Leistungen der Wiener sozialistischen Kommunalpolitik und vor allem für die Kommunalpolitiker warb, nie über 30.000 verkaufte Exemplare kam und 1970, trotz riesiger Inserate des gemeindeeigenen Baurings, verlustreich eingestellt werden mußte.

Als die Wiener SPÖ bei den Gemeinderatswahlen von 1969 einen triumphalen Wahlsieg einheimste, der die Grundlage für Kreiskys Triumph im Jahr darauf bildete, zögerte Slavik nicht mehr länger, nach dem Wiener Bürgermeistersessel zu streben.

Die von Kreisky eingeführte Altersklausel zwang im Dezember 1970 den 65jährigen Wiener Bürgermeister Bruno Marek (der im April seinen Stellvertreter Slavik mit dem höchsten Orden der Stadt ausgezeichnet hatte) zum Rücktritt. Slavik wurde im Gemeinderat mit 88 von 99 abgegebenen Stimmen Bürgermeister, d.h. also auch mit Zustimmung von Gemeinderäten anderer Fraktionen. Salviks Nachfolger als Parteiobmann wurde Otto Probst, der 1965 als Verkehrsminister auf ähnliche Weise scheiterte (Stichwort „Fußach" siehe Beitrag Otto Probst i.d.B.) wie später Slavik über die von ihm initiierte Volksabstimmung.

Doch das Jahr 1968 hatte eine Änderung des politischen Bewußtseins (und in der Folge eine Sensibilisierung der Öffentlichkeit in Umweltfragen) zur Folge gehabt (die Kreisky half), auf die Slavik sich jedoch nicht einstellen konnte. Dazu kam noch, daß Slaviks Auftreten wenig telegen war.

Das neugegründete Magazin *profil* schoß sich bereits mit seinen ersten Nummern auf den neuen Wiener Bürgermeister ein und deckte immer neue Affären im Zusammenhang mit der *Neuen Zeitung* und dem von Slavik protegierten Direktor des Wiener Hafens, Richard Leutner, auf, andere Medien enthüllten weitere Skandale. Slavik reagierte hilflos, gab an die *AZ* ungeprüft gefälschte Dokumente weiter, die das *profil* der Käuflichkeit überführen sollten, und lieferte damit Munition für neue Angriffe.

Als schließlich die *Kronen Zeitung* eine höchst demagogische Anti-Baummord-Kampagne gegen die teilweise Verbauung des Währinger Sternwarteparks durch das Zoologische Institut der Universität Wien startete und damit nicht nur die paar Cottage-Bewohner, die es unmittelbar anging, sondern sämtliche Wiener Schrebergärtner mobilisierte, konterte Slavik, eingedenk seiner einstigen plebiszitären Erfolge im Stadion, mit einer Art (in der Stadtverfassung noch gar nicht vorgesehenen) Volksabstimmung, die er prompt verlor.

Angesichts bevorstehender Gemeinderatswahlen 1974 und der drohenden Veröffentlichung eines Rechnungshofberichts strichen auf der Wiener Konferenz der SPÖ Anfang Juni 1973 nicht weniger als 238 von 727 Delegierten den ungeliebten Bürgermeister. Der abgehärtete Obmann Probst, der noch mehr Streichungen hatte hinnehmen müssen, blieb im Amt. Der dünnhäutige Slavik, der befand, daß er als Bürgermeister zumindest das überwältigende Vertrauen seiner Partei besitzen müsse, nahm seinen Hut.

Dem Arbeitsmenschen Slavik fiel es schwer, sich von einem Tag auf den anderen in die Pension zurückzuziehen. Er verfaßte in seinen letzten Lebensjahren umfangreiche Bücher über Kommunalpolitik, die der Rechtfertigung seines Lebenswerks gewidmet waren. Überdies war er Präsident des SPÖ-Pensionistenverbandes, bis er am 6. 10. 1980 einem Krebsleiden erlag. Slavik wurde in einem Ehrengrab neben dem Christlichsozialen Leopold Kunschak auf dem Wiener Zentralfriedhof beigesetzt. An seinem Grabe wurden keine Reden gehalten, sondern lediglich das Wildgans-Gedicht „Ich bin ein Kind der Stadt" rezitiert.

Literatur- und Quellenverzeichnis

Slavik, Felix (o. J. = 1945). Wie komme ich zu einer geeigneten Wohnung? Wien.

Slavik, Felix (1963). Mieterschutz und Wohnbau, Wien.

Slavik, Felix (1966). Aufgaben der Gemeinden für Gegenwart und Zukunft, Wien.

Slavik, Felix (1974). Wien – am Beispiel einer Stadt, Wien.

Archivmaterialien des Vereines für Geschichte der Arbeiterbewegung (VGA).

Lebensdaten

1912	am 3. 5. in Wien geboren
1922	Eintritt in den Wiener Arbeiterturnverein und die Roten Falken
1926–1929	Lehre als Mechaniker
1929	Wehrturnausbildung
1935	Verhaftung wegen illegaler sozialistischer Betätigung, drei Monate Anhaltelager Wöllersdorf
1935–1938	Funktionär der illegalen Textilarbeitergewerkschaft
1939	Verhaftung wegen Hochverrats,
1943	nach vier Jahren Untersuchungshaft Verurteilung zu zwei Jahren Zuchthaus
1980	am 6. 10. in Wien gestorben

Berufliche Karrierestationen

1929–1931	Mechaniker bei Siemens-Schuckert, dann arbeitslos, Textilfachausbildung
1935–1939	Textilarbeiter bei Reichert und Engels
1938–1939	Metallarbeiter bei der Firma Rost
1944–1945	Lagerhauswächter bei der Firma Rost
1946–1949	Sekretär des Städtebundes

Staatliche Funktionen

1945	Amtsführender Stadtrat für das Wohn- und Siedlungswesen in Wien
1946–1948	Mitglied des Wiener Gemeinderates und des Bundesrates
1949–1959	Abgeordneter zum Nationalrat
1957–1970	Amtsführender Stadtrat für Finanzen
1957–1973	Abgeordneter zum Wiener Gemeinderat und Landtag
1959–1970	Vizebürgermeister bzw. Landeshauptmannstellvertreter von Wien
1970–1973	Bürgermeister und Landeshauptmann von Wien

Parteipolitische Ämter

1945	Mitglied des provisorischen Vorstands der SPÖ
1946–1948	SPÖ-Klubsekretär im Wiener Gemeinderat
1948–1957	Wiener Sekretär der SPÖ
1948–1974	Mitglied des Parteivorstands der SPÖ
1956–1967	Mitglied der Parteiexekutive der SPÖ
1965–1970	Obmann der SPÖ Wien
1965–1974	Stellvertretender Parteivorsitzender der SPÖ
1973–1980	Obmann des Verbandes der österreichischen Rentner und Pensionisten

Weitere Funktionen

Aufsichtsrat der VOEST, der Simmering-Graz-Pauker, der Chemie Linz, Präsident des Wiener Leichtathletikverbandes und des Internationalen Gemeindeverbandes

Josef Staribacher

von
Oliver Rathkolb

Josef Staribacher, geboren 1921, stammt aus einer sozialdemokratischen Wiener Familie, die auch seine politische Sozialisation in frühester Jugend prägte. Sein Vater war überdies in einem Betrieb als Vertrauensmann aktiv, wurde aber nach einer erfolgreichen Intervention gegen einen gesetzwidrigen Lohnauszahlungsstopp entlassen und fand bei der Wiener Straßenbahn eine neue Beschäftigung. Staribacher selbst kam bereits mit fünf Jahren zu den „Kinderfreunden" und in weiterer Folge zum „Arbeiterturnverein". 1931 trat er den „Roten Falken" bei, denen er bis zur Auflösung aller sozialdemokratischen Organisationen durch das Dollfuß-Regime 1934 angehörte. Verdeckt setzte Staribacher mit Teilen seiner Falken-Gruppe diese Jugendkontakte fort (beim GÖC-Klub, den Bergfreunden und während der NS-Zeit bei einer Antialkohol-Gruppe, den Guttemplern).

Einen wesentlichen Einschnitt in seine berufliche Ausbildung stellte 1936 die Relegierung von einer technischen Mittelschule als Folge einer 14tägigen Polizeihaft dar. Trotzdem konnte er weiterhin mit zwei Lehrern, dem Hauptschullehrer Alfred Dworak und dem damaligen Mittelschulprofessor für Deutsch und Geschichte Bruno Pittermann, Kontakt halten. Beide sollten bis 1945 besonderen Einfluß auf Staribacher ausüben.

Offensichtlich waren die illegalen Jugendorganisationsaktivitäten der Gestapo bekannt, und Staribacher wurde sozusagen „vorsorglich" kurz vor dem deutschen Angriff auf Polen am 8. 8. 1939 verhaftet und in weiterer Folge in das Konzentrationslager Buchenwald deportiert. Dort hatte er mit einer Reihe anderer sozialistischer Funktionäre wie Karl Maisel und Otto Probst, die nach 1945 Karriere machen sollten (Maisel als ÖGB-Vizepräsident und Sozialminister; Probst als Generalsekretär des ÖGB und Sozialminister), Kontakt. Der spätere Präsident der Wiener Arbeiterkammer, Karl Mantler, war ebenfalls in Buchenwald inhaftiert gewesen. Nach acht Monaten Haft wurde Staribacher in die Wehrmacht eingezogen und als Hilfskrankenträger eingesetzt.

Aufgrund einer schweren Kriegsverletzung, 1941, wurde er vom Dienst an der Front freigestellt und konnte daher seine Matura in Abendkursen nachholen und in weiterer Folge auch das Volkswirtschaftsstudium an der rechts- und staatswissenschaftlichen Fakultät der Universität Wien im Februar 1945 als Diplomvolkswirt abschließen. Die zentrale berufliche Weichenstellung verdankte er Bruno Pittermann, der ihn in die Wiener Arbeiterkammer brachte. Da Staribacher in der AK – gemeinsam mit Wirlandner, Förk und Pangerl – zum Nukleus des Wiederbeginns nach 1945 gehörte und in der Folge erfolgreich die Agenden Landwirtschaft, Versorgung und Industrie betreute, verfügte er über gute Beziehungen zur Lebens- und Genußmittelgewerkschaft (Luga), deren Obmann, Karl Mantler, nach der Rückkehr aus Buchenwald 1945 zum Arbeiterkammer-Präsidenten gewählt worden war. Staribacher sollte Mantler 1960 als Vorsitzender der „Luga“ nachfolgen, nachdem er bereits 1951 in den Bundesvorstand der FSG im ÖGB gewählt worden war.

Das heißt, daß Staribacher Anfang der sechziger Jahre nicht nur über eine starke Verankerung in der intellektuellen Kaderschmiede der Partei, der AK, verfügte (seit 1961 als stellvertretender Kammeramtsdirektor, 1968 als Kammeramtsdirektor), sondern auch in der Gewerkschaftsbewegung. Die parteipolitische Karriere im engeren Sinn verlief hingegen nicht so friktionsfrei. Zwar war er bereits 1945 zum Obmann der Sozialistischen Jugend Wiens gewählt, doch bereits 1947 auf Initiative einer Gruppe um Josef Hindels und Paul Blau abgewählt worden. Möglicherweise auf Betreiben des Parteipräsidums der SPÖ wurde jedoch eine neue „Parteischiene“ für den „Fünfhauser“ als Funktionär in der „Landstraßer“ SPÖ-Bezirksorganisation gelegt. Hier, im 3. Wiener Gemeindebezirk, sollte Staribacher ab 1963 als stellvertretender Bezirks-Obmann und zwischen 1965 und 1986 als Obmann auch über eine entsprechende Partei-Basis verfügen.

1961 signalisierte der Eintritt in den Nationalrat, daß Staribachers außergewöhnlich breite Verankerung in Spitzenfunktionen der Arbeiterkammer, der Gewerkschaft und bis zu einem gewissen Grad auch in der Wiener SP ihn durchaus auch als künftigen Minister-Kandidaten auswiesen. Seine wichtige innerparteiliche Profilierung erfuhr Staribacher aber nicht im Nationalrat, sondern unmittelbar nach der schweren Wahlniederlage der SPÖ 1966. Vergeblich kämpfte er mit einer Gruppe um Bruno Kreisky und Alfred Schachner-Blazizek um den Verbleib der SPÖ in der großen Koalition. Öffentlich versuchte er, die Parteireform zu akzentuieren (*Arbeiter-Zeitung*, 25. 3. 1966), und hinter den Kulissen reflektierte er mit Stephan Wirlandner von der AK, dem *AZ*-Chefredakteur Franz Kreuzer, dem steirischen Bildungsfunktionär Rupert Gmoser, dem Klub-Sekretär Heinz Fischer, Heinz Kienzl vom ÖGB, dem Journalisten Günther Nenning u. a. über die Strukturreform der SPÖ. Staribacher plante, vor allem stärkere wirtschaftspolitische Aufklärung durchzusetzen, bei gleichzeitiger Forcierung einer konsumentenfreundlichen Politik („Partei der Verbraucher“). In diesem Zusammenhang stellte er u. a. fest, daß die SPÖ als Partei in vielen Dingen an Glaubwürdigkeit verloren habe. Als Bruno Kreisky, der Nachfolger Bruno Pittermanns als Parteivorsitzender, gemeinsam mit Eugen Veselsky (ebenfalls von der AK) die Arbeitsgruppenleiter für die SPÖ-Wirtschaftsexpertenkommission zusammenstellte, gehörte Staribacher als Agrarbereichssprecher von allem Anfang an zum Team.

Auf parlamentarischer Ebene trat Staribacher nicht besonders hervor, profilierte sich aber fallweise als Kritiker der ÖVP-Alleinregierung unter Bundeskanzler Josef Klaus in den Bereichen Finanz- und Budgetpolitik sowie Agrar- und Marktordnungspolitik. Dabei scheute er sich auch nicht, seinen früheren Studienkollegen aus der Kriegszeit, Stephan Koren (Staatssekretär für Wirtschaftsfragen und 1968–1970 Finanzminister), pointiert zu kritisieren.

Nach dem in dieser Höhe höchst überraschenden Wahlerfolg der SPÖ 1970 war Staribacher Fixstarter für die allererste Ministerliste der Minderheitsregierung Kreisky, obwohl Staribacher keineswegs als „Kreisky-Mann“ galt. Die ursprünglich vorgesehene Position eines „Landwirtschaftsministers“ erschien aber sowohl dem ÖGB-Präsidenten Anton Benya als auch der „grauen Eminenz“ der SPÖ, Karl Waldbrunner, als zu unterbewertet für einen profilierten Gewerkschafts- und Kammerspitzenfunktionär. Deren Interventionen sorgten – ohne Zutun von Staribacher –, daß er auf die für Veselsky vorgesehene Position des Handelsministers aufrückte und Kreisky Veselsky als Staatssekretär ins Kanzleramt nehmen mußte.

In seinem Ressort hatte Staribacher am Anfang mit großen inneren Problemen zu kämpfen, da der gesamte Beamtenapparat seit 1945 von ÖVP-Ministern nach parteipolitischen Gesichtspunkten zusammengestellt worden war. Auch in seinen Außenbeziehungen war dieses Ressort bisher primär in Richtung Interessenvertretungen der Wirtschaft orientiert gewesen und in der Binnenstruktur sehr hierarchisch geführt worden. Staribacher sorgte durch die täglich konsequent diktierten Tagebuchnotizen seiner eigenen Aktivitäten und Vorhaben, die im Büro am nächsten Tag weitergereicht wurden, für einen perfekten Informationsfluß in einem sehr selbständig arbeitenden Ministerkabinett. Auf Beamtenebene richtete er bald regelmäßige Gesprächsrunden ein (z. B. Aktionsgruppen für Industriepolitik, eine Gruppe für wirtschaftspolitische Grundsatzfragen).

Nach außen hin sorgte Staribacher für einen damals unorthodoxen Regierungsstil, der sich in dem Slogan „Servicestelle für die Wirtschaft" nicht nur theoretisch, sondern auch in der praktischen Arbeit konsequent niederschlug. Insbesondere mit der Bundeswirtschaftskammer (repräsentiert durch Arthur Mussil) und der Vereinigung Österreichischer Industrieller intensivierte er seine permanenten und intensiven Gesprächskontakte. Ein wöchentlicher Jour Fixe in der Bundeswirtschaftskammer („unter sechs Augen" mit Rudolf Sallinger und Arthur Mussil) gehörte ebenso zu diesem Programm wie ein wöchentliches Pressefrühstück jeden Montag vormittag.

Handelsminister Dr. Josef Staribacher, 1979

Auch in der öffentlichen Diskussion scheute der stets optimistische Staribacher keine offene Auseinandersetzung. Als sich z. B. Tiroler Bürger in Oberndorf bei St. Johann zu einer Protestkundgebung gegen geplante Bohrungen nach Uran versammelten, war er früher zur Stelle, als erwartet wurde. Staribacher bahnte sich den Weg durch die aufgebrachte Menge, trat ans Mikrophon und sagte: „Jetzt bin i do, jetzt kamma redn!"

Bemerkenswert ist, daß sich zwar die Bundeswirtschaftskammer gegen diese permanente Umarmung wehrte und die Umorientierung des Handels- in ein Konsumentenministerium kritisierte, sich aber letztlich dieser Integration nicht entziehen konnte. Seine Bestrebungen, die Gewerbe stärker zu liberalisieren, fanden bei der Bundeswirtschaftskammer keineswegs offene Türen.

In den ersten Monaten seiner Amtszeit waren die Kompetenzen seines Ministeriums noch nicht geklärt, doch Staribacher zeigte keinen besonderen Ehrgeiz, ein Wirtschaftssuperministerium zu schaffen. Ganz im Gegenteil akzeptierte Staribacher die wirtschaftspolitische Federführung und die politischen Rahmenbedingungen der Regierungsspitze (Kreisky und Androsch) und gab sofort eine Reihe von Kompetenzen ab (in Verkehrs- oder Verstaatlichungsangelegenheiten). Auch in weiterer Folge ließ er sich nicht neue „Kompetenzen", die nicht in sein Konzept paßten – z. B. bei Waffenexportgenehmigungen oder im Zusammenhang mit dem Atomkraftwerk Zwentendorf –, „aufdrängen" bzw. erklärte sich, wie im Falle des Atomkraftwerks, für unzuständig. Hingegen forcierte Staribacher die strukturelle Anpassung von Industrie und Gewerbe an den internationalen Wettbewerb. Dazu kam eine besondere Tradition aus der AK: Aufbau und Verankerung des Konsumentenschutzgedankens. In strittigen Fragen dieser Strukturanpassung zeigte sich Staribacher gesprächs- und jederzeit aufklärungsbereit, agierte aber letztlich konsequent – so zum Beispiel bei den intensiven Verhandlungen mit der Bundeswirtschaftskammer über eine neue Gewerbeordung oder beim Abbau zollgeschützter Warengruppen sowie bezüglich einer auf Strukturmodernisierung bedachten Gewerbeförderung (BÜRGES). Auch gegenüber den Landwirtschaftskammern agierte er in Fragen der Marktordnung konsequent entsprechend seinen politischen Grundzielen.

Zentrale Probleme seiner Amtszeit waren die Inflationsbekämpfung und Preiskontrolle, die Wiederaufnahme und der erfolgreiche Abschluß der Verhandlungen mit der Europäischen Wirtschaftsgemeinschaft (EWG) über ein Freihandelsabkommen (1972). Dazu kam die weitere Forcierung der Erschließung des Comecon-Marktes für österreichische Produkte (z. B. die UdSSR für die verstaatlichte Industrie), aber auch in Richtung Japan und OPEC-Staaten. Ebenso intensiv betrieb Staribacher die Reorganisation und Förderung des Fremdenverkehrs.

Zwar hatte Staribacher ursprüngliche „Planifications"-Ideen des SPÖ-Wirtschaftsprogramms bald wieder aufgegeben, versuchte aber mit großem Optimismus und persönlichem Einsatz – in Absprache mit Bundeskanzler Bruno Kreisky –, einen „sanften Strukturwandel" (z. B. im Bergbau) durch Ansiedlung ausländischer Großbetriebe bzw. Schaffung von Ersatzarbeitsplätzen sozial abzusichern.

Wie groß der Handlungsspielraum bei den wichtigen Entscheidungen war, läßt sich vorerst nur beispielhaft diskutieren. Auf internationaler Ebene im Rahmen der Europäischen Integration ermöglichte die prinzipielle Bereitschaft zu einem derartigen nachgezogenen Brückenschlag den relativ raschen Abschluß der Verhandlungen mit der EWG, wobei als innerösterreichische politische Zielsetzung der „Alleingang nach Brüssel" von der Bundesregierung aufgegeben wurde. Im Bereich des Außenhandels nützte Staribacher überaus geschickt und aktiv die internationalen Aktivitäten Bruno Kreiskys und schloß sich bei den diversen Reisen bzw. Staatsbesuchen an, um internationale Aufträge für die österreichische Wirtschaft zu requirieren (globalere Außenwirtschaft als Ausgleich zu „West- bzw. Ostanfälligkeit"). Vor allem im Bereich der erdölproduzierenden Staaten waren derartige Export- und Erdölimportoffensiven durchaus erfolgreich.

Nach innen agierte Staribacher in den meisten Fällen immer im möglichen Rahmen der sozialpartnerschaftlichen Regeln, jedoch mit klaren, eigenen wirtschaftspolitischen Zielen. Klassisches Beispiel ist die Gewerbeordnungsreform, die auf heftigen Widerstand bei der Bundeswirtschaftskammer stieß (Opposition gegen totale Liberalisierung). Besonders deutlich werden auch die Grenzen des Handlungsspielraums bei der Preisregelung, wobei Staribacher vor allem in den ersten Regierungsjahren mit Inflation (1971 z.B. 4,4%) zu kämpfen hatte. In der Frage der Preisregulierung (Lebensmittel, Treibstoffe) hatte Staribacher nicht nur mit Kritik seitens der Opposition, Widerständen in der Öffentlichkeit, sondern fallweise auch mit unterschiedlichen Einschätzungen seitens des Bundeskanzlers und seitens der Unternehmensverbände zu rechnen. Mit steigenden Ölpreisen verstärkte sich dieser vielfache Druck auf Staribacher, wobei die Verhandlungen intensiviert und erweitert wurden.

Hinsichtlich der staatlichen Konjunkturhilfen stand der Bundesminister für Handel, Industrie und Gewerbe, der sich selbst auch gerne als „inoffizieller Fremdenverkehr-Minister" bezeichnete, durchaus auf der wirtschaftspolitischen Linie des „*deficit spending* bis zum Extrem" und war in seinen unermüdlichen Versuchen, Arbeitsplätze zu schaffen (zum Beispiel um Jugendarbeitslosigkeit zu verhindern), durchaus auf Linie mit der Kreiskyschen Feuerwehrpolitik zur Verhinderung von Arbeitslosigkeit – mit starkem persönlichem Einsatz.

Staribacher gehörte sicherlich zu den erfolgreichsten Kommunikatoren der Regierungsära Kreisky – mit einem sehr persönlichen Stil. Der Öffentlichkeit trat er ebenso ungezwungen gegenüber wie einer Gewerkschaftsdelegation oder einer Abordnung von Demonstranten. Sein lebenserfahrener Optimismus und seine Fröhlichkeit, die ihn nur in seltenen Fällen verließen, finden sich in seinem öffentlichen Spitznamen „Happy Pepi" – eine Zuschreibung, die sogar auf einer Schallplatte 1976 verewigt wurde. Auch sein Spitzname unter Freunden aus der Jugendbewegung, „Pauxerl", gibt einiges von diesem menschenfrohen Charakter wieder.

In Verbindung mit einem hyperaktiven Arbeitsstil, der ihm eine für einen Politiker außergewöhnliche Mobilität verlieh und ihn auch heute in allen seinen Funktionen persönlich wirksam werden läßt, nützte Staribacher in vielen Bereichen seinen Handlungsspielraum voll aus und konnte durchaus über Parteigrenzen hinausgehend Kompromisse verhandeln. Zum Unterschied von manchen anderen Ministern war Staribacher nicht an Kompetenzerweiterung interessiert, sondern strebte nach konkreter Wirkung im vereinbarten Aufgabenbereich. Seinen Arbeitsstil nach innen – ständige Kommunikation mit seinen Mitarbeitern und Schwergewicht auf eigenständiger Teamarbeit – transferierte Staribacher auch in seine Außenbeziehungen, wobei er eindeutig als *chairman* agierte und keinesfalls *leadership* signalisierte. Besondere Bedeutung kam der breiten öffentlichen Kommunikation via intensive Pressearbeit zu. Zum Unterschied von anderen war er durchaus bereit, Fehlentscheidungen zuzugeben und keineswegs immer auf Allwissenheit zu pochen. Er war einer der zentralen Verhandler der siebziger Jahre im Bereich der Sozialpartnerschaft und wurde – trotz punktueller Kritik – auch nie als Feindbild Ziel politischer Auseinandersetzungen. Selbst in seiner – ähnlich der Politik Kreiskys – schrittweisen Befürwortung des Atomkraftwerkes Zwentendorf wurde Staribacher – zum Unterschied von manch anderen Gewerkschaftsspitzenfunktionären – kein Feindbild für die „Anti-Atombewegung, obwohl er als Minister für die entscheidende Frage der Atommüll-Lagerung federführend verantwortlich war. Nach der Volksabstimmung wandte sich Staribacher mit vollem Elan der Frage des

Energiesparens und der Ausarbeitung eines Energieprogramms zu. Bereits nach dem Ausbruch der Ölkrise im Oktober 1973 war Staribacher erfolgreich aktiv gewesen („Pickerl" für einen autofreien Tag in der Woche, daher auch sein kurzfristiger Spitzname als „Pickerl-Joe"). In der innerparteilichen Debatte hielt er sich aber zurück und gehörte weder zur Pro-Androsch noch zur Anti-Kreisky-Fraktion in der Bundesregierung. Trotz der intensiven Kontakte mit dem Finanzminister Androsch blieb er loyal zu Kreisky. Immer wieder hatte Staribacher darauf hingewiesen, daß der Bundeskanzler die Rahmenbedingungen für die Regierungspolitik festlege: „Für's Wetter bin i net verantwortlich – dös macht der Kreisky."

Die großen Verdienste im Sinne eigener Beiträge liegen u.a. in einem völlig neuen „Amtsverständnis" für einen „Handelsminister" mit besonderem Interesse an permanenter Initialhilfe für die Wirtschaft im weitesten Sinn – keineswegs nur für die verstaatlichte Industrie – und Reorientierung der gesamten Wirtschaftspolitik in konsumenten- und auch vermehrt umweltbewußte Strukturen. Staribacher – geprägt durch die Erfahrungen der wirtschaftlichen und sozialen Krise der Zwischenkriegszeit – hat sich zunehmend zu einer der wichtigsten Persönlichkeiten im System des „Austrokeynesianismus" entwickelt – mit absoluter Priorität für aktive Beschäftigungspolitik. Die traditionellen protektionistischen Rahmenbedingungen der österreichischen Wirtschaft versuchte Staribacher nur teilweise zu verändern, ohne eine umfassende Reform durchzuführen, da dies die Sozialpartnerschaft in Frage gestellt hätte.

Staribacher verstand es perfekt, in seinem Büro und Ministerium Aufgaben zu delegieren, und konnte sich so intensiv auf alle Formen der Außen- und Innenkommunikation konzentrieren. Stephan Koren bezeichnete ihn als „vorzüglichen PR-Manager zwischen Regierung und Wirtschaft". Als Verhandler galt er in der Sache als konsequent, in Taktik und Umgangsformen als betont konziliant. Mancher Bundeswirtschaftskammer-Funktionär skizzierte Staribacher aber eher als „Wolf im Schafspelz" – unter Anspielung auf seine Funktion bei einer der „radikalsten" Einzelgewerkschaften.

Staribacher wurde von den politischen Gegnern wie auch von der Öffentlichkeit vor und nach seinem Ausscheiden aus der Bundesregierung kontinuierlich positiv und freundlich beschrieben. Wie kaum ein anderer Minister fand er gleichbleibend breite gesellschaftliche Akzeptanz. Seine Energie und anerkannte wirtschaftliche Kompetenz fand nach 1983 ihren Niederschlag in zahlreichen Aufsichtsrats- und Verwaltungspositionen. Wie kein anderer Minister der Regierungen Kreiskys leistet Staribacher auch nach 1983 einen wichtigen Beitrag zur österreichischen Wirtschaftspolitik sowie zur Österreich-Fremdenverkehrswerbung und Energiepolitik.

Literatur- und Quellenverzeichnis

Fallah-Nodeh, Mehdi (1993). Österreich und die OPEC-Staaten, Wien.

Fischer, Heinz (1993). Die Kreisky-Jahre 1967–1983, Wien.

Weber, Fritz / Theodor *Venus* (Hg.) (1993). Austrokeynesianismus in Theorie und Praxis, Wien.

Der Beitrag basiert auf mehreren Gesprächen mit Bundesminister a.D. Dr. Josef Staribacher, dem Zeitungsarchiv der *Arbeiter-Zeitung* (*AZ*) im Forschungs- und Dokumentationszentrum Vorwärts, Wien, sowie auf einen Projektentwurf von Dr. Theodor Venus für das Bundesministerium für Wissenschaft und Forschung zur Erfassung und Kommentierung der Tagebücher J. Staribachers auf Bildplatte (ein Projekt der Stiftung Bruno Kreisky Archiv, Wien im Auftrag des Bundesministeriums für Wissenschaft, Forschung und Kunst). Der Verfasser dankt Dr. Venus für Hinweise auf zwei biographische Artikel aus *profil* Nr. 4/1971 sowie *profil* Nr. 29/1974.

Lebensdaten

1921	am 25. 3. in Wien geboren
1926	Beitritt zu den Kinderfreunden
1927–1936	Pflichtschule, Fachschule für Maschinenbau
1931–1934	Mitglied bei den Roten Falken
1936	14 Tage Polizeihaft nach § 4 Abs. 4 Staatsschutzgesetz, angeklagt beim Jugendgericht, freigesprochen, jedoch von der Mittelschule verwiesen
1939	Verhaftung und Deportation ins Konzentrationslager Buchenwald (8 Monate)
1940–1941	Hilfskrankenträger bei einer Infanteriekompanie, schwer verwundet
1941–1945	Abendmatura und Studium der Volkswirtschaft an der Universität Wien (Diplomvolkswirt 1945)
1952	Promotion zum Dr. rer. pol.

Berufliche Karrierestationen

1938	Stein- und Offsetdrucker bei Waldheim-Eberle
1945	Mitarbeiter bei der Kammer für Arbeiter und Angestellte Wien (volkswirtschaftliche Abteilung)
1961	Kammeramtsdirektor Stellvertreter der AK Wien
1968–1970	Kammeramtsdirektor der AK Wien

Staatliche Funktionen

1961–1983	Abgeordneter zum Nationalrat
1970–1983	Bundesminister für Handel, Gewerbe und Industrie

Parteipolitische Ämter

1945–1947	Obmann der Sozialistischen Jugend Wien
seit 1951	Mitglied des Bundesvorstandes FSG im ÖGB
1963–1965	stellvertretender Bezirksparteivorsitzender der SPÖ für den 3. Wiener Gemeindebezirk
1965–1986	Bezirksparteivorsitzender SPÖ, 3. Wiener Gemeindebezirk
1974–1985	Mitglied des Bundesparteivorstandes der SPÖ

Gewerkschaftliche Funktionen

1958–1960	stellvertretender Vorsitzender der Gewerkschaft der Lebens- und Genußmittelarbeiter Österreichs
1960–1989	Vorsitzender der Gewerkschaft der Lebens- und Genußmittelarbeiter Österreichs
seit 1960	Mitglied des Bundesvorstandes des ÖGB
seit 1982	Mitglied Präsidium FSG im ÖGB
1989	Ehrenvorsitzender der Gewerkschaft Agrar-Nahrung-Genuß
1990–1993	Mitglied Arbeitsgemeinschaft sozialistischer (sozialdemokratischer) Gewerkschafter in der verstaatlichten Industrie

Weitere Funktionen

1970–1983	Obmann der österreichischen Fremdenverkehrswerbung
1983–1987	Mitglied des Aufsichtsrates der Verbundgesellschaft
1984–1985	Mitglied des Aufsichtsrates ÖIAG
ab 1985	Vorsitzender des Kuratoriums – Österreichisches Gesellschafts- und Wirtschaftsmuseum
seit 1985	Vorsitzender des Aufsichtsrates ÖIAG
1986–1988	Mitglied des Vorstandes der VOEST-ALPINE AG
seit 1988	1. Vorsitzender-Stellvertreter des Aufsichtsates der Verbundgesellschaft
1988	bis dato Vorsitzender des Aufsichtsrates der VOEST-ALPINE AG
ab 1989	Vorsitzender des Aufsichtsrates M & A Bank AG
1990–1993	Vorsitzender des Aufsichtsrates AIAG
seit 1991	Präsident und Vorsitzender des Verwaltungsrates – Institut für Energiepolitik und Umweltverbesserung

Norbert Steger

von
Kurt Richard Luther

Norbert Steger wurde am 6. 3. 1944 in Wien als zweites Kind der dritten Ehe Karl Stegers geboren. Dieser war Mitglied einer nationalen Studentenverbindung gewesen, hatte im Jahre 1923 sein Studium als Diplomkaufmann abgeschlossen und wurde 1928 wegen Betruges zu vier Monaten schweren Kerkers verurteilt. Von November 1932 bis Mitte 1933 war Karl Steger kurz NSDAP-Mitglied, landete 1941 im Wehrmachtsgefängnis, bevor er an die Westfront versetzt wurde, wo er 1944 schwer verletzt wurde. Trotz des väterlichen Lebenslaufes berichtet Norbert Steger, sein Elternhaus sei parteipolitisch ungebunden, jedoch antifaschistisch gesinnt gewesen. Letzteres mag dadurch zu erklären sein, daß Karl Stegers Adoptivvater (möglicherweise gleichzeitig sein leiblicher Vater) Jude war und 1942 im KZ Theresienstadt umgekommen ist. Steger bestreitet allerdings, von den Details des Todes seines Großvaters gewußt zu haben, bevor die österreichischen Medien im Jahre 1984 mehrere Berichte darüber veröffentlichten. Damals wurde ihm einerseits vorgeworfen, aus parteipolitischen Erwägungen (d. h. wegen der nationalen Tradition der FPÖ) diesen Aspekt seiner Familiengeschichte verheimlicht zu haben, anderseits waren die Enthüllungen nicht nur persönlich sehr schmerzlich, sondern trugen angeblich auch dazu bei, daß Steger danach innerhalb der FPÖ tatsächlich Vorbehalte zu spüren bekam.

Wie immer dem auch sein mag, der junge Norbert Steger übersiedelte mit seiner Familie nach Bad Aussee, wo sich Stegers Eltern später scheiden ließen. Als Zehnjähriger kehrte er dann mit seiner Mutter nach Wien zurück und wuchs dort ohne seinen Vater auf. Von 1954 bis 1959 gehörte Steger den Wiener Sängerknaben an. Danach besuchte er die Lehrerbildungsanstalt Wien, wo er im Jahre 1964 die Matura ablegte. Steger interessierte sich immer sehr für Musik und überlegte damals sogar, eine musikalische Karriere zu verfolgen. Er entschied sich aber, an der Universität Wien Jus zu studieren, sich daneben aber auch an der Musikhochschule ausbilden zu lassen. Nach seinem Studium war Steger von 1970 bis 1974 Rechtsanwaltsanwärter, ab dann selbständiger Rechtsanwalt in Wien.

Während seines Studiums entwickelte Steger ein zunächst allgemeines Interesse an Politik, und zwar vor allem an wirtschafts-, später dann auch an gesellschaftspolitischen Themen. Angesichts seiner antifaschistischen Prägung im Elternhaus sei es ihm damals auch unvorstellbar gewesen, sich für eine vom ehemaligen SS-Mitglied Friedrich Peter geführte und mit sehr konservativen Vorfeldorganisationen umgebene FPÖ zu engagieren. Er ließ sich im Jahre 1965 dennoch von Helmut Krünes zur Mitgliedschaft im FPÖ-nahen Ring Freiheitlicher Studenten (RFS) überreden, der unter Krünes' Führung allerdings eine liberale und hochschulpolitisch sehr erfolgreiche Phase erlebte. Im gleichen Jahre wurde Steger RFS-Mandatar der österreichischen Hochschülerschaft und sogar Stellvertretender Vorsitzender des RFS an der Universität Wien.

Auch nach seinem Studium beteiligte sich Steger gerne an politischen Diskussionen mit ehemaligen RFS-Kommilitonen. Obwohl einige RFS-Funktionäre (z. B. Friedhelm Frischenschlager und Krünes) der FPÖ bereits beigetreten waren, waren viele wie Steger parteipolitisch noch ungebunden. Er teilte ihre ursprüngliche Absicht, eine Art *braintrust* parteiloser Intellektueller zu bilden, um sachpolitische Vorschläge zu erarbeiten. Steger war den sozialliberalen Vorstellungen Bruno Kreiskys positiv gesinnt, stand aber seiner Wirtschaftspolitik kritisch gegenüber und fühlte sich weder von der SPÖ noch der ÖVP vertreten. Die Zweite Republik befand sich in den späten 60er und frühen 70er Jahren in einer Umbruchphase. Mit der von der FPÖ unterstützten SPÖ-Minderheitsregierung hatte die FPÖ anscheinend den Sprung aus dem politischen Ghetto geschafft und eine einflußreiche politische Position erlangt. Daß es an den folgenden drei Parlamentswahlen zu absoluten SPÖ-Mehrheiten kommen würde, war nicht vorauszusehen. Es dürfte Steger und anderen ehemaligen RFS-Mitgliedern jedoch klar gewesen sein, daß politische Karrieren innerhalb der Großparteien trotz des Umbruches wahrscheinlich noch immer einer „Ochsentour" bedurften, während die Möglichkeit einer raschen politischen Einflußnahme eher in der kleinen, aber voraussichtlich nun viel wichtiger werdenden FPÖ gegeben war.

Unter der Führung insbesondere von Frischenschlager, konstituierte sich 1971 der „Atterseekreis", dem Steger als Gründungsmitglied angehörte (Reiter 1982). Entgegen den Plänen der FPÖ-Parteiführung konnte der Kreis seine Unabhängigkeit aber weitgehend bewahren. Holger Bauer (der Pressereferent Peters) und Hilmar Kabas (damals Klubangestellter) dienten als Bindeglied zur FPÖ, in deren programmatischen Aufwertung und liberalen Neuorientierung der Atterseekreis eine zentrale Rolle spielte. Dies geschah nicht nur durch das Freiheitliche Manifest von 1973, sondern auch in weiteren Bereichen, wie etwa der Wirtschaftspolitik. Die tragenden intellektuellen Kräfte waren vor allem Frischenschlager und Gerulf Stix, aber auch Steger wirkte an der programmatischen Erneuerung mit.

Durch den Atterseekreis kam Steger in die aktive Parteipolitik. Zum einen führte er hier seine ersten intensiven politischen Diskussionen mit Peter, dessen liberale Ideen er grundsätzlich teilte, mit dem er sich aber über die Realisierbarkeit einer Liberalisierung der FPÖ heftig auseinandersetzte. Als Auslöser seiner Entscheidung, der FPÖ dennoch beizutreten, nennt Steger ein Atterseekreis-Gespräch, in dem Peter ihm vorgeworfen haben soll, er würde sich nur beklagen und sollte doch statt dessen die Herausforderung annehmen, die FPÖ zu liberalisieren. Steger knüpfte (bzw. vertiefte) im Atterseekreis auch Beziehungen zu vielen anderen Personen, die künftig für seine politische Laufbahn, aber auch für die Entwicklung der FPÖ, bedeutsam sein sollten, vor allem zu Frischenschlager, Bauer, Walter Ebenberger, Jörg Freunschlag, Hilmar Kabas, Volker Kier, Gerhard Kratky, Helmut Krünes, Herbert Madejski, Rainer Pawkowicz, Erich Reiter, Karl Sevelda, Jörg Schmiedbauer und Gerulf Stix. Viele davon gehörten dem inneren Kern des Atterseekreises an, in dem der Beschluß gefaßt wurde, sich nicht mit der Rolle einer programmatischen Stütze der FPÖ abfinden zu lassen, sondern sich im jeweiligen Wirkungsbereich um die Liberalisierung der FPÖ zu bemühen – im Falle von Steger die FPÖ Wien.

Parallel zum Attersee-Kern, und zum Teil aus ihm heraus, bildete sich der „Wiener Kreis", dem zunächst zehn Personen angehörten: Bauer, Gerhard Beran, Kabas, Edmund Kacer, Kratky, Friedrich Kuchar, Madejski, Pawkowicz, Schmiedbauer und Steger. Später kamen Erich Reiter und Lothar Gintersdorfer dazu. Den Vorsitz dieser Geheimgruppe führte Kabas, der aufgrund seiner größeren politischen Erfahrung und seiner Schlüsselposition im FPÖ-Klub anfangs de facto auch die Hauptperson war. Prinzipiell waren die Mitglieder aber gleichrangig. Entscheidungen wurden mittels offener Abstimmungen getroffen, nachdem jeder sein Abstimmungsverhalten begründet hatte. In der Praxis gab es jedoch auch hier einen harten Kern, bestehend aus jenen, die sowohl dem Wiener Kreis als auch dem inneren Atterseekreis angehörten. Der bis

1982 aktive Wiener Kreis agierte gewissermaßen als Schattenparteivorstand der Wiener FPÖ. Hier planten und koordinierten die liberalen „Jungtürken" den „Marsch durch die Institutionen" der Wiener FPÖ. Sein Erfolg ergab sich vor allem daraus, daß die Existenz des Wiener Kreises nie öffentlich bekannt geworden ist, u.a. weil seine Mitglieder extern immer als Einzelpersonen auftraten. Steger war zunächst bloß eines der zehn (bzw. zwölf) Mitglieder, von denen sich einige über seine politischen Ambitionen auch oft lustig machten. Denn bei seinem Parteieintritt (1971) hatte der erst 27jährige, der sich noch in der Ausbildung befand, sofort verkündet, er wolle Parteiobmann werden. Das neueste Mitglied der Wiener Landesgruppe wurde daraufhin vom amtierenden Obmann mit den Worten empfangen: „Sie wollen also mein Nachfolger sein . . .", worauf Steger gefragt haben soll, ob die Stelle frei sei.

Die Wiener Partei war seit 1956 vom intellektuellen Peter-Intimus Tassilo Broesigke souverän geführt worden, der allgemein als konservativer Liberaler galt. Die Wiener Partei wurde unter Insidern jedoch als eine überalterte, national-konservative „Blockwarte-Versammlung" (Interview) angesehen. Angesichts der vergleichsweise maroden Parteiorganisation konnte der Wiener Kreis innerhalb von weniger als zwei Jahren die Obmannschaft in zehn Wiener Bezirken übernehmen. Steger wurde bereits im Jahre 1972 Obmann im 17. Bezirk und im darauffolgenden Jahr Bezirksrat. Man ging nun an die Eroberung von Parteipositionen auf Landesebene. Schon am Landesparteitag des Jahres 1973 konnten fünf Mitglieder des Wiener Kreises in dem 12köpfigen Wiener Vorstand plaziert werden. Ab Sommer des gleichen Jahres herrschte im Vorstand ein Gleichstand zwischen den liberalen und konservativeren Kräften. Wie vom Wiener Kreis geplant, wurden 1975 Pawkowicz und Steger vom Parteitag zu Obmann-Stellvertretern gewählt, während Broesigke als Parteiobmann bestätigt wurde. Steger übernahm die Organisationsleitung der FPÖ Wien, die ohnehin weitgehend unter der Kontrolle der Jungliberalen stand.

Wenige Wochen nach der Nationalratswahl 1975 machte Steger Broesigke in einem Vieraugengespräch klar, daß die Liberalen nun genügend Stimmen hätten, um Broesigke als Landesparteiobmann zu ersetzen. Es wurde vereinbart, daß Steger Broesigkes Nachfolger werden solle; 1977 wurde er tatsächlich am Landesparteitag zum neuen FPÖ-Obmann Wiens gewählt. Daß ausgerechnet Steger die Führung der Wiener Jungliberalen übernehmen würde, war anfangs keineswegs vorauszusehen gewesen, zumal andere Mitglieder des Wiener Kreises wie etwa Kabas und Bauer früher als Steger FPÖ-Mitglieder und auch -Funktionäre und -Mandatare geworden waren. Wie aus mehreren Interviews mit Stegers FPÖ-Zeitgenossen innerhalb und außerhalb des Wiener Kreises hervorgeht, beruhte Stegers Erfolg hauptsächlich auf seinen beachtlichen Fähigkeiten als Kommunikator und Organisator. Steger war nämlich „immer machtpolitisch organisiert und strategisch bedacht" (Interview) und sicherte sowohl im Wiener Kreis als auch in sonstigen Gremien seine Mehrheiten stets im vorhinein durch einzelne informelle Gespräche ab. Er wurde allgemein als intellektuelle Kapazität anerkannt, als jemand, der in persönlichen Kontakten sehr wirksam agieren konnte, und dazu in den Gremien sehr beeindruckend und effektiv zu argumentieren vermochte.

Wieviel Augenmerk der neue Parteiobmann der Wiener Landesgruppe nun schenkte, ist umstritten. Die Wiener Partei war während Stegers Obmannschaft bei Landtagswahlen jedenfalls nicht sehr erfolgreich. Im Jahre 1978 sackte sie von 7,7% (1973) auf 6,5% der Stimmen ab, 1983 gab es eine weitere Verschlechterung auf 5,4%. Einige von Stegers Zeitgenossen in führenden Positionen innerhalb der Wiener FPÖ behaupten, in der Wiener Parteiorganisation hätte sich außer im personellen Bereich wenig geändert. Steger habe die Wiener Partei hauptsächlich als Sprungbrett betrachtet, um die Bundespartei zu erobern. Unbestritten bleibt jedoch, daß nachdem sich Steger seine regionale Hausmacht gesichert hatte, die bisher größtenteils landespolitische Agitation der „Jungtürken“ sich nun zunehmend auf die Ebene der Bundespartei verlagerte. Die Unterscheidung zwischen Landes- und Bundespolitik darf jedoch nicht übertrieben und Stegers Übergang von der einen auf die andere Ebene zeitlich nicht zu eng festgelegt werden. Denn aufgrund des geringen personellen Umfanges der FPÖ sowie Stegers landesüberschreitenden Kontakte (teils über den Atterseekreis) war Steger de facto seit Jahren in die Bundespolitik involviert.

Seine Beziehung zu Peter war in etwa seit 1973 stark abgekühlt. Er gehörte zu jenen, die schon länger überzeugt davon waren, daß man Peter unter anderem aufgrund seiner belasteten Vergangenheit möglichst bald als Parteiobmann ersetzen mußte. Am Innsbrucker Bundesparteitag 1974 kam es dann zur ersten offenen Austragung des Konfliktes zwischen Steger und der alten Garde, als Peter unter anderem von Steger hart angegriffen wurde. Fortan verbündeten sich die Liberalen zunehmend mit Alexander Götz, der seit jeher als Peters Intimfeind galt. Nachdem die FPÖ in mehreren Bundesländern Wahlschlappen hinnehmen mußte und Peter schließlich im Oktober 1975 wegen seiner Zugehörigkeit zur 1. SS-Infanteriebrigade von Simon Wiesenthal heftig attackiert wurde, festigte sich in der FPÖ die Meinung, die Partei bräuchte einen neuen Obmann. Steger war nur einer von vielen, die jetzt lautstark gegen Peter agierten. Am Bundesparteitag vom September 1976 wurde Peter zwar wiedergewählt, kündigte aber an, er würde 1978 nicht wieder kandidieren.

Steger war einer der wichtigsten „Königsmacher“ von Peters Nachfolger als Parteiobmann, des Grazer Bürgermeisters Alexander Götz. Er unterstützte dessen Kandidatur aus verschiedenen Gründen. Zum einen hatte Götz 1973 und 1978 in Graz beträchtliche Wahlerfolge erzielt, die von vielen in der wahlpolitisch ansonsten stagnierenden FPÖ als vielversprechende Mobilisierung betrachtet wurde. Ferner hatte sich Götz seit Jahren an der programmatischen Erneuerung der Partei beteiligt, vor allem im wirtschaftspolitischen Bereich. Schließlich versprach die Wahl von Götz auch eine Förderung von Stegers politischer Karriere, da Götz erklärt hatte, er wollte Mario Ferrari-Brunnenfeld und Steger als zwei seiner neuen Stellvertreter.

Stegers Beziehung zu Götz verschlechterte sich aber bald. Entgegen seinem Abkommen mit Steger, schlug Götz am Bundesparteivorstand vom 7. 9. 1978 Steger nicht als einen seiner fünf Stellvertreter vor. In der geheimen Kampfabstimmung um den fünften Stellvertreter ergab sich dann aber eine Pattsituation (8 : 8) zwischen Broesigke und Steger, die Götz nicht durch Dirimierung entscheiden wollte. Angesichts seines guten Abschneidens und seiner einstimmigen Nominierung (47 : 0) durch die Wiener Partei blieb Steger bei seiner Kandidatur. Unmittelbar vor dem Parteitag wurde Steger dann doch vom Vorstand mit 10 : 7 Stimmen zum Parteiobmann-Stellvertreter nominiert. Danach legte Götz Steger nahe, Broesigke bei der kommenden Nationalratswahl als Gegenleistung die Wiener Spitzenkandidatur zu überlassen, was Steger aber ablehnte. In den folgenden Wochen und Monaten eskalierte der Konflikt zwischen Götz und Steger, der sich nun von Götz geschnitten und vom Informationsfluß der Parteispitze ausgeschlossen fühlte. Dazu kam, daß Götz außerhalb der Gremien agierte und anscheinend bemüht war, mit der ÖVP ein Geheimabkommen über eine zukünftige Koalition zu unterzeichnen, während er die von Peter seit Jahrzehnten verfolgte und von Steger auch bevorzugte Zusammenarbeit mit der SPÖ völlig ablehnte. Steger machte nun mit Peter wieder Frieden und fing an, gemeinsam mit ihm gegen Götz zu mobilisieren. Sie intrigierten hinter den Kulissen gegen Götz, vor allem im Klub, dem Steger seit der Nationalratswahl 1979 angehörte. Trotz zunehmender offener Angriffe in Vorstandssitzungen durch Peter blieb Götz bei seiner Anti-SPÖ-Linie. Am 12. 11. 1979 versuchte Götz anläßlich einer Bundesparteivorstandssitzung, Peter als Klubobmann abzulösen, was jedoch an der gründlichen Vorplanung durch Peter und Steger scheiterte und dazu führte, daß Götz sein Nationalratsmandat zurücklegte. Am 1. 12. 1979 trat Götz dann auch als FPÖ-Obmann zurück.

Bereits am 16. 12. 1979 wurde im Bundesparteivorstand beschlossen, die Wahl Stegers als neuen Bundesparteiobmann zu empfehlen, wobei aber nur 10 der 17 abgegebenen Stimmen auf Steger entfielen. In den Wochen vor dem außerordentlichen Parteitag vom 2. 3. 1980 setzte sich Peter stark für Stegers Kandidatur ein, während Götz die Gegenkandidatur Harald Ofners betrieb. Dadurch kam es zu einer offenen Auseinandersetzung zwischen zwei Kandidaten, die als Vertreter einerseits der liberalen und andererseits der konservativen Richtung innerhalb der Partei betrachtet wurden. Zur Verbesserung seiner Wahlchancen präsentierte sich Steger dann auch nicht als Liberaler, sondern bezeichnete sich als „nationalliberal“. Aber auch diese ideologische Tarnung brachte ihm nur einen sehr knappen Wahlsieg von 55,3%. Zum einen war Steger nicht etwa durch eine starke Basisbewegung gewählt worden, sondern wegen der Bemühungen einerseits Peters und mit ihm verbündeter Teile der „alten Garde“ sowie anderseits aufgrund der Bemühungen der noch immer relativ kleinen jungliberalen Gruppe. Folglich standen ihm weite Teile der Partei mißtrauisch gegenüber. Für einige wie Gerulf Stix galt er als „Götz-Killer“, und man fürchtete auch die möglichen Konsequenzen der erneuten Peter-Steger-Achse. Für andere war Steger ein urbaner Wiener Intellektueller, der wenig zur Partei paßte. Die strukturelle Schwäche von Stegers innerparteilicher Position darf nicht übersehen werden. Als Obmann der Wiener FPÖ hatte er zwar eine regionale Hausmacht, aber seine Landesgruppe stellte nur 5% der Gesamtmitgliedschaft der FPÖ. Steger war also stets auf Allianzen mit mitgliederstarken Landesgruppen wie jene Oberösterreichs, Kärntens und Salzburgs angewiesen. Wie sich später herausstellte, war eine weitgehend auf persönlichen Beziehungen zu den Landesobmännern beruhende Machtbasis jedoch nicht dauerhaft.

FPÖ-Obmann und Vorsitzender des AKH-Untersuchungsausschusses des Nationalrates Norbert Steger, 1980

Steger steckte sich für die drei Jahre zwischen seiner Wahl zum FPÖ-Obmann und der nächsten Nationalratswahl drei Ziele: die innerparteiliche Erneuerung voranzutreiben, die Gesprächsbasis zu anderen politischen Parteien zu erweitern und seine persönliche politische Glaubwürdigkeit unter Beweis zu stellen. Stegers parteiinterne Reformen beschränkten sich hauptsächlich auf sachpolitische bzw. programmatische Liberalisierung, u.a. durch die „Marktwirtschaftliche Konferenz" 1981 und durch das Projekt „Liberale Marktwirtschaft '90". Er wollte damit die Wirtschaftskompetenz der FPÖ signalisieren, den sachpolitischen Unterbau für die FPÖ liefern und auch Intellektuelle, die sich zuvor nur zaghaft, wenn überhaupt, in der FPÖ involviert hatten, als Politikberater einbinden. Ab dem Bundesparteitag 1982 wurde auf Stegers Initiative auch an einem neuen Parteiprogramm gearbeitet. Steger beauftragte einige seiner engsten Mitarbeiter (z.B. Mario Erschen, Gustav Lohrmann, Christian Allesch und Volker Kier), sich an der Gestaltung des Programmentwurfs maßgeblich zu beteiligen. Das Ziel war, den Liberalismus zu stärken bzw. die nationale Komponente zurückzudrängen, was auch geschah, wenn auch als Zugeständnis vor allem gegenüber der Kärntner Parteiorganisation das Wort „Volksgemeinschaft" beibehalten werden mußte. Das neue Programm wurde am Sonderparteitag vom Juni 1985 verabschiedet und von Steger mit Recht als Meilenstein in der liberalen Erneuerung der FPÖ betrachtet.

Bezüglich der FPÖ-Binnenorganisation unternahm Steger vergleichsweise wenige Änderungen. Der Parlamentsapparat blieb in den Händen Peters, der sich Steger gegenüber jedoch loyal verhielt. Im Juni 1982 holte sich Steger Walter Grabher-Meyer als Generalsekretär, der angesichts des stark ansteigenden innerparteilichen Konflikts (besonders gegenüber Kärnten) aber bald überlastet war. Insgesamt verließ sich Steger zu sehr auf seine unbestreitbare Kompetenz als Kommunikator und vernachlässigte seine Rolle als Organisator. Wie Steger rückblickend gesteht, überschätzte er die Auswirkungen der programmatischen Reform auf die Parteiorganisation und die Einstellungen ihrer Funktionäre bei weitem, was sich als verhängnisvoller Fehler erweisen sollte.

Seiner Rolle als externer Verhandler schenkte Steger hingegen immer sehr viel Augenmerk und war hier auch erfolgreich, u.a. aufgrund seiner persönlichen Ausstrahlung und seiner intellektuellen Kapazität. Aufgebaut wurden z.B. die Kontakte zur Liberalen Internationale, zu einem derer Vizepräsidenten Steger im September 1980 gewählt wurde, sowie zu anderen liberalen Parteien Europas, vor allem zur FDP. Für Steger war es auch sehr wichtig, die Beziehungen zu den anderen politischen Lagern zu erweitern. Mit diesem Ziel hatte er bereits im April 1978 die Gründung des von Herbert Kraus geleiteten Liberalen Klubs gefördert. Eines seiner Hauptanliegen als Parteiobmann war es nun, die durch die kurze Obmannschaft von Götz getrübte Beziehung zur SPÖ wieder zu verbessern. Dafür war die Unterstützung Peters unentbehrlich, der seit Jahren sehr gute Beziehungen vor allem zu Kreisky hatte, denn damit wurde eine rasche Akzeptanz Stegers innerhalb der SPÖ ermöglicht. Als Zeichen seiner Bereitschaft, mit der SPÖ zusammenzuarbeiten, ging Steger dann im April 1981 ein kalkuliertes Risiko ein, indem er die FPÖ-Unterstützung für die Wahl von Hannes Androsch zum CA-Generaldirektor garantierte. Dies stärkte erwartungsgemäß das Vertrauen der SPÖ gegenüber der Steger-FPÖ, stellte seines Erachtens jedoch seinen ersten parteiinternen Rückschlag dar, zumal das *timing* seines Entgegenkommens besonders unglücklich war. Es kam nämlich bloß vier Tage nach der letzten Sitzung des AKH-Untersuchungsausschusses des Nationalrates, wo Steger mehr als ein Jahr Vorsitzender gewesen war und sich bemüht hatte, sich als Bekämpfer von Korruption und Politikerprivilegien zu profilieren. Trotz des Rückschlages wegen der Androsch-Wahl scheint Stegers Rolle im AKH-Ausschuß die Partei einigermaßen geeint zu haben, was sich am FPÖ-Parteitag im September 1982 in Stegers Wiederwahl mit 89,3% der Delegiertenstimmen widerspiegelte. Zwei Jahre später waren es jedoch nur mehr 82,1%. Dazwischen hatte die Nationalratswahl 1983 stattgefunden und war die erstmalige FPÖ-Regierungsbeteiligung begonnen worden.

Die Nationalratswahl 1983 brachte der FPÖ das schlechteste Wahlergebnis ihrer Geschichte. Gegenüber der Wahl 1979 hatte sie fast 45.000 Wähler verloren und war auf 4,98% der Stimmen abgesackt. Dies wurde allerdings einigermaßen überdeckt durch den Gewinn eines zusätzlichen Mandats aus rein wahlarithmetischen Gründen, vor allem jedoch von der Tatsache, daß die SPÖ ihre seit 1971 behauptete absolute Mehrheit verloren hatte. Denn paradoxerweise war die stimmenmäßig geschwächte FPÖ erstmals in der Lage, Regierungsverantwortung zu übernehmen. Steger hatte seit 1980 (und Peter seit fast zwei Jahrzehnten) auf eine Koalition mit der SPÖ hingearbeitet. Die innerparteiliche Durchsetzung dieses Vorhabens wurde jetzt erleichtert durch eine Aussage des ÖVP-Generalsekretärs Michael Graff („wenn uns die ‚Rothaarige' nicht will, dann nehmen wir die ‚Blauäugige'"), welche es ermöglichte, die Funktionäre daran zu erinnern, daß die ÖVP die FPÖ seit jeher als Partei zweiter Wahl betrachtet hatte. Steger konnte mit der einstimmigen Unterstützung des Bundesparteipräsidiums und -vorstands in die Koalitionsverhandlungen mit der SPÖ gehen. Unter der Mitarbeit von Peter, Grabher-Meyer und Horst Schender wurde die Bildung einer Koalition mit der SPÖ verhandelt. Steger selbst wurde Vizekanzler und – teils aufgrund des Drängens des Parteipräsidiums – zugleich Handelsminister. Erst später sollte Steger erkennen, daß er in der personellen Besetzung Entscheidungen getroffen hatte, die langfristig zu seinem Absturz beitragen sollten. Steger hatte nur jene Parteikollegen als Bundesminister in Betracht gezogen, die bereit waren, notfalls auch als Staatssekretäre zu fungieren. Da Jörg Haider sich dazu nicht bereit erklärte, erhielt er den von ihm angestrebten Ministerposten nicht und wurde zum Teil deswegen zum lautstärksten parteiinternen Widersacher Stegers. Als Staatssekretär für Umwelt und Gesundheit war ursprünglich Norbert Gugerbauer vorgesehen worden und hatte auch zugesagt, bevor Steger dann Ferrari-Brunnenfeld für diesen Posten nominierte. Als im Jahre 1986 die aufgrund von Peters Pensionierung freigewordene Stelle des Klubobmannes wiederum nicht Gugerbauer zugeteilt wurde, sondern Frischenschlager (der wegen der Reder-Affäre aus der Regierung ausgeschieden war), bildete sich dann die für Stegers Obmannschaft tödliche Anti-Steger-Achse zwischen Gugerbauer und Haider, die die zwei mitgliederstärksten FPÖ-Landesgruppen Oberösterreich und Kärnten verband.

Die SPÖ-FPÖ-Koalition war mit einer ungünstigen politischen Lage konfrontiert: Die Arbeitslosigkeit stieg, die Staatsverschuldung lag sehr hoch, und es bahnten sich im Sektor der verstaatlichten Industrie sowie in den Bereichen Umwelt und Energie (Stichwort Hainburg) große Probleme an. Durch die umfangreichen Agenden und vielen (Auslands-)Dienstreisen als Handelsminister sowie durch den ständigen Kampf im eigenen Ministerium, um sich gegenüber dem überwiegend konservativen Beamtenapparat und der Handelskammer zu behaupten, war Steger voll ausgelastet. Er entwickelte zwar gute persönliche Beziehungen zum Bundeskanzler Sinowatz, mit dem er sich bemühte, Probleme in Vieraugengesprächen zu klären. Als Führer einer 5%-Partei fiel es Steger aber schwer, die inhaltlichen Ziele seiner Partei (medienwirksam) gegenüber einem Regierungspartner durchzusetzen, der sich über 13 Jahre daran gewöhnt hatte, allein zu regieren. Rückblickend bemängelte Steger das Fehlen einer Regierungsphilosophie und vertrat die Meinung, die SPÖ hätte dem Juniorpartner nicht genügend „Lebensraum" gelassen (Interview; Steger 1991). Bereits am Anfang der Regierungstätigkeit mußte die FPÖ Zugeständnisse hinsichtlich des während des Wahlkampfes von ihr stark bekämpften „Mallorca-Pakets" (bestehend aus unpopulären Steuereinführungen und -erhöhungen) machen und der Einführung einer Zinsertragsteuer zustimmen. Dazu kamen gewisse Fehler bzw. politische Auseinandersetzungen, die der FPÖ-Regierungsfraktion schadeten, wie z.B. der Ankauf des Abfangjägers „Draken", die Auseinandersetzungen um den Kraftwerksbau bei Hainburg und die Reder-Affäre. Für Steger selbst war die Kontroverse um die Geschäftsöffnungszeiten am 8. Dezember 1984 besonders peinlich; unter anderem weil die SPÖ mit Neuwahlen drohte, mußte er sich schließlich jedoch den Interessen der Gewerkschaften beugen und einen öffentlichen Rückzieher machen.

Es waren jedoch nicht Probleme der Zusammenarbeit in der Regierung, die das vorzeitige Ende der SPÖ-FPÖ-Koalition und Stegers politischen Absturz auslösten, sondern FPÖ-interne Entwicklungen. Zum einen hatte sich eine Kluft zwischen Steger und dem an die Oppositionsrolle gewohnten Funktionärskader der FPÖ geöffnet. Viele vermochten sich nicht damit abzufinden, daß die Partei nun Verantwortung für die aktuellen (Wirtschafts-)Probleme mittragen mußte. Es wurden auch unrealistische Erwartungen gehegt bezüglich der Möglichkeiten der FPÖ, die Regierungspolitik in ihrem Sinne zu gestalten, sowie bezüglich der Vorstellungen, ihren eigenen Leuten persönliche Vorteile zu verschaffen. Den Funktionären war schließlich der Bestand der Regierung weniger wichtig als der Bestand der FPÖ, um den sie aufgrund der sich stark verschlechternden wahlpolitischen und demoskopischen Lage der Partei immer mehr bangten. Zum anderen hatte sich eine parteiinterne Opposition herausgebildet, die das Unbehagen der Parteibasis zu nutzen bzw. zu schüren wußte. Während Steger vorwiegend mit Argumenten arbeitete, appellierten seine Gegner vor allem an die Emotionen der national-gesinnten und konservativen Kräfte innerhalb der Partei, die durch Stegers radikale Programmreform entfremdet worden waren. Die beiden Anführer waren Haider – seit 1983 Landesparteiobmann Kärntens – und Gugerbauer, der in der mitgliederstärksten Landesgruppe Oberösterreich immer einflußreicher geworden war. Zusammen mobilisierten sie fast generalstabsmäßig gegen Steger. Dieser unterschätzte den Erfolg seiner Kontrahenten und lehnte im Frühjahr sogar Peters Antrag, Haider wegen parteischädigenden Verhaltens auszuschließen, ab. Statt dessen dachte Steger, er könne sich mit Haider und Gugerbauer verständigen. Gemäß einer der letzten ihrer geheimen Abmachungen sollte Haider nicht gegen Steger kandidieren und dafür nach der nächsten Nationalratswahl Minister werden. Bis zum letzten Moment war Steger fest davon überzeugt gewesen, er würde die Wiederwahl zum FPÖ-Obmann schaffen.

Diese Fehleinschätzung bezeugt das Ausmaß seiner Abkoppelung von der Partei. Sie entstammte größtenteils seiner doppelten Regierungsbelastung, aufgrund derer ihm immer weniger Zeit übrigblieb für die persönlichen Gespräche, denen er seine parteiinternen Erfolge verdankte. Steger wurde also durch einen „Putsch" gestürzt, der genauso effizient vorbereitet worden war wie derjenige, mit dem er und seine eigene Mitstreiter zuerst die Wiener und dann die Bundespartei erobert hatten. Es gab jedoch einen zweiten Grund, weshalb ihm „die Partei abhanden gekommen" war, wie es einer seiner Regierungskollegen formulierte (Interview): Und zwar war er ab 1983 zunehmend von einer kleinen Beratergruppen umgeben, deren Mitglieder hauptsächlich aus Wien stammten bzw. einer Personengruppe angehörten, denen eine Parteiverankerung entweder völlig fehlte (z. B. Lohrmann und Kier) oder deren Parteimacht gering war oder zurückging (z. B. Grabher-Mayer und Peter). Vielen von ihnen fehlte das Gefühl für die eigentliche Stimmung in der Partei.

Am Innsbrucker Parteitag vom 13.–14. September 1986 wurde Steger unter dramatischen Szenen als Bundesparteiobmann abgewählt (Haider bekam 57,7% der Delegiertenstimmen, Steger nur 39,2%). Steger blieb bis Jänner 1987 noch als Vizekanzler im Amt, war jedoch nach eigenem Ermessen durch diese Ereignisse „aktionsunfähig" gemacht worden (Steger 1991, 69). Er war sehr angeschlagen und verbittert, und zwar nicht nur vom Ausgang der Wahl, sondern auch von den persönlichen Attacken sowie von dem – wie er meinte – Verrat seitens vieler seiner einst engsten Parteifreunde.

Da ihn sein Absturz völlig unvorbereitet traf, hatte Steger zunächst keine Pläne für seine weitere Karriere. Vranitzky bot ihm den Posten des Generaldirektors des Verkehrsbüros an, den er jedoch nicht antrat, u. a. aufgrund von Haiders Angriff auf diese „politische Versorgung“. Statt dessen ging Steger in die Privatwirtschaft, wo er sich als sehr erfolgreicher selbständiger Rechtsanwalt etabliert hat. Seither trat er relativ selten parteipolitisch auf, zumeist um die FPÖ und Haider zu kritisieren. Schließlich trat Steger im Jahre 1993 aus der FPÖ aus.

Aus zahlreichen Interviews mit seinen Zeitgenossen innerhalb und außerhalb der FPÖ geht unmißverständlich hervor, daß Steger auf persönlicher Ebene sympathisch und zugleich politisch sehr effektiv auftrat. Seine politischen Ambitionen veranlaßten ihn aber auch, zeitweise sehr konspirativ und hart zu handeln. Entgegen den Unterstellungen der Medien, die ihm während seiner Obmannschaft und seiner Regierungstätigkeit sehr kritisch gegenüberstanden, sind die befragten Personen von der Aufrichtigkeit seiner liberalen Gesinnung fest überzeugt. Eine definitive Bewertung von Stegers Beitrag zur Politik der Zweiten Republik wäre noch verfrüht. Zu seinen politischen Leistungen müßte jedoch an prominenter Stelle die Weiterführung der unter Peter begonnenen FPÖ-Liberalisierung stehen. Daß Steger zu unkritisch an die Liberalisierung der Partei durch programmatische Reform glaubte, diese dann auch viel ungeduldiger als Peter durchsetzte, womit der innerparteiliche Konsens gebrochen wurde, ist heute klar. Auch sind Stegers liberale Errungenschaften von seinem Nachfolger weitgehend unterminiert worden. Es kann aber sein, daß Stegers liberale Impulse zur österreichischen Politik künftig andernorts, eventuell im Liberalen Forum, zu bewerten sein werden. Ein zweiter relevanter Beitrag Stegers zur Politik in der Zweiten Republik liegt darin, daß unter ihm die FPÖ ihre erste (und bisher letzte) Regierungsbeteiligung erlangte. Daß dies der langjährigen Vorbereitungsarbeit Peters sowie Kreiskys zu verdanken ist, ändert nichts daran, daß Steger derjenige war, unter dem die FPÖ in diese Regierung eintrat. Damit war Steger Vizekanzler der bisweilen einzigen kleinen Koalition der Zweiten Republik.

Literatur- und Quellenverzeichnis

Freiheitliches Bildungswerk (Hg.) (1981). Franz Kreuzer im Gespräch mit Norbert Steger, Schriftenreihe des Freiheitlichen Bildungswerkes, Nr. 11, Wien.

Pelinka, Anton (1993). Die kleine Koalition SPÖ-FPÖ 1983–1986, Wien.

Piringer, Kurt (1982). Die Geschichte der Freiheitlichen. Beitrag der Dritten Kraft zur österreichischen Politik, Wien.

Reiter, Erich (1982). Der Atterseekreis innerhalb der Freiheitlichen Partei, in Österreichisches Jahrbuch für Politik 1982.

Steger, Norbert (1980). Rede am außerordentlichen Bundesparteitag 1980, in: Schriftenreihe des Freiheitlichen Bildungswerkes, Nr. 4, Wien.

Steger, Norbert (1980). Freiheitliche Zielvorstellungen zur Frage der europäischen Einigung, in: Schriftenreihe des Freiheitlichen Bildungswerkes, Nr. 5, Wien.

Steger, Norbert (1981). Festansprache, in: Schriftenreihe des Freiheitlichen Bildungswerkes, Nr. 7, Wien.

Steger, Norbert (1981). Rede des Bundesparteiobmannes der FPÖ, Abg. z. NR. Dr. Norbert Steger anläßlich der Programmkonferenz „Liberale Markwirtschaft 90“ am 3. Juni 1982, in: Schriftenreihe des Freiheitlichen Bildungswerkes, Nr. 10, Wien.

Steger, Norbert (1982). Die österreichische Außenpolitik aus freiheitlicher Sicht, in: Freie Argumente. Freiheitliche Zeitschrift für Politik 9.

Steger, Norbert (1991). Die sozial-liberale Regierung, in: Neue Freie Zeitung (Hg.): Meilensteine des Aufstieges. 35 Jahre Freiheitliche Partei Österreichs, Wien.

Drei Interviews mit Norbert Steger und ca. 80 mit anderen FPÖ-Repräsentanten im Zeitraum 1985–1994.

Lebensdaten

1944	am 6. 3. in Wien geboren
1954–1959	Wiener Sängerknabe
1959–1964	Bundeslehrerbildungsanstalt (1964 Matura)
1965–1970	Jus-Studium Universität Wien (Dr. iur., 1970) daneben Ausbildung an der Musikhochschule

Berufliche Karrierestationen

1970–1974	Rechtsanwaltsanwärter
1975–1979	Rechtsanwalt
1986	Rechtsanwalt / selbständiger Berater

Staatliche Funktionen

1979–1986	Abgeordneter zum Nationalrat
1980–1981	Vorsitzender des AKH-Untersuchungsausschusses des Nationalrates
1983–1987	Vizekanzler und Bundesminister für Handel, Gewerbe und Industrie

Parteipolitische Ämter

1965	Mandatar der österreichischen Hochschülerschaft
1965	Vorsitzender-Stellvertreter des Ringes Freiheitlicher Studenten, Wien
1970/71	Gründungsmitglied des Attersee-Kreises
1971–1993	Parteimitglied der FPÖ
1972	Bezirksparteiobmann der FPÖ Wien-Hernals
1973–1977	Bezirksrat für Wien-Hernals
1974–1987	Mitglied der Bundesparteileitung der FPÖ
1975–1977	Landesparteiobmann-Stellvertreter der FPÖ Wien
1977–1987	Landesparteiobmann der FPÖ Wien und daher auch Mitglied des Bundesparteivorstandes der FPÖ
1978–1980	Bundesparteiobmann-Stellvertreter der FPÖ
1980–1986	Bundesparteiobmann der FPÖ

Weitere Funktionen

1980–1986	Vizepräsident der Liberalen Internationale

Johann Steinböck

von
Lukas Leitner

Johann Steinböck wurde am 12. 6. 1894 als ältester Sohn einer seit dem Jahre 1743 in Frauenhofen im niederösterreichischen Bezirk Horn ansässigen Bauernfamilie geboren. Er hatte noch sechs Geschwister, von denen jedoch drei bereits im jugendlichen Alter verstarben. Für damalige Verhältnisse war der Hof der Eltern von mittlerer Größe, die Viehhaltung machte den Haupterwerb der Bauernfamilie Steinböck aus.

Johann Steinböck besuchte vor dem Ersten Weltkrieg die landwirtschaftliche Schule in Tulln, nebenbei arbeitete er jeden Tag ab 3 Uhr morgens – also noch vor Schulbeginn – bei einem Tullner Fleischhauer, um die Methoden und Techniken der Fleischverarbeitung zu erlernen. Zurück im bäuerlichen Betrieb seiner Eltern konnte er viele neue Methoden, die er in dieser Zeit gelernt hatte, auch praktisch anwenden. So war er einer der ersten seines Heimatbezirkes, der gezielt Stickstoffdünger zur Steigerung der Produktivität des Bodens einsetzte. Dies brachte ihm auch die Anerkennung anderer Bauern seiner Heimatgemeinde ein, nicht wenige kamen bereits zum sehr jungen Johann Steinböck, um ihn um Rat und Informationen zu fragen.

Mit dem Ersten Weltkrieg wurde er zum „Hesser-Regiment" nach St. Pölten einberufen. 1916 wurde er in Rußland schwer verwundet und bereits Ende des Jahres 1916 als Austauschinvalide nach Horn zurückgeführt. Im Jahre 1921 übernahm Steinböck die elterliche Wirtschaft. 1922 heiratete er seine Frau Rosina, geborene Daniel, die ebenfalls einer Waldviertler Bauernfamilie entstammte.

Im Jahre 1928 wurde Steinböck im Alter von nur 34 Jahren Bürgermeister seiner Heimatgemeinde Frauenhofen. Zu dieser Zeit zählte der Ort an die 400 Einwohner, 72 Bauernhäuser prägten das Bild der Gemeinde. Möglich wurde der sehr frühe Einstieg Steinböcks in die Kommunalpolitik durch seine – auch die späteren Jahre in der Landespolitik prägende – dominierende Rolle als Kommunikator und Vermittler. Besonders seine Erfahrungen und die für damalige Verhältnisse innovativen Ideen, die ihm vor allem durch den Besuch der landwirtschaftlichen Schule in Tulln mit auf den Weg gegeben wurden, ließen ihn – zurückgekehrt in seinen Ort – relativ rasch zu einem Meinungsbildner heranwachsen. Steinböck selbst wurde durch den Besuch dieser Schule sehr geprägt, auch später sollte das landwirtschaftliche Schulwesen, dem er selbst sehr viel verdankte, ein zentrales Anliegen seiner Politik als Landeshauptmann von Niederösterreich werden.

Auch nach dem Abschluß der Schule war er bemüht, sich Wissen anzueignen – ein Umstand, der ihm auch den Weg in die Landespolitik eröffnen sollte: Bei einem Kurs über landwirtschaftliche Buchhaltung, veranstaltet von der niederösterreichischen Landwirtschaftskammer, lernte Steinböck auch den Sekretär und späteren Direktor (ab 1933) des Niederösterreichischen Bauernbundes, Leopold Figl, kennen, der zu seinem wohl wichtigsten Mentor, Freund und Förderer in der Landespolitik werden sollte.

Bereits im Landtagswahlkampf des Jahres 1927 wurde Steinböck von Figl gebeten, bei diversen Veranstaltungen des Bauernbundes als Wahlredner aufzutreten und Stimmung für die Christlichsoziale Partei zu machen. In dieser Zeit lernte Steinböck auch den niederösterreichischen Bauernbundfunktionär und späteren Landeshauptmann Josef Reither kennen, der ihn ebenso wie Figl sehr schätzen lernte und später ebenfalls zu einem großen Freund und Förderer Steinböcks wurde.

Am 21. 5. 1932 wurde Steinböck, bei der Landtagswahl im Jahre 1927 noch an unwählbarer Stelle gereiht, in den niederösterreichischen Landtag gewählt und bereits 1934 vom damaligen Landeshauptmann Josef Reither in die „ständische" Landesregierung berufen und als Landesrat zur Führung des Gemeinde- und Agrarreferates bestellt. Gleichzeitig blieb er aber weiterhin Bürgermeister seiner Heimatgemeinde und kümmerte sich auch in seiner neuen Funktion als Landesrat vor allem um den Ausbau der Infrastruktur in seiner Heimatregion, dem Waldviertel.

Mit der Konstituierung des gesamtösterreichischen „Reichsbauernrates" am 25. 2. 1937 wurde der ständische Aufbau der Land- und Forstwirtschaft abgeschlossen. Josef Reither, auch niederösterreichischer Landesbauernführer, wurde zum Reichsbauernführer nominiert, zu einem seiner drei Stellvertreter wurde Johann Steinböck ernannt, Direktor des Reichsbauernbundes wurde Leopold Figl. Die Agrarpolitik entfaltete in dieser Zeit breit gefächerte Aktivitäten, die von sehenswerten Produktionssteigerungen, der Durchsetzung der Genossenschaftsidee, der Preisstabilisierungspolitik bis hin zur Subventionierung der Produktion landwirtschaftlicher Güter reichten. Wenngleich die Konsequenzen dieser Agrarpolitik, die vor allem durch die Persönlichkeiten Reithers, Figls und Steinböcks geprägt wurden, heute schwer zu beurteilen sind, so hielt sie auf jeden Fall den Produktionsabfall und empfindliche Einkommensverluste des Bauernstandes in erträglichen Grenzen.

Steinböck versuchte auch – mitunter unter Einsatz seines persönlichen Vermögens – die damals sehr drückende Arbeitslosenrate in seinem Bezirk zu senken. Es gelang, vor allem durch Straßenbauprojekte einen relativ hohen Grad an Beschäftigten zu erreichen. Als 1937 eine Straße im Horner Bezirk neu gebaut werden sollte, gelang es Steinböck aber nicht, daß dieses Projekt in das niederösterreichische Straßenbauprogramm aufgenommen wurde. Er nahm daher von sich aus einen Betrag von damals 80.000 Schilling auf den eigenen Hof auf, um den Straßenbau selbst vorzufinanzieren. Die Arbeiter mußten daher nur aufgrund der persönlichen Initiative Steinböcks nicht gekündigt werden. Erst 1938 wurde der Betrag wieder durch das Landesbudget abgedeckt, und Steinböck erhielt sein Geld zurück.

Durch die Okkupation Österreichs durch Nazi-Deutschland verlor Steinböck seine politischen Ämter. Am 12. 3. 1938 übernahm der aus Weissenkirchen stammende Jurist Roman Jäger, seit August 1937 niederösterreichischer Gauleiter der NSDAP, die Funktion des Landeshauptmannes – bereits am Abend des 11. 3. 1938 wurde Josef Reither der Zutritt in seine Amtsräumlichkeiten im Niederösterreichischen Landhaus verwehrt. Am 1. April des Jahres 1938 wurde der erste sogenannte „Prominenten-Transport" in das Konzentrationslager Dachau abgefertigt, darunter die persönlichen Freunde Steinböcks, Josef Reither und Leopold Figl.

Johann Steinböck entging nur knapp dem Transport in das Konzentrationslager Dachau. Er war zwar am 12. 3. 1938 von Kräften der SA in seinem Haus in Frauenhofen verhaftet und zur Einvernahme nach Horn gebracht worden, der Kreisleiter verzichtete aber auf eine Internierung. Als Begründung gab er insbesondere das Engagement Steinböcks für die Arbeiter des Bezirks und unter anderem auch die Aufnahme einer persönlichen Schuldlast auf seinen Hof zur Fertigstellung des obenerwähnten Straßenbauloses an.

Unmittelbar vor Kriegsende, als der Zusammenbruch Hitlerdeutschlands schon absehbar war, begann Leopold Figl, Freunde um sich zu scharen, um rechtzeitig zur Übernahme der Landesregierung in Niederösterreich gewappnet zu sein. Figl besuchte auch seinen Freund Johann Steinböck, um ihn zum Eintritt in die Landesregierung zu bewegen. Tatsächlich war der Kontakt Steinböcks zu seinen Freunden aus dem Bauernbund, wie Reither oder Figl, auch während des Zweiten Weltkriegs nie abgerissen. Er hatte aber auch rege Verbindungen zu Repräsentanten aus dem sozialistischen Lager, wie etwa Oskar Helmer.

Am 11. 5. 1945 wurde Steinböck, der sich anfangs gegen den Wiedereinstieg in die Landespolitik gewehrt hatte, Mitglied des Provisorischen Landesausschusses; Leopold Figl wurde am 29. 5. vom Kabinettsrat der Provisorischen Staatsregierung zum Landeshauptmann von Niederösterreich bestellt. Am 13. 12. wurde durch den Landtag die neue Landesregierung gewählt – der erst im Herbst 1945 zurückgekehrte Reither wurde wieder zum Landeshauptmann von Niederösterreich gewählt, Steinböck zum Landesrat für Ernährungssicherung und Landwirtschaft berufen. Gemeinsam mit seinen Freunden Figl und Reither, aber auch mit Vertretern der SPÖ, wie eben Helmer, gehörte Steinböck damit in Niederösterreich zu den „Politikern der ersten Stunde“ nach der Befreiung Österreichs.

In diesen Tagen wurde auch die Niederösterreichische Volkspartei gegründet. In einem „Rundschreiben Nr. 1“ vom 5. 7. 1945 wurde die Konstituierung der Landesleitung Niederösterreich der Österreichischen Volkspartei bekanntgegeben, als Mitbegründer wurde auch Steinböck erwähnt.

Nach dem Rücktritt Reithers als Landeshauptmann wurde Steinböck am 5. 5. 1949, wenige Monate vor der am 9. 10. stattfindenden Landtagswahl, vom niederösterreichischen Landtag einstimmig – die damals noch im Landtag vertretenen Kommunisten hatten den Sitzungssaal noch vor der Abstimmung verlassen – zum Landeshauptmann gewählt. Damit wurde Steinböck in jene politische Funktion gerufen, die er bis zu seinem Tode, am 14. 1. 1962, bekleiden sollte. Er übernahm überdies die Funktionen Reithers als Obmann des Niederösterreichischen Bauernbundes (ab 28. 6. 1950) und des Verbandes ländlicher Genossenschaften.

Steinböck war schon als für Ernährungsfragen zuständiger Landesrat, mehr noch als Landeshauptmann, vor große Probleme gestellt. Besonders die Nahrungsmittelversorgung der Bevölkerung war in den Monaten nach Kriegsende ein zentrales Anliegen der neu bestellten Landesregierung. Dies gelang zum Teil nur mit massiver Unterstützung der Bauernschaft, die durch den niederösterreichischen Bauernbund und auch durch den persönlichen Einsatz Steinböcks dazu motiviert werden konnte, einen über das an sich zumutbare Ausmaß hinausgehenden Beitrag zur Ernährungssicherung zu leisten. Als es nach einem Katastrophenwinter im Jänner und Februar 1947 zu besonders großen Engpässen in der Lebensmittelversorgung kam, rief Steinböck am 30. Jänner – noch als Agrarlandesrat – die Landwirte zu einem „Notopfer“ auf. Bei einer von ihm für den 14. März einberufenen „Ernährungskonferenz“ im Niederösterreichischen Landhaus wurden die Bauern in einer Resolution aufgefordert, alle verfügbaren Lebensmittel rasch und restlos abzuliefern. Die anläßlich dieser Konferenz präsentierten Zahlen dokumentieren deutlich die Dramatik der damaligen Zeit: 60 Prozent der Kinder waren unterernährt, die Zahl der TBC-Kranken stieg drastisch.

Ein weiteres großes Problem stellte für die damals Verantwortlichen die völlig zerstörte Wirtschafts- und Industrieinfrastruktur dar. Der Hitler-Befehl von 1945, wonach militärische und zivile Verkehrs-, Industrie- und Versorgungsanlagen zu zerstören waren, hatte gerade für Niederösterreich verheerende Folgen. Nach von der Niederösterreichischen Handelskammer 1950 bekanntgegebenen Zahlen wurden 140 Industriebetriebe völlig zerstört, 53 Prozent der gesamten an Bauten eingetretenen Kriegsschäden betrafen die Industrie. Von den gesamtösterreichischen Industriebauschäden entfielen alleine 71 Prozent auf Niederösterreich, das nun auch die Last der sowjetischen Besatzungsmacht spüren sollte. Erst im Laufe des Jahres 1945 wurden Requirierungen in Betrieben verboten, kaum beschädigte, dafür aber völlig leere Fabrikshallen waren zu dieser Zeit vor allem im Wiener Becken keine Seltenheit. Andere Betriebe wiederum, denen beim Wiederaufbau eine zentrale Rolle zugedacht war (etwa Böhler, Voith, Enzesfelder), mußten nun ausschließlich für die Besatzungsmacht produzieren. So blieb der damaligen Landesregierung, abgesehen vom Entfall der von diesen Betrieben zu entrichtenden Steuern, der Zugriff auf wichtige Unternehmen bis 1955 verwehrt, was natürlich auch für die wirtschaftsstrukturelle Entwicklung Niederösterreichs in den fünfziger Jahren negative Folgen hatte. Ein weiteres vorrangiges Problem stellte die Wohnungsnot, vor allem in den Industrieorten, dar. So hatte es ja in manchen Orten und Städten seit dem Kriegsbeginn keine umfangreichere Bautätigkeit mehr gegeben, in manchen Städten bestanden Baracken aus dem Ersten Weltkrieg, die noch immer bewohnt waren.

Landeshauptmann Johann Steinböck (Mitte), 1960,
Grundsteinlegung der landwirtschaftlichen Fachschule in Tulln

So war es vor allem der Wiederaufbau, dem der Landesrat und spätere Landeshauptmann Steinböck in den ersten Jahren seiner Amtszeit seine ganze Kraft und Aufmerksamkeit widmete. In seiner Antrittsrede als Landeshauptmann sagte er: „Der Bauer ist gewohnt, dort anzupacken, wo es am meisten not tut, und läßt sich durch Hindernisse und Widrigkeiten des Alltags von seiner Arbeit nicht abschrecken. Was tut unserem Volke und Lande am meisten not? Die Folgen des unglückseligen Krieges zu beseitigen, das heißt, Wiederaufbau in einträchtiger Gemeinschaft mit allen, die Österreich bejahen. Gerade unser Land ist durch die Kriegsereignisse das am schwersten betroffene Bundesland (. . .)“

Neben einem umfangreichen Wohnbauprogramm und der Schaffung eines eigenen Referates „für Wohnungseigentumbauten und private Eigenheimbauten" waren es vor allem größere Infrastrukturprojekte, die in den Jahren bis 1955 in Angriff genommen wurden. So entstanden in dieser Zeit beispielsweise die Kamptalkraftwerke und die Donaustaustufe Ybbs-Persenbeug, der Ausbau und die Elektrifizierung der Westbahnstrecke sowie der Beginn der Bauarbeiten für den niederösterreichischen Teil der Westautobahn.

Besondere Bedeutung erlangte jedoch unter Landeshauptmann Steinböck das landwirtschaftliche Schulwesen. Durch seine persönlichen Erfahrungen geprägt, meinte er dazu in seiner Antrittsrede als erstmals wiedergewählter Landeshauptmann am 18. November 1949: „Durch viele Jahrzehnte wurde der Fortbildung des Bauernstandes viel zu wenig Aufmerksamkeit zugewendet und nun müssen unter dem Drange der Verhältnisse die Versäumnisse von Jahrzehnten in wenigen Jahren eingeholt werden". Am 22. 8. 1951 wurde das „Landesgesetz über die landwirtschaftlichen Fortbildungsschulen und die bäuerlichen Fachschulen" verlautbart. Damit war Niederösterreich das erste Bundesland, das für alle in der Landwirtschaft Tätigen die landwirtschaftliche Berufsschulpflicht eingeführt hat. Als Landeshauptmann sorgte Steinböck dafür, daß ERP-Mittel für den Neubau bzw. für den Umbau von landwirtschaftlichen Berufsschulen zur Verfügung gestellt wurden. Dazu gehörten die landwirtschaftliche Fachschule in Mistelbach, die landwirtschaftliche Mädchenfachschule in Korneuburg, die Weinbauschule in Krems und die Obstbauschule in Langenlois. Gegenüber seinen Freunden betonte Steinböck immer wieder, daß ihm das landwirtschaftliche Schulwesen nicht nur ein persönliches Anliegen, sondern der wichtigste Teil seiner politischen Agenden sei.

Bei der Beurteilung seines persönlichen Stils im Umgang mit dem politischen Gegner wird Steinböck als ausgeprägter Konsenspolitiker beschrieben, zu harten Wortgefechten und politischen Auseinandersetzungen kam es nur selten (die Gründung der NIOGAS bis hin zur Festlegung ihres Erdgasversorgungsmonopols im Jahre 1957, ein zentrales Anliegen Steinböcks, war aber zum Beispiel nur gegen den heftigsten Widerstand der Sozialisten durchzusetzen). Gegenüber der Bundesregierung trat er wiederholte Male – teilweise „polternd" in Vier-Augen-Gesprächen, aber auch öffentlich – als entschiedener Anwalt der Interessen Niederösterreichs auf. Insbesondere die Frage der endgültigen Rückgliederung der Randgemeinden von Wien nach Niederösterreich oder die ausreichende Berücksichtigung beim Wiederaufbau führten zu Konflikten zwischen Niederösterreich und dem Bund. Immer wieder wies er darauf hin, daß Niederösterreich nicht schlechter behandelt werden dürfe als die anderen Bundesländer. Bei der Beurteilung der wirtschaftlichen Situation müsse man, so Steinböck, nicht nur berücksichtigen, was das Land durch den Krieg verloren habe, sondern was es durch die sowjetische Besatzung nicht bekommen konnte oder durch Plünderungen verloren habe.

In Verhandlungen bewährte sich der Hang Steinböcks, sich sehr detailliert auf Gespräche vorzubereiten. Zwar führte er diese zumeist ohne Assistenz von Mitarbeitern und Beamten, ließ sich aber immer Unterlagen und Aktenvermerke zu den Verhandlungsgegenständen vorbereiten, um auf alle Eventualitäten vorbereitet zu sein. Oftmals überraschte Steinböck seine Verhandlungspartner im Laufe der Gesprächen mit neuen Details und Fakten, die er – zumeist lächelnd – zur neuerlichen Bekräftigung seiner Argumente gebrauchte. Sein Verhandlungsstil war freundlich und wenig aggressiv, fühlte er sich jedoch bedrängt oder benachteiligt, waren gelegentliche Wutausbrüche und laute Sätze – gerade in Verhandlungen mit eigenen Parteifreunden auf Bundesebene – an der Tagesordnung. Bei entscheidenden Fragen der Landespolitik war es schwierig, mit ihm einen Kompromiß zu finden. Für ihn zählte zuerst die Arbeit für das Land, erst dann kamen Parteiinteressen und andere Ambitionen.

Steinböck selbst verstand sich in seiner Tätigkeit als Landespolitiker als Anwalt und Vetreter Niederösterreichs. Die Rolle des „Landesvaters" wurde ihm auch von seinem politischen Gegner – selbst in Sitzungen des Niederösterreichischen Landtages – freimütig zugesprochen. Die Arbeit für das Bundesland Niederösterreich und seine Bewohner sollte sein Leben bis zu seinem Tode voll ausfüllen. So hatte er mehrmals im Laufe seiner Karriere abgelehnt, die Leitung des Landwirtschaftsressorts in der Bundesregierung zu übernehmen. Auch die Übernahme parteipolitischer Spitzenfunktionen, etwa die des Landesparteiobmannes, lehnte er wiederholt ab. Fast legendär sind Berichte, mit welcher Vehemenz sich Steinböck im Jahre 1951 gegen den Vorschlag Julius Raabs gewehrt hatte, die Funktion des geschäftsführenden Landesparteiobmannes zu übernehmen.

Unmittelbar nach den ersten Jahren des Wiederaufbaus waren es weitere Straßenprojekte, zum Beispiel die Südautobahn und der Aufbau eines Landesstraßennetzes, sowie die Fertigstellung des Infrastrukturprogrammes, die zu den vordringlichsten Aufgaben Steinböcks als Landeshauptmann zählten. Wesentlich war Steinböck auch das landesweite Elektrifizierungsprogramm, mit dem auch „das letzte Dörfchen" (Steinböck) an das Stromnetz angeschlossen werden sollte.

Nicht alle seiner begonnenen Werke konnte Johann Steinböck als amtierender Landeshauptmann zu Ende führen. Unmittelbar nach dem Weihnachtsfest 1961 wurde er am 25. Dezember in die Universitätsklinik nach Wien verlegt, wo er am 14. 1. 1962 nach kurzem Leiden seiner Krebserkrankung erlag. Selbst im Krankenbett arbeitete Steinböck bis zuletzt, so erließ er etwa in diesen Tagen noch Ernennungslisten von Landesbeamten, die erst mit dem 1. Juli des Jahres 1962 wirksam werden sollten. In der Trauersitzung des Landtages am 18. Jänner, der neben den Angehörigen des verstorbenen Landeshauptmannes auch Bundespräsident Schärf, Bundeskanzler Gorbach und zahlreiche hochrangige Vertreter des Klerus, der Politik, des Diplomatischen Korps und der Wissenschaft beiwohnten, wurde der langjährige Landeshauptmann vom dritten Landtagspräsidenten, Johann Tesar, mit folgenden Worten gewürdigt, die sehr treffend das Wirken, aber auch den Charakter Steinböcks skizzieren: „Mit Johann Steinböck hat nicht nur Niederösterreich, sondern darüber hinaus ganz Österreich einen markanten Politiker verloren, der seiner Zeit in unserem Heimatland seinen Stempel aufgedrückt hat. (. . .) Nicht viele Worte, sondern das Handeln und die Tat waren für ihn ausschlaggebend."

Literatur- und Quellenverzeichnis

Gutkas, Karl (Hg.) (1990). Landeschronik Niederösterreich, Wien.

Kammerhofer, Leopold (1987). Niederösterreich zwischen den Kriegen – wirtschaftliche, politische, soziale und kulturelle Entwicklung von 1918 bis 1938, Baden.

Stenographische Protokolle des Landtages von Niederösterreich.

Wesentliche biographische Details beruhen auf Informationen aus mehrstündigen Interviews mit einem der Söhne von Johann Steinböck, Dipl.-Ing. Hans Steinböck, und dem Landeshauptmann von Niederösterreich a. D., Mag. Siegfried Ludwig, denen ich beiden zu großem Dank für ihr Entgegenkommen verpflichtet bin.

Lebensdaten

1894	am 12. 6. in Frauenhofen, Niederösterreich, geboren
1914–1916	Wehrdienst, Kriegseinsatz in Rußland
1916	Verwundung, Rückkehr nach Frauenhofen
1921	Übernahme des elterlichen Hofes
1922	Eheschließung mit Rosina Daniel
1938	Verhaftung durch die SA
1962	am 14. 1. in Wien gestorben

Staatliche Funktionen

1928–1938	Bürgermeister von Frauenhofen
1932–1934	Abgeordneter zum Niederösterreichischen Landtag
1934–1938	Landesrat der ständischen Landesregierung von Niederösterreich
1937–1938	Stellvertretender Reichsbauernführer
1945	Mitglied des provisorischen Landesausschusses von Niederösterreich
1945–1949	Landesrat von Niederösterreich, zuständig für Ernährungssicherung und Landwirtschaft
1949–1962	Landeshauptmann von Niederösterreich

Parteipolitische Funktionen

1945	Mitbegründer der ÖVP Niederösterreich
1945–1962	Mitglied des Landesparteivorstandes der ÖVP Niederösterreich
1949–1962	Mitglied des Bundesparteivorstandes der ÖVP
1950–1962	Obmann des Niederösterreichischen Bauernbundes
1960–1965	Obmann-Stellvertreter des Österreichischen Bauernbundes

Josef Taus

von
Fritz Plasser

Josef Taus – in bescheidenen Verhältnissen aufgewachsen (sein Vater arbeitete als Fleischergeselle in einem Betrieb im dritten Wiener Gemeindebezirk) – entschied sich nach der Matura für das Studium der Rechts- und Staatswissenschaften an der Universität Wien, das er 1955 mit einem Doktorat abschloß. Eine starke persönliche Bindung an die Kirche formte bereits in frühen Jahren eine spezifische Sicht der gesellschaftlichen Realität. In dieser Zeit gesammelte Gemeinschaftserfahrungen führten ihn konsequenterweise zum CV. Als Mitglied der Verbindung „Bajuvaria" wurde Taus in ein soziales Netzwerk integriert, dem neben prominenten Mitgliedern der damaligen ÖVP-Regierung und zahlreichen der Volkspartei nahestehenden Experten und Führungskräften auch Persönlichkeiten wie Friedrich Heer angehörten, der Taus im Rahmen der Zeitschrift *Die Furche* erste journalistische Tätigkeitsfelder eröffnete. In diese Zeit fällt auch die Bekanntschaft mit dem ÖVP-Abgeordneten Dr. Karl Kummer, der ihn als Leiter des Instituts für Sozialpolitik und Sozialreform für die Ausarbeitung wirtschafts- und gesellschaftspolitischer Expertisen und Studien heranzog. Neben seiner hauptberuflichen Expertentätigkeit im Wirtschaftsforschungsinstitut profilierte sich Taus zunehmend als wissenschaftlich fundierter Politikberater, der auch in strategischen Optionen und unter den Gesichtspunkten politischer Machbarkeit sowie Durchsetzungsfähigkeit denken mußte. Taus, der bereits in jungen Jahren als „Ghostwriter" für den Finanzminister herangezogen worden war und sich in zahlreichen Veröffentlichungen und Vorträgen als wirtschaftspolitischer Experte profilierte, wurde im Alter von 27 Jahren zum volkswirtschaftlichen Referenten der ÖAAB-Bundesleitung kooptiert. Der damalige Finanzminister Josef Klaus machte Josef Taus zu seinem wirtschaftspolitischen Berater, war von dessen Kompetenz beeindruckt und schlug ihn nach seinem Rücktritt als Finanzminister 1963 sogar als einen Kandidaten für seine Nachfolge vor (Klaus 1971).

Im April 1966 erfolgte mit der Berufung durch Bundeskanzler Klaus als Staatssekretär in das Bundesministerium für Verkehr und Verstaatlichte Unternehmungen der Sprung in die Politik. Taus war mit 33 Jahren damals das jüngste Regierungsmitglied in der Zweiten Republik. Im März 1967 zog sich Taus wieder in das Wirtschaftsleben zurück. Parallel zu seiner Laufbahn als erfolgreicher Banker profilierte sich Taus als führender Wirtschafts- und Industriepolitiker im ÖAAB, wo er zunächst zum Finanzreferenten gewählt wurde und eine Funktionsperiode lang auch einer der sieben Stellvertreter war, die Übernahme der Funktion des ÖAAB-Obmannes aber ablehnte. 1971 kam Taus als möglicher ÖVP-Obmann ins Gespräch, doch er plädierte für Dr. Karl Schleinzer. Nach dem Unfalltod Schleinzers kürte die VP-Bundesparteileitung am 24. Juli 1975 Taus zum neuen Bundesparteiobmann, diese Funktion übte er bis 1979 aus.

Externe und interne Sachzwänge beschränkten von Beginn an den Handlungsspielraum des ÖVP-Parteiobmannes und Spitzenpolitikers Josef Taus. Zu externen Faktoren zählten

- die mit einer absoluten Mandatsmehrheit ausgestattete Hegemonialposition der alleinregierenden SPÖ;
- ein von weiten Bevölkerungsschichten mitgetragener und mit bestimmten politischen Erwartungshaltungen verbundener „sozialdemokratischer Konsens" (Ausweitung des sozialstaatlichen Leistungs- und Sicherheitsangebotes, gesellschaftspolitische Modernisierung bzw. Reformorientierung);
- die außergewöhnliche Popularität des amtierenden Bundeskanzlers Bruno Kreisky, der die massenmediale Öffentlichkeit souverän als politisches Führungsmittel einsetzte.

Als Oppositionsführer und Herausforderer des amtierenden Kanzlers war Taus bei der entscheidenden „Kanzlerfrage" in der Defensive. In zunehmend amerikanisierten und personalisierten Wahlkämpfen sollte sich der „Kanzlerbonus" als wirksamstes Instrument zur Verteidigung des politischen Führungsanspruches herausstellen. 1974 – noch unter dem Taus-Vorgänger Dr. Schleinzer – betrug der „Kanzlerbonus" Kreiskys (prozentueller Vorsprung des Amtsinhabers vor dem Herausforderer bei der demoskopisch gestellten Kanzlerdirektwahlfrage) 22 Prozent. 1975 hätten 59 Prozent Kreisky und 34 Prozent Taus zum Bundeskanzler gewählt (+ 25 Prozent). Vier Jahre später erhöhte sich der „Kanzlerbonus" Kreiskys auf + 31 Prozent und näherte sich nach 1979 der 40-Prozent-Marke.

Parteiintern schränkten ungelöste Strukturprobleme der ÖVP den Handlungsspielraum des Parteiführers Taus ebenso ein, wie das Parteiimage der ÖVP in den siebziger Jahren durch einen gänzlichen Mangel an Modernität, Attraktivität und Dynamik gekennzeichnet war. Ein Netzwerk interessenpolitischer Abhängigkeiten, Rücksichtnahmen und Kooperationserfordernisse schwächten oppositionelle Profilierungschancen. Die Rahmenbedingungen, die Josef Taus bei seinem Amtsantritt als ÖVP-Parteiobmann am 24. Juli 1975 vorfand, waren alles andere als günstig. Die siebziger Jahre erschienen bei distanter Analyse bereits damals als sozialdemokratisch geprägtes Jahrzehnt.

Mit Beginn der Kanzlerschaft von Bruno Kreisky wurden auch in Österreich politisches Kommunikationsgeschick, d. h. Kompetenz im Umgang mit Journalisten und TV-Kameras, die Vermittlung medien- und kameragerechter Botschaften wie die souveräne Selbstdarstellung in der massenmedialen Öffentlichkeit zur zentralen politischen Führungsaufgabe. Der „Medien-" bzw. „Journalistenkanzler" Kreisky setzte dabei die Maßstäbe, denen seine Herausforderer zu entsprechen hatten, wollten sie ihm auf der massenmedialen Bühne erfolgreich Konkurrenz machen.

Gerade die TV-Kamera und fernsehgerechte Selbstpräsentation erwies sich als ein entscheidender Problem- und Schwachpunkt des Spitzenpolitikers Taus. Offensichtlich war er für ein *„soft medium"* wie das Fernsehen zu kühl, zu intellektuell-distant, um subtile Emotionen zu transportieren und das Gefühl eines *„human touch"* zu erwecken. Routine, Praxis und zunehmende Rollensicherheit verbesserten zwar das TV-vermittelte Erscheinungsbild. Rückblickend war aber die problematische TV-Wirkung von Josef Taus ein zentrales Handicap, das auch durch strategische Brillanz und außergewöhnliche Kompetenz nicht wettzumachen war. Abgesehen von Problemen beim *„impression management"* – der effektvollen Selbstinszenierung vor der TV-Kamera – war das Verhältnis von Josef Taus zu Medienvertretern – mit wenigen Ausnahmen – gespannt. Als erfolgreicher Manager und Experte begegnete Taus innenpolitischen Redakteuren mit skeptischer Distanz und unverkennbarer Mißbilligung scheinbar naiver, unpräziser bis spekulativer Interviewfragen. Vermittelte Kreisky Journalisten das Gefühl professioneller Anerkennung, signalisierte Taus Distanz und fachliche Überlegenheit.

ÖVP-Obmann Dr. Josef Taus

Im Gegensatz zu seinen Selbstdarstellungsproblemen im „Small-Talk-Format" des Fernsehens war Taus bei Großveranstaltungen und Parteitagen ein brillanter, die klassischen rhetorischen Techniken wirksam einsetzender Redner. Seine Stärke war dabei weniger das Verlesen fertiger Redemanuskripte, sondern die freie Rede, die spontane Argumentation und Improvisation. Taus, der in jungen Jahren selbst ein vielbeschäftigter „Ghostwriter" für Josef Klaus und andere prominente ÖVP-Spitzenpolitiker gewesen war, hatte eine skeptische Distanz zu „fremden" Redemanuskripten. Dies zur gelegentlichen Verzweiflung seiner Stabsmitarbeiter, wie die folgende, häufig erzählte Anekdote skizziert: „Eines Tages stand wieder so eine wichtige Rede bevor, Busek und Bergmann drangsalierten ihn, sich vorzubereiten, und Taus ließ sich widerwillig breitschlagen: ‚Na gut, gebts mir die Unterlagen. Ich fahr' nach Hause, dort hab ich meine Ruh', und da werd ich die Rede schreiben.' Am nächsten Morgen forderten die Sekretäre das Werk ein. ‚Was ist', fragte Taus völlig konsterniert, ‚habts keine Zeitungen gelesen? In Döbling war ein Stromausfall. Kein Licht. Und außerdem hab ich nur eine elektrische Schreibmaschine.' Busek war einem Wutanfall nahe. Taus fuhr gelassen fort: ‚Na, und dann hab ich's mir gemütlich gemacht, die Schlapfn angezogen und eine gute Platte gespielt.' Bergmann konnte Busek gerade noch davon abhalten, Taus zu erwürgen, und meinte nur: ‚Hast du denn nicht gewußt, daß der Taus den ersten kerzenbetriebenen Plattenspieler der Welt hat?' Am Abend hielt Taus die Rede aus dem Stegreif. Sie war ein voller Erfolg" (*trend*, 6/1991).

Josef Taus war ein Spitzenpolitiker mit drei Images: am TV-Schirm distant und häufig leicht angespannt wirkend, am Rednerpult je nach Disposition mitreißend, scharfzüngig und absolut souverän wirkend, im persönlichen Gesprächskontakt freundlich, entspannt und von außergewöhnlicher analytischer Schärfe. Eine Brillanz – von Kritikern gelegentlich als Arroganz empfunden –, die auch sein Verhältnis zu seinen Stabsmitarbeitern und Beratern charakterisierte. Typisch für Taus war die Rollenumkehr des Verhältnisses Berater zum Beratenden. Taus unterbrach oft bereits nach wenigen Minuten den vortragenden Referenten, nahm Schlußfolgerungen vorweg, kommentierte und variierte mögliche Handlungsoptionen und glänzte mit seiner außerordentlichen Kenntnis politischer Strukturen und Kalküle.

Seine analytischen Fähigkeiten, seine Systematisierungskraft, sein immenses Fakten- und Zahlenwissen wie seine unbestrittene Kompetenz in wirtschafts- und industriepolitischen Fragen, machten Taus zu einem respektierten – als hart wie zielbewußt eingeschätzten – Verhandler. Als gelernter Banker, Industrie- und Konzernführer beherrschte Taus das Repertoire der Verhandlungstaktiken, der einzuhaltenden Linien wie der Tangenten, die einen brauchbaren Verhandlungskompromiß zulassen. Seine Vorliebe für „große" Lösungen minderte gleichzeitig sein Interesse für sektorale, bürokratische, formale Problemstellungen. Anders als sein Vorgänger Karl Schleinzer verstand er auch die Organisation der Bundesparteileitung nicht als ministerial-bürokratischen Mikrokosmos festgeschriebener Abteilungshierarchien. Josef Taus bevorzugte einen informellen, kollegialen Führungs- und Arbeitsstil.

Das große Interesse von Taus galt der strategischen und konzeptionellen Planung, und hier liegen auch seine Leistungen als Parteiführer wie jene wirtschafts- und industriepolitischen Modernisierungsimpulse, die Jahre später zur Doktrin seiner Partei wie zum Kanon des Arbeitsübereinkommens der großen Koalition werden sollten. Vier Schwerpunkte charakterisieren das strategische Handeln des Parteiführers Taus.

1. *Der Versuch der Konsolidierung und Bestandssicherung der ÖVP.* Der sozioökonomische Strukturwandel führte zu einer anhaltenden Schwächung der ÖVP-Kernschichten. Die rasante Industrialisierung bewirkte vor allem im ländlichen – bislang ÖVP-dominierten – Raum einen Traditionsbruch. Die Abwanderung aus landwirtschaftlichen bzw. gewerblich-selbständigen Berufen in Industriebetriebe und den öffentlichen Dienstleistungsbereich „entfremdete" Teile der traditionellen Kernwählerschaft von der ÖVP und begünstigte auch eine parteipolitische Abwanderung in Richtung SPÖ. Josef Taus erkannte die Gefahren eines strukturellen Substanzverlustes der ÖVP. Er versuchte dieser Gefahr durch eine verstärkte wertkonservative Profilierung seiner Partei gegenzusteuern. Mit Hilfe einer „Ideologiediskussion" sollten die ideologisch-programmatischen Unterschiede gegenüber der SPÖ öffentlich sichtbarer gemacht werden. Wie zahlreiche ideologische Profilierungsversuche der Vergangenheit, war der Einzugsradius dieser Bemühungen in einer säkularisierten, auf sozialen Aufstieg, Modernität und wohlfahrtsstaatliche Sicherheitsgarantien orientierten Gesellschaft gering zu veranschlagen. Über weite Phasen seiner Obmannschaft erschien das Ziel der wahlpolitischen Bestandserhaltung und der Konsolidierung der heterogenen Wählerkoalitionen der ÖVP hingegen durchaus realistisch. Dies demonstrieren demoskopische Datenreihen, Zwischenwahlergebnisse wie letztlich auch die Nationalratswahlergebnisse. Zwischen 1971 und 1975 veränderte sich der ÖVP-Stimmenanteil bei Nationalratswahlen um minus 0,1 Prozent. Trotz einer als spektakulär empfundenen Wahlniederlage 1979 betrug die Veränderung des ÖVP-Stimmenanteils zwischen 1975 und 1979 nur 1,1 Prozent.

2. *Der Versuch der strukturellen Modernisierung der ÖVP.* Josef Taus machte sich über die strukturellen Schwächen der ÖVP zu keinem Zeitpunkt Illusionen. Gerade weil ihm die internen Probleme der Volkspartei hautnah vertraut waren: der bündische Egoismus, die selbstherrliche Arroganz der „Granden" und Landeshauptleute, die struktu-

relle Unfähigkeit der Partei zu einer „kantigen" Oppositionspolitik, die Bereitschaft zu politischen Tauschgeschäften mit der SPÖ-Regierung, auch auf die Gefahr der Schwächung der Bundespartei, der Wankelmut und die verbreitete resignative Passivität im „bürgerlichen" Lager, wie die Bereitschaft zur internen Intrige und masochistischen Lust an Personaldiskussionen bis zum Bruch jedweder Loyalität.

Zentrale Zielgruppe der ÖVP-Strategie unter Josef Taus waren die Angehörigen der „neuen, angestellten Mittelschichten". Diese – in zeitgemäßer Terminologie auch als „Grenzwähler" apostrophierte – grundsätzlich wechselbereite Wählergruppe sollte mit einer Mischung aus wertkonservativen Akzenten, Betonung des Leistungsprinzips und marktwirtschaftlichen Programmakzenten angesprochen werden. Ähnlich wie der Versuch einer ideologischen Reprofilierung blieb auch die Reichweite der skizzierten Modernisierungsstrategie beschränkt: Zum einen handelte es sich bei einem Großteil dieser Zielgruppenwähler um persönlichkeitsorientierte „Kreisky-Wähler" (Image-Problem), zum anderen blieben innerparteiliche Modernisierungsbemühungen an der (werblichen) Oberfläche, wurden von bündischen Eigeninteressen sabotiert bzw. von selbstbewußten Landesparteiorganisationen schlichtweg ignoriert (Strukturproblem).

3. *Der Versuch der programmatischen Innovation zentraler Politikbereiche.* Bereits Jahre vor der von Thatcher und Reagan ausgelösten Renaissance der Marktwirtschaft als zentrales Ordnungsmodell einer dynamischen Gesellschaft vertrat Taus wirtschafts- und industriepolitische Grundkonzeptionen, die auf Privatisierung, Zurückdrängen des Staatseinflusses, Internationalisierung der Wirtschaft, Modernisierung der Produktionsstrukturen und eine grundsätzliche Neudefinition der Rolle des Staates und seiner Funktionen für die Gesellschaft hinausliefen. Aus der Oppositionsrolle heraus mußten diese Konzepte Denkanstöße bleiben. Es war dies der Höhepunkt der „neuen sozialistischen Beschäftigungspolitik", der großflächigen Subvention der verstaatlichten Großbetriebe und eines expansiven Wachstums des öffentlichen Sektors wie des sozialstaatlichen Leistungsangebotes, des „Schwedischen Modells", in der Sozial- und Wirtschaftspolitik und eines „sozialdemokratischen Konsenses", dem von der Mehrheit der Bevölkerung der Vorzug gegeben wurde. Die Rolle von Josef Taus war in diesen Jahren die eines Warners, vorausblickenden Analytikers und Impulsgebers.

4. *Der Versuch der koalitionspolitischen Flexibilisierung.* Konfrontiert mit einer absoluten Regierungsmehrheit der SPÖ, war es das strategische Ziel von Josef Taus, für seine Partei Regierungsverantwortung zu erobern. Der verbreiteten großkoalitionären Grundstimmung innerhalb der ÖVP setzte er ein Konzept koalitionspolitischer Flexibilität entgegen. Mit dem neuen FPÖ-Parteiobmann Alexander Götz bestand eine vertrauliche Gesprächsbasis, auf der Optionen einer alternativen Regierungsmehrheit diskutiert werden konnten. Im Kalkül von Josef Taus sollte diese Option einer möglichen „Umklammerungsstrategie" der SPÖ vorbeugen bzw. im Fall eines Verlustes der absoluten Mehrheit zusätzlichen koalitionspolitischen Spielraum eröffnen. Diese im engsten Führungskreis angestellten Überlegungen wurden durch eine gezielte Indiskretion der SPÖ zugetragen, die sie im Nationalratswahlkampf 1979 unter dem Motto „Taus – Götz: Nein danke" zu einem überaus wirksamen Gegenangriff benutzte. Der Wahlabend des 6. Mai 1979 war der bitterste Tag im politischen Leben von Josef Taus.

Josef Taus übernahm die persönliche Verantwortung für die Wahlniederlage der ÖVP. Seinem Temperament entsprechend, ging er nach einigen Wochen der internen Schadensbilanz in die Offensive. In einer turbulenten Parteivorstandssitzung konfrontierte er die Teilnehmer ultimativ mit einem Katalog zur Reform der ÖVP. Zentrale Punkte, wie Rückdrängung des bündischen Einflusses, straffere Führungs- und Organisationsstrukturen, Zusammenführung aller Teil- und Vorfeldorganisationen in einem zentralen Parteihaus, waren als Soll-Bruchstellen konzipiert. Josef Taus legte das Amt des

ÖVP-Bundesparteiobmannes nieder und verblieb als Nationalratsabgeordneter im Parlament.

In den Folgejahren widmete sich Josef Taus dem Aufbau und Management eines erfolgreichen Konzernbetriebes. Als industriepolitischer Sprecher der ÖVP-Parlamentsfraktion erlebte er gemeinsam mit seinem Freund – dem langjährigen ÖVP-Wirtschaftssprecher Robert Graf – Mitte der achtziger Jahre eine neue Welle öffentlicher Popularität und Wertschätzung. An der marktwirtschaftlichen Profilierung der ÖVP unter seinem Nachfolger Alois Mock maßgeblich beteiligt, zählte Josef Taus zum Kreis der führenden Wirtschaftspolitiker Österreichs, der weit über die Grenzen seiner Partei hinaus auf höchsten Respekt und Anerkennung stieß.

Markt- und Konjunktureinbrüche im Zug einer internationalen Rezession 1990/91 brachten einige Sektoren seines Industriekonzerns in wirtschaftliche Problemzonen. Der Industriemanager und Industriepolitiker Taus entschied sich für eine konsequente und klare Trennlinie zwischen den beiden Funktions- und Verantwortungsbereichen. Im November 1991 legte Dr. Taus sein Abgeordnetenmandat zurück und konzentrierte sich ausschließlich auf seine Tätigkeit als Industrie- und Konzernmanager.

Obgleich ihm der Erfolg als Kanzlerkandidat versagt blieb, viele seiner politischen Aktivitäten nur Stückwerk blieben bzw. an internen und externen Sachzwängen scheiterten, verkörpert Josef Taus Potentiale und Eigenschaften, die ihn zu einem Repräsentanten des modernen, unverkennbar technokratisch geprägten, konservativen Politikertypus machen. Taus prägte keine Ära, wie es Bruno Kreisky in den siebziger Jahren gelang. Der Spitzenpolitiker Taus repräsentiert aber einen Typus der Kompetenz, Reformbereitschaft und analytischen Brillanz, der den Führungsansprüchen der achtziger Jahre vielleicht mehr entsprochen hätte als den Entfaltungsmöglichkeiten, die er in der Konstellation der siebziger Jahre vorgefunden hat.

Literatur- und Quellenverzeichnis

Klaus, Josef (1971). Macht und Ohnmacht in Österreich, Wien.

Müller, Wolfgang C. (1988). Conservatism and the Transformation of the Austrian People's Party, in: Brian *Girvin* (Hg.): The Transformation of Contemporary Conservatism, London.

Müller, Wolfgang C. / Barbara *Steininger* (1994). Party Organization and Party Competitiveness: The Case of the Austrian People's Party, 1945–1992, in: European Journal of Political Research 26, Nr. 1.

Plasser, Fritz (1993). Tele-Image, Tele-Politik und die Transformation demokratischer Führung, in: Österreichische Zeitschrift für Politikwissenschaft 22, Nr. 4.

Taus, Josef (1965). Partner der pluralistischen Gesellschaft, in: Ludwig *Reichhold* (Hg.): Zwanzig Jahre Zweite Republik, Wien.

Taus, Josef (1969). Wirtschaft und Wirtschaftsstruktur, in: Karl Heinz *Ritschel* (Hg.): Demokratiereform, Wien.

Taus, Josef (1972). Parteien und Wirtschaft, in: Erika *Weinzierl* / Kurt *Skalnik* (Hg.): Österreich. Die Zweite Republik, Bd. 1, Graz.

Taus, Josef (1977). Katholische Soziallehre und das Grundsatzprogramm der ÖVP, in: Alois *Mock* / Herbert *Schambeck* (Hg.): Verantwortung in Staat und Gesellschaft, Wien.

Taus, Josef (1984). Eine neue industrielle Revolution? Chancen und Ansatzpunkte für eine Modernisierung der österreichischen Wirtschaft, in: Stephan *Koren* / Karl *Pisa* / Kurt *Waldheim* (Hg.): Politik für die Zukunft, Wien.

Taus, Josef (1990). Wirtschaftspolitik in Österreich, in: Gerd *Bacher* / Karl *Schwarzenberg* / Josef *Taus* (Hg.): Standort Österreich. Über Kultur, Wirtschaft und Politik im Wandel, Graz.

Vodopivec, Alexander (1975). Taus & Busek. Persönlichkeit, Konzept und Stil des neuen Führungsteams der ÖVP, Wien.

Wilflinger, Gerhard (1978). Die Ideologiediskussion in der ÖVP. 1970–1978, in: Österreichisches Jahrbuch für Politik 1978.

Lebensdaten

1933	am 8. 2. in Wien geboren
1951	Matura, Studium an Hochschule für Welthandel und an der Universität Wien (Dr. iur. 1955)

Berufliche Karrierestationen

1955	Gerichtsjahr; Wirtschaftsredakteur der *Wiener Zeitung*
1956–1958	Österreichische Institut für Wirtschaftsforschung, publizistische Tätigkeit, Konsulententätigkeit
1958–1968	Girozentrale und Bank der österreichischen Sparkassen AG
1959–1963	Konsulent im Bundesministerium für Finanzen
1968–1975	Vorstandsvorsitzender der Girozentrale
1967–1975	Aufsichtsratsvorsitzender der ÖIAG
1979–1985	Geschäftsführender Gesellschafter der CONSTANTIA Industrieverwaltungsges. m. b. H.
1986–1989	Vorstandsmitglied der CONSTANTIA Industrieholding AG
1989–1991	Präsident des Hauptverbandes der Österreichischen Sparkassen
1989	Vorstandsmitglied der Management Trust Holding AG

Staatliche Funktionen

1966/67	Staatssekretär im BM für Verkehr und verstaatlichte Unternehmungen
1975–1991	Abgeordneter zum Nationalrat

Parteipolitische Ämter

1971–1974	Stellvertretender Obmann des ÖAAB
1970–1975 und 1983–1991	Bereichssprecher der ÖVP (verstaatlichte Industrie)
1975–1979	Bundesparteiobmann der ÖVP
1989–1991	Finanzreferent der ÖVP

Leopold Wagner

von
Karl Anderwald

Vom Elternhaus her deutete wenig auf eine glanzvolle Karriere innerhalb der SPÖ hin: Leopold Wagner wurde 1927 als Kind einer Klagenfurter Arbeiterfamilie geboren, die sich herzlich wenig für Politik interessierte. Die Eltern waren zudem nicht sozialdemokratisch, sondern national eingestellt. Es stellte daher keinen Bruch mit der Kontinuität der politischen Überzeugung innerhalb der Familie dar, daß der junge Wagner der Hitlerjugend beitrat. Gegen Kriegsende wurde er zum Arbeitsdienst und dann zu den Gebirgsjägern eingezogen. Der damals an Politik ebenfalls völlig desinteressierte Schüler kam in der letzten Klasse der Lehrerbildungsanstalt mit der SPÖ in Berührung, als er im Schuljahr 1946/47 dem sozialistischen Lehrerverein beitrat. Dies entsprach der noch heute gültigen Vorgangsweise, daß man schon als Schüler entscheidet, welchem der parteipolitisch ausgerichteten Lehrervereine man seine künftige Laufbahn anvertraut.

Für die SPÖ wurde der junge Lehrer durch seine sportlichen Erfolge interessant. Leopold Wagner war ein weit über die Grenzen Kärntens bekannter Leichtathlet mit zahlreichen Meistertiteln. Der Sport spielte im Machtkonzept der Kärntner SPÖ damals eine wichtige Rolle. Die Gründung von Vereinen des Arbeiterbundes für Sport und Körperkultur Österreichs (ASKÖ) wurde forciert, sodaß man im Jahre 1954 schon auf 74 Vereine mit ca. 16.000 Mitgliedern hinweisen konnte. Gemäß dem Landesorganisationsstatut hatte ein Delegierter des ASKÖ auch Sitz und Stimme im Landesparteirat. Wagners Bewährungsproben in der Politik bestanden anfänglich in organisatorischen Leistungen als Sportfunktionär. Er bekleidete Spitzenfunktionen in den Sportverbänden (Radsportkommission, Leichtathletikverband und ASKÖ) und gründete 1953 unter dem Dachverband des ASKÖ den Klagenfurter Leichtathletik-Klub (KLC). Beruflich folgte der Tätigkeit als Volks- und Hauptschullehrer (Deutsch, Geographie, Geschichte) die Berufung in den Landesschulrat. Die Bestellung zum Landesparteisekretär im Jahre 1965, die Wagner heute als „Quereinstieg in die Politik" sieht, kam daher trotzdem überraschend. Die Weichenstellung erfolgte noch durch Ferdinand Wedenig, der Wagner mit der Formulierung „Das wird unser Fels in der Brandung sein" vorschlug. Das Vorhaben blieb bis zuletzt geheim. Die eingeweihten Parteigranden verständigten sich mit dem Code „Ist der Wagen schon vorgefahren?"

Gemäß der Tradition in der Kärntner SPÖ war mit der Bestellung zum Landesparteisekretär der Weg für höchste politische Weihen vorgezeichnet. 1966 wurde Wagner Mitglied des Bundesrates. Nach dem klaren Wahlsieg im Jahre 1970 nahm er den (vorerst auch von der FPÖ reklamierten) 5. Regierungssitz der SPÖ ein und wurde gleichzeitig Klubobmann im Landtag.

Simas Ende kam dann weit früher als erwartet. Die als eine Folge des Ortstafelkonfliktes verlorenen Gemeinderatswahlen mit dem Bürgermeisterwechsel in Klagenfurt führten zu seiner Abwahl am SPÖ-Parteitag vom 12. Mai 1973. Zur allgemeinen Überraschung machten bei der Wahl des Nachfolgers nicht die favorisierten Kandidaten Hans Kerstnig oder Hans Schober das Rennen, sondern Leopold Wagner, der bereits im ersten Durchgang die absolute Mehrheit erhielt. Von der noch immer großen Anhängerschaft Hans Simas wurde honoriert, daß sich Wagner geschickt aus dem Konflikt herausgehalten hatte.

Zunächst mußte der neugewählte Landesparteiobmann aber erst das Vertrauen des Landesparteivorstandes gewinnen. Wagner konnte zwar auf die Basis zählen, das Leitungsgremium stand jedoch noch mehrheitlich hinter Hans Schober. Wagner verglich die Patt-Situation mit einer Schulklasse: „Jeder hat die Hälfte der Klasse beherrscht." Dem Geschick des neuen Obmannes und wohl auch der Parteidisziplin war es zu verdanken, daß bald klare Verhältnisse herrschten: Die Nominierung zum Spitzenkandidaten für die Landtagswahl 1975 fiel bereits einstimmig aus. Nach einem Machtwort Bruno Kreiskys konnte auch Hans Sima zu einer geordneten Hofübergabe bewegt werden.

Der neue Kärntner Landeshauptmann wollte dafür sorgen, daß man seine Kärntner SPÖ bei der bevorstehenden Landtagswahl „nicht mehr mit einem nationalen Slogan niederhauen kann, wie bei der Gemeinderatswahl" (*Kleine Zeitung,* 19. Jänner 1975). In der Minderheitenpolitik gab es daher eine Kehrtwendung. Künftig sollte es in diesem Bereich keinen Alleingang, sondern eine Drei-Parteien-Einigung geben. Die SPÖ setzte dabei auf die nationale Karte. Josef Kreutz, der Chefredakteur des SP-Parteiorganes, beschrieb die neue Position so: „National und patriotisch – ja! Weil es auch sozialdemokratisch ist" (*Kärntner Tageszeitung,* 6. Februar 1975). Im Wahlkampf 1975 gab es dann die bekannte Äußerung Wagners, er glaube auch in nationalen Kreisen eine gewisse Wertschätzung zu finden, da er zwar kein Napola-Schüler aber immerhin ein hochgradiger Hitlerjunge gewesen sei. Leopold Wagner sah sich bei seinem Eintritt in die Spitzenposition auch mit Veränderungen in der Kärntner Wirtschaft konfrontiert, die ein Eingreifen der Landespolitik notwendig machten. Zwar schien die Situation im Fremdenverkehr und auf dem Energiesektor erfolgversprechend, der Niedergang der traditionellen Bergbauindustrien und die Dezimierung der Landwirtschaft riefen aber nach Lösungen. Bereits am 23. Mai 1974 übergab der neugewählte Landeshauptmann der Bundesregierung dazu einen Forderungskatalog des Landes Kärnten. Der Handlungsspielraum gegenüber der Bundesregierung war seit 1971 größer geworden, da der sozialistisch geführten Kärntner Landesregierung nun eine sozialistische Alleinregierung in Wien gegenüberstand. Ein zusätzliches Plus waren die Kontakte, die der aus der Bundespolitik übergewechselte Landeshauptmannstellvertreter Erwin Frühbauer mitbrachte. Frühbauer erwies sich bald als „graue Eminenz" der Kärntner Wirtschaftspolitik. Nach dem überraschend hohen Sieg bei der Landtagswahl 1975 steigerte sich dieser Einfluß in Wien noch.

Zum Unterschied von seinem Vorgänger Hans Sima, dem „cäsarische Züge" nachgesagt wurden, verzichtete Leopold Wagner auf jeden Personenkult. Leser (1994) schildert Wagner recht treffend als relativ erfreulichen Politikertyp, der in seinen persönlichen Ansprüchen bescheiden war und dessen Privatleben nie zu Klagen Anlaß gab. Ein Markenzeichen Wagners war sein strahlendes Lächeln, das Stärke und Zuversicht vermittelte. Wagner gab sich in Gesprächen jovial und amikal: „Wenn ich jemanden einen Wunsch nicht erfüllen konnte, dann habe ich die Hand um ihn gelegt und ihm erklärt, warum das nicht geht." Trotz der freundlichen Umgangsformen bekamen die Gesprächspartner stets auch Wagners Macht- und Selbstbewußtsein mit.

Wohltuend war der Gegensatz zu Simas Monsteransprachen. Reden in der Öffentlichkeit fielen meist kurz und bündig aus. Mit dem einzigen Wort „Eröffnet" als kürzeste

Rede aller Zeiten fand der Kärntner Landeshauptmann sogar Aufnahme im Guiness-Buch der Rekorde. Öffentliche Auftritte signalisierten Stärke und Entschlossenheit. Härte bewies Leopold Wagner als Verhandler mit den anderen Lagern: „Er war selbstherrlich und setzte die Interessen seiner Partei, mit der er sich identifizierte, und die er durch sich optimal verkörpert sah, rücksichtslos durch ... In Kärnten herrschte eine Parteibuchwirtschaft strengster Art, die ÖVP hatte sich mit einem sehr bescheidenen Proporzanteil zufriedengegeben. Deklarierte Freiheitliche und Parteilose mußten um vieles besser sein als ihre mit Parteibuch ausgestatteten Konkurrenten, um Ähnliches zu erreichen, in der Regel waren sie überhaupt chancenlos" (Leser 1994).

Landeshauptmann Leopold Wagner, mit Bischof Dr. Egon Kapellari

Herbert Bacher, Wagners Konkurrent bei der Landtagswahl 1975, verglich Verhandlungen mit der Kärntner SPÖ mit einem zwischen einem Huhn und einem Schwein abgeschlossenen Vertrag zur Produktion von Ham and Eggs, wobei der Kärntner ÖVP immer die Rolle des Schweines zugekommen sei. Georg Wurmitzer, langjähriger ÖVP-Klubobmann, beklagte sich, daß ihn Wagner einmal mit der psychischen Vernichtung bedroht habe. Der Ex-Landeshauptmann heute dazu im Rückblick: „Da hat er mich falsch verstanden. Ich habe ihm nur gesagt, er soll sich nicht immer so aufregen. Insgesamt ist zu sagen, daß ich bei den Verhandlungen mit den politischen Gegnern nie ein schlechtes Gewissen hatte. Wir hatten allerdings nie etwas zu verschenken."

Einen ähnlich harten Kurs gab es innerhalb der eigenen Partei: „Ich war der Chef. Ich ließ keine Cliquen zu." Nach anderer Einschätzung sah dies so aus, daß innerparteiliche Kritiker, die „wider den Stachel zu löcken wagten, gnadenlos eliminiert wurden" (Leser 1994). In seiner Eigenschaft als Landesparteiobmann griff Leopold Wagner auch immer wieder in die Berichterstattung des Parteiorganes ein. Dies führte im Jahre 1988 schließlich zu einem Protestbrief des Redakteurskollegiums der *Kärntner Tageszeitung*.

In ihrem Schreiben verwahrten sich die Redakteure insbesondere gegen Äußerungen des Landeshauptmannes, die von den Mitarbeitern als Androhung des Entzuges der beruflichen Existenz aufgefaßt werden mußten. Als Organisator schenkte Wagner der Arbeit „nach innen“ große Aufmerksamkeit. Schon 1974 gab es nahezu 3000 Neubeitritte zur SPÖ, die in Kärnten damals ca. 50.000 Mitglieder aufwies. Die Schlagkraft der Organisation wird am besten durch die Zahl von 531 (!) parteiinternen Veranstaltungen während eines einzigen Monates zur Vorbereitung der Landtagswahl 1975 gekennzeichnet. Die „Wahlkampfmaschine“ der SPÖ lief unter Wagner auf Hochtouren und sorgte stets für Ergebnisse über der 50% Marke: „Im Jahre 1975 habe ich ein Buch geschrieben, wie man Wahlen schlägt. Obwohl ich ihnen diese Handlungsanleitung überlassen habe, hielten sich meine Nachfolger leider nicht daran.“

Als Pädagoge lag Wagner besonders die Bildungspolitik am Herzen. Seiner Einschätzung nach wurde auch die Idee der Schülerfreifahrten und die der kostenlosen Schulbücher in Kärnten geboren, als man dort die Auflösung von kleinen Volksschulen diskutierte. Leopold Wagner gilt weiters als Erfinder der Staatsverträge der Länder mit dem Bund. 1979 wurde der erste Staatsvertrag zwischen Kärnten und der Republik Österreich abgeschlossen, mit dem 1,6 Mrd Schilling an zusätzlichen Förderungsmitteln dem Land zugesprochen wurden. Im Jahre 1983 folgte ein weiterer Staatsvertrag über 3 Mrd Schilling zur Verbesserung der Kärntner Wirtschaftsstruktur. Zwar konnten damit noch innovative Aktionen gesetzt werden, wie die Ansiedlung eines Siemens-Labors in Villach, doch am Ende der 1970er Jahre wurden schon die Grenzen der politisch gesteuerten Industrialisierung ohne entsprechende Rahmenbedingungen aufgezeigt. Letztlich kam es dann zum Desaster des Zellstoffwerkes Magdalen. Leopold Wagner hält es heute für ungerecht, daß man „nur mehr über die Magdalen-Milliarde“ spreche, während „insgesamt 44 Milliarden zusätzlich vom Bund nach Kärnten geflossen“ seien. Die Gründung der Arbeitsgemeinschaft Alpen-Adria, die Leistungen im Straßenbau und die Schaffung eines Kärntner Kulturpreises reklamiert der Altlandeshauptmann als Erfolge seiner Ära.

Leopold Wagner hat den Alleinvertretungsanspruch seiner Partei, den „SPÖ-Bonapartismus“ in Kärnten nicht erfunden, er hat ihn aber ausgebaut und zu einem perfekten Netzwerk gemacht. Es entsprach dem damaligen Selbstverständnis der SPÖ-Spitze, das ganze Land quasi als Eigentum der Partei zu betrachten. Diese Betrachtungsweise hätte es auch unter einem anderen Sima-Nachfolger gegeben. Die Frage ist nur, ob es einem anderen SPÖ-Vorsitzenden in so kurzer Zeit gelungen wäre, die Partei aus der Krise heraus zu neuen Mehrheiten zu führen. Und an der Strategie, die Minderheitenpolitik in Richtung „Drei-Parteien-Pakt“ zu ändern, führte – angesichts der schmerzlichen Erfahrungen in der Ortstafelfrage – wohl kein Weg vorbei, wenn man die Machterhaltung im Auge hatte. Das Ziel war eindeutig auf Bewahren und kontinuierlichen Ausbau der Macht gerichtet. Ogris (1994) meint, daß „das Diktat der jeweils herrschenden SP-Oberen in Kärnten die einzige Maxime des Handelns gewesen ist“. Hier ist zu ergänzen, daß sich die Politik der „SP-Oberen“ und damit auch die Leopold Wagners gleichzeitig auch dem Fortschritt und dem Wohlstand Kärntens verschrieben hatte. Die beachtlichen Leistungen auf diesem Gebiet waren ebenfalls Garanten für die Wahlerfolge.

Am 6. Oktober 1987 verübte ein früherer Mitschüler ein Attentat auf den Landeshauptmann. Obwohl Wagner die schweren Schußverletzungen überlebte und nach einigen Monaten wieder seine Funktion ausüben konnte, bedeutete der Anschlag den Anfang vom Ende der Karriere. Wagner „war nicht mehr der Alte“ und bereitete daher eine geordnete Hofübergabe vor. In seinem Haus in Viktring verfolgt er heute mit Interesse das politische Geschehen, ohne sich jedoch einzumischen: „Der Rat eines Altpolitikers ist nicht gefragt.“ Reisen werden kaum unternommen. Genugtuung bereitet die Tatsache, daß der Rückzug „freiwillig und ohne Abwahl“ erfolgt sei. Wagner hat zwar seinen Namen für ein Pro-EU-Komitee in Kärnten zur Verfügung gestellt, sich aber an der Kampagne zur Volksabstimmung nicht aktiv beteiligt.

Völlig zu Unrecht hat gerade das Attentat das Image des Landeshauptmannes angekratzt. Der Attentäter berief sich auf politische Motive, und der Verlauf des Strafprozesses führte zu einer Diskussion über den Umgang der SPÖ und ihres Landeshauptmannes mit der Macht. Nach der für die SPÖ so verlustreichen Landtagswahl 1989 artikulierte sich massive Kritik in der eigenen Partei. Wagner wurde als Hauptverantwortlicher für die Wahlniederlage bezeichnet. Einerseits warf man ihm „culpa in eligendo“ bei der Auswahl seines Nachfolgers Peter Ambrozy vor, andererseits gab man den Praktiken der Alleinherrschaft und Versäumnissen in der Landespolitik unter Leopold Wagner die Schuld für den Absturz der SPÖ. Am „Halali“ beteiligten sich auch langjährige Weggefährten, wie der frühere Landtagspräsident Josef Guttenbrunner, der in einem ORF-Interview am 2. März 1992 die machtkalkulierte Politik der SPÖ und die Milliardenpleite des Zellstoffwerkes Magdalen als Ursachen für die Wahlniederlage 1989 bezeichnete und seiner Überzeugung Ausdruck gab, „daß auch Wagner bei der Wahl 1989 nur 18 oder 19 Mandate erreicht hätte“ (*Kärntner Krone,* 4. März 1992). In diese Kerbe hieb auch die Parteizeitung. So schrieb etwa Peter A. Rismondo in einer Glosse: „Und wenn sich Wagner brüstet, er habe die Partei in den 70er Jahren wieder auf Vordermann gebracht, muß man sich fragen, in welchem Zustand er sie zurückgelassen hat“ (*Kärntner Tageszeitung,* 2. Dezember 1992). Die neuerliche schwere Schlappe bei der Landtagswahl 1994 ließ die Diskussion um die Verantwortung Wagners neu aufflammen. Der Altlandeshauptmann hatte dazu selbst den Anstoß gegeben, als er in einem Interview in *Der Standard* (30. April 1994) die Auffassung vertrat, daß es in Kärnten sicher andere Machtverhältnisse gäbe, wenn das Attentat auf ihn nicht passiert wäre. Der Poldi Wagner hätte den Jörg Haider immer brav unter Kontrolle gehabt. *Der Standard* brachte dazu ausführliche Repliken des Rundfunkjournalisten Horst Ogris und des Sozialphilosophen Norbert Leser. Schon vorher hatte die *Neue Kärntner Tageszeitung* (10. April 1994) die Einschätzung eines SPÖ-Gewerkschaftsfunktionärs weitergegeben, die „Oberlehrermanier“ Wagners hätte den Grundstein zur Wahlniederlage gelegt.

Einige, die Wagner heute kritisieren, haben selbst ihren Beitrag zum Abwärtstrend der Kärntner SPÖ geleistet. Es ist zu hoffen, daß die historische Forschung und ein Abstand zum Wahltermin 1994 eine andere Gewichtung bringen werden. Bei der Verteilung der Licht- und Schattenseiten werden die Verdienste als Landeshauptmann nicht zu übersehen sein.

Literatur- und Quellenverzeichnis

Anderwald, Karl (1992). Landtagswahlkämpfe in Kärnten 1945–1975, Univ. Salzburg: Diss.

Kacianka, Reinhard (1987). Macht-Los? Der Fall Rieser: Fakten, Meinungen, Interpretationen, Klagenfurt.

Leser, Norbert (1994). Sonnenschein der Macht, Nebel des Vergessens. Zur selektiven Vergangenheitsbewältigung des Kärntner Altlandeshauptmannes Leopold Wagner, in: *Der Standard,* 7. Mai 1994.

Ogris, Horst (1994). Irrmeinung im Scherbenhaufen. Korrekturen zur politischen Selbsteinschätzung eines Kärntner Altlandeshauptmanns, in: *Der Standard,* 3. Mai 1994.

Wagner, Leopold (1983). Minderheitenpolitik in Kärnten. Es gibt eine ideologische Basis, in: *Die Zukunft* Nr. 11.

Webernig, Evelyne (1987). Der Landeshauptmann von Kärnten. Ein historisch-politischer Überblick, Klagenfurt.

Gespräch mit Leopold Wagner am 4. Juli 1994

Kleine Zeitung – Ausgabe für Kärnten, Jg. 1970–1994

Kärntner Tageszeitung bzw. *Neue Kärntner Tageszeitung* Jg. 1970–1994, *Neue Kronen Zeitung – Kärntner Krone* Jg. 1984–1994

Der Standard Jg. 1993–1994

Lebensdaten

1927	am 4. 12. in Klagenfurt geboren
1942–1947	Besuch der Lehrerbildungsanstalt in Klagenfurt

Berufliche Karrierestationen

1947–1959	Lehrer in Klagenfurt
1959–1965	Pädagogisch-administrativer Referent des Landesschulinspektors für die Pflichtschulen Kärntens
1965–1966	Beamteter Sportreferent beim Amt der Kärntner Landesregierung

Staatliche Funktionen

1966–1970	Abgeordneter zum Bundesrat
1970–1973	Landesrat und Klubobmann der SPÖ im Kärntner Landtag
1973–1974	1. Landeshauptmannstellvertreter
1974–1988	Landeshauptmann von Kärnten
1986–1988	Vorsitz in der ARGE Alpen-Adria

Parteipolitische Ämter

1965–1973	Landesparteisekretär der SPÖ
1973–1988	Landesparteiobmann
1974–1989	Mitglied des Parteivorstandes der SPÖ
1979–1983	Stellvertretender Vorsitzender der Bundes-SPÖ
1979–1983	Mitglied des Parteipräsidiums der SPÖ

Weitere Funktionen

1966–1989	Präsident des ASKÖ Kärnten
1965–1974	Präsident der Konsum-Genossenschaft
1989	Präsident der Vereinigung öffentlicher Mandatare

Karl Waldbrunner

von
Heinz Fischer

Karl Waldbrunner gehört zu jener Generation österreichischer Sozialdemokraten, die zwischen der Jahrhundertwende und dem Ausbruch des Ersten Weltkrieges geboren wurden, die daher Aufstieg und Ende der Ersten Republik bereits bewußt miterlebten, die die Zeit der Diktatur und des Faschismus überlebten und schließlich zu Persönlichkeiten mit prägendem Einfluß auf die Zweite Republik heranreiften.

Im Jahr 1906 in Wien geboren, war Karl Waldbrunner ein Zeit- und Altersgenosse von Bruno Pittermann (geboren 1905), Raimund Gehart (geboren 1906), Wilhelm Rosenzweig (geboren 1908), Hertha Firnberg (geboren 1909), Rudolf Häuser (geboren 1909), Bruno Kreisky (geboren 1911), Anton Benya (geboren 1912) etc. Sein Vater war Metallarbeiter und von 1908 bis 1930 in der Firma Siemens und Halske beschäftigt, wo er nach 22jähriger Tätigkeit im Alter von 53 Jahren wegen Auftragsmangels entlassen wurde und auch in weiterer Folge keine Arbeit mehr fand.

Die dreiköpfige Familie – Karl war das einzige Kind – wohnte in einer Zimmer-Küche-Wohnung im 3. Wiener Gemeindebezirk und die Jugendjahre von Karl Waldbrunner, die in die Zeit des Ersten Weltkrieges und die Nachkriegszeit fielen, waren nicht immer leicht. Ganze Nächte mußte er am Ende des Krieges als 12jähriger vor Geschäften Schlange stehen, um den Eltern ein Kilogramm Mehl, Brot oder Brennmaterial nach Hause zu bringen. Die großen Opfer, die seine Eltern erbringen mußten, um ihm den Zugang zur Mittelschule und dann zur Hochschule zu ermöglichen, prägten seine Auffassungen von Bildungspolitik und Hochschulpolitik.

Der Vater war Sozialdemokrat, gewerkschaftlich und politisch tätig, und Karl Waldbrunner wuchs in einer politischen Atmosphäre heran, die auch durch die beiden Brüder und die Freunde des Vaters – zu denen damals der junge Karl Maisel zählte, der zeitlebens ein väterlicher Freund für Karl Waldbrunner blieb – verstärkt wurde. Mit 15 Jahren trat Waldbrunner der Vereinigung Sozialistischer Mittelschüler bei, ab September 1924 gehörte er dem Verband Sozialistischer Studenten an, und im Jänner 1925 wurde er Mitglied der Sozialdemokratischen Arbeiterpartei in seinem Wohnbezirk Wien-Landstraße. Bei den Sozialistischen Studenten lernte Waldbrunner zahlreiche angehende Techniker kennen, die nach dem Krieg beim Aufbau der verstaatlichten Industrie, aber auch im Bund sozialistischer Akademiker eine Rolle spielen sollten, wie z. B. Walter Hitzinger, Franz Hintermayer, Rudolf Bohmann und viele andere. Die Techniker bei den Sozialistischen Studenten gehörten zum Großteil dem sogenannten „rechten Flügel" an, während der „linke Flügel" damals unter der Leitung des später weltberühmt gewordenen Soziologen Paul Lazarsfeld stand.

In weiterer Folge wurde Waldbrunner, der auch dem Vorstand der Sozialistischen Studenten angehörte, Obmann der SPÖ Sektion 8 (Erdberg) im Wiener Bezirk Landstraße, dessen Vertreter im Parlament damals Otto Bauer war. Auch Leopold Thaller und Maria Jacobi, die nach 1945 Mitglieder des Parteivorstandes und der Wiener Landesregierung waren, gehörten – wie der spätere Sozialminister Karl Maisel – damals zu den Funktionären des 3. Bezirkes, mit denen Karl Waldbrunner bekannt und befreundet war.

Als Waldbrunner im April 1930 zum Diplom-Ingenieur für Elektrotechnik promovierte, arbeitete er einige Zeit als Volontär bei der Wiener Städtischen Straßenbahn und war anschließend arbeitslos. Mit 25 Jahren stand er also ebenso wie viele seiner Altersgenossen als arbeitsloser Akademiker einer Gesellschaft gegenüber, die ihre Probleme offenbar nicht lösen konnte, in der die Parolen und Schlagworte der Nationalsozialisten immer mehr Anhänger fanden, in der die Demokratie an Ansehen verlor und die Gewalt an Bedeutung gewann. Als junger und präzise denkender Diplom-Ingenieur konnte er nicht fassen, daß die bestehende Gesellschaftsordnung in so hohem Maße unfähig zur Lösung der anstehenden Probleme war, wieso so viele arbeitswillige Menschen keine Arbeit finden konnten, obwohl es an Wohnungen, an Schulen, an Spitälern und auch sonst an allen Ecken und Enden mangelte, und seine sozialistischen Überzeugungen festigten sich. Waldbrunner war kein „Ideologe“, aber die Analysen und Antworten des Austromarxismus schienen ihm viel plausibler und hoffnungsvoller, als das hilflose Agieren und die hohlen Phrasen der damals Regierenden. Als er das Angebot bekam, in der Sowjetunion beim Bau von Kraftwerken mitzuarbeiten, nahm er das Angebot trotz der harten Lebensbedingungen und der schwierigen Begleitumstände an.

Im April 1932 fuhr der damals 26jährige mit zwei anderen Kollegen nach Moskau und von dort weiter in den Ural, wo er beim Kraftwerksbau unter unvorstellbar schwierigen Bedingungen in der Zeit der Zwangskollektivierung, des schrecklichen Hungers und der Stalinschen Säuberungen arbeitete. Die Ereignisse des Februar 1934 mußte er aus der Ferne miterleben. Daß er nicht das Schicksal vieler Schutzbundflüchtlinge erlitt, die nach der zunächst demonstrativ herzlichen Aufnahme in der Sowjetunion in weiterer Folge große Repressalien zu erdulden hatten und in beträchtlicher Zahl den Stalinistischen Säuberungen zum Opfer fielen, empfand Waldbrunner als glückliche Fügung, die sich jeder rationalen Beurteilung entzog. „Ich habe damals viel gelernt in der Sowjetunion“, sagte Waldbrunner manchmal und meinte damit sowohl die berufliche als auch die politische Seite seines Aufenthaltes. Der Anschauungsunterricht in der Sowjetunion hatte ebenso wie der Terror der Nazis und das Scheitern des Austrofaschismus seine demokratische Überzeugung gestärkt und ihn zu einem verläßlichen Gegner des Kommunismus, aber auch jeder anderen Spielart von Diktatur gemacht.

Anfang 1937 entschloß sich Waldbrunner, nach Österreich zurückzukehren, und, obwohl dies nicht ganz komplikationslos war, kam er im Mai 1937 wieder in Wien an. Er fand eine Anstellung bei den Siemens-Schuckert-Werken, wo sein Vater als tüchtiger Metallarbeiter noch in guter Erinnerung war, und nahm auch Kontakte mit seinen Freunden in der illegalen Organisation der Revolutionären Sozialisten auf. Die Machtergreifung der Nationalsozialisten im März 1938 machte ihn neuerlich arbeitslos, aber nach einigen Monaten fand er eine Anstellung bei der Firma Schoeller-Bleckmann in Ternitz, die nach kurzer Zeit wieder in Arbeitslosigkeit endete, weil er wegen seines Aufenthalts in der Sowjetunion als politisch unverläßlich angesehen wurde. Der Firma Schöller-Bleckmann gelang es schließlich, die Schwierigkeiten mit den Behörden zu überwinden, und Waldbrunner konnte dank immer wieder von der Firma abgewehrter Stellungsbefehle dort die Zeit des Krieges überdauern.

Als das Kriegsende heranrückte, wurde der 38jährige Karl Waldbrunner zwar noch für den Volkssturm ausgebildet, aber nicht mehr eingesetzt, da er in einem kriegswichtigen Betrieb beschäftigt war. Er erhielt vielmehr die Weisung, die wichtigsten Maschinen und Anlagen nach Deutschland zu verlagern. Waldbrunner sabotierte diese Anordnung, so gut es ging, und ließ beim Herannahen der russischen Truppen auf dem Betriebsgelände weiße Fahnen hissen, um eine Beschießung und Zerstörung der Schoeller-Bleckmann-Werke zu verhindern.

Aus Gesprächen mit russischen Offizieren, mit denen er sich infolge seiner perfekten Russischkenntnisse hervorragend verständigen konnte, erfuhr er, daß die russische Besatzungsmacht mit einem „alten, bärtigen Herrn", der in der Vergangenheit Österreichs eine wichtige Rolle gespielt hatte und in Gloggnitz wohnte, Kontakte und Verhandlungen aufgenommen hatte. Waldbrunner war sofort klar, daß es sich dabei um Karl Renner handeln mußte, und er stellte sich selbst einen Passierschein nach Gloggnitz in russischer Sprache aus.

Waldbrunner erreichte Karl Renner bereits am 8. April in Gloggnitz, und dieser zog ihn sofort zur Mitarbeit heran und erteilte ihm den schriftlichen Auftrag, „für Wien und das Wiener Becken und nach gegebenen Umständen für das ganze Industriegebiet Österreichs" die Wiederingangsetzung der Energieversorgung sicherzustellen. Gleichzeitig wurde Waldbrunner aufgefordert, sich nach Wien zu begeben und sich mit Adolf Schärf und seinem väterlichen Freund Karl Maisel in Verbindung zu setzen, was auch geschah.

Waldbrunner war somit im wahrsten Sinne des Wortes ein Mann der Ersten Stunde der Zweiten Republik, und er wurde auch noch im April 1945 als Unterstaatssekretär in die Provisorische Staatsregierung unter der Leitung von Dr. Karl Renner aufgenommen. Im November 1945 wurde er in den Nationalrat entsandt und am ersten Parteitag der SPÖ im Dezember 1945 zum Mitglied der Parteivertretung gewählt. Die Grundlage für eine hervorragende politische Karriere war geschaffen.

Bevor Waldbrunner die nächsten Stufen auf der Karriereleiter, nämlich die Bestellung zum Zentralsekretär der SPÖ und zum Bundesminister für Verkehr und verstaatlichte Betriebe, erreichte, gab es gewissermaßen ein diplomatisches Zwischenspiel. Im Jänner 1946 teilte Bundeskanzler Dipl.-Ing. Leopold Figl dem Ministerrat mit, daß der Alliierte Rat der Entsendung diplomatischer Vertreter Österreichs in die Hauptstädte der vier alliierten Besatzungsmächte, also nach Washington, Moskau, London und Paris, zugestimmt habe. Über ausdrücklichen Wunsch von Dr. Karl Renner wurde für die Gesandtschaft in Moskau Dipl.-Ing. Karl Waldbrunner ausgewählt, der am 13. 4. 1946 dem damaligen sowjetischen Außenminister Molotow sein Beglaubigungsschreiben überreichte.

Die Tatsache, daß Waldbrunner von seinen politischen Funktionen nur beurlaubt wurde, deutete an, daß sein Ausflug in die Diplomatie nicht als Dauerlösung betrachtet wurde. In der Tat blieb Waldbrunner nur wenige Monate als Gesandter in Moskau und beteiligte sich in dieser Zeit an den Vorverhandlungen zum österreichischen Staatsvertrag (worüber Walter Wodak Näheres berichtet; siehe *Festschrift für Karl Waldbrunner*), verlegte aber den Schwerpunkt seiner politischen Tätigkeit sehr bald wieder zurück nach Wien: im November 1946 wurde Waldbrunner (gemeinsam mit Otto Probst und Erwin Scharf) zu einem der drei Zentralsekretäre der SPÖ gewählt und hatte bei den nachfolgenden Auseinandersetzungen mit Erwin Scharf, dem vorgeworfen wurde, die SPÖ in eine Volksfront mit der KPÖ führen zu wollen, und der deshalb auch aus der SPÖ ausgeschlossen wurde, schwierige Situationen zu meistern. Im Juli 1946 und im März 1947 wurde das erste und das zweite Verstaatlichungsgesetz vom Nationalrat einstimmig beschlossen, mit dem die Grundstoffindustrie, die wichtigsten Banken und die Energiewirtschaft in Österreich verstaatlicht wurden. Karl Waldbrunner, der diese Gesetze bei der Nationalratsdebatte am 26. 3. 1947 als einen großen Beitrag „zur Sicherung eines raschen Wiederaufbaues der österreichischen Volkswirtschaft und damit der Selbständigkeit und Unabhängigkeit Österreichs", aber auch als Fortschritt auf dem Weg „zur sozialistischen Wirtschaft" bezeichnete und sich auch an der Vorbereitung dieser Gesetze intensiv beteiligt hatte, wurde nach den Wahlen am 8. 11. 1949 zum Bundesminister für Verkehr und verstaatlichte Betriebe bestellt.

Als Zentralsekretär der SPÖ, als Mitglied der Bundesregierung, als Mitglied des Nationalrates und als Mitglied des damaligen Koalitionsausschusses (wo er der wichtigste SPÖ-Verhandler in Budget- und Wirtschaftsfragen war) hatte Waldbrunner eine Position erreicht, die ihn jedenfalls bis zum Jahr 1962 (seinem Ausscheiden aus der Bundesregierung) de facto aber bis zum Beginn der 70er Jahre zu einem der wichtigsten Politiker Österreichs machte.

Daß seine Interessen weit gespannt waren, zeigte sich, als er im Jahr 1950 nach der Wahl von Theodor Körner zum Bundespräsidenten dessen Nachfolger als Präsident des neugegründeten Bundes Sozialistischer Akademiker antrat und diese Vereinigung zu nicht unbeträchtlicher Bedeutung führte.

Verkehrsminister Dipl.-Ing. Karl Waldbrunner (Mitte), 1959, anläßlich der Wiener Gemeinderatswahl

Als Karl Waldbrunner seine Funktion als Bundesminister für Verkehr und verstaatlichte Betriebe antrat, hatte er ein riesiges Ressort zu verwalten, das Bahn, Post, Luftfahrt, Rundfunk, Schiffahrt und die gesamte verstaatlichte Industrie (mit Ausnahme der Banken) umfaßte. Viele Industrieanlagen waren noch zerstört, die Besatzungsmächte waren noch im Land, und das sogenannte „deutsche Eigentum" wurde in der russischen Zone von der sowjetischen Besatzungsmacht verwaltet und bildete starke politische Stützpunkte für die Kommunisten, was sich bald darauf – im Oktober 1950 – zeigen sollte. Waldbrunner hatte riesige Probleme, eine enorme Verantwortung, aber auch große Chancen und Möglichkeiten. Die Betriebe in seinem Verantwortungsbereich waren dem direkten Weisungsrecht des Bundesministers unterstellt, der auch in Personalfragen das letzte Wort zu sprechen hatte.

Waldbrunner stürzte sich mit Feuereifer, mit dem ihm eigenen Organisationstalent, mit großer Energie und Durchschlagskraft auf den Aufbau dieses Sektors der österreichischen Wirtschaft. Es war ihm klar, daß der wirtschaftliche Aufstieg Österreichs eine gesicherte Versorgung mit Energie und Grundstoffen zur Voraussetzung hatte. Also wurde geplant und gebaut, modernisiert und erweitert, es wurden Wachstums- und Steigerungsraten erzielt und gefeiert. Jedes neue Kraftwerk (wie z. B. Kaprun oder die verschiedenen Donaukraftwerke) war ein großer wirtschaftlicher und politischer Erfolg und zugleich ein wahres Volksfest. Jedes neue Walzwerk, jede Produktionssteigerung, jede zusätzliche Tonne Stahl oder Öl waren Bestandteil des wirtschaftlichen Aufschwunges, und alle Statistiken zeigten nach oben.

Trotzdem – oder gerade deshalb – war Waldbrunner nicht unumstritten. Nicht nur natürliche Konkurrenz und Eifersucht, die es in der Politik immer gegeben hat und auch in Zukunft geben wird, waren Auslöser für Kritik, sondern es ging vielmehr um das ausgeprägte Eigenleben, das die verstaatlichte Industrie unter Leitung von Karl Waldbrunner führte, das eine Angriffsfläche bot. Bald war das Wort vom „Königreich Waldbrunner" geboren, mit dem seine Gegner die Existenz der verstaatlichten Industrie als „Staat im Staat" und auch den „autokratischen Führungsstil" Waldbrunners anklagen wollten, während es manchen Freunden Waldbrunners durchaus als Ehrentitel erschien.

Schon im Wahlkampf 1953 war die ursprünglich einstimmig beschlossene Verstaatlichung ein Zankapfel zwischen den Koalitionsparteien geworden, aber da die SPÖ bei den Wahlen gut abschnitt, änderte sich nichts. Nach den für die ÖVP erfolgreichen Wahlen des Jahres 1956 war es das Hauptziel der Volkspartei, bei den Regierungsverhandlungen das „Königreich Waldbrunner" zu zerstören oder zumindest zu schwächen, und es kam schließlich nach langen und harten Verhandlungen zur Schaffung der proporzmäßig gegliederten „Österreichischen Industrie- und Bergbauverwaltungs GesmbH", der die aus dem Waldbrunner-Ministerium ausgegliederten verstaatlichten Betriebe mit Ausnahme der Energiewirtschaft unterstellt wurden. Da die Rundfunk-Kompetenz dem Bundeskanzleramt übertragen wurde, war Waldbrunner für die nächsten beiden Gesetzgebungsperioden (bis 1962) für „Verkehr und Elektrizitätswirtschaft" zuständig. Nachdem er im selben Jahr (1956) gebeten hatte, ihn von seiner Funktion als Zentralsekretär der SPÖ zu entbinden, kann man sagen, daß die entscheidende, wichtigste, aber auch umstrittenste Phase in der Tätigkeit Waldbrunners auf die Jahre 1949 bis 1956 fällt, wo er zum Aufschwung der österreichischen Grundstoffindustrie und zum Aufbau der verstaatlichten Industrie entscheidende und aus der Geschichte der Zweiten Republik nicht wegzudenkende Beiträge geleistet hat. Diese Formulierung ändert nichts daran, daß Waldbrunner auch von 1956 bis 1962 eines der wichtigsten Regierungsmitglieder und einer der einflußreichsten Politiker blieb und auch nach seinem Rückzug aus der Bundesregierung im Jahre 1962 in entscheidenden politischen Situationen eine ausschlaggebende Rolle spielte und zu einer Art „grauer Eminenz" in der SPÖ wurde, deren großer innerparteilicher Einfluß nahezu in umgekehrter Proportionalität zu der von ihm weder angestrebten noch gepflegten Publizität und Popularität stand.

Im Sommer 1962 teilte Karl Waldbrunner dem damaligen Parteivorsitzenden und Vizekanzler Bruno Pittermann in einem Urlaubsgespräch in Kärnten mit, daß er sich nach 13 anstrengenden und schwierigen Jahren als Minister aus der Bundesregierung zurückziehen möchte und sich vorstellen könnte, eine Funktion im Präsidium des Nationalrates zu übernehmen, nachdem Franz Olah im Jahr 1961 seine Funktion als Zweiter Präsident des Nationalrates nach einem Streit mit Bruno Pittermann aus Protest niedergelegt hatte und dessen Nachfolger Friedrich Hillegeist aus Altersgründen nur eine Übergangslösung sein konnte. Pittermann stimmte zu, und im Dezember 1962 trat Waldbrunner die Nachfolge von Friedrich Hillegeist an und wurde über Vorschlag der SPÖ zum Zweiten Präsidenten des Nationalrates gewählt.

Nach Ansicht vieler politischer Auguren war das zweifellos ein Rückzug aus der allerersten Reihe der Politik. Aber aus einer Reihe von Gründen war das kein wirklich zutreffendes Urteil. In der beginnenden Krise um Franz Olah war Waldbrunner ein „Fels in der Brandung" und eine unverzichtbare Stütze für Bruno Pittermann: Während Bruno Kreisky damals noch für eine „*appeasement*-Politik" gegenüber Franz Olah plädierte, trat Waldbrunner für „klare Verhältnisse" ein (was auf den Ausschluß Olahs hinauslief) und setzte sich durch. Der innerparteiliche Einfluß Waldbrunners nahm weiter zu, und 1965 wurde er zum Stellvertretenden SPÖ-Vorsitzenden gewählt.

Nach der Wahlniederlage vom März 1966, als sich die SPÖ nach dem Wahlsieg der ÖVP zwischen Koalition und Opposition zu entscheiden hatte, stellte Waldbrunner (neuerlich im Gegensatz zu Bruno Kreisky) praktisch die Weichen für die Oppositionsrolle der SPÖ und setzte sich neuerlich durch (Fischer 1993, 14–24).

Als die Position von Bruno Pittermann in den darauffolgenden Monaten nach dieser schweren Wahlniederlage unhaltbar wurde, hätte Waldbrunner nur „zugreifen" müssen, um als Nachfolger Pittermanns zum Parteivorsitzenden gewählt zu werden. Er lehnte aber dezidiert ab und machte damit den Weg frei für Bruno Kreisky. Seine Ablehnung hatte damals zwei Gründe. Erstens wußte er um seine vielen publizistischen Narben und Schrammen aus der Zeit der Auseinandersetzungen um die verstaatlichte Industrie und um seine Unfähigkeit und Unwilligkeit, sich als *votegetter* und Publikumsliebling zu betätigen. Zweitens hatte er sich – wie er damals sagte – nicht mit 56 Jahren aus der Regierung zurückgezogen, um mit 60 Jahren die noch viel anstrengendere Funktion des Oppositionsführers zu übernehmen.

Aber gerade diese Zurückhaltung und Selbstbeschränkung vergrößerte neuerlich sein politisches Gewicht und seinen innerparteilichen Aktionsradius, sodaß man in der Zeit von 1966 bis 1971 von einem zweiten innerparteilichen und innenpolitischen Einflußhöhepunkt Karl Waldbrunners sprechen kann. So wie er 1966 die Weichen in Richtung Opposition gestellt hatte, kam auch die Minderheitsregierung Bruno Kreiskys im Frühjahr 1970 nach intensiven Beratungen mit Karl Waldbrunner zustande. Diesmal zogen die beiden früheren Kontrahenten an einem gemeinsamen Strang.

Waldbrunners Wahl zum Präsidenten des Nationalrates im März 1970 war die logische Folge seiner vorangegangenen Tätigkeit als Zweiter Präsident des Nationalrates, und er meisterte Probleme, die sich in der damaligen Umstellungsphase ergaben – wie z. B. die rechtlich schwierigen Konsequenzen einer erfolgreichen Wahlanfechtung im Jahre 1970 – überlegt und souverän. Mit 65 Jahren – im Herbst 1971 – kandidierte er nicht mehr für den Nationalrat, und damit ging logischerweise auch seine Tätigkeit als Präsident des Nationalrates zu Ende. Er übte seine Funktion als Stellvertretender Parteivorsitzender noch bis 1974 aus und war vom 27. 4. 1972 bis zu seinem Tod im Juni 1980 als Vizepräsident der Nationalbank tätig.

Die Lebensdaten von Karl Waldbrunner und seine politische Laufbahn liegen klar vor uns. Die Bewertung seiner politischen Tätigkeit und seiner Person ist naturgemäß viel schwieriger. Jeder, der ihn kannte, schätzte seinen präzisen Verstand, seine klaren weltanschaulichen Positionen, sein Organisationstalent und seinen Blick für das Wesentliche bzw. für die Zukunft. Er war kein Mann der Medien und schon gar kein Populist oder Opportunist, sondern er stand – eher medienscheu – zu dem, was er für richtig hielt, und versuchte, es auch durchzusetzen. Er war ein zäher Verhandler und formulierte seine Auffassungen unverblümt und ohne Umschweife. Im persönlichen Umgang erschien er manchmal schroff und unnahbar, aber wer ihn näher kannte, wußte, daß dies nur die äußerste Schicht von Karl Waldbrunner oder nur ein erster

Eindruck war, den man dahingehend korrigieren mußte, daß er zu herzlicher und langdauernder Freundschaft fähig war: Er war treu zu seinen Idealen und treu zu seinen Freunden. Zu den herausragenden Eigenschaften von Karl Waldbrunner zählte auch, daß er wirklich zuhören konnte und die Fähigkeit besaß, Wichtiges von Unwichtigem zu unterscheiden, in längerfristigen Perspektiven zu denken und seine Zeit exakt einzuteilen.

Für den politischen Gegner war Waldbrunner wahrscheinlich ein dogmatischer, machtbewußter Sozialist, der im „Königreich Waldbrunner" im Interesse seiner Partei und seiner Parteifreunde ziemlich autoritär geherrscht hatte. Dieses Bild ist meines Erachtens das Produkt jener Wahlkämpfe und jener politischen Auseinandersetzungen, bei denen die verstaatlichte Industrie und ihr „Chef" im Mittelpunkt standen, und Waldbrunner verwendete nicht genug Zeit und Kraft dafür, um dieses „Image" zu korrigieren. Unter dem Strich kann aber nicht bestritten werden, daß Waldbrunner ein Sozialist, ein Österreicher und ein Demokrat war, der sich dem Wiederaufbau Österreichs von der ersten Stunde an mit voller Kraft und ohne Rücksicht auf seine Gesundheit zur Verfügung gestellt hat.

Tatsache ist auch, daß er beim Aufbau der österreichischen Grundstoffindustrie, der Energiewirtschaft und des Verkehrswesens Hervorragendes geleistet hat. Tatsache ist weiters, daß er seiner Partei in der Auseinandersetzung mit den Kommunisten und auch in anderen schwierigen Situationen Festigkeit und klare Orientierung gegeben hat. Karl Waldbrunner hat auch in der zweiten Hälfte der 60er Jahre hinter den Kulissen viel dazu beigetragen, daß es zu dem kommen konnte, was man die Ära Kreisky nennt. Nicht zuletzt sollen auch die wichtigen Impulse erwähnt werden, die von ihm in verschiedenen Fragen der Bildungspolitik, insbesondere bei der Schulreform 1962, bei der Schaffung des österreichischen Forschungsrates und bei der Studienförderung, ausgingen, sowie die Tatsache, daß Hertha Firnberg und Christian Broda bei der Realisierung der Universitätsreform und der Strafrechtsreform in Karl Waldbrunner hinter den Kulissen einen enorm wichtigen Verbündeten hatten.

Wenn Raab und Kamitz in den ersten Jahren der Zweiten Republik häufig in einem Atemzug genannt werden, so kann man gleiches in bezug auf Schärf und Waldbrunner tun, und ich würde meinen, daß es nicht mehr als ein Dutzend österreichischer Politiker gibt, von denen die Zweite Republik so stark geprägt und beeinflußt wurde, wie von Karl Waldbrunner.

Literatur- und Quellenverzeichnis

Festschrift für Karl Waldbrunner (1971), Wien.

Fischer, Heinz (1993). Die Kreisky-Jahre 1967–1983, Wien.

Waldbrunner, Karl (1950). Die Sozialisten und der Schuman-Plan, in: Die Zukunft Nr. 7.

Waldbrunner, Karl (1950). Was geht in den verstaatlichten Betrieben vor, in: Die Zukunft Nr. 10/11.

Waldbrunner, Karl (1951). Die Liberalisierung des Handels, in: Die Zukunft Nr. 7.

Waldbrunner, Karl (1952). Initiative und Mitspracherecht in der verstaatlichten Industrie Österreichs, in: Die Zukunft Nr. 10.

Waldbrunner, Karl (1952). Sozialisierung und Verstaatlichung – wie und wie weit?, in: Die Zukunft Nr. 2.

Waldbrunner, Karl (1953). Die verstaatlichten Betriebe – ein Aktivum der österreichischen Wirtschaft, in: Die Zukunft Nr. 1/2.

Lebensdaten

1906	am 25. 11. in Wien geboren
1921	Mitglied sozialdemokratischer Organisationen
1924	Matura in Wien 3, Radetzkystraße
1924–1930	Studium an der TH Wien (Promotion zum Dipl.-Ing. im April 1930)
1980	am 5. 6. in Wien verstorben

Berufliche Karriere

1924–1930	während des Studiums Ferialtechniker bei den Wiener Städtischen Straßenbahnen
1930–1931	Volontär bei den Wiener Verkehrsbetrieben, anschließend arbeitslos
1932–1937	bei Kraftwerksbauten in der Sowjetunion tätig
1937–1945	Angestellter bei Siemens-Schuckert und Schöller-Bleckmann
1972–1980	Vizepräsident der Oesterreichischen Nationalbank

Staatliche Funktionen

1945	Unterstaatssekretär im Staatsamt für Industrie,Gewerbe, Handel und Verkehr
1945–1971	Abgeordneter zum Nationalrates
1945–1946	Staatssekretär im Bundesministerium für Vermögenssicherung und Wirtschaftsplanung
1946	Österreichischer Gesandter in Moskau
1949–1962	Bundesminister für Verkehr und verstaatlichte Betriebe bzw. Bundesminister für Verkehr und Elektrizitätswirtschaft
1962–1970	Zweiter Präsident des Nationalrates
1970–1971	Präsident des Nationalrates

Parteipolitische Funktionen

1921	Mitglied der Sozialdemokratischen Mittelschüler
1924	Mitglied des Verbandes Sozialistischer Studenten
1925	Mitarbeiter der Sozialdemokratischen Partei/Bezirksorganisation Wien-Landstraße und Mitglied des Republikanischen Schutzbundes
1930	Mitglied des Bezirksvorstandes der SPÖ-Landstraße
1937	Mitglied der illegalen Revolutionären Sozialisten
1945–1974	Mitglied des Parteivorstandes der SPÖ
1946–1956	Zentralsekretär der SPÖ
1951–1972	Präsident des BSA
1956–1967	Mitglied der Parteiexekutive der SPÖ
1962–1970	Stellvertretender Klubobmann der sozialistischen Parlamentsfraktion
1965–1974	Stellvertretender Parteivorsitzender der SPÖ
1966–1973	Mitglied des Vorstands der SPÖ Wien

Kurt Waldheim

von
Anton Pelinka

Kurt Waldheims Aufstieg in politische Spitzenpositionen der Zweiten Republik war durch ein besonderes Karrieremuster gekennzeichnet, das gerade die Außenpolitik Österreichs charakterisiert: durch den unscharfen Übergang zwischen bürokratischer (diplomatischer) und politischer Karriere. In keinem anderen Politiksektor ist die politische Bedeutung der im einschlägigen Ressort tätigen Beamten so groß wie im Außenressort. Der auffallendste Indikator dafür ist, daß die Mehrzahl der Außenminister der Zweiten Republik entweder vor und (oder) nach ihrer Tätigkeit in der Bundesregierung als Berufsdiplomaten im selben Ressort tätig waren. Dazu zählt auch der Umstand, daß neben Waldheim noch drei weitere Außenminister der Zweiten Republik keiner politischen Partei angehörten.

Ein weiteres Karrieremuster ist bei Waldheims Aufstieg typisch für die Zweite Republik: Waldheim war als persönlicher Mitarbeiter (Sekretär) eines Ministers tätig (1945–1948). Dieses Merkmal läßt sich bei vielen politischen Spitzenkarrieren der Zweiten Republik beobachten: Der Einstieg in die politische Karriere wird von einer Tätigkeit im engsten, informellen Kreis um ein Regierungsmitglied offenkundig wesentlich gefördert.

Waldheim kam, unabhängig von seinen in der Schlußphase seiner Karriere wiederum so wesentlichen und alle anderen Aspekte überschattenden Jahren zwischen 1938 und 1945, aus dem katholisch-konservativen Lager. Die eindeutige politische Verankerung seines Vaters, die ersten Sympathien des jungen Kurt Waldheim in den 30er Jahren und der Eintritt in eine Verbindung des katholischen Mittelschüler-Cartellverbandes belegen dies: Waldheim wurde vom politischen Katholizismus sozialisiert, seine dadurch gleichsam vorgegebene Parteilichkeit war die zugunsten der Christlichsozialen Partei, dann des autoritären „Ständestaates“ (bzw. der Vaterländischen Front) und schließlich der ÖVP.

Waldheim war, trotz seiner Sozialisation im katholisch-konservativen Lager, 1938 und danach in den Dunstkreis der NSDAP gekommen. Wie intensiv auch immer dieses Verhältnis gewesen sein mag – es war für Österreich typisch. Viele jüngere Österreicher aus den beiden großen Lagern – aus dem sozialistischen und dem katholisch-konservativen – wurden durch die realen Machtverhältnisse 1938 und danach beeinflußt. Auch wenn Waldheim offenkundig kein Parteimitglied der NSDAP war – er wurde von der nationalsozialistischen Organisation zumindest in einer sehr lockeren Form erfaßt.

Nach 1945 spielte dies wohl auch deshalb zunächst keine Rolle, weil dieses lockere Naheverhältnis typisch für seine Generation war. Sofern die Österreicher nicht aktiv im Widerstand waren, war ein Großteil – auch ohne überzeugte Nationalsozialisten zu sein – in irgendeiner Form nationalsozialistisch organisiert. Nach 1945 fanden sich viele von Waldheims Generation im sozialistischen oder im katholisch-konservativen Lager wieder.

Seine Parteilosigkeit war jedenfalls kein Hinderungsgrund dafür, daß er durch die ÖVP in hohe politische Funktionen gelangte: Seine politische Herkunft, in Verbindung mit seinem Einstieg in die diplomatische Laufbahn durch den ÖVP-Außenminister Gruber erlaubte eine informelle politische Zuordnung Waldheims auch ohne formelle Mitgliedschaft.

Diese Besonderheit wurde auch noch durch den im diplomatischen Dienst speziell ausgeprägten Konsenscharakter der politischen Orientierung verstärkt. Die Themenbereiche, mit denen sich die Außenpolitik der Zweiten Republik zunächst und zuallererst auseinanderzusetzen hatte, waren besonders geeignet, zwischen den beiden Koalitionsparteien einen Grundkonsens zu entwickeln: Staatsvertrag und Neutralität stifteten ihrem Wesen nach Gemeinsamkeiten zwischen ÖVP und SPÖ. Ein Karrierediplomat mit einem Naheverhältnis zu einer der beiden Parteien war daher prinzipiell ohne weiteres auch für die andere Partei akzeptierbar.

Das erklärt auch die Unterstützung, die der ÖVP-nahe Diplomat von dem ersten sozialdemokratischen Außenminister der Zweiten Republik, von Bruno Kreisky (1959–1966), erfahren hatte: Kreisky machte ihn zunächst zum Generalsekretär und damit zum wichtigsten Beamten des Ministeriums; und dann zum Botschafter bei den Vereinten Nationen – eine Position, die zu den absoluten Spitzenpositionen einer diplomatischen Karriere in Österreich zählt.

Als Waldheim Anfang 1968 von Josef Klaus als Bundesminister für Auswärtige Angelegenheiten in die erste Alleinregierung der Geschichte der Republik berufen wurde, unterstrich diese Ernennung eher das Bemühen um Gemeinsamkeit in der Außenpolitik. Und dies setzte sich auch 1970 fort. Die erste SPÖ-Alleinregierung gab Waldheim mit dem Botschafterposten in New York wiederum eine besonders attraktive Aufgabe, und Bruno Kreisky unterstützte 1971 Waldheims Kandidatur für das Amt des UN-Generalsekretärs mit besonderem Nachdruck – unbeschadet von dessen Kandidatur als ÖVP-Kandidat bei der Bundespräsidentenwahl kurz davor.

Daß die zweite Präsidentschaftskandidatur Waldheims dann zu einer neuen Qualität innenpolitischer Kontroversen führte, war daher geradezu ein extremer Kontrapunkt zum bisherigen Verlauf einer nicht nur um Konsens bemühten, sondern auch weitgehend vom Konsens getragenen bzw. begleiteten Karriere.

Dieses Kontrapunktische an Waldheims Karriere hängt mit einem einerseits ganz persönlichen und besonderen, andererseits aber für die Zweite Republik, ihre Vorgeschichte und Geschichte sehr typischen Aspekt zusammen: mit Waldheims Karriere vor seiner Karriere; mit seiner Tätigkeit im NS-Regime und im Zweiten Weltkrieg. Ohne diese Besonderheit, die gleichzeitig auch allgemeine und lange aufgestaute Betroffenheiten im In- und Ausland abrief, ist die Bedeutung von Waldheims Karriere für die Zweite Republik überhaupt nicht zu verstehen: Die Karriere vor der Karriere war das wirklich Besondere an Waldheim; oder, genauer: Die Perzeption dieser Karriere vor der Karriere überschattete die gesamte Laufbahn Waldheims und machte die eigentliche Bedeutung seiner Tätigkeit aus.

Waldheim war etwas mehr als zwei Jahre Bundesminister für Auswärtige Angelegenheiten im letzten Kabinett Klaus. In seine Amtszeit fällt vor allem eine wichtige außenpolitische Weichenstellung: die Entscheidung für das „Paket" zur Lösung des Südtirol-Problems.

Der Vertrag mit Italien, der die Rechte der Südtiroler völkerrechtlich und staatsrechtlich festschreiben sollte, wurde 1969 unterzeichnet. Waldheim hatte den Inhalt des Abkommens als den bestmöglichen Erfolg bezeichnet – mehr Entgegenkommen könnte von Italien nicht erwartet werden. Der Vertrag wurde in Südtirol und in Österreich heftig kritisiert, er fand innerhalb der Südtiroler Volkspartei ebenso wie im österreichischen Nationalrat nur eine knappe Mehrheit. Die SPÖ – an der Spitze der in Südtirol-Fragen besonders engagierte Bruno Kreisky – bezeichnete das Abkommen als unzureichend.

Die Südtirol-Politik war insofern eine Ausnahme, als Waldheim sich sonst erfolgreich um ein Maximum an Übereinstimmung mit der Opposition bemühte. Die Affäre um seine Weisung an die österreichische Gesandtschaft in Prag, im August 1968, sollte erst im Wahlkampf 1986 eine Rolle spielen – 1968 wurde Waldheim deshalb nicht öffentlich kritisiert: Er hatte, unmittelbar nach dem Einmarsch der Truppen des Warschauer Paktes in die CSSR, den österreichischen Gesandten Rudolf Kirchschläger angewiesen, bei der Erteilung von Visa an CSSR-Staatsbürger zurückhaltend zu sein – offenkundig in dem Bemühen, die Sowjetunion nicht zu verärgern.

Waldheims Rückkehr nach New York im Frühjahr 1970 unterstrich jedenfalls sein ungetrübtes Verhältnis zur nunmehr allein regierenden SPÖ: Er wurde wieder österreichischer Missionschef bei den UN. Im Frühjahr 1971 kandidierte er für die ÖVP gegen den amtierenden, sich der Wiederwahl stellenden Franz Jonas um das Amt des Bundespräsidenten. Waldheims Kampagne trug bereits die Züge, die er dann auch 1986 ihr zu geben versuchen sollte – um allerdings dann, 15 Jahre später, von seiner Karriere vor seiner Karriere überschattet zu werden.

Waldheim präsentierte sich als parteiloser Kandidat, der seine internationalen Erfahrungen für Österreich nützen wollte. Er unterlag – die Niederlage wurde als ehrenvoll eingestuft, weil einem amtierenden Präsidenten ein fast unüberwindlicher Amtsbonus zugeschrieben wurde.

Bald nach der Präsidentschaftswahl begann Waldheim sich um die Nachfolge U Thants als Generalsekretär der Vereinten Nationen zu bemühen. Dabei konnte er auf die volle Unterstützung der Regierung Kreisky zählen. Im Sicherheitsrat der UN wurde Waldheim schließlich mit großer Mehrheit (einschließlich der Stimmen der USA und der Sowjetunion) nominiert – damit war seine Wahl durch die Generalversammlung sichergestellt.

In dieser Phase seines Wechsels von der österreichischen auf die globale politische Ebene wurden die biographischen Daten verbreitet, die dann 1986 Waldheim als „Lüge“ vorgehalten werden sollten: Vor allem war von ihm jeder Hinweis auf seine militärische Tätigkeit am Balkan ab 1942 vermieden worden.

Seine Politik als Generalsekretär der Vereinten Nationen war durch den engen Spielraum des Amtes gekennzeichnet. In dieser Phase des Kalten Krieges war der Sicherheitsrat, das eigentliche Entscheidungsorgan, dessen Beschlüsse der Generalsekretär durchzuführen hatte, durch das Vetorecht der ständigen Mitglieder faktisch gelähmt. Die Generalversammlung war von einer Mehrheit von Staaten der Dritten Welt dominiert, die aber – mangels echter Kompetenz dieses Organs – sich auf Rhetorik beschränken mußten.

Waldheim versuchte, sich unter diesen ihn einschränkenden Rahmenbedingungen als Vermittler zu betätigen. In speziellen Krisensituationen wollte er das Gewicht der UN einbringen – so, als er Anfang 1980 in Teheran sich um die Freilassung der US-Geiseln bemühte, wobei er von einem zornigen Straßenmob physisch bedroht wurde. Die geringen Möglichkeiten seines Amtes unter den Vorzeichen des Ost-West-Konfliktes waren aber hier und anderswo seinen Bemühungen im Wege.

Schon 1971 hatte China im Sicherheitsrat gezögert, Waldheim als Generalsekretär zu akzeptieren. Chinas Argument war, daß dieses Amt angesichts der Mehrheitsverhältnisse in der Generalversammlung einem Repräsentanten der Dritten Welt zustünde – eine

Argumentation, die schließlich zu Chinas faktischem Veto 1981 führte und damit eine dritte Amtszeit Waldheims verhinderte.

Doch 1976 war er ohne allzu große Probleme für eine zweite Periode bestellt worden. Hilfreich mag gewesen sein, daß sich Waldheim rhetorisch immer wieder als Champion der Interessen der Dritten Welt profiliert hatte – wobei er Verärgerungen der USA oder auch Israels riskierte. Bei der Befreiung von Geiseln durch ein israelisches Kommandounternehmen in Entebbe, 1976, kritisierte Waldheim die Verletzung der Souveränitätsrechte Ugandas durch Israel; einer der Vorfälle, die ihm den Ruf eintrugen, gegenüber Israel auffallend unsensibel zu sein.

Nach seinem Ausscheiden als UN-Generalsekretär betätigte sich Waldheim als Gastprofessor vor allem an US-Universitäten, so an der Georgetown University, und trat formell – als österreichischer Beamter – in den Ruhestand. Doch schon im Laufe des Frühsommers 1985 verdichteten sich die Gerüchte, daß die seit 15 Jahren oppositionelle ÖVP Waldheim als Kandidaten für die im Frühjahr 1986 notwendige Wahl des Bundespräsidenten nominieren würde. Da Rudolf Kirchschläger, nach zwei Amtsperioden, aus verfassungsrechtlichen Gründen nicht mehr kandidieren konnte, versprach sich die ÖVP nun gute Chancen, das Amt des Präsidenten mit ihrem Kandidaten besetzen zu können – denn der Gegenkandidat der SPÖ, wer immer es auch sein sollte, würde ja nicht auf den Vorsprung eines Amtsbonus pochen können.

Bundespräsident Dr. Kurt Waldheim, 1986, erste Presskonferenz in der Hofburg

Daß kurze Zeit überlegt wurde, Waldheim als gemeinsamen Kandidaten der SPÖ und der ÖVP zu nominieren, wirft ein bestimmtes Schlaglicht auf Stil und auf Akzeptanz der Person. Vor Ausbrechen der „Affäre Waldheim" galt dieser offenkundig als Mann des Ausgleiches; war sein Profil eher weich, jedenfalls kaum ausschließend. Waldheim war zweimal den ständigen Mitgliedern des Sicherheitsrates ein akzeptabler Kompromißkandidat für das Amt des Generalsekretärs – nun war er, in einigen Überlegungen, für die beiden österreichischen Großparteien ein ebenso akzeptabler Kompromißkandidat für das Amt des Bundespräsidenten. Eine besondere Trennschärfe läßt sich daraus jedenfalls nicht ableiten – im Gegenteil, die Persönlichkeit Waldheims galt bis Anfang 1986 als integrativ.

Die relativ frühe Festlegung auf Waldheim – de facto schon im Sommer 1985 – bedeutete eine besonders langen Wahlkampf und damit auch eine Herausforderung an die Konkurrenten, besonders intensiv nach Instrumenten zu suchen, die diesen langen Wettbewerb beeinflussen könnten. Dazu kam noch, daß sich die SPÖ in der Defensive wußte: In den demoskopisch erhobenen Wahlabsichten schloß, erstmals seit 1970, die ÖVP Ende 1985 zur SPÖ auf; und Waldheim lag von Anfang an bei allen Prognosen der Wahlforschung vor seinem sozialistischen Konkurrenten Kurt Steyrer; ein Vorsprung, an dem sich nichts mehr ändern sollte.

Die Diskussion um die Karriere vor der eigentlichen Karriere des Kurt Waldheim brach im Februar 1986 los. Gegen die wachsende Kritik aus dem Ausland (vor allem von seiten des World Jewish Congress) und aus dem Inland (vor allem von seiten der SPÖ) verhielt sich Waldheim defensiv – mit dem Hinweis, er habe weder etwas zu verbergen, noch habe er bewußt die Unwahrheit gesagt oder etwas mit politischer Intention verschwiegen. Waldheim wurde vorgehalten, seine Mitgliedschaft im NS-Studentenbund und in der Reiter-SA verheimlicht zu haben; seinen Kriegseinsatz nach seiner Verwundung bewußt verschwiegen zu haben; bei der besonders grausamen Bekämpfung von jugoslawischen und griechischen Partisanen mitgewirkt zu haben; und den Holocaust – beispielsweise dem an der besonders großen jüdischen Gemeinde von Saloniki – zwar wahrgenommen, aber dann verdrängt zu haben.

Waldheim rechtfertigte sich, daß seine Auslassungen nicht in politischer Absicht erfolgt seien; und daß sein organisatorisches Naheverhältnis zur NSDAP entweder ohne sein Zutun (NS-Studentenbund) zustande gekommen sei oder aber auf einem Mißverständnis beruhe (Reiter-SA).

In der Haupt- und Schlußphase des Wahlkampfes wurden Emotionen bewegt, die Österreichs Verflechtung mit der NS-Vergangenheit berührten. Waldheim und die ÖVP beschuldigten die SPÖ, aus Gründen innenpolitischen Machtstrebens ausländische Interessen in die österreichische Politik zu holen; die SPÖ beschuldigte Waldheim, mit Hinweisen wie „Pflichterfüllung“ die Sympathien von Nationalsozialisten zu mobilisieren.

Im ersten Wahlgang verfehlte Waldheim knapp die absolute Mehrheit – er erhielt 49,6 Prozent der Stimmen. Im zweiten Wahlgang, nur mehr gegen Kurt Steyrer, bekam Waldheim mit 53,9 Prozent die erforderliche Mehrheit.

Die Wahl Waldheims hatte Österreich eine seit Jahrzehnten nicht mehr gekannte internationale Aufmerksamkeit gesichert. Als Bundespräsident war Waldheim mit den negativen Folgen dieses internationalen Scheinwerferlichtes konfrontiert: Er wurde von den westlichen Staaten und deren Staatsoberhäuptern de facto geschnitten. Mit der im April 1987 erfolgenden *„watch list“*-Entscheidung der US-Regierung wiederholte sich diese Fokussierung, die auch durch die verschiedenen Gutachten – darunter die der von der österreichischen Bundesregierung eingesetzten internationalen Historikerkommission – nicht aufgehoben werden konnte.

Außenpolitisch gelähmt, konnte Waldheim auch innenpolitisch nicht das sein, was er in seinem Wahlkampf in Aussicht gestellt hatte: ein starker Bundespräsident. Er blieb in seinem Verhalten den ungeschriebenen Regeln österreichischer Verfassungswirklichkeit verpflichtet, insbesondere bei der Ernennung der Bundesregierung nach den Nationalratswahlen 1986 und 1990. Und die Rolle, die die Verfassungswirklichkeit dem

Bundespräsidenten zumißt – die Rolle des integrativen Mahners, konnte er wegen der polarisierenden Wirkung seiner Person erst recht nicht spielen.

1991 erklärte er, sich nicht um eine neuerliche Kandidatur bemühen zu wollen. Durch diese Entscheidung wurde die wahrscheinliche Neuauflage eines emotionalisierenden Wahlkampfes vermieden.

Nachdem Waldheim im Sommer 1992 sein Amt seinem ebenfalls von der ÖVP nominierten und ebenfalls im zweiten Wahlgang gewählten Nachfolger, Thomas Klestil, übergeben hatte, begann er das Leben eines Pensionisten zu führen. Da er kein Mitglied der ÖVP war, konnte er oder wollte er auch in der Partei keine Aufgabe übernehmen. Einige Ehrenämter – wie das des Präsidenten der Österreichischen Liga für die Vereinten Nationen – konnten jedoch nicht darüber hinwegtäuschen, daß auch der Politpensionist Waldheim polarisiert.

Ein Beispiel war die Überreichung eines hohen päpstlichen Ordens an Waldheim im Juni 1994. Internationale Medien vor allem in den USA und Israel nahmen dies zum Anlaß, das Verhalten der Katholischen Kirche gegenüber Antisemitismus und Holocaust generell und das von Papst Johannes Paul II. speziell einer kritischen Analyse zu unterziehen. Dabei wurde auch daran erinnert, daß der Papst einer der wenigen war, der den faktischen internationalen Boykott gegen den Bundespräsidenten Waldheim durchbrochen und diesen zu einem offiziellen Staatsbesuch im Vatikan empfangen hatte.

Die Reaktion auf die päpstliche Auszeichnung demonstriert, daß Waldheim wohl auch als Pensionist nicht damit rechnen kann, von der US-amerikanischen *„watch list“* wieder gestrichen zu werden. Damit bleibt eine (administrative, nicht gerichtliche) Punzierung des ehemaligen Bundespräsidenten. Er ist von dem Staat, in dem er einen Großteil seines Lebens verbracht hat, von einer Einreise ausgeschlossen – wegen eines Naheverhältnisses zu Kriegsverbrechen.

Diese und andere Reaktionen zeigen, daß die Person Waldheims eine besondere symbolische Funktion besitzt, von der er wohl nicht mehr loskommen wird. Waldheim steht für Österreichs ambivalente Rolle zur Zeit der nationalsozialistischen Terrorherrschaft: Ohne selbst in irgendeiner Weise am „Anschluß“ und der damit verbundenen „Machtergreifung“ der Nationalsozialisten in Österreich aktiv beteiligt gewesen zu sein, war Waldheim – trotz seiner Herkunft aus einem antinazistischen Elternhaus – gegenüber der etablierten NS-Herrschaft adaptiv. Nach allen vorliegenden Befunden war er kein Nationalsozialist, erst recht kein Kriegsverbrecher. Aber er war auch in keiner irgendwie erkennbaren Form Gegner des Regimes.

Doch das, was Waldheim – und mit ihm Österreich – kritisch vorgehalten wird, ist nicht die aus einem Überlebenswunsch her erklärbare und daher sehr verständliche Anpassungshaltung. Der Vorwurf bezieht sich auf die Verdrängung ab 1945; auf den Mangel an Sensibilität gegenüber der Besonderheit der nationalsozialistischen Verbrechen; auf die Neigung, spezifisch österreichische Verstrickungen, die sich aus der Doppelrolle Österreichs als Opfer und Täter ergeben, möglichst nicht zur Kenntnis zu nehmen.

Die Bedeutung Waldheims – und gleichzeitig auch seine Tragik – ist, daß er von einer Person zum Fall wurde. Dieser ihm aufgezwungene Wandel der internationalen Wahrnehmung steht nicht nur im Gegensatz zu seiner eigenen Perzeption, sie widerspricht auch seiner in seinem politischen Wirken besonders deutlichen Neigung zur Konfliktvermeidung. Das Ausgleichen, das Adaptieren, das Vermitteln war Waldheims erkennbare Qualität – daß er selbst zum polarisierenden Konfliktfall wurde, widerspricht geradezu seiner Natur.

Doch mit diesem Wandel von einer Person zu einem Fall geht auch die Enttabuisierung des Nationalsozialismus in Österreich Hand in Hand. Durch die „Affäre“ kann eine simplifizierte Opferrolle Österreichs nicht mehr vertreten werden; kann die Zeit des Nationalsozialismus nicht mehr als eine Phase abgetan werden, die zwar deutsche, nicht aber österreichische Verantwortung kennt. Waldheim – von einer Person über eine Affäre zu einem Fall geworden – ist ein Katalysator, der einen Bewußtwerdungsprozeß beschleunigt hat.

Literatur- und Quellenverzeichnis

Born, Hanspeter (1987). Für die Richtigkeit Kurt Waldheim, München.

Herzstein, Robert Edwin (1988). Waldheim. The Missing Years, New York.

Kohl, Andreas / Theodor *Faulhaber* / Günther *Ofner* (Hg.) (1987). Kurt Waldheim – Opfer oder Täter? München.

Mitten, Richard H. (1992). Politics of Antisemitic Prejudice: The Waldheim Phenomenon in Austria, Boulder.

Waldheim, Kurt (1971). Der österreichische Weg. Aus der Isolation zur Neutralität, Wien.

Waldheim, Kurt (1985). Im Glaspalast der Weltpolitik, Düsseldorf.

Waldheim, Kurt (1992). Worauf es mir ankommt, Graz.

Lebensdaten

1918	am 21. 12. in Tulln geboren
1928–1936	Besuch des Gymnasiums in Klosterneuburg, Eintritt in die katholische Mittelschüler-Verbindung „Comagena“
1936/37	Militärdienst (Kavallerie), danach Übernahme in die Reserve des Bundesheeres
1937	Beginn des Studiums an der Konsularakademie in Wien
1938	am 1. 4. Übernahme in den NS Deutschen Studentenbund Fortsetzung der militärischen Ausbildung im Rahmen der Wehrmacht, Reserveoffizier. Aufnahme in die Reiterstandarte der SA
1939	Abschluß des Studiums an der Konsularakademie August bis November Militärdienst in der Wehrmacht, Beurlaubung zur Fortsetzung des Rechts-Studiums an der Universität Wien
1940	Ab April 1940 wieder Militärdienst (u.a. Frankreich), unterbrochen von Studienurlaub; 1. 12. Leutnant
1941	Teilnahme am „Rußland-Feldzug“, Verwundung, Lazarettaufenthalt in Wien, Fortsetzung seiner Studien
1942	ab 14. 3. beim Kommando der 12. Deutschen Armee am Balkan, Verwendung vor allem als Verbindungsoffizier zu italienischen Einheiten bei Kämpfen gegen Partisanen am 22. 7. erhält Waldheim – mit drei anderen deutschen Offizieren – vom kroatischen Diktator Pavelic den Zvonimir-Orden mit Eichenlaub wegen „Tapferkeit“ ab 31. 8. in Griechenland (Arsakli bei Saloniki), Beurlaubung zur Fortsetzung des Studiums, Beginn der Arbeit an der Dissertation über Konstantin Frantz

1943	im April Rückkehr zum Militärdienst am Balkan (Albanien, Bosnien, Griechenland); nach der Entwaffnung der italienischen Einheiten am Balkan vor allem nachrichtendienstliche Verwendung im Stab von Generaloberst Löhr
1944	Februar bis April Erholungsurlaub, Fertigstellung der Dissertation, Promotion zum Dr. iur. am 14. 4. am 19. 8., während eines Kurzurlaubs, Eheschließung mit Elisabeth Ritschel ab Oktober Teilnahme am deutschen Rückzug aus Griechenland, zunächst nach Bosnien
1945	Teilnahme am Rückzug nach Kroatien. Im April Kommandierung zu einer Kampfeinheit nach Slowenien/Istrien am 7. 5. Geburt der Tochter Lieselotte in Ramsau (Steiermark); wenige Tage später trifft auch Kurt Waldheim dort ein; Demobilisierung durch US-Behörden, Überstellung nach Bad Tölz (Bayern); Entlassung aus der US-Gefangenschaft im Juni
1948	Geburt des Sohnes Gerhard
1959	Geburt der Tochter Christa
1987	am 28. 4. setzt die US-Regierung (Attorney General Meese) Waldheim auf die „watch list“

Berufliche Karrierestationen

1945	Oktober Eintritt in den österreichischen diplomatischen Dienst, Sekretär von Außenminister Karl Gruber
1948–1951	an der österreichischen Botschaft in Paris
1951–1955	Personalchef des Außenamtes in Wien
1955–1956	Vertreter Österreichs bei den UN in New York
1956–1960	österreichischer Missionschef in Ottawa
1960–1962	Generalsekretär im Bundesministerium für Auswärtige Angelegenheiten in Wien
1962–1968	österreichischer Missionschef bei den UN in New York
1970–1971	wiederum Missionschef in New York

Politische Funktionen

1968–1970	Bundesminister für Auswärtige Angelegenheiten
1971	als Parteiloser Kandidat der ÖVP für das Amt des Bundespräsidenten, Wahlniederlage gegen Franz Jonas
1971–1981	Generalsekretär der Vereinten Nationen in New York
1986	als Parteiloser wiederum Kandidat der ÖVP für das Amt des Bundespräsidenten, Wahlsieg im 2. Wahlgang
1986–1992	Bundespräsident

Eduard Wallnöfer

von
Franz Fallend

Der Lebensweg und das politische Programm Eduard Wallnöfers sind eng mit der gesellschaftlichen und politischen Entwicklung Tirols im 20. Jahrhundert verbunden. 1913 im Vintschgau geboren, übersiedelte seine Familie nach dem Verlust Südtirols an Italien 1919 nach Nordtirol. Seine Jugend war geprägt von Armut und harter Arbeit auf dem Bauernhof. Im Anschluß an die Grundschule besuchte er die Landwirtschaftsschule in Imst, wo der erziehende Kaplan den Schülern nahelegte, sich von Politik fernzuhalten, weil sie den sozialen Frieden störe (Senn 1973, 161–162).

Danach scheiterte sein Plan, einen Bauernhof zu erwerben. So wurde er 1934, nach Etablierung des autoritären Regimes, wegen seiner guten Leistungen in der Schule und auf Fürsprache eines Bauernbundfunktionärs als Sekretär in die Bezirkslandwirtschaftskammer Imst aufgenommen. 1935 vom Jungbauernbund, der Jugendorganisation des Bauernbundes, zum Bezirksobmann gewählt, betrachtete Wallnöfer seine Funktion nicht als politisch; vielmehr wollte er durch sachliche Arbeit die Lage der Bauern verbessern (Senn 1973, 164).

Trotz des Anschlusses Österreichs an das Deutsche Reich 1938 konnte Wallnöfer seine Tätigkeit zunächst weiter ausüben. Kurz nach Kriegsausbruch wurde er von der Wehrmacht unabkömmlich gestellt und organisierte in den folgenden Jahren als Geschäftsführer des Tiroler Braunviehzuchtverbandes die Versorgung der Bevölkerung, bevor er 1944/45 erneut Kriegsdienst leisten mußte.

Nach Kriegsende wurde Wallnöfer auf Vermittlung des Bezirksobmannes des Bauernbundes wieder zum Sekretär der Imster Landwirtschaftskammer bestellt. Er kümmerte sich um die Lebensmittelversorgung und den Wiederaufbau der Bauernhöfe. Aufgrund seiner erfolgreichen Tätigkeit wurde er 1949 im Wahlkreis West an die Spitze der ÖVP-Liste gereiht und in den Tiroler Landtag gewählt. Noch im selben Jahr stieg er zum Landesrat für Land- und Forstwirtschaft auf. Zu seinen stärksten Förderern zählte der neue Obmann des Tiroler Bauernbundes Alois Grauß, der den Präsidenten der Landwirtschaftskammer Landesrat Josef Muigg entmachten wollte und sich von Wallnöfers rhetorischen Fähigkeiten beeindruckt zeigte (Schmidl/Bauer 1987, 51–53).

Als Agrarlandesrat trieb Wallnöfer den Ausbau der landwirtschaftlichen Lehranstalten, die Modernisierung der Bauernhöfe und die Erschließung auch entlegenster Höfe voran; 1951 gründete er zur Vergabe günstiger Darlehen den Landeskulturfonds. In der Überzeugung, daß die Bauern nur durch Nebenverdienste überleben könnten, förderte er die Gründung von Gewerbebetrieben im ländlichen Raum und die Einrichtung von Gästezimmern auf den Bauernhöfen. In Wien führte er Verhandlungen mit Ministerien über finanzielle Hilfe für die Tiroler Bergbauern. Bereits Anfang der 50er Jahre überschritt Wallnöfers Tätigkeit die Grenzen seines Ressorts; er verlangte Maßnahmen gegen die Arbeitslosigkeit, den Bau der Felbertauernstraße und des Wasserkraftwerkes

Dorfertal. Als ÖVP-Landesparteiobmann Aloys Oberhammer 1961 wegen der Forderung nach Selbstbestimmung für Südtirol sein Amt als Landesrat für Südtirol zurücklegen mußte, übernahm Wallnöfer auch diese Funktion.

Im Laufe der 50er Jahre erhöhte sich sein politisches Gewicht. Als Bauernbundobmann Grauß 1951 zum Landeshauptmann bestellt wurde, übertrug er Wallnöfer wichtige Aufgaben im Bauernbund. Nach den Landtagswahlen 1957 und dem Verzicht von Grauß auf eine neuerliche Kandidatur lehnte Wallnöfer das ihm angebotene Amt des Landeshauptmannes ab, weil er sich dafür nicht fähig hielt. Statt dessen setzte er sich für Landesrat Hans Tschiggfrey vom Wirtschaftsbund als neuen Landeshauptmann ein (Schmidl/Bauer 1987, 54–55, 58–59).

1963 starb Landeshauptmann Tschiggfrey. Wallnöfer schlug als Nachfolger Landesamtsdirektor Rudolf Kathrein vor, der jedoch abwinkte. Da die SPÖ nur einem gewählten Mandatar ihre Stimmen geben wollte, wurde Wallnöfer am 13. Juli 1963 mit Unterstützung aller ÖVP-Bünde und Parteien einstimmig zum Landeshauptmann gewählt (Schmidl/Bauer 1987, 65–67).

Als Landeshauptmann von Tirol war Wallnöfer Repräsentant des Landes, Vorsitzender der Landesregierung und darüber hinaus u. a. für die Ressorts Raumplanung, Straßen, Energie, Naturschutz und Südtirol zuständig. Im Vordergrund stand für ihn, die wirtschaftliche Modernisierung fortzuführen und die Interessen der deutschsprachigen Südtiroler zu vertreten.

In der Wirtschaftspolitik waren Wallnöfers Handlungsmöglichkeiten vornehmlich dadurch eingeschränkt, daß in Österreich alle wichtigeren Kompetenzen und der Großteil der Steuereinnahmen dem Bund zufallen. Wortgewaltig beklagte er immer wieder die zentralistischen Tendenzen der SPÖ-Alleinregierung ab 1970. Andererseits bewies er ihr gegenüber auch Durchschlagskraft: Durch Vorfinanzierungen konnte er Projekte umsetzen, die eigentlich Bundessache waren. 1978 erhielt Bundeskanzler Bruno Kreisky aus seinen Händen den höchsten Landesorden für seine Unterstützung beim Bau des Arlbergtunnels. Kritikern aus den eigenen Reihen hielt er damals entgegen, der sozialistische Kanzler habe „für Tirol mehr getan als alle Wiener ÖVP-Politiker zusammen" (*Tages-Anzeiger*, 3. 3. 1987). Zugleich würdigte er damit die Rolle des früheren Außenministers in den Verhandlungen mit Italien zur Südtirol-Autonomie. Auch hier sind ja die Möglichkeiten eines Landespolitikers begrenzt.

Im eigenen Land war Wallnöfers Position unangreifbar. Als „Landesvater" wurde er mit Tirol gleichgesetzt. Durch Volksnähe, katholisch-christliche Gesinnung und persönliche Hilfeleistung in Notfällen vermittelte „der Walli" vielen Menschen das Gefühl, einer der ihren und für sie da zu sein. Immer wieder beschwor er die „heile Welt" Tirols, die durch den Gemeinschaftsgeist seiner Schützen, Musikanten und Feuerwehren frei von Terror und Kriminalität geblieben sei. Intellektuelle schätzten seine Integrität. 1982 sprachen sich in einer Umfrage 70% der Wähler – darunter 59% der SPÖ-Anhänger – für eine erneute Kandidatur des fast 70jährigen Wallnöfer bei den kommenden Landtagswahlen aus (*Tiroler Tageszeitung*, 10. 3. 1982).

Der politische Gegner wurde solcherart in die Defensive gedrängt. Landeshauptmannstellvertreter und SPÖ-Vorsitzender Ernst Fili konnte Versuchen, Wallnöfer frontal anzugreifen, wenig abgewinnen: „Denkmalstürmer haben immer den kürzeren gezogen" (*Wochenpresse*, 13. 12. 1983). Die ÖVP stellte ihn in den Mittelpunkt ihrer Wahlkämpfe und erreichte so bei den Landtagswahlen seiner Ära außer 1970 stets eine Zweidrittelmehrheit; damit hatte sie auch in der Landesregierung, in der sonst nur noch die SPÖ vertreten war, eine klare Mehrheit inne. Sie konnte folglich die wesentlichen Züge der Landespolitik allein bestimmen.

In seinen Regierungserklärungen versprach Wallnöfer indessen, „nicht die Abstimmung, sondern die Übereinstimmung in den Vordergrund" zu stellen (*Tiroler Tageszeitung,* 24. 10. 1979; 11. 7. 1984). Er war stolz darauf, daß die Landesregierung trotz harter Diskussionen nie im Streit auseinandergegangen sei. Die gemeinsamen Hauptziele der Regierungsparteien – wirtschaftlicher Fortschritt und Arbeitsplatzsicherung – trugen dazu bei. Die eigenen Grundwerte stellte die SPÖ freilich hintan, als sie 1980 eine neue Präambel zur Landesverfassung mit den Werten Treue zu Gott, Familie und Vätererbe mitbeschloß (Schmidl/Bauer 1987, 111). Insgesamt stand aber die politisch schwache FPÖ, der er 1965 durch eine Änderung der Landtagswahlordnung den Einzug in den Landtag ohne Grundmandat ermöglichte, Wallnöfer näher als die SPÖ.

Trotz aller Bekenntnisse zu Gespräch und Zusammenarbeit verfolgte Wallnöfer seine Linie konsequent. Auch in der Demokratie seien Autorität und Entscheidungsfähigkeit vonnöten, betonte er. Vom Gemeinnutzen seiner Ziele und seiner korrekten Amtsführung überzeugt, reagierte er empfindlich auf Kritik und Kontrolle. Wenn es ihm nötig erschien, spielte er die politische Mehrheit der ÖVP aus. Mit dem Alter nahmen auch die „einsamen Entscheidungen" Wallnöfers zu.

In der ÖVP hatte Wallnöfer eine fast unbegrenzt mächtige Stellung inne. Kurz nachdem er 1963 Landeshauptmann geworden war, wählte ihn die ÖVP zu ihrem Landesparteiobmann; auf dem Landesparteitag 1982 erhielt er sogar 99,23% der Stimmen (*Tiroler Tageszeitung,* 7. 6. 1982). Der ÖVP-Bauernbund, dessen Landesobmann er seit 1958 war, bestätigte ihn 1985 immerhin mit 93% der Stimmen (*Tiroler Tageszeitung,* 7. 1. 1985). Obwohl mit Leib und Seele Bauernbündler, respektierte Wallnöfer auch den ÖVP-Wirtschaftsbund, während er dem Arbeiter- und Angestelltenbund (ÖAAB) eher skeptisch gegenüberstand. Intern herrschte Wallnöfer autoritär und verlangte unbedingte Loyalität (Steidl 1993, 39). Gegenüber den Regierungsmitgliedern und der Landtagsfraktion seiner Partei bestimmte er den Kurs; in den Parteigremien konnte er seine Wünsche meist durchsetzen, sodaß innerparteiliche Diskussionen oft zu kurz kamen. Grundlegende Entscheidungen wurden in einem kleinen Kreis getroffen, dem neben Wallnöfer noch ÖVP-Landesparteisekretär Robert Fiala, Landesamtsdirektor Rudolf Kathrein, Landesgrundverkehrsreferent Hermann Arnold und Wallnöfers Sekretärin Ingeborg Woitschitzky angehörten.

Als leitendes Motiv seines Handelns bezeichnete Wallnöfer immer sein „Gerechtigkeitsgefühl". Von strikter Gesetzestreue hielt er wenig, wie er einmal seinem Stellvertreter Salcher (SPÖ) erläuterte: „Dös Land kann man nur regieren mit jedn Tag an Mißbrauch der Amtsgewalt" (*Die Presse,* 10. 12. 1983). Formvorschriften, Fristen oder Zuständigkeitsbestimmungen hinderten ihn also nicht, das seiner Ansicht nach Richtige für Tirol zu tun.

Das politische System Tirols war in der Regierungszeit Wallnöfers durch außergewöhnliche Stabilität gekennzeichnet. Die Landesverfassung wurde nur unwesentlich geändert. Die ÖVP dominierte in Landesregierung, Landtag, Verwaltung, Landwirtschafts- und Handelskammer, ab 1984 auch in der Arbeiterkammer. Wallnöfer versäumte es jedoch, jüngere Kräfte nachrücken zu lassen, mit dem Ergebnis, daß die ÖVP-Regierungsmitglieder 1986 im Schnitt seit 19 Jahren in der Landesregierung saßen und 65 Jahre alt waren. Am Proporzsystem hielt er fest, um die SPÖ in die Verantwortung einzubinden und von allzu heftiger Opposition abzuhalten. Auch nach Wahlsiegen seiner Partei tastete er die „Hausmacht"-Ressorts der SPÖ nicht an. Die Möglichkeiten des Landtags zur Kontrolle waren eng gezogen, dringliche Anfragen und Anrufungen des Kontrollamtes bedurften eines Mehrheitsbeschlusses. Wallnöfer verteidigte auch den Klubzwang, „denn sonst wird ja die Unordentlichkeit kein Ende nehmen" (*Wochenpresse,* 26. 3. 1985). Die direkte Demokratie spielte in Tirol lange Zeit keine Rolle. In den 80er Jahren bildeten sich jedoch verstärkt Bürgerinitiativen.

Auf Veränderungen drängte Wallnöfer, wohl noch geprägt von seinen Kindheitserfahrungen, in der Wirtschaftspolitik. Jahrzehnte später hielt er Landeshauptmannstellvertreter Salcher vor: „Sein Sie, Herr Dokta, barfuß in die Schual gangn? I schun, i woaß, was es hoaßt, orm sein!" (*Die Presse,* 10. 12. 1983). Die hohe Arbeitslosigkeit in der Ersten Republik lehrte ihn, daß „Arbeitsplatzsicherung . . . keine Phrase" sein dürfe, die Alternativen wären nämlich „Chaos und . . . Kommunismus" (*Tiroler Tageszeitung,* 9. 12. 1978).

Landeshauptmann Eduard Wallnöfer, 1981

Daher förderte er Betriebsansiedlungen, ließ Wohnungen, Schulen, Krankenhäuser, Straßen und Kraftwerke bauen. „Wo eine Straße hinführt oder wo ein Kraftwerk steht, da kommt Geld hin", lautete seine Devise (*Tiroler Tageszeitung,* 16. 3. 1989). In den 70er Jahren ließ er Schwerpunktprogramme für die „Schattenregionen" Tirols entwikkeln, an vielen Stellen wurden Lifte und Seilbahnen errichtet. In allen genannten Bereichen konnte Wallnöfer unter quantitativen Gesichtspunkten stolze Bilanzen vorweisen. Das Brutto-Inlandsprodukt des Landes wuchs in seiner Ära stärker als im österreichischen Schnitt. Tirol stieg mit über einem Drittel aller Gästenächtigungen zu Österreichs Fremdenverkehrsland Nr. 1 auf.

Die negativen Folgen seiner Politik – u. a. steigender Transit, Lärm, Luftverschmutzung, Waldsterben, Müllberge und ein jährlicher Verlust von 500 ha Ackerland – überging Wallnöfer, sodaß er in seiner späteren Amtszeit immer heftiger als „Beton-Walli" kritisiert wurde. Verständnislos reagierte er auf „griane [grüne] Spinnereien" (Steidl 1993, 13). Bis zuletzt wehrte er sich dagegen, die Umbalwasserfälle im Dorfertal in den Nationalpark Hohe Tauern aufzunehmen; 25% Arbeitslosigkeit in den umliegenden Gemeinden und Wirtschaftlichkeitserwägungen veranlaßten ihn, die Einbeziehung der Wasserfälle in ein Kraftwerksprojekt zu befürworten. Sein Nachfolger Partl sprach folglich von einem „beachtlichen Rückstau an Problemen", den Wallnöfer hinterlassen habe, weil er im Alter für Neuerungen nicht mehr zugänglich gewesen sei (*Tiroler Tageszeitung,* 11. 12. 1993). Nicht zuletzt deshalb zog 1994 in Tirol als erstem Bundesland eine Grünpartei auch in die Landesregierung ein.

Seit jeher ein Herzensanliegen war Wallnöfer das Problem Südtirol. Jede Gelegenheit nützte er zum Hinweis auf „die Unrechtsgrenze, die jedem Tiroler im Herzen brennt" (Schmidl 1993, 76). In seiner Regierungserklärung 1963 appellierte er, die Südtirol-Aktivisten nicht wie Verbrecher zu behandeln, da sie doch „aus Liebe zu ihrer Heimat" gehandelt hätten (Schmidl/Bauer 1987, 21). Grundsätzlich setzte er jedoch auf Dialog: Unter seiner Führung stimmte der Tiroler Landtag 1969 dem Südtirol-„Paket" zu, das u. a. den Proporz zwischen den Volksgruppen im sozialen Wohnbau und im öffentlichen Dienst sicherte und die Basis für weitere Gespräche bildete. Zur Förderung der „geistigen und kulturellen Einheit Tirols" (so die Präambel der Landesverfassung) initiierte er 1970 gemeinsame Sitzungen beider Landtage und 1972 die Arge Alp. Daß seine Wünsche weiterreichten, kam bei den Andreas-Hofer-Gedenkfeiern 1984 zum Ausdruck, als er trotz Kritik aus Wien im Festzug auch eine Dornenkrone mitführen ließ, die den Schmerz über die weiterhin aufrechte Trennung symbolisieren sollte.

Landeshauptmann Wallnöfer betonte stets, die Interessen aller gesellschaftlichen Gruppen Tirols vertreten zu wollen, weil es einem „Stand" allein nicht gutgehen könne. Tatsächlich profitierten sowohl Wirtschaftstreibende als auch Arbeitnehmer und Bauern von seiner Politik. Berücksichtigt man, daß ihr Anteil an den Erwerbstätigen bis heute auf einige Prozent gesunken ist, besaßen die Bauern aber ein unverhältnismäßig großes politisches Gewicht: Der Bauernbund stellte den größten Teil der Landtagsabgeordneten der ÖVP und der Abteilungsleiter im Amt der Landesregierung. Jedes Jahr entfielen über 50% der Wirtschaftsförderung auf die Landwirte. Dennoch wurde Wallnöfers Arbeit zumindest in der Phase des Aufschwungs bis zu Beginn der 80er Jahre allgemein geschätzt: nach einer 1982 durchgeführten Umfrage beurteilten sie 51% der Tiroler als „sehr gut" und 41% als „gut" (*Tiroler Tageszeitung,* 10. 3. 1982). Danach erwies er sich jedoch als unfähig, den gesellschaftlichen Wandel mitzuvollziehen und den Wunsch nach mehr Lebensqualität in sein Politikkonzept einzubauen.

1987 trat Landeshauptmann Wallnöfer aus gesundheitlichen Gründen von der politischen Bühne ab, nachdem er die Weichen für seinen Nachfolger Landesrat Partl aus dem Bauernbund gestellt hatte. Er zog sich auf seinen Bauernhof zurück, unterhielt aber weiterhin Kontakte zu führenden Tiroler Politikern. Gelegentlich meldete er sich auch zu Fragen der österreichischen Politik (ÖVP, EG) zu Wort.

Zwei Jahre nach seinem Rücktritt – einige Tage nach dem Verlust der absoluten Mehrheit der ÖVP in Tirol – starb Eduard Wallnöfer. In der Folge setzte – laut Einschätzung eines Tiroler Kolumnisten – eine „Walli-Nostalgie" ein, die einem „Defizit . . . an Wärme- und Geborgenheitsgefühlen" in der heutigen Politik entspringe und folgendes Bild von Wallnöfer zeichne: Vielleicht habe er autoritäre Züge gehabt, aber stets habe er für das Gemeinwohl gewirkt. Bei ihm habe der einfache Bürger noch gewußt, woran er sei. Er gehöre einem ausgestorbenen Politikertyp an, der seine Rolle im Gestalten gesehen und sich nicht hinter Beamten und Experten verschanzt habe. Wenn ihm schließlich vorgehalten werde, mit seinen Straßen- und Kraftwerksbauten die Umwelt zerstört und Tirol mit Touristen überschwemmt zu haben, so seien das Dinge, die erst Sorgen bereiten könnten, wenn das tägliche Brot – dank „Walli" – gesichert sei (*Tiroler Tageszeitung,* 11. 12. 1993).

Harte Kritik an Wallnöfer gilt nach wie vor „zumindest (als) Denkmalschändung, wenn nicht gar (als) Landesverrat" (*Tiroler Tageszeitung,* 4. 12. 1993). Ebenso verhält es sich mit dem Mißbrauch seines Namens: Als die FPÖ im Landtagswahlkampf 1994 ein Plakat mit dem Slogan „Der Walli würde diesmal die FPÖ wählen" anschlagen ließ, verurteilten ÖVP und SPÖ einhellig die „geschmacklose" Kampagne (*Tiroler Tageszeitung,* 28. 2. 1994).

Literatur- und Quellenverzeichnis

Fiala, Robert (1993). Eduard Wallnöfer – ein außergewöhnlicher Mensch, ein Politiker mit Charme, in: Klaus *Horst* / Martin *Marberger* / Markus *Hatzer* (Hg.): Wallnöfer: Bauer und Landesfürst, Innsbruck.

Schmidl, Herwig (1993). Im Mittelpunkt Europas, in: Klaus *Horst* / Martin *Marberger* / Markus *Hatzer* (Hg.): Wallnöfer: Bauer und Landesfürst, Innsbruck.

Schmidl, Herwig / Roland *Bauer* (1987). Mein Leben für Tirol: Eduard Wallnöfer, Wien.

Senn, Hubert (1973). Land in guter Hand, in: Hubert *Senn* (Hg.): Die Behauptung Tirols, Innsbruck.

Steidl, Wilhelm (1993). Ich vermisse ihn sehr!, in: Klaus *Horst* / Martin *Marberger* / Markus *Hatzer* (Hg.): Wallnöfer: Bauer und Landesfürst, Innsbruck.

Lebensdaten

1913	am 11. 12. in Schluderns (Südtirol) geboren
1920	Übersiedlung nach Nordtirol
1931–1933	Besuch der Landwirtschaftlichen Lehranstalt Imst
1934	Eintritt in die Vaterländische Front
1938	kurz unter Arrest gestellt
1939 und 1944–45	Kriegsdienst
1989	am 15. 3. in Innsbruck gestorben

Berufliche Karrierestationen

1934–1938	Sekretär der Bezirkslandwirtschaftskammer Imst und Geschäftsführer der landwirtschaftlichen Genossenschaften
1940–1944	Geschäftsführer des Tiroler Braunviehzuchtverbandes
1945–49	Sekretär der Bezirkslandwirtschaftskammer Imst und Geschäftsführer der landwirtschaftlichen Genossenschaften

Staatliche Funktionen

1949–1987	Abgeordneter zum Tiroler Landtag
1949–1963	Landesrat (zuständig für Land- und Forstwirtschaft, ab 1961 auch für Südtirol)
1963–1987	Landeshauptmann (u.a. zuständig für Raumplanung, Straßen, Energie, Naturschutz und Südtirol)

Parteipolitische Ämter

1935	Bezirksobmann des Jungbauernbundes Imst
1958–1988	Landesobmann des Tiroler Bauernbundes
1963–1987	Landesparteiobmann der ÖVP
1963–1972	Mitglied des Bundesparteivorstandes der ÖVP

Weitere Funktionen

Landesoberschützenmeister

Aufsichtsratsvorsitzender der TIWAG und der Brennerautobahn AG

Ferdinand Wedenig

von
Karl Anderwald

Eine zeitgenössische Schilderung des für Kärnten typischen Milieus der ersten Generation der Arbeiterschaft geht von einem Arbeiter aus, „der noch in seiner ganzen Ideenwelt mit der des Landes eng verknüpft und nicht selten durch den Besitz einer alten Keusche halber Bauer ist" (*Arbeiterwille,* 1. 2. 1914). Ferdinand Wedenigs Familie entsprach diesem Milieu. Er war das fünfte von neun Kindern einer Eisenbahnerfamilie, die in Gurnitz bei Klagenfurt auch eine kleine Landwirtschaft betrieb. Schon mit 13 Jahren hatte Wedenig seine Eltern verloren. Er schied aus der Schule aus und erlernte in Gutenstein im damals noch zu Kärnten gehörenden Mießtal den Kaufmannsberuf. Nach der Lehre arbeitete er als Angestellter in Marburg, Agram sowie in einigen ungarischen Orten und eignete sich Sprachkenntnisse in Slowenisch und Serbokroatisch an. Schon als Lehrling interessierte er sich für die Arbeiterbewegung und knüpfte Kontakte zu den Stahlarbeitern in Prävali an. Vom dortigen Arbeiterbildungsverein entlieh sich Wedenig heimlich Bücher. Die harte Schule des Lebens tat ihr übriges, daß er sich bereits damals dem sozialdemokratischen Gedankengut verbunden fühlte.

Während des Ersten Weltkrieges verstärkte sich diese Einstellung noch. Ferdinand Wedenig diente ab 1915 bis Kriegsende als Frontsoldat. Er wurde verwundet und erhielt mehrere Tapferkeitsauszeichnungen. Nach dem Krieg blieb er als Zugsführer beim Bundesheer und war dort sozialdemokratischer Soldatenrat. Wedenig beteiligte sich aktiv am Kärntner Abwehrkampf und wurde dafür mit beiden Kärntner Kreuzen ausgezeichnet.

Im Jahre 1927 schied er aus dem Bundesheer und wurde sozialdemokratischer Bezirkssekretär in Völkermarkt. Wegen einer gewaltsamen Auseinandersetzung mit Nationalsozialisten nach einer Republiksfeier wurde er 1931 zum ersten Mal verhaftet und ein Jahr später zu drei Monaten bedingtem Arrest verurteilt. Zwischen 1933 und 1939 wurden gegen Wedenig drei Polizeistrafen und drei Gerichtsurteile wegen verbotener politischer Betätigung bzw. wegen Geheimbündelei und Hochverrat ausgesprochen. Insgesamt wurde er zu sechs Jahren Kerker und zwei Jahren Polizeihaft verurteilt. Zweieinhalb Jahre davon saß Wedenig tatsächlich ein, u.a. auch im Gefangenenhaus Stein. Nach dem Verbot seiner Partei hatte der Bezirkssekretär seinen Lebensunterhalt zunächst als Vertreter der Wiener Jodheilquellengesellschaft bestritten. Dann arbeitete er als Reiseschriftsteller für die Trans-Atlantik-Presse, wobei die Berichte in die englische Sprache übersetzt wurden. Ab 1936 hielt sich Ferdinand Wedenig hauptsächlich in Wien auf, wo er den Decknamen „Ferdinand Forst" benutzte. Bei einer Verhaftung in Wien im Mai 1937 wurde eine große Anzahl von Büchern, Flugblättern und Werbematerial der Revolutionären Sozialisten beschlagnahmt.

In der NS-Zeit wurde er mehrmals von der Gestapo verhört und nach dem 20. Juli 1944 in das Konzentrationslager Dachau eingeliefert.

Am 3. 5. 1945 kehrte er aus Dachau zurück. Wedenig gehörte zwar nicht zum Kreis der fünf mutigen Demokraten, die bereits am 5. 5. Gauleiter Rainer zum sofortigen Rücktritt aufgefordert hatten, in der zwei Tage später gebildeten provisorischen Kärntner Landesregierung schien er aber bereits als Landesrat für Bauwesen auf. Eine besonders heikle Mission stellten die Verhandlungen mit den in Kärnten eingedrungenen Titopartisanen dar, die Gebietsforderungen stellten. Wedenig lehnte dies mit dem Hinweis ab, die Grenzfrage in Kärnten sei durch die Volksabstimmung am 10. 10. 1920 entschieden worden.

Es war hauptsächlich das Verdienst Ferdinand Wedenigs, daß die SPÖ in Kärnten bereits im Mai 1945 wieder geschlossen in Erscheinung trat. Schon Ende Mai berief er die erste Vertrauensmännerkonferenz ein, am 24. 6. fand die erste Landesparteikonferenz und am 20. 10. der Landesparteitag statt. Wedenig wurde dabei einstimmig zum Landesvertrauensmann gewählt. Damals wurde eine Arbeitsteilung vereinbart, wonach der frühere Villacher Bürgermeister und provisorische Landeshauptmann Hans Piesch als Spitzenkandidat für die Landtagswahl fungieren und Ferdinand Wedenig den Neuaufbau der Parteiorganisation in die Wege leiten sollte. Folgerichtig war Wedenig in der nach der ersten Landtagswahl seit dem 2. Weltkrieg konstituierten Landesregierung nicht mehr vertreten, sondern zog in den Nationalrat ein.

Mitten in der erfolgreichen Phase des Aufbaus seiner Partei, die ab 1946 durch den neuen Landesparteisekretär Hans Sima tatkräftige Impulse erfuhr, wurde der Landesvertrauensmann völlig unerwartet mit einer neuen Aufgabe konfrontiert: Nach einer von Jugoslawien initiierten Kampagne gegen Landeshauptmann Hans Piesch verzichtete dieser am 12. 3. 1947 freiwillig auf seine Funktion. Ferdinand Wedenig wurde zu seinem Nachfolger gewählt.

Wedenigs Regierungserklärung am 25. 4. 1947 widerspiegelte die schwierige wirtschaftliche Situation der Nachkriegszeit. Als vorrangiges Problem nannte der neue Landeshauptmann die Wiedergutmachung der durch den Faschismus verursachten Schäden, vor allem unter dem slowenischen Volksteil Kärntens. Große Sorgen bereitete noch die Sicherung der Ernährung der Bevölkerung. Es mangelte an landwirtschaftlichen Geräten und Werkzeugen. Die sich vorsichtig abzeichnende Aufwärtsentwicklung der Wirtschaft litt unter der Tatsache, daß sich noch etwa 13.000 Kärntner in Kriegsgefangenschaft befanden.

Landeshauptmann Ferdinand Wedenig, 1951

Anlaß zur Besorgnis gaben aber auch die Gebietsansprüche Jugoslawiens. „Die Ungeklärtheit an den Grenzen war auch ein nicht unwesentlicher Faktor der Unsicherheit für eine volle Inangriffnahme des Wiederaufbaues im gemischtsprachigen Gebiet" (Wedenig 1953).

Wegen dieser wirtschaftlichen Rahmenbedingungen waren die Gestaltungsmöglichkeiten des neuen Landeshauptmannes sehr beschränkt. Der Handlungsspielraum war zudem durch das Mitspracherecht der britischen Besatzungstruppen eingegrenzt. Diese hatten z. B. ein vorübergehendes Betätigungsverbot für die im Landtag vertretene Demokratische Partei Österreichs verhängt. Dadurch verfügte die SPÖ mit ihren 18 Mandaten nun aber nicht nur über die absolute Mehrheit in der Landesregierung, sondern auch im Landtag (14 ÖVP, 3 KPÖ). Diese Machtverteilung wurde genutzt, um Einfluß in der Landesverwaltung und in den Landeskrankenanstalten zu sichern, wobei ein Ziel der sozialistischen Personalpolitik auch die Integration der ehemaligen Nationalsozialisten war. Von der Beamtenschaft konnte daher absolute Loyalität erwartet werden. Von den politischen Gegnern ging keine allzu große Gefahr aus. Die nicht in der Landesregierung vertretene KPÖ war weitgehend isoliert, und die ÖVP-Regierungsmitglieder erwiesen sich eher als politische Leichtgewichte. Wedenigs Problem beim Eintritt in die Funktion des Landeshauptmannes war somit sein mangelndes Charisma. War es Hans Piesch gelungen, sich als über den Parteien stehender Landesvater zu präsentieren, so erweckte Ferdinand Wedenig vorerst noch eher den Eindruck eines typischen Parteifunktionärs.

Zeitzeugen sind sich darin einig, daß Ferdinand Wedenig versuchte, dieses mangelnde Charisma durch besondere Kontaktfreudigkeit auszugleichen. Er verfügte über die Eigenschaft, zuhören zu können. Den Weg von der Wohnung zum Regierungsgebäude legte der Landeshauptmann stets zu Fuß zurück, um unterwegs mit dem „Mann von der Straße" sprechen zu können. Konsequent baute er sich das Image als volksnaher Politiker auf. Wedenig sprach dabei ein weit über die Anhänger der eigenen Partei hinausgehendes Publikum an.

Auf das persönliche Gespräch unter vier Augen setzte der Landeshauptmann auch als Verhandler mit anderen Lagern. Die leidvollen persönlichen Erfahrungen als politisch Verfolgter hatten dazu geführt, daß sich Wedenig durch besondere Toleranz auszeichnete. Stets um einen Ausgleich bemüht, war er höflich und verbindlich im Umgangston. Zu Kompromissen kam es allerdings eher in Nebenfragen, wenn die grundsätzlichen Positionen der Sozialisten nicht gefährdet schienen. In den ersten Regierungsjahren kam vor Wahlen mitunter auch die alte klassenkämpferische Diktion zum Vorschein. Als die politischen Gegner viel später darauf reagierten und etwa die ÖVP vor der Landtagswahl 1956 ein Plakat affichierte, das Wedenig gemeinsam mit Chruschtschow und Tito als Marschierer am 1. Mai zeigte, war der Landeshauptmann schon erfolgreich in die Rolle des Landesvaters geschlüpft. Am Ende seiner Laufbahn konnte er sich auch über die jahrzehntelange ÖVP-Flüsterkampagne lustig machen, die ihm zwei in Laibach studierende Söhne angedichtet hatte. Wedenig: „Seit achtzehn Jahren sollen die Lauser in Laibach studiert haben und sind noch immer nichts Rechtes geworden" (*Die Neue Zeit*, 14. 2. 1965).

Besonderes Organisationstalent wird Ferdinand Wedenig nicht zugeschrieben. Er verließ sich hier voll und ganz auf seinen seit 1946 im Amt befindlichen Landesparteisekretär Hans Sima. Dies führte allerdings dazu, daß Sima verstärkt auch die inhaltliche Gestaltung der Politik übernahm und der Landeshauptmann mehr und mehr als Gallionsfigur nach außen präsentiert wurde.

Wedenig selbst stellte die Arbeit seiner Partei nach 1945 unter das Motto „Für Heimat und Volk". Vorrang beim Wiederaufbau hatten industrielle und gewerbliche Unternehmen. Das besondere Interesse galt dem Ausbau der heimischen Wasserkraft durch die Kraftwerksgesellschaften ÖDK und Kelag. Ein weiterer Schwerpunkt der Bemühungen war der Wohnungsbau. Kärnten schuf als erstes österreichisches Bundesland einen Landes-, Wohn- und Siedlungsfonds zur Behebung der Wohnungsnot. Zur „geistigen Aufrüstung der Menschen“ (Wedenig 1953) erachtete der Landeshauptmann schließlich den Wiederaufbau des Schulwesens und den Schulbau als besonders vordringliche Aufgabe.

Sehr nachdrücklich trat Ferdinand Wedenig für Frieden und Versöhnung zwischen den „beiden Kärntner Volksstämmen“ ein. Als Schlüssel hiefür sah er den Aufbau von gutnachbarlichen Beziehungen zu Jugoslawien an. Im Jahre 1958 gab Wedenig allerdings der Kritik an der 1945 von der provisorischen Kärntner Landesregierung einstimmig beschlossenen Verordnung über das zweisprachige Schulwesen nach, die in breiten Bevölkerungskreisen als „Schulsprachen-Zwangsverordnung“ empfunden wurde. Es erging sein „Abmeldeerlaß vom slowenischen Unterricht“.

Ferdinand Wedenig erbrachte durch seine lange Amtszeit den Beweis, daß der Amtsbonus des Landeshauptmannes auch erarbeitet bzw. durch eine langjährige Funktion geradezu ersessen werden kann. Er hatte freilich das Glück, daß die Wahlniederlage der SPÖ im Jahre 1949 – die erste Wahl die unter ihm als Spitzenkandidaten durchgeführt wurde – ohne Konsequenzen blieb, weil sich ÖVP und VdU nicht auf einen gemeinsamen Landeshauptmann einigen konnten. Sonst hätte sich das politische System Kärntens vermutlich anders entwickelt. So aber leistete die Kärntner ÖVP mit der (durch ein Koalitionsabkommen auf Bundesebene erzwungenen) Wiederwahl Wedenigs ungewollt einen wichtigen Beitrag zur späteren Akzeptanz des Landeshauptmannes.

Der Amtsbonus Wedenigs war dann auch die wichtigste Voraussetzung für die Wiedererringung und Festigung der absoluten SPÖ-Mehrheit ab den Landtagswahlen 1953. Diese absolute Mehrheit war sicherlich Wedenigs wichtigstes Ziel. Mitentscheidend war die persönliche Erfahrung in der Zeit nach dem Ersten Weltkrieg mit der Ausgrenzung der Sozialdemokratie in Kärnten. Nunmehr sollte dem bürgerlichen konservativen Lager eine für das „freiheitliche Kärnten“ eintretende SPÖ entgegengestellt werden. Mit zum Handlungskalkül gehörte die Einbindung des nationalen Lagers. Bei der Verfolgung dieser Gruppeninteressen wurden Land und Partei immer mehr als eine Einheit betrachtet.

Nach seinem Ausscheiden aus der aktiven Politik blieb Wedenig ein aufmerksamer Beobachter der Landespolitik. Er arbeitete im Österreichischen Rentner- und Pensionistenverband seiner Partei und im Bund sozialistischer Freiheitskämpfer mit. Bei Veranstaltungen war er gern gesehener Ehrengast. Noch 14 Tage vor seinem Tod nahm er an der Eröffnung eines Schulneubaues in Klagenfurt teil.

Die Popularität des langgedienten Landeshauptmannes (damals waren nur Josef Krainer sen. und Heinrich Gleißner länger im Amt) machte sich die SPÖ sogar noch bei der Hofübergabe 1965 zunutze. Unter dem Motto „In jüngere Hände“ wurde sie zur Legitimierung des designierten Nachfolgers Hans Sima eingesetzt. Wie diese Strategie im Landtagswahlkampf 1965 auch erfolgreich umgesetzt wurde, war eine taktische Meisterleistung.

An der hohen Meinung der Kärntner über ihren Langzeitlandeshauptmann hat sich auch nach seinem Ausscheiden nichts geändert. Ferdinand Wedenig blieb als toleranter, den Ausgleich suchender Landesvater in Erinnerung. Nach der heutigen Einschätzung des langjährigen Beobachters der Kärntner politischen Szene, Chefredakteur a. D. Heinz Stritzl, war er der letzte Sozialdemokrat in Kärnten.

Literatur- und Quellenverzeichnis

Anderwald, Karl (1992). Landtagswahlkämpfe in Kärnten 1945–1975, Univ. Salzburg: Diss.

Maderner, Josef (1966). Gegenwartsgeschichte Kärntens. Mosaik eines Landes, Klagenfurt.

Wadl, Wilhelm (1985). Das Jahr 1945 in Kärnten. Ein Überblick, Klagenfurt.

Webernig, Eveline (1987). Der Landeshauptmann von Kärnten. Ein historisch-politischer Überblick, Klagenfurt.

Wedenig, Ferdinand (1949). Zum Kampf und Sieg entschlossen!, in: Die Neue Zeit, 30. Juli 1949.

Wedenig, Ferdinand (1953). Für Heimat und Volk!, in: Die Neue Zeit, 18. Februar 1953.

Lebensdaten

1896	am 10. 5. in Gurnitz geboren
1915–1918	Teilnahme am Ersten Weltkrieg
1919	Teilnahme am Kärntner Abwehrkampf
1928	Heirat – aus der Ehe mit Ehefrau Anna entstammt eine Tochter
1933–1938	mehrfache Verhaftung und Verurteilung
1944–1945	Internierung in Dachau
1975	am 11. 11. in Klagenfurt gestorben

Berufliche Karrierestationen

1909–1915	Ausbildung und Tätigkeit als Kaufmannsgehilfe
1918–1927	Berufssoldat
1927–1933	Bezirkssekretär der Sozialdemokratischen Partei in Völkermarkt

Staatliche Funktionen

1931–1933	Stellvertretender Landesrat
1945	Mitglied der provisorischen Kärntner Landesregierung bzw. des konsultativen Landesausschusses für Kärnten als Landesrat für Bauwesen
1945–1947	Abgeordneter zum Nationalrat
1947–1965	Landeshauptmann von Kärnten

Parteipolitische Ämter

1945–1964	Landesvertrauensmann (Landesparteiobmann) der Kärntner SPÖ
1946–1965	Mitglied des SPÖ Bundesparteivorstandes

Erwin Wenzl

von
Harry Slapnicka

Es hätte keinen größeren Unterschied zwischen Heinrich Gleißner und seinem Nachfolger in der Funktion eines Landeshauptmannes von Oberösterreich, Erwin Wenzl, geben können. Und vielleicht haben deshalb beide durch rund 20 Jahre so gut in politischen Spitzenfunktionen zusammengearbeitet.

Dr. Erwin Wenzl sprang eigentlich – ungewollt – kopfüber in die wichtige Funktion eines Landesrates, also eines Mitgliedes der oberösterreichischen Landesregierung. Ursache war der plötzliche Tod seines politischen Mentors der früheren Jahre, Landeshauptmann-Stellvertreter Felix Kern, sodaß Wenzl im November 1955 nicht nur zum Landtagsabgeordneten gewählt wurde, sondern auch gleich zum Landesrat.

Unerfahren in der Politik war er allerdings nicht mehr, auch die Erfahrungen im Elternhaus waren nicht unwichtig für seine spätere politische Laufbahn; vor allem die Eltern zeigen Mobilität und das Bemühen, durch zusätzliche Bildung weiterzukommen. Vater und Mutter kommen aus dem südböhmischen Bezirk Krummau. Wenzl wurde als Sohn von Alois Wenzl und der Josefa, geb. Mugrauer, in Annaberg bei Mariazell im niederösterreichischen Bezirk Lilienfeld als einer von zwei Söhnen geboren. Der Vater, Bergmann im Schwarzenbergschen Graphitwerk Schwarzbach-Stuben, absolvierte als Werkstudent die Bergschule Leoben, wurde anschließend Bergverwalter des kleinen Steinkohlenbetriebes in Annaberg. Als dieser zur Zeit der Weltwirtschaftskrise 1927 geschlossen wurde, war der Vater arbeitslos, bis er 1929 eine gleichwertige Stelle als Obersteiger bei der Wolfsegg-Traunthaler Kohlenwerks-Aktiengesellschaft in Wolfsegg fand. Dann wurde der Mittelschulbesuch Erwin Wenzls durch das Jahr 1938 unterbrochen: Die ersten sechs Klassen wurden im bischöflichen Gymnasium „Kollegium Petrinum" absolviert, die letzten beiden Klassen am Akademischen Gymnasium in Linz. Hier mag es ein – wenn auch nicht unwichtiger – Zufall gewesen sein, daß die Mitschüler Wenzls der spätere sozialdemokratische Landeshauptmann-Stellvertreter Dr. Rupert Hartl und der spätere Landtagsabgeordnete Dr. Walter Bauer der Freiheitlichen Partei waren. Ähnlich wie der Erste Weltkrieg das Studium von Landeshauptmann Dr. Gleißner zerriß, erging es Wenzl im Zweiten Weltkrieg: Er studierte Jus in Wien (1940–1941) und in Innsbruck (1945–1947), zwischendurch war er im Fronteinsatz der deutschen Wehrmacht als Funker einer Luftnachrichtenabteilung (zuletzt als Obergefreiter) und machte den ganzen Rückzug vom Kaukasus über Südrußland, Rumänien, Ungarn und das Waldviertel mit. Endpunkt dieser Odyssee war Schärding.

Nach der Promotion im Juli 1947 konnte er am 1. Oktober 1947 eine Stelle bei der Anwaltschaft der land- und forstwirtschaftlichen Genossenschaften antreten, die später in den Raiffeisenverband für Oberösterreich umgewandelt wurde. Der Mann, der ihm diese Beschäftigung vermittelte und ihn zeitweise auch als Sekretär beschäftigte, war gleichzeitig ein Mann, der im politischen Leben Oberösterreichs eine sehr bedeutende

Rolle spielte: Felix Kern, Landesrat und ab 1948 auch Landeshauptmann-Stellvertreter, gleichzeitig Autor sehr wesentlicher Werke über Bauernbund und Katholischen Preßverein. Felix Kern holte ihn sehr bald in die Politik, und so kandidierte Wenzl 1949 bei den Nationalratswahlen für die Liste des Wahlkreises Innviertel an achter, letzter und somit aussichtsloser Stelle. Kern wollte schon damals, daß Wenzl sein verlängerter Arm im Nationalrat sei, während er sich auf die Landespolitik konzentrierte.

Der politische Alltag begann dann zwei Jahre später, als ein weiterer wichtiger Bauernbund-Politiker, Johann Blöchl, Landeshauptmann Dr. Gleißner den Vorschlag machte, Dr. Erwin Wenzl zum Landesparteisekretär zu ernennen, was dann mit Wirkung vom 1. Jänner 1952 erfolgte. Bis dahin hatten die Bünde eine leidliche Organisation, die Volkspartei war als Partei kaum existent und entwickelte vor allem keine eigenen Initiativen. Unmittelbar vorher, im Oktober 1951, war Landeshauptmann Dr. Gleißner auch zum Landesparteiobmann der Österreichischen Volkspartei gewählt worden – eine Koppelung, die ein Novum in der oberösterreichischen Landespolitik bedeutete. Neben diesem neuen Parteiobmann Gleißner baute Dr. Wenzl nun ein modernes Landesparteisekretariat auf – durch mehr als 20 Jahre – und führte diese systematische Parteiarbeit auch fort, als er 1968 Landesparteiobmann wurde. Es mußten 15 Hauptbezirkssekretariate aufgebaut und finanziert werden; das Landesparteisekretariat erhielt unter Wenzl seinen endgültigen Sitz im Raiffeisenhof, dem späteren Heinrich-Gleißner-Haus in Linz. Begonnen wurde mit einer systematischen politischen Schulung; aufgebaut wurde die „Heimatwerbung", eine eigene Plakatierungsfirma, neu war der Einsatz moderner Werbemittel und Postwurfsendungen wie „Heimatruf" und der Wahlfilm „Die Heimat ruft". Die von Wenzl anläßlich der Landesparteitage herausgegebenen Broschüren mit jeweils einem Schwerpunkt waren nicht nur für Wenzls eigene Partei von Interesse und beschäftigten sich mit dem „Strukturwandel in Oberösterreich und den politischen Rückwirkungen" (1958), mit Partei und Presse (1959), mit Kommunalpolitik in Oberösterreich (1960), mit der Alters- und Berufsstruktur der Gemeindemandatare (1963), der regionalen und strukturellen Verschiebung der oberösterreichischen Wählerschaft, mit dem Umweltschutz als politische Aufgabe (1972), auch mit der Struktur der Gruppe der Nicht-Wähler.

Waren früher – in der liberalen Zeit 1861 bis 1884 – einzelne Rechtsanwaltskanzleien Nährboden für künftige Politiker, später vor allem der Katholische Volksverein und das Genossenschaftswesen, bei den Sozialisten etwa der Gewerkschaftsbund, so wurde es jetzt vor allem das Landesparteisekretariat, vereinzelt auch die Hauptbezirkssekretariate. Dazu kam die geschickte Personalpolitik Wenzls: So holte er sich Dr. Josef Ratzenböck, später Landeshauptmann bis 1995, ins Parteisekretariat (1953). Dieser baute den Seniorenbund und den Wählerservice aus und wurde 1968 Landesparteisekretär. Es ging aber nicht allein um den organisatorischen Ausbau des Landesparteisekretariats: 1964 wurde die Jugendarbeit vor allem durch die Einführung der „Jugendparlamente" aktiviert, und der spätere Landesrat Hans Winetzhammer, der hier sehr verdienstvoll wirkte, hatte schon als Sekretär von Kern und Wenzl politische Erfahrung gesammelt. Die Frauenarbeit wurde aktiviert, und 1957 wurde eine Landesgruppe des Akademikerbundes gegründet.

Damit wurde Dr. Wenzl der Mann, der die Österreichische Volkspartei Oberösterreichs auf- und ausbaute. Gemeinsam mit Dr. Gleißner schlug er drei Landtags- und sechs Nationalratswahlen; ihre Ergebnisse zeigen gewiß Wenzls Handschrift, sie waren gleichermaßen geprägt von den Kandidaten, aber auch dem Strukturwandel im Lande. Bei den Landtagswahlen erreichte die Volkspartei 48,1 Prozent (1955), 48,8 Prozent (1961) und 45,1 Prozent (1967) und bei den Nationalratswahlen 46,2 Prozent (1953), 50,4 Prozent (1956), 47,3 Prozent (1959), 48,6 Prozent (1962), 51,3 Prozent (1966) und 46 Prozent (1970).

Als der 34jährige Dr. Wenzl 1955 als Landesrat das Bauressort der Landesregierung übernahm, hatte dies sein Vorgänger, der Baumeistersohn und Landeshauptmann-Stellvertreter Felix Kern großzügig und in der Russenzone fast militärisch aufgebaut. Ging es damals eher um die Wiederherstellung von Kriegsschäden und Staubfreimachungen, so kamen unter Wenzl nicht weniger als 100 Ortsumfahrungen dazu. Von acht geplanten Donaubrücken wurden unter Wenzl sechs realisiert: die Linzer Autobahn-Brücke und die Brücken Aschach, Steyregg, Mauthausen, Grein und Niederranna bei Engelhartszell. Während die Sozialisten Wenzl die Vernachlässigung des Linzer Zentralraumes vorwarfen, antwortete Wenzl, er habe auf der anderen Seite die staatspolitische Aufgabe, der Vernachlässigung und Entvölkerung des oberösterreichischen Grenzraumes entgegenzutreten. Die Aufgaben des Bauressorts erweiterten sich unter ihm rasch; es kamen die Raumordnung, die Landesplanung und der Umweltschutz hinzu, Bereiche, die vor allem ab 1955, als die Motorisierung voll einsetzte, wichtig wurden. Das führte zum großzügigen Ausbau der Autobahn und der Autobahnplanung auf oberösterreichischem Boden. Durch Jahrzehnte spielte – mit dem Straßenbau eng verbunden – das Pendlerproblem in Oberösterreich eine vorrangige Rolle. Aber auch der Wohnbau wurde ein wichtiges Anliegen, obwohl das Ressort Wenzl als Landesrat nicht unterstellt war. Schon 1954 war er Aufsichtsratsmitglied der Gemeinnützigen Bau- und Siedlungsgesellschaft „Wohnungsfreunde" geworden, die sich mit dem Bau von Eigentumswohnungen befaßte. 1968 war in Oberösterreich ein Wohnbauförderungsbeirat gebildet worden, dessen Vorsitz Landeshauptmann-Stellvertreter Dr. Wenzl übernahm; mit dem Wohnbauförderungsgesetz 1968 hatte der damalige Bautenminister Dr. Kotzina die Kompetenz der Wohnbauförderung vom Bund zu den Landesregierungen verlegt – die bedeutendste föderalistische Maßnahme seit 1945.

Landeshauptmann Dr. Erwin Wenzl, 1973

Dr. Wenzl behielt das Bauressort auch 1971, als er Landeshauptmann von Oberösterreich wurde, d. h. er führte es von 1955–1977.

Das schrittweise Ausscheiden von Landeshauptmann Dr. Gleißner aus seinen verschiedenen Funktionen begann mit dem Rücktritt als Landesparteiobmann der Österreichischen Volkspartei; sein Nachfolger wurde mit 1. Dezember 1968 der nunmehr 47jährige Dr. Wenzl; in der Funktion als Landesparteisekretär folgte ihm Dr. Josef Ratzenböck, ab 1977 auch sein Nachfolger als Landesparteiobmann und als Landeshauptmann.

Wenzl vertrat wie Gleißner die Ansicht, die beiden Funktionen von Landesparteiobmann und Landeshauptmann zu koppeln, um die innerparteiliche Kommunikation zu vereinfachen. Der eher autoritär eingestellte Wenzl vertrat aber andererseits eine innerparteiliche Demokratie, so etwa durch die geheime Wahl des Landesparteiobmannes. Wenzl erhielt 1968 1068 von 1083 Stimmen, 1972 890 von 919 Stimmen und schließlich 1976 434 von 442 Stimmen. In den Bundesgremien hat sich Wenzl selten exponiert – es sei denn, es ging um Länderrechte.

Viermal hatte Wenzl bei Landtagswahlen kandidiert – die sechsjährige Legislaturperiode, die Oberösterreich als einziges Bundesland aus Zeiten der Monarchie übernommen hatte, bewährte sich angesichts größerer und langfristiger Aufgaben immer mehr. Das Innviertel blieb sein Wahlkreis; 1955 hatte er hier auf Platz 5 kandidiert, seither blieb er Spitzenkandidat dieses Wahlkreises. Als Johann Blöchl, ein um das Mühlviertel während der sowjetischen Besatzungszeit hochverdienter Mann, 71jährig im Jahre 1966 als Landeshauptmann-Stellvertreter zurücktrat, übernahm er ohne irgendwelche innerparteiliche Diskussion mit 24. Jänner 1966 diese Funktion. Sein Arbeitsgebiet innerhalb der Partei und im Bereich der Landesregierung (Bauressort) änderte sich nicht.

Aber trotz allem wurde die Rolle des „Kronprinzen" Wenzl nicht leicht, als 1971 Dr. Gleißner, der damals 78 Jahre alt war, auch als Landeshauptmann zurücktrat. Jetzt wurden, wenn auch am Rande, andere Namen für den Posten eines Landeshauptmannes genannt, so der nachmalige Erste Landtagspräsident Lelio (Graf) Spanocchi oder der frühere Bautenminister Dr. Kotzina. Wenzl stand ohne Hausmacht da; er hatte, in Übereinstimmung mit Gleißner, den Einfluß der Bünde im Interesse der Gesamtpartei sacht aber sichtbar zurückgedrängt. Nach wie vor sprach aber alles für Dr. Wenzl – nicht zuletzt auch die Tatsache, daß er jünger als die anderen, nämlich 50 Jahre alt, war. Und natürlich auch die Tatsache, daß der Aufbau der Volkspartei in Oberösterreich sein Werk war. Die nachfolgenden sechseinhalb Jahre als Landeshauptmann von Oberösterreich (1971–1977) wurden Höhepunkt seines politischen Lebens, waren aber keineswegs das Ende seines politischen Wirkens.

Dr. Erwin Wenzl wird am 3. Mai 1971 mit den Stimmen von ÖVP und FPÖ zum Landeshauptmann von Oberösterreich gewählt. Es war in der Hälfte der Legislaturperiode. Die Österreichische Volkspartei hatte zuletzt 1967 die absolute – und erstmals auch die relative – Mehrheit verloren. Die nächsten Landtagswahlen von 1973 wurden ungewöhnlich gründlich vorbereitet, und Wenzl und die Volkspartei gewannen wieder die relative Mehrheit mit 46,68 Prozent der Stimmen; in dem von 48 auf 56 Sitze erweiterten Landtag saßen 28 Volkspartei-Mandatare 24 sozialdemokratischen und vier der Freiheitlichen gegenüber. Die Wiederwahl von Dr. Wenzl als Landeshauptmann erfolgte neuerlich mit den Stimmen von ÖVP und FPÖ. Schuld war keineswegs die politische Unnachgiebigkeit von Dr. Wenzl, sondern die Krise und das ungewöhnlich starke Fluktuieren im sozialistischen Lager, wo Ludwig Bernaschek 1969 Stefan Demuth und diesem 1972 Josef Fridl, dann noch 1974 Rupert Hartl als Landeshauptmann-Stellvertreter folgten.

Auch wenn neue Verfassungen und Gesetze nicht unbedingt Aktivitäten und Initiativen einer Regierung und des Regierungschefs markieren, so zeigten sie doch die verstärkte Aktivität Wenzls gegenüber seinem Vorgänger Gleißner an: 1971 wurde die neue Landesverfassung, die erste seit 1931, realisiert und damit im Zusammenhang das neue

Volksbegehrensgesetz. Ungewöhnlich war die Tatsache, wie frühzeitig in Oberösterreich ein Jahr, 1972, zum Umweltschutzjahr proklamiert wurde; im Zusammenhang damit wurden zahlreiche Gesetze novelliert bzw. neu beschlossen: für Naturschutz, Müllabfuhr, Flurverbesserung, Feldschutz, Motorschlitten, Abfall, Luftreinhaltung, Campingplatzordnung. Es folgte 1972 das Raumordnungsgesetz. Weitere Gesetze: Berg- und Skiführergesetz, das Bürgermeisterentschädigungsgesetz, das Privatzimmervermietungsgesetz, das Pflichtschulorganisationsgesetz, das Land- und Forstwirtschaftliche Schulgesetz, das Blindenbeihilfegesetz und das Musikschulgesetz, schließlich 1976 die Oberösterreichische Bauordnung. Unter Wenzl wurde der Ausbau der Kepler-Universität und die Errichtung der Kunsthochschule durchgeführt; als erster Landeshauptmann forderte er die Regionalisierung von Rundfunk und Fernsehen, bahnbrechend wurden erste Objektivierungsversuche bei Lehrer- und Schulleiterposten.

Dr. Erwin Wenzl war kein annähernd so glänzender Redner wie Gleißner; seine Ansprachen waren eher trocken, aber inhaltsreich, informierend, gelegentlich belehrend. Er bewahrte seine Vorliebe für Statistik, Zeitgeschichte und Karikatur. Für Österreichs Karikaturisten wurde Wenzl ein ergiebiges Ziel, weit mehr als sein Vorgänger und sein Nachfolger. Schließlich wurde unter ihm die Abteilung „Zeitgeschichte" am Oberösterreichischen Landesarchiv errichtet, und er trat für eine weitgehende Öffnung des Landesarchivs ein.

Wenzl war im Gegensatz zu seinem Vorgänger Gleißner einer der ersten österreichischen Politiker modernen Stils, der Statistik und die wissenschaftliche Befassung mit der Politik liebt, der in Oberösterreich erstmals bei Wahlen eine Hochrechnung durchführte. Ihn interessierte nicht nur die gegenwärtige Politik, er hatte ein Gespür für Zukünftiges, hatte Visionen. In der Öffentlichkeit eher trocken und belehrend, konnte er in kleinem Rahmen witzig und humorvoll sein. Er war beeindruckt von der Volksmeinung, ein Landeshauptmann sei in seinem Bundesland für alles und jedes zuständig und verantwortlich. Der immer auf die Stärke seiner Volkspartei bedachte Politiker war gleichzeitig immer um die Korrektheit der ihm unterstellten Landesverwaltung bemüht.

Wenzl trat schon 1972 als Landeshauptmann energisch für den Verbleib der Generaldirektion der Vereinigten Österreichischen Eisen- und Stahlwerke (VOEST) in Linz ein. Er hatte diese Aufgabe verstärkt fortzusetzen, nachdem er aus gesundheitlichen und familiären Gründen am 19. Oktober 1977 als Landeshauptmann von Oberösterreich zurückgetreten war.

Wenzl war 1956 Aufsichtsrat der Oberösterreichischen Kraftwerke AG und 1971 Aufsichtsrats-Präsident geworden. Mit 1. November 1977 wurde er nun Generaldirektor dieser Landesgesellschaft (bis 1989). Wenzl hatte diese bedeutende Landesgesellschaft bald im Griff und konnte als Aufsichtsrat der ÖIAG (1978–1986), der VOEST bzw. VOEST-Alpine (1981–1993), der Chemie-Linz-AG (1979–1986) und der Vereinigten Metallwerke Ranshofen-Berndorf (1958–1967) den Kampf um die Erhaltung der Standorte aufnehmen, was angesichts der Zentralisierungs- und Fusionierungstendenzen unter Bundeskanzler Kreisky und Generaldirektor Dr. Geist scheiterte, später allerdings zu einem Zerfall der staatlichen Großbetriebe in Oberösterreich (Metallwerke Ranshofen/AMAG, VOEST bzw. VOEST-Alpine und Stickstoffwerke bzw. Chemie Linz) führte.

Wenzl wird im Jänner 1994 in den Aufsichtsrat der VA-Technologie-AG Linz berufen. Das Unternehmen muß im Verlauf des Jahres 1994 mehrheitlich privatisiert werden.

Während der sechseinhalb Jahre dauernden Amtszeit des Landeshauptmannes Dr. Erwin Wenzl (1971–1977) war nur eine aus Sozialisten gebildete Bundesregierung unter Bundeskanzler Dr. Kreisky im Amt. Wenzl vertrat die Interessen Oberösterreichs korrekt, gelegentlich unnachgiebig. Bezeichnend für Wenzl als Mitglied der Landesregierung, als Landeshauptmann, als OKA-Generaldirektor und Aufsichtsratsmitglied in praktisch allen Großbetrieben des Landes war das, was er in seiner Abschiedsrede als Landeshauptmann erklärte: „Ich habe mich nie gescheut, Verantwortung zu tragen."

Literaturverzeichnis

Ein Löwe für Oberösterreich. Dr. Erwin Wenzl (1991), Linz.

Slapnicka, Harry (1970). Oberösterreich – Die politische Führungsschicht ab 1956, Linz.

ÖVP Oberösterreich 1945–1984 (1984), Linz.

50 Jahre ÖVP Oberösterreich (1985), Linz.

Lebensdaten

1921	am 2. 8. in Annaberg (Niederösterreich) geboren
1940	Reifeprüfung am Akademischen Gymnasium Linz; beim Reichsarbeitsdienst in Natternbach
1940–1941	Jus-Studium an der Universität Wien
1941–1945	Fronteinsatz als Funker in einer Luftnachrichtentruppe im Kaukasus, in Südrußland und in Ungarn
1945–1947	Fortsetzung und Abschluß des Jus-Studiums in Innsbruck (Promotion zum Dr. iur. am 19. 7. 1947)
1950	Heirat mit Dr. phil. Charlotte Wimler, gest. 1978 (2 Töchter)
1979	Heirat mit Ilse Buchwiser (eine Tochter)

Berufliche Karrierestationen

1947–1977	Angestellter der Anwaltschaft der land- und forstwirtschaftlichen Genossenschaften Oberösterreichs
1977–1989	Generaldirektor der OÖ. Kraftwerke A. G.

Staatliche Funktionen

1955–1977	Landtagsabgeordneter
1955–1966	Landesrat (Bauabteilung)
1966–1971	Landeshauptmann-Stellvertreter
1971–1977	Landeshauptmann von Oberösterreich

Parteipolitische Ämter

1952–1968	Landesparteisekretär der ÖVP Oberösterreich
1968–1977	Landesparteiobmann der ÖVP Oberösterreich
1968–1972	Mitglied des Bundesparteivorstandes der ÖVP

Weitere Funktionen

1986–heute	Aufsichtsrat der Donaukraft AG
1977–1989	Aufsichtsrat der Ennskraftwerke AG
1978–1990	Aufsichtsrat der Salzburger AG für Elektrizitätswirtschaft (SAFE)
1978–heute	Aufsichtsrat der Verbundgesellschaft Wien
1978–heute	Aufsichtsrat Elektrobau AG Linz (EBG)
1978–1989	Aufsichtsrat Österreichische Industrie-AG (ÖIAG) Wien
1981–1993	Aufsichtsrat der VOEST-Alpine bzw. Stahl-AG, Linz
1978–1986	Aufsichtsrat der Chemie Linz AG
1958–1967	Aufsichtsrat Vereinigte Metallwerke Ranshofen-Berndorf
1994	Aufsichtsrat der VA-Technologie AG, Linz

Hermann Withalm

von
Ernst Bruckmüller

Hermann Withalm stammt aus dem Kernland der ÖVP, aus Niederösterreich. Die Withalms waren eine lokal bedeutende Bauern- und Müllerfamilie in Gaweinstal. Schon sein Großvater Ignaz (1851–1910) war christlichsozialer Abgeordneter in Landtag und Reichsrat. Obgleich Withalms Vater nur kommunalpolitisch tätig war, dürfte die Familie dem Heranwachsenden erste politische Vorprägungen mitgegeben haben. Die Jahre am Jesuitengymnasium in Kalksburg vermittelten neben einer gründlichen humanistischen Bildung vielleicht auch schon Ansatzpunkte für gesellschaftspolitisches Interesse.

Im ersten Studiensemester trat er, wie einige Freunde, der „Norica" bei – jener CV-Verbindung, aus der vier Parteiobmänner der ÖVP (Figl, Raab, Withalm, Mock), zwei Bundeskanzler (Figl, Raab), zwei Vizekanzler (Withalm, Mock) und mehrere Minister (u. a. Wolfgang Schmitz und Georg Prader) hervorgingen. Withalm gehörte aber auch im heimischen Gaweinstal der dortigen Reichsbundgruppe an, war also keineswegs ausschließlich auf der studentischen Ebene organisiert.

Der junge Notariatskandidat Hermann Withalm wurde in der Vaterländischen Front Bezirksführer des Heimatdienstes für den Bezirk Poysdorf. Nach dem „Anschluß" mußte die Notariatsausbildung unterbrochen werden; sie wurde erst nach 1945 in Wolkersdorf fortgesetzt, wo Withalm schon 1947 sein Notariat eröffnen konnte.

In seinem ersten Buch ließ Withalm (1973, 18) selbst seine politische Karriere erst 1952 mit seiner Wahl zum Bezirksparteiobmann der ÖVP für den Bezirk Wolkersdorf beginnen. Später (Withalm 1975, 191 ff) verwies er allerdings auf Funktionen als „Schlepper" in Gaweinstal bei der Nationalratswahl 1949 und als „Strichler" bei der Bundespräsidentenwahl 1951 in Wolkersdorf. Withalm hat also bestimmte Stationen der „Ochsentour" keineswegs gescheut. Seine weitere Karriere verbindet er selbst mit Julius Raab und dem CV: „Ich war damals Vorsitzender des Altherrenlandesbundes Niederösterreich ... anläßlich von Veranstaltungen in dessen Rahmen hatte Raab Gelegenheit, meine Tätigkeit – sicher kritisch – zu beobachten und mich reden zu hören ..." (Withalm 1973, 18 f.). Raab hatte schon früher Einfluß auf den Jüngeren genommen: Vor dem Einstieg in die Politik sollte man sich um einen „anständigen Beruf" umschauen, hatte Raab seinen jüngeren Freunden stets nahegelegt. Withalm beherzigte dies und begann seine politische Karriere von der Basis ökonomischer Unabhängigkeit aus. 1953 wurde er über Empfehlung Raabs als Abgeordneter zum Nationalrat nominiert und gewählt.

Der agile Abgeordnete wurde bald mit neuen Aufgaben konfrontiert. 1956 wurde er – nach dem Avancement von Dr. Fritz Bock zum Handelsminister – Staatssekretär im Finanzministerium. Dem Staatssekretär war die heikle Aufgabe der Verwaltung und Liquidierung des sogenannten „Deutschen Eigentums" übertragen worden. Withalm versuchte mit der „Volksaktie" eine alte Idee der christlichen Sozialreform wenigstens partiell umzusetzen – die Entproletarisierung der Arbeiterschaft durch Erwerb von Eigentum, insbesondere durch Teilhabe am Kapitaleigentum des Unternehmens. Schon parallel mit dem ersten Verstaatlichungsgesetz 1946 hatte die ÖVP das Werksgenossenschaftsgesetz durchgebracht, das aber gegen den Widerstand der SPÖ nicht wirklich ins Leben getreten war. Withalm hatte sich schon in seiner Studentenzeit mit Fragen der Arbeitermitbestimmung und der Vermögensbildung in Arbeitnehmerhand beschäftigt. Er sah im persönlichen Eigentum jenes Medium, das den Menschen „frei machen und frei erhalten" kann. Die Volksaktie als Kleinaktie sollte Ausgangspunkt einer breitgestreuten Eigentumsbildung werden. Dennoch kommt die „Volksaktie" in der Geschichte der „christlichen Soziallehre" in Österreich praktisch nicht vor. Immerhin hat Withalm als Staatssekretär beim Abverkauf des Deutschen Eigentums, also bei der ersten „Privatisierung" von zehn Unternehmungen, zwischen 13,33 und 100% des Unternehmenswertes in Volksaktien ausgegeben (Withalm 1973, 61). Das Scheitern der Idee führte er auf die steuerliche Diskriminierung der Aktie als Anlageform zurück, ferner auf eine massive Gegnerschaft der SPÖ und von Gewerkschaftsseite. Aber auch die eigenen Partei blieb distanziert. Mangelnde Kurspflege der Volksaktie tat ein übriges, da diese beim ersten Kursverfall von ihren Inhabern schleunigst verkauft wurden. Während das Experiment in Österreich spätestens durch den sozialistischen Wahlerfolg 1959 abgebrochen wurde, hat es im Ausland Beachtung gefunden: Die Ausgabe von Volksaktien der Volkswagenwerke erfolgte unter Berücksichtigung der österreichischen Erfahrungen (Withalm 1973, 63).

Nach der verlorenen Wahl 1959 wurde die Position im Finanzministerium hinfällig. Aber Withalms Tätigkeit, seine Energie und Zielstrebigkeit hatten ihn in der Partei bekannt gemacht. Die Wahlniederlage 1959 erforderte personelle und inhaltliche Neuorientierungen. Im engsten Kreis der Partei wurde eine genaue Wahlanalyse durchgeführt. Veränderungen schienen unerläßlich. Die „Reformer" traten auf. Raab selbst hat durch die Publikation einer Liste von Reformvorschlägen Withalms in der Raab nahestehenden *Neuen Österreichischen Tageszeitung* den zukünftigen „Reformer"-Generalsekretär mitaufgebaut.

Auf dem Bundesparteitag am 12. Februar 1960 wurde Alfons Gorbach zum Bundesparteiobmann, Hermann Withalm (nach Alfred Maleta) zum Generalsekretär gewählt. Die innerparteiliche Umsetzung der Ziele der „Reformer" sollte nunmehr zu Withalms Hauptaufgaben zählen.

Programmatisch wurde die neue Ära in der ÖVP sehr stark von Josef Klaus bestimmt. Er wollte die Angleichung des österreichischen Lohn- und Gehaltsniveaus an Westeuropa, Existenzsicherung für den „kleinen Mann", Begabtenförderung, Unterstützung junger Ehepaare und Familien, Wohnbauprogramm, „Eigentum für alle" usw. Nach dem Raab-Kamitz-Kurs, der im wesentlichen die marktwirtschaftliche Orientierung der Volkswirtschaft gesichert hatte, waren diese Zielsetzungen konturenreicher, bedeuteten aber keinen Bruch mit den programmatischen Traditionen der ÖVP.

Das Generalsekretariat der ÖVP stand 1960 vor einer neuen Situation. Maleta hatte sich eher als Chefideologe denn als Organisator gefühlt und diese Bereiche dem Raab-Intimus Josef Scheidl überlassen, der als „stellvertretender Generalsekretär" die Geschäfte geleitet hatte. Withalm mußte Scheidl zwar zunächst übernehmen, beschränkte ihn aber in seinen Kompetenzen. Alle wirklich entscheidenden politischen Fragen behielt sich Withalm vor. Diese Konzentration an Gestaltungsmöglichkeiten war nicht nur der Zielstrebigkeit Withalms, sondern auch der Konstellation zu verdanken: Der Parteiobmann Alfons Gorbach füllte diese Funktion eher formal aus, der Bundeskanzler hieß noch immer Raab und saß auf dem Ballhausplatz. Es war Spielraum entstanden in der Kärntnerstraße.

Withalm „wandelte die Kärntnerstraße binnen kurzem in einen Kommandostand um, von dem der ganze Parteiapparat bis in seine fernsten Verästelungen durchpulst wurde." (Reichhold 1975, 323). Die Parteizentrale wurde zu einer Schaltstelle für Informationen, zugleich aber auch Entscheidungszentrum, in dem die Politik der ÖVP inhaltlich bestimmt wurde. Withalm-Mitarbeiter Karl Pisa und Gottfried Heindl hatten erkannt, daß das Medienzeitalter völlig neue Kommunikationsformen zwischen Politik und Medien benötigte, beide hatten auch die neue, plakative Sprache der sich entfaltenden Werbewelt als erste für die Sphäre der Politik umzusetzen versucht („Waschmittelwerbung") (Withalm 1973, 91). Allein die rasche Reaktionsweise des erneuerten Generalsekretariats, die direkte, zupackende Sprache sicherten der ÖVP in diesem Bereich in den nächsten Jahren einen beachtlichen Vorsprung beim Aufbau des Bildes einer „modernen" Partei. Zumindest am Beginn seiner Tätigkeit delegierte Withalm auch viele Aufgaben, sodaß er sich immer wieder für Grundsatzfragen der Organisation usw. freispielen konnte. Ferner intensivierte er den Kontakt mit den Landesparteisekretariaten und reaktivierte die früher sanft entschlafenen Landesparteisekretärkonferenzen. Im Rückblick hat Withalm (1973, 170) selbst gerade diese Organisationsform besonders hervorgehoben: Diese Konferenzen gehörten zu seinen „schönsten Erinnerungen", sie waren „ein herrliches Instrument . . ., auf dem und mit dem ein Dirigent, den eine echte und ehrliche Freundschaft mit dem ganzen Orchester verband, wunderbar zu spielen in der Lage war". Die Konferenz trat etwa einmal im Monat zusammen, zumeist in Wien, aber dazwischen auch mehrmals in einem der Bundesländer. Gerade diese letzteren, zweitägigen Konferenzen mit ihrem „kameradschaftlichen Beisammensein" dienten offenkundig dem Aufbau eines besonderen Korpsgeistes in diesem spezifischen Bereich der Partei. Die Motivation aller Funktionärsebenen, die Withalm zweifellos bei den Nationalratswahlen 1962 und 1966 hervorragend gelang, war sicherlich auch eine Folge dieser sehr intensiven Kontakte mit den Landesparteisekretären. Der „richtige Kontakt" zu den Funktionären wurde von Withalm selbst als „Um und Auf" eines Generalsekretärs der ÖVP dargestellt (1973, 171).

Die Funktion eines Generalsekretärs wurde von Withalm selbst (1973, 89) folgendermaßen charakterisiert: „Ich habe meine Aufgabe als Generalsekretär der Partei nie darin gesehen, ein Propagandalautsprecher zu sein, der nur Gutes und Angenehmes verkündet. Ich glaube, daß der Generalsekretär viel eher das Gewissen der Partei sein muß, das überall dort, wo es notwendig ist, Kritik und Selbstkritik nicht spart. Importune, opportune . . . So habe ich es jedenfalls gehalten . . ." Und resümierend formuliert Ludwig Reichhold: „Zum erstenmal hat die Kärntnerstraße einen großen Organisator gefunden, der den Apparat zielbewußt zu gebrauchen verstand" (Reichhold 1975, 323).

Withalm blieb natürlich auch im Parlament aktiv, wo er schon im Juli 1960 mit seiner Forderung nach einer umfassenden Rentenreform mit dem Ziel des Nachziehens der zurückgebliebenen Rentenhöhen und einer langfristigen Sicherung der Pensionsleistungen Alarmstimmung bei der SPÖ ausgelöst hatte, die in dieser Forderung einen Angriff auf ihre ureigene Bastion, die Sozialpolitik, erblickte (Reichhold 1975, 335).

Aufsehen erregte die Weigerung Withalms, nach der für die ÖVP erfolgreichen Wahl vom 18. November 1962 und viermonatigen, für die ÖVP unergiebigen Verhandlungen die Koalitionsvereinbarungen im Frühjahr 1963 zu unterschreiben. Da Gorbach dabei eine wenig glückliche Figur gemacht hatte, wurde nun seine Ersetzung durch Klaus vorbereitet (dieser selbst zog sich aus dem Kabinett zurück).

Deutlich konturierte sich Withalms Bild in der Öffentlichkeit während der sogenannten „Habsburg-Krise". Nach der Verzichtserklärung Otto Habsburg-Lothringens erklärte Withalm sogleich, daß die „. . . sogenannte Habsburgfrage eine ausschließliche Frage des Rechtes sei" und daher der ehemalige Thronfolger jederzeit nach Österreich einreisen könne. Die SPÖ versuchte hingegen, die Rückkehr der Habsburger mit der Gefahr eines Bürgerkrieges zu verbinden. Da der Ministerrat durch das Veto der SPÖ den Verzicht nicht anerkannte, klagte Habsburg-Lothringen die Republik. Als schließlich der Verwaltungsgerichtshof (der Verfassungsgerichtshof hatte sich für unzuständig erklärt) entschied, die Verzichtserklärung sei ausreichend, brach eine schwere Krise aus, in deren Verlauf erstmals SPÖ und FPÖ gemeinsam gegen die ÖVP auftraten. Withalm war Hauptredner der ÖVP in der Parlamentsdebatte am 4. 7. 1963. Sie wurde zu einem Höhepunkt der parlamentarischen Auseinandersetzung – Withalms häufiges Zitieren von Äußerungen von SPÖ- und FPÖ-Abgeordneten und Ministern, die im Gegensatz zur nunmehrigen Intention (nämlich eine Einreise Habsurg-Lothringens zu verhindern) standen, führten zu einer hochemotionalisierten Situation, in der Withalm mehrmals von seiten der SPÖ als „Faschist", „Giftmischer" und „Totengräber Österreichs", „Österreichs Unglück" oder – etwas harmloser – als „Totengräber der Zusammenarbeit" bezeichnet wurde. Withalm bewahrte in dem durch seine Rede entstandenen Tumult seine enorme Nervenstärke – der „Eiserne Hermann" war geboren.

Die Vorbereitungen für eine SPÖ-FPÖ-Koalition erforderten aber eine zusätzliche Aktivität der ÖVP. Sie mußte einerseits als Verteidigerin des Rechtsstaates auftreten, andererseits hat sie aber – zur Rettung der großen Koalition – gerade durch ihren Generalsekretär Withalm mit Otto Habsburg-Lothringen Kontakt aufgenommen (21. 3. 1964) und eine Erklärung erwirkt, die den vorläufigen Verzicht auf eine Einreise enthielt (Reichhold 1975, 343; Withalm 1973, 123 ff.). Das war die Voraussetzung für die Bildung der ersten Regierung Klaus.

Auf dem Klagenfurter Parteitag vom 20. 9. 1963 wurde Withalm wiedergewählt, statt Gorbach kam Josef Klaus als Bundesparteiobmann. Dabei war es zu einer Umkehrung der bisherigen politischen Gewichte gekommen: „Nicht der Bundesparteiobmann suchte sich seinen Generalsekretär, sondern der Generalsekretär suchte sich den Bundesparteiobmann aus. Hermann Withalm war binnen kürzester Zeit zum maßgebenden Mann in der Kärntnerstraße geworden" (Reichhold 1975, 357).

1964 folgte die Ablöse Gorbachs als Bundeskanzler durch Klaus, schließlich die Olah-Krise (die nicht nur eine der SPÖ war), Fußach und das Rundfunk-Volksbegehren der unabhängigen Zeitungen. Die Koalition lag in Agonie.

Bei den Wahlen vom 6. 3. 1966 erreichte die ÖVP zum zweiten Male in der Zweiten Republik die absolute Mehrheit. Withalms Leistung als Generalsekretär hat daran sicherlich mitgewirkt; aber primär war diese Wahl eine Niederlage der damaligen SPÖ, vielleicht auch ein Erfolg für den noch unverbrauchten Charismatiker und Grundsatzpolitiker Josef Klaus. Als am 20. 4. 1966 Klaus die Regierungserklärung der ersten Alleinregierung abgab, konzentrierte er sich auf die Versäumnisse der letzten Jahre, Vorbereitungen auf längerfristige Neuorientierungen ließ die Regierungserklärung aber nicht erkennen.

Zusätzlich zur Funktion des Generalsekretärs war Withalm am 19. 4. 1966 (nach Felix Hurdes) zum Klubobmann des ÖVP-Parlamentsklubs gewählt worden. Dabei hatte er primär zwei Aufgaben: Erstens mußte für die nötige Klubdisziplin gesorgt werden – eine Aufgabe, die bei wenigen Stimmen Mehrheit von zentraler Bedeutung und für die Abschirmung der Regierung vor den Gefahren des parlamentarischen Alltags unerläßlich war. Zweitens hatte Withalm aber auch zwischen der Regierung, die das Parlament mit Vorlagen geradezu bombardierte, und dem Klub bzw. der Leistungsfähigkeit des Hauses zu vermitteln. Natürlich gab es nach den Agoniejahren der großen Koalition einen enormen Problemstau. Aber der Versuch Klaus', nun sozusagen über Nacht alles nachzuholen, ließ das Parlament rasch an seine Kapazitätsgrenzen gelangen. Withalm drängte daher auf gewisse Schwerpunktbildungen, was Klaus offenbar nicht leicht fiel

(Withalm 1973, 139). Zugleich wurde der Gottseibeiuns der Sozialisten von 1963 nun, als Klubobmann, auch von der Opposition als korrekter Parlamentarier anerkannt, der zu ebendieser Opposition auch wesentlich intensivere Kontakte unterhielt als etwa Klaus selbst. Daneben verfügte Withalm nach wie vor über den Apparat in der Kärntner Straße und die Landesparteisekretärekonferenz. Er spielte eine zentrale Rolle bei der Ministerratsvorbesprechung, in der die bündische und föderalistische Struktur der Partei besser ihren Ausdruck fand als im Ministerrat. „Somit lag das politische Schwergewicht weiterhin bei Withalm, ja es vergrößerte sich sogar zusehends mit dem Aufbrechen der alten Ressentiments gegenüber Klaus, ... mit dem Zutagetreten der Schwäche seiner Position in der Partei, mit seinem Hang zur Überforderung des Klubs und der Partei ..." (Reichhold 1975, 380).

Zunächst wurde also reformiert. Das neue Rundfunk-Gesetz schuf erstmals in der österreichischen Geschichte die Voraussetzung für unabhängige Berichterstattung in Rundfunk und Fernsehen (und damit für die Ära Kreisky). Das ÖIG- (seit 1969 ÖIAG)-Gesetz band die Bestellung von Vorständen an fachliche Eignung. Höhepunkt der ÖVP-Reformpolitik war das erste Halbjahr 1967. Wichtige Änderungen der Wohnbauförderung und des Mietrechtes wurden verabschiedet, die Familienbeihilfen erhöht, die Familien auch im Steuerrecht begünstigt. Schon im Sommer 1966 war das Allgemeine Hochschulstudiengesetz verabschiedet worden, dem dann die speziellen Studiengesetze folgen sollten. Im Bereich der Sekundarschulen sollte jedem österreichischen Bezirk eine Mittelschule (AHS oder BHS) gesichert werden. Die Sozialpolitik sah bedeutende Leistungsverbesserungen sowie die Verabschiedung des Gesetzes über die Krankenversicherung der Selbständigen vor.

In der Außenpolitik der ÖVP-Alleinregierung stand das Südtirolproblem im Vordergrund. Während durch terroristische Aktivitäten in Südtirol das Klima verschärft wurde und Italien zunächst einmal auch den Weg Österreichs für ein Abkommen mit der EWG sperrte, scheinen die Kontakte Withalms im Rahmen der Union der christlich-demokratischen Parteien zu einer Neubelebung der Verhandlungen geführt zu haben: Withalm hatte schon seit 1962 immer wieder solche Kontakte gepflegt (zu Aldo Moro, Mariano Rumor, Alcide Berloffa). Später hat Rumor Withalm gegenüber geäußert, für ihn selbst sei im Juli 1967 klar geworden, daß eine Autonomie für Südtirol sinnvoll sei. Schon 1968 konnte dann die allerdings auf jahrelange Vorverhandlungen (auch Kreisky–Saragat) zurückgehende „Paket"-Lösung verabschiedet werden (Reichhold 1975, 325).

Die ÖVP mußte bald die Erfahrung machen, daß sie – nachdem der gemeinschaftsstiftende Gegner nicht mehr in der Regierung saß – nun selbst ihr Hauptgegner wurde. In kurzer Zeit verhedderte sich die Partei bei zahlreichen Sachfragen in langwierige interne Auseinandersetzungen, die nun – ein Zug der Zeit – zunehmend öffentlich ausgetragen wurden. Dadurch mußte notwendig ein Eindruck von Führungsschwäche entstehen, der deutlich zum Propagandabild einer entschlossenen und einigen Regierungsmannschaft kontrastierte. Zu allem Überfluß schwächte sich nun auch das Wirtschaftswachstum ab; 1967 wurde Österreich erstmals seit 1953 von leichten Krisenerscheinungen heimgesucht.

Die innerparteiliche Krise der ÖVP schlug sich in ersten Wahlniederlagen nieder. Vor allem die oberösterreichischen Landtagswahlen bereiteten der Parteispitze eine schmerzliche Überraschung. Inzwischen hatte die ÖVP-Regierung in der Öffentlichkeit weiter an Ansehen verloren. Verstärkend wirkte das Gerede über eine „Hofübergabe", die im Dezember 1967 zwischen Klaus und Withalm diskutiert worden sein soll. Withalm stand in dieser Phase, obzwar zur Übernahme der Kanzlerschaft gedrängt, loyal zu Klaus. Dadurch kam es letztlich zu jener Lösung, die weder für Klaus noch für Withalm und schon gar nicht für die ÖVP nützlich sein sollte: Withalm trat im Jänner 1968 als Vizekanzler in die Regierung ein. Er mußte jetzt als Generalsekretär, Klubobmann und Vizekanzler die Funktion eines Koordinators zwischen Regierung, Partei und Klub übernehmen, um die im Herbst 1967 bedenklich in Frage gestellte Einheit der politischen Aktionsfähigkeit der Partei wiederherzustellen: „Withalm machte mit seiner Einbeziehung in die Regierung . . . ein schlechtes Geschäft, weil er sich dadurch mit einer Mitverantwortung belastete, die ihn für die Zukunft als Ersatzmann für Klaus weitgehend ausfallen ließ. Das Opfer für die Parteieinheit, das er brachte, beraubte die Partei gleichzeitig des letzten Rettungsankers, der ihr noch verblieben war“ (Reichhold 1975, 427).

Vizekanzler und ÖVP-Generalsekretär Dr. Hermann Withalm, 1970, Pressekonferenz anläßlich des Scheiterns der Koalitionsverhandlung mit der SPÖ

Bei der Regierungsumbildung trat Stephan Koren stärker in den Vordergrund. Das stand im Einklang mit Withalms Auffassung, daß das Gelingen der ÖVP-Alleinregierung von der Meisterung der wirtschaftlichen Entwicklung abhänge. Alsbald begann Koren, das Budget zu sanieren, mit teils durchaus harten Einsparungsmaßnahmen und Steuererhöhungen. Freilich griffen die konstruktiven Bestandteile des Planes bald, die Konjunktur erholte sich rasch. Aber im nachhinein erscheint die geradezu panische Sanierung (obgleich staatswirtschaftlich vernünftig) die Stimmung in der Öffentlichkeit, die noch gar keine Wirtschaftskrise bemerkt hatte, übermäßig beunruhigt zu haben.

Mit der Wahlniederlage vom 1. 3. 1970 endete die Ära Klaus, der sofort die Funktion des Bundesparteiobmanns zurücklegte. Withalm übernahm nun sein letztes „großes“ Parteiamt – am 21. 5. 1970 wurde er zum Parteiobmann gewählt. Doch zeigte auch der „Eiserne Hermann“ Abnützungserscheinungen. Eine neuerliche Parteireform war von ihm nicht mehr zu erwarten. Und auf dem Feld der politischen Auseinandersetzungen mit der zunächst als Minderheitsregierung herrschenden SPÖ zeigte er sich dem gewieften Taktiker Bruno Kreisky nicht gewachsen. So hat Withalm durch seine taktisch nicht übermäßig flexible Sommerankündigung 1970, die ÖVP werde das Budget der Minderheitsregierung auf keinen Fall positiv beurteilen, das Zusammengehen zwischen SPÖ und FPÖ, zwischen Bruno Kreisky und Friedrich Peter, ohne Notwendigkeit erleichtert (Kriechbaumer 1981, 42).

Withalm half zwar mit der Übernahme des Parteivorsitzes seiner Partei beim Übergang in die Opposition, sah seine Parteiführung aber selbst nur als Übergangslösung. Am 4. 6. 1971 trat Withalm zurück und wurde durch Karl Schleinzer ersetzt.

Nach der Politik kam – die Politik. Hermann Withalm hat nicht mit derselben Konsequenz wie Josef Klaus seinen Abschied aus der Politik durchgezogen. Ein Abschiedsessen mit Chefredakteuren am 15. 6. 1971 bezeichnet zwar das Ende der Parteiobmannschaft Withalms, nicht aber das Ende der Funktion als Abgeordneter. Obgleich zunächst auf einen völligen Verzicht auf alle politischen Funktionen eingestellt, ließ sich Withalm dann doch wieder zu einer Kandidatur bewegen und zog auch für die neue Gesetzgebungsperiode in den Nationalrat ein.

Damit aber nicht genug der Nachspiele. Als im Frühjahr 1974 Bundespräsidentenwahlen notwendig wurden, lieferte die ÖVP eine neuerliche Probe ihrer zuweilen verblüffenden Fähigkeit, nicht nur politisch verwirrend (und verworren) zu agieren, sondern dabei auch persönliche Kränkungen nach Möglichkeit nicht zu scheuen. Während die Industriellenvereinigung überhaupt eine eigene ÖVP-Kandidatur gegen Kirchschläger ablehnte, tendierte Parteiobmann Schleinzer zu einer Kandidatur Withalms, dem aber nach Meinungsumfragen keine Chancen gegen Rudolf Kirchschläger zugesprochen wurden. Auf dem Linzer Parteitag (28. 2. 1974) erhielt Withalm einen überaus herzlichen Applaus der Delegierten – offenbar eine Vorentscheidung für den Kandidaten Withalm. Seit 30. 3. 1974 wurde Withalm auf die Kandidatur vorbereitet, die entsprechenden Fotos, Plakate usw. gingen in Druck. Da sprach sich in der erweiterten Bundesparteivorstandssitzung vom 29. 4. 1974 eine Mehrheit gegen Withalm aus. Withalm teilte daraufhin am 30. 4. der tagenden Bundesparteileitung seinen Verzicht auf eine Kandidatur mit (Kriechenbaumer 1981, 312 f.). Kandidat wurde der Innsbrucker Bürgermeister Alois Lugger, der – was auch bei Withalms Kandidatur zu erwarten gewesen wäre – gegen Kirchschläger unterlag.

1975 schied Withalm aus dem Parlament aus. Doch wieder war es kein endgültiger Abschied von der Politik: 1976 übernahm er die Funktion des Obmannes des ÖVP-Seniorenbundes, die er bis 1988 innehatte. Schon vor der Übernahme dieser Funktion hat sich Withalm gegen starre Altersgrenzen und für eine stärkere Präsenz und Repräsentanz der Älteren im öffentlichen Leben ausgesprochen, was er durchaus korrekt mit deren ständig wachsenden Anteil an der Gesamtbevölkerung begründete (Withalm 1974, 101–108). In der Funktion des Seniorenbundobmannes machte er u. a. auf sich aufmerksam, als er die 1984 die Möglichkeit einer Vorzugsstimmenkandidatur für den Seniorenbund ventilierte.

Versucht man, im Rahmen einer Würdigung dieser Politikerpersönlichkeit Stile und Fähigkeiten Withalms zu beurteilen, so wird seine organisatorische Tätigkeit wahrscheinlich am höchsten einzuschätzen sein. Als „Kommunikator“ bewährte er sich parteiintern wahrscheinlich eher als gegenüber der Öffentlichkeit. Doch konnte er seit 1966 als Klubobmann im Parlament ein durchaus annehmbares Verhältnis zur Opposition aufbauen. Die Partei versuchte er auf „seine“ Themen festzulegen, war auch im Versuch der Umsetzung dieser Politik nicht immer angenehm oder konziliant. Withalm prägte nachhaltig die Vorstellung der Generalsekretärsposition, die er in der Straffung und Aktivierung der Parteiarbeit ebenso wie in der ständigen Darstellung der pointierten Parteistandpunkte nach außen sah.

Als Verhandler dürfte Withalm hart, aber korrekt gewesen sein. Er legte Wert auf das Halten abgeschlossener Vereinbarungen. Mit Kreisky, den er schon lange gut kannte, kam er freilich nicht mehr auf einen grünen Zweig.

Withalms Leistungen als Politiker liegen im – zu frühen – Versuch einer breiten Streuung von Unternehmenseigentum in Form der „Volksaktie"; in der organisatorischen Belebung und Auffrischung der ÖVP über das Generalsekretariat und die Landesparteisekretäre, ohne Änderung der sonstigen sehr komplizierten Parteistruktur; während der ÖVP-Alleinregierung im Drängen auf Konzentration der Regierungspolitik auf wenige zentrale Themen, vor allem auf Budgetsanierung und wirtschaftliche Strukturerneuerung; in der wichtigen Rolle bei der parlamentarischen Bewältigung der ersten Alleinregierung der Zweiten Republik.

Hermann Withalm gehörte zu jenen wichtigen Personen, die dazu beigetragen haben, die Verkrustung der großen Koalition nach 1955 aufzubrechen. Er trug maßgeblich dazu bei, die ÖVP von 1960 bis 1966 als Generalsekretär auf Erfolgskurs zu bringen: In diesem Zeitraum war die ÖVP zweifellos die modernere und beweglichere unter den beiden Großparteien. Man wird ihm – gemeinsam mit Josef Klaus – eine letztlich sehr verantwortungsvolle Wirtschaftspolitik zugute halten können.

Die für die ÖVP ungünstigen „atmosphärische Veränderungen" (Ludwig Reichhold), die das traditionelle Selbstverständnis der ÖVP in Frage stellten – das Konzil, die Öffnung der Kirche, die Öffnung der SPÖ für Katholiken usw. – hat Withalm zwar nicht bewältigen können, stellte sich ihnen aber in positiver Weise. Obgleich nach seinem Habitus eher konservativer Katholik, hat er doch die Öffnung der Kirche begrüßt – was ihm durchaus auch Unverständnis eingetragen hat: „Daß nach so vielen Jahren kulturpolitischen Kampfes und kulturpolitischer Auseinandersetzungen mit der Sozialdemokratie jetzt ein Weg des Gesprächs gefunden wurde, muß jeden Katholiken über alle parteipolitischen Überlegungen hinweg mit Genugtuung erfüllen, ist doch damit ein Beitrag für den inneren Frieden in Österreich und eine größere Wirkungsmöglichkeit der Kirche ermöglicht" (Withalm 1973, 158).

In Withalms Politik hat Eigeninteresse keine Rolle gespielt. Withalm war einer der ganz wenigen auch materiell völlig unabhängigen Politiker der zweiten Republik. Gleichzeitig war er zweifellos ein Vollblutpolitiker, für den das Agieren in den Räumen der Macht eine wirkliche Erfüllung bedeutete. „In einem Parlament, das in einem so hohen Grad wie das österreichische von Amtsträgern des Staates, der Verbände oder der Kammern geprägt wird, verkörperte Withalm den seltenen Typus eines Politikers, der auf niemanden Rücksicht zu nehmen braucht" (Reichhold 1975, 357).

Der „Eiserne Hermann" war während seiner aktiven Zeit eine der kontroversiellen Persönlichkeiten der Politik. Seine pointenreiche, angriffslustige, stets mit Zitaten des politischen Kontrahenten (und mit genauen Datumsangaben) gewürzte Redeweise prägte das Bild eines harten, unbeugsamen Kämpfers, das er wohl auch selbst gern stilisierte. Seine prägnanten, von der Karikatur häufig ins krampushafte überzeichneten Gesichtszüge trugen zu diesem Bild nicht wenig bei. Sicher war Withalm an den Erfolgen der ÖVP in den 1960er Jahren in starkem Maße mitbeteiligt und mitverantwortlich; aber ebenso an den Niederlagen von 1970 und 1971. In den Medien galt er als „Einpeitscher" der ÖVP, als effizienter Organisator und als Hitzeschild für den Bundeskanzler Klaus. Nach dem Rücktritt von Klaus führte er die ÖVP im ersten Oppositionsjahr grundsatzorientiert, unterlag aber dem großen Taktiker Bruno Kreisky sowohl bei den Regierungsverhandlungen 1970 wie auch danach. Trotz der schäbigen Art, mit der man ihn 1974 behandelt hatte, blieb er der ÖVP doch viel enger verbunden als Josef Klaus und stand auch noch (1976 bis 1988) als Obmann des Semiorenbundes seiner Partei zur Verfügung. Ein ausgeprägtes Pflichtgefühl und Loyalitätsbewußtsein haben diese lange Politikerkarriere begleitet.

Literatur- und Quellenverzeichnis

Kriechbaumer, Robert (1981). Österreichs Innenpolitik 1970–1975, Wien.

Kriechbaumer, Robert (1976). Bemerkungen zu den Büchern Hermann Withalms, in: Zeitgeschichte 3, Nr. 9/10.

Reichhold, Ludwig (1975). Geschichte der ÖVP, Wien.

Withalm, Hermann (1960). Der katholische Mann in der Politik, Wien.

Withalm, Hermann (1961). Wege zu einem modernen Wirtschafts- und Sozialkonzept, Wien.

Withalm, Hermann (1961) [gem. m. Karl Pisa]. Österreich 1970, Wien.

Withalm, Hermann (1963). Herausforderung und Antwort, Wien.

Withalm, Hermann (1973). Aufzeichnungen, Graz (2. Aufl. 1974).

Withalm, Hermann (1974). Antworten, Graz.

Withalm, Hermann (1975). Brennpunkte, Graz.

Withalm, Hermann (1977). Aus meinem Gästebuch, Graz.

Withalm, Hermann (1982). Altwerden in Menschenwürde, Köln 1982.

Lebensdaten

1912	am 21. 4. in Gaweinstal/Niederösterreich geboren
1930	Matura am Jesuitengymnasium in Kalksburg
1930–1935	anschließend Studium der Rechtswissenschaften an der Universität Wien (Dr. iur 1935), Beitritt zur Cartellverbindung „Norica“

Berufliche Karrierestationen

1936–1938	Notariatspraxis in Poysdorf
1942	Jurist bei den Reichsautobahnen
1942–1945	Wehrdienst
1945–1947	Fortsetzung und Abschuß der Notariatsausbildung
seit 1947	Öffentlicher Notar in Wolkersdorf

Staatliche Funktionen

1953–1975	Abgeordneter zum Nationalrat
1956–1959	Staatssekretär im Finanzministerium
1968–1970	Vizekanzler

Parteipolitische Ämter

1952	Bezirksobmann der ÖVP Wolkersdorf
1960–1970	Generalsekretär der ÖVP
1960–1989	Mitglied ÖVP-Bundesparteivorstand
1966–1970	Klubobmann der ÖVP
1970, 22. Mai – 1971, 4. Juni	Obmann der ÖVP
1976–1988	Obmann des Seniorenbundes der ÖVP
1980–1989	Mitglied ÖVP – Erweiterter Bundesparteivorstand

Gustav Zeillinger

von
Erich Marx

„Herr Präsident! Meine Herren Preistreiber!" Mit diesen Begrüßungsworten – die zweiten an die SPÖ-Regierung gerichtet – provozierte der FPÖ-Abgeordnete zum Nationalrat Gustav Zeillinger den Auszug der sozialistischen Nationalratsabgeordneten aus dem Parlament. Drastische Wortwahl und plakative Darstellungen gehörten zu den Spezialitäten des von den Medien oft als „Mister Parlament" bezeichneten langjährigen Salzburger Politikers. Bei einer anderen Gelegenheit packte der passionierte Pfeifenraucher am Rednerpult alle in Österreich erhältlichen Zigarettenpackungen aus, die im benachbarten Ausland billiger zu kaufen waren. Damit widerlegte er die zuvor gemachte Aussage des damaligen Finanzministers Hannes Androsch, die hohen Tabakpreise seien vom Ausland importiert. Solche beinahe bühnenreife Darstellungen gehörten zum Repertoire des Vollblutpolitikers Gustav Zeillinger, „der sich erst in einem richtigen Wortgefecht und Kampfgetümmel wohl fühlt" (Reimann 1980, 254).

Dabei war der ausgebildete Rechtsanwalt nur durch einen Zufall und wegen seines ausgeprägten Gerechtigkeitssinns überhaupt in die Politik gekommen. Im Jahre 1949 waren knapp vor der Landtagswahl drei Kandidaten des Salzburger Verbandes der Unabhängigen (VdU) von der Polizei verhaftet worden. Zeillinger wurde als Advokat zu Hilfe gerufen und war über diesen, seiner Überzeugung nach von den Großparteien inszenierten Akt der Justiz so empört, daß er sich sehr rasch entschloß, selbst politisch aktiv zu werden (Marx 1985, 130).

Sein Jugendtraum war eigentlich, Conférencier zu werden. Diese unterhaltsame Tätigkeit hatte ihm schon in der Schule bei den Aufführungen der damals üblichen Revuen viel Spaß gemacht. Manche seiner politischen Weggefährten meinen, er hätte diese theatralisch-humoristische Ader sehr wohl auch in der Politik eingesetzt.

Der am 1. Februar 1917 in Wien geborene Gustav Zeillinger besuchte das humanistische Gymnasium in seiner Heimatstadt, meldete sich nach der Matura als Einjährig-Freiwilliger zum österreichischen Bundesheer und begann anschließend als Werkstudent – er hatte eine Anstellung bei der Gemeinde Wien – das Studium der Rechtswissenschaften, das er nach der Umstellung auf Trimester-Betrieb schon 1940 als Referendar abschloß. Im selben Jahr wurde er zur Deutschen Wehrmacht einberufen und beendete den Krieg als Oberleutnant einer Panzeraufklärungseinheit (Reimann 1980, 254).

Im Mai 1945 verschlug es ihn nach Salzburg, wo er als politisch völlig Unbelasteter sogleich eine Anstellung als Richteramtsanwärter fand. Er strebte jedoch sehr bald einen freien Beruf an und bereitete sich – gemeinsam mit den späteren ÖVP-Politikern Josef Klaus und Walter Vavrovsky (Vizebürgermeister der Stadt Salzburg) – auf die Rechtsanwaltsprüfung vor. 1948 ließ er sich in die Liste der Advokaten eintragen und übte diesen Beruf – neben seiner zeitintensiven Politikertätigkeit immer mehr auf Sparflamme – bis zu seinem 70. Lebensjahr aus.

Zeillingers Eltern waren großdeutsch-liberal gesinnt, von Adolf Hitler aber sehr enttäuscht, weil sie sich ein demokratisches Großdeutschland vorgestellt hatten. Der Vater war ursprünglich Angestellter, hat dann in Wien ein Kaffeehaus betrieben, das er jedoch in der wirtschaftlich schlechten Zwischenkriegszeit nicht halten konnte. Die religiöse Mutter bemühte sich, den Sohn katholisch zu erziehen. Durch den Einfluß eines Lehrers fand er 1934 den Weg zum Katholisch Deutschen Studentenbund (KDSB), der ihm aber nicht sehr viel gab. Beeindruckt hatten ihn im humanistischen Gymnasium die Philosophie des Altertums, die archaischen Formen der griechischen Demokratie. Nicht bereit war er, sich wie viele seiner Altersgenossen der illegalen nationalsozialistischen Bewegung anzuschließen. Das war ihm alles viel zu radikal.

In Salzburg hat sich der Wiener Zeillinger nach dem Krieg sehr rasch eingelebt und sich in das gesellschaftliche Leben integriert. Er gründete gemeinsam mit einigen Kollegen den Juristenverband, der standespolitische Interessen vertrat, aber auch gesellige Veranstaltungen organisierte. Zeillinger selbst kümmerte sich um die Vorbereitungen für den ersten Salzburger Juristenball, der 1947 im Café Mozart in der Getreidegasse stattfand. Er verfolgte nach eigenen Angaben das politische Geschehen mit großem Interesse, dachte aber bis 1949 niemals an ein persönliches Engagement in der Politik. Nach seinem oben erwähnten Schlüsselerlebnis mit der Verhaftung der VdU-Kandidaten engagierte er sich aber mit voller Kraft. Bereits nach einem Jahr übernahm er von VdU-Mitbegründer Viktor Reimann die Position des Salzburger Landesverbandsobmannes, nachdem er erst knapp zuvor Mitglied geworden war (VdU-Parteitagsprotokoll 1950).

1953 wurden mit der erstmaligen Kandidatur Zeillingers für den Nationalrat die politischen und personellen Weichen des dritten Lagers in Salzburg gestellt. Diese verfestigten sich, als 1954 nicht Zeillinger, sondern der bis dahin kaum in Erscheinung getretene Walter Leitner die Funktion des Landesrates übernahm. Die in der Folgezeit dominierenden Persönlichkeiten des Salzburger VdU (und später der FPÖ), Gustav Zeillinger, Walter Leitner und Sepp Weilhartner, waren übereingekommen, daß sich ersterer auf die Bundesebene, der zweite auf die Landespolitik und Weilhartner auf die Stadt konzentrieren sollte. Dieses Triumvirat schloß zwar nie enge persönliche Freundschaft, respektierte aber immer das politische Feld des anderen, unterstützte sich gegenseitig, wo immer es notwendig erschien, und war parteiintern deshalb wohl so stark und beinahe unangreifbar (Interview Walter Leitner, 17. 3. 1994).

1953 gelang dem VdU in Salzburg unter Federführung Zeillingers, was der Partei auf Bundesebene versagt geblieben war: sich als gleichberechtigter Partner neben ÖVP und SPÖ – zuerst in der Stadt und später auch im Land – zu etablieren. Weil die ÖVP das Angebot des VdU, einen nichtsozialistischen Bürgermeister in der Landeshauptstadt gemeinsam zu wählen, abgelehnt hatte, kam es zu einer Vereinbarung mit der SPÖ, die dadurch den Bürgermeister stellte und im Gegenzug dem VdU volle Ressortverantwortung und auch alle sonstigen Einflußmöglichkeiten auf kommunaler Ebene zusicherte. Damit war es VdU-Landesobmann Zeillinger gelungen, den Pakt der Großparteien (nicht mit dem VdU zu koalieren), der für alle politischen Ebenen Gültigkeit besaß, erstmals zu durchbrechen. 1954 gelang nach der Landtagswahl ähnliches, als Walter Leitner als Landesrat mit umfassenden Kompetenzen in die Landesregierung einzog (Piringer 1982, 76). Daraus entwickelte sich in den Folgejahren das bekannte „Salzburger Klima“ der Zusammenarbeit aller drei Regierungsparteien, das erst in den späten siebziger Jahren als überholte Form der „politischen Packelei“ wieder in Verruf kam.

Innerhalb des VdU traten auf Bundesebene, aber auch in einigen Landesgruppen ab 1954 ernste Richtungsstreitigkeiten auf. Begonnen hatte es am Bundesverbandstag Mitte Mai in Bad Aussee, wo nicht nur ein neues Programm mit einigen radikalen nationalen Tönen, sondern auch die Einladung an Anton Reinthaller beschlossen worden war, sich für das Dritte Lager politisch zu betätigen. Die Nationalen, darunter viele „Ehemalige“ sahen im kurzzeitigen Landwirtschaftsminister des Kabinetts Seyß-Inquart eine neue Galionsfigur und waren bestrebt, die liberalen Kräfte in der Verbandsführung, wie Herbert Kraus und Viktor Reimann, an den Rand zu drängen (Piringer 1982, 17). Zeillinger hielt sich selbst und seinen Landesverband Salzburg aus diesen Richtungskämpfen und persönlichen Querelen heraus. Er hatte bereits im Frühjahr 1955 mit allen Mitgliedern der VdU-Führung in Salzburg den Rütli-Schwur abgelegt, sich nicht auseinanderdividieren zu lassen und wenn, dann mit der Landesgruppe nur geschlossen in eine neukonstituierte Partei einzutreten. So blieb auch die Gründung einer eigenen Landesgruppe der „Freiheitspartei“ durch Kurt Richter ohne Bedeutung. Als Emil van Tongel, einer der Mitbegründer der Freiheitspartei, mit Kurt Richter im Salzburger Hotel Pitter zu Verhandlungen zusammengetroffen war und Zeillinger zuziehen wollte, meinte dieser am Telefon: „Wenn Sie über die Salzburger Landesgruppe reden wollen, müssen Sie zu mir herkommen. Hier sitzt die Partei“ (Interview Zeillinger, 20. 11. 1993). Erst als Ende Oktober 1955 die Einigung aller Gruppen und die Gründung der Freiheitlichen Partei Österreichs feststand, war Zeillinger bereit, dem Gründungskomitee beizutreten und den Salzburger VdU geschlossen in die neue Partei überzuführen. Beim Gründungsparteitag der Landesgruppe Salzburg der FPÖ am 2. 4. 1956 stand außer Diskussion, daß Gustav Zeillinger zum Landesparteiobmann gewählt wurde. Diese Funktion sollte er noch weitere neun Jahre behalten.

Auch in der Bundespartei erhielt Zeillinger bald mehr Einfluß. Er verstand es, nach dem Tode des ersten FPÖ-Bundesparteiobmannes Reinthaller 1958, in die konfliktbeladene Nachfolgediskussion vermittelnd einzugreifen und gleichzeitig für Friedrich Peter als Nachfolger zu werben. Am Bundesparteitag 1959 in Salzburg wurde Zeillinger dann erstmals zum stellvertretenden Bundesparteiobmann gewählt, eine Funktion, die er bis 1978 ausfüllte.

Zeillinger hatte sich aber nicht nur parteiintern als gewiefter Taktiker erwiesen, sondern sich auch seit seinem Einzug in das Parlament 1953 bemüht, zu Politikern der beiden Großparteien korrekte Gesprächskontakte herzustellen. Zeillinger sah nie einen Widerspruch darin, einerseits harte Oppositionspolitik gegenüber den Regierungsparteien zu betreiben und andererseits die Gesprächsbasis mit dem politischen Gegner zu bewahren. Analysiert man seine zum Teil sehr scharfen Oppositionsreden im Parlament genauer, so spürt man sein Bemühen, den Attackierten nicht unter der Gürtellinie zu treffen. Zeillinger muß – trotz seiner gut gespielten Rolle als Oppositioneller – als Konsenspolitiker angesehen werden, wobei diese seine Grundhaltung in der Öffentlichkeit viel weniger bekannt geworden ist. Dies liegt einerseits daran, weil sie kaum Spektakuläres hergibt und andererseits von Zeillinger auch nie bewußt hervorgekehrt wurde.

Ende der fünfziger Jahre, als das Südtirol-Thema von Österreich vor die UNO gebracht wurde, gehörte Zeillinger – und damit erstmals ein Freiheitlicher – der österreichischen Delegation unter Führung von Außenminister Bruno Kreisky an. Zeillinger war von seiner Partei zum Südtirol-Sprecher nominiert worden, weil die FPÖ den Tiroler Abgeordneten Klaus Mahnert wegen dessen NS-Vergangenheit mit dieser international wichtigen Rolle noch nicht betrauen konnte. Zeillinger war mit der Südtirol-Frage seit seiner Studentenzeit emotional verbunden und hatte sich als Politiker mit großem Engagement in dieses Thema eingearbeitet. Waren die Bemühungen der österreichischen UNO-Delegation für Südtirol von großer Wichtigkeit, so hat der mehrwöchige gemeinsame Aufenthalt von Kreisky und Zeillinger in New York diesen beiden Männern die Möglichkeit zu innenpolitischen Gesprächen geboten. Kreisky wollte der SPÖ offensichtlich eine Option für den Fall des Scheiterns der großen Koalition offenhalten, und Zeillingers Bestreben bestand von Anfang an darin, die starre Koalition von ÖVP und SPÖ aufzubrechen und der FPÖ eine wichtigere innenpolitische Rolle zu verschaffen (Piringer 1982, 75). Genau betrachtet, wurde bei den damaligen Gesprächen in New York der Grundstein für die mehr als zwei Jahrzehnte später geschlossene SPÖ-FPÖ-Koalition gelegt.

Eine der „Vorleistungen“ bestand von sozialistischer Seite darin, der FPÖ den Zugang zur Parteienfinanzierung aus Gewerkschaftsgeldern zu öffnen. Die FPÖ sah sich dabei ungerecht behandelt, weil ihre Gewerkschafter vom ÖGB nicht als eigene Fraktion anerkannt wurden und deshalb auch kein Geld bekamen. Bei einer dieser damals geheimen Transaktionen bestätigte Zeillinger die Geldübernahme für die FPÖ mit dem Pseudonym „Niedermüller“. Politische Folgen hatte diese Angelegenheit später aber nur für Gewerkschaftspräsident Franz Olah.

Während seiner mehrfachen Amerika-Aufenthalte Ende der fünfziger und Anfang der sechziger Jahre lernte Zeillinger die große Bedeutung des Fernsehens für die Politik kennen und schätzen. Er studierte sehr genau, welche Chancen die Bildberichterstattung dem einzelnen Politiker zu bieten imstande war. Soweit als möglich nutzte er diese Chancen dann zu Hause. Er bestätigt heute selbst, daß seine zum Teil spektakulären Auftritte im Parlament ganz gezielt auf die Fernsehwirkung abgestellt waren.

Nationalrats-Abgeordneter Gustav Zeillinger (links), 1968, mit FPÖ-Obmann Friedrich Peter, Fragestunde im Nationalrat

Zusätzliche bemühte sich Zeillinger stets, gute Kontakte zu den Zeitungsjournalisten zu pflegen und diese gezielt mit Informationen zu versorgen. Umgekehrt hatten die Redakteure wieder ihren Spaß daran, wenn sich Zeillinger im Parlament einzelner, in der Politik sonst eher unbeachteter Bevölkerungsgruppen annahm. Wer sonst im Hohen Haus sprach etwa über die Nöte der Pfeifenraucher, Briefmarken- oder Münzensammler?

Die durch diese Methoden für einen Oppositionspolitiker überproportionale Berichterstattung in den Medien steigerte die Popularität Zeillingers nicht nur allgemein in der Bevölkerung, sondern insbesondere auch in der eigenen Partei. Hier war er immer ein Mann der „Basis“, besuchte gerne Versammlungen und Stammtische, motivierte die Mitarbeiter und kleinen Funktionäre. Er selbst kümmerte sich als Salzburger Landesparteiobmann (bis 1965, danach Ehrenobmann) um viele organisatorische Details in seiner Landesgruppe, führte die sogenannten Sprengelbetreuer ein, die in ihrem Wohnbezirk den engeren Kontakt zwischen Partei und Mitgliedern bzw. Interessenten aufrechterhalten sollten. Nachdem er sich von der Spitze der Salzburger Landesgruppe zurückgezogen hatte, übte er mehrere Jahre die Funktion des Organisationsreferenten in der Bundes-FPÖ aus und war für innere Organisationsreformen und Mitgliederwerbeaktionen verantwortlich.

Keine Rolle spielte Zeillinger in den immer wiederkehrenden Programmdiskussionen der FPÖ. Dabei hielt er sich zurück, das war nicht sein Metier. Trotzdem darf man seine Funktion als Sachpolitiker nicht unterschätzen. Er gehörte ab der Installierung 1954 über rund zwei Jahrzehnte jener Kommission an, die eine grundlegende Neuregelung des österreichischen Strafrechtes ausarbeiten sollte und dies unter dem Dreiergespann Justizminister Christian Broda (SPÖ), ÖVP-Justizsprecher Walter Hauser und dem Vorsitzenden des Justizausschusses Gustav Zeillinger (FPÖ) dann zum Abschluß brachte. Zeillinger selbst sieht in dieser Arbeit eine seiner staatsmännischen Tätigkeiten, die außerhalb des tages- und parteipolitischen Geschehens angesiedelt war.

Neben der Justiz zählte die Landesverteidigung zu den Aufgabenbereichen Zeillingers innerhalb des FPÖ-Parlamentsklub, dessen stellvertretender Klubobmann er über viele Jahre war. Seine Wortgefechte mit ÖVP-Verteidigungsminister Georg Prader sind Legende. Zeillinger gehörte als FPÖ-Wehrsprecher dem Landesverteidigungsrat an und setzte in seiner Partei die Zustimmung zu Kreiskys erfolgreichem Wahlslogan „Sechs Monate sind genug“ durch, weil damit eine Gesamtreform des Heeres und die Umstellung auf das Milizsystem verbunden war. Die FPÖ-Unterstützung für diese Verkürzung des Grundwehrdienstes – dieser Vorschlag war erstmals 1964 vom damaligen FPÖ-Wehrsprecher Wilhelm Kindl gekommen – trug zur Sicherung der SPÖ-Minderheitsregierung 1970/71 bei und bescherte der FPÖ endlich das für sie günstigere Wahlrecht, das schon 1964 mit der SPÖ paktiert, damals aber im Zuge der Olah-Krise gescheitert war (Piringer 1982, 105ff.). Für Zeillinger ein etwas verspäteter Erfolg, denn er hatte seit Jahren in seiner Partei betont, die SPÖ werde zu ihrer Zusage stehen und das Wahlrecht gemeinsam mit der FPÖ ändern.

Kein Erfolg war Zeillinger bei seiner parteiinternen Opposition gegen den Inhalt der „Erklärung vom 16. Jänner 1970“ beschieden. Die FPÖ formulierte damals unter maßgeblichem Einfluß von Alexander Götz „Kein roter Bundeskanzler, kein schwarzes Österreich. FPÖ, damit die Richtung stimmt“ (*SN*, 17. 1. 1970). Zeillinger stimmte, außer van Tongel, als einziger gegen die damit verbundene Festlegung, keine Koalition mit der SPÖ einzugehen. Er blieb damit seiner Linie treu, sich keinesfalls einseitig zu binden und für beide Optionen, sowohl für eine Zusammenarbeit mit der seit 1966 allein regierenden ÖVP als auch mit der SPÖ, offen zu sein. Zeillinger trug die gefallene Entscheidung mit und hatte seinen kleinen Triumph, als Josef Klaus nach der für ihn verlorenen Wahl 1970 jedes Gespräch mit der FPÖ ablehnte. Sein Vorschlag, die vom Bundesparteivorstand beschlossene Erklärung vom 16. Jänner durch einen Sonderparteitag zu annullieren und damit neuen Verhandlungsspielraum mit der SPÖ zu gewinnen, fand keine Mehrheit im Vorstand. Die Hoffnungen, nach dem Zwischenspiel der tolerierten SPÖ-Minderheitsregierung, als Koalitionspartei in die Regierung einzuziehen, zerbrachen für die FPÖ an der absoluten Mehrheit der SPÖ unter Kreisky im Jahre 1971 (Piringer 1982, 166ff.).

Die geänderte innenpolitische Landschaft minderte zunehmend das Interesse der SPÖ an einer Zusammenarbeit mit den Freiheitlichen. Erster Höhepunkt einer Reihe von heftigen politischen Auseinandersetzungen bildete zuerst die Fristenlösung, bei der die SPÖ nicht bereit war, auf einen Kompromißvorschlag Zeillingers einzugehen. Auch in der Abänderung der ORF-Reform (1974) setzten die Sozialisten ihre absolute Macht ein.

Zeillingers parlamentarische und sachpolitische Arbeit fand Mitte der siebziger Jahre in besonderer Form Anerkennung: Er wurde als einziger Freiheitlicher von 41 österreichischen Journalisten in das „Schmieranski-Team“ gewählt. Das Nachrichtenmagazin *profil* hatte bei den innenpolitischen Berichterstattern der wichtigsten österreichischen Medien erhoben, welche Persönlichkeiten für eine „Traum-Regierung“ geeignet wären. Zeillinger wurde dabei mit deutlichem Vorsprung vor Karl Blecha (SPÖ) zum Qualifiziertesten für die Position des Verteidigungsministers auserkoren (*profil*, 12/1975, 29–35).

Bei der Nationalratswahl 1975 errang Zeillinger im Wahlkreis Salzburg zum achten Mal das Grundmandat. Mitte der Legislaturperiode schied er nach 24jähriger Tätigkeit mit exakt 306 Reden und unzählbaren Zwischenrufen aus dem Parlament aus, das ihn gemeinsam mit Robert Weisz (SPÖ) und Franz Bauer (ÖVP) als Volksanwalt gewählt hatte. Auch politische Gegner konzedieren Zeillinger, das Kollegialorgan Volksanwaltschaft kraft seiner Persönlichkeit dominiert und viel Skeptik über diese neue Staatseinrichtung ausgeräumt zu haben. Vor allem seine Fernsehauftritte in der Sendung des Volksanwaltes, gemeinsam mit seiner Assistentin Heide Schmidt, trugen nicht nur zur Steigerung seiner eigenen Popularität bei, sondern ließen nach Aussage Zeillingers die Anzahl der Fälle, mit denen sich die Volksanwaltschaft beschäftigen mußte, in die Höhe schnellen.

Umso schmerzlicher war es dann für Zeillinger, daß er gegen seine eigenen Ambitionen schon nach seiner ersten sechsjährigen Funktionsperiode 1983 aus der Volksanwaltschaft ausscheiden mußte. Er war den parteiinternen Personalrochaden Norbert Stegers zum Opfer gefallen (*Die Presse*, 7. 2. 1992). Dabei hatte gerade Zeillinger gemeinsam mit einigen anderen Granden der FPÖ maßgeblich daran mitgewirkt, daß Steger im Jahre 1980 zum Bundesparteiobmann (als Nachfolger von Kurzzeitobmann Alexander Götz) gewählt worden war.

Die ungebrochene Popularität und das Ansehen Zeillingers machte sich sogleich die *Kronen Zeitung* zunutze, die ihn für eine regelmäßige „Steuer-Seite“ engagierte. Dort wurden vor allem Probleme des „kleinen Mannes“ mit der Finanz dargestellt und entsprechende Ratschläge erteilt. Es war daher naheliegend, daß ihn der erst 1983 gegründete „Verein der Österreichischen Steuerzahler“ bat, die Präsidentschaft zu übernehmen, die er erst nach zehn Jahren aufgrund seiner angegriffenen Gesundheit zurücklegte. 1986 hat ihn Jörg Haider noch am Innsbrucker Bundesparteitag wieder in die Politik zurückgerufen. Gustav Zeillinger und Willfried Gredler sollten dem jungen Parteiobmann im Präsidium beratend zur Seite stehen. Wie immer hatte sich Zeillinger dem Ruf der Partei auch in diesem Fall nicht widersetzt.

Zeillinger besaß während seiner gesamten politischen Laufbahn, nach Aussagen seiner wichtigsten Weggefährten, ein untrügliches Gefühl dafür, was er an politischen Verhandlungsergebnissen – in seinem Fall in erster Linie mit der SPÖ – seiner Partei zumuten konnte. So war es eigentlich nie notwendig, ihn mit besonderen Gesprächskompetenzen auszustatten oder ihm Grenzen für politische Absprachen vorzugeben. Andererseits verhielt sich Zeillinger gegenüber allen FPÖ-Bundesparteiobmännern stets loyal und brachte inhaltliche oder persönliche Differenzen niemals an die Öffentlichkeit. So ist er auch nach seinem Ausscheiden aus der aktiven Politik eine der angesehensten Persönlichkeiten in- und außerhalb der FPÖ geblieben. Dies kam auch optisch bei der großen Feier zu seinem 75. Geburtstag Anfang Februar 1992 in einem Wiener Nobelhotel zum Ausdruck, als ihm nicht nur die eigene Partei, sondern auch der Bundespräsident sowie Spitzenvertreter der Großparteien, aus Wirtschaft, Kultur und Medien herzlich gratulierten.

Literatur- und Quellenverzeichnis

Marx, Erich (1985). Die Anfänge des Verbandes der Unabhängigen in Salzburg, in: Eberhard *Zwink* (Hg.): Salzburg und das Werden der Zweiten Republik, Schriftenreihe des Landespressebüros, Salzburg (Salzburg Diskussionen Nr. 7).

Marx, Erich (1988). Die Geschichte der Salzburger Freiheitlichen, in: Eberhard *Zwink* (Hg.): Die Ära Lechner. Das Land Salzburg in den sechziger und siebziger Jahren, Salzburg.

Piringer, Kurt (1982). Die Geschichte der Freiheitlichen. Beitrag der Dritten Kraft zur österreichischen Politik, Wien.

Reimann, Viktor (1980). Die Dritte Kraft in Österreich, Wien.

Vogel, Gerhard (1994). Ich bin im Bild, Wien.

Die Neue Front bzw. *Neue Freie Zeitung* 1949 ff.

Die Presse, 1992.

Parteitagsprotokoll des VdU-Salzburg, 1950.

Parteitags- und Vorstandsprotokolle der FPÖ-Salzburg 1956 ff.

profil, 1975.

Salzburger FPÖ-Nachrichten 1955–1977.

Salzburger Nachrichten 1945 ff.

Stenographische Protokolle des Nationalrates und Bundesrates, VII. (1953–1956) bis XIV. (1975–1979) Gesetzgebungsperiode.

Lebensdaten

1917	geboren am 1. 2. in Wien
1936	Matura am humanistischen Gymnasium
1936	Einjährig-Freiwilliger beim Österreichischen Bundesheer
1937	Beginn des Studiums der Rechtswissenschaften an der Universität Wien
1940	Abschluß des Jusstudiums als Referendar
1940–1945	Soldat und Offizier im Zweiten Weltkrieg

Berufliche Karrierestationen

1945	Richteramtsanwärter in Salzburg
1948	Strafverteidiger
1949–1987	Rechtsanwalt

Staatliche Funktionen

1953	Abgeordneter zum Salzburger Landtag
1953–1977	Abgeordneter zum Nationalrat
1959–1961	Mitglied der österreichischen UNO-Delegation in New York
1966–1977	Mitglied des Landesverteidigungsrates
1970–1977	Vorsitzender des parlamentarischen Justizausschusses
1977–1983	Mitglied der Volksanwaltschaft

Parteipolitische Ämter

1950	Landesobmann des VdU-Landesverbandes Salzburg
1950–1951	Mitglied des VdU-Vorstandes
1955–1965	Landesparteiobmann der FPÖ-Landesgruppe Salzburg
1956–1990	Mitglied der FPÖ-Bundesleitung
1956–1978	Mitglied des FPÖ-Bundesvorstandes
1959–1978	Stellvertretender Bundesparteiobmann
seit 1965	Ehrenobmann der FPÖ-Landesgruppe Salzburg
1976–1978	Mitglied des FPÖ-Bundespräsidiums
seit 1984	Ehrenmitglied der FPÖ

Weitere Funktionen

1946	Mitbegründer des Salzburger Juristenverbandes
1983–1993	Präsident des Vereines der Österreichischen Steuerzahler

Politische Karrieren in der Zweiten Republik

von

Herbert Dachs / Peter Gerlich / Wolfgang C. Müller

Einleitung

Die im vorliegenden Band gesammelten Biographien stellen zunächst das Individuelle in den Vordergrund. Die fünfundsiebzig bedeutendsten Politiker der Zweiten Republik, die politischen „Stars" dieses Bandes, erscheinen dabei vor allem als Einzelpersönlichkeiten. Obwohl bei der Lektüre der verschiedenen Lebensläufe manche Gemeinsamkeiten auffallen, ist es doch nicht so einfach, Verallgemeinerungen über die insgesamt dokumentierte Führungsschicht zu formulieren.

Und dennoch drängen sich den Politikwissenschaftern, zu deren Aufgaben auch die Erforschung funktioneller Eliten gehört, in diesem Zusammenhang eine Reihe von Fragestellungen auf.

Man könnte etwa nach der *Repräsentativität* der beschriebenen Politikergruppe fragen. Stellen die hier dargestellten Persönlichkeiten, wie man in einer Demokratie durchaus erwarten könnte, in irgendeiner Hinsicht ein Spiegelbild der Bevölkerung dar, sind sie etwa ihrer Herkunft nach für die Staatsbürger insgesamt repräsentativ?

Weiters wäre es im Zusammenhang damit interessant zu untersuchen, ob die in diesem Band dargestellten Karrieren jene *Zirkulation* von Eliten dokumentieren, die vor allem für den Bereich von politischen Führungsschichten häufig theoretisch postuliert wird. Konkreter formuliert heißt das: Ist Politik jener Bereich der Gesellschaft, in dem ein sozialer Aufstieg relativ leicht möglich ist? Bedeuten politische Karrieren auch soziale Mobilität?

Zusätzlich ließe sich vermuten, daß jene Politiker, die Spitzenpositionen erreichen, über besondere *Qualitäten* verfügen müssen. Man könnte annehmen, daß politische „Stars" in vielerlei Hinsicht besonders vielseitig und besonders bemerkenswerte Persönlichkeiten sein sollten, die sich in ihren Lebenserfahrungen und Lebensformen über den Durchschnitt erheben.

Schließlich läge es nahe, den Spitzenpolitikern eine *besondere Kompetenz* zu politischer Veränderung zu unterstellen. Wer, wenn nicht die politischen „Stars" eines Landes, sollten diejenigen sein, die dazu beitragen, daß sich in einem Lande etwas ändert? Gerade der Politik kommt die Aufgabe zu, nicht nur Routineentscheidungen zu treffen, sondern auch mit Weitblick die Weichen für die Zukunft zu stellen. Den Spitzenpolitikern, als wesentlichsten Akteuren, die sich über die Schicht der Politiker im allgemeinen erheben, müßte dabei eigentlich eine ganz bedeutende Rolle zukommen.

Um diese und ähnliche Fragen beantworten zu können, haben die Herausgeber ein Schema von Fragen erstellt, das teils mittels objektiver Daten und teils mittels notwendig subjektiver Einschätzungen für jedes Mitglied unserer Gruppe politischer „Stars" die wesentlichsten Informationen über seine Laufbahn und sein politisches Wirken zu erfassen versuchte.

Dabei ging es erstens um Fragen, die die *Herkunft* der Persönlichkeit betreffen, also etwa den Grad an erreichter Bildung oder die soziale Schicht (gemessen am erlernten oder ausgeübten Zivilberuf bzw. Beruf des Vaters), sowie politisches Engagement und Orientierung des Elternhauses.

Zweitens wurden Aspekte des *politischen Verhaltens* der Persönlichkeit erfaßt, wie etwa Parteizugehörigkeit, höchstes erreichtes Amt oder Karrieretyp („Quereinsteiger" oder Absolvent der „Ochsentour"), bzw. auch besondere Stile oder Rollen, wobei versucht wurde, die Fähigkeiten der einbezogenen Persönlichkeit als Kommunikator, Verhandler oder Organisator zu beurteilen.

Schließlich erfolgten drittens allgemeinere *Einschätzungen,* insbesondere wurde die Frage nach der zugrundeliegenden politischen Orientierung der politischen „Stars" (Veränderer oder Bewahrer), bzw. die Frage nach ihrer Handlungsorientierung gestellt: Ist die betreffende Persönlichkeit eher als Staatsmann, als Politiker oder als ausschließlicher Interessenvertreter anzusehen? In diesem Zusammenhang wurde auch die Frage nach dem Nachruhm aufgeworfen: Ist die Persönlichkeit heute noch wohlbekannt oder vergessen? Für die zuletzt genannten Fragen wurden die politischen „Stars" jeweils auf einer fünfteiligen schulnotenähnlichen Skala eingestuft. Die Bewertung erfolgte durch gemeinsames Urteil der drei Herausgeber.

Die daraufhin vercodeten und computermäßig ausgewerteten Informationen sollen im folgenden zusammenfassend dargestellt werden. Dabei wird einerseits ein Gesamtportrait der von uns dokumentierten Führungsschicht gezeigt. Andererseits werden aber auch Differenzierungen nach Parteizugehörigkeit, höchstem erreichtem Amt und Geburtsjahrgang präsentiert. So soll gleichsam als Zusammenfassung der in diesem Band ausgebreiteten Informationen ein einerseits geschlossenes und andererseits differenziertes Bild der politischen Spitzengruppe der Zweiten Republik skizziert werden.

Diese Darstellung versucht keine quantitative Präzision vorzutäuschen und beschreibt Unterschiede eher allgemein und verbal. Allerdings ist auch zu bedenken, daß es sich bei unserer Spitzengruppe um keine Auswahl, sondern sozusagen um die Grundgesamtheit der an der höchsten Stelle stehenden Repräsentanten handelt. Dennoch sollte die Treffsicherheit und Vollständigkeit mancher der zugrundeliegenden Informationen auch nicht überschätzt werden.

Abschließend wird versucht zu beurteilen, was die zusammengestellten Informationen über die politischen „Stars" zur Beantwortung der einleitend formulierten Fragen bzw. zur Bestätigung oder Modifizierung der in diesem Zusammenhang angeführten Vermutungen beitragen können.

Gesamtportrait einer Führungsschicht

Wie schon einleitend erwähnt, geht es erstens um Aspekte der persönlichen und politischen Herkunft der politischen „Stars" der Zweiten Republik, zweitens um Aspekte ihrer politischen Karriere und ihres politischen Verhaltens und drittens um Fragen der bewertenden Einschätzung ihres Wirkens als Politiker. Als erster Aspekt des persönlichen *Backgrounds* der in diesem Band beschriebenen Politiker sei auf ihr Alter bzw. auf ihre Zugehörigkeit zu einer bestimmten politischen Generation, gemessen am Geburtsjahr, eingegangen. Darstellung 1 faßt die Verteilung der gesamten Gruppe nach Geburtsjahren zusammen, Darstellung 2 versucht für die Zwecke der späteren differenzierteren Analyse drei Gruppen zu bilden. Insgesamt erstrecken sich die Geburtsjahre der hier in diesem Band behandelten Politiker von 1869 bis 1941. Ein Schwerpunkt der

Geburtsjahrgänge liegt altersmäßig in den Jahren vor dem Ersten Weltkrieg, ein zweiter in der Mitte der zwanziger Jahre.

Darstellung 1: Verteilung der Geburtsjahre

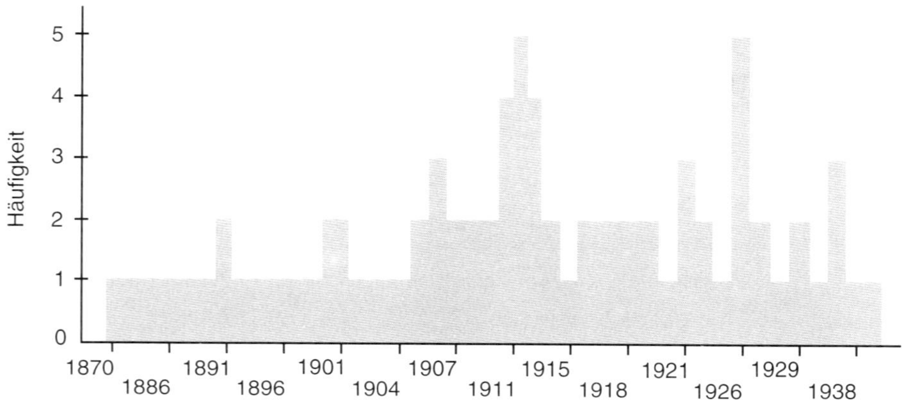

Darstellung 2: Zusammenfassung der Geburtsjahre in drei Generationsgruppen

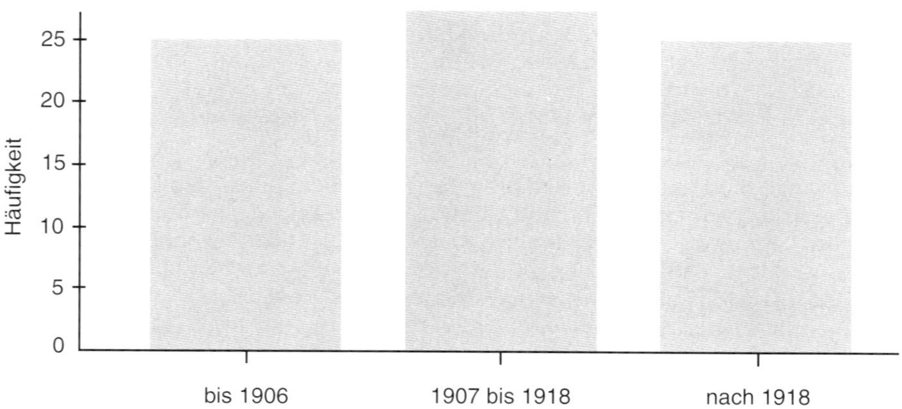

Als zweiter Aspekt sei auf das soziale Milieu der Herkunft der Politiker eingegangen, gemessen am jeweiligen Geburtsort: Je etwa ein Drittel der Politiker stammt aus einer Großstadt, bei der es sich im wesentlichen immer um Wien handelt; ein knappes Drittel aus einer Kleinstadt und ein weiteres Drittel aus ländlichen Gemeinden. Darin dürfte immerhin eine gewisse Repräsentativität der gesamten Führungsschicht zum Ausdruck kommen.

Ein sehr unterschiedliches Bild ergibt sich aber, wenn man den Bildungsgrad der von uns dokumentierten Politiker in Betracht zieht. Darstellung 3 zeigt, daß fast die Hälfte der Politiker über einen Hochschulabschluß verfügen. Angesichts eines Akademikergrads der Bevölkerung von zur Zeit etwa sechs Prozent kann daraus geschlossen werden, daß die Führungsschicht keineswegs als repräsentativ anzusehen ist. Der Universitätsabschluß stellt in der Zweiten Republik also fast so etwas wie eine Voraussetzung zum Aufstieg in ein höchstes Politikeramt dar.

Darstellung 3: Höchster Schulabschluß

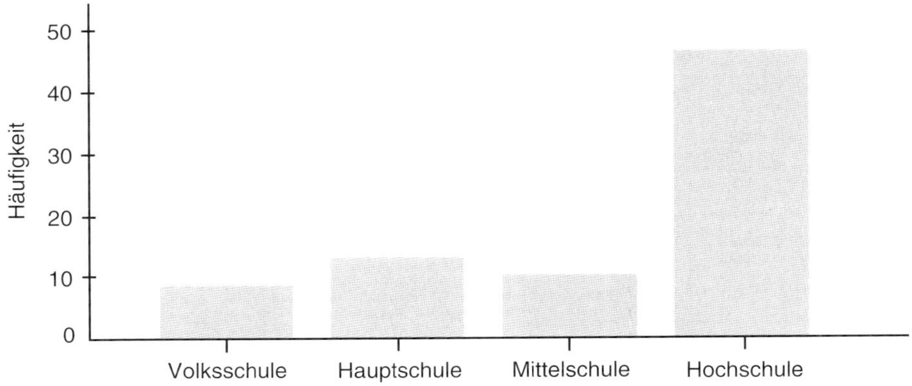

In Darstellung 4 sind die Zivilberufe der Politiker – jeweils hell – und die ausgeübten Berufe ihrer Väter – jeweils dunkel – gegenübergestellt. Eine genauere Analyse zeigt einerseits, daß die heutige Politikerschicht insofern keineswegs repräsentativ sein dürfte, als hohe Beamte und hohe Angestellte, die definitionsgemäß eine Minderheit der Gesamtbevölkerung darstellen, weit überproportional vertreten sind. Andererseits zeigt sich im Verhältnis zur Väter-Generation ein deutlicher Aufstieg. Je sozial angesehener eine Berufsgruppe ist, desto mehr sind die heutigen Politiker in ihr vertreten, je weniger angesehen sie ist, desto deutlicher ist die Mehrheit der Väter dort vertreten. In dieser Gegenüberstellung zeigt sich klar, daß Politik in der Tat ein Sektor der Gesellschaft ist, in dem sozialer Aufstieg nicht nur möglich ist, sondern im Regelfall durchaus üblich sein dürfte. Politische Karrieren führen also sozial steil nach oben (siehe Darstellung 4, Seite 635).

Betrachtet man die Familienkonstellation der politischen „Stars", so stellt sich heraus, daß praktisch alle verheiratet sind und daß sie in der Regel auch mehrere Kinder haben. Es ist also keineswegs so, daß Spitzenpolitiker über außergewöhnliche Lebensstile verfügen, vielmehr, daß sie sozusagen in Normbedingungen leben und damit traditionellen Modellvorstellungen entsprechen. Interessant ist, daß die Mehrzahl der Politiker (52%) aus Elternhäusern stammen, in denen die Eltern politisch nicht aktiv waren.

Was schließlich die Zugehörigkeit der Politiker zu studentischen bzw. Akademikergruppierungen betrifft, zeigt sich, daß insgesamt etwa ein Viertel der Politiker dem CV und etwa zwölf Prozent dem BSA angehören. Bezieht man die Zahl der Gruppenmitgliedschaften auf die Hochschulabsolventen, sind die Zahlen erheblich höher; etwa 70% CV- und etwa 30% BSA-Angehörige. Man wird davon ausgehen können, daß der CV als für seine Mitglieder wesentlich stärker prägend anzusehen ist als der BSA. Letzterer hatte ja unter anderem die wesentliche Aufgabe, als Vorfeldorganisation der SPÖ, die dringend benötigten „Fachleute" zu gewinnen, gelegentlich auch um den Preis der politischen Belastetheit aus Zeiten des Nationalsozialismus. Hier dominiert also, sowohl von oben her als auch von den Mitgliedern, ein stark instrumentelles Verhältnis, während im CV neben dieses ein stark von Weltanschauungen und persönlicher Verbundenheit und „Lebensfreundschaft" – wie dies von den Angehörigen dieser Gruppe genannt wird – geprägtes Muster tritt.

Damit soll zu Indikatoren des politischen Verhaltens der Mitglieder der Führungsgruppe übergegangen werden. Zunächst sei erwähnt, daß etwa drei Viertel der erfaßten

Darstellung 4: Zivilberuf der Politiker bzw. ihrer Väter

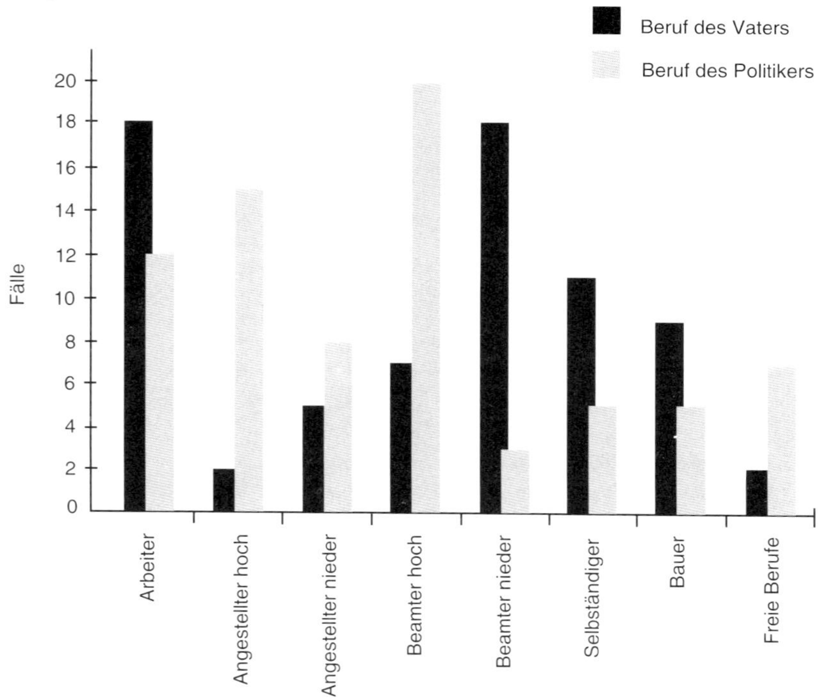

Politiker in ihrer politischen Grundausrichtung der Familientradition folgten, also Kontinuität unter Beweis stellten. Immerhin ein Sechstel wechselte allerdings das politische Lager. Diese sind also als politische „Überläufer" oder zumindest als „Rebellen" gegen die Ausrichtung ihres Elternhauses anzusehen. Man hätte vermuten können, daß die Zahl der Grenzüberschreiter noch höher wäre, wenn man von der Annahme ausgeht, daß in Spitzenpositionen jene Politiker vordringen, deren Verhalten von der Norm abweicht. Daß dies nicht so ist, bestätigt die Vermutung, daß in der politischen Kultur Österreichs die Erreichung einer Spitzenposition eher an ein stromlinienförmiges und Normvorstellungen verpflichtetes Verhalten gebunden ist.

Eine weitere Frage beschäftigte sich mit den prägenden Personen. Von den Politikern, über die Informationen vorlagen, hatten 40% ältere politische Persönlichkeiten als politisch prägende Personen, etwa 20% die Familie und 10% ihre Lehrer. Diese Informationen könnten so gedeutet werden, daß Politik nach wie vor als Lehrberuf angesehen werden kann, d.h., daß spätere Politiker, wie auch die individuellen Karrierebeschreibungen unter Beweis stellen, zumeist von älteren Politikern entdeckt wurden bzw. daß die Lehre bei einem erfahrenen vorbildlichen Mentor eine Voraussetzung für den späteren Aufstieg in Spitzenpositionen darstellt.

Darstellung 5 zeigt die höchste Position an, die die in unsere Auswahl aufgenommenen Spitzenpolitiker innehatten. Dabei sind Mitglieder der Bundesregierung, Mitglieder der Landesregierung und sonstige Positionen unterschieden. Der Großteil der von uns analysierten Schicht umfaßt also Minister bzw. Bundes- und Vizekanzler, aber auch der große Anteil an Landespolitikern, vor allem von Landeshauptmännern, prägt – wie weiter unten noch zu zeigen sein wird – das Bild der Gesamtheit.

Darstellung 5: Höchstes erreichtes staatliches Amt

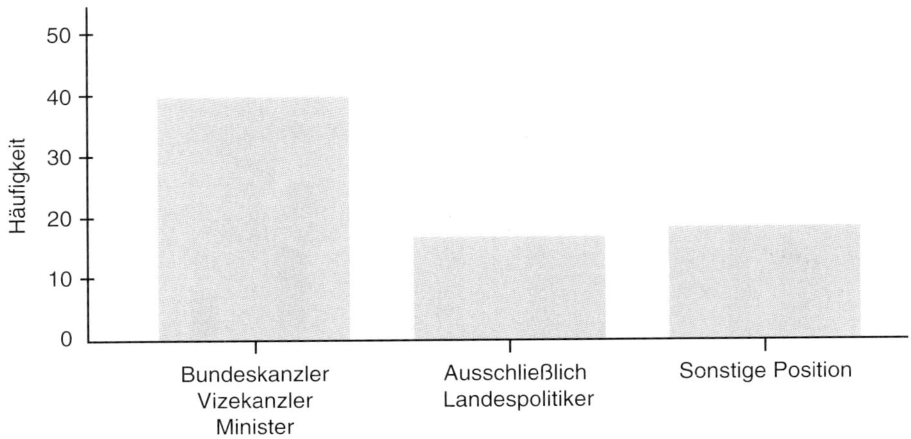

Darstellung 6: Parteizugehörigkeit

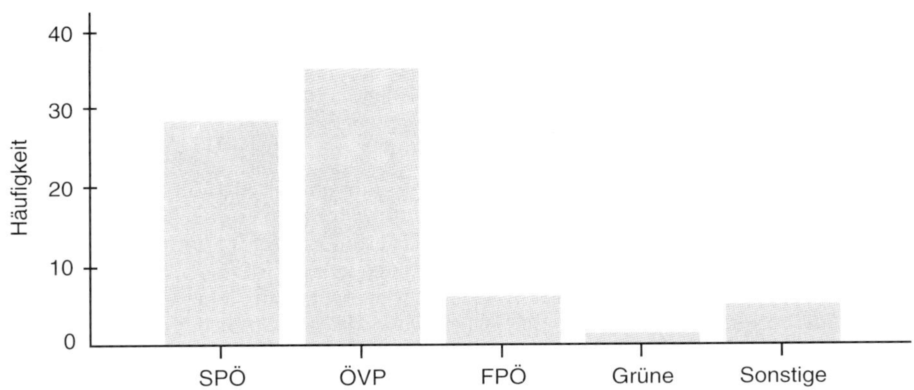

Wie ist unsere Führungsschicht parteipolitisch zusammengesetzt? Wie Darstellung 6 zeigt, stellt die ÖVP die größte Gruppe an Mitgliedern der von uns ausgewählten Führungsschicht. Dies könnte überraschen, wenn man daran denkt, daß die Regierungsbeteiligung der SPÖ in der Bundesregierung in der Zweiten Republik insgesamt viel länger und intensiver war als die der ÖVP. Freilich ist miteinzubeziehen, daß – wie bereits erwähnt – eine nicht geringe Anzahl von Landespolitikern, vor allem Landeshauptleuten, die in der Regel der ÖVP angehören, in unserer Gruppe enthalten sind. Die kleinen Parteien und die Angehörigen der Gruppe der Sonstigen, d.h. praktisch die Gruppe der Parteifreien, fallen naturgemäß neben den Angehörigen der beiden großen Parteien weniger ins Gewicht. Darin kommt der Umstand zum Ausdruck, daß die Zweite Republik lange Zeit vor allem durch großkoalitionäre politische Machtausübung gekennzeichnet war.

Wir versuchten auch festzustellen, wie das Verhältnis der Angehörigen der politischen Spitzenschicht der Zweiten Republik zu den undemokratischen Regimen des „Ständestaats" und Nationalsozialismus einzuschätzen ist. Dabei ergab sich erwartungsgemäß ein wesentlicher Unterschied zwischen dem Verhalten der späteren Spitzenpolitiker während des „Ständestaates" und während des Nationalsozialismus. Soweit man dies einschätzen konnte, ist unsere Gruppe dem „Ständestaat" gegenüber gespalten. Etwa ein Drittel verhielt sich dem „Ständestaat" gegenüber positiv, ein anderes Drittel negativ. Darin kommt zweifellos eine gewisse Kontinuität im bürgerlichen, christlich-sozialen Lager zwischen „Ständestaat" und späteren Perioden zum Ausdruck. Dem Nationalsozialismus gegenüber war nur ein sehr kleiner Prozentsatz positiv eingestellt, etwa die Hälfte der in dieser Hinsicht Einschätzbaren verhielt sich eindeutig ablehnend. Dabei ist anzumerken, daß wir derart ablehnende Haltungen immer an eindeutigen Indikatoren, wie etwa Verfolgung, Verhaftung und dergleichen zu messen trachteten. Etwa ein Fünftel verhielt sich dem Nationalsozialismus gegenüber neutral. Es waren allerdings nicht über alle Politiker Informationen zu erhalten. Betrachtet man die Unterschiede in den Einstellungen zum Nationalsozialismus nach Berufsgruppen, so stellt sich heraus, daß die negative Haltung besonders hoch in der Gruppe der hohen Angestellten und Beamten, aber auch der Arbeiter war. Ersteres ist zu interpretieren als Konsequenz des Vorgehens der Nationalsozialisten gegen die alten Führungseliten bzw. Repräsentanten und Funktionsträger der alten Ordnung. Repressalien gegen die Arbeiter sind dagegen vermutlich auf deren profilierte Positionen bei Gewerkschaft und Arbeiterkammer zurückzuführen. Immerhin ist die Basis des nach 1945 einige Jahre überzeugend gehaltenen antifaschistischen Grundkonsenses beträchtlich, wenn man bedenkt, daß zwei Drittel der politischen „Stars" eindeutig gegen den Nationalsozialismus eingestellt waren und etwa ein Fünftel sich neutral verhalten hat.

Darstellung 7: Politische Stile – Kommunikator

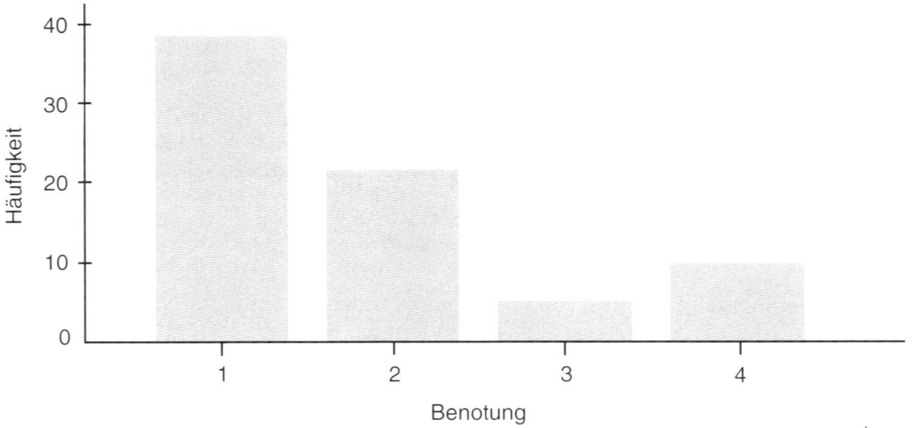

Zum Abschluß des Komplexes über Verhalten der Politiker versuchten wir ihre besonderen politischen Fähigkeiten im Sinne spezifischer politischer Stile zu beurteilen. Dabei unterschieden wir Fähigkeiten zur Kommunikation, zum Verhandeln und zum Organisieren. Man kann davon ausgehen, daß diese drei Aspekte für jeden Politiker eine Rolle spielen. Aus den Biographien können jedoch Schlüsse gezogen werden, wo besondere Fähigkeiten, aber auch gewisse Schwächen der einzelnen Politikerpersönlichkeiten lagen. Die Beurteilung der Erfüllung der verschiedenen Rollen oder Stile ist in den Darstellungen 7, 8 und 9 zusammengefaßt. Die beste Beurteilung erhalten im Durchschnitt die kommunikativen Fähigkeiten der von uns ausgewählten Politiker. Man

Darstellung 8: Politische Stile – Verhandler

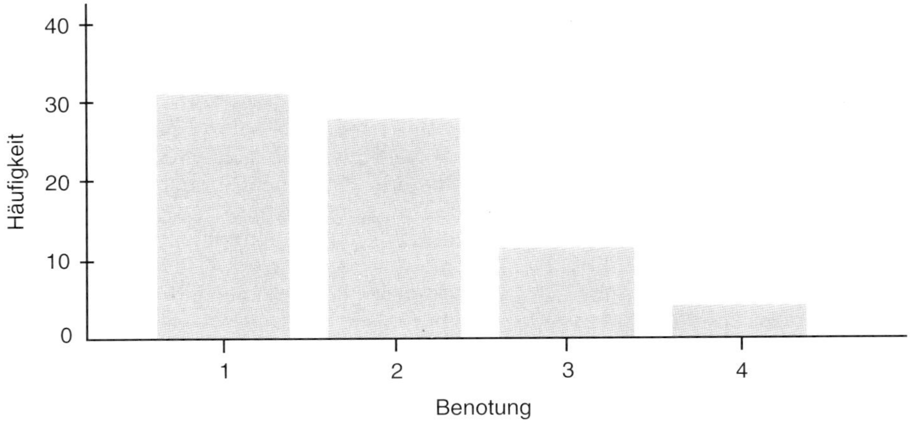

Darstellung 9: Politische Stile – Organisator

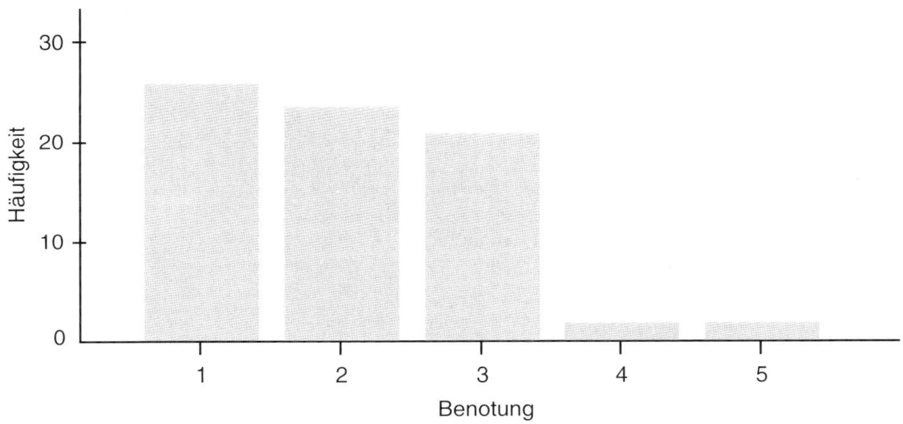

kann daher annehmen, daß im großen und ganzen der kommunikative Politikstil, also der Politikstil, der sich an die große Öffentlichkeit wendet, der für Spitzenpolitiker wesentlichste ist. An zweiter Stelle steht das Geschick des Organisierens, was angesichts eines politischen Systems, das zumindest einen großen Teil der Zweiten Republik in stark strukturierende Lager gegliedert war, nicht verwundern mag. Am schwierigsten scheint aber der typische österreichische Stil des Verhandlers auszuüben zu sein. Hier erhalten unsere Politiker insgesamt die am wenigsten positiven Beurteilungen. Innerhalb der Gruppen zeigt sich jeweils eine Abstufung. Es gibt zwar einerseits viele Repräsentanten, denen eine sehr hohe Fähigkeit in den einzelnen Stilen zuerkannt wird, andererseits gibt es aber auch relativ schlechte Bewertungen. Insgesamt kann man aber sagen, daß sich die Vermutung, daß Spitzenpolitiker vielseitig sein müssen und über ein breites Repertoire von Stilmöglichkeiten verfügen sollten, durchaus bestätigt.

Damit kommen wir zum dritten Teil der hier zusammengestellten Informationen: zu Einschätzungen des Wirkens und der Effektivität der von uns beschriebenen Politikerpersönlichkeiten. Darstellung 10 zeigt eine Einstufung auf einem Spektrum zwischen der Haltung des Bewahrens und jener des Veränderns. Die von uns untersuchten Repräsentanten sind zwischen diesen beiden Extremen fast normalverteilt, allerdings fällt auf, daß ein größeres Schwergewicht auf der Seite des Bewahrens liegt. Darin bestätigt sich vielleicht, daß die Zweite Republik Österreich ein politisches System darstellt, das nach den großen Umbrüchen und Belastungen der Ersten Republik und der Zwischenkriegszeit vor allem auf Restauration und Bewahrung des Erreichten ausgerichtet war und dagegen politische Dynamik oder Veränderung hintangestellt hat. Sind die Spitzenpolitiker eines Landes eher als Bewahrer denn als Veränderer anzusehen, kann angenommen werden, daß das System selbst auch über große Kontinuität und geringe Innovationsfreudigkeit verfügt.

Darstellung 10: Politische Orientierung

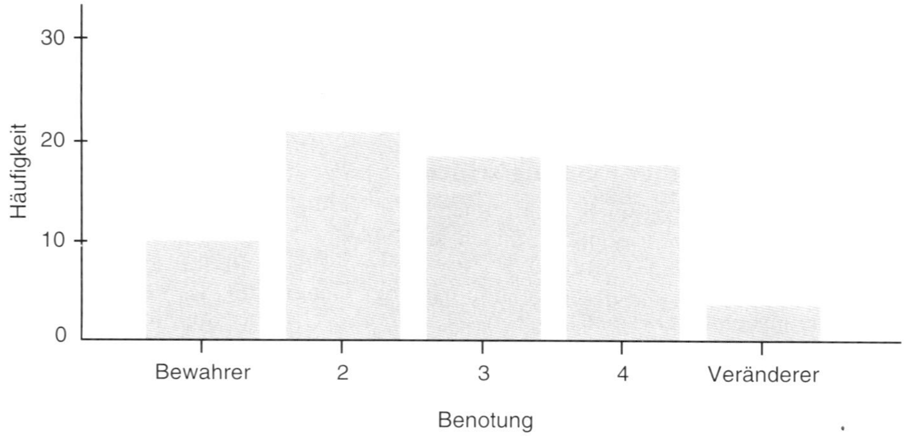

Weiters wurde versucht, die politischen „Stars" der Zweiten Republik bewertend einzuteilen in: Staatsmänner, denen sozusagen große politische Ziele vorschwebten und die nicht nur im eigenen politischen Interesse oder im Interesse der von ihnen vertretenen Gruppe handelten; Politiker, die vor allem die Interessen ihrer politischen Partei vertraten, und Interessenvertreter, die ausschließlich spezifischere Interessen vertraten wie etwa die sozialpartnerschaftlichen Repräsentanten.

Wie Darstellung 11 zeigt, erfüllt nur ein geringer Prozentsatz die relativ hohe Qualifikation eines Staatsmannes. Die meisten der von uns untersuchten Spitzenrepräsentanten können in die Kategorie der Politiker eingeordnet werden. Ein geringer Prozentsatz fällt in die Kategorie ausschließlicher Interessenvertretung (siehe Darstellung 11, Seite 640).

Eine letzte Einschätzung galt schließlich der Frage, inwieweit die in unsere Gruppe miteinbezogenen Repräsentanten der Führungsschicht, die ja entweder bereits gestorben sind oder aber sich aus der Politik zurückgezogen haben, in der Gegenwart nach wie vor über ein hohes Ansehen verfügen bzw. aus dem öffentlichen Bewußtsein entschwunden sind. Dabei zeigt sich, wiederum auf einer fünfstufigen Skala, daß etwa ein Drittel der Politiker nach wie vor voll bekannt ist, während ein nicht geringer Prozentsatz nicht mehr im öffentlichen Bewußtsein präsent ist. Diesbezüglich handelt es sich um Landeshauptmänner oder Minister aus früheren Zeiten, die zwar Historikern als bedeutsam bekannt sein mögen, im öffentlichen Gedächtnis aber nicht mehr auftauchen. Man könnte in Abwandlung einer berühmten Formulierung sagen, daß nicht nur den Mimen, sondern auch den Politikern die Nachwelt nicht immer Kränze flicht.

Darstellung 11: Handlungsorientierung

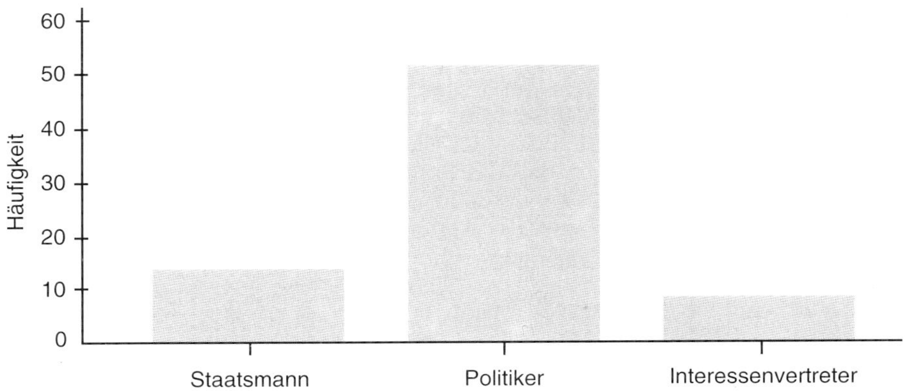

Differenzierungen einer Führungsschicht

Versucht man dieses Gesamtbild differenzierter zu betrachten und die Gruppe der fünfundsiebzig Spitzenrepräsentanten nach wesentlichen Merkmalen zu unterscheiden, also vor allem nach der Zugehörigkeit zu einer politischen Partei, nach dem jeweils höchsten Amt, das sie erreicht haben, und nach der Generation, der sie angehörten, so gewinnt das bisher beschriebene Bild neue Akzente. Um in jedem Falle wesentliche Unterschiede feststellen zu können, ist unsere Gruppe zu klein, daher sollen nur jene Unterschiede hervorgehoben werden, die besonders ins Auge fallen und die nicht rein durch statistischen Zufall entstanden sein können.

Zunächst soll auf die Unterschiede nach parteipolitischer Ausrichtung eingegangen werden, wobei aufgrund der geringen Zahl von Politikern aus anderen Parteien zumeist nur die Differenz zwischen SPÖ und ÖVP behandelt wird. Was die Herkunft der Politiker betrifft, zeigt sich zunächst, daß die politischen „Stars" von SPÖ und ÖVP sich erheblich in ihrem geographischen Ursprung unterscheiden. Während für die SPÖ Wien – das Rote Wien – in dem mehr als zwei Drittel der in diesem Buch behandelten Politiker geboren wurden, von zentraler Bedeutung ist, kommen die ÖVP-Politiker zu mehr als der Hälfte aus dem ländlichen Raum. Ein knappes Drittel stammt aus Kleinstädten. Nur ein Sechstel der ÖVP-Politiker wurde in Wien geboren. Diese typische Unterscheidung bestätigt sich auch, wenn man auf die bildungsmäßige Differenzierung eingeht. In der FPÖ verfügen über 80% über einen Hochschulabschluß, gefolgt von der ÖVP mit 75% und der SPÖ von etwa 40%.

Auch nach der sozialen Herkunft unterscheiden sich die Politiker der Großparteien in einer Art und Weise, die man erwarten durfte. Quantitative Studien der Angehörigen von politischen Institutionen, insbesondere Parlamenten und Regierungen, haben immer wieder auf Unterschiede in der sozialen Herkunft der Politiker aus verschiedenen Parteien hingewiesen. Dieses Bild findet sich auch in der Gruppe der politischen „Stars" bestätigt. Die SPÖ-Politiker haben – wie Darstellung 12 zeigt – zu einem wesentlich größeren Anteil einen Arbeiterberuf erlernt als ÖVP-Politiker, während keiner der bedeutenden FPÖ-Politiker Arbeiter war. Die ÖVP-Politiker wieder sind erheblich stärker in der Gruppe der Selbständigen vertreten. Betrachtet man nicht die Politiker selbst, sondern ihre Väter, sind die Unterschiede zwischen den politischen Lagern noch deutlicher.

Darstellung 12: Erster Beruf der Politiker und Beruf ihrer Väter

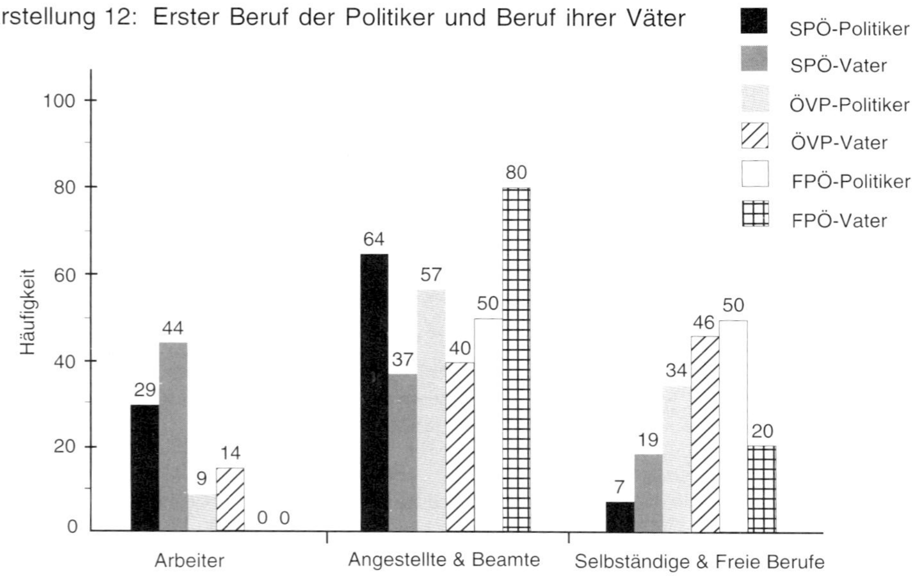

Geht man auf den Lebensstil der politisches „Stars" ein, deckt sich dieser mit den Stereotypen, die man vermuten könnte. Da praktisch alle in unserer Gruppe einbezogenen Politiker verheiratet sind, unterscheiden sich die beiden großen Parteien nur nach der durchschnittlichen Kinderzahl. Dabei ist festzustellen, daß die SPÖ-Repräsentanten im Durchschnitt 1,45 und die ÖVP-Politiker im Durchschnitt 2,8 Kinder haben. Abgesehen von den Unterschieden zwischen den Parteien zeigt diese relativ hohe Kinderzahl die Tendenz zu Politikern, die in ihren privaten Verhältnissen sozusagen in modellhaften Bedingungen leben.

Was das politische Verhalten betrifft, kann zunächst auf die Frage eingegangen werden, inwieweit Politiker die politische Tradition ihres Elternhauses fortgesetzt haben. Dabei läßt sich feststellen, daß Partei und Politik für die Sozialisierung von SPÖ-Politikern eine größere Rolle gespielt haben dürfte als für die der ÖVP-Politiker. Die Eltern der SPÖ-Politiker waren in stärkerem Ausmaß parteipolitisch engagiert (SPÖ: 48%; ÖVP: 32%), und bei den politisch prägenden Persönlichkeiten, die für 55 der 75 Politiker ermittelt werden konnten, ist es bei der SPÖ zu fast 80% ein Politiker, der diese Rolle spielte – deutlich mehr als bei der ÖVP, wo nur knapp unter der Hälfte der Repräsentanten einen Politiker als politisch prägende Persönlichkeit hatte.

Geht man auf den Karrieretyp der politischen „Stars" ein, so zeigt sich, daß es in der SPÖ kaum „Quereinsteiger" gibt (insgesamt nur 7%), d. h. also, daß fast alle Spitzenpolitiker der SPÖ die „Ochsentour" hinter sich gebracht hatten. Auch die ÖVP-Politiker haben zu 77% eine „Ochsentour" absolviert, immerhin gibt es aber in dieser Partei ein gutes Viertel von Politikern, die „Quereinsteiger" waren. In dieser Differenzierung der Karrieremuster zeigt sich also ein deutlicher Unterschied zwischen den beiden großen Lagern.

Wie verhielten sich die politischen „Stars" von SPÖ und ÖVP nach den beiden Systembrüchen von 1934 und 1938, d. h. wie war ihre Einstellung zum „Ständestaat" bzw. zum Nationalsozialismus? Es überrascht wenig, daß sich 81% der ÖVP-Politiker affirmativ zum „Ständestaat" verhielten und daß sich unter ihnen kein einziger aktiver Gegner dieses Regimes findet. Von den SPÖ-„Stars" hingegen bezogen 95% gegen diese Diktatur Stellung, nur 5% verhielten sich neutral. Eher eine die politische Elite der Zweiten Republik einigende Wirkung dürfte hingegen die Erfahrung mit dem Nationalsozialismus gewesen sein. Diesbezüglich konnten 65 Politiker klassifiziert werden, von zehn fehlten entweder die Informationen, oder ihnen wurde die „Gnade der späten Geburt" zuteil. In SPÖ und ÖVP dominieren die Gegner des Nationalsozialismus klar (SPÖ 68% und ÖVP 55%), während drei der vier diesbezüglich klassifizierten FPÖ-Politiker – also 75% – dem Nationalsozialismus positiv gegenüberstanden. Dem Nationalsozialismus standen aber auch 16% der späteren SPÖ-Politiker und 3%, d.h. einer, der späteren ÖVP-Politiker positiv gegenüber.

In den Politikstilen der Spitzenpolitiker zeigen sich keine gravierenden Unterschiede zwischen den Parteien. Alle scheinen erheblich qualifiziert als Kommunikatoren, Verhandler und Organisatoren. Als Organisatoren waren die „Stars" der verschiedenen politischen Lager praktisch gleich gut; als Kommunikatoren sind die Repräsentanten der bürgerlichen Parteien mit Durchschnittsnoten von 1,5 (ÖVP) und 1,7 (FPÖ) den Sozialdemokraten mit der Durchschnittsnote von 2,0 etwas überlegen. Die ÖVP-Politiker liegen in der Bewertung auch in der Rolle als Verhandler an der Spitze. In der durch starke Interessengegensätze gekennzeichneten Parteistruktur der ÖVP ist ein großes Verhandlungsgeschick eine notwendige Tugend (Durchschnittsnote 1,7); es folgt die SPÖ (Durchschnittsnote 1,9), während die Repräsentanten der Honoratiorenpartei FPÖ (Durchschnittsnote 2,2) am wenigsten Verhandlungsgeschick aufweisen.

Faßt man drei Gruppen der Politiker nach der Dauer ihrer Amtszeit zusammen, so zeigt sich, daß in der ÖVP eine relativ lange Amtszeit überwiegt, in der SPÖ eher eine mittlere und in der FPÖ eine kurze. Dies ist darauf zurückzuführen, daß in der ÖVP-Gruppe eine relativ große Zahl von Landespolitikern zu finden ist, welche in der Regel sehr lange im Amt bleiben, während in der SPÖ längere Amtszeiten eher aus Parteisolidarität und Disziplin erwartet werden können. Die Zirkulation der FPÖ-Politiker, die relativ wenig an der politischen Macht partizipieren konnte, ist demgegenüber stärker.

Darstellung 13: Dauer der Amtszeit

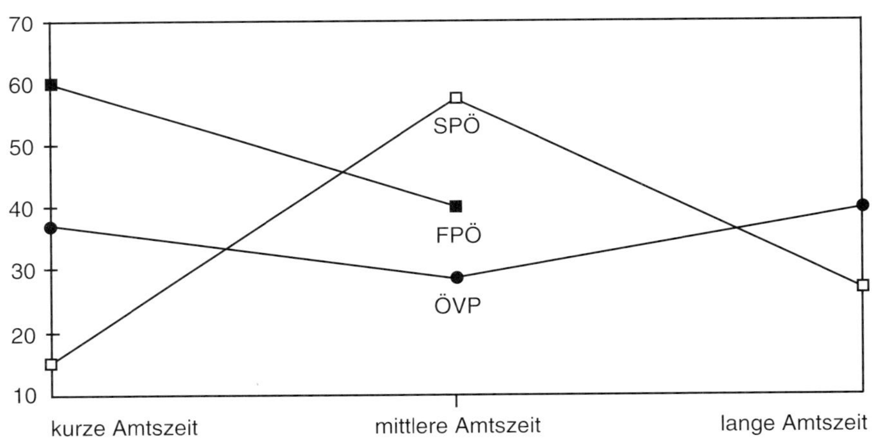

Was die grundsätzliche Unterscheidung zwischen Bewahrern und Veränderern betrifft, so sind folgende Unterschiede festzustellen: In der ÖVP überwiegen die Bewahrer mit einer Durchschnittsnote von 2,3 auf der fünfteiligen Skala, wobei 1 für Bewahrer und 5 für Veränderer steht; in der FPÖ liegt der Wert mit 3,2 in der Mitte, und in der

SPÖ-Gruppe dominieren mit 3,7 die Veränderer. Diese Werte entsprechen den generellen Ideologien und dem Image der einzelnen Parteien.

Im Hinblick auf die Handlungsorientierung (Staatsmann, Politiker, Interessenvertreter) konnten wir keine relevanten Unterschiede zwischen den Parteien feststellen. Staatsmänner sind in allen politischen Gruppierungen dünn gesät.

Nunmehr wird auf Unterschiede der Gesamtgruppe nach der höchsten erreichten Amtsposition ihrer Mitglieder übergegangen. Im wesentlichen sind dabei – wie bereits erwähnt – einerseits Regierungsmitglieder auf Bundesebene und andererseits Landespolitiker zu unterscheiden. Dazu kommt eine Kategorie der sonstigen Repräsentanten, die sich verschiedenartig zusammensetzt. Landespolitiker unterscheiden sich von den übrigen vor allem dadurch, daß sie in weitaus größeren Prozentsätzen als die Gesamtgruppe auf dem Land bzw. in einer Kleinstadt geboren sind. Sie kommen fast ausschließlich aus solchen Milieus und nicht aus der Großstadt. Hinsichtlich ihrer beruflichen Herkunft sind sie breit gestreut.

Was die Bildung betrifft, so läßt sich feststellen, daß die wichtigsten Politiker auf Bundesebene die beste Bildung haben; etwa 80% haben ein abgeschlossenes Hochschulstudium. Die Landespolitiker weisen im Unterschied dazu den niedersten formalen Bildungsgrad auf, nur 41% haben einen Hochschulabschluß, 23% haben allerdings nur die Volksschule absolviert.

Der deutlichste Unterschied liegt wohl, wie bereits erwähnt, in der Amtszeit. Die Landespolitiker haben im Aggregat eindeutig die längste Amtszeit, jeweils 41% von ihnen dienen neun bis sechzehn Jahre oder sogar siebzehn und mehr Jahre. Im Vergleich dazu: nur ein Viertel jener Politiker, deren höchstes staatliches Amt eine Position in der Bundesregierung war, konnte ihre Karriere über sechzehn Jahre hinaus verlängern, für mehr als ein Drittel war sie schon nach acht Jahren wieder vorbei. Diejenigen Politiker, die nicht in eine dieser beiden Kategorien fallen, haben im Durchschnitt sogar noch kürzere politische Karrieren. Die besonders langen Amtszeiten der Landespolitiker sind vor allem strukturell zu erklären, sie ergeben sich aus den mit extrem geringer Elitenrotation verbundenen Proporzsystemen in der Mehrzahl der Bundesländer und vergleichsweise stabilen Mehrheitsverhältnissen. Beachtlich ist auch, daß in der Zweiten Republik nur ein einziger Landeshauptmann – Josef Klaus – Ambitionen zeigte, seinen Spitzenplatz im Land zu räumen und das bundespolitische Parkett zu betreten.

Landespolitiker zeigen auch extrem hohe politische Kontinuität zum Elternhaus; nämlich 94%, wobei der allgemeine Durchschnitt nur bei 80% liegt. Dem Karrieretyp nach sind Landespolitiker viel stärker als Bundespolitiker Absolventen der „Ochsentour“. Weitaus häufiger als Bundespolitiker haben sie diese Karriereform hinter sich gebracht, weit seltener sind Landeshauptleute „Quereinsteiger“.

Auffallend ist die pointierte Profilierung der Landeshauptleute als Kommunikatoren. Immerhin werden drei Viertel als sehr gute und noch 11% als gute Kommunikatoren eingestuft. Offenbar ist es in dieser Spitzenposition, die permanent mit zahlreichen direkten Bürgerkontakten verbunden ist – nicht zuletzt wegen der politischen Überschaubarkeit der politischen Territorien und der Probleme, aber auch der Eliten und potentiellen Gegner –, möglich, so etwas wie politische „Omnipräsenz“ und die Ausbildung eines depolitisierten Landesvater-Images herzustellen. Dabei ist anzunehmen, daß diese Qualität als Kommunikator noch vor Erreichen der Spitzenposition sichtbar bzw. erworben worden ist. Bis heute spielt diese Qualität schon bei der Wahl entsprechender Spitzenleute in Parteigremien eine große Rolle. Gut ausgeprägt sind auch die Bewertungen für Verhandler und Organisatoren, was mit der für Proporzsysteme typischen Art der Entscheidungsfindung zusammenhängen dürfte. In den Landessystemen ist es so, daß man eigentlich nie ganz genau weiß, und es auch gar nicht wissen soll, wie jeweils Verhandlungen liefen und wer sich wie weit durchgesetzt hat oder wer welche Gegengeschäfte tätigte. Sicher ist jeweils, daß wichtige Ergebnisse praktisch immer vom Landeshauptmann verkündet und begründet werden.

Geht man zu den Einschätzungen der Orientierung der Politiker nach Spitzenposition über, so zeigt sich wieder die besondere Profilierung der Landespolitiker. Sie sind überwiegend auf der Seite der Bewahrer einzuordnen, was aus der überwiegenden ÖVP-Zugehörigkeit zu erklären sein dürfte, sich aber auch aus dem spezifischen Charakter der Landespolitik, die großteils exekutierend, ausgleichend und kompromißsuchend ist, ergeben dürfte.

Es hängt wesentlich mit den landespolitisch vorherrschenden Konsensmustern (so lassen Landeshauptleute in der Regel kaum ins Mark getroffene politische Todfeinde oder sonstige „politische Leichen" zurück) und der relativen Nähe des Politikers zu den betroffenen Bürgern, der überwiegend extrem langen Verweildauer, dem schon angesprochenen Image des „Landesvaters" (das freilich nicht von selbst entsteht, sondern auf entsprechender Praxis „aufbauen" muß) zusammen, daß die spätere Bewertung in der Öffentlichkeit sehr positiv ausfällt, daß Landespolitiker im Durchschnitt jedenfalls von der Nachwelt weitaus höher bewertet werden als die Bundespolitiker.

Abschließend soll noch auf die Differenzierung nach Alterskohorten eingegangen werden, wobei die in unsere Darstellung einbezogenen Spitzenpolitiker nach ihrem Geburtsjahr in drei Generationen eingeteilt wurden: in Politiker, die schon in der Ersten Republik politisch aktiv waren (Geburtsjahrgänge bis 1906); in Politiker, die sozusagen zu den Mitbegründern der Zweiten Republik gehören (Geburtsjahrgänge bis 1918), bzw. in jene Gruppe von Politikern, die die zweite Generation der Politiker der Zweiten Republik darstellten (Geburtsjahrgänge nach 1919). Die Unterschiede dieser drei Gruppen spiegeln im wesentlichen die Veränderung der politischen Entwicklung der Zweiten Republik wider. So zeigt sich, wenn man etwa die Herkunft der Politiker betrachtet, daß es einen verstärkten Trend zu solchen Repräsentanten gibt, die in der Großstadt geboren sind, weiters ist ein Trend zu einem höheren Bildungsgrad und zur Zugehörigkeit zu höheren Schichten festzustellen. Dies reflektiert einerseits die allgemeine gesellschaftliche Entwicklung, andererseits aber auch der Umstand, daß die Karriere eines Politikers nach wie vor eine relevante Möglichkeit des sozialen Aufstiegs darstellt.

Ein aktiveres Elternhaus bei jüngeren Generationen zeigt im nachhinein die allmähliche Politisierung der gesamten Gesellschaft, wohl schon in der Ersten, insbesondere aber dann in der Zweiten Republik. Hinsichtlich des politischen Verhaltens ist ein Ansteigen der „Grenzüberschreiter", also jener Politiker, die aus dem politischen Lager ihrer Eltern in ein anderes Lager gewechselt haben, festzustellen. Ebenso sind mehr „Quereinsteiger" zu beobachten, und ebenso ergibt sich natürlich auch eine Ausweitung des Parteienspektrums, was besonders im Zusammenhang mit dem Ende der großen Koalition gesehen werden kann.

In bezug auf die Politikstile ist ein deutlicher Trend in Richtung Kommunikator festzustellen, Angehörige der jüngeren Politikergeneration werden, was diese Rolle betrifft, positiver eingeschätzt. Dies hängt sicher mit dem Umstand zusammen, daß aufgrund der rasanten Entwicklung der elektronischen Medien in der Zweiten Republik die Kommunikatorrolle in der Politik heute im Vergleich mit früheren Zeiten eine überaus wichtige Position einnimmt. Was die Einstellung zur Rolle des Verhandlers betrifft, ist Konstanz festzustellen, woraus geschlossen werden kann, daß es sich hierbei um eine besondere kulturelle Tradition der österreichischen Politik handelt. Die Betonung der Rolle des Organisators nimmt ab, was im Zusammenhang mit der zurückgehenden Bedeutung der politischen Parteien und ihrer großen Organisatoren gesehen werden kann.

Was die Einschätzungen der grundsätzlichen politischen Orientierung der Spitzenrepräsentanten betrifft, ist eine deutliche Entwicklung weg von Bewahrern und hin zu Veränderern zu beobachten. Darin kommt ein Wandel der politischen Kultur und eine größere Flexibilität des politischen Systems zum Ausdruck. Hinsichtlich der Handlungsorientierung ist festzustellen, daß die jüngere Generation etwas mehr Staatsmänner, aber weniger Interessenvertreter aufweist. Dies könnte im Zusammenhang mit der immer stärkeren Bedeutung des Wahlwettbewerbs gegenüber Konsens-Politik und der Sozialpartnerschaft gesehen werden. Heute müssen Spitzenrepräsentanten häufiger zu „Staatsmännern" aufgebaut werden, um politisch reüssieren zu können. Was schließlich die Bewertung der Spitzenpolitiker durch die Öffentlichkeit betrifft, fällt auf, daß die ältere Generation der Gründungsväter der Zweiten Republik im stärkeren Ausmaß in der Erinnerung weiterzuleben scheint, was mit der von uns getroffenen Auswahl von Politikern im Zusammenhang stehen könnte, während die mittlere Generation in höherem Maße der Öffentlichkeit nicht mehr erinnerlich ist.

Schlußbemerkungen

Wie kann das hier skizzierte gesamt- bzw. differenzierte Portrait der Spitzen der österreichischen Politik der Zweiten Republik im Hinblick auf die einleitend formulierten Fragen bzw. Vermutungen beurteilt werden?

Was die Repräsentativität der Spitzengruppe betrifft, so ist diese sicher bildungsmäßig nicht gegeben, wohl aber im Hinblick auf unterschiedliche Karrieremuster in den politischen Parteien und auf die Ausdifferenzierung des politischen Spektrums durch die Einbeziehung neuer Parteien.

Was die Zirkulation der politischen Eliten betrifft, ist festzustellen, daß die Politik tatsächlich große Möglichkeiten des sozialen Aufstiegs bietet und insofern eine Zirkulation durchaus im Gange ist. Dies betrifft insbesondere die Bundespolitik.

Was weiters die Erwartung betrifft, daß Spitzenpolitiker in verschiedenen Hinsichten von der Norm abweichen würden, mußte eigentlich genau das Gegenteil festgestellt werden. Politiker kommen aus Normfamilien, durchlaufen Normkarrieren, zeigen Normverhalten.

Was schließlich die Veränderungskompetenz der Spitzenpolitiker betrifft, zeigt sich grundsätzlich, daß es mehr Bewahrer als Veränderer gibt. Dies ist sicher im Zusammenhang damit zu sehen, daß die Zweite Republik zunächst eine demokratische Ordnung restaurieren mußte und dann bemüht war, diese aufrechtzuerhalten. Zum Unterschied zur Ersten Republik ist es in der Zweiten Republik viel häufiger geschehen – das kann man in den Biographien auch immer wieder lesen – daß sich die richtige Person zur richtigen Zeit am richtigen Ort befand. In der Ersten Republik war das leider nicht immer der Fall. Bemerkenswert allerdings ist, daß sich eine Änderung abzeichnet, die jüngeren Generationen, insbesondere die zweite Generation der Zweiten Republik, zeigt eine stärkere Orientierung zur Veränderung. Außerdem ist bei dieser Generation auch eine stärkere Betonung der Rolle des Kommunikators zu bemerken.

Obwohl, woran in diesem Zusammenhang nochmals erinnert werden muß, unser Band keine gegenwärtig aktiven Politiker beinhaltet, zeigt sich in diesem Trend dennoch eine Tendenz der politischen Veränderungen, von denen – blickt man in die Zukunft – sicher angenommen werden kann, daß sie sich weiter beschleunigen werden. Nicht nur im politischen Alltag, sondern auch auf der Ebene der politischen Spitzenrepräsentanten – könnte man annehmen – wird das politische System Österreichs seine spezifischen Besonderheiten verlieren und sich in einer Zeit der Internationalisierung und der europäischen Integration den Mustern, die in anderen liberal-demokratischen Systemen üblich sind, angleichen.

Verzeichnis wichtiger Abkürzungen

AdR	Archiv der Republik
AK	Arbeiterkammer
AKH	Allgemeines Krankenhaus
AKW	Atomkraftwerk
APA	Austria Presse Agentur
ARBÖ	Auto-, Motor- und Radfahrerbund Österreichs
ASKÖ	Arbeitsbund für Sport und Körperkultur in Österreich
ASVG	Allgemeines Sozialversicherungsgesetz
AUA	Austrian Airlines
AVA	Allgemeines Verwaltungsarchiv
AVÖS	Auslandsvertretung der österreichischen Sozialisten
AZ	Arbeiter-Zeitung
B-VG	Bundes-Verfassungsgesetz
BBC	British Broadcasting Corporation
BGBl	Bundesgesetzblatt
BIP	Bruttoinlandsprodukt
BRD	Bundesrepublik Deutschland
BSA	Bund Sozialistischer Akademiker, Intellektueller und Künstler
BWK	Bundeswirtschaftskammer
CA	Creditanstalt
ČSSR	Československá Socialistická Republika (Tschechoslowakei)
CV	Cartellverband
DÖW	Dokumentationsarchiv des Österreichischen Widerstandes
EFTA	European Free Trade Association
EG	Europäische Gemeinschaft
EGKS	Europäische Gemeinschaft für Kohle und Stahl
ERP	European Recovery Program
EU	Europäische Union
EVN	Energie-Versorgung Niederösterreich AG
EWG	Europäische Wirtschaftsgemeinschaft
FAM	Free Austrian Movement
FAZ	Frankfurter Allgemeine Zeitung
FCG	Fraktion Christlicher Gewerkschafter
FPÖ	Freiheitliche Partei Österreichs
FSG	Fraktion Sozialistischer Gewerkschafter
FWF	Freier Wirtschaftsverband
GA	Grüne Alternative
GATT	General Agreement on Tariffs and Trade
GÖC	Großeinkaufsgesellschaft der österreichischen Consumvereine
GP	Gesetzgebungsperiode
GPA	Gewerkschaft der Privatangestellten

HJ	Hitler Jugend
HK	Handelskammer
HTL	Höhere Technische Lehranstalt
IBCG	Internationaler Bund christlicher Gewerkschaften
IFES	Institut für empirische Sozialforschung
IMF	International Monetary Fund
IWF	Internationaler Währungsfonds
KA	Katholische Aktion
KPdSU	Kommunistische Partei der Sowjetunion
KPÖ	Kommunistische Partei Österreichs
KSZE	Konferenz für Sicherheit und Zusammenarbeit in Europa
KZ	Konzentrationslager
LABl	Landesamtsblatt
LAVAK	Landesverteidigungsakademie
LGBl	Landesgesetzblatt
LHStv	Landeshauptmann-Stellvertreter
MKV	Mittelschüler Kartellverband
NAPOLA	Nationalpolitische Erziehungsanstalt (offizielle Abkürzung: NPEA)
NATO	North Atlantic Treaty Organization
NDP	Nationaldemokratische Partei
NEWAG	Niederösterreichische Elektrizitätswerke AG
NIOGAS	Niederösterreichische Gaswirtschafts-AG
NL	Nachlaß
NÖ	Niederösterreich
NS	Nationalsozialismus
NSDAP	Nationalsozialistische Deutsche Arbeiterpartei
ÖAAB	Österreichischer Arbeiter- und Angestelltenbund
ÖBB	Österreichischer Bauernbund
ÖCV	Österreichischer Cartellverband
OECD	Organisation for Economic Cooperation and Development
OEEC	Organisation for European Economic Cooperation
OeNB	Oesterreichische Nationalbank
ÖFB	Österreichische Frauenbewegung
ÖGB	Österreichischer Gewerkschaftsbund
ÖIAG	Österreichische Industrieverwaltungs-AG
ÖIG	Österreichische Industrieverwaltungs-GesmbH
OKA	Oberösterreichische Kraftwerke AG
ÖMV	Österreichische Mineralölverwaltung
ÖNT	Österreichische Neue Tageszeitung
OÖ	Oberösterreich
ORF	Österreichischer Rundfunk
ÖSB	Österreichischer Seniorenbund
ÖVP	Österreichische Volkspartei
ÖWB	Österreichischer Wirtschaftsbund
PLO	Palestine Liberation Organization
PTP	Parteitagsprotokoll
RFS	Ring Freiheitlicher Studenten
RS	Revolutionäre Sozialisten

SAJ	Sozialistische Arbeiterjugend
SDAP	Sozialdemokratische Arbeiterpartei
SN	Salzburger Nachrichten
SPÖ	Sozialistische Partei Österreichs (seit 1991 Sozialdemokratische Partei Österreichs)
SS	Sturmstaffel
Sten.Prot.	Stenographische Protokolle
ULV	Umfassende Landesverteidigung
UN	United Nations
UNESCO	United Nations Educational, Scientific and Cultural Organization
UNO	United Nations Organization
UOG	Universitäts-Organisationsgesetz
US	United States
USA	United States of America
VdU	Verband der Unabhängigen
VEW	Vereinigte Edelstahl Werke
VF	Vaterländische Front
VN	Vorarlberger Nachrichten
VÖEST	Vereinigte Österreichische Eisen- und Stahlindustrie
VSM	Verband Sozialistischer Mittelschüler Österreichs
VSStÖ	Verband Sozialistischer Studenten Österreichs
WdU	Wahlverband der Unabhängigen
WEB	Wohnungseigentumsbau-BautreuhandGesmbH
WEU	Westeuropäische Union
WIG	Wiener Internationale Gartenausstellung
WZ	Wiener Zeitung
ZK	Zentralkomitee

Bildnachweis

Pressebildagentur Votava: Erwin Altenburger, Hannes Androsch, Fritz Bock, Johann Böhm, Christian Broda, Adolf Czettel, Heinrich Drimmel, Leopold Figl, Hertha Firnberg, Ernst Fischer, Heinrich Gleißner, Alfons Gorbach, Alexander Götz, Ferdinand Graf, Leopold Gratz, Karl Gruber, Eduard Hartmann, Oskar Helmer, Marga Hubinek, Felix Hurdes, Rosa Jochmann, Franz Jonas, Reinhard Kamitz, Jörg Kandutsch, Herbert Keßler, Rudolf Kirchschläger, Josef Klaus, Stephan Koren, Theodor Körner, Herbert Kraus, Bruno Kreisky, Erwin Lanc, Hans Lehner, Alfred Maleta, Freda Meissner-Blau, Franz Olah, Friedrich Peter, Bruno Pittermann, Georg Prader, Otto Probst, Julius Raab, Rudolf Sallinger, Adolf Schärf, Fred Sinowatz, Felix Slavik, Norbert Steger, Karl Waldbrunner, Kurt Waldheim, Eduard Wallnöfer, Ferdinand Wedenig, Erwin Wenzl, Hermann Withalm, Gustav Zeillinger

Privat: Anton Benya, Karl Blecha, Johann Koplenig, Theodor Kery

Henisch: Karl Czernetz

D. Sattmann: Alfred Dallinger

APA / Jäger: Marilies Flemming

Landespressebüro Salzburg / Klaus Fleischhacker: Wilfried Haslauer

Vorarlberger Landesbibliothek: Ulrich Ilg

Fotoarchiv Steirische Volkspartei / Peter Philipp: Hanns Koren, Joseph Krainer

Landespressebüro Salzburg / Peter Schlager: Hans Lechner

NÖ Landesregierung: Johann Steinböck, *Bildstelle / Himml:* Siegfried Ludwig,

Bildstelle / Bernhart: Andreas Maurer

Foto Maria Wölfl: Eugen Margarétha

ÖGB-Fotoarchiv / Kammler: Grete Rehor, Josef Staribacher

Bildarchiv der Österreichischen Nationalbibliothek: Karl Renner

Photobestand Karl-von-Vogelsang-Institut, Tivoligasse 73, 1120 Wien: Karl Schleinzer

Renate Apostel: Josef Taus

Pressefoto Eggenberger: Leopold Wagner

Personen- und Stichwortverzeichnis

C